괴벨스,
대중 선동의 심리학

Joseph Goebbels

Goebbels by Ralf Georg Reuth
copyright ⓒ 1990 by Piper Verlag GmbH, Munich, Germany
Korean Language Edition published by Gyoyangin
Korean Translation Copyright ⓒ 2004 by Gyoyangin
All rights reserved.
The Korean language edition is published by arrangement with
PIPER VERLAG GmbH. through MOMO Agency, Seoul.

이 책의 한국어판 저작권은 모모 에이전시를 통해
PIPER VERLAG GmbH사와의 독점 계약으로
'교양인'에 있습니다.
저작권법에 의해 한국 내에서 보호를 받는 저작물이므로
무단전재와 복제를 금합니다.

괴벨스,
대중 선동의 심리학

랄프 게오르크 로이트 | 김태희 옮김

Joseph Goebbels

'문제적 인간' 시리즈를 펴내며

죄르지 루카치는 《소설의 이론》에서 근대 소설의 주인공을 '문제적 개인'이라고 이름 붙였다. 이 변화무쌍한 세계 속에 내던져져 자신의 운명을 알지 못한 채 신념의 푯대에 의지해 좌충우돌하며 자기 길을 찾아 떠나는 파우스트적 존재를 지칭하는 말이었다. 그 존재의 행보야말로 근대적 주체의 전형적 모습이다.

'문제적 인간' 시리즈는 이 근대적 주체성을 삶의 형식 안에서 극대치로 전개한 이념형적 인물을 재발견하는 작업이다. 정치의 영역에서뿐만 아니라 사회·문화 모든 영역에서 이 '문제적 인간'은 발견된다. 낙관적 전망 위에 선 그들은 진취적이고 창조적이며 영웅적이다. 그러나 동시에 전망 부재의 실존적 장벽에 부딪힌 문제적 인간은 퇴행적이고 파괴적이며 퇴폐적이다. 긍정적인 인격 속에 이미 부정적 속성이 긴밀하게 결합된 경우도 적지 않다. 철저히 부정적인 듯 보이는 인물 내면에 좌절한 창조성이 숨어 있기도 하다.

이 시리즈는 근대적 주체의 모순을 극한까지 밀어붙였던 인물들을 추려내 그들의 삶과 의식의 단면을 절개해 보여주는 것을 목표로 한다. 긍정적인 면이 강하든, 부정적인 면이 강하든 그들의 삶의 총체적 인식은 근대적 주체가 이룬 성과뿐만 아니라 그 주체가 봉착한 딜레마와 한계치까지 드러내 보여줄 것이다.

차례

■ 머리말 9

1장_ 신은 왜 그를 경멸받고 조롱당하도록
　　　만들었는가? (1897~1917)　15

2장_ 내 안의 혼돈 (1917~1921)　43

3장_ 회의주의를 이겨내자. 나는 강하고자, 믿고자 한다 (1921~1923)　89

4장_ 이 남자는 누구인가? 반은 평민이고 반은 신이다! (1924~1926)　123

5장_ 죄악의 구렁텅이, 베를린!
　　　나는 그 안으로 떨어져야 하는가? (1926~1928)　173

6장_ 우리는 혁명가이고자 한다. 언제까지나 (1928~1930)　217

7장_ 이제 우리는 완전히 합법적이다. 아무래도 상관없지만,
　　　어쨌든 합법적이다 (1930~1931)　255

8장_ 일개 상병이 합스부르크 왕가를 계승하다니,
　　　기적이 아닌가? (1931~1933)　325

9장_ 모두가 우리에게 빠져들 때까지, 우리는
       인간들을 개조할 것이다 (1933) 409

10장_ 위기와 위험을 헤치고 우리는 자유로 간다 (1934~1936) 465

11장_ 총통은 명령하고 우리는 복종한다! (1936~1939) 535

12장_ 그는 전능하신 분의 보호 안에 있다 (1939~1941) 635

13장_ 그대들은 총력전을 원하는가? (1941~1944) 727

14장_ 복수는 우리의 미덕, 증오는 우리의 의무! (1944~1945) 825

15장_ 총통과 나치가 사라지면 이 세계는
       살아갈 가치가 없다 (1945) 893

- 에필로그 926
- 주석 928
- 옮긴이 후기 1026
- 요제프 괴벨스 연보 1030
- 용어 찾아보기 1041
- 인명 찾아보기 1045

| 머리말 |

왜 하필 요제프 괴벨스에 대한 책인가? 지난 몇 년간 나는 여러 차례 이 같은 질문을 받았다. 이 물음에 대답하는 일은 쉽지 않았다. 그러나 한 세기를 결정적으로 규정했던, 이해하기 어려운 나치 현상과 그 발생사를 이런 방식으로 연구하는 것이 내게는 피할 수 없는 일이었다. 이 책을 쓰는 데 결정적이라 할 수는 없지만 구체적인 동기가 된 일은 마지막 괴벨스 평전이 거의 20년 전에 쓴 것이고, 이제까지 가장 충실한 괴벨스 평전인 헬무트 하이버(Helmut Heiber)의 책[1]은 거의 30년 전에 쓴 것이라는 사실이었다. 오늘날 활용할 수 있는 많은 자료들과 비교해보면, 이 저서들에 사용된 자료들은 다소 부족하다고 할 수밖에 없다.

이제까지 발간된 괴벨스 관련 책들에서 괴벨스에 대해 구구한 해석들이 난무했던 것은 이렇게 활용할 수 있는 자료가 궁색했던 데에서 비롯한다. 이러한 해석들의 이정표가 된 것은 롤프 호흐후트(Rolf Hochhuth)[2]와 요아힘 페스트(Joachim Fest)[3]의 에세이이다. 괴벨스에 대해 호흐후트는 "스스로 열광하였기에 타인을 열광시켰던 신도"라고 했던 반면, 페스트는 "최후까지 마키아벨리스트였던 자"라고 불렀다. 베르너 슈테판(Werner Stephan)의 초기 작품에서 괴벨스는 "독재의 악마"[4]가 되고, 빅토르 라이만(Viktor Reimann)은 오히려 합리적인 선동 전문가[5]로 보았다. 로커 만펠(Roger Manvell)과 하인리히 프랭켈(Heinrich Fraenkel)은 다리가 불편한 괴벨스가 장애에 대한 보상을 세계관과 총통 신앙에서 찾았다고 해석했다.[6] 하이버는 앞서 말한 책에서 이러한 이미지를 다소 완화시켰으며, 열정적인 선동가이자 가련하도록 작은 인간이었던 괴벨스의 본질을 끝내 극복하지 못한 사춘기에서 찾았다.

요제프 괴벨스는 진정 어떤 사람이었던가? 나는 초기 조사 작업에서부터 언뜻 보기에 넘을 수 없을 것 같은 장애에 부딪혔다. 라인란트팔츠 주의 코블렌츠 소재 연방문서보관소에 소장되어 있는 유작들, 다시 말해 로잔의 금고에 보관되어 있는 1924년 이전 괴벨스 문서 중 일부인 코블렌츠 소장 문서들은 접근 통제 상태였다. 요제프 괴벨스에게 호감을 숨기지 않는 스위스 변호사 프랑수아 즈누(François Genoud)는 이 초기 괴벨스 문서에 대한 처분권뿐 아니라 실질적 소유권도 가지고 있었다. 그렇기 때문에 이 평전을 위하여 뮌헨의 피퍼 출판사 회의실에서 그 낡은 문서 트렁크가 처음으로 열리도록 만들기까지는 많은 노력과 인내가 필요했다. 그날 이윽고 수백 통의 서신과 수많은 문학 습작들, 기타 문서들, 대학생 괴벨스와 연인들의 박엽지에 싸인 초기 사진들이 세상에 모습을 드러냈다.

이 책은 요제프 괴벨스의 인격 형성 과정을 보여주는 상세한 정보를 제공하는 이 유품들 외에도 괴벨스의 일기를 바탕으로 쓰여졌다. 이 책에 동원한 자료들의 두 번째 기둥이라고 할 그의 일기는 "우쭐한 자기 묘사와 자기 암시적 거짓말들"이 포함되어 있을망정 높은 가치를 인정 받고 있다.[7] 그러나 그중 일부만이 전기를 위해 해석되고 있는 상황이었다. 1944~1945년분 일기와 몇 가지 다른 단편들이 동베를린에 있다고 알려져 있었기 때문에, 나는 이 문서들을 구하려고 백방으로 노력했다. 당시 엄연히 버티고 있던 베를린 장벽을 넘어 접촉이 이루어졌다. 그러나 이 일기들의 일부를 공개하는 반대 급부로 받아들이기 벅찬 조건을

나치 독일의 선전장관 요제프 괴벨스(1929년). 최후의 순간까지 히틀러와 함께 했던 철저한 히틀러주의자. '총통 신화'의 창조자 괴벨스는 열정적인 선동가이자 정치 심리의 천재적 예술가였다.

요구해 왔기 때문에, 나는 몇몇 단편들을 제외하고는 그 문서들을 더는 볼 수 없었다.

그러는 동안 1944~1945년 일기가 수 년 동안 동독 정보부 '슈타지'의 수중에 있음을 알게 되었다. 이러한 역사적 문서를 이용하여 서독 연구기관의 활동을 방해하거나 금전적 이익을 노렸던 슈타지는 이제는 존재하지 않는다. 그리하여 1990년 여름 슈타지에서 발견된 일기들은 포츠담에 있는 동독의 국립중앙문서보관소로 되돌아왔고[8] 그 사본이 뮌헨의 현대사연구소로 보내졌다. 그곳에서는 몇 년 전부터 이에 대한 문헌자료 편집 작업이 이루어지고 있다. 결국 나는 이 자료들을 거의 마지막 순간에, 이미 작업이 끝난 이 책의 원고에 수록할 수 있었다.

코블렌츠의 연방문서보관소에 있는 광범위한 자료들과 베를린 다큐멘터리센터의 자료들, 그리고 이른바 베를린의 '투쟁 시기(Kampfzeit, 나치당의 1920년 창당부터 1933년 집권까지를 가리킨다)' 동안 괴벨스에 대해 제기된 많은 소송 관련 문서들(괴벨스 평전과 관련하여 최초로 체계적으로 검토된 이 문서들은 베를린 주州 문서보관소와 모아비트 지방법원 검찰청 다락방의 먼지 덮인 서가에 보관되어 있었다)은 이 책의 기초가 되는 자료들의 세 번째 기둥이다. 이는 국내외 문서보관소들에 조금씩 보관되어 있는 자료들을 통해 보완되었는데, 이중에는 관구장 시절 괴벨스의 활동을 밝혀줄 호르스트 베셀*의 정치적 기록들도 포함되어 있었다. 폴란드 크라카우의 야길로넨 도서관에 보관되어 있던 이 자료는 서독에서는 지금까지 소실된 것으로 알려져 왔다.

선동가 괴벨스의 저술 및 신문 기고문을 통하여, 여러 문헌에서 집요하게 나타나던 전설이 수정됨과 동시에 몇 가지 의문에 새로운 답변이 가능해졌다. 즉, 괴벨스는 진정한 신념을 지녔던가, 아니면 마키아벨리스트였던가라는 중심 문제, 그리고 이와 함께 그가 히틀러 및 나치와 맺은 관계의 본질 등의 문제가 그것이다. 괴벨스의 반유대주의가 형성된 원인도 밝힐 수 있었다. 여태까지는 이를 두고 히틀러를 향한 기회주의적 처신의 일환으로 평가 절하하거나, 아니면 실업자이던 인문학 박사 괴벨스의 입사 원서를 유대인 신문 발행인들이 거부했기 때문이라고 설명해 왔다. 또한 이러한 자료들에 힘입어 슈테네스 반란, 슈트라서 위기, 룀 쿠데타, 1944년 7월 20일의 히틀러 암살 기도 사건과 전쟁 말기 벙커에서 보낸 날들과 관련하여 괴벨스의 역할에 대해서도 새로운 해석이 가능해졌다.

활용할 수 있는 자료들이 엄청난 분량이어서 이러한 문제를 비롯한 수많은 문제들을 일부는 충분히 다루지 못했다. 무엇보다도 선전기구의 조직 구조나 선전 활동 자체에 대한 문제가 그러하다. 이중에서도 특히 후자를 충분히 다루는 것이 이 책의 목표일 수는 없는데, 이와 관련해서는 예를 들어 뵐케(Willi Boelcke),[9] 브람슈테트(Ernest Bramsted),[10] 발푸르(Michael Balfour)[11] 등의 기본적인 작업들이 이미 존재하기 때문이다. 만약 내가 거의 개관이 힘들 정도로 광범위한 2차 문헌들을 빠짐없이 다루려 했다면 이 책은 쓸 수 없었을 것이다. 나는 요제프 괴벨스의 삶, 라이트에서 태어난 괴벨스가 붕괴하는 베를린에서, 45년이 지난 지금에야 마침내 2차 세계대전의 정치적 결과들이 겨우 극복되고 있는 그 베를린에서 끔찍한 최후를 맞게 될 때까지의 전말을 자료에 기초하여 서술하고자 하였을 뿐이다. 아마도 이 책과 이 책에 표시된 수많은 출전들은 괴벨스의 삶이 지니고 있는 문제들을 좀 더 상세히 살펴보고자 하는 사람들에게 자극을 줄 수 있을 것이다.

베셀(Horst Wessel, 1907~1930) 독일 나치 운동의 순교자로 미화된 나치당원. 1926년에 나치당에 가입한 베셀은 돌격대(SA)에 들어가 맹렬히 활동했다. 베셀은 나치의 웅변가 괴벨스에게 매료되어 그에 대한 글을 남기기도 했다. 1930년 베를린의 빈민가에서 공산주의자로 추정되는 자들에게 살해당했는데, 괴벨스는 그의 죽음을 순교로 미화해 선전에 이용했다.

이제 요제프 괴벨스의 생애를 따라가기 전에, 이 자리를 빌려 몇몇 분들께 고마움을 표하고자 한다. 코블렌츠 연방문서보관소의 올덴하게 박사와 외나르츠 씨, 베를린 주 문서보관소의 라이하르트 박사, 베첼 박사, 크루코프스키 박사, 바움가르텐 씨, 뮌헨글라트바흐 시 문서보관소의 뢰르 박사와 라머스 씨, 뮌헨글라트바흐 홍보국의 쿠너르트 씨, 베를린 다큐멘터리센터의 펠아우어 씨와 베를린 내무국의 페르츠 씨에게 감사드린다. 이분들은 관료주의의 틀을 벗어나 커다란 도움을 주었다. 또 현대사연구소의 헤륍스트 교수, 바르샤바의 역사학자인 디트리히 씨, 베를린 자유대학의 슈트리플러 씨가 자료 수집에 도움을 주었고, 블라지우스 박사와 볼슈타인 교수는 원고에서 실증적인 오류들을 바로잡아 주고 탁월한 조언을 많이 해주었다. 글의 수정과 교정을 맡아준 자이볼프 박사와 샤우프 씨, 적극적으로 협력해준 피퍼 출판사의 반크 씨와 매르틴 박사에게도 감사를 드린다. 그리고 나의 아내에게 특별한 고마움을 전한다. 아내의 인내와 이해와 협력이 없었다면 이 책은 탄생하지 못했을 것이다.

1990년 7월 베를린에서
랄프 게오르크 로이트

1장

신은 왜 그를 경멸받고 조롱당하도록 만들었는가?
(1897~1917)

1897년 파울 요제프 괴벨스(Paul Joseph Goebbels)가 태어났을 때 독일황제제국*은 번성하고 있었다. 25년 전 프랑스-프로이센 전쟁*의 승리 후 수립된 독일제국은 눈부신 속도로 강대국으로 떠올랐다. 독일은 식민지를 건설하는 다른 강대국들과 "태양 아래 자리"(해외식민지를 추구하던 독일의 구호)를 두고 정치적 각축을 벌였다. 군부와 실업계가 제시한 "세계 정치의 과제, 세계 대국의 목표"라는 슬로건은 대부르주아 층과 프티부르주아들에게 열광적 지지를 받았다. 그러나 이 슬로건은 프랑스와 러시아의 동맹을 가져왔고 독일이 대영제국과 갈등을 빚게 만들었다.

괴벨스가 태어난 그해에 황제 빌헬름 2세(Wilhelm II, 1859~1941, 최후의 독일 황제 및 프로이센 국왕. 재위 1888~1918년)는 이러한 강대국 추구 정책을 강력하게 펼쳤다. 황제는 해군장관 티르피츠*에게 대함대 건조를 명령했다. 이 함대는 제국의 위대함을 표현할 뿐 아니라 해외에서 새로운 원료 공급지 및 판매 시장을 확보하는 데 필요한 것이었다. 19세기 말 독일은 특히 급속한 경제 발전을 이룩하고 있었다. 이 젊은 제국은 국제 교역량에서 이미 영국에 이어 세계 2위를 기록하고 있었고, 또 총 산업 생산량에서는 그때까지 선두를 지키던 경제 강국 영국을 이미 앞지르고 있었다. 자연을 지배하는 인간의 힘이 날마다 커져 가고 지식의 지평이 날마다 거듭 넓어지던 그때, 경제 성장의 한계는 없는 것처럼 보였다.

그러나 이러한 빠른 발전의 시기에도 어떤 한계가 내재해 있었는데, 그 한계는 시대의 여러 모순들을 통해 드러났다. 빌헬름 2세는 대선제후

(독일 브란덴부르크 선제후인 프리드리히 빌헬름*)와 위대한 프리드리히 대왕*의 법도와 상징으로 나라를 다스리고 있었으나, 정치를 좌우하고 있었던 것은 이미 오래전부터 조직화된 이해 단체들이었다. 경제와 재정과 교양을 장악한 시민계급이 그 시대를 주도했다. 그러나 마르크스와 니체, 바그너와 프로이트 같은 비판자들은 이미 시민 세계의 종말이 시작되었다고 보았다.

특히 대도시에서 변혁이 일어나기 시작했으며, 도시 외의 독일 전역에서도 시민 세계의 종말을 불러오는 변혁이 준비되고 있었다. 괴벨스가 태어난 니더라인 지역도 예외는 아니었다. 농업과 수공업의 오랜 전통을

독일황제제국 1871년 프로이센 정치가 비스마르크가 창설하여 1945년 2차 세계대전 패전까지 유지된, 최초의 독일 민족국가의 공식명칭은 독일제국(Deutsches Reich)이다. 이 책에서 '제국'이라는 명칭은 이 국가를 뜻한다. 이 독일제국은 1871~1918년의 독일황제제국(Deutsches Kaiserreich, 제2제국), 1918~1933년 바이마르공화국, 1933~1945년 나치 시대(제3제국)의 세 시기로 나뉜다.

프랑스-프로이센 전쟁(1870~1871) 프로이센의 지도로 독일 통일을 이룩하려는 비스마르크의 정책과 그것을 저지하려는 나폴레옹 3세의 정책이 충돌해 일어난 전쟁. 프랑스가 패배하여 그때까지 프랑스가 주도하던 유럽의 형세가 바뀌었고, 프로이센이 중심이 된 독일제국이 수립되었다.

티르피츠(Alfred von Tirpitz, 1849~1930) 1897년 해군장관 취임 후 독일 함대 증강에 성공하여 독일을 세계 제2의 해군국으로 육성했다.

프리드리히 빌헬름(Friedrich Wilhelm, 1620~1688) 선제후 재위 1640~1688년. 대선제후로 불리며, 독일이 강대국으로 발돋움하는 발전의 기반을 다졌다. 1648년의 베스트팔렌 조약으로 발트 해안의 여러 지방을 획득하고, 스웨덴과 폴란드가 벌인 제1차 북방전쟁(1655~1660) 기간에는 교묘한 동맹 외교를 통해 폴란드령 프로이센에 대한 종주권을 확립하였다. 그 후 신성로마황제와 동맹하여 루이 14세에 대항, 프랑스와 동맹한 스웨덴 군을 격파하였으나 황제의 배신으로 점령지를 반환하고(1679) 프랑스와 우호 관계를 맺었다. 내정에서는 프로이센 절대주의와 중상주의 정책의 창시자로 근대적인 전문 관료제와 강대한 상비군 체제를 확립하는 한편, 소비세를 도입하여 국가 재정 제도를 정비하였다.

지니고 있었으며 가톨릭이 지배하고 있던 그 평온한 세계에도 현대 문명이 밀려들고 있었다. 니더라인 지역의 유서 깊은 직조 및 방적 공장들은 섬유 공업으로 발전해 갔다. 도심에서의 노동은 농촌 사람들에게 더 나은 삶의 전망을 열어주면서 그들을 끌어들였다. 그러나 대개의 경우 그 희망은 양산되는 도시 프롤레타리아의 힘겨운 잿빛 일상 속에서 덧없이 흩어져 갔다.

요제프 괴벨스의 할아버지 콘라트 괴벨스(Konrad Goebbels)도 고향을 떠나, "쾰른과 뒤셀도르프 근처에서" 급부상하던 작은 공업도시 라이트(Rheydt)에서 미래의 행복을 찾으려 했다.[1] 윌리히 근교 게벨스도르프의 농부였던 그는 베크라트 출신인 게르트루트 마르가레테 로스캄프(Gertrud Margarete Roßkamp)와 결혼했다(그때까지 콘라트 괴벨스는 자신의 성을 Goebbels가 아니라 Göbbels로 쓰고 있었다[2]). 이후 그는 수많은 공장 중 한곳에서 일평생 단순 노동자로 일했다.

1867년 4월 14일 태어난[3] 요제프 괴벨스의 아버지 프리츠 괴벨스(Fritz Goebbels)는 가난한 집안의 아이였기에 어려서부터 일을 해야 했다. 그는 라이트의 심지 공장인 'W. H. 레나르츠(W. H. Lennartz)'에서 급사로 일을 시작했다. 이 회사에서도 경영직과 관리직이 점점 늘어났기 때문에, 부지런한 노동자에게는 승진 기회가 있었다. 프리츠 괴벨스는 이 기회를 꽉 잡았다. 나중에 요제프 괴벨스는 아버지가 "비록 대수롭지 않은 업무에 불과하더라도" 지극히 열성적으로 일했다고 썼다.[4] 하급 사무직 노동자가 된 프리츠 괴벨스는 소위 '스탠드 칼라 프롤레타리아(노동자 출신 사원)'로 사무를 보다가, 1차 세계대전 중에는 회계 직원으로까지 승진했다. '페어아인테 도흐트파브리켄(Vereinte Dochtfabriken GmbH, 합동심지공장유한회사)'으로 회사명을 바꾼 레나르츠 사의 소유주는 1920년대에 프리츠 괴벨스에게 업무 대리권을 위임하기까지 하였다.

공장 지배인이 된 프리츠 괴벨스의 가족은 마침내 프티부르주아 계급에 속하게 되었다.[5]

1892년 25살의 프리츠 괴벨스는 카타리나 오덴하우젠(Katharina Odenhausen)과 결혼했다. 그녀는 독일과 네덜란드 국경을 흐르는 부름 강변의 네덜란드 지역에 있는 위바흐에서 태어났고, 어린 시절을 라인달렌에서 보냈다. 그녀의 아버지인 요한 미하엘 오덴하우젠(Johann Michael Odenhausen)은 편자 대장장이였는데 60살도 되기 전에 심장마비로 사망했다. 미망인이 된 그의 부인 요한나 마리아 카타리나 쾨르페르스(Johanna Maria Katharina Koervers, 쾨르페르스는 결혼 전 성姓이다)는 여섯 아이들을 부양하기 위해 가정부 일을 했다. 그녀는 먼 친척인 주임 신부의 가정부로 일했으며 그 신부를 정중하게 "나리"라고 불렀다. 신부관의 식탁에 앉는 식구가 한 명이라도 줄어드는 것이 그녀의 힘겨운 삶에 조금이라도 보탬이 되는 일이었기에, 딸 카타리나는 어릴 때부터 한 농가에서 하녀로 일했다. 그러다가 노동자인 프리츠 괴벨스를 만나 결혼하게 된 것이다.

괴벨스 가족은 오덴키르헨 거리 186번지의 작은 연립주택에서 지극히

프리드리히 대왕(Friedrich der Grosse, 1712~1786) 프리드리히 2세(재위 1740~1786년)를 달리 부르는 이름. 아버지에게 물려받은 풍부한 국고와 강한 군대를 활용하여 강력한 대외 정책을 추진하였다. 우선, 오스트리아의 황제 상속권을 둘러싼 분쟁에 편승하여 슐레지엔 전쟁(제1차, 제2차)을 일으켜서 경제적으로 요지인 슐레지엔을 병합하고 그 지역을 대대적으로 개발하였다. 한편, 영국·프랑스 사이에서 식민지 전쟁이 일어나자 대왕은 영국과 동맹을 맺고 기선을 잡아 작센에 군대를 침공시켜 7년전쟁(1756~1763)을 일으켰다. 대왕은 오스트리아·프랑스·러시아의 3대 강국을 상대로 잘 싸웠으나 군사력의 부족으로 전황이 불리해졌고, 영국의 원조마저 소극적이었기 때문에 몹시 궁지에 몰렸다. 그러나 1762년 러시아의 엘리자베타 여제가 죽고 프리드리히 대왕을 경배하는 표트르 3세가 즉위하는 기적 같은 일이 일어나 다시 유럽에서 주도권을 잡게 되었다(브란덴부르크의 기적). 그는 계몽 전제 군주의 전형(典型)으로 불린다.

소박하고 검소하게 살았다.[6] 이곳에서 콘라트, 한스, 마리아에 이어 셋째 아들 파울 요제프 괴벨스가 1897년 10월 29일 태어났다. 이중 마리아는 어려서 죽었다. 요제프는 자신보다 각각 네 살과 두 살 더 많은 두 형과 두 누이동생 엘리자베트(1901년생), 마리아(1910년생)와 함께 화목한 가정에서 자랐다.

아버지 프리츠 괴벨스는 '프로이센적인 꼿꼿함'[7]을 지닌 의무감이 투철한 남자였다. 그는 "자신이 이해하는 사랑의 방식으로" 자식을 사랑했고, "그보다 더욱 부인을 사랑했다. 그는 사랑하는 만큼 사랑받지 못한다고 느끼는 사람들이 그러하듯이, 늘 작은 술수나 심술 따위를 부려 그녀를 성가시게 했다."[8] 요제프와 형제들은 아버지의 '스파르타식 교육'[9]을 두려워했다. 또 자주 우울해지는 소박한 어머니의 온화함을 그만큼 사랑하기도 했다.

요제프는 어머니를 깊이 사랑했고, 어머니도 이 네 번째 자식을 매우 사랑했다. 나중에 요제프 괴벨스는 어쩌면 어머니가 자신을 낳을 때 죽음의 문턱까지 갔기 때문에 자신을 거의 '우상을 숭배'하듯이 사랑했던 것일지도 모른다고 회고했다. 그에 따르면 어머니는 "남편에게 다 주지 않은" 사랑을 아들 요제프에게 쏟았다는 것이다. 괴벨스는 나중에 바로 어머니의 그러한 "수수께끼와 같은 소박함" 때문에 그녀를 신성시했다.[10] 어머니야말로 그에 대한 '가장 충실한 최상의 숭배자'였다는 것이다.[11] 요제프 괴벨스와 가족의 관계에서 어머니는 평생 연결 고리가 되었다. 가족은 1920년대 중반까지 괴벨스에게 일종의 피난처 역할을 했다.

괴벨스는 친지들을 회상할 때 느끼는 호감의 정도가 각각 달랐다. 외할머니 오덴하우젠 부인에 대한 기억은 없고 친할아버지 콘라트 괴벨스에 대해서도 집안의 내력인 큼직한 코만 기억했다. 그러나 친할머니는 "몸집이 아담하고 온화한 부인"으로 기억한다. 그는 자신의 소년 시절까지 살아계셨던 친할머니에 대해 "매우 사랑스럽고 유쾌한 기억들"을 지니고 있었다. 또한 다정한 이모인 '대모 크리스티나'도 매우 좋아했다. 이에 반해서 아버지의 가장 어린 누이동생인 '엘리자베트 고모'는 "노처녀의 길을 갔던" 신경질 많고 심술궂고 질투심 많은 여자로 기억하고 있다. 그리고 직물 행상인인 하인리히 삼촌에 대해서도 풍부하게 기억하고 있었는데, 그는 1년에 두 번 본격적인 장사가 시작되기 전에 최신 직물 견본 전시를 살펴보러 들르곤 했다.

괴벨스가 하필이면 드물게 만났던 하인리히 삼촌을 특히 잘 기억하는 것은 그가 붙임성 많은 유쾌한 사람이었고, 이 점에서 괴벨스 집안의 다른 사람들과 달랐기 때문이기도 했다. 괴벨스 집안 사람들이 지닌 '무거운 피'는 니더라인 지방 사람들에게 전형적으로 나타나는 것이었는데, 이는 그 지역의 단조로운 풍경과 깊이 뿌리 박힌 가톨릭 신앙과 관계가 있었다. 괴벨스 가족을 비롯하여 그 지역 서민들은 지상의 모든 것 위에 군림하는 하느님이 인간에게 상과 벌을 내린다고 믿고, 묵주 기도를 자주 바칠수록 하느님이 더 잘 보살펴준다고 믿었다. 그들에게 가톨릭은 살아 있는 신앙이었다. 하느님의 진노를 두려워했기에 하느님과 성직자들에게 겸손한 외경을 바쳤다. 매일 성당에 가며 고해성사를 하고 집에서 여럿이 함께 기도를 드리는 것은 괴벨스 가족에게는 아버지가 레나르츠 심지 공장에서 돈을 벌어와 하루 세 끼 식사를 하는 것과 마찬가지로 당연한 일과였다. 집에서 기도를 할 때면 무릎을 꿇은 아이들의 이마에 어머니가 성수로 성호를 그었다.

요제프가 태어나고 약 2년이 지난 후 괴벨스 가족은 다시 하느님께 감사드릴 일이 생겼다. 아버지 프리츠 괴벨스가 상점 사무직원으로 승진하면서 이제 연봉 2,100마르크에 1년에 한 번 보너스 250마르크를 받을 수 있게 된 것이다.[12] 그리하여 괴벨스 가족은 달렌 거리의 좀 더 안락한 집으로 이사할 수 있었다. 20세기가 시작되면서 엘리자베트가 태어났을 때는 이 집도 너무 좁아졌다. 괴벨스 가족은 절약과 근면에 힘입어 그해 그 지역의 전형적인 작은 주택을 한 채 살 수 있었다. 새 집도 여전히 달렌 거리에 있었지만 좀 더 도심 쪽에 가까웠다. 주소가 140번지였던 이 '수수한' 주택은 격동의 세월을 견뎌내고 오늘날까지 남아 있다. 요제프 괴벨스는 이 집을 자신의 생가로 여겼는데, 이는 자신이 그 집에서 "사실상 삶에 눈뜨게 되었기" 때문이다.[13]

괴벨스에게 삶은 힘겹게 시작되었다. 그는 갓난아기 때 폐렴을 앓아 "소름 끼치는 신열이 가져온 환영 속에서" 거의 죽을 뻔했다. 살아남았지만 그는 '허약한 꼬마'가 되었다. 20세기가 시작되고 얼마 지나지 않아 그는 골수염에 걸렸다.[14] 그는 이에 대해 유년기에 겪은 "삶의 방향을 결정지은 사건 중 하나"라고 회고한 바 있다.[15] 그의 《비망록》에 따르면, 어느 날 집 근처를 오래 산책하고 나서 "그 익숙한 병"이 오른쪽 다리에 지독한 통증을 가져왔다고 한다. 가족의 주치의와 안마사는 이미 치료가 끝났다고 여겼던 오른쪽 다리의 마비를 다시 치료하기 위해 그 후 2년 동안 애썼다. 그러나 끝내 그들은 절망에 빠진 부모에게 요제프의 다리는 평생 동안 마비될 것이고 성장이 지체될 것이며 점차 만곡족(彎曲足)이 될 것이라고 말할 수밖에 없었다.

프리츠와 카타리나 부부는 포기하지 않고 요제프와 함께 본의 대학병원 교수들을 찾아다니기까지 하였다. 이러한 일은 20세기 초 하급 사무직원에게 결코 당연한 일은 아니었다. 그러나 그 권위자 역시 "어깨를 으쓱하며" 포기할 수밖에 없었다. 요제프 괴벨스는 마비된 발을 똑바로 유지하도록 받쳐주는 볼품없는 정형기구를 부착하고 다리를 절며 다녔다. 그리고 얼마 지난 후 뮌헨글라트바흐 마리아힐프 병원의 외과의들이 이제 10살이 된 그를 수술했다.[16] 그러나 수술은 실패로 돌아갔고, 만곡족에서 벗어날 수 있는 희망은 완전히 사라졌다.

경건한 부모, 특히 어머니는 괴벨스의 숙명을 가족을 짓누르는 시련으로 받아들였다. 가톨릭의 영향을 받은 서민들의 소박한 생각 속에서는 이로 인해 어두운 연상들이 이어졌다. 카타리나 괴벨스는 자주 '작은 요제프'의 손을 잡고 라이트의 마리아 교회에 가서 함께 무릎을 꿇고 하느님께 나지막하게 기도를 드렸다. 그 기도의 내용은 이 아이에게 힘을 주시고 악이 이 아이와 가족에게서 사라지게 해 달라는 것이었다. 이웃들의 수군거림이 두려워서 요제프의 증상은 병이 아니라 사고 때문이라고 말하기도 하였다. 그녀가 아기를 들어올릴 때 아기의 발이 의자에 걸려 있는 것을 미처 보지 못했다는 것이다.[17] 그런 거짓말에도 불구하고, 요제프가 아프고 난 후부터 '예사롭지 않은 아이'라는 말이 나돌았다.[18]

소년 자신은 장애와 신앙의 관련성을 이해할 수 없었을 것이다. 이러한 사실과 함께, 무엇보다도 어른들의 모욕적이고 동정 어린 시선과 친구들의 놀림 때문에 괴벨스는 신체적 장애가 모든 것에 그늘을 드리운다고 여기게 되었다.[19] 그리하여 자신을 열등하다고 생각하고 집 밖으로 나가기를 꺼리게 되었다. 그는 달렌 거리의 작은 집 2층에 있는 좁은 자기 방에 틀어박히는 일이 점점 잦아졌다. 22살 때 괴벨스는 어린 시절을 돌이켜 보면서, 그때는 늘 이렇게 생각했다고 썼다. 친구들이 그를 창피해하는 이유는 "그가 그들처럼 달리고 뛰어오를 수 없기 때문이다. 그리하여 때때로 외로움은 괴로움이 되었다. …… 다른 아이들이 자신과 함께 놀려 하지 않는다는 생각, 그가 혼자 있는 것이 스스로 원해서가 아니라는 생각이 그를 고독하게 만들었다. 고독은 그를 자포자기 상태에 빠뜨렸다. 다른 아이들이 달리고 마구 설치고 뛰어다니는 것을 보면, 그는 자신을 그렇게 만든 하느님에게 불평을 하였다. 그리고 자신과 같지 않은 다른 사람들을 증오하게 되었고, 자신과 같은 병신을 여전히 좋아하는 어머니를 비웃게 되었다."[20]

1904년 부활절 때 집에서 가까운 초등학교에 입학하게 되었을 때에도, 불균형으로 보일 만큼 머리가 크고 다리는 발육부전이며 허약하고 모든 일에 서투르게 보이는 소년의 고통은 사라지지 않았다. 친구들은 내성적이고 늘 혼자 있으려 하는 괴벨스를 좋아하지 않았다. 교사들도 고집스럽고 '조숙한 소년'인 데다 학업을 등한시하는 그를 그리 좋아하지 않았다. 괴벨스가 숙제를 해오지 않거나 불손한 태도를 보이곤 했기에 교사들은 이따금 체벌을 가했다. 이것도 그가 초등학교 시절과 그 교사들에 대해 대부분 나쁜 기억들을 간직하고 있는 이유였다. 괴벨스는 교사 중 한 사람을 "아이들을 학대한 비루한 자식"이라고 불렀고, 또 다른 교사에 대해서는 "별의별 멍청한 소리를 늘어놓던 사기꾼"이라고 불렀다. "참으로 열렬하게 이야기할 줄 알던"[21] 한 교사만이 그의 호감을 샀다. 그는 소년의 상상력을 자극할 줄 알았다는 것이다.

괴벨스는 다리 수술 때문에 3주간 병원에 입원해 있을 때 아침부터 저녁까지 동화책을 읽었다. 대모 크리스티나가 반 친구인 '부유한 헤르베르트 바이네스(Herbert Beines)'로부터 빌려서 가져다주는 책들이었다. "내가 읽은 첫 번째 동화책들이었다. …… 이 책들 덕분에 책 읽기의 즐거움을 알게 되었다. 그때부터 인쇄된 것은 모조리 읽어버렸다. 신문 정치면까지 읽었는데, 물론 이해하지는 못했다."[22] 아버지가 사다준, 이미 낡아버린 2권짜리 백과사전인 《마이어 소사전》[23]을 꼼꼼히 읽기도 했다. 괴벨스는 신체 장애를 지식 분야에서 만회할 수 있다는 사실을 금방 알아차렸다. 그는 언제나 열등감을 과잉 보상하는 방향으로 나아갔다. 누군가 "그 자신의 분야를 자신보다 더 잘 아는 것을" 견디지 못했다. "다른 사람들이 지적인 분야에서도 그를 따돌릴 정도로 악독하다고 여겼기 때문이다. 그리고 이 생각 때문에 더욱 부지런하게 열심히 공부하게 되었다." 그는 반에서 가장 우수한 학생들 중 하나가 되었다.[24]

자식들이 자신들보다 더 잘되었으면 하는 생각에 사로잡혀 있던 프리츠 괴벨스와 그 아내에게 요제프의 학구열은 만족스러웠다. 그들은 요제

1908년 아우구스타 거리의 라이트 고등실업학교 겸 개혁김나지움 학생들. 맨 윗줄 왼쪽에서 4번째 학생이 요제프 괴벨스이다.

프의 공부를 위해서라면 할 수 있는 일을 다 했다. 사회적 지위가 상승할수록 더 많은 돈을 지출해야 했던 가족으로서 이는 쉬운 일이 아니었다. 이러한 지출은 벌이가 좋은 사람들을 옭아매었다. 프리츠 괴벨스는 사무직이었기 때문에 빳빳한 하얀 깃이 달린 옷을 입어야 했고, 평일에도 빳빳한 중절모를 써야 했다. 그의 가족은 사회적 지위에 걸맞게 '훌륭한 방' 하나를 갖추고 있어야 했다. 그 방은 플러시 천을 입힌 안락의자와 소파, 조그만 장식장, 조부모가 물려준 금빛 액자의 그림 두 점과 수많은 장식 소품들로 채워져 있었다. 말할 것도 없이 이 방은 아주 특별한 일이 있을 때에만 사용되었다.[25]

프리츠 괴벨스는 단 한 푼을 지출하더라도 파란 장부에 기록하고,[26] 월말에는 어느 부분에서 조금이라도 더 절약을 할 수 있을지 고심했다. 그러한 노력에도 불구하고 괴벨스 가족은 가내 부업을 해서 좀 더 많은 돈을 벌어야 했다. "우리는 램프 심지를 만들었는데, 금세 눈이 침침해지고 등이 굳는 아주 궂은 노동이었다. 저녁 때 퇴근한 아버지도 신문을 읽고 나면 함께 일을 했다. 이 일은 물론 큰돈을 벌어주지는 못했다. 그러나 사회적 지위라는 사다리에서 한 칸이라도 더 올라가기 위해서는 단 한 푼도 절실했다."27) 이때 괴벨스의 부모가 가장 중요하게 여긴 것은 자식들이 좋은 교육을 받는 것이었다.

지적 재능이 가장 뛰어났던 요제프는 당연히 형 콘라트와 한스처럼, 라이트 시의 아우구스타 거리에 있는 시립고등실업학교 겸 개혁김나지움에 들어갈 계획이었다. 그 학교에 입학하는 1908년 부활절이 되기 전에28) 프리츠 괴벨스는 아들의 초등학교 최종 성적표를 수정하도록 영향력을 행사했다. 그리하여 지난 학기에 병 때문에 결석했던 날들을 줄이고, '우'를 전부 '수'로 올려놓았다.

"이제 자신을 비웃고 조롱하던 동료들에게 승리를 거두었다고 믿었던"29) 요제프 괴벨스는 상급학교 진학을 무척 기뻐했다. 괴벨스는 새 학우들이 신체 장애 때문에 자신을 업신여긴다면, 그들이 자신을 "두려워하도록" 만들겠다는 생각을 스스로에게 끊임없이 주입했다. 학업 성적으로 모두를 누르겠다고 결심한 그는 수업을 시작한 첫 날부터 이를 악물고 공부했다. 친구들은 곧 그에게 도움을 청해야 했다. 괴벨스는 친구들에게 자신의 우월함을 느끼도록 했고, "자신이 가는 길이 옳다는 것을 알게 되었기에 내심 기뻐했다."30)

요제프 괴벨스는 그 어떤 노력도 마다하지 않았다. 모든 분야에서 탁월했고, 라틴어, 지리, 독일어, 수학을 막론하고 최고 성적을 거두었다.31) 또한 예능 과목, 즉 미술이나 음악 등에는 거의 병적인 열성을 보였는데, 이러한 열성은 아버지가 보인 선의의 지원으로 더욱 높아졌다. 1909년 아버지는 학구파인 아들을 위해 피아노를 사주었던 것이다. 그로부터 30년도 더 지나서 괴벨스는 아버지가 그때 자기를 불러 어떻게 그 말을 꺼냈는지를 보좌관에게 이야기했다. "그리고 우리는 함께 피아노를 보러 갔지. 피아노는 300마르크였는데 물론 중고였고 상당히 달그락거렸다네." 그러나 피아노는 "교양과 부유함의 상징이었고 세련된 삶의 표현이었으며 시민계급의 상징"[32]이었다. 괴벨스 집안은 20세기의 첫 10년이 끝날 무렵 부르주아로 넘어가는 문턱에 서 있었던 것이다. 요제프 괴벨스는 아버지의 엄격한 감독을 받으며 이 피아노 앞에 앉아 《담의 피아노 강습(Dammsche Klavierschule)》이라는 이미 너덜너덜해진 책으로 연습했다.

괴벨스는 연극에도 특별한 재능을 보였다. 그는 어릴 적에 이미 집에서 '괴기 비극'을 몇 편 지었다. 또 그는 매년 열리는 학예회에서 재능 있는 연기로 관객을 사로잡았다. 효과적인 대사와 동작과 몸짓이 그의 강점이었다. 요제프는 아마추어 연극 무대뿐 아니라 일상생활에서도 연기를 했다. 공상과 자만심에 빠져 있던 그는 때때로 그 자신이 아닌 듯했다. 모든 행동을 겉으로 보이는 모습을 노리고 했기 때문이었다.[33] 그는 때때로 속이고 사기를 치기도 했는데 이는 결국 가책을 느끼게 했다. 괴벨스는 기도서를 십어 들기니 교회에 가거나 신부에게 고해성사를 하여 양심의 가책을 덜었다.[34]

그래서 그는 부사제 요하네스 몰렌(Johannes Mollen)이 진행하던 종교 수업에 집중했다. 그러나 그는 한 가지 물음 때문에 늘 괴로웠다. "하느님은 왜 경멸과 조롱을 받도록 그를 만들었는가? 왜 그는 다른 사람들처럼 자신과 삶을 그 자체로 사랑할 수 없는가? 왜 사랑하고 싶고 사랑해야 할 때, 그러지 못하고 증오해야 하는가?" 그래서 그는 신을 원망했다. "때때로 그는 하느님이 존재한다는 사실 자체를 믿을 수 없었다."[35] 하지만 그는 모든 희망을 신에게 걸었다. 오직 신만이 그가 언젠가 인정과 사랑을 받을 수 있을 것이라는 희망을 줄 수 있기 때문이었다.

1910년 4월 초, 몰렌의 학생들 중 가장 영리한 괴벨스와 그와 별로 친하지 않던 학급 친구 몇 명이 함께 첫 성체를 위해 존경하는 부사제에게 갔다. 성모와 아기 예수를 그린 종이에는 〈아가서〉 3장 4절이 쓰여 있었다. "내가 마음에 사랑하는 자를 만났구나."36) 13살 학생이던 괴벨스는 정의가 그에게도 이루어지리라는 희망 속에서, 삶 전체를 이 구절에 바치겠다고 생각했다. 그리고 언젠가 '고위 성직자'가 되어 미사를 집전하거나 화려한 예복을 입고 라이트 시의 성체 축제 행렬을 이끌겠다는 꿈을 가졌다. 부모는 신학을 공부하겠다는 그의 생각을 지지했다. 이는 신념이나 위신 때문만은 아니었다. 신학 공부의 비용은 교회가 부담하기 때문에 이것이 가장 현실적인 계획이기도 했던 것이다.

역사 수업 시간에 들었던, 그 시대의 전형적인 군국주의적 사고방식도 소년에게 깊은 인상을 주었다. 후에 괴벨스는 알렉산드로스 대왕의 정복 전쟁을 자세히 다루었던 역사 교사 바르텔스(Gehardi Bartels)를 찬양조로 회고하면서 "우리는 주먹을 불끈 쥐고 반짝이는 눈으로 선생님의 입술만 바라보고 있었다."37)라고 말하기도 했다. 그것은 위대한 시대를 만들었던 위인들의 영웅담이었다. 그리고 그 마케도니아의 대왕은 독일제국이 이제 막 획득하려고 하는 위대함의 상징이었다. 1870~1871년 프랑스-프로이센 전쟁에서 프랑스에게 거둔 결정적인 승리와 그 승전의 상징인 '스당'*은 프로이센의 급부상을 뜻하고 있었다. 하인리히 폰 트라이치케(Heinrich von Treitschke), 막스 렌츠(Max Lenz), 에리히 마르크스(Erich Marks) 같은 역사가들이나 역사 교사들은 이러한 발전이 이제 영국과의 경쟁에서 계속된다고 보았다. 이를 통해 독일은 곧 강대국이 될 것이었다. 그들은 그 시대에 들어맞았던 이러한 태도를 다윈의 이론으로 정당화했다. 그 이론에 따르면 정치적인 팽창은 생명력을 증명하는 동시에 자신들의 우월한 문화를 확산시킨다는 민족적 사명이기도 했다.

요제프 괴벨스는 힘센 인간형이 숭배받는 세계에서 장애인으로 살게 된 것은 신이 내린 형벌이라고 생각했다. 그렇지만 조국과 신앙은 그의 사고에서 변함없이 중요한 부분이었다. 신에 대한 희망에 덧붙여 현실 감각을 앗아가는 백일몽도 나타났다. 대부분의 시간을 바쳤던 책이[38] 백일몽의 세계를 열어주었다. 그 꿈속에서 그는 종종 현실에서는 불가능한 영웅의 역할을 맡기도 하였다. "그러면 그는 자신이 다른 사람처럼 설치고 다닐 수 없다는 사실 때문에 더는 그렇게 쓰라림을 느끼지 않았으며, 자신과 같은 장애인에게도 향유할 수 있는 세상이 있다는 사실에 기뻐했다."[39]

괴벨스는 이러한 느낌들을 더 계발하기 시작하였다. 그는 1912년 펜을 들어 첫 번째 시를 지었는데, 기업주 아들인 친구 레나르츠가 수술받다 죽은 일이 계기가 되었다. 괴벨스는 상상력에 힘입어 '진정한 친구'를 잃었다고 썼다. "나는 관 옆에 서 있다./너의 차가운 사지를 본다./너는 나의 친구, 그래, 참된 친구였다./내가 삶에서 얻을 수 있었던 친구./너는 벌써 내게서 떠나가는가./너에게 손짓하던 삶을 놓아버리고,/친구들이 있는 세상을 놓아버리고,/반짝이던 희망도 놓아버리고."[40]

그 자신은 나중에 이 시를 '선형적인 학생풍 비가(悲歌)'라고 비판적으로 평하였지만, 당시 그는 곧 이에 버금갈 만큼 과잉 장식된 그리고 당시 시대정신에 철두철미 부합하는 시들을 썼다. 가령 자신의 심경을 토로한, 봄을 묘사한 시가 하나 있다.[41] 이제 그는 때때로 시를 짓는 자신이 신이 부여한 비범한 성품을 지닌 예외적 인간에 속한다고 생각했다. "신이 그의 몸에 이를 표시한 것이다."[42]

스당 1870년 9월 1일 스당 전투를 말한다. 여기서 패한 프랑스의 나폴레옹 3세는 프로이센의 포로가 되었고 프랑스 제2제정은 막을 내렸다. 전투는 뫼즈 강 연안의 프랑스 국경에 있는 스당 요새에서 벌어졌다. 12만 명의 프랑스 군과 20만 명의 프로이센 군이 맞붙었으며, 결국 프랑스 군 83,000명이 프로이센의 포로가 되며 끝났다.

독일어 교사 포스(Voss)는 괴벨스가 언어를 다루는 재능을 점차 발전시키면서 문학과 시에 관심을 가지도록 도왔다. 포스는 괴벨스가 자기 주변에 쌓아놓은 불신의 벽을 뚫을 수 있었다. 포스도 어린 시절 '투쟁해야 했던' 것이다. 나중에 괴벨스는 포스가 아마도 이 때문에 자신을 이해하려고 노력한 것이라고 짐작했다. 포스는 장애가 있는 소년을 집으로 초대하고 읽을 책들을 추천했으며 함께 이야기를 나누었다. 괴벨스는 포스를 가리켜 "때때로 그 선생님은 그 기이한 학생이 지니고 있는 자질에 경탄하는 것처럼 보이기도 했다."라면서, 그를 '인생의 첫 번째 친구'[43]이며 학창 시절에 자신에게 '가장 큰 영향'[44]을 끼쳤던 인물로 표현했다.

포스는 요제프 괴벨스의 아버지가 아들의 수업료나 여타 교육비를 마련하지 못했을 때에도 도움을 베풀었다. 괴벨스가 부유한 집안의 아이들에게 과외 수업을 할 수 있도록 주선했던 것이다. "선생님이 그에 대해 좋게 이야기했기 때문에, 그는 어디에서나 매우 호의적이고 친절한 대접을 받았다."[45] 그리고 사랑과 인정을 갈구하는 사춘기의 깊은 욕망에 어울리는 일이 일어났다. 괴벨스가 자신이 가르치는 한 학생의 어머니를 숭배하게 되었던 것이다. 그녀는 괴벨스를 애정으로 돌보아주었고 매혹시켰다. 괴벨스는 처음으로 외모에 신경을 쓰기 시작했고, 조금 덜 수줍어하고 때로는 거리낌 없이 자유분방한 태도를 보이기까지 했다. "그리고 이 사실을 아무도 모른다는 사실, 심지어 그가 사랑하는 사람조차 이 사실을 알지 못한다는 사실이 그를 두 배로 행복하게 했다. …… 아침에 눈을 뜨면 침대에 누워 시를 지었다. 형제들이 옆에서 자고 있었지만 큰 소리로 시를 읊었고, 그녀가 이 시를 듣고 칭찬하고 있다고 생각했다. 그것이 그에게는 최상의 기쁨이었다."[46]

그러나 괴벨스의 소년기를 지배한 것은, 쓰라린 현실과 그가 현실에서 도피해 들어가던 허구 사이의 괴리였다. 그는 때때로 너무도 가혹하게 그 괴리를 분명히 깨달을 수밖에 없었다. 그가 가르치는 학생의 어머니

1910년 4월 3일, 첫 성체를 받은 13살의 괴벨스(오른쪽). 모든 희망을 신에게 걸었던 소년 괴벨스는 신학을 공부하여 성직자가 되겠다는 꿈을 가지고 있었다.

에게 바치는 시들을 책상 속에 두고 갔는데, 다음날 학생들이 모여 괴벨스의 장애를 조롱하며 그 시들을 낭독한 일도 있었다.[47] 괴벨스가 여성에게 다가가려 했던 첫 번째 시도 역시 마찬가지로 끔찍하게 끝이 났다. 그 대상은 공교롭게도 형이 좋아하던 여자였는데, 괴벨스처럼 고등실업학교에 재학 중이던 마리아 리퍼스(Maria Liffers)라는 소녀였다. 그가 분명하게 프러포즈를 하고 연서까지 보내면서 이 일은 널리 알려지고 스캔들이 되었다. 소녀의 부모가 이 일을 알게 되었고, 형 한스는 칼을 들고 요제프에게 달려들었다. 당연히 받을 것으로 확신하고 있던 시 장학금이 취소되는 사태까지 벌어졌다. 아버지로서는 아들의 추가 학비를 마련하는 일이 쉽지 않았다. 그러나 그런 실수에도 불구하고 괴벨스는 두 형들과는 달리 고등실업학교에 병설된 개혁김나지움에서 3년 더 공부하게 되었다. 아비투어(대학 입학 자격시험)를 치러야 대학에서 신학 공부를 할 수 있었던 것이다.

1914년 부활절 방학이 끝난 후 요제프 괴벨스는 7학년(독일 학제는 초등학교 4년, 중등학교 9년을 합해 총 13학년제이다)에 올라갔다. 그로부터 10년 후 란츠베르크 요새*에 구금되어 있던 아돌프 히틀러(Adolf Hitler, 1889~1945)는 이 당시 "뜨겁게 짓누르는 열대의 더위처럼" "무거운 악몽이" 사람들 사이를 떠돌고 있었다고 회고했다.[48] 아직 어리던 괴벨스는 이런 분위기를 거의 느끼지 못하고 있었다. 그러나 분명히 괴벨스도 국내 정치의 갈등*을 깡그리 휩쓸어버릴 전쟁이 과연 일어날 것인지에 대한 당시의 논쟁들은 알고 있었을 것이다.

새로운 기계화 노동과 이와 함께 변화하는 사회 구조들은 이미 오래전부터 독일제국의 기존 질서와 맞지 않게 되었다. 그 시대를 규정하는 것은 서로 조화할 수 없는 모순들과 급격한 변화들이었다. 그리고 당시 사람들이 볼 때는 지나치게 합리적이고 냉랭하며 "영혼이 사라진", 그리하여 공포를 불러일으키는 그 무엇이 세계를 어둡게 뒤덮고 있었다. 그래서 많은 사람들은 다가오는 전쟁이 이 모든 것들을 구원할 수 있을 것이라고 생각하였다.

6월 28일 사라예보*에서 오스트리아 황태자 프란츠 페르디난트 대공이 저격당하고, 그 직후 총동원령이 떨어지면서 멈출 수 없는 치명적인 전쟁의 메커니즘이 가동하기 시작했다. 독일 방방곡곡에서, 그리고 괴벨스가 살았던 니더라인의 그 작은 공업 도시에서도 전쟁은 열렬한 호응을 불러 일으켰다. 독일인들은 황제의 군대가 곧 프랑스 수도 파리의 샹젤리제 거리를 행진하게 될 것이라고 확신하였으며, 괴벨스도 그와 같은 조국의 목소리에 호응했다. 그가 역사 시간에 배웠던 것, 부사제가 설교단 위에서 설파했던 것, 그리고 그의 출신 배경인 프티부르주아들이 열렬하게 주장했던 것이 드디어 실현되는 것처럼 보였다.

그 당시 사람들이 함께 경험한 일은 아직 어린 괴벨스에게 깊은 영향을 끼쳤다. 16살 먹은 그에게 전쟁이란 더 나은 미래의 희망을 안겨주는 것이었다. 어린 시절부터 "어딘가에 속하기를" 원했던 괴벨스는 8월 초 총동원령이 떨어진 후 군중 속에 서서, 발 맞추어 행진하는 군인들에게 환호를 보내며 마침내 안온한 연대감을 느낄 수 있었다. 그때는 아무도 그의 장애에 신경을 쓰지 않았다. 이는 미사 때와도 비슷했지만, 그는 성당에서 무릎 꿇고 있는 것이 아니라 도로변에 서 있었고, "주님을 찬양하라" 대신 "독일, 모든 것 위의 독일"*이라고 연호하는 것이 다른 점이라면 다른 점이었다.

괴벨스도 한스 형이나 급우 프리츠 프랑(Fritz Prang)이나 얼마 전 사귄 리하르트 플리스게스(Richard Flisges)처럼, 조국을 위해 곧바로 출정하려 했다. 그는 어느 작문에 쓴 것처럼, "처와 자식을 위하여, 가정을 위하여, 고향과 조국을 위하여, 싱싱한 젊은 목숨을 내놓으려 출정하는 병사는 조국에 가장 고귀하고 명예로운 봉사를 하는 것"⁴⁹⁾이라고 보았기 때문이다. 그러나 그는 저주스러운 장애 때문에 또 한 번 이방인에 머물러야 했다. 부활절 무렵에 진작 "1년 자원 복무 능력에 대한 과학적 검증 증명서"⁵⁰⁾를 받아두었지만, 아무 소용이 없었다. 개전 이후 첫 겨울의 몇 주간 제국은행(Reichsbank, 독일제국의 중앙은행)에서 일송의 내세복무를

란츠베르크 요새 히틀러는 1923년 11월 뮌헨 쿠데타가 실패한 후 1925년까지 란츠베르크 요새 감옥에 투옥되었고, 거기서 《나의 투쟁》을 썼다.
국내 정치의 갈등 독일 최초의 공화국인 바이마르공화국은 1차 세계대전 패전 직후인 1918년 '11월 혁명'('독일 혁명')의 와중에 탄생했으나, 지나친 전쟁 배상금 부담으로 인한 경제적 어려움과 우파의 지속적인 교란 활동 때문에 혼란에서 벗어나지 못했다.
6월 28일 사라예보 이 사라예보 사건으로 1914년 7월 28일 오스트리아가 세르비아에 선전포고를 하여, 영국, 프랑스, 러시아 등 연합국과 독일, 오스트리아 등 동맹국 간의 1차 세계대전(1914~1918년)이 발발했다.
독일, 모든 것 위의 독일 바이마르공화국 이래 독일 국가인 〈독일인의 노래〉 중 1절 가사. 바이마르공화국과 제3제국은 이 노래 중 1절만을, 1945년 이후 독일연방공화국은 3절만을 국가로 사용한다.

했던 요제프 괴벨스가 상세한 전황에 대해 그리 관심을 두지 않았던 것은 어쩌면 자신의 장애를 계속 의식하지 않기 위해서였을 것이다. 괴벨스는 전방의 상황이 유리한지 덜 유리한지 정도의 전반적인 정보에 만족했다. 전황이 불리해질 수도 있다는 생각은 아예 하지도 않았다.

그는 학교에서 쓴 다른 작문에서[51] '최종 승전으로' 이끄는 것은 용감한 군대만은 아니기에 그와 마찬가지로 필요불가결한 '비전투원'들의 '유능한 대오' 속에서 활동하는 것에서 자신의 역할을 찾을 것이라고 밝혔다. 총사령부가 곳곳에 포스터를 붙여 민간인들에게 요청한 것처럼 괴벨스는 후방전선에서 미심쩍은 자들을 예의 주시했다. 또한 학교 교장이 라이트 시가 전선에 있는 젊은이들에게 보내는 '성탄절 위문품'을 포장하고 주소를 쓰라고 지시했을 때, 괴벨스는 특히 부지런히 일했다.[52] "저 앞쪽의" 전방에 있을 수는 없지만 다른 방법으로 소속감을 가질 수 있는 일들을 했던 것이다.

이제 괴벨스는 급우들에게도 좀 더 개방적인 사람이 되었고 후베르트 홈페슈(Hubert Hompesch)와 빌리 칠레스(Willy Zilles)라는 친구도 얻게 되었다. 그 친구들이 징집당하자 괴벨스는 그들에게 고향과 학교의 새로운 소식을 담은 편지를 정기적으로 보냈다. 학교에서 고학년들은 점점 사라져 갔다. 친구들은 "멀고 먼 북서쪽의 원시림 거주민"[53] 괴벨스에게 군에서 겪은 체험을 열광적으로 적어 보냈다. 경보병(기갑전력을 갖추지 않고 신속하게 작전에 투입할 수 있는 보병) 빌리 칠레스는 지금의 삶이 학교에서보다 천 배는 더 낫다고 편지에 썼고,[54] 괴벨스는 그를 부러워했다. 칠레스는 다른 모든 '회녹색 병사들(세계대전 당시 독일 군복 색깔)'처럼 언젠가 철십자 훈장*을 단 영웅으로 금의환향하기를 꿈꾸었다.

특히 젊은이들을 사로잡은 민족적 열광은 요제프 괴벨스의 출신 성분도 가릴 수 있었다. 거의 성인에 가까운 중등학교 고학년이 된 괴벨스가 '스탠드 칼라 프롤레타리아'의 아들로서 부유한 상인, 관리, 의사의 자녀들과 함께 지내는 일은 아무래도 전시보다는 평화시에 더 힘들었을 것이다. 젊은 괴벨스가 '진정한 민족공동체(Volksgemeinschaft)'*라는 비전을 진지하게 품게 된 데는 이러한 이유도 있었을 것이다. 이 민족공동체에는 부자들만이 아니라 서민들도 속하는 것이다. 물론 학교에서 탁월한 실력을 갖춘 괴벨스는 자신을 '서민' 속에 포함시키지는 않았다.

1915년 7월 슐레지엔의 야전병원에 입원한 빌리 칠레스에게 쓴 편지에서 그는 로마 시인 호라티우스가 "나는 천한 민중들을 증오한다."라고 했던 말에 "결코" 동의할 수 없을 것이라고 썼다. 그 대신 민중을 가장 잘 이해한 작가 빌헬름 라베(Wilhelm Raabe, 1831~1910, 독일의 사실주의 소설가로 사회 비판적인 작품들을 썼다)의 말을 따르겠다고 했다. 괴벨스는 "골목길을 잊지 말라!"는 라베의 말을 민중에 대한 헌신으로 해석했지만, 라베가 "별들을 올려다보라!"라고 말했듯이 "우리의 드높은 사명", "상승하려는 추구" 역시 잊어서는 안 된다고 적었다.[55]

괴벨스는 고전주의 작가들과 함께 고트프리트 켈러*나 테오도어 슈토름* 같은 작가들을 매우 높이 평가했다.[56] 그러나 괴벨스가 라베를 '빛나는 모범'[57]으로 삼은 것은 그들과는 다른 이유에서였다. 괴벨스의 견

철십자 훈장 1813년 프리드리히 빌헬름 3세가 제정한 독일의 무공훈장. 군인의 명예로운 단순성을 상징하여, 다른 훈장들과는 달리 값비싼 재료가 아닌 철로 만들었다.

민족공동체 독일 인종에 속하며 정치적 반대자가 아닌 모든 사람들이 하나의 공동체를 이루며, 그 안에서 신분, 재산, 교육 정도 등의 모든 차이는 사라진다는 나치즘을 비롯한 민족주의의 이상. 나치 이데올로기와 선전의 핵심을 이루었다.

켈러(Gottfried Keller, 1819~1890) 독일 태생의 스위스 소설가. 19세기 후반 사실주의 문학의 가장 위대한 작가이다. 대표작으로 자전적 장편소설 《녹색의 하인리히》가 있다. 이 소설은 한 젊은이의 발전 과정을 그린 이야기인데, 괴테의 《빌헬름 마이스터(Wilhelm Meister)》의 전통을 이어받는 고전적 교양소설이 되었다.

슈토름(Theodor Storm, 1817~1888) 독일의 시인·소설가. 일상생활의 긍정적 가치를 그려내는 것을 목표로 삼았던 독일의 시적 사실주의의 대표자였다.

해에 따르면, 라베가 소설 〈숲 속의 사람들〉에서 노인 울렉스라는 '독일의 이상주의자와 몽상가의 전형'[58]을 창조했기 때문이었다. 괴벨스는 그 소설의 주인공이나 작가 속에서 자신을 발견했다고 생각했다. 그래서 그는 그 작가에 대해서, 그리고 독일 민족공동체라는 자신의 비전에 대해 쓰면서, 라베는 삶 속에서 언제나 위를 바라보았다고 말했다. "그리하여 그는 오랜 동안의 냉대를 견뎌내며 유머와 용기를 잃지 않을 수 있었다. 그는 필생의 작품을 쓰기 위해 쉬지 않고 일했다. 그를 높이 평가한 것은 몇 안 되는 친구들뿐이었다. 독일인들은 대부분 그를 인정하지 않았다. 그러나 그는 드높은 사명을 자각하고 있었다. 그리하여 계속 추구하기를 게을리 하지 않았는데, 이는 자신의 동시대인에게는 받아들여지지 않더라도 후손들을 위한 노력이었다. 그리고 바로 우리들이 그 후손이 아닌가?"[59]

전쟁은 달렌 거리의 아담한 집에 사는 요제프 괴벨스에게 더 나은 세계, 아니면 그동안 그에게 금지되었던 것들을 다만 일부라도 허용하는 것처럼 보였다. 그래서 그는 결국 전쟁을 신의 섭리의 표현이라고 보았던 것이다. 개전 초기 몇 개월간 괴벨스가 포스 선생의 독일어 시간에 써냈던 활활 타오르는 작문들[60]이 이를 잘 보여주고 있다. 괴벨스는 이 작문들에서 해방전쟁(1813~1814년 나폴레옹에 저항한 전쟁)의 현자들이 나오는 "신은 강철을 자라게 한다."(1812년 에른스트 모리츠 아른트Ernst Moritz Arndt가 쓴 시)라는 시를 인용했다. 괴벨스는 랑에마르크*에서 돌격하던 병사들의 선조가 "군가와 환호로 전장을 누비던" 그 먼 옛날의 신화를 다시 불러오려고 했다. 전장에서 무명의 죽음은 고향에 있는 자들에게는 '아름답고 명예롭게' 보였다. 그 죽음은 성스러운 행위, '조국의 제단'에 바친 희생으로 미화되었다. 그러한 희생은 일찍이 그리스도가 골고다 언덕에서 인류를 위해 희생한 것과 마찬가지라는 것이다. 이제 요제프 괴벨스의 세계관에서 종교와 애국심은 하나로 녹아드는 것처럼 보였다.

괴벨스는 교사들 중 포스나 철십자 훈장을 받은 바르텔스를 제외하고는 "죄다 비겁자들"이라고 못박았다. 하필이면 부사제 몰렌이 이러한 애국적 분위기에 호응하지 않았다. 몰렌은 이미 1914년 8월부터 비관적 견해를 보였고, 다가올 재앙에 대해 학생들에게 이야기하였다.[61] 계속 시대정신에 거스르는 태도를 보이는 몰렌에 대해 괴벨스는 점점 더 회의적인 시선을 보내게 되었지만, 그렇다고 해서 그의 권위를 완전히 부정하지는 않았다.

그러나 얼마 지나지 않아 괴벨스는 몰렌의 경고가 타당하다는 사실을 깨닫게 되었다. 아우구스타 거리의 고등실업학교에서는 황제와 조국을 위한 '전직 학생'들의 '영웅적 죽음'이 점점 더 늘어났다. 희생자가 늘어나는 와중에 괴벨스 집안에서는 콘라트가 1915년 8월 1일 입영하게 되었다.[62] 가족들 사이에서 지난해와 같은 무조건적 열광이 사라지고 다소 복잡한 심정이 나타나기 시작했다. 한편으로는 콘라트도 황제의 군복을 입고 전장을 누빌 수 있다는 사실에 우쭐해하면서도, 다른 한편 그에게 닥칠 수도 있는 일에 대해 두려워했다.

1915년 가을 엘리자베트의 병 때문에 가족들은 또 다른 시름을 안게 되었다. 11월 2일 만성절(모든 성인聖人의 날)에 그 시름은 쓰라린 고통이 되었다. 폐결핵이 소녀를 죽음으로 몰고 간 것이다. 요제프와 아버지는 엘리자베트의 침상 곁에서 주기도문을 외웠다.[63] 당시 임시 징집되어 아헨에 가 있던 포스 선생은 재능 있는 제자 괴벨스에게 편지를 써서, 이

랑에마르크 1914년 11월 10일 랑에마르크 전투에서 주로 학도병들로 구성된 2천여 명의 독일 병사들이 무리한 고지 점령을 위해 돌격하다 전사했으며, 독일은 이를 '영웅적인 죽음'으로 미화하여 2차 세계대전까지 선전에 이용하였다.

시대에는 "사랑하는 사람을 잃지 않는 사람"은 없으며 "우리는 서로를 위로하고 꿋꿋해야 한다. 아직도 불행한 일이 다 끝나지 않았기에 우리는 앞으로 어떤 일을 견뎌내야 할지 알지 못하지만, 위대하고 행복한 평화의 시간이 끝내 오고야 말 것이다."라고 위로했다.[64]

요제프 괴벨스는 누이동생의 죽음으로 인한 고통을 시로 표현하기도 했다. 그러한 고통에 덧붙여 그 다음해 초여름에는 고통스럽게 서부 전선에서 싸우고 있는 형 한스의 생사를 염려했다. 몇 주 동안 한스의 생사에 대해 어떠한 소식도 듣지 못했다.[65] 게다가 그렇지 않아도 황폐한 일상은 계속되는 전쟁으로 더욱 힘들어졌다. 이제 학교에는 괴벨스가 대화를 나눌 수 있는 상급생이 몇 명 남아 있지도 않았다. 그리고 작문 시간에는 오로지 "왜 우리는 이겨야만 하고 이기기를 원하고 이길 수밖에 없는가?"라는 주제만을 다루었다. 귀환한 포스는 다시금 희망의 힘에 대한 글을 쓰도록 하였다. 괴벨스는 희망의 힘에 대하여 "우리가 피와 눈물로 얼룩진 이 엄청난 시대를 견뎌내도록 하는" 것이라면서, 울란트(Ludwig Uhland, 1787~1862, 독일의 후기 낭만주의 시인)의 작품을 인용했다. "오, 가련한 마음이여, 고통을 잊어라, 곧 모든 것이, 모든 것이 달라질지니."[66]

괴벨스 가족들은 한스가 다친 곳 없이 프랑스 군의 포로가 되었다는 소식에 안도하였다. 그러나 요제프 괴벨스는 전쟁 초기의 열광을 거의 잃어버렸다. 독일 군의 승전 소식들이 전해졌지만 최후의 승리는 오지 않았다. 괴벨스는 이러한 소식들을 통해 전쟁이 결판나고 전쟁으로 가졌던 기대와 희망들이 실현되려면 아직도 멀고 험난한 길이 남아 있다는 것을 알게 되었다. 전장에 있는 학우들이 보내 온 편지들이 그의 생각을 입증하는 듯했다. 지나치게 비장한 미사여구들은 사라지고, 처참한 생활을 그린 냉정한 서술들이 나타났다. 물론 그러한 생활은 조국에 대한 엄격한 의무감으로 지탱되고 있었다. 가령 괴벨스의 급우이자 이제 하사관

1916년 고등실업학교 겸 개혁김나지움의 최상급생이 되어 찍은 사진. 오른쪽에서 두 번째 청년이 나중에 괴벨스를 히틀러와 나치에게로 이끈 친구 프리츠 프랑이다. 괴벨스는 한가운데에 있다.

이 된 홈페슈는 편지에서, 자신은 "적이 우리 땅 안으로 들이닥치기 전, 우리 가족들이 고향의 집과 토지와 농장에서 위험에 처하게 되기 전", "최후의 순간까지" 싸울 것이라고 썼다.[67]

편지를 주고받던 친구들은 점차 서먹해졌다. 너무도 다른 세계에서 살고 있었기 때문이다. 이들을 소원하게 만든 또 다른 사건은 1916년 부활절, 즉 '베르됭의 지옥'* 이후로 요제프 괴벨스와 이웃 마을 라인달렌의 한 소녀 사이에 시작된 첫사랑이었다.[68] 레네 크라게(Lene Krage)라는 그 소녀는 비록 "영특하지는 않았지만" 매우 아름다웠다고 한다.[69] 괴벨

베르됭의 지옥 1916년 2월 21일부터 7월까지 프랑스 베르됭 지역에서 벌어졌으며 1차 세계대전 전세에 결정적 영향을 끼친 대전투. 페탱 장군이 지휘하는 프랑스 군이 독일 군을 물리쳤다.

1장 신은 왜 그를 경멸받고 조롱당하도록 만들었는가? 39

스는 그녀가 처음으로 라이트의 가르텐 거리에서 다가왔던 순간에 자신이 "지상에서 가장 행복한 사람"이었다고 회상했다. 그는 "가련한 불구자인 자신이 그 아름다운 소녀에게 키스를 했다는 것"을 거의 믿을 수 없었다. 레네는 "마음을 사로잡은 그 소년"의 지성에 찬사를 보냈다. 그녀는 많은 편지를 보냈는데 그중 한 통에서 "너에 비하자면 나는 얼마나 하찮은 존재인지. …… 그래, 너는 숭배 받을 만한 사람 같다. 너에 대한 신격화로 빠질 것만 같다."라고 썼다.[70]

그렇지만 얼마 지나지 않아 괴벨스는 자신이 우둔해 보이는 이 소녀를 어떻게 사랑할 수 있는지 자문하게 되었고, "이 사랑은 천진해 보이지만 무언가 불순한 것이 묻어 있다."라는 결론에 이르게 된다.[71] 괴벨스는 오로지 충동에 기반을 둔 자신의 '어두운' 욕망, 나아가 성(性) 그 자체를 죄악이라고 생각했다. 그것은 그에게는 악마의 유혹이었던 것이다. 그리하여 그는 "성과 투쟁하였고" 마침내 이 싸움에서 패배가 다가오면서 미칠 것 같다고 생각했다. 그가 한밤중에 레네 크라게와 함께 라이트의 카이저 공원에 일부러 갇혔을 때, 그리고 그녀가 '사랑하는 여자'가 되었을 때, 괴벨스는 그 싸움에서 최종적으로 패배하였고 이와 함께 순수한 양심도 잃어버리게 되었던 것이다.

기아가 휩쓴 1917년 3월에 요제프 괴벨스는 아비투어에 합격했다. 그 전의 성적들과 마찬가지로 아비투어 성적도 우수했다. 종교, 독일어, 라틴어는 '수', 그리스어, 프랑스어, 역사, 지리는 '우', 그리고 그 자신이 '재능 없다'고 생각했던 물리, 수학 같은 과목에서도 '우'를 받았다. 그래서 구술 시험은 면제받았다. 또한 독일어 작문은 최고 점수를 받았기 때문에 동급생들을 대표하여 졸업사를 낭독하게 되었다. 그의 졸업사는 형식 면에서 높은 완성도를 갖추고 있었고, 그 당시 시대 정신에 의해 규정된, 그렇지 않아도 지나치게 비장한 조국애보다 한 발 더 나아간 것이었다.

허약한 요제프 괴벨스가 3월 21일 대강당 연단에서[72] 교사와 학교 운영진과 학우들 앞에서 말한 내용은 그가 특히 자신의 내면 깊이 새겼던 그 세대의 세계관을 잘 보여주고 있다. 괴벨스는 청중에게 격앙된 목소리로 그들이야말로 "전 세계가 두려움과 경외감으로 바라보는 위대한 독일의 구성원"이라고 외쳤다. 괴벨스는 "시인과 사상가의" 민족이 지니는 "세계적 사명"을 이야기하면서, 독일 민족은 이제 "스스로가 현재의 모습보다 더욱 위대하며, 세계의 정치적·정신적 지도자가 될 권리를 가지고 있음"을 증명해야 한다고 주장했다. 괴벨스는 "강철과 무쇠처럼 굳센" 비스마르크와 "신과 세계에 대해 과감하게" 칼을 빼든 "우리의 황제"에 대해 전투적으로 언급했다.

연설의 마지막은 종교적으로 고양되면서 절정에 달했다. "그리고 그대 독일, 막강한 조국, 우리 아버지들의 신성한 나라, 굳게 서 있으라, 곤경과 죽음 안에서도 굳게. 그대는 영웅적 힘을 보여주었고 최후의 전투에서 승리를 거두게 될 것이다. …… 우리는 그대 때문에 근심하지 않는다. 우리는 정의가 승리하게 하고 미래를 열어 나가는 영원한 하느님을 믿기 때문이다. …… 신이여, 조국을 돌보소서."[73]

연설이 끝난 후 교장은 괴벨스의 어깨를 두드리면서, 그가 유감스럽게도 웅변가의 재능은 갖추지 못했다고 말했다고 한다.[74] 그러나 괴벨스는 웅변가가 되려 하지도 않았으며, 설교단에서 설교를 할 생각도 없었다. 부모의 실망에도 불구하고 괴벨스는 신학을 공부하려던 계획을 오래 전에 포기했던 것이다. 이미 1915년에 포스 선생은 무엇보다 독문학을 공부하고 이를 보완하는 의미에서 네덜란드어도 공부하라고 권했다. 포스는 향후 독일이 네덜란드를 병합할 것이라고 전망하고 있었던 것으로 보인다. 그는 제자 괴벨스가 이런 길을 간다면 전쟁이 끝난 후에 '단시간 내에' 졸업 시험을 통과할 수 있을 것이라고 주장했다. 괴벨스는 방학 때 어머니가 성장한 아헨 근교 지방에 여러 차례 머무르면서 이미 네덜란드어를 상당한 수준으로 배우고 있었다.[75] 그는 의학 공부를 고려하기도 했다. 그러나 포스는 괴벨스가 이러한 생각을 포기하도록 만들었다. 포스의 재촉으로 괴벨스는 고전문헌학, 독문학, 역사학을 공부하기로 결정했다.

바야흐로 "우리를 해방시킬" "오랫동안 기다리던 순간"이 다가왔다. 그러나 그 순간은 괴벨스가 졸업사에서 엄숙하게 선언했던 그러한 모습은 분명 아니었다. 세계가 그의 앞에 "5월이 시작되는 나날들의 싱그러운 아침 햇살처럼" 존재하는 것이 아니었고, "도취한 눈으로" "지상의 모든 아름다움과 행복"을 바라보며 "그 모든 영광을" 환호할 이유 또한 전혀 없었다. "오, 세상이여, 그대 아름다운 세상이여, 우리는 꽃이 핀 후에야 그대를 보게 되도다!" "굳건한 낙관주의"를 지녔던 괴벨스와 다른 졸업생들이 졸업식에 내걸었던 이러한 모토 뒤에는[76] 역경 속에서 나타난 억제할 길 없는 꿈들, 그리고 군인뿐 아니라 민간인들도 궁핍하기민 했는데도 지난 3년간의 전쟁에 대해 느끼던 향수 등이 숨어 있었던 것이다.

이 고난의 시기에 가장인 프리츠 괴벨스가 아들이 신학이 아닌 다른 공부를 하도록 허락할 수 있었던 것은 그가 1917년 레나르츠 심지 공장의 회계 직원으로 승진하여 봉급을 조금 더 받을 수 있게 되었기 때문이기도 했다. 요제프 괴벨스는 독일이 기대하던 대로 세계대전에서 승리를 거두고 그 자신의 상황도 크게 나아질 때까지, 아버지의 넉넉하지 못한 학자금 지원과 과외 수입에서 절약한 돈으로 학업을 해 나갈 수 있으리라 희망했다.

2장

내 안의 혼돈
(1917~1921)

깊은 열등감을 지닌 채 외부의 인정과 보호를 갈망했던 한 몽상가 소년이 1917년 4월 나아갔던 그 길은 그의 가족에게도 새로운 지평을 열어주었다. 하급 사무직원의 아들이면서 독일의 엘리트 청년들과 함께 공부할 수 있게 된 것은 괴벨스에게 자부심을 안겨주었다. 그러나 다른 한편 괴벨스는 어느 정도 불안도 느꼈다. 동료들이 장애인인 자신을 어떻게 받아들일지 알 수 없었기 때문이다. 그가 부모와 애인 레네 크라게를 떠나 본 대학으로 가던 그 봄날을 '춥고 사나운 날씨'[1]라고 느꼈던 데에는 그런 이유도 있었을 것이다.

괴벨스는 본의 코블렌츠 기리에 가구가 갖춰진 김소한 빙을 읽은 후, 다른 신입생들처럼 그 궁정 도시와 알마 마테르(Almar mater, '기르는 어머니'라는 뜻의 라틴어로 대학을 일컬음)와 서서히 친근해졌다. 고난의 시기에도 대학에서 학생들의 생활은 예부터 내려오던 대로 굴러가고 있었다. 대학 생활을 지배하는 것은 학생들의 각종 협회와 동맹들이었다. 서클에 속하는 학생들은 서로 차이가 있을망정, 황제를 깊이 숭배하고 조국을 사랑하는 마음만은 공유하고 있었다. 그리고 어린 대학생들은 그토록 자주 노래로 불리던 〈부르셰의 영광〉*에 매혹되어, 당연히 그곳에서 새로운 친교를 맺으려 하였다.

괴벨스는 종교 선생이었던 부사제 몰렌의 충고에 따라, 새 학기가 시작하자마자 가톨릭 학생 연합인 우니타스 지크프리디아(Unitas Sigfridia, 19세기에 창설된 전국적인 가톨릭 대학생 연합회 우니타스의 지부 중 하나)에 가입했다. 그곳에서는 다른 엘리트 성향의 부르셴샤프트('청년협회')에서보다 소시민이라는 그의 출신 성분이 눈에 덜 띄었던 것이다.[2] 그 서클에서 괴벨스는 '울렉스(Ulex)'라는 이름을 사용했다. 그는 자신이 좋아하던 라베의 소설에 나오는 주인공의 이름을 썼다고 밝혔다. 주인공 울렉스는 "독일의 오랜 이상주의자로, 산업과 물질주의적 시대 조류에도 불구하고 우리 독일인 모두가 그러한 것처럼 심오하고 몽상적"이라는 것이었다.[3]

징집과 자원 입대 때문에 회원 수가 눈에 띄게 줄어든 본의 그 학생 서클은 괴벨스에게 가족을 대신하게 되었다. 그리고 곧 괴벨스는 '알약'이라는 별명으로 불리던 법학도 카를 하인츠 쾰슈(Karl Heinz Kölsch)를 열광적으로 숭배하게 되었다. '푹스'* 괴벨스는 쾰슈 곁에서 지칠 줄 모르고 그 가톨릭 단체의 결속을 위하여 노력했는데, 이는 아마 전장에 나가지 못하는 자신의 처지를 보상하기 위한 것이었던 것 같다. 그는 특히 우니타스 지크프리디아의 행사에서 자신을 과시하는 데 능숙했다. 그 행사들은 대개 괴벨스가 애국심 고양과 신앙 감화를 위하여 조직한 것이었다.

우니타스 지크프리디아 입회 직후인 1917년 6월 24일, 서클 축제에서 괴벨스는 빌헬름 라베를 주제로 강연을 했는데, 그의 강연은 많은 찬사를 받았다.[4] 또 다른 기회에는 교회 미술을 다루었는데, 어느 저명한 본 대학 교수는 자신이 들어본 학생 발표 중 최상이었다고 평가하기도 했

....

〈**부르셰의 영광**〉 부르셴샤프트(Burschenschaft, 독일어로 '청년협회'라는 뜻)는 1815년부터 전국적으로 번진 애국주의적이고 정치 참여적인 대학생 학우회 조직으로 독일 자유주의 운동의 일익을 담당했고 1848년 혁명의 동력이었다. 그러나 제3제국에서는 획일화 정책의 하나로 나치 대학생동맹에 통폐합되었다. 〈부르셰의 영광〉은 19세기부터 전해진 전통적인 노래였다.

푹스(Fuchs) 독일어로 '여우'를 뜻한다. 여기서는 신입생 준회원을 가리키는 표현이다. 부르셴샤프트는 정회원 부르셰과 준회원 푹스로 구성되었다.

다.⁵⁾ 예전에 제자였던 괴벨스의 부탁으로 본에 와서 '지크프리트들'*에게 교회사 강연을 했던 부사제 몰렌도 40년 후에 이와 비슷한 이야기를 했다. 몰렌은 자신이 그 생동감 넘치는 저녁을 오랜 시간이 지난 후에도 유쾌하게 기억하고 있는 것은 당시 괴벨스의 활발한 참여가 자신에게 특별한 기쁨을 안겨주었기 때문이라고 말했다.⁶⁾

전쟁 기간 중에도 '우니타스의 삶'에는 질펀한 음주 문화가 포함되어 있었다. 여기에는 큰 돈이 들어갔다. 그리하여 괴벨스는 고향에서 가져온 돈으로는 제아무리 아껴 생활하고 때로 굶기까지 해도 한 학기도 버틸 수 없다는 사실을 곧 알게 되었다. 그는 고위 관리의 아들들을 대상으로 과외를 하였으나 보수가 너무 적어서 상황은 별로 나아지지 않았다. 다행히 군사 보조 단체로부터 날아온 소집 통지 덕분에⁷⁾ 괴벨스는 금전적 이유로 대학을 중퇴하는 창피를 모면할 수 있었다. 각종 차용증과 미지불 계산서들을 짐 속에 구겨 넣은 채 그는 씁쓸하게 1917년 6월 라이드의 집으로 돌아왔다.

고향에 돌아온 괴벨스는 처음에는 다시 자신만의 꿈의 세계로 가라앉았고, 〈태양을 사랑하는 자들〉⁸⁾이라는 제목 아래 그러한 생각들을 모아두었다. 그러나 "마치 공기와 물처럼 서로 떼어놓을 수 없는 사랑과 인생과 행복"에 대한 공상에 빠져 마냥 시간을 보낼 수는 없었다. 조국구호사업회의 행정병이 되어 무미건조한 근무를 해야 했던 것이다. 하지만 그처럼 군인답지 못한 외모를 지닌, 허약하고 다리를 저는 이 남자를 어떻게 다루어야 할지 몰랐던 상관들은 얼마 지나지 않아 그를 집으로 돌려보냈다.

집에서 괴벨스는 얼마 전 시작했던 '중편 소설'을 끝마쳤고, 〈나는 배움을 위해 방랑하는 자, 어지러이 편력하는 자〉⁹⁾라는 제목의 두 번째 중편 소설을 썼다. "친애하는 선배 카를 하인츠 쾰슈"에게 헌정한 이 작품은 라인 지방의 화려한 학창 생활과 사랑과 죽음을 다룬 것이었다. 그러나 괴벨스는 곧 두 작품 모두를 꽤나 비판적인 태도로 "미사여구로 가득 차고 감상적이며" "거의 읽을 수 없는" 작품이라고 평가 절하했다. 그것은 괴벨스가 지면에 발표하게 해 달라는 요청과 함께 두 작품을 보냈던 〈쾰르니셰 차이퉁(Kölnische Zeitung)〉 신문이 그의 원고를 반려한 직후였다.10)

당시 괴벨스에게는 대학의 다음 학기 학자금 마련이 더 중요한 일이었을 것이다. 또 다시 부사제 몰렌이 그를 도와주었다. 괴벨스는 몰렌의 충고대로 1917년 9월 초 쾰른의 유서 깊은 가톨릭 단체인 알베르투스 마그누스 협회에 대여 장학금 신청서를 보냈다. 괴벨스는 편지에서 아버지는 회계를 담당하고 있으며, 이렇게 물가가 비싼 상황에서 아버지가 봉급에서 절약해 모은 얼마 안 되는 돈을 학자금으로 받아낼 수는 없다고 썼다. 또 장학금 담당자들의 애국심에 호소하려고 괴벨스는 이 장학금은 서부 전선에서 싸우고 있는 큰 형과 프랑스 군의 포로가 된 작은 형을 지원하는 것이기도 하다고 썼다. 그리고 자신은 다리 질환 때문에 군에서 면제를 받았음을 밝혔다. 그는 학업을 계속하려면 "가톨릭 교우들의 자비에 전적으로 의존할 수밖에 없습니다."11)라고 썼다.

알베르투스 마그누스 협회가 사비를 베풀기까지는 이외에도 몇 통의 편지와 관련 서류들이 필요했고 부사제 몰렌의 서면 추천도 필요했다. 몰렌은 추천서에서 괴벨스의 "부모가 건전한 가톨릭교도이고", 괴벨스의 "종교적·윤리적 태도" 때문에 그를 적극 추천한다고 썼다.12) 10월 초, 그러니까 겨울학기 개강에 늦지 않은 때에 요제프 괴벨스는 180마르크를 대부받게 되었다. 괴벨스는 그 후 5학기 동안 780마르크를 받았다. 후일 베를린 관구장*이 된 괴벨스는 많은 소송과 압류를 거쳐 1930년에

지크프리트들 지크프리트는 독일의 영웅 선설 〈니벨룽의 노래〉의 주인공으로, 여기서는 우니타스 지크프리디아의 회원들을 뜻한다.

야 400마르크를 분할 상환하였는데, 알베르투스 마그누스 협회에서 이를 예견할 수 있었다면 아마 결코 장학금을 지급하지 않았을 것이다.[13]

괴벨스는 볼셰비키 혁명(1917년 러시아 10월 혁명)이 일어나면서 최소한 동부 전선에서만이라도 전쟁의 빠른 종결을 기대할 수 있게 된 그해 늦가을에 본으로 돌아왔다. 그는 '알약' 쾰슈 곁에서 다시 서클 회원으로 활발히 활동하기 시작했다. 그는 서클 신문에 그들이 "생산적인 대규모 정기 회합을 치러냈고" 그 회합 중 일부는 "찬란하게 거행"되었다고 보고했다. 또 "회원들이 거의 매주 토요일과 일요일에 광활하고 아름다운 독일의 시골로 떠났던 유쾌한 여행"[14]도 보고하였다.

프랑크푸르트의 우니타스 창립 기념 축제에 참가한 일은 본의 지크프리트들이 서클 생활에서 겪은 최고의 일 중 하나였다. 지나치게 열성적인 괴벨스는 결투용 검과 예복을 가지고 갔다(당시 대학생들 사이에는 결투 문화가 성행했다). 프랑크푸르트의 동료들이 당시 정세가 심각하고 우니타스 회원 중 전사자가 많기 때문에 이번에는 이 전통적인 대학생 관습을 포기한다고 통보했을 때, 괴벨스는 몹시 실망했다. 그러나 이 일 때문에 오랫동안 실망만 하고 있었던 것 같지는 않다. 그는 바로 그날 저녁 프랑크푸르트의 어느 '어르신'(부르셴샤프트의 졸업 회원을 가리킴)이 가지고 온 노래 책에 "술과 여자와 노래를 사랑하지 않는 녀석은 평생 바보로 살 것이다."[15]라고 써 넣었다.

이러한 좌우명에 걸맞게 요제프 괴벨스는 베를에 있는 쾰슈의 집을 방문했을 때 그의 누이동생 아그네스(Agnes)를 만나 사랑에 빠졌다. 호감을 주는 마른 외모에 카랑카랑한 목소리를 지닌 괴벨스는 쾰슈의 집에서 환대를 받았다. 그 가족의 자유로운 생활 방식과 괴벨스의 '둘째 엄마'[16]를 자처하는 상냥한 안주인, 무엇보다도 그 집 딸 아그네스가 괴벨스를 매료시켰다.[17] 괴벨스는 겨울학기 후반에는 본의 대학보다 베를에서 보내는 시간이 더 많을 정도였다. 그 집에서 괴벨스는 '알약' 쾰슈와 한방

대학생 괴벨스의 첫 번째 여자 친구였던 아그네스 퀼슈. 아그네스는 괴벨스가 가톨릭 학생 연합인 우니타스 지크프리디아에 가입했을 때 그가 열광적으로 숭배했던 선배 카를 퀼슈의 누이동생이었다.

을 썼다. 1918년 퀼슈가 프라이부르크 대학으로 전학을 결심하자 괴벨스는 슈바르츠발트(독일 중서부 삼림지대) 부근의 이 먼 대학 도시로 따라가 퀼슈의 '이상'을 좇기로 했다.

아그네스 퀼슈뿐 아니라 지크프리트늘도 그들이 떠나는 것을 몹시 애석해했다. 우니타스의 신문은 두 사람에 대해 다음과 같이 썼다. "결코 마비되지 않는 힘으로 이 두 사람은 자신들의 손에 우리 학우회의 고삐를 팽팽하게 움켜쥐었고, 회원들이 언제나 새롭게 참여하도록 격려할 줄 알았다. 그들이 공동으로 활동하던 시기에 학우회 생활이 활짝 꽃피었던

관구장 관구(Gau)는 나치의 당 및 행정의 조직 단위. 나치당은 1925년 재창당 이후 바이에른을 벗어난 전국 정당으로 성장하면서 관구를 설치했으며, 1933년 정권 획득 이후 이를 종래의 주(州)를 대신하는 행정 단위로 삼았다. 국내 42개 관구 및 해외 1개 관구를 두었고, 그 아래에는 군(Kreis)-지구(Ortsgurppe)-세포(Zelle)-블록(Block)을 설치했다. 괴벨스는 1926년 11월 베를린 관구장이 되었다.

것이다." 괴벨스가 대학생다운 쾌활함을 얼마나 드러냈는지는 그 다음 부분이 보여준다. "그들은 사교적인 성격과 따뜻한 유머를 통해 우리 학우회에 수많은 새 회원을 모을 수 있었다. …… 룀링호펜에서 열린 송별회에 모여든 수많은 회원들은 …… 이 두 사람이 지난 두 학기 동안 얼마나 많은 사람들의 마음을 사로잡았는지를 보여주는 것이다. …… 이 자리를 빌려, 그들이 학우회를 위해 희생했던 시간과 노력에 감사의 뜻을 전하며, 그들에 대한 기억은 영원히 우리 가슴에 남아 있을 것임을 확언하는 바이다."[18]

독일 황제의 군대가 서부 전선에서 결정적 승리를 거두기 위해 펼친 최후의 대공세가 교착 상태에 빠져 있던 1918년 5월, 요제프 괴벨스는 프라이부르크로 떠났다. "독일 남부를 가로지르는 경이로운 여행. 새벽 6시 도착. 퀼슈가 나를 포옹했다. 나는 그와 함께 지낸다. 브라이자흐 거리의 집."[19] 얼마 지나지 않아 괴벨스는 학업 외에도 다시 퀼슈와 함께 우니타스 활동에 열심히 참여하기 시작했다.[20] 하지만 그들의 우정은 곧 금이 갔다.

퀼슈는 경제학과 법학을 공부하는 안카 슈탈헤름(Anka Stahlherm)이라는 여학생과 친해졌다. 빙켈만(Johann Winckelmann, 1717~1768, 독일의 고고학자·미술사가)의 생애와 작품에 대한 고고학 교수 티에르슈의 강의 도중에 괴벨스는 처음 그녀를 보았고, 퀼슈가 그녀를 괴벨스에게 소개했을 때 괴벨스는 곧 그녀에게 사로잡혔다. "대단히 열광적으로 말하고" "갈색을 띤 금발 머리를 크게 틀어서 아름다운 목덜미로 늘어뜨린"[21] 그 젊은 여성에게 괴벨스의 모든 관심이 쏠리게 된 것이다. 두 사람은 점점 가까워졌다. "안카와 나는 언제나 서로를 보고 웃는다." 무일푼의 남자와 레클링하우젠의 부유한 가문의 딸은 마침내 연인이 되었다. "내 마음은 한없는 충족감으로 가득찼다."[22]

그러나 그 때문에 퀼슈와 괴벨스 사이에는 '비참한 일들'이 일어났고, 멀리서 환멸에 빠진 아그네스 퀼슈는 자신이 괴벨스를 "유감스럽게도 너무 높고 고상하고 성숙하게 생각했어요."[23]라고 분노에 차 말하기에 이르렀다. 아그네스는 "그러면 잘 있어요, 그래서는 안 되는 일이었어요."라고 말했지만, 괴벨스는 별로 개의치 않았다. 안카 슈탈헤름을 사랑하는 것으로 자칭 '가련한 악마'는 퀼슈 남매와 맺었던 우정의 종말이나 벗어날 수 없는 빈곤한 처지, 심지어 다리의 장애까지 잊을 수 있었다. 6년 후 괴벨스는 프라이부르크에서 보낸 그 여름학기를 회상하며, 아마도 자신의 전 생애에서 가장 행복한 시간이었을 것이라고 썼다. 한밤중에 프랑스의 복엽 비행기가 깊이 잠든 그 대학 도시를 공습해 왔을 때에야 괴벨스는 아직 전쟁이 끝나지 않았음을 깨달을 수 있었다.[24]

그러나 전쟁도 여름학기가 끝날 무렵 서로 떨어져 지내게 된 두 연인의 관심을 끌지 못했다. 안카 슈탈헤름은 레클링하우젠의 집으로 돌아갔고, 요제프 괴벨스 역시 프라이부르크에서 혼자 견디기 어려웠으므로 그곳을 떠났다. 1918년 8월 4일 고향으로 돌아가면서 괴벨스는 지난 2학기 동안, 그리고 부유한 안카 슈탈헤름과의 교제에서 얻은 깨달음을 간직하였다. 그것은 자신이 비록 알마 마테르의 아들로서 상류 사회에 속해 있으나, "나는 불가촉천민이자 추방민, 단지 잠시 체류를 허가받은 자이다. 이러한 처지는 내가 다른 자들보다 성적이나 지적 능력이 떨어지기 때문이 아니라, 오로지 다른 자들이 아버지 주머니에서 흥청망청 꺼내 쓰는 돈이 내게는 없기 때문이다."[25]라는 것이었다.

프라이부르크에서 깨달은 그러한 불의에서 요제프 괴벨스는 문학적 영감을 얻었다. 그는 프라이부르크에 있을 때 이미 희곡의 구상을 마치고 집필에 착수했으며, 라이트의 고향 집에 온 뒤에는 자기 방에 틀어박힌 채 미친 사람처럼 습작에 골몰하였다. 그는 매일같이 안카 슈탈헤름에게 장문의 편지를 써서 습작 과정을 알려주었다. 괴벨스는 그녀가 자신에게 창작의 힘을 준다고 편지에 썼다. 8월 21일에 '성경 비극' 〈유다 이스카리오트〉[26]의 마지막 문장을 마쳤다고 그녀에게 알렸다. 그 작품은 "지금 이 순간 내 터질 듯한 가슴을 꿰뚫고 지나가는 그 모든 것을" 그녀에게 보여줄 수 있을 것이었다.[27]

괴벨스는 작고 반듯한 쥐털린(Sütterlin) 서체(둥글게 굴린 서체)로 쓴 100쪽 이상의 원고를 곧 안카 슈탈헤름에게 보냈다. 그녀는 거기에서 유다라는 '이방인'이자 '몽상가'의 이야기를 읽을 수 있었다. 유다는 "그야말로 그지없이 새로운 왕국"을 건설하려는 한 사람을 따르려 하였다. 그러나 예수 그리스도의 사도가 된 유다는 하느님 아버지의 왕국이 이 지상에 없다는 것을 알고 실망하게 된다. 이 작품에서 주인공 유다는 그리스도에 대하여 "바로 지금 억압받는 민중의 귀에 거룩한 말을 속삭이고, 다른 세계의 왕국에는 무한한 영광이 있다고 이야기한다. 그것은 내게는 소심한 정신과 마음을 뜻하는 것"[28]이라고 이야기한다. 유다는 예수를 대신하여 스스로 신의 왕국을 지상에 실현하기 위해 결국 스승을 배반한다. 그러나 행위가 끝난 후, 오로지 정의로운 세계를 실현하려고 했던 행동이 지닌 가없는 비극성이 유다의 앞에 드러난다. "그러나 하늘이 증언하건대, 유다는 돈 때문에 배신자가 된 것이 아니다."[29] 유다에게는 이제 죄에서 구원받기 위하여 자살 외에는 다른 길이 남아 있지 않았다.

니체의 《차라투스트라는 이렇게 말했다》의 영향을 받아 탄생한 이 작품[30]은 신의 존재를 회의한다기보다는 괴벨스가 자신이 열망하는 정의가 가톨릭 신앙을 통해 이루어질 수 있다는 전제에 의심을 품고 있음을 보여준다. 이 작품 때문에 괴벨스는 부사제 몰렌에게 항의를 받았다. 몰렌은 괴벨스의 작품을 전해 듣고 그를 불러 대화를 나누려 하였다. 괴벨스는 어떠한 이야기가 오갈 것인지 예측했다. 그래서 안카 슈탈헤름에게 보내는 편지에서 몰렌에게 "호통을 칠 것"[31]이라면서 스스로 용기를 북돋우고자 하였다.

그러나 그 만남은 전혀 다른 방향으로 흘러갔다. 몰렌은 괴벨스의 글이 지닌 '타락한 면'을 지적했지만, 괴벨스는 그에게 품고 있는 존경심 때문에 자제할 수밖에 없었다. 괴벨스는 레클링하우젠으로 보내는 편지에서 "생각해봐. 교회는 내 작품의 초고를 정해진 기한 내에 스스로 없애버리라고 요구하기까지 했어."라고 쓰면서, 자신이 〈유다 이스카리오트〉의 초고를 가지고 있었다면 갈기갈기 찢어버렸을 것이라고 말했다.32) 예전 독일어 교사 포스가 약속했던, 〈유다 이스카리오트〉를 낼 출판사를 찾을 수 있을 것이라는 희망은 사라졌다. 왜냐하면 괴벨스는 "어떤 일이 있어도 어린 시절부터의 신앙을 무너뜨리기를" 원치 않았기 때문이었다.33)

그럼에도 불구하고 괴벨스는 곧 그의 세계관을 뒤흔들어 놓은 몇몇 사건들의 여파로 신앙을 잃게 되었다. 괴벨스의 예상과는 전혀 다르게 전쟁은 패배로 끝났고, 승전과 결부된 모든 기대들은 급속히 사라져버렸다. 1918년 11월 11일, 중앙당* 정치가 마티아스 에르츠베르거*는 제3차 최고군사령부*의 장성을 대신하여 독일 대표단을 이끌었다. 그는 파

중앙당(Zentrum) 1871년 창당되어 1933년 나치가 해산한 가톨릭 정당. 보수적인 '우익'과 자유주의적 '좌익' 사이에 위치한 의회 의석 위치 때문에 '중앙당'이라는 이름을 가지게 되었다.

에르츠베르거(Matthias Erzberger, 1875~1921) 1918년 당시 정무장관이던 그는 힌덴부르크의 지시에 따라 협상 대표로서 휴전 협정에 서명하였다. 1919년부터 바이마르공화국 재무장관을 역임했으며, 그 후 패전과 공화국의 상징으로 우익의 증오를 받아 1921년 암살되었다.

최고군사령부(Obeste Heeresleitung) 최고군사령부는 1차 세계대전 당시 군 장성들로 구성되어 독일군의 최고 지휘를 담당한 기구. 특히 인기 높은 파울 폰 힌덴부르크와 그를 배후 조종하던 참모장 에리히 루덴도르프가 이끈 제3차 최고군사령부는 1차 세계대전 후반기에 독일을 사실상 군부독재 형태로 통치했다. 1819년 10월 전황이 불리하자 최고군사령부는 새 정부에 휴전을 요구했으나, 대외적으로는 패전의 책임을 봉기자들과 정치인들에게 미루며 배신자들이 등 뒤에서 칼을 찔렀다는 '단도설'을 유포했다.

리에서 북동부 방향으로 몇 킬로미터 떨어진 콩피에뉴 숲의 기차 안에서 휴전 협정에 조인했는데, 이는 항복이나 마찬가지였다. 바로 얼마 전까지 독일의 승리를 예견하고 있었다는 사실, 그리고 독일 영토에는 총알 한 발 떨어지지 않았고 독일 군이 동부 전선에서 승리를 거두고 서부 전선에서도 적국의 영토 깊숙이 들어가 있었다는 사실 때문에, 많은 독일인들은 이러한 휴전 과정에 수긍할 수 없었다.

더욱 이해하기 힘든 것은 독일 국내에서 일어난 일들이었다. 전쟁 개전 당시 빌헬름 2세가 자신에게는 개별 정당들이 아니라 오로지 독일만이 중요하다는 말로 표현했던 그 단합은 흔적도 없이 사라졌다. 황제는 1918년 11월 11일 퇴위했다. 그 며칠 전 해군 병사들은 해안에서 반란을 일으켰다. 괴벨스의 고향 라이트를 비롯하여 전 독일에서 병사 소비에트와 노동자 소비에트들이 만들어졌다. 베를린에서는 11월 9일 사회민주주의자 필리프 샤이데만*이 공화국을 선언했고, 그 직후 스파르타쿠스단(Spartakusbund) 지도자 카를 리프크네히트*는 '자유 사회주의 공화국'을 포고했다.

괴벨스는 마인프랑켄 지방의 궁정 도시이자 대학 도시인 뷔르츠부르크에서 이러한 사건들을 지켜보고 있었다. 그와 안카 슈탈헤름은 9월 말부터 그곳에서 학업을 계속하면서 '경이로운 가을'을 체험하고 있었다. 그는 《비망록》에 다음과 같이 썼다. "혁명. 혐오. 군대의 귀환. 안카는 울었다."[34] 우선 그는 그 사건들을 "맹목적이고 조야한 대중이" 날뛰는 것이라고 평가 절하했다. 그 대중들은 분명히 언젠가 다시 한 번 '정신적 지도자'를 필요로 할 것이다.[35] 11월 13일 어린 시절 라이트의 급우였던 프리츠 프랑에게 보낸 한 편지에서 괴벨스는 다음과 같이 물었다.

저급하고 무의미한 군중의 혼돈 속에서 사람들이 다시 지도자와 힘을 찾아 절규할 때가 올 것이라고 너 역시 믿지 않는가? 우리 이때를 기다리자. 끊임없이 정신을 연마하여 이 싸움을 준비하자. 조국이 처해 있는 이 고난의 시기를 함께 체험하는 일은 분명 쓰라리지만, 우리가 여기에서 전화위복의 결과를 얻을 수 있을지 누가 알겠는가? 독일이 전쟁에서 패배했지만, 그 전쟁은 우리 조국에 이익을 가져다 줄 것이라고 믿는다. 포도주가 익을 때 나쁜 이물질들은 모조리 수면 위로 떠오른다. 그것들을 떠내고 나면 맛있는 것들만 남는 법이다.[36]

요제프 괴벨스는 당시 독일에서 일어난 혼란의 이유를 납득할 수 없었다. 그는 전 국민이 연대하였던 몇 년에 걸친 전쟁 기간에 성장했다. 그렇기 때문에 현재의 충격들이 이미 20세기에 들어서기 전 산업화와 함께 시작된 변화의 결과이기도 하다는 점을 제대로 파악할 수 없었다. '쏟아지는 탄환' 속의 젊은 병사들과 마찬가지로 '후방 전사' 괴벨스도 오로지 그 지나치게 비장한 공동체의 형태밖에 알지 못했던 것이다. '참된 민족공동체'를 진실로 믿었기에 이러한 거짓된 비전의 붕괴가 그에겐 더욱 충격적이었다.

....
샤이데만(Philipp Scheidemann, 1865~1939)   사회민주당 지도자. 1918년 11월 9일, 소속 사회민주당이나 정부로부터 승인도 받지 않고 의사당 발코니에서 바이마르공화국을 선포하여, 공화제를 실현했다. 이듬해 1919년 2월 공화국 초대 총리가 되었으나 베르사유 조약에 반대해 6월에 사임했다. 그 뒤 카셀 시장으로 있으면서 군부나 극우 반동 정당들과 타협하려는 정부의 시도를 비판했다. 1933년 히틀러가 권력을 장악할 무렵 덴마크로 망명했다.
리프크네히트(Karl Liebknecht, 1871~1919)   로자 룩셈부르크와 함께 사회민주당 좌파를 지도하던 그는 1차 세계대전 중 반전 운동을 전개했다. 1916년 사민당에서 제명된 후 룩셈부르크와 함께 지하운동조직 스파르타쿠스단을 조직하여 베를린에서 반전 시위를 벌이다 체포되어 2년 6개월의 징역형을 선고받았다. 1918년 혁명의 분위기가 무르익으면서 석방되었고 그 후 독일 공산당을 창당했고, 1919년 혁명을 요구하는 무력 봉기에 참가하였다가 룩셈부르크와 함께 반혁명군에게 체포되어 살해당했다.

뷔르츠부르크의 율리우스 막시밀리안 대학에서 민족주의적*인 고대 역사학자 율리우스 케르스트(Julius Kaerst)와 독문학자 후베르트 뢰테켄(Hubert Roetteken)의 강의를 들었던[37] 요제프 괴벨스는 당시의 사건들을 보며 대부분의 또래 젊은이들과 비슷한 반응을 보였지만, 그의 성격이 지닌 파괴적인 특성에 걸맞게 아마 더욱 격렬한 반응을 나타냈을 것이다. 또래 청년들이 단지 불쾌함을 느끼는 지점에서 그는 절망하곤 했다. 그렇기 때문에 더욱 날카롭게 급진적으로 '독일의 운명'에 반응하게 되었고, 점차 자신의 운명을 '독일의 운명'과 하나로 보기 시작했다. 당시 그는 배움을 쌓아 이후 더 나은 미래를 예비하는 일이 무엇보다 중요하다는 것이 전쟁이 준 교훈이라고 말하곤 했다. 1차 세계대전의 의미를 모색하던 괴벨스는 이른바 전쟁의 본질을 통찰했다면서, "앞으로 살아갈 수 있다면 독일과 함께 살아가고 배우고 부활하기를 원하였다. 정치적인 차원이 아니더라도 도덕적인 차원에서."라고 썼다.[38]

그러나 그는 1918년 11월 사태에 대한 자신의 해석이 불충분하다는 점을 점차 깨닫게 되었다. 프리츠 프랑에게 보내는 편지에서 그가 예측

민족주의적(völkisch) 19세기 후반기부터 독일에서 성장해 온 민족주의적·반유대주의적·신비주의적 성향의 운동 단체와 정당들을 아우르는 표현. 히틀러의 국가사회주의는 민족주의의 토양에서 성장하였으나 이후 독일에서 민족주의 운동을 흡수해 나갔다.

룩셈부르크(Rosa Luxemburg, 1870~1919) 유대계 폴란드인으로 1894년 폴란드 사회민주당을 창당했다. 1898년 독일 이주 후 독일 사회민주당에 가입해 탁월한 이론가로 활동했다. 1차 세계대전 중 대부분을 감옥에서 보냈고, 1918년 출옥 후 독일 공산당을 결성하였으며 1919년 자유군단에게 피살되어 베를린 강에 던져졌다.

노스케(Gustav Noske, 1868~1946) 사회민주주의 우파 정치가로 1차 세계대전 당시 정부의 전쟁 노선을 지지했고, 1918년 킬 군항의 수병 반란을 수습하고, 1919년 스파르타쿠스단 봉기 당시 정부군 사령관으로 혹독한 탄압을 자행했다. 1919~1920년 바이마르공화국 국방장관을 역임했으며, 1944년 히틀러 암살 음모에 관련되어 체포되었다가 영국 군에 의해 석방되었다.

카를 리프크네히트(중앙에 모자에 손을 댄 사람)와 사회주의자들. 1919년 1월, 리프크네히트는 로자 룩셈부르크와 함께 독일공산당의 전신인 스파르타쿠스단을 조직해 봉기를 일으켰다. 그러나 스파르쿠스단의 봉기는 곧 자유군단에 의해 진압당했고, 리프크네히트와 룩셈부르크는 살해당했다.

했던 자율적 세력들은 나타나지 않았다. 그와 정반대로, 친구가 "영웅적으로 전사"한 형을 생각하며 쓴 답장에서 냉소적으로 외친 "무정부 만세!"라는 미래의 구호가 현실화되는 듯했다.[39]

1919년 1월 4일 이후로 리프크네히트와 로자 룩셈부르크*가 이끄는 스파르타쿠스단은 국민의회 소집과 민주적 의회주의를 지지하는 세력에 맞서 싸웠다. 마침내 구스타프 노스케*라는 사회민주주의자가 베를린의 자유군단* 지도자로 떠올랐다. 자유군단은 그러한 군사조직들의 대부분이 그러했던 것처럼 1차 세계대전의 잔여 세력으로 구성되었다. 스파르타쿠스단의 봉기는 진압되었고 지도자 카를 리프크네히트와 로자 룩셈부르크는 살해당했다. 수도 베를린의 상황은 점차 안정되었지만, 베를린의 1월 전투는 앞으로 독일이 겪을 혁명적 혼란의 서곡이나 다름없었다.

괴벨스의 부모는 이 힘겨운 시기에 멀리서 공부하는 아들을 늘 걱정했다. 괴벨스의 건강 때문에 부모의 걱정은 갈수록 심해졌다. 피골이 상접하게 마른 그는 늘 두통에 시달렸고, 다리에 부착한 정형기구가 쉽게 수리할 수 없을 정도로 파손되어 장애를 더욱 심하게 겪고 있었다. 이미 10월 초에 아버지 프리츠 괴벨스는 아들에게 "앞으로는 매주 두 번씩, 짧게라도 소식을 전해다오."라고 부탁했다.[40] 아버지는 11월에는 뷔르츠부르크의 상황이 "너무 위험해지고" "대학이 휴교한다면 곧 집으로 돌아와라."라고 편지를 썼다. 아버지는 십여 장의 편지를 보내 언제나 돈뿐만 아니라 귀향 길의 위험을 피하는 데 필요한 선의의 조언들을 들려주었다. 고향인 라인란트 지방이 프랑스와 벨기에 군대에 점령되어 있었던 것이다.[41]

그렇지만 아들은 12월 달렌 거리의 가족에게 크리스마스도 집에서 보내지 않을 것이라고 통보했다. 그러자 아버지는 자신은 예전부터 고향에서 가까운 대학을 다니는 편이 낫다고 생각했다는 편지를 뷔르츠부르크로 보냈다.[42] 그리고 계속해서 아들에게 종강하는 대로 곧 집으로 돌아오라고 충고했다. 그래야 "정형기구 같은 네 문제들을 제대로 처리할 수 있고, 네가 밥도 제대로 먹을 수 있게 되겠지. 또 거기 오래 머물수록 돈도 많이 들 테니까."[43]

1919년 1월 24일 결국 요제프 괴벨스는 집으로 돌아왔다. 그는 그보다 이틀 전 법규에 따라 뷔르츠부르크의 주민등록처에 전출 신고를 했다. 그는 강의 노트의 마지막 장에 "신에게 감사를"이라고 쓰고 밑줄을 네 번이나 그어놓았다. 그러고는 마침내 라이트로 돌아온 것이다. 그는 기차를 타고 쾰른에서 라인 강을 넘으면서 점령 지역에 발을 들여놓았다. "철모를 쓴 새파랗게 어린 영국 군이 다가와서, 아주 친절한 태도로 내가 손에 서류를 들고 있음을 확인했다. 그러고는 "좋아(all right)!"라고 말했다. 그 한마디를 듣기 위해 나는 며칠 전부터 그 난리를 쳤던 것이다." 그는 역에서 '살인적 추위'를 이겨내며 밤새도록 다음 기차를 기다려야 했다. 그곳에서는 많은 영국인과 프랑스인들이 "다채롭고 독특한 장면"[44]을 그에게 보여주었다. 그렇지만 그의 고향 도시에서는 점령 당국이 그다지 흥미롭게 느껴지지 않았다. 벨기에 군은 심야 통행 금지를 포고하였고 부근 지역을 엄격하게 통치했다. 심지어 편지들도 검열을 받았고 일상적인 쥐털린 서체로 글을 쓰는 것도 금지되었다. 그는 레클링하우젠의 안카 슈탈헤름에게 보내는 단정한 로마자 활자체 편지에서 이를 3개월이나 참아내야 한다는 일이 '끔찍하게' 느껴진다고 썼다.[45] 그로부터 며칠이 지난 후 점령 당국의 부당한 대우를 견딜 만큼 견뎠다고 느낀 그는 더는 이곳이 고향이 아니며 "나는 독일에 있지만 이제 독일에 있지 않다."라고 썼다.[46]

귀향한 요제프 괴벨스는 또 다른 사건들로부터 깊은 인상을 받았다. 그보다 조금 전에 독일 국민의회 구성을 위한 선거*가 진행되었다. 뷔르츠부르크에서 그는 내키지 않지만 집안의 가톨릭 전통에 따라 가톨릭중앙당의 바이에른 주 지부인 바이에른국민당(Bayerische Volkspartei)에

....

자유군단(Freikorps) 1차 세계대전 종전 후 귀향한 군인들은 대부분 실업자가 되었고 1918년 독일 혁명에 충격을 받았다. 사회민주당 정부는 봉기로 점철된 혼란기에 가두투쟁에 활용하기 위해 그들을 조직화했다. 이에 따라 약 40만 명의 귀향 군인들이 참가한 자유군단이 좌파 탄압에 동원되었다. 그 뒤 베르사유 조약으로 독일 군 병력이 제한되자 해고 위험에 처한 자유군단 일부가 1920년 3월 카프 쿠데타를 일으켰으나 노동자의 동맹파업 때문에 실패했다. 자유군단 해산 과정에서 일부는 군에 포함되고 일부는 돌격대, 친위대, 철모단과 같은 극우 조직에 포섭되었다.
국민의회 구성을 위한 선거 1919년 1월 19일 선거를 통해 선출된 제헌 국민의회는 1919년 2월 6일 바이마르에서 첫 회의를 가졌는데, 이는 좌익 봉기가 일어난 베를린을 피하고 독일 고전주의의 요람인 바이마르가 평화 의지를 보여주기에 적당했기 때문이다. 2월 11일 국민의회는 사민당의 프리드리히 에베르트를 제국대통령으로 선출했고, 사민당은 바이마르 연정을 구성했다. 1919년 7월 31일 국민의회는 바이마르 헌법을 통과시켰다. 국민의회는 1920년 5월 21일 입법부 기능을 독일 제국의회에 넘겨주고 해산했다.

표를 던졌다.⁴⁷⁾ 그러나 전쟁에서 돌아와 다시 괴벨스와 어울렸던 급우들 중 몇 명과 괴벨스의 형 한스는 독일국가인민당*에 투표했다.⁴⁸⁾ 괴벨스 역시 그 정당에 가장 마음이 끌렸지만, 그 당이 바이에른에서는 선거에 나서지 않았기 때문에 표를 주고 싶어도 줄 수 없었다.⁴⁹⁾

그는 일부 독일인이 비합리적이어서 조국의 번영에 도움이 될 '올바른' 선택을 하지 못한다는 사실에 마음이 상했을 뿐 아니라, 시시각각 변하는 정세 속에서 모두가 곤경에 빠져 있는데 여러 정당들이 서로 다투고 있다는 생각에 참을 수가 없었다. 사회민주당, 자유주의 좌파인 독일민주당*, 가톨릭중앙당이 제국정부를 구성하고 사회민주당의 프리드리히 에베르트*가 정부를 이끌게 되었다. 괴벨스는 에베르트에게서 '야비한 인상'을 받았다.⁵⁰⁾ 괴벨스는 이러한 상황을 보고 "공화국을 할 만큼 독일 국민은 성숙하지 못하다."라는 결론을 내렸다.⁵¹⁾

괴벨스는 그 증거로 패전과 혼란한 국내 정세 속에서 제국의 통일성을 위협하는 듯 보이는 분열주의 세력들을 이야기했다. 그는 안카 슈탈헤름에게 그들이 "라인베스트팔렌 공화국*에 대해 많이" 이야기하고 있는지 묻고 나서, 그들에게 속아서는 안 된다고 충고했다.

> 이것들은 죄다 검은 예복(가톨릭 성직자를 의미)을 입은 신앙심 깊은, 그러나 양심을 잃은 형제들의 반역적인 속임수에 불과하다. 예로부터 전해 내려오는 말 중에 배가 가라앉기 직전에 쥐들이 떠난다는 말이 있지. 내 생각에 이 행운을 가져다주는 명료한 격언을 그렇게 뛰어나게 이해하고 있는 단체는 우리의 우직한 중앙당뿐이야. …… 아마도 그들은 오스트리아를 포함해서 남독일 제국을 건설하고 교황을 첫 번째 대통령으로 선출할 수도 있겠지 (독일의 남부 지역은 전통적으로 가톨릭이 개신교보다 우세하다). 그래, 그 가톨릭 신도들이 프로이센의 멸망을 슬퍼하지 않는다고 나쁘게 생각해서는 안 될 거야. 프로이센 치하에서 그들은 사실상 2류 인간에 불과했으니까.

그는 통분과 원한에 눈물이 날 지경이지만, "대체 무엇을 할 것인가! 우리는 가련한 민족이다. 조국 독일을 조금이라도 사랑하는 사람이라면 주머니 속에서 주먹을 꽉 움켜쥐고 그저 침묵하는 수밖에 달리 무엇을 하겠는가."52)

괴벨스는 특이하게도 사회적인 갈등도 모두 이 공화국의 책임이라고 여겼다. 그는 항상 빈털터리인 '가련한 악마'인 자신과 안카 슈탈헤름 사이에 존재하는 사회적 장벽을 느낄 때마다 사회적인 갈등을 더욱 중요하게 여기게 되었다. 뷔르츠부르크에서 그는 그녀와 가까운 곳에 방을 얻어 살고 있었다. 괴벨스는 그녀가 종종 자신을 먹여 살리다시피 하는 것을 견디기 힘들었다. 몸과 마음이 병들어 시급하게 요양을 해야 하는 괴벨스에게 안카가 요양 비용을 대겠다고 했다. 그러나 괴벨스의 자존심이

독일국가인민당(Deutschnationale Volkspartei, DNVP)　1918년 창당된 우익 정당으로 민족주의, 제정파 보수주의, 우파 자유주의 성향을 가졌다. 바이마르공화국 초기에는 공화국에 적대하고 카프 쿠데타를 지원하였으나 1920년대 중반부터 정부 참여를 추구했다. 1928년 이후 알프레트 후겐베르크가 당수가 된 후 더욱 우경화하여 나치당과 협력했다. 1933년 해산되고 지도부는 나치당에 입당했다.
독일민주당(Deutsche Demokratische Partei, DDP)　1918년 11월에 설립된 정당. 의회주의에 입각해 사회정책을 중시했으므로 라테나우 등 대자본을 가진 경영자뿐 아니라 중간계급과 일부 노동자들의 지지도 받았다. 1919년 국민의회 선거에서 75석을 획득하여 제3당이 되었다. 사민당, 중앙당과 함께 바이마르연합을 형성했으나 그 후 차차 득표수가 떨어져 존재 의의를 잃었다.
에베르트(Friedrich Ebert, 1871~1925)　마구 직공 출신으로 1889년 사회민주당 입당 후 1913년 당수가 되었다. 1919년 바이마르공화국 초대 대통령으로 선출되었으나 임기 만료 직전인 1925년 사망했다.
라인베스트팔렌 공화국(Rheinisch-westfälische Republik)　1918년 전쟁 종결 후 프로이센의 볼셰비즘화에 대한 두려움 때문에, 라인 지방에서는 중앙당을 중심으로 라인란트와 베스트팔렌 지방으로 구성되는 독자적인 공화국 창설 움직임이 있었다. 그러나 국민의회 구성을 위한 선거에서 프로이센의 볼셰비즘화는 기우인 것으로 드러나 이런 움직임은 사그라들었다.

호의를 받아들이지 못하였다. 특히 마음 아팠던 일은 안카 슈탈헤름의 가족이 그녀에게 빈털터리 장애인과 너무 가까이 하지 말라고 계속 충고를 했던 일이었다. 그녀의 어머니는 레클링하우젠으로 돌아온 딸에게 고해성사를 하도록 시켰다. 그녀가 괴벨스와 함께 범한 죄악을 씻기 위해서였다. 그러나 그녀는 괴벨스를 위해 "사랑하는 신이 너를 곧 다시 건강하게 해주고 네가 꿈꾸는 것처럼 모든 것이 좋아지기를" 기도했다.

안카가 그의 편에 있었지만 두 사람의 사회적 격차 때문에 2월에는 두 사람 사이에 심각한 다툼이 있었다. 다투고 나서 괴벨스는 안카에게 보내는 편지에서, 어머니에게 이것이 괴벨스의 마지막 편지라고 말하라면서, "그러면 아마도 어머니는 너를 용서할 거다."[53]라고 썼다. 두 사람이 다시 화해를 하고 나서, 괴벨스는 그녀가 자신의 빈곤을 함께 고뇌하게 된 것은 쓰라린 일이지만 "너도 알다시피, 그때 내가 너에게 이 문제를 함께 생각하고 또 함께 괴로워하도록 강요했지만, 나를 그렇게 만든 건 바로 너야."라고 말했다.[54]

그는 여전히 자신을 보수주의자로 표현하고 있었지만, 정의로운 세계를 위해 투쟁하겠다고 결심한 사람은 더는 "맹목적이고 천한 대중"이 아니었다. 라이트에서 괴벨스는 조직화된 노동자들과 토론을 벌이기까지 했다. "이런 방식으로 노동자 계층의 운동을 어느 정도 이해할 수 있는 것이다." 비록 괴벨스는 부르주아의 딸인 안카에게 자신은 노동자 운동을 '결코' 환영할 수 없지만 그들과 나누는 토론은 "참으로 한 번쯤 상세하게 살펴볼 가치가 있는 많은 문제들"에 접근할 수 있게 해준다고 조심스럽게 편지에 썼다.[55]

요제프 괴벨스는 1919년 2월 자신의 방식대로 거듭 이 문제들을 상세히 살펴보았다. 즉 그는 두 번째 극작품인 〈하인리히 캠퍼르트〉[56]의 저술을 마쳤는데, 여기서 다시 자기 자신의 갈등을 주제로 삼았다. 작품의 주인공은 '조용한 영웅' 하인리히 캠퍼르트이다. 그의 좌우명은 "노동과

제1회 독일국민의회. 1919년 1월 총선거에 따라 2월에 바이마르에 소집된 제헌의회. 여기서 채택된 헌법이 바이바르헌법이다.

계속적인 투쟁!"이었다. 그러나 "투쟁은 힘겹다. 왜냐하면 정신적 투쟁에 덧붙여 이제 일용할 양식을 구하려고 투쟁해야 하기 때문이다." 자포자기에 빠진 하인리히 캠퍼르트의 곤경과 대조적으로 무유한 귀속 가문이 등장하는데, 주인공은 그 집안의 딸을 사랑하고 있었다. 그녀도 그를 사랑한다고 고백하면서 자신의 가족에게 이렇게 권유했다. "부유함에는 커다란 책임이 있습니다. 그것은 곤궁하고 굶주리는 계급에 대한 책임입니다. 그러한 책임을 방기한다면, 유령들을 불러들이게 되고 이는 결코 막을 수 없게 될 것입니다. 그 유령이란 사회적 불안입니다."[57)

하인리히 캠퍼르트는 정의가 자신을 비껴갔다는 사실에 괴로워하면서도, 불의를 저질러 정의를 쟁취할 수도 없었다. "희망과 능력 사이에서 입을 벌리고 있는 이러한 상처"[58)를 치유할 길이 없었던 것이다. 하인리히 캠퍼르트는 제3막과 4막에서 언급되는 도스토예프스키의 《죄와 벌》

2장 내 안의 혼돈 63

의 주인공 라스콜리니코프처럼[59] '타락한 세계'에서 자신의 기독교적 본성의 감옥에 갇힌 죄수였다.

　괴벨스는 가톨릭 신앙에서는 이상과 현실의 대립이 사라질 수 없다고 생각했다.[60] 그는 뷔르츠부르크 시절부터 이러한 생각에 따라 행동하였는데, 결국 대학 생활 초기에 가입했던 가톨릭 단체 우니타스에서 탈퇴하는 것으로 나타났다.[61] 괴벨스와 안카 슈탈헤름은 1918년 크리스마스 이브를 뷔르츠부르크에서 난방이 형편없는 안카 슈탈헤름의 학생 아파트에서 함께 보냈다.[62] 그리고 괴벨스는 생전 처음으로 크리스마스 자정 미사에 가지 않았다. 그 후 괴벨스는 교회에 가거나 고해성사하는 것을 강하게 거부하였다. 얼마 전까지만 해도 그런대로 확고했던 그의 세계관이 무너지고 대신에 이 세상을 더는 잘 모르겠다는 고백이 그의 머리 속에 자리잡게 되었다.[63]

　이러한 상황에서 그가 의지한 사람은 과거의 급우이며 라이트 교외의 농민의 아들인 리하르트 플리스게스였다. 오랫동안 산책을 하면서 두 사람은 그들 자신과 민족의 미래의 계획을 다듬었다. "예전에 학교에 함께 다녔으며 얼마 전까지 소위였던 친구 플리스게스는 이제 독문학을, 그것도 나와 같은 방식으로 공부하려고 한다. …… 그는 매일매일 나의 동반자이다."[64] 철십자 훈장을 받았고 팔에는 총상을 입은 이 키 큰 남자는 왜소하고 다리를 절며 참전할 수도 없었던 괴벨스에게는 영웅 같은 존재였다. 괴벨스는 신과 세계에 대한 그의 견해에 매료되었다. 그래서 괴벨스는 이 새로운 친구에게 프라이부르크에서 대학 생활을 시작할 것을 권했다. 괴벨스 자신이 1919년 여름학기에 애인 안카 슈탈헤름을 따라 그곳으로 가려 했기 때문이다.

　"오늘날 '문화'라고 불리지만 기본적으로 부자연스러운 그 모든 것들로부터 제왕처럼 자유롭고 초연했던"[65] 플리스게스는 괴벨스에게 마르크스와 엥겔스를 공부해보라고 권했다. 괴벨스는 메모에서 자신이 이제 더욱 사회 문제를 고민하게 되었고, 플리스게스와 함께 밤을 지새우며 신의 문제를 토론했다고 썼다.[66] 괴벨스에게 신은 점점 연대와 평등과 정의의 동의어가 되어 가고 있었다. 괴벨스는 신의 섭리를, 부정의하고 인간을 경시하며 영혼이 결여되고 물질주의적이라고 느끼고 있던 독일의 현실에 대한 반대 극으로 보았다. 이 점에서 괴벨스는 또 다시 도스토예프스키의 작품과 신비주의적·종교적 기반을 지닌 사회주의적 러시아의 비전으로부터 영향을 받았다. 그것이 사회주의적이라는 것은 신에 대한 신앙이 인민을 통합하는 커다란 동력이며, '신의 몸'은 곧 '전체 인민의 통합적인 인격'[67]이라는 의미에서였다.

괴벨스는 자학적 고민의 동력을 거듭 안카 슈탈헬름으로부터 얻었다. 두 사람이 함께 들어간 강의 시간에 그녀가 그 '사랑스럽고 달콤한 꼬마'에게 속삭일 때 괴벨스의 우울한 생각들은 이따금씩이나마 밝아질 수 있었다. 괴벨스는 프라이부르크에서 보낸 그 여름에 낭만적이고 몽환적인 시들을 쓰면서 주의를 분산해보려 했다.[68] 그의 시적 능력이 인정을 받은 것은 라이프치히의 크세니엔 출판사가 '프루베여 이 화관을 받으라'라는 제목으로 괴벨스의 시집을 출판하겠다고 나선 일로 알 수 있다.

그러나 1919년 6월 중순 우편으로 배달된 출판 계약서의 일곱 번째 항목은 아직 학생이던 괴벨스의 기쁨을 일순간에 앗아가버렸다.[69] 여기에는 이 출판 계약에 서명을 하면서 동시에 요제프 괴벨스 씨가 출판 비용으로 현금 860마르크를 출판사에 지급해야 한다고 씌어 있었던 것이다. 그는 방학 때 예전의 독일어 교사 포스에게 곧 출판이 가능할 것이라고 말하기는 했지만,[70] 애인의 금전적 지원은 씁쓸한 마음으로 거절했다. 그렇지 않아도 그녀에게 여러 차례 도움을 받았기 때문이다.[71]

1919년 8월, 베스트팔렌 지방 뮌스터(그때 안카 슈탈헬름은 그 부근인 안홀트의 친척 집에서 방학을 보내고 있었다)의 누추한 방에서 22살의 요제프 괴벨스는 "심장에서 솟구치는 피로" "자신의 이야기"를 썼다. 〈미하

2장 내 안의 혼돈 65

엘 포어만의 어린 시절〉[72]은 괴벨스가 심리적 안정을 찾아가는 과정에서 "어떤 꾸밈도 없이 스스로 바라본 그대로"[73] 그 자신의 "모든 고통"을 적어 내려간 최초의, 그리고 유일한 작품이었다. 여기에서 그는 인간에 대한 자신의 증오, 학창 시절 자신의 장애를 보상받으려고 추구했던 병적인 야심, 그리고 성공을 거둘수록 얼마나 "오만하고 폭군적이 되었는지"를 썼다. "그리하여 매우 강인한 성격이 아니라 폭군적인 괴짜가 되고 있었다."[74] 괴벨스는 작품을 쓰는 대로 한 장 한 장 안카에게 보냈고 그 원고를 받아보았던 안카에게 '미하엘'을 말하듯이, 비극적 예외자로서 그 자신의 미래를 예언했다. "미하엘, 너는 남자가 되리라. 어린 시절 네가 소년이었듯이, 그렇게 외롭고, 세상에 낯설며, 네가 할 수 없는 것, 죽는 날까지 추구해도 얻을 수 없는 것을 그리워하는 마음으로 가득한 그런 남자가 되리라."[75]

1919~1920년 사이의 겨울학기에 요제프 괴벨스와 안카 슈탈헤름은 바이에른의 주도 뮌헨에서 공부했다. 전쟁이 끝난 후 뮌헨은 반죽처럼 부풀어 오르는, 아니 부글부글 끓어오르는 도시였다. 1919년 봄 그곳에서는 소수파이던 급진 좌파가 뮌헨 소비에트공화국*을 포고했다. 낭만적인 비전들이 그로테스크하게 꽃피었다. 이를테면 어느 법령에서는 노동과 예속 관계와 법률적 사고방식이 폐지되었다고 선포하였고, 신문들은 1면에서 혁명 법령을 다루는 뉴스와 횔덜린이나 실러의 시를 나란히 실으라고 지시하였다. 그러한 몽상가들의 뒤를 이어 강경한 직업 혁명가들이 나타났다. 그러나 제국 정부에 충성을 바쳤던 군대는 곧 뮌헨의 소비에트 통치를 유혈 진압했다.

다른 한편, 1차 세계대전에 참가했으나 이제 뿌리 뽑히고 전망도 없는 무리들이 우파 진영으로부터 공화국을 위협했다. 전투동맹(Kampfbund)들과 자유군단에서 조직화된 그들의 세계관은 수많은 국수주의적이고

대학 시절 괴벨스가 열정적으로 사랑했던 안카 슈탈헤름(1919년경). 부르주아의 딸인 그녀와의 좌절된 사랑은 괴벨스에게 가진 자들에 대한 분노와 적개심을 심어주었다.

반유대주의적이던 서클, 협회, 조직들에서 생겨났는데, 여기에는 툴레협회*처럼 비밀 종교 성격을 띤 조직도 있었다. 이러한 단체 중 하나가 공학자 고트프리트 페더*가 세운 독일노동자당(Deutsche Arbeiterpartei)이었는데, 이 정당은 민족과 사회주의의 회해를 목표로 하고 있었다. 이 난

뮌헨 소비에트공화국(Munchner Raterepublik) 뮌헨 소비에트공화국(혹은 바이에른 소비에트공화국)은 1918년 11월 7일부터 1919년 5월 2일까지(좁은 의미로는 1919년 4월 7일의 공식적인 소비에트공화국 포고로부터 1919년 5월 2일의 폭력적 진압까지) 존재했던 소비에트공화국이다. 1차 세계대전 종전 이후 바이에른 왕국에 소비에트 민주주의 형태의 사회주의 국가를 세우려던 짧은 시기 동안의 시도였다. 뮌헨 소비에트공화국은 독일제국 전체에서 일어난 독일 혁명(혹은 11월 혁명) 중 비교적 독립적인 부분으로 간주된다.

툴레협회(Thule-Gesellschaft) 1918년 뮌헨에서 창설된 민족주의 단체로 이교도적 인종주의 사상으로 무장하였다. 루돌프 헤스, 알프레트 로젠베르크, 고트프리트 페더 등 나치당의 지도급 인사들이 이 단체 출신이다.

체에는 아돌프 히틀러라는 어느 실패자도 가입했다. 1919년 10월 16일, 즉 요제프 괴벨스가 교외에 있는 노이하우젠의 로만 거리에 방을 구하고 안카 슈탈헤름은 뮌헨 시내에 방을 구하고 난 지 약 3주 후에, 히틀러는 처음으로 독일노동자당의 집회에서 연설을 했고 군중을 '감전'시켰다.

모든 대학의 강의실들이 1차 세계대전에서 돌아온 군인들로 북적이게 된 그 시절에 뮌헨 대학에서도 당시 정치 상황의 축약판을 볼 수 있었다. 그 시절의 독일인들에게는 이러한 모든 분야에서 일어나는 변혁이 다양하고 다채로운 동시에 분열적으로 보였음에 틀림없다. 1919년 2월, 학생이자 예비역 소위인 안톤 그라프 폰 아르코팔라이(Anton Graf von Arco-Valley)가 바이에른 주 총리인 사회민주주의자 쿠르트 아이스너*를 암살하여 민족주의 성향의 학생들로부터 '폭군 살해자'이자 '바이에른 해방자'로 영웅 같은 극진한 환영을 받았지만, 이 사건은 소비에트공화국 선포의 계기가 되었다. 요제프 괴벨스도 1920년 1월 시작된, 암살자의 재판을 지켜보면서 아르코팔라이에게 열렬한 지지를 보냈다. 법관들이 사형 선고를 내렸을 때(후에 무기형으로 감형된다),[76] 니더라인에서 온 학생 괴벨스는 충격을 받았다. 그가 보기에 아르코팔라이는 단지 불의에 대항해 싸운 죄밖에 없었다.[77]

뮌헨 시 당국이 "바이에른 출신이 아닌 학생들"에게 전입 금지 조처를 내렸기 때문에, 괴벨스는 뮌헨에 불법 체류하고 있었다.[78] 1919~1920년 사이의 겨울, 괴벨스는 불과 며칠 지나지 않아 돈이 다 떨어졌다. 그저 안카에게 기대어 사는 처지를 벗어나보려고 그는 양복들을 경매에 내놓고 싸구려 손목시계를 헐값에 팔아치웠다. 크리스마스 때 안카가 유복한 친구들과 함께 등산 여행을 떠날 때, 괴벨스는 자존심 때문에 함께 가지 않았다. 그는 성탄 전야에 정처없이 뮌헨을 헤매면서,[79] 자신이 안카 슈탈헤름과 관계에서 "비참한 정신적 · 물질적 예속 관계로" 점점 깊이 빠져들고 있다고 씁쓸하게 곱씹었다. 그를 괴롭히는 상황은 여기에 그치지 않았다. 안카 슈탈헤름의 어머니가 딸의 교제를 중단시키려고 새롭게 모략을 꾸몄던 것이다. 그는 "단지 너를 사랑한다는 이유 하나로, 다른 사람들이 나를 멸시하고 모욕감과 자괴감을 느끼도록 할 권리가 있단 말인가."[80)]라면서 자신의 운명을 원망했다.

괴벨스는 이방인의 위치 때문에 고통을 받을 때면 언제나 '정의로운 하느님'을 골똘히 생각했다. 그리하여 그는 특히 노르웨이 극작가이자 시인 헨리크 입센(Henrik Ibsen, 1828~1906)에게 몰두했다. 그의 자연주의적 사회극들은 부르주아적 세계 질서의 허약함을 드러내 보여주었다. 그리고 때로는 신화적·마술적 색채의 종교성을 내포한 오거스트 스트린드베리(August Strindberg, 1845~1912, 스웨덴의 극작가·소설가)의 작품들을 읽었다. 또한 돈과 기계에 지배되는 삶을 다룬 독일의 표현주의 극작가 게오르크 카이저(Georg Kaiser, 1878~1945)의 작품들과 낭만적·비의적 세계관을 지닌 신비주의 작가 구스타프 마이링크(Gustav Meyrink, 1868~1932)의 작품들을 연구했다. 그는 톨스토이의 극작품인 〈그리고 어둠 속에 빛이 비추었다〉에서 깊은 감명을 받았다. 그 작품의 주인공은 부정한 방법으로 축적한 재산도 보장해주고 군 복무와 전쟁까지 승인하는 기성 교회를 거부하면서도, 여전히 '참담하고 부패한' 세계의 포로였다. 이렇게 나아갈 방향을 찾아 헤매던 괴벨스는 나중에 《비망

페더(Gottfried Feder, 1883~1941) 나치당의 전신인 독일노동자당에서 활동했다. 독일노동자당은 반유대주의에 기반을 둔 반혁명 정당으로 사회주의적 정책과 민족주의를 결합한 중간계급 위주의 정강을 선택했다. 이후 나치당 소속 제국의회 의원, 1931년 나치당 경제위원장, 1933년 나치 집권 후 경제부 차관 등을 역임하면서 한때 나치의 경제정책 수립에서 주요 역할을 담당했으나, 그의 반자본주의 노선이 히틀러의 노선과 어긋나 영향력을 잃었다.

아이스너(Kurt Eisner, 1867~1919) 1차 세계대전 당시 반전 운동을 주도하였고, 1918년 11월 7일 바이에른공화국을 선언하고 총리가 되었다. 그러나 1919년 1월 주 선거에서 대패하고 2월 21일 암살되었다.

록》에 간결한 메모로 당시 심정을 표현했다. "내 안의 혼돈."[81]

괴벨스는 1919년 10월 말 집으로 보낸 편지에 이렇게 쓰면서 아버지에게 부탁했다. "말씀해주세요. 제가 부모를 떠나 방황하는 잃어버린 아들이라며 화내지 않으시겠다고." 그는 아버지 프리츠 괴벨스의 답장에서 위로받았다.

> 설령 네가 '혹시 제가 신앙을 잃는다 해도'라고 말하더라도, 나는 네가 아직 신앙을 잃은 것이 아니며 단지 회의 때문에 괴로워하고 있음을 알고 있다. 위로가 될지 모르겠지만, 어떤 인간도, 특히 젊은 시절에 이러한 의구심을 품지 않는 경우는 없다. 이러한 회의에 끊임없이 시달리고 있다고 해서 곧 최악의 기독교인은 아니란다. 이러한 문제에서도 오직 투쟁을 통해서야 승리를 거둘 수 있다. 만일 이 때문에 성사(聖事)들을 멀리 한다면 큰 잘못이다. 왜냐하면 어른 중에서 마치 첫 번째 성찬 때와 같이 늘 어리고 깨끗한 마음으로 주님 앞에 나설 수 있는 사람은 없기 때문이다. 이제 네게 몇 가지를 묻겠다. 나는 그 누구보다도 우리 관계가 예전의 신뢰를 다시 회복하기를 바라고 있고 그러려면 이 문제들을 자세히 들어봐야겠기 때문이다. 1. 가톨릭 신앙과 일치하지 않는 책들을 이미 썼거나 혹은 나중에 쓰려고 하는지, 2. 가톨릭 신자에게 적당하지 않은 직업을 선택하려 하는지. 만일 두 경우 모두에 해당하지 않고 네 의심이 다른 종류의 것들이라면, 한 가지만 말해주고 싶다. 기도해라. 나 역시 기도하마. 우리 주님이 모든 일이 좋아지도록 너를 도와주실 것이다.[82]

그러나 아버지의 따뜻한 위로의 말도 괴벨스를 지독한 우울로부터 구해낼 수는 없었다. 그 자신도 합당한 위치를 차지할 수 있는 "정의롭고 바른 세상"의 비전과 너무나 암담한 자신의 현실 사이의 모순은 위협적으로 보일 지경이었다. 이전에 자주 그랬던 것처럼 글쓰기가 위안이 되었다. 당시 프라이부르크에서 학업을 계속하면서 정기적으로 편지를 주고받던 친구 리하르트 플리스게스의 영향도 받아서, 1919년에서 1920년으로 넘어갈 무렵 학교 공책에 끄적거린 '단편 극본' 〈노동자 계급의 투쟁〉[83]이 탄생했다. 그는 나중에 《비망록》에서 이 작품을 〈노동〉이라고 명명하기도 했다. 이 작품은 사회 부정의의 문제를 공장 노동자의 환경에 투영해 고발한 것이었는데, 일부에서는 증오에 대한 장광설로까지 고조되었다. 괴벨스 작품의 주인공은 묻는다.

> 당신의 젊음을 파괴하였고, 이제 또 다시 새로운 세대의 젊음을 파괴하려고 하며, 탐욕스럽게 그 아들 딸에게 마수를 뻗고 있는 그자들을 왜 미워하지 않습니까? …… 그것은 그들이 당신으로부터 증오할, 강인한 심장의 불길로 증오할, 사악하고 조악한 모든 것을 증오할 능력마저 빼앗아갔기 때문입니다. …… 왜냐하면 당신으로부터 이성을 빼앗아갔고 당신을 증오도 사랑도 할 줄 모르는 짐승으로 만들었기 때문입니다. …… 그러나 저는 미워할 능력을 갖고 싶습니다. …… 그리고 저는 신이 제게 내려주었기에 제게 속하는 것들을 빼앗아가려는 자들 모두를 증오합니다. …… 오, 저는 증오할 줄 알며 이를 잃고 싶지 않습니다. 증오할 줄 안다는 것은 얼마나 좋은 일입니까?

괴벨스의 주인공은 증오심으로부터 힘을 길어 올린다. 그 때문에 그는 다른 사람들도 다시 그러한 증오심을 느끼기를 원한다. 괴벨스는 당시 널리 사용하던, 생기론(生氣論)적 자연 은유로 끝을 맺는다. "나는 그걸 알고, 또 느낀다. 이제 폭풍이 너희들 위로 불어닥쳐 썩고 허물어지는 것들을 깡그리 파괴해버릴 것이다."[84]

1920년 1월 말 요제프 괴벨스는 안카 슈탈헤름과 심하게 다투고 몸과 마음이 온통 병든 채 라이트로 돌아왔다. 그는 가족들과 지내면서 '평안과 정화'를 찾으려 했다. 집에서 그는 친숙한 환경과 어머니의 병 구완,

그리고 형 한스의 우애 덕분에 점점 건강해졌다. 프랑스 군의 포로가 되었던 한스가 돌아온 것은 요제프에게 깊은 감동을 주었다. 괴벨스는 금세 다시 화해하게 된 안카 슈탈헤름에게 이 소식을 전했다. "형과 재회하던 순간을 말로 표현하기 어렵구나. 악수를 할 때 내 눈에서는 눈물이 흘러내렸다. 5년 만의 해후를 결코 잊지 못할 것이다. 다시 한 번 우리 가족이 한 사람도 빠짐없이 모두 그 오래되고 친숙한 식탁에 둘러앉을 수 있었다. …… 네게 한 가지만 이야기하고 싶다. 이른바 '그랑 나시옹(Grand Nation, 위대한 국가. 프랑스를 뜻함)'은 지구상에서 사라져야 한다. 형이 그렇게 말했다."[85]

형 한스는 이를 갈며 많은 이야기를 늘어놓았다. 그는 전쟁을 혐오하지만, 또다시 프랑스를 상대로 싸워야 한다면 전쟁 첫 날부터 참전하겠다고 했다. 한스의 말 때문에 요제프를 비롯한 다른 가족들은 한스가 그 지방을 점령하고 있는 벨기에 군인들과 갈등을 빚을 소지가 있다는 우려를 하게 되었다.[86] 한스는 또한 늦게나마 아비투어를 치르고 대학에 들어가겠다는 계획에 사로잡혀 있었다. 요제프는 형을 지지했지만, 아버지와 맏형 콘라트는 반대했다. 두 사람은 전쟁에서 돌아온 한스가 "돈벌이를 할" 일자리를 찾아야 한다고 주장했다.[87]

언제나처럼 방학 중에 다음 학기를 위해 과외로 몇 푼이나마 벌고 있던 괴벨스도 취업 지원서들을 작성했다. 학업이 언제 끝날지 모른다는 점 때문이었다. 그는 동프로이센에서 교직을 지원했다.[88] 네덜란드어 실력 덕분에 네덜란드에도 이와 유사한 자리에 지원하는 편지를 보냈는데,[89] 3월 초에는 잠정적인 답변을 받기도 했다. 괴벨스는 이 직장이 마음에 들 경우 네덜란드에서 살 수도 있다고 꿈꾸기도 하였다.[90]

그러나 집에서도 계속 도스토예프스키와 톨스토이와 러시아 혁명을 연구하던 괴벨스의 이러한 계획들은 1920년 3월 13일 "베를린에서 날아든 굉장한 뉴스에 흔들렸다. 제국정부로부터 해산 명령을 받았던 에르하르트 해군 여단을 비롯한 자유군단 부대들이 정부 청사 지구를 점거하고 범독일(Alldeutsche) 운동(19세기 말 독일에서 발생한 민족주의 운동의 하나)의 볼프강 카프(Wolfgang Kapp, 1858~1922)를 제국총리로 선언했다.* 괴벨스는 대부르주아 출신인 연인에게 이 사건들을 '급진 우파'의 '일대 성공'이며 "실은 일어날 수밖에 없었던" 일이라고 논평했다. 그는 "우파 정부가 우리에게 좋은 일인지"는 불확실하다면서, '바이마르 체제'*에 대한 그 자신의 멸시를 담아, 대체 덴마크에서 오늘날 썩지 않은 게 무엇이 있겠냐고 물음 아닌 물음을 던졌다("덴마크에서 무언가 썩고 있다."라는 《햄릿》의 인용구는 "무언가 문제가 있다"라는 의미로 쓰인다).[91]

카프 쿠데타가 실패로 끝나자 독일 전역과 각 주에서 소요가 연이어 일어났다. 루르 지방에서는 곧 독일의 붉은 군대(일반적으로 사회주의 이념을 따르는 군대를 말하는데, 여기서는 독일의 사회주의자들이 조직한 무장단체를 일컫는다)에 소속된 5만 명이 공화국에 대항해 싸웠다. 괴벨스는 구독하고 있던 신문 〈쾰르니셰 차이퉁〉에서 이러한 사건들을 읽고는 이렇게 메모했다. "루르 지방의 적색 혁명. …… 나는 멀리서 열광한다."[92] 그는 무신론적 공산주의자들의 체제 전복 투쟁이 자신이 기대하던 하느님의 정의를 약속한다면서 열광했다. 괴벨스는 라이트에서 보낸 그 몇 주 동안 이러한 열광으로부터 다시금 노동자의 투쟁에 심취할 수 있는

카프 쿠데타 베르사유 조약상의 군축 의무로 인해 자유군단 해산이 임박하자 자유군단 군인들이 반동적 정치가 카프와 군 장성 뤼트비츠(Walter Freiherr von Lüttwitz, 1859~1942)를 앞세워 쿠데타를 일으켰다. 쿠데타 세력은 카프를 수반으로 하여 신정부 수립을 선언하고 베르사유 조약을 반대, 제정(帝政) 부활 등을 내세웠다. 에베르트 대통령과 바우어 총리 내각은 베를린을 벗어나 일단 도피했으나, 사회민주당이 촉구한 노동자 총파업이 일어나고 정부 조직이 카프의 지시를 거부하면서, 쿠데타는 4일 천하로 끝났다.

바이마르 체제 우익은 바이마르공화국을 경멸하는 뜻에서 '체제(System)'라고 불렀다.

영감을 얻었다. 그리고 그 결과물은 지나치게 비장한, 〈씨앗〉[93]이라는 '총 3막의 극'이었다.

이 작품에서 괴벨스는 "썩기 시작하는" "쓰러져 가는" 세계를 거듭 말하고 있으며, 물질주의적 질서의 반대인 "영혼의 불길"에서 생겨나는, "찬란한 봄날의 거센 바람"이 이 세상을 쓸어버릴 것이라고 말한다. "세계는 선해야 하고, 만일 현재의 세계가 그렇지 않다면 다시 선해져야 한다. 낡은 세계로부터 새로운 세계, 빛나고 찬란한 세계가 일어서야 하며, 그 세계에서는 모두가, 모두가 행복해야 한다." 그 당시 지배적이던 또 다른 이데올로기적 틀에 따라, 이를 위해서는 '새로운 인간'이 필요하다고 생각했다. 새로운 인간은 "우리가 전부 한 사슬의 고리들이라는 것을 알고 있다. 우리는 크든 작든 그 고리들이다." 노동자가 잠에서 깨어나 복종과 폭압에 맞서 봉기할 때, 그들은 "성숙해져 가는 종(種)", 강하고 아름다운 새로운 인간의 종을 위해 씨를 뿌리는 것이다.

1920년 부활절 무렵 요제프 괴벨스와 라이트에서 자주 만났던 리하르트 플리스게스는 〈씨앗〉을 읽고 열광했다. 괴벨스가 점점 안카 슈탈헤름으로부터 인정을 못 받으면서 플리스게스가 그의 '가장 절친한 친구'가 되었다. 그리고 〈씨앗〉을 읽고 '격분'하는 반응을 보인 안카 슈탈헤름이 조금씩 괴벨스로부터 멀어지기 시작했을 때 괴벨스를 위로한 것도 플리스게스였다.

두 연인의 출신의 차이는 다툼을 가져오고 그 다툼은 종종 지나치게 열광적인 화해를 가져오기도 했지만, 두 사람의 틈은 괴벨스의 사회주의적 사상 때문에 다시 복구되기 어려웠다. 부르주아의 딸은 독일을 뒤흔든 혁명적인 혼란에도 불구하고 여전히 부르주아의 딸이었다. 그녀의 출신 배경은 그녀에게 온갖 특권을 부여했다. 그녀는, 적색 혁명에 열광하는 애인, 온실 속에서 보호받아 온 부르주아들이 마침내 공포를 알게 된 것을 기뻐하는 애인을 점점 더 낯설게 느낄 수밖에 없었다.[94]

1920년 3월 13일 베를린에서 일어난 카프 쿠데타. 불안한 바이마르 공화국을 전복하고 우익 독재를 확립하려고 반동적 정치가 볼프강 카프와 알프레트 티르피츠가 베를린 군사령관의 도움을 받아 일으킨 쿠데타. 직접적 원인은 자유군단의 해산 결정이었다. 그러나 쿠데타는 4일 천하로 끝났다. 사진은 대치 중인 자유군단 대원들.

4월 중순 괴벨스는 안카에게 편지를 써서, 이 사회의 비참함을 고발하면서 자신도 그 희생자라고 하였고, 나아가 이러한 상황에 책임이 있는 자들과 그들의 '국제적 합작'을 밝혔다.

수억의 인류가 살고 있는 이 세계가 전대미문의 특권 계급, 수백만 명의 생명을 마음대로 결정할 권한을 손에 넣은 특권 계급에게 지배당한다는 사실은 썩어 빠진 일이고 비참한 일이 아닐 수 없다(프랑스의 제국주의, 영국과 북미의 자본주의, 그리고 아마도 독일의 자본주의를 관찰해보라). 이 특권 계급은 전 세계에 마수를 뻗치고 있다. 자본주의에는 국적이 없다(독일의 전시 자본주의에서 나타난, 하늘에 대고 절규할 만한 경악할 상황을 보라. 자본주의의 국제성이란, 전쟁 당시 독일인 포로들이 마르세유에서 독일 기업마크가 달린 독일제 대포를 하역하고 — 이에 대한 증거도 댈 수 있다. — 그 대포가 독일인의 생명을 빼앗는 상황까지 연출해냈다).

자본주의는 새로운 시대로부터 아무것도 배우지 못했고 배우려 하지도 않는다. 왜냐하면 자신의 이익을 다른 수백만 명의 이익보다 우선시하기 때문이다. 그렇다면 이 수백만 명의 사람들이 자신들의 이익을 찾으려고, 자신들의 이익만을 위하여 나선다고 해서, 이것을 나쁘다 할 수 있겠는가? 그들이 썩어빠진 자본주의에 대항하는 것을 목표로 하는 국제적 조직을 만들려 한다고 해서, 이를 나쁘다 할 수 있겠는가? 교양을 갖춘 격정적인 청년들의 대다수가, 능력 있는 사람에게 교육의 기회가 주어지지 않고 오로지 돈으로 이루어지는 상황에 이의를 제기한다고 해서, 그들이 유죄인가? 번뜩이는 지적 재능을 지닌 사람들이 돈이 없어 궁핍하고 몰락해 가는데, 다른 자들은 돈을 흥청망청 낭비하고 유흥에 탕진해버리는 것은 끔찍한 일이 아닌가? ······

유산 계급이 과거에 힘겨운 노동을 해서 그 부를 획득했다고 너는 말한다. 많은 경우에 그것이 사실임을 인정한다. 그렇지만 너는 자본주의가 그 부를 '획득'했을 당시에 노동자들은 어떻게 살고 있었는지도 알고 있는지.[95]

안카 슈탈헤름은 1920년 여름학기에 요제프 괴벨스가 있는 하이델베르크가 아니라 프라이부르크에서 학업을 계속했다. 요제프 괴벨스는 집에서 보낸 방학으로 심신의 힘을 얻어서 다시 낙천적으로 생활을 시작했다. 괴벨스는 안카 슈탈헤름에게 뻐기는 것 같은 편지를 거의 매일 보내 자신의 공부를 상세히 알려주었다. 그중 한 편지에는 "미래에 대한 나의 믿음은 무너지지 않았다."[96]라고 썼다.

괴벨스는 이제 학업을 끝까지 계속하기로 하였다. 그는 문예사가 프리드리히 군돌프(Friedrich Gundolf, 1880~1931)의 《괴테》와 《셰익스피어와 독일 정신》, 톨스토이의 《안나 카레니나》, 스위스의 예술사가 하인리히 뵐플린(Heinrich Wölfflin, 1864~1945)의 《알브레히트 뒤러의 예술》

등을 연구했다.[97] 그는 괴테의 《빌헬름 마이스터》를 읽고 그 안에 모든 것이 들어 있다고 예전의 독일어 교사 포스에게 말하기도 했다. 괴벨스는 〈프랑크푸르터 차이퉁(Frankfurter Zeitung)〉의 문예 기사를 꼼꼼히 읽었고, '프랑크푸르트 학술신문 비평에서 괴테가 차지하는 비중'을 주제로 삼아 '매우 광범위한' 세미나 리포트를 작성했다. 그리고 틈나는 대로 시 쓰기도 게을리 하지 않았다.[98] "하이델베르크에 있고 걱정이 없으면 시를 쓸 수 있는 것이다."[99]

그렇지만 그리 오래 지나지 않아 번민이 찾아왔다. 성령강림절에 왔다 간 이후로 안카 슈탈헤름의 편지는 뜸해졌다. 괴벨스는 프라이부르크 대학의 한 남학생이 그녀에게 성공적으로 접근하고 있고, 게오르크 뭄메(Georg Mumme) 박사라는 변호사는 한술 더 떠 그녀에게 청혼까지 했다는 소식을 들었다. 괴벨스는 정면 돌파에 나서기로 하고 그녀에게 약혼을 제안했다. "네가 이를 수락할 만한 깊은 감정을 느끼지 않는다면, 우리는 헤어져야 할 거야."[100] 그러나 그녀는 수락하지 않았다. 그는 "힘든 나날들. 나는 점점 외로워진다. 나는 마지막 만남을 청한다."[101]라고 적었다. 물론 그 만남은 이루어졌지만 그것이 마지막은 아니었다. 요제프 괴벨스는 자살하겠다고 위협했다. 그녀는 괴벨스로부터 "나는 충분히 고통받았다. 얼마나 더 괴로워해야 하는가?"[102]라는 긴박한 편지를 받고 나서, 아마도 연민 때문에, 다시 한 번 마음을 바꿔 그에게 충실하겠다고 약속했다. 그러나 그녀는 약속을 지키지 않았다.

1920년 10월 1일 괴벨스는 유서를 쓰기까지 했다.[103] 안카 슈탈헤름과의 다툼 이후에도 플리스게스로부터 인정을 받았던 그 작품들이 가치 있다고 굳게 믿었던 요제프 괴벨스는 이 유서에서 형 한스를 자신의 '문학 유산 관리자'로 선임했다. 자명종 한 개, 스케치 한 장, 책 몇 권과 같은 자질구레한 소지품들도 꼼꼼하게 친구와 가족들에게 남겨주었다. 그리고 "옷들과 달리 처분하지 못하는 다른 재산들"은 매각해서 그 돈으로 빚을 갚아 달라고 썼다. 안카 슈탈헤름에게는 그의 편지와 글들을 모두 소각하라고 요구했다. "그녀는 행복해야 하고 나의 죽음이 주는 고통을 이겨내야 할 것이다. …… 내게는 오로지 지옥에 불과했던 이 생을 나는 흔쾌히 떠나려 한다."

그러나 괴벨스는 삶을 버리는 대신 신경쇠약에 걸렸다. 그렇지만 그가 자살 통보로 얻으려 했던 것, 즉 주변 사람들의 지극한 보살핌을 끌어내는 데는 성공했다. 어머니는 그를 위로하려고 노력했고 아버지는 언제나 돈이 없어 힘들어하는 아들에게, 그렇지 않아도 간신히 마련해 온 학자금을 학업을 마칠 때까지 더 많이 주겠다고 약속했다. 작은 형 한스는 안카 슈탈헤름에게 편지를 써서 두 사람을 다시 결합시키려 하였다. 그러나 그의 편지에 답장은 오지 않았다. 리하르트 플리스게스는 오랫동안 함께 산책을 하면서 친구를 괴롭히는 사랑의 고뇌를 참을성 있게 경청했다. 괴벨스는 그 친구를 이렇게 표현했다. "플리스게스는 나를 이해하는 유일한 사람이다. …… 그는 아무것도 묻지 않고, 나를 위해 모든 일을 하며, 내가 생각하는 것과 느끼는 것을 정확히 알고 있다."[104]

1920~1921년 겨울이 다가오자 리하르트 플리스게스는 하이델베르크로 가는 불안정한 친구와 며칠 동안 동행해서 함께 안카 슈탈헤름을 찾으려 했다. 그곳에서 그녀를 발견하지 못하자 그는 괴벨스의 부탁을 받고, 그리고 괴벨스가 부담하는 비용으로 뮌헨에 가서 그녀를 찾았다. 며칠이 지난 10월 말 그는 괴벨스에게 편지를 써서 그녀가 "금 단추와 금 핀이 수두룩하게 달린 양복을 입은 졸부"[105]와 함께 있는 것을 보았다고 전했다. 플리스게스는 그녀를 다시 만나 이야기하고 싶으면 빨리 오라고 친구에게 종용했다. 괴벨스는 즉시 뮌헨으로 갔다. 그들은 안나 슈탈헤름이 사는 아말리엔 거리의 집으로 함께 갔다. 먼저 간 플리스게스가 곧 '욥의 소식(나쁜 소식을 뜻함)'을 듣고, 기다리고 있는 괴벨스에

게 돌아왔다. 그 젊은 여성은 "그녀의 신랑과 함께" 프라이부르크로 떠났다는 것이었다.

자포자기한 괴벨스는 슈타트 빈이라는 카페에서 오랜 시간을 보낸 후 다시 하이델베르크로 돌아왔다. 거기에서 그는 그녀를 위협하는 편지를 썼는데 나중에 자신의 행동을 후회했다. 그러고 나서 '회한의 편지'를 썼는데 이것도 상황을 전혀 변화시킬 수 없었다. 안카 슈탈헤름은 언제나 과장되고 의심에 시달리는 빈털터리 괴벨스 대신 변호사 뭄메와 결혼한 것이다. 그녀는 괴벨스에게 작별을 고하면서 "아주 불행하다."라고 고백했다. "왜냐하면 내가 행복해지는 데 필요한 그만큼의 사랑, 내가 원하는 그만큼의 사랑을 내게 준 처음이자 마지막 사람이 너이기 때문이다."[106] 그러자 괴벨스는 자신이 말하고 행하고 쓴 것에 대해 아무것도 뉘우치지 않는다고 최후의 답변을 했다. "나 자신이 그 모든 것을 해야만 했기 때문이다. 내 속의 어떤 마성(魔性)이 그것을 요구했기 때문에."[107]

나중에 괴벨스는 편지에서 자신이 무언가를 이룬다면, 안카 슈탈헤름을 한 번 더 만나보고 싶다고 썼다. 그 희망은 1928년에 이루어졌다. 베를린 관구장 괴벨스는 바이마르에서 그녀와 상봉하고 난 후 일기에 그녀의 기억 때문에 다른 모든 여성들의 아름다움이 빛을 잃는다고 썼다. 그는 베를린에서 교제했던 숱한 여성들을 '장난감'이라고 표현했고, 왜 다른 여자들의 감정을 가지고 노느냐고 자문하면서 이는 "(안카 슈탈헤름에게) 배반당한 자의 복수"[108]라고 스스로 답했다. 그 후에 두 사람은 괴벨스의 전국적인 선전 여행 중에 이곳 저곳에서 만날 약속을 했다. 그들은 "1920년과 지금 사이에 단 하루밖에 지나지 않은 것처럼"[109] 그렇게 사랑했다.

그렇게 간절한 만남을 가진 후에 괴벨스는 모든 사람은 평생 많아야 단 한 번, 자신을 완전히 충족시켜주는 사랑을 만날 수 있다고 몽상적으로 일기에 썼다.[110] 그럼에도 불구하고 괴벨스는 마음 속으로는 안카에게 더 이상 마음을 주지 않았고, 두 사람의 상황을 그렇게 바꿔놓은 운명을 기꺼운 마음으로 인정했다. 과거 낙천적으로 삶의 한가운데 서 있었던 여학생은 불행한 결혼 생활로 고통받고 있었고, 가난뱅이였던 그는 출세 가도를 달리고 있었던 것이다. "보복은 그렇게 늦게, 그러나 그만큼 더 잔인하게 앙갚음한다. 그러나 나쁘지 않다. 우리는 서로에게 다가서서는 안 된다. 나는 행동의 길로 나서야 하기 때문이다."111) 두 사람의 만남은 괴벨스가 나중에 그의 아내가 되는 마그다 크반트를 알게 되었을 때 비로소 중단되었다. 그로부터 몇 년 지난 후인 1933년 가을에야 그는 다시 그녀의 소식을 들을 수 있었다. 그동안 이혼을 했고 생활이 어려워진 그녀는 권력을 지닌 선전장관 괴벨스를 찾아와 도와 달라고 청했다. 괴벨스는 그녀에게 베를린의 여성지 〈다메〉 편집부에 일자리를 마련해 주었다.

그러나 1920년 겨울 괴벨스는 아직 베를린 관구장도 아니었고 제국선전장관도 아니었다. 그는 그저 자신이 겪은 일들에 사로잡혀 모든 인간을 '사기꾼'으로 여기는 가련한 하이델베르크 대학생일 뿐이었다. 괴벨스는 절망을 이기려고 '술고래' 노릇을 하거나 책들에 파묻혔다고 나중에 회고했다. 오스발트 슈펭글러*의 《서구의 몰락》을 읽은 것도 전반적으로 그의 심리 상태를 보여주고 있었다.112) 그 니체 모방자가 쓴 역사형태학*에서 괴벨스는 모든 문화가 생성과 소멸이라는 존재의 영원한 법칙에 묶여 있다는 것을 읽었다. 그는 지금이 영혼이 없는 물질의 시대, 산업과 '문명'의 시대가 도래하고 모든 문화가 소멸하기 시작하는 때임을 그 책에서 읽었다. 그 시대의 대다수 사람들처럼 그도 이미 1차 세계대전 전에 쓴 그 책이 독일의 현재를 통해 입증되고 있다고 보았다. 슈펭글러의 책은 여전히 괴벨스의 희망이었던 '정의로운 세계'의 비전에 가위표를 그었다. 영원한 생성과 소멸의 법칙에 따르면 오로지 강자가 지배해야 하기 때문이다. 이러한 독서의 여파로 괴벨스는 "비관주의. 절

망. 이제 아무것도 믿지 않게 되었다."라고 썼다.[113]

 희망의 상실, 그리고 공허와 허무감은 병 때문에 더욱 심해졌다. 괴벨스가 그 무렵 집으로 보낸 편지들을 보면 이러한 심정이 잘 나타나 있다. 그래서 12월 초 아버지는 아들에게 지나치게 무리해서 공부하지 말라고 충고했다. 억지로 되는 일은 없다는 것이다. 그리고 요제프가 지니고 있는 미래에 대한 근심은 근거가 없는 것이라고도 말했다. "하느님을 섬기는 신앙을 지니고 미래를 생각하는 것이 가장 좋다. 오직 자신의 의무를 다하면서 우리 하느님이 섭리로 이끌어 나가시도록 해야만 성공할 수 있다."[114]

 아버지의 자상한 편지, 그리고 무엇보다 송금 덕분에 요제프 괴벨스는 성탄 축제를 가족들과 함께 라이트에서 보낼 수 있게 되었다. 그러면서 그는 다시 어느 정도 낙천적인 모습을 찾을 수 있었다. 1921년 초에는 공부에 전념했다. 학업을 끝마쳐야 부모의 경제적 부담을 덜어줄 수 있

....

슈펭글러(Oswald Spengler, 1880~1936) 독일의 철학자. 《서구의 몰락(Der Untergang des Abendlandes)》(전 2권, 1918~1922)으로 유명하다. 할레대학에서 박사학위를 받은(1904) 뒤 1911년까지 교사로 일했다. 같은 해 뮌헨으로 옮겨 얼마 되지 않는 유산으로 살아가면서 《서구의 몰락》을 쓰기 시작했다. 이 책에서 슈펭글러는 문화도 유기체처럼 생명 주기가 있다고 주장했다. 그는 서양은 이미 위대한 '문화의 시대'에서 '문명의 시대'로 넘어가고 있으며, 문명의 시대에는 뿌리 없는 대중들이 도시로 몰리면서 대지와 교감을 잃고 오로지 돈에만 집착하게 된다고 주장했다. 독일만 몰락의 길을 걷는 것이 아니라 모든 유럽이 마찬가지였다. 이어 슈펭글러는 영웅적인 '전제군주제'가 독일을 구할지 모른다고 시사했다. 제1권은 1918년에 나왔는데, 이 책은 나오자마자 대중에게 즉각 호응을 얻었다. 제2권은 1922년에 나왔고 이듬해 제1권의 개정판이 나왔다. 1919년 이후로 슈펭글러는 자기 명성을 이용하여 정치평론가로 출세하려 애썼으나 거의 성공하지 못했다.

역사 형태학(Geschichtsmorphologie) 《서구의 몰락》에서 슈펭글러가 쓴 개념으로, 그는 이를 "겉보기에는 순전히 우연의 뒤범벅으로 보이는 세계사의 외적 형상에서 '근원 형태'를 찾아내려는 학문"이라고 했다.

기 때문이었다. 그는 박사학위를 받으려 했다. 국가시험(석사학위만을 수여받는 대학 졸업시험을 뜻함)을 거쳐 공직을 맡으면 그 불안정한 시기에 확고한 사회적 기반을 얻을 수 있을 것이었다. 그러나 그는 신체적·사회적 결손을 보상받으려면 박사 칭호가 주는 위신이 필요했다. 전 생애에 걸쳐서, 베를린 관구장일 때에나 제국 선전장관일 때에나, 그는 자신의 열등감 때문에 '박사'라는 호칭에 특별한 가치를 두었다. 그는 언제나 자신을 '박사님'이라고 부르도록 했고, 서명을 할 때면 'Dr. G'라고 적었다.

그는 뮌헨에서 보낸 1919~1920년 겨울학기 중에 훗날 유명해지는 문학사가이자 연극학자 아르투어 쿠처(Artur Kutscher, 1878~1960)에게서 팬터마임을 주제로 하여 박사논문을 쓰겠다고 결심했다.[115] 쿠처의 제자 중에는 특히 베르톨트 브레히트(Bertolt Brecht, 1898~1956)도 있었다. 그러나 괴벨스는 쿠처의 면담 시간에 가기는 했지만 자신의 계획은 단념했다. 그 계획은 뮌헨에서 연극을 보러 다닌 데서 비롯한 일시적 기분 때문이었던 것으로 보인다.

그 후 괴벨스는 당시 유명한 하이델베르크 대학의 문학사가이자 괴테 전기 작가이며 유대인인 프리드리히 군돌프에게서 박사논문을 쓰기로 했다. 괴벨스는 1920년 여름학기에 군돌프 교수의 '낭만주의 학파의 건설자들'이라는 4시간짜리 강의를 들었다. 군돌프는 슈테판 게오르게*의 수제자였다. 고트프리트 벤(Gottfried Benn, 1886~1956, 시인·수필가)은 게오르게를 "슈펭글러, 쿠르티우스(Ernst Robert Curtius, 1886~1956, 독일의 문예평론가), 트뢸치(Ernst Troeltsch, 1865~1923, 독일의 신학자,철학자), 프로베니우스(Leo Viktor Frobenius, 1873~1938, 독일의 민속학자) 등이 그 주위를 도는 핵"이라고 평하기도 했다. 그들 모두, 그리고 당연히 군돌프 역시 게오르게의 영향을 받았는데, 게오르게는 부르주아 사회는 종말을 향해 가고 있으며 그 대신 무엇인가 새로운 것이 나타나고 있다고 믿었다.

괴벨스는 군돌프가 '지극히 매력적'이고 '친근한 사람'[116]이라고 찬사를 보냈다. 괴벨스는 교수와 면담 시간에 박사논문 주제를 정해 달라고 강력하게 요청했다. 군돌프는 베를린 대학의 교수 초청을 거절하고 하이델베르크 대학에 남은 후 대학 측으로부터 강의와 시험 관리 의무를 면제받았기 때문에, 괴벨스를 동료 교수이자 추밀고문관(독일의 국왕 및 영주의 궁에서 군주 주재로 열리는 추밀고문관 회의에서 중대한 통치 사안을 두고 토의하고 결정하던 군주 직속 직책)인 프라이허 폰 발트베르크(Freiherr von Waldberg) 박사에게 보냈다. 발트베르크는 독문학자 빌헬름 셰러(Wilhelm Scherer, 1841~1886)의 제자였다. 괴벨스는 발트베르크로부터 1920~1921년 겨울학기에 19세기 전반 낭만주의 학파 중 약간 이름이 있던 극작가 빌헬름 슈츠(Wilhelm Schtüz)를 연구하라는 과제를 받았다. 광범위한 참고문헌을 바탕으로 요제프 괴벨스는 1921년 4월 라이트의 집에서 논문을 쓰기 시작했다. 집에서는 그가 예전에 쓰던 '쪽방'을 서재로 바꿔놓았다.

그는 그해 여름 내내 4개월 동안 그 낭만주의의 개종자를 다룬 박사논문을 썼다.[117] 괴벨스는 서문에서 마치 신앙고백같이, 도스토예프스키의 《악령》에 나오는 회개한 혁명가 샤토프의 유명한 말을 인용했다.

하지만 이성과 지식은 인류의 삶 속에서 늘 이차적이고 종속적인 역할을

게오르게(Stefan George, 1868~1933) 서정시인. 19세기 말 독일의 시 부흥에 크게 기여했다. 그의 사상과 그것을 빙자한 몇몇 문하생들의 교만한 태도를 비롯하여 그가 예술에서 우월성을 주장하며 권력을 추구한다는 점은 사람들의 비웃음과 공격의 대상이 되었으며 또한 그들을 오해하는 사람들에게 잘못 사용되기도 했다. 그러나 게오르게 자신은, 때로 그의 사상이 반영된 것으로 오해되었던 당시의 정치적 동향 특히 나치즘이 부상하는 데에 강력히 반대했다.

했을 뿐이고, 이러한 사정은 앞으로도 영원히 변함없을 것이다. 인류는 그와는 전혀 다른 힘으로 형성되었고, 그 힘이 이끄는 길 위에서 앞으로 밀려 나갈 것이다. 그 명령과 강세의 힘이 어디서 기원하는지는 알려져 있지 않고 설명할 수도 없으나 그렇다고 존재하지 않는 것은 아니다.

괴벨스는 이러한 "명령과 강제의 힘"이 낭만주의뿐 아니라 현대에도 엄청나게 작용하고 있다고 보았다. 그리하여 그는 서문에서 "거의 병적으로까지 고양된 정신성, 거의 비등점까지 상승한 열기와 우리가 살아가고 추구하는 것보다 더 높고 더 나은 무언가를 꿈꾸는 열망이 곳곳에 나타난다. 이와는 달리 때로는 어떤 감상에 사로잡히는 충일한 감정들, 서로 모순되지만 동일한 요소들로 이루어진 듯 보이는 새로운 사고와 이념들의 뒤엉킨 물결. 그러나 어디에도 충족과 균형과 조화와 평정은 보이지 않는다. 두 경우 모두 인류의 삶에서 심각하고 힘겨운 시기이기에 이를 유럽의 위기라고 부를 수 있을 정도이다. 모두 질식할 것 같은 공기를 느끼며 이 대기에서 힘겹게 숨을 몰아쉬고 있다. …… 어디에나 피상적인 계몽주의가 번지고 있는데, 그 최종 기착지와 목표는 천박하고 어리석은 무신론일 뿐이다. 그러나 신을 찾는 자, 신비주의자, 낭만주의자의 새로운 세대가 이에 대항하여 싸우고 있다. 그들은 이상주의와 사랑을 이야기하고, 각자가 신비롭게 체험할 수 있는 신을 경배하며, 세계가 선하다고 믿는다." 그렇지만 "새로운 물결을 일으켜 이 시대의 혼돈으로부터 새로운 시대로 가는 길을 여는 강력한 천재"[118]는 어디에도 보이지 않는다.

물론 이때 괴벨스는 이제 막 뮌헨의 소규모 정당 독일노동자당에 가입한 그 오스트리아인(히틀러를 뜻함)이 자신이 열망하는 '강력한 천재'라고는 전혀 생각하지 못했다. 뮌헨에서 공부하고 있는 과거의 급우 프리츠 프랑은 맥주홀의 웅변가 히틀러와 그 추종자들의 이야기를 열광적으

박사 논문을 타이핑해준 마리아 카머베크의 결혼식에 참석한 요제프 괴벨스(앞줄 왼쪽). 신부 뒤에는 괴벨스의 큰 형 콘라트가 서 있다(1921년 9월).

로 들려주었지만, 괴벨스는 전혀 감명을 받지 못했던 것 같다.

　1921년 여름 요제프 괴벨스는 그의 논문을 타자로 정리한 마리아 카머베크(Maria Kamerbeek)라는 이웃 소녀에게 "깊이 끌렸다."119) 그해 가을 형 콘라트가 마리아의 친척인 케테와 결혼하게 되었을 때, 요제프 괴벨스는 그들의 결혼 기념 문집에 결혼식에 참가한 히틀러 추종자들을 조롱하는 글을 실었다. 그는 요강 위에 앉은 아이를 그려 넣고 아래에 2행시를 적었다. "하켄크로이츠*를 보면, 거기다 똥 싸고 싶어져."120)

　형의 결혼식 며칠 후 요제프 괴벨스는 부모에게 헌정한 박사논문을 하이델베르크 대학 총장에게 제출했다. 그보다 전에 괴벨스는 발트베르크 교수로부터 몇 가지 추가할 사항을 요구받았으나, 이미 정서가 끝난 원고에 그 내용을 끼워 넣을 생각은 없었다. 참고문헌 연구에서도 괴벨스는 그리 면밀하지 않았다. 자신이 다룬 작가에 대해 이미 나와 있는 주요

2장 내 안의 혼돈 85

비평들을 빼먹었던 것이다. 그러나 괴벨스는 슈츠 작품에 대한 해석에서 완전히 통상적인 틀을 따랐고 계몽주의의 과소 평가 등 당시의 주류 학설을 존중했다. 발트베르크 교수는 215쪽에 달하며 잘 구성되어 있는, 그리고 '운명', '민족', '애국심', '열광', '위대한 정신' 같은 감정적 개념들로 범벅이 되어 있는 논문에 '탁월함(rite superato)'이라는 점수를 주었다. 이 내용들은 하이델베르크의 루프레히트 카를 대학에 보관되어 있는 서류에서 지금도 확인할 수 있다.[121]

1921년 11월 16일 요제프 괴벨스는 이틀 후인 18일의 구두시험 참석 통지를 받았다. "하이델베르크로. …… 교수들 방문. 실크모자를 쓰고. 리하르트 (플리스게스)의 도움. 마지막 밤은 꼬박 새우면서 준비. 진한 모카커피를 한 잔 마시고, 시험장으로."[122] 그가 예상했던 것처럼 모든 것이 순조롭지는 않았지만, 발트베르크, 온켄, 파움, 노이만 교수의 구두시험에 전부 합격했다. 임시 박사학위 증서를 받은 그는, 나중에 자랑스럽게 메모한 것처럼 발트베르크가 사신을 '박사'라고 부르자 행복감을 느꼈다. 그는 부모에게 전보를 보내고 나서 하이델베르크의 어느 술집에서 리하르트 플리스게스와 함께 술을 퍼마셨다. 다음날 오전 그들은 라이트의 친구들 몇 명이 공부하고 있는 본으로 갔다. 괴벨스는 그들과 함께 이틀 동안 단골 술집에서 파티를 벌였다. 그 술집은 그가 본 대학에서 보낸 2학기 동안 부르셴샤프트의 '준회원'과 '상급 준회원'으로서 수많은 유쾌한 술자리를 가진 곳이었다. 파티가 끝나고 괴벨스는 라이트로 돌아왔다. 집에서 받은 환영은 잊을 수 없는 추억이 되었다. "모두 기차역에 나와 있었다. 집은 온통 치장되어 있었고 많은 꽃들이 있었다."[123]

가족들은 막내아들을 자랑스러워했다. 1921년 11월 말 아버지 프리츠 괴벨스가 돌이켜 본 과거는 그 얼마나 가파르게 올라온 신분 상승의 길이었던가! 그 자신은 가련한 보조 노동자에서 시작하여 끈질기고 집념에 찬 노력으로 업무 대리인까지 승진했다. 그와 아내는 한푼이라도 절약해서 달렌 거리의 검소한 집을 할부로 살 수 있었고 동시에 아이들이 좋은 교육을 받을 수 있게 하였다. 콘라트와 한스는 고등학교까지 마칠 수 있었다. 네 자녀 중 막내인 마리아가 김나지움에 들어갈 무렵 요제프는 대학까지 성공적으로 끝마치고 박사가 되어 돌아왔다. 부모는 가장 걱정했던 자식이 자신들의 희망을 기대 이상으로 충족시켜준 데 자랑스러움과 만족과 수없는 감사 기도로 답했다. 요제프가 신체적으로 문제가 있기 때문에, 최소한 명예와 수입에서는 남보다 나아야 하는 것이다. 젊은 '박사님'에게 앞으로 모든 문이 활짝 열릴 것이고, 그가 직업 문제에서도 자신의 길을 잘 가게 될 것임을 부모는 의심치 않았다.

괴벨스도 성공적인 대학 졸업으로 자신을 괴롭히던 많은 것들을 몰아낼 수 있었다. 친척들이 갓 박사가 된 그를 만나러 집으로 찾아올 때, 달렌 거리의 이웃들이 인사를 하면서 괴벨스의 이름에 박사 칭호를 분명히 붙여 존경심을 표할 때, 고등학생 때부터 들락거리던 렘게스 카페에서 사람들에게 한턱 낼 때, 사람들이 그 전보다 확실히 더 주의 깊게 그의 말을 경청할 때, 괴벨스는 자신의 성공을 즐길 수 있었다. 안카 슈탈헤름과의 이별로 받은 마음의 고통조차 곧 새로 시작된 다른 사랑, 즉 라이트의 교사이던 엘제 얀케(Else Janke)와 관계를 맺으며 잊을 수 있었다. 한마디로 말해 요제프 괴벨스의 마음 속에 어두운 세계관 대신 더 밝은 미래의 희망이 자리잡게 된 것이다.

하켄크로이츠 나치의 상징. '스와스티카'라고도 불린다. 고대부터 아시아와 유럽 전역에서 구원의 상징으로 사용되어 온 이 갈고리 십자 문양을 19세기 오스트리아의 민족주의 인류학자 귀도 폰 리스트(Guido von List)가 아리안의 피의 순수성을 상징한다고 규정하여 도입하였다. 독일에서는 20세기 초반부터 우익 진영에서 공격적 민족주의와 반유대주의의 상징으로 사용했으며 후에 나치가 공식적으로 받아들였다.

3장

회의주의를 이겨내자. 나는 강하고자, 믿고자 한다
(1921~1923)

이제 자신의 부모 집을 지배하던 소시민적인 협소함의 분위기에서 벗어나려는 요제프 괴벨스 박사는 그때까지 자신의 직업적 미래를 진지하게 고민하지 않고 있었다. 그는 작가나 프리랜서 저널리스트가 되려 했다. 그런 직업으로는 생계 유지가 어렵다는 사실은 그에게는 그리 중요하지 않았다. 그러나 그의 생각은 어차피 몽상에 가까운 것들이었다. 한때는 리하르트 플리스게스와 함께 인도로 이민을 갈 생각까지 하였다. 프라이부르크에 있을 때부터 두 사람은 인도 철학을 연구했고 저 남쪽 나라의 태양 아래서 살고 싶다고 꿈꾸곤 했다. 그러나 라이트로 돌아온 뒤에는 다시 일상이 괴벨스를 붙들었고 인도의 꿈은 지나간 일이 되었다. 리하르트 플리스게스는 "여기 우리 나라보다 더 나쁜 곳은 아마 없을 것"이라며 인도를 잊지 말라고 부탁했지만, 괴벨스에게는 먹혀 들지 않았다.[1)]

그런데 사실 저물어 가고 있는 1921년은 처음 사회생활을 시작하는 초년생에게는 최악의 시기였다. 패전의 결과로 실업과 빈곤이 여전히 독일을 옥죄고 있었다. 전승국들은 베르사유 조약으로 독일제국에 부과한 배상 요구*의 수위를 런던 협약에서 낮추어주기는 했다. 그러나 여전히 갚아야 하는 1,320억 금마르크(1차 세계대전 이후 통화팽창 시기에 통용된 화폐) 때문에 독일의 경제 성장은 기대할 수 없었다.

리하르트 플리스게스는 친구에게 '어떠한 상황에서도' 행운을 누리기를 빈다고 말했는데, 그 행운이 1922년 초 괴벨스에게 찾아온 것처럼 보였다. 신과 세계, 특히 현 시대에 대하여 우쭐대며 떠들기 좋아하던 그는 자신의 견해를 공식적으로 인정받게 되었다. 그가 나중에 뽐내며 말했듯이, 〈베스트도이체 란데스차이퉁(Westdeutsche Landeszeitung)〉지에 1월부터 3월 사이에 '자유롭게 연재'했던 여섯 편의 글이 '커다란 반향'[2]을 불러일으켰던 것이다. 신문 편집부는 괴벨스의 두 번째 글 앞에 머리말을 붙여, 그 글에서 주장한 견해에 공감하지는 않지만 "이 어두운 시대의 수수께끼 같은 스핑크스 얼굴을 해석"하려는 "진지한 시도"로 평가한다고 밝혔다.[3]

여기서 괴벨스는 재차 단언했다. "우리 시대의 정치적·정신적·도덕적 혼란"의 책임은 물질주의에 있다. 슈펭글러 저서의 영향을 받아 괴벨스는 〈우리 시대의 정신에 대하여〉라는 제목의 글에서 물질주의는 "1870년 이후 창업자 시대(Gründerzeit, 1870년대 이후 1차 세계대전 전까

....

독일제국에 부과한 배상 요구 베르사유 조약에서 1차 세계대전에 대해 독일이 단독으로 책임을 진다고 명시적으로 규정했고, 이로 인해 연합국의 독일에 대한 배상 요구의 근거가 마련되었다. 그런데 1919년 베르사유 조약에서는 배상금의 정확한 액수는 규정되지 않은 채 배상위원회에 전권이 위임되었다. 여러 차례 국제회의를 거쳐 1921년 5월 런던에서 처음으로 배상금을 총 1,320억 금마르크로 책정했다. 무거운 배상금 규모는 독일 경제의 발목을 잡았고 독일 국민들의 자존심에 상처를 주어 바이마르공화국에 대한 불만이 더욱 커졌다. 프랑스측은 1923년 배상금 미지급을 구실로 루르 지방을 점령했고 독일 정부는 소극적 저항으로 대응했으나 이는 오히려 심각한 인플레이션을 불러와 1923년 11월 중단할 수밖에 없었다. 독일 정부의 배상금 수정 정책은 1924년 배상금 전체 액수와 지급 시일을 정하지 않고 독일의 경제력에 상응하도록 한 도스 안(案)으로 성공을 거두었고 독일에 경제적·정치적으로 새로운 희망을 안겨주었는데, 5년 후 배상금 부담 방식은 영 안(案)을 통해 또 한 번 독일제국에 유리하게 수정되어 1988년까지 배상할 총액수는 1,120억 금마르크로 정해졌다. 그럼에도 불구하고 배상금 문제는 여전히 독일의 민족적 자존심의 문제였고, 이는 나치당을 비롯한 우익의 발호에 유리한 상황을 만들었다. 세계 경제 위기를 계기로 연합국은 1932년 7월 로잔에서 독일에 대한 배상금 요구를 최종적으로 포기할 것을 결정했다. 1919~1932년까지 독일이 실제로 지급한 배상금은 총 250억 금마르크였다.

지 독일 경제 호황기)의 '독일적 자족감'에 뿌리를 둔 어떤 어마어마한 사태의 결과, 그리고 아마도 그 사태의 최후 현상"일 것이라고 주장했다. 그는 도스토예프스키와 비슷하게, '독일혼'의 자각을 만병통치약이라도 되는 양 물질주의에 대치시켰다. 이는 이러저러한 신화에 뿌리를 두고 민족의 운명을 이끌고 나가는 힘이라는 하나의 허구였다. 그리고 여기에 '유기적인 민족의 신체'라는 생각을 결부시켰다. 그의 회고에 따르면, 그는 이미 1차 세계대전 개전 당시 독일 민족이 보여준 단합된 모습에서 이러한 사상을 실제로 체험했다고 믿었다. 그리고 자신은 "나의 독일을 가슴 깊은 곳으로부터" 사랑한다고 주장했다.[4] 또한 정치를 신격화하면서 다음과 같은 결론을 내렸다. "애국심은 예배이고" "오늘날 독일적이라는 것은 침묵하고 기다리며 감추어진 속에서 자신의 발전을 꾀하는 것"이다.[5]

〈우리 시대의 의미에 대하여〉[6]라는 글에서 괴벨스는 "외부로부터 구원을 얻을 수 있다고 생각하는 그 순진한 독일인들"을 반박했다. 괴벨스는 그들에게 모든 "비본질적인 것들"을 배척하고 "자신의 영혼"을 새로운 삶으로 깨워 나가자고 촉구했다. 마지막으로 그는 '바이마르 체제'에 직면하여, 그리고 독일이 감수해야 하는 수치스러운 영토 분할과 배상 요구에 직면하여, "독일의 영혼은 죽었다."라는 "감언이설에 넘어가지 않아야 한다."라고 독자들을 격려했다. "독일의 영혼은 단지 병들었을 뿐이다. 물론 중병이다. 수모와 예속과 학대를 받았기 때문이다."

요제프 괴벨스는 강화조약 후에도 강요되었던 바이마르공화국의 부분적인 항복을 이해하지 못했다. 그래서 괴벨스가 보기에 '바이마르 체제'는 처음부터 책임에서 자유로울 수 없었다. 그는 슈펭글러의 비관적 관측에 만족하지 않았기 때문에,[7] 〈참된 독일성〉이라는 글에서 쓴 것처럼[8] 고난의 시기에 항상 그러했듯이 이번에도 "우리의 본질과 다른 낯선 요소들에 맞서 독일혼의" 대응이 나타날 것임을 확신했다.

1920년 히틀러가 국가사회주의독일노동자당(나치당)을 창당한 뮌헨의 맥주홀. 벽면에 초기 나치 지도자들의 사진이 걸려 있다. 나치당은 창당 이후 여러 극우 세력 중에서 가장 급속히 세력을 넓혔으며, 괴벨스도 1922년경부터 점차 히틀러와 나치에게 큰 관심을 갖기 시작했다.

1922년 초 괴벨스는 이미 '독일혼'이 어디에서 강성해지고 있는지 알고 있다고 믿었다. 그것은 부패한 제국 수도 베를린은 확실히 아니었다. "아니다. 결코 아니다. 베를린으로부터 구원이 나타날 수는 없다. …… 때때로 남쪽에서 새로운 태양이 떠오르려는 것처럼 보인다." 괴벨스가 말하는 '새로운 태양'은 뮌헨이라는 용광로에서 끓어오르고 있는 극우 민족주의 집단들, 그중에서도 점점 더 큰 발언권을 얻고 있는 히틀러의 국가사회주의독일노동자당(Nationalsozialistische Deutsche Arbeiterpartei, NSDAP. 이하 나치당)을 뜻했다. 불과 몇 달 전만 해도 괴벨스는 나치를 조롱했으나, 이제 그들을 떠오르는 '독일혼'의 표현으로 이해하기 시작했고 그래서 그들의 세력 확대를 관심 있게 지켜보았다.

괴벨스는 곧 다른 이유 때문에라도 희망을 품을 수 있었다. 앞서 말한

3장 회의주의를 이겨내자. 나는 강하고자, 믿고자 한다 93

여섯 편의 글을 발표할 때부터 그를 지지했던 한 지인의 추천으로 괴벨스는 가을에 〈베스트도이체 란데스차이퉁〉 문화부에 시간급 견습사원으로 고용되었다. 그러나 훗날 정식 채용될 수 있으리라는 희망은 몇 주 후 편집국장 뮐러의 편지로 산산조각 났다. 신문사에서 다른 네덜란드의 조간신문을 공동 발행하게 되어 편집국을 통합해야 하기 때문에 유감스럽게도 괴벨스가 시간급 근무마저 중단해야 한다는 내용이었다.[9]

〈베스트도이체 란데스차이퉁〉에서 "객연 배우로 출연"[10]하여 "Dr. G"라고 서명한 시시한 단신 몇 편을 작성하는 데 그친 괴벨스는 다시 쓰라린 마음으로 그저 빈둥거려야 했다. 그러나 10월 말에는 라이트 상공 직업학교 대강당에서 강연을 하기도 했다. 이날 괴벨스는 독일 현대 문학을 주제로 강연했다.[11] 얼마 전까지만 해도 30페니히였던 입장료가 인플레이션 때문에 30마르크에 달했지만,[12] 주로 슈펭글러를 다룬 강연에는 많은 청중이 몰려들었다. 그래서 괴벨스는 여기저기서 과외수업을 하여 벌어들인 수입 외에도 돈을 몇 푼 더 손에 쥘 수 있었다. 게다가 이 강연은 그의 짓밟혔던 자존심을 위로해주었다. 그는 그날 저녁 강연이 큰 성공을 거두었고 애인인 엘제 얀케가 "행복해했다."라고 자랑스럽게 회고했다.

괴벨스와 새로 애정 관계를 맺은 엘제 얀케는 달렌 거리의 괴벨스 집 바로 옆에 있는 초등학교에서 교사로 근무하고 있었다. 괴벨스는 가톨릭 상인조합 파티에서 그녀를 소개받은 후 그녀의 마음을 사로잡기 위해 집요하게 노력했다. 현실 감각을 지닌 그 젊은 여성이 '친애하는 박사님'에게 넘어오기까지는 길고 긴 산책과 많은 대화가 필요했다. '박사님'은 매력적이고 독특한 대화술로 자신의 내면을 숨길 줄 알았다. 북해의 섬 발트룸에서 그들은 마침내 연인이 되었다. 그곳에서 늦여름 휴가를 보내고 있는 엘제를 괴벨스가 며칠간 방문했던 것이다. 그가 돌아간 후 엘제 얀케가 보낸 편지들에는 "발트룸이 우리에게 허락한 아름다운 시간"[13]에

도취한 듯 쓰여 있다. 그리고 괴벨스 역시 그녀에게 매료되었다.

그러나 그것은 그가 안카 슈탈헤름에게 느꼈던 그러한 사랑은 아니었다. 둘의 관계는 오히려 동지 같은 것이었다. 엘제는 그에게 호의와 지성에 대한 존경심을 품고 있었지만, 그가 지닌 다리의 장애 때문에 두 사람이 함께 아이를 가져도 좋을지 확신하지 못했고, 괴벨스도 그녀의 염려를 알아차렸다. 그녀가 오랫동안 두 사람의 관계가 라이트의 이웃들 사이에 알려지지 않도록 주의 깊게 노력했던 것은 그런 까닭 때문이기도 했다.[14] 그 때문에 둘은 종종 다투기도 했는데, 이러한 다툼은 그에게 장애를 새삼스레 명확히 인식하도록 했기 때문에 그는 깊은 마음의 상처를 입었다. 다툼이 끝나고 난 뒤에는 열정적인 사랑의 맹세로 갈등을 봉합하곤 했다. 그 맹세는 삶의 부당함에 함께 맞서야 한다는 생각에서 비롯된 것이었다.

괴벨스가 '엘스라인'('작은 엘제'라는 뜻)이라 불렀던 그녀는 연인의 일자리를 찾아 나섰다. 작가로 활동할 미래를 꿈꾸며 열광적으로 계획을 세웠다가 다시 울적함에 깊이 빠져들곤 하는 괴벨스를 냉정한 일상으로 데리고 나오는 것은 언제나 그녀였다. "우리는 좀 더 겸허하게 앞으로 나아가야 해. 모든 것을 다 포기해버리는 지경이 되지 않도록 해야지."[15] 그러한 현실 감각 덕분에 마침내 그녀는 성공할 수 있었다. 먼 친척 한 사람이 그녀의 약혼자를 위하여 드레스덴 은행의 쾰른 지점에 자리를 알아보겠다고 한 것이다. 괴벨스가 그리 탐탁지 않게 생각했기 때문에, 1922년 12월 이 사안이 점차 구체화되자 엘제 얀케는 그를 재촉해야 했다. "우리는 일이 이렇게 진척된 것에 기뻐해야 해. 그리고 나는 이것이 잘된 일이라고 생각해. 당신에게 그렇게 어려운 일이 아니라면 그 자리를 포기하지 마."[16] 그 다음에는 이를 꺼려하는 괴벨스를 설득하려고 그의 가족들이 한 번 더 대화를 나누었다. 괴벨스는 이제까지 엘제 얀케와 자기 가족의 돈으로 살고 있었기에 생계를 잇기 위한 어떤 기회라도 받아들여야 할 의무가 있다고 생각했다. 그래서 은행에 취직하겠다고 약속했고 크리스마스 때 가족들 앞에서 이를 새롭게 확인했다. 물론 그는 그전에 '제대로 된 일자리'를 찾으려는 긴급한 시도를 몇 차례 해보았지만 모조리 실패로 돌아갔다.

은행 취직이란 괴벨스에게는 그가 점점 더 깊이 빠져들었던 그 혼란스러운 '이상들'을 배신하는 것과 같았다. 괴벨스는 '독일혼'의 새로운 자각을 믿었고, 라이트의 지인들에게 이를 거의 메시아같이 선언할 기회가 있으면 결코 놓치지 않았다. 그러한 괴벨스가 이제 '물질주의의 사원'으로 들어가게 된 것이다. 좌절한 작가는 그런 만큼 의기소침하여 1922년 크리스마스에 엘제 얀케에게 편지를 썼다.

> 세상은 정신병원이 되어버렸고, 가장 뛰어난 자들조차 금송아지를 둘러싼 그 난잡한 춤을 함께 추려고 해. 여기서 가장 심각한 점은 그들이 이런 사실을 자인하지 않고 숨기거나 심지어 변명하려고 한다는 거지. 새로운 시대는 새로운 인간을 필요로 하고, 우리는 상황에 적응해야 한다는 거야. 그래, 그들은 올해에도 열광하고 환희에 차서 그리스도, 그 평화의 사도를 노래할 거야. 그러나 나는 그렇게 할 수 없어. 세상에서도 내 안에서도 평화를 찾을 수 없거든. 바깥은 황량하고 공허해. 그리고 내 마음 속에선 찬란한 제단이 무너졌고 기쁨의 영상들은 부서져버렸어. 본래 정신과 사랑만이 군림하던 집 안으로 세속성이 들어오려고 해. 그리고 사람들은 그것을 새로운 시대의 적응이라고 부르는구나. 위대한 운명이여, 어떻게 그대 앞에 설 수 있을까? 나는 이제 더는 그대의 충실한 종이 아니구나. 모두가 그대를 떠났고, 최후에 남은 자들, 가장 빼어난 자들도 그대의 깃발을 부정하고 세상으로 나가는구나. 이제 내 차례다.[17]

1923년 1월 2일 괴벨스는 드레스덴 은행에서 일을 시작했다. 매일 아침 5시 반이면 기차를 타고 라이트에서 쾰른으로 갔다. 저녁 8시경 돌아오면 엘제 얀케가 역에서 기다리고 있었다. 며칠이 지난 후 대성당의 도시 쾰른의 클레텐베르크 구역 지벤게비르크스알레 거리에 '쥐꼬리만 한 봉급'으로도 월세를 낼 수 있는 방을 하나 찾았다. 그러나 월세를 내고 나면 봉급은 식대에도 미치지 못해서 집에서 보내주는 식료품 소포와 송금에 의존해야 했다.[18] 그는 박사 학위가 있었지만 직장 생활에서는 여전히 '딱한 녀석'에 불과했다. 그러한 쓰디쓴 자각에도 불구하고 견딜 수 있었던 것은 오로지 약혼자의 격려 덕분이었다. 그녀는 자신이 '자기'라고 부르던 괴벨스에게 현재를 버텨내고[19] "다시 좋은 날이 올 것임을 그저 굳게 믿어야 한다."[20]며 애원했다. 그녀는 여러 차례 오후에 그를 방문했고, 주말에는 고향 라이트에서 함께 지냈다.

그러나 이런 행복도 1923년 1월 11일 이후 누릴 수 없게 되었는데, 정치적인 사건들 때문에 라인 강과 루르 지역의 인프라가 붕괴되었기 때문이다. 이날 벨기에와 프랑스 군대는 독일이 배상 책임을 완수하지 않는다는 구실로 라인 강을 건너와 루르 지방을 점령해버렸다. 제국정부는 독일의 모든 정당들의 지지를 받아 배상금 지급 중단으로 대응했고, 관리들에게는 점령 당국의 지시를 따르지 말 것을 명령했다. 일반 국민들도 파업을 단행했고 이 때문에 광산, 공장, 열차 등의 가동이 중단되었다. 그러한 소극적 저항을 통하여 점령군에게 그들의 '생산시설 볼모' 정책*에 보복을 감행할 것임을 확신시키려 했던 것이다.

괴벨스는 끔찍하게 느껴졌던 이 몇 주 동안 '절망적인 시들'을 썼다. 그는 단순한 장광설을 늘어놓고 있는 '바이마르 체제' 정치인들과 그 '바이마르 체제' 자체의 '타락'이 다시금 입증되었다고 생각했다. 그리하

....
생산시설 볼모(Produktive Phänder) 정책 프랑스와 벨기에가 독일의 배상금 지급을 강요하기 위해 루르 지역을 점령하며 내세운 정책.

여 그는 더욱 큰 기대감으로 여러 신문들을 읽으면서 독일 남부의 상황 변화를 예의 주시하였다. 거기에서는 바이에른의 지역 선동가 히틀러가 선동적인 연설로 '지도자주의'*의 이념을 주장했고 독일의 무기력을 곧 끝장내겠다고 갖은 말로 약속했다. 1923년 4월 뮌헨에서는 바이에른 전역의 애국 단체들이 모여들어 5월로 넘어갈 즈음에 봉기할 것을 모의했다. 그러나 뮌헨의 테레지엔비제 들판에서 벌어질 좌파의 메이데이 시위를 붕괴시키는 동시에 바이에른 정부를 무너뜨리려는 그 시도는 유감스럽게도 실패로 돌아갔다. 실패한 쿠데타 참여자들은 제국군과 경찰의 지시에 굴복하여 전국적인 조롱을 받았다.

요제프 괴벨스는 독일의 상황이 남부에서부터 호전될 것이라는 희망을 놓고 모든 것이 점점 더 악화될 것임을 깨달았다. 프랑스와 벨기에인들은 그동안 자신들의 기술자, 공학자, 철도 관계자, 그리고 외국인 노동자들을 활용해서 루르 지역에 자리잡는 법을 익혔다. 그들은 광산과 철도를 자신들만의 힘으로 다시 가동했다. 그 결과 이미 경제 파탄 지경인 독일이 점령 지역에 지원을 계속하느라 진을 빼야 했고 이는 인플레이션을 가속화했다.

실업난과 이로 인한 빈곤은 특히 도시민들에게 위협적일 정도로 심해졌다. 괴벨스는 마치 고발하듯이 썼다. "여기 쾰른에서는 매달 약 100명의 아이들이 영양실조로 인한 폐결핵으로 죽어 가고 있다." 그리고 "그런데 그들은 녹색 테이블에 둘러앉아서 대체 소극적 저항이란 무엇인가,

....

지도자주의(Führertum) 나치즘을 비롯하여 모든 형태의 파시즘에 특징적인 이데올로기로, 민주주의, 의회주의, 인권에 반대하여 주장되며, 민족이나 조직이 한 개인(지도자)의 결정에 절대적으로 복종해야 한다는 의무를 중심으로 한다. 나치 시대에 이 이데올로기는 히틀러에게 전체 독일이 복종해야 한다는 이념이었을 뿐 아니라, 모든 단체와 조직을 구성하는 기본 원리였다. 여기서 지도자로 번역한 Führer는 히틀러를 지칭할 때는 '총통'으로 번역할 수 있다.

점령당한 루르 지역. 1923년 1월 11일, 독일의 전쟁 배상금 지불이 지연되자 프랑스와 벨기에는 독일의 중요한 산업 지대인 루르 지방을 점령해버렸다. 이에 독일 정부는 배상금 지급 중단으로 맞섰고 관리들과 일반 국민들도 파업을 단행해 점령 당국의 지시를 거부했다. 그러나 결국 더욱 심각해진 경제난 때문에 소극적 저항을 주도했던 쿠노 내각이 붕괴하면서 저항도 끝나게 되었다.

그리고 루르 지방에서 단계적으로 철수해야 하는가 따위를 놓고 협의만 하고 있다." 그는 가톨릭 교회가 대성당 보물 중에서 1,200금마르크 상당의 값비싼 성광(聖光, 성체강복, 성체현시, 성체행렬 때 성체를 신자들에게 보이기 위해 사용하는 제구)을 보유하고 있는 데 통분했다. 이는 오늘날 화폐 가치로는 대략 2,800억 마르크에 달한다. "이것이 있으면 기아로 인한 질병에 시달리는 아이 56만 명을 두 달 동안 시골의 요양원에 보내서 약동하는 생명을 다시 얻게 할 수 있을 것이다."21)

다시 몸도 허약해지고 신경쇠약에 걸린 괴벨스는 매일 은행에서 겪는 일도 부당하다고 느꼈다. 인플레이션 때문에 소시민들은 저축한 돈을 잃어 가는 반면 토지와 현물을 담보로 한 채무는 사실상 무효화되어 갔기 때문에 그렇지 않아도 부유한 (토지와 현물) 소유자는 더욱 부유해졌다. 은행 앞에서는 죄 없는 사람들이 굶주리고 있는데, 뻔뻔스러운 투기자들은 외환거래를 이용해, 그리고 곤경에 빠진 사람들로부터 토지를 헐값에 사들여서 엄청난 재산을 긁어모으고 있었다. 괴벨스는 그들이 돈을 두고 벌이는 행태를 가리켜 "너희들은 자본 투자라고 말하지. 그러나 그런 그럴듯한 말 뒤에는 더 많은 돈을 모으려는 짐승 같은 허기만이 있을 뿐이다. '짐승 같은'이라고 말했지만, 이 표현은 짐승에 대한 모욕이다. 왜냐하면 짐승은 배가 부르면 먹기를 그치기 때문이다."라고 말했다.[22]

그의 직장 동료들도 마르크화의 급격한 평가절하를 의심스러운 사업에 이용하는 일이 드물지 않았던 것 같다. 1923년 4월, 1달러는 약 2만 마르크였는데, 8월 초에는 이미 1백만 마르크까지 올라갔다. 괴벨스는 엘제 얀케에게 그들의 '전형적인 행태'를 말해주었다. 드레스덴 은행의 주가는 쾰른 주식시장에서 1백만 마르크에서 2백만 마르크로 올라갔다. 1시경에 그 주가 정보가 미리 유가증권 부서에 도착했다. 유가증권 부서의 몇몇 젊은 직원들은 아직 새로운 주가를 모르고 있는 예금회계 부서의 괴벨스에게 와서 드레스덴 은행 주식을 보유한 그곳 직원들 중에서 이를 120만 마르크에 팔 사람이 없는지 문의했다. "오늘 오후 내가 그 뻔뻔스러운 놈들 중 하나에게 그런 행동은 아주 비열하고 야비한 사기 행각이라고 말했지만, 그 녀석은 단지 연민 어린 표정으로 어깨만 으쓱하더군. 그리고 우리의 말다툼을 들은 사람들 중에 단 한 사람도 내 편을 들지 않았어. 몽땅 똑같은 생각을 하고 있더군. 사업은 사업이라는 거지."[23]

그는 1923년 6월 엘제 얀케에게 자신은 이 세계에 속한 것 같지 않다고 털어놓았는데, 그녀도 서서히 절망하고 있었다. 그녀는 이미 4월 말

쾰른의 괴벨스에게 편지를 써서, "이 황량하고 힘든 시기가 얼마나 피할 수 없이 묵직하게 우리를 짓누르는지 얼마나 당신을 절망적이고 불우하게 만드는지, 참담할 따름"[24]이라고 말했다. 이 때문에 괴벨스는 그녀에게 자필로 30쪽이 넘는 편지를 써서, 엉망진창이 된 자신의 인생을 결산하려고 했을 것이다. "예전에는 나의 상황이 좀 더 나았지. 지금은 모래톱에 좌초한 난파선 같아. …… 사람들은 내가 나 자신에게 침잠할 수 있는 평안을 주지 않아. 직업에 만족하지 못한다는 것은 참혹한 고통이지."[25] 자신의 처지를 일반화하면서 괴벨스는 "훌륭한 정신을 갖춘 젊은이"는 자신에게 적절한 위치를 부여받지 못하기 때문에 그렇게 (정신적으로) 염세적이 된 것이 아닐까라고 물었다. "과거에 속하는 노인들"이 여전히 모든 것을 좌지우지하고 있고, 우리를 말로 삼아서 "세계의 마차 앞에" 묶어놓고 있다. "우리들은 가슴 속에 새로운 세계를 품고 있고 오직 수치와 경멸로 낡은 세계를 참아내고 있을 뿐이다."

그의 심리 상태 때문에 깊은 우울증에 이어 광적인 의지의 폭발이 연이어 일어났다. 그럴 때면 괴벨스는 엘제 얀케에게 보내는 편지에서, 새로운 시대를 여는 것은 경제인이나 은행장들이 아니라, '순수함'을 유지하고 있는 사람들, 자신들의 손을 "신을 잃은 시대의 재물로 더럽히지" 않은 사람들이라고 말했다. 그리고 새로운 세계에서는 현재 그가 이루지 못한 것이 되려 한다고 썼다. 그 새로운 세계가 그에게는 너무 늦게 온다면, 그래 좋다, 그러한 위대한 시대의 길을 여는 자가 되는 것도 위대하고 뛰어난 일이라고 밝혔다. 그리고 그렇게 생각하는 사람은 자기 혼자가 아니라고 했다. 그는 가장 뛰어난 사람들, 그리고 젊은이들과 하나가 된 느낌이라고 말했다. "우리는 혁명을 일으키고 새로운 삶을 발효시키는 효모가 될 것이다. 우리는 새로운 시대에 첫 번째로 말할 권리를 가질 것이다. 그리고 그 말은 진리, 거짓과 사기의 투쟁, 사랑이 될 것이다."[26]

그에게 그토록 '위대한 시대'가 도래하는 데는 실제로 앞으로 10년도 걸리지 않을 것이었다. 그러한 때가 오기까지는 1923년 초여름에 벌어진 심각한 위기 상황도 한몫을 했다. 무기력한 쿠노* 내각이 절망적으로 탈출구를 찾고 있을 때 점령 지역에서는 소극적 저항이 무너질 위험에 처했다. 그리고 주도권은 점차 극단주의자들 쪽으로 넘어가고 있었다. 레오 슐라게터* 같은 사람들은 이미 오래전부터 점령군과 그 시설에 테러를 가하는 조직을 결성했다. 이에 점령군은 무자비하게 앙갚음했고 그리하여 국민들의 운명은 점점 악화되어만 갔다. 그러한 빈곤과 혼란 속에서 어디를 가나 폭력배들이 설치고 다녔다. 요제프 괴벨스는 쾰른에서 라이트로 자동차를 타고 오다가 그러한 폭력의 희생양이 되기도 했다. 그는 훗날 메모에서 이 사건을 극적으로 묘사하면서, 시대의 전체적 혼란상을 자신이 겪은 사건과 연결하려 했다. "강도. 중상 입다. 구급차를 타고 집으로 가다. …… 어머니는 거의 심장마비를 일으킬 뻔했다."[27]

"중상을 입은" 괴벨스는 14일 후 회복되어 쾰른으로 돌아와 또 다시 심각한 우울증에 빠져들었다. 그 도시는 그에게 역겨울 뿐이었고 은행도 완전히 무의미했다. 또 봉급은 계속 올랐지만 그는 수입이 "전혀 없다"고 생각했다. 그리하여 그는 다시 자살을 통보하여 자신의 곤경에 대한 관심을 끌려 했다. 그러나 엘제 얀케의 위로는 그에게 새로운 힘을 주었다. "의심은 버리고, 강해지고 신념을 가지리라."[28] 그는 이제 그 "굉장한 시기"를 "남모르는 기쁨"으로 관찰하였는데,[29] 새로운 시작의 가능성이 보이는 듯했던 것이다. "그래, 혼돈이 와야 해. 그래야 더 나아질 수 있으니까."[30]

1923년 7월 괴벨스는 더는 은행에서 버틸 수 없다고 생각했다. 그는 병가를 내기로 하고, 두 명의 의사 앞에서 '연극'을 꾸몄지만 성공하지 못했다. 그러나 그 직후 세 번째 의사로부터 6주 진단을 받을 수 있었다. 꾀병을 부리던 괴벨스가 정말로 병에 걸려버렸기 때문이다. 그러나 며칠 후에는 다시 몸이 회복되어서 엘제 얀케와 함께 그 전해와 마찬가지로 그녀의 '엘도라도', 즉 발트룸으로 여행을 할 수 있었다.[31] 그러나 그곳에서 경험한 평화로운 날들, 그에게 마음의 안정을 가져다줄 수 있었던 그날들은 갑작스럽게 끝나버렸다. 그의 친구 리하르트 플리스게스의 사망 소식이 전해진 것이다. 플리스게스는 그동안 대학을 중퇴하고 단순 노동자로 오버바이에른의 슐리어제에 있는 한 광산에서 일하고 있었는데, 그곳에서 사고를 당했던 것이다. 그 소식으로 괴벨스는 "충격을 받았다. 제정신이 아니었다. 나는 이 세상에서 혼자가 된 것이다. …… 모든 것을 잃어버린 것이다."[32]

대학 생활 중 자신이 그렇게 자주 의지했던 "그 용감한 노동의 전사" 플리스게스에게 '문학적 기념비'를 선사하려는 뜻에서, 요제프 괴벨스는 장편 소설을 쓰기로 결심했다. 소설의 제목은 '미하엘 포어만. 일기에 나타난 인간의 운명'(이하 《미하엘》)[33]이었다. 이 작품은 4년 반 전 쓴 〈미하엘 포어만의 어린 시절〉과는 주인공 이름만 같았다. 1919년 늦여름에 쓴 〈미하엘 포어만의 어린 시절〉은 자전적인 글이었고 '미하엘 포

쿠노(Wilhelm Cuno, 1876~1933) 기업가, 경제 관료로 활약하다가 1922년 11월 22일 살인적 인플레이션과 경제 위기에 시달리는 독일의 연방총리가 되어 이른바 '경제 내각'을 이끌었다. 독일의 배상의무 수정 및 환율 안정 조치에 대한 그의 제안이 연합국에 의해 거부되었고, 프랑스와 벨기에가 점령한 루르 지역에서 연합군에 석탄 제공을 거부하는 것을 핵심으로 하는 '소극적 저항' 정책이 오히려 독일 경제에 커다란 타격을 주고 인플레이션을 더욱 가중시켰다. 1923년 8월 12일 제국의회에서 '소극적 저항' 정책에 대한 사민당의 불신임 투표로 사임했다.

슐라게터(Albert Leo Schlageter, 1894~1923) 군인. 1차 세계대전에 지원하여 소위가 되었다. 전쟁 뒤 반공적인 자유군단에 들어가 발트 지방에서 활동하였고, 1920년에는 루르 지방에서 공산당 봉기 탄압에 참가하였다. 1923년 1월 배상 지연을 구실로 프랑스군이 루르 지방을 점령하자 독일 정부의 '소극적 저항'을 적극적 저항으로 전환하기 위해 철도를 폭파하고 프랑스 군에 체포되었으며, 5월 군사 법정에서 사형을 선고받고 총살되었다.

1920년대 초, 한 독일인 주부가 엄청난 인플레이션 때문에 가치가 없어진 마르크 지폐를 가득 집어 와 아침밥을 짓기 위해 불을 지피고 있다. 살인적 인플레이션과 실업난은 대부분의 독일인들을 절망의 나락으로 빠뜨렸다.

어만'은 요제프 괴벨스와 동의어였다. 그러나 1923년 소설의 주인공은 리하르트 플리스게스와 괴벨스를 합쳐놓은 것과 같았다.

그 소설은 요제프 괴벨스가 자신을 포함하여 "도탄에 빠진 가련한 민중"의 비참한 삶, 신이 묵인하고 있는 그 삶에 만족하지 못하고 있었다는 점을 잘 드러낸다. 예컨대 그는 '서곡'에서 다음과 같이 썼다.

혈기왕성한 삶의 힘이 신비로운 심연으로부터 영원히 변화하면서 떠오른다. 시간 속의 붕괴와 해체는 몰락이 아니라 이행이다. …… 젊은이의 가슴에서는 재건과 새로운 삶, 새로운 형식을 바라는 욕망이 이글이글 뜨겁게 타오른다. 그들은 고통스럽게 한낮을 기다린다. 허기와 추위와 정신적 고통으로 가득한 대도시의 다락방에서 희망이, 그리고 새 시대의 상징이 자라고 있다. 믿음, 노동, 그리움이 파우스트적인 창조 욕구를 가진 이 새로운 젊음을 하나로 모으는 덕목들이다. 그것은 젊은이들을 서로 가깝게 다가서게 한다. 부활의 정신, 물질주의의 극복, 믿음에 이끌림, 사랑, 열정적인 헌신이 그것이다.[34]

그가 《미하엘》에서 조금씩 서술한 행위들은 오로지 저자의 세계관을 명백히 보여주려는 것이었다. 작품이 '일기 소설'(일기 형식으로 쓴 소설)이라는 장르에 속했기 때문에 괴벨스는 세계관을 내용상 일관성 있게 보여주어야 했다. 그러나 실제의 작품은 상황 묘사와 '새 시대'를 말하는 명제들이 혼란스럽게 뒤섞여 있었고, 수많은 다른 작품들의 인용이 덧붙여졌다. 《성경》, 괴테의 《파우스트》와 《빌헬름 마이스터》, 《차라투스트라는 이렇게 말했다》를 비롯한 니체의 작품들, 도스토예프스키의 작품들이 영향을 끼쳤다.

'새로운 시대'는 '새로운 독일적 인간'을 탄생시킬 것이며, 그 새로운 독일적 인간은 '본능', '용기', '믿음'에서 탁월하다. 이는 물질주의에 복종하여 영혼을 상실한 지식인들의 반대 유형이다.[35] 그 '새로운 시대'의 문턱에 서 있는 '인간 운명'을 생각하며 저자는 자신의 "낡은 믿음의 세계"를 돌이킬 수 없이 "무너뜨려버렸다".[36] 괴벨스를 대변하는 미하엘은 '기독교 신'의 '정의'에 대한 희망이 수포로 돌아갔기에, 이제 무엇을 믿느냐는 중요치 않고, 중요한 것은 오로지 믿는다는 사실 자체라고 보게 되었다. 그는 더 나은 세계를 가져올 수 있다고 생각하는 그 어떤 것을 거의 주술적으로 불러내려 한다. "그대, 나의 힘차고 강력하며 불타는 믿음이여. 그대, 나의 동반자, 나의 길을 예비하는 자, 나의 벗, 나의 신이여!"[37] 그는 믿음이 강해질수록, 그 우상을 광신적으로 숭배할수록, 자신은 더 강한 생명력을 얻게 되고 더 힘차게 된다고 논리적 결론을 내렸다. 괴벨스의 분신 미하엘의 다음의 말은 바로 이것을 의미한다. "신을 크고 강하게 만들수록, 나 자신이 크고 강해진다."[38]

괴벨스의 기독교 신앙이 그 자신과 다른 신도들의 행위를 통해 살아남듯이, 그의 새로운 신앙 역시 인간의 행위, 그중에서도 희생에 기반을 두고 있었다. 믿음 자체가 신이 되고 운동의 원인이 되었기에 더는 그리스도의 희생을 통한 인류의 구원은 필요하지 않았다. 신앙, 그리고 이를 통해 신 자체를 자기 안에 품고 있는 '현대의 인간'은 자신의 희생으로 자신의 종족을 구원한다. 괴벨스의 분신 미하엘은 '기독교 사회주의자'로서 인류를 사랑하여 자신을 희생한다.[39] 괴벨스는 이런 방식으로 광산에서의 죽음, 리하르트 플리스게스의 죽음에 의미를 부여하고, 더 나아가 실업자이자 장애인인 자신의 삶에도 의미를 부여한다.

괴벨스는 자신의 '현대적 인간'이 스스로를 구원할 수 있음에도 불구하고, 인간의 모습을 한 다른 "구원자"를 찾으려 했다. 그는 이미 박사논문에서도 '강력한 천재'를 갈망하는 마음을 표현한 바 있다. 그의 작품의 주인공 미하엘은 더 나은 미래로 가는 길을 아는 사람은 아무도 없는지를 묻는다.[40] 그가 이미 믿음을 버린 하느님의 아들 예수 그리스도가 그의 가톨릭적 정신의 힘의 중재자였던 것처럼, 요제프 괴벨스의 새로운 '믿음의 세계'에도 새로이 의지할 수 있는 중재자가 필요했다.

괴벨스는 믿음, 이러한 믿음의 육화(肉化)에 대한 갈망, 그리고 마지막으로 희생을 통한 자기 구원 등의 요소를 통해 사이비 종교적이고 병리학적인 나치즘 제식의 빈 껍데기 말들을 미리 발견했던 것이다. 훗날 그러한 제식은 마치 현실의 쇠사슬을 끊어버릴 수 있다는 듯이 사람들을 홀리게 되었다. 1925년 괴벨스는 이렇게 썼다. "정치가 더는 가능성의 예술이 아니라는 사실을 우리는 배웠다. 우리가 원하는 것은 기계적 법칙에 따라서는 도달하거나 충족될 수 없다. 우리는 그것을 알고 있다. 그러나 우리는 기적, 불가능한 것, 도달할 수 없는 것을 믿고 있기에 그러한 인식에 따라 행동한다. 우리에게 정치란 불가능성의 기적이다."[41]

그는 불가능한 것에 대한 믿음을 늘 숭배했다고 한다. 그는 '총통 아돌프 히틀러'를 믿음의 체현으로 생각한 지 이미 오래이던 1933년에 정말로 불가능이 현실이 된 기적을 선포할 수 있었다(나치 집권을 뜻한다). 그로부터 10년 후, 즉 스탈린그라드의 참상을 민족적 희생으로, 다가올 승리를 위한 대가로 미화했음에도 불구하고 종말이 다가왔을 때, 그때에도 괴벨스는 '불가능성의 기적'을 다시 신전했다. 그러나 이번에는 기적이 일어나지 않았다.

요제프 괴벨스는 《미하엘》을 완성하고 나서 〈라이터 차이퉁(Rheydter Zeitung)〉에 사고로 죽은 친구 리하르트 플리스게스를 추모하는 글을 발표했다.[42] 그는 "슐리어제의 외로운 무덤에 크리스마스 인사를 보내면서" 그 죽음을 그가 갈망하는 더 나은 세계를 위한 상징적 희생으로 거듭 묘사했다. 괴벨스는 스위스에 있던 플리스게스의 애인 올기 에젠바인(Olgi Esenwein)에게 그 신문 기고문, 그리고 나중에는 《미하엘》의 원고를 보냈다. 그녀는 그 글들을 읽고 괴벨스가 리하르트 플리스게스를 "그 아름다움과 영혼의 크기"라는 면에서 완전히 이해한 유일한 사람이라고 말했다. "그 아름다움과 영혼의 크기"가 "그를 우리의 문화를 가로질러 다시 단순한 것, 자연스러운 것, 신적인 것으로 이끌어 갔다."라고 했다.[43]

《미하엘》이 1929년 나치즘 성향을 지닌 뮌헨의 에어 출판사에서 여러 차례의 개작을 거쳐 〈일기에 나타난 독일의 어떤 운명〉[44]이라는 새로운 제목으로 출간되었을 때, 괴벨스의 분신 미하엘은 당연히 첫 부분에서만 "신을 찾는 자"였다. 초고와는 달리 그는 그 글이 쓰인 현재에서 신을 "바라본다." "그 길을 아는 한 사람이 거기 있다. 나는 그에게 어울리는 가치를 지니고 싶다."[45]

1923년 판《미하엘》의 믿음은 현존하는 고통으로부터의 도피와 같은, '더 나은 세계'를 꿈꾸는 막연한 갈망 안에 있었다. 그러나 1929년 판에서는 선한 세력, 그리고 무엇보다도 부패한 세력이 구체적으로 드러났으며, 이들의 투쟁 속에서 독일의 운명이 결정된다고 묘사되었다. 주인공은 독일적 본성에 깊이 뿌리 내리고 있는 "이마와 주먹의 노동자", 즉 한 마디로 새로운 나치 인간의 전형이 되었다. 그외의 인물들은 작가가 (경멸스럽게) 바라보는 바이마르공화국을 반영했다. 이를테면 미하엘의 애인 헤르타 홀크는 부르주아 계급을 대표했다. 괴벨스의 전 애인 안카 슈탈헤름과 마찬가지로 헤르타 홀크도 미하엘을 이해하지 못했다. 미하엘은 라인 강변의 '검둥이 군대'[46]를 불평하고, 유대인 '배불뚝이'들의 속되고 부패한 지배를 "병든 독일 민중들의 몸에 난 종양"[47]이라고 불평했으며 그들에게 독일의 비참한 현실의 책임을 미뤘다.

작품 중에 러시아 혁명가 이반 비누로프스키라는 인물은 1923년 초고에서는 아직 도스토예프스키의 러시아에 괴벨스가 느꼈던 매혹의 흔적을 간직하고 있었다. 그러나 1929년의 괴벨스는 히틀러가 전략적으로 확고하게 결정한 동부 진군을 예감하면서, 죽어가는 미하엘로 하여금 "이반, 너, 악당."[48]이라고 말하게 만든다. '미하엘'은 두 판본 모두에서 하필이면 1월 30일에 상징적인 희생의 죽음을 맞이하는데, 이 날짜는 몇 년 후 히틀러가 정권을 장악하여, 작가 괴벨스의 관점에서는 '새로운 시대'를 열게 되는 날이다(히틀러는 1933년 1월 30일 제국총리의 자리에 오른다). 그러나 이 부분은 추가로 조작했다고는 볼 수 없다.

〈벨트뷔네(Weltbühne)〉의 언론인 하인츠 폴(Heinz Pol)은 1931년 《미하엘》을 논평하면서, 이 작품은 '갈색 셔츠들'(나치를 뜻함)이 "독일의 정신과 영혼"이라고 부르는 것의 '완벽한 표현'이라고 썼다. 그러나 그는 이 책을 여러 차례 읽었으나, 그 작품이 '독일적 감성'을 지녔거나 '독일적 문체'로 쓰였다고 말할 수 있는 곳은 단 한 부분도 발견하지 못했다고 말했다. "내가 발견한 것은, 그리고 모든 단어들의 3분의 1이 입증하는 것은, 철저하게 비독일적인, 절대적으로 병적인 파렴치함이었다. 이렇게 파렴치하고 문학적으로 불결한 이 작품은 마냥 자신만만하게 '최후의 사태'에 대해 거칠게 소리치고 있다."[49]라고 폴은 판단했다.

다시 1923년으로 돌아오자. 리하르트 플리스게스의 죽음으로 충격을 받은 괴벨스는 9월 초 발트룸에서 돌아온다. 그 직후 라이트에서 그는 드레스덴 은행의 해고 통지를 받지만 부모에게는 아무 말도 하지 않았다. 그리고 일을 계속 하고 있는 것처럼 꾸미려고 쾰른으로 갔다. 하지만 이제 그도 실업자 대열에 끼게 되었다. 게다가 실업 보조금을 받지 못했기 때문에 1굴덴으로 한 주를 살아야 했다. 그가 했던 유일하게 생산적인 일은 〈방랑자〉라는 '시사극'을 쓴 것이다.[50] 그 자신도 스스로를 구시대와 새로운 시대 사이의 방랑자라고 생각했다.

괴벨스에겐 상황이 너무 절망적으로 보였다. 그렇기 때문에 엘제 얀케에게는 적당한 일자리를 찾기 위해 최선을 다하고 신문 광고를 몽땅 뒤지겠다고 약속했으면서도 괴벨스는 구직 활동에 그리 열성적이지 않았다.[51] 한스 괴벨스는 프랑스의 전쟁포로 신세에서 풀려나 고향으로 돌아온 후 아비투어를 치를 것을 계획했지만, 생각을 바꾼 뒤 노이스에서 번듯한 직장을 다니고 있었다. 그는 동생을 도우려고 지원해볼 만한 어느 회사의 주소를 알려주었다. 요제프 괴벨스는 형에게서 그 이상의 도움은 얻을 수 없었는데, 이는 형의 직위가 "내가 음식과 잠자리를 얻을 정도만을 던져줄 수 있었기 때문이다. 빈익빈 부익부가 지배하는 이 시대에 대체 무엇을 더 바란단 말인가. 참으로 놀랍게도 잔뜩 처먹은 돼지들이 우리 조국의 모든 빈곤과 근심, 모든 지불과 부채를 독일에서 가장 가난한 사람들이 부담하게 만드는 법을 점점 더 잘 배우고 있다."52)

프리츠 괴벨스는 9월 중순에도 아들이 실업자가 된 사실은 몰랐지만, 아들이 일자리를 구한다는 말을 들었다. 아버지는 다른 직장을 구하느라 은행 일자리도 잃게 될지 모른다는 걱정 때문에, 이처럼 어려운 시대에 자신에게 꼭 맞는 일자리를 찾기란 그리 만만한 일이 아니라고 충고했다. 그리고 형 콘라트가 아는 사람들이 있는 라이트의 한 은행에서 임시로 일해보라고 권했다. 아버지는 편지에서 "그러면 최소한 먹을 것은 충분하고, 네게 맞는 일자리를 찾을 때까지 조용히 기다릴 수 있을 것이다."라고 썼다.53) 그러나 물론 그는 아들의 직업관을 잘 이해하지 못했고, 은행 같은 든든한 일자리를 으뜸으로 쳤다.

엘제 얀케의 헌신적인 도움에도 불구하고 굶주림에서 벗어날 수 없었

슈트레제만(Gustav Stresemann, 1878~1929) 독일국민당 창당 발기인인 슈트레제만은 1923년 8월 13일 독일국민당, 중앙당, 독일민주당, 사회민주당이 참가하는 대연정을 이끄는 연방총리가 되었다. 그는 '소극적 저항' 정책을 포기하고, 독일연금은행 도입과 11월 15일 화폐 개혁을 통해 인플레이션을 진정시키는 데 성공했다. 1923년 11월 2일 시위에 대한 대처 방식의 견해 차이로 사민당이 정부 참여를 철회하여 슈트레제만은 총리직에서 물러났다. 그 후 1923~1929 사이 여러 내각에서 외무장관으로 재직하면서 프랑스에 접근하여 독일제국의 외교적 고립을 해소하려 했고, 1924년에는 도스 안(案)을 이끌어내고, 독일과 프랑스와 벨기에가 무력에 의한 국경 변경 포기를 선언한 로카르노 조약을 성사시켜 1926년 프랑스 외무장관 아리스티드 브리앙 등과 함께 노벨평화상을 수상했다.

실업자 시절의 괴벨스(1923년)와 그가 1922년부터 사귄 라이트의 초등학교 교사 엘제 얀케. 얀케는, 미래에 대해 열광적으로 계획을 세웠다가도 금세 좌절해 우울해지곤 했던 괴벨스를 다시 냉정한 현실로 데려오곤 했다.

던 요제프 괴벨스는 아버지가 자신에게 집으로 돌아오라고 말하기를 기대하며 절망적인 편지를 썼다. 그 편지에서 그는 신경쇠약에 걸렸다면서 이는 아마도 유전 때문일 것이라고 썼다.[24] 효과는 금방 나타났다. 걱정에 잠긴 아버지는 그것이 유전 요인이라는 점은 극구 부인했지만, 아들이 아직도 다니고 있는 것으로 알고 있던 그 은행 일일랑 집어치우고 집으로 돌아오라고 권했다. 왜냐하면 그러한 어려운 상황에서 가족 외의 다른 사람에게 도움을 기대할 수 없기 때문이었다. 아버지가 차비까지 보내주고 나서야 요제프 괴벨스는 1923년 10월 초 쾰른을 떠나, 그 전 몇 해 동안 자주 그랬던 것처럼 가족의 품에서 안식을 찾았다.

집에서 가족들의 보살핌을 받으며 괴벨스는 점령 지역에서 소극적 저항이 완전히 붕괴되어 나타나는 결과들을 목격했다. 1923년 8월 13일 쿠노 내각이 무너지고 총리 구스타프 슈트레제만*이 이끄는 대연정

(Große Koalition)이 구성되었다. 하필이면 독일국민당(Deutsche Volkspartei) 같은 민족주의적 우익 정당의 지도자가 9월 26일 그동안 실패로 돌아간 저항 정책을 끝냄으로써 외교적으로 항복을 선언했던 것이다.

괴벨스는 자신이 그토록 치를 떨어온 '바이마르 체제' 정당들이 "바람이 부는 대로 깃발을 날리고 있으며", "이제 와서 그 누구도 소극적 저항을 지지하지 않았다고 주장하고 있다."라고 썼다. "모두들 그 정책이 실패하리라는 것을 오래전에 알았다는 것이다." 그가 구독하고 있는 〈쾰르너 차이퉁〉조차 그러했다.

괴벨스는 이 신문을 비롯한 여러 신문들에서 극우파와 극좌파가 반란을 도모했고, 슈트레제만 정부는 9월 비상사태를 선포했다는 뉴스를 읽었다. 또 그는 작센과 함부르크에서 공산주의자들의 세력이 급격히 늘어나고 있음을 알았다. 그리고 히틀러가 이끄는 나치주의자들이 점점 더 세력을 얻고 있다는 사실도 알게 되었지만 그해 초의 경험 때문에 그들을 신뢰하지는 않고 있었다. 괴벨스가 상황의 개선에 필요하다고 기대했던 '혼돈'이 마침내 곳곳에서 나타나는 것처럼 보였다. 훗날 그는 당시 "독일적 사상의 몰락"을 함께 경험해야만 했기 때문에 "자포자기로 술에 절어서 거친 나날을 보냈다."라고 과장하였다.[55]

1923년 11월 8일과 9일 뮌헨 사건(히틀러가 주도한 뮌헨 쿠데타를 뜻함) 뉴스는 그를 무기력에서 벗어나게 하였다. 통화 가치가 바닥으로 곤두박질치고 경제는 마비된 국가의 절망적 위기 상황에서, 그리고 베를린 제국정부의 힘이 약화되고 있는 상황에서, 히틀러가 선포한 "민족 혁명"이 정말로 기대하던 전환점을 가져올 수 있을 것인가? 그러나 1923년 11월 8일이 지나가기도 전에 히틀러의 이른바 보수파 동맹자들은 히틀러로부터 거리를 두었다. 그 '배신당한 사람들'은 그래도 아직 운명을 개척할 수 있으리라는 믿음을 잃지 않았다. 그리하여 다음날 히틀러와 1차 세계

바이마르공화국의 역대 내각

기간	내각 구성
1919년 2월 13일~1919년 6월 20일	샤이데만(사민당) 내각(사민당, 중앙당, 민주당 연정)
1919년 6월 21일~1920년 3월 26일	바우어(사민당) 내각(사민당, 중앙당, 민주당 연정)
1920년 3월 27일~1920년 6월 8일	뮐러(사민당) 1차 내각(사민당, 민주당 연정)
1920년 6월 25일~1921년 5월 4일	페렌바흐(중앙당) 내각(중앙당, 민주당, 국민당 연정)
1921년 5월 10일~1921년 10월 22일	비르트(중앙당) 1차 내각(중앙당, 사민당, 민주당 연정)
1921년 10월 26일~1922년 11월 14일	비르트(중앙당) 2차 내각(중앙당, 사민당, 민주당 연정)
1922년 11월 22일~1923년 8월 12일	쿠노(무소속) 내각(중앙당, 민주당, 국민당, 바이에른 국민당)
1923년 8월 13일~1923년 10월 4일	슈트레제만(국민당) 1차 내각(국민당, 사민당, 중앙당, 민주당 연정)
1923년 10월 6일~1923년 11월 23일	슈트레제만(국민당) 2차 내각(국민당, 사민당, 중앙당, 민주당 연정)
1923년 11월 30일~1924년 5월 26일	마르크스(중앙당) 1차 내각(중앙당, 민주당, 국민당, 바이에른 국민당 연정)
1924년 6월 3일~1924년 12월 15일	마르크스(중앙당) 2차 내각(중앙당, 민주당, 국민당 연정)
1925년 1월 15일~1925년 12월 5일	루터(무소속) 1차 내각(중앙당, 국민당, 바이에른 국민당 연정)
1926년 1월 20일~1926년 5월 12일	루터(무소속) 2차 내각(중앙당, 민주당, 국민당, 바이에른 국민당 연정)
1926년 5월 16일~1926년 12월 17일	마르크스(중앙당) 3차 내각(중앙당, 민주당, 국민당, 바이에른 국민당 연정)
1927년 1월 29일~1928년 1월 12일	마르크스(중앙당) 4차 내각(중앙당, 국가인민당, 국민당, 바이에른 국민당 연정)
1928년 6월 28일~1930년 3월 27일	뮐러(사민당) 2차 내각(사민당, 중앙당, 국민당, 민주당 연정)
1930년 3월 30일~1931년 10월 7일	브뤼닝(중앙당) 1차 내각(대통령 내각)
1931년 10월 9일~1932년 5월 30일	브뤼닝(중앙당) 2차 내각(대통령 내각)
1932년 6월 1일~1932년 11월 17일	파펜(중앙당) 내각(대통령 내각)
1932년 12월 3일~1933년 1월 28일	슐라이허(중앙당) 내각(대통령 내각)

대전의 영웅 루덴도르프*가 이끄는 시위 대열이 뮌헨 시내를 가로질러 국방부로 향했다. 시위대가 펠트헤른할레 기념관 부근에서 "오, 독일이 저 높이 명예롭게"라는 노래를 부르며 막 경찰 차단선에 다가갔을 때 결국 일이 터져버렸다. 한 방의 총성이 울리고 그 다음에는 잠깐 동안 격렬한 총격전이 벌어졌다. 그 결과 17명이 사망하고 많은 사람들이 체포되었다. 쿠데타는 수포로 돌아갔고 저 멀리 라이트에서는 한 빈털터리 실업자가 실망하고 있었다.

1923년 말에 독일의 상황은 안정되고 있었다. 신생 공화국은 우파와 좌파의 공격을 일단 저지할 수 있었다. 100일간 총리 직무를 수행한 슈트레제만이 11월 23일 물러났을 때 인플레이션이 가라앉고 통화 개혁도 이루어졌다. 새로 도입한 '렌텐마르크'*는 안정된 마르크화의 탄생을 의미했다. 렌텐마르크는 곧 제국마르크(Reichsmark)로 대체되었으며, 제국마르크는 외국 자본이 독일에 유입되면서 안정될 수 있었다. 이는 경기가 서서히 상승하도록 이끌었으며 실업률도 낮출 수 있게 되었다.

'사회의 붕괴와 새 출발'이 일어나지 않았기 때문에 괴벨스에게는 변한 것은 아무것도 없었다. 그래서 그는 빈곤에서 벗어나기 위해 다시 일자리 찾기에 힘을 쏟았다. 그는 처음에 〈포시셰 차이퉁(Vossische Zeitung)〉 신문에 지원했고,[56] 그 다음에는 1924년 1월 〈베를리너 타게블라트(Berliner Tageblatt)〉 신문에 장문의 지원 편지를 보냈다. 그 저명한 자유주의 신문에 괴벨스는 편집인 직위와 월 250마르크의 급료를 요구했다.[57] 또 모세 출판사의 구인 광고를 보고, 그는 편집인으로 봉사하겠다고 '허락'했다.

스스로를 보편적 교양을 갖춘 사람으로 내세우고 자신의 이력을 빈틈없게 보이려고, 괴벨스는 대학 졸업 후의 활동을 '미화해' 묘사하였다. 그는 1921년 11월부터 1922년 가을까지 본과 베를린에서 현대 '연극사와 언론사'를 공부했고, 〈베스트도이체 란데스차이퉁〉 신문에서 2개월간 견습으로 일하고 나서 1923년 10월부터 연말까지 "경제학과 재정학을 독학"했다고 밝혔다. 그 후 드레스덴 은행에서 9개월간 일하면서 "현대적 은행 조직의 여러 측면"을 배울 수 있었다. 또 쾰른 대학에서 경제학을 공부하면서 '부업'으로 종종 독일 서부 지역의 유명 일간지들에서 근무했다고 밝혔다. "과로와 사고로 인한 가벼운 신경쇠약 증상 때문에 쾰른에서 활동을 중단해야 했다."[58] 그러나 그러한 "완벽하게 재활한 자"의 노력은 아무 소용이 없었다.

계속해서 환멸스러운 일들을 겪으며 "가슴에 품게 된" 쓰라림을 글로 적을 수 있도록, 엘제 얀케는 1923년 10월 "매일 쓰기 위한 공책"을 한 권 선사했다. 10월 17일부터 괴벨스는 매일 저녁 답답한 마음을 그 공책에 풀어놓기 시작했다. 그는 1924년 여름 그 일기장 앞부분에 1923년 10월까지 자신의 삶을 전보 형식으로 요약한 《비망록》을 덧붙였다. "내게 사유는 고통이면서 쾌락이기 때문에" 글을 썼다. "예전에는 토요일이 되고 오후가 지나가면 나는 불안해졌다. 어린아이다운 고통들을 겪은 한

....

루덴도르프(Erich Ludendorff, 1865~1937) 1차 세계대전 당시 동부 제8군 참모장으로서 힌덴부르크의 지휘로 타넨베르크 전투에서 러시아 군에 승리해, 전쟁 영웅이 되었다. 이후 그는 1916년 8월 제3차 최고군사령부를 구성, 총력전 체제에서 실질적인 군부독재를 막후 조종했다. 1918년 9월 승전 가능성이 없음을 깨닫고 정부에 강화교섭을 하도록 재촉했으나, 여론에는 이를 숨기고 패전의 책임을 정계와 좌파에 몰아붙이는 이른바 '배후 단도설'을 유포했다. 1919년부터 바이마르공화국에 반대하는 우익 정치운동을 이끌며 1923년 히틀러 쿠데타에 참여하였고, 1925년 나치의 지원으로 대통령에 출마했으나 1.1% 득표에 그쳤다. 만년에는 게르만적 종교 공동체인 타넨베르크 동맹(Tannenbergbund)와 도이치폴크(Deutschvolk)를 창설해 활동했으나 정계에 큰 영향을 끼치지는 못했다.

렌텐마르크(Rentenmark) 발행기관인 연금은행(Rentenbank)의 이름을 따서 부른 새로운 화폐. 인플레이션을 진정시키고 국내 정세를 안정시켜 '렌텐마르크의 기적'이라는 표현이 생겨났다.

주일 전체가 영혼을 짓눌렀다. 그럴 때면 기도 책을 가지고 교회에 가는 것이 가장 큰 도움이 되었다. 그 주일에 있었던 모든 좋은 일과 나쁜 일들을 생각해보았다. 그리고 신부에게 가서 영혼의 모든 것을 고해성사로 씻어냈다. 지금 글을 쓸 때 그와 비슷한 느낌이다. 내게 이는 마치 고해성사를 하는 것과 같다. 내 영혼을 최후의 하나까지 고해성사로 씻어내려 한다."[59]

글을 쓸 때 그는 언제나 자신을 구구하게 변명하면서 결국 자신의 운명을 스스로 책임지지 않으려 했다. 그는 언제나 책임을 '타락한 세상'에 돌렸다. 그는 자신이 고유한 견해, 시민적 용기, 인격, 개성이라고 불리는 것들을 포기하지 않았기 때문에 물질주의적 세계로 접근할 길이 막혀 버렸다고 썼다.[60] 그러면서 그 자신은 예외적 현상이라는 환상 속으로 도피했다. 자신이 지니고 있다고 생각하는 모든 덕목을 다른 사람들은 대부분 지니고 있지 않다는 것이다. 이를테면 그는 라이트의 '소도시 시민들'의 전형적인 모습을 그리면서, 그들은 지적인 대화를 지루해하고 불편해한다고 적었다. "그들은 너무 게을러 카드놀이조차 하지 않았다. 어떤 사람들은 게을러서 심지어 성관계도 갖지 않는다고 한다. 이 사람들의 몸이 살찌고 둥글둥글하고 기름지게 된 것은 당연지사라 하겠다."[61]

그는 따돌림을 받고 있다는 느낌 때문에 모두를 증오했다. 대학 공부와 박사 학위에도 불구하고, 아니 어쩌면 바로 그 때문에, 그는 이방인으로 머무는 것 같았고 부모와 약혼녀에 의존해서 살아야 하는 것 같았다. 그는 "이런 기식자의 비참함, 이 수치스러운 상황에서 어떻게 벗어날 수 있을지 골머리를 앓고 있다."[62]라고 일기에 썼다. 다른 곳에는 "나를 기다리는 것은 아무것도 없다. 기쁨도 고통도 의무도 과업도 나를 기다리지 않는다. …… 빌어먹을 돈만 좇아야 하는 가련한 인생"[63]이라고 썼다. 오래전부터 부족하기만 하던 그 돈이라는 것을 특히 증오하였다. 그는 돈으로부터 모든 "세상의 악이 나온다."면서 "마치 이 세계의 원리에서 재물이 악마의 현신인 것 같다. 나는 영혼 깊은 곳에서부터 돈을 혐오한다."[64]라고 말했다. 또한 은행에서 일하던 시기에 그 자신이 매일 얽혀 들어갔던 금전 사업의 주체들에게, 그리고 자신의 취직을 거부했던 모세(Rudolf Mosse, 1843~1920)와 울슈타인(Leoplod Ullstein, 1826~1899)*도 포함하여 유대인에게도 증오심을 품고 있었다.[65]

라이트의 괴벨스 집에서는 유대인에 대한 편견이 다른 가톨릭 소시민 가정보다 특별히 심하지 않았다. 유대인들이 매우 영리하고 돈을 잘 다룬다고 여겼지만, 그래도 여전히 그들을 보통 독일인으로 생각했다. 이는 유대인들도 황제와 조국을 위해 1차 세계대전에서 싸웠고 전사했기 때문이기도 했다. 아버지 프리츠 괴벨스가 출세한 후에 가족은 한 유대인 변호사 가족과 친근한 관계를 맺었다.[66] 이 친분이 괴벨스 가족의 평판을 높여주었기 때문에 은근히 자랑스러워하기까지 하였다. 당시 고등학생이던 요제프 괴벨스는 그 저명한 변호사 요제프(Josef Joseph) 박사를 가끔 방문하여 문학 토론을 하기도 했고, 괴벨스가 대학에 다닐 때도 문학 애호가인 그와 자주 대화를 나누곤 했다.

그 당시 괴벨스는 아돌프 바르텔(Adolf Bartel)의 문학사와 관련해서 인카 슈딜헤름에게 이렇게 불평을 늘어놓았다. "내가 이렇게 과장된 반유대주의를 싫어한다는 것을 너도 알 거야. …… 유대인이 내게 절친한

....

모세와 울슈타인 루돌프 모세는 〈베를리너 타게블리트〉를 비롯한 자유주의 성향의 언론을 다수 소유한 독일의 유명한 모세 출판사의 창시자였다. 모세 출판사는 히틀러 집권 후 탄압을 받아 통폐합되었다. 레오폴트 울슈타인은 〈포시셰 차이퉁〉을 비롯해 자유주의적 신문들을 발행하는 유력한 울슈타인 출판사의 창립자였다. 괴벨스는 〈포시셰 차이퉁〉과 〈베를리너 타게블리트〉에 입사 원서를 냈다가 실패한 적이 있는데, 모세와 울슈타인이 이미 오래전에 타계한 점으로 미루어볼 때, 여기서 말하는 '모세와 울슈타인'이란 이 사람들을 직접 가리키는 것이 아니라 각각 모세 출판사(모세 가문)와 울슈타인 출판사(울슈타인 가문)를 가리킨다고 할 수 있다.

친구라고 말할 수는 없겠지만, 욕설이나 편 가르기, 아니면 심지어 박해를 해서 그들을 없앨 수는 없다는 말이야. 만일 이런 식으로 그들을 없앨 수 있다고 해도 그것은 아주 천박하고 비인간적인 일이야."[67] 이때까지만 해도 괴벨스는 이른바 유대인의 지배력에 대항하는 최선의 수단은 스스로 일을 더 잘하는 것뿐이라고 생각했다. 그는 자신이 존경하던 유대인 독문학 교수 군돌프에게서 공부하면서 이를 시도했다. 또 그는 마찬가지로 존경하던 '절반 유대인(부모 중 한쪽이 유대인인 사람)' 발트베르크에게서 박사 학위를 받고 나서, 이웃 친구인 요제프 박사의 충고를 따랐다. 하이델베르크의 유대인 교수에게서 배운 대학 공부를 활용하여 웅변가나 작가가 되기로 한 것이다.[68]

1922년에 이르러서야 유대인을 보는 그의 태도에 변화가 생기기 시작했다. 이 시기에 약혼녀 엘제 얀케는 그의 다리 장애 때문에 일어난 다툼 중에 자신의 어머니는 유대인이고 아버지는 기독교인이라는 사실을 '고백'했다. 처음에 괴벨스는 당황한 모습을 보였다. 그는 '최초의 마법'은 사라졌다고 말했다.[69] 그러나 그에게 '유대인 문제'가 이미 존재했음에도 그녀에 대한 태도를 바꾸지는 않았다. '유대인 문제'와 관련된 괴벨스의 생각은 슈펭글러의 《서구의 몰락》을 읽으면서 나타났던 것으로 보인다. 괴벨스는 1922년 10월의 강연(라이트의 상공직업학교 대강당에서 행한 현대 문학에 관한 강연) 중에 군돌프에게 여전히 찬사를 보냈지만, 이와 동시에 슈펭글러의 유대인 사상을 '대단한 중요성'을 지니는 것으로 평가했다. 괴벨스는 "여기서 유대인 문제를 그 뿌리부터 파악하고 있다. 이 부분은 유대인 문제의 지적 해결을 가져올 것으로 받아들여야 한다."라고 주장했다.[70]

그러나 괴벨스가 이 문제를 자신의 사고에서 중심에 놓기 시작한 것은 은행에서 겪은 '체험'과 '통찰'에 따른 것이었다.[71] 그 결과, '인종 문제'(괴벨스는 그 자신이 만곡족이라는 기형을 지니고 있었으므로 여기서 해부학적인 측면은 당연히 제외했다) 때문에 엘제 얀케와 관계가 점차 어두워졌다. 여러 차례 다툼 끝에 그녀는 그에게 "인종 문제를 두고 얼마 전 나누었던 그 대화들이 아직도 귀에 쟁쟁하다. 나는 그 생각에서 도저히 벗어날 수 없고 장래 우리들이 함께 살아가는 데 이 문제가 진짜 걸림돌이 될 것이라고 생각한다. 물론 나는 당신이 이러한 면에서 아주 결정적으로 과장해서 생각하고 있다고 확신한다 ……."[72)]라는 편지를 보냈다.

그의 《비망록》에 나타나는 것처럼 괴벨스는 당시 휴스턴 스튜어트 체임벌린*의 《19세기의 기초》[73)]도 읽었다. 그 영국인은 프랑스인 고비뉴(Joseph Gobineau, 1816~1882)가 〈인종 불평등론〉이라는 논문에서 내세운 인종 이론[74)]을 '발전'시켰고, 아리안 종족이 '문화의 정수'이며 순수한 인종은 아리안 종족과 유대 종족 둘밖에 없다는 결론에 이르렀다. 그리스의 예술과 철학, 로마 법, 기독교라는 고대의 유산을 계승한 아리안 종족은 '지배 인종'이며 현재 지배적인 물질주의적 시대 정신을 극복하고 새로운 시대를 여는 종족으로 선택 받았다. 그러려면 먼저 인종의 '순화'가 이루어져야 하는데, 이는 "고귀한 인종이 물질주의라는 유대적 도그마 때문에 영원히 영혼을 잃고 '밝음을 추구하는 종족'으로부터 추방되기 때문이다. 이때 이러한 물질주의 도그마는 기독교와는 달리 그 어떤 아리안적 영향도 받지 않은 채 유지되는 것이다."[75)] 괴벨스는 훗날 바이로이트에서 체임벌린을 만나고 나서 그가 '선구자'이자 '예비자', 그리고 '우리 정신의 아버지'[76)]라고 일기에 열광적으로 썼다. 체임벌린의 사상은 당시 26살이던 괴벨스의 세계관에 중대한 영향을 끼쳤다.

체임벌린(Houston Stewart Chamberlain, 1855~1927) 영국 출신의 인종주의 이론가. 프랑스인 조제프 고비뉴와 독일의 리하르트 바그너의 영향을 받아 서구 역사를 인종 간의 투쟁으로 파악했다. 게르만 민족을 유대인의 영향으로부터 기독교 문화를 수호해야 할 사명을 짊어진 문화 창조적 민족으로 생각했다. 독일어권에서 활동하며 모국인 영국에 반대하고, 독일의 민족주의 운동과 히틀러의 나치 운동에 이론적 기반을 제공했다.

이제 괴벨스는 유대인을 물질주의의 화신, 악, '적그리스도'의 화신,[77] 나아가 이 세상의 악덕에 구체적으로 책임이 있는 존재로 보기 시작했다. 물질주의적이고 타락한 공산주의뿐 아니라 물질주의적 자본주의와 민주주의 질서의 주창자들도 실은 유대인이 아니었던가? 마르크스(Karl Marx), 트로츠키(Leon Trotzki), 로자 룩셈부르크, 그리고 전 외무장관 라테나우*와 바이마르 헌법을 만든 후고 프로이스*도 유대인이었다. 괴벨스는 이로부터 "마르크스주의는 유대인들의 속임수이고, 인종적 자각을 지닌 민족들을 거세하고 도덕을 타락시키려는 것"[78]이라고 결론 내렸다. 공산주의와 자본주의, 혹은 괴벨스가 나중에 말하는 것처럼, '마르크스주의와 증권거래소'는 공통의 목표를 따르는 것처럼 보였다. 그것은 "그 모든 민족적 지배를 완벽하게 쓸어내고, 모든 경제를 오직 하나의 지배에, 즉 유대인 증권 자본의 손아귀에 넣는 것!"[79]이라는 것이다. 그는 1차 세계대전과 '바이마르 체제' 시기를 그 증거로 생각했다.

괴벨스는 더 나은 세계로 나아가는 길은 우선 '국제 유대주의'의 헤게모니에 대항하여 싸우는 데 있다고 믿었다. 슈펭글러는 '문화'의 속된 물질주의적 종말의 시기인 '문명'으로 넘어가면서 서구의 몰락이 다가온다고 예언했지만, 괴벨스의 생각으로는 유대인의 '제거'로 그러한 몰락을 막을 수 있었다. 괴벨스는 우리, 즉 '새로운 인간'에게는 슈펭글러가 퍼뜨린 몰락의 두려움을 극복하는 것이 중요하다고 보았다.[80]

그러한 '통찰'이 전체적으로 엄청난 규모로 커져 나가고 있었지만, 괴벨스는 처음에는 이를 입 밖에 내거나 이로부터 일관된 결론을 이끌어내려고 하지 않았다. 그는 우선은 유대인에 대한 직접적인 증오심에서 장광설을 늘어놓고 이를 글로 써 내려가는 데 만족했다. 그의 초기 일기에는 '개 같은 놈들', '배신자들', '흡혈귀들' 같은 단어들이 등장한다. 그나마 처음에는 가끔 양심의 가책을 느끼는 듯했다. 예컨대, 그는 인간은 나쁜 습관에서 벗어나기 힘든데 현재 자신의 악습은 "편파적인 반유대주의"라고 말하기도 했던 것이다.[81] 이후 그와 비슷하거나 똑같은 사고방식을 가진 자들로부터 자신의 정당성을 확인하고 자신이 따라야 할 지도자를 찾은 이후에야 그의 양심은 "그래야만 하는 것, 그리고 그래야만 하기 때문에 우리가 기꺼이 하려고 하는 것의 무자비한 논리"에 가려 사라지게 된다.[82]

....
라테나우(Walther Rathenau, 1867~1922) 정치가 · 실업가 · 철학자. 1차 세계대전 때 전시경제를 조직했고 전쟁 후에는 재건 · 외무장관으로 베르사유 조약에 따른 보상금 지급과 외교적 고립 해소에 수완을 발휘했다. 전쟁 후 1922년 1월 31일에 외무장관에 취임했으며, 4월 16일에는 라팔로 조약을 체결하여, 열강의 지위를 상실한 독일 · 소련 양국의 관계 정상화와 경제 협력 강화를 도모했다. 그러나 외교적 성과에도 불구하고 라테나우는 비난의 대상이 되기 시작했다. 극우파들에게 그는 혐오스런 전후 체제의 대표자였고 라팔로 조약의 기초자로 서서히 부상하는 공산주의 이념의 선동가로 비쳐졌다. 더욱이 그가 유대인이라는 사실은 국수주의자들의 적개심을 부추기기에 충분했다. 결국 우익 광신자의 손에 암살되었다.
프로이스(Hugo Preuß, 1860~1925) 정치가 · 법률가. 바이마르공화국 헌법의 기초를 주도했다. 그는 공법 분야의 권위자였는데, 1918년 11월에 새로운 공화정으로부터 국가의 헌법을 기초할 것을 위촉받았다. 그는 독일과 외국의 개념과 선례에 의거하여 행정의 중앙 집중화를 강하게 주장하였으며, 헌법에서 자유주의와 사회주의의 정치적 · 경제적 원리들을 결합하려고 노력했다. 바이마르공화국의 내무장관으로서, 그리고 정부의 특별위원으로서 그는 공화국 의회에서 자신의 초안(草案)을 변호했다. 그는 1919년부터 독일민주당에 속했다.

4장

이 남자는 누구인가? 반은 평민이고 반은 신이다!
(1924~1926)

괴벨스는 1923년 10월 고향으로 돌아온 뒤 달렌 거리의 집에 틀어박혀 지냈다. 그는 사람들을 피하고, 민족의 운명과 동격으로 놓은 자신의 운명을 원망했다. 그리고 '정의로운 세계'와 그 선구자들이 곧 나타날 것이라는 믿음 속으로 더 깊이 도피하고 있었다. 6월에 그는 "우리 시대의 플로리안 가이어*"를 기대했다. 플로리안 가이어는 "독일의 분열주의의 심장에 단검을 박아 넣은 자"[1]였다. 괴벨스는 자신의 작품《미하엘》에서도 길을 제시할 수 있는 인물을 찾고 있었다.[2] 1924년 초, 괴벨스는 그 역할을 한 남자에게 부여할 수 있었다. 현존하는 그 인물은 바로 아돌프 히틀러였다.

그 계기는 1924년 2월 뮌헨에서 있었던 반역죄 재판이었던 것으로 보인다. 이 재판에서는 실패한 1923년 11월 뮌헨 쿠데타의 주모자 히틀러가 법원의 상당한 호의에 고무되어서 피고인석을 연설대로 활용하였다. 히틀러는 자신의 쿠데타를 1918년 (좌익) 혁명가들의 '수치스러운 반역'(1918년 11월 혁명)과는 전혀 다른 애국적 행위라고 변호하였다. 재판이 열린 그날 히틀러는 새로운 추종자들을 얻었고, 재판관들이 그달 말 매우 관대한 판결, 즉 5년의 요새 금고형을 내렸을 때 독일 여론의 다수는 쿠데타의 주역 히틀러에게 호의를 보였다.

괴벨스도 히틀러에게 경탄하는 사람 중 하나였다. 2년 후 그는 히틀러가 자신에게 '영혼으로부터' 말을 걸었다고 썼다. 히틀러는 "자신의 고통과 자신의 투쟁"뿐 아니라 그 이상을 표현했기 때문이다.

당신은 짓밟힌 꿈을 품은 채 자신들을 이끌 인물과 시대의 과업을 찾아 헤매고 있는 한 세대 전체의 곤경을 표현했습니다. …… 당신이 거기서 말했던 것은 신을 잃고 붕괴되어 가는 이 세계의 절망 속에서 새롭게 떠오르는 정치적 신앙을 위한 교리문답이었습니다. 당신은 침묵하지 않았습니다. 신이 있어 우리가 고통받고 있는 것에 대해 당신이 말하도록 하였던 것입니다. 당신은 구원의 말로 우리의 고통을 표현하고, 앞으로 다가올 기적을 믿음으로 준비할 문장들을 제시했습니다.[3]

1924년 초 괴벨스는 이 남자와 그 정당 뒤에 숨어 있는 것이 무엇인지 궁금해졌다. 그래서 그는 과거 급우이던 프리츠 프랑과 여기저기서 어울렸다. 빈털터리 실업자 괴벨스를 돌보아주던 그 기업가의 아들은 불법적인 나치당의 일을 돕고 있었다. 히틀러 쿠데타 이후 라인란트 지방에서 통과된 나치당 불법화 조치 때문에 나치주의자들은 궁여지책을 쓰기로 했다. 그리하여 그들은 1924년 5월 4일의 제국의회 선거를 위하여, 1924년 2월부터 다시 허용된 독일민족자유당*과 이데올로기적 차이는 그 이상 문제삼지 않고 일단 제쳐놓은 채, 독일민족자유당/국가사회주의 독일노동자당의 통합 정당을 결성하여,[4] 라인란트에서 민족주의-사회주의 연합으로 선거에 나서게 되었다.

....

가이어(Florian Geyer) 16세기 초 독일 농민전쟁의 지도자. 귀족 출신의 기사였지만 농민 해방을 추구하다 살해당했다.
독일민족자유당(Deutschvolkische Freiheitspartei, DVFP) 1922년 12월 16일 독일국가인민당(DNVP) 당원들 중에서 주로 독일 북부와 북동부의 대지주, 반동적 장교들이 중심이 된 극우 민족주의 진영이 탈당하여 만든 정당이었다. 극단적 국수주의, 반유대주의 이념으로 무장하고 바이마르공화국 전복과 소련 침공을 목표로 활동했으며, 1923년 11월 9일 히틀러의 뮌헨 쿠데타를 독일국가사회주의노동당(NSDAP, 나치당)과 함께 조직했다. 그러나 1933년 히틀러 집권 이후 나치당 일당 독재가 이루어져 소멸했다.

독일민족자유당은 그 선거 연합에서 독립적인 조직으로 존속했는데, 그 연합은 59개 조항의 타협적 강령을 바탕으로 이루어졌다. 1924년 3월 16일 마련된 이 강령은 강경한 반유대주의 경향과 의회주의·'배금주의'·'마르크스주의'에 맞서는 투쟁을 선동하는 것이 주된 내용이었다. 1924년 4월 8일에 부퍼탈엘버펠트 지역에서, 그리고 5일 후에는 부퍼탈 시의 바르멘 구역에서 '민족주의-사회주의 연합(Völkisch-Sozialer Block)'의 발족식이 열렸는데, 이때 연설자로 나선 사람은 극우 테러리스트 레오 슐라게터의 동료이자 철도 공무원인 에리히 코흐(Erich Koch)였다. '민족주의-사회주의 연합'은 선거에서 전국 평균 6.5% 득표율로 무난한 성과 이상의 성공을 거두었다.[5] 민족주의-사회주의 연합은 라이트에서도 738표를 얻었고, 제국의회 선거에 시의회 선거가 연계되어 있었기에 시청에 대표자를 한 사람 보낼 수 있게 되었다.[6]

민족주의-사회주의 연합의 토론회가 열리는 날 저녁이면 괴벨스도 때때로 모임에 참가하였다. 1924년 6월에 그는 부퍼탈엘버펠트의 독일민족자유당 모임에 참석하는 프랑을 따라갔다. 그는 일기에 환멸감을 표현했다. "그러니까 그들이 점령 지역의 민족주의 운동의 지도자들이다. 너희 유대인들과 우리 주인이신 프랑스인과 벨기에인들은 하나도 두려워할 필요가 없다. 그러한 지도자들 앞이라면 너희들은 안전하다. 나는 그렇게 잡담만 늘어놓는 모임은 거의 본 적이 없다."[7]

괴벨스가 모임 중에는 비판을 삼갔다면 그 이유는 엘버펠트의 시 의원이자 독일민족자유당 지도자 프리드리히 비거스하우스(Friedrich Wiegershaus)가 〈민족의 자유(Völkische Freiheit)〉라는 전투적 소책자를 발행하고 있었고 거기에 그가 글을 몇 편 싣고 싶어했기 때문이다. 프랑의 소개로 비거스하우스는 이 제안에 동의했는데, 사실 비거스하우스는 그 부정기 간행물의 내용을 채우기 어려웠던 것이다. 그리하여 괴벨스는 엘버펠트에서 돌아올 때 다섯 편의 글을 써 달라는 부탁을 받았는데, 물론 원고료는 약속받지 못했다. 그밖에 그가 그날 엘버펠트에서 얻은 수확은 어디로 갈 것인가라는 물음의 답이었다. 즉 황제가 다스리던 예전 독일의 방식으로 현실 정치를 개선하고자 했던 '늙은이들'에게 가지 않고, 오직 '백지 상태'에서 출발해보려는, "진정 새로운 인간이고자 하는 젊은이들"에게로 가겠다는 결심이었다. "나는 베를린보다는 뮌헨으로 가야 한다."[8]

뮌헨으로부터 불과 몇 킬로미터 떨어진 곳, 란츠베르크 요새에 갇혀 있는 한 남자가 괴벨스의 의식 속에서 점점 더 커다란 자리를 차지했다. 그러나 그 남자는 정치 무대에 등장했던 때와 마찬가지로 그렇게 홀연히 사라져버렸기에 마치 유령 같은 느낌을 주었다. 바로 그가 낯설다는 이유 때문에, 갇혀 있는 그의 정체가 알려지지 않고 있다는 이유 때문에, 그가 어떤 사람인지에 대한 지식보다는 수수께끼가 더 많기 때문에, 그리고 수많은 요소들이 미화되었기 때문에, 괴벨스는 자신이 갈망하는 구원의 이념과 행동하는 인간의 모습을 히틀러에게 투영하기 시작했다. 그는 그러한 갈망을 1924년 6월 30일 일기에서 "히틀러가 자유로운 처지라면"이라고 표현했다. 그리고 그 다음 몇 줄에서는 자신이 곧 어떤 민속수의 지도자를 만나서 "새로운 용기와 자신감을 얻어야겠다. 이대로는 안 되겠다."라고 썼다.[9]

그리하여 괴벨스는 꼭 히틀러는 아니더라도 어떤 민족주의 지도자를 조만간 만나게 되었다. 프랑은 8월 초 바이마르에서 열리는 전국적인 민족주의 단체 및 정당 모임에 그를 데려가겠다고 밝혔다. 이미 7월 중순에 그곳에서는 독일민족자유당의 지도자들이 히틀러 쿠데타 이후 금지된 나치당을 승계한 조직들과 만나서 최종적인 합당을 논의했다. 그때는 합당 시도가 성사되지 않았지만 바이마르에서 8월 17일과 18일 이틀 동안 열리는 모임에서 새롭게 시도될 예정이었다.

괴벨스가 기다리던 그날이 왔다. 그러나 프랑은 이미 여행 준비를 끝내고 역에 도착한 괴벨스에게 자신이 괴벨스의 차비를 마련하지 못했다고 말했다. 친구가 혼자서 바이마르로 떠나고 실망에 빠진 괴벨스는 당대회라는 것은 어차피 '끔찍한 것'이라고 스스로를 달래야 했다.[10] 그러나 결국 차비가 도착했을 때 괴벨스는 자신의 의견을 순식간에 다시 바꾸었고 열광하면서 프랑을 좇아 바이마르로 떠났다. 그 여행은 그에게 삶의 이정표가 되는 체험이었다. 프리랜서 작가나 언론인으로 근근이 생계를 이어가려는 그 오랜 소망도 끝내 이루지 못하던 젊은 괴벨스가 마침내 정치로, 그리고 히틀러에게로 다가가는 계기가 되었다.

괴벨스는 난생 처음 제국의 심장부로 향했는데, 그는 그로부터 9년도 지나지 않아 그 제국의 선전장관이 될 것이었다. 잠시나마 자신의 가련한 회색빛 인생을 뒤에 남겨두고 떠나왔기에, 몇 시간 동안의 기차 여행 후 목적지에 도착했을 때 그에게도 "찬란한 날이 떠올랐다." "베브라. 커피 한 잔. 계속 여행. 아이제나흐. 바르트부르크 성은 안개에 싸여 있다. 계속 여행. 길들과 마을들이 지나간다. …… 기차는 큰소리를 내며 분지로 들어간다. 바이마르." 그곳은 "그 아름답던 시대의 축복받은 문화의 장소"이다.[11] 그는 곧 길을 가로질러 국립극장으로 향했는데, 그곳에서는 매우 조촐하게 회의가 열리고 있었다. 한 걸음 한 걸음 걸을 때마다 괴테를 생각했다. 그는 "바이마르는 괴테다."라고 감상에 젖었다. 마침내 그곳에 도착했을 때, 그와 함께 투쟁하는 "축복받은 젊음" 속에서 가슴이 두근거렸다.

국립극장에서 프랑을 만나고 얼마 지나지 않아 괴벨스는 피가 거꾸로 솟구치는 듯했다. 1차 세계대전에서 수백만 명의 운명을 좌우했던 그 '위대한 인물', 에리히 루덴도르프 장군을 보았던 것이다. 루덴도르프가 거기 있음으로 해서 괴벨스는 자신이 역사에 둘러싸인 것처럼 느꼈다. 곧 괴벨스도 '독일의 젊은 이상주의자' 그룹에서 그 세계대전의 '위대한 인물'과 "눈을 마주 보며" 대면하게 되었다. "그는 모두의 말을 들었다.

나치당의 선동가 율리우스 슈트라이허와 그가 창간한 반유대주의 잡지 〈돌격자〉. 1924년 8월 괴벨스는 처음으로 바이마르에서 열린 전국 규모의 민족주의 단체 모임에 참석해 강렬한 체험을 했다. 이때 그는 나치 운동의 유명 인사들을 만날 수 있었는데, "입술을 꼭 다문 광신주의자" 슈트라이허도 그중 한 사람 이었다.

……나도 이야기를 했다. 나는 그에게 현 상황을 설명했다. 그는 경청하고는 동의의 표시로 고개를 끄덕였다. 그러고는 내가 옳다고 했다. 그는 나를 한 번 날카롭게 관찰했다. 꼼꼼히 훑어보았다. 그는 만족한 것 같았다." 그리하여 다른 사람의 인정에 예민한 괴벨스는 곧 그 늙은 장군을 완전히 숭배하게 되었다. 괴벨스는 그를 둘러싼 "많은 회의적 이견"을 머리 속에서 제거하고 "굳건하고 최종적인 신뢰"를 부여했다. 그러나 괴벨스는 거의 예순에 가까운 그를 독일의 젊은 세대의 '타고난 지도자'라고 보지는 않았다. 괴벨스가 보기에 오로지 란츠베르크에 갇혀 있는 그 사람만이 그 역할을 할 수 있었다.

괴벨스는 바이마르에서 '운동'의 다른 인물들, 이를테면 제국의회 의원이자 독일민족자유당 창립자 알베르트 폰 그레페(Albert von Graefe)

같은 사람들을 만났다. 그는 '진짜배기 민족주의자', 검은 외교관 복장을 한 타고난 귀족이었다. "바이에른에서 온 유쾌한 약사이자 키 크고 다소 뚱뚱하고 호프브로이하우스(뮌헨의 대형 맥주홀로 나치 집회가 자주 열렸다)의 콘트라베이스처럼 저음의 목소리를 가진" 그레고어 슈트라서*는 나치당의 주요 인물 중 하나였다. 그리고 이 정당의 공동 발기인이었던 고트프리트 페더는 '학우회 회원'이었으며 "재정 정책을 담당하는 민족주의자"였다.

그밖에도 괴벨스는 반유대주의를 선동하는 잡지 〈돌격자(Sturmer)〉를 창간한 율리우스 슈트라이허*도 알게 되었다. 그는 "입술을 꼭 다문 광신주의자였다. 베르제르커(고대 북유럽 신화에서 곰의 껍질을 쓰고 싸우는 광폭한 전사) 같다고나 할까. 다소 병적인 면도 있었다. 그렇지만 그것도 나쁘지는 않다. 그런 사람들도 필요하니까. …… 히틀러는 그런 면을 활용해야 할 것이다." 그리고 그곳에는 코흐 그라프 추 레펜틀로프(Koch Graf zu Reventlow)와 에른스트 그라프 추 레펜틀로프(Ernst Graf zu Reventlow) 같은 라인란트에서 온 '높으신 나리들'이 있었다. 특히 후자는 "합리적이고 냉소적인 백작이며 우리 운동에서 국제적 정치인"이었다. 신문 보도가 맞다면 그는 1923년 독일공산당의 고위 지도자들과 양당의 합당 협상을 벌이기도 했다.[12]

바이마르에서는 '히틀러의 근위대' 외에 점령 지역에서 온 참석자들이 중심 역할을 했다. "그들은 우리 라인란트 참석자들을 영웅처럼 환영했다. 서부 국경 지역에서 온 전방의 군인이라는 것이다."라고 쓴 괴벨스는 그렇기 때문에 자신이 특히 돋보이는 듯이 느꼈다. 그는 전쟁이 시작되던 때인 1914년과 비슷한 기분을 느꼈는데, 이 모임에서는 그도 더는 괴짜 아웃사이더가 아니었다. 여기 바이마르에서 그는 루덴도르프도 동의한 자신의 세계관을 마음껏 과시할 수 있었다. 참석자들은 괴벨스를 곧 "정직하고 성실한 엘리트들"에 포함시켰는데, 그는 그 속에서 편안함을 느꼈다. "마치 아이들이 많은 대가족과 같았다. …… 그 느낌은 참 좋았고 깊은 안정감과 만족감을 주었다. 마치 모두 의형제가 된 듯했다. 민족의 정신 아래서. …… 하나의 전선에서 함께 싸우는 전사들. 하켄크로이츠의 상징 아래서."

국립극장 앞에서 열린 폐회 행사에서는 전국에서 온 사람들이 지도자들 앞에서 하켄크로이츠 깃발을 들고 열병을 했고, '운동'의 노래들이 울려 퍼지고 힘찬 작별 연설들이 행해졌다. 그 연설 도중 히틀러의 이름이 등장하기만 하면 "요란한 하일(만세)의 함성" 때문에 연설이 중단되었다. 괴벨스는 그 집회에서 "등골이 오싹한" 느낌을 받았다. 민족주의자들과 나치주의자들은 지극히 허약하고 이데올로기적으로도 중구난방인 '대독일 국가사회주의 자유운동(Nationalsozialistische Freiheitsbewegung Großdeutschland)'을 결성했고, 그 연방지도부는 그레페, 루덴도르프, 그레고어 슈트라서가 맡았다. 괴벨스는 바이마르 방문을 요약하듯이 다음과 같이 썼다. "민족의 문제는 내 마음 속에서 지적이고 종교적인 모든 문제들과 결합했다. 나는 민족주의적으로 생각하기 시작했다. 이는 정치와 관계 있는 것이 아니었다. 그것은 세계관이었다."

그레고어 슈트라서(Gregor Stasser, 1892~1934) 1차 세계대전에 중령으로 참전 후 민족주의 운동에 투신. 1921년 나치당에 입당하여 니더바이에른 관구장이 되었다. 1923년 히틀러 쿠데타 참가로 구금되었다. 1925년 나치당 재건 후 북독일 당 지도자로 임명되었고, 베를린 돌격대를 창설하였으며, 동생인 오토 슈트라서와 함께 캄프 출판사를 인수하여 괴벨스가 발행하는 〈공격〉과 경쟁하였고, 나치당 제국조직책으로 임명되었다. 국가사회주의 운동 중 사회주의 혁명 노선을 대표했으며, 반자본주의 친소 노선 때문에 점차 히틀러와 대립했다. 1933년 정계에서 은퇴했으나, 1934년 6월 30일 룀 사건으로 사살되었다.

슈트라이허(Julius Streicher, 1885~1946) 1923년 창간된 나치의 선정적 주간지 〈돌격자〉의 발행인. 이 잡지는 선동적 반유대주의와 성적 스캔들 등을 실어 발행 부수가 50만 부에 달했다. 나치 집권 후 반유대 선전에서 활약하였으며, 전후 전범으로 처형되었다.

'드높은 사명'에 대한 믿음으로 가득찬 괴벨스는 이제 그 민족주의적 세계관에 대한 봉사에 온 힘을 쏟기 시작했다. 그는 〈민족의 자유〉에 실은 논설들에서 그러한 세계관에 대해 "20세기 사회적 감정의 발원지"이자 "사회 문제를 민족적 방식으로 해결하려는 위대한 시도"라고 평했다.[13] 그는 8월 21일 프랑과 함께 대독일 국가사회주의 자유운동의 글라트바흐 지구 지부를 결성했다.[14] 대독일 국가사회주의 자유운동을 탄생시킨 합병 조치에 대한 저항도 많았지만 최소한 북부 라인란트 관구에서만은 순조롭게 이루어졌던 것 같다.

라이트에서 최초의 집회들은 아우구스타 거리의 오래된 맥주홀 바체뮌이나 카우만 등에서 열렸다.[15] 거기에 참석한 몇 안 되는 사람들에게 괴벨스와 프랑은 민족주의적이고 국가사회주의적인 이념들을 불어넣으려고 했다. 또 두 사람은 민족주의자들이나 사회민주주의자들이나 공산주의자들이나 어느 누가 주최하는 토론회건 가리지 않고 쫓아다녔다. 그러면서 벨기에 점령 당국과 첫 번째 충돌이 있었고 엄중한 심문을 받았지만[16] 그는 지지자들을 얻으려는 정력적인 노력을 중단하지 않았다. "새로운 사상의 사도들인 우리는 이렇게 민족을 일깨워야 한다. 독일은 잠에서 깨어나야 한다."[17]

괴벨스는 그러한 한 집회에서 연설가로 데뷔했다. 1950년대 프랑이 회고한 바에 따르면, 괴벨스는 망설이며 연단으로 올라갔는데, 비쩍 마른 몸에 너무 큰 외투를 걸치고 있어 우스꽝스러운 느낌을 주었다. 그는 거기 모인 공산주의자들에게 "친애하는 독일의 민족 동지들이여"라고 첫마디를 꺼내 그들을 분노에 들끓게 하였다. 화가 머리끝까지 난 한 사람이 괴벨스를 '자본주의 착취자'라고 욕하자 괴벨스는 가진 돈을 다 꺼내 보여주겠다고 그 사람에게 연단으로 나오라고 재치 있게 말했다. 그가 군중들에게 "그러면 우리 중에서 누가 돈이 더 많은지 알게 될 것입니다."라고 외치며 즉석에서 자신의 다 떨어진 지갑을 꺼내 연단 위에

동전 몇 푼을 털어놓았다. 그리하여 괴벨스는 그 상황을 장악하고 연설을 계속할 수 있었다.[18]

몇 차례 연설을 한 뒤 괴벨스는 사전 원고가 있거나 즉석 연설이거나 간에, 자신이 연설에 재주가 있다고 느끼게 되었다. 생각이 '마치 저절로 그러는 것처럼' 머리에서 흘러나왔다. 그는 자신의 마음을 움직이는 것들, 특히 정의롭지 못한 사회를 이야기했다. 청중들이 가진 문제와 궁핍과 염려가 그 자신과 다르지 않았기 때문에, 그는 그들이 느끼는 것을 잘 알고 있었고 그것을 표현할 수 있었다. 그들에게 '영혼으로부터' 말을 걸었기에, "영혼을 상실한 물질주의적 세계", "볼셰비키와 유대인들의 정신병원"에 대한 그의 생각을 경청하게 만들었다. 연설을 할 때면 모두가 내용을 이해할 수 있도록 애썼다. 그는 청중들이 '논리적인 결과'를 명쾌하게 깨닫게 하고 이를 통해 그들을 동원하는 법을 알았다. 그는 처음에는 라이트 부근에서만 연설을 했지만 곧 라인란트 전역에서 연설했다. 그의 연설은 강당이나 술집의 담배 연기 가득한 뒷방을 그야말로 열광의 도가니로 바꾸어놓았다. 1924년 9월에 이미 그는 일기에서 이런 상황을 몹시 만족스럽게 썼다. 연설가로서 자신의 명성이 "전 라인란트의 나치 사상의 추종자들 사이로" 퍼져 나갔다는 것이다.[19]

1924년 10월 1일 괴벨스는 비거스하우스가 새로 발간하던 〈민족의 자유〉 편집인이 되었다.[20] 이 토요 신문은 표제에 쓰인 대로 "민족적·사회적 대독일을 위한 국가사회주의 자유 운동"에 이바지하는 관구의 투쟁지로 굳건한 위치를 차지하였다. 괴벨스는 편집인 자격으로 교정과 조판을 지휘하기 위하여 매주 목요일과 금요일 부퍼탈엘버펠트로 갔다.[21] 다른 날들에는 '설교'를 하며 다니거나 아니면 글을 썼다. 할 일이 아주 많았지만 이때 그는 무척 오랜만에 만족감을 느낄 수 있었다. "나의 눈을 계속 집중할 수 있는 뚜렷한 목표를 찾았다. 그것은 독일의 자유이다!

…… 나의 힘을 그 위대한 사명에 쓸 수 있어서 기쁘다. 엘버펠트의 우리 신문은 아직 신통치 않다. 그러나 대신 나는 젊고 모험심에 차 있어 그 신문을 제대로 만들어볼 생각이다. 스스로 나의 명성을 만들어야 한다. 가련한 녀석인 나에게 먼저 잠자리를 펴줄 사람은 없기 때문이다."22)

괴벨스는 〈민족의 자유〉에 논쟁적이면서도 능란한 문체의 논설들을 썼다. 그는 거의 매주 실리는 〈정치 일지〉 난에 온갖 사건들을 전하며 신랄한 논평을 썼다. 예컨대, 그는 전승국들이 독일의 배상 의무를 새로이 규정한 도스 안(案)과 같은 외교 사안이나, 이른바 "부패한 체제 정치가들"의 오류와 같은 국내 사안을 들어 마구 퍼부어댔다. 그가 예전에 부르셴샤프트에서 썼던 '울렉스'라는 필명으로 기고하던 〈탐조등〉 난에서 그는 역설적이거나 그로테스크하거나 우스꽝스러운 일들을 짤막하게 썼다. 가령 총리 빌헬름 마르크스*를 언급하며 "그의 정치는 대부분의 경우 그야말로 글러먹었다. 그렇지만 그 정치는 항상 선의에서 나오는 것이고 솔직하기는 하다. 왜냐하면 그는 다른 사람들의 속임수에 자주 넘어가지만 결코 다른 사람을 속이지는 못하기 때문이다."라고 쓰기도 했다.23) 그 난에서 괴벨스는 특히 저명한 유대인 언론인들을 공격했는데, 〈벨트뷔네〉 발행인 지크프리트 야코프존*에게는 "야코프 콘(Jakob Cohn)이라고도 불리는 재키 쿠건* 같은 유대인 부랑아 녀석"이라고 모욕을 퍼붓고, 유명한 〈베를리너 타게블라트〉의 "테오도레(Theodore) 볼프*" 등에게도 비난을 쏟아부었다. 〈베를리너 타게블라트〉에 입사 지원서를 냈다가 거부당하기도 했던 괴벨스는 복수를 톡톡히 하고 있었다.

〈민족의 자유〉 편집인인 괴벨스는 또 다른 기고문 〈나의 서류 가방에서〉까지 포함하여 정기 기고란들을 맡았고, 그밖에도 대개의 경우 4~5쪽으로 발행되는 그 작은 신문의 기사 중 3분의 2를 직접 썼다. 여기에는 〈자유주의의 참사〉,24) 〈현대 독일 문학의 대실패〉,25) 〈산업과 증권시장〉,26) 〈민족주의적 문화 문제〉27) 등의 비장한 강령적 논설들이 포함되는데, 그는 여기에서 자신의 견해가 지니는 핵심적 내용들을 반복하여 선전했다. 〈지도자 문제〉[28]라는 논설에서는 '바이마르 체제'의 약점들을, 지나치게 신랄하기는 하지만 그래도 적절히 지적했다.

민주주의 지도자는 대중의 자비에 의존하는 자이다. 그는 살아남으려면 항상, 그리고 되풀이해서 천박한 대중의 본능에 아부해야 한다. 그는 그날 그날을 위해서 일할 뿐 시대를 위하여 일하는 것이 아니다. 그의 활동은 당을 위한 것이지 세대를 위한 것이 아니다. 그는 국민들에게 끊임없이 일시적인 성과들을 보여주어야 한다. 그러지 않으면 불만에 찬 유권자들에게 버림받는다. …… 그래서 그는 한 순간의 성과만을 좇으면서 자신의 민족을 민족적 타락으로 이끌어 간다. 다른 한편 그는 돈과 사업을 지배하는 세력에게 삽시간에 확실하게 종속된다. 그렇다. 그는 이러한 세력과 손을 잡고서야 일신의 영달을 이룰 수 있다. 그는 그들의 힘으로 선출되며, 그는 스스로 증권거래소와 자본의 용병으로 타락한다. 그리하여 그는 정치 행위를 할 때 양쪽에서 압박을 받는다. 한편으로는 변덕스러운 민중의 호의를 얻으려 그들의 비위를

....

빌헬름 마르크스(Wilhelm Marx, 1863~1946) 1922년 가톨릭 중앙당 당수, 1923년 11월 30일 연방수상이 되어 소수 정부를 이끌었으나 1924년 12월 선거 패배로 사임하였고 1925년 대통령 선거에서 힌덴부르크에게 패배했다. 1926년 5월 루터 내각이 무너진 후 다시 연방총리가 되었으나 1928년 6월 12일 선거 패배로 사임했다.
야코프존(Siegfried Jacobsohn, 1881~1926) 당대를 대표하던 연극 비평가로 〈벨트뷔네〉를 창간했다.
재키 쿠건(Jackie Coogan) 세계 최초의 아역 스타로 1921년 찰리 채플린의 영화 〈키즈(Kids)〉에서 부랑아 꼬마로 등장했다.
볼프(Theodor Wolff, 1868~1943) 울슈타인 출판사에서 발행하는 〈베를리너 타게블라트〉 편집장으로 좌파 자유주의 시민 정당인 독일민주당 창당을 주창했다. 괴벨스는 테오도어 볼프(Theodor Wolff)의 본명을 영어식 철자[Theodore]로 바꿔 야유하고 있다.

맞추어야 하고 다른 한편으로는 위험한 금권 세력의 신원 보증을 서도록 해야 한다.

괴벨스는 민주주의 지도자를 그렇게 묘사하면서 이와는 반대로 '영웅적 지도자의 이상'을 표방한다. 그는 독일적 사상을 둘러싸고 일어난 민족주의 운동의 가장 커다란 업적 중 하나는 이러한 '영웅적 지도자의 이상'을 뚜렷하게 내세운 것이라고 밝혔다.

> 자신 안에 미래의 사상을 품는 것은 대중이 아니다. 그는 생명과 희생의 용기와 의지를 지닌 강력한 개인이다. 대중은 죽었다. 죽은 대중이 어떻게 새로운 삶을 낳을 수 있단 말인가? 그러나 강력한 남자는 살아 있다. 그는 생명을 지니고 있고 생명을 만들어낸다. 그는 죽은 자를 일으킬 힘을 지니고 있다. 우리는 그 힘의 존재를 믿고 그 힘을 신뢰하며 자발적이고 이타적으로 이에 봉사해야 한다.[29]

1924년 9월 20일 〈민족의 자유〉에 실린 이 글에서 비록 괴벨스가 히틀러의 이름을 언급하지는 않았지만, 그를 '영웅적 지도자 이상'의 체현으로 생각했다는 것에는 의심의 여지가 없다. 왜냐하면 그 전투적 신문의 편집인 괴벨스는 자신의 글 아래에 히틀러가 청소년에게 보내는 말을 첨부했기 때문이다. 그는 심지어 11월 8일 〈민족의 자유〉[30] 전체를 란츠베르크 요새에 구금된 히틀러에게 헌정했다.

그 '아돌프 히틀러 특별판'의 첫 번째 장에는 "민족의 재생을 위한 위대한 고수(鼓手)에게"라는 머릿기사 아래 히틀러의 초상 스케치와 그를 독일 민족에게 돌려 달라는 요구를 실었다. 그 다음 호의 〈정치 일지〉에서 괴벨스는 히틀러를 자신의 이념을 지키기 위해 수난받고 있는 '위대한 독일의 사도'라고 부르고 있다. 그는 믿음 때문에 멸시와 박해를 당하는 것은 모든 위대한 인물들의 운명이라고 쓰고, 곧이어 수백만 명의 심장이 "단연 독보적인 그 인물"에게 굳은 믿음을 보내고 있다고 단언했다. 그는 민족주의 성향의 발행인 비거스하우스도 싫증을 낼 정도로, 자신이 아직 만나보지도 못하고 글을 읽어본 적도 없는 히틀러를 자신의 믿음의 중재자로 추어올렸다. 이는 그의 송가(頌歌)에 가까운 또 다른 말에서 잘 나타난다.

> 그는 우리에게 유서 깊은 독일적 신의를 다시 가르쳐주었다. 우리는 승리의 순간까지, 아니면 몰락의 순간까지, 그에게 이 신의를 바치려 한다. 운명이 우리에게 이 사람을 준 것에 감사하자. 위기 상황의 조타수, 진리의 사도, 자유로 이끌어 가는 지도자, 사랑의 열성적 신봉자, 전장에서 외치는 자(세례 요한을 뜻하는 '광야에서 외치는 자'에 빗댄 표현), 신의의 영웅, 독일 양심의 상징.31)

북부 라인란트 관구는 바이에른 주 정부에 히틀러를 당장 석방하라고 요구하고, "곧 우리의 지도자가 …… 다시 자유의 북을 칠 것임을"32) 믿는다고 감옥 안의 죄수에게 전보를 보냈지만, 민족주의자들과 나치주의자들의 갈등은 여기에서도 계속되었다. 1924년 12월 7일 제2차 제국의회 선거 결과 '대독일 국가사회주의 자유운동'의 득표 수는 1백만 표 이상 줄어든 907,000명에 그쳤다(북부 라인란트 관구에서 이 연합 정당의 득표율은 6.4%에서 1.25%로 줄었다). 이 과정에서 이 운동을 함께 해 나가던 양 진영의 갈등이 깊어졌다.

괴벨스는 〈민족의 자유〉에 실은 〈시대적 요구. 집결하라!〉라는 논설에서 자신이 어느 편에 서 있는지를 거침없이 표명했다. 그는 '전투 패배'의 책임을 민족주의 진영에 물었다. "우리에게 필요한 것은 겁쟁이나 속물이나 특권층 당료나 대표자 따위가 아니라 전사이다." 그렇다. 나치 운동은 "순수한 나치 사상"과 "우리의 운명이며 세계사적 사명인 사회주의에 대한 거침없는 고백"을 "새로운 믿음, 궁극적 승리의 확고한 믿음으로 이끌어 가는" 그러한 전사들을 요구한다. 괴벨스는 민족에게 이념을 "모든 것 위에" 둘 것을 강력히 요구한다. "그러면 우리는 타고난 혁명가가 되어 확신을 지니고, 이 이념을 위한 전투에서 모든 사태와 인간들을 뛰어넘어 달려 나갈 용기를 찾을 것이다."[33]

괴벨스가 '집결'을 위한 격문에서 쓴 것처럼, '예나'가 곧 따르게 될 '라이프치히'*의 서곡은 하필이면 〈민족의 자유〉에 제국의회 선거를 다룬 편집인의 글이 발표된 바로 그날 일어났다. '운동'이 선거에서 나쁜 성적을 거둔 것도 5년형을 받은 히틀러가 9개월도 채 지나지 않은 1924년 12월 20일 란츠베르크 요새에서 석방되는 데 영향을 끼쳤던 것으로 보인다. 석방되기 오래전부터 자신은 오직 한 가지 질문으로 자신의 추종자들을 "분명하게 골라낼 것"이라고 예고한 히틀러가 드디어 자유의 몸이 된 것이다. 그 질문은 바로 "누가 정치 지도자가 되어야 하는가?"[34]라는 것이었다. 다리가 불편하고 몸집이 왜소한 〈민족의 자유〉의 편집인에게는 그러한 질문조차 필요 없었다. 괴벨스는 여전히 자신이 잘 알지 못하는 히틀러를 "우리의 신앙과 이념의 체현"이라고 열렬하게 환영했다. "독일의 젊은이들은 다시 지도자를 얻었다. 우리는 그의 구호를 기다린다."[35]

히틀러가 제시한 구호는 민족주의자들과 분리하여, 1925년 2월 정당 금지령이 풀린 나치당을 전국에서 재건한다는 것이었다. 그는 막 집필을 끝낸 《나의 투쟁》 앞부분에서 민족주의자들은 몽유병자들 같아서 그저 떠벌이게 놔두고 코웃음을 쳐주면 된다고 말하기도 했다.[36] 2월 26일 처음으로 〈민족의 파수꾼〉*이 재발행되었다. 히틀러는 그 신문의 권두 기고문 '새로운 출발'에서, 이와 동시에 공개한 '당 조직 지도 요강'에서, 그리고 그 다음날 주의 깊게 연출된 뮌헨의 뷔르거브로이켈러 맥주홀 연설에서, 자신의 유일 지도권을 요구했다. 그는 이와 결부된 모든 조건을 거부하고 당원들에게 갈등을 중단하고 이제 진짜 정치를 시작하자고 촉구했다. 그를 숭배한 것이 괴벨스만은 아니었기에 히틀러는 단 한 번의 연설로 그가 없는 동안 루덴도르프와 슈트라서를 비롯한 다른 사람들이 헛되이 추구했던 목표, 즉 운동의 통일을 이루어냈다.

히틀러는 독일 북서부의 나치당 재건을 자신에게 충성을 맹세한 그레고어 슈트라서 한 사람에게 전적으로 일임했다. "내가 하나의 이념을 위하여 살아간다면 나는 한 사람을 따르고 충성할 것이다. 내게 가장 중요한 그 이념을 그가 가장 강력하게, 그리고 가장 성공적으로 실현할 것임을 알기 때문이다."[37] 니더바이에른 대부르주아의 아들인 거칠고 냉정한 슈트라서는 독일의 사회주의에 대하여, 비록 동기는 다르지만 그래도 괴벨스와 비슷한 생각을 가졌다. 그는 나치즘을 위해 일하기로 했고 히틀러 운동의 조직가가 되었다. 괴벨스는 1924년 엘버펠트에서 열린 타넨베르크 축제에서 그와 만난 적이 있었다.[38] 괴벨스는 그의 주선으로 히틀러에게 다가가게 되었다.

다리가 불편하지만 달변의 웅변가이자 선동가인 괴벨스는 1924년이 끝나기 전에 벌써 슈드라서의 심복인 카를 카우프만(Karl Kaufmann,

---

'예나'가 곧 따르게 될 '라이프치히' 나란히 있는 이 두 도시들을 지나가는 것처럼, 중요한 사건이 연달아서 일어날 것이라는 비유.
⟨민족의 파수꾼⟩(Völkischer Beobachter) 나치당의 기관지. 1923년 2월 8일부터 주간지에서 일간지로 전환하면서 알프레트 로젠베르크가 편집인이 되었다. 1923년 11월 히틀러 쿠데타로 나치당이 금지되면서 이 신문도 1925년 2월 26일 나치당 재건 때까지 발행이 중단되었다. 극단적 반유대주의와 바이마르공화국에 대한 적대적 선동에서 타의 추종을 불허했으며, 일반 대중들을 겨냥했다. 1921년 초 8천 부이던 발행 부수는 나치의 성장 및 집권과 함께 급증하여, 독일 최대 일간지가 되었고, 1944년에는 발행 부수가 170만 부에 이르렀다. 1945년 4월 말 독일이 항복하기 직전 폐간되었다.

1925년 뮌헨에서 재개된 나치당 회의 모습. 1923년 11월 뮌헨 쿠데타 실패로 히틀러가 투옥되면서 동시에 나치당에도 정당 금지령이 내려졌다. 그러나 1925년 2월 히틀러가 풀려나면서 나치당도 다시 활동을 재개할 수 있게 되었고, 자유의 봄이 된 히틀러는 단 한 번의 연설로 분열되어 있던 나치 운동을 통일로 이끌었다.

1900~1969)에게 접근했다.[39] 괴벨스는 카우프만을 1924년 제국의회 선거에서 만났다. 자유군단 출신이자 '루르의 전사'였던 카우프만은 뮌헨의 11월 쿠데타 이전에 이미 히틀러에게 충성 서한(지도자에게 개인이나 집단이 충성을 맹세하는 서한)을 엘버펠트로부터 보낸 적이 있었다.[40] 괴벨스는 카우프만을 도와 일하겠다고 제안했는데, 이는 발행인 비거스하우스 밑에서는 〈민족의 자유〉 편집인으로 일할 날이 얼마 남지 않았음을 알고 있었기 때문이다. 1925년 1월 20일 비거스하우스는 괴벨스에게 실질적인 해고 통지서를 보냈다. 비거스하우스는 괴벨스의 친구들(나치주의자들)이 이제 민족주의자들로부터 분리가 끝났다고 선언하였다면 자신은 "귀하 역시 편집인 직무 이행을 자발적으로 포기할 것이라고 당

연히 생각한다."라고 썼다.[41] 〈민족의 자유〉는 괴벨스를 해고하면서 동시에 발행을 중단했다.

1925년 2월 22일 함에서 그레고어 슈트라서의 지도로 북독일 나치당이 재조직되자마자 괴벨스는 입당했다.[42] 마침내 그가 활동할 수 있는 가능성이 생긴 것이다. 3월 함부르크에서 나치당의 지도적 인사들이 모임을 가졌을 때 그는 카우프만의 제안에 따라 북부 라인란트 관구의 사무장에 임명되었다.[43] 북부 라인란트 관구장은 발트계 독일인 작가 악셀 리프케(Axel Ripke)가 맡았다. 나치당의 위헌적 태도를 감시하던 부퍼탈 경찰의 보고서에 나타나는 대로, 엘버펠트의 홀츠 거리의 작은 싸구려 아파트에 살던 괴벨스는 사무장의 직책을 맡으면서 "모든 행사에 연설자로 등장했다. 더 나아가 지구 지도자 카를 카우프만이 이끄는 나치당 엘버펠트 지구의 연설의 밤 행사를 주관했다."[44]

실천을 통하여 연설의 힘을 깨달은 괴벨스는 자주 연단에 섰다. 1924년 10월 1일부터 1925년 10월 1일 사이에 그는 189번의 선동적인 연설을 했는데, 대부분 라인란트와 독일의 기타 북서부 지역에서 이루어졌다. 그의 '중대한' 연설 중 하나는 뒤셀도르프 근방의 골츠하이머 하이데 평야에서 열린 슐라게터 기념식에서였는데, 그는 여기서 1,300명 앞에서 연설했다. 전해 여름 프랑스 점령군의 손에 바로 그곳에서 처형당한 저항 운동가 슐라게터는 '루르 전쟁'의 순교자로 미화되었다. 관구 사무장 괴벨스는 '희생자'인 개인의 운명이 청중에게 불러일으키는 특별한 감성적 효과를 확신했기 때문에 곧 자유군단 활동을 한 한스 후스테르트 (Hans Hustert)를 찾아냈다. 당시 그는 카셀 시장 필리프 샤이데만에게 황산 테러를 가해 감옥에 수감되어 있었다. 1918년 바이마르공화국을 선포했던 샤이데만은 '바이마르 체제 시대'의 상징이 되었던 것이다.

나치주의자들이 목표로 삼은 집단은 빈곤의 나락에 떨어진 소시민들 이외에도 노동자와 실업자들이었다. 따라서 이때 나치주의자들에게 주적(主敵)은 그들과 마찬가지로 바이마르공화국 대신 '정의로운 사회 질서'를 도입하겠다고 하는, 강성한 세력을 지닌 공산당이었다. 나치당이 초기의 분파주의를 극복하고 광신적으로 추종하는 대중을 거느린 투쟁 운동으로 거듭나려면 나치당의 선동 전체, 그리고 그 연설가 괴벨스는 무엇보다도 독일공산당을 겨냥해야 했다. 그 결과 공산주의자들과 잦은 충돌이 불가피해졌는데, 예컨대 6월 초 베르기슈란트 지방의 렘샤이트에서 열린 군기 봉헌식에서 그러한 충돌이 일어났다. 양측은 서로에게 난폭하게 달려들었다. 괴벨스의 메모에 따르면, 공산주의자 120여 명이 체포되었고, 덤덤탄(dumdum bullet, 몸에 명중하면 보통 탄보다 상처가 크게 나도록 만들어진 특수 소총탄) 때문에 경찰관 두 명이 부상당했으며, 괴벨스 자신은 '그곳 한가운데' 서 있었다. 그는 자신이 위험한 상황으로부터 도피하지 않은 이유는 비록 과거에 전쟁 복무 불가 판정을 받았지만 결코 용기가 부족한 것은 아니라는 사실을 다른 사람들에게 보여주기 위해서였다고 썼다.[45]

연초부터 괴벨스는 그 치 떨리는 '바이마르 체제'에 맞서는 선동에서 무엇보다 슈트레제만의 외교 정책을 주된 표적으로 삼았다. 괴벨스는 자세히 검토해보지도 않은 상태에서, 이제 서명 단계인 로카르노 조약*(이로써 독일은 현존 서부 국경을 인정하고 반대 급부로 점령 지역 일부를 조기 반환받게 되었다)과 소련과 안보 조약 체결 협상을 자신의 세계관을 장식하려고 끼워 넣었다. 슈트레제만의 성공적인 외교 정책은 그의 눈에는 "사기, 속됨, 야비함, 위선의 끔찍한 혼합"[46]에 불과했다. 괴벨스는 그 협상의 진정한 배경은 세계를 지배하려고 자본주의와 마르크스주의를 이용하는 "유대인의 국제적 음모"라고 생각했다.

괴벨스는 사무장으로서 더욱 열심히 선전을 조직하는 데 힘썼다. 그는 〈민족의 자유〉 편집인 시절부터 이미 프리츠 프랑과 더불어 이를 놓고 토론을 하곤 했다. 그는 친구에게 그 시대에 적합한 선전 활동의 원칙들을 알리는 글 세 편을 시리즈로 쓰도록 하였다.[47] 프랑은 오로지 "확고한 목표 아래 설립된 언론 및 선전기구"를 통해서야 노동 계층의 대중들을 동원할 수 있다고 믿었기에, 그러한 작업을 각 지구 조직에서 시작해야 함을 분명히 깨닫고 있었다. "지구장 외에도 선전 담당자, 사업 용어를 쓰자면 광고부장을 두는 것"이 지구 조직의 "매우 중대한 과제"라는 것이었다. "선전을 담당하는 직책은 오로지 목표 의식이 투철하고 활동력이 있으며 민족주의 문제에 통달한 동지가 맡아야 한다. 그는 자신이 선전 활동을 맡은 지역에서 관구 공식 신문을 뿌리내리게 하고, 전단과 선전지를 뿌리는 데 모든 노력을 기울여야 한다."[48]

괴벨스는 관구 차원에서도 이러한 원칙에 따라 활동을 벌였다. 특히 그는 전단지 선전의 모델을 기획했다. 그는 〈나치당 강연 홍보를 위한 벽보 및 전단의 15종 기획 모델〉을 발행하여 나치당의 여러 조직들에 배포하였다.[49] 이 모델들은 히틀러가 "대가의 솜씨로 만든" 초안에 기초한 것인데,[50] 히틀러 역시 선전 활동이 정치에서 지니는 핵심적 의미를 연구했으며, 그 당시 막 출간된 자신의 책에 이에 대해 쓰기도 하였다. 4월에는 괴벨스가 열병에 걸린 것처럼 몰두하며 써내려간, 북부 라인란트 관구의 이른바 〈소식지(Informationsbrief)〉가 처음 출간되었다.[51] 이것은 특히 당의 하위 그룹들을 대상으로 당의 원칙과 최신 소식을 담은 회

로카르노 조약(Pact of Locarno) 독일·프랑스·벨기에·영국·이탈리아가 서유럽의 평화를 상호 보장한 조약(1925년 12월 1일). 10월 16일 스위스 로카르노에서 발의해 12월 1일 런던에서 조인했다. 이 조약의 내용은 다음과 같다. ① 독일·벨기에·프랑스·영국·이탈리아 사이의 상호보장조약, ② 독일과 벨기에, 독일과 프랑스 사이의 중재 협정, ③ 국제연맹 규약 제16조에 명시된 규약 위반 국가에 대한 제재 조치를 연합국과 독일에 설명하는 문서, ④ 프랑스와 폴란드, 프랑스와 체코슬로바키아 사이의 보장 조약 등이다. 프랑스와 폴란드, 프랑스와 체코슬로바키아 사이에 체결된 조약은 도발하지 않은 공격에 대해서는 서로 지원해줄 것을 규정하고 있다. 로카르노 조약으로 연합국은 계획보다 5년 앞선 1930년 라인란트에서 철수했다.

람이었다.

괴벨스는 이 회람에서 민족주의자들과 결별하는 원인이 되었고 지금은 독일 북부 전역의 나치당에서 논란을 불러일으키고 있는 핵심 문제, 즉 민족주의와 사회주의 중 어느 편이 당 내부에서 우위를 차지해야 하는가도 다루었다. 엘버펠트의 당사에서는 이 때문에 분란이 일어나기까지 했다. 괴벨스, 그리고 카우프만이 사회주의에 확실한 우선권을 부여한 반면, 북부 라인란트 관구장인 리프케는 그와 반대되는 견해를 주장한 것으로 보인다. 괴벨스는 4월 중순 일기에 "그는 나의 급진주의가 마치 전염병이라도 되는 양 이를 갈고 있다. 그렇지만 그는 철저히 위장한 부르주아일 뿐이다. 이런 자들과는 혁명을 함께할 수 없다. 그리고 가장 심각한 것은 그가 히틀러를 내세운다는 점이다."라고 썼다. 몇 줄 더 내려오면 "아돌프 히틀러, 나는 당신에 대해 절망할 수 없습니다."라고 적었다.[52] 괴벨스는 리프케가 히틀러를 끌어들여 거짓말을 하고 있다고 생각했다. 괴벨스가 이어서 쓴 것에 따르면, 히틀러는 오히려 "계급투쟁을 지향하고 있다."는 것이다.[53]

리프케와의 끊임없는 갈등은 심각한 문제였다. 리프케는 사무장 괴벨스가 자신의 말을 정말로 믿고 있는 위험한 자라고 말했는데, 이는 괴벨스를 꿰뚫어본 것이었다. 또 한편으로 괴벨스는 여전히 경제적인 어려움에 시달리고 있었다. 넉넉하지 못한 당비에서 활동 수당으로 받는 몇 푼 안 되는 돈으로는 입에 풀칠하기도 어려웠다. 그래서 괴벨스는 근근이 살아가기도 힘들었고, 끊임없이 돈을 빌려야 했다. 그전에 자주 그랬던 것처럼 4월 말이 되자 드디어 더는 생활할 수 없는 지경에 이르렀다. 그는 '빌어먹을 돈'이 떨어져서 엘버펠트에서 활동을 중단해야 할 것 같다고 자포자기의 심경으로 썼다. 그렇지만 그런 와중에도 그는 과대망상에 가깝게 자신의 정치 활동을 미화하기를 잊지 않았다. 독일 민족은 "운명이 내려준 지도자들"을 모욕하고 비방하고 굶어죽게 하는 한 결코 구원

받을 수 없다는 것이다.[54]

그러나 괴벨스는 리프케가 자신과 카우프만을 출당시킬지도 모른다는 우려까지 하면서도[55] 결코 포기하지 않았다. 그는 그 "과격해진 부르주아"에 대항하여 나치즘이 대체 무엇을 위한 것인지를 놓고 토론을 벌였다. "단지 베르사유 조약을 파기하려는 것인가, 아니면 더 나아가 사회주의를 시작하려는 것인가?" 그에게 핵심적인 물음은 히틀러가 무엇을 염두에 두고 있는가였다. 물론 괴벨스는 히틀러의 생각이 자신과 같다고 믿었다. "성령강림절(기독교에서 부활절 후 50일이 되는 날. 오순절이라고도 한다)이 지난 후 2주째에 우리는 투명하게 알게 될 것이다."[56] 그 주에 바이마르에서 독일 북부 및 북서부의 관구장들이 회의를 열기로 되어 있기 때문이었다. 그러나 이 회의는 1925년 7월 12일에야 열렸다.[57]

괴벨스는 회의 전날 회의가 열리는 '에어홀룽스잘'이라는 술집에서 처음으로 히틀러를 만났다.[58] 오직 슐레스비히홀슈타인 관구장 힌리히 로제(Hinrich Lohse)의 기록에서만 언급되고 있는 이 관구장 회의에서, '총통'은 또 다시 많은 근본적 물음들에 명백한 답을 내놓지 않았고, 오직 그 자신이 이데올로기 자체라고 선언했다. 히틀러의 바이마르 연설에 깊은 감명을 받은 그레고어 슈트라서는 오로지 히틀러만이 이 정당의 동력이라고 말했다.[59] 괴벨스는 그곳에서 얼마나 열광했을 것인가. 그가 어떠한 반응을 보였는지는 전해지지 않지만, 바이마르에 다녀온 후에 더욱 굳건하게 '총통 각하'를 신봉했다는 것은 알려져 있다.

히틀러가 자신의 기대를 충족시켜주지 못할 때마다 괴벨스는 히틀러를 둘러싼 뮌헨의 심복들이 나쁜 영향을 끼쳤기 때문이라고 책임을 전가했다. 특히 독일노동자당 시절 히틀러의 동지였던 헤르만 에서(Hermann Esser, 1900~1981)가 히틀러에게 '악운'이라는 것이다.[60] 실제로 한 무리의 추종자들이 에서 때문에 당을 떠나기도 했는데, 이는 1923년까지 나치당 선전 책임자였으며 통제 불가능한 반유대주의자인에서가 성격 문제가 있었기 때문이다. 자신을 사소한 일들에 초연한 존재로 과시하려 했던 '총통 각하'는 일부러 이 일에 개입하지 않았고 그 대신 《나의 투쟁》 2권 저술에만 몰두하고 있었다. 이런 행동으로 히틀러는 당 내부에 퍼져 있던, 그리고 나중에 수백만 배로 널리 퍼져 나간 견해를 조장했다. 그것은 "총통 각하가 아시기만 하면."이라는 문장으로 표현할 수 있는 것이었다. 이러한 현상은 관구 사무장 괴벨스에게도 그대로 적용되었다. 이는 그가 히틀러와 단 둘이 두 시간만 이야기를 나눌 수 있다면 그를 '글러먹은 인간들'의 영향력에서 떼어내어 독일 북서부 사회주의자들의 편으로 끌어올 수 있다고 생각한 데서도 잘 드러난다.[61]

과격함 때문에 엘버펠트 관구 사무국의 동지들로부터 '로베스피에르'라고 불리던[62] 괴벨스는 히틀러를 심정적으로 가깝게 느낄수록, 점점 더 밉살맞은 리프케의 행동이 히틀러에 대한 충성을 위반하는 것이라고 판단하였다. 리프케는 1925년 4월 중순 뮌헨의 중앙당이 아닌 "개별 관구에 당원증 교부를 위탁하라."는 독일 북서부 관구장들의 제안에 합류했던 것이다.[63] 관구장들은 이러한 제안을 한 이유로 과도한 업무 부담과 독일 북서부 당 조직 건설이 상당히 진척되었다는 점을 들었다.[64] 뮌헨에서는 곧 '히틀러 씨'가 당원증 교부 업무를 뮌헨 사무국에서 전담하는 것을 매우 중시한다고 분명하게 밝혔지만[65] 리프케는 이 지시를 따르지 않았다.

오래전부터 괴벨스는 자신 아니면 리프케 둘 중 한 사람이 '쓰러져야 한다고 분명히 깨닫고 있었기에,[66] 당원증 교부 문제를 관구장 숙청의 좋은 기회로 삼았다. 리프케는 입당비 1마르크, 1회에 걸쳐 납부하는 자발적 헌금, 그리고 최소 50페니히의 월 당비 중 10페니히를 뮌헨에 전달하겠지만, 당원 명부는 뮌헨에 제출하지 않겠다고 밝혔다. 이러한 태도 때문에 괴벨스와 카우프만은 비교적 손쉽게 리프케에게 공금 횡령 혐의를 덮어씌울 수 있었다.

이런 일을 늘 예견하던 그레고어 슈트라서[67] 같은 동맹자들이 생겨났다. 음모가 진행되면서 조속히 조사 기한이 정해졌고 많은 시간을 들여 조사를 했지만 결국 아무것도 들추어내지 못했다. 조사가 끝날 때까지 관구장은 면직되었다. 그동안 '거의' 예전의 리하르트 플리스게스를 대신하게 된 친구 카우프만[68]과 함께 괴벨스는 임시로 관구장 대리를 맡았다. 그는 "리프케는 끝났다. 이제 우리가 새로운 일을 시작할 수 있게 되었다."[69]라고 흐뭇하게 생각했다. 괴벨스의 새로운 일은 뮌헨의 '총통'에게 북부 라인란트 관구 당 조직의 당원 수를 보고하여 자신의 무조건적 충성심을 보여주는 것으로 시작되었다.[70]

괴벨스는 그레고어 슈트라서의 계획 덕분에 좀 더 쉽게 히틀러에게 가까워질 수 있었다. 슈트라서는 당 지도부에서 에서의 '독재'에 맞서기 위해서라도 독일 북서부에서 나치당의 모든 세력을 조직화하여 결집하겠다고 결심하고 있었다. 그뿐 아니라 슈트라서는 '당의 정신적 지도 기구'로 〈국가사회주의 서한(Nationalsozialistische Briefe)〉을 발간하려 했다.[71] 1925년 8월 20일 그는 엘버펠트로 가서 자신의 추종자인 카우프만과 괴벨스와 이 문제를 의논했다.[72] 그리하여 슈트라서가 그 잡지의 발행을 맡고 괴벨스가 편집을 맡기로 하였다. 편집인 직책으로 월 150 마르크의 수입을 확보한[73] 괴벨스는 그 이유 때문에라도 매우 흡족해하며, 〈국가사회주의 서한〉은 "뮌헨의 노쇠한 높으신 분들에 맞서는 무기가 될 것이며 이를 통해 결국 히틀러에게 우리의 뜻을 관철시킬 수 있을 것"이라고 일기에 썼다.[74]

하겐에서 열린 9월 10일 집회에는 관구장들, 즉 포머른의 테오도어 팔렌(Theodor Vahlen, 1869~1945), 슐레스비히홀슈타인의 힌리히 로제, 베스트팔렌에서 온 전역 대위 프란츠 폰 페퍼(Franz von Pfeffer, 1888~?), 남부 라인란트의 로베르트 라이*, 그외에 하노버, 남부 하노버, 헤센나사우, 뤼네부르크 주, 광역 함부르크, 광역 베를린 등의 관구장들과 북부 라인란트 관구장 대리가 참석했다. 이 집회에서는 슈트라서 진영이 그들의 의도를 밀어붙이는 데 성공했다. '북서부 실무연합'을 설치하고 그 본부를 부퍼탈엘버펠트에 두기로 한 것이다. 괴벨스는 이 조직의 사무장이 되었고, 하겐 집회에는 불참한 슈트라서와 미리 합의한 대로, 〈국가사회주의 서한〉의 편집인도 맡게 되었다.

하겐 회의를 기사로 쓴 사람은 여기 참석한 고위 인사들의 전체적인 인상은 "그리 유쾌하지 않았고",75) 당 노선에 대한 그들의 생각이 서로 다르기 때문에 뮌헨의 히틀러 주변의 부패한 인사들과 그 반동적 정치사상에 대항하는 동맹으로 등장할 수 없다고 보았다. 그러나 괴벨스는 낙관적이었다. 그 기사에서 '날카로운 지성'을 갖추고 있으나 "첫눈에 보기에 그리 믿음을 주지 않는다."라고 묘사한76) 북부 라인란트 관구 대표 괴벨스는 히틀러가 "우리 쪽으로 기울려 하고 있다. 왜냐하면 그는 젊을 뿐 아니라 희생이 무엇인지 알고 있기 때문이다."라고 벌써부터 생각하고 있었다.77)

괴벨스는 1925년 9월 27일 뒤셀도르프 회의에서 북부 라인란트 관구 사무장으로 선출되었고, 카우프만은 관구장이 되었다.78) 뮌헨의 고위 인사들이 '보스'에게 괴벨스와 슈트라서를 모략하는 데 골몰해 있었기 때문에, 괴벨스는 히틀러가 자신들 쪽으로 기울 것이라는 기대가 지나친 것임을 금방 깨달았다. 그래서 그는 자신의 진심을 해명할 수 있는 대화를 학수고대했다. 그는 10월 말 이러한 기회를 얻을 수 있을 것으로 생각했다. 이때 히틀러가 독일 북서부를 순방할 계획이었던 것이다. 괴벨스는 그때까지 남은 시간을 이용하여 《나의 투쟁》을 연구하는 데 몰두했다. 그는 이 책의 많은 부분들에서 다름 아닌 바로 자신의 생각이 나타나고 있다고 느꼈다. 이를테면 순전히 다수 대중만을 중시하는 "마르크스주의라는 유대적 이론"은 '민족성'이나 '인종'의 중요성을 부인하기 때문에 인류의 생존 조건을 앗아간다거나,79) "유대적-마르크스주의적 도

전"에 맞서는 히틀러의 대응이 "거대한 민족 운동 가운데" 있고, "잔혹한 고난의 여신이 일깨운 인간의 열정과 영혼의 감수성이 화산처럼 폭발하는 가운데 있다."라는 부분이 그러했다.[80]

괴벨스는 히틀러의 책을 읽으면서 자신과 그 저자의 서로 다른 생각들은 짐짓 모른 체하기로 한 것 같다. 예컨대 러시아 문학과 그 속에 나타나는 '러시아의 영혼'을 좋아하는 괴벨스는 동부로 향하는 "독일의 새로운 행군"[81]이라는 '보스'의 견해에 동의할 수 없었다. 그리고 괴벨스에게 매우 중요한 사회 문제와 관련하여, 볼셰비즘이 러시아 민족주의를 계승한다는 그의 견해는 히틀러와 다른 것이었다.

괴벨스는 레닌이 그 어떤 차르(황제)보다 러시아 인민의 민족적 본능을 잘 이해했으며, 결코 독일 공산주의자들 같은 국제주의적 마르크스주의자가 아니었다고 생각했다. "레닌은 마르크스를 희생하고 그 대신 러시아에 자유를 주었다. 그러나 지금 저들은 마르크스를 위해 독일의 자유를 희생하고자 한다."[82] 괴벨스는 그 이유를 독일 공산주의 내부의 '유대인 지도부' 때문이라고 판단했다. 한때 자신을 '독일 공산주의자'라고 불렀던[83] 괴벨스는, 그에게는 '유대적'이라는 말과 동의어인 '국제주의적' 기반을 가지지 않는 한에서 볼셰비즘을 시시하였다. 이에 반해 부르주아 계급의 사상에 완전히 복무하는 히틀러는 볼셰비즘 자체를 거부

라이(Robert Ley, 1890~1945) 나치 정치가, 독일 노동조합의 대표. 1929년 프로이센 의회에 나치의 일원으로 들어갔고 1932년에는 바이마르공화국의 하원의원이 되었다. 히틀러가 정권을 잡은 뒤 독일 노동자 전선의 우두머리가 되었다. 민주노조를 제거하고 독일 노동조합을 히틀러를 지지하는 굳건한 조직으로 만들었으며, 전쟁 준비와 군국주의 체제에 기여할 수 있는 강력한 노동 조직을 건설했다. 2차 세계대전 당시 그는 전쟁 노역에 필요한 독일 노동자들과 외국 노동자들의 징집을 관리했다. 전쟁이 끝나갈 무렵 베르히테스가덴 근처의 산으로 도망갔으나 1945년 5월 16일 미군에 붙잡혔다. 자살을 시도했지만 실패하고 전범으로 기소되었으나, 기소된 23명의 다른 나치들과 함께 뉘른베르크 감옥에서 재판을 기다리던 중 자살했다.

하였고 슬라브 민족을 '열등 인간'이라고 단정했다. 그러나 1925년 가을 이러한 차이점들은 히틀러를 보는 괴벨스의 눈에 전혀 영향을 끼치지 못했다. 그것은 괴벨스가 이 책을 '흥미진진하게' 끝까지 읽고 나서도 "이 남자는 누구인가? 반은 평민이고 반은 신이다! 진정 그리스도인가, 아니면 단지 사도 요한인가?"[84]라고 물었다는 데서 다시 잘 나타난다.

11월 6일 브라운슈바이크에서 괴벨스가 히틀러를 두 번째 만났을 때에도 강령은 전혀 중요하지 않았다. 오히려 괴벨스는 '보스'의 마력에 완전히 굴복하고 말았다. "우리는 자동차를 타고 히틀러에게 갔다. …… 그는 곧 자리에서 벌떡 일어났다. 그가 우리 앞에 서 있었다. 그리고 나와 악수를 했다. 마치 오랜 친구처럼. 그 크고 파란 눈. 마치 별과 같이. 그는 나를 만나 기쁘다고 했다. 나는 아주 행복했다."[85] 괴벨스는 히틀러의 외모, 그의 태도, 말하는 방식만 관찰했고 이를 "기지, 아이러니, 유머, 신랄함이 있는, 진지함이 있는, 타오르는 격정과 정열이 있는"이라고 표현했다. 그날 괴벨스는 일기에 이렇게 썼다. "이 남자는 왕이 되는 데 필요한 덕목을 남김없이 갖추었다. 타고난 호민관이며, 떠오르는 독재관이다."

두 사람은 그로부터 2주일도 지나지 않아 플라우엔에서 열린 나치당 시위에서 해후했다. 괴벨스는 주의 깊게도 히틀러가 자신에게 다시 '오랜 벗처럼' 인사를 했다고 관찰하고 있다. 히틀러는 그 왜소하고 다리가 불편한 남자가 슈트라서 진영의 이데올로그이자 뛰어난 선전가라는 사실뿐 아니라, 스스로 어떤 높은 힘의 대리인이라고 자처하는 '보스'에게 누구보다도 열광하고 있음을 곧 깨달았을 것이다. 히틀러는 괴벨스의 비위를 맞추면서 "애정을 쏟았으며", 괴벨스는 곧 격렬한 애정으로 감사를 표현했다. "나는 그를 얼마나 사랑하는지."[86] 그때 괴벨스에게는 히틀러의 친구가 되고 싶은 마음밖에 없었다.[87] 몇 달이 지나 괴벨스는 플라우엔의 만남을 묘사하며, 자유의 의지를 인격 속에 체현하는 한 남자 뒤에

1924년 란츠베르크 요새에 투옥되어 있을 때의 아돌프 히틀러. 1925년 7월과 11월 두 차례에 걸쳐 히틀러를 만난 괴벨스는 그에게 매료당했다. 괴벨스는 히틀러를 만나기 전부터 이미 자신이 잘 알지 못하는 히틀러를 "우리의 신앙과 이념의 체현"이라고 열광적으로 찬양했다.

서 있음으로 말미암아 "영혼의 가장 깊은 곳에서부터" "지복(至福)"을 느꼈다고 썼다. "그때까지 당신은 내게 지도자였습니다. 그러나 그때 당신은 내게 벗이 되었습니다. 내가 공동의 이념 아래 끝까지 뭉쳐 있다고 느끼는 친구이자 스승이 되었습니다."[88]

괴벨스는 '보스'의 사진을 짐에 넣고 그의 "라인란트에 전하는 안부 인사"를 귓속에 담은 채로, 플라우엔에서 하노버로 향했다. 그곳에서는 히틀러의 '명시적 허가'를 받아 1925년 11월 22일 '북서부 실무연합'이 공식 출범할 예정이었다.[89] 그 조직의 구성원들은 규약 12조에 따라 "총통 아돌프 히틀러 아래 나치즘의 동지적 정신으로 봉사할" 의무를 지녔다.[90] 그리하여 나치당의 독일 북부 구역은 어느 정도 독립성을 지니게 되었다. 그렇지만 히틀러의 지도 권한은 전혀 침해받지 않았다.

하노버에 모인 관구장과 당 간부들은 미래 정치 노선의 논쟁적 문제와 관련하여 빠른 시일 내에 정강을 확정하자는 데 의견을 모았다. 그레고어 슈트라서는 이미 '나치즘의 근본 문제들'을 다룬 포괄적인 초안을 작성해 둔 상태였고, 이를 하노버 회의가 끝난 후 각 관구장들에게 우편으로 보냈다. 그리고 슈트라서의 초안을 "불충분하다"고 판단한 카우프만과 괴벨스에게는[91] 12월 중순까지 상세한 정강 초안을 제출하라는 임무가 주어졌다. 1926년 1월 24일 하노버에서 열릴 새로운 회의에서는 이 모든 초안들과 입장들로부터 모두가 동의하는 정강 초안을 통과시킬 예정이었다.

괴벨스는 엘버펠트의 홀츠 거리에 있는 사무국에서 밤을 새우며 작업을 하여 1월 초에 초안을 마무리했다. 그러나 이 초안은 현재 남아 있지 않다. 그렇지만 그보다 약 2개월 전 그가 작성했던 〈나치즘의 ABC〉로 초안의 내용을 재구성해볼 수 있다.[92] 이에 따르면 나치당 정책의 목표는 "독일의 민족 동지 중 억압받는 계층들"의 '자유와 빵'을 위한 권리를 쟁취하는 것이다. "한 민족이고자 한다면 그중에서 억압받는 계층에게 정치적 자립성, 자유와 재산을 주어야 한다." 그리하여 그는 사유재산의 재구성과 제한을 위한 농업 혁명을 요구했고, 공업 부문, 즉 '생산적 자본'에서는 주요 기업들의 '국유화'를 추구했다.

그는 '나치 독일의 자유'에 주적은 '증권 자본주의'라고 생각했다. "증권 자본은 생산적 자본이 아니라 기생적이고 탐욕적인 자본이다. 그것은 땅을 딛고 선 것이 아니라, 고향을 잃고 국제적이 되었다. 증권 자본의 활동은 생산적이지 않으며, 단지 이윤을 끌어내려는 목적에서 생산의 통상적 과정에 개입할 뿐이다. 그 자본은 유동 가치, 즉 현금으로 존재하며, 주된 주체는 유대인 금융 자본이다. 이들은 생산하는 대중을 자신들을 위해 일하게 하고 이를 통해 노동의 이윤을 자기 주머니에 쑤셔 넣는다." 의회 민주주의 체제라는 '간판'을 내건 '증권 자본'은 마르크스주의 지도자들과 손을 잡는데, 이는 이들이 유대 인종이라는 동일한 뿌리를 가졌기 때문이다. 이 둘이 독일의 자유를 막는 주적이다. 나치는 이들에 맞서 '백병전'을 벌이려 한다.

괴벨스는 일기에서 이 정강 때문에 아마도 '실무연합'과 '치열한 투쟁'을 벌여야 할 것이라고 썼다. "그러나 나에 대항하여 심각한 반대를 할 수는 없을 것이다. 나는 이미 가능한 모든 반대 의견들을 깊이 생각해 보았다."[93] 그가 이러한 노력이 필요하다고 여긴 것은 무엇보다도, 핵심적인 여러 문제에서 자신과 비슷한 생각을 가진 그레고어 슈트라서가 초안을 관구장들에게 배포한 후 그들로부터 격렬한 성토를 받았기 때문이었다.[94] 괴벨스는 자신의 혼란스러운 사회주의적 이념 이외에도 특히 외교 정책의 견해들이 관구장들에게 동의를 얻기 힘들 것임을 알고 있었다.

12월에 아르투어 밀러 판 덴 브루크*의 '예언적 전망'인 《제3제국》을 읽기 시작한[95] 괴벨스는 미래 나치 독일의 서방 지향을 단념했다. 그는 젊은 대학생 시절부터, 러시아 극작가들을 받아들이면서 러시아 민족의 본질이 독일과 닮아 있음을 깨달았다고 주장했다. 러시아 문학에도 인간 존재를 둘러싼 근본 물음이 나타나 있다는 것이다. 그는 1924년 〈민족의 자유〉 편집인으로 오늘날 러시아에서는 독일에서와 마찬가지로 "위대한 민족적 정화를 위한" 투쟁이 벌어지고 있다고 썼다. 그는 러시아가 "언젠가 자신들의 최대 사상가 도스토예프스키의 정신 속에서 깨어나게 될 것"을 확신하였다. 이때 괴벨스는 "유대인의 국제주의에서 해방된" 러시아, "물질주의를 영영 거부하고" "사회주의적 민족국가"를 쟁취할 러시아를 생각하고 있었다. 그는 〈국가사회주의 서한〉에서 러시아는 "서방의 악마적 유혹과 부패에 대적하는 우리의 타고난 동맹자"이기 때문에 독일과 함께 이 길을 갈 것이고 독일의 모범이 될 것이라는 논리를 펼쳤다.[96]

  독일 북부 관구장들이 당의 향후 정강을 토의하려고 1926년 1월 24일 하노버에서 회합했을 때 '실무연합'의 사무장 괴벨스는 예상대로 외교정책의 견해 때문에 신랄한 비판을 받았다. 괴벨스가 '지나치게' 과격하다고 느낀 그 공격의 선봉에 선 사람들 중 하나는 뮌헨에서 온 고트프리트 페더였다. 괴벨스는 페더를 경멸조로 '농노'라거나 "출세한 똥 덩어리"[97] 등으로 불렀다. 끝이 보이지 않는 토론 끝에 마침내 괴벨스는, 그가 일기에 과장해 쓴 것처럼, "퍼붓기 시작했다." "러시아, 독일, 서방 자본, 볼셰비즘, 나는 반 시간, 아니 한 시간 내내 연설했다. 모두 숨도 쉬지 못하는 긴장 속에서 내 말을 경청했다. 그리고 우레 같은 갈채가 쏟아졌다. 우리가 이겼다. …… 끝났다. 슈트라서가 내 손을 잡고 흔들었다. 페더는 왜소하고 추해 보였다."[98]

  물론 그 회의에서 실제로 그렇게 대승을 거둔 것은 아니었다. 왜냐하면 하노버에서 페더가 작성한 25개 조항의 정강을 이후 개정 작업의 자료로 만장일치로 선언했기 때문이다. 이외에도 하노버에서는 1926년 3월 1일을 기하여 '실무연합'의 북부 지역을 위한 신문을 발간하기로 결정했다. 이를 위해 캄프 출판사를 설립하고 거기서 발행하는 신문 〈민족적 사회주의자(Der Nationale Sozialist)〉는 그레고어 슈트라서가 편집인 자리를 맡기로 하였다.

또 이 회의에서는 논란이 되고 있는 영주 보상금(바이마르공화국 수립으로 퇴위한 영주들에 대한 보상금) 문제도 결의안이 통과되었다. 제국의회에서 사회민주주의와 공산주의 진영은 왕들과 영주들의 가문에 무상몰수 조처를 취하여 그들의 재산을 공화국에 넘겨야 하는지를 두고 국민투표를 실시하자는 제안을 내놓았다. 이 제안에 관심을 보인 것은 좌파 여론만이 아니었다. 중간계층은 영주들이 보상금을 받는 것을 보고 울분을 터뜨리고 있었다. 제국정부는 전시공채(전쟁 시기에 국가가 군사비 지출을 위해 모집하는 공채)에 협조했던 서민 연금생활자 대부분에 대한 보상을 거부하고 있었던 것이다. 예상대로 하노버에서 통과된 결의안에서는 특히 뮌헨의 나치가 찬성하고 있는 보상을 반대한다는 입장을 밝혔다. 그러나 불필요하게 갈등이 격화되지 않도록 하기 위하여, 중앙당의 결정에 미리 개입하려는 것은 아니라는 점을 결의안에서 밝혔다.[99)] 그

뮐러 판 덴 브루크(Arthur Moeller van den Bruck, 1876~1925) 저서인 《제3제국(Das Dritte Reich)》(1923)의 제목이 그대로 나치 독일의 별칭이 되었다. 20세기 초 병역을 피해 독일을 떠나 프랑스·이탈리아·스칸디나비아에서 살았다. 외국에 머무는 동안 집필한 《독일 민족 (Die Deutschen)》(8권, 1904~1910)이라는 역사학 저서에서 심리학적인 유형(우유부단형, 몽상형, 단호형 등)에 따라 독일 민족을 나누었다. 제1차 세계대전이 일어나자 독일로 돌아갔으며 전쟁이 끝난 뒤에는 정치 영역에서 독일의 문화적 빈곤이라는 문제를 해결할 방법을 찾기 시작했다. '서유럽 문명'(뮐러의 생각에 따르면 계몽적인 합리주의와 그 정치적 표현인 자유주의와 사회주의)이 '진정한 문화'를 파괴한다고 보고 조국을 현대 산업사회의 붕괴와 천박함으로부터 구한다는 독일 민족의 새로운 신념을 찾기 시작했다. 그는 일종의 정서장애로 고생했으며 독일의 역사적 과정에 절망한 나머지 자살한 것으로 추정된다. 나치 당국은 뮐러가 나치의 선구자라는 사실을 부인했으나, 그의 사상은 독일에 국가사회주의(나치즘)가 수용될 수 있는 환경을 만드는 데 상당한 역할을 했다.

외에도 영주 보상금 문제는 "우리 당의 근본적 이해관계에 관련된 문제는 아니다."라고 밝혔다.

이러한 점에서 하노버 회합은 그레고어 슈트라서의 동생 오토 슈트라서*가 2차 세계대전 후 유포한 것처럼, 히틀러에 대한 '도전'은 아니었다. 그리고 괴벨스가 뮌헨측의 생각과 반대로 자신은 철저히 거부하고 있는 영주 보상금 문제 토론 도중 "몹시 흥분하였으며", "날카로운 조롱과 함께" "히틀러 씨"의 출당을 요구했다는[100] 오토 슈트라서의 후일담도 마찬가지로 옳지 않다. 오히려 그 반대였다. 크리스마스 때 히틀러는 괴벨스에게 자신의 저서 가죽 장정본을 보냈고 괴벨스는 이를 '최고의 크리스마스 선물'이라고 말했다. 더구나 그 책에는 괴벨스의 '모범적 투쟁'을 높이 평가한다는 저자의 헌사까지 들어 있었다. 2월 초 히틀러는 개인적인 편지를 보내 타인의 인정에 몹시 민감한 괴벨스에게 '커다란 기쁨'을 선사했다. "황홀감에 휩싸인" 괴벨스는 '그분의' 사진들을 벽에 걸어놓았는데,[101] 이는 예전에 그리스도나 성모 마리아 그림들을 걸어놓았던 것과 마찬가지였다.[102]

괴벨스는 숭배와 열광으로 '히틀러 각하'와 결합해 있었기에, 자신이 히틀러를 상상하는 대로 그를 결국에는 사회주의로 끌어들일 수 있다고 생각하고 있었다. 한편 히틀러는 "현재 거론되고 있는 주요 현안들에 대하여 입장을 취하기 위해"[103] 밤베르크에서 열리는 간부 회의에 괴벨스를 초대했다. 그레고어 슈트라서는 2월 10일 괴벨스에게 그들 진영에 가까워진 한 동지의 이야기를 해주었고, 괴벨스는 이 이야기를 듣고 더욱

오토 슈트라서(Otto Strasser, 1897~1974) 1925년 나치당에 입당해, 형인 그레고어 슈트라서와 함께 당의 좌파를 이루었다. 1930년 나치당에서 탈당해 혁명적 전사 투쟁단인 '흑색 전선'을 결성했다. 히틀러 집권 후 1934년에 형인 그레고어가 숙청되었을 때 간신히 캐나다로 망명했다. 이후 1955년 독일로 돌아와 정계 복귀를 꾀했지만 성공하지 못했다.

1925년 11월에 공식 출범한 나치당 '북서부 실무연합' 집회. 슈트라서 진영이 주도한 이 조직에서 괴벨스는 사무장을 맡았다. 사진 왼쪽에서 오른쪽으로 요제프 바그너, 그레고어 슈트라서, 괴벨스, 돌격대장 빅토르 루체이다.

더 낙관적이 되었다.[104] 괴벨스는 일기에 다음과 같이 썼다. "우리는 밤베르크에서 끼디로운 미녀 역할을 할 것이고 히틀러를 우리 영역으로 유혹할 것이다. 나는 모든 도시들에서 우리의 사회주의 정신이 진군하는 것을 바라보며 커다란 기쁨을 느낀다. 이제 뮌헨을 신봉하는 자들은 없다. 엘버펠트가 독일 사회주의의 메카가 되어야 한다."[105]

괴벨스가 1926년 2월 13일 밤베르크에서 회의 시작 전에 '작전 계획'을 세우려고 슈트라서를 만났을 때,[106] 두 사람은 여전히 "좋은 기분"이었다. 그들은 히틀러가 바로 그들의 반대자가 될 것임을 예상하지 못하고 있었다. 히틀러는 페더에게서 하노버에서 열렸던 '실무연합' 회의 내용을 보고받았다.[107] 영주 보상금에 대한 하노버 회의의 결정은 부르주아 계급과 실업계를 끌어들이려는 히틀러의 노력에 찬물을 끼얹는 것이었다. 그리고 히틀러는 향후 당 정강에 대한 논의에 대해서도 거부하는 입장이었는데, 이러한 정강이 그를 구속하고 운동 '지도자'의 전권을 제한할 것이기 때문이었다.

'실무연합'으로 말미암은 나치당의 변화를 교정하는 데 필요한 여건을 만들기 위해, 히틀러는 갑작스럽게 밤베르크 회의 일정을 잡았을 뿐 아니라 회의 안건의 정확한 정보를 혼자 간직하고 있었다. 일정이 갑자기 잡혔기 때문에 '실무연합'의 저명한 관구장들, 예를 들어 정책 입안자이자 나중에 남부 하노버 및 괴팅겐의 관구장이 되는 루돌프 하제(Ludolf Haase), 루르의 관구장 겸 돌격대장인 프란츠 폰 페퍼 대위 등이 참석할 수 없었고, 그 결과 제국의회 및 주 의회 의원들까지 가세하여 더욱 힘을 얻은 독일 남부 관구장들이 약 60명의 참석자 중 다수를 차지하였다. 독일 북부 관구장들의 '실무연합'은 그럭저럭 간신히 대표자들을 보낼 수는 있었지만, 영주 보상금과 정강 수정과 관련하여 주장을 펼 수 있는 사람은 결국 그레고어 슈트라서와 괴벨스밖에 없었다.

밤베르크 간부 회의는 2월 14일 히틀러의 "주요 현안들과 관련하여 나치즘의 입장에 대한 지도적 이론"을 시작으로 개막되었다.[108] 히틀러는 몇 시간 동안 힘주어 연설했고 기진맥진하여 연설을 마쳤다. 그가 괴벨스와 그 친구들이 했던 일들에 대해 거의 대부분 비판을 가했을 때, 괴벨스는 "한 방 맞은 것 같았다. 히틀러는 누구인가? 반동인가? 그야말로 조야하고 불안했다. 러시아 문제에 대해서는 완벽하게 그릇되었다. 이탈리아와 영국이 틀림없는 동맹국이라고? 끔찍하다! 우리의 과제는 볼셰비즘을 붕괴시키는 것이라고? 볼셰비즘은 유대인의 계략이라고? 우리는 러시아를 계승해야 한다. 1억 8천만!!! 영주 보상금! 법은 법이고 이는 영주에게도 해당된다는 것이다. 사적 소유의 문제는 흔들려서는 안 된다는 것이다! 끔찍하다!"[109]

히틀러의 연설에 한 방 맞은 것은 그레고어 슈트라서도 마찬가지였다.

이제 그가 연단에 나섰다. 그는 "더듬더듬 떨면서 서투르게" 이야기했고, 독일 남부의 히틀러 추종자들은 계속 야유를 보내며 연설을 방해했다. 이제 모두가 연설을 잘하는 작달막한 박사님, 밤베르크 회의에서 '라인란트의 나치즘 선구자'[110]라고 소개된 괴벨스를 기다리게 되었다. 그러나 괴벨스는 침묵을 지켜 슈트라서와 다른 독일 북부 사람들을 놀라게 했다. 괴벨스를 슈트라서 진영으로부터 분리해내려는 '총통'의 전술이 적절한 순간에 최초의 중요한 성공을 거둔 것이었다. 나치당의 미래 노선을 결정하고 엘버펠트를 '사회주의의 메카'로 만들려던 '실무연합'의 시도가 지도자 원리, 즉 무조건적인 복종과 전권 부여에 대한 히틀러의 요구에 막혀 실패로 돌아간 데에는 괴벨스의 침묵이 크게 기여했다.

괴벨스가 밤베르크에서 입을 다문 것은 히틀러와 그의 역사적 사명에 대한 믿음이 자신의 사회주의적 사상보다 더 강했기 때문이다. 그 자신이 《미하엘》에서 무엇을 믿느냐가 중요하기보다는 무엇인가를 믿는다는 사실 자체가 중요하다고 쓰지 않았던가. 그에게 믿음은 '인간 협잡꾼'들로 더럽혀진 이 세계에서 살아남기 위한 열쇠였고 히틀러는 이러한 믿음의 화신이 되었기 때문에, 괴벨스는 비록 자신의 정치적 신조는 양보하더라도 '총통 각하'는 양보할 수 없었던 것이다. 그가 방금 경험한 사건에 대하여 격정적으로 "그의 생애에 있어 최대의 실망" 중 하나라고 커다란 의미를 부여했으며 엘버펠트로 돌아오는 한밤의 열차 여행 도중에는 심지어 히틀러를 "더는 완벽하게" 믿지 않게 된 것처럼 보였지만, 그럼에도 불구하고 괴벨스는 히틀러를 추종하였다.[111]

'참혹한 밤'이 지나고 아침이 밝아오기도 전에 괴벨스는 다시 히틀러가 뮌헨의 측근 인사들에게 희생된 것으로 여기게 되었다. 괴벨스는 자기 방어를 위하여 자신을 속이기까지 하면서, 히틀러는 "그 아래의 쓰레기 같은 인간들에게 얽매여서는 안 된다."라고 일기에 썼다. 그리하여 괴벨스는 이러한 생각으로부터 귀결되는 결론에 도달했다. 즉 그는 그레고어 슈트라서와 카우프만에게 함께 히틀러에게 가서 "긴급하게 그와 이야기할 것"을 제안하기로 했다.[112] 그러나 이 생각은 실현되지 않았다. 괴벨스는 다시 한 번 실망을 느낄 것이 두려웠던 것이다.

그리하여 일단은 변한 것은 하나도 없었다. 괴벨스는 슈트라서 진영에 서 있었는데, 슈트라서는 남몰래 자신의 패배를 인정했고 '지도자로서' 히틀러의 무제한적 권위를 침해하지 않으려 했다. 밤베르크 회의 후 그 니더바이에른 사람 슈트라서가 〈국가사회주의 서한〉에 실은 첫 번째 논설은 송시(頌詩)에 가까웠다. 그는 이 글에서 '우리의 지도자 아돌프 히틀러'를 "민족적 사회주의의 씨 뿌리는 사람"으로 추어올렸고, 히틀러가 "그의 이념의 힘을 연설의 힘과 인격의 위대함을 통하여 독일 전역에 퍼뜨렸다"고 찬양했다.[113] 괴벨스는 '보스'는 역시 '사나이'라고 말했다.[114] 그렇지만 '실무연합'과 뮌헨 그룹이 히틀러의 신임을 둘러싸고 벌인 투쟁은 아직 끝나지 않았다. 북독일인들이 1926년 2월 21일 한 번 더 '가장 중요한 문제' 때문에 하노버에서 회합했을 때 그 협의의 결과는 다음과 같았다. "강해지도록 한다. 뮌헨의 그자들이 승리를 거두더라도 많은 희생을 치르도록 하자. 일을 하고 강해지자. 그리고 사회주의를 위해 싸우자."[115]

괴벨스와 슈트라서는 밤베르크에서 돌아온 지 며칠 만에 이미 패배한 투쟁을 다시 시작했다. 그들의 적은 〈민족의 파수꾼〉 편집인인 발트 지역 출신의 알프레트 로젠베르크,* 그리고 무엇보다도 당 정책 입안자인 고트프리트 페더였다. 슈트라서는 자신의 당 강령 초안에 대한 페더의 논평 때문에 '지금까지의 신뢰 관계'를 중단해야만 하게 되었다고 페더에게 전달했다.[116] 그와 동시에 '박사'는 엘버펠트의 사무국을 대표하여, 3월 초 에센에서 열리는 차기 전당대회에서 페더가 "나치 운동의 강령적 기초에 대한" 연설을 "회의 말미에 30분 이내로 끝내는 것에 만족하지 않는다면" 이 연설을 일정에서 제외하겠다고 알렸다. 페더는 이러한 전갈에 대해 "노골적으로 무례한 대접"이라고 느꼈는데, 이는 제대로 본 것이었다. 페더는 히틀러에게 전보를 보냈고 히틀러는 "무슨 일이 있어도 에센으로 갈 것"[117]을 명령했다. 히틀러로부터 당 강령의 수호자 역할을 맡은 페더가 실무연합 간부들과 벌이는 투쟁은 전적으로 히틀러의 의도에 따른 것이었다. 이를 통해 히틀러 자신은 당 강령을 둘러싼 논쟁에서 초연할 수 있었던 것이다.

 게다가 히틀러는 당 강령과 관련된 문제들에서 괴벨스를 자신의 편으로 끌어들이려고 가능한 모든 기회를 활용하였다. 4월 8일 히틀러는 괴벨스, 카우프만, 페퍼를 뮌헨으로 초청했다. 이 세 사람은 막 끝난 에센 전당대회에서 북부 라인란트 관구와 베스트팔렌 관구의 통합으로 탄생한 루르 대관구를 동등한 자격으로 이끌게 되었던 것이다.[118] 히틀러의 연극은 뮌헨 중앙역에서부터 시작되었다. 그들이 기차에서 내리자 히틀러의 크롬 빛깔의 벤츠 콤프레서 승용차가 기다리고 있었다. 그들은 이자르 강변의 대도시 뮌헨을 가로지르는 도중 '괴벨스 박사'의 뷔르거브로이 맥주홀 연설을 알리는 '엄청난 크기의 포스터들'이 붙은 광고탑들을 보았다. 다음날 아침 히틀러가 그들을 방문했다. "15분 후 그가 나타났다. 키가 크고 건강히고 생동감에 넘쳤다. 나는 그를 좋아한다."라고 괴벨스는 일기장에 적었다. 다음날 저녁, 안카 슈탈헤름에 대한 쓰디쓴

....
로젠베르크(Alfred Rosenberg, 1893~1946) 나치의 이론적 지도자 중 한 사람. 구두 수선공의 아들로 태어났으며, 1917년까지 모스크바에서 건축을 공부하다가 1919년 뮌헨에서 나치당의 전신인 독일노동자당에 입당했다. 1923년부터 〈민족의 파수꾼〉 편집장으로 일했으며, 1930년부터는 월간 〈국가사회주의〉 주필로 활동했다. 1923년 히틀러의 뮌헨 봉기에 참가했던 그는 《독일 외교정책의 방향》을 집필하여 폴란드와 소련 정복을 주장했고, 1930년 저술한 《20세기의 신화》에서는 독일 민족의 순수성을 장황하게 늘어놓았다. 1933년 당 외교정책국장이 되었고, 1941년 이후에는 동부 점령지역 장관으로 있었으나 당내 영향력은 크게 줄어들었다. 2차 세계대전이 끝난 후 1946년 전범으로 사형되었다.

기억으로 몇 시간을 보내고 나서, 그 왜소한 남자는 두근거리는 가슴으로 담배 연기 자욱한 뷔르거브로이 맥주홀에 절룩거리며 들어섰다. "그리고 나는 2시간 반 동안 연설을 했다. 나는 가진 것을 모두 주었다. 사람들은 열광하고 소리를 질러댔다. 마지막에 히틀러가 나를 포옹했다. 그의 눈에는 눈물이 어려 있었다. 나는 행복했다."

히틀러는 식사 후 그와 단둘이 앉아 당내 분쟁에 대해 이야기를 꺼내 불평을 무더기로 털어놓았는데, 이 자리에서 카우프만이 '힐난'을 받았고 괴벨스도 "겨우 빠져 나올 수 있었다." 그럼에도 불구하고 괴벨스는 히틀러를 '사나이'라고 보았다. '마이스터'는 훈계를 마치고 나서 다시 몇 시간 동안 당 정책에 대한 자신의 생각을 설명했다. 그는 "우리를 삼키려는" 소련에 대하여, 자연스럽게 독일의 동맹국이 될 영국과 이탈리아에 대해, 그리고 괴벨스가 그렇게 중시하는 사회 문제에 대해 이야기했다. 사회 문제에서 히틀러는 손님의 견해에 접근했는데, 물론 이는 진지한 의미는 아니었다. 히틀러는 '집단주의와 개인주의의 혼합'을 지지했다. "생산 분야, 거기서는 창조적이고 개인주의적으로. 콘체른(konzern, 법률적으로 독립해 있는 몇 개의 기업이 출자 등의 자본적 연휴를 기초로 하는 지배·종속 관계에 의해 형성되는 기업결합체), 트러스트(trust, 동일 산업 부문에서 자본의 결합을 축으로 한 기업합병), 최종 생산, 교통 등은 사회주의화." 괴벨스는 히틀러의 설명을 곧 '탁월하고' '설득력 있다'고 느꼈다. 그러나 어차피 괴벨스는 오래전부터 '더 위대한 자, 정치적 천재' 앞에서 고개를 숙일 준비가 되어 있었다.

그 후 며칠 동안 괴벨스는 몇 차례 더 히틀러와 만났다. 그들은 총통의 연인 겔리 라우발*과 함께 저녁을 먹으며 독일의 향후 외교 노선에 대해 거듭 토의했다. 괴벨스는 히틀러가 '러시아 문제'를 아직 완전히 깨닫지 못했다고 믿었지만, 그럼에도 불구하고 히틀러의 논증이 '설득력 있다'고 생각했다.[119] 마침내 두 사람은 벤츠를 타고 슈투트가르트까지 가서 이야기를 나누었다. 괴벨스는 히틀러가 자신을 찬양하고 포용했으며 "그 누구보다도" 가슴에 받아들였다고 추측했다. 괴벨스는 심지어 그 '보스'의 37살 생일 잔치에도 참가할 수 있었는데, 히틀러는 거기에서 펠트헤른할레의 진군(1923년 11월 8일의 뮌헨 쿠데타. 당시 히틀러와 추종자들은 펠트헤른할레 기념관 근처에서 경찰과 충돌했다)에 대한 추억에 깊이 빠져들었다.[120]

괴벨스는 이 남자와 함께 '마르크스주의와 증권시장'에 대항하는 '최후의 위대한 전투'를 진행하고자 했는데, 이는 "우리에게 승리 아니면 몰락을 가져올 전투"라는 것이었다.[121] 제3제국의 더 나은 미래라는, 증오에서 출발하는 메시지를 사람들에게 선포하기 위하여 1926년 독일을 이리저리 오가던 이 선동가는 이제 자신을 이러한 전투의 계획과 실행에서 중심적 인물로 생각했다. 그는 방금 히틀러와 함께 체험한 느낌에서 벗어나지 못한 채, 자칭 "돌풍과 같은" 〈총참모부〉라는 글을 썼는데, 여기에서 바로 자신이 '총참모부'에 속한 자라고 보고 있다. 그 논설에서 괴벨스는 이렇게 썼다.

당신 주변에 단결된 조직이 있습니다. 그 소직은 당신이 사유와 형상을 통하여 우리를 형언할 수 없는 궁극적인 그 무엇에 결합시키는 이념의 담지자라고 생각합니다. 절망과 고통을 가로질러 그 무시무시한 길을 끝까지 기꺼이 걸어가려는 미래의 군단입니다. 그리고 모든 것이 부서지는 날이 올 것입니다. 그러나 우리는 부서지지 않습니다. 당신 주변의 폭도들이 분노하고 이를 갈며 "이자를 십자가에 매달아라."라고 으르렁대는 그런 날이 올 것입니

....

라우발(Geli Raubal, 1908~1931) 히틀러의 의붓누이이자 가사 관리인인 안젤라 히틀러의 딸이었다. 히틀러는 조카인 라우발과 연인 사이로 발전했고, 그들의 관계는 스캔들을 불러일으켰다. 그녀는 1931년 히틀러와 다투고 나서 자살했다.

다. 그때 우리는 강철처럼 버티고 서서 '호산나!'*를 외치고 노래할 것입니다. 당신의 주위에 죽음을 두려워하지 않는 최후의 진영이 둘러설 것입니다. 건실한 참모진, 강철 같은 자들, 그들은 독일이 죽는다면 자신도 더 살고자 하지 않을 것입니다.[122]

히틀러의 괴벨스에 대한, 잘 계산된 총애는 '보스'의 바로 주변에 있는 괴벨스의 적들의 불만과 시샘을 불러일으켰다. 페더는 1926년 3월 초까지 "그때까지 우리의 핵심 조직이 대표하는 정책에 정통으로 타격을 입히는, 극히 파렴치한" 괴벨스 논설을 보여주어 히틀러를 자극하고자 하였다. 그 논설은 밤베르크 회의 전에 〈국가사회주의 서한〉에 발표한 것이었다. 페더는 '실무연합' 사무장 괴벨스의 외교 정책 방향에 대하여 "공산주의 선동자이니, 달리 말할 수도 없었을 것"이라고 했다.[123] 페더는 그러한 내용들을 볼 때 괴벨스가 "공산주의자들이 대거 참가한 집회에서는 쉽게 언설을 할 수 있을 것"이지만 이제 나치는 아니라고 말하면서, 선동적 연설자로서 괴벨스의 명성을 깎아내리려 하였다.[124]

엘버펠트 사무국에서도 알력이 있었는데, 이는 그 몸집이 조그만 박사에 대한 '보스'의 애착이 시샘을 불러일으켰기 때문이라기보다는, 박사가 사회주의적 세계관의 정신 속에서 히틀러에게 영향을 미치려는 노력을 점점 게을리 하였기 때문이었다. 여전히 엘버펠트가 승리할 것이라고 이야기하던 괴벨스는 5월 초 카우프만의 '몰염치한 편지'를 한 통 받는데, 이 편지에서 카우프만은 괴벨스가 필수불가결한 완강함을 갖추지 못하고 있다고 비난하였다.[125] 그러나 그들의 불화의 '뇌관'은 서로 해명을 위한 대화를 통해 제거될 수 있었다.[126] 그러나 히틀러가 6월 중순 루르 대관구를 방문하고[127] 그 다음달 바이마르에서 전당대회가 열렸을 때,[128] 괴벨스는 그 만남들에서 당 강령의 문제를 언급하지 않았는데, 이는 그 당시의 긴장을 더욱 격화시켰다. 이제 카우프만뿐 아니라 슈트라서까지 괴벨스가 뮌헨과 히틀러 앞에 굴복했다고 비난했다. 이는 독일 북부의 나치들 사이에서 풍문을 타고 "요제프 괴벨스의 다마스커스(사울이 다마스커스로 가던 중 회심하고 바울로 개명한 사건에 빗댄 표현)"라는 말로 돌게 되었다.

괴벨스는 슈트라서와 카우프만에게 사신을 보내어, 그리고 나중에는 자신이 편집인을 맡고 있는 〈국가사회주의 서한〉에 공개적인 항변을 발표하여 스스로를 변호했다. 거기서 괴벨스는 당의 동료들이 이론에 얽매여 있으며 사실상 그들이 원하는 것이 무엇인지 전혀 알지 못한다고 비판했다. "현실적으로 가능한 지평에서 너무 멀리 벗어난 것들 때문에 머리를 쥐어짜지 말라! 그대들이 지킬 수 없는 것을 약속하지 말라! 미래의 낙원을 믿지 말고 '오로지' 그것을 위해 살 가치가 있는 그 과제만을 믿어라! 혁명의 현실주의자가 되어야 언젠가 정치의 현실주의자가 될 수 있다." 자신은 "비잔틴식의 전제주의 때문이 아니라" "왕관 앞에서 남자가 느끼는 그 유서 깊은 자부심"을 가지고 '총통' 앞에 굽혔다는 것이다.[129]

히틀러의 계산은 결실을 거두었다. 슈트라서 진영의 이데올로기적 칼날을 세거한 것이나. 이로써 묵녹일의 '실무연합'이 히틀러가 '불가침'이라고 선언한 페더의 '25개 조항'의 상투어들을 넘어서는 강령을 나치당에 제공하려던 시도는 무산되었고, '지도자 원리'로의 중대한 진전이 이루어졌다. 그레고어 슈트라서가 여전히 '보스'는 사회 정의가 구현된 새로운 독일이라는, 정식화되지 않은 이념에 대한 책무를 진다고 믿고 있

호산나(hosanna) '구하옵나니 이제 구원하소서'라는 뜻의 헤브라이어. 《구약성서》에는 여호와(야훼)께 구원을 구하는 짧은 기도로 등장하고, 《신약성서》에는 예수 그리스도의 예루살렘 입성과 관련하여 모두 6회 등장하는데, 모두 메시아를 열망하는 사람들이 예수를 메시아로 영접함을 보여준다. 여기서는 괴벨스가 히틀러를 메시아로 바라보고 있음을 보여준다.

었고 몇 년이 흐른 뒤에야 그가 적나라한 독재 앞에 무릎을 꿇었음을 알아차리게 된 반면, 괴벨스는 그 독재의 광신적 충복이 되었다. 슈트라서를 비롯한 수백만의 사람들에게 언젠가 본색을 드러냈던 바로 그것이 괴벨스에게는 여전히 신성한 것이었다. 왜냐하면 히틀러는 그에게는 "역사를 형성하는 신적인 의지의 도구"였기 때문이다.[130]

1926년 여름 괴벨스의 상상력이 어디까지 나아갔는지는 일기에 나타나는 많은 내용들이 증명하고 있다. 여기에서 괴벨스는 히틀러를 새로운 메시아로 우상화할 뿐 아니라, 기적과 자연 현상들과 결부시키고 있다. 예를 들어 괴벨스는 오버잘츠베르크 산*에 머물며 '총통 각하와 함께' 여러 차례 소풍을 나갔던 1926년 7월 말에 히틀러는 천재라고 기록했다.

나는 충격을 받은 채 그 앞에 서 있었다. 그는 그러했다. 마치 아이처럼, 사랑스럽고 선하고 자비로웠다. 마치 고양이처럼 교묘하고 영리하고 능숙하였고, 마치 으르렁대는 사자처럼 크고 위대했다. 사나이였다. 그는 국가에 대해 말했다. 오후에 국가의 획득과 정치 혁명의 의미에 대해 말했다. 내가 이미 품고 있지만 입 밖에 내지 않던 생각들이었다. 우리는 저녁 식사 후에도 내내 오랫동안 마리네하임의 정원에 앉아 있었다. 그는 새로운 국가를, 그리고 우리가 그 국가를 어떻게 쟁취할 수 있는지를 이야기했다. 그 말들은 예언처럼 들렸다. 저 위 하늘에서는 흰 구름이 하켄크로이츠 모양을 이루고 있었다. 하늘에 번뜩이는 빛이 보였는데, 그것은 별이 아니었다. 운명의 징후였던가? 우리는 늦게야 집으로 돌아갔다! 저기 멀리서 잘츠부르크의 불빛이 빛나고 있었다. 나는 행복했다. 이 삶은 살 만한 가치가 있다. '내 사명이 다할 때까지 내 머리가 모래 위를 뒹구는 일은 없을 것이다.' 그것이 그의 마지막 말이었다. 그는 그러했다! 그렇다, 그는 그러했다![131]

괴벨스는 물론 자기 자신도 '신적인 의지'의 도구로 보았다. 그래서 그는 또 다시 자신의 생각과는 다르게 히틀러에게 굴복해야 했다. 즉 1926년 6월부터 뮌헨의 당 지도부에서는 괴벨스를 베를린 관구장으로 파견하는 사안이 공공연하게 논의되었다. 슈트라서 측근인 베를린 관구장 에른스트 슐랑게(Ernst Schlange) 박사는, 당 지도부와 돌격대* 지도부가 돌이킬 수 없는 지경까지 내분을 일으켰기 때문에 그 직위를 그만두게 되었다. 몇 개월 동안 여러 차례 베를린에서 연설을 한 적이 있고 제국의회를 한 차례 방문한 적도 있었던 괴벨스는 처음에 이 계획을 탐탁지 않게 생각했다. 괴벨스는 "모두가 나를 구원자로 베를린에 보내려 한다. 나는 그 돌투성이 황야에 감사하게 생각한다."라고 적었다.[132] 그는 '보스'가 있는 뮌헨으로 가기를 훨씬 더 원했던 것이다.

베를린에서 괴벨스는 당원이 500명도 되지 않고 내분에 휩싸여 있는 당을 재조직하여 나치 운동을 발전시키는 과제를 안고 있었다. 히틀러는 당의 힘은 '당과 돌격대의 지역 활동가들'의 능력에 달려 있음을 알고 있

....

오버잘츠베르크 산 히틀러는 남독일 바이에른의 베르히테스가덴 근교 오버잘츠베르크 산에 있는 베르크호프 산장에 머무는 것을 좋아했다.
돌격대(Sturmabteilung, SA) 1921년 8월에 조직된 나치의 준(準) 군사조직으로 히틀러에게 충성을 바치면서도 1925년까지는 당으로부터 독립적이었다. 헤르만 괴링이 이끌던 돌격대는 1923년 히틀러의 뮌헨 폭동에 참가한 후 나치당과 함께 금지되었다. 1925년 2월 나치당 재건 이후 돌격대는 당에 편입되었고 1933년 초 대원 40만 명, 1934년에는 4백만 명을 거느리는 대중 조직으로 성장했다. 돌격대는 테러와 행진, 집회 등으로 이루어진 이른바 '거리의 지배'를 통해 나치당의 정치 선동을 보완했다. 히틀러는 1930년 스스로 최고 돌격대장(Oberster SA-Führer)이 되었고, 1931년 에른스트 룀을 돌격대 참모장(Stabschef der SA)으로 임명해 실질적 지휘를 맡겼다. 히틀러의 합법 노선에 실망한 돌격대 지도부가 이 노선에 공공연하게 불복함에 따라 나치당과 돌격대 사이의 긴장이 고조되었는데, 1933년 나치 집권 후 히틀러는 1934년 6월 룀 쿠데타를 통해 돌격대 지도부를 숙청했다. 그 후 돌격대는 대원 수가 격감하고 새로이 부상한 친위대에 비해 정치적 중요성을 잃게 되어, 제3제국 기간에 주로 입대 전 군사 훈련 및 선전 집회 행사 요원의 역할만을 담당했다.

었다. 히틀러가 괴벨스를 최적의 인물로 생각하고 그 자신의 관행과는 달리 외부인을 관구장으로 임명한 것은[133] 괴벨스가 자신을 맹목적으로 신봉하며, 뛰어난 언변을 갖추고 지칠 줄 모르고 일하는 지식인 활동가라고 생각했기 때문이다. 게다가 괴벨스는 사회주의적 견해를 지니고 있어 '붉은 베를린'(당시 베를린에서는 사회주의 세력이 강력했다)에 적절했고, 동시에 슈트라서의 라이벌로서 베를린에서 슈트라서의 영향력을 제한하는 역할을 할 것이었다. 즉 괴벨스는 히틀러가 제국 수도로 진출하고 이를 통해 집권으로 나아가는 길을 닦을 적임자였던 것이다.

괴벨스는 1926년 7월 3일과 4일 바이마르에서 열린 전당대회에서 그러한 계획들을 전달받고 베를린으로 갈 것을 처음으로 진지하게 고려했는데, 여기에는 점점 더 악화되고 있는 엘버펠트 사무국의 분위기도 영향을 끼쳤다.[134] 1926년 8월 말 당 지도부는 "4개월 시한으로 베를린 관구를 대리로 담당해줄 것"[135]을 공식 요청했다. 그로부터 3주 후 괴벨스는 현지에 가서 어쩌면 자신이 맡게 될지도 모르는 새로운 과제들에 대해 직접 들었다. 그는 자신의 보스가 하는 방식대로, 이미 옷을 벗은 관구장 슐랑게와 부관구장 에리히 슈미디케(Erich Schmiedicke)를 '접견'했다. "두 사람은 내가 오기를 원한다. 그렇다면 나는 가야 하는가, 가지 말아야 하는가?" 제국 수도에 밤이 오고 그가 몇몇 동지들과 거리를 어

....

메르커의 날(Märkertag) 메르커는 바이마르공화국 시기 폰 메르커 장군이 이끌었던 자유군단을 가리킨다. 1차 세계대전 후 독일에는 주로 참전 군인들과 실업자, 그밖의 불평분자들로 이루어진 자유군단이 1919년 봄과 여름에 급격히 생겨나 명칭, 규모, 등급이 다른 60개 이상의 군단이 있었다. 대부분의 자유군단은 국수주의적이고 극우적이었으며, 메르커 장군의 자유군단처럼 1919년 2월 소집된 국민의회를 보호하는 임무를 맡아 공화국을 지지한 경우도 있었으나, 공화국에 반기를 드는 경우도 많았다. 나치의 돌격대는 초창기에 대부분 자유군단 출신 군인들로 구성되었으며, 특히 라인하르트 하이드리히는 메르커 자유군단 출신이었다.

1926년 7월, 바이마르에서 열린 전당대회에서 '총통'의 곁에 있는 괴벨스. 이 무렵 괴벨스의 능력을 높이 산 히틀러는 괴벨스를 제국 수도 베를린 관구장에 임명한다.

슬렁거렸을 때 그는 경악을 금치 못했다. "한밤의 베를린. 죄악의 구렁텅이! 내가 그리로 뛰어들어야 한단 말인가?"[136) 그 다음날 그는 마음이 가라앉았다. 매력적인 여성의 안내로 그는 베를린을 벗어나 포츠담으로 갔다. 그는 상수시 궁전(프리드리히 2세의 설계에 따라 포츠담의 구릉에 세워진 궁전. 1745년 착공해 1747년에 완공)에서 "충격에 충격이 거듭되었다."라고 일기에 적었다. 그가 가르니송 교회에서 프리드리히 2세의 관 앞에 멈춰 섰을 때 이는 그의 생애에서 '위대한 순간' 중 하나였다. '역사의 숨결'을 느꼈다고 믿었기 때문이다.

관구장으로 베를린에 가야 하는가라는 문제에 대해서는, 히틀러의 운전사 에밀 모리스(Emil Maurice)로부터 총통이 그의 베를린 임무를 얼마나 중대하게 여기고 있는지에 대해 들었을 때 결정을 내린 것으로 보인다. 10월 9일과 10일 포츠담에서 첫 번째 메르커의 날* 행사를 거행하였던 제국 수도의 나치당에 다시 들르게 된 괴벨스는 베를린 비행선 공항 앞에 모여든 당 지지자들 앞에서 연설을 했다.[137] 물론 거기에서 그는 이미 내린 결정을 공개하지는 않았는데, 이는 부탁을 받는 입장을 즐기고 있었기 때문이다. 10월 16일 슈미디케는 괴벨스에게 보내는 편지에서, 포츠담에서 열린 메르커 자유의 날 행사 중에 "베를린 당원 모두가 얼마나 귀하를 베를린의 지도자로 모시고 싶어하는지" 분명히 느꼈을 것이라고 말했다. 이어서 부관구장은 이러한 염원은 괴벨스만이 베를린에서 조직을 공고하게 하고 나치 운동을 발전시킬 수 있는 유일한 적임자라는 굳건한 믿음에 근거한다고 말했다.[138]

엘버펠트에서는 괴벨스가 사회주의를 배반한 것이 입증되었다고 보았다. 괴벨스는 그곳을 떠나기 전에 사적인 문제들을 처리했다. 여기에는 엘제 얀케와의 관계도 포함되었다. 그는 스스로를 나치즘에 바치면 바칠수록, 유대인 어머니와 기독교인 아버지의 딸인 그녀를 등한시하게 되었다. 그렇지 않아도 그는 신체 장애 때문에 정적들에게 약점을 잡히고 있었던 것이다. 그가 어려움을 견뎌내도록 항상 격려하였고 그 옆에서 미래에 대해 공동의 계획을 세우곤 했던 그 젊은 여성에 대해[139] 괴벨스는 처음부터 자신의 정치 활동에 간여하지 못하도록 하였다. 괴벨스는 엘버펠트로 완전히 이사를 하고 나서 벤노라는 이름의 개를 한 마리 구했는데, 그는 인간에 대해 더 많이 알면 알수록 그 개를 "더 사랑하게" 되었노라고 말하기도 했다.[140] 괴벨스는 엘버펠트로 옮긴 뒤 처음에는 엘제 얀케를 여전히 자주 찾아갔다. 그러나 기차를 타고 집회를 따라다니게 된 이후로 그들의 만남은 점점 뜸해졌다. 그러면서 그들은 '인종 문제'로 다투게 되고 그 다툼은 그녀에게 심각한 치욕감을 주었다. 그렇지만 그들은 여전히 좋은 시간도 보냈는데, 괴벨스는 1926년 6월 어느 날 그러한 시간을 보낸 후 "그녀가 튀기(혼혈)만 아니라면" 결혼하고 싶다고 쓰기도 하였다.[141]

그는 가을이 되면서 그녀와 헤어지는 것을 피할 수 없다고 생각했다. 괴벨스는 "나의 가슴이 피를 흘린다."[142)]와 같은 미사여구를 동원하여 이러한 헤어짐을 사명을 위해 어쩔 수 없이 감수해야 하는 개인적인 희생으로 양식화했다. 마침내 그녀가 괴벨스에게 "절망으로 가득한 결별의 편지"를 보냈을 때, 괴벨스는 다시 마음을 바꾸었다. 그러나 그 다음 해 히틀러의 총애를 얻으면 얻을수록 괴벨스는 그녀에게 더욱 오만해졌다. 그녀는 이제 그에게는 단지 "조그맣고 사랑스러운 기분 전환" 정도의 의미밖에 되지 않았고, 그녀의 염려들은 '감동적이지만 소소한' 것이 되었다.[143)] 6월이 되어서 그녀는 이 치사한 게임을 끝내려 하였다. 그녀는 거듭 작별 편지를 썼는데, 괴벨스는 이에 대해 일기에 다음과 같이 적었다. "우리는 이제 더는 동지일 수도 없게 되었다. 우리 사이에는 하나의 세계가 버티고 있다."[144)] 그럼에도 불구하고 엘제 얀케의 편지로 괴벨스가 라이트의 그 여교사와의 관계를 완전히 끝낸 것은 아니었다. 베를린으로 가기로 결정한 후에야 그는 그녀에게 마지막으로 절교를 선언했다. 그는 일기에서 이에 대해 '하느님의 이름으로' 다른 사람들의 삶으로부터 작별을 고했다고 간결하게 썼다. 얼마 지나지 않아 그는 10월 중순 수도 베를린에서 다시 만난 그 매력적인 베를린의 여성 안내인에게 마음을 바치기 시작했다. 10월 중순 그는 최종적인 이사 전에 한 번 더 미래의 당 동지들을 만나러 베를린으로 갔는데, 그 동지들은 '우두머리 없는 비참한 날들'과 '관구의 지독한 혼란'이 곧 끝나게 되었다면서 열광적으로 축하를 나누었다.[145)]

그로부터 몇 주일 동안 괴벨스는 다시 선전을 위한 여행을 다녔다. 그리고 10월 28일, 괴벨스가 세상이 그저 풀어놓기만 한다면 함께 세계를 정복할 수 있을 것이라고 믿었던[146)] 히틀러는 그를 공식적으로 광역 베를린 관구장으로 임명했다.[147)] 이제 괴벨스는 베를린을 '아스팔트 황야'나 '죽어가는 문화의 늪'이 아니라 '세계 도시'이자 '중앙'으로 느끼게 되었다.[148] 괴벨스는 자신의 신조인 나치즘, 그리고 나치즘의 화신 히틀러를 위해 싸우고 이기리라는 굳은 결의를 품고, 마침내 1926년 11월 7일 엘버펠트를 떠나 수도 베를린으로 향했다.

5장

죄악의 구렁텅이, 베를린!
나는 그 안으로 떨어져야 하는가?
(1926~1928)

신임 관구장[1] 괴벨스는 1926년 11월 7일 베를린의 안할트 역에 도착하여 기차에서 내렸다. 1차 세계대전의 타격에서 서서히 회복하고 있는 메트로폴리스에 도착한 것이다. 슈트레제만의 외교 정책은 독일이 점진적으로 다시 강대국들과 어깨를 겨루고 그들의 게임에서 한 자리를 차지할 수 있도록 하였다. 도스 안(案)을 계기로 이미 2년 전부터 미국 자본이 독일로 들어오고 있었는데, 이는 독일 경제가 다시 살아나는 데 도움이 되고 있었다. 이 모든 변화를 수도에서 느낄 수 있었다. 정체 상태는 사라지고 창조적 행위의 쉴 새 없는 충동이 나타났다. 어디에나 초연(初演)과 신기록과 스캔들의 연속이었고, 언론이 오늘 선정적으로 추어올린 것들도 내일이면 이미 잊혀졌다. 어느 광고 전단에서 이 도시는 전 세계에서 가장 변화가 빠른 도시로, '유럽의 뉴욕'으로 칭송받았다. "포츠담 광장을 가로지르고 슈피텔 시장과 알렉산더 광장, 그리고 슈테팅거 역, 베딩과 기타 여러 곳을 가로질러 간다. 그러면 어마어마한 움직임을 느낄 수 있다. …… 제국의 심장, 베를린이 생명의 혈맥을 고동치게 한다! 4백만 명이 움직이고 있다. 독일인의 15분의 1이 빠른 속도로 움직이고 있다."[2]

　베를린은 그토록 역동적이었고 그 매혹적인 광휘는 놀랄 만큼 눈부셨으나, 빠른 경제 성장에도 불구하고 사회적 모순이 눈에 띄게 나타나고 있었다. 베를린에서는 독일의 그 어느 곳보다도 오만한 부와 쓰디쓴 가난이 격렬하게 부딪치고 있었다. 이는 정치적으로는 강력한 좌파의 급부상으로 나타났다. 1925년 시 의회 선거에서 공산당은 43석을 획득해

1921년 선거에 비해서 의석 수를 두 배 이상 늘렸다. 사회민주당(사민당)은 74석을 획득해서 알렉산더 광장의 그 붉은 시청(붉은 벽돌로 만들어진 베를린 시청의 별칭)에서 제1당이 되었다. 사민당은 공산당과 함께 과반수 의석을 보유하게 되었다. 그러나 그들 간의 협력은 이미 1919년 노동운동을 분열시킨 입장 차이 때문에 처음부터 불가능했다. 공산주의자들은 프롤레타리아 독재를 위해 투쟁하였고, 사민주의자들은 의회주의와 공화국을 지지하였다. 그래서 사회민주주의자들은 프로이센 주 의회에서처럼 베를린 시 의회에서도 싫든 좋든 간에 부르주아 진영 일부, 즉 민주당, 중앙당, 국민당과 협력할 수밖에 없었다.

의회에서 우파를 대변하는 최대 정당은 독일국가인민당(DNVP)이었고, 나치는 '붉은 베를린'의 의회에서 의석을 차지하지 못했다. 1925년 2월 17일 제국 수도에서 새로 창당한 나치 정당은 민족주의 운동 세력 중 큰 의미 없는 일개 분파라는 참담한 신세를 면치 못하고 있었던 것이다. 나치당은 그저 몇백 명의 당원과 동조자가 있었을 뿐이고 그들 대부분은 슈판다우 지역에 거주했다. 베를린의 다른 노동자 거주 지역과 달리 여기서는 이미 1921년 시 의회 선거와 구 의회 선거에서 강력한 민족주의적 잠재력이 드러나 놀라움을 주었다. 하켄크로이츠 문양을 상징으로 사용하였던 독일사회연맹(Deutsch-Sozialer-Bund, DSB)은 그 당시 슈판다우에서 득표율 11.9%를 얻어 제4당으로 부상했다. 그리고 1924년 5월 제국의회 선거에서 8.8%를 기록해 국민당과 동등한 성적을 거두면서 다시 제4당 자리를 차지했다. 그보다 앞선 정당은 사회민주당, 독일국가인민당, 공산당뿐이었다. 그렇지만 독일사회연맹의 득표율은 그 후 몇 년간 슈판다우에서조차 미미한 정도로까지 낮아졌다.[3]

1926년 가을에도 나치당의 조직은 그리 나아진 점이 없었다. 나치당과 돌격대가 금지된 동안에 형성된 군사조직이자 매우 활동적인 베를린의 프론트반(Frontbann) 소속 단체들과 민족주의적 체조 단체*의 회원들이 쿠르트 달뤼게*가 이끄는 돌격대로 재편성되면서 갈등이 생겨났다. 사상적으로 불분명한 돌격대의 프롤레타리아 행동주의는 무엇보다도 공산당과 그 군사조직에 맞서 싸웠다. 그러나 이들은 슈트라서 형제를 중심으로 한 설득식 선전에 주력하는 파벌들과 갈수록 갈등을 빚었다. 베를린 당 대표 슐랑게가 1926년 6월 직위 해제되면서 그와 마찬가지로 슈트라서 진영에 속하는 부대표 슈미디케가 당을 이끌게 되었을 때 갈등은 점점 고조되었다.

1925년 8월 25일 간부 회의에서 오토 슈트라서와 하인츠 오스카르 하우엔슈타인(Heinz Oskar Hauenstein)은 주먹다짐까지 할 정도였다. 하우엔슈타인은 프론트반 소속 단체 '슐라게터'의 전 지도자이자 '하인츠'라는 조직의 전 대표였는데, 달뤼게와 돌격대는 그를 차기 관구장으로 세우려 했다.[4] 당의 회합은 곧 "거의 대등한 두 정파의 놀이터가 되어버렸다. …… 이러한 자기 해체는 당원들과 여론에 영향을 끼치지 않을 수 없었다. 당의 설득력은 제로 상태에 이르렀다."[5] 급기야 나치당의 정치 조직은 공중 분해될 위기에 처했다.

슈트라서 형제가 베를린에서 당의 내분에 종지부를 찍는 데 실패했지만, 여전히 수도 베를린은 라인-루르 관구의 중심지인 에센과 함께 나치당 내에서 슈트라서 형제가 지닌 영향력의 원천이었다. 히틀러가 최근 제국조직책으로 임명한 그레고어 슈트라서와 그의 동생 오토 슈트라서가 이끄는 '캄프 출판사'도 베를린에 자리잡고 있었다. 캄프 출판사에는 슐랑게, 그리고 전 포머른 관구장 팔렌도 참여했다. 전체 인쇄물 부수가 8,000부를 넘지 못할 정도로 출판사는 '적자' 상태였지만,[6] 여기서 인쇄한 주간 신문 〈민족적 사회주의자(Der nationale Sozialist)〉(이 신문은 〈베를리너 아르바이터차이퉁(Berliner Arbeiterzeitung)〉을 포함해 서로 다른 7개의 표제로 발행되었다[7])는 히틀러의 사상이 아니라 다소 사회주의적인 슈트라서의 지향점을 당원에게 전달하였다.

슈트라서 형제는 얼마 전 광역 베를린 관구와 포츠담 관구의 병합으로 생겨난[8] 베를린브란덴부르크 관구의 신임 관구장을 회의적인 눈으로 보았다. 그들은 괴벨스가 사회주의의 배신자이며, 자신들이 영향력을 행사하는 베를린 지역에서 히틀러의 뜻에 따라 활동할 것이라고 생각했다. 그러나 그들은 이 침입자에 대한 반감을 공공연하게 표현하기보다는 그와 잘 지내보려고 했다. 그 이유는 다름 아니라 괴벨스가 1926년 11월 5일 '보스'로부터[9] 특별한 전권을 부여받았기 때문이었다. 이것이 괴벨스를 그들의 계산에서 진지하게 받아들여야 하는 요소로 만든 것이다. 히틀러의 직속인 이 관구장은 특히 베를린 관구를 '숙청'할 수 있었다. 그것도 당규에 명시된 대로 뮌헨의 조사위원회와 중재위원회에 회부하지 않고 이러한 권한을 행사할 수 있었던 것이다.

오토 슈트라서가 역으로 그 신참을 마중 나가고 란트베어 운하와 포츠담 다리 근처의 칼스바트 5번지에 '특별 할인 가격'으로 거처까지 마련해준 것은 이러한 사정을 염두에 둔 행동이었다.[10] 슈트라서의 친구이며 〈베를리너 로칼안차이거(Berliner Lokalanzeiger)〉 신문의 편집인 한

민족주의적 체조 단체 당시 독일의 체육 단체들은 대부분 민족주의적 색채를 띠고 있었다. 일찍이 독일에 체조 클럽 운동의 기초를 세운 '독일 체조의 아버지' 얀(Friedrich Ludwig Jahn, 1778~1852)은 독일 민족주의를 강력하게 옹호한 애국자였으며, 체육 교육이야말로 국민 건강의 초석이며, 개인의 인격과 민족의 동질성을 강화하는 데 중요하다고 믿었다.

달뤼게(Kurt Daluege, 1897~1946) 1차 세계대전에 자원하여 서부 전투에 참가하였고, 전쟁 후 자유군단 등의 우익 활동을 하다가 1923년 나치당에 입당하여 베를린에서 활동했다. 나치당 금지 기간 중 에른스트 룀과 함께 연합 투쟁 조직 프론트반을 창설하였고 이후 베를린 돌격대를 창설했으며, 돌격대가 급성장하면서 괴벨스의 베를린 당 지도부와 갈등을 빚었다. 1926~1928년 베를린 부관구장 및 돌격대장이 되었고, 1930년 베를린 친위대장이 되었다. 1931년 베를린 돌격대의 슈테네스 반란을 진압하는 데 공을 세워 히틀러의 두터운 신임을 받았다. 1933년 나치 집권 후 경찰과 친위대에서 주요 직위를 역임하였고 패전 후 체포되어 처형당했다.

스 슈타이거(Hans Steiger)의 널찍한 아파트에서는 그의 부인이 손님을 가려서 받아들이고 있었다. 괴벨스는 그곳에서 많은 특혜를 누릴 수 있었다. 예컨대 그 집 여주인은 괴벨스의 희망에 따라 넓은 방에 어른 키 높이의 거울을 세워주었는데, 괴벨스는 그 앞에서 연설을 할 때 제스처와 표정 등을 연구했다. 또한 살롱을 비롯하여 다른 공간들도 함께 사용할 수 있었다.[11] 150년 전이라면 그 이웃에 있는 정원 뒤채에 살던 낭만주의 시대의 시인 아이헨도르프(Joseph Freiherr von Eichendorff, 1788~1857)를 만날 수 있었을 그곳에서 괴벨스는 "똑똑하고 믿을 만한 당의 동지들"을 만났다. 슈타이거의 집에 거주하던 그들은 아직 그곳이 낯선 괴벨스가 베를린에 적응하는 것을 도왔다. 그러나 이는 동시에 슈트라서 형제가 괴벨스의 행적을 파악하는 데도 도움이 되었다.[12]

1926년 11월 9일, 쇼세 거리의 재향군인회관에서 열린 뮌헨 쿠데타 전사자 기념식에서 바로 오토 슈트라서가 베를린의 정치 무대에 이제 막 데뷔하는 괴벨스를 소개했다. 슈트라서는 이 연설 전에 벌어진 특이한 '예비 전투'를 회상했다. 괴벨스는 약속 시간이 지나서, '특별히 크고 멋진 택시'를 타고 나타났다. 슈트라서는 괴벨스가 자신들을 기다리게 한 것을 건방지다고 여겼고, 그 '엄청난 차' 때문에 잔뜩 화가 났다. 그 당의 지지자들은 모두 '가난한 녀석들'이기에 이것을 보고 기분이 상할 것이 분명했다.

그러나 괴벨스는 이런 반응에 대해 깔보는 듯이 웃었다. "슈트라서 씨, 당신은 대단한 착각을 하고 있군요. …… 내가 택시를 타면 안 된다고요? 그 반대지요. 자동차를 두 대 몰고 나타날 수 있다면 나는 그렇게 할 겁니다. 사람들은 우리가 당당히 등장할 수 있다는 걸 보게 될 거요." 그는 청중들을 주의 깊게 주시하면서 마침내 홀을 가로질러 연단으로 걸어갔다.[13] 오토 슈트라서가 회고록에서 빠뜨린 것은 괴벨스가 바로 그러한 등장 덕분에 얻을 수 있었던 성공이다. 당원들은 곧 그에게 경의를 표하며 '박사님'이라고 불렀고, 그가 쉰 목소리로 몇 시간에 걸친 연설을 끝맺었을 때 재향군인회관은 열광의 도가니에 빠져들었던 것이다.

괴벨스는 그 연설에서 당의 단합을 촉구하였을 뿐 아니라, 바로 그날 이미 구체적인 지시를 내렸다. 그는 각 지구 및 분소의 지도급 인사들에게 보내는 첫 번째 회람에서 '달뤼게/하우엔슈타인 진영'과 '슈트라서/슈미디케 진영'의 분쟁을 둘러싼 모든 설왕설래를 당장 금지한다고 밝히면서 이를 지키지 않을 경우 출당시키겠다고 으름장을 놓았다.[14] 이와 함께 괴벨스는 베를린의 돌격대장이라는 달뤼게의 위치를 인정했을 뿐 아니라, 나아가 그를 부관구장으로 임명하여 슈트라서 형제의 불만을 불러일으켰다. 괴벨스는 자신이 가진 숙청의 권리를 적극 활용했기에 과거를 청산하고 처음부터 다시 시작할 수 있었다. 그 후 얼마 지나지 않아 당원 총회를 개최하기로 합의가 이루어졌다.[15]

괴벨스는 1926년 참회 기도일(독일에서 개신교의 축일로, 대개 11월 중순이나 하순에 있다)에 한 발짝 '미래로' 전진할 수 있었다. 빌머스도르프에 있는 빅토리아 가르텐 홀에서 '국가사회주의 자유동맹(Nationalsozialistischer Freiheitsbund)'을 창설했던 것이다.[16] 이는 그의 오랜 복안이기도 했다. 엘버펠트에 있을 때부터 괴벨스는 엄격히 조직된 간부단, "희생을 서약한 공동체"를 창설하여, 양적인 면에서 모자라더라도 신뢰할 수 있는 인력과 재정의 기반을 다지고 그 위에 그곳의 당을 올려놓으려 했던 것이다.[17] 베를린의 이 조직에는 200명에서 400명의 당원이 가입했는데, 이들은 모두 합해 1,500마르크에 달하는 '월(月) 희생 헌금'을 납부하기로 했다. 이 헌금은 관구가 제국 수도를 손에 넣기 위한 투쟁 과정에서 취하게 될 초기 작업에 쓰일 자금이었다.[18]

이러한 투쟁에는 슈트라서 진영이 선호하는 '설득 작업'보다는 거침없는 행동주의가 필요했다. 르 봉*의 《군중 심리》를 연구한[19] 괴벨스에게 이러한 행동주의는 프로파간다(propaganda, 선전)에 다름 아니었고, 이는 그때 그때의 상황에 적응해야 하기 때문에 '매우 가변적'인 것이었다.[20] 또 베를린이라는 도시의 특성을 감안할 때, 이 도시의 특별한 사회적·정치적 구조와 그 어수선하고 전위적인 맥박을 고려해야 한다는 것을 의미했다. 괴벨스는 "물고기가 물을 필요로 하는 것처럼 베를린은 센세이션(흥분·사건)을 필요로 한다."고 재빨리 알아차렸다. "이 도시는 센세이션을 먹고 산다. 그리고 이를 소홀히 하는 정치 선전은 모두 수포로 돌아갈 것이다."[21]

그러므로 어떤 대가를 치르더라도 눈에 띄는 일이 중요했다. 그리고 눈에 띄기를 원한다면 길거리에 보이는 모든 사람들의 눈에 띄어야 했다. 괴벨스의 견해에 따르면, 대중의 시대에 거리는 "현대 정치의 가장 큰 특징"이었다. 훗날 그는 "거리를 정복할 수 있다면 대중을 정복할 수 있다. 그리고 대중을 정복하는 자는 국가를 정복한다."라고 회고했다.[22] '희생 공동체' 조직원들에게 이러한 과업을 준비시키려면 무엇보다도 웅변 훈련이 필요했다. "파시즘과 볼셰비즘을 형성한 것은 바로 다름 아닌 위대한 웅변가들, 위대한 언어의 예술가들이었기 때문이다. 연설가와 정치가 사이에는 구별이 없다."라고 썼던 괴벨스는 11월 16일에 웅변 학교를 만들었다.[23]

그는 자신의 깨달음을 실천으로 옮겨 증명하기도 했다. 그는 베를린 나치당의 존재를 과시하려고 베를린에 도착한 직후인 11월 14일 일요일에 노이퀼른 지역을 가로지르는 선전 행진을 계획했다. 〈슈판다우어 폴크스블라트(Spandauer Volksblatt)〉 신문이 이를 보도했다.[24] '하켄크로이츠 대 소비에트 별'이라는 표제의 그 기사는 공산주의 세력이 강한 노이퀼른에서 벌어진 그 행진이 '엄청난 분노'를 불러일으켰고 곧 엄청난 인파가 사방에서 몰려들었는데 대부분이 공산주의자들이었다고 다소 과장하여 보도했다. 행진에 이어 흥분한 연설들이 있었고 곧 폭력 사태까지 벌어졌다. 그 와중에 "무엇인가가 발사되고, 곤봉과 지팡이, 심지어 권총까지 동원되었다."25)

괴벨스의 당원들과 공산주의자들이 연루된 폭력 사태를 겪으며 괴벨스는 아직 그러한 선전 행진을 하기엔 시기가 무르익지 않았음을 깨달았다. 지금은 무엇보다 지지자들을 사상적으로 단련하고 자신의 진영 내에서 확고한 단합을 이루는 것이 중요하다는 판단이 섰다. 이후 괴벨스는 '이념'을 모든 선전 활동의 전제 조건으로 내세웠다. 그 이념을 구구절절이 두꺼운 책에 쓸 필요는 없다. 오히려 그것은 "매우 간명하고 대중이 이해할 수 있는 주제"만을 담고 있어야 한다. "여러분은 한 권의 책을 위해 목숨을 바치는 사람을 수백만 명 얻을 수는 없다. 그러나 그 수백만 명은 복음을 위해서라면 죽기를 각오할 것이다."26)

그래서 괴벨스는 베를린에 도착한 초기에 하루도 빠짐없이 집회에 나가 동지들에게 연설을 하고 그들의 감성에 호소하면서 이러한 '복음'에 대한 신앙을 주입하였다. '베를린 공방전'에서 그 "운동의 가장 확고한 기지"27)였던 슈판다우 지구당이 "독일적 사상을 지닌 모든 남녀"를 자이츠의 연회장으로 초대한 '독일적 성탄 축제'에서, 괴벨스는 이러한 사실을 더욱 확신하게 되었다. 그는 '그의 교구'에 산을 옮길 수 있는 믿음이라는 것이 존재하며 그러한 믿음을 수단으로 삼아 참된 기독교의 새로운 왕국을 건설할 수 있다고 선포했다. 민족주의적 성향의 〈슈판다우어 하펠차이퉁(Spandauer Havelzeitung)〉 신문의 보도에 따르면, 청중들은 관구장의 연설에 "폭풍 같은 하일의 함성"으로 반응했다.28)

르 봉(Gustave Le Bon, 1841~1931) 프랑스의 사회심리학자. 의학 박사학위를 받은 뒤 유럽·북아프리카·아시아 등지를 여행했고 여러 권의 인류학과 고고학 책을 썼으며 나중에는 자연과학과 사회심리학에 관심을 가졌다. 그가 쓴 책 중 가장 널리 읽히는 《군중 심리(La psychologie des foules)》(1895)에서는 군중 속에서 개인의 의식적인 성격은 묻혀버리고 집합적인 군중 심리가 지배하게 된다고 주장했다. 따라서 그는 군중 행동은 획일적이고 감정이 앞서며, 지적인 면이 약하다고 보았다.

괴벨스가 발산하는 매력은 많은 사람들에게 "거역할 수 없는 것"이었다. 당시 막 돌격대에 입회한 베를린의 19살 난 목사 아들이 이 사실을 묘사하고 있다. 그는 바로 호르스트 베셀이다.[29] 그는 그 전해 루이젠슈테티셔 김나지움에서 아비투어(대학 입학 자격시험)를 통과했고, 프리드리히 빌헬름 대학교 법과대학에 등록했으나 학업을 금세 등한시하게 되었다.[30] 그전에 비스마르크 동맹(Bismarck-Bund)과 바이킹 동맹(Wiking-Bund)에 속해 있던 베셀은 "이들은 이념을 지니고 있다. 즉 일반적인 준군사조직들에는 사실상 완전히 결여되어 있는 그 어떤 것이 있다는 말이다."라고 말했다. 이러한 이념, "사회주의에 강조점을 둔" 민족주의적 사회주의의 모습으로 나타나는, 정의로운 세계를 그리는 나치의 이념은 이상과 가치를 잃어버린 시대에 목사의 아들을 매혹했다. 나치당을 통해 "정치적으로 깨어난" 그는 그 이념을 전파하는 베를린의 '설교자'를 우러러보았다. "이 남자의 웅변과 조직 능력은 유일무이하다. 그에게는 부족해 보이는 부분이 하나도 없다. 당의 동지들은 깊은 애정으로 그에게 의지하고 있다. 돌격대는 그를 위해서라면 기꺼이 목숨을 바칠 것이다. 괴벨스는 바로 히틀러 자신과 같다. 괴벨스는 바로 우리의 괴벨스이다."[31]

괴벨스는 쉴새없는 광신적 활동으로 짧은 시간 안에 베를린의 당 분위기를 쇄신하였다. 베셀은 그 상황을 아래와 같이 기록했다. "기꺼이 희생하려는 당원들을 보면, 이 위안 없는 시대에 다시 미래를 믿을 수 있는 용기를 얻는다."[32] 1월 9일 관구 대회나 그보다 이틀 후에 열린 '자유동맹'의 집회에서와 같이, 모든 집회들에서 당은 결속을 강화하면서 몇몇 '입당자'를 얻을 수 있었다. 1월 9일 저녁에 열린 관구 집회의 분위기는 휴스턴 스튜어트 체임벌린의 죽음이 남긴 여파에 직접적으로 지배받고 있었다. "당 동지 괴벨스 박사는 빼어난 연설에서 그 남자의 삶, 그리고 특히 정신적인 여정을 묘사했다. 그의 가르침을 실천으로 완성하겠다는

히틀러가 지켜보는 가운데 거리 행진을 하는 돌격대원들. 그들이 든 플랜카드에는 "마르크스주의에 죽음을!"이라고 씌어 있다. 주로 폭력 시위와 가두 투쟁 같은 궂은 일을 도맡았던 돌격대는 나치의 세력 확장에 핵심적인 역할을 했으나 1930년대에 이르러 히틀러가 권력 장악을 위해 합법 노선을 추구하면서 위기를 맞게 된다.

맹세와 함께 그날 저녁 집회는 끝났다."[33]

1927년 초, 괴벨스는 포츠담 거리 109번지 뒤채에 있는, 반구형 천장의 지저분한 지하실에 자리잡은 소위 '아편굴'로 불리던 사무국을[34] 뤼초프 거리 44번지의 앞채 2층으로 옮길 수 있었다. 새 사무국은 네 개의 방과 "두 대의 전화선"을 임대했다.[35] 그리고 곧 40명에서 50명의 남자들로 구성된 관구 음악대를 창설하고 '긴급 출동 자동차'를 한 대 마련할 수 있었다. 이 차는 선전 행진이나 무력 충돌이 일어날 때 기동성 있는 돌격부대를 신속하고 저렴하게 해당 장소로 출동시키기 위한 것이었다. 신임 관구장에게 열광하던 노이쾰른 분소의 조직책 라인홀트 무호브(Reinhold Muchow)는 "이렇게 과제들이 하나하나 계속되면서, 마침내 '자유동맹'은 당 동지 괴벨스 박사를 따라, 명령이 떨어지면 최후의 과제를 수행하게 될 것이다. 그것은 제국의사당을 점령하고 소탕하는 것이다!"[36]라고 썼다.

제국의사당으로 가는 길을 여는 작업은 특히 돌격대가 맡아야 했다. 돌격대는 공산당의 가두 투쟁 및 테러 조직인 붉은전사동맹(Roter Frontkampferbund)에 맞서는 조직이었다. 그러나 갈색 셔츠들(나치를 뜻함)은 아직 붉은전사동맹에 맞설 역량이 없었기 때문에 괴벨스는 이 조직을 새로이 건설하고자 하였다. 그때까지 기존 행정조직을 모델로 만들어졌던 돌격조(Gruppe)는 돌격대대(Abteilung)로 개칭되었고, 세 개의 연대, 즉 시내 연대, 교외 연대, 브란덴부르크 연대로 통합되었다. 제1연대의 병력은 당시 280명이었고 이는 20개 대대로 나뉘어 한 대대당 평균 14명의 병력을 보유했다.[37] 괴벨스는 대부분 실업자인 싸움꾼 무리를 규율 잡히고 "정치 의식을 지닌 군인들"로 만드는 일이 쉽지 않았다고 회고하였다. 그들은 그저 싸우려고만 하였고 심지어 자기들끼리도 싸우는 것을 좋아했다. 실제로 당 지도부와 돌격대 군인들 간의 갈등은 그 후 몇 년간 관구장에게는 가장 핵심적인 문제의 하나였다.

1927년 초 괴벨스는 그 모든 활동에도 불구하고 그의 정당과 신임 관구장이 제국 수도에서 이름을 알리지 못하고 있음을 깨달았다. 주요 언론들은 1월 말 슈판다우의 자이츠 연회장에서 열린 집회 전후에 있었던 공산주의자들과의 살벌한 폭력 사태조차 보도하지 않았다. 또 마르크 지방 코트부스에서 열린 '나치즘 자유의 날' 행사 도중에 일어난 난동과[38] 그보다 몇 년 전 포메른의 파제발크에서 있었던 행진 역시 보도되지 않은 것에 괴벨스는 분노하였다. 파제발크는 바로 히틀러가 1차 세계대전 당시 1918년 10월 영국 군이 쏜 가스 수류탄에 눈을 다쳐 후송된 곳이었다. 그곳 야전병원에서 히틀러는 한동안 누워 있어야 했다.

돌격대의 베셀은 자신들이 "코트부스에서 치안경찰 여섯 명을 병원에 실려 가게 만들고, 파제발크에서는 한 명을 사살하고 여러 명에게 부상을 입힌" 다음에는 오히려 경찰이 그들에 대항해 "동원되었다"고 썼다.

베셀은 이제 자신의 우상인 괴벨스와 마찬가지로 더 나은 세상을 위해서라면 주검을 넘어 나아갈 준비가 되어 있었던 것이다.[39]

이제까지의 선전 활동 결과가 불만족스럽고 점차 인내심이 바닥난 괴벨스는 최초의 대규모 집회를 '사자 굴', 즉 '붉은 베딩'*에서 열기로 결심했다. 그 집회는 공산주의자들과의 어마어마한 싸움, 그리고 오랫동안 기대해 온 여론의 주의를 환기시키려는 의도에서 애초부터 하나의 도발로 기획되었다. 괴벨스는 뮐러 거리의 어느 뒤뜰에 있는 파루스 연회장을 행사 장소로 선택했다. 그곳은 전통적으로 공산주의자들이 집회를 연 장소였고 그보다 2년 후 에른스트 텔만* 당수가 이끄는 공산당의 12차 전당대회가 열릴 장소였다.

그때까지 베를린의 광고탑들에 영화나 상품 선전과 함께 붙어 있던 나치당 포스터는 싸구려인 데다가 너무 작아서 거의 눈에 띄지 않았다. 하지만 이제 거대한 크기의 피처럼 붉은 포스터들이 파루스 연회장에서 열릴 집회를 알렸다.[40] 괴벨스는 이를 창안했다기보다는 그의 '총통'의 "감독 지시"를 따라 이를 수도 베를린에서 실행했다. 즉 그보다 2년 전

붉은 베딩 베딩(Wedding)은 베를린 중앙의 한 지역으로, 바이마르공화국 시절 공산주의자들의 아성으로 유명했다. 그 때문에 '붉은' 베딩이라고 불리게 되었다. 1929년 5월 1일 경찰과 공산주의자 시위대 사이에 일어난 충돌은 '피의 5월'이라고 불리며 특히 유명하다.

텔만(Ernst Thalmann, 1886~1944) 독일 공산당 지도자. 바이마르공화국 당시 두 번이나 대통령 후보로 나섰다. 소련을 제외한 나머지 지역에서 가장 강력한 공산당이었던 독일공산당(KPD)을 결성하는 데 주도적인 역할을 했다. 경제공황과 그에 뒤이어 나치의 세력이 급속히 커져 가는 가운데 텔만이 이끄는 독일공산당은 코민테른의 지시에 따라 계속해서 사회민주주의를 타도의 주요 대상으로 삼았다. 독일공산당이 아무 준비도 갖추지 못한 가운데 1933년 히틀러는 공산주의자들을 검거하도록 명령했고, 이로 인해 공산당 조직은 사실상 무너졌다. 텔만은 1933년 3월 3일 체포되어 투옥되었다가 결국 부헨발트 수용소에서 처형당했다.

괴벨스는 히틀러의 《나의 투쟁》에서 다음과 같은 내용을 읽었던 것이다. "우리가 포스터에 붉은 글씨를 사용한 것은 치밀하고 근본적인 숙고 끝에 이루어진 일이다. 이를 통해 좌파를 자극하고 분노하게 만들고 그들이 우리 집회로 몰려오도록 유도하려는 것이다. 그들이 우리 집회를 무산시키러 올 뿐이라고 해도 좋다. 왜냐하면 이런 방법을 써서라도 우리를 외부에 알려야 하기 때문이다."[41]

1927년 2월 11일 그 '갈색' 관구장은 "부르주아 계급 국가의 붕괴"를 이야기하려고 '붉은 베딩'의 연단으로 다리를 절룩이며 올라갔다. 이미 많은 공산주의자들이 도착해 있던 연회장 안에서는 그가 말도 꺼내기 전에 거친 싸움이 벌어졌고 두 진영은 격투용 쇠반지와 쇠파이프로 무장하고 서로에게 덤벼들었다. 수적 열세였던 공산주의자들은 그곳으로 달려온 경찰의 보호를 받으며 철수했다. 그것은 완벽한 스펙터클이었다. 괴벨스가 '유대 언론'이라고 비방했던, 부르주아 신문들이 이를 대대적으로 보도했다. 나치주의자들과 베를린 관구장은 처음으로 사람들 입에 오르내리게 되었다. 물론 이는 그 숨가쁜 대도시가 새로운 기삿거리들을 얻을 때까지 단 하루에 불과한 일이었다.

괴벨스는 '파루스 전투'를 두고 "시작이 좋다."라고 표현했는데, 이는 숱한 입당자들이 나타났기 때문만은 아니었다. 그는 여전히 그 가냘픈 장애인에게 의구심을 드러내던 자들에게 무언가 제대로 한 수 가르쳐준 것이었다. 괴벨스는 자신이 용기 있는 자이며, 그 어떤 것 앞에서도 물러서지 않음을 그자들에게 보여주었다고 믿었다.

그는 자신의 비범한 선전 능력을 입증했다. 예를 들어 그는 자신 앞에 무리지어 있는 "공산주의 테러의 희생자들" 앞에서 '무명 돌격대'라는 말을 썼는데, 이 말은 앞으로 당 군사조직의 상징이 되고 나중에는 익명성을 벗고 호르스트 베셀이라는 개인의 모습으로 나타나게 될 것이었다. 괴벨스는 '무명용사'라는 표현에서 빌려 온 '무명 돌격대'를 매일 매일

"그 자신은 알지도 못하고 거의 이해하지도 못하는 하나의 법칙을 따르면서" 오직 자신의 책무를 행하는 '제3제국의 귀족'이라고 이야기했다.

어쨌든 괴벨스는 청중들에게 이른바 '이념'의 숭고한 점을 전달하고 그들을 신자로 만드는 법을 알고 있었다. 나치즘은 그들에게 (머리가 아닌) 심장이 되어야 한다. 그래야 나치즘이 다른 정치 노선보다 탁월해 보일 뿐 아니라, 물질주의적이고 차갑다는 판결을 받은 대도시의 세계에서 확연히 눈에 띌 수 있을 것이기 때문이다.

괴벨스가 조직한 선전 집회들은 항상 청중들의 감정과 본능에 호소했다. 1927년 3월의 제2차 '메르커의 날'에도 그러했다. 그날 열린 베를린 돌격대 창설 2주년 기념식에서 괴벨스는 이후 나치당의 자기 연출 방식을 소규모로나마 미리 제시해 보여주었다. 관구장은 3월 19일 저녁 안할트 역에서 베를린 당 동지들, 군악대와 작별을 고하고 트렙빈으로 갔다.⁴²⁾ 그곳에 도착한 괴벨스는 달뤼게와 함께 짙은 파란색 관구 관용차를 타고 앞서 달리며 지휘를 맡았다. 횃불의 인도를 받으며 400여 명이 뢰벤도르퍼 베르겐으로 행진했다. 그곳에서 그들은 한밤중에 불을 둘러싸고 "운동의 희생자들"을 추모했다. "몰록(Moloch, 아이를 산 제물로 요구한 셈족의 신) 대도시", "유대화된 중심", "테러와 피와 수치의 장소"인 베를린에서 30킬로미터 떨어진 그곳, 마르크 지방의 고요한 풍경 속에서 괴벨스의 연설은 추종자들에게 "경건한 감동"을 불러일으켰다.

그 다음 일요일 오전 트렙빈의 마르크트 플라츠(중앙 광장)에서 집회가 열렸다. 연단으로 사용된 관구 관용차, 즉 파란색 7인승 오펠 란다우레트를 둘러싸고,⁴³⁾ 돌격대원들은 히틀러가 1925년 바이마르에서 '축성(祝聖)'한 베를린 관구 깃발과 둘둘 말려 있다가 이제 펼쳐진 16개의 하켄크로이츠 군기를 들고 대오를 지었다. '메르커의 노래' 합창과 달뤼게의 예비 연설은 관구장의 등장을 예고했다. 그전에 자주 그러했던 것처럼 괴벨스 연설의 테마는 트렙빈에서도 민족주의와 사회주의였다.

1927년 3월, 2차 '메르커의 날' 행사에서 돌격대원들 앞에서 연설하는 괴벨스. 괴벨스가 조직한 선전 집회는 항상 청중들의 감정과 본능에 호소하여 열광을 불러일으켰다.

"우리의 위대한 지도자 아돌프 히틀러", 그 '일개 상병'은 이 두 원칙이 서로 갈등을 일으킨다면 독일 민족이 몰락하게 된다는 것을 '통찰'하고 이 둘을 통합했다는 것이다. 괴벨스는 참석자들에게 유대적 마르크스주의와의 투쟁에서 "피는 언제나 우리가 그 다음의 투쟁에서도 단합할 수 있게 하는 최고의 접합제였다."라고 외쳤다.[44]

괴벨스와 달뤼게가 '독일이여 깨어나라'라는 구호 아래 도열해 있는 추종자들을 가로질러 베를린 쪽으로 돌진하자마자, 곧 그 피가 흐르기 시작했다. 관구장의 치밀한 계산대로, 귀가하기 위해 트렙빈에서 기차를 탄 나치들은 위터보크에서 오는 붉은전사동맹의 소규모 샬마이(관악기의 일종) 음악대와 마주쳤다. 공산주의자인 파울 호프만(Paul Hoffmann) 프로이센 주의원도 그들과 함께 있었다. 기차 안에서 시작된 승강이는 동부 리히터펠데 기차역에서 심각해졌다. 그곳에는 베를린 전역에서 동원된 나치당 당원과 지지자 수백 명으로 이루어진 '환영 위원회'가 도착해 있었다. 돌격대는 기차가 멈춰 서기도 전에 그 몇 안 되는 붉은전사동맹의 맹원들이 있던 기차 객실로 몰려 들어갔고, 채 몇 분이 지나지 않아 모든 것이 끝나버렸다. 그때까지 뒷전에 물러나 있던 괴벨스는 계획대로 직접 등장하여 수백 명의 구경꾼이 지켜보는 가운데 자기 부하들을 불러들였다.[45] 나치들이 시내 중심가 방향으로 행진할 때 사건 현장에는 12발의 총탄 자국이 나고 완전히 찌그러진 기차와 산산조각 난 샬마이 악기들 곁에 6명의 중상자와 12명의 경상자들이 남아 있었다.[46]

괴벨스는 차를 타고 그 갈색 행렬 앞을 달렸다. 나중에 경찰에서 진술한 것처럼 이는 군중의 반응을 '연구'하기 위한 것이었다.[47] 사실상 그는 부하들을 조종했고 그들이 계속 난동을 부리도록 유도했다. 돌격대가 몽둥이와 주먹으로 구타한 희생자들은 유대인들이었다.[48] 관구장이 카이저 빌헬름 게데히트니스 교회에서 멀지 않은 비텐베르크 광장에서 '메르커의 날' 정리 집회 도중 군중에게 다음과 같이 외쳤을 때, 바이마르공화국 시기 베를린에서 일어난 최초의 유대인 박해는 여전히 진행 중이었다. "우리는 비폭력의 의지를 지니고 처음으로 공공연하게 베를린으로 들어왔다. 붉은전사동맹은 우리가 피의 희생을 치르도록 도발했다. 우리는 앞으로 계속 2등 국민으로 대접받기를 원치 않는다."49)

언론은 이 3월 20일의 사건을 상세히 다루었다. 이 일로 나치는 유명해졌고 당원 수도 늘어났다. 경찰의 정치국(IA)이 입수한 기밀문서에 따르면 1927년 3월에 약 400명이 새로 입당한 것으로 나타났는데, 이로써 베를린 브란덴부르크 관구의 전체 당원 수는 약 3,000명에 이르렀다. 물론 그들 중 일부만이 시위나 기타 행사에 적극 참여했다.50)

다른 면에서도 이 사태는 괴벨스에게 특별한 결과를 가져왔다. 이 사건으로 재판을 받지는 않았으나 그는 동부 리히터펠데 역 사건 직후에 알렉산더 광장에 있는 경찰청에 소환되어 조사를 받았다. 그는 이미 1927년 1월 11일 "베를린 경찰청장의 손님"이 된 적이 있었다. 전 외무장관 발터 라테나우 임살범을 찬양한 혐의로 국사(國事)재판소에서 재판이 계류 중이라는 통지를 받았던 것이다. 그러나 그 재판은 나중에 중단되었다.51)

반년 가량 베를린에서 관구를 이끌고 나서 괴벨스는 히틀러의 베를린 순방에 품위 있는 무대 배경을 제공할 정도로 충분한 수의 지지자를 확보했다고 확신하게 되었다. 이는 히틀러가 프로이센에서 연설 금지 조치 때문에 공개 연설을 할 수 없었고 그래서 외부와 차단된 집회로 전체적인 틀을 마련해야 했기 때문에 아주 중요한 부분이었다. 5월 1일 뮌헨에서 온 그 사나이가 마우어 거리의 유흥업소인 '클루'에서 연설을 하고 참석자들로부터 열렬한 환영을 받았을 때, 괴벨스는 히틀러에게 작지만 확고하게 결집된 당을 보여줌으로써 자신의 성공적 활동을 과시할 수 있었다. 그러나 그가 희망했던 여론의 반향은 기대에 훨씬 못 미쳤다. 이는 공산주의자들이 히틀러의 등장을 무시했기 때문이기도 했다. 난동이 일어나지 않았기 때문에 주요 언론들도 히틀러의 수도 방문을 다루지 않았다. 단지 몇몇 지역 신문들만이 경멸조로 '클루'의 그 집회를 보도했을 뿐이다.

괴벨스는 이에 대한 불쾌감을 풀고, 해당 언론인들을 모욕하는 적나라한 선동을 위하여 그로부터 3일 후 재향군인회관에서 열린 좀 더 큰 규모의 당 행사를 이용하였다.[52] 그는 거기 모인 청중 앞에서 신문 보도를 낭독했다. 괴벨스는 "가장 추악하고 비열한" 기사를 쓴 기자를 "야비한 유대인 돼지"라고 비난하고 참석자들이 폭소를 터뜨리자 자신은 그를 이렇게 모욕한 데 대하여 고소당하기를 원한다고 덧붙였다. 그러면 가명으로 글을 쓴 그 기자의 본명과 주소를 알 수 있게 되기 때문이라는 것이었다. 또 그는 동지들에게 그 기사 작성자가 누구인지를 알아내어 그를 "방문하여 행동으로 감사를 표현하자."라고 선동했다.

괴벨스의 인종주의적이고 논쟁적인 연설을 듣던 참석자 중 한 사람이 이의를 제기했다. 프리드리히 슈투케(Friedrich Stucke)라는 53살 먹은 남자가 연설자에게 외쳤다. "그렇소, 그렇소, 당신이야말로 진짜 게르만 청년이구려!" 괴벨스는 어안이 벙벙해졌다. 괴벨스는 "처음에는 할 말을 잃었으나" "잠시 생각을 가다듬고" 답변했다. 그가 "당신, 쫓겨나고 싶은 모양이군."라고 말하자, 슈투케는 "너야말로!"라고 대꾸했다. 소요가 일어났다. 격분한 당원들은 '그 개새끼'를 때려죽이라고 요구했다. 슈투케가 회관을 떠나기 전에 군중들은 그를 붙잡아 구타했다. 이 일은 나치당과 공산당 집회를 항상 참관하는 경찰청 정치국 관리들 눈앞에서 일어났다.[53]

매를 맞은 슈투케가 성직자가 아니었다면 이 사건은 단지 그저 그런 돌발 사태의 하나로 끝났을 것이다. 슈투케는 만일의 사태에 대비하여 재향군인회관 앞에서 대기하고 있던 기동경찰대 때문에 호기심이 생겨서 우연히 그 집회에 들어왔던 것이다.[54] 베를린의 신문들은 이 사태에 매우 격렬하게 반응했고, 이 사건은 파루스 연회장과 리히터펠데 역 사건에 덧붙여 프로이센 정부가 나치당에 강력 대처할 수 있도록 여론의 분위기를 조성했다. 내무장관 알베르트 그르체진스키(Albert Grzesinski)는 나치당이 '정치적인 깡패 짓'이라고 표현할 수밖에 없는 투쟁 방법으로 회귀하고 있다고 썼다. 그리하여 "라테나우 피살 전 우리 민족을 그렇게 타락으로 몰고 갔던 분위기를 다시 만들어내고 있다."는 것이다. "집회 중 다른 사상을 지닌 사람에게 휘두르는 유혈 폭력 행위를 조금이라도 명백히 사주하는 자는 모든 법의 바깥에 서는 것이고 이에 상응하는 처분을 받게 될 것이다."[55]

그날, 즉 1927년 5월 5일에 베를린 경찰청장 카를 최르기벨(Karl Zörgiebel)은 제국헌법 124조에 따라 나치당의 베를린브란덴부르크 관구와 그 모든 하부 조직, 즉 돌격대, 친위대,* 국가사회주의 자유동맹, 국가사회주의 대학생동맹(Nationalsozialistischer Studentenbund) 베를린 지부, 독일노동사청소년딘(Deutsche Arbeiterjugend) 베를린 지부 등에 해산 명령을 내렸다. "왜냐하면 이 조직들의 목적이 형법에 저촉되기 때문이다."[56]

괴벨스는 이러한 정당 금지령에 이의를 신청했으나 아무 소용이 없었다.[57] 정당 금지령에 덧붙여 관구장의 연설 금지령도 내려졌다. 가장 중요한 선전 도구가 사라진 것은 괴벨스에게는 사실 정당 금지령보다 더욱 심각한 문제였다. 이로써 수도 베를린에서 괴벨스의 과업이 실패한 것이 분명해 보였다. 유명한 〈포시셰 차이퉁〉의 사설은 "자신의 긍정적 요소들을 스스로 부정하는 삿된 정치 노선의 운명"은 "한 줌밖에 안 되는 가증스러운 선동가와 사주자들"에 의해 결정되었다고 썼다.[58]

베를린에서 나치의 퇴보는 동시에 괴벨스가 도입한 선동 방식에 처음부터 반대해 왔던 사람들이 전면에 등장하는 기회가 되었다. 이러한 경향의 대변자들은 슈트라서 형제의 주변 인물들로부터 나왔는데, 이는 물론 그들의 정치적 노선 자체가 달랐기 때문이기도 했다. 〈베를리너 아르바이터차이퉁〉에서 그들은 이미 여러 차례 괴벨스를 맹공격했다. 그러한 공격의 압권은 1927년 4월 초 그 신문에 슈트라서 형제가 추진하여 실은 "인종 혼합의 결과"[59]에 대한 논설이었다. 엘버펠트 당 간부이자 나중에 우크라이나 제국전권위원이 되는 코흐가 이 논설에 이름만 빌려준 것으로 보인다. 그 논설은 마지막 부분에 괴벨스를 암시하면서, "역겨운 추함"과 매우 좀스러운 성격은 '인종 혼합'의 결과로 보아야 한다고 썼다. 논설의 필자는 역겨운 인종 혼합의 예로 특히 "악의와 오류의 거장"이라는 볼테르와, 프랑스 혁명부터 빈 회의, 신성동맹까지 정치 신조를 셔츠를 갈아입듯 바꿔치웠던 절름발이 탈레랑을 들었다.

1927년 4월 23일과 24일 에센에서 열린 루르 관구 전당대회에서 괴벨스가 히틀러를 만난 것은 상황을 그에게 유리하게 만들었다. 괴벨스는 집회 중에 히틀러에게 코흐 같은 "단순한 철도 공무원"이 그런 논설을 쓸 정도의 지성을 갖추었을 리 없다는 자신의 추측을 전했다. 이는 슈트라서 형제의 짓이 틀림없다는 것이다.[60] 히틀러는 괴벨스를 지원하겠다고 밝히기는 했지만, 사실은 내부 갈등에는 관여하지 않겠다는 방침을 갖고 있었기 때문에 괴벨스에게 슈트라시 형세와 대화를 나누어 이 문제를 해결할 것을 권고했다. 히틀러는 마찬가지 의도에서 라인루르 관구장

....

친위대(Schutzstaffel, SS) 1925년 5월 돌격대 산하의 히틀러 개인 호위대로 창설되었으나 1929년부터 힘러의 지휘에 따라 나치당 내 경찰 기능을 수행하기 시작했다. 1934년 6월 룀 돌격대 참모장 숙청 후 돌격대를 대신하는 당 군사조직으로 부상했고, 정규군을 위협하는 위상을 갖추게 되었다. 1936년 히틀러가 제국경찰을 완전히 장악하자 친위대는 경찰과 인적·조직적 융합을 이룬다. 하부 조직으로는 일반친위대(행정기능), 무장친위대(핵심 무장기구), 인종국('인종적으로 훌륭한' 엘리트 양성), 게슈타포(비밀국가경찰), 보안대(SD, 공안정보기관), 해골대(수용소 관리) 등이 있었다. 1945년까지 대원 90만 명을 거느렸다.

이자 코호의 당내 상관인 카우프만에게 개입했다. 4월 26일 코호는 "명예를 걸고" 자신이 그 글을 쓴 필자가 아님을 확인하면서 베를린 관구장 괴벨스에 대한 공격을 "전혀 의도하지 않았다."[61]라고 했다. 괴벨스에게 보내는 편지 말미에서 코호는 "히틀러 씨에게 이를 전달해주시기를" 청했다. 이 편지로 이 문제는 끝난 것 같았다. 그러나 곧 알 수 있듯이 이는 단지 잠정적인 결말에 불과했다.

괴벨스는 정당 금지령 이후 다시 확대되고 있는 슈트라서 형제의 영향력을 누르기 위한 의도적 활동을 시작했다. 그가 나중에 쓴 것같이, 베를린의 나치주의자들을 단합시키려는 목적보다는 슈트라서 형제의 영향력을 누르기 위해 괴벨스는 이미 1925년 12월 오토 슈트라서와 서신 교환에서 언급한 바 있는 계획을 시작했다.[62] 즉 신문을 만들기로 한 것이다. 이 복안을 두고 나치 진영 내에서도 반대가 있었는데, 슈트라서 형제의 캄프출판사에서 이미 〈베를리너 아르바이터차이퉁〉이라는 주간신문이 산행되어 그때까지 베를린 나치당의 당보로 인정받고 있었던 것이다. 기존의 그 신문도 운영이 수월하지 않은데 여기에다가 새 신문이 창간되면 직접적인 경쟁 압박을 받게 된다는 것이었다. 베를린 언론계의 엄청난 경쟁 상황도 반대 이유 중 하나였는데, 〈알라〉 신문 통계에 따르면 베를린에서는 1927년에만 약 130개의 정치적인 일간신문과 주간신문이 발행되고 있었다.[63]

슈트라서 형제는 관구장의 조치를 즉시 정확하게 간파하였다. 그러한 도전에 맞닥뜨린 그들의 대응은 히틀러에게 괴벨스를 '거짓말쟁이'이고 '허풍쟁이'라고 헐뜯는 것이었다. 괴벨스가 이미 1919년 뮌헨에서 '총통'과 함께 활동했고, 프랑스와 벨기에 점령군에 맞서 저항 운동이 일어난 루르 지방으로 서둘러 돌아가 그곳에서 나치당을 건설했다고 떠들고 다닌다는 것이었다.[64] 실제로 당의 연설가로 나설 때면 이러한 전설을 반복해서 유포하던 베를린 관구장을 그의 정적들은 그대로 놔두지 않았다. 1927년 6월 초 정적들은 히틀러와 괴벨스 사이에 반목이 일어났다는 유언비어를 퍼뜨렸는데, 그렇지 않아도 별다른 사건이 일어나지 않던 여름 동안 일부 신문들은 이 소문을 감사한 마음으로 받아 썼다. 〈벨트 암 아벤트(Welt am Abend)〉 신문은 히틀러가 "검은 곱슬머리의 고귀한 아리안 종족"인 그 "모범생"을 "호되게 꾸짖었다"는 사실을 "믿을 만한 소식통"을 통해 입수했다고 전했고,[65] 〈베를리너 타게블라트〉 신문은 심지어 "적이 된 형제들"이라고 보도했다.[66]

괴벨스는 슈트라서 형제가 베를린에서 괴벨스의 권위를 무너뜨리기 위해 지난 4월의 그 모욕적 논설을 주도했다고 추측했다. 1927년 6월 4일 어느 베를린 당원이 등장해 이를 확인해준 것은 적절한 때 일어난 일이었다.[67] 괴벨스는 노련한 전술가답게 곧 공세로 전환했고, 다시 한 번 "지극히 존경하는, 친애하는 히틀러 씨"에게 편지를 보냈다. 괴벨스는 그에게 충성을 맹세하면서, 이 모든 일을 "비겁한 습격"으로 표현하고, 자신이 "양단간에 결정"을 내려야 한다고 선언했다. "귀하가 제게 또다시 일어난 이러한 악랄한 짓을 보고도 침묵하고 그저 좋게 넘어가라고 말씀하신다면, 저는 당연히 당의 규율에 절대 복종할 용의가 있습니다. …… 그러나 이런 경우에는 저를 베를린브란덴부르크 관구장이라는 직책에서 해임해주실 것을 요청하겠습니다."[68]

괴벨스는 이 문제에 자신이 있었기에 강력하게 밀어붙였다. 1927년 6월 10일 그는 슈트라서 형제를 배제하고 자신의 충실한 심복들을 독일 여성단 건물로 불러서 베를린 당 지부의 임시 회의를 개최했다.[69] 그는 집회를 시작하면서 참석자들에게, 자신이 일찍이 히틀러에게 요구한 것처럼 만장일치로 자신의 신임을 선언해줄 것을 요구했고, 그러지 않을 경우 지체 없이 베를린을 떠나겠다고 밝혔다. 그리고 그는 이 사태를 자신의 입장에서 서술했다. 자신의 신체장애가 어떻게 시작되었는지를 놓고 오가는 어림짐작들을 언급하며 "기형족은 선천적 장애가 아니라 사고로 인한 것"이며 그래서 그 논란이 되는 논설은 "더욱 끔찍한 것"이라고 거짓으로 밝혔다. 베를린 제2부관구장 에밀 홀츠(Emil Holtz)는 슈트라서 형제에게도 그 비난에 대응해 스스로를 변호할 기회를 주자고 제안했지만, 이 제안은 부글부글 끓어오르는 격분의 분위기 속에서 무시되었다. 그날 저녁 집회장은 순식간에 법정으로 변했고, 이는 캐리커처 화가이자 광신적 반유대주의자 한스 슈바이처(Hans Schweitzer)의 추측에서 절정에 달했다. 그는 오토 슈트라서의 "핏줄에 유대인의 피가 흐르는 것"이 틀림없다고 주장했다. 이는 용모로 보아도 "붉은 색이 섞인 곱슬머리, 갈고리 모양의 코, 부어오르고 살집이 좋은 얼굴"에서 드러난다는 것이다.

그날 새 신문 발행 문제도 안건에 올랐다. 당원들이 이 새로운 기관에 어떠한 입장을 취할 것인가라는 질문을 하자 달뤼게는 〈민족의 파수꾼〉은 중앙 기관으로, 괴벨스의 신문은 관구 기관으로 간주해야 한다고 답변했다. 그리고 여유가 있는 사람은 〈베를리너 아르바이터차이퉁〉도 구독할 수 있다는 것이다.[70] 나중에 브란덴부르크 관구장이 되는 홀츠가 이날 회의록을 작성했는데, 그는 곧 이 문제 때문에 히틀러에게 도움을 청했다. 그는 베를린 상황은 "귀하가 즉각 방문해야만 하는 상황이 되었습니다. 그러지 않으면 베를린 나치 운동이 몰락할 위험이 있습니다."라고 썼다. 이 문제는 슈트라서와 괴벨스의 대립이라는 것이었다. 괴벨스는 베를린 당원들이 최고의 능력을 발휘하도록 박차를 가한 공적이 있었다. 슈트라서는 베를린의 나치 운동에서 〈베를리너 아르바이터차이퉁〉이라는 효율적 기관을 만들어냈는데, 그 신문의 발간 여부가 새로 발행되는 주간신문 때문에 모호해지게 되었다. 괴벨스가 발행인이기 때문에 새 신문은 당보로 보였다. 그러나 베를린과 브란덴부르크, 그리고 그외 지역 당원들의 구독을 요구해야 하기 때문에, 결과적으로 새 신문은 〈베를리너 아르바이터차이퉁〉에 적대적이다.[71] 홀츠는 자신의 말이 바로

오른쪽 다리의 장애는 평생을 두고 괴벨스를 괴롭힌 심리적 장애였다. 나치당 내에서조차 그의 불구를 공격하는 이들이 있었다. 사진은 1932년 베를린 관구장 시기에 찍은 사진.

히틀러의 의도를 정확히 묘사하고 있다는 사실을 몰랐다. 히틀러는 괴벨스의 신문이 발간되어 슈트라서가 장악한 언론과 의식적으로 경쟁하여 이를 붕괴시키기를 속으로 간절히 바라고 있었다.[72]

6월 20일 괴벨스는 베를린 문제를 분명히 하려고 뮌헨에 머물고 있었다. 그는 히틀러 주변에 있는 자신의 정적들을 달래야 했기 때문에, 마테저 연회장에서 열린 나치당 중앙웅변대회에서 온건한 어투, 아니 거의 사죄하는 어투로 말했다. 그가 약 9개월 전 인구 4백만의 대도시 베를린으로 갔을 때 이 도시를 몇 달 만에 정복할 수는 없다는 사실을 분명히 깨달았다고 말했다. 그의 목표는 베를린에서 처음 반년 동안 나치 운동을 알리는 것이었고 이는 성공했다. 히틀러가 불참한 이날 집회에서 뮌헨의 당원들 앞에서 연설한 괴벨스는 자신의 선동 방식이 정당 금지령을 자초했다는 슈트라서의 비난에 맞서, 금지령은 어차피 억지스럽게 이루어진 것이었고 당원 증가가 보여주듯이 자신은 올바른 노선을 걷고 있다

5장 죄악의 구렁텅이, 베를린! 나는 그 안으로 떨어져야 하는가? 197

고 주장했다.[73]

히틀러는 관구장의 편지에 나타난 뜻밖의 결연한 태도에 놀랐다. 괴벨스와 만나고 난 뒤 히틀러는 6월 25일 베를린의 분쟁에 대한 자신의 선언문을 〈민족의 파수꾼〉에 공개하도록 했다.[74] 히틀러는 여기서 베를린의 분쟁에 대해 난무하는 이야기들은 모두 '유대인 언론'이 뻔한 목적을 위해 날조해낸 것이라고 주장했다. "나와 괴벨스 박사의 관계에서 변한 것은 아무것도 없으며, 나는 여전히 그를 전적으로 신뢰하고 있다."[75] 또 다시 괴벨스는 히틀러의 매력에 굴복했지만 히틀러의 이러한 공언에도 완전히 만족할 수는 없었다. 기대와는 달리 슈트라서에 대한 비판이 없었기 때문이다. 그 대신 히틀러는 조사중재위원회를 소집하고 "베를린의 모든 관련자들이 가능한 한 폭넓게 참여하는 가운데 이 모든 사태의 종결을 직접 주도할 것"임을 베를린 관구장의 정적들에게 알렸다.[76]

괴벨스의 신문 문제에 대해서는 히틀러는 그 신문을 당내 출판사인 뮌헨의 에어 출판사가 담당하라고 지시했다. 이는 자신의 신문을 단독으로 이끌려는 괴벨스의 의도와 완전히 배치되는 것이었지만, 그래도 히틀러의 지시는 슈트라서의 신문들과 겨루는 경쟁지의 존재를 일반적으로 승인한 것이었다. 히틀러는 슈트라서 형제에게 괴벨스의 새 신문이 '중립적' 성격을 띨 것이라고 밝혔다.[77] 당내 출판사가 괴벨스의 신문을 넘겨받기로 한 것은 히틀러의 의도를 표명한 것에 불과했으므로, 관구장은 이 때문에 전투적 신문을 발행하는 마무리 준비를 게을리 하지 않았다. 창간호는 1927년 7월 4일 발간할 예정이었는데, 이때는 뉴스거리가 적은 여름철을 앞두고 있어 새 신문 창간에는 지극히 불리한 시점이었다.

그 전투적 신문은 〈공격(Der Angriff)〉이라는 이름을 갖게 되었다. "이 이름은 선전 활동 면에서 효과적이며, 사실상 우리가 원하고 목표로 하는 모든 것을 포괄하고 있다."[78] 신문 창간과 관련된 연출은 1927년 7월 1일 시작되었다. 수도 베를린의 광고탑들에 붙인 최초의, 번쩍번쩍 빛나는 붉은 색 포스터는 커다란 의문부호와 함께 〈공격〉이라는 표제를 달고 있었다. 그 다음 표현은 호기심을 불러일으키려는 것이었는데, "〈공격〉은 7월 4일 이루어진다."라는 글이 적혀 있었다. 지나가는 행인들은 히틀러유겐트* 단원들이 그걸 베를린 거리에서 판매할 때에야, 이것이 새 주간신문 광고였다는 사실을 알았다.

〈공격〉 창간호[79)]의 표제는 화가인 슈바이처가 기획하였는데, 선전 측면에서 효과적이었다.[80)] 그러나 이 창간호는 자신의 신문이 "제국 수도의 유력 언론들의 반열로" 부상하기를 바라는 괴벨스의 야심을 전혀 만족시키지 못했다.[81)] "내가 처음부터 원했던 것과 비교했을 때 이는 그 대용물에 불과했고, 나는 수치와 낙담과 절망을 느꼈다. 가련한 골목 신문, 하찮은 인쇄물! 창간호는 내게 그렇게 보였다. 의도는 좋았지만 능력이 따르지 않았다."[82)] 외적인 디자인에 허점이 많았고, 용지와 인쇄 상태도 나빴다. 또 편집상 개선할 점들도 있었는데, 이는 무엇보다도 관구 사무장 다고베르트 뒤르(Dagobert Dürr)가 언론 경험이 없었기 때문에 생긴 문제였다.[83)] 발행인 괴벨스는 나치당 베를린 지부 정치국 사무장인 뒤르에게, 〈공격〉의 편집인이자 나중에 베를린 시장이 되는 율리우스 리페르트(Julius Lippert)를 대리하여 활동하도록 위임했던 것이다. 그전에 라인홀트 불레(Reinhold Wulle)가 발행한 민족주의 신문 〈도이체스 타게블라트(Deutsches Tageblatt)〉 편집인을 역임했던 리페르트가

....
히틀러유겐트(Hitler-Jugend) 나치당의 청소년 조직. 1926년 7월 나치당 2차 전당대회에서 창설되었다. 1936년 이후 강제 가입 조항에 의해 10~18살 청소년이 대부분 가입했다. 보통 13살에 히틀러유겐트에 가입하여 18살 때 이 조직에서 탈퇴한다. 이 기간 동안 소년은 헌신과 협력 및 나치에 순종할 의무를 배우며 스파르타식 생활을 했고, 부모의 가르침은 최소한으로 한정되었다. 18살부터는 나치 당원이 되어 적어도 21살이 될 때까지 노동으로 국가에 봉사하거나 군대에서 복무했다. 히틀러유겐트의 자매 조직인 '독일 소녀 동맹'은 소녀들에게 우정, 가정에서의 의무 및 모성을 가르쳤다.

〈공격〉의 창간 당일부터 6주간 감옥살이를 해야 했기 때문이다.

그러나 리페르트가 석방된 후에도 〈공격〉의 운영은 매우 힘겨웠다. 그 동안 몇몇 직원들이 빠져나가 인력 면에서 위기가 도래한 것이다. 그러나 이런 위기도 수단과 방법을 가리지 않고 경쟁 언론인 슈트라서의 신문을 몰아내려는 괴벨스를 막을 수는 없었다. 그리하여 괴벨스는 회의 일정, 판매 장소, 행사 시기 등 당의 지역적 일상과 관련된 모든 실용적 정보들을 자신의 신문에만 제공했다.[84] 괴벨스는 믿을 만한 돌격대원들을 시켜서 〈베를리너 아르바이터차이퉁〉의 가두 판매원을 습격하기에 이르렀고, 이를 공산주의자들의 소행으로 몰아갔다. 슈트라서 신문은 발행부수가 정체되었다가 줄어들기 시작한 반면 2,000부를 찍은 〈공격〉은 점차 활발하게 팔려나가기 시작했다. 그러나 괴벨스가 주장하는 것처럼, 그 신문이 3개월이 지나서 자립이 가능할 정도로까지 성공을 거두었는지는 의심스럽다.

그 두생지의 한 가지 특징은 광신적 반유대주의자 한스 슈바이처가 그린 만평들이었다. 괴벨스의 심복이자 〈민족의 파수꾼〉과 〈브렌에셀(Brennessel)〉을 위해서도 활동했던 그는 자신의 그림에 토르(Thor, 북구 신화의 신)의 망치를 고대 독일 식으로 부르는 이름인 "묠니르(Mjölnir)"[85]라고 서명했다. 1935년 10월 괴벨스의 후원에 힘입어 예술형식 담당 제국전권위원이 되었다가 제국문화원로원 위원, 제국미술원장, '제국총통 참모부'의 친위대 소령 등으로 출세 가도를 달리게 되는 슈바이처는 그의 상관 괴벨스의 언어적 공격성을 완벽하게 그림으로 형상화했다. 〈공격〉 창간 이전부터 괴벨스는 그의 '미술적 천재'[86]를 공개 서한에서 칭송했다. "간결하고 준엄하고 거칠며, 남성적이고 확고한 형상화 능력, 타오르는 격정과 끝까지 파고 들어간 내적 진실. …… 누구도 당신의 이러한 능력을 흉내낼 수 없습니다. 저는 지금 살아 있는 듯한 목탄화를 보고 있는데, 이렇게 격렬한 그림이 제공하는 엄청난 충격은 아무리 봐도

질리지 않습니다."[87]

슈바이처의 만평들은 괴벨스의 사설, 그리고 한 주의 국내외 정세를 논쟁적으로 개괄하는 그의 〈정치 일지〉[88]와 함께 '선전의 통일성'을 이루었다. 괴벨스가 보기에 이 새로운 월요 신문은 이러한 점들 때문에 "베를린의 모든 기존 신문들과 명확히 구별되는 것"[89]이었다. 같은 맥락에서 괴벨스는 '거부할 수 없는' 선전 효과를 이야기했다.[90] 여기서 글과 그림의 목표는 "정보를 제공하는 것이 아니라, 박차를 가하고 불을 지르고 몰아가는 것이다."[91] 독자에게 끼치는 영향은 "모호하지 않고 오해가 없어야 하며 목표가 뚜렷하고 일관성 있게 이루어져야 한다. 독자의 모든 사고와 정서를 한 방향으로 이끌어야 한다."[92] 그러므로 〈공격〉이 독자의 지성보다는 감성에 호소하며, 독자를 확신시키기보다는 그저 설득하려 했다는 것은 당연해 보인다. 〈공격〉의 모든 것은, "심지어 하나하나의 뉴스조차" 경향성을 띠고 있었고, 그것이 바로 괴벨스가 바라는 점이기도 하였다.[93]

〈공격〉의 또 다른 특징은 "활기차고 공격적이면서도 단순하고 민중적인 스타일"이었다.[94] 괴벨스는 특히 "종이로 옮겨놓은 가두 연설"[95]이라고 칭했던 자신의 사설들에서 이러한 수사학적 특성을 관철시키는 데 성공했다. "독자는 사설의 필자가 바로 곁에 서서 단순하고도 설득력 있는 사고 과정을 보여주며 자신의 견해로 이끌고 있다는 인상을 받아야 한다."[96] 괴벨스는 이를 '마르크스주의 언론들'로부터 어깨 너머로 배운 것이었다. 그는 1928년 1월 9일 '인식과 선전'이라는 제목의 연설에서 "마르크스주의는 사설을 통해서 승리한 것이 아니다. 그 승리는 모든 마르크스주의 사설들이 사실상 소규모 선전 연설이라는 사실을 통해서 이루어진 것이다."라고 분석했다.[97]

새로 창간된 〈공격〉의 입장은 확고했다. "우리는 그 점을 서로 이해하고 있었고, 이를 두고 우리 사이에서는 그 어떤 논란도 없었다."[98] 처음부터 그들의 투쟁 목표에 대해서는 어떠한 의혹도 존재하지 않았다. 그 목표란 바이마르공화국과 그 공화국을 유지시키는 것들을 절멸하는 것이었다. 나치의 도착된 이데올로기적 관점, 그리고 "대중에게 결코 둘 이상의 적"보이지 말라, "그러지 않으면 전투력이 완전히 분산될 것이다."[99]라는, 히틀러의 《나의 투쟁》에 나타난 기준에 따라서 투쟁의 대상은 오로지 하나밖에 없었다. 그것은 바로 유대인이었다. "독일적 계산에서 이 음수(陰數)는 지워버려야 한다. 아니면 계산을 영영 망쳐버릴 것이다."[100]

왜 그런지에 대해서 괴벨스는 첫 번째 사설에서 곧바로 독자에게 설명했다.[101] "우리는 유대인의 반대자들이다. 왜냐하면 우리는 독일 민족의 자유를 위해 싸우는 전사들이기 때문이다. 유대인은 독일이 예속 상태에 놓이게 했고 여기서 톡톡히 재미를 보고 있다. 유대인은 수많은 민중의 사회적 곤경을 악용하여 우리 민족 내부에서 불행한 좌우 분열을 가져왔다. 유대인은 독일을 둘로 쪼개놓았고 이것이 바로, 1차 세계대전 패전과 혁명의 타락을 가져온 화근이었다." 괴벨스에게 "유대인은 기생적 생명체"이고 "인텔리의 원형"이며 창조성 없는 "타락한 악령"이고 "우리 인종의 의도적인 파괴자"이다. 왜냐하면 유대인은 "우리의 도덕을 썩게 하고, 윤리를 무너뜨리고, 힘을 고갈시켰기" 때문이다.[102]

괴벨스는 그의 캠페인에서 자주 그랬던 것처럼 여기서도 자신의 행동을 좌파 정적들의 전술에 접근시킨다. "전쟁 전 사회민주주의는 그들이 적대시하는 체제에 맞선 투쟁만 벌인 것이 아니라, 겉으로 드러난 체제의 대변인들에 맞서서도 투쟁을 벌였다. 우리의 전술 역시 이를 추구해야 한다."[103] 장애인인 괴벨스는 그러한 낙인 찍기의 위력을 잘 알고 있었다. 그가 낙인 찍기의 대상으로 삼은 자는 베른하르트 바이스(Bernhard Weiß, 1880~1951)였다.[104] 바이스는 1927년 3월 베를린 알렉산더 광장에 있는, "유대인과 마르크스주의가 지배하는" 경찰청의 부청장으로 임명되었고 그가 담당하던 정치국은 베를린 나치당 금지 조치에 결정적 역할을 했었다.

1880년 베를린의 유대인 대부르주아 집안에서 태어난 바이스는 1차 세계대전 당시 기병 대위였고 일등 철십자 훈장을 받기까지 했다. 정당 금지령 이후 〈민족의 파수꾼〉이 바이스의 사진을 1면에 공개했을 때, 그의 모습은 괴벨스의 주목을 끌었다.[105] 다소 작은 키에 검은 머리와 두툼한 뿔테 안경을 쓴 바이스는, 괴벨스가 지닌 '멸종시켜야 할' 원수 유대인 마르크스주의자의 전형적 이미지와 잘 맞아떨어졌다. 그 경찰 부청장은 사회민주당이나 공산당이 아니라 오히려 자유주의적 부르주아 정당인 민주당 당원이었지만 이는 괴벨스에게 그리 중요하지 않았다. 이제 그를 선전의 대상으로 완벽하게 '도살하기 위하여' 필요한 것은 만만하게 다룰 수 있는 별명이었다. 괴벨스는 1927년 8월 15일 바이스에 대한 첫 번째 사설을 쓰면서 그 별명을 찾아냈다. 그것은 '이지도르(Isidor)'였다.[106]

'이지도르'라는 이름은 괴벨스의 아이디어는 아니었다. 그 이름도 공산주의자들로부터 얻은 것이었다. 명예를 더럽히려는 의도에서 붙인 그 경멸적인 이름은 공산당의 신문 〈적기(赤旗, Rote Fahne)〉에서 이미 여러 차례 사용되었다.[107] 이지도르라는 이름은 히브리어가 아니라 그리스어에서 왔지만, 자주 욕으로 사용되었고,[108] 부정적 의미에서 '콘(Cohn)', '레비(Levy)', '슈물(Schmul)' 다음으로 높은 자리를 차지하고 있었다. 눈에 잘 띄는, 폭력적인 반유대주의보다 오히려 이렇게 반쯤 가려져 있는 일상적 반유대주의에 힘입어 괴벨스는 바이스 공격을 꽃피울 수 있었다. 즉 일상적 반유대주의는 괴벨스에게 정치적 파괴력을 발휘할 수 있는 기름진 토양이 되었다.[109]

정당 금지령이 떨어진 직후에 슈투트가르트에서 열린 당 집회에서 벌써 바이스를 맹공격했던 괴벨스는 〈공격〉을 곧 "반(反) 이지도르 투쟁지"¹¹⁰⁾로 만들었고, 특히 지역 지면인 〈아스팔트 불모지에서〉라든가 〈고무 곤봉을 조심하라!〉 같은 난에는 그 경멸적 이름이 거론되고 '묄니르'가 그린 '이지도르' 캐리커처가 우글거렸다. 그중에는 "이지도르의 하켄크로이츠 염탐꾼"도 있었는데, 슈바이처의 이 만평이 암시하는 것은 바이스가 붉은전사동맹의 범죄적 습격 사실을 미리 알고 있으면서도 대처하지 않았다는 것이다. 광고면의 단어 수수께끼 놀이조차 그를 겨냥하여 만들어졌다. 문제의 해답은 "이지도르를 이길 때까지 〈공격〉을 배포하라."라든가 "모두가 〈공격〉에 기부금을 낸다면 이지도르는 곧 끝장날 것이다." 같은 것이었다.

가장 공격적인 만평과 비열한 논설들을 모아 1928년 《이지도르의 책》¹¹¹⁾으로 발간했고 그 다음해에는 《이지도르의 새 책》¹¹²⁾을 냈다. 이 책들은 괴벨스의 투쟁지에서 끊임없이 찬양을 받으며 '엄청난 판매량'을 기록했다고 한다.¹¹³⁾ 바이스를 목표로 한 괴벨스의 투쟁이 보여준 야만적 냉소주의는 책의 서문에 나오는 구호에서 분명히 드러난다. "이지도르, 그것은 법적인 의미에서 한 개인이나 한 인격이 아니다. ……이지도르는 1918년 11월 9일 텅 빈 왕좌를 정복하고 오늘날 가장 자유로운 공화국이라면서 우리의 머리 위에서 고무 곤봉을 휘두르고 있는 이른바 민주주의라는 것의 비겁함과 위선으로 일그러진 얼굴이다."¹¹⁴⁾

바이스를 향한 괴벨스의 증오가 그렇게 무한대로 치솟은 데에는 경찰부청장인 바이스가 민주주의 수호자로서 경찰 정치국 직원들에게 정당금지령이 엄격하게 지켜지고 있는지 면밀하게 감시하도록 했기 때문이기도 하다. 매일 나치 돌격대원들이 모아비트의 법관들 앞에 서야 했다. 나중에 괴벨스는 어떤 자는 금지된 갈색 셔츠를 입었기 때문에, 다른 자는 당원 배지를 보임으로써 공공의 평안과 안녕을 침해했기 때문에, 또 다른 자는 "건방지고 오만한 유대인의" 따귀를 갈겼기 때문에 거기에 섰다고 쓰면서, 그 도발적 행위들을 변호하려 하였다. 그러한 행위들은 괴

돌격대원들과 환담을 나누며 그들을 격려하는 히틀러. 1927년 베를린에서 나치당이 정당 금지령을 받은 기간 중에도 돌격대의 활동은 멈추지 않았다. 그들은 베를린 시내를 벗어나 행진과 시위를 벌였으며 베를린 시내에서도 유대인들을 모욕하거나 금지된 갈색 셔츠를 입고 다녀 경찰에 구속되곤 했다.

벨스가 심사숙고해서 결정한 표어처럼, 당은 "금지해도 죽지 않는다."라는 점을 여론에 보여주기 위하여 괴벨스 자신이 유도한 것들이었다.115)

당 조직은 다른 명칭을 사용했지만 당 조직의 핵심적인 부분은 여전히 존재했기 때문에, 정당 금지령은 사실 당에 큰 피해를 주지는 않았다. 관구 사무국은 의원 사무실로 명칭을 바꿨다. 돌격대 하부조직들은 클럽으로 변신했는데, 가령 볼링 클럽인 '알레 노이네(아홉 개의 편이란 뜻)', 수영 클럽 '호에 벨레(높은 물결)', 등산 클럽 '알트 베를린' 등이 있었고, 호르스트 베셀의 '에델바이스 클럽'은 파스퇴르 거리의 한 제과점을 근거지로 모임을 가졌다. 정치경찰*이 그러한 단체들을 찾아내서 금지해도, 다시 동일한 돌격대원들이 다른 명칭의 단체를 결성하고 다른 장소에서 모이면 그만이었다. 게다가 그들은 돌격대 제복을 배낭에 넣은 채 몇 페니히의 차비만 들이면 베를린 경계를 넘어 브란덴부르크 마르크나 텔토프, 팔켄제 호수 등에서 방해받지 않고 행진이나 집회 따위를 열어 갈색의 혁명적 낭만주의를 생생하게 유지할 수 있었다.

1927년 8월 5일 새벽녘에도 이런 방식으로 돌격대 50여 명이 뉘른베르크에서 열리는 나치당 제국전당대회에 가려고 베를린을 벗어났다. 그들은 선전 활동을 하려고 도보 행진을 했는데, 이는 사실 내부 단합을 도모하기 위한 것이었다. 거기 끼어 있던 베셀은 기행문에서 그 무리가 간혹 기차나 트럭 적재함에 올라타기도 하다가 다시 걸어서, 브란덴부르크 마르크와 작센의 도시와 농촌들을 가로지르고 튀링거발트 숲과 프랑켄발트 숲을 지나 마침내 뉘른베르크에 도착하는 과정을 묘사했다. 그들은 "발병 난 사람들"은 그 자리에 남겨두고 절도 있는 걸음걸이로 도시로 "행진해 들어갔다."116)

뉘른베르크에서 그들은 약 400명의 또 다른 베를린 돌격대원 및 당원들을 만났는데, 이들은 여기서 열리는 제3차 전당대회에 관구장의 인솔에 따라 도착해 있었다. 도시가 마치 "갈색 부대의 야영장" 같았다. 그런 행사에 처음 참가한 베셀은 이 행사가 전체 나치 운동의 성장을 보여주고 있다고 생각하고 열광에 빠져서 "누구도 그렇게 쉽게 뉘른베르크를 잊지는 못할 것"이라고 썼다. 행진, 점호, 횃불 행렬 등이 이어졌고 새 관구 깃발 두 개가 베를린 돌격대에 전달되면서 전당대회는 절정에 이르렀다. 베셀은 굳은 확신을 품고 마지막에 이렇게 썼다. "베를린 당원들이 제국 차원의 이러한 집회를 경험한 후에 자신들의 활동이 금지된 도시로 돌아가야 한다면 어떠한 문제가 생길 것인가."[117]

바이스가 나치 당원들이 탄 기차를 마르크 지역의 텔토프 근처에서 세웠을 때, 전당대회 참가자 450여 명은 모두 전에 없이 뻗대면서 체포되었다. 그들은 금지된 조직에 가입한 혐의로 지붕 없는 트럭에 실려서 베를린 시내를 가로질러 알렉산더 광장의 경찰청사로 이송되었는데, 이는 나치의 선전 행렬이나 마찬가지였다. 그들은 대부분 경찰청사에서 하룻밤 구금되었다. 괴벨스는 바야흐로 자신들이 주목을 받고 있다고 생각하였다. 당시 그는 〈공격〉에서 매우 격정적인 탄식을 늘어놓았다. "내 그대들에게 묻노라. 그것이 영웅적 행위인가? 너, 금발의 소년이여, 눈가에 눈물이 괴거든 꾹 참도록 해라. 저 판관들 앞에서 서글픈 모습으로 울지 말아라."[118]

정당 금지령 시기에 괴벨스는 다시금 '문필가'로 활동했다. 그는 1923년에 썼던 《미하엘》을 개작하여 1929년 뮌헨의 당 출판사에서 출판하였는데 이는 1933년까지 "안 팔리는 물건"에 불과하였으나 2차 세계대전 발발과 함께 14쇄까지 찍게 되었다. 그밖에도 그는 "전 11막에 프롤로그와 에필로그를 갖춘 극본"인 〈방랑자〉를 완성했다. 괴벨스는 1923년 최

정치경찰(Politische Polizei) 프로이센의 정치경찰은 바이마르공화국의 최대 국가 안보 기관이었다. 프로이센 정치경찰은 약 1,000명의 구성원으로 이루어진 특수 기관으로, 주된 업무 중 하나가 나치당을 감시하는 일이었다.

악의 시기에 쾰른의 클레텐베르크에서 집필을 시작했으며 '새로운 독일에게' 헌정한 이 극에서, 그동안 자주 써먹은 모티브, 즉 믿음의 전능이라는 모티브를 다시 철저히 활용했다. 이를테면 괴벨스는 다음과 같이 썼다. "믿음은/전부이다!/세계의 믿음을 깨워라,/그는 이로써 인간을 깨운다/인간은 죽은 것이 아니라/다만 잠들어 있을 뿐!/믿음은 힘,/인간을 깨워 생명을 준다/너는 말을 얻는다/너는 믿음을 얻는다/너는 힘을 얻는다/……/새로운 제국이 도래하리라."[119]

그렇게 선악의 범주를 싸잡아서 규정하는 논문 같은 극작품 〈방랑자〉를 실제로 상연하려는 목적으로 그는 실업 상태의 배우들을 몇 명 고용했다. 11월 6일 베를린의 발너 극장에서 이 작품의 초연이 이루어졌다. 〈공격〉에는 〈방랑자〉가 "젊은 세계관의 새로운 문화적 추구"의 전범이라는 글이 실렸지만,[120] 다른 언론들은 혹평을 가했다. 그러나 작가는 자신이 설립하고 로베르트 로데(Robert Rohde)가 이끄는 '나치즘 실험극단'이 그 후 몇 년간 〈방랑자〉를 들고 베를린 구교에서 순회 공연을 하도록 하였다.[121] 이후 나치의 정권 획득이 이루어진 다음에 괴벨스는 이 극작품을 심지어 고타, 뷔르츠부르크, 괴팅겐, 예나 등지의 주립극장과 국립극장에서 상연하도록 하였다.[122]

괴벨스가 정당 금지령 시기에 나치즘 이념을 선전하고 당을 단합하기 위해 벌였던 활동에는 1927년 10월 초의 이른바 '정치학교' 설립도 포함된다.[123] 그는 정치학교의 설립 배경을 '현실의 고찰'인 정치를 최대한 넓은 계층의 국민들이 누리는 공동 재산으로 삼고 이를 통해 그들이 "오류와 미혹을 최소화하고 역사적 사명을 실현할 수 있도록" 하려는 것이라고 위장했다. 그러나 실제로 괴벨스는 자신에게 내려진 연설 금지령을 우회할 가능성을 얻은 것이었다. 물론 다른 곳에서도 토론 중에 발언을 하곤 했던 괴벨스는 그의 '학교'에서 '정치란 무엇인가?'라는 개막 연설을 하였고, 그 후에는 '국가의 근거와 인식과 선전'이라는 주제로 강연을 했다. 나아가 레펜틀로프, 리페르트, 그리고 나치당의 제국의회 원내 대표인 빌헬름 프리크*도 여기서 강연을 했다.

그 기획은 1927년 10월 29일 괴벨스의 연설 금지령이 해제될 때까지 계속되었다. 괴벨스는 11월 8일에 베를린 남부 하젠하이데의 오르페움 강당에서 처음으로 공개 연설을 재개했다. 이 연설과 그 다음 연설들을 알리는 포스터는 "경찰청의 허가를 받았음"이라는 도발적 문구를 달고 있었다.[124] 연설 금지령 해제에 고무된 괴벨스는 〈공격〉에서 베를린 경찰 수뇌부를 다시 강하게 비판했다. 경찰 부청장 바이스를 공격하는 캠페인은 그를 얼음판 위의 당나귀로 그리고, 그 아래 "'이지도르'가 너무 편안해지면"이라는 조롱조의 설명을 붙인 만평으로 시작했다.[125]

바이스는 연설 금지령 해제 이후에도 자신이 거느린 정치국으로 하여금 괴벨스와 다른 나치 지도자들의 행적을 주도면밀하게 감시하고 그들의 위헌적 발언과 활동상을 매 분 단위의 보고서로 작성하도록 했다. 〈공격〉의 각 호는 발간되자마자 면밀한 조사를 받았다. 1927년 12월 7일 바이스는 성명 변조 및 모욕 혐의로 처음으로 형사고발을 했다. 1928년 초

....
프리크(Wilhelm Frick, 1877~1946) 아돌프 히틀러 밑에서 내무장관을 지내면서 나치의 반(反)유대 정책을 계획·실시하는 데 주도적 역할을 했다. 뮌헨에서 경찰 행정관으로 일한 그는 1923년 11월 히틀러가 주도한 쿠데타에 참여하여 반역죄로 기소되었으나 가까스로 투옥은 면할 수 있었다. 1924년 5월 제국의회 의원으로 선출되었고, 1928년부터 나치의 주요 부서를 이끌기 시작했다. 1930~1931년 튀링겐 주정부에서 내무장관을 역임하여 나치 당원으로서는 처음으로 각료급 직위를 얻었다. 1933~1943년에는 내무장관으로 재직하면서 특히 악명 높은 뉘른베르크 법(1935년 9월)을 비롯한 반유대 정책을 기초하는 데 중요한 역할을 했다. 그러나 나치 친위대(SS)가 점차 독일의 주요 국내 방위 담당 세력으로 부상하자 정부 내에서 그의 중요성은 줄어들었으며 1943년에는 내무장관직도 친위대 대장인 하인리히 힘러로 교체되었다. 그뒤 프리크는 2차 세계대전이 끝날 때까지 보헤미아와 모라비아에서 독일 제3제국의 보호관으로 활동했다. 1946년 뉘른베르크의 연합군 전범재판소에 회부되어 '반인도죄'(反人道罪)를 선고받은 후 처형되었다.

심문에서 이 문제의 책임을 추궁당한 괴벨스는 언론법에 따르면 발행인인 자신은 신문 내용에 책임을 지지 않는다고 둘러대며 빠져나가려 하였다. 그리고 괴벨스는 신문의 내용을 인쇄 후에야 알게 되었다고 주장했다. 덧붙여 고발당한 그 기사와 만평을 누가 작성했는지 알지 못한다고 말했다.[126)]

1928년 2월 28일 괴벨스는 처음으로 제국 수도에서 법정에 섰으나, 이는 바이스를 비방한 혐의 때문이 아니라, 1927년 5월 재향군인회관에서 일어났던 사건 때문이었다. 베를린 중부법원 배심재판부는 그의 폭력행위 선동 혐의에 유죄 판결을 내렸다. 즉 그는 그레고어 슈트라서가 발행하는 〈국가사회주의 서한〉의 편집인으로서 1927년 4월 '대중집회'라는 논설에서 집회 진행자와 연설자들의 행동 방침을 공개 지시했고, 그 안에서 행사 교란자들을 어떻게 다루어야 하고 장내 경비원들이 언제 투입되어야 하는지를 썼던 것이다.[127)] 바로 이 방침에 따라 당시 슈투케라는 이름의 개혁교단 목사가 재향군인회관에서 "정중히 바깥으로 모셔졌다."(괴벨스의 인종주의적 발언에 이의를 제기했던 슈투케는 격분한 나치 당원과 집회 참가자들에게 붙잡혀 얻어맞았다.)

괴벨스는 6개월 징역형을 선고받았으나, 변호사는 곧 항소했다. 여기서 괴벨스는 부분적 성과를 거두었다고 보았는데, 왜냐하면 법관들이 괴벨스의 상해 선동 혐의에는 유죄를 선고했으나, "그가 선의와 정직한 확신에 따라 행동했다."라는 점을 참작했기 때문이다.[128)] 괴벨스는 "재판부에는 유대인인 뢰벤슈타인(Löwenstein)도 있었다. 그가 없었다면 우리는 아마도 무죄 방면되었을 것이다. 판결은 무거운 징역형 대신 600마르크 벌금형이었다. 나는 한 푼도 내지 않을 것이다."라고 적었다.[129)]

1928년 3월 31일 경찰청은 11개월 만에 베를린 나치당의 금지령을 해제했다. 경찰청은 그 이유를 "선거 준비를 차질 없이 진행할 수 있도록" 하기 위한 것이라고 밝혔다.[130)] 물론 이 해제 조치는 경찰청의 의도에 따라 비교적 늦게 이루어진 것이었다. 왜냐하면 새로운 선거 실시는 2월 15일에 이미 결정된 일이었기 때문이다.

1월 19일 힌덴부르크* 대통령의 희망에 따라 국방장관 오토 게슬러(Otto Geßler, 1875~1955)가 그 직책을 육군중장 빌헬름 그뢰너(Wilhelm Groener, 1867~1939)에게 넘겨준 연초부터, 부르주아 진영이 이끄는 마르크스 정부의 실패가 분명하게 드러났다. 사회복지 정책으로 인한 잠재적 갈등과 슈트레제만의 외교 정책(이에 대한 독일국가인민당의 지지는 점점 더 많은 유보 조건을 달게 되었다)을 둘러싼 분쟁은 새로운 제국교육법의 심의를 계기로 고조되었고, 나중에 부르주아 진영을 분열시켰다.

5월 20일의 제국의회 선거까지 시간이 얼마 남지 않았고 당의 재정도 부족했기 때문에 괴벨스는 임기응변을 발휘해야 했다. 그는 베를린 나치당이 '새로 건설'된 4월 13일은 '위대하고 엄숙한 순간'이었고 심지어 '역사적인 시간'이라고 썼다.[131] 이를 통해 괴벨스는 자신의 선동 활동을 주로 다른 정당들의 선거 집회를 방해하는 데 집중할 수 있었는데, 예컨대 그는 민주당 후보 중 한 사람이자 제국경제위원회 위원인 게오르크 베른하르트(Georg Bernhard)의 집회도 방해했다.

괴벨스의 방해 공작을 보고 〈포시셰 차이퉁〉은 아래와 같이 논평했다. "공허한 문구나 우둔한 허파의 힘만으로는 민주주의 정신을 제압할 수

힌덴부르크(Paul von Hindenburg, 1847~1934) 1차 세계대전의 영웅. 종전 후 1925년 4월 26일 우파 정당들의 지원으로 제국대통령에 당선되었고, 1930년 3월 28일 의회를 배제하고 브뤼닝을 제국총리로 임명하여 대통령 내각 시대가 시작되었다. 1932년 4월 10일 제국대통령에 다시 선출되었고, 5월 30일 브뤼닝 2차 내각을 사임시키고 프란츠 폰 파펜을 제국총리로 임명했다. 12월 2일 쿠르트 폰 슐라이허를 연방총리에 임명하였고, 1933년 1월 30일 히틀러를 제국총리에 임명했다. 2월 28일 '민족과 국가 수호법'에 서명하여 나치 독재의 길을 열었다. 1934년 8월 2일 사망하여 타넨베르크 기념관에 묻혔다.

없다." 그 신문은 민족주의의 '정신'이 울부짖으며 지쳐 가는 곳에서 "어딘가 오늘날 여전히 의식 저변에 깔려 있는, 논리와 정신에 대한 감수성"이 있다고 보았다. "이 의식 저변의 이성을 의식 위로 끌어올리는 것, 그리고 합리적 논변에 마침내 귀를 기울이도록 하는 것은 이번 선거전에서 민주적 계몽 활동의 목표이다. 이것이 달성되지 않는다면 민족주의적 소동의 광기가 새로운 참사를 불러일으켜 독일의 재앙이 될 것이다."[132]

그러한 광기를 퍼뜨리려고 괴벨스는 선거전 중에 '축음기 음반'의 도움을 받기도 했다. 〈포시셰 차이퉁〉에 따르면, 괴벨스는 거기에 "소름 끼치는 투쟁가"를 배경으로 갈색의 구호들을 녹음했다.[133] 이런 현대적 기술을 광범위하게 활용하기에는 재정이 부족했지만 그는 그 의미를 확실히 깨닫고 있었다. 이 방법 역시 이미 같은 수단을 철저히 활용하여 선거전을 벌이고 있던 '좌파'로부터 베낀 것이었다. 사민당은 "현대식 선전의 가장 육중한 화포"를 가동하고 있었는데, 그들은 확성기를 설치한 현대적 자동차들을 마련했던 것이다.[134] 선거전 도중 사민당은 또 다른 혁신적 기술을 도입했는데, "이는 영화 상영을 축음기와 결합한" 것이었다.[135] 정치 풍자극을 상연하는 배우들과 조명 광고가 이러한 선전 레퍼토리를 보충하여 이루어졌다. 신문 보도에 따르면 공산당은 이밖에도 또 다른 특이한 선전 방식을 활용했다. 예를 들어 라이프치히에서 '공산주

피스카토어(Erwin Piscator, 1893~1966) 독창적인 표현주의 연출 기법으로 유명한 독일의 연극 제작자·연출가. 후일 독일의 극작가 베르톨트 브레히트가 발전시킨 서사극 양식의 창시자이다. 바이마르공화국 시절에 베를린에서 활동한 피스카토어는 급진적인 정치 사상을 전달하는 데 공공연히 무대를 이용했다. 그는 공산주의자는 아니었지만 한때 독일 노동계급 정당들에 공감을 나타내기도 했다. 대담한 혁신가였던 그는 무대의 전망을 넓히고 대중적 사건을 무대에서 재현하기 위해 영화 필름과 뉴스 영화를 이용했으며, 수많은 시각적·청각적·기계적 장치를 동원해 총체적 무대 효과를 살리기 위해 애썼다.

1928년 5월 20일 제국의회 선거까지 베를린 관구장 괴벨스는 독일 방방곡곡을 돌아다니며 사람들에게 앞으로 도래할 '제3제국'에 대해 설교했다. 이제 그는 히틀러 다음으로 유명한 나치당의 웅변가였다.

의 버라이어티 공연의 밤'을 열었는데, 이 행사에는 "정치적 예술의 전사"인 연출가 에르빈 피스카토어*도 참여했다.

나치즘의 선전 활동에서 주무기 중 하나는 바로 베를린 관구장 자신이었다. 이제 히틀러 다음으로 유명한 나치당의 웅변가로 부상한 그는 선거 때까지 남은 몇 주 동안 독일 방방곡곡을 돌아다니면서 사람들에게 앞으로 도래할 제3제국에 대해 '설교'했다. 그는 4월 17일에는 빌레펠트에서, 그 다음날에는 부퍼탈바르멘에서 연설했다. 베를린으로 돌아와서는 "실성한 사람처럼, 사설, 전단, 포스터를" 썼다.[136] 4월 19일 다시 한번 '축음기 음반'에 대고 연설을 했고, '보스'의 탄생일인 그 다음날 저녁에는 재향군인회관에서, 23일에는 쾰른, 24일에는 비스바덴, 25일에는 "빌어먹을 고귀한 부르주아 청중들"이 모인 베를린프리데나우에서 연설했다.[137]

관구장의 쉴새없는 활동을 방해한 것은 오직 베를린의 사법 당국뿐이었다. 4월 17일 괴벨스는 경찰 부청장 바이스를 모욕한 혐의로 발부된 총 6종의 법원 소환장 중 2종을 받았다. 이러한 상황을 맞아 괴벨스는 "이제 면책특권을 지녀야 할 때가 되었다."[138]라고 썼다. 나치당의 의원 후보로 나선 괴벨스가 제국의회에 입성하게 되면 형사소추로부터 면책특권을 누릴 수 있음을 고려한 것이었다. 그는 그때까지 소송 기일을 늦추려고 노력했다. 괴벨스는 "해당 날짜에 독일 남부에서 여러 차례 선거 행사"를 열어야 하기 때문에 "제국의회 및 주 의회 의원 출마자로서 특히 중요한 직무인 선전 활동의 의무를 다하지 못하게 된다."라고 강변하였다.[139] 심리 연기 요청이 기각되자 괴벨스는 이를 "선거 운동의 직접적 방해"로 간주하겠다고 법원에 밝혔고, "선거 거부와 관련하여 발생할 그 모든 결과들에 대해" 경고하였다.[140] 그러나 법정이 속아 넘어가지 않았기 때문에 아무 소용이 없었다. 바이스는 괴벨스가 형사소추에서 벗어나려고 "조직적으로 노력"하고 있다고 확신하고 검찰에 개입했다.[141] 4월 23일 바이스는 검사장에게 "괴벨스 박사가 계획적으로 선거 이후까지 이 소송을 미루려 하고 있고, 이는 의원 면책특권을 누리려는 것으로 보인다."[142]고 지적했다. 바이스는 이미 3월 중에 검찰에게 괴벨스와 다른 〈공격〉 편집진을 중단 없는 모욕 행위 혐의로 "일벌백계로 다스려야 한다."라고 요구한 적이 있다.[143]

'이지도르 재판'의 심리[144]는 1928년 4월 28일 시작되었다. 선거 운동 와중에 괴벨스는 "이번에는 묵비권으로 싸우기로" 했다.[145] 바이스는 관구장의 증오에 찬 비방이 반유대적 모욕이며, 이는 "상대에게 완벽한 도덕적 경멸과 …… 이유를 알 수 없는 적개심과 잔인함을" 드러내고 있다고 재판부에 밝혔다.[146] 법관들은 괴벨스가 베를린에서 당의 지도자이며, 그 때문에 편집인으로서 그 신문의 내용과 외적 형식에 결정적 영향력을 행사하고 있다고 생각했다.[147] 괴벨스와 그와 함께 고발당한 뒤르는 "언론을 통한 공개적 명예훼손의 공동 정범(正犯)"으로 결국 3주간의 징역형을 선고받았다.

괴벨스의 변호인 리히터는 '이지도르'는 바이스 개인을 지칭하는 것이 아니며, "현재 프로이센을 휩쓸고 있는, 유대인의 요직 독점 현상을 비판하기 위해 도입한 포괄적 개념"이라는 논지로 항소를 제기했다. 그리하여 관구장은 그의 선전 활동을 방해받지 않고 계속해 나갈 수 있었다. 그는 5월 초에 선전 활동이 '환상적으로' 효과를 거두었다고 보았지만, 곧 연설에 '진저리를 내게 되었다.'148) 그러나 '바이마르 체제'에 대한 증오 덕분에 이를 견디고 계속해 나갈 수 있었다. 그는 아샤펜부르크, 슈바인푸르트, 라이프치히, 그리고 여러 차례 베를린에서 청중들을 격정적으로 선동하고, 인플레이션과 실업과 1차 세계대전의 적들에 대한 공포를 불러일으켰다. 선거를 앞둔 몇 주 동안 그는 다시 활동을 강화했다. 5월 14일에만 뮌헨에서 12차례 연설을 했다. 육체적으로 기진맥진한 그는 제국의회에서 최후의 전력 질주를 위해 남은 힘을 모았고 "엄청난 흥분을 느꼈다."149)

베를린에서 돌격대의 선전 행진 등의 지원까지 받았지만 괴벨스는 선거 결과를 아주 낙관적으로 전망하지는 않았다. 그는 "대체로 좋은 결과가 나올 것"이라고 여겼다.150) 그러나 그 겸손한 희망도 이뤄지지 않았다. 나치당은 2.6% 득표율을 획득하는 데 그쳐 1924년 12월 7일 제3대 제국의회 선거에 비해 0.4% 하락했고 지지 유권자 수로는 거의 10만 명이 줄어들었던 것이다. 이는 나치당이 1924년 5월 4일 처음 제국의회에 입성하면서 32명의 의원을 보유하게 된 이후로 최악의 성적이었다. 1924년 12월 의원 수 14명에 이어 이번에는 불과 12명만이 제국의회에 들어가게 되었다.

이에 반해 사민당은 900만 표 이상을 얻어 1919년 이후 최대 성과를 거뒀다. 공산당 역시 325만 표를 얻어 이전보다 약 50만 표를 더 늘렸다. 공산주의자들의 성공과 마찬가지로 공화국의 미래에 어두운 그림자를 드리운 것은 우파 대정당들의 지리멸렬한 모습이었는데 이는 우파 유권자 층이 분열한 결과였다. 새로운 의회에서는 독일국가인민당 73석, 독일국민당 45석 외에 우파 소수 정파가 51석을 획득했는데, 이들은 제각각 농업 및 중산층 관련 정책을 내세우고 있었다. 독일국가인민당은 선거 운동 과정에서 나치들을 "무솔리니 흉내를 내려고 하는 깡패들"[151]에 불과하다고 일축했지만, 정치적 고향을 잃어버린 수백만 우파 유권자들은 1929년 대공항이 시작되었을 때 나치에게 달려갔던 것이다.

1928년 5월 선거에서 수도 베를린의 나치는 분파주의적 소수당의 규모를 넘어서지 못했다. 그들의 득표율은 1.5%에 불과했다.[152] 오랜 정당 금지령 시기 동안 관구장이 온갖 노력을 기울였어도 언론이 그들에게 거의 주의를 기울이지 않았고, 선거 운동 기간이 짧았던 데다가 자금도 모자랐던 것이 이러한 실패를 가져온 원인이었다. 괴벨스가 선거 다음날 일기에서 선거 결과를 '훌륭한 성과'라고 견강부회하기도 했지만,[153] 그는 곧 '우울증'에 빠졌다.[154] 왜냐하면 그도 자신이 베를린에서 나치즘을 위해서 싸운 지난 1년 반 동안 거의 아무것도 이룬 것이 없다는 사실을 알고 있었기 때문이다.

그러나 제국의회 선거는 최소한 괴벨스에게 개인적인 위안을 선사했다. 5년 전만 해도 부모에게 의지해 살아야 하는 '가련한 녀석'이었던 그가 나치당 의원으로 제4대 독일 제국의회에 입성하게 된 것이다. 그러므로 그로서는 미래를 향하여, 그리고 제3제국을 향하여 한 발을 내디딘 것이었다. 그는 믿음을 포기하지만 않는다면 그러한 때가 반드시 오리라는 것을, 그 어떤 퇴보와 실망에도 불구하고 의심하지 않았다.

6장

우리는 혁명가이고자 한다. 언제까지나
(1928~1930)

1928년 6월 13일 괴벨스 의원은 독일 제국의사당 입구의 계단을 절룩이며 올라가고 있었다. 제국의회 첫 회의에 참석하려는 참이었다. 건축가 발로트(Paul Wallot, 1841~1912)의 작품인 어마어마한 돔 아래의 반원형 본회의장에 모여든 500여 명의 의원들 틈에 끼어 있는 나치당 의원 12명은 길 잃은 무리처럼 보였다. 그 와중에도 정문 앞에 모여 있던 몇몇 구경꾼들이 박수를 보내준 것이 괴벨스를 만족시켰다. 괴벨스는 이 나치당 의원들 중에서도 이방인에 속했다. 프리크 원내대표, 고트프리트 페더 의원, 그레고어 슈트라서 의원, 자유군단 지도자인 프란츠 프라이허 리터 폰 에프(Franz Freiherr Ritter von Epp), 그리고 '조금 부어오른 듯한' 공군 대위 헤르만 괴링*[1] (괴링은 1923년 11월 뮌헨 쿠데타 후 외국으로 나갔다가 몇 개월 전 독일로 돌아와 바이에른자동차회사BMW와 계약을 맺고 베를린에 눌러앉았다) 등은 모두 예외 없이 이미 1923년 뮌헨에서 함께 활동했던 '백전노장'들이었던 것이다.

괴벨스는 낯선 이 영역에서 불안함을 느꼈기 때문에, '악마의 유혹'에 위협받고 있다는 강박관념을 지니게 되었다. 면책특권과 의원 봉급, 기타 특권을 누리게 된 괴벨스는 본회의장에서 느낀 첫 인상을 그 "광란의 유대인 학교에서" 벌어지는 모든 활동들은 "비열하고 교활하지만" "달콤하고 유혹적이기도 하기 때문에" "이를 이겨내는 인물은 소수에 불과하다."면서 "나는 힘을 잃지 않으려는 진지한 의지를 지니고 있다. 그리고 그것이 성공할 것이라 믿고 희망한다."라고 썼다.[2] 그 '시험'에 자신이 맞설 수 있다고 생각한 것은 의회주의가 "이미 오래전에 몰락의 길에 들어섰고",3) 나치들은 이 "체제의 병적 현상들을 그저 약화시키는 것을 넘어서서 그 자체를 완벽하게 제거한다."는 사명을 위해 선택받았다고 확신했기 때문이었다.4)

괴벨스가 칭했듯이 "비곗덩어리 자유주의자들"이 정부를 "함께 끌고 가게 된"5) 후인(이는 사회민주주의자 헤르만 뮐러*가 이끄는 대연정을 말한다) 7월 10일 관구장 괴벨스는 국경일 법안의 첫 번째 심의 중에 자신의 '첫 연설'을 했다. 그는 "의회의 신참으로서 이 민주주의 사기극에 처음으로 동참하게 될 때면 당연히 어지럼증을 느낄 수 있다."6)라는 말로 연설을 시작하여 중앙당의 지도급 정치인인 제국의회 부의장 에서 (Thomas Esser, 1870~1948)가 자신을 질책하고 민주주의자들이 고성으

괴링(Hermann Göring, 1893~1946) 1차 세계대전에 공군 조종사로 참전하여 철십자 훈장을 받았다. 1922년 나치당에 입당하여, 돌격대 건설을 담당했다. 1923년 히틀러 쿠데타에서 중상을 입고 외국으로 도피했으며 그 치료 과정에서 아편에 중독되었다. 1927년 독일로 돌아와 자신의 사회적 인맥을 이용해 나치당에 필요한 기부금 모금과 히틀러가 실업계, 군부, 귀족층에 접근하는 것을 도왔다. 1932년 8월 30일 제국의회 의장이 되었고, 1933년 히틀러 집권으로 무임소 장관, 프로이센 주총리, 제국항공장관, 제국산림국장, 제국수렵국상 등을 차례로 맡았으며, 경찰 장악과 정적 탄압에 앞장섰다. 1935년 공군 총사령관이 되어 공군 건설에 힘썼고, 1938년 오스트리아 합병을 위한 외교 협상에 참여했다. 1939년 히틀러의 후계자로 공식 지명되었고 2차 세계대전 중 개인 수집을 위해 조직적으로 예술품을 약탈했다. 1940년 제국원수가 되었으나 그 후 대영 전쟁에서 제공권을 상실하면서 점차 영향력을 상실해 갔다. 1945년 4월 23일 히틀러에게 국정 지휘권 인계를 요구했으나 거부당했고, 히틀러는 괴링의 출당, 면직, 체포를 명령했다. 종전 후 뉘른베르크 재판에서 사형 선고를 받고 스스로 목숨을 끊었다.

뮐러(Hermann Müller, 1876~1931) 바이마르공화국 당시 연립정부 총리를 두 차례 지낸 정치가. 1920년부터 계속해서 사회민주당을 이끌었다. 1928년 선거에서 사민당이 승리하자 그는 중도파 정당들과 손을 잡고 연립내각을 구성했다. 뮐러 행정부 아래서 독일은 군함 건설 프로그램에 착수했고 영 안(Young Plan)을 협상하여 베르사유 조약에 규정된 전후 배상금 지불을 줄였다. 그러나 대공황이 닥치면서 연립정부가 무너지고, 노동자의 실업수당을 늘리려던 뮐러의 사민당 정부는 1930년 3월 27일 물러나야 했다.

로 항의하도록 만들었다. 괴벨스 자신은 이 첫 번째 연설을 평가하며 "이 돼지들에게 기탄없이 후련하게 퍼부어서 그들은 눈앞이 어질어질해졌던 것이다. 그리고 이는 적중했다. 그것은 제국의회의 센세이션이었다. 내일 엉터리 신문들은 뭐라고 으르렁댈 것인가!"[7]라고 말했다.

그러나 언론이 괴벨스의 연설을 '센세이션'까지는 아니더라도 최소한 보도라도 해주는 호의를 베푼 것은 그로부터 거의 9개월이 지난 후, 나치당 의원 중 '문화 및 내무'를 담당한 괴벨스가 제국의회에서 다시 연설한 때였다. 그가 그동안 침묵을 지켰던 것은 나치즘을 재야 혁명 운동으로 이해했기 때문이었다. 그는 〈공격〉에서 경멸조로 "대체 우리에게 제국의회 따위가 무엇이란 말인가."라고 썼다.

> 우리는 의회 따위와는 관계가 없다. 우리는 마음 깊은 곳으로부터 이를 거부한다. 그리고 이를 당당하게 외부로 표현하는 것을 주저하지 않는다. ……
> 나는 제국의회의 구성원이 아니다. 나는 IdI이다. IdI이다. 즉, 면책특권 보유자(Inhaber der Immunität)이자 무임승차권 보유자(Inhaber der Freifahrtkarte)일 뿐이다. IdI는 '바이마르 체제'를 모욕하고 공화국은 월 750마르크의 봉급으로 답례한다.[8]

그러나 괴벨스가 제국의회 의원직으로 얻은 것은 1등석 무임승차권이나 그를 경찰의 조치로부터 보호해주는, 그가 기대했던 면책특권만은 아니었다. 의원직은 베를린 나치당 금지령 이후 타격을 입은 그의 당내 위상과 슈트라서 형제에 맞서는 그의 위치를 높여주었던 것이다.[9] 슈트라서 형제는 1928년 5월 말과 6월 초 〈국가사회주의 서한〉에서 베를린 당의 실망스러운 선거 결과의 책임을 간접적으로 괴벨스에게 떠넘겼다. 그레고어 슈트라서는 이제까지의 당의 활동 내용과 방법을 책임 있는 당 기관이 재검토해야 한다고 주장했다.[10] 오토 슈트라서는 프롤레타리아들이 그 선거의 사실상 승자인 공산주의자들에게로 넘어갔다고 확언했다. 그 역시 논설에서 괴벨스의 이름을 직접 들먹이지는 않았으나 '굉장히 영특한 두뇌들' 운운하며 넌지시 그를 지적했다.[11]

이러한 공격들은 괴벨스의 증오심을 한없이 치솟게 했다. 괴벨스는 일기에다 나치 운동의 '사탄'인 오토 슈트라서는 "어떤 대가를 치르더라도" 반드시 제거해야 한다고 썼다. 물론 그는 곧이어 슈트라서는 도무지 어떻게 해볼 도리가 없는 자라고 단서를 달았다. "그 추잡한 놈은 너무 약삭빠르고 비열하다."[12] 그뿐 아니라 괴벨스는 오토 슈트라서, 레펜틀로프, 카우프만이 "사회주의 노선을 훨씬 더 중시하는 새로운 정당 건설을 논하는" 회합을 가졌다는 소식을 들었다. 괴벨스는 정적에게 분통을 터뜨렸는데, 사실 그 노선은 본래 그에게도 가까운 노선이었다. 그러나 그것은 히틀러에게 적대하는 길이었다. "그들은 스스로 지배하고 싶어 한다. 나는 벼르고 있다. 무슨 일이 생기더라도 나는 히틀러의 편이다. 히틀러가 나를 배신하더라도."[13]

괴벨스는 이러한 내용을 히틀러에게 알린 다음에도 히틀러가 단호하게 개입하지 않자, 베를린의 이 "잡동사니에 넌더리가 나기 때문에" "사퇴"하겠다는 생각으로 머리를 굴리기 시작했다.[14] 그렇지만 히틀러가 1928년 7월 14일(같은 날 제국의회는 1928년 1월 1일 이전에 이루어진 정치적 범죄의 사면령을 내려 괴벨스를 기쁘게 했다) 베를린으로 와서 슈트라서 형제와 "장시간 개인적 대화"를 나누고 분쟁을 가라앉히자, 괴벨스의 결심은 바뀌었다. 히틀러는 괴벨스에게 자신이 "슈트라서 박사를 혹독하게" 대했고, 그래서 슈트라서가 그가 독일 북부의 당에서 누리는 영향력의 원천인 캄프 출판사가 곧 '해체'될 것이라고 믿을 정도라고 주장했다. 게다가 교묘한 계략을 쓰는 히틀러는 괴벨스의 활동을 높이 평가하고 있음을 은근히 드러냈고, 이에 괴벨스는 '퇴위'는 생각하지도 않게 되었다. "나는 남는다. 보스는 100% 내 편이다."[15]

히틀러가 나치당 관구를 제국의회 선거구에 따라 재조정하려는 의도를 좀 더 빠르게 진전시킨 것은 베를린의 당 사정을 진정시키려는 목적도 있었다. 이는 베를린브란덴부르크 관구의 입장에서는 광역 베를린 관구와 브란덴부르크 관구로 분리되는 것을 의미했다. 괴벨스가 곧 '하위 관구'라고 말할 브란덴부르크 관구는[16] 그 계획이 실행에 옮겨진 1928년 10월 1일 슈트라서의 심복인 홀츠가 맡았다.[17] 괴벨스는 "나의 관구는 나누어졌다. …… 천만다행이다. 많은 근심거리가 사라졌다."라고 적었다.[18] 히틀러는 예민한 괴벨스를 고려해서, "그곳에서 독립적 관구 형성을 가능하게 한 해당 지역의 탁월한 활동"을 공개적으로 치하하며 감사를 표명했다. 이로써 괴벨스의 활동 공간은 수도로 제한되었지만, 슈트라서 형제가 이제 '하위 관구' 브란덴부르크에 속하게 되었기 때문에 베를린 관구 내에서 괴벨스의 운신의 폭은 오히려 확대된 셈이었다.

1928년 여름, 광역 베를린 관구장은 슈트라서 형제뿐 아니라 베를린의 돌격대 때문에 근심해야 했다. 이를 순수한 당의 무력 기구로 포섭하는 일은 모든 노력에도 불구하고 수포로 돌아갔다. 돌격대가 여전히 이데올로기와는 크게 관련이 없는 준군사조직에 가까웠던 것은, 돌격대 재조직 과정에서 포고된 규정 때문이기도 했다. 규정에 따르면 1926년 11월 이후로는 당원이 정치적 직위와 돌격대원직을 겸임할 수 없었다.[19] 히틀러가 '최고 돌격대장'으로 임명한 프란츠 폰 페퍼는 1928년 초 베를린 돌격대에 돌격중대들을 5개 연대로 통합하라는 지시를 내렸다. 돌격대의 군사 지도자들, 특히 1차 세계대전 참전 장교 출신이며 자유군단 군인이자 무기 암거래상인 발터 슈테네스(Walter Stennes)는 관구 지도부의 민간인들로부터 돌격대의 독립성을 유지할 것을 요구했다. 그들은 관구 지도부가 재정 지원을 충분히 해주지 않기 때문에 차별받고 있다고 느꼈다. 괴벨스는 이러한 노력을 "정치적으로 둔감하다"고 평하고 그들이 '증오'하지도 못하고 '유대인'을 인식하지도 못하고 있다고 비판했다.[20] 그 결과 준군사조직이 당 지도부의 통제를 벗어나는 위험에 처하게 된 것이다.

괴벨스의 견해에 따르면, 베를린 나치당의 몰락을 막으려면 정치는 정치가들에게 계속 맡기고 돌격대는 이 정치의 목표를 관철하는 데 진력하는 사명을 짊어져야 하는 것이었다.[21] 그러나 그가 "그들을 호되게 나무라"[22] 전인 1928년 8월 중순 위기가 고조되었다. 괴벨스는 이를 '방위동맹 위기(Wehrbundkrise)'라고 불렀고 이미 오래전부터 이를 예견했다고 말했다. 이 위기의 원인은 슈테네스가 당의 제국 지도부에 3,500마르크의 돈을 청구한 것이었다. 뮌헨측이 이를 지불하지 않자, 슈테네스는 8월 10일 베를린에 있는 돌격대 지도자들을 불러모아서 히틀러와 페퍼를 '무뢰한'이라고 욕했다. 그리고 이 사태를 설명하며 몇몇 사람을 선동하여, 그들이 탈당을 선언하고 이를 제국 지도부에 곧바로 전보로 알리도록 하였던 것이다.[23]

바이에른의 가르미슈파르텐키르헨에서 휴가를 보내다가 이 사태를 보고받은 괴벨스는 이 문제를 깨끗이 정리해야겠다고 마음먹었다. "당이냐 방위동맹이냐, 혁명이냐 반동이냐."[24] 그러나 그는 베를린으로 돌아와 슈테네스를 비롯한 돌격대원들과 대화를 나누고 3,500마르크 지급을 약속하여 상호 합의를 이루어냈다.[25] 관구장은 거듭 자기편으로 확고하게 믿은 히틀러가 조만간 베를린 돌격대에서 두 번 연설을 하겠다고 약속하자 이 위기가 '해소'되었다고 생각했다. 괴벨스가 다시 오버바이에른의 휴가지에 머무르고 있던 8월 말, 히틀러는 "청중으로 미어터질 듯한" 프리드리히스하인 강당에서 연설을 했다. 호르스트 베셀은 히틀러의 연설이 '굉장한 성공'이었다고 전했는데, 그 집회에는 그가 알지 못하는 많은 인물들이 눈에 띄었다.[26]

베셀이 말하듯이 관구에서 '가을과 겨울의 투쟁'을 낙관적으로 준비할 수 있었던 것은 단지 괴벨스와 슈테네스가 불화를 해결하고 이제 "서로 충실하게 협력하기로"27)했기 때문만은 아니었다. 여기에는 1928년 늦여름에 활발히 벌어진 조직 개편 작업도 한 원인이었다. 이 작업에 결정적인 역할을 한 사람은 라인홀트 무호브였다. 괴벨스는 23살의 그를 7월 1일 광역 베를린 관구(관구 사무처는 6월 21일 그때까지 있던 뤼초프 거리에서 베를린 거리 77번지로 이전했다) 조직책으로 임명했다.28) 무호브는 관구의 낡은 구조를 대신할 새로운 조직 계획을 작성했다.29) 공산당 조직을 전범으로 하여 그는 세포(Zelle)-하부시가세포(Unterstrassenzelle)-분소(Sektion)-지구(Bezirk), 혹은 군(Kreis)-관구(Gau)로 이루어진 체제를 마련했다. 이 체제는 우선 베를린에서 도입되었고, 나중에 나치당 제국 지도부가 독일 전역의 당 조직에 적용했다.30)

세포 지도자 교육에는 돌격대원인 호르스트 베셀도 참여했다. 그는 얼마 전 "알렉산더 광장 돌격대 분소"의 시가세포장이 되었다.31) 베셀은 1928년 1월에서 7월 사이에 오스트리아 빈에 머물면서 괴벨스의 지시대로 빈 나치당의 국가사회주의 청년연맹(Nationalsozialistischer Jugendverband)의 조직과 활동 방식을 연구했다. 나치당 내에서 빈의 당은 효율적으로 기능하는 자산(資産)으로 여겨지고 있었다. 빈의 당이 통일성 있게 엄격하게 조직되어 있으며 "커다란 이상주의와 희생 정신"을 지니고 있었기 때문이다. 베셀은 베를린으로 돌아와 우선 청소년 교육활동을 하다가, 나중에 무호브 방식의 세포 체제 구축에 열중했다. 이는 돌격대 규약을 어기고 당 활동에 참여하는 행동이었다.32)

이와 동시에 무호브는 괴벨스와 협의를 거쳐 공장세포(Betriebszelle) 조직 건설에서 주도권을 잡았는데, 이는 '노동자의 영혼'을 장악하는 투쟁을 벌여 나가기 위함이었다. 여전히 정당 금지령이 발효되어 있던 시절에 리히터펠데의 크노르브렘제 주식회사에서 최초로 나치 '공장세포'가 건설되었고, 1928년 7월 30일에 이르러서는 베를린 관구 지도부 내에 '노동자 문제 사무국'이 만들어졌다. 1929년 11월 시 의회 의원 선거

후에 관구는 '활동력 있는' 공장세포 분과를 보유할 수 있었다.[33] 이러한 혁신 조치를 나중에 제국조직국의 그레고어 슈트라서가 받아들였고, 이를 바탕으로 1931년 1월 15일 나치당 제국공장세포국이 설치되었다.[34]

베를린 나치당의 조직이 발전해 나가면서 괴벨스는 그로부터 점차 '총통 군단'이 생겨나고 있다고 여겼다.[35] 그러한 발전은 최초의 대규모 선전 행사였던 '도스 주간'에 잘 나타났다. 그 행사는 9월 말 약 5만 부가 팔려 나간 〈공격〉의 특별호 발간과 함께 시작되었다.[36] 복브라우어라이 맥주홀과 재향군인회관의 집회 후에 수천 명이 제3차 '메르커의 날' 행사에 참여하려고 텔토프로 갔다. 돌격대는 사열을 마치고 제국 수도로 '진격'했다. 행진 대열보다 앞서 차로 도착해 있던 관구장은 베를린 남서부의 리히터펠데에서 그들을 기다렸다. 괴벨스는 자신이 "멋진 젊은이들"을 보고 열광했다고 말했다. 그들은 1928년 6월 25일 〈공격〉에 처음 공개된, '인종 전투'를 준비하는 '돌격 부대'라는 베를린 돌격대의 노래를 줄곧 합창하였다.[37] "유대인들이 피를 흘려야만 우리가 해방된다."라는 내용의 그 노래는 거리마다 울려 퍼졌다. 길가에 몰려든 행인들은 그 노래에 나오는 대로라면 오로지 죽음으로만 멈출 수 있는 "히틀러 독재의 돌격 부대"가 행진하는 모습을, 일부는 혐오스럽게, 일부는 열광하면서 바라보았다.

같은 날 베를린에서는 나치주의자들의 첫 번째 대중 집회가 열렸다. 그것은 '도스 주간'의 절정이자 마지막 행사였다. 수천 명이 "꽉꽉 들어찬" 체육궁전에 모였고, 거기에서는 제국의회 의원 레펜틀로프와 오스트마르크 관구장 리하르트 파울 빌헬름 쿠베(Richard Paul Wilhelm Kube, 1887~1943) 외에도 괴벨스가 연설을 했다.[38] 그는 그날 자신이 최고 컨디션이었다고 했다. 바깥의 포츠담 거리에서는 꽉 찬 체육궁전에 들어오지 못한 사람들이 공산주의자들과 유혈 충돌을 빚고 있었다. 나치주의자들만 23명이 부상당했고 그중 3명은 중상이었다. 체육궁전 안에서는 그동안 '어마어마한 흥분 상태'가 지속되었다. 괴벨스는 거기 모인 사람들을 다시 '장악'하고 공화국에 적대하도록 선동하려 노력했다. 괴벨스는 공화국을 "수탈의 본능이 날뛰는 곳"이라든가 '살인자 소굴'이라고 불렀다. 그리고 나치당이 이런 나라 대신 새로운 나라를 만들고, 때가 되면 '새로운 독일제국'을 건설할 것이라고 했다.[39] 괴벨스가 연설을 마치고 마지막으로 '세계 모든 것 위에서'(과거 독일 국가 중 일부)를 부르고, 분노로 끓어오르는 사람들이 출구로 밀려나가 체육궁전 바깥에서 거듭 공산주의자들과 육박전을 벌이는 모습을 보며, 괴벨스는 마치 물 만난 물고기 같은 심정이었다. "내 가슴은 기쁨으로 뛰었다."[40]

관구장의 기쁨은 히틀러의 편지로 하늘을 찌르는 행복으로까지 고조되었다. 히틀러가 신문에서 베를린에서 벌어진 그 스펙터클한 사건들을 읽고 괴벨스에게 치하의 편지를 보낸 것이다. "나에 대한 커다란 칭송. '베를린은 귀하의 작품입니다.'"[41] 괴벨스는 감정이 고조되고 제국 수도에서 그 운동이 지니는 의미를 과대평가한 상태에서 "모두가 베를린을 바라보고 있다."라고 일기에 썼다. "우리가 중심이다."[42] 히틀러는 10월 13일 슈프레 강변의 베를린으로 와서 〈공격〉 편집국에 있던 괴벨스를 불시에 방문하여 또 한 번 관구장에게 칭찬을 아끼지 않았다. '보스'는 "슈트라서 박사를 매우 강하게 비판했고", 그해 가을 부수가 늘어난 〈공격〉 최근호에 "감명을 받았다."[43] 괴벨스는 11월에 구독자가 200명 증가한 것을 〈공격〉의 '지적 수준' 덕분이라고 보았다.[44] 1928년 겨울에는 "부지런한 판매원들"이 다시 새로운 기록을 세웠다.[45] 그러나 이 시기 총 부수는 7,500부를 넘지 못했던 것으로 보인다.

프로이센 정부가 히틀러에 대한 연설 금지령을 해제한 후 〈공격〉은 11월 16일 히틀러의 베를린 연설을 알렸다. 〈포시셰 차이퉁〉은 다음과 같이 보도했다.[46] 히틀러가 체육궁전에서 '박수 갈채' 때문에 계속 말을 중단하면서 연설할 때, 그곳은 "호기심 어린 사람들로 가득찼다. 그중에는 나치당 지지자들이 수천 명 있었다. …… 앞쪽 단상에는 당 소속 의원도 몇 있었다. 몸집이 작고 어두운 인상이며 시커먼 광신자의 눈과 얇은 입술을 가진 괴벨스 박사도 있었다." 히틀러가 녹초가 되어 1시간 반에 걸친 선동적인 연설을 끝냈을 때, 괴벨스는 그날 저녁을 그때까지 자신의 베를린 활동에서 '최대 성과'로 기록했다.[47]

그날 히틀러의 연설은 후유증을 낳았다. 이는 마침내 괴벨스에게 처음으로 베를린에서 '피의 희생자'를 선물했고, 괴벨스는 이를 철저히 선전에 이용하려 했다. 그날 체육궁전 행사에서 계산대에 앉아 있던 돌격대원 중 한 사람, 즉 돌격대 15중대에 소속된 한스게오르크 퀴테마이어(Hans-Georg Kutemeyer)라는 사람이 다음날 아침 란트베어 운하에서 죽은 채 발견되었다. 주검이 발견된 곳은 1919년 1월 자유군단 대원들이 로자 룩셈부르크를 타살하여 운하에 던져버린 지점에서 남쪽으로 몇 킬로미터 떨어져 있었다.

이 소식을 들은 괴벨스는 퀴테마이어가 공산주의자들에게 살해당했다고 확신했다. 괴벨스는 '유대 언론들'이 이 사건을 자살로 조작할 것이라 생각했고,[48] 곧바로 죽은 돌격대원을 하나의 신화로 미화하기 시작했다. 그는 〈공격〉에서 그 죽은 사람을 나치의 이상형으로 묘사했다. 그는 근면하고 책임감이 강하며 '총통 각하'에 대한 충성심과 사랑을 지니고 있었다. 그는 총통을 처음 보고 총통의 말을 처음 들었을 때 얼굴이 붉어졌다고 했다. 경찰 조사와 이에 따른 베를린 언론의 보도가 퀴테마이어의 자살 쪽으로 방향을 잡아 가자 괴벨스는 이에 맞서야만 했다. 그래서 그는 〈공격〉에 자신이 "피에 굶주린 공산주의자 깡패들이 가득 탄" 택시와 그 돌격대원의 흰 얼굴을 "삽시간에 피투성이 수난자로 짓눌러버린" 쇠파이프를 직접 보았다고 주장했다.[49]

경찰 부청장 바이스는 영구 행렬을 금지하였다. 그래서 괴벨스는 그 병적인 선전 스펙터클을 장례식에서 보여줄 수밖에 없었다. 그러나 지나치게 직접적인 관구장의 주장 때문에 바이스는 괴벨스도 역시 "한번 이빨로 깨물어보게" 되었다. "경찰이 퀴테마이어 사건의 자료를 수색했다. 면책특권은 무너졌다. 다시 끔찍한 뒤죽박죽이다. 이 빌어먹을 이지도르는 끝까지 해보려는 것이다. 이 수색에서 권총 2정이 발견되었다. 별로 유쾌하지 않은 사건이다! …… 다시 지독하게 가혹한 박해가 시작된다. 그러나 우리는 이를 막아낼 수 있다. …… 물론 이 모든 것은 경찰이 획책한 연극에 불과하다. 그들은 이제 전쟁 배상 협상을 앞두고 우리의 입을 막으려는 것이다."라고 괴벨스는 일기에 썼다.[50] 관구 사무국 수색 중에 체포된 나치주의자들이 곧 석방되었고 괴벨스는 '이지도르'가 다시 "엄청난 웃음거리가 되었다."[51]라고 썼다. 그러나 공산주의의 희생자인 퀴테마이어 신화 만들기는 베를린의 신문들이 사건의 진실을 상세하게 보도하는 바람에 결국 산통이 깨져버렸다.

괴벨스는 리히터펠데의 돌격대에 퀴네바이어의 이름을 붙였다. 그러나 이러한 신화가 없더라도 관구 내에서 나치당의 상황은 좋아지고 있었다. 그 이유는 거시적 차원의 정치 상황 때문이었다. 오랜 기간의 사전 협의를 거쳐 독일, 프랑스, 영국, 이탈리아, 일본의 협상대표들은 1928년 9월 제네바에서 라인란트 지방 점령군의 조기 철군을 논의하는 공식 협상을 시작했다. 협상 대표들은 완전하고 최종적인 배상 규정의 제안을 작성할 전문가 위원회를 설치한다는 데 합의했다. 그해의 남은 기간은 회담 준비로 지나갔고, 1929년 2월 9일 미국인 오언 영(Owen Young, 1874~1962, 미국의 법률가, 실업가)을 의장으로 하여 파리에서 전문가 회담이 개최되었다. 회담 초기에 채권국들의 요구는 연간 27억 금마르크 지불이었으나 결국 23억 금마르크로 하향 조정되었다. 그러나 독일측은 16억 금마르크를 주장하며 맞섰다.

센 강변의 대도시 파리의 회담장에서 이야기된 수십억 금마르크 규모

1929년 2월 제네바에서 열린 독일의 배상금 지불에 관한 2차 회담 장면. 미국인 오언 영(사진에서 맨 왼쪽 인물)이 의장이었던 이 회담에서 채권국들은 독일의 배상금을 하향 조정했으나, 영 안(Young Plan)이 시행되자마자 세계 대공황이 일어나 독일의 지불 능력은 바닥으로 떨어졌다.

의 돈은 독일 내에 확산되는 빈곤과 기이한 대조를 이루었다. 1928년 가을 독일의 경기는 눈에 띄게 하락하였다. 여기서 가장 먼저 타격을 입은 사람들은 빈민과 소시민들이었다. 1927년 10월 실업자 숫자는 아직 1백만 명에 이르지 않았지만, 혹독하게 추웠던 1928~1929년 겨울에는 엄청난 속도로 늘어났다. 12월에 실업자는 거의 2백만에 달했고, 1월에는 이미 거의 3백만, 그리고 협상 대표단이 협의를 시작한 2월에는 320만에 이르렀다. 이러한 경제적 참상을 '배상금 지불 부담'의 결과라고 선전에 이용하는 것은 나치주의자에게는 너무도 당연한 일이었다.

괴벨스는 선동 연설이나 〈공격〉 논설에서, 파리에서 '진짜로' 일어나고 있는 일은 바로 독일 민족을 노예화하고 결국 서양 전체를 몰락시키려는 '국제 유대주의'의 가공할 음모라고 집요하게 반복 주입하였다.

"독일 민족은 이미 오래전부터 골고다 언덕을 걸어왔다. 이제 처형자들은 그를 조롱하며 십자가에 못 박기 시작하고 있다."[52] 괴벨스는 이를 단순히 외부에 '선포'한 것이 아니라, 굳게 믿었고 이 모든 것을 자신의 단순한 세계관 속에 끼워 넣었다.

괴벨스는 새로운 책을 기획하면서 1929년 손으로 쓴 메모들에서, 독일 정부와 여론의 과제는 철저한 선전 활동을 바탕으로 독일을 지배하고 있는 빈곤에 전 세계가 주의를 기울이게 하고, 이를 통해 다가오는 '운명적 결정들'에서 조금이나마 중립국들의 공감을 얻어내는 것이라고 썼다. 괴벨스는 "독일 정부는 이러한 사명을 이행하지 않았고, 현재 보이는 것으로 판단하면 앞으로 몇 주 동안도 전혀 이를 행할 의사가 없다."[53]라면서 이로부터 지금의 독일 정부가 '국제 유대주의'와 공범 관계에 있다는 추론을 되풀이했다.

괴벨스는 이러한 혐의를 다음 사건으로 확인할 수 있었다고 주장했다. 즉, 스탈린의 정적이며, 괴벨스에 따르면 "아마도 한 인간이 저지른 가장 많은 범죄에 책임이 있는 트로츠키, 유대 이름으로는 브론슈타인(Bronstein)"이 소련을 떠나 독일로 정치적 망명을 한다는 사실이 2월 중순 베를린에 알려진 것이다. 〈베를리너 타게블라트〉는 제국정부가 이 문제를 검토할 것이고 자신들이 기대하는 대로 이를 받아들일 것이라고 썼다. 증권시장과 볼셰비즘이 손에 손을 잡고 나아간다. 억눌린 민족에게는 대체 그대들은 어떠한 증거가 더 있어야 믿겠느냐고 물어야 한다."[54]

그 당시 '국제 유대인'의 '가공할 위협'이라는 망상이 괴벨스를 얼마나 짓눌렀는지는 그가 1929년 크리스마스 직전에 꾸었던 꿈으로도 알 수 있다. "나는 어느 학교에 있었고 수많은 동부 갈리치아* 랍비들이 성큼성큼 걸어 나를 쫓아오고 있었다. 그들은 내 등에 대고 계속 '증오!'라고 외쳐대고 있었다. 나는 그들보다 몇 걸음 앞서 걷고 있었고 똑같은 말로 그들을 상대했다. 그렇게 몇 시간이 지나갔다. 그러나 그들은 나를 따라잡지 못했다."[55]

그러나 나치당의 지지자가 늘어난 것은 그러한 세계 음모 이론보다는 현실의 적나라한 고통 때문이었다. 사람들은 그 고난을 단순하게 설명하고 도움을 약속하는 자들에게로 기울었다. 그 결과 나치주의자들은 1929년 5월 작센 주 의회 선거에서 득표율 5%를 기록했다. 메클렌부르크슈베린에서도 4%를 얻었다. 코부르크의 시 의회 선거에서는 처음으로 다수당이 되었다. 지방 선거의 성과에 고무된 히틀러는 합법적 수단으로 정권을 획득하는 것이 가능하다고 믿게 되었다.

그러나 그 목적을 이루려면 히틀러는 동맹자들이 필요했다. 1차 세계대전 참전군인 연맹인 철모단* 외에 독일국가인민당이 동맹의 고려 대상이었다. 이 정당은 언론 재벌 알프레트 후겐베르크*가 1928년 10월 당수가 되고 나서 이제까지의 노선에서 급선회하여 바이마르공화국과 베르사유 조약에 원칙적 반대를 주장했다. 1929년 독일에서 외교 및 국

갈리치아(Galicja) 동유럽에 있는 역사적 지역으로 유대인이 많이 살고 있었다. 폴란드에 속해 있다가 1772년 오스트리아에 합병되었고 20세기에 들어와 폴란드에 반환되었으나 뒤에 폴란드와 소련 영토로 양분되었다.

철모단(Stahlhelm) 1918년 12월 1차 세계대전 귀환 군인들이 창설한 우익 군사조직. 1930년 회원 50만 명을 거느린 독일제국 최대 군사조직으로 성장했다. 바이마르공화국에 적대적 입장을 취하였으며, 특히 1929년 독일국가인민당 및 나치당과 함께 영 안 반대 국민투표를 조직했다. 1931년 10월 두 정당과 함께 하르츠부르크 전선을 결성, 바이마르공화국에 맞섰다. 1933년 나치 집권 이후 철모단 지도자 프란츠 젤테는 노동장관으로 입각했으며, 1934년 군사조직 획일화 정책에 따라 '나치 전선장병동맹'이라는 명칭으로 돌격대에 귀속되었고 1935년 해산되었다.

후겐베르크(Alfred Hugenberg, 1865~1951) 실업가 출신으로 1차 세계대전 후 신문사와 영화사 등을 사들여 바이마르공화국 언론계를 지배했다. 정계 입문 후 1928년 독일국가인민당 당수가 되었다. 정당과 언론을 통해 히틀러의 집권에 기여했으며 1933년 히틀러 내각에서 농업장관과 경제장관을 역임했으나 나치 일당독재 강화로 실각했다.

내 정책을 둘러싼 토론의 초점이었던 영 안(案)은 '바이마르 체제'를 향한 그들의 공세에서도 주된 목표물이 되었다. 새로운 배상 규정이 독일에 기회를 제공하고 나아가 영 안을 수용해야만 아직도 점령 중인 라인란트 지방 일부로부터 조기 철군이 이루어지게 될 것이었다. 그러나 몇 세대에 걸친 부담과 여전히 높은 연간 배상금 지급액은 우익 야당에게는 무척 마음에 드는 공격의 호재였다. 그들은 영 안에 반대하는 국민청원 및 국민투표 운동으로 공세를 시작하려 하였다. 1929년 초 협상이 시작될 때, 독일국가인민당은 '민족주의 제국위원회'를 소집했고 철모단 지도자 프란츠 젤테(Franz Seldte, 1882~1947)도 영 안에 반대하는 전선에 합류했다. 이때 히틀러도 곧 자신의 정당도 이 전선에 참여할 것이라며 추파를 던졌다.

괴벨스에게는 그가 증오하는 '반동'과의 협력은 나치를 배반하는 것과 같았다. 그것은 영 안에 반대하는 당의 선동이 처음으로 폭넓은 대중에게 먹혀들어갈 것처럼 보였기 때문에 더욱 그러했다. 괴벨스는 '민족주의 제국위원회'를 나치당이 성장한 증거(나치당이 독일국가인민당이 주도하는 위원회에 참가할 정도로 성장했다는 뜻)로 보면서도,[56] 다른 한편 이는 독일국가인민당이 자신의 지지자들이 나치당으로 넘어가는 것을 막으려는 시도라고 보았다. 괴벨스에게는 그러한 성과를 다른 세력에게 빼앗기지 않도록 하면서 한편으로는 보수적 민족주의 세력과 맺은 동맹 때문에 그가 누구보다 끌어들이고 싶어하는 사람들, 즉 노동자들을 놀라게 해서는 안 된다는 점이 중요했다.

독일국가인민당과 마찬가지로 황제 시절의 사회관 및 국가관을 지닌 '골수 반동' 철모단에 나치당이 접근하는 것을 두고 괴벨스는 4월 초 다음과 같은 입장을 밝혔다.

철모단과 우리. 이는 점점 더 심각해지는 사안이다. 〈민족의 파수꾼〉은 이

독일 북부 플렌스부르크에서 열린 철모단의 회합. 철모단은 1차 세계대전 귀환 군인들이 창설한 우익 군사조직이다. 1930년경 회원 50만 명을 거느린 독일제국 최대 군사조직으로 성장했다.

문제에서 벌써부터 적나라한 기회주의적 정책을 펴나가고 있다. 정신을 바짝 차려야 하는 바로 이때에 하필이면 그런 일이 일어나고 있다. 참을 수 없는 일이다. 우리 당에는 속물들이 너무 많다. 뮌헨의 노선은 이따금 참을 수 없는 지경이다. 나는 수상쩍은 타협에 동조할 생각이 없다. 나의 위치를 희생하는 한이 있어도 올바른 길을 갈 것이다. 종종 히틀러에게 의혹이 생긴다. 왜 그는 침묵하고 있는가? 기회주의자들은 과일이 익기도 전에 따려고 한다. 돌격대 그룹 안에서는 이미 심각한 혼란이 일어났다. 몇 시간 동안 이를 깊이 생각해보아도 언제나 동일한 결론에 이르게 된다. 달리 생각할 수는 없다. …… 우리 모두가 그토록 커다란 희생을 치르고 이룩한 것들이 무너지려고 하는 것을 보며 때때로 너무 화가 나 악을 쓰고 싶다.[57]

그의 '보스'가 '반동'에 접근하여 그들을 '농락'하려 한다는 말을 전해

들었을 때 괴벨스는 히틀러 자신이 농락당하지 않을까 우려했다. "나는 경계할 것이다. 그리고 적당한 때에 경고를 보낼 것이다."[58] 그러나 히틀러가 언제나 묵곤 했던 베를린의 상수시 호텔에서 그와 오랫동안 대화를 나눈 후 관구장 괴벨스의 의심은 홀연히 사라졌다. 그는 "완전히 만족했다." 이는 히틀러 역시 국민청원을 확고히 반대하고 있으며 심지어 이에 반대하는 각서까지 작성했기 때문이었다.[59] 히틀러의 말은 그에게 "기쁨, 그리고 무엇보다 안도감을 돌려주었다."[60] 괴벨스는 '밀려오는 반동'이 이제 '묵사발'이 되도록 짓밟힐 것이라고 확신했다.[61]

이제 괴벨스는 공격적으로 활동하여 이 '딜레탕트'들과 맞서려 하였다.[62] 그는 연설이나 〈공격〉 기고를 통해 쉴새없이 후겐베르크와 젤테 세력에 적대하는 선동을 하였다. 1929년 3월 13일 괴벨스는 '반동에 반대하여'라는 사설을 썼고, 3월 27일에는 다시 '통일전선'에 반대하는 입장을 취했다. 당 지도부가 회람을 통해 연설이나 언론에서 〈민족의 파수꾼〉에 실린 기회주의적 정책을 옹호해야 한다고 지시를 내렸는데도, 괴벨스는 이 지시를 어기는 행동을 한 것이다.[63] 그는 당의 노선을 올바르게 유지하려 노력하겠다고 다짐했다. 그는 "우리는 혁명가이고자 하며 영원히 혁명가에서 벗어나지 않으려 하기 때문이다."라고 일기에 썼다.[64]

베를린 관구장의 태도는 물론 히틀러의 계산에 포함되어 있었다. 히틀러가 독일국가인민당과 철모단에 접근하고 특히 자유군단 지도자 리터 폰 에프를 내세워 그들과 단합을 유지할 수 있었지만, 다른 한편 괴벨스의 태도 덕분에 나치당을 그 두 세력과 구별하는 선전이 가능했던 것이다. 괴벨스가 5월 28일 히틀러와 히틀러의 개인 비서 루돌프 헤스*와 대화를 나누며 보인 태도는 히틀러의 구상에 맞아떨어졌다. 히틀러는 뮌헨에서 열리는 철모단의 전선 장병의 날 행사에 참가하지 않겠다고 밝혔다. 히틀러는 괴벨스에게는 물론 에프가 자신을 대신하여 참석할 것이라는 사실의 의미를 축소시켰고, 그래서 괴벨스는 거듭 그들이 "언제나처럼 완벽하게 같은 견해를 지닌 채" 헤어졌다고 믿었다.[65] 괴벨스가 한 발 물러서서 그러한 타협을 승리로 느끼고, 또 '우리 중의 혁명가들', 특히 누구보다 자기 자신이 경계를 게을리 하지 않을 것이라고 자신을 달래는 데는 또 다른 이유가 있었다.[66] 히틀러가 그에게 제국선전책을 약속했던 것이다.

가증스러운 슈트라서 형제를 제거할 수 있다는 전망 때문에 괴벨스는 '보스'가 독일국가인민당과 철모단과의 공조 문제에서 자신과 같은 견해라는 믿음을 계속 지닐 수 있었다. 그는 기회만 생기면 줄곧 이러한 견해를 밝혔다. 6월 말 괴벨스는 노이쾰른의 하젠하이데에 있는, 특히 좌파들이 집회를 열곤 하던 노이에벨트 연회장에서 열린 한 집회에서 "왜 우리는 도스 안(案)을 지지했던 이른바 애국자들의 통일전선에 참여할 수 없는가."[67]라고 연설했다.

그로부터 며칠이 지난 어느 날 저녁 베를린에서 히틀러를 만난 후 괴벨스의 입장은 완전히 달라졌다. 괴벨스가 자신의 모든 것을 빚지고 있으며 "모든 사람 중에서 가장 사랑하는" "그의 보스"와 대립하게 되자

헤스(Rudolf Heß, 1894~1987) 1920년 나치당에 입당하여, 1923년 히틀러와 함께 뮌헨 봉기에 참가한 후 란츠베르크 육군형무소에 투옥되었다. 당시 그는 옥중에서 히틀러가 구술하는 《나의 투쟁》을 받아 적었다. 1933년 나치의 정권 획득 후 총통대리가 되었으나 이는 나치 국가의 2인자라기보다는 나치당수의 대리인이었다. 1941년 5월 10일 단독으로 군용기를 몰고 영국으로 가서 낙하산을 타고 뛰어내린 그는 영국 정부와 강화를 위한 담판을 지으려 했으나 도리어 체포, 감금되었는데, 나치 정권은 이를 반역으로 받아들였다. 이 사건의 배경을 두고 아직도 여러 가지 추측이 난무하는데, 이는 영국 정부의 관련 자료가 아직 미공개 상태이기 때문이기도 하다. 1946년 뉘른베르크 재판에서 종신형을 받고 복역 중 1987년 8월 17일 자살했다. 네오나치 진영은 헤스의 나치즘에 대한 신념, 오랜 수감 기간, 그리고 자살 '의혹' 등을 이유로 그를 '순교자'로 섬기며 매년 그가 죽은 날 추모제를 열고 있다.

자신의 입장이라는 것은 또 한 번 맥없이 무너졌다. 그리고 그에 못지않게 중요한 점은 히틀러가 그날 저녁 괴벨스를 제국선전책으로 삼겠다는 약속을 되풀이해서 확인했다는 사실이다. 그리하여 괴벨스는 일기에 마치 그전에 전혀 다른 생각을 한 적이 없었던 것처럼 쓰고 있다. "우리는 베르사유 조약과 영 안에 반대하는 독일 민족의 국민청원에 동참한다. 그러나 우리는 최전선에 나설 것이고 독일국가인민당의 가면을 벗길 것이다. 우리는 그 모든 동맹 속에서 승리를 거둘 충분한 힘을 지니고 있다."[68]

1929년 7월 9일 '민족적 저항 세력'의 지도자들인 후겐베르크, 젤테, 범독일연맹*의 클라스(Claß) 법률고문관과 히틀러가 참여하는 '영 안 반대 국민청원 위원회'가 결성되었다. 발트 해안의 프레로프에서 여름휴가를 보내고 있던 괴벨스는 이 소식을 듣고 히틀러가 그런 집단에 속하는 것을 보는 일은 몹시 고통스럽다고 썼다. 그는 다시 한 번 '혁명의 파수꾼'인 자신의 과제는 "우리가 기만을 당하지 않고 그런 야단법석 속에서 지도권을 확보하고 다른 세력을 이끌고 갈 수 있도록" 경계를 늦추지 않는 것이라고 생각했다. "그 어느 때보다도 반동의 위험이 큰 것은 사실이지만 우리는 이러한 과업을 이룰 수 있을 것이다."[69]

사실 그는 되풀이해서 자신을 속이고 있었다. 국민청원 참여 문제와 마찬가지로 이후로도 그는 당의 노선 결정에 크게 간여하지 못했다. 그는 히틀러에게 굴복했으며 때때로 조금씩 회의를 느낀 건 사실이지만 그래도 히틀러를 무조건 추종했다. 히틀러가 성공을 거두어서 그가 옳았다는 것을 증명하면 그러한 회의는 완전히 사라졌다. 이번에도 그와 엇비슷하게 상황이 전개될 것이었다. 그러니까 나치당은 사실상 처음으로 독일 정치의 중요한 문제에서 발언권을 행사할 기회를 얻었고 그 덕분에 민족주의 성향의 국민들에게 폭넓은 지지를 받을 수 있었다. 이는 세계

경제 위기와 관련해서 진정으로 중요한 의미를 지녔는데, 그 위기 상황의 사회적이고 경제적인 결과들은 많은 사람들이 정치적 대안을 찾도록 만들었던 것이다.[70]

'반동'과 맺은 히틀러의 계약은 처음부터 괴벨스에게 지금까지 별로 성과가 없었던, 베를린 노동자들을 얻으려는 투쟁에서 완전하게 패배할 것이라는 불안감을 불러일으켰다. 왜냐하면 베를린에서는 경제 위기로 악화된 상황에서 이득을 보는 공산당이 있었기 때문이다. 이런 상황에서 베를린에서 전통적인 '노동계급 투쟁의 날'에 옥외 집회 금지령이 내려지자 공산당은 스탈린의 지시에 따라 의도적으로 프로이센 정부와 충돌하려 했다. 사민당이 이끄는 프로이센 정부는 바이마르공화국의 대들보와도 같았던 것이다(바이마르공화국 당시 18개 주 중에서 프로이센 주의 인구와 영토는 전체의 약 60%에 이르렀다).

〈적기〉는 여러 편의 논설에서 그 집회 금지령에 대항해 무장 행동을 벌일 것이라고 위협했다. 1929년 5월 1일 공산주의자들은 그들이 '사회주의 파시스트'라고 비방하던 사회민주주의자들이나 노동조합원들과는 달리, 베를린 곳곳에서 가두집회를 공고했다. 이는 재난으로 이어졌다. 노이쾰른에서 경찰관들은 저격의 공포 때문에 경고 사격을 했고, 붉은전사동맹원들은 이를 꼬투리 잡아서 개별적으로 총격을 가하기 시작했다. 당장 격렬한 시가전이 벌어졌고, 여기서 경찰은 전례 없이 강경한 조치를 취하여 기관총이나 장갑차량까지 투입했다. 밤 늦게까지 계속된 시가전은 그 다음 이틀 동안 다시 불붙었다. 그 '피의 5월'의 결과는 사망 33

범독일연맹(Alldeutscher Verband) 1891년부터 1939년까지 존재했던 단체로, 독일황제 제국 시대의 다양한 선전 선동 단체 중 비교적 작은 규모였으나 가장 활동적이고 영향력이 강한 단체 중 하나였다. 이 단체의 강령은 팽창주의적·민족주의적이었으며, 1차 세계대전 종전 후 극단적 반유대주의 노선도 취하게 되었다.

1925년 5월 1일 베를린에서 공산주의자들은 경찰의 집회 금지령에도 불구하고 대규모 시위를 조직했다. 위 사진은 그날 한 공산주의자가 집회를 금지하는 경찰과 시비를 벌이는 장면이고, 아래 사진은 노이쾰른에서 경찰이 시위자들을 쫓는 모습이다.

명, 민간인 부상자 198명, 경찰관 부상자 47명, 체포 1,228명이었다. 그 결과 공산주의 투쟁조직인 붉은전사동맹은 프로이센에서, 그리고 그로부터 얼마 지나지 않아 독일 전체에서 금지되었다. 그러나 붉은전사동맹은 지하에서 활동을 계속했다.

베를린 나치당은 관구장의 지시에 따라 '프롤레타리아의 세계적 축제일'에는 자중하는 태도를 보였는데, 이러한 충돌이 정부는 허약하고 공산주의자들은 위험하다는 사실을 드러낼 수 있고 게다가 '바이마르 체제'를 불안정하게 만들 수 있다고 여겼기 때문이다. "이것이 이른바 굳게 뿌리내린 공화국이다. 통곡할 일이다!"라고 괴벨스는 위선을 떨었다.[71] 〈공격〉에서 그는 '죽은 노동자들, 비겁한 관료들, 웃고 있는 자본가들'이라는 표제의 글에서 공산주의자들의 총격은 무의미한 짓이었으며 이에 비해 갈색 셔츠들의 혁명적 열기가 유일한 대안이라고 선전했다.[72] 실제로 금지된 붉은전사동맹으로부터 돌격대로 옮겨오는 사람들이 생겨났다.[73]

이제 괴벨스는 자신의 방식으로 공세를 펼쳤다. 돌격대는 무산계급 지역에서 행진과 기타 선전 활동을 펼쳐, 적인 공산주의자들에 비해서 수적으로는 소수에 불과한 나치당의 매력과 우월성을 과시하려 하였다. 괴벨스는 이 과제를 그가 특히 능력이 있다고 신뢰했던 돌격대 지도자들에게 맡겼는데, 여기에는 5월 초 프리드리히스하인 구역의 돌격대 34부대를 담당하게 된 베셀도 포함되었다. 그의 부대는 곧 제5중대가 되었다. 그 젊은 나치주의자의 성공적 모집 활동 덕분에 그의 그룹은 5월 중에 이미 중대의 지위로 격상되었던 것이다.[74]

베셀의 활동 반경에는 피셔키츠도 들어 있었다. 피셔키츠는 베를린의 슈타트슐로스 궁전과 알렉산더 광장의 경찰청 사이에 있으며 극빈층이 거주하던 곳이었는데, 공산당이 지배하는 악명 높은 지역이었다. 8월 말 피셔키츠에서 몇 차례 충돌이 있었으나 그나마 별 사고 없이 끝났다. 그러나 곧 그 구역의 공산당 본부인 식당 '호페'에서 심각한 충돌이 일어났다. 8월 28일 〈적기〉에 커다랗게 쓰인 표제는 "베를린의 파시스트 살인자들!"이었다. 당 본부인 식당 호페를 습격한 사건으로 노동자 4명이 중상을 입고 1명은 가벼운 부상을 입었다. 경찰은 또 다시 침입자가 도주하도록 놔두었고 그 대신 노동자 4명을 체포했을 뿐이다. 이제 "경찰이 파시스트들을 보호하는 상황에서, 무산계급 인민들이 스스로를 보호하고 파시스트 깡패들을 근절"해야 할 때가 왔다.

한편, 나중에 심지어 '피셔키츠의 전선 경험'이라는 별도의 난을 마련한 〈공격〉은 이 사건을 다음과 같이 서술했다. 즉, 돌격대 5중대를 실은 자동차가 멈춰 서고 베셀이 "볼셰비키 도적의 소굴에 사는 이들"에게 연설을 했으며 그런 와중에 베셀은 공산주의 테러가 계속되는 것을 경고했다는 것이다. 순식간에 거리는 수상쩍은 사람들로 들끓는 마녀의 솥처럼 변했다. 돌격대원들은 마치 물 만난 물고기와 같았다.[75]

이미 6월에 베딩의 파루스 홀에서 거행된 공산당의 12차 전당대회에서는 비록 여전히 사민당을 주적으로 보면서도 '하켄크로이츠 놈들'도 진지하게 적으로 받아들였다. 베를린브란덴부르크 공산당 구역장의 보고에 따르면, 폭력을 써서 프롤레타리아의 사기를 꺾으려는 과제가 '사회주의 파시스트들'로부터 이제 그들과 동맹을 맺은 나치주의자들에게로 넘어갔다. 코민테른의 분석에서 예견한 백색 테러는 앞으로는 갈색 셔츠를 입을 것이다. 당 본부인 호페 습격은 그런 맥락에서 반혁명적 행위들의 연속선에 있는 사건이었다.[76] 스탈린의 측근이자 정치국원 후보이며 〈적기〉 편집장인 하인츠 노이만(Heinz Neumann, 1902~1937)의 주도로 8월 말 그 전투적 잡지에는 "파시스트들을 만나는 대로 공격하라!"라는 구호가 등장했다.[77]

괴벨스는 공산주의자들의 선전포고를 받아들였다. "투쟁은 폭력으로 이루어져야 하고 그렇게 될 것이다. 그리고 그것은 좋은 일이다."라고 적었다.[78] 수적으로도 훨씬 많고 조직도 더 잘 구성되어 있는 공산당의 불법 군사조직원들은 실제로 그 어느 때보다도 강력하게 공세를 취해 왔다. 돌격대원들이 습격당하는 일이 자주 일어났고, '갈색 셔츠들'이 신중한 계획에 따라 공산당을 습격해 보복하는 일도 빈번해졌다.

그들이 서로에게 얼마나 이를 갈고 있었는지는 양측의 투쟁적 잡지들이 사용하던 언어가 잘 보여준다. 일주일에 두 차례 발행되는 〈공격〉은 노동자 지역을 '붉은 지옥', 공산주의자를 '모스크바 놈들'이나 "으르렁거리고 발광하는 저급 인간들"이라고 묘사했다. 그중에서도 여성들을 가장 살벌하게 묘사했는데, "그 여자들은 고함치고 빽빽 소리를 지르고 우리 앞에서 수치심도 없이 옷을 벗어버린다." 그들은 '박멸'하고 '제거' 해야 하는 "독을 뱉는 짐승들"이다.[79] 〈적기〉에서도 이와 마찬가지 언어들이 사용되었다. 여기서는 '갈색 페스트'와 "노동자를 살해하는 괴벨스"라는 말 따위가 등장했다.

당의 집회나 시위에서 지칠 줄 모르고 "유대인과 볼셰비키의 전 지구적 페스트"와 "그 음모"인 영 안에 반대하는 선동을 거듭해 온 괴벨스는 6월 22일 공산주의자들의 공격에서 간신히 벗어날 수 있었다. '붉은 노이퀼른 지역'의 괴를리츠 역에서 공산주의자들이 그를 알아보았다. 괴벨스는 이 사건을 다음과 같이 기록했다.

> 내 눈 앞에 곤봉, 단검, 격투용 반지 등이 난무했다. 나는 어깨에 한 방 맞았다. 옆으로 몸을 돌리자 공산주의자 한 놈이 내게 달려들었다. 총격이 가해졌다. 돌이 날아들었다. 토나크(Tonak)는 이미 중상을 입고 피를 흘렸다. 살벌한 총격전이 벌어졌다. 자동차에서 총알이 날아왔다. 폭도들은 물러났다. 나는 토나크의 상처를 돌보았다. 그는 침착함을 잃지 않고 차를 몰고 그곳을 떠났다. …… 우리는 구출되었다.[80]

괴벨스는 거기서 벗어나게 된 것을 자신의 드높은 사명 때문이라고 말했다. 그는 1929년 10월부터 그 신생 공화국이 겪게 된 사건들을 마찬가지로 운명의 섭리로 여겼다. 10월 3일 외무장관 슈트레제만이 사망했다. 이를 "심장마비를 통한 처형"이라고 쓴 괴벨스는 '독일의 자유'로 가는 길에서 돌이 하나 치워졌다고 보았다. 왜냐하면 그가 죽음으로써 바이마르공화국의 연립정부는 이를 통합하는 중심 인물을 잃었기 때문이다. 앞으로 특정한 사회 정책에서 독일국민당의 기업가 진영과 사민당의 노조 진영 사이에 유지되던 균형이 더는 불가능하다는 사실이 곧 드러날 것이다.

슈트레제만이 죽고 얼마 후 발생한 월스트리트의 '검은 금요일' 때문에 새로운 독일 배상금 지불 규정은 기초부터 흔들리게 되었다. 이 새 규정은 1930년에 라인란트의 점령 지역으로부터 마지막 연합군이 철수하는 사안과 결부되어 있기도 했다. 10월 말 뉴욕 증시에서 유가증권과 달러 시세는 하염없이 추락했고, 그때까지 몇 년 동안 독일로 풍부하게 유입되던 외국 자본이 단번에 사라져버렸다. 심각한 수준의 경제 침체가 시작되었고 그 과정에서 1930년 1월까지 실업자 수는 339만 명으로 치솟았다. 58년에 걸쳐 20억 금마르크의 배상금을 변제한다는 영 안(案)은 이러한 상황 때문에 거의 터무니없이 보였다.

'민족주의 야당 세력'의 영 안 반대 국민청원은 10월 16일부터 29일까지 진행되었는데, 근소한 차이로 성공을 거두었다. 국민청원에 필요한 10%를 간신히 넘는 유권자들이 여기에 찬성했다. 헌법에 따라서 이제 제국의회에 법안을 상정해야 했다. 괴벨스는 "계속 춤출 수 있게 되었다."라고 논평했는데, 이는 계속해서 선동을 할 수 있음을 뜻했다.[81] 11월 말 제국의회에서 국민청원이 압도적 반대로 거부되자 다시 국민투표가 실시되었는데 여기서는 유권자 50%의 찬성이 필요했다. 국민투표 결과 13.81%, 즉 "합리적인 사람이 현 상황에 따라 적당하게 기대했던 꼭 그만큼'의 유권자가 찬성했고, 괴벨스는 이 상황을 나치당이 '민족주의 제국위원회'에 가입하는 데 반대했던 당초 자신의 입장이 확인된 것이라고 보았다.[82]

지금 상황에서 영 안의 수용을 막을 수 있는 권한은 대통령만이 가지고 있었다. 그러나 이는 기대할 수 없는 일이었기 때문에 이제 대통령이 선동의 포화를 뒤집어쓰게 되었다. 괴벨스는 〈공격〉에서 "힌덴부르크는 아직 살아 있는가?"라는 표제로 그를 비방했다.[83] 그 글에서 괴벨스는 그를 힌덴부르크 씨라고 부르면서 그가 영 안 문제에서도, 비슷한 다른 문제들과 마찬가지로 "유대인과 마르크스주의자 자문들이 속삭이는 대로" 결정을 내릴 것이라고 했다. 한 만평에서 대통령은 수 세대에 걸친 독일 민족이 묶인 채 노예 상태로 끌려가는 것을 냉정하게 바라보고만 있는 무감각한 게르만 신으로 묘사되었다. 아래 설명에는 "그리고 구세주는 보고만 있다."라고 적혀 있었다.

1930년 1월 20일 헤이그에서 조인된 영 안이 3월 12일 힌덴부르크의 주도로 제국의회에서 찬성 270표, 반대 192표로 최종 통과되었다. 그러자 괴벨스는 그 '노인'에게 더욱 표독스럽게 앙갚음을 했다. 정치경찰들은 보고서에서 관구장 괴벨스가 재향군인회관에서 했던 연설을 서술했는데, 괴벨스는 힌덴부르크가 영 안에 서명함으로써 "암거래 정부와 암거래 공화국의 앞잡이"가 되었기 때문에 이제 더는 독일 민족과 힌덴부르크를 하나로 묶을 수 없다고 선언했다. 힌덴부르크는 나치당에게는 이제 쓸모가 없었던 것이다. 정치경찰의 보고서에 따르면, 괴벨스는 독일 민족에게 보내는 히틀러의 선언문을 낭독한 후에 또다시 대통령을 경멸적으로 비난하면서 힌덴부르크가 젊은 세대의 미래를 강탈해 갔다고 주장했다.[84]

'바이마르 체제'와 그 '관료 대표자들'에 반대하는 선동이 만들어낸 분위기는 베를린에서 일어난 부패 사건이 분명하게 보여준다. 이 사건은

1929년 11월 절정에 달하면서 베를린 차원을 넘어서서 바이마르공화국 전체를 뒤흔들었다. 경찰 제복을 납품하는 의류 판매 회사의 소유주 스클라렉(Sklarek) 형제는 신용거래상 사기 행각을 벌여 베를린 시립은행에 손해를 끼쳤다. 더 나아가 그들은 시 정부 관료와 지역 정치인들(여기에는 독일민주당 소속 베를린 시장 구스타프 뵈스Gustav Böß도 있었다)에게 싼 가격에 상품을 제공했는데, 이것이 뇌물이라고 대대적으로 선전되었다. 뵈스는 초당적인 언론 캠페인의 희생자가 되어 사임했는데, 나중에 그의 무죄가 밝혀졌다. 〈적기〉를 필두로 울슈타인과 모세 출판사의 가판 신문들, 그리고 후겐베르크의 〈베를리너 로칼안차이거〉, 괴벨스의 〈공격〉 등이 똘똘 뭉쳐서 스클라렉 스캔들을, 자신들이 이 사건의 주범으로 낙인 찍은 시장을 궁지로 모는 거칠 것 없는 중상모략 캠페인으로 악용했다.

이 모든 일들이 나치주의자들이 1929년 11월 17일 베를린 시 의회 선거에서 득표율 5.8%, 득표 수 132,097표를 얻는 데 도움이 됐다. 그 진 선거들에서 극히 저조한 성적을 거두었으나 괴벨스는 "가장 원대한 꿈들"이 충족되었다고 말했다. 그는 "특히 프롤레타리아 지역들에서" "커다란 성장"을 이루었다고 믿었다. "범(凡) 마르크스주의 진영에서 5만 표를 빼앗아 왔다. 이는 가장 즐거운 길조이다."[85] 그는 〈공격〉에서 슈트라서 형제를 염두에 두고 이와 비슷한 투로 말했다. 그는 선거 분석 논설의 제목을 '히틀러가 카를 마르크스를 집어 삼킨다'라고 달았는데,[86] 사실 공산당은 그 '하켄크로이츠 놈들'의 득표 수보다 네 배 이상의 득표 수를 기록했다. 여기서 괴벨스가 어떻게 '계산'을 했는지는 '붉은 베딩'에서 당이 거둔 성적이 잘 보여준다. 그곳에서 나치당은 득표율을 300% 상승시켰다. 그러나 득표율을 직접 비교하면 나치당은 그곳에서 겨우 3.1%를 득표한 반면 공산당은 40.6%를 득표했다.

그러나 그리 화려하지 않은 선거 결과는 마침내 나치주의자들이 베를린 지역 정치의 장으로 들어서고 이를 선전의 무대로 이용할 수 있게 되었다는 점에서 보자면 이후 성공을 위한 일보 전진이었다. 그들의 의원단은 13명으로 구성되었고 괴벨스가 의원 대표를 맡았다. 그러나 그는 의원직을 유지하는 동안[87] 베를린 시 의회에서 한 번도 연설을 하지 않았다.[88] 그의 동료 의원들이 그 대신 정적들, 특히 공산주의자들을 곤란하게 만드는 일을 도맡아 했다. 나중에 동독 대통령이 되는 빌헬름 피크(Wilhelm Pieck, 1876~1960)가 의원 대표로 이끄는 공산주의자들은 21석을 추가 획득, 총 56석의 의석 수로 알렉산더 광장의 붉은 시청에서 사회민주당 다음 가는 제2당이 되었다.

선거 결과에 따라 괴벨스는 지역 정치를 담당할 기관을 만들었다. 시 의회 의원단은 잘 훈련받은 특수 부대로 베를린을 나치 특유의 정치적 선전으로 '감염'시키는 일을 맡았다. 상호 조율과 정보 교류의 목적에서 의원단은 〈베를리너 코무날미타일룽스블라트(Berliner Kommunal-Mitteilungsblatt)〉를 발간하였고 다음 선거를 대비해 직원들을 훈련하였다. 또 다시 괴벨스의 측근 무호브가 이러한 조치들을 계획하고 일부는 직접 실현하기도 하였다.

관구장의 지시에 따라 무호브는 곧 세포 체제의 개선에 나섰다. 이는 당의 기강을 강화하고 그 구조를 확고히 하려고, 다시 말해 당을 "좀 더 효율적이고 유연하게", 한마디로 "더욱 전투력 있게" 만들려는 조치였다.[89] 무호브는 지금까지 돌격대에서 배출해 온 400~500명의 시가세 포장들을 민간인 당원들로 교체했다. 이와 동시에 각 세포의 소속원들은 규정에 따라 최대 50명까지만 허용했다. 새로 추가된 세포장들에다가 거의 50개 지역과 약 20개 지역 기지들의 지역 지도원들까지 합치면, 이제 약 1,200명의 간부들이 활동하게 되었는데, 이로써 베를린 나치당이 1개 관구당 간부 수에서 최고를 기록하게 되었다.[90]

베를린에 "잘 훈련되고 집요한 체제 반대자들"의 네트워크를 점점 더 촘촘하게 만들어 나가던 괴벨스에게 1929년 말 개인적으로 충격적인 일이 일어났다. 1929년 12월 7일 아버지가 사망했다는 소식이 전해졌다. 라이트로의 여행은 과거로의 '연극적으로 과장된' 여행이 되었다. "거기 아버지 관 옆에 아들들이 서서 울고 울고 또 운다. 얼마나 자주 아버지의 손은 나에게 호의를 베풀었던가! 그의 입은 얼마나 자주 내게 용기를 주었던가. 이제 모든 것이 조용하고, 차갑고, 미동도 없다." 그리고 그는 다음과 같이 결론을 내렸다. "인생은 냉혹하고 무자비하다."91) 장례식 준비로 바쁜 이틀 낮과 "아버지를" 이야기하는 이틀 밤을 보내고 난 뒤, 가족은 그를 라이트의 묘지에 안장했다. 괴벨스는 곧 달렌 거리의 조그만 집에서 가족들에게, 특히 어머니에게 작별을 고했다. "나는 커다란 행복을 느낀다. 이 어머니가 아직 살아 계시다는 점 때문에. 그녀는 나의 가장 사랑하는 동지이다."92)

괴벨스는 그 다음 몇 주 동안 베를린에서 여러 명의 동지들을 잃어야 했다. 이 때문에 진정 충격을 받았는지 아니면 단지 그런 척했는지를 떠나서, 그는 언제나 그런 죽음을 언급하면서 병적인 말들을 사용했고, 그들의 죽음을 우선 선전의 측면에서 바라보았다. 이는 발터 피셔(Walter Fischer)의 죽음 때도 마찬가지였다. 바로 며칠 전까지만 해도 돌격대에 속했던 피셔는 공산주의자들과 싸우다 죽었다. 그 후 괴벨스는 베를린 서부의 페벨린 광장에서 돌격대 행진을 지시하고, 이미 탈당했던 피셔를 연설에서 다시 나치주의자로 끌어들이고, 복수를 부르짖는 '피의 희생자'로 예찬했다. 이는 그 후 돌격대 제복을 입은 프로이센 왕자 아우구스트 빌헬름(August Wilhelm)을 포함하여 거기 모인 '엄청난 군중'을 '붉은 살인마들'에 대항하도록 선동하려는 것이었다. 피셔의 영결 집회는 괴링과 돌격대 소위 호르스트 베셀의 연설로 끝났다.93)

호르스트의 동생 베르너 베셀(Werner Wessel) 역시 돌격대에 소속되

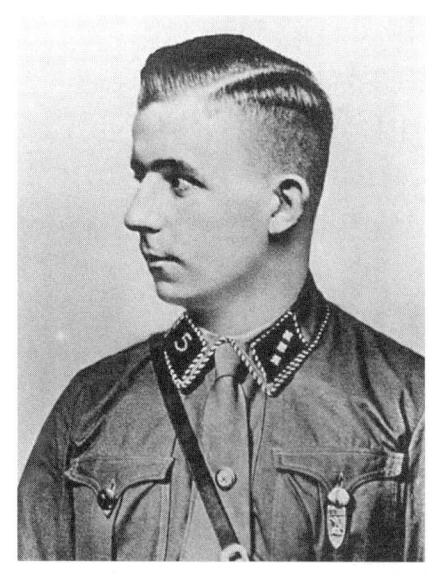

나치 운동의 상징이 된 호르스트 베셀. 괴벨스는 돌격대 소위 베셀이 공산당원들의 총에 쓰러지자 그가 죽기 전부터 철저히 정치 선전에 활용했다. 괴벨스의 작업으로 베셀은 '제3제국의 순교자' 이자 영웅으로 미화되었다.

어 있었는데, 12월 31일 직전 그의 장례를 치러야 했다. 베르너는 리젠게비르게 산에서 스키를 타던 중 길을 잃고 얼어 죽었다. 500여 명의 돌격대원들은 횃불을 들고 카를 리프크네히트 회관을 지나 성(聖) 니콜라이 교회 묘지까지 행진했다. 관구장은 그 장례식을 치르고 "가슴 벅차고 충격적이었다. 나는 아무 말도 할 수 없었다."라고 적었다.[94] 그로부터 2주 후에 방금 묻힌 그의 형제, 괴벨스의 최측근 추종자인 호르스트 베셀도 같은 운명에 놓였다.

피셔키츠 지역을 둘러싼 투쟁에서 호르스트 베셀은 두려움과 적개심을 불러일으켰다. 그는 지난해 연말부터 공산주의자들의 모범에 따라 샬마이 음악대를 구성하여, 그 노동자 구역을 잠식해 들어갔고, 이미 붉은 전사동맹의 살생부에 올라 있었다.[95] 그들은 유리한 기회만 노리고 있었다. 그 기회는 1930년 1월 14일 저녁 잘름(Salm)이라는 이름의 한 과부가 드라곤 거리의 한 식당에 나타나면서 찾아왔다. 그곳에서 막 모임을 열고 있던 공산주의 시가세포 소속원들에게 그녀는 자신이 어느 '나치'와 집세 때문에 분쟁을 겪고 있다면서 그에게 본때를 보여 달라고 말했다. 그녀가 세상을 떠난 공산주의자 남편을 교회 의식에 따라 매장했기 때문에 공산주의자들은 처음에는 그녀의 부탁을 거절했다. 그러나 그녀의 입에서 튀어나온 베셀이라는 이름을 듣자 그들은 그녀를 돕겠다고 했다.[96]

그들은 소동을 피하기 위해 소규모 그룹으로 나눠서 그로세 프랑크푸르트 거리에 있는 베셀의 집으로 찾아갔다. 붉은 전사 알베르트 횔러(Albert Höhler)와 에르빈 뤼케르트(Erwin Rückert)는 계단을 따라 아파트로 올라가고 나머지는 거리에서 망을 보고 있었다. 횔러는 권총을 빼들고 문을 두드렸다. 돌격대원이 문을 열자 공산주의자는 방아쇠를 당겼다. 베셀은 여자 친구이자 전직 매춘부인 에르나 예니헨(Erna Jaenichen)이 지켜보는 가운데 중상을 입고 쓰러졌다. 횔러와 다른 자들은 도주했다. 베셀이 실려 간 프리드리히스하인의 성 요셉 병원 의사들이 그를 살리려고 노력하던 한밤중, 붉은전사동맹 소속원들은 그 사건을 공산당 구역 지도부에 보고했고, 지도부는 곧바로 주범들의 도주를 주선했다. 간부들은 잘름을 다음날 아침 카를 리프크네히트 회관으로 불러들여 경찰에게 이 사건을 포주들 사이에서 일어난 분쟁 때문이라고 진술할 것을 요구했다.[97]

그로세 프랑크푸르트 거리의 습격 사건 후 3일이 지나 괴벨스는 절망에 빠진 베셀의 어머니를 만나 '침통한 시간'을 보냈다. 그녀는 괴벨스에게 아들의 인생 역정을 토로했다. '더 나은 세상'을 위하여 대학을 그만두고 나치주의자들에게 합류한 한 학생의 이야기였다. 목사의 미망인인 그 어머니는 나아가 매춘부를 사랑하게 되고 그녀를 매춘의 세계에서 구해낸 아들의 선교적 열정도 설명했다. "꼭 도스토예프스키 소설에 나오는 이야기 같았다. 백치, 노동자, 창녀, 시민계급 가족, 영원한 양심의 가

책, 영원한 고통"이라고 괴벨스는 그 '이상주의적 공상가'의 삶을 논평했다.[98]

그로부터 얼마 지나지 않아 그는 베셀의 병상 옆에 섰다. '돌격대 소위'는 내출혈을 멈추게 하는 수술을 이겨냈다. 그러나 외과 의사들은 소뇌 앞에 박힌 탄환을 뽑아내는 데에는 실패했다. 괴벨스는 일기장에 다음과 같이 썼다. "얼굴 전체가 총상 때문에 일그러졌다. 그는 나를 뚫어지게 쳐다보았다. 그러다가 눈에는 눈물이 괴고 웅얼거렸다. '견뎌내야 합니다! 나는 기쁩니다!' 나는 거의 울 뻔했다."[99]

물론 괴벨스는 이러한 글을 쓰기 전부터 베셀의 고통을 선전에 철저히 활용하고 있었다. 〈공격〉 독자들을 위한 그의 과장되고 병적인 보고는 살인자들을 "곤죽이 되도록" 패야 한다는, 증오에 가득한 요구에서 절정에 달했다. "이에 반대하는 어떤 논리도 더 있을 수 없다!"[100] 괴벨스는 이로써 최근 〈적기〉의 보도에 반응한 셈인데, 여기에서는 "나치 학생 베셀"이 포주라고 씌어 있었다. "베셀 습격은 질투 때문에 일어난 사건이다. 경찰 보도의 뻔히 들여다보이는 거짓 선동들. …… 휠러는 공산당원이 아니다. 공산당은 그러한 행위와는 관련이 없다."[101]

괴벨스의 독촉에 따라, 처음에는 〈민족의 파수꾼〉이 1월 19일 '포주와 살인자가 붉은 전사의 기수'라는 표제의 글을 실었다. 여기서는 지금까지 진행된 베셀 습격 사건의 수사 결과를 보면 공산주의자들이 이미 오래전부터 그 범죄를 준비했다는 것을 보여주는 명백한 증거가 나타났다고 주장했다. 또한 붉은전사동맹 지도부와 포주들이 협력하고 있다는 사실이 다시 한 번 드러났다면서 "공산당에 속한 선량한 독일 노동자들은 자신들의 붉은 깃발을 치켜든 그자들이 화대로 근근이 살아가는 범죄자와 '사나이들'이라는 사실을 알고 과연 무슨 말을 할 것인가."라고 썼다. 1월 21일 발행된 〈공격〉은 베셀의 병세를 상세히 서술한 괴벨스의 보고뿐 아니라, 그 투쟁지의 편집자들이 작성한 수배 공고가 실려 있었다. 수

배 공고에는 범인의 자세한 인상착의와 함께 경찰이 휠러 체포에 도움을 주는 신고자에게 주기로 한 현상금 500마르크를 베를린 나치당에서 1,000마르크로 올린다고 적혀 있었다.

처음에 베셀의 상태가 더 악화되지 않는 것처럼 보일 때, 나치와 공산주의 진영 신문들의 선전 전쟁은 치열하게 전개되었다. 1930년 2월 3일 경찰은 한 공산주의자가 누설한 거처에서 휠러를 체포하였고, 그 후 며칠 동안 공범 혐의를 받고 있는 공산당원들을 베를린 지하 세계에서 추가로 체포할 수 있었다. 그들 중 일부가 자백했기 때문에 이제 이 사건은 돌격대 소위에 대한 정치적 테러라는 사실이 분명해졌다. 괴벨스는 이 모든 점에서 승리자로 부각될 수 있었다. 이제 〈적기〉 편집진의 입장에선 휠러와 다른 동지들로부터 거리를 두는 일 말고는 달리 할 일이 없었다.

독일 전역의 유력 언론들의 보도 덕분에 유명해진 호르스트 베셀의 상태는 곧 급격히 악화되었다. "그의 상태가 매우 좋지 않다. 3일 전부터 열이 39.5도까지 오르고 있고 아무것도 먹지 않는다. 그는 마치 해골처럼 보인다. 우리가 그를 다시 얻을 수 있을지 몹시 걱정스럽다. …… 신이여, 그를 살려주소서."[102]라고 괴벨스는 바랐다. 이는 공산주의 언론의 미숙한 대응, 경찰 수사 결과 등이 어느 때보다도 그러한 정치 테러로부터 나치당에게 유리한 결과를 끌어낼 기회를 주기 때문이기도 했다. 〈공격〉이 매호마다 상세히 보도하고 있는 베셀의 죽음과의 사투가 길어질수록 더 많은 사람들이 동정을 느끼고, 그 범인에 대하여, 나아가 그러한 폭력을 제지하지 못한 '바이마르 체제'에 증오를 느낄 것이라고 괴벨스는 계산했다.

나치 운동을 위하여 수백 번의 장내 난동과 싸움질을 겪었던 23살의 베셀은 1930년 2월 23일 사망했다. 괴벨스는 그를 '제3제국'의 새로운 '순교자'라고 이름 붙였다. 독일어권 전역에서 베셀의 죽음을 알리는 보도가 다음날 신문을 장식했을 때 괴벨스와 괴링과 뒤르는 앞으로 어떠한 추가 조치를 취할 것인지를 놓고 협의했다. 그들은 3월 12일까지 당원들에게 애도 기간을 지시하기로 합의했다. 이 기간 동안 당원들은 공공연한 유흥 행위를 삼가야 했다. 부모들은 아이들이 기도 시간에 독일의 모든 젊은이들이 베셀의 '희생 정신'을 지니게 해 달라고 기도하도록 지도해야 했다. 3월 12일까지 모든 당 집회에서는 베셀의 추모가 이루어졌다. 나아가 돌격대 제5중대를 앞으로 '호르스트 베셀 돌격중대'로 부르기로 했다.[103]

그들은 행진과 연설 등을 이용해 장례식을 여론의 주목을 끄는 대중시위로 조직하려 했다. 그러나 당국은 이를 불허했다. 담당 기관의 결정을 바꾸려는 모든 시도가 실패하자 괴벨스는 죽은 자의 가족에게 다가갔다. 그리하여 베셀의 누이가 대통령과 면담을 시도했다. 종군 목사였던 그녀의 아버지는 1차 세계대전 중 힌덴부르크와 알고 지낸 적이 있었다. 그러나 그녀와 대통령의 면담은 허가받지 못했고, 이제 다른 방법이 없었다. 장례 행렬에는 오직 10대의 수행 차량만이 허가되었다. 괴벨스는 이를 "짐승 같은 야비한 짓"이라고 비난했다. 그는 이제 오로지 묘지에서 스펙터클을 벌일 수밖에 없었다.

그러나 장례식은 괴벨스에게 또 하나의 성공적인 선전 활동이 될 수 있었다. 그리고 그것은 그가 〈공격〉에 게재한 매우 감정적인 조사 때문은 아니었다. 이는 오히려 공산당 덕분이었다. 공산당 지도부는 장례식 날 반대 데모를 촉구했다. 베셀의 부모 집에서부터 베셀의 아버지의 과거 교구 교회였던 성 니콜라이 교회 묘지까지 가는 길에 경찰이 대대적으로 투입되었지만, 난투극이 벌어질 것은 불을 보듯 뻔했다. 괴벨스는 이 일로 공산주의자들이 불경한 야만인임이 드러날 것이며, 장례식의 평화적인 진행을 보장할 수 없는 경찰은 거듭 그 무능함을 보여주게 될 것이라고, 뻔뻔스럽게 계산했다.

괴벨스가 실망했던 점은 그가 베를린에서 이 상황을 히틀러에게 전화

성 니콜라이 교회 묘지에 마련된 호르스트 베셀의 묘. 베셀의 장례식은 괴벨스에게 효과적인 선전의 재료였다. 그날 베셀의 집에서 성 니콜라이 교회 묘지까지 관을 운구하는 동안 공산주의자들의 격렬한 반대 시위가 있었고 이는 공산주의자들의 야만성을 보여주려 했던 괴벨스의 의도에 맞아떨어지는 일이었다.

로 보고했는데도 히틀러가 그 돌격대 소위 장례식에 참석하기를 '정말로' 거절했다는 것이었다. 그 전날 저녁 그는 다시 직접 히틀러에게 장례식 참석의 필요성을 설득하려 했는데, 괴벨스는 자신의 승리를 '총통'이 눈앞에서 함께 경험하기를 원했던 것이다.[104] 히틀러가 참석을 거부한 것의 책임을 루돌프 헤스에게 덮어씌운 관구장은 히틀러가 베르히테스가덴에 그대로 머무를 것이라는 결정을 번복할 수 없었다.

1930년 3월 1일 이른 오후 괴벨스는 베셀의 부모 집에서 잘 계산된 말을 몇 마디 늘어놓았고, 제4연대에 속한 돌격대 소위들은 관을 어깨에 메고 두 마리의 말이 끄는 영구차로 옮겼다. 그 뒤를 애도하는 가족과 돌격대원들, 당 간부들이 따라갔다. "그렇게 영구 행렬은 침묵하며 애도하는 군중들을 뚫고 지나갔다. 2만 명에서 3만 명에 이르는 군중들은 도로

가에 빽빽하게 열을 지어 서 있었다." 공산당 중앙당사가 있는 뷜로프 광장에서 나치 반대자들은 '인터내셔널'가를 부르며 존재를 과시했다. 코블란 거리에서 공산주의자들은 경찰 저지선을 뚫었다. 돌들이 날아다녔고 영구차는 흔들거렸으며 총탄이 발사되었다. 극적인 장면이 연출되고 난 후 영구 행렬은 마침내 프렌츠라우어 베르크의 성 니콜라이 교회 묘지에 도착했다.[105]

흰 글씨로 "포주 베셀에게 마지막으로 하일 히틀러를 보낸다!"[106]라고 낙서가 휘갈겨진 교회 담 바깥에는 수천 명이 들끓고 있었고, 묘지 담 안에도 '그들의 돌격대 소위'에게 마지막 경의를 표하려는 사람들이 그만큼 있었다. 그중에는 괴링, 돌격대장 페퍼, 프로이센의 아우구스트 빌헬름 왕자 등도 있었다. "내게는 동지가 있었네"라는 노래가 울려 퍼지는 가운데 하켄크로이츠 깃발로 덮인 관이 무덤에 안장되었다. 해당 교구의 목사 두 명이 먼저 설교를 하고, 그 다음에는 베셀이 속했던 학생단체 노르마니아(Normania)와 알레마니아 빈(Allemania Wien)의 대표들이 연설했다. 그리고 마침내 면밀하게 준비된 관구장의 연설이 시작되었다.

괴벨스는 엄숙하게 '최후의 점호'를 거행했다. 괴벨스가 "호르스트 베셀!"이라고 부르면, 죽은 사람의 돌격대 동지들이 "네!"라고 대답하였다. 괴벨스는 다시 말을 이었다. 베셀은 '그리스도 사회주의자'로서, 행동으로 "내게로 오라, 내가 너희를 구원하리라. …… 누군가 한 사람이 모범을 보여야 하고 희생되어야 한다. 자 이제, 내가 준비되어 있다!"라고 외치는 자였다. "희생을 통하여 구원으로", "투쟁을 통하여 승리로." 괴벨스는 그보다 몇 년 전에 친구 플리스게스의 죽음을 희생으로 미화했던 것처럼 베셀을 나치 운동의 상징으로 미화하려 했다. 그리하여 그는 성 니콜라이 묘지에서 선언했다. "그리고 돌격대가 위대한 점호를 위하여 집합하고 모두가 호명되는 때, 총통은 너의 이름도 부를 것이다. 베셀 동지여! 그리고 모든, 모든 돌격대원들은 한 사람처럼 대답할 것이다.

'네!'라고. …… 독일이 존재하는 어디에나 너 또한 존재할 것이다. 호르스트 베셀이여!"[107]

베셀이 정말로 그 운동의 상징이 될 수 있었던 것은 그가 1929년 3월에 만든 노래 덕분이었다. 그 노래는 그때까지 거의 불리지 않다가 그의 무덤에서 돌격대가 부르면서 알려졌다. "깃발을 들어라! 대열을 굳게 하라!/ 돌격대는 용감하고 확고한 걸음으로 행진한다./붉은 전사와 반동들이 살해한 동지들도/영혼으로 우리 대열과 함께 행진한다." 괴벨스는 거친 가두 난투극으로 이어진 그 장례식 도중에 10년이 지나면 어린 아이들이 학교에서, 노동자들이 공장에서, 군인들이 거리에서 이 노래를 부르게 될 것이라고 선언했다.[108] 그는 틀렸다. 3년도 채 지나지 않아 베셀의 노래*는 그 후 12년간 사실상 독일의 국가 역할을 하게 되었던 것이다.[109]

베셀의 노래 〈호르스트 베셀의 노래〉는 〈독일인의 노래〉 1절과 함께 제3제국의 국가로 쓰였다.

7장

이제 우리는 완전히 합법적이다. 아무래도 상관없지만, 어쨌든 합법적이다
(1930~1931)

1930년 5월 1일 괴벨스가 관구 사무국을 총리청 바로 근처인, 크로이츠베르크 지역 헤데만 거리 10번지로 옮긴 것은 나치당의 성장세를 잘 보여주는 일이었다.[1)] 얼마 전 슈트레제만의 죽음 이후 점차 우왕좌왕하던 대연정은 실업 보험료를 0.5% 올리느냐 마느냐라는 문제를 둘러싸고 무너져버렸다. 갈수록 심각해지는 정치·경제적 위기에도 불구하고 중도적인 민주 정당들이 최소한의 합의조차 이루지 못한 채 실패함에 따라, 뮐러 내각은 기반을 잃었다. 3월 27일 뮐러 내각의 사퇴는 바이마르 공화국 최후의 의회 정부가 무너짐을 의미했다.

  괴벨스는 나치 운동이 강성해지는 데 매우 만족했지만 동시에 그해 초부터 자신의 권력을 우려해야 했다. 왜냐하면 그와 슈트라서 형제의 잠재적 갈등이 극도로 날카롭게 폭발했기 때문이다. 그의 정적들이 〈국가사회주의 서한〉에서 3월 1일을 기하여 캄프 출판사에서 새로운 일간지를 발행한다고 선언한 것이 화근이었다.[2)] 더구나 뮌헨의 당 본부에서도 곧 〈민족의 파수꾼〉의 베를린 판을 낼 계획이었기 때문에 괴벨스는 더욱 화가 났다. 〈공격〉을 1주일에 두 차례밖에 발행하지 않는 괴벨스는 이 두 계획이 독일 북부 당내에서 자신의 영향력을 잠식하려는 공격이라고 보았다.

  그래서 괴벨스는 히틀러에게 뮌헨의 자금으로 자신의 신문도 매일 발간하겠다고 제안했다.[3)] 히틀러는 괴벨스에게 언제나 반복하여 특별한 '연대와 애정'을 확인해주었고, 측근들과 있을 때면 모든 진영에 개방적인 자신의 정치 노선과 특히 대기업들과의 관계를 슈트라서 형제의 '사랑방 사회주의'가 위태롭게 하고 있다고 "몹시 날카로운 비판"을 가했다. 그렇지만 히틀러는 그전에 종종 그랬던 것처럼 이번에도 소극적 태도를 보였다.[4] 괴벨스는 결정을 회피하고 자신의 권위를 활용하지 않는 총통이 한 번은 홀로 책임을 져야 한다고 썼다.[5] 또 다른 때는, 히틀러는 강력한 태도를 보여야 하며 그러지 않는다면 히틀러와 히틀러 자신의 지도권이 슈트라서에게 패배를 맛보게 될 것이라고도 썼다.[6] 괴벨스는 히틀러가 슈트라서를 적대시하도록 만들 기회라면 절대로 놓치지 않았다. 심지어 좀 더 완벽하게 음모를 꾸미려고 자신의 '첩보국' 설치까지 결정했다.[7] 그러나 이러한 노력에도 불구하고 1930년 3월 1일, 베셀이 묻힌 바로 그날, 캄프 출판사의 일간지와 〈민족의 파수꾼〉 베를린 판이 처음 발간되었다.

괴벨스에게는 히틀러가 "이 과대망상에 걸린 키 작고 노회한 니더바이에른인(그레고어 슈트라서를 가리킨다)과 그의 길거리 추종 세력에 공공연하게 항복한" 것이 "확실했기" 때문에, 괴벨스는 "그 어떤 일도 할 용의가" 있었다. 그러나 물론 히틀러에 "대항하는 투쟁의 의도는 결코 없었고" "단지 사퇴할" 생각 정도만 가지고 있었다.[8] 괴벨스를 제국선전책으로 임명하겠다고 히틀러가 재차 확인해주었지만 이번에는 효과가 없었다. 히틀러는 이미 다섯 차례나 약속을 어겼고 그래서 괴벨스는 신용하지 않았다. 히틀러는 "숨어 있으면서 결정을 미루고, 지도하지 않고 단지 모든 사태들이 제멋대로 굴러가게 놔두고 있다."[9]

3월 29일 뮐러 내각 사퇴 때문에 수도 베를린으로 온 히틀러가 관구장에게 작센의 장관직을 주기로 하고 나아가 자신과 오토 슈트라서 사이에 "장막이 쳐졌다."라고 선언한 다음에야, 괴벨스는 사태를 좀 더 긍정적으로 파악할 수 있었다. 이때 괴벨스는 자신이 히틀러가 베를린 나치당의 내분에 개입하도록 설득할 수 있으리라 믿었다.[10] 그러나 히틀러는 그럴 생각이 전혀 없었다. 왜냐하면 그는 그 전날 힌덴부르크로부터 대통령 내각*의 구성을 위촉받은 브뤼닝*이 곧 실패할 것이라고 계산했기 때문이었다. 괴벨스와 슈트라서 형제의 분쟁에 히틀러가 개입한다면 이는 당내 갈등을 공공연하게 표출하는 일일 뿐이며, 결과적으로 이것이 제국의회가 해산될 경우 실시될 총선에 거는 자신의 희망을 모두 무너뜨릴 것이었기 때문이다.

그래서 괴벨스와 슈트라서 진영의 권력 투쟁은 우선은 각각 보유하고 있는 신문을 통해 이루어졌다.[11] 괴벨스가 공세를 시작했다. 그의 논설 내용과 어조는 정치적 비판에서 곧 명예훼손 수준으로 높아져 갔다. 괴벨스는 히틀러의 방식으로 어휘를 사용하면서 오토 슈트라서를, 자신의 "뜨거운 문화적 욕구를 식힐 수 있는" "대상을 영원히 찾아 헤매는" "3류 작가"이자 "인텔리"라고 욕설을 퍼부었다. 또 다른 곳에서는 그에겐 혁명의 본질을 이해할 능력이 없다고 깎아내렸다. 관구장은 〈책상물림 급진주의〉[12]라는 논설에서 "이 가련한 실패자는 쉽게 급진적으로 변할 수 있는데, 그 이유는 그의 급진주의가 추종자들에게 결코 책임을 지지 않기 때문이다. 그리하여 그에게는 혁명 또한 새로운 것들을 위한 경과지점이 아니라 오로지 그 자체로 중요하다. 그는 책상 앞에 앉아 현실적 가능성은 생각해보지도 않고 혁명을 고안해낸다." 슈트라서 진영은 이에 맞서 〈국가사회주의 서한〉에서, "정신과 영혼의 세기적 변혁"인 독일 혁명은 묄러 판 덴 브루크, 슈펭글러, 에른스트 니키슈(Ernst Niekisch, 1889~1963), 비니히*, 윙거* 등을 비롯한 많은 저술가들의 책에서, 그리고 나아가 "뮌헨과 로이나와 베를린의 피의 증인들"에서 드러나고 있다고 반박했다.[13]

제국의회의 조속한 해산이라는 희망이 무산되자 히틀러는 4월 26일, 뮌헨의 지도자 회의에 참석하려고 전국에서 모여든 최고 간부들 앞에서, 슈트라서 형제와 그 추종자들에 반대하는 공식 입장을 발표했다. 슈트라서 진영은 그동안 히틀러가 독일국가인민당에 접근하는 것과 유력 실업가들의 호의를 얻으려는 알랑거림을 비판해 왔고, 거침없는 반자본주의 노선을 과시하면서 포괄적인 국유화 조치와 소련과의 동맹을 주장했다. "슈트라서와 캄프 출판사와 사랑방 볼셰비키주의자에게 단 한 차례의

대통령 내각(Präsidialkabinett) 바이마르공화국 당시 힌덴부르크 대통령이 바이마르 헌법상 보장된 대통령의 의회해산권, 긴급 조치 발효권, 제국총리 임면권을 활용하여 자신의 직권으로 구성한, 1930년 3월~1933년 1월까지의 브뤼닝, 파펜, 슐라이허 내각을 일컫는 표현이다.

브뤼닝(Heinrich Brüning, 1885~1970) 1929년 가톨릭 중앙당 총재가 되었으며 헤르만 뮐러의 사회민주당 연립정부가 무너진 뒤 군과 힌덴부르크 대통령의 천거로 총리가 되어 1930년 3월 28일 온건 보수 성향의 신(新)내각을 출범시켰다. 브뤼닝은 과세 확대, 정부 지출 축소, 외국 농산물에 대한 관세 인상, 임금과 실업수당의 삭감, 베르사유 조약(1919)으로 독일에 부과된 전쟁 배상금의 지불 등을 시행해 심각한 불황을 극복하려 했다. 그러나 공화국 의회가 자신의 정책 제안을 대부분 부결시키자 1930년 7월 16일 헌법 제48조에 바탕을 둔 대통령의 긴급조치권에 의지해 권위주의적 정치를 시행하였다. 이로 인해 바이마르공화국은 몰락하기 시작했다. 1932년 5월에 반나치 정책을 둘러싼 군부 및 반동파와의 대립으로 총리직에서 물러났다. 1934년 영국을 거쳐 미국으로 망명하여 하버드대학에서 교편을 잡았다. 2차 세계대전 후에는 서독의 기독교민주동맹 설립에 참가하였고, 1952년 독일로 돌아와 쾰른대학 교수가 되었다.

비니히(August Winnig, 1878~1956) 1차 세계대전 이후 민족주의자이자 반유대주의자로 변신한 사회민주주의 노조 지도자의 전형으로 잘 알려져 있다. 1930년 출판된 〈프롤레타리아로부터 노동자로(Vom Proletariat zum Arbeitertum)〉가 유명하다.

윙거(Ernst Jünger, 1895~1998) 소설가·수필가. 1차 세계대전 당시 독일군으로 참전했으며, 전장에서의 활약으로 독일 최고의 군사훈장을 받았다. 1920년에 《강철 소나기》를 출판했는데 이 책에서 1차 세계대전 때 독일이 겪은 시련은 재탄생과 승리의 전주곡이었다고 주장했다. 군인병원에서 종전을 맞은 윙거는 《불과 피》(1926)에서 전쟁을 미학적으로 정당화하는 듯한 태도를 취한 데 이어, 《대담한 마음》(1929), 《총동원》(1931) 등에서는 나치즘에 접근했다. 그러나 그는 나치의 여러 호의적인 제안을 거절했고, 히틀러 집권 이후 나치즘에 비판적으로 돌아섰다. 특히 1940년대 중반 그의 아들이 자살임무에 강제로 투입되어 전사한 후, 윙거는 《강철 소나기》같은 작품에서 보여준 군국주의적 태도를 버렸다. 나치와 윙거의 관계는 명확하지 않고 논쟁의 여지가 있는 채로 남아 있다.

앙갚음. …… 이제 히틀러가 다시 지도하고 있다. 하늘이 도왔다. 모두 열광하여 그를 따른다. 슈트라서와 그 심복들은 산산이 흩어졌다. 그는 양심의 가책을 느끼는 양 우두커니 저기 앉아 있을 뿐이다."[14] 괴벨스가 이 일을 그토록 격정적으로 일기에 쓴 것은 히틀러가 거의 1년 전부터 그에게 약속했던 것을 마침내 실천에 옮겼기 때문이기도 할 것이다. 슈트라서 형제들에 대한 '앙갚음'(사실 이는 온건한 비판에 더 가까웠지만) 후에 히틀러는 다시 자리에서 일어나서 "쥐 죽은 듯이 고요한" 가운데 괴벨스를 제국선전책에 임명한다고 선언했던 것이다.

마침내 괴벨스는 그레고어 슈트라서가 1927년 히틀러에게 양도했던 그 자리를 얻었다. 제국선전책은 공식적으로는 '선전위원회 위원장'으로 불렸고, 부위원장은 히틀러가 슈트라서에게서 인계받았던 어떤 사람이 계속 맡았다. 그는 바로 과거 슈트라서의 비서를 지냈던 농학 석사 하인리히 힘러*였다.

니더바이에른 출신이며 고등학교 교사의 아들인 힘러는 1922년 대학을 마쳤으나 그 후 오랫동안 실업자로 지냈다. 여러 면에서 그는 새로운 상관 괴벨스와 비슷한 발전 과정을 거쳤다. 그 과정은 좀스러운 옹졸함이 특징일 뿐 아니라, 급진적 반유대주의를 이른바 세계 이해의 열쇠로 보면서 점점 더 여기에 고착되어 가는 과정이었다. 힘러에 대한 괴벨스

힘러(Heinrich Himmler, 1900~1945)   제국친위대장으로 유대인 학살의 주범이자 숱한 전쟁 범죄의 책임자. 1923년 나치당에 입당했으며, 그해 11월 히틀러의 뮌헨 폭동에 참가했다. 1929년 1월 6일 제국친위대장에 임명되어, 처음에는 인원 280명으로 당내 사찰을 담당하던 친위대를 막강한 준군사조직으로 만들었다. 1936년 제국친위대장 겸 독일경찰청장, 1943년 제국내무장관, 1944년 보충군 총사령관이 되었다. 1945년 4월 23일 연합국과 항복 협상을 한 사실이 들통나 히틀러가 그를 모든 직위에서 해임했고 출당 조치를 취했다. 그 후 변장한 채 도망치다 영국군에게 체포되었고, 5월 23일 자살했다.

친위대 지도자 하인리히 힘러. 그는 나치주의자들 중에서도 냉혈한이었으며, 유대인 학살의 설계자였다.

의 첫 인상은 이랬다. 힘러는 "뛰어나게 영리하지는 않지만 부지런하고 착실하다."15) 괴벨스는 힘러가 여전히 슈트라서에게 기울어져 있다는 사실이 약간 걱정되지만 이러한 성향을 "쫓아낼 것"이라고 생각했다. 그렇지만 그럴 필요가 없었는데, 니켈 테 안경을 쓴 힘러는 곧 제국선전부서를 떠나서 친위대 최고 지도자가 되었기 때문이다.

당 최고 간부로 승진한 지 4주 정도 지나서 괴벨스는 또 다른 만족스러운 일을 경험했다. 오토 슈트라서와 히틀러 사이에 공개적인 분쟁이 일어난 것이다. 히틀러는 5월 21일과 그 다음날 베를린의 숙소인 상수시 호텔에서 오토 슈트라서에게 캄프 출판사를 막스 아만(Max Amann, 1891~1957)에게 매각할 것을 제의했는데, 이는 나치당 내에서 슈트라서의 영향력을 "조용한 방식으로" 척결하려는 목적이었다. 그러나 오토 슈트라서는 이에 동의하지 않았고 그 대신 옆에 있는 형이 침묵하고 있는 가운데 '보스'의 정치 노선을 비판했다. 완전히 제정신을 잃을 지경이 된 히틀러는 캄프 출판사 소유주에게 '볼셰비키'라고 욕을 퍼붓고는 다른 핑계를 대고 대화를 끝내버렸다.[16]

이제 마음을 굳힌 히틀러는, 제국선전책 괴벨스가 뮌헨의 제국선전국 본부에 몇 차례 머물면서 준비하고 있는 작센 주 의회 선거가 끝나는 대로 오토 슈트라서를 처리할 것이라고 그에게 확언했다. 히틀러는 지금 당장 슈트라서 형제를 처리할 경우, 당내 갈등이 수면 위로 떠올라 작센 주에서 확실시되는 득표 증가를 놓치게 될까봐 걱정했던 것이다.[17] 그래서 괴벨스는 그때까지 분쟁의 불씨를 작게 유지하는 데 만족해야 했다. 1930년 6월 22일 선거 당일 공개한 논설에서 괴벨스는 히틀러의 합법적 노선 구상이 당 정책상 필수적인 것이라고 새롭게 변호했다. "그러면 권력을 얻기 위한 다른 길을 내게 제시해보라. 그러나 이 체제가 절로 붕괴할 것이라고 주장하지는 말라." 게다가 "적진에는 우리처럼 기다리고 있는 자들이 있고 그들에게 온 힘을 다해 대항하는 것이 우리의 가장 시급한 과제이다. 그들은 바로 볼셰비키이다. 나치가 권력을 쟁취하거나 아니면 우리의 미래의 운명은 끝장나는 것이다."[18]

작센에서 나치당이 14.4%를 득표하여, 그 전해 5월 선거보다 거의 세 배의 득표율을 기록하자, 괴벨스는 4년에 걸친 슈트라서 형제와의 투쟁이 마침내 목표 지점에 도달했다고 생각했다. 선거 직후 히틀러가 긴급 지시를 내렸고, 6월 30일에는 그 지시와 동일한 내용을 담은 서한을 공개했던 것이다. 여기에서 다음과 같은 내용이 실려 있었다.

친애하는 괴벨스 박사님, 저는 당신을 수 년 전 독일에서 가장 힘겨운 자리에 세웠습니다. 그것은 당신의 에너지와 행동력을 바탕으로 통일적이고 강력한 조직을 건설할 수 있으리라는 희망 때문이었습니다. 당신은 이러한 과제를 탁월하게 해결하여 이 운동과 특히 저 자신의 최고의 인정을 받을 수 있었습니다. 오늘 저는 당신에게 무자비한 당내 숙청을 실행해 과거에 제시했던 이러한 과제를 수행해줄 것을 청합니다. …… 당신의 뒤에는 운동의 전체 조직, 전체 지도부, 돌격대와 친위대 전체, 당의 모든 대표들이 있으며, 귀하의 적은 한줌밖에 안 되는 직업적인 불평꾼과 3류 작가들입니다!19)

괴벨스가 적절한 절차를 거쳐 정적들을 출당시키기 전에 적들이 먼저 공세를 취했다. 베를린과 브란덴부르크의 관구장 회의에서 〈국가사회주의 회견〉의 발행인 모사코프스키(Eugen Mossakowsky)는 괴벨스가 거짓말을 늘어놓고 있다고 비판했다. 괴벨스가 자신을 루르 지역의 투사라고 내세우면서 반(反) 프랑스 저항의 '진정한 영웅들', 예컨대 레오 슐라게터와 같은 사람들의 이름을 더럽혔다는 것이다. 또 괴벨스는 자신을 반 프랑스 저항에 참여한 '노병'의 일원으로 내세우려고 문서를 위조해 입당 시기를 앞당기는 일도 서슴지 않았다는 것이다. 모사코프스키는 조사중재위원회가 이 문제를 심의해야 한다고 주장했다. 이 일로 괴벨스는 공개적으로 가면이 벗겨질 위험에 처했다.20) 괴벨스가 이는 "전 언론에게, 심지어 셰를 출판사*에게도 좋은 먹잇감이다. 그리고 이는 내가 그 뒷감당을 다 해야 함을 뜻한다."라고 걱정한 것은 제대로 판단한 것이었다.21)

그러나 히틀러는 이 사안의 조사를 연기하고 그 대신 '해당(害黨) 행위'를 했다는 이유로 모사코프스키를 출당시키는 조치를 지시했다. 슈트라서의 심복인 모사코프스키는 위원회의 개입 없이 탈당했고 자신의 행동은 특히 '숙청 작업'을 벌이고 있는 관구장 개인 때문에 일어난 것이라고 밝혔다. 괴벨스는 오토 슈트라서의 추종자 5명을 출당시키고 나서 6월 30일 베를린 관구 당원 총회를 공고했다. 이 총회에는 제국 당 본부

셰를 출판사 1888년 설립된 독일 최초의 거대 언론 기업으로, 독일국가인민당 계열의 신문을 다수 발간했다.

의 조사중재위원회 위원장인 발터 부흐(Walter Buch) 소령 외에도 괴링, 에프 등 여러 지도급 당 인사들이 참석했으나, 또 다시 이러한 '더러운 일'을 다른 사람에게 미루려는 히틀러는 나타나지 않았다.[22]

　슈트라서와 그의 추종자 몇 명은 이 기회를 이용하여 자신들의 입장을 공개적으로 밝히려 하였다. 그러나 돌격대 소속 장내 정리원들은 체육궁전 입구에서 그들이 들어오지 못하게 막으면서, 그들이 광역 베를린 관구가 아니라 브란덴부르크 관구에 속하기 때문이라는 근거를 들었다. 광역 베를린 관구장 괴벨스는 그 직후 체육궁전 안에서 그 '3류 작가 도당'에게 욕설을 퍼붓기 시작했다. 괴벨스는 그들에게 "강철 망치 같은 우리의 규율을 휘둘러 박살을 내겠다."라고 으름장을 놓았다. 괴벨스가 '3류 작가들'에 반대하는 히틀러의 전갈을 대신 읽자 체육궁전을 가득 메운 5,000명은 극도의 열광에 빠져들었다. 특히 군중 속의 광신도들은 "목을 매달아라!"라고 외쳐댔다. 괴벨스가 슈트라서측 인사들에게 그곳을 떠나라고 촉구하자, 슈트라서의 일간지 직원 3명이 자리를 박차고 일어나 야유와 경멸을 받으며 떠나는 용기를 보였다. 총통과 베를린 관구장에게 충성 서약을 하면서 1930년 6월 30일의 집회는 끝났다. 이와 함께 오토 슈트라서와 그의 추종자들의 나치당 내 이력도 끝이 났다. 그로부터 며칠 지나지 않아 오토 슈트라서는 히틀러에게 지금까지 일어난 자기 측근들의 출당 조치를 24시간 안에 철회하라는 최후 통첩을 보냈다. 이 요구가 수용되지 않자 그 갈색 사회주의자들은 당을 떠났는데, 괴벨스 역시 마음 속으로는 여전히 그들과 같은 세계관을 품고 있었다.

　슈트라서 세력의 축출이 당에 최소한의 피해만 입히고 '정화'될 수 있었던 것은 괴벨스가 아닌 히틀러의 탁월한 전술 덕분이었다. 괴벨스는 오직 오토 슈트라서만을 제거했다는 사실 때문에 화가 나 있었다. 캄프 출판사 편집인을 그만 두고 히틀러에게 충성을 맹세했던 그레고어 슈트라서는 제거하지 않았던 것이다. 슈트라서 형제 중에서 나치 진영에서 좀 더 인기가 있던 그레고어 슈트라서가 당에 남았기 때문에 변절자 오토 슈트라서가 당 하부의 충성을 기대할 수 없게 되었다는 사실을 괴벨스는 깨닫지 못하고 있었다.[23] 실제로 오토 슈트라서를 필두로 하는 '3류 작가들'은 단결했지만, '흑색 전선(Schwarze Front)'이라는 그 조직은 그 후 결코 토론 클럽 이상의 영향력을 가지지 못하였다.

분쟁이 가라앉은 것처럼 보일 무렵, 대통령은 의석 분포가 계속 변화하는 의회 내 다수파에 의존해 통치하고 있는 브뤼닝 총리와 사전 협의를 거쳐 7월 18일 제국의회를 해산하고 9월 14일 총선 실시를 공고하였다. 이는 사민당, 공산당, 나치당, 그리고 독일국가인민당 일부가 "재정, 경제, 사회적 위기 극복을 위한" 긴급 명령을 거부한 직후에 일어난 일이었다. 독일의 상황이 어렵기 때문에, 그리고 전해인 1929년 베를린 시의회 선거에서 거둔 성적이 비교적 괜찮았기 때문에, 괴벨스는 독일 전역에서 나치당의 득표율이 크게 늘어날 것이라고 생각했다. 그래서 그는 〈공격〉에서 지금 나치 운동은 그들이 오르려는 산마루를 향한 마지막 구간에 차츰 다가가고 있다고 썼다. "운동이 단순히 선동만을 하던 시기는 오래전에 지나갔고, 이제 여기저기서 큰 의미의 정치, 즉 국정 운영을 시작하고 있다."[24]

'자유와 빵'이라는 구호를 내걸고 제국선전책은 나치당이 그때까지 결코 목격하지 못했던 선거 운동을 시작하였다. 그의 '운행 시간표'는 선거 운동을 천천히 가동하기 시작하여 1930년 8월 중순부터 최고 속도로 올리며 "그 다음 숨 막히는 속도로 9월 14일(선거일)로 치고 들어가는 것"[25]을 목표로 하였다. 괴벨스 자신은 선거 운동을 조율하고 조직하려는 목적에서 여러 차례 뮌헨을 방문했을 뿐 아니라, 전단과 포스터 작성, 〈공격〉의 논설 작성, 그리고 독일 전역에서 연설하는 등의 활동을 하였다.

괴벨스는 효율적인 선거 선전 덕분에 8월 중순경 자신을 상대로 진행되고 있는 5건의 명예훼손 재판도 유리하게 이끌 수 있었다. 프로이센 형사당국은 반드시 괴벨스를 제국의회 선거 전, 즉 의회가 쉬고 있기 때문에 의원 면책특권이 해당되지 않는 기간 중에 감옥에 보내려 하였다. 그러나 그러한 목표는 이루어지지 못했을 뿐 아니라, 재판은 법원을 웃음거리로 만들고 끝났다. 그 결과 전 독일 언론을 통하여 오히려 선전 전문가의 지명도만 높여주는 꼴이 되고 말았다.

괴벨스는 8월 12일 하노버에서 프로이센 주총리 오토 브라운*의 명예훼손 관련 재판을 받아야 했다. 그가 '갈리치의 유대인'으로부터 뇌물을 받았다고 괴벨스가 주장했기 때문이었다. 괴벨스는 기차역에서부터 나치가 동원한 군중의 환영을 받았다. 그의 변호사인 뤼디거 그라프 폰 데어 골츠(Rüdiger Graf von der Goltz)는 "그런 일은 경험해본 적이 없었다." 괴벨스는 하노버 관구장 루스트(Bernhard Rust, 1883~1945)와 돌격대장 빅토르 루체(Viktor Lutze, 1890~1943)와 함께 차를 타고, 승리를 예감하며 법원 건물로 갔다. 그는 법관 앞에서 자신은 브라운이 아니라 바우어 전 연방총리가 뇌물을 받았다고 말했다고 주장했다.[26] 괴벨스는 무죄 방면되었고, 돌격대원들은 그를 어깨에 올린 채 법원 건물을 나왔다. 그 앞에는 수백 명의 동원된 나치들이 도착해 있었다.[27]

가장 극적인 성과를 거둔 선전은 하노버의 무죄 방면으로부터 이틀이 지나 열린, 이른바 힌덴부르크 재판의 항소심이었다. 그 재판의 1심은 이미 5월 31일 열렸다. 전해 12월 〈공격〉의 한 논설에서 명예훼손이 있었고 대통령은 형사 고발을 했다. 그리고 프로이센 법무장관은 베를린 사법당국의 검찰총장에게 이 사안을 "특히 신속한 진행에 …… 특별한 주의를 기울여줄 것"을 요청했다.[28] 5월 중순 힌덴부르크가 직접 한 번 더 법무부에 이 재판의 신속한 진행을 위해 영향력을 행사하라고 요청했다.[29] 그 후 얼마 지나지 않아 이루어진 첫 번째 재판에 대비해 괴벨스와 그의 변호사 골츠는 주도면밀하게 준비했다.[30] 재판 과정에서 괴벨스는 자신이 힌덴부르크를 독일 민족의 반역자라고 비판한 그 논설의 내용을 '유보 조건 없이' 확신한다고 밝혔다.[31]

검찰은 징역 9월을 구형했다. 그러자 골츠는 '매우 효과적으로' 변론을 펼쳤고 괴벨스도 방청석의 기립 박수를 받으며 다시 "짤막하지만 힘찬 최후 진술"을 하였다.[32] 여기서 괴벨스는 교활하게도, 재판부에 유대인이 두 명 포함되어 있기 때문에 유죄 판결을 받을 것으로 "확신한다."고 밝혔다.[33] 1심 재판 결과는 다시 한 번 그 철면피 선동가 앞에서 법치국가의 무력함을 잘 보여주었다.

> 벌금 800마르크. 긴 판결문은 마치 나를 위한 변론 같았다. 모든 면에서 나의 입장과 동일했던 것이다. 나는 기뻐서 소리칠 뻔했다. 힌덴부르크에게는 최고의 장례식이었다. 바깥에서는 전례 없는 박수 갈채가 터져 나왔다. …… 언론은 온통 이 재판 소식으로 떠들썩했다. 그리고 수없이 많은 사진과 만평을 싣고 있었다. …… 우리에게는 둘도 없는 선전 활동이었다.[34]

베를린 주 법원 제2형사법정에서 8월 14일에 열린 항소심은 열띤 분위기에서 시작되었다. 검찰이 힌덴부르크가 프로이센 법무장관에게 보낸 편지를 읽었던 것이다. 힌덴부르크는 편지에서, 괴벨스 박사가 자신에게 제출한 해명서를 읽고 나서, 그가 의도적으로 힌덴부르크 자신의

브라운(Otto Braun, 1872~1955) 오랫동안 프로이센 지역 정부의 총리직을 역임한 사회민주당 핵심당원이었다. 1920~1932년에(1921~1925년에 잠시 동안의 공백이 있었음) 프로이센 주 총리로 재직했으며, 그의 행정부는 바이마르공화국을 지지하는 강력한 버팀목이었다. 또 1920년대 후반과 1930년대 초반 궁지에 몰린 사회민주당의 마지막 보루이기도 했다. 1932년 7월 그와 그의 내각 동료들은 독일 총리 프란츠 폰 파펜에 의해 공직에서 추방당했다. 그러나 그는 1933년 1월 나치당이 권력을 장악한 후 곧 스위스로 이주하기 전까지는 여전히 영향력 있는 고문의 지위에 있었다.

인격을 모욕하려 한 것이 아니었으며 단지 괴벨스 자신의 정치적 이해타산에 따라 행동한 것뿐이라고 추정하게 되었다고 썼다. 대통령은 편지 끝부분에서 "이 사안을 개인적으로는 이미 종결된 것으로 여기고 있으며 괴벨스 박사의 처벌을 원치 않는다."라고 썼다.[35]

그리고 나서 검사장은 힌덴부르크의 명예 훼손의 전말이 완벽하게 입증되었으므로 피고 괴벨스의 항소를 기각해 달라고 요청했다. 그리고 재판부에 검찰 항소도 마찬가지로 기각해 달라고 요청하면서, 이는 오로지 힌덴부르크의 편지에 드러난 희망을 따르려는 것이라고 밝혔다. 재판부는 검찰의 항소를 기각했으나, 괴벨스측은 집요하게 항소를 주장하였다. 결국 재판부는 1심 판결을 무효로 하고 국고 부담으로 피고에게 무죄를 선고했다.[36]

신문들은 이 판결에 격분했다. 〈포시셰 차이퉁〉은 "그야말로 기이하기 짝이 없는 판결문"이라고 썼고 사회민주당 기관지 〈전진〉은 "우리 사법부의 대단한 성공"이라고 조롱했다.[37] 그러나 괴벨스의 부쟁지는 승리감으로 꽉 찼다. 〈공격〉은 더없이 냉소적으로, 무죄 선고는 "우리가 지난 몇 개월 동안 악덕 유대인 신문들의 집중 포화에 맞서서, 우리가 옳다는 점을 확신하면서 침착하고 대범하게 대처해 온" 것의 작은 보상이라고 썼다.[38]

〈공격〉에서 특히 강조한 점은 대통령이 "우리들이 관여하지 않았는데도" 이러한 성명을 내놓았다는 것이었는데, 이는 오히려 정반대의 추정을 가능케 한다. 즉, 리터 폰 에프가 "힌덴부르크에게 치명적인 자료들"을 이용해 제국선전책을 도왔다는 것이다.[39] 그것이 어떠한 종류였는지를 막론하고, 당국에 이미 여러 차례 신속한 재판을 요구했던, 그 "상처 입은 예민한"[40] 대통령이 압도적인 압력이 없었다면 이렇게 갑자기 마음을 바꿀 수 있었을까? 골츠의 회고에는 이 성명서와 관련하여 한 남자가 등장하는데, 그는 그로부터 2년 후 히틀러의 정권 장악에서 핵심 역할을 맡는다. 정무장관이자 힌덴부르크 대통령의 비서실장이며 미심쩍은 인물이었던 오토 마이스너*였다. 그가 괴벨스의 변호사와 만나 성명서를 작성했고 그 초안을 대통령에게 제시했다는 것이다. 골츠 비망록에 따르면, 대통령은 이 초안에 단지 약간의 수정만을 원했다. 다시 말해 괴벨스의 해명이 그를 '확신'하게 만들었다고 하지 말고 그가 그 해명으로부터 괴벨스가 그를 모욕하려고 한 것이 아님을 '추정'했다고 쓰자는 것이었다.[41]

괴벨스가 선거가 다가올수록 낙관적이 된 것은 이러한 성공 때문이기도 했다. 그러나 관구장이 1930년 8월 30일 저녁 브레슬라우에서 연설을 마치고 잠을 자다가 베를린으로부터 전화를 받았을 때, 이러한 상황은 순식간에 달라졌다. 샤를로텐부르크 돌격대 31중대원들이 당시 동부관구 최고 돌격대장이 된 슈테네스의 지시에 따라 헤데만 거리의 나치당 사무국을 점거하고 난동을 부리고 있다는 것이었다.

슈테네스를 중심으로 하여 히틀러 노선에 불만을 품고 있던 베를린의 돌격대장들은 제국의회 선거가 끝나면, 작센에서 그랬던 것과 비슷하게 나치당이 적극적으로 정부 참여를 시도할 것이라고 우려했다. 작센에서는 독일국민당의 반대가 없었다면 나치당의 정부 참여가 정말로 실현되었을 것이었다. 돌격대는 그러한 일이 일어날 경우, 그렇지 않아도 최근 프로이센 내무장관이 발표한 제복 착용 금지령 때문에 축소된 자신들의 영향력이 더욱 급격히 줄어들 것이라고 걱정하고 있었다. 나아가 당비 인하와 보조금 인상이라는 그들의 요구가 거부되었기 때문에, 그들은 그

마이스너(Otto Meißner, 1880~1953) 1920~1945년 대통령 비서실장으로 특히 힌덴부르크 대통령에게 커다란 영향력을 행사했고, 1929~1930년 슐라이허 등과 함께 의회 지배를 무너뜨리고 대통령 내각을 도입하는 활동을 했다. 나치 치하에서는 정치적 영향력이 거의 없었다.

동안 계속된 냉대를 보상받으려는 마음에서 제국의회 의원직을 요구했었다. 격앙된 분위기를 누그러뜨리려고 괴벨스는 슈테네스에게 그들이 요구한 의원직을 약속했지만, 막상 후보자 공천 과정에서 돌격대를 홀대했다. 이러한 속임수가 백일하에 드러나자 슈테네스는 곧장 괴벨스와 당에 복종을 거부하고, 괴벨스가 브레슬라우에 체류하는 동안 실력 행사에 돌입했던 것이다.

관구장은 이 소식을 듣고는 '잠시 동안' 평정을 잃었다. 그는 제국의회 선거를 2주 앞두고 자신의 활동이 맺은 결실이 모두 수포로 돌아갈까 봐 우려했다.[42] 그는 지체 없이 베를린으로 돌아간다고 결정했다. 괴벨스는 관구 관용차에 오르기 전에 바이로이트에 머물고 있던 히틀러에게 전화를 걸어 그를 깨웠다. 괴벨스의 운전기사 토나크는 "그야말로 지옥의 속도로" 슐레지엔의 어둠을 뚫고 달렸다. 히틀러 역시 날이 밝자마자 득달같이 비행기를 타고 베를린으로 왔다.

안할트 역 옆에 있는 작은 호텔 '헤어초크 폰 코부르크'에서 히틀러와 슈테네스와 괴벨스가 회동했다. 그 자리에 동석한 '총통 각하'의 측근 에른스트 한프슈탱글*(히틀러는 슈타펠제 호숫가의 한프슈탱글 집에서 1923년 11월 쿠데타 실패 후 임시로 숨어 지낸 적이 있다)은 끝없는 논쟁이 벌어지던 중 슈테네스가 자신에게, 그 모든 반란을 일으킨 사람은 다름 아닌 괴벨스라고 말했다고 회고했다.[43] 그 돌격대장이 그렇게 말한 것은 완전히 틀린 이야기는 아니었는데, 관구장의 행동이 돌격대원이 봉기하도록 자극했기 때문이다.

어떠한 합의도 도출하지 못한 채 회동을 마친 후 괴벨스는 자신이 히틀러에게 양보하도록 '권고'했다고 전한다. 괴벨스가 실제로 어떤 말을 했는지는 확실하지 않다. 확실한 사실은 '총통 각하'가 오랜 밤을 보내고 나서 마음을 돌렸으며 슈테네스를 호출하여, 돌격대에 유리한 방식으로 당비를 상향 조정할 것을 제안했다는 점뿐이다. 슈테네스가 이를 받아들이자 히틀러는 악수를 청하면서 앞으로도 그와 결별하지 않을 것이라고 약속했다고 한다.[44] 그러한 '성내(城內) 평화'*는 재향군인회관에 모인 베를린 돌격대원들 앞에서 최종 확인되었다.

경찰 정치국의 정보원은 보고서에서, 히틀러가 연설 도중 돌격대에게 자신을 믿어 달라고 누누이 호소했으며 마침내 "그의 지나치게 긴장한 목소리는 거의 히스테릭한 고함으로까지 높아지면서" 거기 모인 사람들에게 충성을 호소했다고 썼다. "우리는 이 시간에 우리를 갈라놓을 것은 아무것도 없음을 서약하고자 한다. 신이 모든 악마들로부터 우리를 지킬 것이다! 우리의 전능하신 하느님이 우리의 투쟁을 축복하신다." 하일 구호가 시작되었으나 히틀러는 이를 손짓으로 중단시켰다. "왜냐하면 히틀러는 기도에 침잠한 것처럼 손을 모으고, 자기가 했던 말을 귀기울여 다시 들으려 했기 때문이다."[45]

....
한프슈탱글(Ernst Hanfstaengl, 1887~1975) 부유한 출판업자와 미국인 어머니 사이에서 태어났으며, 독일에서 유년기를 보낸 뒤 미국으로 건너가 1909년 하버드 대학을 졸업했다. 1921년 독일로 돌아왔으며 같은 해 히틀러를 만나 그에게 매료되어 적극적인 재정 후원자가 되었다. 1923년 11월 뮌헨 쿠데타에 참여했으며, 쿠데타 실패 후 잠시 오스트리아로 도피했다. 그동안 그의 아내가 히틀러를 집에 숨겨주었으며 히틀러가 체포되어 감옥에 갇힌 후에도 그를 도왔다. 1931년 히틀러는 한프슈탱글을 해외공보실장으로 임명했다. 한프슈탱글은 자신의 인맥을 동원해 해외에서 히틀러의 이미지 쇄신에 힘썼다. 그러나 1933년 나치 집권에 이르러 히틀러와 그의 노선에 회의를 품게 되었으며, 특히 선전장관 괴벨스와 불화를 겪으면서 히틀러의 측근 위치에서 밀려났다. 1937년 총통의 명령에 따라 스페인으로 가던 중 그것이 자신을 죽음으로 몰아넣으려는 계략임을 알게 되었고, 비행기가 고장을 일으켜 비상착륙을 한 틈을 타 스위스로 도망하였다. 그 뒤 영국을 거쳐 미국으로 들어가 2차 세계대전 기간 동안 미국의 정치, 심리전 고문으로 활동했다. 종전 후 귀국하여《히틀러, 잃어버린 날들》이라는 회고록을 발표했다.
성내 평화(Burgfrieden) 중세 시대 한 성이나 도시 내에서 거주민의 분쟁과 결투를 막는 조치였다. 근대에는 전시에 한 나라 안, 혹은 동맹국들 내부의 갈등을 묻어두고 정쟁을 중지하는 원칙을 뜻한다.

괴벨스는 환호성을 올렸다. "모든 일이 순조로워졌다. 그것이 슈테네스 반란의 종말이었다."[46] 괴벨스는 기뻐할 이유가 충분했는데, 반란이 조속히 종결됨에 따라 사건의 내막이 밖으로 거의 유출되지 않게 되었기 때문이다. 신문들은 오토 슈트라서의 추종자들이 그 '내부 분쟁'에 불을 붙였다고 추측을 늘어놓았다. 몇 안 되는 신문 기사들도 모호하였고 큰 반향을 일으키지 못했다. 그래서 괴벨스는 앞으로 제국의회 선거까지 남은 약 2주 동안 "돌격대가 남긴 폐해를 벌충할 수" 있을 것이라고 생각했다.

선거전 막바지에 관구장은 쉴새없이, 때로는 완전히 지쳐 나가떨어질 때까지 일했다. 괴벨스는 9월 5일 뉘른베르크에서, 6일 뮌헨에서, 그 다음에는 특별기를 타고 쾨니히스베르크로 날아가 사람들로 꽉 들어찬 시민회관에서 군중을 선동했다. 그리고 밤 기차를 타고 베를린으로 돌아왔다. 베를린에서 그는 9월 7일 돌격대원들이 탄 60대의 드럭 선두에서 베를린 시내를 휘젓고 다녔다. 그 다음날은 사무국의 조직 업무를 시작했다. 그는 저녁에는 "피곤하고 싸움에 지쳐" 체육궁전 연단에 섰고, 그 다음에는 알렉산더 광장의 '프롤레타리아'들에게, 그리고 마지막으로 수도 베를린의 서부 지역 부촌(富村)에서 '부르주아'들에게 연설을 했다. 성공의 광신적 믿음에 이끌려 그는 선거전 마지막 주에는 하루 일곱 차례까지 '설교'를 하였다.

괴벨스가 제국선전책이 되어 겪은 이 첫 번째 선거전의 절정은 9월 10일 저녁 체육궁전 집회였다. 그날 집회에 입장 신청을 한 사람이 10만여 명에 달했다고 전한다. 히틀러가 연단에 오르자 "태풍"과 같은 환호성이 터져 나왔다.[47] 히틀러는 1시간에 걸친 연설에서 바로 그날 〈민족의 파수꾼〉에 실린 "독일 민족에게 보내는 선언"에 썼던 내용을 선포했다.

1930년 체육궁전에서 연설하는 괴벨스. 1930년 9월 14일 총선거를 준비하면서 제국선전책 괴벨스는 뉘른베르크에서 뮌헨으로, 다시 쾨니히스베르크와 베를린을 오가며 쉴새없이 군중을 선동하는 연설을 했다. 나치당이 제2당으로 부상하게 된 이 선거에서 괴벨스는 가장 뛰어난 공신이었다.

9월 14일을 위한 구호는 한 가지밖에 없다. 케케묵은 정당들에 웅크린 정치적 파산자들을 때려잡자! 우리의 민족적 통일을 방해하는 분열자들을 섬멸하자! 우리의 몰락에 책임이 있는 자들을 제거하자! 민족 동지들이여, 깨어나는 독일에서 행진하고 있는 갈색 전선에 합류하라! 현 체제를 거부하려 한다면 다음과 같이 하라. 기호 9번! 9월 14일 민족을 속이는 사기꾼들을 때려잡자!(48)

괴벨스는 히틀러의 연설에 "매혹되었다." "이제 누가 자질구레한 걱정을 하겠는가? 이미 승리를 거두었다."(49)

관구장은 선거 당일에는 〈공격〉에서, 다시 한 번 나치주의자들에게 최후의 활동에 전력투구해줄 것과 주변 사람들에게 영향력을 행사할 것을 당부했다. 괴벨스는 나치당이 이번 선거전에서 "많은 것을 약속할 이유가 충분하다."라고 자신 있게 말했다.[50] 그날 저녁부터 알려지기 시작한 선거 결과는 기대를 훌쩍 넘어선 것이었다. 나치당의 득표율은 획기적인 수준으로 치솟았다. 의석 수는 이제까지의 거의 9배에 달하는 107석으로 상승했고 나치당은 독일 제국의회의 제2당이 되었다. 베를린에서는 395,000명의 유권자가 나치에 투표했다. 그보다 2년 전에 그 숫자는 39,000명에 불과했다. 나치당은 베를린에서 14.7%를 득표, 독일 전체 평균에는 못 미쳤지만, 그래도 공산당(27.3%), 사민당(27.2%)에 이어 베를린 제3당이 되었다.

괴벨스가 선거일 저녁 "1914년과 같은 열광"을 감지했다는 체육궁전에서 추종자들은 그 작달막한 박사를 어깨 위로 들어올렸다. 괴벨스는 몇 시간 후 일기에다 독일의 시민 정당들은 "산산조각이 났다."라고 썼다. 물론 그렇게 극단적인 표현은 올바르지 않지만, 그 정당들이 재앙에 가까운 손실을 입은 것은 사실이었다. 이로써 경제 위기 와중에 중산층 일부가 나치에 호감을 품게 되었다는 것이 확실해졌다. 그리고 이러한 흐름은 1932년까지 점차 거세지면서 중도 정당들은 거의 완전히 무대에서 사라지게 된다.[51] 1930년 9월 당시 독일국가인민당은 기존 의석 73석 중 32석을 잃었고, 민주당은 25석 중 5석, 그리고 국민당도 의석의 3분의 1을 상실했다. 의석 수 상실 폭이 크지 않았던 중앙당과 사민당만이 영향력을 유지할 수 있었다. 그 선거의 또 다른 승리자는 나치당의 숙적인 공산당이었는데, 공산당의 제국의회 의석은 54석에서 77석으로 증가했다.

잠시 괴벨스는 자신의 노력이 대가를 받은 것처럼 느꼈다. 히틀러는 괴링도 참가한 가운데 베를린 관구장과 면담하면서, "프로이센의 권력"을 제공하겠다는 뜻을 비쳤다.[52] 불과 몇 해 전까지만 해도 고향 라이트에서 미래가 없는 실업자로 살면서 멸시를 당하던 괴벨스는 이제 '총통 각하'에 의하여 프로이센 최강자로 부상하게 될 것이었다. 이때 괴벨스가 한 첫 번째 생각은 자신이 증오하는 유대인, 자본가, 볼셰비키들을 정리하겠다는 것, 그리고 '바이마르 체제' 전체를 '청산'하겠다는 것이었다. 이것은 그가 생각하기에 자신이 이 세계로부터 당한 그 일들에 대한 개인적 복수이기도 했다.

면담 중에 히틀러는 이를 위한 전제는 힌덴부르크가 나치당, 국가인민당, 중앙당으로 구성된 제국정부를 소집하고 나치가 내거는 조건들을 수용해야 한다는 것이었다. 히틀러는 나치당에게 내무장관, 국방장관, 그리고 또 하나의 장관직을 주고, 더 나아가 사민당, 민주당, 중앙당으로 이루어져 있는 '프로이센 연립정부'를 해체할 것을 요구했다. 히틀러가 거의 집권에 가깝게 보이는 지나친 요구들을 내건 이유는 그에게 정권 참여 외의 다른 대안이 있었기 때문이었다. 즉, '바이마르 체제'에 맞서는 투쟁을 기존 방식으로 계속해 나가면서 이를 바탕으로 국가 권력 획득을 꾀한다는 대안이 남아 있었던 것이다. 이 대안이 나치즘을 혁명 운동으로 여기는 괴벨스의 생각에 좀 더 가까운 것이기는 했지만, 괴벨스는 합법성을 가장하여 권력을 획득할 수도 있다는 히틀러의 설명에 반대하지 않았다. 이는 괴벨스에게 개인적으로도 매력적인 전망을 제시하기 때문이었다.

괴벨스는 여전히 히틀러의 합법 노선을 단기 전술로 여기고 있었기 때문에, 합법성을 둘러싼 회의적 태도들을 가라앉히고 나치당이 통치와 연립정부 구성 능력을 지닌 정당이라고 내세우기 위해 모든 기회를 활용했다. 당시 전국적으로 주목을 받고 있던, 라이프치히 제국법정에서 진행 중인 한 재판이 특히 적당한 선전의 소재로 눈에 띄었다. 이 재판은 국방장관의 지시를 어기고 활동하면서 나치당과 관계를 맺었던, 울름 주둔 부대의 장교 세 사람을 대상으로 한 것이었다. 히틀러의 변호사 한스 프랑크*는 히틀러를 증인으로 신청하였는데, 이것은 히틀러가 그 재판에,

그리고 독일 여론에 다가갈 수 있는 기회를 만든 것이었다. 1930년 9월 25일 증인 선서를 한 히틀러는 독일의 여론에 간결하고 자신감 있게, 자신과 자신의 당이 합법성의 지반에 "화강암처럼 단단하게" 서 있다고 밝혔다.

재판부가 하필이면 베를린 관구장의 혁명적 구호들을 그의 코앞에 내민 것은 히틀러를 화나게 했을 것이다. 한 재판관이 괴벨스의 전단인 〈나치 사회주의자〉53)를 어떻게 생각하는지 히틀러에게 물었던 것이다. 그 전단에서 관구장은 권력 쟁취를 목적으로 하는 투쟁에서는 "머리통들이 모래 위를 구르게 될 것"이라고 쓰고 있었다. 또한 재판부는 히틀러에게 괴벨스가 '지도자 수업 과정 교재'에서 다음과 같이 쓴 글의 의미가 무엇이라고 생각하는지 묻기도 했다. "말뿐인 혁명가에서 이제 행동하는 혁명가가 되어야 한다. 이를 위해 우리에게는 어떤 수단도 정당하다. 우리는 그 어떤 혁명도 두려워하지 않는다."54) 그 난처한 상황에서 빠져나오기 위하여 히틀러는 노련하게 처신하였다. 그는 앞으로 나치당이 권력으로 향하는 길이 합법적일 것임을 맹세했다. 그러나 이러한 합법적인 길을 끝까지 걸어가게 된다면, 그리고 그가 바라는 대로 선거에서 150~200석을 획득하게 된다면, 절로 완벽한 혁명이 이루어지게 된다는 것이다. "그리고 우리가 마침내 권력을 잡게 되면, 그러면 물론 머리들이 모래 위를 구르게 될 것이다!"55)

'총통 각하'를 논리가 궁색한 처지로 끌어들인 데 난처함을 느꼈던 괴벨스는 히틀러가 영리하고 신중하게 발언했다고 평가했다. 괴벨스는 라이프치히에서 고발당한 젊은 장교들(괴벨스는 그들 단체의 신조가 '미래의 노동자 계급'을 추구하는 '젊은' 독일을 잘 보여준다고 믿었다) 중 한 사람인 리하르트 셰링거(Richard Scheringer)에게, 히틀러의 맹세는 단지 수사법일 뿐이라고 밝혔다.56) 괴벨스는 셰링거에게 히틀러의 합법성 맹세를 "체스의 기가 막힌 수"라고 유쾌하게 말했다. 괴벨스는 "그 후에 우리 형제분들은 우리에게 대체 어떤 조치를 취할 것인가? 그들은 오로지 움켜잡을 수 있는 때만을 기다렸다. 이제 우리는 완전히 합법적이다. 아무래도 상관없지만, 어쨌든 합법적이다."[57]

라이프치히의 재판관들이 《나의 투쟁》을 해석한 바에 따르면, 히틀러도 괴벨스와 마찬가지로 의회주의를 "인류 최악의 전략 중 하나"라고 보았다.[58] 그러한 히틀러의 노선은 괴벨스에게 확신을 주었다. 괴벨스는 이해득실을 따져본 결과 당에 대한 "엄청난 동조"가 나타나고 있다고 보았다.[59] 국가 질서가 붕괴하는 상황에서 점점 더 비중이 커지고 있는 제국자위군*에서나, 부르주아 계급의 상당 부분에서도 라이프치히 재판은 '총통 각하'와 나치당의 재평가에 도움을 주었다. 히틀러는 사회에 명함을 내밀 수 있게 되었고 과거의 혁명성을 떨쳐버리는 듯이 보였다.

그러나 나치의 제국정부 참여는 성사되지 않았다. 나치당에 '건설적 야당'의 역할을 맡기려는 총리 브뤼닝(중앙당)의 시도도 실패했다. 브뤼닝은 1930년 10월 6일 히틀러, 슈트라서, 프리크와 협의하는 자리에서 "수적으로 가능한 주 의회들이라면 모두 나치당과 중앙당이 연립정부를

프랑크(Hans Frank, 1900~1946) 1차 세계대전에 참전했고, 경제학과 법학을 공부한 후 1921년에 나치당의 전신인 독일노동자당에 입당했다. 1933년 독일에서 나치당이 집권하면서 나치 정부의 법무장관 등 다양한 요직에 임명되었다. 1939년 독일이 폴란드를 침공한 후, 그는 점령하의 폴란드에서 민간 행정 업무의 수반에 해당하는 총독에 임명되었다. 그는 수십만 명의 폴란드인을 처형하고 그들의 재산을 몰수했으며, 수십만 명의 폴란드 노동자들을 독일로 수송하여 노예화했다. 1945년 5월 4일 미군에 체포된 후 뉘른베르크에서 열린 국제군사재판에 회부되었고, 1946년 10월 1일 교수형을 선고받았다.

제국자위군(Reichswehr) 1921~1935년까지 독일 군의 명칭. 1차 세계대전 패전 후 재건된 독일 군을 말한다. 베르사유 조약에 따라 육군 10만 명, 해군 15,000명으로 병력이 제한되고 공군 및 전차, 잠수함, 대형 전함, 총참모부, 사관학교 등은 금지되었다. 나치는 1935년 3월 16일 징병제를 재도입하면서 제국자위군을 국방군(Wehrmacht)으로 개명했다.

구성하도록 하겠다."⁶⁰⁾라는 제안까지 내놓았지만 결국 실패한 것이다. 그런데도 브뤼닝이 '부정적 다수'*에 맞서지 않아도 되었던 것은 사민당 제국의회 의원 대표단의 입장 변화 때문이었다. 공화국의 운명이 점차 심각한 수준으로 위태로워지자 사회민주주의 진영에서도 분위기 변화가 나타났으며, 이는 계급 이해 관계를 둘러싸고 브뤼닝 정부와 대립하던 부분들을 잠시 미뤄두게 만들었다. 그리하여 1930년 가을에는 힌덴부르크가 재차 브뤼닝을 총리에 지명했으며, 긴급 조치에 기대어 통치하는 대통령 내각의 총리 브뤼닝을 사민당이 다시금 용인*하는 시기를 맞게 되었다. 사민당, 중앙당, 민주당으로 구성되었으며 브라운 주 총리가 이끄는 프로이센 주 정부와 이 주 정부의 연정 정책이 이를 지지하고 보완했다.

그렇기 때문에 괴벨스가 1930년 10월 5일 〈공격〉에 "독일에서 권력의 열쇠는 프로이센에 있다. 프로이센을 얻는 자가 제국을 얻는다."라고 쓴 것은 틀린 말이 아니었다. 계속해서 괴벨스는 국가 성치 선반에 걸쳐 지배적 위치에 있는 프로이센에서 권력을 잡는 길은 베를린 정복으로부터 시작한다고 썼다. 바로 자신의 역할을 강조하기 위해서였다. 제국 수도에서 점점 세력을 굳히고 있는 괴링이나 히틀러가 국정을 좌우하는 보수적 엘리트나 경제 지도자들에게 빌붙는 태도를 보인 데 반해, 괴벨스는 베를린에서 거침 없는 선동을 계속해 나갔다. 괴벨스는 합법성의 서약을 어차피 과도기적인 전술로 판단하고 있었기 때문에, 사회를 교란하고 운동을 강화할 수 있는 것이라면 어떠한 수단도 정당하다고 생각했다.

....

부정적 다수(Negative Mehrheit) 현 체제에 부정적인 정당들이 원내 다수를 이루는 경우를 말한다. 1932년 7월 총선에서 나치당이 원내 1당이 되면서 조성된 바 있다.
용인(Tolerierung) 정당이 연립정부에 직접 참여하지 않으면서 소수파 연립정부의 구성을 인정하는 정치 행위.

수프를 배급받는 사람들(1930년 베를린). 1930년 가을 베를린에는 취업 가능자의 10분의 1인 약 250만 명이 실업 상태였으며, 이들은 주 정부나 사설 자선단체의 구호품에 의지해 끼니를 이었다.

괴벨스의 가장 강력한 동맹자는 다름 아니라 점차 심화되어 가는 독일의 고난이었다. 실업자 수는 오래전에 3백만 명 상한선을 넘어섰다. 1930년 가을 수도에서는 이제 취업 가능한 사람의 10분의 1, 즉 약 250만 명이 실업 상태에 있었다. 그들 중 3분의 2만이 실업보험이나 위기보조기금으로부터 약간의 돈을 받았고, 그것도 받지 못하는 경우에는 시의 구호 재정에서 지급되는 지극히 빈약한 긴급구호금으로 생존하거나 어떤 도움도 받지 못한 채 굶주려야 했다. 그들은 더 나은 상황으로 급격한 변화를 약속하는 자들에게 무방비로 노출되어 있을 수밖에 없었다.

심각한 경제 위기의 희생자들을 프로이센 정부를 상대로 벌이는 투쟁으로 끌어들이기 위해 나치당은 베를린에서 위세 당당한 공산당과 경쟁을 벌였다. 이를 위해 괴벨스는, 1930년 10월 중순 노조들이 베를린의 금속노동자 파업을 시작했을 때, 나치 공장세포들에게 여기에 참가할 것을 지시했다. 괴벨스의 선동은 공산주의자들보다 더욱 과격했다. 그는 〈공격〉에서 유대인인 "증권시장의 하이에나들"이 독일 노동자의 희생으로 배를 불리고 있다고 강공을 퍼부었다.[61] 〈포시셰 차이퉁〉은 이를 계기로 어떻게 이런 괴벨스의 거친 말투와 얼마 전 로더미어나 허스트의 언론(각각 영국과 미국의 저명한 언론 기업들)과 히틀러가 했던 인터뷰들(공산주의에 반대하고 자본주의를 수호할 것이라는 발언)이 양립할 수 있는지를 캐물었다. 히틀러는 그 인터뷰들에서 바로 그 "증권시장 하이에나들 앞에서, 나치즘이 오늘날 사회 혁명과 독일의 볼셰비키화를 저지하는 유일한 댐이라는 사실을 증명하려 했던 것이다."[62]

노동자 계급을 얻으려는 괴벨스의 노력은 또 공산주의와 '논리적' 투쟁도 포함하고 있었다. 그리하여 10월 중순 괴벨스는 공산당 중앙당사인 리프크네히트 회관에 들어가, 프리드리히스하인 강당에서 열리는 토론회에 정치국원 하인츠 노이만을 초대하면서 '치외법권'과 일정한 연설 시간을 보장하겠다고 제안했다. 독일 안에서 스탈린의 수석 이론가이자 〈적기〉의 편집장이던 노이만은 이를 받아들이고 많은 추종자를 이끌고 나타났다.

그러나 10월 28일 그의 연설은 괴벨스가 예상했던 수준에 크게 미치지 못했다. 괴벨스는 "최고의 공산당원", 두려움을 자아내는 "독일의 붉은 차르"는 연설 초반부터 "매우 소심했고" "개똥 같은 수작만 늘어놓았다."라고 실망스럽게 적었다. 노이만은 "더 할 말도 없어서" 곧 연설을 끝냈고, "이어서 나는 그를 무자비하게 공격했다. …… 이러한 치명적인 보복을 통하여 사람들에게 우리 당이 얼마나 우월한지를 보여주었다. 그따위가 위대한 노이만이라니. 그자는 그저 움츠러들어서 추하게 거기 앉아 있었을 뿐이고, 마지막에는 그의 추종자들마저 그를 버렸다. 끝없는 환호가 계속되었다."[63] 그러나 괴벨스가 자신의 33번째 생일 전날이던 그날 저녁 미처 알지 못했던 사실은 그가 가짜와 겨루었다는 것이었다.

몸집과 얼굴이 노이만과 비슷한 공산주의자 빌리 밀렌츠(Willi Mielenz)가 머리를 염색하고 연설을 달달 외워서 위대한 노이만 동지의 도플갱어 노릇을 했던 것이다. 진짜 '붉은 차르'는 행사장에서 집단 난투극이 일어날 것을 우려해 같은 시각 리프크네히트 회관에 앉아 있었다.[64]

그날 저녁에는 난투극이 벌어지지 않았다. 하지만 베를린 시민들을 불안하게 하며 위기를 더욱 부채질하는 붉은전사동맹과 돌격대의 유혈충돌 사태는 금지 조치가 내려졌음에도 심심치 않게 일어났다. 이는 관구장의 지시에 따라 돌격대가 노동자들의 아성(牙城)으로 점점 깊숙이 침투할 때 일어나곤 했다. 1930년 가을 그러한 유혈 사태의 중심에는 피셔키츠 외에도 크로이츠베르크, 그리고 베를린에서 흔히 "작은 베딩"이라고 부르던 샤르로텐부르크 일부 지역이 포함되어 있었다. 그곳에서는 악명 높은 돌격대 33중대가 활약하고 있었는데, 이를 지휘한 사람은 잔인함으로 공포의 대상이었던 에버하르트 마이코프스키(Eberhard Maikowski)였다. 돌격대가 모두 그러했듯이 그가 이끄는 전사들의 마음속에도 철천지원수인 공산주의자들에 대한 적개심과 대대적인 반부르주아적 의구심이 결합되어 있었다. 나중에 돌격대원들은 1933년 1월 30일 '전사'한 돌격대 소위 마이코프스키를 추모하는 소책자에서, 그들이 부르주아 계급의 '경솔함과 비겁함'에 반대하는 투쟁도 벌였다고 밝혔다. 부르주아 계급은 마르크스주의가 거리를 지배하도록 하고 더 나아가 정치 권력까지 넘겨주었다는 것이다.[65]

돌격대 33중대의 발언은 히틀러의 합법성 노선과 언뜻 보기에 사회혁명적인 색채를 띤 관구장의 투쟁 사이에 존재하는 모순을 반영하고 있었다. 그러나 내용 자체는 사실과 거리가 멀었다. 프로이센 검찰과 경찰은 좌익과 우익 양쪽에서 공화국을 위협하는 적들을 상대로 혼신의 힘을 다해 싸우고 있었다. 1930년 2월 말 그르체진스키 후임으로 프로이센 내무장관이 된 사회민주주의자 카를 제페링(Carl Severing)의 지시에 따라,

경찰부청장 바이스는 하인츠 쇼흐(Heinz Schoch) 정부 시보와 정치국 소속 요하네스 슈툼(Johannes Stumm) 경감과 함께 나치당과 그 지도자들의 합헌성 여부를 보고서로 작성했다. 여기서 그들은 나치당이 반국가 단체이며, 히틀러, 괴벨스와 다른 지도자들을 형법상 중대한 범죄 행위와 반국가 단체 조직 및 소속 혐의로 고발해야 한다고 결론지었다. 그들은 문서를 8월 28일 라이프치히 고등제국검사 카를 아우구스트 베르너(Karl August Werner)에게 전달하면서 베르너가 나치를 기소하기를 바랐으나, 이는 실현되지 않았다.[66]

괴벨스에게 계류 중인 재판들의 빠른 진행을 위하여 의원 면책특권이 없는 시기를 일관성 있게 활용하려는 바이스와 프로이센 검찰의 공조는 이보다는 좀 더 원활하게 이루어졌다. 그러나 괴벨스에게 책임을 묻는 일은 쉽지 않았다. 예를 들어 1930년 9월 29일 샤를로텐부르크 배심 재판정에서 다룰 예정이던 6건의 명예훼손 고발 사안이 그러했다. 예정 날짜보다 3일 전에 괴벨스 변호인인 골츠가 재판장에게 서한을 보냈다. 그는 편지에서 자신의 의뢰인 괴벨스의 불참을 통보하면서 그 이유로 괴벨스가 "시급히 휴양이" 필요하기 때문에 재판일 연기를 신청한다고 밝혔다.[67] 재판장은 골츠가 그의 의뢰인이 면책특권을 지니는 시기까지 재판을 연기하려 한다는 점을 꿰뚫어 보고 이 신청을 기각했다. 그러자 이번엔 괴벨스가 직접 개입하여 그날이 가기 전에 재판정에 서한을 보내어 재판일 연기를 청구했다. 후에 제국보건지도자가 되는 의사 레오나르도 콘티(Leonardo Conti)는 괴벨스가 위장병 때문에 재판 과정의 흥분 상태를 이겨낼 수 없다고 진단한 서류를 내놓았다.[68] 법정은 그의 신청을 재차 기각했고 괴벨스가 공판에 출두하지 않자[69] 1930년 10월 13일을 기하여 강제 구인을 지시했다. 이날은 괴벨스가 제국의회 개회에 참가하여 면책특권을 다시 얻는 바로 그날이었다.[70]

그러자 괴벨스는 10월 10일 베를린을 몰래 떠났고 골츠는 법정에 재판일 연기를 거듭 요청했다. 골츠는 이 근거로 최근 제국의회 선거를 거치며 입증된 괴벨스의 정치적 비중을 들었다. 의회에서 두 번째로 큰 교섭 단체의 지도급 의원인 괴벨스는 제국의회 개회일에 "정적과 관련된 명예훼손 소송 따위에 매달리는 것보다는 훨씬 더 중요한 일들을 해야 한다. 헌법과 일반적인 의회 관행을 참작할 때 아마도 나치당 교섭 단체가 참여할 것으로 보이는 정부 구성을 고려해보더라도 그러한 것이다. 더구나 괴벨스가 고발당한 그 공적인 발언은 나치당 득표 수가 수백 만 표나 늘어남으로써 이미 도덕적으로나 정치적으로 정당한 것으로 승인되었다."는 것이다.[71]

1930년 10월 13일 하루 전인 12일 저녁, 괴벨스는 불투명한 유리의 세단 승용차 뒷좌석에 앉아 바이마르에서 베를린으로 돌아왔다. 반제 호수에서 그의 자동차를 검문한 '치안경찰'은 괴벨스를 알아보지 못했다.[72] 그날 밤, 그리고 경찰이 그의 아파트를 수색한 다음날 아침에 괴벨스는 친구 집에 머물렀다.[73] 의회 개회 직전 운전기사 토나크는 "무시무시한 속도로" 그를 제국의사당으로 실어 갔는데, 그곳 정문에서 몇몇 형사들이 괴벨스를 거의 체포할 뻔했다. 그러나 괴벨스는 뒤죽박죽 붐비는 와중에 의사당 안으로 피해 들어갈 수 있었다. 본회의장에서는 이미 도착해 있던 나치당 의원들이 "베를린의 구원자"를 환호하며 "시끌벅적하게 영접"했다.[74] 이들은 갈색 셔츠를 입고 있었는데, 이 복장은 프로이센에서 금지되어 있었지만 면책특권의 보호를 받는 의원들은 처벌을 받지 않았다. 괴벨스는 정적들에게 "그렇다. 나는 너희들의 부르주아적 재판을 거부한다!"[75]라고 외쳐댔다.

괴벨스는 프로이센 정부에 맞선 투쟁에서 이보다 더 중요한 성과로 1930년 가을부터 〈공격〉을 1주일에 두 번이 아니라 매일 발간하게 된 것을 들었다. 이를 위해 괴벨스는 히틀러의 지시에 따라 나치의 중앙 출판사 사무국장인 막스 아만과 함께 유한회사(50인 이하의 유한有限 책임 사원들로 구성된 회사)를 설립했다. 그 회사는 에어 출판사가 60%, 베를린 관구가 40%의 지분을 소유했다. 신문 내용에 단독으로 책임을 지는 괴벨스는 처음에는 뭔가 속임수가 있다고 짐작했으나, 나중에는 단지 나중에 그가 없더라도 계속 당의 영향력을 확보하려는 것뿐이라고 확신하였다.

편집장 리페르트의 회고에 따르면, 1930년 11월 1일 〈공격〉의 편집국과 인쇄소가 자리잡은 헤데만 거리 10번지에서 직원들의 "합창처럼 울려퍼진 하일" 외침 속에서 〈공격〉지가 인쇄되었다. 괴벨스는 그 신문을 1주일에 두 번 발간할 때보다 "훨씬 더 급진적"으로 만들려 했다. 그 목적을 이루려고 괴벨스는 곧 경찰부청장 바이스를 공격하는 대대적인 추가 캠페인을 시작했다. 그의 형제가 저질렀다고 주장되는 잘못 때문에 더 비난을 받고 있는 "유대인 바이스"에게 "심각한 개인적 타격들"이 새롭게 가해졌고, 괴벨스는 이 일로 그 가증스러운 원수를 완전히 '제거'하기를 바랐다.[76] 그러나 결과는 다르게 나타났다. 베를린 경찰청장 그르체진스키는 1930년 11월 10일 관구장의 신문을 1주일 동안 정간시킴으로써, 부청장을 공격한 데 맞섰던 것이었다.

그르체진스키는 자신의 조치가 바이스를 공격하는 일련의 논설 때문이라고 할 경우 괴벨스가 이를 더 선전에 활용할 것임을 알았다. 그래서 노련하게 다른 이유를 찾았다. 그르체진스키의 전임자인 최르기벨이 증인 심문 중에 어느 공산주의자로부터 따귀를 맞은 사건이 있었는데, 그르체진스키는 〈공격〉 편집장 리페르트가 이를 다음과 같이 논평한 것에 대한 보고서를 활용했다. "공산주의자들의 행동이 우리 맘에 드는 것은 드물기는 하지만 가끔 일어나는 일이다."[77] 그르체진스키는 그 속에 "공산주의자가 경찰 임무를 수행하는 전임 경찰청장에게 휘두른 폭력 행위에 명시적으로 동의한다는 뜻이 드러나 있으며, 이는 공화국 보호법 5조 4항에 따라 처벌 대상이다."[78]라고 밝혔다. 그르체진스키의 결연한 행

제국의회 의사당에 진출한 히틀러와 나치당원들. 1930년 9월 14일 총선 결과, 나치당은 107석을 획득해 제국의회 제2당이 되었다. 제국의사당에 등원한 나치 의원들은 금지된 나치의 갈색 셔츠를 입고 있었지만, 의원의 면책 특권으로 처벌받지 않았다.

동은 괴벨스에게 타격을 입혔다. 왜냐하면 그의 투쟁 신문이 여섯 차례 발간되지 못하면서 약 15,000마르크의 손실이 발생했고, 이는 언제나 어려운 관구 재정 상황에서 감당하기 힘든 일이었다.

괴벨스는 자신이 감수해야 했던 그 민감한 공격에 대해 곧 복수를 했다. 영화사 '우파'*에서 독일 작가 레마르크(Erich Maria Remarque)의 소설을 원작으로 한 미국 영화 〈서부 전선 이상 없다〉를 다시 제작해 12월 초 수도 베를린에서 상영하기 시작했는데, 괴벨스가 이를 보이콧했던 것이다. 제국선전책 괴벨스는 이 반전(反戰) 영화의 상영을 취소하고 이 영화를 막 허가한 프로이센 내무부 장관 제페링에게 권위 상실이라는 가혹한 타격을 가하기를 바랐다. 권력 투쟁에서 승리하려는 욕망, 그리고 당시 베를린에 체류 중이던 '총통 각하'에게 자신의 능력을 보여주고 싶은

광신적 욕망에 이끌린 괴벨스는 "체면의 문제다. 제페링이냐 나냐?"라고 썼다.[79]

괴벨스의 캠페인은 베를린 서부 지역의 대형 영화관인 '모차르트 잘'에서 시작되었다. 캠페인의 주역은 약 150명의 나치당원, 돌격대원, 그리고 관구장이었다. 영화가 처음 상영된 1930년 12월 4일, 두 번째 상영이 시작되려고 할 때, 괴벨스의 '기동타격대'는 영화관을 '정신병원'으로 바꿔버렸다. 휘파람이나 "유대인 꺼져라!" 같은 고함 소리가 울려 퍼졌고, 돌격대원들은 유대인 관객들이나 그들이 유대인이라고 생각하는 관객들에게 주먹을 날렸다. 2층 관람석에서 아래쪽으로 악취탄을 던졌고, 1층 앞쪽 관람석에는 흰 쥐들을 풀어놓았다. 결국 영화 상영은 중단되었고, 대혼란 속에서 나치당 의원이자 개신교 목사인 루트비히 뮌히마이어(Ludwig Münchmeyer)가 2층에서 내려와 그 영화에 반대하는 연설을 시작했다. 뮌히마이어의 연설은 히틀러가 베를린에 도착했다는 괴벨스의 고함으로 중단되었다. 영화관의 난동꾼들을 진압하기 시작한 치안경찰들의 대부분이 진압봉을 거의 사용하지 않았는데, 그들 역시 그 반전 영화에 비슷한 거부감을 느끼고 있었다. 괴벨스는 심지어 전 민족이 자신들 편이라고 생각했다. 일부 언론에서 보인 반응은 그가 옳다고 인정해 주는 듯했다.

〈공격〉에서 괴벨스는 "(영화에서 독일군) 지원병들의 비겁함"이 보이자 관객들 사이에서 폭풍 같은 항의가 일어났다고 쓰도록 했다. 다음날 관구장은 거리 시위를 조직했다. 12월 8일 저녁과 9일, 10일에 주로 도시 서쪽 지역에서 항의 시위가 일어났는데, 괴벨스는 여기에 4만 명이 참가했다고 밝혔다. 물론, 사실은 약 6,000명 정도였다.[80] 특히 8일에는 시위대와 경찰 사이에 본격적인 시가전이 벌어졌는데, 경찰은 시위대를 해산하는 데 계속 실패했다. 호르스트 베셀 노래가 울려 퍼지는 가운데 마침내 "거대한 항의 행진"이 시작되었다. 괴벨스와 다른 간부들은 팔을 치커드는 히틀러 경례로 이 행진을 "받아들였다." "1시간이 넘었다. 6열로 행진했다. 환상적인 장면! 베를린 서부 지역은 이런 광경을 처음 보았던 것이다."[81)

관구장이 그토록 의기양양하게 일기에 기록한 사건을 〈포시셰 차이퉁〉은 나치 테러의 새로운 형태라고 논평했다. 〈포시셰 차이퉁〉은, 이 새로운 형태의 테러는 질서정연한 시위가 아니라 단지 경찰 도발과 길거리 테러만을 목표로 하는 것이 분명해 보이는 장소들을 선택하고 있다면서, 이런 장소에서 공공연하게 시위를 벌이는 것은 이제까지 극좌파들만이 보여준 전술이었다고 썼다.[82) 그리고 〈포시셰 차이퉁〉은 "모든 수단을 동원하여 영화가 계속 상영될 수 있도록 할 것이며, 전력을 기울여 난동꾼들의 그 어떤 도발과 폭력으로부터 관객을 보호하겠다."[83)라는 경찰청장의 발표를 적극 지지했다.

난동 사태로 제국 수도가 며칠 동안이나 숨죽인 긴장 상태에 빠진 뒤, 그르체진스키는 프로이센 내무장관과 협의를 거쳐 당장 옥외 시위, 집회, 행진을 전면 금지한다고 발표했다. 프로이센 정부는 그렇게 결연한 태도를 보여주었지만, 얼마 전 그 영화의 상영을 허가했던 영화 고등검열소는 그 다음날 바로 "독일의 위신을 위협"한다는 이유로 영화 상영을 취소했다. 괴벨스는 "이 이상 찬란할 수 없는" 승리를 거두었다고 했는

....
우파(Ufa) 우니베르줌 영화 주식회사(Universum-Film AG). 1917년 제국정부와 군부가 비밀리에 참여한 가운데 1차 세계대전 전시 선전을 위해 설립되었으나 실제 운영에서는 주로 오락영화를 제작했다. 바이마르공화국에서 우파는 할리우드에 이어 세계 2위의 영화제국으로 발돋움했으나, 1927년 재정난에 시달리다가 후겐베르크에게 매각되었다. 1932년 당시 독일에는 우파, 토비스, 테라의 3개 영화사만이 존재했다. 히틀러 집권후 우파는 유대인을 배제한 채 오락영화들을 계속 제작했으나, 점차 나치 선전에 복무해야 했다. 1937년 후겐베르크는 괴벨스의 강요로 영화사를 매각했고 우파는 국유화되었다.

데, "나치가 지배하는 거리"가 제국의회의 행동을 강제한 것처럼 보였다.[84] 하지만 이러한 분석은 적절하지 못하며, 사실 그 영화 내용에 보수 진영 대다수가 느낀 저항과 증오가 결정적인 원인이었다. 그렇지만 관구장은 그 승리를 오로지 자신의 것으로 삼고자 했다.

1931년이 시작되면서 실업률과 함께 거리의 폭력이 갈수록 늘었다. 이 폭력 사태에 비옥한 토양이 된 것은, 바로 수도 베를린의 부유함과 휘황한 오락 산업, 우아하고 유행에 민감한 "고상한 사교계"가 벌이는 으리으리한 행사들의 그늘에 가려져 있던 가난과 비참함이었다. 베를린에서 1월 1일의 아침이 밝기도 전에, 그리고 괴벨스가 늘 후원금과 인맥을 통해 자신에게 도움을 주는 빅토리아 폰 디르크젠(Viktoria von Dirksen)의 살롱에서 열린 섣달 그믐의 사교 모임을 떠나기도 전에, 새해의 첫 번째 희생자가 나타났다. 베를린 북동부에서 돌격대원 한 사람이 난투극 끝에 국영철도 소속원 한 사람과 그 싸움에 끼어들지도 않은 세3자 한 사람을 권총으로 쏜 것이다. 두 사람 모두 사건 직후 병원에서 사망했는데,[85] 괴벨스는 이 사건을 냉소적이고 간결하게 언급하였다. "유감을 표한다."[86]

1931년 1월 22일 저녁에는 괴벨스가 패싸움에 얽혀들었다. 그때 그는 프리드리히스하인 강당에서 공산당 소속 제국의회 의원이며 베를린브란덴부르크 지구당 위원장인 발터 울브리히트*와 토론을 벌이고 있었다. 그 공산주의자가 연설을 끝내자 그를 수행했던 붉은전사동맹 소속원들이 괴벨스의 연설을 방해하려고 인터내셔널가를 부르기 시작했다. 그러자 곧 나치주의자들은 더 큰 소리로 그들의 '반대 찬가', 즉 호르스트 베셀 노래를 불러댔다. 결국 강당 안에서 유례를 찾아보기 힘든 난투극이 벌어졌다. 마침내 치안경찰이 진입해 난동자 34명을 체포하였을 때, 그곳에는 100명 이상의 부상자들이 널려 있었고, 그중 많은 사람이 두개골

골절 등의 증상을 입고 크로이츠베르크의 베타니엔 종합병원으로 후송되었다.[87]

그로부터 6일이 지난 후 베를린의 돌격대원 한 사람이 시르머(Schirmer)라는 공산주의자를 등뒤에서 칼로 찔러 죽였다.[88] 1931년 2월 1일로 넘어가는 밤에는 샤를로텐부르크 지역에서 유혈 충돌이 일어났고 그 와중에 공산당의 불법 군사조직의 일원이던 그뤼네베르크(Grüneberg)가 권총에 맞아 살해되었고 다른 공산주의자 두 사람이 중상을 입었다.[89] 그러자 공산당은 여러 지역에서 대규모 집회를 열었다. 2월 4일 주요 집회에서 그뤼네베르크의 누이는 '자본'과 그의 조력자인 사회민주주의자들과 나치주의자들에 맞서는 투쟁을 촉구하면서, "위대한 지도자 리프크네히트와 룩셈부르크"를 추모했다. 후에 자유독일민족위원회(Nationalkomitee Freies Deutschland, 소련에서 나치즘에 대항하기 위해 독일 군 전쟁포로, 독일인 이민자들이 1943년에 결성한 단체) 위원장이 되는 에리히 바이너르트(Erich Weinert, 1890~1953)가 시를 낭송했다. 마지막 연설은 정치국원 헤르만 레멜레(Hermann Remmele, 1880~1939)가 했다. 그의 연설은 위협과 약속의 혼합물이었다. 두 전사의 죽음을 계기로 모든 노동자들은 "프롤레타리아의 삶을 더는 보장할 수 없

....

울브리히트(Walter Ulbricht, 1893~1973) 독일공산당 지도자. 2차 세계대전 후 독일민주주의 공화국(동독)의 최고 실력자. 1912년 독일사회민주당에 가입해 1차 세계대전 중 동부 전선에서 싸우다 두 번이나 탈주했다. 전쟁이 끝난 후 새로 만들어진 독일공산당에 가입했다. 스탈린이 등장하자 울브리히트는 그의 추종자가 되어 독일공산당을 볼셰비키화하고 세포 조직을 근간으로 당을 편성했다. 1928년에 연방 하원의원이 되어 1929년부터 베를린 공산당 조직을 이끌었다. 1933년 1월 히틀러가 권좌에 오르자 울브리히트는 해외로 망명했다. 1945년 독일로 돌아온 그는 독일공산당 재건에 힘썼으며, 소련 점령 지역에 행정부를 조직하는 책임을 맡았다. 1949년 10월 11일 동독 정부가 수립되자 울브리히트는 부총리가 되었고, 빌헬름 피크 대통령이 죽자(1960) 국가평의회 의장이 되어 공식적인 최고 권력자가 되었다.

는, 출구 없는 이 반(反)인민적 체제를 전복해야 한다는 사실"이 분명해졌다는 것이다. 괴벨스가 연설을 했어도 아마 똑같은 말을 했을 것이다.[90]

울브리히트는 2월 5일 제국의회에서 열린 1931년 예산안 2차 심의에서 괴벨스를 격렬하게 공격했다. "괴벨스 씨는" 오늘 첫 번째 연사로서 연설하기를 포기하는 이유가 충분하다. 왜냐하면 괴벨스는 그가 늘 〈공격〉에서 늘어놓는 것 같은 명제들, 그의 거짓말들이 반박되고 하나하나 뒤집힐 것을 두려워하기 때문이라는 것이다. 울브리히트가 제국의회 본회의장에서 관구장 괴벨스 앞에 제시한 '진실'이란 나치주의자들이 지난 몇 주의 살인적 테러로 "돌진하는 실업자들에게서 대기업의 금고를" 지켰고 '부르주아'들을 도왔다는 것이다. "히틀러 씨가 라인란트 지방에서 그렇게 빈번하게 독일의 대기업 대표자들과 회담을 열었던 것은 괜한 일이 아니었다." 마지막으로 심지어 울브리히트는 프로이센 경찰과 나치가 협력하고 있음이 분명하다고 말했다. 베를린에서 그르체신스키는 파시즘에 대항하는 노동자들의 대규모 시위를 금지하였고 나치주의자들은 살인 테러를 연출하는 데 이를 악용하고 있다는 것이다. 울브리히트는 그러한 사태의 결과로 "프롤레타리아가 자신을 지키려는" 조치로 노동자가 무장할 것이라고 선언했다.[91]

울브리히트는 널리 알려진 틀에 따라 공산당의 주적들이 서로 협조하고 있다고 비판한 것인데 괴벨스 역시 이와 다르지 않았다. 그는 특히 〈공격〉에서 지속적으로 사회민주주의자인 경찰청장 그르체진스키를 마르크스주의자로 표현했다. 그러나 프로이센 정부의 지원을 받는 그르체진스키는 이 일로 전혀 동요하지 않았다. 1931년 2월 초 그는 전투지 〈공격〉을 다시 한 번 금지했는데 이번에는 14일간의 정간 조치였다. 2월 중순에 치안경찰 백인대(百人隊)가 앞으로 열릴 재판의 증거 자료를 확보하려고 나치당 사무국을 수색하였다. 돌격대 지도자들의 가택 수색도

공산당 베를린-브란덴부르크 지부장 발터 울브리히트의 연설 장면. 연단 위에 그와 함께 있는 사람들 중 앞줄 맨 왼쪽 인물이 나치당 베를린 관구장 괴벨스이다. 1931년 1월 22일 프리드리히스하인 강당에서 열린 이 행사는 집단 난투극으로 끝났다.

이루어졌다.[92] 게다가 경찰청장은 나치주의자들과 공산주의자들 사이에 벌어지는 극단적 일탈 행위의 중심지인 베를린 몇몇 지역에서 순찰을 강화하도록 지시했다. 그는 또한 갈색 또는 적색 분자들이 자주 집회를 열고 그 주변에서 늘 폭력 행위가 일어나곤 하는 음식점들의 소유자가 그러한 폭력 행위에 연루되었는지를 조사하여 경우에 따라서는 영업허가를 취소하도록 하였다.[93]

정치적 범죄의 해결 비율은 높았지만, 단호한 조치를 취하는 그르체진스키와 그의 부청장은 경찰이 보유한 수단을 이용해 테러를 근절하는 데 실패하였다. 정치 상황이 걸림돌이었다. 브뤼닝 총리가 장기적으로 나치주의자 포섭을 목표로 삼고 있었던 것이다. 그래서 프로이센 정부는 갈색 테러와 벌이는 전쟁에서 고립되었다. 상황은 점점 더 곤란해졌다. 계속 악화되는 경제 상황에서 비롯되는 불만으로 더 많은 사람들이 적색 또는 갈색 유혹자들에게 다가서고 있었다. 그들의 불안, 가난, 희망 들은 집회 중에 증오와 광신으로 옮겨 갔다. 1931년 1월 30일도 그러하였다. 연설 능력이 뛰어난 괴벨스는 다시금 독일의 현실을 비판하고, 곧 "악으로부터의 구원"이 제3제국의 형상으로 나타날 것임을 화산 폭발과 같이 선포했다. 그날 사람들이 꽉꽉 들어찬 체육궁전의 분위기는 언젠가 민족이 봉기하고 폭풍이 몰아칠 날을 작은 규모로 미리 보여준 것이라고 괴벨스는 썼다. 그는 그로부터 12년 후 같은 장소에서 그와 같은 표현을 써서 독일 민족이 일어나도록 하였다. 그리고 민족이 불러일으킨 그 폭풍은 민족 자신을 쓸어버렸다.

거리에서 고조되는 혁명의 움직임에 발맞추어, 괴벨스는 나치당의 제국의회 의원 107명의 사퇴를 이끌었다. 이 일은 2월 9일 국회법 개정에 따라 국회의원 면책특권이 제한된 데에 따른 것이었다. 괴벨스가 속한 원내 교섭 단체는 그전에 이 결의에 반대하여 "의사진행 방해를 위한 최후의 방법"[94]까지 동원했지만 실패했다. 나치주의자들이 발의하고 독일 국가인민당과 공산당이 지원한, 브뤼닝 정부 불신임 투표안은 사민당의 거부로 기각되었다. 괴벨스가 이를 의원직 사퇴 이유로 들었지만, 그는 특히 여론에 대하여 나치당이 실패한 "영 의회"에 거리를 두고 있다는 사실과 그 당이 늘 그러했던 것처럼 혁명적 운동이라는 사실을 보여주는 데 치중하였다.

이는 괴벨스가 쓴 '선언'에서도 드러난다.[95] 나치당 소속 의원 프란츠 슈퇴르(Franz Stöhr)가 2월 10일 제국의회에서 이 글을 자기 당 교섭 단체의 이름으로 낭독하자 그 당 소속 의원들은 모두 기립하였고 제국의회 의장 파울 뢰베(Paul Löbe, 1875~1967)는 규칙을 엄수하라고 수없이 경고했다. 브뤼닝이 이끄는 대통령 내각의 적법성은 그렇지 않아도 점차 약화되고 있었다. 대통령 내각이 내린 국회법 개정의 법적 근거가 사실상 의문스러웠기 때문에, 괴벨스가 정부를 공격하는 일은 식은 죽 먹기였다. 그는 의회를 "조직적인 위헌 집단"이라고 비난하면서, 의회가 "야당을 억압하는 가운데 위헌으로 국회법을 개정"하여 전 민족과 세계 앞에 자신의 본질, 즉 "전쟁 배상금을 강제하는 국제 자본주의의 조직적 도구"임을 증명했다고 몰아붙였다. 나아가, 이제 더는 의회주의적 투쟁 수단으로 정치를 할 수 없기 때문에 "우리는 전쟁 배상금 제국의회를 떠나고 국민의 영혼을 쟁취하려는 투쟁에서 민족의 문제를 우리의 문제로 삼을 것"이라고 했다.

이미 1931년 1월 중순 행동주의에 박차를 가해 당에 활력을 불어넣을 것을 고려하고 있던[96] 괴벨스는 나치당의 이러한 '엑서더스(Exodus, 대탈출)'가 일어난 며칠 후 "국민을 얻기 위한" 투쟁을 준비하며 돌격대, 〈공격〉, 당 사무국의 활동들을 조율하려고 노력했다. 괴벨스는 "얼음처럼 굳어 있는 상태"가 풀리고 야당이 좋은 상태와 조건을 되찾을 수 있을 것이라 기대했다. 그해가 그렇게 폭풍처럼 시작됨에 따라 기층 당원들, 그리고 관구장 자신도 혁명적인 '최후의 전투'가 다가왔음을 어느 정도 느낄 수 있었다. 그리하여 돌격대와 베를린의 정치 지도부의 관계가 눈에 띄게 좋아졌다. 둘의 관계는 1930년 하반기에 '뮌헨의 높으신 분들'이 바를로프 궁전을 매입해, 중앙당사로 삼는 등 합법화 노선과 낭비적 자기 과시를 보여주면서 점점 더 악화되고 있었다. 자신이 언제나 '프롤레타리아 군인'의 편에 서 있다고 생각했던 괴벨스는 히틀러에게 돌격대 내에서 점점 불만이 고조되고 있음을 알리려 했다. 그러나 단둘이 이야기를 할 때면, 히틀러는 괴벨스에게 듣기 좋은 말들을 늘어놓았고 괴벨스의 원래 의도는 대개의 경우 실행에 옮겨지지 못했다. 1930년 11월 중순의 면담도 마찬가지였다. 히틀러는 관구장에게 바를로프 궁전의 어마어마한 방을 보여주었는데, 괴벨스는 뮌헨에 머무는 동안 그 방에 머물게 되었다. 그리고 히틀러는 괴벨스에게 그 방을 '보석 상자'로 만들려 한다고 말하기도 했다.[97]

괴벨스는 베를린으로 돌아와서 곧 불만에 가득한 '돌격대 군주들'이 "추문에 가까운 뮌헨의 돼지우리"를 비판하는 데 다시 동조했다. 물론 괴벨스는 이러한 비판의 물길을 히틀러가 아니라 그 주변의 '속물들'에게 돌리려 하였다.[98] 그래서 그는 1930년 11월 말 바이에른 주의 수도 뮌헨에서 열린, 전국의 돌격대 지도자들이 참석한 돌격대 회의에 더욱 관심을 기울였다. 여기서 히틀러는 불화를 종식시키는 데 성공한 것으로 보인다. 그리고 그는 자신의 합법화 노선에 대해 비록 참석자들이 가슴으로부터 동의하도록 만들지는 못했더라도, 최소한 그 노선이 그 갈색 당 군대의 정치적이고 혁명적 전사 전통이 지니는 낭만주의에 반하지 않음을 전하는 데는 성공했다. 괴벨스는 어느 정도는 의도적으로 낙관적인 태도를 보이면서, 회의가 "그 젊은이들을 완벽하게 만족시켰고" 그들은 모두 다시 "사기가 충천했다."라고 썼다.[99]

1931년 2월 괴벨스는 돌격대와 관구 지도부의 관계를 긍정적으로 평가하였는데, 이는 순전히 의도적으로 낙관적 태도를 보인 것만은 아니었다. 그는 심지어 슈테네스에게도 접근할 수 있었다. 괴벨스는 그 돌격대장을 몇 차례 슈테글리츠의 암 배케크벨에 있는 자신의 새 거처에 초대했다. 괴벨스는 곧 슈테네스에게 자신이 과거에 잘못을 저질렀다고 밝히기까지 했다. 그리고 돌격대장이 괴벨스를 공개적으로 "입에 침이 마르도록 칭찬하였을 때", 심지어 괴벨스는 국가 권력은 결코 단순한 당 추종자들의 엉성한 하부조직이 아니라 오로지 혁명적 열정을 갖춘 강건한 돌격대 조직의 확고한 기반 위에서만 쟁취할 수 있다고 고백하기에 이르렀다.

슈테네스와 괴벨스는 나치 운동 내부의 오류를 '뮌헨의 나리들'의 책임으로 돌렸는데, 그들은 근본적으로 사회주의를 거부하고 운동의 '참된' 일꾼들을 오로지 속이려고만 한다는 것이다. 슈테네스는 히틀러를 존경하면서도 히틀러 역시 '뮌헨의 나리들'에 포함시켰지만, 괴벨스는 여전히 '총통 각하'를 정치적 주변 인물들의 '희생자'로 보았다. 그는 평생 동안 이러한 정치적 허위를 유지했다. 괴벨스는 히틀러의 주변 인물들이 괴벨스 자신을 증오하는데, 그 이유는 자신이 여전히 사회주의자이고 심지어 히틀러와도 '숨바꼭질'을 벌이고 있기 때문이라는 것이다. 괴벨스는 에서, 페더, 로젠베르크를 비롯한 히틀러 측근들에 대항하는 '동맹'을 1931년 2월 21일 슈테네스와 맺었다고 생각했다. "돌격대와 나. 그것은 곧 힘이다."[100]

그로부터 4일 후 막 볼리비아에서 돌아온, 히틀러가 신임 돌격대 참모장으로 임명한 전직 대위 에른스트 룀*은 각 돌격대 단위조직들이 앞으로 어떠한 가두 전투에도 참가해선 안 되고 돌격대장들은 어떠한 연설도 해서는 안 된다고 지시했다. 슈테네스는 이 조치가 자신의 권력을 결정적으로 축소한다고 느껴 격분했고, 괴벨스는 또 다시 뮌헨과 돌격대 사이를 중재하겠다는 뜻을 품었다. "이제 뮌헨도 행동해야 한다. 오로지 당사 하나를 가지고 있을 뿐이라면 이는 독일 최강의 정당에게는 너무

룀(Ernst Röhm, 1887~1934) 1차 세계대전에 대위로 참전한 후, 1919년 프란츠 리터 폰 에프가 이끄는 사유군난의 뮌헨 공화국 뭉괴 작전에 참여했다. 1920년 나치당 입당 후 바이에른 지역의 준군사조직들을 통합하는 데 중요한 역할을 했으며, 1923년 11월 히틀러 쿠데타에 참가하였고, 1924년 히틀러로부터 돌격대 재조직 임무를 부여받은 후 민족주의 준군사조직 통합체인 프론트반을 창설했다. 1925년 나치 재창당 이후 합법 노선을 추구하면서 더는 준군사조직에 의존하지 않으려는 히틀러와 갈등이 생겨 이의 항의 표시로 돌격대장을 사임했다. 1928년 볼리비아 정부의 군사고문으로 활동했고, 1930년 귀국 후 나치당에 재가입했다. 1931년 돌격대 참모장이 되어 돌격대를 강력한 대중조직으로 만들어 나갔으나, 돌격대는 히틀러의 합법화 노선에 불만을 품고 있었다. 1933년 히틀러 집권 후 무임소 장관이 되었고, 450만 명에 달하는 돌격대를 '제2의 혁명'으로 새로운 군 조직으로 만들려고 시도하여 제국방위군, 나치당, 친위대와 갈등을 빚었다. 1934년 6~7월 히틀러는 룀 쿠데타 설을 조작해 룀, 그레고어 슈트라서, 쿠르트 폰 슐라이허를 비롯한 2백여 명의 돌격대를 살해했고, 이로써 돌격대는 영향력을 상실하고 친위대의 득세가 시작되었다.

적다."[101] 괴벨스의 견해에 따르면, 제국의회 교섭 단체가 혁명을 시도해야 하며 바이마르에서 잔여 의회*를 소집해야 한다.[102] 3월 4일 베를린의 복브라우어라이 술집에서 열린 관구 회의 중 괴벨스는 나치당이 제국의회로 귀환하는 것은 더는 고려의 대상이 아니라고 큰 소리로 선포했다.[103] 그가 다음날 뮌헨에 도착하여 히틀러와 '단독으로' 돌격대 문제와 그의 정치적 견해를 이야기하려고 했을 때, 이번에도 그의 모든 계획은 대부분 사라져버렸다. '총통 각하'가 뿜어내는 매력은 괴벨스에게 그가 "너무 부드럽고 타협적"이라는 한계는 있지만 모든 것을 제대로 보고 있다는 '깨달음'을 주었다.[104]

괴벨스는 슈테네스, 돌격대와 결속감을 느끼면서 다른 한편으로 자신에게는 불가침의 위대한 인물인 히틀러를 따르고자 하는 자기 분열 때문에 자신을 마냥 속이게 되었다. 그의 자기 기만은 그가 돌격대를 위하여 호르스트 베셀 1주기를 성대하게 기념한 후인 1931년 3월 돌격대의 충성을 확고히 하려고 연출한 사건에서 절정에 이르렀다. 돌격대원 한 사람이 괴벨스를 '폭탄 테러'에서 구해냈다는 것이었다. 괴벨스는 이러한 연출의 '영감'을 테러에 희생될 수 있다는 히틀러의 걱정에서 얻은 것으로 보인다.[105]

아마도 그는 개인 비서 심멜만(Graf Schimmelmann)에게 작은 소포를 보내도록 한 것 같다. 그 소포는 3월 13일 헤데만 거리의 관구 사무국에 도착했다. 그 안에는 몇 개의 개구리 폭죽(폭죽의 한 종류로, 폭발하면 땅 위를 튀어다님), 봉지에 싼 흑색 화약 가루, 성냥으로 만든 조잡한 점화 도구와 여기 포함된 성냥갑 마찰면 등이 들어 있었다. 그보다 이틀 전 〈공격〉의 직원이자 돌격대원인 에두아르트 바이스(Eduard Weiß)는 앞으로 관구장에게 오는 모든 우편물을 먼저 개봉하라는 지시를 괴벨스로부터 직접 받았다. 당시 괴벨스는 그러한 지시를 내리는 이유로 자신이 테러의 목표가 될까 우려하기 때문이라고 말했다.[106] 그리고 13일의 금요일, 앞서 설명한 그 일이 일어났다. 당연히 개구리 폭죽이나 흑색 화약은 폭발하지 않았다.

몇 시간 후 관구 사무장 한스 마인스하우젠(Hans Meinshausen)은 이 사건을 당의 동지들에게 알렸다. '제국의 연사'로 유명해졌으며 나치 교사 동맹의 베를린 지부 공동 발기인인 교사 마인스하우젠은 어느 집회 도중 "오후 1시경 우리 괴벨스 씨에게 극악한 테러가 가해졌다."라고 발표했다.[107] 이를 경찰에 신고하기도 전에[108] 〈공격〉의 1면이 인쇄되었고 여기에서는 큼직한 글자로 "괴벨스 박사를 목표로 한 테러"를 "몰염치하고 간악한 행위"로 낙인 찍었다.[109] 3면에는 '우편 소포에 들어 있는 폭발물 — 절망감에서 비롯된 최후의 수단'이라는 제목 아래 그 '테러'를 서술했는데, 특히 그 '불길한 폭탄'에서 뇌관을 제거한 돌격대원 바이스의 신중한 행동을 강조했다. 괴벨스는 일기에 이렇게 썼다. "어제 아침 나를 해치려는 폭탄 테러가 있었다. 폭발물을 담은 소포가 우편으로 사무국에 도착했다. …… 그것이 폭발했다면 분명 눈과 얼굴이 날아가버렸을 것이다."[110] 관구장은 테러라는 동화를 써서 자신까지도 속였다.

이러한 테러 자작극 소동은 돌격대 안에서 동요가 높아지고 있음을 보여주는데, 이러한 동요는 공산당 소속 제국의회 의원 한스 키펜베르거(Hans Kippenberger)가 충격적인 성명을 발표했을 때 더욱 높아졌다. 그 성명에 따르면 라이프치히 제국법원의 반역 재판으로 유명해진 나치주의자 셰링거가 공산당으로 옮겨간 것이다. 괴벨스는 그 일 자체보다

잔여 의회(Rumpfparlament) 영국 역사에 등장하는 의회이다. 영국 청교도혁명 때, 크롬웰과 뜻을 같이했던 독립파 군인 토머스 프라이드 경이 1648년 하원에서 장로파 의원들을 추방했다. 그 후 남은 60여 명 정도의 의원들만으로 의회가 구성되었고, 이 의회는 즉시 국왕의 범죄를 재판할 특별재판소를 설치하여 1649년 1월 찰스 1세를 처형했다. 이때 남은 사람들로 구성된 의뢰라고 해서 '잔여(rump, 찌꺼기) 의회'라 불렸다.

그 행동의 이유가 더 충격적이었다. 셰링거는 나치 지도자들의 실제 정치가 그들의 급진적 주장과 모순된다고 발표했다. 그는 히틀러와 로젠베르크는 독일의 부르주아들과 함께 '자본주의 강도 국가들'에게로 엉금엉금 기어가고 있다고 말했다. 그리고 참으로 독일 인민의 민족적·사회적 해방을 위해 싸우는 사람들에게 올바른 길을 제시한 사람은 레닌이라고 했다.[111]

공산당이 선전 선동에 철저히 이용한 셰링거의 당적 이동에 이어 '뮌헨의 나리들'이 경제 정책 초안을 발표했다. 당의 분열을 우려하던 괴벨스가 보기에 그 정책 초안은 셰링거의 논지에 잘 들어맞는 것이었다. 정책은 나치 운동에서 하나의 '전환점'이 되었다. 왜냐하면 거기에는 "사회주의는 흔적도 없었기"[112] 때문이다. 모든 일을 허사로 만들 수는 없기에 괴벨스는 대중의 분위기를 전혀 모르는 히틀러와 "털어놓고 이야기하겠다."[113]라고 다시 한 번 단호한 결심을 했다.

2월 23일 괴벨스는 뮌헨외 중앙당사에서 우선 룀과 만났다.[114] 괴벨스는 돌격대 참모장으로부터 그가 동부 관구 최고 돌격대장 슈테네스와 충돌했던 일에 대해 들었다. 슈테네스는 여전히 솔직하게 히틀러의 노선을 비판하고 있었던 것이다.[115] "그는 슈테네스를 숙청할 준비를 이미 마쳤다. 보스가 관여하여 이를 제지했다. 나 역시 그랬다. 우리는 룀을 설득하려고 노력했다." 그러고 나서 괴벨스가 원래 계획했던 히틀러와 "분명한 대화"는 자취도 없이 사라졌다. 히틀러는 괴벨스를 '기막히게' 극진히 대해주었다. "저기 남쪽 뮌헨에서 오로지 그만이 영리하고 분명하다." 뮌헨 체류의 결과로 남은 괴벨스의 생각은 분쟁이 일어날 경우 히틀러 편에 선다는 결심과 슈테네스도 "다시 대열에 동참시키겠다."라는 생각이었다. 괴벨스가 이렇게 생각할 수 있었던 것은, 그가 모호하게 생각하고 느꼈기 때문이었다. 어쨌든 돌격대장 슈테네스는 여전히 베를린 관구장 괴벨스를 동맹자로 믿고 있었다.[116]

우파와 좌파의 계속되는 테러 때문에 힌덴부르크 대통령이 3월 28일 정치 집회 신고 의무와 포스터, 전단의 검열을 담은 긴급 조치를 발표하자, 나치당 내에서 베를린과 뮌헨의 긴장은 어쩔 수 없이 격화되었다. 언제나 한쪽 발을 불법 행위에 담고 활동하던 돌격대의 입지는 더욱 좁아졌고, '법의 준수'라는 히틀러의 요구와는 거의 접점을 찾을 수 없게 되었다. 괴벨스는 거침없이 분노를 터뜨렸다. "합법성 만세! 구역질난다! 이제 우리는 새로운 활동 방법을 찾아야만 한다. 그것은 매우 어려운 일이 될 것이다."[117]

힌덴부르크의 긴급 조치와 함께, 나치 운동의 혁명적 무기인 돌격대는 더욱 힘을 상실하게 되었다. 긴급 조치에 이어서 심지어 돌격대 금지 조치가 내려질 낌새도 보였다.[118] 그러자 슈테네스는 뮌헨과 대립하는 노선을 매우 의도적으로 밀어붙였다. 그 때문에 오랫동안 사그라들지 않았던 당 노선 투쟁이 절정으로 치닫게 되었다. 이때 뮌헨의 입장에서 볼 때에는 괴벨스가 슈테네스와 한 배를 타고 있는 것처럼 보였다. 왜냐하면 관구장 역시 베를린에서 행한 연설들에서 당 중앙이 돌격대와 관련하여 "심각한 과오"를 저지르고 있다고 비판했기 때문이다.[119] 괴벨스는 모든 오류의 핵심은 '석', 즉 국가와 법률을 지탱하고 있는 자들과 '지나치게' 교감하고 있기 때문이라고 여러 차례 비난했다. 괴벨스는 "운동의 혁명 정신"이 그들에게 희생될 것을 두려워했다.[120]

괴벨스는 이러한 상황 전개를 일차적으로 괴링의 책임이라고 보았지만,[121] 그가 반대하는 노선을 선택한 것은 사실 히틀러였다. 열렬하게 합법성을 추구했던 히틀러는 긴급 조치 발효로 인해 돌격대와 공권력의 충돌이 확대될 수밖에 없어 자신의 신뢰가 무너질 것을 두려워했다. 히틀러는 괴벨스에게 이 점을 분명히 해두려고 전화를 걸어 4월 1일 바이마르의 지도자 회의에 참석하라고 지시했다. 괴벨스에게 좀 더 많은 재량권을 부여하여 자신에게 순종하게 할 수 있다고 확신한 히틀러는 이

자리에서 괴벨스에게 위임장을 주려고 하였다.

여기에서 히틀러는 "현재 발효된 긴급 조치 상황에서" "내부의 적들이 운동을 자극하여 불법 행위로 끌고 가려는 의도가 현실화되고 그 결과 독일의 자유를 위한 투쟁에 반대하는 적들에게 이 운동을 억압하고 해체할 기회를 결정적으로 제공할" 커다란 위험이 존재한다고 선언했다. 계속해서 히틀러는 위임장에서 이미 수 개월 전부터 "파렴치한 세력들"이 바로 이를 호시탐탐 노려 왔으며 나치 운동의 각 단위 조직들에서 불화를 조장해 왔다고 밝히면서, 지금부터 "어떤 결과도 고려하지 않고", 그리고 "그 세력이 어떤 위치나 어떤 당직을 가지고 있는지도 상관하지 않고" 당을 그 "분열적 요소들로부터 정화"할 것이라고 선포했다. 그러고 나서 히틀러는 괴벨스에게 그의 관구에서 이를 실행에 옮기라며 권한을 위임했다. "당신이 어떠한 일을 하더라도 나는 당신을 지지합니다."라며 히틀러는 위임장을 끝맺었다.[122]

그러나 히틀러는 이때 이미 결정적인 조치를 취하고 있었다. 그는 철저한 계산을 거쳐 룀에게 슈테네스의 제거를 명령했다. 그러나 기밀이 누설되어 이 소식은 이미 3월 31일, 즉 수도 베를린에서 본격적인 명령을 내리기도 전에 밖으로 새나갔다. 이때 괴벨스는 이미 베를린을 떠난 뒤였고, 그 전날 두 군데의 집회에서 연설을 했던 드레스덴을 떠나 바이마르에서 '매우 심각한' 히틀러를 만난 4월 1일 아침에야 베를린에서 일어난 일을 전해 들었다. 슈테네스와 돌격대 일부가 반란을 일으켰다는 것이었다. 괴벨스가 슈테네스와 히틀러 사이에서 적절한 균형을 유지하고자 했던, 환상에 가까운 의도는 이로써 더 유지할 수 없었다. 이제 현실에 굴복하고 "공개적으로 무조건" "총통 각하에게" 지지를 보내는 수밖에 다른 방도가 없었다.[123]

히틀러는 4월 1일 슈테네스로부터 룀이 자신을 축출하는 것이 정당하게 이루어진 일인지를 문의하는 전보를 받았다. 히틀러가 슈테네스에게 질문을 던지지 말고 명령을 따르라고 답신을 보내면서 둘의 균열은 돌이킬 수 없게 되었고 상황은 더욱 악화되었다. 강력한 돌격대 단체들은 그 직후부터 헤데만 거리의 당 일꾼들과 지도급 인사들을 사냥하기 시작했고, 〈공격〉 편집국을 점거하여 그 신문에다 뮌헨에 공개적으로 "선전포고"를 하는 격문을 실으려 했다. 여기에서 슈테네스는 휘하에 있는 돌격대 단체들의 신뢰를 바탕으로 "돌격대가 메클렌부르크, 포머른, 브란덴부르크오스트마르크, 슐레지엔, 그리고 수도 베를린에서 나치 운동의 지도권을 넘겨받도록" 지시했다고 밝혔다.[124] 베를린의 돌격대장이자 괴벨스의 부관구장 달뤼게는 이에 동조하지 않았다. 반란자들은 자기들의 행동을 "돌격대의 혁명적 활력"이 부르주아적이고 자유주의적 성향을 지닌 나치당의 정치 지도부에게 압도당하고 있기 때문이라고 주장했다. 그리하여 "독일 인민의 참상을 극복하라는 사명을 띤 이 운동의 생명의 중추가 타격을 입고 있다."라는 것이었다. "돌격대는 오로지 인민과 조국을 위한 투쟁에서 사상의 승리를 원할 뿐이다. 호르스트 베셀과 수천 명 동지들의 피는 헛되지 않을 것이다."[125]

　위기가 더욱 고조되면서 공화국의 민주 세력들은 나치당이 이러한 분열을 거치며 쇠퇴할 것이라는 기대를 품었다. 이제 괴벨스는 슈테네스 반란을 "피와 죽음으로 성스러워진 우리 사업을 배신하는 행위"라고 규정하면서[126] 히틀러가 위기 상황에서 이미 여러 차례 보여준 것과 같은 방식으로 행동했다. 즉, 일단 처음에는 상황이 흘러가는 대로 방치했고 베를린의 직무로 복귀할 생각을 하지 않았다. 히틀러에 대한 자신의 충성에 어떤 그림자도 드리우지 않도록 하려고 괴벨스는 외적으로도 분명한 입장을 취했고 히틀러를 따라 뮌헨으로 가서 사태 진화에 필요한 조치들을 함께 이끌었다. 이러한 조치의 하나로 그들은 〈민족의 파수꾼〉에 실릴 반란 비판 사설을 함께 작성했다. 그리고 베를린 당에 촉구하는 말이 뒤따랐다. 여기서 히틀러는 "그대들의 지도자이자 나의 친구인 괴벨스 박사"가 그 반란 집단과 공모했다는 무고에 분통을 터뜨렸다. "나는 그대들의 관구장을 변호할 필요조차 없다. 왜냐하면 그는 그런 방식으로 일하는 불량배가 아니기 때문이다. 변호 자체가 오히려 모욕이 될 정도로 그는 고귀하다." 끝으로 히틀러는 베를린의 당원들과 돌격대에게 "조건 없는 충성"으로 괴벨스를 따르며, 히틀러 자신이 그를 믿는 것처럼 끝없이 관구장을 신뢰할 것을 촉구했다.[127]

이와 동시에 '총통 각하'는 "동부 지역 총사령부 정치국원"인 헤르만 괴링이 슈테네스 쿠데타로부터, 그리고 괴벨스의 부재를 기회로 삼아 이득을 취하려 했던 시도를 무산시켰다. 괴링은 괴벨스가 바이마르에서 넘겨받았던 바로 그 전권을 자신이 차지하려 했던 것이다. "지금까지 그에게서 보지 못했던 그러한 엄숙함으로"[128] 나타난 히틀러의 신뢰는 두 말할 필요도 없이 괴벨스에게 특히 중요했다. "세련된 남자" 괴링은 처음에는 자신의 "호화로운 저택"에서 괴벨스를 환대했고 1930년 부활절에는 심지어 며칠 동안 부인 카린의 가족이 있는 스웨덴에 함께 데리고 갈 정도였지만, 지금은 수도 베를린에서 괴벨스의 최대 정적이 되려는 참이었다. 히틀러가 경제계와 독일국가인민당과 접촉을 추구하면 할수록, 그 집단의 문을 열어줄 수 있는 괴링은 그에게 더욱 중요해졌다.

괴벨스가 4월 7일 수도 베를린으로 돌아오면서 히틀러가 자신에게 보여준 신뢰를 잊지 않고 반역자들을 "단번에 후려 갈겨"[129] 제거하려고 했을 때 이미 위기는 정점을 지난 상태였다. 최악의 상황은 피할 수 있었다. 모든 관구로부터 뮌헨의 중앙당으로 날아든 충성의 메시지들은 이 사실을 더욱 확실하게 만들었다. 베를린에서도 히틀러와 괴벨스의 촉구가 효력을 발휘했다. 돌격대 패잔병들은 당으로 귀환했다. 재정적 양보와 히틀러가 지시한 '돌격대 추가 수당', 그리고 돌격대에 유리한 입당비 인상과 '투쟁 비용 기부금' 중 돌격대 지분 인상 등의 조치로 사태의 해결이 용이해졌다.

괴벨스와 괴링. 1차 세계대전 참전 용사인 괴링은 이미 1922년부터 히틀러와 함께 활동한 나치당의 백전노장이었다. 특히 그는 1920년대 후반부터 히틀러가 실업계, 군부, 귀족층에 접근하는 일을 도우면서 베를린에서 괴벨스의 위치를 위협했다.

4월 11일 괴벨스는 쿠어퓌르스텐담 거리에 모인 200명 이상의 당직자들 앞에서 연설을 했다. 그는 히틀러의 합법성 노선을 노골적으로 지지하면서,130) 당 기구가 '흔들림 없이' 유지되고 있다고 선언했다. 왜냐하면 단 한 명의 구역장도, 그리고 단 한 사람의 정치 담당 당직자들도 이탈하지 않았기 때문이다. 1주일 정도 지나 슈테네스의 임시 후임자인 파울 슐츠(Paul Schulz)는 체육궁전에서 관구장에게 '정화되고' 새로 편제된, 히틀러에게 충성을 바치는 돌격대를 선보였다. '총점호'를 위해 집결한 4,000명 앞에서 괴벨스는 돌격대와 정치 지도부의 대립이 지니는 의미를 축소하려고 노력했다. 합법성 노선을 주창하는 사람들의 혁명적 언명들이 효력을 발휘했다.

괴벨스는 일기에서, 그 위기를 극복한 데 만족해하며 비장하게 선언했다. "나는 연설했다. 많은 사람들이 울었다. 위대한 순간이었다.…… 군악대의 연주 속에 분열 행진이 있었다. 베를린 돌격대가 정렬했다. 깃발들은 빛나고, 돌격대 군기가 세워졌다. 나는 한없이 행복했다. 이제 아무도 내게서 이 젊은이들을 빼앗아갈 수 없다."[131]

괴벨스의 이러한 선언이 제아무리 인상적으로 보이고, 파울 슐츠가 돌격대에서, 그리고 괴벨스가 당과 특히 〈공격〉 편집국에서 아무리 확고하게 '숙청'을 감행하려고 하여도, 슈테네스는 그렇게 빨리 굴복하지 않았다. 가령 그는 언론에 의도적으로 정보를 흘리면서 괴벨스와 히틀러의 대립을 보여주거나, 관구장이 반란자들과 비밀리에 협조하고 있음을 암시하려고 온갖 방법을 활용했다. 이에 덧붙여 슈테네스는 신문을 창간했는데, 〈노동자, 농민, 군인〉이라는 신문의 제목 자체가 반란자들의 입장을 대변하는 명확한 정보를 제공했다. 괴벨스는 4월 그 신문이 발간되자마자 "혼란스럽고 멍청한 짓거리"라고 경멸했다.[132]

〈노동자, 농민, 군인〉이라는 그 신문은 5월 초 괴벨스가 내쫓은 〈공격〉 직원이자 슈테네스의 추종자인 에두아르트 바이스의 법적 서약 효력을 지닌 성명서를 공개하여 다시 파문을 일으켰다. 바이스는 수사당국에서 괴벨스를 노린 '테러'와 관련한 자신의 진술을 번복하고, 과거 상관인 괴벨스로부터 허위 진술을 강요받았다고 주장했다. 그 성명서의 머리말에는 "괴벨스 박사 자신이 언젠가 '불만과 불안감을 지닌 사람들, 신들린 사람들, 한마디로 이상주의자들'이라고 불렀던 사람들을 더는 악용해서는 안 된다."라고 쓰여 있었다.[133]

이를 두고 괴벨스 추종자들은 "뒤늦은 복수"라고 평가했지만, 〈포시셰 차이퉁〉은 "테러의 '주인공', 정치적 마술사 괴벨스, 도마뱀과 흰 쥐들의 주인"이 마침내 여론 앞에서 "그 신비를 벗어 던진 채" 서 있다고 논평했다.[134] 〈포시셰 차이퉁〉이 이른바 폭탄 테러의 이야기를 더 추적하지 않은 데 반해, 〈적기〉는 다음날 세부적인 내용들을 내놓았다. 가면이 벗겨진 관구장은 이를 극구 부인하였는데, 그가 일기에 쓴 내용은 매우 주목할 만하다. 실제로 테러의 제물이 되었다고 믿는 것처럼 일기에 자신에 대한 "거짓말과 날조를 늘어놓는 슈테네스"라고 썼던 것이다.[135]

슈테네스 위기는 자신을 기만하는 괴벨스의 능력을 어느 정도 넘어서는 것처럼 보였다. 그는 약 300여 명에 이르는 돌격대의 변절자들을 잠재적인 반역자로 몰아붙이면서 사실은 자신이 그들을 배반했다는 사실을 억지로 잊으려 했지만, 한편으로 그들 중에 "제대로 된 사람들이 많다."는 사실을 인정해야만 했다. 그런 사람들 중 하나는 샤이데만에게 테러를 가했던 후스테르트인데, 괴벨스는 그를 "민족을 대신해 박해받은 자"라고 칭송한 적이 있으며 그를 감옥에서 석방시키려고 노력했었다.

괴벨스는 자신이 저지른 "많은 오류"는 자신이 한 번도 슈테네스와 히틀러의 중재에 노력을 기울이지 않았다는 것이 아니라, 자신이 "지나치게 남을 잘 믿기 때문"이라고 생각했다. 인간을 "너무 깊이" 신뢰했다는 것이다. 이제 자신을 둘러싼 사람들이 사악하다는 생각에 푹 빠진 괴벨스는 숨김 없이 경멸을 내보이며 그들을 "얼어붙은 똥 덩어리"[136]라고 불렀다. 그는 청소년 시기부터 늘 그랬던 것처럼, 사회에 책임을 떠넘겨 자신의 부족함을 얼버무리려 하였던 것이다.

이 상황에서 그는 의지할 곳을 찾으려는 욕구가 더욱 강해졌다. 그는 "타마라", "크세니아", "에리카", "유타"라는 여성들과 여러 차례 가벼운 사랑을 거쳐 어느 젊은 여성에게서 의지할 곳을 찾으려 했다. 그녀는 1930년 11월 초부터 괴벨스의 새로운 개인 문서보관소 설치 작업을 했던 여자였다. 그러나 괴벨스는 "크반트라는 성을 가진 아름다운 여자"[137]에게 마음을 열 능력이 없었다고 한다. 바로 얼마 전까지 일기에 쓴 것처럼, 안카 슈탈헤름과 이별한 후 사랑은 여전히 "가슴의 껍데기까지

만" 올 뿐이고 가슴 속 알맹이는 건드리지 못한다는 상황은 그녀와의 관계에서도 그대로였다.[138]

마그다 크반트(Magda Quandt, 1901~1945)는 괴벨스를 매료시켰으나, 우아한 외모와 자신만만한 태도를 지닌 그녀는 그에게는 닫혀 있는 세계를 상징했다. 그러한 유형의 여성은 나치주의자 부근이나 괴벨스의 최측근에 그리 흔치 않았다. 그녀는 유복한 환경에서 성장했으며, 아비투어를 통과했다. (본명이 요한나 마리아 막달레나 프리트랜더Johanna Maria Magdalena Friedlander였고 고슬라 시의 상류층을 위한 여학생 기숙사에 들어갔던) 마그다는 얼마 지나지 않아 대실업가 귄터 크반트(Günther Quandt)를 만났고 1921년 1월 겨우 19살의 나이로 결혼했다.[139]

그녀가 귄터 크반트와 보낸 시간은 분명 매우 안락했으나, 크반트가 이룩한 기업 왕국이 성공적인 기업가에게 요구하는 것들에 어쩔 수 없이 맞춰 살아야 했다. 또 곧바로 대가족 앞에 나서야 했던 그런 삶은 아직 학생이자 기숙사 생도인 젊은 여성의 낭만적 상상과 맞지 않았다. 마그다보다 스무 살 많은 홀아비였던 크반트는 재혼하면서 성인인 두 아들 헬무트(Hellmuth)와 헤르베르트(Herbert)를 데려왔고, 1921년 11월에는 둘 사이에서 아들 하랄트(Harald)가 태어났다. 그녀는 어머니의 의무를 다하고 1927년 미국과 남미까지 방문할 만큼 남편 옆에서 사교적 역할에 충실했다. 처음에는 이러한 일들이 차츰 소원해지는 그들 부부의 관계를 덮어주었지만, 마그다가 1929년 여름 젊은 정부(情夫)와 함께 공공연하게 나타나자 부부는 결국 완전히 갈라서게 되었다.[140]

7살인 하랄트의 부양권 문제에 합의했고(하랄트는 14살까지 어머니 곁에서 살고, 그 후, 혹은 어머니가 재혼할 경우 아버지와 살도록 결정했다) 남편 크반트가 마그다에게 넉넉히 돈을 주었기 때문에, 그녀는 금전적인 면에서 미래를 걱정하지 않아도 되었다. 그녀는 베를린 서쪽 끝 상류층 지역에 있는 라이히스칸츨러플라츠 2번지의 품위 있는 집으로 이사했다. 그

마그다와 괴벨스. 괴벨스는 우아한 부르주아 여성인 마그다를 사랑하면서 그녀와의 관계가 자신의 장애와 비천한 출신을 보상해줄 것이라고 생각했다.

곳은 프랑켄알레 거리에 있는 크반트의 저택과도 그리 멀지 않은 곳이었다. 텅 빈 생활을 무언가로 채우려는 생각으로 마그다 크반트는 1930년 제국의회 선거전에서 체육궁전의 나치당 집회에 우연히 참가했는데, 그날 그곳에서는 괴벨스와 히틀러가 연설을 했다. 그녀는 깊은 감명을 받고 나치 운동에 참여하기로 그 자리에서 결정했다. 마그다는 1930년 9월 1일 입당하자마자[141] 자원봉사로 베를린 서부 지역 나치당 지부의 여성 활동을 시작했고, 그 다음에 헤데만 거리에 있는 당 사무국에서 일하겠다고 자청했다.[142] 그곳에서 이 우아한 여성은 다리를 저는 허약한 남자와 더 잘 알게 되었다. 그녀는 괴벨스를 가장 순수한 이상주의자이자, 제3제국이 가져올 정의로운 세계를 위해 싸우는 지칠 줄 모르는 선구자로 생각하였다. 괴벨스가 온갖 부당한 짓을 저지르고 있으며, 그의 광신적 의지는 바로 인간에 대한 한없는 멸시와 증오에 기반하고 있다는 사실을 그녀는 알지 못하였다.

얼마 지나지 않아 괴벨스는 29살의 이 젊은 여성의 사랑을 갈구하였다.[143] 그 관계는 자신의 신체 장애와 비천한 출신을 크게 보완해줄 것이었는데, 이는 마그다와 여러 면에서 비슷한 안카 슈탈헬름이 그의 곁에 있을 때와 마찬가지였다. 또 마그다 크반트가 평생 곤경이나 결핍을 겪어보지 않았는데도 진지하게 나치에 참여하고 있다는 사실도 크게 작용했다. 그녀에게 "고혹적인 아름다움" 말고도 지성과 "현실을 추구하는 영리한 삶의 감각"과 "관대한 사고와 행위"를 발견한[144] 괴벨스는 그녀에게서 생기를 얻었다. 그들은 "더 바랄 것 없이"[145] 아름다운 저녁들을 함께 보냈고, 그런 저녁을 보내고 난 뒤 괴벨스는 "거의 꿈속에 있는 것처럼" 느꼈고 "충만한 행복"[146]을 느꼈다.

이제 "오로지 한 여자만을"[147] 사랑한다고 생각했던 괴벨스는 슈테네스 위기가 악화되면서 점점 더 그녀 쪽으로 기울었다. 그러나 하필 그때 그녀는 그의 안식처가 될 수 없었는데, 그녀가 자신의 세계로부터 '탈출'하는 일이 많은 부작용을 가져왔기 때문이있다. 그녀는 전 남편과 이혼 후에 오히려 더 좋은 관계를 유지했는데, 두 사람은 정기적으로 베를린의 고급 음식점 호르허에서 함께 식사를 하곤 했다. 귄터 크반트, 그리고 마그다가 여전히 그 성을 따르고 있는 크반트 가문은 그녀가 나치즘에 투신하는 것을 반대했고, 베를린 관구장과 맺은 관계를 신랄하게 비판했다. 뿐만 아니라 그녀는 부모로부터도(어머니 아우구스테 베렌트 Auguste Behrend는 괴벨스를 경멸했고 아버지 오스카 리첼Oskar Ritschel은 그를 개인적으로 알지 못했다[148]) "끔찍한 일"[149]을 견뎌내야 했다고 괴벨스는 불평했다.

하필이면 슈테네스 위기가 최고로 악화되었을 때 마그다의 어려움도 정점에 이르러 괴벨스는 그녀를 거의 잃었다고 믿을 정도였다. 마그다가 크반트와 이혼하는 계기가 되었던 그녀의 정부는 절름발이 사이비 혁명가에게 그녀를 빼앗기지 않으려고 권총을 집어 들었다. 괴벨스에게 이런 일은 '고통'이었다. 그가 안카 슈탈헤름과 보낸 날들 이후로 더는 느낀 적이 없었던 "미칠 것 같은 질투심"[150)]이 그를 "깊은 절망"으로 몰고 갔다.[151)] 이른바 운명에 따라 결정된 일은 변할 수 없다는 생각은 다음과 같은 글에서 절정에 이르고 있다. 이 글은 한편으로는 자신에게 희생하는 예외적 인간의 사명을 거듭 부여하면서 다른 한편으로는 인간에 대한 한없는 멸시를 보여준다. "나는 고독해야 하고 고독할 수밖에 없으며 앞으로도 고독할 것이다. …… 그리고 더는 나 자신을 생각하지 않을 것이다. 대체 이 비참한 삶이 무엇이란 말인가! 그리고 인간이라고 불리는 이 쓰레기 더미들!"[152)]

그러나 1931년 4월 괴벨스가 해결해야 할 문제는 슈테네스 쿠데타와 마그다 크반트 문제만이 아니라 경찰과 검찰에 관련된 것도 있었다. "소송들이 나를 죽이고 있다. …… 책상 위에는 다시 소환장이 쌓여 있다. 구역질난다. 그러나 평정을 잃어서는 안 된다. 그것이야말로 적들이 원하는 것이기 때문이다."[153)] 2월 9일 제국의회가 국회법을 개정하여 의원의 면책특권을 좀 더 쉽게 박탈할 수 있게 된 뒤로, 형사 사법당국은 더욱 강력하게 움직이기 시작했다. 제국의회는 그날 중으로 경찰 부청장 바이스의 명예훼손 소송과 관련하여 괴벨스에게 불리한 결정을 내렸다. 이는 "제국의회 의원 괴벨스 박사에 대한 구인 명령의 발동과 경우에 따라 그 실행을 허가"[154)]하는 것이었고, 이에 따라 검찰총장은 가능한 한 조속한 공판일을 결정하여 이 소송을 "최대한 빠르게 진행하도록"[155)] 지시했다.

괴벨스가 1929년 9월 26일 재향군인회관 연설에서 "우리는 부패한 베를린을 이야기하거나, 베를린 행정부의 볼셰비즘을 말하지 않는다. 아니다! '우리는 단지 이지도르 바이스에 대해 말한다! 그것으로 충분하다!'"[156)]라고 발언한 데 대해 1931년 4월 14일 재판이 이루어졌다. 판결문에 따르면 괴벨스는 재판정에서 다음과 같이 자신을 변호했다고 한다.

마르크스주의자가 군주제를 말할 때는 간결하게 빌헬름이라고 말한다. 파시즘을 말할 때는 무솔리니라고 말한다. 언제나 한 사람을 이야기하지만 인민은 거기서 체제를 인식하게 된다. 그것은 마르크스주의가 대중적이 된 본래 연유이다. …… 그(괴벨스)가 다름 아닌 바이스 박사를 특정 체제의 담지자로 명명한 것은 오로지 청중이나 독자 중 정치적 교육을 덜 받은 사람들을 고려했던 것이다. 베를린 행정부를 지탱하는 이름 중 가장 유명한, 경찰부청장의 이름은 삼척동자도 알고 있기 때문이다. 만일 피고인이 다른 이름을 말했다면, 모두가 이를 알고 있을 것이라고 전제할 수 없었기 때문에 그 체제 전체를 한 사람의 이름으로 표현할 수 없었을 것이다.[157]

그렇지만 법정은 괴벨스가 바이스에게 "유대인이라는 출신 성분에 의거하여 경멸감을 표현하려 했다."고 인정했고, 명예훼손 혐의에 유죄 판결을 내려 벌금 1,500제국마르크를 선고했다.

그로부터 3일 후 괴벨스는 쉐네베르크에서 열린 배심재판에 출두했다.[158] 그가 1930년 9월 이후 계속해서 속이 뻔히 들여다보이는 변명을 늘어놓으며 피해 다니던 총 8건에 대한 형사소송 공판이 열린 4월 27일 또 다시 출두하지 않자, 검찰은 경찰력을 동원하여 바이에른의 수도 뮌헨으로부터 그를 데리고 왔다. 괴벨스는 그곳에서 '언론과 선전'이라는 주제로 열린 당내 회의에 참석하고 있었다. 경찰관 한 사람이 특별히 뮌헨으로 날아가 그곳 경찰의 협조로 나치당의 유명한 사교 술집들을 뒤지며 괴벨스를 찾았다. 경찰관은 마침내 저녁 늦게 '그로서 로젠가르텐'이라는 레스토랑에서 포도주를 마시고 있는 괴벨스를 찾아냈다.[159] 그들은 그날 밤에 기차를 타고 베를린으로 이송되었고, 베를린에서는, 괴벨스의 표현에 따르자면, "포주와 도둑들이 경멸적으로 비웃는 가운데"[160] 곧바로 격리 수용되었다. 그는 자신의 변호사 오토 카메케(Otto Kamecke)에게 슈테니히 검사의 행위를 말하며 울분을 털어놓았고, "이

분을 꼭 기억해 두겠다."라고 으르렁댔다.[161]

몇 시간이 지난 후 괴벨스는 샤를로텐부르크 배심재판정에서 슈테니히 검사와 마주 섰다. "이 돼지 같은 놈이 내게 적대적인 선동을 늘어놓았다. 나는 고함을 쳤다. 모든 분노를 재판부 면전에 풀어놓았다. 이 파렴치한 중상모략. 그러고 나서 나는 모든 진술을 거부했다."[162]라고 괴벨스는 자신의 재판을 묘사했다. 그런데도 그는 무사히 그곳을 벗어났는데, 재판부는 괴벨스가 활동하는 정치적·세계관적 배경을 명확히 꿰뚫어보지 못한 것처럼 보인다. 결국 괴벨스는 1929년 4월 15일 〈공격〉 머릿기사에서 유대교 공동체의 명예를 훼손한 사건에서도 무죄 판결을 받았다.[163] 그 기사는 미궁에 빠진 밤베르크 근교 남자아이 사망 사건을 다루고 있었다.[164] 글에서 그는 "만약 독일에 있는 '종교 공동체' 중 이미 수십 년 전부터 제의를 위해 기독교도 아이들의 피를 필요로 하는 광신도들이 있는 공동체가 어디인지 물음을 던진다면", 아마도 이를 성공적으로 수사할 수 있을 것이라고 말했다. 베를린 재판부는 유대교 공동체 추종자 중 광신도들이 그러한 범죄를 저질렀다는 의혹을 받고 있다는 괴벨스의 주장은 "명예훼손죄 구성 요건을 충족시키지 않는다."라고 판결했다. 왜냐하면 여기에서 "그 종교 공동체가 이러한 행위를 허가하거나 용인하고 있다는 암시가 전혀 없기 때문이다. …… 종교 공동체를 인용부호 안에 넣어 표현한 것을 가장 나쁘게 해석하더라도, 필자가 유대인을 종교 공동체로 보지 않고 그들의 믿음을 종교로 인정하지 않으려 한다는 의미를 띨 뿐이다. 이는 허용 가능한 범위를 넘지 않는 비판이다."[165]

또 괴벨스는 베를린 치안경찰 간부이자 지휘관인 마그누스 하이만스베르크(Magnus Heimannsberg) 사건과 관련해 법정에 서야 했다. 이는 〈공격〉의 한 기사[166]에서 하이만스베르크의 사생활을 악의적으로 유포한 것이 문제가 된 소송이었다. 이 사건에서는 공동 기소된 편집인 마르틴 베트케(Martin Bethke)가 심문 과정에서부터 두드러졌기 때문에 괴벨스는 무사히 빠져나올 수 있었다. 베트케는 문제의 원고를 "폴렌테(Polente)"라는 익명의 필자가 썼다고 주장했는데 법정은 이 주장을 받아들였다.[167] 그리고 〈공격〉의 발행인이자 책임 편집인으로서 언론법상 책임 때문에 기소된 괴벨스가 자신은 이 기사들이 실리기 전에는 알지 못했으며 사전에 알았다면 그 기사들의 게재를 결코 허용하지 않았을 것이라고 주장[168]한 것도 기꺼이 받아들였다. 재판관들은 "우리는 피고인(괴벨스)의 인격으로부터 그가 이를 책임지는 것이 두려워 법정에서 거짓을 말하지는 않을 것이라는 인상을 받았다."[169]라고 밝혔다. 그리하여 법정은 괴벨스가 책임 편집인의 책무를 수행하는 데 "매우 미흡했기 때문에" "그가 이를 전혀 승인하지 않았음에도 불구하고" 〈공격〉에 모욕과 비열한 험담이 공개되었다는, 관대한 인식에 도달했다. 괴벨스는 하이만스베르크 사건에서 "중대한 과실"로 인하여 300제국마르크의 벌금을 선고받았다.[170]

　1929년에 시작되어 이날에야 겨우 심리가 열린 또 하나의 사건에서 괴벨스는 전임 경찰청장 최르기벨의 명예훼손 혐의를 받고 있었다. 괴벨스는 연설 중 그를 '돼지 첩자', '코쟁이 첩자'[171]라고 표현했다. 괴벨스는 재판 중에 "그런 말을 했다는 사실"을 부인했다. "누군가를 부르면서 거기에 욕을 덧붙이는 것은 자신의 방식이 아니며, 게다가 그는 돼지 첩자니 코쟁이 첩자 같은 말을 이 재판 때까지 전혀 들어본 적이 없으며 그것이 무슨 뜻인지도 모른다는 것이다." 법정에서 괴벨스는 그렇게 말하며 경멸조로 "이 상황에서는 분명히 아니지만" 때때로 "큰 코를 풀어대는 놈"이라는 말은 한 적이 있는 것 같다고 거짓말로 꾸며댔다. "그는 상관에게 비겁한 방식으로 아부하는 부하를 표현하려고 이러한 표현을 썼다고 했다. 한 관공서의 최고 책임자인 경찰청장에게는 이 말은 결코 사용할 수 없다는 것이다." 이 사건의 판결은 벌금 100제국마르크였다. 그

법원을 나서는 괴벨스. 나치가 한창 세력을 확장하던 1930년대 초, 그는 주로 힌덴부르크 대통령과 정부 관료, 경찰 간부들이 고발한 명예훼손 사건으로 수없이 자주 법원의 출두 요구를 받았다.

리고 이것도 2심에서는 무죄로 바뀌었다.[172)]

이 4월 29일 재판을 받은 8개 사건에서 괴벨스는 총 1,500제국마르크의 벌금과 1개월 징역형을 선고받았는데, 이는 괴벨스의 변호인들이 당연히 항소할 형량이었다. 5월 1일 벌써 괴벨스는 베를린 중부법원 배심재판에 섰는데, 여기서는 그에게 3개 형사소송 사건과 관련, 총 1,000제국마르크의 벌금을 선고했다. 이에 괴벨스는 재판 진행 방해로 대응했다. "나는 이제 나 자신을 변호하지 않는다. 프로이센 법정에서는 단지 침묵하고, 계속 일할 뿐이다."[173)]

나중에 이 판결들을 조롱하려는 의도에서 괴벨스와 변호인측은 벌금과 범칙금을 가능한 한 적은 액수로 분할하여 법원 회계과에 납부하거나, 온갖 속이 뻔히 들여다보이는 변명을 늘어놓으며 앞으로 반드시 있을 것으로 기대되는 다음번 사면 때까지 가능하면 납부를 미루려고 애썼다. 제국정부는 이러한 사면 조치로 정치적 갈등의 완화를 시도했던 것이다. 그리하여 그들은 가령 4월 14일의 바이스 대 괴벨스 형사 사건에서 항소와 상고가 기각되자, 납부해야 할 총 1,840.08제국마르크의 벌금을 월 25마르크의 할부로 내겠다고 제안했다.[174) 그 후 법원의 처분에 따라 괴벨스는 매달 500제국마르크씩 나눠 내는 것을 허가받았지만, 그는 1931년 12월부터 1932년 12월까지 각 100제국마르크씩 11번의 분할금을 법원 회계과에 납부하도록 했다. 서류에 따르면 이 돈은 그의 개인비서 심멜만의 '특별 회계'로부터 나온 것이었다. 법원은 그동안 관구장의 재정 상태를 조사하여 그가 "최소 250제국마르크의 분할금 납부 능력이 된다."[175)라고 결론을 내렸지만, 괴벨스는 이에 크게 개의치 않고 계속해서 100마르크씩 분할금을 납부했다. 1932년 2월 24일 관할 검사장은 마침내 여기에 동의하였다. 그리고 1932년 12월 21일 괴벨스는 형 면제에 관한 제국법률에 따라 나머지 벌금 납부를 면제받게 되었다. 다른 사건들에서는 실제 납부한 벌금액과 사면을 통해 면제된 금액의 차이가 더욱 컸다.[176) 4주간의 징역형 중에서 괴벨스가 단 하루도 형을 살지 않았던 것은 더 말할 나위도 없다.

그러나 사건 수가 많기 때문에 액수가 늘어난 그 "정신 나간 돈"[177)은 곧 괴벨스를 재정적 어려움으로 몰고 갔다. 그 어려움을 극복하려고 괴벨스는 베를린 돌격대의 후원금을 착복한 것으로 보인다. 1930년 9월 선거 이후 히틀러가 해외공보실장으로 임명했던 한프슈탱글은 당시 이 목적으로 모은 14,000마르크의 돈이 관구장 금고를 거쳐 흔적도 없이 사라졌다고 기억한다. 당시 당내에서도 괴벨스가 여기에 책임이 있다는 주장이 돌고 있었다. 내막을 아는 사람들은 이를 괴벨스와 마그다 크반트의 연애 사건과 관련지었고 "그로부터 생겨나는 금전적 채무가 그 열렬한 숭배자의 부담이 되었기 때문"이라고 보았다.[178)

마그다 크반트는 전 애인과 결별했고, 크반트 가문에도 괴벨스를 따르기로 한 결심이 변하지 않을 것임을 확신시켰다. 괴벨스는 그녀와 함께 곧 '미래의 계획'[179])을 만들어 나갔다. 메클렌부르크의 소도시 파르힘 북서쪽에 위치한 크반트의 농장 제베린에서 함께 성령강림절 휴가를 보내는 동안, 이 이질적인 한 쌍은 "엄숙한 서약"을 했다. 그들의 삶의 목표이며 변함없이 신봉하고 있는 그 목표, 즉 제3제국 혹은 이른바 좋은 세상이 실현된 다음에 결혼하기로 한 것이다.[180])

또 다른 소송들을 제외하면(5월 중순 괴벨스는 경찰 부청장 바이스의 명예훼손으로 징역 2개월,[181] 그리고 계급적 증오 선동 혐의로 벌금 500제국마르크를 선고받았다) 괴벨스는 1931년 초여름에 낙관적일 만한 이유가 있었다. 왜냐하면 5월에 세계 경제위기의 세 번째 물결이 독일에 상륙하였는데, 이는 경제적·사회적 상황이 대체로 개선될 것이라는 모든 희망을 파괴해버렸기 때문에 괴벨스의 목적에 유리한 것이었다. 독일의 배상금 납부를 전부 1년 연기해주기로 한 1931년 7월 24일의 후버 모라토리엄* 역시 이런 상황을 근본적으로 바꿀 수는 없었다.

오스트리아 크레디트안슈탈트 은행의 파산 후 7월 중순 다름슈테터 은행과 나치오날방크 은행은 지불 불능을 선언했다. 독일 금융계 전체에 공황과 같은 폭풍이 몰아치면서 잠정적으로 모든 은행, 저축금고, 주식 시장이 폐쇄되었다. 노동청에 등록된 실업자 수는 1월 410만 명으로 증가했는데 여름에도 거의 내려가지 않았고 그해 말까지 600만 명 이상으로 늘어났다. 기아, 궁핍, 절망이 일찍이 겪어보지 못한 규모로 확산되었

....
후버 모라토리엄 1929년 미국에서 비롯한 세계공황이 심각해짐에 따라, 혼란에 빠진 세계 금융 정세에 대처하려는 목적에서 당시 미국 대통령 후버가 제안한 지급유예 조치. 세계 여러 나라의 전채(전쟁으로 인해 발생한 국가의 채무)·배상·부흥을 위한 채무 지급을 1년간 유예한다는 조건으로, 미국도 외국 정부로부터 1년간 채무를 지급받지 않겠다는 내용을 담고 있었다. 1931년 7월 각국 정부의 동의에 따라 실시되었으나 실효를 거두지 못하였다. 그러나 1차 세계대전 후 중대한 국제 문제가 된 전채·배상 등의 여러 문제에 하나의 해결책을 제공하였다는 점에서 역사적 의의를 찾을 수 있다.

7장 이제 우리는 완전히 합법적이다. 아무래도 상관없지만, 어쨌든 합법적이다 315

고, 동시에 '바이마르 체제'와 민주적 정당들에 대한 독일인들의 신뢰는 점점 더 사라져 갔다.

따라서 '바이마르 체제'에 대항하는 혁명적 투쟁의 전제 조건이 더 좋아졌지만, 괴벨스는 슈테네스 반란의 경험에 따라 최소한 겉으로는 '총통 각하'의 합법화 노선을 따랐다. 철모단이 프로이센 주 의회의 조기 해산을 위한 국민투표 실시를 주장할 때, 나치주의자들도 여기에 합세했다. 7월 말에는 공산당도 우파의 동맹에 가담했다. 이 사태 전에 스탈린이 개입하여 독일공산당에게 그들이 혁명적 사태 추이에 뒤처지고 있으며 나치당에게 민족주의적 선동의 장을 넘겨주고 있다고 경고했다. 스탈린은 공산당 지도자들에게 '파시즘'에 길을 열어주는 것은 브뤼닝 제국정부이며, 그 정부의 대들보는 바로 사회주의 파시스트들이 장악한 프로이센 정부라는 점을 거듭 상기시켰다. 그러므로 그 정부를 전복해야 한다는 것이다.[182]

공산당이 합류하면서 동맹은 더 강화되었지만 괴벨스는 이러한 동맹을 정당화해야 하는 상황에 놓여 있었다. 왜냐하면 이는 그가 줄기차게 내세웠던 "마르크스주의 형제 정당인 공산당과 사회민주당"이라는 선전과 전혀 맞아떨어지지 않았기 때문이다. 8월 6일 베를린프리데나우의 한 집회에서 그는 현실을 완벽하게 왜곡하면서, 오직 추종자들의 압력이 공산당이 이 동맹에 합류하도록 강제했다고 말했다. 그리고 민족주의적 야권에게는 오직 프로이센과 제국이 중요하다고 말했다. "프로이센을 다시 프로이센답게 만드는 데 성공한다면, 우리는 독일도 다시 진정한 독일의 모습으로 만들 수 있을 것이다."[183]

사회민주주의자인 프로이센의 주 총리 브라운은 극좌와 극우의 공동 공격을 버텨낼 수 없을 것이라고 우려했다. 그래서 그는 최근 발효된 대통령의 긴급 조치에 의거하여, 일간지들에 '프로이센 주 정부의 포고문'을 발표했다. 포고문에서는 상황을 매우 현실적으로 평가하고 있었다.

"우익 정당들, 철모단 그리고 공산주의자들, 서로 화해할 수 없는 불구대천의 원수인 이들이 부자연스러운 결합을 이루었다. 이들은 프로이센 주 의회 해산을 위한 국민투표를 촉구하고 있다. …… 국민투표에서 성공을 거두면 그들은 계속해서 독일에서 민주주의와 인민의 국가가 끝나게 된다는 봉화를 분명하게 피워 올리려 할 것이다."[184]

〈공격〉이 또 다시 금지되는 것을 막으려고(그 전투적 신문은 6월 초 프로이센 내무장관에게 처음에는 4주의 정간 조치를 받았다가 2주로 줄어들었고, 다음달에는 다시 1주의 정간 조치를 받았다[185]) 괴벨스는 이 포고를 신문에 실으라는 요구를 받아들였다. 8월 7일 저녁 그는 이번에 자신이 맛본 패배에 노련한 선동 기법을 활용하여 대응했다. 그는 베를린 체육궁전에 모인 광신적 군중에게 나치주의자가 자신의 신문에서 그러한 것을 읽으면 어떠한 느낌을 받겠느냐고 물었다. 그 자신의 대답은 증오와 분노였고, 그 증오와 분노는 그를 완전히 사로잡을 지경이었다. 이는 그리 나쁜 일이 아니었다. 왜냐하면 "분노와 증오와 격분이 우리에게 힘을 주지 않는다면 대체 어디에서 활동의 용기를 얻어야 할지" 모르기 때문이다.[186]

괴벨스는 체육궁전에서 중도 정당들, 그중에서도 특히 "비참하고 부패하고 반역석인 사회민수당"에게 "필리피"*를 맛볼 것이라고 경고했지만, 이는 1931년 8월 9일에는 이루어지지 않았다. 많은 공산주의자들이 나치당과 공동으로 활동하기를 거부했기 때문에 국민투표는 실패로 돌아갔다. 이날 저녁 붉은 혁명에 대한 거친 풍문이 유포되었다. 베를린의 프렌츠라우어베르크 지역에서 경찰은 모든 행렬을 막아야 했다. 공산당의 금지된 무력조직에 속한 저격수들이 군인과 민간인들에게 총을 쏴댔

....
필리피 셰익스피어의 작품 〈줄리어스 시저〉 중 시저(카이사르)의 유령이 자신을 살해한 브루투스에게 "필리피에서 나와 만나게 될 것"이라고 말한 데서, 복수를 의미하는 표현이 되었다.

기 때문이다. 그보다 먼저 카를 리프크네히트 회관과 가까운 뷜로프 광장에서 경찰 간부인 파울 안라우프(Paul Anlauf)와 프란츠 렌크(Franz Lenck)가 살해당하는 일이 일어났다. 베를린브란덴부르크 당 지도부 임시회의에서 울브리히트와 노이만에게서 그들을 총으로 살해하라는 명령을 받았던 두 젊은 공산주의자 중 한 사람은 에리히 밀케(Erich Mielke)였다.[187] 그는 26년 후 동독에서 국가안보부(슈타지) 장관이 되어 30년 이상 이 직책을 수행했다.

괴벨스는 국민투표의 실패를 당장 나치당의 승리로 둔갑시키면서 동시에 '파트너들'에게 "철저한 파산"을 선고했다. 그들이 추종자들을 동원하지 못했기 때문이라는 것이다. 물론 그는 곧바로 여론이 그 사악한 살인에 격분하도록 선동했고 〈공격〉은 이 사건을 상세히 보도했다. 지난 몇 주 동안 "나치주의자, 철모단원, 치안경찰관 등이 공산주의 범죄자에게 살해당하거나 부상당하지 않은" 날은 단 하루도 없었다는 것이다.[188]

실세로 폭력은 이제 뚜렷하게 공산당, 특히 그 군사조직의 일이 되어버렸다. 〈적기〉가 '나치 병영'에 맞서는 공세를 촉구하고[189] '나치 병영'의 주소들을 공개하자 돌격대가 모임을 갖는 술집들은 공산당이 선호하는 습격 대상이 되었다. 그리하여 9월 9일 공산당의 암살 부대가 '추어 호흐부르크'라는 술집을 덮쳤다. 습격대가 권총을 난사하고 도망친 뒤 그곳에는 다수의 돌격대원들이 중상을 입고 신음하고 있었으며 그들 중 몇몇은 곧 사망했다.[190]

그로부터 4주 후에도 피바다를 이룬 사건이 일어났다. 20명의 공산주의자들이 인터내셔널가를 부르며 노이쾰른의 리하르트 거리로 행진해 들어왔다. 그들 중 몇 명은 돌격대 21중대가 모이는 음식점인 '뵈베' 앞에서 대열을 이탈하여, 사람이 많은 그 술집에 무차별 발포했다. 그 결과 10여 명의 돌격대가 중경상을 입었고 한 사람은 사망했다.[191] 그는 1931년 정치적인 유혈 충돌로 베를린에서 발생한 29명의 사망자 중 한

사람이 되었다.[192]

　공산주의자들의 폭력 행위가 늘어나는 것도 모든 계층의 국민들이 계속 나치즘 쪽으로 기우는 데 한몫을 했다. 그들이 늘어놓는 합법성에 대한 신앙고백, 그리고 무엇보다도 당 지도부의 민족주의적 파토스(pathos, 열정)가 효과를 드러냈다. 사회민주주의의 지도급 인사들조차도 소련이 조종하는 공산당이야말로 독일에 진정한 위험이 된다고 생각하였다.[193] 이에 비해 점점 더 많은 사람들이 나치주의자들에게 동맹자의 역할을 맡겼다. 많은 사람들은 실제로 나치주의자들을 "볼셰비즘의 해일에 대항할 수 있는, 독일에서 신뢰할 수 있는 유일한 요새"라고 보았다.[194]

　이러한 상황은 1931년 9월 12일 베를린의 쿠어퓌르스텐담 거리에서 일어난 사건으로도 변하지 않았다. 경찰청 정치국에 전달된 기밀 사항에 따르면,[195] 괴벨스가 그 달 초 베를린 돌격대장이자 프로이센 주의회 의원이며 1차 세계대전 참전 장교이자 자유군단 전사인 볼프하인리히 그라프 폰 헬도르프(Wolf-Heinrich Graf von Helldorf)와 함께[196] 유대력 신년 축제에 벌일 '실업자 시위'를 논의했다는 것이다. 그 진상은 9월 12일 저녁에 밝혀졌다. 헬도르프는 1922년 귀스트로프 주법원으로부터 살인 혐의로 수사를 받다가 중단된 적이 있는 인물이었다.[197] 1931년 9월 12일 그는 녹색 오펠 자동차를 타고 쿠어퓌르스텐담 거리를 오르락내리락 하면서 평범한 행인으로 위장한 남자들이 "겉으로 보아 유대 민족에 속하는 것으로 보이는 사람들"에게 욕설을 퍼붓고 모욕하고 구타하도록 지휘하였다.[198] 그들의 유대인 박해는 2시간 동안 계속되었고, 그동안 경찰청에서 내보낸 경찰관들은 수많은 나치주의자들, 그리고 헬도르프도 체포하였다.

　괴벨스는 이런 식의 행동으로 뮌헨 지도부와 운동의 혁명적 기층부 사이에서 계속 벌어지고 있는 간격을 메우고 돌격대의 공격성을 자신이 원하는 방향으로 흘러가게 하려 했다. 그러나 히틀러, 후겐베르크와 다른 '반동' 지도자들이 공동으로 제국의 권력을 쟁취하기 위해 몇몇 대실업가들의 도움을 받아 11월 11일 '하르츠부르크 전선(Harzburger Front)'으로 단결하자, 괴벨스는 또 다른 어려움에 부딪히게 되었다. 이는 베를린의 돌격대를 경악시켰다. 그 전선은 그들이 오랫동안 두려워했던 운동의 '부르주아화'와 '우경화'의 증거로 보였던 것이다.

그래서 괴벨스는 모든 집회와 대화의 자리에서 자신이 믿어 의심치 않았던 그러한 동맹의 '도구적 성격'을 설명하는 데 전력을 기울였다. 그는 이 동맹이 브뤼닝을 물리치고 적의 세력을 해체하려는 것일 뿐이라고 확언하였다. 이는 오로지 합법화 노선으로만 가능하기 때문에 그 자신은 이로부터 벗어나야 할 까닭을 전혀 발견하지 못하겠다고도 했다. 왜냐하면 권력 쟁취 자체는 근본적으로 권력의 목표와 구분해야 하며 그러한 권력의 쟁취는 오직 동맹을 통해서만 가능하기 때문이라는 것이다.[199] 그의 말은 그나시 믿음을 주지 못했다. 나치당의 힘으로 사회 현실을 개선하려는 많은 돌격대원들의 희망은 날카로운 긴장과 자극적인 마비 상태로 변했다. 아무도 그런 상태가 과연 해소될 수 있을지, 그것이 가능하다면 언제 가능할지 알 수 없었다.

이러한 돌격대의 상태는 그렇지 않았다면 쉽게 넘어갈 수도 있었던 몇몇 사건들 때문에 더욱 심각해졌다. 여기에는 베를린 쿠어퓌르스텐담 거리의 유대인 박해 사건 중 체포된 돌격대원들과 그 지도자 그라프 헬도르프의 재판도 포함되었다. 법정은 헬도르프가 이 사건의 원흉으로 밝혀졌다고 보았고 그래서 '수괴'인 그에게 징역형을 내렸지만, 그의 변호사 롤란트 프라이슬러(Roland Freisler)는 항소심에서 그 판결을 벌금 100제국마르크로 바꾸는 데 성공했다.[200] 헬도르프(그는 1944년 7월 20일 바로 그 프라이슬러에게 사형 선고를 받는다)가 관대한 판결을 받는 데 결정적 역할을 한 것은 괴벨스였다. 그는 증인석에서 소리 높여 법원에 욕을

1931년 11월 '하르츠부르크 전선'의 주요 인물들. 위 왼쪽부터 시계 방향으로 독일국가인민당 당수인 보수 세력의 지도자 후겐베르크, 나치당의 아돌프 히틀러, 철모단 지도자 프란츠 젤테, 전 제국은행 총재 얄마르 샤흐트. 1931년 11월 히틀러는 우익 세력과 연합해 브뤼닝 내각을 무너뜨린 뒤 제국의 권력을 쟁취하려 했다.

7장 이제 우리는 완전히 합법적이다. 아무래도 상관없지만, 어쨌든 합법적이다 퍼붓고 그 대가로 범칙금 500제국마르크를 부과받았다. 그러나 괴벨스는 원래 사건에 대한 심문에서는 위법적으로 진술을 거부했다.[201] 이 때문에 재판관들은, 판결문에 쓴 것처럼, 계속 헬도르프가 그 난동의 원흉이라고 "개연성 있게" 입증하는 것이 불가능했다.[202]

기소된 다른 돌격대원들은 헬도르프보다 훨씬 나쁜 결과를 얻었다. 그들은 소요죄로 최고 2년 징역형을 받았다. 이 형량은 나중에 항소심에서 4개월에서 10개월 사이의 징역형으로 단축되기는 했으나[203] 불평등한 대우에서 비롯된 불만은 사라지지 않았다. 그러한 불만은 12월 베를린의 돌격대 내에서 돌아다니던 전단들에서 겉으로 드러났다. 거기에서 그들은 공개적이고 솔직하게 이야기할 의무가 있다면서, 자신들을 "배신하고 팔아넘긴" 괴벨스와 헬도르프 같은 지도자를 더는 따르지 않겠다고 썼다. 그들은 "계획적으로, 그리고 명령에 따라 쿠어퓌르스텐담 같은 갖가지 충돌 현장으로 내몰렸다. …… 그러나 재판에서는 어떠했는가? 그들은 그저 운명에 맡겨졌을 따름이다! …… 그것은 우리가 쟁취하려고 피를 흘린 그러한 동지애가 아니다. 그것은 아마도 괴벨스로부터 지난 9월의 그 사나이(헬도르프를 의미)로 이어지는 보스 정치에 불과하다. 우리는 이들과 결별하려 한다."[204]

이 위기 상황에서 돌격대 참모장 룀도 관구장에 맞서 활동했다. 룀도 자신의 비활동성과 그의 주위에 떠도는 소문들 때문에 많은 돌격대원들로부터 불신을 받고 있었다. 이 모든 일은 슈테네스 위기가 절정에 달했던 1931년 초에 시작되었다. 당시 베를린 검찰은 정보를 입수하여, 베를린의 한 성(性) 장애 전문의의 가택 수색에 나섰다. 그곳에서 룀이 보낸 편지가 여러 통 발견되었는데, 편지에서 룀은 자신의 동성애를 자유롭게 고백하고 있었다. 그는 자신에게 여성들은 무시무시한 존재이며 특히 그를 사랑한다고 쫓아다니는 여자들이 지긋지긋하다고 썼다. 그리고 그는 '친애하는 의사 선생님'에게 동성애 상대가 없다는 불만을 털어놓으면서, 그에게 자신의 '별자리'를 '확인'해줄 것을, 즉 애정 문제의 별점을 쳐 달라고 호소했다.[205] 검찰은 "반자연적 방종" 혐의로 수사를 시작했다.[206] 수사가 증거 부족으로 중단되기 전에 사민당 성향의 기자 헬무트 클로츠(Helmut Klotz)가 이를 언론에 공개하였고, 뚱뚱한 용병대장의 성적 취향은 곧 구설수에 올랐다.

돌격대 참모장에게 슈테네스 위기의 책임 중 많은 부분을 떠넘겼던 괴벨스는 일찌감치 이 문제에 끼어들었다. 그는 룀에게 불리한 자료들을 제공했을 뿐 아니라, 여러 곳에서 "모멸적인 허튼소리와 농담"을 늘어놓았다.[207] 그러고 나서 괴벨스는 곧 룀을 둘러싼 소문을 핑계로 은밀하게 그의 해임을 추진하였다. 그해 여름 〈공격〉 편집 회의 도중 그는 뮌헨에서 온 에어 출판사 책임자 막스 아만을 자신의 편으로 끌어들여 "그가 북독일 당원들의 부탁으로 히틀러에게 돌격대 참모장의 해임을 건의하도록" 시도했다.[208] 그러나 이는 실패로 돌아갔고 룀은 반격을 시작했다. 돌격대 참모장과 그 추종자들에게 반격의 시발점은 괴벨스와 상류층인 마그다 크반트의 관계였다. 그 관계는 많은 당원들의 눈에 새로운 당 노선을 상징하는 것으로 보였던 것이다. 룀의 지지자들은 온갖 소문을 써뜨렸는데, 여기에는 괴벨스가 이 관계에서 마그다 크반트가 아니라 그녀의 미성년 아들을 노리고 있다는 주장까지 포함되어 있었다.[209] 1931년 말 베를린의 나치 운동에서는 룀의 동성애적 무절제 외에도 '절름발이'의 그 "용인할 수 없는 (그리고 비도덕적인) 관계"를 놓고 수군거림이 일고 있었던 것이다.

이 모든 일로 말미암아 당 지도부와 추종자들 사이의 괴리는 점점 커졌다. 4주 동안의 연설 및 집회 금지 조치가 해제된 후 다시 등장했을 때 추종자들의 반응이 이를 잘 보여주고 있다. 예를 들어 그가 클루 연주회장에서 열린 제6돌격연대 집회에서 지난 몇 주의 휴식으로 힘을 충전한 나치주의자들이 이제 최후의 투쟁으로 나아가고 있다고 예언하면서 집회 참가자들의 열정을 부추기고 결정적인 사태가 4개월에서 5개월 내에 일어날 것이라고 약속했음에도 불구하고 열광적인 분위기는 일어나지 않았다. 경찰청 정치국의 관찰자는 보고서에서 괴벨스의 거창하고 "인상적인 연설"이 끝난 후 박수소리가 "눈에 띄게 약했다."라고 전했다.[210] 이로써 그 갈색 선동가의 전성기가 끝나고 있는가라는 희망도 생겨날 정도였던 것이다.

8장

일개 상병이 합스부르크 왕가를
계승하다니, 기적이 아닌가?
(1931~1933)

몹시 추웠던 1931년 12월 19일, 괴벨스는 어두운 색 양복을 입고 자신의 배우자와 함께 골덴보프 면장의 작은 집을 나섰다. 조금 전 두 사람은 그 집 거실에서 법률에 따라 남편과 아내가 되었다. 고상한 차림새의 신부는 다리를 저는 신랑 옆에 바짝 붙어 있었다. 그들 곁에는 10살이 된 하랄트 크반트가 히틀러유겐트 제복을 입고 걸어갔으며, 그 뒤로는 결혼 증인인 히틀러와 리터 폰 에프가 사복을 입고 따라가고 있었다. 마그다의 어머니와 동서였던 엘로 크반트(Ello Quandt), 그리고 몇 명의 친구도 뒤를 따랐다. 그들은 근처에 있는 메클렌부르크의 작은 마을 제베린으로 갔다. 그곳에서 신랑 신부는 하켄크로이츠 깃발로 장식한 교회에서 (비록 괴벨스는 오래전에 신을 떠났지만) 하느님 앞에서 결속을 다지려 했다. 개신교 결혼식이 끝난 후 크반트의 농장에서 축하 파티가 벌어졌는데, 그 농장의 위탁 경영자인 그란초프(Walter Granzow)가 모든 것을 준비해두었다. 그란초프는 그로부터 7개월 후 메클렌부르크슈베린의 주 총리가 되었다.[1]

원래 계획과 달리 결혼식을 제3제국이 도래하기 전에 베를린에서 멀리 떨어진 곳에서 조용히 치른 것은, 대도시 나치당의 대부분을 차지하는 프롤레타리아 추종자들의 비판적 분위기를 고려하여 괴벨스가 조용한 결혼식을 강력히 희망했기 때문이다. 둘의 관계를 합법화하여 관구장의 '보스 정치'를 둘러싼 온갖 풍문과 구설수를 뿌리째 뽑아버리려는 것이었다. 아내가 막 임신했음을 알게 된 괴벨스에게는 더욱 필요한 일이었다.

그러나 그의 계산은 맞아떨어지지 않았다. 나치 운동 내부에서뿐 아니라, 특히 정적들 사이에서도 괴벨스의 결혼은 이야깃거리가 되었다. 클로츠가 발행하는 친사민당 성향의 〈AP-코레스폰덴츠(AP-Korrespondenz)〉는 이렇게 썼다.

> 괴벨스 씨가 일부 언론이 그의 부인(아니 아직 그의 부인이 되기 전부터!)을 정치적으로 지저분하게 질질 끌고 다닌 것에 부아가 치미는 것은 당연하다. 그는 부인의 '순수한 아리안 혈통'을 의심하는 모든 사람에게 '직접 눈으로 보고 확인하라'고 했다. 우리는 이를 의심하지 않는다. 그러나 우리는 이 사회의 지배자이자 통치자이신 그분이 매우 이상하게 보이는 것을 우려할 뿐이다. 상상해보자. 푸른 눈을 가진 키 큰 금발 여성, 모든 북방 민족의 특질을 갖춘 그 여성 옆에 조그만 이지도르 괴벨스가 서 있다. 북으로?* 우리는 괴벨스 씨가 여기에 적절한 존재인지 모를 뿐더러, 그 일이 이러한 방향으로 일어나도 원하는 목표에 이를 수 있을지 알 수 없다.[2]

1932년 초 당내의 분란이 심해지면서 베를린에서 다시 폭력 사태가 늘어났지만, 괴벨스는 적질한 신전 작업으로 이러한 사태를 돌격대의 단합, 나아가 자신감을 높이는 데 활용하려 했다. 한편 이 사태들은 처음으로 바트 하르츠부르크*에게 그들이 권력을 쟁취하기 위한 투쟁에서 중요한 역할을 수행하고 있다는 느낌을 주었다. 그래서 1932년 1월 19일 펠젠에크의 공원 지대에서 심각한 충돌이 일어나 붉은전사동맹원 두 명

북으로(Aufnorden) 나치는 북방 민족이 우월하다는 인종주의에 따라 이 말을 "질을 높인다."는 관용적 의미로 사용하였다. 여기서는 북방 민족의 신체적 특징, 즉 금발과 큰 키를 염두에 두고 괴벨스의 신체 조건을 비꼬는 표현으로 쓰였다.
바트 하르츠부르크 1931년 10월 11일 나치당과 독일국가인민당 등 우익 정당 대표들이 바이마르공화국에 대항하여 하르츠부르크 연합전선을 결정한 곳이다.

과 돌격대원 한 명이 사망했을 때, 괴벨스의 선전기구는 즉각 완벽하게 가동하기 시작했다. 그는 〈공격〉에서 '붉은 살인 페스트' 모스크바가 계획적으로 나치주의자들에게 폭력을 교사하고 있다면서 증오의 말들을 내뱉었다. 그리고 펠젠에크에서 '붉은 범죄 집단'에 대항하는 돌격대원들이 투입되어 '독일의 군인' 한 사람이 사망한 것을 조국을 위한 영웅적 행위라고 미화했다.[3]

그로부터 며칠이 지난 후 붉은전사동맹원들이 '펠젠에크'의 복수로, 모아비트에서 나치 전단을 나눠주고 있던 15살짜리 고등학생 헤르베르트 노르쿠스(Herbert Norkus)를 칼로 다섯 번 찔러 살해했을 때도, 괴벨스는 이와 비슷하게 대처했다. 그 사건 전에 슈테네스 추종자들과 공산주의자들이 회합했는데, 여기서 공산주의자들은 몇 마디의 감언이설과 맥주 열 조끼를 준다는 약속에 따라 그런 습격을 약속했다는 것이다.[4] 괴벨스는 "어린아이를 죽인 붉은 살인자", "하급 인간들"을 끝장내버리자고 선동했다. 이를 강조하려고 괴벨스는 〈공격〉에서 극도의 저속함을 보여주었다. "반쯤 뜬 눈동자가 찢어진 누런 소년의 얼굴"은 "절망적인 회색 황혼 속에서" 먼 곳을 바라보고 있었으며, "그 부드러운 머리는 피투성이 반죽이 되어버렸다. 마른 몸에는 길고 깊은 상처가 나 있었고 허파와 심장 사이에 치명적 자상(刺傷)이 있었다. …… 어두워진 하늘은 피로해 보였다. 반짝이던 두 눈동자에는 죽음의 공허만이 깃들어 있었다."[5]

그러나 히틀러가 1932년 1월 27일 쾰른의 기업가 클럽에서 행한 연설이 베를린의 당을 결속시키려는 괴벨스의 노력에 걸림돌이 되었다. 히틀러의 연설은 많은 추종자들이 보기엔 당의 '우경화'와 '부르주아화'를 더욱 가속화하는 것이었다. 결혼 후 관구장의 달라진 생활도 당의 우경화와 부르주아화를 우려하는 이들에게 또 하나의 증거로 보였다. 그동안 괴벨스는 슈테글리츠의 검소한 거처에서 라이히스칸츨러플라츠에 있는

괴벨스와 마그다의 결혼식. 방금 면장의 집에서 결혼 서약을 마친 두 사람이 나치당원들의 축하를 받으며 걸어가고 있다. 부부 바로 뒤를 마그다의 아들인 하랄트 크반트가 히틀러유겐트 제복을 입고 따르고 있다.

아내의 부르주아적인 집으로 이사했고, 이곳은 그 후 나치의 저명 인사들과 그에 동조하는 베를린 사교계 인사늘의 모임 장소가 되었다. 괴벨스를 후원해 온 빅토리아 폰 디르크젠 부인, 헬레네 베히슈타인(Helene Bechstein)과 에트빈 베히슈타인(Edwin Bechstein) 부부, 한프슈탱글 집안 사람들, 헬도르프 부부 등이 여기서 모였다. 히틀러와 그 부하들이 베를린에 오면 카이저호프 호텔에 머물면서(총리청 건너편의 고급 호텔 카이저호프는 이보다 좀 더 검소한 상수시 호텔과 함께 히틀러의 베를린 본부 역할을 했다) 베스트엔트의 괴벨스 집을 즐겨 찾았다. 괴벨스 부부는 히틀러의 마음에 들려고 온갖 노력을 기울였다. 아내는 히틀러가 좋아하는 케이크를 굽고, 남편은 자신의 최고의 연설들을 축음기 음반에 녹음해 들려주었다. 그리고 히틀러가 긴 독백을 하는 동안 괴벨스 부부는 주의 깊게 그의 입술만 쳐다보았다.

그러한 만남에서 괴벨스는 '총통 각하'에게 '운동'에서 자신을 괴롭히는 걱정거리들을 설명하려고 애썼다. 관구장은 특정한 목적을 위해 '반동'과 맺은 동맹을 짧은 기간 동안만 유지해야 한다는 자신의 확신을 밝혔다. 그래야 나치 운동은 괴벨스가 간직하고 있는, 그러나 히틀러와 뮌헨 지도부가 사실상 진지하게 추구하지 않는, 사회 혁명의 목표를 잃지 않을 수 있고 언젠가 분열되는 운명을 피할 수 있다는 것이었다. 그는 격정스런 상황을 피하려면 '반동과 최초의 격전'[6]을 벌여야 한다고 강하게 주장했다. 괴벨스는 1932년 3월 대통령 선거에 히틀러가 출마하는 데 그 가능성이 있다고 보았다. '솜씨 좋은 선전'과 괴벨스가 조직할 '전무후무한 규모'의 선거전으로 나치 운동은 다시 한 번 잃어버린 활력을 되찾을 수 있을 것이다. 그리고 괴벨스 개인의 입장에서 보면 제국선전책으로서 그 사건의 중심에 설 수 있을 것이었다.

특히 히틀러에게서 인정받고 싶은 욕구가 강했던 괴벨스는 히틀러가 일단 그 계획을 고려하기 시작하자 그를 더 부추길 기회를 놓치지 않았다. 1월 18일 히틀러는 출마에 '강력하게' 찬동했다고 한다.[7] 2월 초 장시간의 면담이 끝나고 괴벨스는 히틀러가 마침내 이를 결심한 것으로 믿었다.[8] 그러나 그로부터 채 며칠 지나지 않아 히틀러가 다시 베를린에 머물 때 괴벨스는 실망스럽게도 모든 것이 미정 상태라는 사실을 깨달았다.[9] 그러나 행동 방식의 문제에서 후겐베르크와 의견 일치를 볼 수 없었던 히틀러는 카이저호프 호텔에서 괴벨스와 거듭 모든 것을 철저히 계산해본 후, 마침내 최종적으로 출마를 결심했다.[10]

히틀러가 "돌진해도 좋다."고 승낙한 후[11] 1932년 2월 22일 제국선전책 괴벨스는 체육궁전에서 열린 베를린 나치당 당원 총회에서 '총통 각하'가 대통령 선거에 출마한다고 발표했다. '열광의 물결'이 10분 가까이 계속되었다. "총통을 위한 생동하는 집회. 사람들은 일어서서 환호하고 소리친다. 천장이 무너질 것 같다. 엄청난 광경. 이것이 진정 승리하게 될 운동의 모습이다. 형용할 수 없는 마력이 지배했다. …… 늦은 저녁 총통 각하가 전화를 걸었다. 나는 그에게 보고했고, 그는 우리 집으로 왔다. 그는 출마 선언이 그렇게 성공적인 것에 기뻐했다."[12]

뮌헨의 당 중앙에서는 베를린에서 일어난 사건들 때문에 혼란이 일어났다. 왜냐하면 괴벨스의 선언은 분명 히틀러가 베를린으로 떠나기 전에 했던 약속과 배치되기 때문이었다. 다음날 아침 당 지도부는 언론 회람 전보로 "괴벨스가 히틀러의 동의 없이 행동했기 때문에, …… 이러한 뉴스의 유포"를 거부한다고 밝혔다. 비록 히틀러가 당장 개입하여 몇 시간 후 두 번째 전보가 그 조치를 취소했지만, 언론은 제국선전책 괴벨스의 자의적 행동에 주목하였고, 괴벨스가 "회합의 분위기에 휩쓸렸다."라는 '오보'를 내보냈다. "기자들의 정보력은 얼마나 형편없는가. 아니, 그들은 일부러 정보력이 형편없는 것처럼 행동하는 것이다. 한마디로 투쟁은 무서운 기세로 시작되었다. …… 정치의 군대들은 결정적 전투를 향해 진군하고 있다."[13]

괴벨스가 일기에 이렇게 쓰고 나서 몇 시간 후, 그는 선거일을 정하는 제국의회 토의 도중 히틀러의 경쟁 후보인 힌덴부르크를 직접 공격하기 시작했다. "그대를 떠받드는 자가 누구인지 알려준다면, 그대가 누구인지 말해주겠다!" 힌덴부르크는 "베를린의 아스팔트 신문들(나치가 유대인의 신문을 폄하해 부르던 표현)에게 칭송받고, 탈영병들의 정당에 칭송받는다."[14]라고 괴벨스는 외치면서 사회민주주의자들의 의석을 가리켰다. 일대 혼란이 일어났고 그 와중에 괴벨스는 "방구석 군인"(괴벨스가 참전하지 않았음을 빗대는 말)이라는 별명을 얻었다. 제국의회 의장 뢰베는 정회를 선언했다. 의회 운영위원회는 괴벨스에게 국가원수를 모독했다는 이유로 다음 회의에 참가하지 못하도록 금지했다. 그러자 괴벨스는 나치당 의원들이 '하일'을 외쳐대는 가운데 회의장을 떠났다. 그 뒤 사민당 의원 쿠르트 슈마허(Kurt Schmacher, 1895~1952)는 나치주의자들의 '도덕적·지적 타락'을 신랄하게 비난하며 복수했다.[15]

괴벨스는 2월 27일 베를린의 체육궁전에 히틀러를 등장시키면서 '선거 전쟁'을 시작했다. 그는 "인간에게 세련되게 영향을 끼치는 모든 강력한 도구들"을 가동하였다. 돌격대의 북소리, 군사 행진과 깃발 입장 행사 등이 그것이었다. 〈포시셰 차이퉁〉은 이날 행사를 "우선 괴벨스가 단상에 올라 '총통 각하'의 등장을 예고하는 말을 하면서 군중들을 충분히 주물러 놓았다."라고 묘사했다. "그리고 돌격대에게 '차려!' 명령이 떨어졌고, 순간 그 커다란 공간에 정적이 흐르면서 바깥에서부터 들려오는 '하일' 구호를 들을 수 있었다. '민중'의 골목을 통해 들어오는 것은 아돌프 히틀러였다."[16] 그의 연설은 몇 시간 동안 계속되었다. 흥분하여 연설할수록 그는 더 활기찬 제스처를 썼으며, 그의 표정은 더욱 고조되었다. 그는 자신의 말이 주는 파도스에 취한 것처럼 보였다.

선거일인 3월 13일이 되었을 때 새로운 대통령이 누구인가가 아니라, 오히려 "11월 9일(1919년 공화국 선포일을 가리킴)의 절멸"이 중요해졌다. 그러나 히틀러는 괴벨스와 달리 다수 정당들의 후보에 대한 어떠한 개인적 공격도 삼갔다. "우리는 예전에 충성과 복종으로 육군 원수에게 복무했다(1차 세계대전 당시 힌덴부르크는 육군 원수, 히틀러는 상병이었다). 이제 우리는 그에게 말하려 한다. '그대의 뒤에 우리가 절멸시키려는 자들이 숨어 있습니다. 이를 그대로 용인하기엔 그대는 우리에게 너무도 위대합니다. 이제 그대는 물러나야 합니다.'라고."[17]

후겐베르크의 독일국가인민당은 철모단 연방 제2의장 테오도어 뒤슈터베르크(Theodor Duesterberg, 1875~1950), 공산당은 에른스트 텔만이라는 (당선 가능성은 낮은) 독자 후보를 내놓았지만, 사민당은 자의반 타의반으로 힌덴부르크를 지지했다. 1932년 2월 27일 사민당 기관지인

1932년 대통령 선거 연설을 하고 있는 히틀러. 옆에 괴벨스가 서 있다. 이 선거전에서 괴벨스는 전단과 포스터를 적극 활용했으며, 처음으로 히틀러를 신화로까지 미화했다.

〈전진〉은 "히틀러에 대한 반대가 3월 13일의 해답이다. 피할 길은 없다! 히틀러냐, 힌덴부르크냐? 제3의 인물은 없다! 힌덴부르크를 반대하는 표 하나 하나가 히틀러를 위한 표가 되는 것이다. 공산당 후보 텔만에게서 빼앗아와 힌덴부르크에게 추가되는 한 표 한 표가 히틀러에게 타격이 될 것이다."라고 주장했다.

괴벨스는 선거전을 좀 더 강력하게 밀고 나가려고 1932년 초 제국선전국을 뮌헨에서 베를린으로 이전했다. 헤데만 거리에 있는 자신의 사무실에서는 매일 회의가 열렸고, 거기에서 괴벨스는 "계속해서 변화하는 전술"에 대해 고위 간부들에게 지시를 내렸다.[18] 선전은 그 세부적인 내용에 이르기까지 제국선전국의 간부들과 2월 말 다시 금지된 〈공격〉지 간부들, 1931년 8월 관구 선전부장으로 임명된 카롤리 캄프만(Karoly Kampmann),[19] 베를린 조직부장 카를 한케(Karl Hanke, 1903~1945)

8장 일개 상병이 합스부르크 왕가를 계승하다니, 기적이 아닌가? 333

등과 조율을 거쳤다. 신념에 찬 '바이마르 체제' 반대자인 한케는 1928년 11월 1일 나치당에 입당했고, 나치당을 위한 선동적 활동 때문에 베를린 시로부터 실업학교 교사직 해고 통지를 받은 이후 온전히 당을 위해 일하고 있었다. 그는 돌격대에서 시작하여 집회 연설 및 공장세포 조직 활동을 거쳐 마침내 괴벨스의 참모부까지 올라왔다. 그가 나중에 이력서에서 자화자찬한 대로, 그는 조직부장으로서 자신의 상관인 괴벨스가 군중 앞에서 연설할 수 있는 집회 공간으로 베를린의 테니스장들을 선정하고 이를 개축하였다.[20]

괴벨스의 수많은 연설 외에도 포스터가 선거전의 주요 선전도구로 쓰였다. 선거전에 투입한 선전물의 양이 결국 득표 수에 반영된다는 괴벨스의 지론에 따라, 1932년 2월 말 이미 50만 장에 달하는 포스터들이 "거리에 흩어졌고", 베를린의 광고용 기둥들과 임대한 광고 벽들에서도 총 천연색 포스터들, 일부는 만평가 슈바이처가 그린 대형 포스터들이 나치당을 선전했다. 한케가 돌격대장들의 협조를 빌어 돌격대원들이 포스터 앞에서 지키도록 했기 때문에 계속 충돌이 일어났는데, 특히 공산당원들과 싸움이 잦았다. 돌격대도 공산당의 포스터 선전을 방해하라는 지시를 받았기 때문에 1932년 3월 초 수도 베를린에서는 본격적인 '포스터 전쟁'이 벌어졌다.[21]

그러나 괴벨스는 다른 선전 도구들도 활용했는데, 기술적으로 그 시대의 수준에 걸맞은 것이었다. 그는 축음기용 음반을 하나 제작해 총 5만 장을 찍었는데, 음반 하나가 일반 편지 봉투에 넣어 발송할 수 있을 만큼 크기가 작았다. 그는 "체제 추종자들은 이 작은 음반을 축음기에 거는 순간 놀라게 될 것"[22]이라고 말했다. 또 괴벨스와 그 부하들은 독일 대도시의 광장이나 영화관에서 저녁에 상영할 수 있도록 10분 분량의 유성 영화를 준비했는데, 이 영화로 유권자들에게 나치 지도자들, 특히 '총통 각하'가 어디에서나 활동하고 있다는 인상을 주려고 했다.[23]

괴벨스는 선거전 도중 전례 없이 히틀러를 신화로까지 미화했다. 3월 5일 〈공격〉에서 괴벨스는 '우리는 아돌프 히틀러에게 투표한다'라는 제목의 기사에서 히틀러를 '대독일인', '총통', '예언자', '전사', '대독일의 히틀러' 등으로 명명했다. 그러한 표현들은 오스트리아인으로 태어난 히틀러가 "민족의 고난"을 온몸으로 체험하였고 그의 그때까지의 삶이 대독일제국*에 대한 향수로 가득차 있음을 의미하는 것이었다. 또 그 표현들은 그가 과거 건설 노동자였기에 노동과 노동자 계급을 잘 알고 있고 그들의 힘겨운 운명을 함께 걸머지고 있다는 사실, 또 그가 과거 전방에서 싸운 군인으로 전우들의 정당한 요구를 정치적으로 현실화하려는 목표를 지니고 있다는 사실을 의미하는 것이었다. 나아가 '총통 히틀러'가 그때까지 조롱받고 경멸받던 소규모 분파 운동을 유럽에서 가장 강력한 대중운동으로 승격시키는 업적을 이루었다는 내용을 담고 있기도 했다.[24]

선거일 저녁에 '총통 각하'는 뮌헨에 머물러 있었고, 괴벨스와 그의 아내는 베를린에서 사교모임을 주최하고 있었다. "우리는 라디오에서 선거 결과를 들었다. 뉴스가 조금씩 전해졌다. …… 새벽 2시가 되어 권력 쟁취의 꿈에서 일단 깨어나게 되었다."라고 괴벨스는 냉철하게 선거를 결산했다. 그리고 계속 이렇게 썼다. "우리는 우리가 얻을 득표 수의 추정이나 상대방의 기회 추정에서 그렇게 크게 빗나가지 않았다."[25] 힌덴부르크는 유효 표의 49.6%를 득표했다. 히틀러는 30.1%를 얻었고 이는 1930년 제국의회선거와 비교해 득표율이 증가한 것이지만 괴벨스의 집에 모인 사람들은 한없이 실망했다. 그렇지만 괴벨스는 흔들림 없는 믿

대독일제국 '대독일주의'는 18세기 독일 통일운동 당시 통일 제국에 오스트리아를 포함해야 한다는 주장으로, 오스트리아를 배제한다는 비스마르크의 '소독일주의'에 패배하였다. 히틀러의 1939년 오스트리아 병합은 이러한 '대독일주의'를 표면에 내세웠다.

음으로 곧바로 새로운 용기를 불러일으켰다. 특히 히틀러가 그날 밤 괴벨스에게 전화를 걸어 보여준 태도는 그의 용기를 북돋워주었다. "그는 완벽하게 침착함을 유지했고 그 상황을 초월해 있었다. 나 역시 그가 다른 모습을 보일 것이라고는 결코 생각한 적이 없다. …… 그는 새롭게 투쟁을 시작하는 데 한순간도 지체하지 않았다. …… 한 번의 전투에서 패배했다고 해서 전쟁의 결과가 결정되는 것은 아니다."[26]

선거 직전에 이미 베를린 관구 사무국의 가택 수색이 있었고, 프로이센 내무장관 제퍼링은 괴벨스를 상대로 (나중에 기각된) 반역죄 소송을 시작하였다. 괴벨스는 더욱 이를 악물고 활동에 매달렸다.[27] 괴벨스의 견해에 따르면 당은 선거 다음날 벌써 '일시적 침울함'을 극복했다. 히틀러와 함께 새로운 바이마르 시립극장에서 연설하게 된 것이 그에게 이러한 낙관적인 전망을 가능케 했다. "투쟁! 공격! 팡파르! …… 나는 날카로운 유머로 공격한다. 총통의 연설은 투쟁 정신이 연주하는 뛰어난 교향곡 같다. 당은 다시 부흥할 것이다."[28]

과반수를 득표한 후보자가 없었기 때문에 4월 10일 2차 투표를 실시하게 되었다. 괴벨스는 그때까지 남은 짧은 기간 중 활용할 선거 홍보 방법들을 "매우 세밀하게 계산"[29]했는데, 그 방법들은 본질적으로 그 전 몇 주 동안 쓴 방법과 동일한 것이었다. 그러나 선거 직전 매일 추가로 인쇄하여 여러 관구에 배포한 80만 부의 〈민족의 파수꾼〉 이외에도 주목할 만한 새로운 사실이 있었다. 오로지 "휘황찬란한 수단을 동원해야" 대중을 다시 "흔들어 깨울 수" 있기 때문에,[30] 괴벨스는 대통령이 촉구한 '부활절 휴전'(대통령은 이를 이용해 선거 운동 기간을 더 줄일 수 있었다)이 끝난 4월 3일 오후 '총통 각하'가 비행기로 독일을 순회하도록 했다. 그 여행에서 히틀러는 매일 서너 개 도시에서, 그때 그때 가능한 대로 공공 광장이나 체육 시설 등에서 연설을 할 것이었다. 괴벨스는 이 방법으로 히틀러가 얼마 남지 않은 시간 내에 약 150만 명의 사람들을 만날 수

있기를 기대하였다.[31]

　나치당의 선전기구들은 심지어 미국까지 놀라게 했다는 선풍적인 일들[32]을 매일 상세히 보도했다.[33] 독일 순회 비행이 친나치 언론들을 넘어서 전체 언론에서 일으키는 효과를 극대화하려는 의도에서, 제국선전책은 회람을 통해 모든 관구에서 "우리 쪽으로 기울어진 부르주아 언론"과 협의를 시작하라고 지시했다. 괴벨스는 부르주아 신문들에게 처음부터 경쟁자라는 인상을 주지 않으려면 나치 신문 편집진이 아니라 관구 지도부가 협의를 이끄는 것이 바람직하다고 권고했다.[34]

　괴벨스는 며칠 안에 중앙당과 사민당 핵심 지지자들의 표를 끌어오는 일은 불가능하다고 생각했다. 그래서 그는 모든 수단을 동원하여 '힌덴부르크 전선'의 부르주아 부분을 공략하는 것을 목표로 삼았다. 관구 지도부들에 보내는 회람에서 제국선전책 괴벨스는 여기서 중요한 부분은 특히 적들이 "감상적 선전과 잘 알지 못하는 새 것에 대한 두려움"을 이용해 끌어들이려는 "독일의 속물들", "눈물샘에 호소하고 전쟁의 공포에 의존하여" 표를 얻어내려는 여성들, "인플레, 연금 삭감, 그리고 나치의 반(反) 관료 정서를 지적"하여 꾀어내고 있는 "연금 생활자와 공무원들"이라고 밝혔다. (독일국가인민당 후보) 뒤슈터베르크를 지지했던 유권자들에게는 투쟁을 중단하자는 후겐베르크의 구호가 불합리하다는 사실을 명백히 홍보해야 한다는 것이다. 히틀러가 2차 투표에서도 승리하지 못한다 할지라도 그가 1차 투표에 비해 추가로 얻어낸 표들은 모두 정부와 '바이마르 체제' 정당들에게 긴급 조치 정책을 중단하라는 경고가 될 것이었다.[35]

　1932년 4월 10일 대통령 선거 2차 투표의 개표가 끝나자 괴벨스는 힌덴부르크 지지자들에 대한 공략이 실패로 돌아갔음을 깨달았다. 머리가 희끗희끗한 육군 원수 출신 힌덴부르크는 53%를 얻어 대통령에 당선되었다. 히틀러는 3월 13일에 비하여 2백만 표를 추가 득표했다. 히틀러는 뒤스터베르크를 지지했던 유권자의 대부분을 흡수했을 뿐 아니라, 공산당 후보 텔만의 표 중 일부를 흡수한 것으로 보인다. 텔만은 1차 투표 때보다 130만 표를 잃었다. 괴벨스는 "그의 패배는 우리의 최대 승리다."라고 말했다. 물론 그는 '반동'의 표를 거의 대부분 히틀러에게 끌어올 수 있었다는 사실도 마찬가지로 높이 평가했다.[36]

괴벨스는 대통령 선거 때와 마찬가지로 프로이센 주의회 선거 전망도 유리하게 추산했다. 그 선거는 4월 24일 바이에른, 함부르크, 뷔르템베르크 주의회 선거와 동시에 치러질 예정이었다. 대통령 선거 다음날 괴벨스는 벌써 다음과 같이 적었다.

> 프로이센 전투는 더할 나위 없이 잘 진행되고 있다. 이제 숨 쉴 틈도 없이 다시 시작된다. 언론에 정보를 주었고 노선은 확정되었다. 우리에겐 14일의 시간이 있다. 여기서 우리는 선전 선동의 걸작을 이룩하려 한다. 뷔르템베르크와 안할트의 선서 책임사들이 와서 노신에 대한 지시를 빌었다. 우리는 인할트에서 가장 전망이 좋다. 뷔르템베르크에서는 일단 그리 유리한 상황은 아니다. 그곳의 권력 관계는 매우 혼란스럽다. 그러나 이 주에서도 우리는 최소한 주목을 끌 만한 성공을 거두기 위해 전력투구를 해야 한다. 구역장들이 모였다. 모든 것이 최상의 분위기이다.[37]

그러나 그가 말한 최상의 분위기는 바로 그날 흐려졌다. 괴벨스는 내무장관 겸 국방장관 빌헬름 그뢰너가 40만 명 이상이나 되는 나치 돌격대와 친위대를 독일 전역에서 금지하려 한다는 소식을 들었다. 그뢰너는 얼마 전까지만 해도 히틀러를 겸손하고 예의 바르며 이상주의적 인물로 표현했고, 나치당을 정부에 참여시켜 책임을 부여하려 했다. 그러나 히틀러가 돌격대에 보낸 반역적 명령이 드러나고 난 뒤 생각을 바꿔 각 주 내무장관들의 청원을 받아들인 것이다. 4월 13일 오후 대통령의 '국권 수호' 긴급 조치 포고 직후 경찰은 다시 헤데만 거리의 나치당사를 점거하여 가택 수색했고 돌격대가 사용하는 공간들을 폐쇄 조치했다.

괴벨스는 돌격대 금지가 몰고 올 광범위한 결과들을 예상하고 있었다. 이 조치가 비록 돌격대 조직을 해체하지는 못하겠지만, 돌격대가 불법화된다면 기강과 내부 질서 유지가 어려울 것이다. 괴벨스는 일기에 브뤼닝이 밀고 있는 그뢰너에 대해, 그가 이 조치 때문에 몰락할 것이라고 썼다. 실제로 힌덴부르크가 그리 탐탁지 않게 서명한 긴급 조치는 보수 진영에서 심각한 견해 차이를 드러냈고, 이는 브뤼닝 내각 내부와 힌덴부르크 최측근에까지 이르렀다. 황태자*조차도 "그 탁월한 인적 자원의 제거"에 반대하는 입장을 취했다.[38]

4월 16일 괴벨스의 예언이 맞는 것으로 확인되었다. 괴벨스는 자신의 연락원 헬도르프에게서 대통령이 그뢰너에게 신경질적인 편지를 보내, 돌격대를 반대한다면 사민당 참전 군인 조직인 '제국군기단'*도 반대해야 할 것이라고 했다는 말을 들었다. 대통령은 자신이 그전에 돌격대 금지 문제를 두고 그랬던 것처럼, 그뢰너도 그가 가지고 있는 (제국군기단 관련) 증거 자료들을 "마찬가지로 진지하게 검토해볼 것"을 요청했다. 이에 따르면 제국대통령의 경무이자 내동링제의 일부이기도 한 브뤼닝 정부의 '심각한 패배'를 예견했던 괴벨스는 틀리지 않았던 것이다.

돌격대 금지 조치 때문에 어려운 조건 속에서 선거전을 치른 제국선전

황태자 독일제국 및 프로이센 왕국 황태자 빌헬름 폰 프로이센(Wilhelm von Preußen, 1882~1951)을 뜻한다. 왕정 재건의 꿈을 품었으며, 1932년 대통령 선거에서 히틀러를 지원했으나, 히틀러가 집권 후 명확하게 군주제를 거부하자 나치당으로부터 멀어졌다.

제국군기단(帝國軍旗團, Reichsbanner) 바이마르공화국 당시 공화국 수호를 위해 1924년 창설된 초당파적 동맹(그러나 사회민주주의자가 90%를 차지했다)으로 우익 무장조직에 맞서 투쟁했다. 1933년 히틀러 집권 후 탄압을 받아 붕괴되었다.

책 괴벨스는 선거 전날 베를린 체육궁전의 한 집회에서 브뤼닝 총리에게 미리 패배를 안겨주었다. 브뤼닝이 그곳에서 괴벨스와 공개 토론을 거부했기 때문에, 괴벨스는 총리의 연설을 녹음해서 집회가 시작될 때 틀어 주었다. 그러고 나서 브뤼닝의 발언들을 '반박'하고, 완전 매진된 그 집회의 18,000여 참석자들을 열광적인 환호로 몰고 가는 것은 그리 어렵지 않았다.

한편 괴벨스는 히틀러의 집요함에 경탄했는데, 히틀러의 2차 독일 비행 여행은 괴벨스의 선전 선동에 큰 보탬이 되었다. 주의회 선거 결과, 괴벨스는 국가 주도 세력들에게 다시 한 번 패배를 안겨주었다. 나치주의자들은 다섯 개 주 전역에서 계속 성공을 이어나갈 수 있었다. 심지어 나치당은 프로이센에서 36.3%를 얻어 제1당이 되기도 했다. 더욱 의미심장한 결과는 사민당, 민주당, 중앙당이 이끌고 있는 프로이센의 브라운(사민당) 정부가 의회 다수당의 위치를 잃었다는 점이었다. 그 결과 브라운 정부는 무너지게 되었다. 하지만 신임 주총리 선출에 필요한 과반수 득표를 한 정당이 없었기 때문에 일단 브라운 정부가 업무를 계속하고 있었다.

주의회 선거 직전 변경된 의회 법에 따라 프로이센 주총리 선출에는 과반수 의석이 필요했는데, 1932년 4월 24일 프로이센 주의회 선거 결과 대연정(좌우파 대정당 간의 연립정부를 뜻함)이나 하르츠부르크 전선이 아니라 바로 나치주의자들이 중앙당과 연합하여 주총리를 선출하게 되었던 것이다. 괴벨스는 나치당이 중대한 결정을 내려야 할 시점에 와 있다고 보았다. "중앙당과 함께 권력을 잡을 것인가, 아니면 중앙당을 적으로 돌리고 권력을 등질 것인가? 의회주의적 시각에서 본다면 중앙당 없이는 어떠한 일도 할 수 없다. 프로이센에서도 그렇고 제국 전체에서도 그렇다. 그러므로 이는 충분히 심사숙고해야 할 사안이다."[39]

"연정의 속임수라는 더러운 작업"[40]은 괴벨스에게는 역겨운 비혁명적인 허튼수작일 뿐이었지만 그래도 특정 목적을 이루는 데 필요한 수단으로 활용할 수 있는 것이었다. 프로이센 선거 직후 일기에 썼듯이 그는 이 문제에 확신을 갖지 못하고 있었다. 4월 23일에는 조만간 권력을 잡아야 하며 "그러지 않으면 선거에 승리해도 헛된 것이 된다."라고 썼지만,[41] 그보다 3일 후에는 "물과 기름 같은 처지는" 무척 불쾌하다고 썼다.[42]

4월 말 라이히스칸츨러플라츠의 괴벨스 집을 방문한 히틀러는 괴벨스에게 모종의 계획(브뤼닝 정부를 무너뜨리고 과도적으로 약체의 내각을 성립시켜 나치당 집권의 길을 열려는 계획)을 추진하도록 위임했는데, 그때까지는 아직 어떻게 그 계획의 난점들을 극복할 수 있을지 답을 찾지 못한 상태였다. 괴벨스가 프로이센 선거전에 몰두하고 있는 동안 헬도르프는 두 번이나 제국국방부 비서실장 쿠르트 폰 슐라이허*를 방문했는데, 괴벨스는 이 만남에 특별히 주목하지 않았다. 분명 헬도르프는 괴벨스를 제쳐두고 슐라이허 장군과 히틀러의 회합을 추진했고 이는 실제로 4월 26일 성사되었다. 계략에 능한 슐라이허는 이 면담 중 독일의 정치적 미래에 대한 자신의 생각을 히틀러에게 타진해보았다. 돌격대 금지가 해제되고 새로운 선거가 공고될 경우, 히틀러가 우파 정부에 참여하거나 최소한 이를 용인할 것인지 떠본 것이다.

나치 운동이 "공산당과는 달리 …… 국방 정책에 긍정적 태도를 보이기 때문에" 이 운동을 "민족의 신체*가 보이는 건전한 반응"[43]이라고 보

슐라이허(Kurt von Schleicher, 1882~1934) 1차 세계대전 중 최고 군사령부에서 활동했으며, 1919년 참모장 그뢰너를 보좌하여 군부와 사회민주당의 동맹을 조율했다. 1929년 그뢰너가 국방장관이 되자 그의 비서실장이 되었고, 1932년 6월 1일 파펜 내각의 국방장관, 1932년 12월 3일 총리 겸 국방장관이 되었다. 1933년 1월 28일 파펜의 음모로 총리직을 히틀러에게 물려주고 사임했다. 슈트라서를 비롯한 나치 좌파 및 돌격대를 끌어들여 나치를 분열시키고, 노동조합 우파와 나치 좌파를 결합하는 정치 노선을 추구했으나 실패했다. 1934년 룀 사건 때 나치 친위대에게 살해되었다.

앗던 슐라이허의 탐색 뒤에는 나치당을 정부 참여라는 책임에 묶어둠으로써 좀 더 온건한 노선을 취하도록 하거나 나아가 나치 운동을 분열시키려는 전략이 숨어 있었다. 슐라이허는 준군사단체들을 탈정치화하고 정파를 초월하여 하나의 군사체육조직*으로 통합하려 했는데, 이는 제국자위군을 직업병제에서 민병제로 바꾸는 준비 단계였다. 이 일에는 높은 수준의 전술적 재능이 필요했는데, 슐라이허는 브뤼닝이 그런 재주를 지니고 있다고 생각하지 않았다. 그래서 그는 돌격대 금지 조치를 둘러싸고 그뢰너와 브뤼닝에 적대하여 벌어지고 있는 우익 진영 내 갈등을 이용하여 두 사람을 실각시키려 했던 것이다.

히틀러의 관점에서 이는 슐라이허 주변의 '반동'을 자신의 목적에 이용할 수 있는 기회였다. 그러기 위해선 우선 그들 세력과 진지하게 동맹을 맺으려 한다는 인상을 주어야 했는데, 사실상 적절한 순간, 다시 말해 브뤼닝 정부가 붕괴한 이후 다시 등을 돌리려는 속셈이었다. 4월 27일 제국선전책 괴벨스는 히틀러가 그에게 그 전날 있었던 슐라이허와 '원만하게' 진행된 대화의 내용을 전하자, 이러한 전술을 단박에 이해했다.[44] 그 직후인 5월 초 괴벨스는 브뤼닝과 그뢰너에 대항하는 '심복 장교들'의 음모가 드러났다는 신문 기사를 읽고 만족했다.

히틀러가 5월 7일 슐라이허 장군과 '결정적 협의'를 위해 만났을 때, 거기에는 괴링과 '대통령 최측근 몇 사람', 그리고 대통령 비서실장 마이스너도 있었다.[45] 그러나 괴벨스는 그 자리에 참석하지 않았다. 그는 '반동'에게는 기피 인물이었기 때문이다. 괴벨스는 이후 히틀러에게서 이 회합의 내용을 들을 수 있었는데, 히틀러의 대화 상대자들은 대통령이 조만간 브뤼닝에 대한 신임을 철회할 것이고 브뤼닝이 실각하게 될 것이라고 확신했다는 것이었다.[46] 괴벨스는 일기에 그러한 음모가 앞으로 어떻게 진행될지를 적었다. "총통은 가능하면 빠른 시일 내에 대통령과 면담할 것이다. 그러고 나면 일이 저절로 굴러가기 시작할 것이다. 무색무취한 과도기 내각이 우리가 등장할 수 있도록 길을 터줄 것이다. 그 내각은 최대한 약체여야 하는데, 그래야 우리가 손쉽게 해산시킬 수 있다. 중요한 것은 우리가 다시 시위의 자유를 얻는 것이다."[47]

괴벨스가 '시위의 자유'라고 말하는 것은 돌격대, 친위대 금지 조치에서부터 연설과 행진 금지에 이르기까지 모든 '억압적 법률'들의 철폐를 뜻한다. 괴벨스는 선전 선동의 무한한 힘에 거듭 의존하여, 브뤼닝 정부 붕괴와 제국의회 해산 이후 '결작'을 만들어보려 했다. 그는 5월 3일 뮌헨으로 다시 옮긴 제국선전국에서 전체 선전기구를 재정립하기 위해 철저히 협의했다. "앞으로 몇 개월 동안 우리의 활동은 선전 선동에 중점을 둔다. 우리의 모든 기술을 최후까지 정교하게 활용해야 한다. 정교한 첨단 기술만이 승리를 가져올 수 있다."[48]

그러나 당의 혁명적 추종자들을 염두에 두고 있는 제국선전책 괴벨스의 과제는 일단 브뤼닝과 그뢰너에 맞서 적대적인 선동을 강화하는 것이었다. 그래서 그는 5월 9일 브뤼닝 총리에 반대하는 '예리한 글'을 썼다. 예산안 심의를 위해 며칠 일정으로 막 소집된 제국의회에서 괴링은 제국국방장관 그뢰너를 '무지막지하고 격렬하게' 공격했다. 병 때문에 힘들어하던 그뢰너는 돌격대 금지 조치를 어렵게 변호하였다. 괴벨스는 "우리가 그에게 격렬한 야유를 보내 의회 전체가 웃음으로 떠나갈 듯하고 흔들릴 지경이었다. 마지막에 우리는 그에게 동정을 느낄 정도였다."[49]라고 조롱하고 있다. 불행하게 끝난 그뢰너의 연설은 보수 진영에서 그의 위치를 뒤흔들어 놓았다. 5월 11일 관구장은 낙관적으로 쓰고 있다.

민족의 신체 당시 극우파들은 생물학적 결정론에 입각하여 민족과 국가를 신체에 비유하고, 반대파들을 병균에 비유하는 수사법을 자주 썼다.
군사체육조직(Wehrsportorganisation) 국가의 무력 독점을 인정하지 않거나 이를 불충분하다고 보고, 자체적인 군사 훈련을 통해 이른바 '국방력 고취'를 추구했다. 독일에서는 주로 극우파가 주도했고, 실질적으로 민병대나 자유군단과 유사한 역할을 담당했다.

"군은 더는 그를 원하지 않는다. 그의 심복들조차 그의 실각을 요구한다. 이렇게 시작해야 한다. 한 사람이 곤두박질치고 나면 내각 전체, 그리고 그와 함께 체제가 붕괴된다."[50]

브뤼닝 총리는 제국의회 연설에서 외교 정책에 중점을 두어, 내무 및 국방장관 그뢰너를 둘러싼 공격에 노련하게 대처했다. 외교 정책에서 곧 다가올 성과들, 그리고 경제 및 재정 정책에서 기대되는 유리한 결과를 지적하면서 브뤼닝은 우파 야당의 파괴적 정치를 격렬하게 비판했다. 그들 우파 야당들은 "독일 민족의 저항력 유지와 독일의 외교 상황을 전혀 고려하지 않으며", "이러한 난국을 이용해 오직 선동만을 일삼으려 한다."[51] 브뤼닝은 제국이 이 위기에서 성공적으로 빠져나갈 수 있을 것이라 확신했다. 전쟁배상금이 곧 종결될 것이며, 그러고 나면 그때까지 전쟁배상금 때문에 연기했지만 계속 준비를 해온 고용 창출 조치들을 곧바로 실현할 수 있을 것이었다.

1932년 초여름 브뤼닝 총리가 목표에서 불과 100미터밖에 떨어져 있지 않다고 생각하던 그 시점에, 베를린에서 괴벨스의 정적인 그레고어 슈트라서는 좀 더 온건한 목소리를 냈다. "반(反) 자본주의 정서"에 대한 그의 제국의회 연설은 커다란 반향을 불러일으켰지만, 그가 제안한 고용 창출 조치들은 경제와 사회 문제 극복에 참된 관심을 보여주었다. 브뤼닝조차도 슈트라서의 설명이 "큰 틀에서 제국정부가 준비하고 있는 조치들과 일맥상통하기 때문에" "매우 흥미롭게" 경청했다고 말했을 정도였다.[52] 사회민주주의자들은 사민당 소속 전 재무장관 힐퍼딩(Rudolf Hilferding, 1877~1941)이 제국의회에서 이에 응수하도록 했다. 그리고 〈전진〉은 그레고어 슈트라서의 연설은 "매우 아마추어적인 방식이기는 하지만, 그래도 처음으로 국민 경제의 진정한 문제들을 해결하려는 시도"를 보여주었다고 썼다.[53]

고용 창출보다 혁명적인 겉치장에 관심을 두었던 괴벨스는 오랜 정적

1932년 제국대통령 선거 투표를 마치고 나오는 브뤼닝 총리. 1932년 여름, 대통령 내각 총리인 브뤼닝은 동부의 비효율적인 영지를 실업자들에게 나누어주려는 계획 때문에 실각하게 된다.

슈트라서를 깔볼 따름이었고, 이는 슈트라서의 인기 때문에 더욱 그러했다. 그러나 괴벨스는 〈베를리너 타게스차이퉁(Berliner Tageszeitung)〉에 실은 논평에서 '몰락하는 체제의 나리들'에게 그들의 주장과는 달리 나치당이 강령을 가지고 있음을 보여주려고 슈트라서의 연설을 이용하기도 했다.54) 그리고 다른 관점에서도 괴벨스는 새로운 슈트라서식의, 균형과 체제 유지를 중시하는 노선을 유용한 수단으로 삼았다. 그러나 그는 히틀러와 힌덴부르크 대통령의 심복들이 브뤼닝 총리를 퇴임시키려고 함께 벌이고 있는 음모를 은폐하였다. "유대인 언론은 평소에는 많은 정보를 가지고 있으면서 지금 어둠 속에서 비틀거리며 지그재그로 걷고 있는 모습은 우습기만 하다. 유대인 언론은 아직도 우리가 중앙당과 제휴할 것이라고 믿고 있다. 무해한 바보들!"55)

1932년 5월 12일 제국의회의 상황들은 나치당 선전책 괴벨스에게 만족스럽게 흘러갔다. 의회 로비에서 슐레지엔의 돌격대장이자 룀의 친구인 에드문트 하이네스*를 포함하여 나치당 의원들이 언론인 헬무트 클로츠를 구타했다. 그가 동성애자 룀의 편지들을 실은 소책자를 발간했기 때문이었다. 제국의회 의장 뢰베는 서둘러 의회 운영위원회를 소집한 후, "형사경찰(형사 사건을 담당하는 경찰 부서)은 조사받을 범인들을, 그들이 의원이건 아니건 막론하고 체포할 것"56)이라는 지시를 내렸다. 그 직후 경찰 부청장 바이스가 약 50명의 경찰관들과 함께 본회의장에 나타나 정부측 단상에 자리잡고 앉자, 소요가 일어났다. 나치당 의원들은 "이지도르! 이지도르!"라며 으르렁댔고, 그 한가운데에서 관구장 괴벨스가 외쳤다. "저 돼지가 여기 와서 우리를 도발한다."57) 그러나 바이스는 꿈쩍도 하지 않았다. 그의 경찰관들은 나치주의자 4명을 체포했다. 그러나 그 '미친 날'의 압권은 그날이 끝날 무렵에 나타났다. 국방장관 그뢰너가 사임한 것이다.

5월 23일 괴벨스는 위기 상황을 소성하려는 계획이 착착 진행되고 있다고 만족스럽게 쓸 수 있었다.58) 이는 그에게 자신의 신문과 선전 선동을 동원해 브뤼닝을 매우 격렬하게 공격하는 것을 의미했다. "그는 이미 완벽하게 고립되었다. 그는 절망에 허덕이며 조력자들을 찾고 있다. …… 슈트라서의 진영으로부터 교란 포격이 가해질 것이다. 그러나 우리는 이에 맞서 지뢰를 설치한다. …… 우리의 선동 일꾼들은 브뤼닝의 위치를 완전히 침식시키기 위한 작업을 벌이고 있다."59) 그로부터 2주도 지나지 않아, 나치와 대통령 사이의 연락원인 베르너 폰 알펜스레벤(Werner von Alvensleben)은 작전이 최종 국면에 들어섰음을 보고했다. 대통령 비서실장 마이스너가 힌덴부르크 대통령을 만나려고 노이데크로 떠났다. 백발의 장군은 그곳에 있는 자신의 농장에서 휴식을 취하고 있었다.

마이스너는 힌덴부르크에게 브뤼닝 정부가 준비한 새로운 긴급 조치안을 전달했다. 새 조치는 무엇보다도 채무상환 불능인 동부 지방 농장들의 '새로운 정착'이라는 문제를 다루고 있었는데, 이러한 조치는 전부터 힌덴부르크를 둘러싼 동프로이센 융커(Junker, 프로이센과 동부 독일의 토지귀족)들에게 "농업 볼셰비키적 몰수 의도"가 있다고 악마시해 온 것이었다. 슐라이허를 비롯한 측근들로부터 브뤼닝에 적대하도록 충동질을 받은 힌덴부르크는 이 사건을 계기로 오래전에 내린 결정을 실행에 옮기기로 했다. 이는 슐라이허 측근인 프란츠 폰 파펜*이 이끄는 우파 정부를 띄우는 일이었다. 우선 힌덴부르크는 노이데크에서 브뤼닝을 접견하기를 거부했다. 그리고 그들이 5월 29일 베를린에서 만났을 때, 힌덴부르크는 브뤼닝에게 자신이 새로운 긴급 조치에 서명하지 않을 것이라고 선언했다. 이로써 대통령 내각 총리의 운명과 바이마르공화국의 운명이 최종적으로 결정되고 말았다.

괴벨스가 이 사태를 전해 들었을 때 그는 막 브뤼닝에 반대하는 글을 또 한 편 구술하고 있던 참이었다. "폭탄은 터졌다. 브뤼닝은 12시에 대

하이네스(Edmund Heines, 1897~1934) 돌격대 고위 지도자. 1927년 동성애 혐의로 돌격대에서 제명되었으나 1931년 룀이 다시 슐레지엔 돌격대장으로 임명했다. 1934년 7월, '룀 쿠데타'에 휘말려 히틀러의 명령으로 살해당했다.

파펜(Franz von Pappen, 1879~1969) 1차 세계대전 중 미국·멕시코 주재 육군무관, 터키군의 참모 등으로 근무하였으며 전쟁이 끝난 후 정계에 들어가 1921~1932년 프로이센 의회 의원으로 카톨릭 중앙당의 우익에 속하였다. 1932년 5월 초당파 소수 내각의 총리가 되어, 나치당을 회유하여 국정의 권위주의적 개혁을 시도하였으나 모두 실패하여 실각하였다. 그 후 후임 총리 슐라이허의 실각과 히틀러 내각의 실현을 위해 비밀리에 활약하였으며, 히틀러 정권에서 부총리직에 올랐다. 1936~1938년 빈 주재 대사로서 오스트리아 병합을 준비하였다. 1945년 4월 연합군에 체포된 그는 전범 재판에 회부되었으나 뉘른베르크 국제사법재판소는 그가 침략전쟁을 준비하는 데 공모한 사실이 없다고 판결했다. 하지만 그 후에 열린 독일재판소의 재판에서는 나치당의 중요한 인물이었다는 죄목으로 그에게 징역 8년을 선고했다. 그는 1949년 법원에 상소하여 벌금형으로 감형된 후 석방되었다.

통령에게 내각 전체의 사퇴서를 제출했다. 체제는 무너지고 있다. ……
나는 메클렌부르크에서 오는 총통을 맞이하려고 나우엔으로 갔다. ……
대통령은 오후에 그와 면담한다. 나는 그의 차로 옮겨 타서 그에게 모든
상황을 알려주었다. 우리는 기쁨에 넘쳐 제정신이 아니었다."[60] 몇 시간
후에 다시 히틀러와 만나, 히틀러와 대통령의 만남이 좋은 결과를 낳았
음을 들었을 때, 그의 기쁨은 한없이 치솟았다. 왜냐하면 나치당이 파펜
정부를 잠정적으로 용인하는 것의 반대급부로 돌격대 금지 조치가 풀릴
것이었기 때문이다. 그리고 더 중요한 사실은 의회가 해산될 것이라는
점이었다.[61]

의회 해산은 곧 새로운 선거를 의미했다. 이로써 권력 투쟁의 핵심 역
할이 '반동'과 접촉하는 자들로부터 다시 제국선전책에게로 넘어올 것
이다. 선거 운동 기간이 가능하면 짧고 적들이 그동안 회복하지 못한다
면[62] 선거 전망이 꽤 밝다고 괴벨스는 계산했다. 이는 나치당이 최근 올
덴부르크에서 치러진 선거에서 총 46개 의석 중 24개를 획득, 과반수를
얻었기 때문이기도 했다. 괴벨스는 이를 "이것은 최초의 위대한 타격이
다."라고 논평하고, 전국적으로 이렇게 된다면 이제는 멈출 수 없다고
덧붙였다.[63]

당시 괴벨스의 선전 선동에서는 1932년의 네 번째 선거전을 준비하는
일 이외에도 히틀러의 '운행 시간표'에 맞춰 "이 부르주아 불량배들의
음모적 연합을 억누르는 일"이 중요했다. "그러지 못하면 우리는 패배할

민족 진영 주도 내각(Kabinett der nationalen Konzentration) 각료 11명 중 7명이 독일
국가인민당 계열 보수주의자들, 특히 의원직이 없는 귀족 관료들로 구성된 파펜의 내각
을 일컫는 표현이다. 제국의회에서 독일국가인민당만이 용인하였기 때문에 결국 이 내
각은 대통령에게 의존해 국정을 이끌었다.
남작들의 내각 귀족 출신 우익 정치인들로 구성된 파펜 내각(1932년 7월 1일~1932년
11월 17일)을 비꼬아 부른 말.

라디오 방송을 준비하는 그레고어 슈트라서. 대중 정치에서 방송의 위력을 의식하고 있었던 슈트라서는 나치당의 선전책인 괴벨스를 물리치고 나치 운동을 대표하여 최초로 제국방송사에서 연설할 수 있었다. 이 일로 괴벨스와 슈트라서의 반목은 더욱 깊어졌다.

것이다."[64] 슐라이허, 그리고 6월 1일 '민족 진영 주도 내각'*을 구성한 파펜은 프로이센의 나치당을 정부 구성에 끌어들여 "길들이려고" 했던 것이다.[65] 그외에도 그들은 히틀러에게 금지령 해제의 조건으로 "남작들의 내각"*에 대한 장기적 인정을 요구했다.[66]

6월 4일 의회가 해산되자 나치당 선전책 괴벨스는 의도적으로 새 정부에 맞서는 반대 분위기를 조성했다. 6월 6일 그는 새 총리에 반대하는 논쟁적 글을 발표했고, 돌격대와 친위대가 재허가를 받기 직전 파펜에게 추가로 격렬한 공격을 퍼부었다. 파펜은 힌덴부르크와 협력하여, 히틀러와 맺었던 약속들을 곧 이행했다. 그러나 물론 이 조치로 나치주의자들이 자신의 내각으로부터 점점 더 멀어지는 사태를 돌이킬 수는 없었다. 오로지 그레고어 슈트라서만이 히틀러와 조율을 마친 제국선전책의 노

8장 일개 상병이 합스부르크 왕가를 계승하다니, 기적이 아닌가? 349

력에 반대하는 활동을 했다. 슈트라서는 같은 날 연설에서 의식적으로 "과거사와 정적들에 대한 날카로운 논쟁"을 피했고, 진정한 협조 의사를 나타냈다. 적들의 언론이 이 연설을 "정치적으로 영리하다."라고 평한 것이 괴벨스를 화나게 했다. 괴벨스에게 이는 "실제로 생각할 수 있는 최악의 판단"이었던 것이다.[67]

괴벨스가 그레고어 슈트라서에게 앙심을 품은 것은 무엇보다도 슈트라서가 '나치즘의 국가 이념'이라는 연설로 제국방송사를 통해 나치 운동의 첫 번째 대표자가 되어 여론에 호소한 일 때문이었다. 슈트라서는 당의 조직책으로 방송 관련 사안을 책임지고 있었다. 미래에 방송이 지닐 의미를 의식하고 있던 슈트라서는 히틀러에게 '방송의 자유', 다시 말해 나치 연설자들과 강사들에게 방송을 개방하는 문제를 파펜 정부 용인에 따르는 조건에 포함시키라고 조언했다. 이미 6월 11일 내무장관 빌헬름 프라이허 폰 가일(Wilhelm Freiherr von Gayl, 1879~1945)은 파펜 총리의 지시에 따라 방송의 전반석 개방을 선언했고, 이에 따라 나지주의자들도 전파에 접근할 수 있게 되었다.[68]

나치 운동 중 혁명적 성향의 추종자들에게 당의 위치가 '반동'의 옆이 아님을 보여주고 슈트라서의 라디오 연설에 대항하기 위하여 괴벨스는 같은 날 저녁, 돌격대 금지 조치도 아랑곳하지 않고, 제복을 입은 약 45명의 돌격대원들과 함께 베를린에서 가장 번화한 장소인 포츠담 광장에 나타났다. 그들은 선동을 위해 갖은 애를 썼지만 '한 놈도' 꼼짝하지 않았다. "경비원들은 어리둥절해서 우리를 바라보다가 스스로 부끄럽다는 듯이 고개를 옆으로 돌렸다."[69] 파펜 내각은 6월 14일 첫 번째 경제 정책 긴급 조치를 결정하여 다음날 발표했는데, 이는 괴벨스에게는 제때 주어진 먹잇감이었다. 괴벨스는 그 조치를 파펜 내각에 대한 추가적인 용인을 배제하는 구실로 삼았다. 그 조치는 "지나치게 자본주의적"이며 "특히 가난한 사람들에게 지독한 것"이라는 이유였다. "여기에 대해서는

오로지 투쟁밖에 없다."라고 괴벨스는 논평했다.[70]

 정부는 총선일을 최대한 미루어 7월 31일로 잡아 나치당 선전책 괴벨스를 화나게 했다. 1932년 7월 초, 다가오는 의회 선거를 준비하는 순회 선거 운동에서 괴벨스는 파펜 정부를 점점 더 격렬하게 공격하였다. 내무장관은 운터덴린덴 거리의 돌격대 행진을 불허하면서, 이를 허용한다면 공산주의자들에게도 마찬가지로 행진을 허가해야 한다고 그 이유를 밝혔다.[71] 이 조치는 히틀러에게는 파펜 내각 용인을 취소하는 좋은 구실이 되었으며, 괴벨스에게는 거칠 것 없는 선동을 가능케 했다.

 파펜 총리가 7월 초 로잔 회의에서 독일의 배상금 지급 종결이 담긴 협약을 들고 베를린으로 돌아왔을 때, 괴벨스는 파펜이 거둔 외교적 성과를 실패로 돌려놓았다.[72] 그러한 반(反) 파펜 캠페인은 7월 10일 괴벨스가 베를린 루스트가르텐 공원에서 연설했을 때 절정에 이르렀다. 그곳은 1918년 11월 카를 리프크네히트가 사회주의 공화국을 선포했던 곳이기도 하다. 괴벨스는 자신이 이 집회에서 10만 군중을 선동했다고 밝혔다. "그 선전포고에 군중들은 유례없는 열광으로 화답했다. 이 같은 어마어마한 군중 집회를 통해 우리는 속박을 털어버렸다. 이제 우리는 용인 정책으로부터 자유롭다. 이제 우리는 다시 우리 자신의 노선으로 진군할 수 있게 되었다."[73]

 7월 18일 괴벨스는 처음으로 제국방송에서 연설할 수 있었다. 연설 전에 그는 내무부와 한바탕 크게 충돌하였다. 방송에서 정치 연설과 강연을 허가한 직후 '풍크 슈툰데'라는 프로그램에 제출한 괴벨스의 원고는 방송 여부를 두고 상부까지 올라갔다. 담당 참사관은 장관에게 괴벨스의 연설 원고를 보고하면서 "이 연설문은 방송에서 통상적이고 허용 가능한 범위를 넘어섰다."[74]라는 메모를 덧붙였다. 참사관과 괴벨스는 연설문을 여러 차례 주고받았다. 그 과정은 관구장이 '정치적 필연성으로서 민족주의'[75]라는 자신의 연설문을 완전히 새로 써서 '민족문화의 근거인 민족의 성격'[76]이라는 제목을 달아 다시 제출하면서 끝이 났다. 괴벨스는 베를린의 방송회관에서 마침내 마이크 앞에 섰을 때 "오로지 단어들만이" 남게 되었다고 생각했다. 어쨌든 괴벨스는 이 연설 이후 자신의 연설이 설득력이 없었다고 느꼈다. 그는 집회에서 연설하는 편이 더 좋았다. 집회에서는 강연장이 꽉 들어차고 모든 사람들이 '거친 투쟁의 열광'에 사로잡힌다는 것이다.[77] 괴벨스는 자신이 이러한 방식으로 발동시킨 프로그램들 때문에 몇 주 동안 자신의 모든 것을 다 바쳐야 했다.

우리는 심사숙고할 시간이 거의 없다. 기차, 자동차, 비행기로 독일을 종횡무진 누비고 다닌다. 집회 시작 30분 전, 혹은 그보다 늦게 한 도시에 도착하여 연단에 올라 연설한다. …… 그러는 동안 더위, 말, 사고의 논리, 점차 쉬어 가는 목소리, 좋지 않은 음향 시설로 인한 어려움, 서로 짓누르는 1만여 명이 내뿜는 나쁜 공기 등과 싸워야 한다. …… 연설이 끝나면 옷을 다 입은 채 뜨거운 욕조에서 나온 것 같은 상태가 된다. 그러면 다시 자동차에 올라 또 두 시간을 달려간다.[78]

독일은 여전히 실업자가 600만 명에 이르렀지만 최악의 경제 위기는 이미 극복한 상태였다. 그럼에도 독일 전역에서, 1932년 여름 선거전의 열기와 6월 16일 이후 발효된 돌격대와 친위대 금지 해제 조치는 새로운 폭력의 물결을 일으켰다. 1929년 '피의 5월'(1929년 5월 1일, 메이데이 시위에 나선 노동자와 시민이 경찰에게 살해당한 사건)에 그랬던 것처럼 1932년 6월에도 경찰 장갑차가 수도 베를린의 거리를 달렸다. 거의 매일 정치적 암살이 일어났다. 주요 신문들은 오래전부터 개별적 폭력 사건은 더는 보도하지도 않았고, '내전 전선'에 대한 요약 보도만 할 뿐이었다.

히틀러는 7월 말까지 독일의 50개 도시를 종횡무진 누빈다는 계획에 따라 7월 15일 다시 비행기를 타고 독일 순회를 시작했다. 그로부터 이틀 뒤 7월 17일, 함부르크의 알토나에서 공산주의자들이 일으킨 테러는 6월 이후 폭력 사태의 절정을 이루었다. 애초에 돌격대의 도발로 일어난 이 살인 테러로 일요일 단 하루 동안 무려 18명이 사망했다. 이에 프로이센 정부는 모든 옥외 시위를 금지하는 조치로 대응했다. 괴벨스에게 이는 위기를 더욱 부추기는 동기가 되었을 뿐이다. "공산주의자들이 우리에게 총을 쏜다고 해서 정부는 우리를 공격한다. 국가와 문화의 파괴자들이 정부를 도발한다고 해서 정부는 우리의 시위를 금지한다. 이 체제 전체는 그야말로 불운 덩어리이고, 여기에는 '무너지는 것은 더욱 뒤흔들어라.'라는 말이 적용될 뿐이다."79)

48시간 후 프로이센 정부는 무너졌다. 이로써 공화국 정부와 행정부 최후의, 가장 믿을 만하고 중요한 요새가 무너져버렸다. 힌덴부르크 제국대통령은 파펜의 강권에 따라, 프로이센의 브라운 정부가 평화와 질서를 유지할 능력을 오래전부터 상실했다는 치명적 사유를 들어, 그리고 헌법 48조(바이마르 헌법의 대통령 긴급 조치권을 뜻함)에 근거하여, 브라운 정부의 실각을 지시했다. 이와 동시에 힌덴부르크 대통령은 베를린과 브란덴부르크 지역에 비상사태를 선포하고, 프로이센 정부 권력을 에센 시장이자 파펜의 측근인 프란츠 브라흐트(Franz Bracht, 1877~1933)에게 넘겼다.

괴벨스는 마르크 지방 트로이엔브리첸의 작은 술집에서 라디오로 이 뉴스를 들으며 깊은 만족감을 느꼈다.80) 그가 특히 만족스러워한 것은 자신이 베를린에 처음 도착했을 때부터 싸웠고 '바이마르 체제'의 화신이라고 증오했던, 가장 끈질긴 적들이 파펜의 프로이센 공세에 희생되었다는 사실이었다. 그 적들은 바로 경찰청장 그르체진스키, 베를린 치안경찰 사령관 하이만스베르크, 그리고 특히 경찰부청장 바이스였다. 괴벨스가 제국의회에서 또 한 번 바이스를 모욕했던 것이 불과 몇 주 전의 일이었다. 그때 공화국의 질서가 우월하다는 사실을 신뢰하던 용감한 바이스는 숙적 괴벨스를 열일곱 번째로 고소했는데, 결국 이것이 마지막 고소가 되었다. 그르체진스키 경찰청장은 그 고소의 사유를 들면서, 담당 법원에 "피고소인에게 상당히 높은 처벌을 내려줄 것"을 요청하였고, 특히 괴벨스가 "이미 여러 차례 경찰부청장을 모욕한 점"을 강조했다.[81] 그러나 다른 소송들과 마찬가지로 이것도 1932년 12월 슐라이허 장군의 성탄절 사면 와중에 중단되었다.

1932년 7월 게르트 폰 룬트슈테트*라는 육군중장으로부터 전화로 자신의 파면 소식을 통지받은 그르체진스키[82]와 바이스, 하이만스베르크는 체포되고 몇 시간 후 베를린의 자이트리츠 거리에 있는 제국자위군 전우회관에 구금되었다. 그들은 직위 해제 후 경찰청 내에서 그 어떤 직무 수행도 시도하지 않겠다는 각서에 서명하고 나서 그날 석방되었다. 훗날 히틀러가 권력을 쥔 후, 그르체진스키와 바이스는 자신들이 공화국의 질서를 수호하기 위해 몇 년 동안 싸워 왔던 그 조국을 극적인 상황에서 떠나게 되었다.

프로이센 정부의 붕괴로 권력 쟁취라는 목표가 그 어느 때보다도 가까워졌다고 생각한 괴벨스는 복수의 욕망에 휩싸여 "프로이센의 사라져야 할 무뢰한들"의 목록을 작성했다. 그는 어떤 사람들은 '남작님들'(파펜 내각의 구성원들)이 더는 할 일이 없음을 걱정하고 있다고 썼는데, 그 어떤 사람들 중에는 자기 자신도 포함되어 있었다. 그는 알렉산더 광장에 있는 경찰청의 적들에게 자기 손으로 직접 복수하고 싶었다. 이즈음 그 적들의 부하들, 즉 일반 경찰관들은 괴벨스에게 "주목할 만한 정중함"[83]을 보여주었다. 아직 경찰의 활동이라는 것이 남아 있다고 한다면, 그것은 사실상 공산주의자에 대해서만 행해지는 것이었다. 그리고 그 결과는 폭동과 길거리 폭력 사태가 더욱 늘어나는 것이었다. 독일인들이 새로운 의회 의원을 뽑는 7월 31일 하루 동안에만 정치 테러로 9명이 죽었다.

의회 선거의 결과는 제국선전책 괴벨스에게는 실망스러웠을 것이다.

나치당이 과반수를 차지하거나 거의 과반수에 이른 메클렌부르크, 헤센, 튀링겐 주의회 선거들 때문에 괴벨스는 제국의회 선거에서도 같은 결과를 얻을 수 있으리라는 희망을 강하게 품었다. 그러나 결과는 기대에 크게 못 미쳤다. 나치당은 득표율 37.3%를 기록하여, 230의석을 가진 제국의회 제1당이 되었다. 그러나 온갖 노력을 기울였는데도 이 성적은 지난 3월과 4월 두 차례에 걸친 대통령 선거 결과를 단지 조금 초과했을 뿐이었다. 나치당의 급부상에도 끝이 보이는 듯했다.

괴벨스도 얼마간은 그렇게 생각했다. 그의 관구에서 나치당은 28.6%를 득표하여 다른 모든 정당을 앞섰지만(나치당은 노동자 거주 구역보다 유산계급 구역에서 확실하게 나은 성적을 거두었다[84]) 베를린 '정복'에는 한참 모자랐다. 그는 정신을 차린 듯 일기에 "우리는 이런 식으로 과반수에 이를 수 없다. 다른 길을 찾아야 한다."라고 썼다.[85] 괴벨스가 보기에 나치당이 선택해야 할 양자택일의 길은 "가장 극렬한 야당이 되거나" 마르크스주의를 끝장내기 위하여 "권력에 참여하는 일"이었다. "(정부) 용

룬드슈테트(Gerd von Rundstedt, 1875~1953) 2차 세계대전 당시 독일의 육군원수. 히틀러 휘하의 유능한 군사 지도자들 가운데 한 사람으로 동부와 서부 전선에서 독일 군을 지휘했다. 1차 세계대전에 참전했으며 전쟁이 끝난 뒤에도 군에 남았다. 2차 세계대전이 발발하자 폴란드 지역 군 부대를 지휘하는 임무를 맡았다. 2차 세계대전 초에 그는 서부 전선에서 A집단군 총사령관을 맡아 프랑스의 운명을 결정지은 마지노선 돌파 작전을 지휘했다. 1941년 6월부터 시작된 소련 침공 작전(바르바로사 작전)에서 독일 군의 남부 집단군을 지휘하여, 겨울이 되기 전에 가장 멀리까지 침투해 들어갔다. 그러나 소련 군의 반격으로 어쩔 수 없이 후퇴하게 되자, 히틀러는 노령의 육군원수인 그를 해임해버렸다. 1942년 7월 다시 군에 복귀한 그는 서부 전선 총사령관이 되어, 예상되는 연합군의 침공에 대비하여 프랑스의 방위를 강화했다. 1944년에는 영미 연합군의 공격을 물리치지 못했다는 이유로 7월에 총사령관직을 박탈당했지만, 9월에 다시 복귀하여 아르덴 공격을 지휘했다. 1945년 3월에 세 번째로 해임된 그는 1945년 5월 미군에게 체포되었지만 건강이 좋지 않아 석방되었다.

인은 죽음을 가져오고"[86] 나치 운동의 혁명적 활력을 무르게 하며 분열시킬 위험이 있다. 이제 어떻게 권력을 쟁취해야 하는가?

8월 2일 히틀러가 테거른제 호숫가에서 최고 간부들과 이 문제를 토의하였을 때 괴벨스도 거기 있었다. "합법? 중앙당과 함께? 구역질 난다! …… 우리는 심사숙고하지만 결론을 내리지 못하고 있다."[87] 이틀이 지난 후 히틀러는 괴벨스에게 자신이 슐라이허에게 나치당이 지도권을 행사해야 한다고 요구할 것이라는 말을 했다. 히틀러는 자신의 총리직 이외에도 프리크(내무장관), 괴링(항공장관), 슈트라서(노동장관)의 장관직을 요구하고, 괴벨스를 위해 국민교육 부서를 요구할 것이라고 괴벨스에게 말했다. "이는 다시 말해 권력의 전부가 아니면 전무(全無)라는 것이다. 그것이 옳다."[88]

그러나 사실 히틀러는 괴벨스를 위해 국민교육 부서를 요구할 생각이 전혀 없었다. 그는 괴벨스의 입각이 '남작들'에게는 받아들여질 수 없음을 너무 잘 알고 있었다. 슐라이허가 전하는 것처럼 히틀러는 협의가 있었던 8월 6일에 대통령 내각이 성격을 유지하도록 하며 "만일 히틀러가 총리직을 맡고 슈트라서가 내무부를 맡음으로써 현 내각을 변경해야 할 필요가 생길 경우에만 이를 추진한다."라는 입장이었다. "경우에 따라서는 괴링에게 어떤 부서 하나를 맡기는 일도 고려할 수 있었다."[89]

그날 괴벨스가 오버잘츠베르크 산에 머물고 있었을 때, 그곳은 온통 흥분된 분위기가 지배하고 있었다. 히틀러와 슐라이허의 협의에서 슐라이허가 이 조건들을 수용하려 한다는 인상을 받았기 때문이다. 히틀러는 나중에 진행할 부서 배분을 생각하여 괴벨스에게 정권 획득시 슈트라서와 괴링, 다른 나치주의자와 마찬가지로 제국교육 부서 외에도 프로이센 문화부를 맡길 것이라고 주장했다.[90] 자신과 히틀러 운동의 권력 쟁취가 눈앞에 다가왔다고 믿은 괴벨스는 이를 두고 '사나이들의 내각'이라고 환호했다. 그는 자신들이 이 권력을 "결코 다시 내놓지 않을 것"이라

군인 출신의 정치가 쿠르트 폰 슐라이허. 1932년 6월 파펜 내각에서 국방장관을 맡은 슐라이허는 1932년 12월 파펜이 물러난 뒤 총리로 임명된다. 그러나 1933년 1월 파펜의 음모로 총리직을 히틀러에게 물려주고 사임하게 된다.

고 썼다. "(우리에게서 권력을 다시 빼앗으려면) 우리를 송장으로 만들어 끌어내면 이는 완전한 해결이 될 것이다. 이 해법은 비록 피를 요구하지만, 그것은 또한 정화의 힘을 지니게 될 것이다."[91]

자신이 숭배하는 '총통 각하'와 대화를 마치고 일기를 쓰며 괴벨스는 자신이 높은 위치에 이르고 있음을 보았다.

국민교육의 문제 전체를 철저히 협의하다. 나는 초등학교 및 중등학교, 대학교, 영화, 방송, 무대, 선전 선동을 얻는다. 엄청난 영역이다. 삶 전체가 가득찬다. 역사적 사명. 기쁘다. 모든 본질적 부분에서 히틀러와 일치한다. 그것이 가장 중요한 일이다. 독일 국민의 민족적 교육이 내 손에 달려 있다. 내가 이를 이루어낼 것이다. …… 한케와 베를린 관구 문제를 토의했다. 현재 내 직위는 모두 고스란히 유지된다. 관구장, 제국선전책. 어디에나 부책임자

는 있게 마련이다. 그러나 나 자신의 손에 일을 움켜쥔다.[92]

8월 9일, 괴벨스의 낙관론이 빛을 잃었다. 히틀러는 그에게 권력으로 가는 길에 아직도 커다란 난관이 존재한다고 밝혔다.[93] 슐라이허가 방금 슈트라서를 통해 히틀러에게 그의 총리 임명이 기대와는 달리 매우 불확실하다고 전했던 것이다. 이에 히틀러는 모든 것을 단번에 결판 내겠다는 결의에 차서 "공손하게 양보하여 정부에 불만족스럽게 참여하는 일"은 결코 없을 것이며 자신이 "비범한 인물들이 이끄는 제국내각 지휘를 위촉받아야 한다."라고 〈민족의 파수꾼〉을 통해 위협하도록 했다.[94] 괴벨스는 이런 히틀러를 지지했다.[95] 히틀러는 자신의 요구를 강조하기 위해 강력한 돌격대들을 수도 베를린 부근으로 이동시키고[96] 나아가 중앙당과 협력할 것이라고 위협하여 압력을 행사했다.[97]

괴벨스가 히틀러에게 단판 승부를 내도록 부추기는 상황에서 다시 그레고어 슈트라서가 낭내 분란을 소상하고 나섰다. 제국조직책인 그는 히틀러가 부총리직을 수용해야 한다는 입장을 보였다. 언론에서 이러한 견해 차이를 보도했을 뿐 아니라, 몇몇 기사는 괴벨스와 히틀러 사이에도 갈등이 생겨나고 있다고 보도했다. 물론 그 보도들에는 근거가 없었다. 그런 주장이 나타난 것은 괴벨스가 특히 〈공격〉에서, 히틀러가 총리 취임을 위해 얻으려 하는 '반동'의 동의 여부에 신경을 곤두세우지 않고, 자신이 혁명가임을 과시하였기 때문이다. 괴벨스가 보기에 당의 소시민과 프롤레타리아 지지층을 하켄크로이츠 휘장 아래 결속시키려면 그들에게 직접 말해야 했다.

히틀러는 "나치당 지도부 내의 '분열'이나 괴벨스 박사, 그레고어 슈트라서 등 일부 지도자들이 나에게 맞서 벌이고 있다는 '반대'에 대한 그 소설 같은 서술들"을 부인했다. 그리고 그는 "모든 지도자들이 정치 상황에 대한 견해에서 지금보다 더 치열하고도 모범적인 단합을 보인 적은 아마도 없었을 것"[98]이라고 말했다. 당 지도부가 8월 11일 회합을 가진 쉼제 호숫가의 프린에서 히틀러는 '단합'을 재건하려 하였다. 그는 슈트라서를 비판하여 괴벨스를 기쁘게 하였고, 힌덴부르크가 거부한다는 이야기를 들었으면서도 자신이 "전부 아니면 전무"를 요구하는 데 고수라는 한결같은 결의를 보였다.

8월 13일 히틀러는 힌덴부르크 대통령과 결정적인 면담을 하기 위해 룀과 프리크가 수행하는 가운데 베를린 베스트엔트에 있는 괴벨스의 집을 떠나 정부 청사 구역으로 떠났다. 괴벨스는 히틀러를 기다리는 시간을 "고통스럽고 괴롭다."고 표현했다. 장군은 어떠한 반응을 보일 것인가? 뒤에 남아 기다리던 괴벨스는 그 대답을 예상보다 빨리 알 수 있었다. 생애 마지막으로 분명하고도 강경한 태도를 보인 대통령은 "완전한 수준의 전체 국가 권력"이라는 히틀러의 요구를 몇 마디 말로 거부하였다. 그리고 거부의 이유로 "양심과 조국에 대한 의무 앞에서, 권력을 일방적으로 행사하려는 나치 운동에 정부의 전권을 넘겨주는 일의 책임을 질 수 없다."라고 "매우 결연하게" 밝혔다.[99] 그러나 힌덴부르크는 슐라이허의 '길들이기 방식'에 따라 히틀러에게 부총리직을 제안했다. 이 제안은 히틀러를 만족시키지 못했다. 마이스너 정무장관이 배석한 면담은 20분도 지나지 않아 끝났다. 히틀러의 권력 추구는 실패로 돌아갔다.

힌덴부르크와 "냉랭하게 결별"한 후 그들은 라이히스칸츨러플라츠에서 긴급 회의를 열었는데, 참석자들은 모두 그 실패가 가져올 결과를 분명히 인식하고 있었다. 괴벨스는 "운동 내부와 유권자들이 심각하게 의기소침해지는 것"[100]은 피할 수 없는 일이라고 보았다. "당 전체가 이미 권력 획득에 맞춰져 있었기"[101] 때문이라는 것이다. 특히 합법 노선이 무엇인지 잘 납득하지 못한 돌격대는 충격을 받을 것이었다. 실제로 돌격대 안에서는 실망감이 "즉각적 대처"[102] 요구로 나타났다. 괴벨스는 "그들의 대오가 유지될 수 있을지 아무도 모른다."라고 불안감을 드러냈는데, 왜냐하면 "승리를 확신하는 군대에게 승리가 손에서 빠져나갔음을 말해주는 것보다 어려운 일은 없기 때문"이다.[103]

히틀러의 쿠데타가 임박했다는 소문이 수도 베를린에서 들불처럼 번져 나가고, 괴벨스의 집 앞에 군중이 몰려와 '총통 각하'를 부르는 외침이 울려 퍼지던 무렵, 집 안에서는 마치 열병에 들뜬 것처럼 작업을 진행했다. 룀과 히틀러는 긴급 소집으로 모여든, 실망감과 어떤 일이라도 결행하겠다는 의지로 가득한 돌격대 대장들에게 무장 공격이 성공할 가능성이 없다고 설득하고 있었다. 괴벨스는 '반동'에 반대하는 격렬한 글을 썼다. 다른 사람들에게는 문서와 격문들을 받아쓰게 했다. 〈민족의 파수꾼〉에 공개된, 돌격대와 친위대에 내린 어떤 명령은 "단기적 휴전"을 지시하면서, "휴가 조치를 최대한 활용"하고 "집합, 훈련, 시찰 등은 가능하면 중단" 하도록 했다.[104]

괴벨스는 자신에게도 '휴전'을 안겨주었다. 8월 14일, 부르주아 언론늘이 브뤼닝 실각 이후 자주 비판을 받아 온 힌덴부르크를 '헌법의 수호자'라고 칭송하면서 그가 히틀러를 거부한 일을 타넨베르크 전투*와 비교하여 말하고 있던 그때, 괴벨스는 발트 해의 해수욕장인 하일리겐담으로 휴가를 떠났다. 그가 나치당의 패배에서 그리 큰 충격을 받지 않은 이유는, 그가 '평온한 명석함'을 지니고 있다고 경탄했던 히틀러가 나치 승리에 대한 그의 변함없는 믿음을 또다시 굳건히 해주었기 때문이다. 히틀러는 온갖 동요와 희망과 애매한 견해와 추측에도 전혀 흔들림 없이, 마치 "동요하지 않는 안정의 중심" 같았다.[105]

발트 해에서 긴장을 풀며 며칠을 보낸 괴벨스가 히틀러에게서 베르히테스가덴으로 오라는 지시를 받았을 때, 히틀러는 그의 가장 충실한 심복이 볼 때에는 또다시 "분명한 명석함으로 가득차"[106] 있었다. 히틀러는 과거의 노선을 지속하기를 원했다. 즉, 그는 한편으로 나치당이 의회 다수 의석을 얻지 못할 것이라 믿었고, 다른 한편 그레고어 슈트라서의 요구대로 중앙당과의 연립정부를 받아들이면 당이 망가질 것이라고 우려했다. 히틀러는 '중앙당 해법'은 오직 그 자신이 대통령 내각을 이끄는 총리가 되기 위하여 '남작들'에게 행사하는 압력 수단으로만 활용하려 했다. 히틀러를 방문한 괴벨스는 '총통 각하'에게 곧 완벽하게 동의했다. 그러나 무솔리니 모델에 따른 혁명적 전복*이 힌덴부르크와 제국자위군 때문에 불가능해졌을 때, 히틀러가 이끄는 대통령 내각이 이루어졌다면 이는 야당으로 있을 때나 연정에 참여하는 경우와는 달리 그 자체로 '불법의 냄새'107)를 풍기게 되었을 것이다.

8월 13일 이후 나치 운동 내에서 번지고 있던 자포자기의 침체된 분위기 때문에, 나치 선전 선동의 중심 사안은 '반동'에 반대한다는 혁명적인 외양을 좀 더 강조하는 일이었다. 그러한 선전 선동은 8월 말 오버슐레지엔의 포템파에서 5명의 돌격대원들이 공산주의자인 폴란드 노동자를 야만적으로 살육한 일로 보이텐 특별법원에서 사형 선고를 받았을 때 더욱 눈에 띄게 이루어졌다. 그 사건 전에 제국정부는 긴급명령을 내려 정치 테러와 폭력 처벌을 강화하면서 이를 즉결 군사재판에 넘기도록 지시

타넨베르크 전투 1914년 8월 타넨베르크(폴란드 스텡바르크)에서 독일과 러시아가 벌인 전투. 1차 세계대전 초기에 벌어진 이 전투는 힌덴부르크 장군과 루덴도르프가 이끄는 독일 군의 승리로 끝났다.
무솔리니 모델에 따른 혁명적 전복 무솔리니가 '검은셔츠단'을 이끌고 로마로 진군해 권력을 찬탈한 것과 같은 권력 장악 시나리오를 뜻한다. 이탈리아의 베니토 무솔리니는 로마 진군으로 권력을 잡았다. 1922년 10월 24일 이탈리아 파시스트당 지도자들은 10월 28일 반란을 일으켜 검은셔츠단으로 알려진 파시스트 무장부대가 로마에 진군하여, 이탈리아 전역의 전략적 거점을 차지한다는 계획을 세웠다. 파시스트들의 로마 포위에 위협을 느낀 루이지 파크타 총리는 비토리오 에마누엘레 3세에게 로마 포위를 허가해 달라고 요청했지만, 에마누엘레 3세는 이를 거절했다. 10월 29일 왕은 무솔리니에게 내각 구성을 요청했고 무솔리니는 검은셔츠단이 로마에 입성하기 전인 10월 30일 로마에 도착했다. 그러나 사실 검은셔츠단의 규모와 화력은 매우 초라한 수준이었다. 그런데도 단지 무력 시위의 위협만으로 합법적으로 정권을 획득할 수 있었던 것이다.

했다.

　히틀러는 수치심을 모르는 사람처럼 공공연하게 살인자들과 연대를 표명하였는데, 판결을 받은 그들에게 보내는 한 전보에는 다음과 같이 쓰여 있었다. "나의 동지들! 이러한 괴이한 피의 판결 때문에 나는 한없는 신뢰 속에서 그대들과 결속되어 있다."[108] 이로써 히틀러는 '합법성'이라는 말의 의미를 그가 어떻게 이해하고 있는지를 드러냈고 8월 13일 힌덴부르크의 판단이 얼마나 올바른 것이었는지를 입증했다. 나아가 히틀러는 정당 정치의 틀 안에서 지지 세력이 점차 사라지고 있던 파펜 총리에게 공세를 퍼부었다. 히틀러는 파펜을 "피에 굶주린 개"라고 욕했고, 이 모든 것을 가능하게 한 그 정부에 대항하는 전투가 나치당의 의무라고 표현했다.[109]

　괴벨스는 돌격대원들에게 내려진 판결을 파펜 정권을 공격하는 계기뿐 아니라, "유대적이고 마르크스주의적인, 이 세상의 적" 자체를 공격하는 계기로 삼았다. 그가 〈공격〉에서 포템파 사건을 거론하며 내린 결론은 "유대인들이 유죄다!"라는 것이었다.[110] 대부분의 경우처럼 괴벨스의 난삽한 논리는 단순한 전술적 계산 이상을 겨냥했다. 권력 쟁취에 실패한 이후 그는 '반동'에 맞선 투쟁에서 자신의 적개심을 마음껏 표출했다.

　마그다가 9월 1일 그들 사이의 첫 아이인 헬가라는 딸을 낳았다. 그일은 괴벨스에게는 기쁜 일이었지만 단지 주변적인 일일 뿐이었다. 그는 끊임없이 광신적 열정으로 불 같은 연설을 쏟아내었고, 〈공격〉에서 선동을 계속했으며, 제국선전국을 재조직했다. 괴벨스는 그 조직을 구성하면서 그가 나치의 집권 후 설치하고 지휘하게 될 정부 부처, 즉 제국선전부의 구조들을 미리 보여주기를 원했다. 슈트라서에게서 빼앗아오려고 하는 당 조직 분야의 대부분도 그의 관할로 들어와야 했다. 히틀러는 괴벨스의 계획을 승인했다. 그러나 히틀러는 당장 결정을 내려야 할 일이 아

1932년 6월부터 귀족들로 구성된 내각을 이끈 프란츠 폰 파펜 총리. 파펜은 나치를 정부 구성에 끌어들여 길들이려 했으나, 히틀러는 부분적으로 편입되기를 거부하고 파펜 내각을 무너뜨리기 위한 공세에 나섰다.

니리면 약속을 삼갔다

9월 12일 나치주의자들은 새로운 출발을 하였다. 이제 그들은 스스로 권력으로 가는 길을 돌파하는 대신 파펜 내각을 파괴함으로써 대통령 체제의 잔해를 깨끗이 쓸어버리는 데 주력했다. 괴벨스는 정당 정치의 측면에서 절망적으로 고립되어 있는 그 내각 총리가 새로 구성된 제국의회에서 처음 행한 연설이 "전례 없이" "끔찍한 의회주의적 패배"로 끝났다고[111] 기세등등한 태도로 썼다. 괴링은 제국의회 제1당인 나치당을 대표하여, 표결에서 중앙당의 도움을 받아 사회민주주의자 뢰베의 뒤를 이어 제국의회 의장이 되었다. 괴링은 파펜이 의회 개회 벽두에 의회 해산 용의가 있음을 시사했음에도 불구하고, 곧바로 공산당과 굳게 협력하여 공산당 원내의장 에른스트 토르글러(Ernst Torgler)에게 불신임 결의안의 발언권을 주었다. 파펜 총리가 대통령이 급히 준비한 의회 해산 명령을 낭독할 기회조차 주지 않은 채 괴링은 곧바로 표결을 시작했다. 결국 총리는 패배를 피할 수 없었다. 512명의 의원 중 그에게 신임을 표명한 의원은 불과 42명에 불과했다.

그리하여 새로운 선거가 불가피해졌고, 선거일은 1932년 11월 6일로 결정되었다. 괴벨스는 나치당이 8월 이후 스스로 막다른 골목으로 달려가고 있었기 때문에 이번 선거 전망은 매우 나쁘다고 생각했다. 따라서 선거에 대한 낙관적 예측을 피했다.[112] 거기에는 8월 13일 사건과 포템파 사건의 부정적인 심리적 파장도 한몫을 했다. 게다가 1년 동안 이미 다섯 차례나 투표소에 가야 하는 국민들의 염증도 느껴졌다. 마지막으로, 나치당의 재정이 바닥나[113] 선전책 괴벨스의 활동(그는 베를린 당사를 포스 거리로 옮겼고, 선거전 기간 동안 제국선전국을 다시 베를린으로 옮겨왔다)도 어려운 상태였다.

때문에 괴벨스는 완벽한 행동주의에 모든 것을 걸었고, 선거전에서 상상할 수 있는 모든 수단을 동원하였다. 〈공격〉을 비롯한 나치의 신문들을 매일 두 차례 발행했다. 특히 1930년 이후 치른 선거전들에서처럼 괴벨스에게는 당내에 1,000명에 이르는 강력한 연설가들이 있었다. 괴벨스는 이들을 독일 역사상 최고의 연설가들이라고 평가했다.[114] 1928년 이후로 그들은 약 34,000건의 집회를 위한 통일된 선동 스타일을 익히기 위하여, '나치당 웅변학교'에서 '제국선전국'의 감독을 받으며 체계적인 훈련을 받아 왔다.[115] 물론 그들 앞에는 괴벨스 자신과 히틀러가 있었는데, 히틀러는 이 선거전에서도 비행기를 타고 독일 순회를 계속했다.

괴벨스는 그레고어 슈트라서에게서 방송 관련 권한을 자신이 넘겨받도록 하는 히틀러의 지시를 이끌어내기도 했다. 이로써 괴벨스는 독일국가인민당과 철모단이 1930년 8월 설치하였고 1932년 3월 이후 나치가 전적으로 지배하고 있던 '문화, 직업, 민족성을 위한 독일방송인 제국협회'[116)]와 그 협회가 이미 잘 구축해놓은 인프라를 모두 넘겨받았다. 이미 1930년 말부터 당 조직과 유사하게 관구 방송담당국, 군 방송담당국, 지구 방송담당국이 설치되었고, 이들은 '유대적·마르크스주의적 방송'에 적대하는 선전 선동을 유포하였다. 방송국들 내부에 조직된 나치 '공장세포'들은 나치주의자들이 권력을 획득하는 데 방송 부문에서 가장 중요한 역할을 맡았고 모든 저항을 분쇄하였다. 괴벨스는 이러한 인프라를 더욱 확대하면서, 새로운 '방송 장악 프로그램'[117)]을 기획하고 새로운 인물 명단을 작성했다. 이는 '결정적 순간'을 준비하기 위한 것이었다.[118)]

괴벨스는 이번 선거전을 나치당이 권력 획득 전에 수행해야 할 '최후의 투쟁'이라고 보았다. 비록 돌격대와 공산당(공산당은 사회민주주의에 적대하는 전선을 설치하면서 고립되었)의 불법적 군사조직이 독일 전역의 거리에서 유혈 충돌을 빚고 있었지만, 괴벨스는 '최후의 투쟁'을 '반동'과 맞서는 것이라고 생각했다. 그는 9월 말(이 달에 나치당과 공산당은 베를린의 임차인 파업에서 동맹을 맺었다) 선거 운동을 시작하면서, 당의 이름으로 나치주의자들이 부르주아 신문을 사는 것을 금지한다는 명령을 내렸다.[119)] 10월 19일 괴벨스가 독일국가인민당의 초대로 베를린의 하젠하이데에 있는 노이에벨트 강당에서 그 당의 대형 집회에서 연설을 하게 되었을 때[120)] '반동'에 맞서는 투쟁은 성공한 것으로 보였다. 괴벨스는 그 집회 참가를 세심하게 준비하였고, 돌격대원들의 어깨에 실려 독일국가인민당 당원들보다 나치당원들이 더 많이 모여 있는 강당으로 들어갔다. 모든 반대자들을 철저히 반박하는 것은 괴벨스에게 그리 어려운 일이 아니었다. 강당은 "엄청난 열광의 물결"로 넘쳐났다. 그 집회에 이어진 "자생적인 시위 행렬"에서는 호르스트 베셀의 노래가 계속 울려 퍼졌다. 괴벨스가 자신의 신문사로 들어간 후에도 시위 행렬은 계속되었다. 〈공격〉 특별판이 대대적으로 인쇄되었다. 그러나 괴벨스는 독일국가인민당이 자신들의 언론을 이용하여 자신들의 패배를 승리로 "뒤집어 놓을 것"이라고 추측했다.[121]

이 선거전에서 다시 '돈 자루 독재'를 비난했던[122] 괴벨스는 그레고어 슈트라서의 태도를 거의 반역으로 받아들였다. 슈트라서는 8월 13일 사건(1932년 8월 13일, 히틀러가 힌덴부르크 대통령과 가진 회담에서 타협 없는 권력 전권 요구를 했다가 실패한 일)에서 나름대로 결론을 도출해냈다. 그리하여 그는 연설을 통해 후겐베르크의 독일국가인민당과 협조 의사가 있음을 강조하고, 5월 10일 나치 운동은 독일을 긍정하고 나치주의자들과 함께 독일을 구하려는 그 어떤 사람들과도 협력할 것이라고 밝힌 내용(1932년 5월 10일 제국의회 연설을 뜻한다)을 반복하였다.[123] 괴벨스가 노이에벨트에서 승리를 거둔 뒤 이틀 후 슈트라서가 체육궁전에서 행한 연설을 비롯하여 슈트라서의 연설들을 부르주아 언론들이 싱세히 보도하면서 나치당 내의 점증하는 알력이 공공연하게 드러난 것 때문에 괴벨스는 더욱 격분하였다.

1932년 11월 2일 베를린 교통회사에서 파업이 일어나자 괴벨스는 나치당의 정치적 입장과 관련해 또 다른 혼란을 불러일으켰다. 지역 경제의 주춧돌인 베를린 교통회사는 기업 확장과 현대적 면모로 칭송과 경탄을 받았으나, 국가적인 경제 위기 시기에는 시(市)를 지불 불능 상태로 끌고 가는 무거운 짐으로 인식되고 있었다.[124] 제국정부는 긴급명령을 내려 그 회사의 임금을 소폭 인하하도록 했다. 삭감된 임금은 시간당 2페니히에 불과했지만, 괴벨스는 일기에 "전차 노동자들의 원초적인 삶의 권리들"이 위험에 놓여 있다고 써서 자기 자신마저 속였다.[125] 괴벨스는 선거전에 다시 한 번, "반동에 대항하는 우리의 노선이 참으로 진심이라는 사실, 나치당에서는 진정 새로운 정치 행위를 추구하고 있고 부르주아 방식들을 의식적으로 배제하려고 노력하고 있다는 사실"을 여

론에 보여줄 좋은 기회로 그 파업 사태를 파악했다.[126]

그의 지시에 따라 나치 공장 세포조직(Nationalsozialistische Betriebszellen-Organisation, NSBO)은 파업할 용의가 있음을 선언했다. 혁명적 노조-야당(Revolutionäre Gewerkschafts-Opposition, RGO, 바이마르공화국의 공산주의 노동조합) 역시 마찬가지로 행동했다. 직접투표에서 노동자의 절반 이상이 찬성하여 파업은 그날 저녁부터 시작되었다. 부르주아 언론들은 괴벨스가 당을 '볼셰비즘적 항로'로 끌어가려고 히틀러 모르게 이 파업을 터뜨렸다고 보도했고, 괴벨스는 이에 신경질적인 반응을 보였다. 사실 괴벨스와 매시간 전화 통화를 했던 히틀러는 괴벨스의 입장을 승인했다. "우리가 그렇게 행동하지 않는다면, 우리는 더는 사회주의적 정당도, 노동자 정당도 아닐 것이다."[127] (나치당의 정식 명칭은 '국가사회주의 독일노동자당'이다) 그러나 나치당이 그러한 정당이라는 것은 괴벨스의 희망 사항에 불과했다.

괴벨스와 공산당의 파업 지도를 담당했던 울브리히트가 각각 〈공격〉, 또는 파업 시작 때부터 금지되었지만 불법적으로 간행, 배포하고 있던 〈석기〉에서 '노동자의 억압자'와 '반동'을 비난하고 있는 동안, 파업 이탈을 막으려는 나치와 공산주의의 감시 요원들이 차고지에 대열을 짓고 모여 들었다. 돌격대원들과 붉은전사동맹 소속원들은 공동으로 베를린 거리를 순찰하며 파업 방해자들을 구타하고, 운행 중인 베를린 교통회사의 버스나 전차를 공격하였다. 11월 4일 폭력 사태는 더욱 심각해졌다. 파업 참가자들과 경찰의 심각한 충돌이 있었고 3명이 총격으로 사망하고 거의 50명이 부상을 당했다.[128]

베를린 교통회사 파업에 나치주의자들이 참가한 것은 유산계급의 근원적 공포를 자극했다. 돌격대의 모습, 그들의 투쟁 방식과 당 선전 선동의 사회주의적 구호들은 나치당의 사회주의 진영이 다시 영향력을 확보하였고 극좌파와 극우파가 협력하기 시작했다는 우려를 불러일으켰다.

자유주의 우파 신문인 〈도이체 알게마이네 차이퉁(Deutsche Allgemeine Zeitung)〉은 그 파업을 "최악의 결과를 가져올 사태"[129]라고 평가했다. 그 신문은 다음날 또 한 번 "프롤레타리아적이고 계급투쟁적인 사고방식은 오늘날 독일 민족에게, 그리고 (이것이 이와 유사한 1919년과 1923년 파업들과의 큰 차이인데) 우파 진영에도 얼마나 깊이 침투하였는가."라고 쓰고 있다.[130]

의회 선거 이틀 전 파펜이 독일의 모든 방송을 통하여 독일 민족에게 행한 연설은 명백하게 이러한 모순을 지적하였는데, 이는 나치 운동 내의 갈등을 심화시키려는 목적이었다. 거기서 파펜은 자신이 과거에 "마르크스주의에 대항하고 민족의 혁신을 촉구하는 히틀러의 격문"을 신뢰했다고 밝혔다. 그러나 이제 나치주의자들은 "수천 년 역사를 지닌 우리 문화의 죽음"을 의미하는 '신성모독적인 볼셰비즘'과 손을 잡고 제국정부의 경제 프로그램을 좌초시키려 한다는 것이다. 그리고 이는 최후의 힘을 발휘하려는 민족에 대한 범죄라는 것이다.[131]

여론으로 나타난 폭풍 같은 격노와 흥분을 보면서 괴벨스는 사회주의적인 행위가 제국의회 선거에 불리하게 작용할 것이란 사실을 곧 깨달았다. 그는 노동자들 사이에서 당의 평판이 불과 며칠 동안 '눈부시게' 올라갔다고 하면서도, 이것이 아직은 선거에서 긍정적으로 작용하지 않을 수도 있다고 인정했다. 그러나 정작 그를 이끈 것은 이러한 손실이 미래를 위하여 헤아릴 수 없이 중요한 의미를 지닌다는 확신이었다. "우리는 결국엔 베를린을 정복할 것이다. 그러므로 큰 맥락에서 볼 때 사소한 한 선거에서 기껏해야 몇천 표, 적극적이고 혁명적 투쟁에서는 어차피 무의미한 몇천 표를 잃는다는 사실은 전혀 중요하지 않기 때문에",[132] 장기적인 관점에서 생각해야 한다는 것이다.

선거 전망이 그리 밝지 않았기 때문에 괴벨스에게는 '먹먹하고 후텁지근한 분위기'가 베를린을 짓누르고 있는 듯 느껴졌다. 선거일인 1932

년 11월 6일에는 베를린 교통회사 파업 때문에 교통이 마비된 상태였다. 선거 당일 괴벨스는 '엄청난 긴장' 속에서 시간을 보냈다.[133] 얼마나 득표 손실이 클 것인지가 관건이었다. 그날 저녁 베를린의 유산계급 구역에서 전해진 선거 결과는 괴벨스에게 밝은 전망을 안겨주지 못했다. 나치당은 첼렌도르프에서 7%, 슈테글리츠에서 6%, 빌머스도르프에서는 5% 이상을 잃었다. 나아가 베딩이나 프리드리히스하인과 같은 노동자 구역에서도 나치당은 비록 큰 규모는 아니었으나 득표율 하락을 감내해야 했다.[134] 전체적으로 보아 수도 베를린에서 그들의 득표율은 28.6%에서 26.2%로 떨어졌다. 이에 비해 공산당은 31.3%를 획득하여 베를린의 제1당이 되었고 처음으로 사회민주당을 앞질렀다. 사민당 득표율은 23.3%에 머물렀다.[135]

베를린에서 나치당의 득표율 감소는 전국 평균보다는 낮은 수준이었다. 독일 전체로 볼 때 나치당은 2백만 명 이상의 유권자를 잃었고, 득표율은 37.3%에서 33.1%로 내려앉았다. 그렇지만 196개의 의석을 차지해 여전히 제국의회 최대 정당의 위치는 유지할 수 있었다. 중앙당과 사민당도 이전 선거들에서보다 나쁜 성적을 거두었다. 이에 비해 공산당과 독일국가인민당, 그리고 독일국민당 의회 같은 군소 정당은 큰 성과를 거두었다. 나치당이 중앙당과 연합하여 의회 과반수를 차지할 가능성은 사라졌고, 이 때문에 독일국가인민당은 캐스팅보트 역할을 다시 얻어낸다는 목표를 달성할 수 있었다.

괴벨스는 패배의 여파가 크다는 것을 알고 있었다. 나치 운동은 결코 멈추지 않고 권력을 향해 행군한다는 명성을 잃었기 때문이다. 하지만 괴벨스는 "그렇다고 자기 자신을 비난할 필요는 없다."[136]라고 자신을 설득했다. 이는 괴벨스가 보기엔 8월 13일의 사건이 대중에게 충분히 이해받지 못했기 때문이었다(그는 최소한 공개된 일기에서는 포템파 사건은 언급하지도 않았다). 또 "우리와 중앙당의 접촉 사실을 독일국가인민당측이 뻔뻔스럽게 철저히 이용해 먹었기"[137] 때문이기도 하다. 그는 전국적으로 크게 주목받은 베를린 교통회사 파업에 나치주의자들이 참여하는 것을 주도하였고 이 일로 노동자 계층 유권자들에게 침투할 수 있기를 바랐으나 이는 완전히 실패로 드러났다. 그러나 괴벨스는 이러한 사실을 교묘하게 반대로 뒤집어놓았다. 그는 1919년과 1932년 선거를 비교하면서 〈공격〉에 다음과 같이 썼다. "늘어난 유권자 숫자에 비해 마르크스주의 진영의 득표 수가 그대로라는 사실에 비추어 보면 사실 (우리가 의도했던 대로) 마르크스주의 진영으로 결정적 침투가 성공한 것이다."[138]

히틀러가 투쟁을 계속할 것을 촉구했기 때문에[139] 괴벨스도 곧 미래로 시선을 돌렸다. 뮌헨에서 히틀러는 괴벨스에게 향후 노선을 지시했다. 앞으로 '반동 세력'은 놀라게 될 것이다. '총통 각하'의 결연함 덕분에 한결 마음이 가벼워진 괴벨스는 일기에서 "우리는 대충 일하지는 않을 것이다."[140]라고 썼다. 히틀러는 그날 저녁 작은 모임에서 1차 세계 내전 당시 암담했던 많은 상황들을 이야기하면서 마지막으로 괴벨스에게 자신이 전장에서 보낸 편지 중 하나를 낭독하도록 시켰다. 괴벨스는 이 "비상한 인물" 히틀러를 위해서는 자신이 가진 최후의 것까지 바치겠다고 썼다.

괴벨스는 다시 원기왕성하게 투쟁을 시작하겠다고 생각했으나, 베를린으로 돌아온 직후 당의 "최초의 도전적 분위기"가 "나른한 침체감"으로 변해버렸음을 깨달았다. 곳곳에서 갈등과 분쟁과 불화가 터져 나오고 있었다. "언제나 그랬다. 패배 후에는 온갖 오물들이 드러나고, 우리는 몇 주 동안이나 이를 기를 쓰고 치워야 한다."[141] 이에 덧붙여 기부금 수입이 급격히 줄어들면서 점점 더 당의 재정 상황이 악화되었다. 그는 "돈은 빠져나가기만 한다. 오로지 지급할 돈들, 채무뿐이다."[142]라고 투덜댔다. 특히 소액 채권자, 물품 공급자, 양복점, 건축업자 등에게 갚아야 할 어음 채무가 문제였다. 채권자들은 나치당이 떠오르고 권력 획득

히틀러가 충성을 맹세한 나치 당원들의 회합에서 열변을 토하고 있다. 왼쪽부터 오른쪽으로 헤르만 괴링, 빌헬름 프리크, 히틀러, 그레고어 슈트라서, 빌헬름 슈퇴르가 앉아 있고, 뒤쪽으로 괴벨스의 모습이 보인다(1932년 9월 6일).

이 가까워지는 듯 보인 시기에는 나중에 이자까지 톡톡히 쳐서 되돌려 받을 생각으로 투기를 했는데, 이제 와서 점점 안달하고 있었던 것이다. 〈포시셰 차이퉁〉은 딸랑거리는 모금함을 든 돌격대원들이 거리에 넘쳐나 베를린 중심가에서 거지들의 수를 훨씬 능가하고 있는 것은 우연이 아니라고 조롱했다. 그러한 모금 활동을 "나치당의 겨울 구호 활동을 위하여"라고 부를 것이 아니라 "나치당을 위한 겨울 구호 활동"이라고 불러야 마땅하다는 것이다.[143]

당의 심각한 위기에 직면하여 괴벨스와 히틀러는 "외부 선전 선동의 강화라는 한 가지 과제"를 당 내부의 모든 조직 구축 활동들보다 우선시해야 한다는 데 합의했다.[144] 괴벨스는 직원과 당원들에게 끊임없이 박차를 가했다. 그리고 자신도 현 내각에 반대하는 글을 매일 한 편씩 쓴다는 추가적인 책임을 떠맡았다. "물방울도 계속 떨어지면 바위를 뚫는다. 이러한 공격들이 성과를 거두는 것을 비록 눈으로 직접 보지는 못하겠지만, 장기적으로 그러한 공격들이 효과를 나타낸다."라는 식으로 그는 스스로 용기를 북돋웠다.[145]

괴벨스는 그런 용기가 필요했다. 8월 13일 이후 '그의' 총리에게서 벗어난 슐라이허의 압력으로 파펜 총리가 1932년 11월 17일 의회에서 고립된 내각의 총사퇴를 결의한 후, 히틀러와 괴벨스는 심각한 문제에 직면했기 때문이었다. 내각 총사퇴는 힌덴부르크 대통령이 각 당 지도부와 벌이는 협상에서 운신의 폭을 넓히려는 방안이었다. 선거 결과에 따라 히틀러의 총리직 취임 가능성은 8월 13일보다 훨씬 더 낮아졌다. 나치당이 중앙당과 힘을 합쳐 과반수를 차지하는 일이 실패로 끝나고 동시에 연정의 협박도 불가능해진 것은 오히려 사소한 부분이었다. 더 중요한 이유는 나치의 반대자들이 나치당이 정점을 지나 내리막길로 들어섰다고 확신하게 되었다는 것이었다.

제국선전책 괴벨스는 기대와 현실적 가능성 사이의 균열을 우려했다. 이는 8월 13일과 같은 일이 반복되고 그로 인해 엄청난 심리적 파장이 일어나는 것을 의미했다. 왜냐하면 당의 지지자들은 힌덴부르크가 곧 히틀러에게 총리직을 맡길 것이라고 믿고 있었기 때문이다. 그 11월에 1차 세계대전의 상병 히틀러가 두 번째로 "권력을 위한 체스"를 두게 되었다. 그 회합이 열리는 카이저호프 호텔 앞에 사람들이 모여들어 미래의 총리 히틀러에게 하일을 외치며 열광했다. 그러나 히틀러와 '노인'이 불과 두 차례 만난 후 대화는 교착 상태에 빠져들었다. 힌덴부르크가 히틀러에게 의회 과반수를 만들어내야 한다는 조건을 내걸었기 때문이다.

마이스너 정무장관이 대통령 내각의 총리를 만들어낼 수 있는 의회 과반수 구성 문제를 놓고 히틀러가 흥미를 느낄 수 있도록 커다란 노력을 기울였지만,[146] 히틀러는 일관성 있게 "전부 아니면 전무"를 주장한 괴벨스에게 자극받아, 그러한 "사명은 그 자체의 내적 모순 때문에 실행이 불가능하다."라는 문서로 답변했다. 저명한 기업가들이나 대지주들이 히틀러를 지지했지만, 힌덴부르크 대통령은 히틀러가 그 각서에서 반복한 요구들을 거부했다. 힌덴부르크는 "(나치주의자들이) 이끄는 대통령 내각은 십중팔구 일당 독재로 귀결되고 독일 민족 내부의 갈등을 극도로 악화시키는 결과를 가져올 것이다. 대통령으로서 이를 허용하는 것은 대통령 서약과 양심에 비추어 책임질 수 없는 일이다."147)라고 밝혔다. 그의 걱정은 정당한 것이었다.

결국 괴벨스의 언론 선언이나 히틀러의 당에 대한 "흔들림 없는 촉구"도 권력을 향한 재도전이 예상과 달리 순식간에 실패했다는 사실을 숨길 수는 없었다. 제2의 '8월 13일'은 괴벨스가 자신을 설득하려 했던 것처럼 "행복하게 피해 갈 수 있었던 것"이 아니었다. 그리고 당이 "굳건하고 흔들림 없이" 서 있는 것도 전혀 아니었다. 11월 선거의 실패 이후 지속적인 야당 역할이 나치 운동을 파멸로 이끌 것이라고 우려하는 자들의 목소리가 점점 커졌기 때문이다. 특히 괴벨스의 숙적 그레고어 슈트라서의 목소리가 컸다.

서서히 불화로 발전하는 나치당 내 이견들을 언론이 점점 더 자주 보도하자, 슈트라서와 괴벨스, 프리크, 괴링, 룀은 11월 25일 〈민족의 파수꾼〉에 공동 성명을 발표하는 것으로 대응했다. 여기에서 그들은 이를 "어떤 목적에 따라 근거 없이 이루어지는 보도들"이라고 일축하면서, "운동의 지도자에 대한 흔들림 없는 충성 속에서 일치단결할 것"148)을 강조했다. 그러나 이는 오히려 정반대의 추측을 부채질했다. 더구나 바로 그날 국방부에서는 슈트라서가 히틀러를 위해 드러내 보이는 태도가 단지 전우애에서 나온다고 평가했다. 이에 따르면 슈트라서는 개인적으로 위험을 무릅쓸 각오가 되어 있다는 것이다.149)

12월 4일, 힌덴부르크 대통령이 파펜 총리에 반대하는 슐라이허 장군을 대통령 내각의 총리로 임명했을 때, 슐라이허는 다시 슈트라서와 직접 연락하여 그에게 부총리와 노동부 장관직을 제안하려 했다. 거기에는 나치당을 분열시켜 '노조 문제'를 매개로 모든 정당들에게 정부를 용인하도록 하려는 슐라이허의 복안이 있었다. 괴벨스는 슈트라서가 슐라이허를 만났다는 소식을 전해 듣자, 곧바로 "총통과 당에 대한 최악의 반역"이라고 말하면서 히틀러가 그의 대리인 슈트라서를 적대시하도록 부추겼다. 괴벨스는 마침내 슈트라서를 최종적으로 숙청할 수 있게 됐다고 믿었다.[150]

괴벨스는 12월 5일 카이저호프 호텔에서 열린 지도자 회의에서 히틀러와 슈트라서가 절연할 것이라고 기대했다. 그 회의에서 슈트라서는 다시 히틀러가 슐라이허 내각을 용인하도록 설득하려 했다. 슐라이허 총리가 새로 총선을 실시하겠다고 으름장을 놓고 있었기 때문이다. 이 시점에서 선거를 치르는 것은 나치당에게는 악운이었는데, 이는 이미 튀링겐 지방의회 선거 결과가 잘 보여주고 있었다. 그 선거에서 나치당은 7월 31일 선거보다 더 심각한 손실을 입었다. 그러나 히틀러는 슈트라서의 입장에 반대하여, 단순한 정부 참여는 '운동'의 확실한 몰락을 의미할 뿐이라는 회의적 입장을 보였다. 그러나 괴벨스가 기대했던 '격렬한 충돌'[151]은 일어나지 않았다. 히틀러는 그 문제로 당이 분열되지 않도록 하면서, 동시에 자신의 정치적 운신의 폭을 유지하려고 노력했다. 히틀러는 탁월한 말솜씨를 활용하여, 내각을 용인할 것인지, 아니면 제국의회를 해산하고 새로운 선거를 실시하게 할 것인지의 양자택일 외에 제3의 길을 제시하였다. 이는 미봉책이긴 하지만 분열을 막을 수 있었다. 즉, 히틀러는 사면, 복지 향상, 정당방위권, 시위의 자유, 제국의회 일시 정회 등을 조건으로 슐라이허에게 '시험 기간'을 허락하겠다고 제안했다.[152]

히틀러는 나치당의 제국의회 의원 회의에서도 확실한 태도를 밝히지 않은 채, 단지 당 내부의 '타협 중독증'을 비판했다. 슈트라서는 지도자

회의나 의원 회의에서 성공을 거두지 못하자 이 문제를 단념하게 되었다. 괴벨스는 계속해서 슈트라서와 히틀러의 갈등을 적극적으로 부추겼다. 그 와중에 히틀러는 슈트라서가 슐라이허 내각에서 어떠한 직책도 맡아서는 안 된다고 금지했고, 나아가 그가 "파렴치한 행동을 하고 있다는 의혹"을 제기했다. 결국 슈트라서는 포기할 수밖에 없었던 것이다.153) 국가사회주의 애국자인 슈트라서가 부르듯이, 히틀러 최측근의 "음산한 놈들", 즉 근본이 돼먹지 않은 '절름발이 악마' 괴벨스, '암퇘지' 룀, 독일의 운명쯤이야 아무 상관 없는 '야만적 이기주의자' 괴링은 그들의 목표를 달성하기 일보 직전에 있었다.154)

12월 8일 오전 그레고어 슈트라서는 카이저호프 호텔에 묵고 있는 히틀러에게 편지를 보내, 당의 정치 노선, 즉 독일을 혼란으로 추락시키고 난 뒤 나치가 이를 재건하겠다는 식의 노선을 더는 함께할 수 없다고 선언했다. 그는 당직을 사임하고 제국의회 의원직도 내놓을 것이며 나치 운동 속으로 돌아와 '백의종군'하겠다고 밝혔다.155) 괴벨스는 이때가 그의 적이 '반역'을 공공연하게 실행하는 순간이라고 보았다. 마침 슐라이허측에 가까운 신문인 〈테글리헤 룬트샤우(Tägliche Rundschau)〉가 12월 9일에 게재한 기사가 괴벨스의 생각과 딱 맞아 떨어졌다. 그 기사에서는 슈트라서가 주도하는 나치당 개혁을 요구하면서, 여기에 재건을 원하는 당내 모든 세력이 참여해야 한다고 촉구하고 있었다. 괴벨스는 이와 동시에 자신의 또 다른 오랜 적수인 정책 이론가 페더가 히틀러에게 갑작스럽게 휴직을 요청한 것 역시 그러한 '음모'의 일부라고 보았다. 페더는 휴직 요청의 이유로 자신의 수하에 있는 '제국지도부' 재정담당 제4총국과 공학기술국을 해체하려는 시도가 당의 추진력을 위험에 빠뜨릴 것이기 때문이라고 밝혔다.156)

히틀러는 자유주의 언론들이 잘못 추측하고 있었던 것처럼, 슈트라서가 '총공격'을 시작했으며 나치 운동이 분열할 때에는 3분 안에 끝장을 볼 것이라고 위협하고 있다고 우려했다.[157] 그러는 동안 괴벨스는 이 위기를 이용하여 유능한 위기 관리자인 자신의 모습을 '총통 각하'에게 더 확실히 드러내 보이려 했다. 그는 히틀러와 긴밀히 협의하면서, 12월 8일 제국공보실 성명에서 슈트라서가 '총통 각하'의 허가를 받아 3주 동안 병가를 받았다고 밝혔다. "이와 관련한 모든 풍문과 정보는 그릇된 것이고 근거가 전혀 없다." 괴벨스는 〈공격〉에서는 더욱 분명하게 밝혔다. 거기에서 그는 슈트라서의 휴가는 나치당이 "분명한 목표를 지니고 비타협적 태도로" 그 길을 계속 나아가는 데 전혀 영향을 끼치지 못한다고 밝혔다. '총통 각하'는 그 자신이 처음부터 당에 부여했던 노선을 '마르크스주의'나 '반동'을 위해, 나아가 장관직을 얻으려고 배신하지는 않을 것이라는 것이다.[158]

그 위기의 극복 여부는 당료들, 특히 슈트라서의 잠재적 지지자들을 어느 정도까지 히틀러에게 묶어놓을 수 있는지에 달린 문세였다. 이 작업의 전제 조건은 나쁘지 않은 상황이었다. 슈트라서가 휴가를 위해 베를린을 떠나 이탈리아 쪽으로 가고 있다는 사실이 알려졌기 때문이다. 이는 특히 괴벨스가 히틀러 주변에서 유포했던 음모론의 근거를 박탈했다. 그래서 히틀러는 1932년 12월 10일 저녁 우선 관구장들과 감독관들 모임에서, 그 후에는 괴링의 집에서 열린 나치당 제국의회 의원 회의에서, 슈트라서를 직접 공격하지 않으면서 쉽게 당을 자신에게 묶어둘 수 있었다.

그렇지만 괴벨스는 히틀러가 "슈트라서에 적대하여, 그리고 그보다 더 페더에 적대하여 결정적 타격을 주는" 발언을 하였고, 이는 자신에게 커다란 성과라고 썼다. 그리고 예정에 없는 충성을 맹세하는 집회가 열린 데 대하여 괴벨스는 매우 성급하게도 이런 결론을 내렸다. "슈트라서는 고립되었다. 죽은 자이다!"[159] 괴벨스는 6년의 투쟁 끝에 그레고어 슈트라서가 결국 '제거'되었다고 믿었다. 왜냐하면 히틀러는 12월 8일 괴벨스에게 제국조직국의 권력 기구들을 분배해주었기 때문이다. 히틀러 자신이 넘겨받기로 한 제국조직국 중에서 '국민교육' 부서를 분리하여 괴벨스에게 주기로 한 것이다.[160]

그러나 그 직후 괴벨스는 상황이 자신이 생각했던 것만큼 진전되지 않았음을 알게 되었다. 도저히 피할 수 없는 상황이 올 때까지, 그래서 결단이 저절로 이루어지는 순간까지 최후의 결단을 미루는 습성 때문에, 히틀러는 그레고어 슈트라서와 돌이킬 수 없는 결별을 피하였다. 그래서 히틀러는 〈공격〉의 기사와 거리를 두었다. 그리고 12월 12일 〈공격〉에 실린 성명에서 그레고어 슈트라서의 휴가와 관련하여 3일 전 공개된 그 발언들은 "몇몇 무례한 표현들"을 포함하고 있으며 자신이 승인한 것이 아니라고 밝혔다. 그 후 괴벨스는 〈공격〉에서 서둘러 히틀러에 대한 자신의 복종을 재확인했다. 그전에 자주 그랬던 것처럼, 괴벨스는 자신이 당내의 특정 노선을 대표하지 않는다고 강조했던 것이다. 자신에게는 "오로지 하나의 노선, 즉 총통 각하가 정하는 노선만이 있을 뿐"이라고 강조했다.[161]

괴벨스가 고백한 것처럼, 당내 분위기는 여전히 '분열'되어 있었지만 히틀러는 최악의 위기를 극복하는 데 성공했다. 여기에는 새로운 제국의회 선거를 치르지 않도록 할 수 있었다는 사실이 가장 크게 작용했다. 1932년 초부터 계속 기대가 실망으로 바뀌었고 그 결과 추종자들의 수가 줄어들고 있었기 때문이다. 추종자들은 나치당이 파산 지경에 이른 것처럼 보이자 하루아침에 등을 돌렸다. 이러한 국면의 변화는 전반적인 정치 상황의 변화로 가속화되었다. 브뤼닝 정부의 노력에 힘입어, 전쟁배상금에 이어 베르사유 조약에 명시된 군사적 제한들도 제거되었다. 뉴욕의 증권시장 붕괴에서 시작되어 독일로 유입된 경제 위기의 사회경제적 결과가 나치에게 길을 열어주었는데, 이제는 실업자가 여전히 6백만 명에 이르긴 하지만 그래도 최악의 경제 위기는 지나간 것처럼 보였다.

이미 전환점을 돌아섰다는 느낌은 아직 국민 전반에 퍼져 있지 않았지만, 그러나 1932년에서 1933년으로 넘어가는 시점에서 유력 일간지들의 사설들에서는 감지되고 있었다. 〈프랑크푸르터 차이퉁〉은 심지어 "나치의 대대적인 국가 공격"이 퇴치되었다고 말할 수 있다고 생각했다.[162]

괴벨스가 권력 획득 전 최후의 시험이라고 이해했던 당의 그 비관적 미래 전망들에 덧붙여서, 그해가 끝날 무렵 그의 아내가 병에 걸렸다. 1932년 12월 23일 두 사람이 관구 성탄절 파티 후 집으로 돌아왔을 때 마그다는 갑자기 몸이 거북했다. 당시 부인과 분야의 권위자인 발터 슈퇴켈(Walter Stoeckel) 교수가 왕진을 왔는데, 그는 마그다를 진찰하고는 대학병원의 부인과 병동에 당장 입원하라고 말했다. 그 병원은 마그다가 출산을 한 곳이기도 했다.[163] 마그다의 병세는 심각했다.[164] 몇 주, 몇 달간의 엄청난 긴장이 최근 두 번째로 출산을 한 그녀에게 타격을 주었다. 심장 발작이 다시 나타났다. 마그다는 크반트와 결혼 생활 중이던 몇 년 전, 아들 헬무트가 갑자기 요절했을 때 심장 발작 증세 때문에 병원 치료를 받았던 적이 있었다.

마그다의 병세가 호전되는 것처럼 보이자 괴벨스는 아내가 데려온 아들인 하랄트와 함께 성탄절을 보낸 후 베르히테스가덴으로 떠났다. 그곳에서 히틀러를 비롯해 나치의 저명인사들과 함께 신년을 맞이하기 위해서였다. 아내의 병세가 다시 악화되었다는 전갈이 베를린에서 날아올 무렵, 베르히테스가덴에서는 추락하고 있는 나치당이 언뜻 보기에 피할 수 없는 것 같은 그 운명을 다시 한 번 되돌릴 수 있을지 모른다는 전망이 나타나고 있었다. 로베르트 라이가 '쾰른 신사' 한 사람과 오버잘츠베르크 산에 왔는데, 그 남자가 히틀러에게 알펜스레벤과 파펜이 그를 만나고 싶어한다는 소식을 전달했던 것이다.

새해 첫날 베를린에 있던 괴벨스의 막내 여동생 마리아는 오빠를 급히 베를린으로 불러야 했다. 마그다의 건강 상태가 아주 나빠지고 있었다.[165] 마그다는 1월 4일경 최악의 순간은 넘길 수 있었다. 그러나 이 때문에 괴벨스는 오버잘츠베르크 산에서 합의했던 모임이 1월 4일 성당 도시 쾰른의 은행가이자 신사 클럽 회장인 쿠르트 프라이허 폰 슈뢰더 (Kurt Freiherr von Schröder)의 집에서 열릴 때 참석할 수 없었다. 괴벨스 자신의 표현에 따르면, 그는 다음날에야 파펜과 히틀러의 합의라는 '센세이션'을 전해 들을 수 있었다. 히틀러는 이 일을 자세히 전했고, 괴벨스는 일기에 다음과 같이 썼다.

> 파펜은 슐라이허를 격렬히 비판했다. 파펜은 슐라이허를 무너뜨리고 완전히 제거하려 했다. 노인(힌덴부르크 대통령)은 여전히 파펜에게 귀를 기울인다. 그리고 그의 집에 머물기도 한다. 그리하여 파펜은 우리와 협의를 준비했다. 총리직이냐 아니면 권력 있는 장관직이냐. 이는 국방장관과 내무장관을 뜻한다. 귀기울일 만한 제안이다. 슐라이허는 (의회) 해산 지시를 받지 못했다. 그는 부러지는 가지 위에 앉아 있다.[166]

괴벨스는 이미 12월에 슐라이허가 제 꾀에 넘어가 실패할 것이라고 예측했다. 슐라이허 총리가 "부러지는 가지" 위에 앉아 있다면, 이는 자신의 내각에 대한 광범위한 지지를 획득하려는 노력이 실패로 돌아갔기 때문이다. 슐라이허가 여전히 슈트라서를 자기 편으로 끌어들이려 애쓰고 있었고 이를 두고 온갖 소문이 난무하고 있었지만, 결국 슐라이허는 나치당의 좀 더 광범위한 세력을 자기 편으로 끌어들이지 못했다. 또 사민당 지도부는 "그 어떤 협잡"도 거부하였고, 노조를 얻으려는 슐라이허의 구애 역시 그 무렵 실패로 돌아갔다. 이로써 슐라이허는 우익의 신용마저 잃었다. 우익은 정당 정치 측면에서 고립된 슐라이허의 내각에 적대하여 더욱 활발히 음모를 꾸미기 시작했다.

나치당은 안간힘을 다해 결판을 지으려 노력했다. 그들은 자신들이 이미 침체를 극복했고 아무도 가로막을 수 없는 기세로 권력을 향해 나아가고 있다는 인상을 주는 것이 중요했다. 그래서 괴벨스는 수도 베를린에서 조직적인 혁신과 함께 인사상의 변화도 추진했다. 그는 1932년 12월에 이미 생각했던 것처럼, 그가 보기에 너무 안일한 리페르트 대신 캄프만을 〈공격〉 편집장에 임명했다. 캄프만의 회고에 따르면, 이런 방식으로 괴벨스는 베를린의 활동적인 선동가를 〈공격〉 편집인으로 삼아, 〈공격〉이 '최후의 싸움'을 위하여 더욱 강력하게 선전 선동의 지도적 역할을 맡도록 하려 했다는 것이다.[167]

1933년 1월로 계획된 수많은 대규모 집회와 행진들 외에도 베를린의 히틀러유겐트 단원 발터 바그니츠(Walter Wagnitz)와 돌격대원 에리히 자가서(Erich Sagasser)의 죽음은 때맞춰 일어난 것이었다. 이 두 사람의 '피의 희생'은 괴벨스가 베를린 나치당을 동원하고 여론 앞에 당의 힘을 과시할 절호의 기회를 제공해주었다. 이에 따라 괴벨스식의 연출은 스펙터글하게 나타났다. 바그니츠의 장례식은 '마치 군주처럼' 치러졌다. 1월 6일 괴벨스와 다른 '당 실력자들'이 이끄는 장례 행렬은 그때까지 거의 유례 없는 규모로 '끝없는 군중'을 헤치고 나아갔다. 그 행렬은 "끝이 보이지 않는 사람의 물결" 앞에서 열린 장례 '쇼'로 끝이 났다.[168] 12월 모아비트에서 한 공산주의자에게 칼로 찔린 후 1월 8일 사망한 자가서의 경우도 다를 바 없었다.[169]

이 상황에서 1월 15일로 예정된 작은 주 리페의 선거는 심리적으로 큰 의미를 지니고 있었다. 괴벨스는 필요한 선거 자금을 모으는 데 어렵사

헤루스케인의 승전 고대 서게르만 종족인 헤루스케족(Cherusker)은 아르미니우스의 지휘에 따라 기원후 9년경 로마 군의 침공을 물리쳤다. 이 승전을 통해 게르만 민족의 로마 복속이 저지되었다. 이후 역사적 인물 아르미니우스는 '헤루스케인 헤르만'이라는 독일 전설의 주인공이 되었다.

거리에서 나치 행진을 보며 환호하는 여성들. 나치는 여성, 노동자, 농부, 부르주아 등 각계 각층의 사람들을 끌어들이기 위해 그때 그때 다른 정책 노선을 표방했다.

리 성공했다. 그는 유권자 10만 명에 불과한 이 작은 주에 모든 힘을 쏟아부었는데, 이는 나치당이 긴급히 필요로 하는 위신을 높이기 위해서였다. 선거전을 위한 괴벨스의 전체 계획(이를 〈공격〉에서는 '돌격전'이라고 선전했다[170])은 유명한 당내 웅변가들을 총동원하는 것을 포함하고 있었다. 자신도 선거 직전 며칠 동안 날마다 여러 차례에 걸쳐 리페의 각 도시와 마을들에서 연설하였다. 그는 이 선거전을 역사에 크게 영향을 끼친, 헤루스케인의 승전*과 비교하여 "헤르만의 땅을 차지하기 위한 전투"라고 불렀다. 괴벨스는 선거전 도중에 여러 차례 히틀러와 만났고, 히틀러는 그때마다 괴벨스에게 최근 정치 상황을 알려주었다.

1월 15일 리페의 선거에서 거의 40%의 득표율을 올린 나치주의자들은, 힌덴부르크 대통령은 여전히 거부하고 있었지만, 그들의 목표에 결정적으로 한 발 다가섰다. 40%라는 득표율은 나치당이 1932년 7월 31

일 리페에서 거둔 성적보다 낮았고, 1932년 11월 6일 선거보다는 겨우 6,000표 많은 4만 표 득표에 그친 결과였지만, 심리적 파장은 엄청났다. 괴벨스는 〈공격〉에 실은 '히틀러의 승리! 리페 인민의 판결'이라는 글에서 "나치 운동이 민족주의로 위장한 정부의 파렴치한 작전 때문에 일시적으로 빠져들었던 정체 상태를 극복하고 다시 전면적으로 진군하고 있다. 광범위한 유권자 층은 지난해 8월, 9월, 10월, 11월 이해할 수 없었던 바로 그 사실을 이제 이해하고 있는 것이다. 그것은 다시 말해 히틀러가 8월 13일과 11월 25일 (정부 참여의) 책임을 거부한 것은, 그에 상응하는 충분한 권력이 주어지지 않는 상황에서 올바른 결정이었다는 사실이다."[171]라고 전했다.

1월 3일 베를린으로 돌아와 많은 혼란을 불러일으킨 슈트라서 문제에서도(신문들은 심지어 그의 부총리 임명이 임박했다고 보도하기도 했다) 괴벨스는 만족하게 된 듯하다. 히틀러기 화해를 원하는 슈트라서와 불분명한 관계를 계속 유지한 것은 당의 분위기를 고려하여 어쩔 수 없을 때까지였다. 선거 결과가 히틀러 노선의 정당성을 증명하자 히틀러는 바이마르에서 열린 관구장 회의에서 괴벨스의 숙적을 마침내 숙청했다.

헤스가 의장을 맡은 이 회의에서 처음에는 심각한 반목이 드러났다. 아무도 슈트라서의 정치적 견해를 공유하지 않으려 했다. 그러고 나서 히틀러는 3시간에 걸쳐 연설을 했는데, 괴벨스는 이 연설로 슈트라서 사안은 "지나가버렸다."라고 평했다.[172] 이번에는 괴벨스의 예상은 틀리지 않았다. 괴벨스는 당 밖에서도 높은 인기를 누리던 호탕한 니더바이에른인 슈트라서를 종종 부러워하였고, 히틀러의 총애와 베를린 당원들의 지지를 얻기 위한 경쟁에서 그를 두려워했다. 그리고 괴벨스는 슈트라서가 자신의 본질을 꿰뚫어보고 있다고 느꼈기에 그를 증오했다. 바로 그 그레고어 슈트라서, 권력 게임에서 슐라이허의 마지막 패였던 그가 정치 무대에서 밀려난 것이다.

괴벨스 개인과 나치당의 성취 외에 그와 마그다의 관계도 상승 곡선을 그리고 있었다. 이는 의지를 발휘해 최선을 다하면 원하는 바를 이룰 수 있다는 괴벨스의 좌우명을 확인해주는 듯했다. 히틀러는 선거전에도 불구하고 거의 매일 그녀의 병세를 물었다. 1월 19일 두 사람은 병원을 방문하였고, 그 기회를 활용해 교수들 앞에서 '정치 강습'[173]을 실시하였다. 슈퇴켈 교수는 마그다의 열이 "갑자기 급격하게 내려갔기 때문에", 이러한 행운의 사도 역할을 맡게 된 히틀러에게 자신이 즉흥적으로 다음과 같이 말했다고 회고했다. "히틀러 씨, 만일 당신이 이 침대에서처럼 독일이 누워 있는 병상에서도 효력을 나타낼 수 있다면, 독일은 곧 건강해지겠습니다."[174]

파펜, 후겐베르크, 젤테도 이러한 착각에 빠졌다. 이들은 히틀러, 괴링과 함께, 나치당과 독일국가인민당이 주도하는 민족주의 정부를 구성할 가능성과 그 내각의 인적 구성을 토의했다. 이를 돕기 위해 괴벨스는 자신이 지휘하는 선전기구의 활동을 슐라이허에게 반대하는 데 계속 집중했다. 괴벨스는 나치당 없이는 더는 모든 것이 불가능하다는 것을 모두에게 깨닫게 하려 했다. 그리하여 히틀러가 '사전 정지 작업'[175]을 위해 파펜, 마이스너, 힌덴부르크 대통령의 아들인 오스카 폰 힌덴부르크(Oskar von Hindenburg)와 면담하기로 한 1월 22일, 괴벨스는 대규모 시위를 연출했다. 그의 목표는 공산주의자들이 폭력 사태를 일으키도록 도발하는 것이었다. 공산주의자들이야말로 공화제를 위협하는 존재들이라고 되풀이해 보여주려 한 것이다.

이날 호르스트 베셀을 추모하기 위하여, 도시 곳곳에서 수천 명의 나치주의자들이 카를 리프크네히트 회관 근처의 뷜로프 광장으로 행군해 왔다. 히틀러, 괴벨스, 룀과 여러 나치 지도자들이 이끄는 행렬이 그곳에서부터 3년 전 베셀을 묻은 성 니콜라이 교회 묘지로 향했다. 북소리와 영가가 울려 퍼지고 "훌륭한 동지로부터"라는 노래에 맞춰 일제히 깃발들이 드리워지는 가운데, 히틀러는 베셀의 죽음을 상징적 희생으로 칭송하고 그를 추모하는 기념비를 제막했다. 그날의 마지막은 자주 그러했듯이 체육궁전에서 집회를 여는 것으로 마무리되었다. 단지 경찰의 대규모 투입 때문에 본격적인 무력 충돌이 일어나지 않은 것이 괴벨스는 실망스러웠을 따름이다.[176]

1월 25일 공산당은 이에 베를린을 가로지르는 시위로 '대답'했다. 〈적기〉는 "파시즘에 대항하는 거대한 열병식"이라고 썼다. 공산당 중앙위원회와 텔만 동지에게 환호를 보내는 군중이 13만 명에 이르렀다는 것이다.[177] 심지어 사민당 기관지 〈전진〉의 편집장인 프리드리히 슈탐퍼(Friedrich Stampfer)까지도 그 군중에게 동감의 뜻을 표시했다. 그는 이 사태를 슐라이허 총리가 공동 책임을 져야 하는, "더할 수 없이 정의롭지 못한 사회 상황에 대해 느끼는 지극히 정당한 증오"라고 인정한 것이다.[178] 사민당은 선동가 히틀러가 머지않아 파산할 것이라고 보았기 때문에, 히틀러보다 귀족주의적 장군인 슐라이허 총리를 공화제에 훨씬 큰 위협이라고 보았다.

많은 사람들은 점차 꿈틀거리고 있는 정치적 격변으로 말미암아 무장투쟁이 위협적일 만큼 임박했다고 느꼈다. 공산당의 행진은 그러한 무장투쟁의 결연한 의지를 보여준 것이었다. 1월 28일 슐라이허가 제국의회를 해산하려 할 때 힌덴부르크가 이를 거부하자 슐라이허가 내각 총사퇴를 선언하면서 정치적 긴장은 절정에 달했다. 그리하여 파펜에게 이러한 정치 상황을 안정시키라는 임무가 주어졌다. 이미 그 전날 알펜스레벤에게서 슐라이허가 곧 사퇴할 것이라는 소식을 전해 들었던 괴벨스는 사건이 진행되는 속도에 놀라지 않을 수 없었다. 그는 당장 몇 시간 전 연설을 했던 로스토크를 떠나 베를린으로 돌아왔다. 그러나 그는 자신이 '사기꾼 집단'이라고 부른, '믿을 수 없고' '예측 불가능한' 힌덴부르크 측근들에 대해 회의적이었고, 그들에게 어떠한 환상이나 기대도 품지 말아야

할 이유가 충분하다고 생각했다.[179]

그러나 실제로는 이 시점에서 히틀러의 총리 취임을 막았던 힌덴부르크 대통령의 반대는 사라진 상태였다. 그는 1월 26일 육군참모총장 프라이허 폰 함머슈타인에크보르트(Freiherr von Hammerstein-Equord) 장군을 면담할 때까지만 해도, "여러분, 여러분은 제가 이 오스트리아 상병을 제국총리로 임명할 것이라고 생각해서는 안 됩니다."[180]라고 말했다. 그런데 그랬던 그가 왜 어떻게 보수적인 후견인들의 압력에 굴복하게 되었는지는 명쾌하게 밝혀지지 않았다. 혹시 때때로 상황 판단을 제대로 하지 못하게 되었다는 소문이 돌았던 그 86살 대통령의 정신 상태 때문이었을까? 아니면 그의 의견이 바뀐 데에는 다른 까닭이 있었을까?

제국대통령의 명망과 위치는 이 무렵 심각하게 위협받고 있었다. 한편으로는 당시 예산위원회와 여론에서 열띤 토론의 대상이었던 '동부 원조 스캔들'*에 그의 친척 한 사람이 연루되어 있었다. 다른 한편으로는 힌덴부르크 자신의 세금 관련 추문이 있었는데, 그는 후원금으로 구입한 노이데크 농장을 자신이 살아 있는 동안 아들 오스카에게로 명의 변경했다. 이는 법률적으로는 적법하였지만, 완벽하게 청렴하다는 그의 이미지와 많이 어긋나는 것처럼 보였다. 대통령이 두려워한 것은 그 사안들을 다루기 위해 조사위원회들이 구성되고, 그것이 국민투표에서 3분의 2의 찬성으로 가결되는 해임 절차로 넘어가거나, 헌법 위반 혐의로 국사재판소에 고발되는 사태였다.[181]

만일 이 과정에서 나치가 힌덴부르크에게 압력을 행사했다면, (비록

....

동부 원조 스캔들(Osthilfeskandal) '동부 원조'는 1920~1930년대 바이마르공화국의 동프로이센 농업 지역에 대한 경제 지원을 의미한다. 1932년 말에서 1933년 초까지 동부 원조금이 부당하게 배분되거나 전용되는 데 힌덴부르크 가문이 연루되었다. 이 스캔들은 여기 연루된 힌덴부르크가 1933년 1월 30일 히틀러를 제국총리로 임명하는 데 영향을 끼쳤다는 역사적 의미를 가진다.

괴벨스가 "힌덴부르크에게 치명적인 증거들"을 가지고 있다고 주장했지만[182])
이는 괴벨스의 행동은 아니었을 것이고 보수주의 권력층과 협상을 벌인
자들이 저지른 행동이었을 것이다. 그 협상에 나선 사람은 바로 괴벨스
가 경쟁자이자 부르주아라고 미심쩍게 보던 제국의회 의장 괴링과 나아
가 히틀러 자신이었다. 히틀러는 1월 18일 베를린달렘에 있는 사업가 요
아힘 폰 리벤트로프*의 집에서 파펜과 두 번째 만남을 가졌지만, 이 만
남은 또 다시 성과 없이 끝났다. 그 다음 만남은 1월 22일에 이루어졌다.
여기서 히틀러는 대통령의 아들과 단 둘이 밀담을 나누었고, 그 후 그 아
들은 권력으로 돌진해 오는 히틀러를 거부하던 기존의 입장을 바꾸었다.
히틀러가 이때 오로지 상대를 홀리는 화술만을 활용했는지, 아니면 또
다른 압력 수단을 이용했는지는 지금까지도 알려지지 않고 있다.[183])

보수주의 진영에서는 대통령의 결정에 그의 아들 오스카와 프란츠 폰
파펜 외에 또 한 사람이 개입했다. 그는 이미 1930년 괴벨스의 변호사
골츠와 함께, 괴벨스의 형사재판에서 대통령의 놀라운 의견 변화를 이끌
어냈던 마이스너 정무장관이었다. 나치당의 권력 획득 이후 자신이 여기
에 결정적인 역할을 했다고 주장했던 그 막후 실력자는 1934년 나치당
에 입당하였고 높은 지위에서 오랫동안 히틀러의 길을 수행했다.[184])

괴벨스는 그 무렵 라이히스칸츨러플라츠에 여러 차례 머물렀던 히틀
러로부터 최근 정세를 전해 듣고 있었다. 슐라이허와 육군참모총장 프라
이허 폰 함머슈타인에크보르트가 쿠데타를 획책하고 있다는 소문이 떠
돌고 있던 이 나치당의 권력 획득 시기에 또 다시 괴벨스는 구경꾼의 역
할을 맡고 있었다. 1933년 1월 29일 저녁 알펜스레벤은 괴벨스의 집에
나타나 쿠데타 계획을 알렸다. 힌덴부르크가 파펜이 이끄는 소수파 내각
을 구성하려고 하는데 제국자위군은 이를 원치 않기 때문에, 군이 쿠데
타를 일으켜 힌덴부르크는 노이데크로 옮기고 그의 아들 오스카를 체포
할 것이라는 것이었다. 나치당의 선전책 괴벨스는 옆방에서 기다리고 있

던 히틀러와 괴링에게 이를 곧 "귀띔해주었다."[185] 히틀러는 그 정보가 틀림없다면 대체 슐라이허가 그 쿠데타로 무엇을 노리는지 물었다. 제국 자위군은 파펜과 후겐베르크의 정부가 들어설 경우 내전이 일어날 수도 있다고 우려했기 때문에 나치당의 동참에 찬성하고 있었지만, 슐라이허는 히틀러의 총리직 임명을 반대하는 사람이었던 것이다.[186]

괴벨스가 '반동적 동맹' 전체에 대한 원한을 거듭 확인하고 있는 동안, 히틀러는 귀족주의적 동맹자들에게 압력을 행사할 기회를 붙잡았다. 히틀러는 "아주 유쾌한 기분"에 빠져서 무모한 선동가의 제스처를 써 가며 지체 없이 베를린 돌격대에게 경계 태세를 갖추라고 지시했다. 그뿐 아니라 고대하던 권력을 미리 맛보는 병적인 흥분 상태에서, 전혀 존재하지도 않는 경찰 6개 대대를 빌헬름 거리 점거를 위해 준비시키라고 지시했다. 그러자 괴링은 히틀러의 지시에 따라 마이스너와 파펜에게 이를 통보했다. 그들은 군사 쿠데타의 위협이라는 유령을 동원해 상황을 급진전시키는 계기로 이용했다. 실제로 파펜은 정치적 걸작이 완성되고 있다고 생각했다. 그것은 슐라이허에게 복수하는 한편, 히틀러에게 국가를 넘기지 않으면서 그를 (정부 참여라는) 책임으로 끌어오는 것이었다. 왜냐하면 '총통'은 어차피 대통령 내각의 총리도 되지 못할 것이고, 의회 과반수가 있어야만 다스릴 수 있을 것이기 때문이었다. 그 '기사'(파펜은 기병 장교 출신이다)는 힌덴부르크와 함께 히틀러를 구속하고 길들일 수 있을 것으로

....

리벤트로프(Joachim von Ribbentrop, 1893~1946) 1932년 나치당에 입당했다. 1935년 6월 런던에 특사로 파견되어 독일과 영국의 '함대 조약'을 체결하고 1936~1938년 런던 주재 대사를 역임하면서 히틀러가 원하는 양국 간 동맹을 추진하였으나 영국측이 거부하였다. 이러한 경험에 따라 영국에 대한 확고한 반대와 영국과 어떠한 동맹도 불가능하다는 입장을 고수했으나, 동시에 영국이 독일의 대륙 지배에 대항하는 조치를 취하지 않을 것이라고 오판했다. 1938년 2월 4일 외무장관이 되었으나 영국 참전 이후 1941년부터 영향력이 축소되었다. 전쟁이 끝난 후 1946년 전범으로 처형당했다.

믿었다. 그는 히틀러를 경고하는 사람들에게 거만하게 대꾸했다. "여러분은 착각하고 있습니다. 우리가 그를 고용하는 것입니다."[187]

파펜이 1933년 1월 30일 아침 10시 직전, 내정된 정부 각료들을 이끌고 눈 내린 정부 부처 정원을 가로질러 대통령에게 가고 있을 때, 괴벨스는 수많은 당원들과 함께 카이저호프 호텔에서 기다리고 있었다. 내정된 정부 각료에는 미래의 제국총리 히틀러 외에도 신설 항공부 장관(처음에는 정무장관)과 프로이센 내무장관을 맡을 괴링, 그리고 협상을 통해 제국 내무장관을 맡도록 내정된 빌헬름 프리크가 있었다. 괴벨스에게 장관직을 부여한다는 것은 보수주의자들과 벌이는 협상에서 장애가 될 뿐이었을 것이다. 히틀러는 자신의 제국선전책에게 이 사실을 한 번도 솔직하게 털어놓은 적이 없었고, 그 전날 그의 장관직 임명이 확실하다고 '엄숙하게' 선언하기까지 했다. 힌덴부르크 측근인 후겐베르크가 반대했음에도 마지막 순간에 새로운 총선을 조기 실시하기로 결정했는데, 그때까지만 '허수아비'가 괴벨스의 자리를 대리하도록 한다는 것이었다.[188]

괴벨스는 일단 이에 만족한다고 밝혔다. 덧붙여 그는 앞으로 총리라는 보너스와 국가 기구를 활용하여 이끌어 갈 수 있는, 이 결정적인 선거 운동에 전력투구하겠다고 했다.[189] 그러나 그는 내심 이러한 냉대에 실망했다. '총통 각하'가 과장된 엄숙함으로 카이저호프 호텔 앞에서 자동차에서 내려서, 그보다 앞서 걸으면서 그 소식을 떠들어대는 괴링의 뒤를 따라 군중 사이를 뚫고 호텔에 들어섰을 때, 그리고 히틀러가 말없이 지지자들 앞에 나서 눈물을 글썽였을 때, 그때서야 괴벨스의 실망은 기쁨으로 바뀌었다. 그가 몇 년 전부터 믿기 시작하여 결국 신격화했던 그 남자가 제국총리가 된 것이다.

나중에 괴벨스가 느낀 대로 "위대한 결정", "역사적 전환", "거대한 기적"이 일어난 그날의 시간들은 마치 꿈결처럼 지나갔다. 그는 차를 타고 관구 사무국으로 가서 "새로운 세상"이 왔음을 선포하였고, 업무들을 조

1933년 1월 30일 총리로 임명된 직후 히틀러와 측근들. 괴벨스에게 이 사건은 "불가능한 것의 기적"이었다. "1차 세계대전에 참전한 일개 상병이 호엔촐레른과 합스부르크 왕가를 계승하다니, 기적이 아닌가?"

율하고 조직하고, 그 중간에 '참으로 위대한' 히틀러와 만났고, 해외공보실장 한프슈탱글과 함께 열광하는 아내 마그다를 찾았다. 괴벨스는 그녀가 곧 퇴원할 것이라는 또 다른 기쁨도 누리고 있었다.

저녁 무렵 괴벨스는 다른 사람들과 함께 카이저호프 호텔에 앉아 그날의 대미를 장식할 거대한 횃불 행진을 기다렸다. 잠시 후 명멸하는 빛 속에서 호르스트 베셀 노래가 끊임없이 울려 퍼지는 가운데 그야말로 끝없는 행렬이 나타났다. 많은 사람들이 더 나은 세상이 올 것이라는 믿음 속에서 브란덴부르크 문과 총리청을 지나 행진했다. 그 건물의 한 창문가에는 늙은 원수가 서서 그곳을 지나가는 행렬을 응시하고 있었다. 창문 몇 개를 더 지나서, 미래가 그에게 속하는 것처럼 보이는 인물이 서 있었다. 그리고 그 인물의 뒤쪽, 절반쯤 그늘이 드리운 곳에서 괴벨스가 괴링과 헤스와 함께 바깥을 지켜보고 있었다. 그날의 사건에 신성함을 부여하려는 이 장관의 최고 조직자 괴벨스는 잠시 총리청으로 건너와 있었던 것이다.

괴벨스는 그 행진을 자신의 광신적 믿음의 개선 행렬이자 의지의 승리라고 생각했다. 왜냐하면 그가 볼 때 '불가능한 것의 기적'에 대한 신앙(그는 이 표현을 사용해 1926년 나치의 본질을 설명했다)이 그의 친구 플리스게스가 죽은 날로부터 정확히 10년이 지난 날 성취되었던 것이다. 라이트의 달렌 거리 출신의, 구원을 부르짖는 가련한 절름발이 괴벨스에게, 그리고 괴이하게 보이는 거북한 사명감을 지닌 좌절한 1차 세계대전의 상병 히틀러에게 그 어떤 합리성이 그러한 미래를 약속할 수 있었을 것인가? 이후 괴벨스는 "1차 세계대전에 참전한 일개 상병이 호엔촐레른과 합스부르크 왕가를 계승하다니, 기적이 아닌가?"[190]라고 자문했다. 그러나 그에게 위대한 기적으로 보였던[191] 그 사건은 오히려 역사적·정치적 세력들의 상호작용이 빚은 결과였으며, 각 세력들에서 등장한 주인공들 간의 특수한 역학 관계에서 비롯된 것이었다. 그리고 그 주인공들은 피할 수 없는 길을 따라 이 1933년 1월 30일로 이끌어 간 것은 결코 아니었다.

마치 여러 해 동안 지속된 반목과 투쟁이 드디어 끝나기라도 한 것처럼, 그리고 괴벨스가 민족공동체라는 비전으로 그려온 대로 단합된 국민이 존재하기라도 한 것처럼, 괴벨스는 제국방송사 소속의 모든 방송국들을 통해(오로지 슈투트가르트와 뮌헨의 방송국들만이 거부했다) 독일의 각 주에 그 사건을 방송하고 이를 경축하도록 했다. 괴벨스는 신임 내무장관 프리크의 지시를 앞세워, 책임자들의 저항에도 불구하고 관련 프로그램 방송을 강요하였다. 그리고 방송 중 괴링의 연설을 내보낸 후 선동의 속임수를 썼다. 나치당원들로 하여금 마치 각계각층의 '시민들'인 양 발언하게 했던 것이다. 그들 중 단 한 사람도 자신을 사실대로 소개하지 않았다. 과거 붉은전사동맹 소속원으로 베딩의 파루스 싸움(5장 참조)에 참가한 뒤 돌격대로 전향했고 그 직후 관구장의 자동차를 몰았던 알베르트 토나크도 마찬가지였다. 괴벨스는 그 프로그램의 마지막에 등장해 간절히 말했다.

> 어떻게 이 도시, 우리가 6년 전 몇 안 되는 사람들로 시작했던 이 도시에서 진정 전 시민이 들고 일어났는지, 그리고 어떻게 저 아래에서부터 노동자, 부르주아, 농부, 학생, 군인들이 행진하였는지를 보는 것은 그야말로 감동적인 일이다. 그 위대한 민족공동체에서 우리는 그가 유산계급인지 무산계급인지, 가톨릭 신자인지 개신교 신자인지 더 묻지 않는다. 우리는 오로지 당신은 누구인가, 당신은 어디에 속하는가, 당신의 나라를 신봉하는가 물을 뿐이다.
> 이것은 우리 나치주의자들에게 이 시대에서 거둘 수 있는 최고의 성취이다. 그러나 우리는 이것으로 싸움이 끝났다고 보지 않는다. 내일 아침 일찍부터 우리는 새로운 활동과 새로운 투쟁을 시작할 것이다. 우리는 독일에서 나치 운동뿐 아니라 전 민족이 봉기하는 그날, 전 민족이 다시 그 근원적 가치들을 추구하고, 전 민족이 새로운 미래를 향한 행진을 시작할 그날이 언젠가 올 것이라 확신하고 있다. 노동과 빵을 위하여, 자유와 명예를 위하여 우리는 싸워야 한다. 그리고 이 싸움을 우리는 끝까지 해나갈 것이다. 그리하여 독일 민족이 축복과 행복으로 충만할 것을 믿는다. …… 우리는 충분히 이렇게 말할 수 있다. 독일은 깨어나고 있다.[192]

그러나 이 독일은 실제로는 두 편으로 분열되어 있었다. 이는 그 "위대한 기적의 밤"에 일어난 사건들이 분명하게 드러내 보여주었다. "그날 저녁까지만 해도 고개를 높이 들고 총통 각하 옆을 행군해 지나갔던", 악명 높은 '돌격대 살인중대 33'의 대장 마이코프스키와 보안 경찰관 한 사람이 총격으로 사망했다.[193] 마이코프스키는 부하들과 함께 승리감에 들떠, 공산당의 아성인 샤를로텐부르크의 발 거리로 들어갔다. 그들은 그곳에서 급하게 모여든 붉은전사동맹 소속원들, 그리고 작센튀링겐의 좌파 혁명가 막스 휠츠(Max Hölz)의 이름을 붙인 건물의 수비대와 충돌했다. 이어서 아우성 속에서 난투극이 벌어졌고 치명적인 권총 사격이 이루어졌다. 누가 발포했는지는 끝내 밝혀지지 않았다.[194]

괴벨스는 이제 권력을 장악했기 때문에 어차피 곧 이루어지게 될 '피의 흑사병' 공산주의자의 '박멸'을 대중 앞에서 선전 선동을 통해 정당화하고 실제로 밀어붙이는 데 있어, 이 돌격대원과 치안경찰관의 죽음이 좋은 기회라고 생각했다. 과격한 사고방식을 지닌 괴벨스는 이를 통해 당의 '보수화'를 두려워하는 돌격대원들을 달래고 봉기를 촉구하는 돌격대원들을 만족시키려 하였다. 그러나 괴벨스의 계획은 저항에 부딪혔다. 1월 31일 오전 카이저호프 호텔에서 괴벨스를 만난 히틀러는 합법성의 외양을 유지하라고 지시했다. 당분간은 직접적인 반(反) 볼셰비즘적 조치들을 사용해서는 안 된다는 것이었다. 실망하는 괴벨스에게 히틀러는 "볼셰비즘의 혁명 기도가 먼저 타올라야 한다."라고 설명했다.[195]

실제로 공산당 쪽에서는 파업이나 총파업 선동을 넘어서, 곧 히틀러의 총리직 인수에 대한 응답으로 무장 봉기가 일어날 것이라는 소문이 돌고 있었다. 그러나 코민테른의 지시에 따라 결국 공산당 지도부는 사민당과 대대적인 '반파시즘 동맹'을 맺으려는 당내의 노력을 전력을 다해 저지했다. 결과적으로 이를 통해 나치의 획일화* 정책이 (물론 그 결과와 속도에서 예상과는 달리) 그대로 진행되도록 방치한 것이었다. 그러나 독일 공산주의자 대다수, 그리고 나치당의 당원과 지도부도 여기까지는 예상하지 못하고 있었다.[196]

돌격대와 붉은전사동맹의 점차 늘어나는 유혈 충돌이 공산당 반란의 분명한 징후로 해석되었고, 히틀러는 이러한 이른바 '위협'을 점진적이고 '합법적으로' 누그러뜨리는 것이 상책이라고 생각하였다. 히틀러와 괴링의 협의 후, 프로이센 임시 내무장관 괴링은 2월 2일 프로이센 전역에서 공산당과 관련 조직들의 시위를 모두 금지하라고 지시했다. 동시에 공산당 중앙당사의 수색이 이루어졌다. 〈포시셰 차이퉁〉은 베를린의 카를 리프크네히트 회관에 대한 수색에서 '불법 인쇄물들'이 압수되었다고 보도했다.[197]

그동안 괴벨스는 다가올 선거에 총력을 기울였는데, 히틀러는 이 선거가 어차피 최후의 선거가 될 것이라고 말했다.[198] 괴벨스는 자신의 경쟁자인 괴링의 반공산당 조치에는 거의 관심을 기울이지 않았다. 그러나 히틀러가 2월 4일 '독일 민족 수호'를 위한 긴급 조치를 기어이 공포해, "공공질서에 대한 직접적 위협이 현존할 경우" 정부에 주요 기업들에서 파업과 집회 및 행진 등을 금지할 권한을 부여한 일은 달랐다. 괴벨스는 그 직후 '유대인 언론'들의 주장에 긴급 조치들은 "정치에 있어 '예의범절'"[199]이라고 심술궂게 말했다. 이러한 긴급 조치들은 정간 조치를 내려 좌파 반대 세력의 언론을 제거하고 독일의 '민족적 부활'이라는 자신의 선전을 좀 더 효율적으로 진행할 수 있는 법적 근거를 마련한 것이었다.

괴벨스는 아무런 거리낌 없이 '마르크스주의'의 '근절'이 임박했다고 말하고 다녔지만, 히틀러는 여전히 자신의 행동이 '합법적'이라고 눈속임하는 것을 목표로 설정했다. 그래서 나치당 연설자들은 새 정부의 구성은 힌덴부르크 대통령의 신뢰 덕택이라고 말하곤 했다. 나아가 힌덴부르크를 얼마 전까지만 해도 "노쇠하고 무능력한 허약자", "전쟁에서 패배한 자", "마르크스주의자와 예수회 교도의 도구"라고 공격했던 바로

획일화(Gleichschaltung) 나치가 현존하는 사회 조직 및 국가 기구를 장악하고 자신들의 이데올로기에 맞추어 조직화하는 정책. 특히 언론, 사회단체, 노조 및 경제인 단체 등의 통폐합과 인사 조치 등으로 나타났다.

그들이 지금은 선거 운동 중에 "탁월하고 영웅적 인물", "존경스럽고 지칠 줄 모르는 민족의 지도자", "백전백승의 독일 군 원수"라고 그를 치켜세웠다. 그의 이름은 "조국의 안녕을 책임지는" 나치 정치를 위해 보증을 서야 했고 그렇게 악용되었다.[200]

독일인들은 오로지 나치 운동과 그 '총통 각하'만이 "유대적이고 마르크스주의적인 세계의 적"으로부터 민족을 구원할 수 있다는 생각을 주입받았다. 그 적은 그대로 두면 민족의 뿌리를 심각하게 뒤흔들고 결국 몰락으로 이끌어 갈 것이다. 1월 31일 총격으로 사망한 자들의 장례식은 이런 선전에 좋은 기회였는데, 괴벨스는 인상적인 장례식 시나리오에 누구보다 정통했다. 그는 베를린 대성당 안에 사망한 돌격대원과 치안경찰관의 관을 일종의 상징으로 나란히 놓아두고 동지들에게 이를 둘러싼 의장병 노릇을 하게 했다. 그 앞에는 나치 혹은 비(非)나치 저명 인사들이 단합된 모습으로 모여들도록 했다. 물론 거기에는 총리 히틀러와 그의 제국선전책 괴벨스도 있었다.[201]

괴벨스의 공작에 따라 베를린의 풍크슈툰데 방송 프로그램에서는 최고 인기 리포터인 프리츠 오토 부슈(Fritz Otto Busch)를 파견했다. 그는 독일 전역의 라디오 청취자들에게, 대성당에서 울리는 "경고하는 것 같은 종소리" 아래에서 장례 행렬이 지나가는 장면을 보도해야 했다. 그보다 더 세련되고 효과적으로 이념을 주입하는 것은 생각하기 힘들 정도였다. 부슈는 매우 격정적으로 프리드리히 대왕에 대해 이야기했다. "부슈는 이 순간 운터덴린덴 거리에 있는 기념 조각상의 말에서 내려온 대왕이 마이코프스키의 관으로 다가와 그 죽은 자가 자신의 의무를 다한 데 감사를 드리는 것을 보고 있다." 뒤이어 그 프로그램은 상이용사 묘지에서 목사의 설교와 "희생, 죽음, 그리고 구원"에 대한 "우리 관구장의 정열적 연설"을 전국에 방송했다.[202]

나치당은 요직들을 차지하는 문제에서 당분간은 연립정부에 구속되어 있는 듯 보여야 했지만, 그래도 괴벨스는 이 선거전에서 처음으로 대대적으로 방송을 활용할 수 있었다. 나치주의자들은 아직은 두 번째 위치(대개의 경우 프로그램 감독 역할을 하는, 신설된 정치적 직책인 '방송 책임자')에 머물러 있었다. 비록 괴벨스가 2월 초 카이저호프 호텔에서 방송계의 '낡은 시스템의 우두머리'들을 당장 해고해야 하며, "그것도 3월 5일까지 우리의 선거 운동의 마지막 국면이 위협받지 않도록 처리해야 한다."[203]라고 강력히 주장했지만, 그 자신은 제대로 된 "방송 개혁은 3월 5일 이후에야"[204] 가능하다는 사실을 잘 알고 있었다.

그럼에도 불구하고 몇 주의 선거 운동 기간 동안 거의 매일, 모든 방송이 대개의 경우 저녁 프로그램에서 선거 연설을 최소한 하나씩 내보냈다. 1931년 괴벨스가 나치당의 첫 관구 방송국장으로 임명했고 그 후 독일방송인 제국협회 회장을 역임하고 1932년 제국선전국에 들어온 오이겐 하다모프스키(Eugen Hadamovsky)는 히틀러의 집회 방송을 조직했다. 그는 이 집회들에 대해 다음과 같이 말했다. "우리는 방송에서 모든 형식의 정치적 감화, 선전과 선동의 환상적 물결을 일으키기 시작했다. 2월 10일부터 3월 4일까지 거의 매일 저녁 총리의 연설이 독일의 일부 방송국, 혹은 전 방송국에서 방송되었다. …… 그러한 무차별적 집중 포화는 전 국민이 이를 경청하고 히틀러의 새 정부에 주목하도록 하는 데 필수적이었다."[205] 그리하여 히틀러는 방송국이 있는 도시에서만 선거 연설을 하였다.[206] 중계방송은 '국민 속으로' 들어가야 했는데, 이를 통해 청취자들이 나치 집회에서 일어나는 일에 대해 좀 더 생생한 이미지를 가질 수 있게 하였다. 그 상은 공허하고 병적이며 위장된, 그러나 그럼에도 불구하고, 아니 어쩌면 바로 그 때문에, 대중의 감성을 자극하는 사이비 종교성을 지녔다. 그러한 사이비 종교성은 히틀러가 자신의 연설을 끝내며 중얼거리는 '아멘'으로 절정에 달하였다.

괴벨스는 방송으로 전국에서 들을 수 있었던 히틀러의 연설 앞에 항상 현장 보고를 덧붙였다. 〈프랑크푸르터 차이퉁〉은 제국선전책이 "나치의 거대한 연단"[207]인 베를린 체육궁전에서 한 연설에 짤막한 해설을 달았다. 괴벨스는 먼저 "매혹적인 — 유일무이한 — 열병에 가까운 긴장 — 뜨겁게 달아오르는 긴장 — 인간의 벽들이 뭉쳐지고 있다 — 이제 각각의 인간을 알아볼 수 없는 하나의 무리로 뭉쳐져" 따위의 말을 쓰면서, "자신을 타고난 최고의 연설가로"[208] 보여주었다. 그런 뒤에 히틀러가 연설을 하면서 더 고조될 수 없을 것 같았던 분위기를 더욱 고조시켜, 괴벨스가 만족스럽게 표현하듯이, 결국 군중이 "이성을 잃은 도취 상태"[209]에 빠져들게 하였다.

이런 방송 연설 때문에 권력 배분에서 그때까지 자리를 차지하지 못하던 괴벨스가 방송 담당 제국정치위원직을 맡게 되리라는 소문이 돌았다.[210] 그렇지 않아도 그를 사로잡았던 냉대받고 있다는 느낌은 이 때문에 더 강해졌고, 그의 상습적인 불신을 더욱 크게 했다. 그는 사람들이 '반동'이 지시하는 대로 자신을 벽에 "철퍼덕 집어던지고" 구석으로 몰아넣으려 한다고 비통해했다. 히틀러도 자기를 거의 돕지 않는다는 것이다.[211] 그는 자신이 앞으로 나아가지 못하기 때문에 야심 많은 아내가 "매우 불행해하고" 못 견뎌서 운다면서, 이것이 자신의 두려움을 더욱 크게 한다고 썼다.[212] 루스트가 프로이센 문화장관이 되고, 베를린의 유력 경제지 〈베를리너 뵈르젠차이퉁(Berliner Börsenzeitung)〉의 편집장이던 발터 풍크*가 언론선전 정무장관이 되자 괴벨스는 우울증에 깊이 빠져들었다.[213] 그는 '쓰디쓴 시간'을 견뎌내고 있으며, '모두에게서 버림받은 것' 같으며 "거의 삶에 염증을 느낀다."고 토로했다.[214]

게다가 그의 또 다른 고민인 당의 재정 악화 때문에 선전 활동을 마음껏 펼쳐나가는 일도 어려워졌다. '어느 녀석도' 돈 문제를 걱정하지 않았다. 괴벨스는 뮌헨에서는 선거와 관련해서 지나치게 낙관적이라면서 스스로 측은하게 여겼다. 이는 또한 그가 생각하기에 자신이 마땅히 받아야 할 주목을 받지 못하고 있기 때문이기도 했다. 한케가 2월 13일 그에게 선거 자금이 다 떨어졌다고 전달했을 때 괴벨스는 격분하여 "뚱보 괴링이 한 번 정도 캐비아를 먹지만 않아도 될 것"이라고 일기에 썼다.215)

괴벨스는 괴링에게 점점 더 불만을 품게 되었고, 그의 호화로운 생활 방식 때문에라도 그를 '반동'이라고 경멸했다. 그러는 동안 괴링은 프로이센에서 주도권을 장악했다. 괴링은 2월 4일 이미 프로이센 주의회를 해산하고 수많은 이른바 '명예직 위원'들을 프로이센 내무부로 끌어들였다. 그들은 내무부에 둥지를 틀고 대대적인 인사 조치를 통하여 많은 사람들을 해고하거나 신규 임용했다. 괴링은 특히 각급 경찰청에 주목하여 단기간에 돌격대장들을 대거 기용하였다. 그는 정규 경찰관들을 해고하기 위하여 2월 22일 특히 돌격대와 친위대에서 인원을 확보하여 약 5만 명에 이르는 보조 경찰을 구성하였는데, 이는 공권력을 당에 종속시키려는 목적에서 경찰의 중립성이라는 허구를 공공연하게 무너뜨린 조치였다. 제국보안중앙국*의 전신인 프로이센 비밀국가경찰청(게슈타포)을 신설한 괴링은 "나의 조치들은 어떤 법률적 고려 따위에도 흔들리지 않는다."라고 밝혔다.216)

2월 24일, 공산당이 베를린 체육궁전에서 대규모 집회를 연 다음날, 괴링은 카를 리프크네히트 회관을 점령하고 "별도의 조치를 내릴 때까

풍크(Walther Funk, 1890~1960) 나치 독일의 경제학자. 1912년 신문기자로 출발해 1922년 대표적인 독일 경제 일간지 〈베를리너 뵈르젠차이퉁〉의 편집인이 되었다. 그 뒤 나치에 가담해 1931년 경제 자문으로 히틀러의 개인 참모에 임명되었다. 이 자리에 있으면서 히틀러와 독일 실업가 사이에서 중재인 역할을 했다. 1938년 경제장관으로 임명되었으나 4개년 계획의 총책임자였던 헤르만 괴링의 감독을 받아야 했다. 1939년 1월 20일 얄마르 샤흐트 후임으로 국립은행 총재가 되었다. 소련 공격을 위한 경제 계획에 참여했으며, 나치의 유대인 차별 정책에도 적극 가담했다. 1945년 5월 미군의 포로가 되어 8월 29일 뉘른베르크 국제전범군사재판소에 기소되었다. 10월 1일 종신형을 선고받았으나 1957년 5월 16일 석방되었다.

지" 폐쇄하였다. 공보실은 그 후 이 폐쇄 조치의 이유를 "반역 활동이나 폭력 행위를 종용하는"[217] 공산당의 수많은 전단들을 압수했기 때문이라고 밝혔다. 괴링이 임명한 정치경찰국장 루돌프 딜스(Rudolf Diels)가 "총력을 기울여" 카를 리프크네히트 회관에서 작업을 시작한 2월 25일, 당국은 지하실에서 "수백 킬로그램 분량의 반역적 자료들"을 발견했다는 충격적인 발표를 내놓았다. 그 인쇄물들은 "무장 봉기, 유혈 혁명"을 촉구하고 있다는 것이었다. 이와 관련된 성명서는 "러시아 혁명에 대한 글들은 공산당 중간 간부들의 교육과 훈련에 활용되었다. 여기에서는 혁명 발발시 먼저 어떻게 도처에서 저명 인사들을 체포하고 총살시킬지 설명하고 있다. …… 건물 내 모든 공간들과 모든 인쇄물들을 면밀히 조사할 것이다."라면서, 이를 위해 수 주일의 작업이 필요할 것이라는 선언으로 끝맺었다. 이는 수사에 대한 어떠한 질문도 불가능하게 하는 것이었다.[218]

〈포시셰 차이퉁〉이 2월 24일 저녁 판 1면에 공산당 중앙당사 점거와 폐쇄에 대하여, 그리고 2월 26일 아침 판에서 '둥근 천장의 비밀 공간'에서의 '발굴'에 대해 보도하는 동안, 괴벨스의 투쟁지 〈공격〉은 이례적으로 보도에 인색했다. 2월 24일자 〈공격〉에서는 괴링의 이번 행동을 겨우

제국보안중앙국(Reichssicherheitshauptamt) 1933년 괴링이 창설한 게슈타포(비밀국가경찰)는 이후 친위대에 흡수되어 방대한 조직으로 발전하여 1944년까지 32,000명의 조직원을 거느리게 되었다. 한편 1936년 '제국친위대장 겸 독일경찰청장'에 임명된 하인리히 힘러는 게슈타포와 크리포(형사경찰)를 하나의 조직으로 묶어 보안경찰(Sicherheitspolizei, SIPO)을 창설했고, 이를 친위대에 귀속시켰다. 힘러는 2차 세계대전 개전 초기인 1939년에는 국내 정보부 역할을 담당하며 정적이나 당내 인사 감시를 담당해 오던 보안대(Sicherheitsdienst, SD)까지 병합해 모든 경찰과 정보기구를 지휘하는 중심기구로 제국보안중앙국을 창설, 국내외 정적 탄압과 유대인 학살에 핵심적 역할을 담당하도록 했다. 히틀러가 의도한 대로 보안경찰과 보안대의 내부 경쟁은 이 기구가 과격화되는 데 일조했다.

1933년 2월, 베를린의 공산당사를 수색하고 있는 나치 보조 경찰들. 당국은 공산당 지하실에서 "무장 봉기, 유혈 혁명"을 촉구하는 반역적 자료들을 발견했다고 발표했다.

9줄로 보도하였고, 그 다음날 신문에서는 오로지 한 문장, 그리고 2월 27일자 신문에서는 단 하나의 기사만 실었다. 무장 봉기나 혁명을 선동하는 인쇄물들은 전혀 언급하지 않았다. 다만 '반역적 자료들'을 발견했다고만 보도했을 따름이다.

괴벨스는 자신이 괴링을 필요로 하지 않음을 보여주려는 듯, 베를린에서 자신이 3월 4일로 선언한 '민족 각성의 날'을 위한 대대적인 선전 활동에 몰두했다. 그러는 동안 그의 암울한 느낌도 감쪽같이 사라졌다. 에센에서 선거 운동 여행 중이던 히틀러가 마침내 부총리 파펜이 괴벨스를 위해 정부 부처를 신설하는 데 동의했다고 그에게 알렸던 것이다. 게다가 주요 기업가들이 거액의 선거 운동 후원금을 내놓아[219] 선전 활동의 조건이 급속히 호전되었기 때문에 괴벨스는 다시 자신만만해졌다. 그는 자신의 적들에게 "국가 기구를 제대로 활용할 줄 알 때 과연 그것으로 무슨 일을 할 수 있는지"를 보여주겠다고 마음먹었다.[220]

1933년 2월 27일 오후 괴벨스는 몇몇 직원과 돌격대원들과 함께 '민족 각성의 날'을 위한 선전 활동을 세부적인 부분까지 확정했고, 자신의 언론에 여기에 필요한 지시들을 내렸다. 계획에 따르면 독일 전역에서 돌격대의 행진이 이루어져야 했다. 그날 저녁 라이히스칸츨러플라츠의 괴벨스 집에는 히틀러와 다른 당 간부들이 둘러앉아 있었다. 역시 초대받았지만 감기 때문에 집에 머물러 있었던 나치당 해외공보실장 한프슈탱글이 그때 전화를 걸어 "숨차게" 총통 각하와 통화하겠다고 밝혔다. 괴벨스가 대체 무슨 일이냐고 물으면서 자신이 히틀러에게 내용을 전달하겠다고 말하자, 한프슈탱글은 인내심을 잃었다. "그분께 말씀드리세요. 제국의사당이 불타고 있습니다!" 괴벨스는 "한프슈탱글 씨, 농담하는 겁니까?"라고 간단히 대꾸했다. 그러자 한프슈탱글은 "만일 그렇다고 생각하시면, 이리로 와서 두 눈으로 직접 한번 보십시오."라고 말하고는 전화를 끊었다. 해외공보실장은 자신이 그 후 기자 두 명에게 이 사실을 알렸다고 회고했다. "내가 전화를 끊자마자 다시 전화벨이 울렸다. 괴벨스였다. '총통과 이야기했습니다. 그분은 무슨 일이 일어났는지 알고 싶어하십니다. 이제 농담은 하지 말고요!' 나는 화가 났다. '제발 이리 와서 내가 헛소리를 지껄이고 있는지 직접 확인하세요. 건물 전체가 활활 불타고 있어요.'"[221]

그 소식을 듣고 괴벨스가 놀랐다고 믿은 한프슈탱글은 2차 세계대전 후 다음과 같이 썼다. "그 키 작은 박사님은 잘 알려졌듯이 완벽한 거짓말쟁이다. 그러나 만일 하나의 목소리에 짜증과 의심이 동시에 나타날 수 있다면 그날 저녁 그가 바로 그랬다."[222] 이 첫 번째 추측(한프슈탱글이 외국 신문들을 읽고 나서 곧 수정했던 추측)이 맞는다는 것을 보여주는 근거들은 많이 있다. 왜냐하면 괴벨스는 충분한 자금을 확보한 이후로는, 나치의 사업에서 '최후의 힘'까지 동원하기 위하여 그러한 획기적인 사건을 일으킬 필요가 있다고 생각하지 않았기 때문이다. 그는 이 자금과 활용 가능한 국가 기구들을 이용하여 나치당이 3월 5일 제국의회 선거에서 승리를 거둘 수 있으며, 이로써 몇 주 전부터 커지고 있는 자신감을 더욱 높일 수 있다고 확신했다.

그가 확신을 가지고 기대했던 당의 성공은 지극히 개인적인 성공이기도 했다. 그가 방화를 주도한다는 것은 그의 계산에 들어맞지 않았다. 왜냐하면 이를 실현하려면 그가 시기하는 대상, 즉 프로이센을 지배하고 있는 괴링과 긴밀한 공조가 필요했을 것이기 때문이다.[223] 그런데도 괴벨스가 괴링과 함께 방화 사건을 준비했다면, 괴링이 연출한 공산당 중앙당사 수색 조치와 자신의 선전 활동에 매우 적극적인 그 조치의 '성과들'을 자신이 지배하는 투쟁지 〈공격〉에서 그렇게 사소하게 다루었을 리 없다. 괴링은 2월 27일 이후 바로 그 '성과'에 바탕을 두고 제국의회 방화범으로 공산주의자들을 지목했기 때문이다.[224]

만일 제국의회 방화가 나치주의자들의 소행이었다고 한다면,[225] 그 원흉은 의심의 여지 없이 '행동가' 괴링의 성격에 가장 잘 들어맞는다. 히틀러는 언젠가 괴링을 가리켜 "양심의 가책을 느끼지 않는 철의 인간"이라고 말했다. 처음에 공산주의자들이, 그리고 곧 나치의 다른 적들이 방화의 원흉으로 괴벨스를 지목하게 된 것은 무엇보다도 2월 27일 밤의 생지옥이 '절름발이 악마', 그 악의 화신이 상투적으로 내뱉던 말에 그대로 들어맞는 것처럼 보였기 때문이다. 그러나 1월 30일 이전의 사건들과 비슷하게 이번에도 그 사건은 괴벨스와 무관하게 진행되었고 그는 나중에야 이에 대해 전해 들었을 것이라는 추측이 좀 더 개연성 있다.[226]

괴벨스가 한프슈탱글의 전화를 받고 다시 그에게 전화를 걸어 확인한 후 보여준 행동들도 이러한 추측을 확인해준다. 그는 히틀러와 함께 차를 타고 시속 100킬로미터 속도로 샤를로텐부르거 쇼세 거리를 달렸다. 10시 반 직전 두 사람은 제국의사당에 도착했다. 제국의사당의 "우뚝 솟은 돔"은 화염과 검은 연기를 차가운 밤하늘에 내뿜고 있었다. 치안경찰들이 둘러서 자동차가 들어가지 못하게 했다. 경찰관들이 히틀러를 알아보았을 때 봉쇄선이 풀렸다. 자동차는 제2정문을 지나고 경찰관과 소방관들을 뚫고 소방호스를 밟으면서 건물로 다가갔다.[227] 그 안에서 그들과 역시 급히 달려온 부총리 파펜은 분주하게 움직이는 괴링을 만났다. 괴링은 그들에게 제국의사당 본회의장에서 공산주의자 방화범 한 명을 체포했다고 전했다.

체포된 남자는 강건한 신체를 가지고 있었지만 시각장애인 데다가 정신이 온전치 않고 넋이 나간 눈빛을 하고 있었다. 그의 신원은 네덜란드 라이덴 출신의 미장이 견습생이며 전과가 있는 부랑자 마리누스 반 데어 루베(Marinus van der Lubbe)로 밝혀졌다. 그는 며칠 동안 베를린 주변에서 얼쩡거렸다. 곧 밝혀진 바에 따르면 그는 공산주의자의 전력이 있었다. 전날 밤을 헤닝스도르프 지구 경찰서 유치장에서 보낸 루베는 체포될 당시 절반쯤 알몸에다가 땀에 흠뻑 젖어 있었으며, 방화 사실을 부인하려는 시도를 전혀 하지 않았다고 한다.[228] 체포된 직후 그는 우발적으로 범행을 결심했으며 단독으로 결행했다고 진술했다. 점화용 석탄 네 봉지를 산 후 의사당 안으로 들어와 여러 곳에 불을 질렀으며 자신의 셔츠를 불쏘시개로 사용했다는 것이다. 정신박약으로 보이는 그 네덜란드인은 왜 그런 짓을 했느냐는 질문에 "노동자가 권력을 가지려 함을 알리려 했다."라고 밝혔다.[229]

괴링이 사후에 수정한, 프로이센 공보실의 첫 번째 발표들은 공산주의의 거대한 음모라는 그림을 그려냈는데, 이는 브란덴부르크 문 옆의 경찰서에서 경찰정치국장 딜스가 배석한 가운데 조서를 작성할 때 반 데어 루베가 진술한 내용과는 무관했다. 공보실의 발표에 따르면, 그 방화는

불타는 제국의회 의사당. 나치는 이 사건을 이용하여 경쟁 정파인 공산당과 다른 경쟁 정치 조직의 활동을 금지하고 히틀러에게 독재적 권력을 부여하는 법을 제정, 공포하였다.

"독일에서 볼셰비즘이 저지른 이제까지 가장 극악한 테러 행위"[230]라는 것이었다. 경찰관 한 명이 어두운 건물 안에서 타오르는 햇불을 든 여러 사람을 목격했다. 그는 곧 총을 발사했고 범인 중 한 명을 잡는 데 성공했다. 그리고 경찰이 카를 리프크네히트 회관 수색 중 찾아낸 '수백 킬로그램의 폭발물'에는 이러한 테러 공격의 지령문도 끼어 있었다는 것이다. "이에 따라 정부 청사들, 박물관들, 성채들, 생필품 공장들에 불을 지르려 하였다." 그러나 미리 방화의 재료들을 압수함에 따라 볼셰비즘 혁명의 계획적 실행을 막을 수 있었다는 것이다. "그럼에도 불구하고 제국의사당 방화를 통해 유혈 폭동과 내전의 봉화를 올리려 하였다."

바야흐로 '마르크스주의'에 결정적 타격을 가할 정당성을 얻었다고 확신한 괴링은 히틀러와 협의하여(그는 흥분하여 그들 앞을 가로막는 것은 무엇이라도 때려눕혀야 한다고 소리 질렀다고 한다[231]) 경찰 전 병력에 최고 경계령을 발령하였다. 그날 저녁 약 4,000명의 간부들, 특히 공산당 간부들과 카를 폰 오시츠키(Carl von Ossietzky, 1889~1938)와 에곤 에르빈 키슈(Egon Erwin Kisch, 1885~1948) 같은 좌파 지식인들이 다수 체포되었다. 그리고 여러 곳의 사회민주주의 당사와 출판사들이 점거당했다. 아직까지 금지되지 않았던 신문들이 마저 폐쇄되었다.

괴벨스는 히틀러, 파펜, 샤움부르크 베를린 주둔 사령관 등과 함께 괴링 수하의 베를린 경찰청장 마그누스 폰 레베트초프(Magnus von Levetzow) 소장의 안내를 받아 불타는 제국의사당을 돌아보았다.232) 그는 그 후 "모든 것을 알리고 모든 가능성에 대비하려고" 황망히 관구로 갔다(이는 즉흥적으로 무엇인가 연출해야 한다는 압박감 때문이었던 것으로 보인다). 히틀러가 급히 소집된 내각에 이 사건을 통보하고 나서, 괴벨스는 히틀러를 카이저호프 호텔에서 만났다. 그들은 함께 사설과 격문을 쓰기 위하여 그곳을 떠나 텅 빈 〈민족의 파수꾼〉 편집국으로 갔다.233)

방화 사건을 당국의 최초 발표에서 공산 폭동의 출발로 묘사한 후, 그 사건과 관련해 그날 밤 괴벨스가 설정한 선전 활동의 목표는 괴링이 시작한 보복 조치를 여론 앞에 정당화하고, 나아가 히틀러가 이끄는 나치당을 공산 혁명에서 독일을 구할 수 있는 유일한 세력으로 서둡 묘사하는 일이었다. 이러한 의도는 괴벨스가 그날 밤 쓴 〈공격〉의 권두 사설에서 가장 강하게 드러났다. 증오에 불타는 괴벨스는 사설에서 공산당은 철저하게 궤멸될 것이며 그 이름조차 남지 않게 될 것이라고 썼다. 괴벨스는 이를 히틀러에게 위임하자고 촉구했다. "독일 민족이여, 이제 일어나라! 일어나서, 판결을 내려라! 3월 5일, 이 세계의 붉은 역병에 대해, 국민의 이름으로 신의 재판이 시작될 것이다! 히틀러는 행동할 것이다! 히틀러는 행동할 것이다! 그에게 권한을 부여하라!"234)

1933년 2월 28일 히틀러유겐트가 베를린 거리에서 〈공격〉을 팔고, 방화 사건의 공범 혐의를 받은 공산당 제국의회 원내 대표 에른스트 토르글러가 경찰에 자진 출두하고 있을 때, 대통령은 히틀러 총리에게 이와 관련한 권한을 승인했다. 힌덴부르크는 지난 몇 시간의 사건을 극적으로 묘사한 후에 자신에게 제출된 긴급 조치에 서명했다. 이로써 국민의 기

방화 사건으로 체포된 마리누스 반 데어 루베가 법정에서 심리를 받고 있다. 루베는 체포 직후 우발적인 단독 범행이라고 밝혔지만, 괴벨스는 이 사건을 공산 폭동의 출발로 묘사하면서 히틀러의 권력 강화를 위한 선전에 이용했다.

본권 전체가 정지되고, 사형의 적용 범위가 크게 확대되었으며, 각 주들에 수많은 규제 조치가 내려졌다. '국민과 국가 수호를 위한 긴급 조치'는 같은 날 통과된 "독일 민족에 대한 반역과 반역적 음모의 대처"를 위한 또 다른 긴급 조치와 그보다 몇 주 후 통과되는 '전권위임법'으로 보완되었다. 이는 나치의 지배에서 결정적으로 중요한 사이비 법률적 근거가 되었고 의심의 여지없이 제3제국의 가장 중요한 법률이었다. 이를 통해 법치국가는 사라지고 영구적인 비상사태가 선포되었기 때문이다.

독일 전역에서 수천 명의 공산주의자와 사회민주주의자들이 체포되고, 돌격대원들이 지하실과 뒷마당에서 오래 묵은 원한에 대한 잔인무도한 보복을 자행하며, 붉은전사동맹원들이 무더기로 (일부는 두려움 때문에, 일부는 나치가 행사하는 힘에 매혹되어) '갈색 분자'로 넘어오고 있던 그때, 괴벨스의 선전 캠페인은 브레슬라우, 함부르크, 베를린에서 스펙터클한 대중 집회 후 거의 시계 장치 같은 정확성으로 절정을 향해 한발 한발 나아가고 있었다. "유례 없는 집중력"으로 "민족 각성의 날", 즉 1933년 3월 4일에 모든 선전 수단들이 철저하게 활용되었다.[235] 괴벨스는 히틀러가 "모든 정열과 헌신성을 동원하여" 모든 독일 방송을 통하여 국민에게 연설을 할 장소로 과거 프로이센의 대관식이 열리던 도시인 쾨니히스베르크를 선택했다. 이는 다음날에 있을 선거에서 확실하게 기대되는 과반수 득표를 의식적으로 시사하는 결정이었다.

제국선전책 괴벨스가 현장 보고를 한 후 히틀러가 연설을 시작했다. 히틀러는 독일 국민에게 다시 "자부심을 지니고 높이" 머리를 들라는 호소로 연설을 끝맺었다. '총통 각하'의 연설의 '대미'에 맞추어 네덜란드 감사 기도*가 힘차게 울려 퍼졌고, 마지막 구절 무렵에는 쾨니히스베르크 대성당의 종소리가 울려 퍼졌다. 그 시간에 독일 전역에서 돌격대가 행진했고, 산마루와 국경 근처에는 이른바 '자유의 봉화'가 타올랐다. 괴벨스는 자신의 연출에 도취해 이렇게 썼다.

> 4천만 명의 사람들이 …… 시대의 위대한 전환을 깨닫고 있다. 수십만 명이 이 시간에 히틀러의 뒤를 따르며 그의 정신 속에서 민족의 부활을 위해 싸우겠다는 최후의 결의를 다지고 있다. …… 독일 전체가 유례 없이 위대하게 빛나는 봉화 같다. 우리가 원했던 것처럼 오늘은 실제로 '민족 각성의 날'이 되었다.[236]

그러나 괴벨스의 커다란 기대는 이루어지지 않았다.[237] 나치당은 43.9%를 득표, 과반수 득표에 크게 못 미쳤고, 8%를 득표한 독일국가인민당에 여전히 의존해야 했다. 중앙당과 사회민주당은 각각 11.3%와 18.3%를 얻었고, 공산당도 12.3%를 득표하여 그다지 크게 표를 잃지는 않았다. 괴벨스에게 특히 실망스러운 일은 나치당이 하필 베를린에서 31.3% 득표에 그쳐, 30.1%를 얻은 제20선거구(쾰른아헨)에 이어 두 번째로 나쁜 성적을 기록했다는 것이었다.[238]

괴벨스는 선전 활동으로 이런 결과를 "믿을 수 없을 만큼 환상적인" 승리, "영광스러운 승전"으로 바꾸었다. 선전의 전능함을 신봉한 그는 자기 자신에 대해서도, 유리한 조건들에도 불구하고 자신이 추구했던 목표를 이루지 못했다는 사실을 인정하지 않으려 했고 또 그럴 수 있었다. 그는 즉석에서 현실을 무시하고는 "그렇지만, 대체 지금 숫자 따위가 무슨 상관이란 말인가? 우리는 제국과 프로이센의 지배자다. 다른 자들은 모두 타격을 입고 바닥에 엎드려 있다. …… 독일이 깨어났다."라고 썼다.[239]

사실 괴벨스의 선전 선동은 순수하게 수치상으로는 나치주의자들이 제국과 그 수도를 정복하게 하는 데 실패했다. 그렇지만 그것은 분명 결정적인 수준으로 나치주의자들의 부상과 권력 획득에 기여했다. 선전을 통해서 비로소 과거 다소 굼뜨게 보이던 남부 독일의 나치 운동이 역동성을 얻을 수 있었기 때문이다. 이런 과정을 거쳐 나치 운동은 서로 결합할 수 없는 것들을 외견상 결합시키고, 본래 서로 어울리지 않는 것들을 결속시킴으로써 폭넓은 기반을 얻게 되었다. 괴벨스가 관구장으로서, 그리고 후에는 제국선전책으로서 증오로 가득한 선전 선동을 부르주아와 '반동'에게 쏟아 붓고 사회주의에 지지를 표명했을 때, 그는 당 하부의 프롤레타리아와 사회주의적 부분을 자신에게, 나아가 자신이 충성을 바치는 '반동' 히틀러에게 묶어두었다. 자기분열, 심리적 붕괴에 해당하는

네덜란드 감사 기도(Niederländisches Dankgebet) 이 노래는 청중을 광신적으로 몰고 가는 힘 때문에 정치 집회에서 즐겨 불렸으며, 특히 마지막 행인 "주여, 우리를 자유롭게 하소서."는 히틀러가 연설에서 자주 인용한 구절이다.

그런 행동들이 오히려 밤베르크 회의, 슈테네스 쿠데타, 슈트라서 위기를 거치면서도 당이 둘로 갈라지지 않도록 하는 데 결정적 역할을 했다.

서로 어울리지 않는 것들은 당의 정강 정책이 아니라 오로지 인물을 통해 조정할 수밖에 없었다. 괴벨스는 대중이 오스트리아 출신의 1차 세계대전 상병이자 정치 선동꾼이며 어처구니없는 사명감을 지닌 기인 히틀러를 받아들이도록 만드는 법을 알고 있었다. 히틀러는 괴벨스에게 개인적인 기반이자 척도가 된 것과 마찬가지로 국민에게도 척도이자 기반이어야 했다. 이를 위해 괴벨스는 사이비 종교 방식으로 히틀러를 희망의 상징이며, 시대의 난관과 결핍에서 벗어나는 길을 제시하는 사람으로 미화했다.[240]

물론 총리직이라는 보너스를 통해 조직이 확대되고 야당의 일부는 이미 도태된 상태에서 치러진 제국의회 선거 결과가 보여주듯이, 이것만으로는 성공을 거둘 수 없었을 것이다. 여기에는 심각한 경제 위기, 민주 정당들의 실패, 노쇠한 제국대통령, 그리고 마지막으로 스스로 전능하다는 착각에 빠진 교만한 귀족 정치가 집단이 필요했다. 귀족 정치가 집단은 히틀러를 자신들의 기준으로 판단하였고, 히틀러가 1932년 하반기에 빠져 있던 절망적인 상황으로부터 빠져나와 권력에 오르는 데 디딤돌 역할을 했다. 괴벨스는 예전에 장애를 가진 실업자 신세였던 시절에 자신이 차지할 자리가 전혀 없어 보이던 바이마르 체제를 대표하는 모든 자들을 자신의 약점들 때문에 더욱 경멸했다. 그는 나중에 "민주주의가 불구대천의 원수에게 자신을 섬멸할 무기를 스스로 쥐어준다는 사실은, 언제나 민주주의가 가진 최고의 난센스이다."라고 심술궂게 적었다.[241]

9장

모두가 우리에게 빠져들 때까지, 우리는 인간들을 개조할 것이다
(1933)

1933년 3월 14일, 볼프통신사는 힌덴부르크 대통령이 파울 요제프 괴벨스 박사의 '제국국민계몽선전장관(Reichsminister für Volksaufklärung und Propaganda)' 취임 선서를 받았다고 보도했다. 제국대통령은 전날 그 '작가'의 임명장에 서명하면서 "자, 트럼펫 연주자도 이제 무엇인가 돼야겠지."라고 말했다고 한다. 부퍼탈엘버펠트에서 수도 베를린으로 이사한 지 6년 반 만에 괴벨스는 국가기구와 당기구의 힘에 의지하여, 유대인과 마르크스주의자들에 대한 증오를 마음껏 분출할 수 있게 되었다. 이제 그의 분노의 칼이 무자비하게 그들 위로 "힘차게 떨어져 파렴치하고 교만한 그들을 쓰러뜨릴 것"[1]이다. 그는 그 밖의 다른 사람들은 나치적 '민족공동체'로 단합시키고, 반죽하여 새로 빚어내기를 원했다.[2] 마치 괴벨스는 자신이 그렇게 자주 경멸스럽게 말하듯이, 그들이 실제로 그저 '쓰레기 더미'에 불과하다는 것을 보여주려는 듯했다.[3]

국민계몽선전부의 설치 법령에 따르면, 이 부처는 "제국정부와 조국 독일의 민족적 재건에 대해 국민을 계몽하고 선전하는 일"[4]이 설치 목적이었다. 그러나 실제로는 대중의 '정신적 동원'[5]을 시작하고, "그들이 우리에게 빠져들 때까지 개조하는 것"[6]을 목적으로 하고 있었다. 1933년 3월 16일 35살에 불과한 장관은 처음으로 가진 제국정부 기자회견에서 자신의 목표를 숨김 없이 털어놓았다. 앞으로 국민들은 "일치단결하여 사고하고, 일치단결하여 반응하며, 정부에 적극 동조하고 복무해야 한다."[7] 히틀러의 손아귀에 들어 있는 고분고분한 도구인 국민은 '하나된 국민'이라는 괴벨스의 비전에 딱 맞아떨어졌다. 이 정부가 "결코 물러나지 않겠다는, 절대로, 어떠한 일이 있어도 물러나지 않겠다는" 결의를 가지고 있다면, 장기적으로 52%의 지지층을 가지고 나머지 48%를 억누르는 데 만족하지 않을 것이며, 그 다음 과제로 나머지 48%의 지지마저 획득하려 할 것이었다.[8]

전통적 엘리트 출신인 동맹자들은 하필이면 과거 자신들에게 적대적인 분위기를 조성하는 데 심혈을 기울였던 괴벨스에게 선전의 과제를 맡기려는 나치주의자들의 제안에 한동안 찬성하지 않았다. 파펜 부총리는 히틀러와 세세한 협의를 거친 뒤에야 양보하였다. 경제장관 겸 식량장관직을 여전히 유지하게 된 후겐베르크는 이 계획에 가장 끈질기게 반대했다. 3월 11일 내각이 이 문제를 논의했을 때, 히틀러는 괴벨스의 부처를 관철시키는 데 어려움을 겪었다. 히틀러는 그 부처의 "가장 중요한 과제는 주요 정부 정책들에 대한 준비가 될 것"이라고 밝혔다. 그는 이에 대한 (조롱조의) 실례로, 내각이 방금 논의했던 기름과 지방 문제를 들었다. "농산물 판매 증대 정책이 실행되지 않으면 농민들이 몰락하게 될 것이라는 방향으로 국민 계몽이 필요하다"는 것이다.[9] 후겐베르크는 그 결정을 최소한 뒤로 미루려고 시도했으나 실패로 돌아갔다. 그들이 "(정부에) 묶어두어" "길들이고자" 했던 총리가 자신의 뜻을 관철시킨 것이다. 내각은 그날 당장 해당 부처를 신설할 것을 결의했다.[10]

괴벨스는 3월 6일에 이미 히틀러와 선전부의 구조를 협의했다. 그에 따르면 나치당의 제국선전국과 비슷하게, 언론·방송·영화·연극·선전의 5개 분과를 "단일한 대규모 조직 내에 통합해"[11] "민족에 대한 정신적 영향력 행사가 가능한"[12] 대부분의 분야에서 권한을 가지도록 했다. 그러나 히틀러는 1932년 1월과 8월에 선전부의 소관 분야로 예정했던 '국민교육' 부문은 괴벨스에게 배당하지 않았다.[13] 히틀러는 전직 교사이자 프로이센 임시 문화장관을 지내고 있던, 하노버 관구장 루스트에게 이 업무를 맡겼다. 루스트를 1934년 4월 30일 학문·교육·국민교육장관으로 임명한 것이다. 그렇지만 괴벨스는 곧 이 조치로 인한 실망을 스스로 다독였다. 자신에게 할당된 업무는 "내게 개인적으로는 매우 자명한 것들이고, 그래서 커다란 열의와 내적인 헌신의 기쁨으로 봉사하게 될 것들"이라는 것이다.[14]

자신이 맡을 부처의 공식 명칭에 대해서도 괴벨스는 '총통 각하'와 협의를 거쳤다.[15] 여기에서는 견해 차이가 있었다. 괴벨스의 생각으로는 히틀러가 제시한 '제국국민계몽선전부'라는 이름이 문화와 예술 분야의 광범위한 업무에 적합하지 않았다. 그리고 괴벨스에게는 '선전(Propaganda)'이라는 단어가 '씁쓸한 뒷맛'[16]을 남기는 말이었다. 그러나 '제국문화국민계몽부'라는 괴벨스의 제안을 히틀러가 거부했기 때문에,[17] 괴벨스는 '선전'이라는 말에 대한 거부감을 얼른 가라앉혔다. 그 단어는 부당하게 "경멸받고 종종 오해되는" 단어라는 것이었다. 비전문가들이 그 말에서 "무언가 열등하거나 심지어 경멸할 만한 것"을 떠올린다고 하더라도[18] 선전가는 "복잡다단한 사상들을 조야한 형식과 조리되지 않은 상태로 대중에게 제공하는 임무"를 넘어서, "비밀스레 흔들리는 국민의 영혼을 여러 측면에서 이해하는"[19] 예술가라고 할 수 있다. 이에 따르면 그에게 선전은 '정치적 예술'[20]로 더욱 발전시켜야 하는 것이었다. 그는 이를 통해 선전을 창조적 과정, 생산적 상상력의 문제로 미화했다. 한마디로 무언가 매우 긍정적인 것으로 미화한 것이다.[21]

그들은 새 부처의 소재지에 대해서는 견해 차이가 없었다. 3월 6일 총리청에서 협의한 후 괴벨스와 히틀러는 1737년에 건설되었고 그로부터 100년 후 독일 고전주의 건축의 거장 신켈(Karl Friedrich Schinkel, 1741~1841)이 중건한, 빌헬름 광장 8/9번지의 레오폴트 궁을 둘러보았다. 괴벨스는 그 건물이 대단히 마음에 들었다. 그러나 여러 부분이 "노후하고 진부하다."[22]고 느꼈다. 그는 건물을 좀 더 꼼꼼히 살펴보고는, 이내 몇몇 돌격대원들에게 벽에서 석고 장식품들을 떼어내라고 지시했다. 그리고 자신이 "이렇게 어두운 곳에서" 일할 수 없기 때문에,[23] 곰팡내 나고 좀먹은 묵직한 플러시 천 커튼도 내리라고 명령했다. 그러자 "관료주의의 호사스러움이 사라진 자리에는 흐릿한 먼지만이 남았다."[24] 3월 22일 괴벨스는 그 건물로 입주할 수 있었다.

선전장관은 "어제의 인간들은 내일을 예비할 수 없기" 때문에 "마치 방을 청소하듯이 인간들도 청소해야 한다."라는 신조에 따라[25] "탄생부터 나치적인" 선전부[26]와 각 주 및 지방의 선전부 산하 기관들을[27] "거의 모두" 나치당원들로 채우도록 하였다. 그들은 대부분 30살을 넘지 않았기 때문에 당 지도부보다 평균 10년 정도 젊었다.[28] 괴벨스는 그들이 "시시콜콜한 관료주의적 업무들을 과거 관료들만큼 잘 알지 못한다."는 사실을 알고 있었지만 기꺼이 감수했다. 그들은 파괴력 있는 무기를 만들어내려는 괴벨스의 목적에 훨씬 적합한 특성들을 지니고 있었기 때문이다. 그것은 "열기, 열광, 그리고 소모되지 않은 이상주의"였다.[29]

괴벨스가 야심만만하고 능력 있는 참모들을 자기 주위에 모으는 데 성공할 수 있었던 것은, 직원들의 높은 교육 수준뿐 아니라(그들의 절반 이상이 대학을 다녔고 많은 수가 박사학위를 가지고 있었다) 무엇보다 그들이 '바이마르 체제 시기'에 대해 급진적 반대 입장을 가졌다는 사실이 크게 작용했다. 사회·경제적 위기를 겪으면서 '바이마르 체제 시기'는 대부분 부르주아 또는 프티부르주아 출신인 그들에게 실업과 사회적 소외를 의미했다. 대부분은 1933년보다 훨씬 이전에 이미 나치당에 입당했다.[30] 그들은 여러 방식으로 나치당 제국선전국, 베를린 관구, 〈공격〉 편집국에서 괴벨스와 호흡을 맞춰 왔다. 선전부 출범시 괴벨스에게 할당된 350명의 공무원과 사무직원 중 거의 100명[31]이 황금 당원 배지*를 가지고 있었다.[32]

베를린 관구 조직국장과 나치당 제국선전국 상임 사무장을 역임했던

29살의 카를 한케는 보좌관으로 장관실에서 일하게 되었다. 괴벨스는 1932년부터 자신의 개인 보좌관이었고 1933년 6월 27일 참사관으로 승진한 한케와 함께 구체적인 정책들을 실행해 나갔다.[33] 히틀러는 주요 경제 자문역 중 한 사람이며 1933년 1월 30일부터 1937년 말까지 제국정부 공보실장이기도 했던 발터 풍크를 정무장관으로 임명해 조직 및 재정을 담당하도록 했다. 히틀러가 풍크에게 선전부 조직을 담당케 한 것은 "괴벨스가 행정·재정·조직 문제에 매달리지 않도록" 하기 위해서였다.[34] 몇 안 되는 '바이마르 체제 시기'의 '전향자' 중 한 사람인, 민족주의 성향의 보수파 에리히 그라이너(Erich Greiner)가 사무국장(제1국)이 되어 풍크를 도왔다.[35] 풍크는 당내 권력 암투에서 '관리자'로서 아마도 괴벨스의 가장 유력한 지지 기반이었다고 할 수 있을 것이다.[36]

26살의 빌헬름 해거르트(Wilhelm Haegert)가 선전국을 이끌게 되었는데, 이 부서는 선전부 내에서 당연히 '지배적인 우위'를 차지하고 있었다.[37] 괴벨스는, 나치당 안게르뮌데 지구 부지구장을 지내고 1931년 광역 베를린 관구의 법률국장, 1932년 뮌헨의 제국선전국 참모장이 된 해거르트를 자신의 부처로 데려갔다. 또 괴벨스는 에른스트 제거(Ernst Seeger)를 영화국장으로 임명했고, 오토 라우빙거(Otto Laubinger)에게 연극 담당 부서를 맡겼다.

괴벨스는 언론국장으로 쿠르트 얀케(Kurt Jahncke)를 선임했는데, 얀케는 자신의 직책을 수행하면서 동시에 제국정부 공보실 부실장으로 풍크를 보좌했다. 얀케는 괴벨스가 3월 16일 언론의 사명에 대해 말했듯이, 언론이 '보도'뿐 아니라, '교육'도 하도록 만드는 일을 했다. 괴벨스에 따르면 언론은 "정부의 손 안에 있는 피아노"가 되어 "정부가 연주해야 한다." 그 일이 바로 그가 자신의 '주요 임무' 중 하나로 성취해야 할 '이상적 상태'라는 것이다.[38] 괴벨스는 이 때문에 나타날 수 있는 단조로움과 지루함의 해법으로, 언론이 "기본 원칙에서는 일치해야 하지만

뉘앙스는 다양해야 한다."는 해법을 제시했다.[39]

괴벨스 자신은 언론을 프랑스 혁명의 자유주의적이고 계몽적인 정신의 산물이자 도구로 파악하고 있었다. 그래서 언론은 "전체주의적 견해와 방향으로부터 가능하면 빠져나오려고" 시도한다.[40] 그는 '국제주의적 유대 문화'가 여기에 특히 중대한 영향을 끼쳤다고 생각했다. 이 생각은 그의 개인적 경험에서 나온 것이었다. 이미 1926년에 괴벨스는 특히 신문들이 '부패의 전령'이자 '몰락의 인도자'로, '선한 독일인'과 '성실한 미헬(우직한 독일인을 나타내는 표현)'의 '신앙, 도덕, 민족 감정'을 오염시킨다고 분석한 적이 있다.[41]

이러한 상황은 하루 빨리 바뀌어야 했다. 그리하여 1928년 이후 조직적으로 나치주의자들이 침투했던, 반관반민의 볼프통신사, 후겐베르크 소유의 통신사 텔레그라펜우니온, 콘티넨탈 텔레그라펜 콤파니가 '독일통신사(DNB)'로 통합되었다. 독일통신사는 선전부의 업무 감독을 받게 되었고, 국가의 독점 회사가 되었다.

그러한 획일화를 지휘한 것은 28살밖에 되지 않은 알프레트 잉게마르 베른트(Alfred Ingemar Berndt)였다. '나치 선동가의 전형'[42]인 베른트는 1933년 2월 초 볼프통신사의 제국전권위원으로 임명되었고, 통신사 통폐합 이후에는 독일통신사의 편집국장직을 맡았다. 그의 야심, 현실을 자신의 의도에 맞춰 묘사하는 능력, 무자비하고 파렴치한 성격에서 깊은 인상을 받은 선전장관 괴벨스[43]는 나중에 그에게 선전부의 주요 직책들을 맡겼다.

그 밖에도 언론 획일화에 결정적 진전을 가져온 계기는 '편집인 법률'을 통하여 신문과 잡지의 발행인이 지던 책임을 편집인도 나눠 지도록

황금 당원 배지(Goldenes Parteiabzeichen) 나치당원 번호 1~10만 번까지, 혹은 특별한 공로를 세운 당원에게 부여된 배지.

한 것이었다. 자신의 회사가 '획일화'되어버린 언론사 발행인들과 마찬가지로, 편집인도 이러한 조치들로 국가의 직접적인 간섭을 받게 되었다. 괴벨스의 미움을 사면 직업 명단*에서 삭제당하거나, 경고를 받거나, 심지어 수용소로 '인계'될 수도 있었다.

1933년 2월 4일 발효된 '독일 민족 수호' 법령을 근거로 한 최초의 금지 조치들은 많은 '유대인 기관들'[44]을 희생시키면서 공포를 불러일으켰다. 그 다음에는 〈전진〉과 〈적기〉를 비롯한 좌파 언론들의 폐간 조치가 뒤따랐다. 괴벨스는 이러한 일들을 "영혼에 유익한 일"[45]이라고 생각했다. 1933년 7월 괴벨스 장관은 자신이 10년 전 구직을 거절당했던 거대 신문사 '모세'의 시대가 끝난 것을 두고 "유대인과 자유주의의 아성이 무너졌다."라고 축하했다.[46] 1933년 11월 울슈타인 출판사가 '획일화'되었다. 괴벨스는 이 출판사에서 발행하던 〈포시셰 차이퉁〉에는 1934년 3월 폐간 조치를 내렸다.[47] 〈프랑크푸르터 차이퉁〉은 그 중 예외였다. 나치주의자들은 자유주의적 시민 문화의 주도적 언론이며 해외에도 많은 독자를 가지고 있던 이 신문을 일종의 알리바이로 이용하기 위해 1943년 8월까지 허용했다.[48] 〈프랑크푸르터 차이퉁〉은 신문의 성격을 유지하면서 이따금 행간에서 저항적 입장을 표현하는 데 가장 성공적이었다.

금지 조치, 재정적 압력, 아직 발간되고 있는 신문의 편집진을 정화하는 것 외에도 괴벨스는 1917년 '제국정부 소속 언론심의회'라는 이름으로 설치된 후 지금은 제국정부 언론심의회로 불리는 기구를 언론 조종의 기본 도구로 이용했다. 그러나 괴벨스는 지극히 중요한 사건들이 있을 경우에만 그 회의에 참석했다.[49] 그전에는 언론심의회 회장단이 언론사 허가와 언론인 자격 인정 등을 결정했던 반면, 지금은 선전부 언론국이 매일 정오회의의 참석자들을 선정해 그들에게 공식적 '지시'와 '지령'을 내렸는데, 당시 이 회의는 '방향 설정'이라고 불렀다.[50] 1933년에서

1945년 사이에 총 75,000건에 달한 이런 지시들은 일상생활의 상상 가능한 모든 영역을 포괄하고 있었으며, 나치당 제국공보실의 '주의 환기', 괴벨스가 이끄는 제국선전국의 편집인을 위한 '비밀 정보들'과 정기간행물 서비스(여기에서 〈우리의 의지와 길〉(1936년부터), 〈금주의 구호〉(1937년)를 비롯한 여러 자료들이 발간되었다) 등과 함께 "언론 조종의 중추"를 이루었다.[51]

그러나 언론 통제가 오로지 괴벨스의 수중에만 들어 있었던 것은 아니다. "분열시켜 지배하라(Divide-et-impera)"는 원칙에 따라 지배하던 히틀러는 여기에서도 서로 반대되는 저울추들이 균형을 맞추도록 세심하게 고려하였기 때문이다. 먼저, 오토 디트리히(Otto Dietrich)는 1933년부터 편집인들의 이데올로기 통제와 지도를 담당하는 독일언론제국협회 회장 및 제국언론원 부원장의 직책을 통해, 괴벨스에 대한 균형추 역할을 했다. 히틀러가 1931년 나치당 제국공보실장으로 임명했던 전직 신문 편집인 디트리히는 히틀러와의 가까운 관계를 통해 괴벨스를 견제하는 역할을 맡기도 했다. 디트리히가 독립적으로 언론사 대표들에게 지시를 내릴 수 있도록 해 달라고 요구하였기 때문에, 디트리히와 선전장관 괴벨스 사이에는 곧 지속적인 긴장과 갈등이 생겨났다.[52]

괴벨스에게 또 다른 균형추 역할을 한 것은 제국언론원 원장이자 나치당 소유의 에어 출판사 사장인 막스 아만이었다. 1933년 나치당은 독일의 신문 발행 출판사 중 2.5%를 보유하고 있었는데, 여기서 일간지 및 주간지 약 120종을 발행했으며, 총 부수는 1백만 부 정도였다. 그러나 1차 세계대전 당시 히틀러의 상관이었던 아만은 1939년까지 약 1,500개

직업 명단(Berufsliste) 나치 언론 통제의 주요 도구였던 편집인 법률에 따르면 언론계에서 활동하려면 선전부 문화원 산하 언론원의 직업 명단에 등재되는 것이 전제 조건이었고 이를 위해서는 '정치적 신뢰성'과 아리안 출신을 입증해야 했다.

의 신문사를 인수하였는데 여기서 2,000종 이상의 신문을 발행했다.[53] 그중에서도 특히 〈도이체 알게마이네 차이퉁〉을 발행하는 도이처 출판사, 〈베를리너 뵈르젠차이퉁〉, 그리고 1939년 히틀러의 50살 생일에는 〈프랑크푸르터 차이퉁〉을 인수했다. 1945년까지 나치의 언론 트러스트는 독일 출판사의 80% 이상을 합병했다.[54] 겉보기에는 중립적인 금융 지주 회사로 위장하여 출판사 인수를 실행했던 제국신탁위원 막스 빙클러(Max Winkler)와 나치당 제국언론지도자 비서실장 롤프 린하르트(Rolf Rienhardt)가 아만의 활동에 도움을 주었다. 독일신문발행인제국협회 상임 부회장이기도 했던 린하르트는 신문 분야의 '모든 지시, 행정, 사법적 권한'을 한손에 쥐고, 동시에 독일 언론 전반에 걸쳐 인사권에서 거의 무한대의 권한을 쥐고 있었다.

괴벨스는 특히 라디오에 주목했다. 이 분야에서 그는 곧 완전한 단독 지배권을 행사하게 되었다. 오랫동안 괴벨스의 개인 보좌관이었던 모리츠 폰 쉬르마이스터(Moritz von Schirmeister)는 뉘른베르크 전범 재판에서 괴벨스가 선전부 중에서 라디오를 담당하는 제3국만큼 "그렇게 면밀히 관찰한" 부서는 없었다고 진술했다.[55] 생긴 지 채 10년도 되지 않은 이 매체를 괴벨스는 "본질상 권위주의적"[56]이라고 보았고, 그 후 텔레비전이 발명되기 전까지[57] "전체주의 국가에 자연스럽게 복무하는"[58] 대중 선동에서 가장 중요한 도구로 간주했다. 괴벨스에 따르면, 오로지 라디오만이 국민을 완전히 장악할 수 있게 해주는 것이었다. 이를 위해 필수불가결한 기술적 전제 조건들을 확보하기 위해 괴벨스는 방송국 네트워크를 확장하고, 길거리와 광장에 '제국 스피커 기둥'을 설치하고, 저렴한 수신 장비의 생산을 추진했다. '국민수신기(Volksempfänger)'라 불리며 76마르크에 판매된 이 라디오를 이후 국민들은 '괴벨스의 주둥이'라고 불렀다.[59]

괴벨스는 장관으로 임명되기 전부터 이 매체를 조직상 자신의 통제 아래 두는 작업을 추진했다.[60] 그는 "세계 최초의 현대적 라디오 방송 창출"이라는 야심을 품고 있었다.[61] 3월 중순 제국내무장관이 "방송의 인사와 프로그램의 과제와 정치 및 문화적 업무들"을 괴벨스에게 이관했다. 방송 담당 정치위원, 제국방송사 사장, 선전부 초대 방송국장 등을 역임했던 구스타프 크루켄베르크(Gustav Krukenberg)의 역할은 1933년 7월 오이겐 하다모프스키와 호르스트 드레슬러안드레스(Horst Dreßler-Andreß)에게 넘겨졌다.

불과 28살의 하다모프스키는 모든 방송국의 프로그램을 관장하는 제국방송연출담당관이자 제국방송사 사장이 되었고,[62] 드레슬러안드레스는 선전부 방송국장이 되었다. 그리고 그 전부터 이미 크루켄베르크는 내무장관이 아니라 국민계몽선전장관의 지시를 받고 있었다.[63] 한편 괴벨스와 제국우편장관 프라이허 폰 엘츠뤼베나흐(Freiherr von Eltz-Rübenach)는 3월 22일 이제까지 엘츠뤼베나흐가 행사하던 방송 감독권을 괴벨스가 전담한다는 데 합의했다.[64] 엘츠뤼베나흐는 우정국이 보유한 제국방송사 지분을 선전부에 넘겨주었고 우정국은 단지 제국방송사의 기술 관련 처리만을 담당하게 되었다.

3일 후 괴벨스는 방송국 사장들을 베를린의 '방송 회관'으로 소집했다. 괴벨스는 연단을 주먹으로 내려치면서 이제 누가 권력자인지를 분명하게 과시했다. "우리는 결코 숨기지 않는다. 방송은 다른 누구도 아닌, 바로 우리에게 속한다. 그리고 우리는 방송이 우리의 이념에 복무하도록 할 것이다. 방송에서는 그 어떤 다른 이념에 대해서도 발언해서는 안 된다."[65] 그는 연설을 마치며 방송국에 '최후의 마르크스주의 잔당들'을 제거하는 '정화 작전'을 지시했다.[66]

독립성을 잃고 베를린 중앙방송국 휘하의 제국방송국이 된 지역방송국의 사장들, 그리고 수많은 보도국, 공연국, 오락국 국장들과 지휘자들이 이 작전에 희생되었다. 괴벨스의 눈에는 "글쟁이, 자유주의자, 단순

기술자, 돈 버는 데 혈안이 된 자, 잡비 소비자"에 불과했던[67] 방송의 선구자들이 사회에서 사라져 갔다. 괴벨스의 장관 취임 몇 주 후 제국방송사는 방송의 '구조 조정'으로 방송사들에서 고위 간부 98명과 중간 간부 38명이 "떨어져 나갔고" 그 대신 "민족 봉기의 백전노장들"이 그 자리를 차지했다고 발표했다. 그들은 "지금까지의 활동과 개인적 자질을 통해, 방송이 괴벨스 박사가 제시하는 길로 전진할 수 있음을 보장한다."는 것이다.[68]

독일 사회는 "온갖 형태의 정치적 감화와 선전 선동의 경이로운 물결"[69]로 넘쳐나게 되었다. 처음 몇 달 동안은 나치의 최고 간부들이 다수의 국경일과 점증하는 대규모 집회에서 행한 연설들이 최우선으로 방송되었다. 정치의 현대화를 위해서는 가능한 모든 사안에서 정치를 '민족'에 집중하고 민족이 이를 함께 들을 수 있도록 해야 한다는 것이었다.[70] 출발은 제국의회의 엄숙한 개회식이었는데, 여기에 제국방송사와 '주간 뉴스'(영화관 상영을 목표로 제작된 선전용 뉴스 영화)가 처음으로 대규모 투입되었다.

괴벨스는 자신이 3월 4일을 '민족 각성의 날'로 선언했던 것같이, 3월 21일을 철저하게 '나치 격식'에 따라 '민족 봉기의 날'로 만들려 했다.[71] 그러나 그는 제국자위군, 철모단, 군주제 지지 단체들, 교회를 이 계획에서 배제하는 데 실패했다. 포츠담의 성 니콜라이 교회와, 성 베드로와 바울 교회에서 진행된 예배들, 프리드리히 대왕의 묘소인 가르니송 교회의 기념식, 마무리 퍼레이드 등의 행사들을 주최한 측은 모든 면에서 괴벨스에게 동의한 것이 아니었다. 그리고 그 행사들은 나치적 요소를 너무 적게 담고 있었다. 그래서 괴벨스는 히틀러에게 그날의 처음 행사들에 절대로 참가하지 말고 가르니송 교회에만 모습을 드러내라고 설득했다.[72] 대신 괴벨스는 지난 수 년간 베를린의 가두 투쟁에서 살해된 돌격

1933년 3월, 나치 행사를 찾은 힌덴부르크 대통령과 새로 임명된 히틀러 총리가 인사를 나누고 있다. 원수와 상병 출신의 두 남자가 악수하는 장면은 과거의 독일과 새로운 독일의 화해라는 상징적 의미를 지닌 것으로, 모든 독일인들에게 감동을 주었다.

대원들이 묻힌 루이젠슈타트의 묘지에서 '전사자 기념식'을 조직했다. 해외공보실장 한프슈탱글은 나중에 이를 '즉흥 연극의 걸작'[73]이라고 평했다. 물론 이는 즉흥적으로 조직된 것이 아니었다. '장례식'에 익숙한 괴벨스가 나치 운동의 '피의 희생자'들을 추모한 뒤 돌격대원들 사이로 걸어가 하켄크로이츠가 그려진 매듭이 달린 화환을 무덤 앞에 놓았고, 이어서 히틀러가 유가족들과 악수를 했다. 그러고는 모두가 잠시 침묵한 채 서 있다가 무덤으로 가서 같은 의식을 반복하였다. 이 모든 것은 상징적 의미를 띤, 틀에 박힌 의례에 불과했다.

루이젠슈타트 묘지를 출발한 그들은 자동차의 행렬을 지어 "끝없이 환호하는 군중들을 뚫고"[74] 1번 국도를 따라, 많은 사람들이 예복을 입고 기다리고 있는 포츠담으로 갔다. 당시 총리 히틀러는 특이하게도 갈색 나치 제복 대신 자주 입던 연미복과 실크해트를 착용한 채, 원수 제복을 입은 제국대통령과 함께 가르니송 교회에 입장했다. 괴벨스를 비롯한 장관들과 제국의회 의원들은 이미 교회 안에 앉아 있었다.

힌덴부르크는 황제 특별석 앞에 잠시 서서 원수 지휘봉을 인사하듯이 들어 올리고 나서 로이텐 찬송가의 "이제 모두 신에게 감사하자."라는 구절이 끝나자, 짧고 진지한 연설을 했다. 그는 그 연설에서 "자랑스러운 통일 독일을 축복하고 …… 이기심과 당파 싸움에 반대하기 위해 이 영광스러운 장소의 유서 깊은 정신"에 호소했다. 그 다음에 히틀러가 나서서 현장의 참석자들과 라디오를 듣고 있는 독일 민족에게, 스스로를 프로이센 전통의 수호자로 생각하는 사람들의 감성을 고려하여, 나치 독일은 과거를 계승하고 이 과거에 부끄럽지 않은 미래를 만들어 나갈 것이라고 열정적으로 연설했다. 그 행사에서 깊이 감명받은 괴벨스는 힌덴부르크의 눈에 눈물이 맺히는 것을 보았다면서, 모두가 "깊은 감동을 받았다."라고 썼다.[75]

원수와 상병의 악수 장면이 수백만 장의 엽서와 포스터로 유포된 그 '포츠담의 날'은 부르주아적·보수적 대중에게만 과거의 독일과 새로운 독일의 화해라는 최면을 건 것이 아니었다. 그날은 전 민족적 감동을 불러일으켰다. 〈베를리너 뵈르젠차이퉁〉은 독일 전역에 민족적 열광이 "마치 해일처럼" 퍼져 나가 "우리가 기대하던 것처럼, 여러 정당들이 이를 막기 위해 세운 둑을 넘어 흐르고, 그때까지 굳게 닫혀 있던 문들을 부수었다."라고 썼다.[76] 이 모든 것은 패전과 혁명 이후의 14년이 악몽이었을 뿐이고, 여러 해의 분열 후 이제 영광스러운 독일 역사의 길이 자연스럽게 다시 시작될 것이라고 믿게 만들려는 것이었다.

이런 분위기가 계속되어, 이틀 후 3월 23일 친위대가 봉쇄한 가운데 '새 시대'의 표지와 기치로 장식하여 임시 의사당으로 변신한 크롤 오페라 극장에서 심지어 중앙당과 독일국가당(Deutsche Staatspartei)조차 나치당의 전권위임법에 찬성하였다. 이날 나치당 소속 의원들은 갈색 제복을 입고 의사당에 나타났다. 박해와 체포로 숫자가 격감한 사민당 의원들만이 향후 4년간 히틀러에게 모든 권한을 위임하는 내용의 법안에 반대했다. 사민당 당수 오토 벨스(Otto Wels, 1873~1939)는 분명 그 상황에 대한 정치적 판단 착오를 범하기는 했으나, 투표 전에 용기 있는 연설을 했다. 이 연설에서 그는 사민당이 이 법을 거부하는 근거를 설명하고 나서 국민의 법 의식에 호소하고 박해받고 억압받는 사람들에 대한 경의로 연설을 마쳤다. "그들의 의연함과 충성은 외경심을 불러일으킵니다. 그들의 용기 있는 고백, 굽히지 않는 믿음은 더 나은 미래를 보장합니다."[77] 이는 의회 내에서 나치의 반대 세력이 한 최후의 연설이었다. 앞으로 의회는 오직 '총통 각하'의 연설을 위한 무대를 제공할 것이었다. 괴벨스가 흐뭇하게 일기에 쓴 것처럼, 바야흐로 나치는 "합헌적인 제국의 지배자"가 되었다.[78]

그 기억할 만한 제국의회 회의 다음날 괴벨스는 자신이 오래전부터 당 내부에서 촉구해 왔으며 히틀러가 내각에서 관철시킨 법안을 제출했다. 5월 1일을 독일 민족 국경일로 선포하여 독일 노동자 계급의 오랜 꿈을 실현한다는 내용의 법안이었다. 또 전반적인 경제난 극복을 목표로 하는 제국정부의 고용 창출 프로그램은 여론에 획기적인 일로 받아들여졌는데, 괴벨스는 이러한 조치들을 통해 자신이 오래전부터 공을 들여 오던 노동자 계급에 지속적인 영향을 끼칠 수 있으리라 기대했다.

그렇게 새 정권은 전 사회 계층에 각각 무엇인가를 제공하려 했다. 그러나 이에 동참하지 않거나 반대하는 자는 박해를 받고 재교육을 받았으며, 재교육을 거부할 때는 "지워졌다." 비판은 오로지 "수용소로 가는 것을 겁내지 않는" 자들에게만 허용된다고 괴벨스는 〈공격〉에서 협박했다.[79] 그는 베를린 관구장으로서 돌격대가 그러한 조치를 실행하도록 지시했다. 괴벨스는 수용소에 격리된 사람들 중 동프로이센 출신의 저술가 에른스트 비허르트(Ernst Wiechert) 같은 몇몇 사람들을 "앞으로 끌고 나와", 극도로 야만적인 언어로 '공개 탄핵'을 거행했다. 그의 표현에 따르면, 그들을 정신적으로 '도살'한 것이다.[80]

괴벨스는 자신의 증오심을 분출하는 이러한 연설들을 통해 만족감을 느꼈다. 그는 제국의사당 화재 사건 이후 계속되는 복수의 난장에서 즐거움을 느꼈는데, 그 와중에 수천 명이 수용소로 끌려갔다. 그중에는 사회민주주의자 율리우스 레버(Julius Leber), 노조 활동가 빌헬름 로이슈너(Wilhelm Leuschner), 무정부주의자 에리히 뮈잠(Erich Mühsam) 등이 있었다. 괴벨스는 뮈잠을 가리켜 즉결 처분해야 할 '유대인 선동가'라고 말했는데, 그는 실제로 1934년 오라니엔부르크 수용소에서 고문으로 사망했다. 괴벨스는 이외에도 자신이 '방송 남작들'이라고 부른, 다수의 라디오 방송국 사장들을 오라니엔부르크 강제수용소로 보냈다.[81] 돌격대원들은 1930년 호르스트 베셀을 사살한 붉은전사동맹원 '알리' 휠러를 범죄 사실을 날조해 감옥으로 끌고 간 후 베를린 근교 숲에서 야만스러운 방식으로 살해했다.[82]

괴벨스는 장관 취임 첫날부터, 과거 독일의 불행에 책임이 있다고 생각한 자들뿐 아니라 앞으로 민족의 존속에 위협이 될 것이라 생각한 자들을 제거하는 것, 즉 유대인에 적대하기 위해 선전부를 이용하는 것을 자신의 '책무'로 생각했다. 괴벨스는 나치주의자들이 "그 어떤 행위라도 할 용의가 있음"[83]을 그들에게 분명히 보여주려 하였다. 그들이 추구하는 그 상상을 초월하는 일, '독일 민족의 몸'으로부터 유대인을 '제거'하는 일의 첫 번째 봉화를 준비하기 위해, 히틀러는 선전장관 괴벨스를 베르히테스가덴으로 호출했다. "산중의 고독 속에서",[84] 그의 말에 따르면 "가장 명료하게 사고할 수 있는"[85] 그곳에서 '총통 각하'는 독일의 유대인들을 처리할 대규모 작전을 결심하였다.

3월 26일 괴벨스는 히틀러가 나치당의 최고 지도자들과 함께 회의를 열기로 한 베르크호프 산장에 도착했다. 그 회의 중에 선동적인 언론 〈돌격자〉의 발행인이자 유대인을 증오하는 율리우스 슈트라이허가 앞으로 유대인 제거와 관련된 기획과 조직을 담당할 '중앙위원회' 의장으로 위촉되었다. 이 위원회에는 과거 괴벨스의 부하 직원이었으며 당시 나치 공장 세포조직 부의장인 무호브와 하인리히 힘러, 로베르트 라이 등이 속하게 되었다.[86] 참석자들은 독일 민족과 정부 각료들에게 이 작전을 설득하려면 그전에 자주 선전했던, "유일하게 책임을 져야 하는 국제적으로 활동하는 유대인"이라는 '인식'을 넘어서는 또 다른 '계기'가 필요하다는 데 합의했다. 이 작전을 위해 영국과 미국 신문들이 히틀러와 파펜 정부에 보이는 비판적 태도(괴벨스는 "진저리나는 선동"이라고 불렀다)를 구실로 삼았다. 그러한 비판적 입장들은 다시 "해로운 유대인"의 음모로 해석되었다. 그리하여 유대인 보이콧은 결연하게 실행하되, 제국 보호를 위한 방어 조치라는 성격을 유지해야 했다.[87]

괴벨스는 격문을 준비했다.[88] 여기서 그는 히틀러의 결정에 따라 모든 당 조직들에 1933년 4월 1일 독일 내 유대인 상점에 대한 불매 운동을 촉구했다.[89] 11번째 조항에는 다음과 같은 구절이 들어 있었다.

국가사회주의자들이여, 그대들은 단 한 번의 공격으로 '11월 국가'*를 무너뜨린 기적을 이루었다. 그대들은 이 두 번째 숙제도 마찬가지로 해결할 것이다. 국제적으로 활동하는 전 세계 유대인들은 똑똑히 알아야 한다. ······ 우리는 독일에서 마르크스주의 선동가들을 끝장냈다. 그들이 이제 외국에서 반역 행위를 계속한다고 해도 결코 우리를 무릎 꿇릴 수 없을 것이다. 국가사회주의자들이여! 토요일 10시 정각 유대인들은 자신들이 누구에게 싸움을 걸었는지 알게 될 것이다.[90]

....
11월 국가 1918년 11월, 군주제를 무너뜨리고 등장한 바이마르공화국을 의미한다.

괴벨스 선전장관은 자신이 공식적으로 업무를 시작한 바로 그 보이콧의 날, 베를린의 루스트가르텐 공원에서 "세계 유대인의 가공할 선동에 맞서는" 연설을 했다. 독일의 모든 방송국을 통해 방송된 이 연설에서 괴벨스는 독일의 유대인이 영국이나 미국의 유대인들이 독일 정부를 비방하는 데 자신들의 책임이 없다고 주장한다면, 나치주의자도 유대인들이 "지극히 합법적으로" 보복을 당하는 데 책임을 질 수 없다고 선언했다. 그로부터 며칠 후 이러한 선언은 '직업공무원제 재건'을 위한 법률 규정에서 현실화되었다. 이 법률은 '비(非) 아리안' 민족을 공공부문의 직업 활동에서 쫓아내는 것을 골자로 하고 있었다. 나아가 괴벨스는 유대인의 '죄악들'은 잊혀지지 않고 있다고 위협했다.

    2백만 명의 독일 군인들이 플랑드르와 폴란드의 무덤에서 일어나, 독일에서는 유대인이 영웅의 이상이 모든 이상 중 가장 어리석다는 미친 소리를 써갈겨댈 수 있었다고 비통해할 것이다. 2백만 명이 일어나, 유대인 잡지 〈벨트뷔네〉가 "군인은 언제나 살인자"라고 쓸 수 있었다고, 유대인 교수 테오도어 레싱(theodor Lessing)이 "독일 군인들은 개똥 같은 일을 위해 전사했다."라고 쓸 수 있었다고 비통해할 것이다.[91]

그는 뒤이어 '우리의 자랑스러운 사명'을 신봉할 것을 호소하였는데, 이 호소는 바로 그날 현실화되었다. 제국 곳곳에서 유대인 시민들이 이리저리 끌려 다니고, 그들의 상점 앞에는 돌격대 초소가 세워졌다. 상품 진열대에 낙서가 휘갈겨지거나 유리가 깨졌다. 라이프치히에서는 유대인 교회당과 유대인 회관들이 수색을 당했다.[92] 베를린의 상황을 면밀하게 주시하던 괴벨스는 이를 "인상적인 연극"으로 받아들이면서, "모범적인 규율"[93]에 만족스러워했다. 물론 국민들이 이 모든 일을 괴벨스의 기대처럼 그렇게 긍정적으로 받아들인 것은 아니었다.

1933년 4월 1일, 유대인 상점 앞에서 불매 운동을 벌이고 있는 나치 돌격대 대원들. 괴벨스는 히틀러의 결정에 따라 모든 당 조직들에 독일 내 유대인 상점에 대한 불매 운동을 촉구하는 격문을 발표했다.

나치의 축제 달력에서 중요한 날이 된 히틀러의 생일에는 더욱 인상적인 경축 행사를 벌이려고 하였다. 괴벨스는 히틀러 생일 전날 저녁 모든 방송국을 통해 송출된 연설에서 '총통 각하'를 민족의 구원자로 찬미했다. 다음날인 4월 20일에는 전국에서 행진, 깃발 퍼레이드, 기념행사들이 열렸다. 그 절정이 지나가자마자 괴벨스 장관은 5월 기념축제 준비에 골몰하기 시작했다. 내각으로부터 행사 실행을 위촉받은 괴벨스는 세계적으로 초유의 대중적 사건, "조직과 대중 집회의 결작"[94]을 만들어야 한다며 열에 들떴다. 며칠 동안 그는 한케, 그리고 전직 하노버 관구 선전책이자 현재 선전부 내 집회 및 국경일 담당자이며 대중 행진 전문가로 알려진 레오폴트 구터러(Leopold Gutterer)와 함께, 템펠호퍼펠트 비행장의 야간 기념행사를 기획했다.

9장 모두가 우리에게 빠져들 때까지, 우리는 인간들을 개조할 것이다 괴벨스가 이끄는 행사 준비팀은 이 과정에서 곧 베를린 공대 조교 출신으로 1931년 돌격대에, 그 다음해에 친위대에 가입한 젊은 건축가를 만나게 된다. 출세주의자 알베르트 슈페어*는 선전부의 계획 중 '사격 축제(Schützenfest, 19세기 독일 자유군단 전통에 따라 사격 대회를 비롯해 각종 행사들이 벌어지는 민중 축제)에 비유되는 행사의 장식 부분의 기획을 맡았는데, 이 때문에 곧 괴벨스의 주목을 받게 되었다.[95]

선전장관의 작업은 고향 라이트 방문으로 잠시 중단되었다. 나치당이 지배하는 그의 고향 라이트 시의회는 괴벨스의 어릴 적 친구이자 그를 나치당으로 이끈 프리츠 프랑의 제안에 따라 괴벨스에게 명예시민증을 수여했다. 20세기 초, 그 지적인 괴짜를 신체 장애를 이유로 낙인찍고 동정하고 조롱하던 그들, 그 도시를 떠났다가 나치당 연설자로 돌아온 그를 비웃던 사람들이 지금은 그의 환심을 사기 위해 애쓰고 있었다. 그래서 "인간이라는 협잡꾼"에 대한 괴벨스의 경멸은 더욱 강해질 수밖에 없었다.

그는 일기 중 출판된 부분에서 라이트 시의회의 제안을 받아들인 것은 오직 어머니 때문이었다고 썼지만, 물론 이는 전혀 사실이 아니었다.[96] 그보다 괴벨스는 그들에게, 그리고 무엇보다 자기 자신에게 과시하려는 욕구가 강했다. 1933년 4월 23일 오후 특별기 편으로 쾰른에 도착, 승용차를 타고 라이트로 빠르게 지나쳐 가는 '제국장관님'을 향해 도로에 늘어선 군중이 손을 흔들어대던 그때, 그리고 소도시 라이트가 깨끗이 단장을 마치고, 시의회가 괴벨스가 자란 달렌 거리를 경의의 표시로 요제프 괴벨스 거리로 개명하기로 하였을 때, 괴벨스는 이 모든 것을 소외당한 지난 시절의 보상으로 받아들였다.

괴벨스를 위한 기념행사는 굉장히 다채로웠다.[97] 행사는 그가 도착한 날 저녁 유명한 여배우 마리아 파우들러(Maria Paudler)가 출연한 가운데 시민회관에서 공연된 막스 할베(Max Halbe, 1865~1944)의 〈청춘〉으로 시작하였고, 다음날 아침 괴벨스가 다닌 라이트 고등실업학교 방문으로 이어졌다. 〈라이터 차이퉁〉은 괴벨스가 예전 자신을 가르친 교사들과 "오랫동안 악수를 나누면서" "심리적 흥분" 때문에 거의 한마디도 못했다고 썼다. 그러고 나서 그들은 함께, 괴벨스가 1917년 초 아비투어 최우수 학생으로 연설을 했던 바로 그 대강당 앞에 모여 있는 학생들에게로 갔다. 하링(Harring) 교장은 괴벨스를 "이 학교의 자랑거리, 이 도시의 긍지, 조국 독일의 영광"이라고 찬양했다. 교장은 괴벨스의 "높고 자랑스러운 성공"의 기초는 "제국장관님"이 "내가 그야말로 인문주의적이라 말하고 싶은" 그러한 성장과 교육 과정을 거친 데 있다고 말했다. 그는 인문주의를 "매우 일반적인 목표, 즉 호모 후마누스(Homo Humanus), 참된 인간, 조화롭게 형성된 성격이라는 목표"로 생각한다는 것이다.[98]

저녁에는 시 당국의 고위 공무원들, 시의회 의원들, 수많은 귀빈들이 화려하게 꾸며진 시청에 모여들었고 그곳에서 괴벨스는 글라트바흐라이트 시의 명예시민증을 수여받았다. 귀빈 중에는 괴벨스의 부인 마그다, 의붓아들 하랄트, 어머니, 누이 마리아, 형 콘라트와 한스, 그리고 학창

슈페어(Albert Speer, 1905~1981) 1933년 히틀러 집권 이후 총리청과 선전부 청사 등 나치의 주요 건축 사업과 뉘른베르크 전당대회 등 주요 행사들을 기획하였고, 탁월한 조직 능력을 인정받아 단기간에 히틀러의 최측근으로 부상했다. 1938년 베를린을 '게르마니아'라는 세계의 수도로 만든다는 대사업을 기획했다. 1942년 무기탄약부(군수부의 전신) 장관, 1943년 군수장관을 맡아 전시 경제 전체를 책임지게 되었고, 공습으로 인한 인프라의 파괴와 지하자원 수송의 어려움에도 불구하고 군수품 생산을 기록적으로 높였다. 그의 군수품 생산에는 대부분 강제 노역자들이 투입되었고 그는 이를 위해 힘러의 친위대와 협력했다. 1945년 패전이 확실해진 시점에서 히틀러가 지시한 독일 산업과 인프라 파괴 정책(네로 명령)에 저항했다. 종전 후 뉘른베르크 전범재판에서 20년형을 선고받아 복역한 후 1966년 석방되었다. 옥중에서 저술하여 전후 독일에서 베스트셀러가 된 《비망록》에서 자신을 히틀러의 매력에 이끌려 들어간 비정치적 관료로 묘사했다.

시절 친구이자 아비투어 동기 프리츠 프랑도 있었다. 시장 한트슈마허(Johannes Handschumacher)의 미사여구로 가득한 수다스러운 찬미는 "신은 영원히 라이트와 함께하십니다. …… 하일, 하일, 하일!"로 끝났다.[99] "독일, 모든 것 위의 독일"이 합창된 뒤, 명예시민은 시청의 옥외 계단에 서서 '아돌프 히틀러 광장'에 빼곡히 들어찬 군중에게 연설했다. 그는 "사상으로 충만하고, 성스러운 광신과 매혹적인 불길로 가득한 연설"을 통해, 라이트가 곧 글라트바흐로부터 분리될 것임을 선언했고, 이에 참석자들은 "형언할 수 없는 환호"로 화답했다. 제국선전장관은 그들의 유일한 명예시민이었다.[100]

그날 행사의 마지막은 요제프 괴벨스 거리의 횃불 행진이었다. 열병 행진곡과 호르스트 베셀의 노래가 울려 퍼지는 가운데, 그 도시의 아들 괴벨스는 부모의 집 앞에 세워진 무개차 위에 서서 팔을 높이 든 채 행진을 지켜보았고, 가족들은 그 작은 집의 좁은 창문을 통해 스펙터클한 광경을 내다보고 있었다. 괴벨스는 뤼텐셔잘 홀에서 오랜 지인들과 라이트의 당원들을 만난 후 팔라스트 호텔에서 짧은 밤을 보내고 다음날 베를린으로 출발하면서 대단히 흡족했다. 지역 신문의 한 기자는 "라이트가 일찍이 경험하지 못했던 하루, 변화무쌍한 이야기를 담은 특별한 하루"가 지나갔다고 썼다.[101]

베를린으로 돌아온 괴벨스는 다시 '민족 활동의 날' 준비에 몰두했다. 그날은 선전 선동이 거창한 승리를 거두는 날이 되어야 했다. 수십만 명이 템펠호퍼 펠트에 슈페어가 마련한, 대형 하켄크로이츠 깃발들로 장식된 거대한 무대 앞에 운집해, 격문과 노래와 놀이가 있는 그 엄청난 구경거리와 '총통 각하'의 연설을 지켜보았다. 초대된 외교사절 중 한 사람인 프랑스 대사 앙드레 프랑수아퐁세(André François-Poncet)는 다음과 같이 썼다. "괴벨스가 몇 마디를 늘어놓고 나서, 히틀러가 연단에 올라섰다. 모든 탐조등이 꺼지고 단 하나의 탐조등만이 총통을 휘황하게 비추

• 라이트의 명예시민이 된 괴벨스의 달렌 거리에 있는 집(1933년 4월 23일). 이때부터 달렌 거리는 요제프 괴벨스 거리로 불리게 되었다. •• 라이트 시 의회의 요청을 받아 명예시민증을 수여받기 위해 고향 집에 온 괴벨스. 그의 왼쪽에는 부관 카를 한케이다. ••• 1933년 4월 24일 새로운 명예시민 괴벨스의 연설이 행해진 라이트 시의 아돌프 히틀러 광장.

고 있었다. 그리하여 그는 마치 동화 속의 배가 군중의 물결 위에 떠 있는 것처럼 보였다. 교회와 같은 정적이 감돌았다. 히틀러가 말하기 시작했다."[102]

최초의 노동자 국경일의 대미를 장식한 것은 거대한 규모의 불꽃놀이였고, 그중에서도 절정은 벵골 꽃불로 찬연하게 빛나는 '총통 각하'의 대형 초상화였다. 불꽃놀이가 끝나자 괴벨스도 자신이 연출하여 백만 명에 가까운 사람이 참가한 그 거대한 행사에 감격했다. 괴벨스는 몇 년 전까지만 해도 기관총을 서로에게 갈겨대던 베를린 시민들이 이제 온 가족이 함께, 노동자도 부르주아도, 상류층도 하류층도, 사업가도 부하 직원도 몽땅 길거리로 나왔다고 적었다.

> 사람들은 엄청난 열광에 도취했다. 호르스트 베셀의 노래는 가없는 저녁 하늘로 경건하고 강렬하게 퍼져나갔다. 방송은 그 목소리들을 …… 독일 전역에 실어 날랐고 …… 곳곳에서 함께 노래했다. 여기서는 아무도 소외 당하지 않고, 여기서 우리는 모두 뭉쳐 있다. 우리가 형제들로 이루어진 하나의 민족이 되었다는 말은 더 이상 빈말이 아니다.[103]

하나의 민족이란 이상은 비전에 그쳤지만, 갈색 권력이 행사된 후 몇 개월 만에 나치의 반대 세력이 붕괴하기 시작한 것은 사실이었다. 노동자 계급의 상당수가 자신들의 정당과 노조에 등을 돌렸기 때문에, 당시 속속 추진되고 있던 정당과 노조 탄압이 더욱 손쉽게 이루어질 수 있었다. 5월 2일 친위대와 돌격대는 독일 전역에서 어떠한 저항에도 부딪히지 않고, 노조 회관들과 노조에 속한 사업체들과 노동자 은행들을 점령했다. 그 직후 괴링의 지시에 따라 사민당과 사민당의 참전군인 조직인 제국군기단의 모든 당사와 재산을 몰수했다.

3월 경찰 지휘권에서 시작하여 각 주 정부에 타격을 주었던 획일화의 눈사태는 곧 그외 정당, 조직, 이익단체들을 덮쳤다. 개신교회는 고백교회*와 독일기독인*으로 분열되는 대가를 치르기는 했지만, 어느 정도 저항할 수 있었다. 그에 비해 가톨릭교회는 처음에는 나치즘에 저항할 것을 선언했지만, 히틀러가 추진한 제국종교협약*을 가능하게 한 일련의 협상을 거치며 '갈색 수로'로 빠져들었다. "신앙 고백과 가톨릭 종교의 자유"를 엄숙하게 선언하고 있는 제국종교협약은 독일 가톨릭 신자들에게 영향을 끼쳤던 것이다.

각 주의 대학들에서도 자신의 견해를 주장하려는 의지는 박약했다. 수많은 대학교수들은 그들이 학술 분야에서 오랫동안 이론화했던 것들이 '민족공동체'와 '유기적 지도자주의'를 선전하는 나치를 통해 구현되고 있다고 생각했다. 철학자 하이데거(Martin Heidegger, 1889~1976), 예술사학자인 핀더(Wilhelm Pinder, 1878~1947), 외과의사 자우어브루흐(Ernst Ferdinand Sauerbruch, 1875~1951) 같은 저명한 교수들은 곧 격문과 충성 맹세문 아래 자신의 이름을 올렸다. 독일대학생협회(Deutsche Studentenschaft) 역시 시대에 부응하는 모습을 보이려 했는

고백교회(Bekennende Kirche) 나치의 '비 아리안인'의 성직 금지 조치에 반대하여 1934년 결성되어 나치의 획일화 및 교회 통제에 저항한 개신교 교단. 소속 신학자로는 마르틴 니묄러, 디트리히 본회퍼 등이 유명하다.
독일기독인(Deutsche Christen) 나치에 의해 획일화되어 기독교와 나치의 통합을 추구했던 교단으로 민족주의 신학을 내세웠다.
제국종교협약(Reichskonkordat) 독일 국가와 가톨릭교단의 관계를 규정하기 위해 1933년 7월 20일 독일제국과 교황청 간에 체결된 종교협약. 현재 독일연방공화국에도 유효하다. 나치의 사회 전반에 대한 획일화를 앞둔 시점에서, 가톨릭중앙당 및 가톨릭 계열 노조 등의 정치 세력과 독일 주교들을 배제하고 교황청과 직접 협상을 통해 효과적인 국내외 선전과 나치 정권에 유리한 국면을 조성하려는 목적으로 이루어졌다. 이를 통해 독일 가톨릭 신자들의 나치에 대한 거부감이 약화되고 나치의 국제적 신망이 높아지는 효과를 거두었다.

데, 그 단체의 중심에는 1931년 7월 이래로 나치주의자가 버티고 있었다. 독일 최대의 자발적 학생단체인 독일대학생협회의 지도부는 '순수성' 이론에 관한 한 국가사회주의 대학생동맹을 능가하려고 시도했다.[104]

4월 2일과 9일 독일대학생협회에서 파견한 대표가 5월 초로 계획된 '파괴적' 저술들의 '상징적' 분서 행사를 선전부의 대표자와 논의했고, 10일에는 선전부에 재정 지원을 요청했다. 그 '파괴적 저술'이란 유대인과 마르크스주의자, 그밖에 '비독일적' 저자들의 저술을 가리켰다. 그들은 신청서 수신인에게 지원금 지급을 "당 동지 괴벨스 장관님"께 권고해 달라고 청했다. 신청서에 첨부된 베를린 분서 행사 기획안에 연설자로 이름이 올라간 괴벨스 장관은 그 프로젝트에 원칙적으로 찬성하면서도 개인적 이유 때문에 다소 복잡한 감회를 느끼고 있었다. 왜냐하면 그 자신이 유대인 대학교수인 군돌프와 발트베르크에게서 공부했기 때문이었다. 열정적인 독일의 애국사인 발트베르크는 얼마 전 '직업공무원제 재건'을 위한 법률이 발효되면서 '비 아리안'이라는 이유로 교수 명단에서 제명되었다. 괴벨스는 젊은 시절 이 두 교수를 열광적으로 예찬했고, 세상의 타락이 유대인 때문이라고 생각하기 시작했을 때조차 그의 끝없는 증오는 그 두 교수만은 피해 갔다. 괴벨스는 분서 행사에서 연설을 할 경우 적들이 자신의 이러한 과거에 주목하게 될 것을 우려했다. 그래서 그는 일단 그날 연설을 할 것인지 여부를 독일대학생협회측에 확실히 통보하지 않았다. 학생회가 5월 3일 다시 한 번 서면으로 5월 10일 저녁 "사자후를 토해 달라."고 요청하자, 그의 보좌관이 괴벨스의 승낙을 통보했다.

괴벨스는 자정 가까운 시간(이 시간에 독일의 여러 대학 도시에서 화형용 장작더미가 불타고 있었다) 무개차를 타고 베를린의 유서 깊은 프리드리히 빌헬름 대학교 건너편 오페른 광장에 도착했을 때, "그 일에 그리 열광하지 않는 것처럼"[105] 보였다. 그러나 괴벨스는 "비독일적 정신에 반

총리청 정원에서 이야기를 나누는 히틀러와 괴벨스 부부. 금발에 푸른 눈을 가진 마그다 괴벨스는 나치 독일을 대표하는 여성의 전형으로 불렸으며, 특히 히틀러와 좋은 관계를 유지해 남편 괴벨스의 경력에 많은 도움을 주었다.

대하는" 연설 앞머리에서 "위험한 유대적 지식인주의 시대"의 종말을 선언했다.[106] 2만 권의 책이 불타는 가운데 그는 "11월 공화국의 정신적 기초가 무너지는 것"을 보았다.[107] 그러나 그는 한밤중 불길이 타오르는 가운데 라디오로 중계된 짧막한 연설에서 평소의 컨디션을 유지하지 못하는 것처럼 보였다. 골로 만(Golo Mann, 1909~1994, 작가, 토마스 만의 아들)은 괴벨스가 평소처럼 "걸걸하고 거친 목소리"로 선동하지 않고 "다소 세련되게" 이야기했고 "선동하기보다는 오히려 자제시키려는 듯 했다."고 회상했다.[108] 당시 대학생이던 골로 만은 그 자리에서 독일의 지적·문화적 삶에서 가장 귀중한 보물들이 뿌리 뽑히고 괴벨스가 그것들을 "선정적인 유대인 문필가들"의 "정신적 오물"로 비난하는 장면을 지켜보고 있었다.[109]

9장 모두가 우리에게 빠져들 때까지, 우리는 인간들을 개조할 것이다 괴벨스 못지않게 과격하게 나치즘에 경도된 그의 아내 마그다 또한 이 무렵 정권을 위해 봉사하고 있었다. 5월 14일 그녀는 남편이 자랑스럽게 칭송하듯이, "완벽한 형식으로"[110] 라디오에서 최초의 어머니의 날 연설을 했다. 여기서 그녀는 '독일의 어머니들'이 '이미 본능적으로' 히틀러를 지지하고 있으며, "그의 드높은, 정신적이고 도덕적인 목표들을 인식하고 열광적 지지자이자 열렬한 전사가 되었다."[111]라고 역설했다. 금발에 푸른 눈을 가진, 선전장관의 배우자는 나치 독일을 대표하는 여성으로 매우 적절했다. '독일의 현대 여성'이라는 상투적 선전에 잘 들어맞았던 것이다. 괴벨스가 일목요연하게 표현한 바에 따르면, 독일의 현대 여성은 '남성적' 특징을 가진 나치 국가에서[112] 오로지 "아름다워야 하고, 아이를 낳아야 하는" 과제만을 지닌다.[113]

개인적으로 언제나 히틀러와 매우 좋은 관계를 유지하고 있던 마그다는 벼락출세한 괴벨스에게 여러 측면에서 도움을 주었다. 현대의 외국어에는 한 가지도 능통하지 못했던 괴벨스와 달리, 마그다는 여러 언어를 구사할 줄 알았는데, 특히 이탈리아어 실력은[114] 괴벨스 부부의 첫 번째 해외 여행인 1933년 5월 말 로마 방문에서 큰 도움이 되었다. 우아하고 사교에 능숙한 그녀는 효과적이고도 당당하게 등장했다. 괴벨스가 이 공식 방문에서 '제대로 된 인상'을 남길 수 있을지에 대한 불안과 동요를 이길 수 있었던 것은 마그다 덕분이었다.[115] 괴벨스는 이 시기에 일기에 여러 차례, 마그다가 자신의 일을 얼마나 '뛰어나게'[116] 처리하는지 썼다. 이는 무엇보다도 무솔리니가 참가한 공식 만찬에서 잘 나타났다. 그녀가 '정복한 저명인사'[117] 중 하나가 된 무솔리니는 그녀에 대해 '환상적'이라고 표현하며 칭찬을 아끼지 않았다.

그러나 그녀는 괴벨스에게 자신감을 준 것만이 아니라, 나름대로 야심을 가지고 그의 정치 권력의 위상을 지켜보고 있었다. 그리하여 괴벨스가 다른 부처들과 관할 문제 때문에 '많은 불화'를 겪게 되었을 때,[118]

그녀도 함께 고통스러워했다. 불화의 원인은 힌덴부르크가 서명한 부처 설치령에 이 신설 부처의 업무에 대한 명확한 규정이 들어 있지 않았기 때문이다. 법령은 총리에게 이 부처의 관할권을 결정하라고 위임하고 있었다.[119] 그런데 히틀러가 이 일을 의식적으로 어느 정도 방치했기 때문에, 각 부처 간의 분쟁은 피할 수 없었다.

처음에 괴벨스는 제국 내무장관 프리크와 가장 심각한 분쟁을 겪었다. 그때까지 제국 차원의 문화적 사안의 관할권을 주로 내무부가 가지고 있었기 때문에, 내무부는 신설된 선전부에 가장 많은 권한을 이양해야 했던 것이다.[120] 게다가 괴벨스는 튀링겐 내무장관 및 국민교육장관을 역임한 프리크를 결코 깔볼 수 없었기에 문화 문제에서 핵심 경쟁자로 생각했다. 그러나 괴벨스는 교활한 모사꾼 풍크의 열성적인 보필에 힘입어 프리크를 교묘하게 따돌리는 데 성공했다. 괴벨스는 곧 의기양양하게 일기에 기록했다. "제국내무부의 문화국 전체가 이제 내 손에 들어왔다."[121]

프리크와의 분쟁 때문에 1933년 6월 30일에야 공포된 "국민계몽선전 제국장관의 업무에 대한 제국총리 명령"[122]에서, 히틀러는 괴벨스가 원한 것을 빠짐없이 허용하지는 않았지만,[123] 그래도 거기에는 괴벨스가 "민족의 정신적 감화의 모든 업무들을 책임진다."라고 씌어 있었다. 내무부 업무 영역 중에서 그의 수중으로 들어온 것은 "일반적인 국내 계몽, 정치 관련 대학 교육, 내무부 장관이 참여하는 가운데 국경일과 국가 경축 행사의 도입 및 거행, 언론(언론학 연구소 포함), 방송, 국가(國歌), 라이프치히 소재 독일도서관, 미술, 필하모니 오케스트라를 포함한 음악 장려, 연극, 영화"와 "저속한 잡동사니 척결" 등이었다.[124]

경제부와 식량부는 괴벨스에게 상업 광고, 전시회, 박람회, 홍보 분야를 넘겨주어야 했고, 교통부는 교통 광고 분야를 넘겨주어야 했다. 또 총리의 명령에 따라 외무부는 업무 영역 중 "해외 첩보와 정찰, 해외 예술,

미술 전시회, 영화와 스포츠 분야'를 선전부에 넘겨주었다. 그때까지 외무부에 속해 있던 제국정부 공보실 역시 선전부로 들어왔다. 5월 10일 괴벨스는 고위 회담에서 이를 관철하기 위해 강하게 밀어붙여야 했다.[125] 외무장관 콘스탄틴 폰 노이라트*는 처음에는 이를 수긍하려 하지 않았다. 5월 16일 그는 괴벨스에게 교섭 대표단을 보냈으나, 그들은 괴벨스의 완강함과 설득 능력에 맞서 성공을 거두지 못했다. 5월 24일 다시 열린 고위 회담에서 히틀러 총리는 '열정적으로' 괴벨스의 입장을 변호했다. 그러한 히틀러의 '엄명'(괴벨스는 그렇게 생각했다)에 따라[126] 선전장관은 적극적 해외 선전 분야를 넘겨받게 되었고, 노이라트는 결국 아무런 소득도 거두지 못하였다.[127]

괴벨스와 괴링의 관계는 괴벨스가 장관으로 임명된 이후 눈에 띄게 호전되고 있었지만, 1933년 여름 관할권 문제로 다시 충돌했다. 더는 소외감을 느끼지 않았던 괴벨스는 4월 괴링이 프로이센 주총리에 임명된 데 축하 인사를 보냈다. 이는 마침내 "이 최대의 주에서도 분명하고 확고한 나치 노선이 확보되었기" 때문이기도 했다.[128] 괴벨스는 얼마 전까지만 해도 괴링의 정책을 '반동적'이라고 비방했지만, 다음달 그 비쩍 마른 선동가와 뚱뚱한 플레이보이는 '담화'를 하면서, 한때 갈등을 빚었던 그들 관계에서 가장 심각하게 말썽을 일으킨 것은 '밀고자들'이었다고 밝혔다.[129]

그러나 그러한 단합은 오래 가지 않았다. 베를린의 국민극장, 놀렌도르프 극장, 독일 오페라하우스 등의 제국 극장들을 지배한 괴벨스는[130] 끊임없이 "제복 입고 우쭐거리는" '뚱보'의 흉을 봤다.[131] 괴링이 6월 겐다르멘마르크트와 운터 덴 린덴 거리의 프로이센 국립극장*의 관할권을 포기하지 않으려 하자,[132] 괴벨스는 지체 없이 그 숙적의 '뻔뻔스러운 과대망상'을 적으면서,[133] 괴링이 귀족 '반동들'에게 지나치게 관대하다는 과거의 논리를 다시 끄집어냈다.[134] 이 국립극장에 비교하면 괴벨스가 장악하고 있는 극장들도 모두 빛이 바랠 정도였던 것이다. 괴벨스가 제아무리 줄기차게 시도를 해도, 괴링은 이 '보물'을 빼앗기지 않으려 했다.

괴링이 선전부 장관의 방송 독점권에 도전장을 내밀면서, 그들의 갈등은 공개적인 양상을 띠기 시작했다. 괴링은 6월 12일 여러 제국장관과 주 정부에 돌린 '회람'에서, "방송 행정이 한 곳, 이를테면 제국정부에 의해 이루어지는 것은 매우 부적절하다. 방송은 제국과 각 주들의 다양한 유형과 다양한 강도의 이해관계들이 복잡하게 얽혀 있는 문제이다. 그러므로 방송 행정은 오로지 제국과 각 주의 긴밀한 공조를 거쳐서만 제대로 이루어질 수 있고, 그래야 중요한 이 국가 행정 분야에서 최고의 성과를 거둘 수 있다."라고 주장했다.[135]

6월 17일 이 회람의 내용을 전해 들은 괴벨스는 이를 "공격을 가할 계기"로 받아들였다.[136] 괴벨스는 그 편지를 "파렴치한 짓"이라고 부르고, "격렬한 분노"를 터뜨렸으며, 가능하면 "곧바로 히틀러에게 날아가" 그

노이라트(Konstantin von Neurath, 1873~1956) 튀빙겐 대학과 베를린 대학에서 법률을 공부한 뒤, 1903년 외무부에 들어갔다. 1차 세계대전이 끝난 뒤, 덴마크 공사, 이탈리아 대사, 영국 대사를 역임했다. 1932년 6월 이후 파펜 내각과 슐라이허 내각에서 외무장관으로 일했으며 1933년 나치당이 정권을 장악한 뒤에도 계속 유임되었다. 노이라트는 히틀러의 팽창주의적 외교정책을 그럴 듯하게 포장하는 역할을 수행했다. 1938년 2월 히틀러는 요아힘 폰 리벤트로프를 기용하기 위해 노이라트를 쫓아냈고 이듬해 3월 보호령인 보헤미아와 모라비아의 총독으로 임명했다. 그 뒤 히틀러는 노이라트의 통치가 너무 관대하다는 이유로(실제로는 상당한 수준의 착취와 억압을 행했는데도) 1941년 9월 그를 해임했다. 유럽에서 2차 세계대전이 끝나가던 무렵 프랑스 군에 체포되었고 뉘른베르크 국제군사재판소에 회부되어 15년 금고형을 선고받았다. 8년 1개월을 복역한 뒤 1954년 11월 슈판다우 감옥에서 풀려났다.

프로이센 국립극장 프로이센 국립극장은 겐다르멘마르크트의 연극 극장과 운터 덴 린덴의 국립오페라 극장으로 나뉘어졌다.

에게 결정을 내리도록 종용하고 싶었다. 그러나 괴벨스는 결국 "상황이 무르익을 때까지" 기다렸다.[137] 괴벨스는 괴링이 불리하다는 사실을 믿어 의심치 않았는데,[138] 왜냐하면 히틀러와 마찬가지로 괴벨스에게도 "엄격한 중앙 집중"이 모든 일의 기준이었기 때문이다.[139] 각 주들과 관련한, 특히 강력한 프로이센 주와 관련한 이 두 사람의 전략은 "보존 아닌 제거"였다.[140] 괴벨스는 괴링이 단지 사사로운 '권력욕' 때문에 '지방분권주의'를 선전하고 있으며 그것이 방송 문제로 나타난 것이라고 비방했다.[141] 이 문제 때문에 그는 여러 차례 히틀러에게 청원했고, 마침내 히틀러는 괴벨스의 방송 독점 권한을 지지했다.[142]

괴벨스는 자신에게 걸맞은 공관을 얻으려는 노력에서도 성공을 거두었다. 그는 브란덴부르크 문의 그늘 아래, 빌헬름 거리와 프리드리히 에베르트 거리 사이에 있는 이른바 장관 정원 7개 중 최북단 정원에 관저를 마련하였다. 그러나 과거 프로이센 왕정의 시종장들이 쓰던 그 대저택은 그때까지 제국식량장관들의 관저로 사용되고 있었다. 관저 문제와 관련해 괴벨스는 6월 28일 자신의 뜻을 재가한 히틀러의 지원을 받으며,[143] 식량장관 후겐베르크의 사임을 이용해 후임 장관 다레(Walter Darré, 1895~1953)를 교묘하게 따돌렸다. 괴벨스는 아직 공식 임명되지도 않은 다레에게 '저택 인도 문제로' 접근했다. 괴벨스는 다레에게 히틀러가 자신을 '가까운 곳에' 두기를 원하기 때문에 저택을 인도하기를 바란다고 말했고, 다레는 선전부 장관의 요청에 굴복했다.[144]

1933년 8월 프리드리히 에베르트 거리를 개명한 헤르만 괴링 거리 20번지 저택의 새 주인은 다레에게 또 다른 어려움을 안겨주었다. 괴벨스는 식량부에 필수적인 청사 증축 공사를 막으려 했다. 이는 다레가 앙심을 품으며 말했듯이, 괴벨스가 이 공사로 자신의 관저가 방해를 받는다고 여겼기 때문이다.[145] 그와 반대로 곧 괴벨스 장관 관저의 대규모 개축 공사가 이루어졌다. 알베르트 슈페어가 이 공사를 지휘했는데, 이 공

사에는 커다란 거실 홀의 신축도 포함되어 있었다.[146]

1933년 6월 30일 괴벨스는 아내에게 열쇠를 건네주었는데, 그녀의 기쁨에는 곧 한 점의 우울함이 끼어들었다. 슈페어가 들여놓으려는 가구들이 마음에 들지 않았기 때문이다.[147] 그리하여 새로운 가구들이 들어왔다. 괴벨스 부부는 자신들이 까다롭지 않다고 주장하면서도 사실은 점점 더 호화로운 환경에서 살고 있었다. 아직까지 괴벨스는 외부에는 이러한 인상을 주지 않으려 했다. 그래서 그는 형인 한스가 고급 승용차를 타는 것을 맏형 콘라트를 통해 질책하였다.[148]

그러나 괴벨스는 자신들의 거처나 저택을 치장할 때에는 자신이 항상 "환상적인 미적 감각"이 있다고 믿는 마그다를 따랐다. 그녀는 비싸고 좋은 것들만 원했는데, 그녀의 첫 번째 결혼의 가정환경을 고려한다면 이러한 행동은 어느 정도 당연했다. 한편 그녀는 다른 많은 당원 부인들의 키치적이고 호화로운 기질과 달리 확고한 미적 감각과 특히 스타일에 대한 감각을 지니고 있었다. 이는 그녀가 뮌헨의 공방(工房)협회에 주문한 내용을 보면 알 수 있다. 나아가 그녀는 히틀러를 위해 그가 여러 해 동안 개인적으로 매우 편안함을 느낄 수 있었던 환경을 만드는 데 성공했는데, 이는 '총통 각하'와 선전장관을 긴밀하게 연결해주는 또 하나의 결속 수단이 되었다.

괴벨스 부부가 자랑스럽게 히틀러에게 자신들의 새 저택과 정원을 보여주었을 때, 히틀러는 "커다란 감동을 받고 이를 숨김 없이 표현했으며", 그곳이 "왕의 여름 별장 같다."[149]는 부부의 말에 머리를 끄덕였다. 그러나 히틀러는 슈페어가 그 저택을 위해 국립미술관 관장인 에버하르트 한프슈탱글(Eberhard Hanfstaengl)로부터 특별 임대한 화가 에밀 놀데(Emil Nolde, 1867~1956, 독일의 표현주의 화가·판화가)의 수채화들을 보고는 심한 혐오감을 내보였다. 괴벨스 부부는 원래 그 수채화들에 열광했지만, 히틀러가 혹평을 하자 슈페어를 당장 호출하여 그것들이 "한

마디로 형편없다."면서 '즉시' 떼어내라고 지시했다.[150] 그와 그의 부인에게는 '예술 전문가' 히틀러의 의견이 최고의 계명이었던 것이다.

히틀러의 희망 사항이 괴벨스에게는 곧 명령이었다는 것은 괴벨스 부부의 불화에서 히틀러가 맡은 역할에서도 잘 드러난다. 1933년 7월 마그다는 신설된 독일의 패션 센터 책임자가 되고 싶어했지만, 괴벨스는 여자들은 오직 가정에 충실해야 하고 사회에서 활동적 역할을 맡아서는 안 된다고 생각하여 한마디로 딱 잘라 금지했다. 그러자 곧 '뒤숭숭한 광경'[151]이 나타났다. 마그다가 나치 지도부에게 성스러운 바그너 축제 참가를 위해 바이로이트로 가는 괴벨스와 동행하지 않겠다고 하자, 이 일은 '심각한 갈등'으로 번졌다.[152]

괴벨스가 바이로이트에 혼자 도착하자 '경악'한 히틀러는 지체 없이 베를린에서 마그다를 비행기로 데려오라고 지시했다. 마그다는 군말하지 않고, 〈뉘른베르크의 마이스터징어〉의 1막이 끝난 후 "눈부신 아름다움을 보이며" 나타났다.[153] 그녀와 괴벨스 사이의 여전히 '매우 무거운 분위기'는 히틀러가 다시 설득하여 해결되었다. 괴벨스는 바이로이트에서 어린아이 같은 감사의 글을 일기에 썼다. 히틀러는 "마그다와 나 사이에 평화를 놓아주었다"면서, 그는 '진정한 친구'이며 자신은 "그를 매우 사랑한다."는 것이다.[154]

그러한 갈등은 선전장관의 심리 상태 때문에 일어난 것이기도 했다. 새로운 경쟁자가 괴벨스의 권력에 도전해 오고 있었기 때문이다. 일망타진된 노조들과 사회보험을 통합한 최대 조직이며 엄청난 재산을 보유한 독일노동전선*을 손에 넣은 라이[155]는 모든 노동자 단체들, 그러니까 예술가들의 직업 단체까지 독일노동전선 안에 통합하려 했다. 이는 괴벨스가 지닌 문화 정책상의 영향력을 결정적으로 축소시킬 조치였다. 라이의 행동은 괴벨스에게 "거의 공황과 같은" 반응을 불러일으켰다.[156] 그는 최대한 신속하게 '총통 각하' 대리인인 루돌프 헤스에게 문의했다. 괴벨스와 헤스는 7월 6일 '심각하게' 라이의 의도가 무엇인지 대화를 나누었는데,[157] 괴벨스는 여기서 독일노동전선을 공격하는 흔해 빠진 수단인 '마르크스주의'라는 용어를 가지고 작전을 펼쳤다.

7월 10일 괴벨스는 한 글에서 나치 공장 세포조직 내부의 '마르크스주의 경향'을 경고했다.[158] 조직적 수단을 빼앗긴 마르크스주의가 나치 공장 세포조직 안에서 "이데올로기의 새로운 놀이터를 찾지 못하도록" 주의를 기울여야 한다는 것이다. 나치 공장 세포조직 배지를 꽂고 있다고 해서 몽땅 히틀러의 충실한 군인은 아니다. 그리고 다른 사람들은 마르크스주의가 사회민주당과 공산당의 종말 이후 남김없이 근절되었다고 믿을 수 있을지 모르지만 "우리 유서 깊은 나치주의자들"만은 그럴 수 없다고 썼다.[159] 그로부터 3일 후 괴벨스는 총리청에 보내는 편지에서 라이가 여전히 마르크스주의적인 계급 의식과 노조 의식에 매달려 있다고 비방했다. 그것은 "슈트라서 증후군에 시달리는 히틀러에게는 항상 효과를 거두는" 방식이었다.[160] 괴벨스는 "가능한 한 빨리, 이 문제에 대해 제국총리 각하가 결단을 내려줄 것"과 "예술 분야에서 본인과 공조하고 있는 현존하는 직업 단체들의 유지에 개입하지 말라는 지침을 노동전선에 내려줄 것"을 요청했다.[161] 괴벨스는 그러한 무리한 요구에 대해, 자신은 "제국문화원(Reichskulturkammer) 신설을 제안하려" 하기 때문이라고 밝혔다. "동 업무 분야에 있어 개별 분야의 조직들을 통합한"[162] 제국문화원은 제국의 모든 '문화 창조자들'을 자신의 지도 아래 모아야 한다는 것이다.

독일노동전선(Deutsche Arbeitsfront, DAF) 나치의 노동조합 획일화 조치 후 노동자의 노동과 여가를 통제하려는 목적으로 1933년 5월 10일 설립된 어용 노동단체. 노동자의 강제 가입을 통해 1942년 2500만 회원을 거느린 독일 최대 대중조직으로 성장하여 나치의 경제·사회 정책의 거의 모든 분야에 개입했다.

히틀러가 이러한 건의에 단호한 거부 입장을 보이지 않았기 때문에 괴벨스는 당장 다음 조치를 취했다. 그는 불과 며칠 지나지 않아 자신의 편지에 "제국문화원 설치를 위한 근본 사상"이라는 이름의 '기안'을 추가했다.[163] 그 글은 사상적으로 매우 미숙하기는 했으나 곧바로 활용 가능했고 바로 그 점이 그 상황에서는 가장 중요했다.[164] 왜냐하면 그러한 조직은 선전부 설치를 기획할 당시에는 전혀 거론되지 않았던 것이었기 때문이다. 이러한 '근본 사상' 속에서 괴벨스는 강경한 태도로 라이의 이른바 이데올로기적 '오류'를 비판했다.

라이를 비판하면서 괴벨스는 신분적 문화 구조*를 "20세기의 위대한 사회학 사상"[165]이라고 하면서, 이를 "민족적 창조 공동체가 건설한 국가의 자연적 하부구조"로 삼는다는 나치의 '노선'을 "일부에서는 이해하지 못하고 있다."고 밝혔다. 이러한 방식으로 괴벨스는 새로운 '의미 부여'를 통해 사회 분열과 경제적 이익집단에 맞서려는 것이었다. 다시 말해 자유로운 예술적 창조 대신에 '민족공동체'에 대한 봉사가 중시되고,[166] 이로써 국가와 문화의 공동전선을 건설해야 한다는 것이다.[167]

괴벨스는 이에 반해 라이는 "신분적 구조를 한편으로는 사회 갈등의 영역으로 몰아내고, 노동조합적 사고방식을 부활시키는 가운데 이를 일종의 평등한 노동공동체로 만들려고 한다."라고 주장했다.[168] 그는 계속해서 "이러한 노선의 대립은" 선전부에 귀속된 업무 부문에서 "아마도 가장 날카롭고 위협적으로 나타난다."고 했다. 선전부는 "국가 교육과 본질 형성의 과제, 즉 문화를 하나의 단일체로 녹이는" 과제를 가지고 있다. 선전부는 "이러한 과제의 해결을 위하여, 각 계급 내부의 경제적 이해관계의 동질성만을 최대한 강조하고 각 직업 부문들 간의 다양성은 무시하는 노동자 및 사용자 단체들이 필요한 것이 아니라, '언론', '방송', '저술', '연극', '영화', '음악', '미술' 등의 다양한 단체가 필요한 것이다."라고 밝혔다.[169]

8월 24일 괴벨스와 히틀러는 오버잘츠베르크 산에서 "장시간에 걸쳐 철저한 협의"를 했고 그때 '총통 각하'는 괴벨스의 생각을 승인하고 그의 활동에 "최고의 경의"를 표했다. 그러고 나서는 모든 일이 급속도로 진전되었다.[170] 그 달 말에는 여기에 필요한 '언론 및 문화원 법안'이 처음으로 실무자 차원에서 논의되었다. 9월 19일 '고위 회담'에서 '합의'에 도달했고, 9월 22일에 관련 법률이 통과되었다.[171] 그 법으로 괴벨스는 "그의 업무 분야에서 활동하고 있는 사람들"을 "공법상 법인으로 포괄하는" 일의 전권을 위임받았다. 그리하여 라이의 독일노동전선 외에, 문화 분야 활동가들을 위한, 괴벨스가 통제하는 두 번째 어용 노조가 탄생하였다. 선전장관은 "정치적 임기응변 기술의 걸작"을 성공시킨 것이다.[172]

히틀러가 1933년 7월 7일 이미 '갈색 혁명'의 완수를 선언하고(그것은 군대와 경제는 건드리지 않고 나머지 분야는 깡그리 틀어쥐었다는 것을 의미했다) 가장 결정적인 획일화 조치들을 어느 정도 마무리했지만, 괴벨스의 선전기구는 여전히 완전 가동하고 있었다. 그 기구는 여러 면에서 관찰되는 무력감에 맞서 민족을 축제와 대중 행진 등으로 열광시키러 했다. 권력 획득의 그해 '승리의 제국전당대회'가 9월 초 뉘른베르크에서 유례없이 화려하게 경축되었다. 수십만 명이 전당대회에 참석하려고 프랑켄 지방의 대도시에 모여들었다. 참석하지 못한 사람들은 라디오, 신문, 주간 뉴스, 그리고 레니 리펜슈탈*의 영화 〈믿음의 승리〉로 현장을 느낄 수

신분적 문화 구조(Ständischer Kulturaufbau) 나치 이론에 따르면, 신분(Ständ)은 귀족, 성직자, 부르주아, 농민, 노동자 등 계층과 직업에 따라 구분되는 사회 단위로 민족공동체의 유기적 부분을 구성한다. 각 신분은 자신의 계급적 이해관계를 추구하기보다는, 이러한 신분적 구조(Ständischer Aufbau)로 이루어지는 국가의 공공 이익에 복무해야 한다.

있었다.

사람들이 더는 그렇게 심각하게 궁핍에 짓눌리지 않게 된 것은 선전 선동의 효과이기도 했다. 사회적 성공과 정권의 노력을 쉴 새 없이 선전했던 것이다. 9월에 시작한 프랑크푸르트-하이델베르크 구간 고속도로 공사 같은 고용 창출 조치나 겨울철 빈민구제협회 같은 자선 단체들에 대해서나 제국방송과 언론들은 끊임없이 현장에 나가, 히틀러의 첫 삽 뜨기나 선전장관의 개회사 등을 상세하게 보도했다. 그 행사들의 역동성과 어디서나 선전되는 공동체 체험은 경제 상황이 실제로 나아지기도 전에 국민들에게 새 출발의 분위기를 띄우고 현 상황이 견실하다는 최면을 걸었다.

사회 전 계층에서 점점 더 많은 사람들이 갈색 마력에 빠져들었는데, 그들을 불러들이는 구호는 '실업 퇴치', '민족적 명예'의 재건, 모든 사회적 장벽을 가로지르는 '민족공동체' 같은 것들이었다. 물론 불안감을 자아내거나 의혹을 일으키는 일도 많았다. 유대인을 대상으로 한 폭력이나 수용소 건설, 정치적 반대자에게 가하는 테러 등이 그러했다. 예를 들어

....
리펜슈탈(Leni Riefenstahl, 1902~2003) 나치 운동을 힘차고 화려하게 극화한 1930년대 기록 영화로 유명하다. 1931년 레니리펜슈탈영화사를 만들었고, 1932년 〈푸른 불빛〉의 각본을 쓰고 감독, 제작, 주연을 맡았다. 나치당의 지원을 받아 신체의 아름다움과 아리안의 우월성을 찬양하는 영화들을 감독했는데, 〈믿음의 승리〉(1933)는 아돌프 히틀러가 주문해 제작한 단편 영화였으며 〈의지의 승리〉는 1934년 뉘른베르크에서 열린 나치 전당대회를 주의 깊게 관찰한 중요한 기록영화로 나치의 힘을 세계에 과시했다. 〈올림픽 경기〉(1938)는 1936년에 열린 올림픽 경기를 〈민족의 축제〉와 〈아름다움의 축제〉라는 2부로 편성해 영화화한 것으로 스튜디오에서 만든 음악과 음향 효과를 삽입해 찬사를 받았다. 2차 세계대전 뒤 나치의 공범죄로 한때 블랙리스트에 올랐지만 1952년 다시 영화에 복귀하여 일찍이 전쟁 때문에 제작을 중단했던 영화 〈저지대(Tiefland)〉를 완성했다.

쾨페니크 피의 주간 베를린의 쾨페니크 지역에서 1933년 6월 말 돌격대가 공포심을 불러일으키려고 계획적으로 정적들을 무참히 탄압하고 학살한 사건.

1933년 9월, 뉘른베르크에서 열린 당 대회에 깃발을 휘날리며 입장하는 히틀러유겐트 단원들. 괴벨스는 이 당 대회를 성공적으로 개최해 히틀러의 혁명 완수 선언 후 무력감에 빠진 사람들을 다시금 축제의 열광 속으로 끌어들이려 했다.

쾨페니크 피의 주간*에는 돌격대가 91명을 잔인하게 학살했다.[173] 그렇지만 일단 상황이 그렇게 전개되고 있었고 개인의 힘으로는 이처피 아무것도 변화시킬 수 없었기에 많은 독일인들은 자신은 그런 일들과 무관하다는 말로 불안과 의혹을 떨쳐버리려 했다. 그리고 결국엔 이렇게 생각하게 되었다. 모든 혁명에는 과격한 행동이 나타나는 시기가 있고, 길건 짧건 어느 정도 시간이 지나면 결국 누그러지는 법이 아닌가?

이와 달리 1차 세계대전 당시 독일의 적이었던 서방 국가들에서는, 정치적으로 못마땅한 사람들을 과격하게 숙청하는 히틀러의 독재, 특히 국가가 조종하는 반유대주의 때문에 독일에 대한 적대감이 높아졌다. 모든 국가들에서 이러한 반(反) 독일 감정을 서슴없이 토로하는 일이 일상적으로 나타났고, 이는 점차 외교 관계에 부담을 주었다. 그래서 히틀러는 가을에 선전장관에게 제동을 걸어야 했다. 괴벨스는 자신의 권력 범위를 확고하게 한 뒤에 모든 에너지를 유대교를 믿는 국민들, "뿌리까지 제거해야 할 세계의 흑사병"에 맞서는 투쟁에 집중하고 있었던 것이다. 히틀러는 괴벨스가 제국전당대회를 위해 미리 전달한 발표문 〈인종 문제와 세계적 선전〉이 너무 공격적이라고 느꼈다. 연설자에게는 유감스럽게도, 그 글은 "외교적인 이유 때문에" "유대인 문제는 공격의 강도를 완화해야 했다."[174]

그러나 한편으론 히틀러가 보기에 국제적인 반감의 물결을 가라앉히는 일을 하기엔 괴벨스가 가장 적격이었다. 히틀러가 이미 1933년 5월 17일 제국의회 연설에서 과시했던 것과 같이 이른바 독일의 평화 의지를 보여주는 제스처의 하나로, 히틀러는 노이라트 외무장관 외에도 그의 가장 능숙한 변론가 괴벨스를 1933년 9월 말 제네바에서 열린 국제연맹 회의에 특사로 파견했다. "국내 정치에서 우리의 적들이 1932년까지 우리가 나아가는 방향을 알지 못하고 우리의 합법성 서약이 오로지 책략에 불과했음을 깨닫지 못했던 것처럼", 이제 평화의 선서로 '위험 지대'의 "모든 위협적인 암초"를 피해 항해해야 한다. 이 말은 '재무장'의 시기를 의미했는데, 괴벨스는 이것이 적들로 가득한 세계에서 독일이 생존하는 데 필요한 전제 조건이며 거대한 대륙 제국으로 가는 첫 번째 발걸음이라고 생각했다.[175] 이러한 의도에 따라 1933년에서 1936년까지 히틀러와 괴벨스는 외교 선전에서 "우리는 호전적 독일이 아니다."라는 위장 구호를 내세웠다.[176]

괴벨스에게 이는 무솔리니가 이끄는 우방국 이탈리아 방문 후 두 번째 공식 외국 방문이었다. 이때 그는 자신이 그들의 민주주의 체제에 대해 전혀 알지 못하면서 그토록 비방했던 나라들의 대표자들을 처음으로 만났다. 괴벨스는 9월 25일 국제연맹 회의에서 '음울한' 인상을 받았다. 그는 여기에서는 '사자(死者)들의 모임'이 열리고 있다면서, 경멸과 조롱을 가득 담아 "이것이 국제 사회의 의회주의다."[177)]라고 말했다.

스위스 베른 주재 독일 영사 에른스트 폰 바이츠제커(Ernst von Weizsäcker, 1882~1951)는 괴벨스가 '유용한 인상들'을 얻어서 돌아가기를 바랐다.[178)] 그러나 실제로 그 인상들이란 다음과 같았다.

> 오직 사람들을 보는 일이 재미있을 뿐. ······ 존 사이먼 경(Sir John Simon) : 영국 외무장관. 키가 크고 당당함. ······ 엥겔베르트 돌푸스* : 오스트리아 총리, 땅딸보, 쪽 빼입었고 약삭빠른 녀석. 그 외에 별다른 점은 없음. ······ 우리 독일인은 얼마나 우월한가. 그들은 모두 어떠한 위엄도 없고 스타일도 없다. 이 자리에는 슈트레제만이 어울린다. 그는 편안함을 느꼈을 것이다. 우리는 그렇지 않다. ······ 내가 여기 있다는 사실 자체에 화가 난다. 외무부는 무서워서 바지에 오줌을 싸고 있다.[179)]

그 자신도 '총회의 대사건'[180)]으로, "주시와 평가를 받았다."[181)] 그러나 외무부 통역부장 파울 슈미트(Paul Schmidt)[182)]는 괴벨스가 그 자신이 그렇게 경멸하던 제네바의 무대에서 "너무도 자연스럽게" 활동하여, "마치 그가 이미 여러 해 동안 국제연맹의 대표단이었던 것처럼 보일 지경이었다."라고 말했다. "독일에서 온 거친 남자" 괴벨스는 실제로는 세

돌푸스(Engelbert Dollfuss, 1892~1934) 오스트리아 연방공화국을 붕괴시키고 로마 가톨릭과 파시즘을 지도 이념으로 하는 독재 정권을 수립했다. 1932년 5월 총리에 취임한 돌푸스는 기독교 사회당 주축의 보수 연합을 이끌게 되었다. 1933년 8월의 리초네 회담에서 무솔리니가 오스트리아의 독립을 보장함에 따라 오스트리아는 국내 모든 정당을 해체하고 이탈리아 파시즘을 모델로 헌법을 개정해야 했다. 오스트리아는 이탈리아의 실질적인 위성국이 되어 갔고 돌푸스는 독일의 오스트리아 합병을 저지하기 위해 파시스트 권위주의로 오스트리아의 나치 세력을 억압했다. 1934년 6월 독일은 오스트리아의 나치 세력을 선동하여 내란을 획책했으며 돌푸스는 총리 공관을 급습한 나치 당원에게 암살되었다.

련되고 조용한 인상을 주었다. 괴벨스는 평소에 무의식적으로 사용하는 과격한 정치 선동의 어휘 대신 세련된 외교관의 어휘를 사용했다. 그의 가면은 완벽했다. 통역관 슈미트는 괴벨스가 "9월 중 십여 개의 회의들에 참석하였을 때", 외국인 대화 상대자들 중 "거의 모든 사람들이 나와 마찬가지로, 광적인 호민관 대신 완전히 정상적이고 때로는 사랑스럽게 미소 짓는, 국제연맹 외교관 유형의 남자를 보게 된 데 놀라고 있었다." 라고 말했다.[183]

바이츠제커도 슈미트의 말을 확인해준다. 그는 나치당 저명인사들이 포함된 제네바 대표단의 "풍부한 실행력"이 "확고하게 입증되었다."라고 말했다. 괴벨스와 이야기를 나눈 외국인들은 일반적으로 나치 운동에는 자세히 연구해볼 만한 무엇인가가 담겨 있다는 인상을 얻고 떠났다.[184] 바이츠제커도 자신의 '스위스 업무'와 관련하여 괴벨스의 방문을 "매우 흡족해했다."[185] 여기에는 1933년 9월 27일 제네바의 현대사 교수이자 이후 단치히*의 국제연맹 판무관이 된 카를 야코프 부르크하르트(Carl Jacob Burckhardt)의 집에서 열린 저녁 만찬도 한몫을 했다. 거기에서 괴벨스는 처음에 스위스인들이 보인 "냉랭한 분위기"를 곧 자신에게 유리하게 바꿀 수 있었다.[186] 그는 스위스 연방각료 주세페 모타(Giuseppe Motta)가 지닌 '나치주의자들의 팽창욕'에 대한 걱정을 가라앉힐 수 있었고, 헤어질 무렵에는 그 '정치적 속물'이 마침내 '매우 만족'하였다고 밝혔다.[187]

슈미트는 1933년 9월 28일 사람들이 꽉 들어찬 제네바 칼튼 호텔 식당 홀에 모인 국제 언론 대표단 앞에서 괴벨스가 행한 연설에서도 이와 비슷한 효과가 나타났다고 밝혔다. '나치 독일, 그리고 평화를 위한 나치 독일의 과제'[188]라는 괴벨스의 강연은 1933~1936년까지 독일이 취한 선전 선동의 맥락에 있었다.[189] 여기서 괴벨스는 새로운 독일이 미래의 팽창 정책을 준비하고 있다는 주장을 "황당무계하다"고 반박하고,[190]

독일 정부는 모든 재건 작업을 '평화 정신'에 따라 추진하고 있는데 독일이 전쟁 의지를 품고 있다고 추정하는 것은 '불공정'하다고 말했다.[191]

새 정권이 "국민의 위임을 받아 권위주의적으로 통치하는 민주주의의 고귀한 유형"이라는 괴벨스의 설명이 여러 차례 '불신의 의심'과 '조롱조의 웃음'으로 받아들여졌다고 슈미트는 전한다.[192] 그가 말하는 평화의 약속 역시 독일로부터 오는 '새 시대의 징후'[193](나치의 집권)를 배경으로 삼아 바라볼 때는 너무 미약하게 보였다. 그러나 슈미트는 진정한 위험은 볼셰비즘이라는 괴벨스의 교묘하게 계산된 설명을 듣고는 청중들, 특히 몇몇 영국인과 미국인들이 동의하듯 고개를 끄덕였다고 전한다.[194]

괴벨스가 말하는 내용 자체보다는 이를 표현하고 전달하는 방식이 국제 사회의 청중들에게 "어느 정도 긍정적인" 인상을 남길 수 있었다. 그들 역시 "과격한 발언들 때문에 극렬한 선동가로 알려진 괴벨스가 지금 그렇게 세련되고 예의 바른 모습으로 그들 앞에 서 있다는 것에 놀랐다."[195] 런던의 〈타임스〉 기자도 괴벨스의 연설을 듣고 바로 이러한 이중적 감정을 느꼈다. 그는 "괴벨스가 자신의 생각을 밝히는 어조는 지극히 부드러웠고 이는 분명히 군축 협상에서 유용한 화해 제스처일 것이다. 그러나 그것은 바로 그 자신이 했던 과거의 말들과는 이상하게도 대조를 이루는 것이었다."라고 썼다.[196] 파리의 한 신문은 심지어 괴벨스가 "예전의 슈트레제만처럼" 말했다고 썼다.[197]

이어서 선전장관이 기자들과 자연스럽게 어울리면서, 언론의 자유, 유

단치히 독일의 발트 해 항구 도시이던 단치히는 1차 세계대전 후 베르사유 조약에 따라 국제연맹의 보호를 받는 자유도시가 되었고 폴란드의 영향을 받게 되었다. 나치 집권 후 1939년 독일은 단치히 반환 요구 등을 내세워 폴란드를 침공, 2차 세계대전의 도화선이 되었다. 현재는 폴란드 영토에 속하며 그다인스크라고 불린다.

대인 문제, 수용소 등에 대한 극히 날카로운 질문들을 받고도 "열정과 재치와 유연성을 가지고" 답변하자,[198] 그는 "비록 무언가 찜찜하면서도 확실한 인정을 받을 수" 있게 되었다.[199] 괴벨스가 보기에는 "구역질나는 거드름쟁이. 프랑스인인 데다 문필가인 척하는 자. 진정한 사나이가 아닌"[200] 프랑스 외무장관 조세프 폴봉쿠르(Joseph Paul-Boncour)는 괴벨스와 두 시간에 걸친 대화를 나누고 약간 감명을 받은 듯 프랑스의 달라디에* 총리에게 보고했다. "열정적 담화, 불타는 두 눈, 우아하고 섬세한 손 동작. 그 동작들과 손은 불구인 몸과 대조를 이루면서, 자신의 말을 입증하려는 노력을 강조하고 강화합니다. 이 선전장관은 외교에 선전을 도입하고 있습니다."[201]

그 다음날 비행기를 타고 베를린으로 돌아오기 전 슈미트는 선전장관이 지긋지긋한 분위기, 무질서, 계략, 정직 등에 대해 이야기하는 것을 들었다.[202] 괴벨스는 자신의 성공에도 불구하고 낯선 환경 때문에 마음이 불편했던 것 같다. 그는 국제연맹 국가의 대표지들이 나치 독일에 대한 적대감이라는 면에서 일치단결하고 있다고 확신했다. 그들 모두는 "겉으로는 그렇게 친절하게 행동했지만", 이것 하나만은 괴벨스 자신에게 "분명하게 느끼게 하였다."[203] 이탈리아 영사 수비치(Fulvio Suvich)는 "분명히 프랑스인들의 영향을 받았고", 전쟁과 위험을 이야기하고 나아가 오스트리아 문제*에서는 "완전히 우리에게 적대적이었다."라고 괴벨스는 일기에 적었다.

괴벨스는 다음과 같이 정리했다. "이탈리아는 '성스러운 이기주의'* 국가이다. …… 수비치는 우리의 적이다. 그는 이를 숨기려 한다. …… 그러나 나는 속지 않을 것이다."[204] 헝가리 외무장관 카냐(Kanya) 백작은 괴벨스에게 파리를 지배하고 있는 '전쟁 망상증'을 이야기했는데, 이로부터 괴벨스는 프랑스 정부가 이를 구실로 "군축 협상을 좌초시키려 한다."라는 결론을 내렸다.[205] 히틀러가 요구한 군비 동등권(1차 세계대전의 패전으로 독일에 부과된 군비 제한 조항을 폐지하려고 독일이 내세운 요구) 문제에서도 괴벨스는 1933년 9월 29일 두 차례에 걸친 오랜 대화에서 무수한 '논리'를 내세워 그들의 '끝없는 불안'을 제거하려 했지만,[206] 전 배상위원회 위원장이자 이후 프랑스 외무장관이 된 장 루이 바르투(Jean Louis Barthou)나 폴봉쿠르의 입장을 바꾸진 못했다.

오직 폴란드 외무장관 요제프 베크(Josef Beck), 그리고 "분명 바보짓을 하지 않을" 단치히 시의회 의장 헤르만 라우슈닝(Hermann Rauschning)과 가진 면담들만이 제네바에서 괴벨스가 만족스럽게 느낀 만남이었다. 괴벨스는 "젊고 예민한" 베크를 "마음대로 다룰 수 있다."라고 적었다. 게다가 베크는 "프랑스에서 벗어나서 좀 더 베를린과 가까워지려"[207] 했는데, 이는 실제로 1934년 1월 26일 독일과 폴란드의 불가침 및 우호조약으로 귀결되었다. 이를 통해 독일은 히틀러가 1933년 10월 14일 군축회담과 국제연맹에서 탈퇴하면서(제네바에서 돌아온 괴벨스의 부정적 보고는 히틀러의 결심을 더욱 굳건히 하였음에 틀림없다) 빠져든 외교적 고립으로부터 결정적으로 벗어날 수 있었다.

....

달라디에(Edouard Daladier, 1884~1970) 뮌헨 협정(1938년 9월 30일)에 조인한 프랑스의 총리. 이 협정으로 나치 독일은 영국이나 프랑스의 반대를 두려워하지 않고 체코슬로바키아의 수데텐 지역을 점령할 수 있었다.
오스트리아 문제 1932년 5월 20일 오스트리아 총리에 취임한 파시스트 엥겔베르트 돌푸스는 이탈리아 무솔리니 정권에 접근하면서, 오스트리아 합병을 원하는 독일과 거리를 두고 오스트리아 나치당을 불법화했다. 1934년 7월 25일 실패한 친독 나치당 쿠데타 도중에 돌푸스가 암살되고 그 후임으로 총리가 된 슈슈니크는 친 이탈리아 노선을 통해 독립을 유지하려 했던 돌푸스의 정책을 고수하였다. 그러나 히틀러를 의식한 이탈리아의 비협조로 오스트리아는 점차 고립되었고 결국 1938년 3월 독일군은 아무런 저항을 받지 않고 오스트리아에 입성했다.
성스러운 이기주의(sacro egoismo) 무솔리니가 주창한 외교 노선으로 이를 통해 30년간에 걸친 독일과의 동맹 관계에 거리를 두게 되었다.

1933년 10월 20일, 베를린 체육궁전에서 나치당원들의 응원과 함성 속에 입장하는 히틀러와 괴벨스. 이 날 집회는 히틀러의 국제연맹 탈퇴 결정을 그의 신임 문제와 연계해 국민투표로 치르기로 한 후 지지를 호소하는 자리였다. 11월 12일 투표 결과는 '총통과 조국'의 일방적인 승리였다.

국제연맹과 군축회담에서 탈퇴할 때에도 히틀러와 괴벨스는 노련한 역할 분담으로 독일의 '재무장' 시기의 속임수 전략을 감출 수 있었다. 히틀러가 라디오에서 자신의 결정을 알리는 동안 괴벨스는 정부의 위촉을 받은 기자회견에서 "지극히 굳건한 평화 의지와 화해의 뜻을 지닌 정책"을 신봉한다고 거듭 밝혔다.[208] 그는 10월 20일 베를린 체육궁전에서 행한 외교 관련 연설인 〈평화와 평등을 위한 독일의 투쟁〉에서도 이를 반복하면서, 독일의 국제연맹과 군축회담 탈퇴 사유를 공개적으로 밝혔다. "우리가 국제연맹과 군축회담에서 탈퇴한 것은 전쟁을 준비하기 위함이 아니다. 아돌프 히틀러는 정당하게도 자신의 라디오 연설에서 오로지 미치광이만이 전쟁을 원할 것이라고 밝힌 적이 있다. 우리가 탈퇴한 것은 분위기를 쇄신하기 위하여, 이렇게 계속되어서는 안 된다는 점을 전 세계에 보여주기 위해서이다." 책임감 있게 경제 위기에 대처하는 대신 정치인들은 "독일을 희생양으로 낙인찍는 데" 바쁘다면서,[209] 괴벨스는 외국의 정당한 우려들로부터 국내의 시선을 돌리게 하려 했다.

독일의 탈퇴로 말미암아 제네바에서 들끓어 오른 분노와 일부에서 독일에 맞서 군사 행동을 취해야 한다는 요구는 제풀에 사그라들었다. 이는 괴벨스가 서방 민주주의의 '데카당스'에 대해 내린 판단을 입증한 것이었다. 괴벨스와 히틀러가 원했던 것처럼, 독일 내에서는 이 문제를 전혀 애석해하지 않았고, 오히려 탈퇴 조치를 환영했다. "우리가 계속 토론이나 거듭하면서, 바이마르의 정당들이 10년 동안이나 해왔던 것을 계속 해 나갔다면", 아무도 그런 태도를 이해하지 못했을 것이다. 국민은 무엇인가를 보길 원하는데, 그것은 "머리를 쥐어뜯는 지식인들"이 합리적이라고 생각하는 것이 아니라, 새 출발의 결연한 의지를 보여주는 가슴 벅찬 행동이어야 한다.[210]

이제 히틀러 앞에는 외국에 독일 민족 전체가 "유례 없는 통일전선을 이루어"[211] 자신의 정책을 지지하고 있음을 과시하는 일이 남아 있었다. 그래서 히틀러는 국제연맹 탈퇴를 자신의 정치에 대한 일반적 신임 문제와 연계해, 국민투표로 인가를 받으려고 하였다. 이는 3월 5일 선출된 제국의회 재선거와 결부되었다.

그 전 여러 해 동안 종종 그랬던 것처럼 11월 12일 투표일까지 남은 몇 주 동안 다시 라디오로 방송되는 대규모 집회와 행진을 비롯한 대중 동원의 엄청난 물결이 전국을 휩쓸었다. 수백만 장의 포스터에서 조국의 정의와 자유를 요구하였다. 제국선거위원장 직위를 맡은 괴벨스는 다시 엄청난 연설과 인터뷰의 과업을 수행하였다. '민족동지들'은 무엇보다도 외국을 염두에 두고, 그들의 독실하고 충성스러운 신뢰의 상징으로 히틀러의 정치에 찬성하는 표를 던져야 하는 것이었다.

투표 결과가 기대에 부응하리라는 것을 예견하는 데 특별한 예언자적 재능은 필요치 않았다. 어차피 단일 후보 명부가 성공을 보장하고 있었다. 게다가 '총통과 조국'에 '찬성'의 표를 던지지 않기에는, 아직도 베르사유 조약과 그로 인한 영토 할양, 점령 지역, 배상금 지불의 흔적이 곳곳에 남아 있었고, 독일에 부과된 배상 협상의 굴욕이나 루르 지방 점령의 기억은 너무도 생생했다. 그리하여 국민투표와 이와 연계된 제국의회 재선거는 독일에서 히틀러에 대한 지지에 있어 초기의 한 정점을 이루었고 나아가 괴벨스 장관의 완벽한 성공이기도 했다. 제국의회는 마침내 처음으로 '하나의 거푸집'에서 나왔으니,[212] 다시 말해 의회가 거의 전적으로 나치당 의원들로만 구성된 것이다.

괴벨스는 11월 8일 제국의사당 방화 사건 재판의 증인으로 라이프치히 제국법정에서 증언했다. 이때 그는 몇 주 전부터 진행되고 있는 그 소송이 특히 외국에서 가져올 손실을 최소화하려고 하였다. 범행을 자백한 마리누스 반 데어 루베, 전 공산당 제국의회 원내대표 토르글러,[213] 불가리아 공산주의자 디미트로프(Georgij Dimitroff), 포포프(Blagoi Popov), 타네프(Wassil Tanev)에 대한 그 재판은, 대부분 공산주의적인 금지 문서들을 통해 유포되는 그 의혹을 (물론 쉬쉬하면서) 제국 내에서뿐 아니라 외국에서도 다시 불러일으켰던 것이다. 그것은 방화 사건의 원흉이 나치주의자들이라는 내용이었다. 선전 선동의 장으로 변해버린 증인석에서 괴벨스는 "세계의 정의감에 호소"하였고, 외국 언론에 그들이 〈갈색 책〉을 묘사했던 것과 같은 수준으로 세밀하게 "실제 사태를 정확히 묘사"해줄 것을 요구했다.[214] '갈색 책'이란 나치가 제국의사당 방화에 책임이 있음을 증명하려는 내용을 담은 책이다.[15] 괴벨스는 "한 품위 있고 정직한 민족의 정부가 전 세계 앞에서 진실하지 못한 방식으로 계속 의심을 받아서는 안 된다."라고 주장했다.

괴벨스는 자신을 방화의 정신적 주모자로 규탄하는 이야기들이 "터무니없으며", "진실을 파렴치하게 뒤집는 것"이라고 비판했다. "우리의 칼날 앞에 놓여 있었고 마음만 먹으면 언제라도 끝장낼 수 있었던" 그런 정당을 없애는 데는 다른 수단들을 동원했을 것이다. 그는 나치주의자들이 3월 5일 선거의 지극히 어두운 전망 때문에 "무엇이라도 특별한 일"을 도모해볼 이유가 있었다는 설에 대해서도 마찬가지로 "터무니없다."고 반박했다. 이에 반해 (괴링이 이미 4일 전에 그랬던 것처럼) 괴벨스는 그 테러를 공산주의자들이 저질렀다는 수많은 논리들을 내세울 수 있었다. 선전장관 괴벨스는 진실을 악의적으로 왜곡하여, 공산주의자들이 그 방화의 "유일한 수혜자"이며, 이를 통해 "전면적인 폭동의 봉화"를 올릴 수 있었을 것이라고 말했다. 그것이 "민족주의 봉기를 짓밟을 수 있는" 그들의 "마지막 기회"였다는 것이다.

제국의사당 방화 사건을 언제 알았냐는 질문에 괴벨스는 한프슈탱글의 전화 통지를 듣고 처음에는 "황당무계하고" "야비한 농담"으로 받아들였다고 진술했다. 라이프치히 법정에서 괴벨스는 2차 세계대전 종전 후 한프슈탱글의 회고담과 일치되게, 자신이 이 보고를 라이히스칸츨러플라츠의 자신의 집에 있던 히틀러에게 전달한 것은 해외공보실장이 그에게 두 번째로 이를 알리고 난 후였다고 밝혔다. 그 후 그는 히틀러와 함께 "화들짝 놀라고" "반신반의"하면서 "미친 듯한 속도로" 제국의사당으로 차를 타고 갔으며, 한프슈탱글의 보고 후 30분이 지났을 때 제국의사당 제2정문에서 만난 괴링에게서 이것이 정치적 테러이며 범인들 중 하나인 네덜란드 공산주의자가 체포되었다는 보고를 받았다고 말했다.

거의 3시간에 걸친 선전장관의 진술을 듣고 예나의 법률가이자 재판 옵서버인 유스투스 헤데만(Justus Hedemann) 교수는, 괴벨스가 "지극히 심리 유도에 가깝게 말하고" "또한 내용 면에서도 설득력이 있다."는 인상을 받았는데, 특히 그 당시 지배적이었던 "심리적 상태의 관점"에서 그러했다. 괴벨스가 자신의 생각을 늘어놓은 끝에 "터무니없는"이라는 표현을 사용하면, 이는 "다른 판단은 전혀 불가능한 것"처럼 설득력 있

게 들렸다.[216]

그러나 열렬하게 박수를 보내는 청중 ― 그 자리에는 마그다 괴벨스도 있었는데, 그녀에 대해 헤데만은 "…… 아름다운 눈, 세련되게 드리운 그늘, 검은 모자 아래 연한 금발의 머릿결, 지적인 눈길 …… 클로틸데(Klothilde, 메로빙거 왕조 초대 프랑스 국왕인 클로비스 1세를 기독교로 개종시킨 왕비)!"[217]라고 메모했다. ― 은 그렇게 받아들였을지도 모르지만, 제국법관들은 다른 결론을 내렸다. 그들은 반 데어 루베에게 '단독범'으로 사형 선고를 내렸으나 토르글러, 디미트로프, 타네프, 포포프는 무죄 방면했다. 이는 방화 사건이 공산주의자들의 음모라는 나치주의자들의 주장을 치욕스럽게 내친 것이었다.

괴벨스가 제국의회 선거의 대승 직후 더욱 부풀어 오른 자신감으로 베를린 필하모니의 연단에 서서 '총통 각하'가 참석한 가운데 제국문화원 창립 행사 축하연설을 히였을 때, 라이프치히 제국법관들의 판결은 아직 내려지지 않은 상태였다.[218] 여전히 선거 결과에 도취된 제국문화원장 괴벨스는 독일 예술의 미래를 말하며 열정적인 전망을 제시했다. 그 미래는 "우리 시대 위대한 독일의 깨어남"이 정치에 머무는 것이 아니라 문화적이기도 하다는 것을 증명할 것이다. 괴벨스가 이에 대해 제시한 기준들은 "건전한 민족의 감성"에 의해 정해진다는 것이다. 그것이 의미하는 바가 무엇인지는 이미 그해 상반기에 수많은 저술가, 배우, 연출가, 감독들이 쓰디쓴 경험을 해야만 했다. 20세기 독일 최고의 작가로 꼽히는 토마스 만(Thomas Mann, 1875~1955), 하인리히 만(Heinrich Mann, 1871~1950), 아르놀트 츠바이크(Arnold Zweig, 1887~1968, 독일의 유대계 작가), 알프레트 되블린(Alfred Döblin, 1878~1957, 독일 표현주의 운동의 대표적인 작가), 영화감독 프리츠 랑(Fritz Lang, 1890~1976)을 포함하여, 많은 사람들이 직업적 미래의 전망을 잃어버리고 하나 둘 독일을 떠나고 있었다.

이는 특히 유대인들에게 가혹하였다. 괴벨스는 공공연하게 자신의 "견해와 경험에 따르면, 유대인 친구들은 독일의 문화적 자산을 관리하기에 일반적으로 적절하지 않다."라고 선언했다.[219] 그리하여 베를린 국립오페라극장의 지휘자 오토 클렘페러(Otto Klemperer, 1885~1973)는 1933년 괴테 메달을 받았지만 바로 그해에 '인종적 이유'로 해고당했다. 해외로 망명하지 않거나 정권의 미움을 사지 않는 사람은 선전부 산하 제국문화원(그 아래에는 제국저술원, 제국언론원, 제국방송원, 제국연극원, 제국음악원, 제국영화원, 제국미술원이라는 7개 분과 기구가 있었다[220])에 강제 입회해야 했다.

얼마 전 편집인 법률로 신문 편집 부문을 '정화'할 수 있었던 괴벨스는 사람들이 불안과 공포를 떨치도록 무진 애를 썼다.[221] 그는 개회 연설에서 독일에서 "양심의 염탐" 같은 행위는 뿌리 내리지 못하며, "오직 독일 예술과 문화의 좋은 후원자이고자 할 뿐"이라고 밝혔다. "무수한 무능력자들의, 심장도 피도 없는 도락적 예술 행위"는 억제해야 하고, 청소년의 발전을 가로막는 '속물 근성'과 '반동적 퇴보'는 박물관으로 가야 한다는 것이다. 오직 "축성받은 손만이" "예술의 제단에 봉사할 권리"를 가진다.[222] 그리하여 괴벨스는 나치 독일에 협력하는, 적어도 몇몇 '간판들'을 자기 편으로 끌어들이고자 했다. 왜냐하면 독일의 문화적 개화라는 히틀러의 말이 여전히 조금이라도 옳은 것이려면, 예술가들의 완전한 대탈출은 막아야 했기 때문이었다.

이와 관련하여 "자유주의적 부르주아들을 중립화시키고 해외에서 명망을 얻기 위한" 전략을 우선 시작해야 했다.[223] 실제로 적지 않은 수의 저명한 예술가들이 나치 정권의 기구들 내에서 협력할 용의를 갖고 있었는데, 여기에는 20세기 최고 지휘자 중 한 사람인 빌헬름 푸르트벵글러*가 있었다. 나아가 작곡가 리하르트 슈트라우스(Richard Strauss, 1864~

1949)와 파울 힌데미트,* 시인 고트프리트 벤과 1912년 노벨문학상 수상자 게르하르트 하우프트만(Gerhart Hauptmann, 1862~1946)도 나치 국가와 타협하였다.

그러나 문화 정책면에서 외부에 긍정적 인상을 주려는 계산을 하며 교묘히 활동하던 괴벨스는 한 사람의 집요한 저항에 부딪히게 되었다. 그는 바로 괴벨스가 제국문화원 창립 기념 행사에서 지극히 의도적으로 뒤쪽 좌석을 배정해주었던 알프레트 로젠베르크였다. 나치당 소속이 아닌 독일문화투쟁연맹 의장인 로젠베르크는 이러한 푸대접에 대해 헤스에게 불평을 늘어놓았다.[224] 그러나 괴벨스는 그에게 코웃음을 칠 뿐이었다. 괴벨스는 그를 '제국철학자'라고 비아냥거렸고[225] 1930년 간행된 그의 논문 《20세기의 신화》를 '철학적 트림'이라고 평가 절하했다.[226] 로젠베르크는 독단적으로 나치 '이념의 순수성'을 감시했는데(그것은 과거로의 회귀, 독일 신비주의, 괴테, 쇼펜하우어, 니체, 바그너, 고대 독일의 민회民會로의 회귀를 의미했고, 모든 새로운 것의 거부를 의미했다[227]) 이는 다른 당원들에게서도 종종 조롱을 받곤 했다. 괴링은 만일 로젠베르크가 권력을 잡았다면, "독일 연극이라는 것도 더는 존재하지 않고, 대신 제식, 민회,

---

푸르트벵글러(Wilhelm Furtwängler, 1886~1954) 낭만주의 음악 보급에 위대한 선구자. 열정적·낭만적 스타일로 유명했고, 특히 베토벤과 바그너의 작품 연주에 탁월한 재능을 발휘했다. 1915년 만하임 오페라단의 감독이 된 후로 여러 유명 오케스트라의 지휘자로 일했다. 나치 통치 기간 동안 대부분 독일에서 지휘했다. 1936년 뉴욕 필하모닉 오케스트라의 지휘자 자리를 수락했지만, 나치에 협력했다는 이유로 여론의 반대에 부딪혀 결국 들어가지 못했다. 그의 나치 협력으로 인한 죄에 대해서는 법적으로 무죄 방면되었으나, 1949년 시카고 심포니 오케스트라의 지휘자 임명 때도 또 다시 대중의 감정 때문에 계약을 취소해야 했다.

힌데미트(Paul Hindemith, 1895~1963) 20세기 전반 독일의 대표적인 작곡가·음악 이론가. 서양 음악의 조성 체계에 새로운 활력을 불어넣고자 애썼으며, 일상적인 상황에 적합한 실용음악 작곡에 앞장섰다. 1939년 나치에 쫓겨 미국으로 망명했다.

괴벨스의 숙적이었던 나치의 이데올로그 알프레트 로젠베르크. 그는 1933년 독일문화투쟁연맹 의장 시절부터 1941년 동부 점령 지역 장관으로 임명된 이후까지 끊임없이 나치 이념의 순수성 문제와 선전의 권한을 두고 괴벨스와 맞섰다.

신화, 그리고 이와 비슷한 사기극들만 존재했을 것"이라고 말하기도 했다.[228]

로젠베르크는 자신이 〈민족의 파수꾼〉 편집인이던 1925년 11월에 이미 그 신문에 괴벨스가 '친(親) 볼셰비즘'적 탈선을 하고 있다고 비판했다.[229] 1933년 7월 로젠베르크는 다시 한 번 같은 신문에 괴벨스를 수신인으로 하는 글을 써서, 에밀 놀데와 바를라흐(Ernst Barlach, 1870~1938) 같은 미술가들을 둘러싸고 "열렬한 토론"이 촉발되고 있다고 밝혔다. 스스로 혁명적이라 일컫는 한 무리의 나치 예술가들이 논란의 대상이 되는 그 미술가들을 자신들의 지도자로 삼고 있다는 것이다.[230] 로젠베르크가 자신이 이끄는 독일문화투쟁연맹의 도움으로 현대 예술 전체를 비방하자, 이에 나치당 소속 젊은 예술가들과 학생들이 캠페인을 벌이며 맞섰는데, 이 일은 괴벨스가 은밀하게 용인하였던 것으로 보인다.

화가 오토 안드레아스 슈라이버(Otto Andreas Schreiber)와 한스 야코프 바이데만(Hans Jakob Weidemann, 선전부 예술 담당관이었고 나중에 제국영화원 부원장이 되었다)이 이끄는 가운데, 1933년 7월 22일 베를린의 프리바트 미술관에서 페르디난트 묄러(Ferdinand Moeller)가 '30명의 독일 예술가'라는 전시회를 열었다. 여기에는 독일 표현주의, 그중에서도 에른스트 바를라흐, 마케(August Macke, 1887~1914), 놀데, 롤프스(Christian Rohlfs, 1849~1938), 페히슈타인(Max Pechstein, 1881~1955) 등의 작품들이 전시되었다. 이 전시회는 비록 3일 후에 제국내무장관 프리크의 지시에 따라 폐쇄되기는 했으나, 바이데만이 선전부에 속한다는 사실 때문에 심지어 해외에서조차 괴벨스가 예술가들의 이와 유사한 계획을 비밀리에 지원하고 있다고 추정하게 되었다.[231]

로젠베르크가 괴벨스에 적대적인 계략을 꾸미고 선동하였을 때 이는 이데올로기적 차이 때문이기도 했지만, 둘의 분쟁은 사실 적나라한 권력 싸움이었다. 괴벨스가 한때 그를 지칭했던 "냉정한 발트인"[232]은 제국의 문화 부문에 영향력을 확대하려 하였는데, 그것은 바로 지금 괴벨스가 선전부와 제국문화원을 통해 보유하고 있는 영향력이었다. 제국문화원의 회원 수는 수십만 명에 달했고 1937년 말 이미 2,050명의 상근 직원들이 일하고 있었다.[233] 로젠베르크는 "정치적으로 막다른 골목을 느끼는 본능"[234]으로 당의 우월성을 주장하였으나[235] 그때까지 큰 성공을 거두지 못했다. 로젠베르크는 자신이 1933년 4월부터 이끌면서 제국외무부로 오르는 발판으로 삼고자 헛되이 노력했던 나치당 외교국을 가지고도 일을 진전시킬 수 없었다. 그리고 자신이 1928년 12월 설립하였으며 1934년부터 국가사회주의 문화공동체로 개명했던 독일문화투쟁연맹을 당 기구로 인정하도록 히틀러를 설득하는 데도 실패했다.[236]

이제 로젠베르크의 동맹자 라이와 괴벨스 간의 분쟁이 11월 제국문화원 설립 이후 타협으로 나아가고 있어, 로젠베르크의 입지는 더욱 약화되었다. 선전부 장관은 제국문화원 설립으로 원하던 바를 일단 이루기는 하였지만, 여러 대규모 직업 조직들 때문에 라이와 여전히 갈등하고 있었다. 그 조직들이 독일노동전선에 속해야 하느냐, 제국문화원에 속해야 하느냐가 애매모호한 경우가 있었던 것이다.

그러나 라이는 11월 27일 설립된 여가 조직 '기쁨의 힘'*을 위한 대중적 문화 프로그램을 작성하면서 괴벨스에게 의지하게 되었고, 분쟁 사안들에서 양보의 태도를 취하게 되었다. 괴벨스가 제공한 반대급부는 라이의 '기쁨의 힘' 조직을 인정하고 지원하는 것이었다. 그들은 1933년 사자(死者) 위령 일요일에 열린 이 새 여가 조직 창립 행사에 보란 듯이 함께 등장했다. 괴벨스는 그 기획을 "제국선전부와 긴밀한 협의를 거쳐 연구하고 결정한 데" 대해 라이에게 감사의 뜻을 표했다.[237]

그리하여 1933년 12월 괴벨스는 저물고 있는 그해가 자신에게 지극히 성공적이었다고 돌아보면서, "민족의 사상적 통일"이 다시 이루어졌다고 생각했다.[238] 나치당 제국선전국과 제국선전부를 이끄는 괴벨스는 선전부와 마찬가지로 전국에 지부를 거느린 제국문화원을 확보함으로써, 자신의 권력의 세 번째 기둥을 세우게 된 것이다. 그리고 이를 통해 히틀러의 해외 팽창 노선에 필요한 국민의 "정신적 동원"을 진행할 수 있게 되었다. 그러나 그 '혁명의 해'의 마지막에 그에게 완벽한 행복을 안겨준 것은 '총통 각하'의 "매우 따사로운 편지"였다.[239] 히틀러는 "친

기쁨의 힘(Kraft durch Freude, KdF) 1933년 11월 독일노동전선 산하에 설치된 노동자 여가 조직. 노동자 여가 활동 통제를 목적으로 하는 이 단체는 그때까지 유산계급만이 향유하던 여행을 비롯한 각종 여가·문화 활동들을 노동자들에게 보급하고, 국민차(Volkswagen) 계획을 추진했다.

애하는 괴벨스 박사"에게 보낸 그 신년 연하장에서, 괴벨스가 "올해 당의 선전을 적들을 하나하나 무찌른, 지극히 예리한 무기로 만들었다."라고 강조했다.[240]

10장
위기와 위험을 헤치고 우리는 자유로 간다
(1934~1936)

괴벨스는 단순히 자신의 출세가 가져다주는 물질적 축복, 즉 품위 있는 관저, 세단 승용차, 맞춤 양복 등에 만족하지 않았다. 그는 병적인 열등감에 이끌려 늘 새로운 방식으로 자신을 확인받고 싶어했다. 이 시기에는 이미 '투쟁 시기' 중에 높이 평가한 적이 있었던 화려한 영화의 세계가 그를 끌어당겼다. 그는 주무 장관으로서 "지상에서 가장 특이한 종족"[1] 사이에 끼어드는 것을 즐겼다. 이는 리셉션이나 시사회에 참석하거나, 독일예술인동지회 클럽에 자주 들르는 행동으로 나타났다. 그 자신이 만든, 베를린 빅토리아 거리의 독일예술인동지회 클럽에 가면 그가 예전에 그저 화면에서 보면서 경의를 표하는 데 그쳤던 스타 배우들이 그의 주위를 둘러쌌다.

얼마 지나지 않아 배우들은 선전장관의 가까운 지인이 되었다. 그들은 처음에는 슈비로프제 호숫가의 카푸트에서 만났고, 나중에는 예전에 영화배우 한스 알버스(Hans Albers)가 거주하던, 클라도프 안 데어 하벨의 임대 주말 별장에서 만났다. 괴벨스는 손님들이 유쾌하지만 정치적으로는 "전혀 무해하고" "지극히 문외한"[2]이라고 속으로 생각하고 있었다. 비판적 지식인들과 대결하던 괴벨스는 아마도 바로 그 점 때문에 그 모임에서 편안함을 느꼈던 것 같다. 그 자리에서는 자신이 특출하게 보이기도 했던 것이다.

괴벨스 부부를 가장 자주 방문한 영화계의 손님은 예니 유고(Jenny Jugo)였는데, 괴벨스는 명랑한 성격 때문에 그녀를 좋아했을 뿐 아니라, 영화 분야의 지식 때문에도 높이 평가했다. 예니 유고는 이미 무성영화

시절부터 스타였으며, 유성영화 시대로 전환하는 데 성공한 몇 안 되는 배우들 중 하나였다. 그녀는 버나드 쇼(George Bernard Shaw, 1856~1950, 1925년에 노벨문학상을 수상한 아일랜드 출신의 극작가)의 〈피그말리온(Pygmalion)〉에서 구스타프 그륀트겐스(Gustaf Gründgens)와 함께 출연하여, 여주인공 일라이저를 연기하면서 1935년 정상급 희극배우로 자리를 굳혔다. 1934년 부활절 때 괴벨스는 눈처럼 흰 요트 '발두르(Baldur)'와 이를 몰 수 있는 항해 면허증을 취득하고는,[3] 사람들과 함께 마르크 지방의 호수에서 여러 차례 선상 유람을 하기도 하고, 술을 진탕 마시는 유쾌한 저녁 사교 모임을 열기도 했다. 여기에는 늘 예니 유고가 참석했고 이따금 그녀의 남편 프리드리히 벤퍼(Friedrich Benfer)도 함께 왔다.

루이제 울리히(Luise Ullrich)도 마찬가지로 환영받는 손님이었다. 그녀는 처음 출연한 영화인 루이스 트렌커(Luis Trenker) 감독의 〈반역자〉(1932년)를 통해 선전장관에게 확신을 주었다. 괴벨스는 이 영화를 세르게이 에이젠슈테인(Sergey Eisenstein, 1898~1948)의 〈전함 포템킨〉, 프리츠 랑의 〈니벨룽겐〉과 〈안나 카레리나〉(1935년에 만들어진 이 영화에는 '신 같은' 그레타 가르보Greta Garbo가 출연했는데[4], 그녀는 괴벨스가 보기에 "모든 사람을 능가하는 최고의 여배우"였다[5])와 함께 모범적인 4대 영화로 생각했다. 괴벨스는 그 영화들에서 "지워지지 않는 인상"을 받았고, 이들을 '영화계 인사들'의 향후 작업을 위한 '노선 지침'으로 추천했다.[6] 매일 저녁 여흥을 위하여 손님들에게 최신 독일 영화(때로는 미국 영화)를 한두 편씩 보여주었던 괴벨스는 개인적으로는 독일 영화 산업보다 앞서 있는 미국 영화 산업의 질에 매우 긍정적인 판단을 내렸다.[7] 그가 공적인 자리에서는 몹시 언짢은 기색을 보였던 할리우드 영화들 중에서도 그를 가장 열광시킨 영화는 〈바람과 함께 사라지다〉였다.

무용가인 회프너(Höpfner) 자매, 이레네 폰 마이엔도르프(Irene von

Meyendorff), 막스 슈멜링(Max Schmeling)과 그의 부인 아니 온드라(Anny Ondra), 에리카 단호프(Erika Dannhoff), 에밀 야닝스(Emil Jannings), 감독 파이트 하를란(Veit Harlan, 그는 처음에는 부인 힐데 쾨르버Hilde Körber와 함께, 나중에는 크리스티나 죄더바움Kristina Söderbaum과 함께 왔다) 등이 그 모임에 참석했다. 또한 마그다의 예전 동서이자 가장 가까운 사람인 엘로 크반트, 그녀의 친구 헬라 슈트렐(Hela Strehl), 불러(Bouhler) 부부, 헬도르프, 아렌트(Benno von Arent), 샤움부르크(Otto Schaumburg) 등도 참석하곤 했는데, 평소에는 귀족들을 '고귀한 사교 천민들'이라 부르며 경멸하던 괴벨스도 이들 중의 귀족 출신은 꺼리지 않았다.[8] 레니 리펜슈탈 역시 괴벨스 부부와 히틀러와 가깝게 지냈다. 괴벨스의 견해에 따르면 그녀는 "그 모든 스타들 중 유일하게 우리를 이해하는 사람이었다."[9]

배우들과 감독들이 선전장관 주위에 모여든 것은 그의 보호 없이는 출세 길로 나아갈 수 없었기 때문이다. 괴벨스는 방송 분야처럼 영화 분야에서도 곧 무소불위의 권력을 지니게 되었다. 그리하여 그는 자신이 특히 높이 평가하는 배우들의 명단을 작성하였는데, 그 목록 중에는 헤니 포르텐(Henny Porten), 릴 다고퍼(Lil Dagover), 오토 게뷔르(Otto Gebühr)를 비롯하여 히틀러가 좋아하는 영화배우들의 이름도 포함되어 있었다. 괴벨스는 신인 배우들을 면밀히 관찰한 후에 그들의 장점도 목록에 정리했다.[10]

그 분야에서는 누구나 알고 있던 일이지만, 선전장관의 성적 욕구에 순종하는 신인 여배우들은 먼저 일을 얻을 수 있었다. 오락 분야에서 유명한 감독인 게자 폰 치프라(Géza von Cziffra)는 선전장관의 개인 보좌관 게오르크 빌헬름 뮐러(Georg Wilhelm Müller)가 종종 선전부 내에서 일어나는 그러한 만남이 누설되지 않도록 노력했다고 전한다.[11] 불구인 다리가 사람들의 상상력에 영감을 부여한 때문이기도 했지만, 괴벨스는

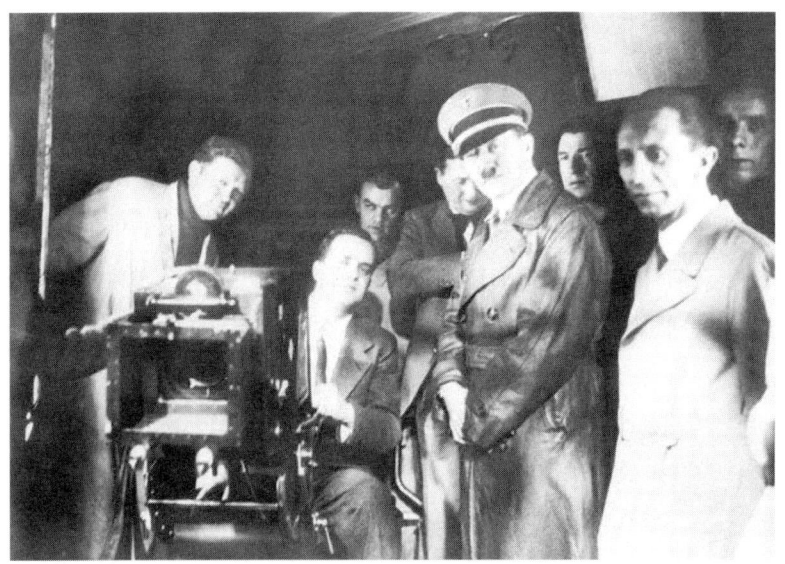

1935년 1월 15일, 우파(Ufa) 영화 제작 현장을 방문한 히틀러와 괴벨스. 괴벨스는 선전장관 취임 후 언론과 방송뿐 아니라 영화계도 통제하였으며, 1937년에는 강압적인 방법으로 우파를 자기 소유로 만들었다.

곧 사악한 연인이라는 명성을 얻었다. 그의 욕구의 대상들이 대개 우파 영화 스튜디오에서 일했기 때문에, 사람들은 그를 두고 '바벨스베르크의 염소'*라고 수군거렸다.

배우와 감독뿐 아니라 제작자들도 괴벨스에게 종속되었다. 괴벨스는 영화 제작의 모든 단계에 직접 개입할 수 있는 포괄적인 수단을 장악했던 것이다. 선전부 영화국은 영화 산업의 제작 계획을 감시했는데, 선전부 영화국장인 에른스트 제거는 고등검열처 의장직(그리고 1942년부터는 제국영화감독관)도 겸임했다. 그리고 그곳에서 (나중에는 제국영화극본위원에 의하여) 모든 시나리오들이 예술적이고 정신적으로 '적합한' 태도를

바벨스베르크의 염소 바벨스베르크는 우파 영화제작소가 있던 포츠담의 구역 이름이다. 염소는 악마와 호색한을 모두 상징한다.

10장 위기와 위험을 헤치고 우리는 자유로 간다

갖추고 있는지도 검열했다. 이와 동시에 연극 담당 부서의 제국극본과에서는 연극, 오페라, 오페레타의 모든 희곡 제작을 감시하고 영향을 끼쳤다.[12] 괴벨스는 점점 더 이러한 과제들을 자신이 직접 담당하였고, 몇 년 후에는 거의 단독으로 배역과 기획을 결정하게 되었다. 괴벨스는 거의 매일 저녁 영화 시나리오들을 읽었고, 때때로 감독들 사이에서 악명 높은 녹색의 '장관 펜'으로 자신의 의도에 맞게 고쳐 쓰곤 했다. 그런 다음에야 네 개의 은행들이 공동 출자하여 설립한 영화신용은행이 지원금을 결정할 수 있었다. 그러나 여기에 그치지 않고 괴벨스는 심지어 촬영에도 간섭했다. 그는 영화 촬영장을 즐겨 방문하여, 촬영된 장면들의 '견본'을 검열하고 마지막으로 이미 촬영된 필름에 평점을 내렸다. 심지어 그는 1935년 10월부터 단독으로 영화의 상영 금지 조치를 결정하게 되었다.[13]

괴벨스는 바이마르공화국에서는 엄격하게 분리했던 검열과 평점 시스템을 추가적 규제 수단으로 자기 수중에서 통합했다. 이를 통해 그는 독일 영화 제작에서 내용의 통제를 독점했을 뿐 아니라, 동시에 제작사들에 재정적 압력을 가할 가능성도 지니게 되었다. 평점 1점마다(제3제국에서 영화의 평균 평점은 3점이었다) 해당 영화는 4%의 세금 감면 효과를 얻게 되기 때문이다. 약 250만 제국마르크의 평균 상영 수입에서 이는 약 10만 제국마르크를 의미하였고, 이는 평균 제작비의 5분의 1에 이르는 액수였다.[14]

괴벨스가 장관직 수행 초기에 '영화 제작자'들에게 스스로를 "영화 예술의 열정적 애호가"로 소개했을 때[15](그는 이러한 열정을 히틀러와 공유하여 어느 해에는 히틀러에게 '30편의 고급 영화'와 '18편의 미키마우스 영화'(!)를 크리스마스 선물로 보내기도 했다[16]) 물론 여기에는 은밀한 저의가 깔려 있었다. 괴벨스는 계획적으로 배우와 감독들을 꾀었고, 스타 숭배를 조장하였으며, 그들이 넉넉한 급료를 받도록 해주었고, 세금과 관련된 그들의 걱정들을 없애주었다. 특히 "세금에 시달리는 영화 예술가들"을 위해 히틀러가 승인한 '면세 대상 특별 상여금'[17]을 지급했으며, '교수'나 '국가배우' 등의 명예로운 칭호를 수여하여 사회적 명예를 높여주었다. 물론 괴벨스는 이러한 혜택을 이용해 그들이 정권의 목표에 순종하게끔 하였다. 정권의 지도급 인사들은 공개석상에서 영화인들이 자신들을 장식해주는 것을 좋아했다. 헤르만 괴링은 거의 국왕처럼 화려하게 '국가배우' 에미 존네만(Emmy Sonnemann)을 베를린 대성당의 혼례 제단 앞으로 이끌었다. 그리하여 그녀는 국가의 퍼스트레이디*가 되었다.

괴벨스의 부인 마그다가 1934년 4월 15일 힐데(Hilde)라는 이름의 여자아이를 낳았을 때, 괴벨스는 수도 베를린의 영화 사교계의 중심에서 삶을 즐기고 있었다. 그러는 동안 나치당을 지지하는 무산계급 대중에게는, 그중에서도 특히 괴벨스가 "투쟁의 여러 해 동안" 사회 혁명과 제3제국에서 '구원'을 약속했던 수많은 '당의 군인들'에게는 변한 것이 아무것도 없었다. 당 간부들과 달리 그들에게는, 히틀러의 권력 획득에 걸었던 생활의 개선 같은 기대들이 충족되지 않았다. 하루하루가 지나면서 심각한 경제 위기에서 벗어나는 일이 새로운 권력층이 약속했던 것보다 훨씬 더 오래 걸릴 것이라는 점이 명백해지고 있었다.

많은 국민들을 새 시대의 분위기로 몰고 갔던 나치 운동은 눈에 띄게 추진력을 잃고 있었다. 다시 일상생활의 나른한 평범함이 퍼지고 있었다. 갈색 정당의 기층에서는 이른바 혁명의 축복으로부터 자신들도 수혜를 받을 수 있을 때까지 혁명을 중단해서는 안 된다는 목소리가 점점 높아지고 있었다. '제2의 혁명'이라는 슬로건이 돌격대가 모이는 술집들에서 퍼져 갔다. 자신들의 노고에 보답을 받지 못한 그들은 이러한 제2의

퍼스트레이디 히틀러는 1945년 자살 직전에야 에바 브라운과 결혼했기 때문에, 괴벨스나 괴링 등 최고위 인사들의 부인이 제3제국의 퍼스트레이디로 일컬어졌다.

혁명을 통해 돌격대가 다시 과거의 위치를 되찾기를 바랐던 것이다. 돌격대 참모장 룀은 "내가 무엇을 원하는지 히틀러는 정확히 알고 있다."라고 썼다. "그에게 여러 번 충분히 이야기했다. 과거 황제군을 재연하는 것은 있을 수 없는 일이다. 우리는 혁명이다. 그렇지 않은가? …… 우리가 혁명이라면, 우리의 활력으로부터 마치 프랑스 혁명 당시 민중의 군대와 같이 무언가 새로운 것이 나와야 한다."[18] 그러나 1934년 2월 히틀러는 룀이 기대했던 것, 독일에서 지도적인 정치적 역할을 담당해야 했을 민병제 군대가 아니라, 미래의 정복 계획을 염두에 두고 국방군(Wehrmacht) 창설과 징병제를 결정했다. 이로써 그와 돌격대 최고 지도자 사이의 골은 더욱 깊어졌다.

이 갈등 상황은 부르주아 민족주의적 연정 파트너들에게 전체주의적 일당독재를 그보다 온건한 권위주의적 통치로 변화시키는 일이 아직 가능할지도 모른다는 희망을 품게 만들었다. 그들은 노쇠한 대통령의 후계자 결정 문제를 계기로 상황을 입헌군주제로 몰고 가려 했다. 괴벨스는 5월 21일 제국국방장관 베르너 폰 블룸베르크*로부터 파펜이 그러한 '야심 찬 계획'을 추진하고 있다고 전해 들었다. 힌덴부르크가 사망할 경우 파펜이 그 노신사의 자리를 물려받으려 한다는 것이었다. 괴벨스는 이를 두고 일기에서 "일고의 가치도 없다. 반대로 그는 그때가 되면 그야말로 제대로 제거되어야 한다."라고 논평했다.[19]

6월 17일 부총리 파펜은 마르부르크에서 열린 대학연합 회의에서 그의 보좌관 에드가르 융(Edgar Jung)이 작성한 연설을 했다. 커다란 주목을 받은 그 연설에서 파펜은 나치당 지배에 대해 거침없는 비판의 포문을 열었다.[20] 자신의 입지를 과대평가한 파펜은 연설에서 '제2의 혁명'과 같은 지껄임을 비난하고, 정권의 '지식인주의' 탄압을 비판했다. 그는 매우 솔직하게 갈색 테러를 "사악한 의식의 표출"[21]이라고 비난하면서, 선전부의 엄격한 언론 통제도 예리하게 비판했다. "위대한 인물들은 선전으로 만들어지는 것이 아니라, 그들의 행동을 통해 자라나는 것이다."[22]라든가 "어떤 조직이나 어떤 절묘한 선전 선동도 그 자체로 장기적으로 신뢰를 얻을 수는 없다."[23] 같은 말들은 선전부를 빗대어 공격하는 것이었다. 그리고 파펜은 한걸음 더 나아가 일당 통치를 과도기 상황으로 표현하면서 군주제 재건을 시사하기까지 했다.[24]

국내 정세 변화와 '반동'의 준동에 직면한 괴벨스는 1934년 5월 11일 베를린 체육궁전에서 행한 연설에서, 오래전부터 준비해 왔던 '비방가와 혹평가들의 '탐색전'을 시작했다. 라디오로 중계된 괴벨스의 연설을 듣고 로젠베르크는 "다시 한 번 1928년의 선동가 괴벨스가 장관 괴벨스를" 압도했다고 논평했다.[25] 그 후 선전장관은 전 제국에서 연설을 하기 시작했다. 6월 중순 그의 연설들은 폴란드 공식 방문으로 중단되었다. 괴벨스는 히틀러의 위임을 받아 폴란드에서 '동등한 권리'와 '명예 회복'을 목표로 하는, 새로운 독일 정치의 '평화적' 의도를 강조하는 임무를 띠고 있었다.[26]

바르샤바에서 막 돌아온 괴벨스가 6월 17일 게라에서 열린 나치당 튀링겐 관구 전당대회에서 아직은 신중하게 보수주의 부르주아 '비방가들'을 공격했다면,[27] 그 다음날 바덴의 프라이부르크에서 열린 대규모 집회에서는 (파펜의 발언들을 암시하면서) "1918년 지도자로서 자격 미달이 증명된 자들이 이제 우리에게 엉겨 붙어 자애롭게도 자신들이 지도자 역할을 해줄 용의가 있다고 말하고 있다."[28]라고 비판했다. 괴벨스는 파

블롬베르크(Werner von Blomberg, 1878~1946) 1933년 1월 30일 힌덴부르크 대통령의 추천으로 히틀러 내각에서 국방장관이 되었고, 1935년 국방군 총사령관이 되었다. 1937년 히틀러에게 충성을 바치고 그의 정복 계획을 지지하면서도, 조속한 전쟁 개시에 대해서는 프리치 육군 총사령관과 함께 반대하는 입장을 취했다. 1938년 2월 4일 전직 매춘부와의 결혼이라는 스캔들 때문에 사임하였고, 이를 계기로 히틀러는 군부를 완전히 장악하였다.

펜의 비판에 자극을 받아 선전전을 더욱 강화했다.

1934년 6월 21일 노이쾰른 경기장에서 열린 베를린 대관구의 하지제(하지夏至 큰 횃불 놓기 등의 의식) 행사에서 괴벨스는 군중에게 나치가 권력을 획득한 것은 그러한 권리를 요구할 만한 자들이 달리 없었기 때문이라고 외쳤다. "황태자도, 상업고문관(1919년까지 상공업 공로자에게 주어진 칭호)도, 대은행가도, 의회 지도자도 그러한 권리를 요구하지 못하였다! 그들은 모두 그저 상황이 굴러가도록 놓아 두었을 뿐이며", 따라서 그들은 현재 나치 정권이 곧 극복할 실업 사태에 책임을 져야 할 사람들이다. 모든 '이 신사 숙녀 분들'을 감옥에 처넣는 편이 더 나았으리라고 증오를 퍼붓는 괴벨스의 연설은 박수 갈채로 거듭 중단되었다. 마침내 괴벨스는 보수주의 부르주아 세계에 대한 자신의 경멸감을 표현하려는 목적에서, 그 대표자들, 그 "고귀한 신사 분들"을 "우스꽝스러운 난쟁이들"이라고 욕하고, 군중에게 "그들이 얼마나 비겁하게 도망치는지 보게 될 것"이라면서 그들에 맞서라고 족구했다.[29]

파펜 부총리는 그 후 히틀러를 면담하여, 선전장관이 자신의 마르부르크 연설의 라디오 중계를 즉석에서 거부했고 신문으로 그 연설을 유포하는 것도 금지했다면서, 이 때문에 힌덴부르크에게 사퇴 의사를 밝히겠다고 을러댔다.[30] 그러나 히틀러 총리는 자신의 '대리인'인 파펜 부총리의 협박에 가까운 불평이 힌덴부르크가 있는 노이데크까지 흘러 들어가는 것을 늦추는 데 성공했다.

괴벨스가 보기에는 '반동'과 겪는 갈등은 여전히 꺼지지 않는 불씨로 남아 있었다. 독일장교제국협회는 돌격대 최고지휘관 룀을 제명했다. 6월 26일 히틀러는 자신이 상황을 고조시킬 것을 획책하여, 파펜의 마르부르크 연설문 원고를 작성한 에드가르 융의 체포를 지시했다. 6월 27일 주교의 교서를 통해 '성직자 나부랭이들'조차 국가에 맞서 강경하게 나오자, 괴벨스는 이 사건 역시 파펜과 '그 일당들'이 획책한 긴급한 위기

돌격대 대장 에른스트 룀. 나치당 초기부터 히틀러의 동지로 활동했으며, 돌격대 최고 지도자로 가두 폭력 투쟁을 이끌었다. 그러나 1934년 6월 29일, 히틀러는 자신의 합법 노선에 반대하면서 '제2의 혁명'과 돌격대의 위상 정립을 요구한 룀을 제거하기로 결정했다.

라는 맥락에서 바라보았다. 그는 "상황은 점점 심각해지고 있다. 총통은 행동해야 한다. 그러지 않으면 우리는 반동을 감당할 수 없게 될 것이다."라고 근심스럽게 썼다.[31]

6월 29일 아침 괴벨스는 마침내 히틀러가 결심했다고 생각했다. 히틀러가 전화로 선전장관 괴벨스에게 지체 없이 바트 고데스베르크로 오라고 지시했던 것이다. 그곳에서 히틀러는 라인 강이 바라다보이는 드레젠 호텔 앞에서 제국노동봉사단의 차펜슈트라이히*에 참석하려는 참이었다. 드디어 '반동'에 반격할 시간이 도래했다는 확신을 지니고 괴벨스는

차펜슈트라이히(Zapfenstreich) 군악 연주, 평화 및 관용의 요구, 국가 제창, 행진 등의 엄격하게 정해진 순서에 따라 진행되는 독일 군대의 특수한 열병 의식. 17세기 부대 귀영 시간을 알리는 의식에서 출발하였으나, 19세기 초부터 특별히 중요한 계기가 있을 때 실시되었다.

아침 10시경 템펠호프 비행장에서 특별기에 올랐다. 바트 고데스베르크에 도착한 괴벨스는 '총통 각하'가 일차적으로 '반동'에 반격을 가하려는 것이 아니라 오히려 돌격대 지도부를 제거하려는 결심임을 알고 크게 놀라 충격에 빠졌다.[32]

당과 돌격대의 긴장 관계가 지난 몇 주 동안 눈에 띄게 가라앉았음에도 불구하고, 또 제국자위군에 대한 요구를 내세운 룀의 야심이 그래도 중도적 노선에 머물게 된 것처럼 보였음에도 불구하고, 히틀러는 베르크호프 산장에 3일간 머물면서 그러한 결심을 한 것으로 보인다. 히틀러는 생명이 사그라들고 있는 대통령의 후임이 아직 결정되지 않은 점이나 자신의 향후 목표들을 고려할 때, 제국자위군, 산업계, 관료 조직 내의 보수 부르주아 세력과 단절하는 위험을 무릅쓸 수는 없다고 생각했다. 히틀러는 룀과 그 심복들을 제거함으로써 제2의 '사회주의적' 혁명에 거부 입장을 보여, 다가오는 위기를 막을 수 있을 뿐 아니라, 귀족주의적 파트너들을 완전히 자신의 편으로 끌어들일 수 있다고 계산했다.[33]

돌격대 수뇌부들은 아무것도 모르고 휴가 조치를 받았고, '반동'에게 편집증적 증오를 품은 괴벨스는 그들에 대한 공격을 예고하는 징후들을 간과하였거나 보지 않으려 했다. 히틀러의 측근 루돌프 헤스는 6월 25일 돌격대를 겨냥하여, 민족 동지들이 서로 적대하도록 선동하고, "제2의 혁명'이라는 명예로운 이름으로 범죄적 장난을 위장하고 있는" '선동가들'에게 공격을 퍼부었다.[34] 괴링, 1934년 4월 20일 히틀러가 프로이센 게슈타포 책임자로 임명한 힘러, 보안대장 라인하르트 하이드리히*가 돌격대 지도자 제거 작전을 제국자위군 수뇌부, 구체적으로는 베르너 폰 블롬베르크와 협의했고, 지원을 약속받았다는 사실을 괴벨스는 알 수 없었다. 괴벨스는 히틀러가 6월 28일 베를린을 떠나 테르보펜 관구장의 결혼식 참석차 에센으로 간 진짜 이유를 몰랐다. 히틀러는 결혼식에 참석한 괴링, 힘러와 정확한 작전 계획을 확정했던 것이다. 그것은 돌격대 수뇌부(히틀러는 처음에는 단지 룀 주변의 몇 사람만을 염두에 두었던 것으로 보인다)를 공개 협의라는 명목으로 바트 비스제로 불러들여 그곳에서 체포한다는 계획이었다.

라인 강변의 드레젠 호텔에 도착한 후에야 이 계획을 알게 된 괴벨스는 진실이 무엇인지 똑똑히 깨달았다. 히틀러는 '반동'임을 다시 드러냈다. 그러나 괴벨스는 또 다시 곧바로 굴복하였고, 자신의 생각과 다르게 행동하였다. 히틀러에 대한 충성심에 그 어떠한 의심도 생겨나지 않도록 하기 위하여, 괴벨스는 히틀러가 손수 지휘하는 그 작전에 참가하고 싶다고 주장했다. 그리고 마침내 그는 (로젠베르크가 경멸적으로 썼듯이) "사나이들의 행동에 참여하도록 허용되었다."[35]

그날 밤 안으로, 즉 원래 계획보다 몇 시간 앞선 1934년 6월 30일 새벽 2시에 작전이 시작되었다. 이는 돌격대 수뇌부가 이 사태를 알아차렸고 뮌헨에서 실제로 반란을 일으키려는 조짐이 보인다는 전갈들이 뮌헨과 베를린으로부터 속속 도착했기 때문이다. Ju52 비행기가 본의 한겔라에서 이륙, 히틀러, 그의 부관 빌헬름 브뤼크너(Wilhelm Brückner), 율리우스 샤우프(Julius Schaub, 1898~1968), 운전기사인 율리우스 슈렉(Julius Schreck, 1898~1936)과 에리히 켐프카(Erich Kempka, 1910~1975), 제국공보실장 디트리히, 괴벨스 등과 함께 "안개가 짙은(!) 밤 하

하이드리히(Reinhard Heydrich, 1904~1942) 친위대(SS)에서 하인리히 힘러의 수석 부관을 지냈으며, 2차 세계대전 초기에 점령지에서 대량 학살을 주도했다. 힘러의 오른팔로 보안경찰 및 보안청 책임자, 제국보안중앙국장, 보헤미안 및 모라비아 제국보호령 부보호관 등을 역임하면서 무자비한 테러와 탄압을 지휘하여 '금발의 야수', '사형집행인', '프라하의 도살자' 등의 별명으로 알려졌다. 1942년 프라하에서 체코 망명정부가 보낸 암살자 공격을 받고 사망했으며, 친위대는 이에 대한 보복 조치로 체코의 리디체 마을을 공격하여 16살 이상의 남자 172명을 학살하고 여성과 아이들을 수용소로 격리 수송했다.

늘"로 출발했다. 나중에 선전장관 괴벨스가 독일 민족에게 전하는 라디오 연설에서 극적으로 묘사하였듯이, 뮌헨으로 가는 이날의 비행 중 '총통 각하'는 큰 객실의 맨 앞자리에 침묵을 지키고 앉아 꼼짝도 하지 않고 어둠을 뚫어지게 바라보고 있었다.[36]

그들은 새벽 4시 30분경 뮌헨 공항에 도착했고 결사대는 곧바로 바이에른 내무부로 향했다. 전날 저녁 돌격대 행진에서는 3천여 명의 난동을 부리는 돌격대원들이 그 어떤 배반에도 대응하겠노라고 목소리 높여 공언하였는데, 그 후 친위대들이 이 돌격대 행진의 주동자들을 그곳으로 끌어다 놓았다. 돌격대에 대한 대대적인 보복은 뮌헨 경찰청장인 슈나이트후버(August Schneidhuber) 돌격대 중장, 뮌헨 돌격대장인 슈미트(Wilhelm Schmid) 돌격대 중장부터 시작되었다. 히틀러는 '노발대발'하여 고래고래 소리를 질렀고, 그들의 어깨에서 계급장을 떼어냈다. 그들은 슈타델하임 형무소로 끌려갔다. 괴벨스는 히틀러가 중요한 작전을 위하여 비스제로 자신을 데리고 간 것을 특별한 신뢰의 증거로 생각했다. 선전장관 괴벨스는 나중에 '총통 각하'의 통상적인 호위 친위대 외에는 오로지 "그의 충성스러운 동지들"만이 함께 갈 수 있었노라고 으스댔다.

아침 7시경 그들은 룀과 그 부하들이 거처하고 있는 바트 비스제의 한 슬바우어 호텔에 도착했다. 그들은 어떤 저항에도 부딪히지 않고 호텔 안으로 밀고 들어갔다. 앞에 선 히틀러는 승마 채찍을 휘둘렀고 그 뒤를 다른 자들이 따랐다. 그중에는 히틀러가 룀의 방문을 열어젖히고 그가 체포되었다고 고함을 지를 때 바로 그의 옆에 붙어 있으려고 다리를 절며 앞으로 밀고 나가는 괴벨스도 있었다. 돌격대 참모장 룀은 잠에 취한 상태에서 "하일, 총통 각하"라고 응대했지만, 곧 사태의 심각성을 깨달았다. 히틀러는 다른 돌격대장들도 마찬가지로 다루었다. 그 과정에서 히틀러가 에트문트 하이네스의 방을 덮쳤을 때 그는 동성 애인과 함께 있었는데, 괴벨스는 이를 "역겹고 거의 구토를 일으키는 장면"으로 기억

하고 있다.[37]

　괴벨스는 히틀러가 그 '배신자들의 소굴'을 소탕하고 나서 뮌헨으로부터 룀의 참모경비대가 도착하여 발생한 지극히 위태로운 형국을 어떻게 장악해 나가는지를 경이롭게 바라보았다. 히틀러는 "떳떳하고 사나이답게" 그들에 맞서 당장 뮌헨으로 돌아갈 것을 명령했다. 그리고 돌격대원들은 이 명령에 따랐다. 괴벨스는 뮌헨 귀환도 극적이었다고 서술했다. 돌아가는 길에 괴벨스는 다시 히틀러의 벤츠 콤프레서에 올라 바로 그의 옆에 앉았다.[38] 불과 몇 분 간격으로 계속하여 비스제 회의로 달려가는 돌격대장들의 차들을 만났다. 그 자리에서 바로 히틀러에게 체포된 그들은 친위대 분견대에 넘겨져 룀, 하이네스를 비롯한 다른 사람들과 마찬가지로 슈타델하임 형무소에 끌려간 후 살해되었다(이 사건을 '룀 쿠데타' 혹은 '긴 칼의 밤'이라고 부른다).

　뮌헨으로 돌아온 괴벨스는 10시경 리터 폰 에프의 대기실에서 괴링에게 전화로 "범죄자의 대부분이 구금되었고" 괴링에게 이제 "그의 과제를 실행해야 한다."고 통고했다.[39] 작전명 '벌새(Kolibri)'라는 그 작전은 베를린을 비롯한 다른 지역에서도 실행되었다. 괴벨스가 바이에른의 대도시 뮌헨에서 히틀러에게서 이미 선전 지침을 하달받아 신문과 방송에 대한 최초의 지시를 내리는 동안, 친위대와 경찰은 돌격대 수뇌부의 또 다른 '반역자'들을 체포하여 살해했다. 슐레지엔에서는 참혹한 피의 도취 속에서 아무것도 모르는 다수의 돌격대원들이 힘러의 친위대에 살해당했다.

　6월 30일 저녁 "속이 좋지 않아 토하려는 것처럼 보이는"[40] 괴벨스는 비행기에서 히틀러 옆자리에 앉은 채 베를린으로 돌아왔다. 그들은 군사 사열을 받고, 괴링, 힘러, 달뤼게 등이 포함된 대대적인 환영 위원회의 영접을 받았다. 히틀러는 초조하고 흥분된 상태에서 괴링이 직권으로 살해한 피살자 명단을 당장 제출하도록 하였다.[41]

그날 정오 무렵 슐라이허 장군과 그 부인도 노이바벨스베르크에 있는 빌라에서 살인 부대가 빗발치듯 퍼부은 충격으로 살해되었다. 브레도프(Ferdinand von Bredow) 육군소장과 가톨릭 활동 지도자인 에리히 클라우제너(Erich Klausener) 국장도 마찬가지로 피살되었다. 살인 부대 중 하나는 파펜의 개인 비서 보제(Herbert von Bose)와 그의 마르부르크 연설을 작성한 최측근 융을 사살했다. 부총리 파펜은 항의에도 불구하고 연금되었다. 자신의 사임을 제안한 그는 힌덴부르크와의 연결을 위해 아직 필요했기 때문에 살아남을 수 있었다.

살생부에는 밤베르크 시기까지(1926년 초 나치당의 밤베르크 간부 회의를 의미한다) 괴벨스의 동지였다가 라이벌이 되었고, 결국 철저한 적으로 돌아섰던 한 남자의 이름, 즉 그레고어 슈트라서도 들어 있었다. 그동안 그는 제약회사 셰링칼바움의 부사장이 되어 있었다. 그는 이미 여러 차례 자신이 "그 불행한 1932년 12월" 이후로 "어떤 정치적 활동도 용의주도하게 삼가하고 있다."고 당 지도부에 누누이 밝혀 왔다. 그러나 동생 오토 슈트라서는 프라하에서 히틀러에 맞서는 음모를 꾸민 적이 있었다. 6월 18일 그레고어 슈트라서는 다가올 사태를 막연히 예감하고 헤스에게 연락을 취했다. 그는 헤스에게 "10년에 걸쳐 당 건설에 이바지한 희생적이고 열성적인 활동을 감안하여" 자신을 보호해줄 것과 "자신을 둘러싼 그 모든 소문들을 잠재우고" "무엇보다도 당에 대한 적대적 태도라는, 말할 수 없이 상처를 주고 불명예스러운 감정을 가라앉힐 수 있도록" 충고해줄 것을 청했다.[42] 그러나 이 편지도 그레고어 슈트라서를 도울 수 없었다. 6월 30일 오후 2시 30분경 그는 자신의 집 앞에서 10명의 분견대에 의해 프린츠 알브레히스 거리에 있는 게슈타포 본부로 끌려가 그 건물 지하실에서 살해되었다.[43]

'반역자들' 중에 슈트라서, 슐라이허와 그외 '반동'들이 있었다는 사실은 괴벨스의 자기 기만을 좀 더 수월하게 해주었다. 이 작전이 양 진영 모두를 공격 대상으로 삼았다면 대체 반역 음모 이외에 어떤 원인이 있을 수 있겠는가? 그는 어차피 오래전부터 슈트라서를 의심하지 않았던가? 슈트라서는 1932년 12월 이미 슐라이허와 협력하지 않았던가? 그리고 동성애자 룀이 그런 짓을 하지 않는다고 생각할 수 있을까?[44] 이렇게 괴벨스는 아무런 연관성도 없는 것들에서 연관성을 찾아내고 받아들임으로써, 히틀러가 돌격대 수뇌부 제거를 통해 갈색 당의 군사조직을 무력화하고, 괴벨스가 보기에는 그 군사조직이 체현해 왔던 혁명적 목표를 완전히 무력하게 만들었다는 사실에 눈을 감게 되었다.

히틀러는 선전 선동의 모든 규칙들에 어긋나게 침묵을 지키다가 7월 13일에야 별로 설득력도 없고 앞뒤가 맞지 않는 연설을 하였다. 그 때문에 괴벨스는 7월 1일 전국의 모든 방송을 통하여 독일의 여론에 호소하는 역할을 맡았다. 연설 첫머리에 괴벨스는 왜 히틀러가 그렇게 오랫동안 자신에게 이 작전을 알리지 않았는지 자기 자신에게 한 번 더 핑계를 대려는 것처럼, '민족동지들'에게 "총통은 …… 자주 그러했듯이, 심각하고 힘든 상황에서 다시 자신의 오랜 원칙에 따라 행동하였다. 총통은 언제나 말해야 하는 것만을, 알아야 할 사람에게만, 그가 알아야 할 바로 그때에 말한다."라고 선언했다. 괴벨스는 계속해서 돌격내징들의 "허랑방탕한 생활"과 "수치스럽고 구역질나는 성적 변태"를 거론하면서 그 사건을 극적으로 묘사하고, 히틀러를 "조국의 구원자"로 미화했다. 히틀러와 '그의 심복들'은 "전 민족의 이루 형언할 수 없는 희생으로 시작된 그들의 작품"이 '반동'과 어느 외국 세력과 연대하고 있는 "한줌밖에 안 되는 범죄자들" 때문에 위험에 처하게 할 수 없었다는 것이다. 괴벨스는 사태를 자기 편한 대로 해석하여 히틀러의 행동에 '제2의 혁명'이라는 개념을 활용했다. 그 혁명은 마침내 이루어졌는데, 그러나 그들이 생각했던 것과는 '다른 방식으로' 이루어졌다는 것이다.[45]

그 다음 며칠 동안 방송과 신문 보도들은 이러한 거짓말을 계속했다.

200명 이상이라는 피살자의 정확한 숫자는 알려지지 않았다. 7월 3일 신문에 실린 7명의 돌격대장 이름 중 룀의 이름도 들어 있었다. 룀에게는 자신의 '반역적 행동'에 대가를 치를 기회가 부여되었다. 그러나 그는 이를 이행하지 않았고 그래서 그 직후 사살되었다고 전해졌다. 나아가 돌격대 수뇌부의 반역 세력과 외국 세력들과 나라의 근간을 뒤흔드는 관계를 맺어 왔다는 전직 장군 슐라이허가 경찰관들에게 체포될 당시 무기를 들고 저항했다는 간단한 보도가 있었다. "그 때문에 벌어진 총격전에서 그와 그의 부인이 치명상을 입었다."라고 간결하게 보도된 것이다. 다른 피살자들의 이름은 처음에는 소문으로만 떠돌았는데, 선전부가 언론이 피살자 혹은 "도주 중 사살된 자"의 명단을 공개하는 것을 금지했기 때문이었다.

1934년 7월 10일 저녁 8시 괴벨스는 독일의 모든 라디오 방송을 통해 "외국의 눈에 비친 6월 30일"이라는 연설을 했다. 그는 "감사해야 할 규율과 결연함을 지니고 정부의 편에서 도와준" 독일 언론을 칭송하면서 결과적으로 자기 자신을 칭송했다. 그리고 그는 외국 언론들의 오보가 독일에서 전반적인 혼란을 부추기려는 의도를 숨기고 있다고 주장했다. 괴벨스는 이로써 실제로 일어난 일들(그리고 감춰진 일들)로부터 다른 곳으로 주의를 돌리면서, 해외 언론들의 음험한 추측들이 "전쟁 중 독일을 상대로 꾸며진 잔학한 낭설들"과 비견할 정도라고 낙인찍었다.[46]

전통적 엘리트 계급 출신인 히틀러 조력자들의 태도는 결정적으로 선전 선동을 통해 그 사건을 좀 더 쉽게 은폐하도록 해주었다. 그들은 대통령이 히틀러와 괴링에게 보내는 안부 전보를 주선했다. 노이데크에서 죽음을 맞고 있는 힌덴부르크는 이 전보에서 히틀러를 '심각한 위험'의 구원자로 표현하면서, '깊은 감사'와 '진정한 승인'을 표시했다.[47] 제국국방장관 블롬베르크는 군부 내의 격렬한 항의에도 불구하고 휘하 장군 두 사람의 피살을 승인했다. 그는 "용기 있고 결연한 행동"으로 내전을 막아낸 "정치인이자 군인 히틀러"에게 격정적으로 감사를 표했다. 국가 공식 군사조직인 제국자위군 내에서 자신의 독점적 위치가 확고해졌다고 생각한 육군대장은 이를 전 내각의 이름으로 행했다. 그리고 내각은 곧 지나치게 열성적으로 법률 하나를 통과시켰는데, 이 법률은 이 야만적인 숙청 작전을 '국가 정당방위'로 정당하다고 선언하는 단 하나의 조문만을 가졌다.[48]

괴벨스가 신문과 방송에서 대대적으로 선전한, '룀 반역'의 진압이 지니는 '합법성'은 여론이 그 야만성을 간과하도록 만들었다. 돌격대 테러와 '제2의 혁명'의 위협은 사라지고 안도의 한숨을 크게 쉴 수 있게 되었는데, 이는 나치 운동의 '선한 세력'이 마침내 승리했기 때문이라는 것이었다. 1934년 여름에 일어난 그 사건의 참된 맥락을 꿰뚫어보는 사람은 거의 없었다. 그리고 히틀러가 다시 한 번 부르주아적 보수 세계와 그 정치적 기구들과 오직 겉으로만 화합하여 그들을 더 확고하게 자신의 끝없는 권력욕의 단순한 도구로 격하시키려 한다는 것을 예감하는 사람도 거의 없었다.

벼락 같은 돌격대 숙청 작전은 급속히 송설되었다. 독일인들이 그 사건 때문에 생겨난 극도의 불안감에도 불구하고 마침내 안도의 한숨을 내쉬게 된 시점, 그리고 히틀러의 보수파 동맹자들이 그를 '올바른 노선'으로 이끌었다고 믿게 된 바로 그 순간, 노이데크의 자우어브루흐 교수가 이끄는 의료진은 진료 기록에 대통령이 임종을 앞두고 있다고 기록하고 있었다. 히틀러는 이 유리한 시점을 이용하여 단독 통치를 추구했다. 그는 8월 1일 자신의 합법성 노선을 잠시 접어둔 채, 제국대통령 직책을 '총통 겸 제국총리(Führer und Reichskanzler)'의 직책과 통합하는 후계자 법률안을 내각에 제출했다.[49] 그 법률은 24시간도 채 지나지 않아 발효되었는데, 8월 2일 아침 파울 폰 힌덴부르크가 86살로 사망했기 때문이었다. 9시 25분 모든 라디오 방송은 정규 방송을 중단했다. 선전장관은 위선적으로 애도하면서 질질 끄는 목소리로 제국대통령이자 세계대전 영웅의 죽음을 발표했다. 30분간의 방송 중단 후 괴벨스는 "이 일로 필요해진 첫 번째 법적 조치들과 지시들"을 발표했다.[50] "내게는 전우가 있었네"(전우의 죽음을 애도하는 군인들이 부르는 노래)의 방송이 끝나고 나서 몇 시간이 지난 후, 제국국방장관인 블롬베르크 육군대장은 이미 오래전에 협의가 끝난 사실을 지시했다. 그는 제국자위군 소속 군인들에게 "독일제국과 민족의 지도자 아돌프 히틀러"에게 충성을 서약하라고 명령했던 것이다.

곧 추도 기간의 연출을 맡은 괴벨스는 모든 추모 행사를 전 해 포츠담에서와 마찬가지로 정치적 연속성의 상징으로 이루어지도록 꾸몄다. 8월 6일 크롤 오페라극장에서 시작된 제국의회 추도식에서 히틀러는 추도 연설을 했다. 다음날 힌덴부르크의 시신은 군의 추도 퍼레이드 속에서 노이데크로부터 그가 1914년 승리를 거둔 전투의 거대한 기념비가 있는 타넨베르크로 옮겨졌다. 그곳에서 관을 수행하는 전통적인 원수 직속 부대들과 1차 세계대전의 수많은 참전 군인들이 대오를 짓고 있는 가운데, 베토벤의 〈영웅 교향곡〉과 함께 국가 의식이 시작되었다. 제국자위군의 개신교 군목사령관의 설교, 합창, 예포가 뒤따랐고, 마침내 주 연설자가 등장하였다. 제국대통령이자 총리인 '총통' 아돌프 히틀러가 등장한 것이다.[51]

히틀러는 연설 중에 연속성과 유산을 강조했지만, 죽은 자의 유서 내용은 언급하지 않았다. 원수의 죽음 이후 12일이 지나서 프란츠 폰 파펜이 베르히테스가덴에 도착했을 때 유서를 발견했다. 파펜은 히틀러에게 힌덴부르크의 정치적 유서를 전달했는데, 곧이어 이것이 위조된 유서라는 풍문이 돌았다. 풍문이 떠돌게 된 데는 이유가 있었다. 우선 유서가 매우 뒤늦게 발견되었는데, 괴벨스는 힌덴부르크의 죽음 직후 유서를 발

1934년 8월, 베를린 동남부의 노이쾰른에서 선거 연설하는 괴벨스. 힌덴부르크 대통령의 죽음으로 히틀러는 '총통 겸 제국총리'로서 총체적 권력을 얻게 되었는데, 이를 국민투표로 확인받으려 했다. 그러나 전국을 휩쓴 선전 선동의 물결에도 불구하고 투표 결과는 89.9%로 그다지 만족스럽지 못했다.

견하지 못했다고 발표해버렸던 것이다.[52] 그리고 유서의 어법이 힌덴부르크의 간결한 표현 방식과 일치하지 않았다. 거기에는 "가장 깊은 억압의 골짜기"로부터 "서방 문화의 기수(旗手)"인 "총리"가 제국을 끌고 나왔다는 표현까지 있었다. 히틀러의 이름이 여러 차례 언급된 것과 달리 평소 힌덴부르크가 그토록 숭상해 마지않던 황제와 신에 대한 이야기는 없었다. 어떤 사람들은 히틀러 자신이 직접 유서를 위조했다고 믿었다. 프랑스 대사 프랑수아퐁세 같은 사람들은 오토 마이스너, 오스카 폰 힌덴부르크, 프란츠 폰 파펜을 비롯한 대통령의 측근들이 간여했다고 생각했다.[53]

제국자위군의 은혜에 기대지 않으려고 히틀러는(1933년부터 확언한 대로[54]) 총체적 권력의 획득을 국민투표와 결부했다. 나치당 제국선전국의 지원("제국 자동차 기차 독일 호"와 "보조 자동차 기차 바이에른 호"(1930

년대 최대 규모의 자동차 수송 열차들)는 다시금 대규모 집회들을 위한 기술적 준비와 공급을 가능하게 했다)과 함께 선전 선동의 물결이 전국을 휩쓸었다. 또 다시 그 어떤 문제 제기도 불가능해졌고 다시 한 번 국민투표가 조작되었다. 그런데도 1934년 8월 19일 히틀러와 괴벨스의 기대는 충족되지 않았다. 89.9%가 '총통 각하'에 표를 던졌다는 결과를 듣자 히틀러와 그의 선전장관은 당혹스러운 표정을 지었다.[55]

그해 초 히틀러는 알프레트 로젠베르크의 야심을 받아들여 나치당의 정신적·세계관적 교육 전체를 감시하는 직책을 맡겼다. 로젠베르크는 국민투표 전에 괴벨스에게 총공격을 가했다. 그는 전 세계에 "그야말로 대참사에 가까운 인상"을 남긴 6월 30일의 사건들(룀을 비롯한 돌격대 수뇌부 숙청 작전)에 대한 괴벨스의 정당화를 공격의 계기로 삼았다. 괴벨스는 "제국장관의 지위를 변두리 선동가의 지위와 혼동"했다는 것이다.[56] 로젠베르크는 "오로지 한 인간이 자신의 혀와 자만심을 무분별하게 드러냈기 때문에" 독일제국은 "최악의 위기"에 놓이게 되었다고 격분했다. 외교적 야심을 강하게 드러낸 괴벨스 선전장관에게 로젠베르크는 그레고어 슈트라서의 피살 이후 가장 날카롭고 집요한 당내 호적수가 되었다. 8월 초 로젠베르크는 자신에게 나치 운동 전체 외교 정책의 총괄적 대리 권한을 맡겨 달라고 '총통 각하에게' 천거해줄 것을 헤스에게 '매우 강력히' 요구했다.[57]

자신의 적수가 라디오에 출연하는 것을 온 힘을 다해 막은 괴벨스가 문화 창조자들에게 전달한 선거 격문 역시 로젠베르크에게는 눈엣가시 같았다.[58] 특히 에른스트 바를라흐, 에밀 놀데, 루트비히 미스 반 데어 로에(Ludwig Mies van der Rohe) 등이 그 문서에 서명하도록 요구받았다. 〈바젤러 나흐리히텐(Baseler Nachrichten)〉의 보도대로, 선전부의 한 참사관은 '문화 볼셰비키들'과 "우리가 적대했던 예술가 바를라흐와 놀데에게" 히틀러를 위해 나서 달라고 "긴급히 요구했다." 그리고 이에 대해 "나치당의 정신적 · 세계관적 교육과 훈련을 총괄 감시하는 총통 전권위원" 로젠베르크는 오랫동안 괴벨스를 용서하지 않았다. 로젠베르크는 "우리가 수 년 전부터 문화 정책적으로 가장 치열하게 투쟁해 왔던 바로 그들에게 총통을 위한 서명을 구걸하는 것"은 "우울한 일"이라고 느꼈다.[59]

그의 비판에 괴벨스는 몇몇 가톨릭 주교들에도 선거 격문에 대한 서명을 요구했다는 논지로 맞섰다.[60] 그러나 로젠베르크는 이러한 비교는 "전혀 걸맞지 않다."고 보았는데, 왜냐하면 나치당은 해당 가톨릭 주교들을 "한 번도 공격한 적이 없었고" "총통은 항상 종교적 관용이라는 국가의 원칙을 그들에게도 천명해 왔기" 때문이었다. 로젠베르크는 이와 달리 지금 문제가 되고 있는 '저명한 예술가들'은 "총통 각하가 직접 분명하게 거부했던 사람들"이라면서 이는 "여러 차례에 걸쳐 매우 분명히 공공연하게 밝혀졌던 사실이다."[61]라고 응수했다.

결국 문화 문제를 둘러싸고 괴벨스와 로젠베르크 사이에서 끝없이 계속될 것 같은 사생결단의 투쟁이 벌어지게 되었다. 8월 30일 로젠베르크는 제국문화원장 괴벨스에게 "본인이 총통 각하로부터 위임받은 임무는 획일화 조치를 끝낸 모든 단체들을 그 정신적 · 세계관적 배노/사시도 김시하는 것을 포함한다."라는 내용의 서한을 보냈다.[62] 그리고 로젠베르크는 괴벨스가 예술가들의 대규모 국외 탈출 이후 독일의 문화적 개화를 위한 믿을 만한 대표자들을 선정해 정권에 복무하도록 했던 제국문화원의 지도급 인사들을 조직적으로 공격하기 시작했다.

로젠베르크의 첫 번째 목표는 국제적 명성에서 20세기 최고의 독일 음악가라 할 수 있는 작곡가 리하르트 슈트라우스였다. 괴벨스는 그를 제국음악원장으로 끌어들이는 데 성공했다.[63] 괴벨스는 슈트라우스의 70살 생일에 은으로 액자를 한 그림을 한 점 보내면서 "위대한 대가에게 감사와 경의를 표하며"라는 헌사를 담았고,[64] 선전부가 그를 "독일 음악의 대표자 중 한 사람"으로 상찬하도록 하였다.[65] 로젠베르크는 선전장관에게 1934년 8월 20일 보낸 서한에서 이 '사안'은 '문화 스캔들'이 될 수 있다고 매섭게 위협했다.[66] 슈트라우스가 그의 오페라 〈말 없는 여인〉의 대본을 "유대인이 쓰게" 한 것은 "완벽한 오류"라는 이유에서였다. 그에 따르면, 논란이 된 '유대인 츠바이크'는 동시에 스위스의 "어느 유대인 이민자 극장의 예술 자문위원"이었다.

로젠베르크의 공격은 괴벨스의 광적인 분노를 불러일으켰는데, 헤스도 이 문제에서 로젠베르크 편에 섰기에 더욱 그러했다.[67] 그러나 사실은 바로 히틀러와 헤스가 공식적으로 이 오페라 공연을 승인한 적이 있었다.[68] 괴벨스는 로젠베르크가 "내일도 내다보지 못하는 고집불통에 제멋대로인 독단주의자"[69]라면서 화를 냈다. 그는 로젠베르크가 전문적 식견을 갖추지 못하고 있다고 비난하면서, 로젠베르크의 비판의 핵심에서 벗어나려 하였다. "리하르트 슈트라우스 박사가 오페라의 대본을 유대인 이민자에게 쓰게 했다는 것은 진실이 아니다. 오히려 진실은 그 텍스트의 개작자이며 오스트리아 유대인인 슈테판 츠바이크*를 이민자 아르놀트 츠바이크와 혼동해서는 안 된다는 점이다. …… 그러므로 오페라 대본의 작가가 유대인 이민자 극장의 예술 자문위원이라는 것도 사실이 아니다. …… 그렇기 때문에 지금 본인이 답변하려는 귀하의 서한에서 귀하가 하고 있는 것처럼 해외에서도 위에서 언급한 이 문제들을 그렇게 몰염치하게 다룰 때에만, 귀하가 우려하는 것 같은 문화적 스캔들이 나타나게 될 것이다. 하일 히틀러!"[70] 이로써 비록 '슈트라우스 사안'에서 로젠베르크의 공격이 일단 가라앉기는 하였지만, 세계관 전권위원은 여전히 슈트라우스를 추적하고 있었다.

로젠베르크의 국가사회주의 문화공동체가 1934년 11월 초 발간한 잡지 〈음악〉은 제국음악원 회원인 작곡가 파울 힌데미트에 대해 "문화 정책적으로 묵과할 수 없다."고 공격을 가했다.[71] 또 다른 출판물에서는 그가 초기 작품들에서 명백하게 '타락의 기수' 중 한 사람임을 입증했다고 주장했다.[72] 이 '사안'에서는 로젠베르크 자신이 직접 펜을 들었다. 〈민족의 파수꾼〉에 실린 〈미학이냐 민족의 투쟁이냐〉라는 글에서 로젠베르크는 다음과 같이 썼다.

힌데미트처럼 재능 있는 음악가가 처음에는 독일 성향을 가지고 출발하고 나서 14년에 걸쳐 유대인 사회에서 살고 활동하면서 편안하게 느껴 왔다면, 거의 유대인들하고만 사귀어 왔고 그들로부터 칭송을 받아 왔으며 영향을 끼쳐 왔다면, 11월 공화국(바이마르공화국) 시대의 특징을 따르면서 독일 음악에 있어 최악의 키치화를 꾀해 왔다면, …… 그를 단지 아리안이라는 관점에서 새로운 제국의 최고 예술 기관들로 끌어들이는 것은 올바르지 않다.[73]

그러나 괴벨스는 1934년 6월 25일 제국방송 간부들에게 보낸 회람에서, 그 자신도 "이제까지 힌데미트의 작품들 대부분에서 표현된 정신적 근본 태도"는 단호히 거부하지만, 힌데미트는 "젊은 독일 작곡가 세대 중 가장 재능 있는 작곡가 중 한 사람"이라고 칭송했다.[74]

괴벨스가 천재적 지휘자라고 극찬한 제국음악원 부원장 빌헬름 푸르트벵글러[75]는 11월 25일 〈도이체 알게마이네 차이퉁〉에서 이에 답변하

슈테판 츠바이크(Stephan Zweig, 1881~1942) 작가. 시 · 평론 · 단편소설 · 드라마 등 여러 장르에서 특히 가공의 인물과 역사적 인물들의 해석에 뛰어난 재능을 보였다. 오스트리아 · 프랑스 · 독일에서 공부하고 1913년 오스트리아의 잘츠부르크에 정착했다. 1932년에는 슈트라우스의 대본 작가가 되어 일하기도 했다. 1934년 나치에 쫓겨 망명하여 영국으로 이주했다가 1940년 브라질로 갔다. 1942년 부인과 함께 자살했다. 대표작으로 《발자크 평전》, 《마리 앙투아네트》, 조제프 푸셰의 일생을 그린 《어느 정치적 인간의 초상》 등의 전기물과 소설 《감정의 혼란》이 있다.

면서 힌데미트를 지원했는데,[76] 이 신문은 이 글이 불러온 엄청난 반향으로 한 번 더 인쇄하기까지 하였다. 이 글에서 푸르트벵글러는 "전 세계에서 일반적으로 겪고 있는 진정으로 생산적인 음악가들의 극심한 빈곤 현상을 생각해볼 때, 힌데미트와 같은 사람을 그렇게 쉽게 포기하는 것"은 있을 수 없는 일이라고 확고히 주장했다. 그는 로젠베르크를 겨냥하여 "정치적 밀고 문화가 예술에 폭넓게 적용되어야 한다면," 대체 어떠한 결과가 나오겠느냐는 결정적인 질문을 던졌다.[77]

푸르트벵글러는 국립오페라극장에서 〈트리스탄〉 공연 후 청중들(같은 날 저녁 우연히 괴벨스와 괴링도 청중 속에 있었다)로부터 상징적으로 오랜 박수 갈채를 받았다. 괴링은 이를 기회로 삼아 나치당의 한 제국지도자*에 반대하는 공개적인 불만 토로가 있었음을 히틀러에게 알렸다.[78] 한편 이 때문에 괴벨스 자신은 "누가 더 강한지 보여줄 것"[79]이라면서 푸르트벵글러를 을러댔다. 그 후 1934년 12월 4일 푸르트벵글러는 제국음악원 부원장 및 국립오페라난 지휘자를 사임하고 무거운 마음으로 미국 이민을 결정했다. 그리하여 '힌데미트 사건'은 '푸르트벵글러 사건' 혹은 제국음악원 사건으로 비화되었다.

공식적으로는 로젠베르크가 '푸르트벵글러 사건'에서 괴벨스에게 완벽한 승리를 거둔 것처럼 보였다. 그러나 이는 일시적인 승리일 뿐이었다. 1935년 초 푸르트벵글러의 미국 이민 계획이 그를 공공연히 성토했던 적수 아르투로 토스카니니(Arturo Toscanini, 1867~1957) 때문에 수포로 돌아가는 사건이 일어났고, 이는 괴벨스에게 매우 시의적절한 일이었다.

....

제국지도자(Reichsleiter) 나치당의 최고 당직 중 하나로서 총통에게 직속되며 각자에게 주어진 과제를 제국 차원에서 수행한다. 총 20명의 제국지도자가 나치당 제국지도부(Reichsleitung)를 구성하였다.

괴벨스가 최고의 지휘자라고 극찬한 20세기 독일의 대표적인 지휘자 빌헬름 푸르트벵글러는 히틀러가 정권을 장악한 뒤 수많은 예술인들이 독일을 떠날 때에도 독일에 남았다. 괴벨스는 위협과 회유로 푸르트벵글러의 협조를 얻어냈다.

괴벨스는 히틀러의 동의를 얻어[80] 막후에서 몇 가지 제안과 위협으로 푸르트벵글러를 협상의 자리로 끌어냈다. 1935년 2월 28일 두 사람은 '담화'를 위해 만났다. 처음에 푸르트벵글러는 "거부 의사"[81]를 내비쳤지만, 그 후 "그의 글과 결부되어 있는 정치적인 결과와 영향에 대해" 공개적으로 유감을 표하는 데 동의했다. "제국예술정책 지도는 그의 생각에도 오로지 총통, 그리고 총통의 위임을 받은 담당 장관에 의해서만 이루어져야 하며, 그에게 여기에 개입하려는 의사가 전혀 없었기 때문에" 더욱 유감스럽다는 내용이었다.[82]

이처럼 전술적으로 노련한 언론 보도 자료를 통하여 괴벨스는 일석삼조의 효과를 거두었다. 우선 이는 푸르트벵글러의 체면을 살려주었고,

두 번째로 로젠베르크의 권리 주장을 물리칠 수 있게 했으며, 셋째로 정권에 유리하도록 이 지휘자를 독일에 머물게 할 수 있었다. 괴벨스가 일기에 "우리의 위대한 도덕적 승리"라고 썼을 때는 특히 마지막 효과를 염두에 두었을 것이다. 남은 문제는 "우리가 그에게 어떠한 일자리를 줄 것인지에 대한 염려"였다.[83]

물론 로젠베르크는 만족할 수 없었다. 그는 헤스에게 괴벨스의 언론 성명 문구가 "직접적인 도발"이라고 트집을 잡았다. 푸르트벵글러는 "나치 조직에 대한 자신의 정치적 공격을 사과한 것이 아니라", "단지 그의 글에서 비롯된 결과와 영향에 대해서만 유감을 표명했다."는 것이고, '나치 장관'이 "그에게 이러한 문구"를 승인했다는 것이다. 로젠베르크는 "푸르트벵글러 박사가" 그에게도 "마찬가지 방식으로, 그 결과들에 대해서가 아니라 국가사회주의 문화공동체에 대한 정치적 공격 자체를 사과할 것을" 촉구한다고 밝혔다.[84] 푸르트벵글러는 결국 로젠베르크가 원한 행동을 해야 했는데, 이는 헤스의 책동으로 보인다.

로젠베르크는 푸르트벵글러와 면담한 후 이의 반대급부로 당으로부터 공인받지 못한 자신의 문화공동체에 푸르트벵글러에 대해 "절대적 중립"을 지키라고 지시했다.[85] 이로써 푸르트벵글러와 히틀러 간의 공식적 화해의 전제들이 만들어진 듯 보였다.[86] 그 지휘자는 마침내 그의 직책, 즉 제국음악원 부원장, 베를린 국립오페라단장, 프로이센 추밀원 고문직을 고스란히 유지할 수 있게 되었다. 여기에 덧붙여 1936년 바이로이트 바그너 축제의 음악 감독직도 차지하였다.[87]

1934년 가을 이후 괴벨스는 자신이 "굴복시켰다"[88]고 믿은 로젠베르크와의 투쟁 외에도 무엇보다 베르사유 조약에 명시된 자르 지방의 투표*에 전념했다. "제국으로 돌아가자."라는 구호 아래 괴벨스는 특히 아돌프 라스킨(Adolf Raskin)이 이끄는 해외 홍보 방송이 자르 지방에서 벌이는 선전 선동 캠페인을 연출했다. 방송 프로그램들에서 '독일의 최전선'인

자르 강이 '독일의 피'의 저수지라고 강조했고, 자르의 국제연맹 통치라는 현 상태를 유지하자는 사람들에게는 '유대인 볼셰비즘'의 앞잡이들이라고 비난을 쏟아 부었다.[89] 괴벨스는 이 전술로부터 중앙당의 '마지막 보루'인 자르 지역의 '귀환'을 위해 가톨릭교회를 동원할 것을 기대하기도 했다.[90]

그 선전 작전은 위장 활동 중인 선전부의 반(反) 코민테른 조직이 준비했다. 선전국에 소속된 그 조직은 에버하르트 타우베르트(Eberhard Taubert)가 이끌었다. 그는 나치당의 "비타협적이고 투쟁적인 반공주의"에 이끌려 1932년부터 제국선전국에서 해거르트의 직원으로 일해 왔으며, 독일에 존재하는 반공 단체들과 협회들을 통합하기 위해 노력해 왔다. 그러나 계획은 실패로 돌아갔고, 권력 획득 직전에 그에게 제안되었던 베를린 관구 지도부의 '반(反) 볼셰비키국' 인수 역시 실패했다. 그 대신 괴벨스는 그를 선전국 설치의 자문역으로 끌어들였고, 이로써 타우베르트는 마침내 자신의 공식적인 업무 영역인 선전국 내 '반공 활동' 외에도 조직 구성에 참여한다는 자신의 희망을 이룰 수 있었다.[91]

가톨릭 주교들이 선거전에서 친독일적 태도를 취하게 된 것은 상당 부분 그 조직의 활동 덕분이었다고 할 수 있다. 1934년 12월 26일 쾰른 대교구의 주교 교서는 신자들에게 "자르 투표가 우리 독일 민족에게 축복을 주는 결과를 가져오도록 기도할 것"을 촉구했다.[92] 괴벨스는 자기 마음에 쏙 드는 이러한 태도를 칭송하면서, 1935년 1월 8일자 〈민족의 파수꾼〉에서 그들의 "긍정적인 독일인다운 태도"를 눈에 띄게 강조했다.

자르 지방의 투표 1차 세계대전이 끝난 후 승전국들은 베르사유 조약을 통해 독일의 자르 지방을 1935년까지 국제연맹이 감독하게 하였다. 조약에서는 1935년 자르 주민들을 대상으로 투표를 실시해 프랑스와 독일 어느 나라로 소속될 것인지를 묻기로 했다. 1935년 1월 31일 실시된 투표에서 자르 주민의 90%가 독일 귀환을 원했고, 이 같은 표결 사항은 곧 합법적으로 실현되었다.

실제로 괴벨스도 (타우베르트가 나중에 조롱했듯이) "자브뤼켄(자르 지방의 수도)의 엉터리 사제들이" 자신들이 "누구의 일을 돌봐주고 있는지 전혀 깨닫지 못했다."는 사실을 '반 코민테른' 활동의 잊을 수 없는 일화로 생각하게 되었다.[93]

1935년 1월 13일 (한 독립적 위원회의 개표 결과에 따르면) 자르 강변의 주민 중 90.5%가 고향이 독일제국으로 다시 귀속되기를 희망했다. 이는 괴벨스가 체육궁전에서 지지자들에게 이미 1933년 10월 예고했던 것만큼 많은 숫자는 아니었다. 당시 그는 "자르 주민의 95%에서 98%가 우리를 지지한다."[94]라는 사실을 모두가 알고 있다고 말했다. 그렇지만 이 결과는 오스트리아 총리 엥겔베르트 돌푸스가 1934년 7월 독일이 지원하는 오스트리아 나치주의자에게 살해된 후로, 그리고 국제연맹 탈퇴로 인한 고립 이후로, 독일이 다시 유용하게 활용할 수 있는 외교적 신망을 증대시켰다.

괴벨스는 이 투표가 "그 모든 기대를 넘어서는" 결과로 인하여, 1935년 1월 15일 제국정부 기자회견에서 의기양양해할 만했다.[95] 그는 투표 결과의 "커다란 외교적 의미"를 강조하여 말했다. 자르 지방에는 수용소도 없고, "여론에 대한 이른바 재갈 물림"도 없으며, 언론법도 없고 "몇몇 남자들의 이른바 독재"도 없다. 오히려 자르는 (그의 선전 지침에 따르면) "모든 국제주의적·패배주의적·무정부주의적 요소들의 집결지이자 세계 공산주의의 집결지이고 세계 마르크스주의의 집결지"이다. 그런데도 주민들은 90% 이상의 찬성표를 던져 "독일 민족 지지"와 더불어 나치를 지지함을 드러냈다는 것이다. 괴벨스는 이는 나치즘이 "흔들리지 않는 정치 세력"이며, "더는 그 어떤 논리를 가지고 토론해도 물리칠 수 없는 특별한 현상"이라는 사실을 보여준다고 주장했다. 그러한 성공은 "아돌프 히틀러가 대표하는 용감한 품성, 독일 정치의 용기와 대담성"에 따른 결과라는 것이다.

자르 지방이 제국으로 '귀환'하던 1935년 3월 1일, 전 독일에서는 사이렌이 요란하게 울려 퍼졌다. 괴벨스는 자르브뤼켄(자를란트의 주도)의 시청 광장에 모인 주민들, "아직 더 충분히 반죽해야 할"[96) 그 주민들 앞에서, 익숙한 의례에 따라 집회를 진행하도록 하였다. 그리고 제국의 모든 라디오 방송국들이("연방주의적 분열"의 극복 이후 "독일 정신의 방송"이 된 자르브뤼켄 제국방송은 1935년 12월 초가 되어서야 괴벨스에 의해 개국되었다[97)) 이 집회를 중계했다. 깃발 게양, 히틀러 앞의 사열, 연설들, 마지막으로 히틀러의 연설이 이어졌다. "형식적인 측면에서 환상적이다. 송가. …… 저 아래 광장의 사람들은 도취 상태. 광란 상태와 같다. 하일의 외침은 기도로 울려 퍼진다."[98)

한 '지방'을 "다시 정복하였다."[99) 그러나 괴벨스가 1933년 프랑스에게 약속했던 것처럼,[100) 독일이 자르 지방의 재귀속에 만족하는 일은 일어나지 않았다. 히틀러는 자르 투표로 외교적 상승세를 이용해, 1935년 3월 16일 일반적 병역의무 도입을 발표했다. 물론 이는 프랑스 정부가 1935년 3월 13일에 공포한, 군 복무 기간을 두 배로 늘리는 법령을 핑계로 삼은 것이었다. 이로써 히틀러는 베르사유 조약의 비무장 조항을 파기해버렸다. 독일 국민들의 우려를 미연에 방지하기 위하여 언론에는 병역의무법을 공포한 이후 "그 어떠한 전쟁 심리"의 조장도 없을 것이라는 사실을 "대대적으로 강조"했다.[101) 얼마 지나서 선전부의 언론국장 쿠르트 얀케는 "다른 경향을 시사하는 모든 보도들은 …… 독일의 적들의 선동으로 평가될 것"이라고 덧붙였다.[102)

나치 선전 선동은 외국을 염두에 두고 평화의 약속을 더욱 강조했다.[103) 1935년 3월 19일 괴벨스는 〈공격〉[104)에서 독일은 평화를 "모든 다른 민족과 마찬가지로 필요로 한다. …… 조금이라도 책임감을 지닌 사람이라면 유럽의 그 누구도, 17년간의 평화를 위한 활동으로도 사라지지 않은 지난 전쟁의 피해들이 또 다른 전쟁으로 사라질 수 있다고 믿지 않을 것이다."라고 밝혔다.[105] 그러나 '생활권'*을 동쪽으로 확장한다는 히틀러의 계획에 동조하는 괴벨스는 얼마 후 일기에 다음과 같이 썼다. "그러므로 군비를 확장하고, 사악한 게임을 위해 선한 표정을 짓도록 한다. 주여, 이 여름이 우리에게 좀 더 지속되도록 하소서. 자유를 향한 우리의 길은 위기와 위험을 통해 간다. 그러나 그 길을 용감하게 나아가야 한다."[106]

외국의 반응은 이러한 이중 플레이가 효과를 나타낼 것이라는 희망을 품도록 하기에 충분했다. 영국과 프랑스 정부는 단지 항의 각서만을 보냈다. 영국 외무장관 존 사이먼 경과 국새상서(國璽尙書) 앤서니 에덴(Anthony Eden)의 베를린 방문 계획도 취소되지 않고 단지 한 차례 연기된 후 1935년 3월 말에 이루어졌다. 히틀러의 결연한 행동에 연계된 평화의 약속들은 곧 최초의 커다란 외교적 성과를 거두었다. 1935년 6월 18일 독일과 영국 사이에 함대 규모에 대한 협정이 체결됨으로써, 독일의 재무장이 승인되었을 뿐 아니라, 독일제국이 영국에 접근하는 데 최초의 진전이 이루어진 것이다. 이는 히틀러가 대륙에서 가지는 야심을 채우는 데 필수적인 전제 조건이었다.

이러한 외교적 성과들은 괴벨스가 다시 한 번 '총통' 신화를 내세우는 계기가 되었다. 히틀러 생일 전날 저녁, 괴벨스는 라디오 연설에서 불과 3년 전에는 전 민족의 절반이 반대했던 한 남자가 "오늘날 전 민족 차원에서 모든 회의와 비판을 넘어서 있다."는 것은 오로지 가장 가까운 친구들만이 이해할 수 있는 '기적'이라고 역설했다. 민족의 새로운 단합은 히

생활권(Lebensraum) 우월한 아리안 종족의 생활 공간을 확보하기 위해 다른 민족을 폭력으로 굴복시킨다는 인종주의적 나치 이데올로기. 20세기 초부터 독일의 민족주의 운동에서 널리 퍼진 이 개념을 히틀러는 《나의 투쟁》에서 도입하였고 동유럽 침략의 이데올로기적 기반으로 활용했다.

1935년 3월 27일, 선전장관 괴벨스가 베를린 주재 해외 특파원들을 불러 모아 독일이 일반적 병역 의무 도입을 결정했음을 발표하고 있다. 이는 베르사유 조약의 비무장 조항을 파기한 것이었으나, 독일은 평화의 약속을 강조하면서 각국의 우려와 비난을 잠재우려 했다.

틀러가 운명의 사나이이고, "하나의 사명을 지닌 사도"임을 보여준다. 히틀러는 "민족을 무서운 내적 분열과 수치스러운 외교적 굴욕으로부터 다시 그토록 열망하던 자유로 치솟아 오르게 하는 사명을 지니고 있다."[107] 그러나 괴벨스의 입에서 나오는 이런 말들은 선전 선동의 상투어일 뿐이었다. 그래서 그의 연설은 '투쟁 시기'의 연설들보다는 사람의 마음을 휘어잡거나 최면을 거는 힘이 적었다. 히틀러는 괴벨스에게 아버지 같은 친구이자 지침이 되는 인물이었으며, '섭리'의 보호를 받으며 활동하는 역사적 위인이자 불가침의 권위라는 점에서 변함이 없었지만, 더는 초기와 같은 '메시아 대역'은 아니었다. 빈곤과 궁핍에서 생겨난 이러한 믿음은 풍요와 신분 상승 때문에 사라져버렸던 것이다.

괴벨스는 '사도 히틀러'의 동지에 속한다는 사실에 행복감을 느꼈지만, 문화 정책의 세속적 다툼들 때문에 여전히 골치를 썩였다. 로젠베르크가 점점 더 심하게 공세를 취하고 있었기 때문이다. 힌데미트가 괴벨스와 루스트의 '권유'에 힘입어 "또 한 번 음악대학 교수직을 얻게 되었다."는 사실을 알게 된 로젠베르크는 당장 제국교육부에 서한을 보내 이 일은 "일고의 가치도 없다."라고 주장했다. 이러한 재임용은 "총통 각하의 두 차례에 걸친 문화 정책 관련 발언들과 완전히 어긋난다."는 것이다. '운동'은 이미 "힌데미트에게 집행유예 기간을 주려고 충분히 양보해 왔다." 그 작곡가는 "문화에 대한 예술 볼셰비즘적 태도의 분명한 대표자이다."[108] 루스트가 "로젠베르크의 서한을 고려하여 그 작곡가의 휴가"를 연장했을 때, '힌데미트 사안'에서 괴벨스의 패배는 확정되었다. 작곡가는 그 직후 독일을 떠났다. 로젠베르크가 루스트에게 감사를 표한 것은 물론이었다.

1935년 6월 호르스트 드레슬러안드레스는 뒤셀도르프에서 열린 국가사회주의 문화공동체의 제국 대회에서 로젠베르크 진영으로부터의 새로운 홍보를 괴벨스에게 보냈다. 그의 긴급한 보고에 따르면 그곳에서는 "죽어가는 문화원을 위해 잔을 흔들며 건배를 하고 있다."는 것이었다. 드레슬러안드레스는 그곳의 "강요된 반대" 분위기에 주목하면서 그 행사를 전체적으로 선전부와 문화원에 대한 "대규모의 조직적 반대의 시작"으로 평가했다.[109] 괴벨스의 반대자들은 로젠베르크가 '슈트라우스 사안'에서 마침내 결정적인 발견을 해내면서 또 다른 동력을 얻었다. 그 전에 이미 로젠베르크는 히틀러와 괴벨스가 허가한, 1935년 6월 24일 드레스덴에서 열린 오페라 〈침묵의 여인〉 초연을 자신의 문화공동체가 보이콧하도록 했다.[110]

게슈타포는 슈트라우스가 각본 작가인 슈테판 츠바이크에게 보내는 편지를 가로챘는데, 편지의 발송인은 자신이 제국음악원장을 '연기'하는 이유는 오직 "선행을 행하고 더 큰 불행을 모면하기" 위함이라고 밝히고 있었다.[111] 괴벨스는 이 "지극히 비열한" 편지의 내용에 흥분했으나, 그 때문에 로젠베르크에게 백기를 들고 슈트라우스의 사임을 종용할 수밖에 없었다. "그 편지는 불손한 데다 멍청하기까지 하다. 이제 슈트라우스도 사라져야 한다. …… 슈트라우스는 '음악원장을 연기하고 있다'. 그리고 이를 유대인에게 써 보내고 있다. 젠장!"[112] 그의 열패감은 마구 비난을 퍼붓는 일로 나타났다. "괴테에서 슈트라우스까지" 모든 예술가들은 "정치적으로 지조가 없다. …… 꺼져라!"[113] 괴벨스는 계속해서 "우리는 영광을 얻지 못하더라도 해낼 것이다."[114]라고 썼는데, 그만큼 로젠베르크의 승리는 그에게 고통스러웠던 것이다.

로젠베르크가 괴벨스와 벌인 투쟁에서 반유대주의를 이용한 것처럼, 선전장관도 그가 오래전부터 미워하는 베를린 경찰청장 마그누스 폰 레베트초프를 거꾸러뜨리기 위해 이를 이용했다. 1935년 7월 베를린에서 벌어진 반유대주의 영화에 반대하는 시위가 벌어졌을 때 베를린 관구장 괴벨스가 보기에 경찰이 "충분히 결연한 태도로" 대응하지 않았기 때문에, 레베트초프는 괴벨스의 미움을 샀던 것이다. 더구나 그 당시 괴벨스와 '투쟁 시기'에 동고동락했던 동지이며 1933년 3월부터 포츠담 경찰청장을 맡고 있는 그라프 폰 헬도르프가 괴벨스에게 끊임없이 자신을 위해 힘써 달라는 청원을 하고 있었다. 배우이자 가수인 엘제 엘스터(Else Elster)와 떠들썩한 스캔들을 일으켰던 헬도르프는 심각한 금전적 어려움을 겪고 있었다. 베를린의 일간지들은 이미 나치가 권력을 획득하기 전에 그가 "과대망상적인 과소비 때문에 재산을 허비했다."라고 보도했다. 그의 '몰락'은 무엇보다 자신의 농장에서 돌격대원들을 묵게 하는 "일종의 발렌슈타인 숙영지*"가 큰 원인이었다.[115] 빚 때문에 봉급까지 차압당하고 있던 헬도르프의 입장에선 더 많은 봉급을 받는 직책이 시급했다.

괴벨스는 왕년의 투쟁 동지이자 자신과 같은 여성관(괴벨스는 "진정한 사나이라면 그렇지 않은가?"라고 자문한 적이 있다116))을 가진 그를 기꺼이 도우려 했다. 더구나 괴벨스는 그와 개인적으로 친분을 맺어 왔다. 그러나 결정적으로 괴벨스는 헬도르프라는 극렬 반유대주의자를 자기 편으로 삼아서 그의 도움으로 베를린의 유대인 시민들을 더욱 강경하게 처리하려는 속셈이었다. 괴벨스는 히틀러에게 청원하여, 레베트초프에게 쌓인 불만을 털어놓으면서 헬도르프를 후임으로 천거했다. 히틀러는 이에 동의했고 1935년 7월 18일 베를린 경찰청장을 헬도르프에게 맡겼다. 괴벨스는 스스로 "브라보!"라고 칭찬하면서, "그리고 우리는 다시 베를린을 정화했다. 단합된 힘으로."라고 덧붙였다.117)

그러한 '정화', 바로 유대인과 유대인이 만들어낸 볼셰비즘에 맞서는 투쟁은 점점 더 괴벨스의 선동에서 중심으로 떠올랐고, 이는 인종 이데올로기를 바탕으로 하는 절멸 전쟁과 동부의 '생활권' 획득이라는 히틀러의 이중적 목표에도 상응하는 것이었다. 히틀러는 1935년 9월 뉘른베르크에서 열린 '자유의 제국전당대회'를 처음으로 완전히 반공주의의 기치로 진행되도록 하였다. 얼마 전 모스크바에서 열린 코민테른 세계회의에 반대하여 타우베르트가 작성한 "코민테른 6차 세계회의에 즈음한 반코민테른 격문"이 공산주의자들을 모방한 구호 "전 세계의 반공주의자들이여, 단결하라!"와 함께 독일 언론에 등장한 후, 괴벨스의 부하 직원인 한케는 전당대회 연사들에게 이에 걸맞은 자료들을 제공하라는 히틀러 명의의 지시를 받았다.118) 볼셰비즘에 "파멸적인 앙갚음"을 하려면 모든 연설들을 이 주제에 맞춰야 했던 것이다.

괴벨스가 9월 13일 행한 〈가면을 벗은 공산주의〉라는 연설은 그보다 먼저 연설을 한 히틀러, 로젠베르크, 다레, 아돌프 바그너(Adolf Wagner)의 "강경하게 반공주의적이고 반유대적인" 발언들에 한치의 어긋남도 없이 들어맞았다.119) 괴벨스는 볼셰비즘은 "유대인이 이끄는 국제적인 열등 인류가 문화 자체에 선전포고를 한 것"이라고 주장하면서, 이에 대항하는 독일의 "세계적 사명"을 선포하는 것으로 연설을 시작했다.[120] 독일과 유럽의 여론에 "범죄 조직"으로 타락한 볼셰비즘의 "가면을 완전히 벗기려는 목적에서", 그는 실제로 일어났거나 가상에 불과한 공산당의 각종 만행들을 모아 단호하게 추궁하면서, "세계를 파괴하려는 악마의 발톱"을 묘사했다.[121] 그는 "잔인하고 야수적인 공산당 짐승들"의 "개별적 살인, 인질 살해, 학살"을 들먹이고, "볼셰비즘적인 인터내셔널의 무신론적 강령"을 비난했으며, 이 모든 것으로부터 볼셰비즘은 "민족들과 그 문화들을 파멸시키고 야만을 국가 생활의 기초로 삼으려는" 목표를 가진 "조직적 광기"라고 결론지었다.

"이러한 세계 독살의 배후 조종자들"에게 던지는 물음의 대답은 너무도 뻔했다. 괴벨스에게 "볼셰비즘 인터내셔널"은 곧 "유대적 인터내셔널"이었다. 이를 증명하기 위해 괴벨스는 여러 쪽에 이르는 공산주의의 유대인 지도자들의 이름을 담은 명단을 읽어 내려갔다. 공산주의 이론은 "트리어의 랍비 아들인 유대인 카를 모르데카이(Karl Mordechai), 다른 이름으로는 카를 마르크스"가 기초한 것이다.[122] 여기서 비롯된 한 '분파'는 "로슬라우 출신 유대인 차임 볼프존(Chaim Wolfsohn)의 아들인 유대인 페르디난트 라살*의 두뇌에서" 이루어졌다. 또 러시아 사회민주노동당이 멘셰비키와 볼셰비키로 갈라지고 나서 두 집단은 모조리 유대인에게 지배당했다. "마르토프*, 트로츠키*"가 그 한 부류이고, "보로딘*

발렌슈타인 숙영지 발렌슈타인은 17세기 30년 전쟁에 참여한 보헤미아의 유명한 장군이다. 스웨덴의 구스타프 2세와 전투를 하기 전의 발렌슈타인 숙영지가 문화 유적지로 남아 있다.
라살(Ferdinand Lassalle, 1825~1864) 독일의 사회주의자. 1848년 이후 카를 마르크스의 제자가 되었으며 초기 독일 노동 운동을 지도했다.

…… 야로슬라프스키(Jaroslawski, 일명 구벨만Gubelmann) …… 리트비노프*가 다른 부류이다. 유대인은 1917년 10월 23일 중앙위원회 제1차 회의 후의 정치군사위원회에서나, 1927년 볼셰비키 제15차 전당대회 지도부에서도 다수를 차지했다. 1918년 말에 창당된 독일 공산당 지도자로 등장한 로자 룩셈부르크는 '폴란드 유대인'이었고, 스탈린의 부인은 유대인 라저 모이세예비치 카가노비치(Laser Moissejewitsch Kaganowitsch)의 딸이었다.

그렇게 괴벨스는 계속해 나갔다. 괴벨스는 이러한 "냉철하고 합리적인" 열거를 통해, "세계 볼셰비즘의 파도를 막을 독일의 둑"을 설치하여 "이러한 아시아적·유대적인 더러운 해일의 물결을" 막아낸 것이 히틀러의 "최대 업적"이라는 결론이 내려진다고 주장했다. 이제 독일은 "붉은 무질서의 독에 면역성을 지니게 되었다."

요란한 반공주의 운동의 그늘 속에서 나치 권력자들은 1935년 9월 15일 나치당 제국전당대회와 같은 내 개최된 제국의회 임시회의 중, 반유대주의적인 뉘른베르크 법률들*, 즉 '제국국민법'과 "독일의 혈통과 명예를 보존하기 위한 법률"을 긴급 입안하고 마지막 순간까지 '손질'하여 통과시켰다.[123] 그러한 조직적인 유대인 박해의 시작을 괴벨스는 일기에서 이렇게 평가했다. "유대인들은 심각한 타격을 입었다. 우리는 수백 년 만에 처음으로 그들의 뿔을 움켜쥐는 용기를 갖게 된 것이다."[124]

1935년 11월 발효된 그 법률들의 시행 규정을 둘러싼 논쟁에서 괴벨스는 가장 극단적인 편에 섰다. 그렇지 않아도 언제나 이른바 "유대인의 불손함"에 반대하도록 히틀러를 사주해 온[125] 괴벨스는 격렬하게 순혈 유대인(부모가 모두 유대인인 사람)뿐 아니라 "절반 유대인"과 "4분의 1 유대인"(부모 중 한 사람, 조부모 중 한 사람이 유대인인 경우), 그리고 이들과 결혼한 사람들을 독일에서 추방할 것을 주장했다. 그러나 결국 그는 당내 갈등을 가라앉히기 위해, 뉘른베르크 법률들의 시행 규정들과 관련한, 그의 표현에 따르면 이른바 '타협안'에 탐탁지 않은 마음으로 동참하였다.[126] 이에 따르면 "절반 유대인"은 이 시행 규정에 완전히 포함된 것은 아니었고, "4분의 1 유대인"은 전혀 포함되지 않았다. 이제 이는 "노련하고 눈에 띄지 않게" 언론에 선전되어 "지나친 비명"이 나오지 않도록 해야 했다.[127]

....

마르토프(L. Martov, 1873~1923) 본명은 유리 오시포비치 체더바움(Yuly Osipovich Tsederbaum). 유대인으로 러시아 사회민주노동당 멘셰비키(소수파)의 지도자.

트로츠키(Leon Trotsky, 1879~1940) 본명은 레프 다비도비치 브론슈타인(Lev Davidovich Bronstein). 러시아의 유대인 공산주의 이론가, 혁명가. 1917년 러시아 10월혁명의 지도자였으며 소련 외무 및 군사 인민위원을 지냈다. 그러나 레닌이 죽은 뒤 일어난 권력 투쟁 과정에서 스탈린에게 권력을 빼앗기고 추방당했다(1929). 스탈린의 하수인에게 암살당할 때까지 해외에서 반(反) 스탈린 세력을 지도했다.

보로딘(Mikhail Markovich Borodin, 1884~1951) 본명은 미하일 그루젠베르크(Mikhail Gruzenberg). 러시아의 공산주의자. 1920년대 코민테른의 정보 책임자로 중국에서 활동했으며 쑨원의 국민당을 일사불란한 레닌주의적 혁명 조직으로 개편했다.

리트비노프(Maksim Maksimovich Litvinov, 1876~1951) 본명은 마이어 발라흐(Meir Walach). 소련의 외교관. 1930~1939년 외무인민위원을 지내는 동안 범세계적인 군축을 표방하고 서구 민주 국가들과의 집단 안보 체제 구축에 노력했다. 유대인이었으며 반독일 성향이 강했다.

뉘른베르크 법률들 뉘른베르크 법(Nurnberg Laws)이란 히틀러가 고안하고 1935년 9월 15일 뉘른베르크 나치 당 집회에서 승인한 두 가지 법안을 말한다. '제국국민법'은 유대인의 독일 시민권을 박탈하고 그들을 '국가의 종속물'로 명명했으며, '독일 혈통 및 명예 보존법'은 유대인과 독일 시민 또는 독일계 혈통 간의 결혼과 성관계를 금지했다. 이들 법률은 1935년 11월 14일의 첫 부속법령에서 더욱 구체화되어 적어도 조부모 중 한 사람이 유대인이면 유대인이라고 정의한 뒤, "유대인은 제국의 시민이 될 수 없으며 투표권을 행사할 수 없고 공직에 몸담을 수도 없다."라고 명백히 밝혔다. 뒤이어 유대인 분리 과정을 완결하기 위한 법령들을 속속 제정했는데, 유대인은 45살 미만인 독일인 혹은 독일 혈통의 여자를 가정부로 고용하는 것이 금지되었으며, 유대인 여권에는 붉은 색으로 'J'(Jude-유대인)라는 도장이 찍혔고, 유대인들은 유대식 이름을 쓰도록 강요당했다. 유대인 사회는 1938년 3월 28일의 법령으로 법적 지위를 박탈당했으며, 유대인들에게 의료업을 허용하지 않는 일련의 조치들이 취해졌다.

뉘른베르크 법에서 자신의 '급진적 견해'를 완전히 관철하지 못했기 때문에, 괴벨스는 자신이 다스리는 문화 분야에서 가장 열성적이고 가장 과도하게, 독일을 유대인으로부터 '정화'한다는 나치의 목표를 추구했다.[128] 그는 일단 제국문화원과 여기 귀속된 단체들에서 "아리안 조항"을 도입할 "직접적인 법적 가능성"을 발견할 수 없었기 때문에,[129] 1934년 3월 24일 명령을 내려 제국문화원 산하 개별 기구들에게 "비(非) 아리안"이 문화 관련 직업을 가지는 것을 일반적으로 불허하도록 지시함으로써 이들의 가입 조건을 강화했다.[130]

괴벨스는 1935년 초 최초의 "정화의 물결"과 함께 제국문화원의 조직적인 "탈유대화"에 착수하였고, 그 후 몇 년 동안 모든 저항을 분쇄하고 처참한 결과를 감수하며 이를 추진했다. 그러나 그가 1935년 11월 15일 문화원 제2차 연례회의에서 이 조직이 "유대인으로부터 정화되었고" "우리 민족의 문화 생활"에서 "유대인은 더는 활동하지 않는다."[131]라고 강조하였을 때, 이는 그의 희망 사항일 뿐이지 현실은 아니었다. 괴벨스는 그해 가을 내내 제국경제장관 얄마르 샤흐트*가 빚어내는 커다란 어려움들과 투쟁해야 했던 것이다.

뉘른베르크 법 통과 직후, 미술품과 문화재를 거래하는 유대인 상인들과 유대인 영화관 소유자들이 문화원 위원회의 통고를 받은 후 늦어도 1935년 12월 10일까지 회사를 매각해야 한다는 지시가 떨어졌다. 샤흐트는 이 조치에 대해 사전에 어떤 지시나 보고도 받지 못한 상태였다. 그해 연말에는 유대인 서점주들도 서점 운영을 그만두어야 했다. 나아가 주로 유대인들이 읽는 잡지들은 10월 1일부터 공개적으로 제공되거나 판매할 수 없게 되었다.[132] 샤흐트는 그러한 조치에 반대하여 여러 차례 괴벨스에게 강력히 개입하여, 제국의 경제적 이해관계에 유념해야 한다는 논리를 폈다.[133] 그러나 히틀러가 자신을 엄호하고 있음을 알았던 괴벨스는 이를 무시하였다. 샤흐트가 8월 쾨니히스베르크에서 "파펜 류의 자유주의적이고 도발적인 연설"을 행한 후,[134] 히틀러는 괴벨스에게 "샤흐트에게 불리한 자료들"을 요구했는데, 이는 제국은행 총재이며 임시 경제장관인 그 무소속 정치인이 "꼭 필요한 존재가 아님"을 보여주려는 의도였다.[135]

1935년 하반기에 숙적인 괴벨스와 로젠베르크의 세력 다툼은 새로운 국면에 접어들었다. 로젠베르크는 1935년 10월 제국저술원장 한스 프리드리히 블룬크(Hans Friedrich Blunk)와 제국영화원장 프리츠 쇼이어만(Fritz Scheuermann)의 해임에 간여했다. 괴벨스는 다시 로젠베르크보다 우위에 서기 위하여 제국문화원로원(Reichskultursenat, '민족과 문화에 기여한 탁월한 저명인사들'의 위원회)을 창설하려 하였다. 이 계획은 1933년 11월로 거슬러 올라가는데,[136] 1935년의 괴벨스는 이때 자신의 문화정책에 비판적 태도를 보이는 인사들(가령 하인리히 힘러나 히틀러유겐트 단장 발두르 폰 시라흐Baldur von Schirach나 나치당 재정국장 프란츠 크사버 슈바르츠Franz Xaver Schwarz 등[137])을 이리로 끌어들여 침묵하게 만드는 데도 도움이 될 것이라고 생각했다.[138]

그러니 괴벨스는 국가사회주의 문화공동체의 회람으로부터 로젠베르크가 벌써 한 발 앞서가고 있음을 알게 되었다. 히틀러는 괴벨스의 호적수에게 1935년 9월 11일 제국문화원로원 창설을 위촉했는데, "그 목표

샤흐트(Hjalmar Schacht) 독일의 재정 전문가. 1922~1923년 바이마르공화국을 뒤흔들었던 파괴적인 인플레이션을 가라앉혀 국제적 명성을 얻었으며, 히틀러의 나치 정권에서는 경제장관직(1934~1937)을 역임하기도 했다. 경제장관인 샤흐트는 나치의 실업과 재군비 계획에도 책임이 있었으나, 1936년부터 독일 경제를 실질적으로 지배하기 시작한 헤르만 괴링과 경쟁 관계로 인해 결국 장관직을 사임하게 되었다. 뒤이어 1939년에는 히틀러의 재군비 지출을 반대했다는 이유로 라이히스 은행 총재직에서도 해임되었다. 2차 세계대전 종전 후 뉘른베르크 국제군사재판에 회부되었으나 결국은 석방되어, 이후 뒤셀도르프에서 직접 은행을 설립하고 여러 나라의 재정 고문을 맡아 일했다.

는 예술과 학술 분야에서 독일의 나치 사상에 있어 창조적 힘으로 활동하고 있는 모든 세력을 선발하여 진흥하는 것"이었다.[139] 괴벨스는 "모든 것이 나를 모방한 것이고 내게 타격을 주려고 고안해낸 것이다."라는 말로 반응했다.[140] 그렇지만 그는 자신이 '정력적'으로 나설 시기가 되었음을 알고 있었다.[141] 그는 9월 26일 제국문화원 산하 단체의 사무국장들과 '로젠베르크 문제'를 협의했다. 로젠베르크가 '불충'하기 때문에, 괴벨스 자신 역시 "그렇게 행동할 수밖에 없다."는 것이다.[142]

1935년 10월 2일 두 호적수의 면담이 계획되었다. 그러나 괴벨스의 차가 로젠베르크가 있는 호헨린첸으로 가는 길에 그란제에서 경찰에 의해 세워졌다. 아내 마그다가 베를린대학 부인병원에서 슈퇴켈 교수의 도움으로 세 번째 아이를 낳았다는 소식이었다. 이번에는 괴벨스가 그토록 원하던 아들이었다. "말로 표현할 수 없다! 기뻐서 춤을 출 지경이다. …… 끝없는 환호성. 시속 100킬로미터로 돌아왔다. 기뻐서 손이 떨린다. …… 더는 원하는 것이 없을 정도로 행복하다. 기쁨에 가득 차 모든 것을 다 부숴버릴 지경이다. 사내아이! 사내아이! 아들! …… 위대하고 영원한 삶이여!"[143] 귄터 크반트와 마그다 사이에서 태어났고 1927년에 요절한 아들 헬무트를 기억하는 의미에서 선전부 장관의 아들은 헬무트로 불리게 되었다.[144]

그렇지만 일상은 금세 되돌아왔고 그와 함께 로젠베르크 문제도 돌아왔다. 괴벨스는 동맹자들을 학수고대했다. 이는 로젠베르크가 (제국세계관문화장관으로서) 국가 기관에서, 그리고 (나치당의 결사단장으로서) 당에서 문화 정책 분야의 모든 직책들의 지휘권을 확보하는 일에 착수했기 때문이었다. 로젠베르크는 이미 힘러, 시라흐, 루체, 다레의 지원을 확보했다. 그때 괴벨스는 자신의 '제국문화원로원' 계획을 진척시켜 나갔고 1935년 10월 중순 괴링의 지지를 얻을 수 있었다. 괴링이 로젠베르크에게 "강경한 반대" 의사를 보였기 때문에 이번에는 괴벨스가 보기에 "매

우 건전한 견해"를 보여주고 있는 것이었다.[145]

로젠베르크를 밀어내려는 의도에서 괴벨스는 히틀러에게 동일한 이름을 가진 두 개의 기구를 발족할 경우 "어쩔 수 없이" 나타날 "부작용"을 지적했다.[146] 히틀러도 "로젠베르크를 강력히 비판한" "상세한 협의"를 거쳐, 히틀러와 괴벨스는 다시 의견의 일치를 보았다. '총통 각하'는 로젠베르크의 의도에 긴급 제동을 걸면서 이 계획을 금지하겠노라 선언했다. 반대로 괴벨스의 "모든 제안"은 히틀러의 재가를 받았는데, 히틀러는 "매우 흡족해"했다는 것이다.[147]

10월 22일 괴벨스는 제국문화원 사무국장들과 함께 제국문화원로원 회원 105명을 선정했다.[148] 그 위원회는 얼마 지나지 않아 서류상으로만 존재하게 되었지만, 괴벨스는 얼마 동안 승리감을 맛보았고 11월 7일 로젠베르크에게 '총통 각하'는 그가 "계획한 위원회가 출범할 수 없다."는 "결단을 내렸다."고 통보했다. 괴벨스는 11월 15일 자신이 제국문화원로원을 '소집'할 것이라는 알렸다.[149]

괴벨스는 우월한 권력에도 불구하고 로젠베르크와 지속적인 갈등을 겪는 것을 "나의 관에 못을 박는 일"로 생각하게 되었다.[150] 따라서 그는 로젠베르크에게 화해를 청했고 덧붙여 그에게 제국문화원로원 가입을 권유했다. 그러나 물론 로젠베르크는 이를 한마디로 거절했다. 로젠베르크는 일반적으로 나치적 세계관을 담당하는, 매우 다양한 인사들로 구성된 하나의 위원회를 설치하면서 "이 세계관 감독 담당자에게 문의조차 하지 않았던 것"은 있을 수 없는 일이라는 내용의 편지를 보냈다.[151] 로젠베르크는 어쨌든 괴벨스가 제국문화원로원이 나치 세계관의 담지자라는 견해에 대해 자신의 "가장 내적인 신념으로부터" "일반적 동의"를 보낼 수는 없을 것이라고 주장했다.[152] 괴벨스는 자신의 '관대한' 제안이 이렇게 거부당한 데 대응하면서, 국가사회주의 문화공동체의 소식지 〈언론 보도(Presse-Berichte)〉에 실린 자신과 자신의 부처에 대한

부정적 보도를 비난했다.[153)]

괴벨스는 자신이 제국문화원로원에 불러들인 나치당 제국지도자들(특히 필리프 불러Philipp Bouhler, 시라흐, 루스트, 콘스탄틴 히를Konstantin Hierl)에게 로젠베르크가 "몰염치한 편지"를 보내 그 입회에 대해 경고했다는 이야기를 듣고 나서, 로젠베르크와 "전반적 협력"을 위한 협의를 거부하였다. 그는 그러한 '몰염치'를 더는 "참고 볼 수 없다."라는 편지를 보내고,[154)] 완강한 태도를 보였다. 로젠베르크는 "편지를 쓰고 불평을 늘어놓을 수 있으나", "이제 더는 이 문제를 보도하도록" 할 수는 없을 것이라는 경고였다.[155)] 그리하여 히틀러의 세계관 담당관 로젠베르크는 히틀러가 자신에게 위촉한 과제를 괴벨스가 "거리낌 없이 무시"하는 데 불평하는 수밖에 다른 방법이 없게 되었다.[156)]

괴벨스는 로젠베르크에게 느리지만 확실한 승리를 거두었으나, 제국문화원의 "탈유대화" 진행 상황은 1936년 1월 이래로 그리 만족스럽지 않았다. 1935년 말, 몇 주 동안 문화·경제 분야에서 활동하는 '비 아리안인들'을 제국문화원에서 대거 제명하는 일이 이루어졌다. 그 후 1936년 초 샤흐트는 괴벨스의 '탈유대화' 광기에 (비록 일시적으로라도) 제동을 거는 데 성공했다. 샤흐트는 히틀러에게 독일의 무역수지와 외환거래를 고려하여[157)] 그러한 과도한 조치는 삼가야 한다는 논리를 제시했다. 그 후 선전부는 1936년 1월 22일 괴벨스의 '특별 명령'에 따라 "즉각적 효력을 가지고 …… 문화·경제적 직업들에서 …… 탈유대화를 위한 모든 조치들"을 중단하라고 지시해야 했다.[158)]

이러한 상황에서 나치당 해외 조직의 스위스 국가지부장 빌헬름 구스틀로프(Wilhelm Gustloff)의 피살은 괴벨스에게는 때맞춰 일어난 사건이었다. 히틀러는 1936년 1월 22일 슈베린에서 열린 구스틀로프의 장례식에서 "급진적이고 강경한 연설"을 했다.[159)] 그는 구스틀로프를 해외에서 나치의 "최초의, 의식을 지닌 피의 증인"이라고 일컬으면서, "유대인

적의 가증스러운 권력"이 이 사건과, 그리고 "1918년 11월 우리들을 강타했고, …… 그 후 여러 해 동안 독일을 엄습했던 모든 불행들"에 책임이 있다고 말했다.[160] 괴벨스는 이 발언이 그날 독일의 모든 라디오를 통하여 방송되도록 하였다.[161] 이는 이 발언을 과격화를 위한 동인으로 삼아 직접적인 조치들로 실현하기 위한 것이었다.

이미 3월 6일 문화원 산하 개별 기구들의 "유대인 담당관" 회의에서 제국문화원에서 유대인을 축출하는 구속력 있는 지침들이 확정되었다.[162] 이에 따르면 "유대의 피"가 "25% 이상"인 모든 사람들은 문화원에서 제명되거나 입회가 거부된다는 것이다. 이를 통해 (이미 1933년 직업공무원법이나 편집인 법률에서 그러했던 것처럼[163]) 조부모 세대에 한 사람의 '비 아리인인'만 있다고 해도 아리아인 조항의 소위 '4분의 1 유대인'으로 분류되기에 충분했다. '순혈' 유대인이나 "4분의 3 유대인"과 결혼하는 모든 사람도 "유대인 인척을 가진 자"로 분류되어 마찬가지로 축출되었다. 그러나 그때까지의 관행이 바뀌어 "절반 유대인"과 결혼한 사람은 "축출 대상이 아닌 것"으로 되었다.

괴벨스가 '탈유대화' 작업을 벌이는 동안 히틀러는 불의의 습격을 감행해 라인란트 비무장 지대를 점령하고 이로써 1925년의 로카르노 조약을 깬다는 결심을 굳히고 있었다.* 이는 1939년까지 그가 펼친 외교 정책에서 결정적인 전환점이었다. 즉 앞으로는 베르사유가 아니라 슈트레제만의 질서(1924년 바이마르공화국의 외무장관이었던 슈트레제만이 로카르노 회담을 성사시킨 일을 말한다)를 무너뜨린다는 것이었다. 1월 20일 점심 회동에서 히틀러는 최초로 이런 의도를 드러냈다. 그는 라인란트 지역의 문제를 "언젠가 단번에 해결할" 용의가 있다고 밝혔다. 그러나 "지금은 적절하지 않은데, 이는 다른 국가들이 에티오피아 분쟁에서 벗어날 기회를 주어서는 안 되기 때문이다."[164] 그러므로 이를 공개해서도 안

된다고 했다.[165]

히틀러는 2월 12일에 무력 행사를 결심했음에도 불구하고[166] 그의 장관 괴벨스에게는 2월 27일에도 여전히 이를 밝히지 않았다.[167] 괴벨스는 이해심을 보이며 다음과 같이 메모했다. "총통은 힘겹게 자신과 싸우고 있다." 히틀러는 "무거운 책임"을 지고 있으며, 괴벨스 자신이 "가능하다면 그의 책임이 가벼워질 수 있게" 돕고 싶다고도 했다. 괴벨스는 히틀러에게 "이 시점에서 행동하지 않도록" 진언했다. 여전히 "개입 구실"이 충분하지 않기 때문이다. 프랑스-러시아 상호군사원조조약을 프랑스측이 최종적으로 비준한다면, 독일이 로카르노 조약을 위반하는 것을 정당화할 수 있을 것이다.[168]

2월 27일 프랑스 국회는 상호군사원조조약을 통과시켰으나 아직 상원은 받아들이지 않고 있었다.[169] 그러나 히틀러는 그때까지 기다리지 않았다. 2월 28일 저녁 히틀러는 괴벨스에게 전화를 걸어 자신과 함께 뮌헨으로 가자고 했다. 그는 "라인란트와 관련한 중대한 결정을 내리는데" 괴벨스가 "자신의 곁에 있기를" 원했기 때문이다.[170] 밤중에 열차를 타고 뮌헨으로 가면서 히틀러는 "망설이는 듯" 보였고, "진지하지만 여유 있어" 보였다.

괴벨스는 다시 한 번 프랑스가 '러시아 조약'을 "최종적으로 비준"하기 전에는 행동하지 말아야 하며, "기회가 주어지면 가차 없이 틀어쥐어야 한다."라고 주장했다. 괴벨스는 이때 일이 "자신이 조언한 식으로 이루어질 것"이라는 인상을 받았다.[171] 그러나 그것은 착각이었다. 3월 1일(프랑스 상원에서 첫 토의는 3월 4일로 예정되어 있었다) '총통 각하'는 괴벨스, 그리고 영사가 되어 빈으로 밀려났다가 당시 뮌헨에 머물고 있던 파펜에게 자신이 "거의 결심을 내렸다."고 통보했다. 물론 선전장관은 히틀러의 얼굴이 "평온과 결의"로 가득차 있음을 보았다고 믿었기에, 비록 "여전히 위험한 순간"이기는 하지만 행동할 때가 왔다고 곧 확신했다. 그는 위험한 순간이라는 자신의 생각에 자신감이라는 약을 투여했다. "세계는 용기 있는 자의 것이다! 모험하지 않는 자는 아무것도 얻지 못한다. …… 지금부터 다시 역사를 만들 것이다."172)

다음날 아침 11시, 괴벨스는 히틀러가 총리청에서 괴링, 블롬베르크, 리벤트로프(그는 1936년 10월 런던에 대사로 파견될 것이었다), 육군 최고사령관 베르너 폰 프리치*, 해군 최고사령관 에리히 레더(Erich Raeder, 1876~1960)에게 불의의 기습이라는 자신의 계획을 알리는 자리에 함께 있었다. 히틀러는 자신의 계획을 동맹의 제안과 또 한 차례의 국민투표와 결부시키려 하였다.

토요일 제국의회. 그곳에서 라인란트의 재무장 선언, 그리고 이와 동시에 국제연맹 재가입 및 프랑스와의 항공 동맹과 불가침조약 제안이 이루어질 것이다. 이를 통해 시급한 위험을 경감시키고 우리의 고립을 돌파하며 우리의 주권을 마침내 다시 획득할 것이다. 프랑스 정부는 할 수 있는 일이 많지 않다. 영국은 기뻐할 것이고, 비열하게 우리의 믿음을 악용했던 이탈리아는

로카르노 조약의 파기 로카르노 조약은 독일이 서쪽 국경을 바꾸기 위한 무력 사용을 단념하고 동쪽 국경에 대한 중재안을 받아들였다는 점과, 영국이 폴란드와 체코슬로바키아를 제외하고 프랑스와 벨기에만을 방어하기로 약속한 점에서 분명한 의의를 찾을 수 있다. 그러나 1936년 3월 독일은 베르사유 조약에 따라 무장 해제된 라인란트로 군대를 보내면서 로카르노 조약으로 만들어진 상황은 1935년 프랑스와 소련의 동맹으로 변질되었다고 선언했다. 프랑스는 독일의 이런 움직임을 로카르노 조약의 '명백한 위반'으로 여겼으나 영국은 어떤 행동도 취하지 않았다.

프리치(Werner von Fritsch, 1880~1939) 1934년 육군 총사령관이 되어 히틀러 노선에 대해 거리를 두었고, 1937년 히틀러의 전쟁 계획에 대해 군부의 반대를 이끌어내기 위해 노력했다. 1938년 블롬베르크 스캔들로 타격을 받았고, 괴링과 하이드리히가 꾸민 계략에 의해 동성애자로 모함을 받아 블롬베르크와 함께 사임했다. 1939년 폴란드 침공 시 전사했다.

그 어떤 배려도 받지 못할 것이다. 이와 동시에 제국의회를 해산하고, 외교적 표어들 아래 새로 총선을 실시한다.[173]

괴벨스는 "사방에서" 자신에게 다가오는 "경고자의 탈을 쓴 겁쟁이들"을 조롱하였다.[174] 그러나 그도 최종 결행 시기는 여전히 확실히 알지 못했다.[175] 한편으로 그는 3월 3일 제네바에서 열리는 "이탈리아와 에티오피아의 화친 회담"은 "오래 걸릴 수" 있으며 "우리의 기습 날짜를 뒤로 미루게 할 수 있다."라고 생각했다. "매우 유감스럽게도 뒤로 미룰 수밖에 없는데, 토요일이 최상의 시기이기 때문이다."[176] 그는 다시 착각했다. 히틀러는 3월 6일 내각에 이미 확정된 사실을 알렸고, 내각은 "지나치게 경악하는" 반응을 보였다.[177] 그날 오후 히틀러는 괴벨스에게 공식 성명을 발표하게 했는데, 이에 따르면 "제국의회는 내일, 토요일 정오에 소집된다."는 것이었다. 저녁에 선전장관은 부처 직원들에게 그날 밤 선전부에 남아 있으라는 지시를 내려 "비밀 누설을 원천봉쇄"했다.[178] 그러는 동안 프리치가 생각해낸 대로, 군대는 "돌격대와 노동전선의 행진"으로 위장하여 "번개같이 빠르게" 서쪽으로 이동했다.[179]

괴벨스는 외국 신문기자들을 베를린의 한 호텔로 모이게 하여 그곳에서 다음날까지 '격리 조치'를 취했다.[180] 독일 신문기자들은 토요일 이른 아침 선전부로 호출되었고 "삼엄한 주의 조치를 받고" 템펠호프 비행장에 준비된 두 대의 비행기에 태워졌다. 비행기는 곧장 라인란트 방향으로 출발했다.[181] 그들은 국방군의 라인란트 진격을 관찰하기 위해 쾰른, 코블렌츠, 프랑크푸르트로 가고 있다는 이야기를 공중에서 들었다. 며칠 후 선전부 언론국장이 될 알프레트 잉게마르 베른트는 그들이 보도해야 할 내용을 지시했다. "아름다운 분위기의 라인 강 사진들에 군대의 진격, 주민들의 열광, 억압에서 해방된 주민들의 심정을 담아야 한다. …… 물론 '우리는 프랑스를 쳐서 승리하리라.' 같은 말은 쓸 수 없고,

1936년 3월 7일, 히틀러는 독일 국방군의 라인란트 진격을 명령했다. 라인란트 진군은 베르사유 조약에 따라 비무장 지대로 선포된 지역을 재무장하려는 시도로 국제조약을 위반한 심각한 상황이었다. 그러나 프랑스와 영국 등 조약 당사국들이 소극적으로 대응하면서 히틀러는 무사히 뜻을 이룰 수 있었다.

'라인 강의 경비대'에 적대적인 말을 할 필요도 없다."[182]

독일 국방군이 주민들의 환호 속에서 라인 상을 건너던 1936년 3월 7일 아침, 괴벨스는 '흥분 상태에서' 업무를 보고 있었다.[183] 그는 히틀러가 제국의사당 앞에서 연설할 때까지, 지극히 모험적인 그 과업의 성공을 알리는 최초의 소식들, 그리고 각국이 보인 충격적인 반응 등의 정보를 빠짐없이 모아 '열광의 도취'라는 한 갈래로 몰아가고 있었다. 베를린에 있는 괴벨스는 쾰른의 돔 광장에서 내보내는 방송 보도에 "라인란트의 아들"로서 화답했고, 이 "드문 승리"를 특별히 즐기고 있었다. 그는 과거 그곳 쾰른에서 "1년간이나 시달렸던" 것이다.[184] 그의 어머니는 전화를 걸어 "어쩔 줄 몰라했으며", 우연히 베를린을 방문 중이던 독일어 교사 포스도 "행복하고 고마워했다." 괴벨스는 "세계는 용기 있는 자에게 속한다."라는 말을 이날의 진수였다고 말했는데, 그가 작전의 성공을 자신에게 확신시키려고 사용했던 이 문장이 그날의 사건들을 통해 현실이 되었기 때문이었다. 그리고 그가 히틀러는 "자신이 원하는 것이 무엇인지 정확히 알고 있다."라고 썼을 때, 이는 단지 마음을 진정시키는 정도를 넘어서 그가 거두는 성공을 확신함을 의미하는 것이었다.

이에 상응하여 괴벨스는 이어지는 "자유와 평화를 위한 제국의회"를 선출하려는 "선거 운동"에서, 실은 미리 충분한 계산을 거치지 않았던 노름꾼(히틀러)의 모험을 본능적으로 올바르게 행동하는 총통의 "대담한 행보"로 선전했다. 히틀러는 바이마르 시절의 정부들과 달리 독일에 "자유와 명예"를 되찾아주고 독일을 강대국의 반열에 다시 올려놓을 능력이 있다는 것이었다. 괴벨스는, 라인란트의 군사 점령으로 비로소 동등함을 추구하는 독일의 투쟁이 막을 내리게 되었으며, 민족의 명예와 주권이 다시 세워졌다고 선전했다. 선거 포스터에는 최면을 거는 듯이 "우리의 감사(표시)는 우리의 표"라고 적혀 있었다.[185]

언론은 "낙관적인 분위기"를 유포하라는 지시를 받았다. "왜냐하면 그다음 행위들은 국민의 동의를 전제로 하기 때문이다. 전쟁의 공포가 생겨나서는 안 된다."[186] '선거일' 전날 저녁 히틀러는 모든 방송을 통해 독일 민족에게 보내는 호소문을 발표했는데, 괴벨스는 여기에 매혹되어 다음과 같이 썼다.

우리는 독일이 모든 신분, 직업, 종교를 포괄하는 거대하고 유일한 신전으로 변한 것 같은 느낌을 가졌다. 그 안에서는 독일의 대표자가 전능하신 분의 높은 옥좌 앞에 나서, 의지와 업적을 증거하고, 아직도 우리 눈앞에 놓인 불확실하고 꿰뚫어볼 수 없는 미래를 위하여 그분의 은총과 보호를 청한다. …… 그것은 가장 심오하고 신비한 의미에서 종교이다. 여기서 한 민족이 자신의 대변자를 통해 신에게 신앙고백을 하고, 믿음에 충만하여 자신의 운명

과 삶을 그의 손에 맡기는 것이다.[187]

괴벨스는 다가오는 3월 29일의 제국의회 선거와 관련해 자신이 히틀러에게 빚지고 있는 것이 무엇인지 알고 있었다. 더구나 히틀러는 1934년 8월 국민투표에서 '겨우' 89.9%의 지지를 받은 것 때문에 오랫동안 상심했다. 또 선전장관은 "프리크가 말하는 그 멍청한 법률가들의 헛소리, '유효 표와 무효 표!' 그 쓸데없는 소리"를 잽싸게 '수정'하였고,[188] 그 결과 히틀러는 마침내 99%의 찬성표를 얻을 수 있었다.[189] (무효 표까지 포함해 99%의 지지를 만들어냈다는 뜻이다.) 나치 언론들은 환호성을 지르며 "아돌프 히틀러와 독일은 하나다!" 같은 표제의 기사를 실었다.[190]

그 시절에 요제프 괴벨스에게 만족감을 준 또 다른 일은 그가 베를린 하벨 강의 섬 슈바넨베르더에 있는 저택을 구입한 것이었다. 3월 21일 괴벨스는 마그다와 함께 포도나무 넝쿨이 우거지고 호수로 연결되는 통로가 있으며 클라레랑케의 아름다운 풍경을 조망할 수 있는 붉은 벽돌의 '여름 별장',[191] 베를린의 은행장 오스카 슐리터(Oskar Schlitter) 소유의 집[192]을 둘러보았다. 그때 그는 그 집의 구입이 "제내 이루어질 것"임을[193] 이미 내다보았다. 히틀러가 도움을 약속했던 것이다.[194]

막스 아만은 히틀러의 분부에 따라 "다시 한 번 관대한 조치를 취해야" 했다.[195] '총통 각하'는 에어 출판사 사장인 막스 아만에게 "괴벨스 박사가 베를린에서 자신의 위상에 걸맞게 체면을 지키는 일은 중요하다."면서 대략 35만 마르크 가격의 그 큰 집을 사도록 해주어야 한다는 뜻을 전했기 때문이었다. "만일 그(히틀러)가 돈이 있다면 괴벨스에게 줄 것이다. 그러나 괴벨스는 에어 출판사의 최고 저술가 중 한 사람이다." 그리하여 히틀러는 아만에게 "이 문제에 도움을 줄 것"을 청한 것이다.[196]

이후에도 괴벨스에게 풍부하게 흘러든 이 돈 줄기는 당시 괴벨스가 "다시 자유롭게 숨 쉴 수 있고" "마그다를 가벼운 마음으로 대하기 위해" 급하게 필요한 것이었다. 괴벨스는 자신들이 "그런 돈 걱정까지 감당하기에는" "다른 걱정들이 너무 많았다."라고 일기에 썼다.[197] 이사 전날 슈바넨베르더의 집을 사는 데 필요한 돈이 마련되었다. 아만은 괴벨스가 사망한 뒤 20년 후에 출간될 일기를 사들이기로 했고, 이를 위해 일시불로 25만 제국마르크, 그리고 매년 10만 제국마르크를 지불하기로 했다.[198] 여기에 덧붙여 마그다는 히틀러에게 전화를 걸어 히틀러가 약속한 남편의 봉급 인상 액수를 이야기했고, 히틀러는 그녀를 실망시키지 않았다.[199]

1936년 4월 2일 공증인의 손을 거쳐 저택 구입이 완전히 처리되고 나서,[200] 마그다는 히틀러의 호의에 보답했다. 그녀는 히틀러가 슈바넨베르더에서도 "조그만 고향 집을 가질 수 있도록" 하려는 희망에서, 그 저택에 속하는 궁내관 거처를 오직 '총통 각하'를 위하여 단장했다.[201] 히틀러는 생일 전날 괴벨스 부부가 갈망하던 대로 그곳을 방문했고 다시금 "완벽하게 감명을 받았다."[202] 그 후 히틀러는 그곳을 즐겨 방문했다. 이는 아이들을 기쁘게 해주려는 것이기도 했는데, "아돌프 아저씨"는 괴벨스의 아이들과 잘 놀아주곤 했다. 특히 그는 괴벨스의 장녀 헬가에게 매료되었음을 표현하곤 했다. 괴벨스는 '총통 각하'에게 여러 차례 딸의 사진을 보냈다. 그러나 헬가와 동생들도 정권에 복무해야 했으며, 아버지의 허영을 충족시켜주는 역할을 맡아야 했다. 괴벨스의 아이들은 공식 행사에서 홍보용이나, "총통 각하의 생일"에 히틀러 주위에 얌전하게 모여 앉아 히틀러를 어린이의 친구로 보여주는 여론 선전의 인기 있는 장식물이 되곤 했다. 이것 역시 '총통' 신화에 속하는 것이었다.

슈바넨베르더에서 아이들은 왕자와 공주처럼 살았다. 괴벨스는 아이들에게 조랑말과 조랑말이 끌 마차를 선물했고, 마그다는(영화배우 예니

1935년 여름휴가 중 바닷가 디딤 위에서 큰딸 헬가와 함께 찍은 사진. 괴벨스는 자신의 아이들을 몹시 사랑했는데, 특히 총명한 헬가를 가장 아꼈다.

유고나 하인츠 뤼만Heinz Rühmann의 도움으로) 아이들의 짤막한 영화를 찍어서 이를 괴벨스 생일에 공개하곤 했다. 화보 잡지들은 그 아이들의 숱한 사진들을 공개했다. 괴벨스는 시간이 허락하는 대로 몇 시간씩 아이들과 지냈다. 괴벨스도 조숙한 소녀로 성장하고 있는 헬가를 특히 사랑했으며 헬가와 함께 산책을 하면서 "재치 있는 대화"를 나누는 것을 좋아했다.[203] 그러나 다소 몽상가 기질을 보이는 아들 헬무트는 괴벨스에게 근심을 안겨주기도 했다. 괴벨스는 아이가 누나들과 지내기 때문이라고 생각했다.[204] 그의 일기에는 아이들이 가장 귀중한 보물이라는 표현이 자주 눈에 띈다. 그는 처음으로 아버지가 되기 수 년 전부터 아이들을 만든 것은 "하느님의 좋은 생각"이라고 썼는데, 왜냐하면 그는 언제나 아이들과 대화할 때에만 "속고 있다는 느낌을 받지 않았기" 때문이다.[205]

아이들뿐 아니라 괴벨스도 슈바넨베르더에서 "지극히 행복했다."[206]

그해 6월 2인승 벤츠 스포츠카를 구입한 선전장관 괴벨스는 "국왕처럼 자랑스럽게" 기사 귄터 라흐(Gunther Rach)로 하여금 이 차를 몰고 베를린 시내를 달리게 했다.207) 여름에 그는 "마그다와 아이들을 위해" 작은 모터보트를 구입했고, "조금 비싼" 신형의 큰 배도 구입했다.208) 그는 자신이 그 저택에서 "프랑스에 사는 신"처럼 풍족하게 살고 있다고 생각했다.209) 그가 안락한 생활을 만끽하는 동안 집 밖의 하벨 강 위로는 "유대인 상점에서 물건을 사는 자는 민족의 재산을 훔치는 것이다."라는 표어가 붙어 있는 유람선들이 지나가고 있었다.

그러나 괴벨스의 이러한 신분 상승과 만족감도 과거 자신의 사회적 소외에서 생겨난 병적인 유대인 증오를 줄일 수는 없었다. 오히려 적개심은 더욱 강해졌다. 왜냐하면 그가 유대인을 이 세상의 악덕이라고 생각하기 시작한 바로 그 시점부터 신분 상승이 시작된 것처럼 보였기 때문이다. 제국의 상황이 나아진 것은 오직 나치 운동이 유대인의 영향력을 제한했기 때문이라고 확신하고 있던 괴벨스는 1936년 4월 말 "엄격한 보안 속에"210) 제국문화원을 대상으로 새로운 '정화 조치'를 지시하여, 이 단체를 겨냥한 그렇지 않아도 "과도한 정화의 지침들"을 더욱 강화했다. 새로운 조치에는 "모든 4분의 1 유대인"과 "절반 유대인 및 4분의 1 유대인과 결혼한 모든 사람들"도 해당되었다.211) 괴벨스의 조치는 뉘른베르크 법 규정을 크게 능가했다.

괴벨스는 나아가 4월 29일의 지시 회람에서, 그전에 이미 종결된 것으로 선언되었던 제국문화원 '정화'를 관료주의적 속임수를 써서 이제서야 비로소 최종 해결된 것으로 보이게 하는 조치를 지시했다. 그는 일기에서 자신의 이러한 "찬란한 업적"이 "자랑스럽다"고 자화자찬했다.212) 선전장관 겸 제국문화원장의 "명시적 위촉"에 따라 제국문화원 사무국장 한스 힝켈(그는 1935년 초여름부터 새로 설치된 특별국인 '독일제국 영토 내에서 지적·문화적으로 활동하는 유대인 감시 제국문화행정관 힝켈 특별국'을 이끌고 있었다$^{213)}$)은 문화원 산하 개별 기구의 원장들에게 5월 10일까지, 해당 기구에 소속된 모든 "비 아리안인들"과 "유대인과 친족인 자들"의 "철자 순으로 이름을 담은 최종적으로 정리된 명단"을 제출하라고 요구했다. 그 명단은 앞으로 "특별담당관" 힌켈의 사무국에서 관리할 예정이었다. 왜냐하면 선전장관은 그 명단에 들어 있는 모든 인물들에 대해, 그들이 문화원 산하 기구들에서 이미 제명되었거나 되지 않았거나를 막론하고, 1936년 5월 15일자 효력으로 "더는 문화원 회원이 아니다."라고 결정했기 때문이다. 이러한 조치를 통해 "1936년 5월 15일부터 문화원 산하 개별 기구들에 그 어떤 유대인 회원도 소속되어 있지 않도록 한다."는 것이다. 괴벨스는 "문화원 산하 개별 기구 원장들"과 선전부의 "각 부서장들"이 이러한 작업을 "하지 않아도 되도록" 배려하는 것이라는 핑계를 내세웠다.$^{214)}$

그러나 그로부터 몇 주일 후 전 세계 청년들이 제11회 근대 올림픽에 참가하러 베를린에 왔을 때, 나치 정권과 선전부의 인종주의 광기는 거의 눈에 띄지 않았다. 만일 그러한 광기가 드러나 보였다면 자신들을 평화를 사랑하는 민족으로 내세울 수 있는 기회를 완전히 저버리는 셈이었다. 이미 1931년 5월에 결정된 독일의 올림픽 개최를 저지하려는 국제적인 보이콧 운동이 1935년 가을까지만 해도 성공을 거둘 것처럼 보였다.$^{215)}$ 보이콧 운동은 종교적·인종적·정치적 측면을 막론하고 모든 참가자들이 평등하다는 조항을 담고 있는 올림픽 규약을 근거로 삼았다. 그러나 유화 정책을 쓰려 했던 국제 올림픽조직위원회측은 지극히 정당한 경고를, 상황을 불필요하게 악화하려 한다며 별다른 관심을 기울이지 않았다. 그리하여 "세계 젊은이들의 평화의 제전"으로 국내외의 여론을 현혹하려 한 괴벨스의 선전에 대한 방해는 사라졌다.

괴벨스는 올림픽 선전위원회의 도움으로, 그의 기만 작업을 최대한 완

1936년 8월 1일, 베를린 올림픽 성화가 마지막 주자에 의해 경기장 안으로 봉송되고 있다. 올림픽 발상지인 아테네에서 태양빛으로 채화한 성화를 수많은 주자들이 릴레이 형식으로 개최지까지 운반하는 것은 이 대회에서 처음 시작된 것으로 이후 올림픽의 상징으로 자리잡았다.

벽하게 이끌어나가는 데 온 힘을 기울였다. 그는 언론 보도 지침에서 "인종주의의 관점은 보도에서 완벽하게 배제해야 한다."라고 분명히 밝혔다.216) 베를린 시내에서는 "유대인은 환영받지 못한다."라거나 "유대인 출입시 위험은 자기 책임" 같은 문구들이 급히 사라졌다. 반유대주의 언론인 〈돌격자〉는 가판대에서 흔적도 없이 사라졌고, 제국체육국장 한스 폰 참머 운트 오스텐(Hans von Tschammer und Osten)은 유대계 독일인이며 미국에서 대학을 다니고 있는 세계적인 펜싱 선수 헬레네 마이어(Helene Mayer)를 독일 올림픽 팀으로 불러들였다.

    세계 속에서 독일의 이미지에 결정적으로 중요한 이 기간 동안 나치당이 "눈에 띄게 앞에 나서지 않는다."라는 결정이 6월에 이미 내려져 있었다.217) 그 때문에 괴벨스는 귀빈들의 '좌석 배치 문제'를 두고 히틀러

제11회 베를린 올림픽 개막식의 히틀러와 내빈들. 나치는 올림픽 기간에 맞춰 유대인 박해의 모든 흔적을 없앤 뒤 독일 민족을 '평화를 사랑하는 민족'으로 선전하려 했다.

와 작지만 눈에 띄는 견해 차를 가지고 있었으나 이를 억눌러야 했다. 히틀러는 "근무 연수가 높은" "과거의 부르주아 보스들을 나치보나 우선해 대우해야 한다는" "매우 보수적인 입장"을 보였다. 괴벨스는 이 문제를 히틀러와는 "다른 방식으로 풀려고" 했는데, 그들과는 "1932~1933년 중에 온갖 수단과 방법을 가리지 않고 투쟁했던" 관계이기 때문이었다.[218]

베를린은 휘황찬란한 축제 의상을 갖추었는데, 이는 개막식 전날 저녁 괴벨스가 마지막으로 영감을 받아 적용한 것이었다.[219] 대성당과 슈타트슐로스 성과 브란덴부르크 문 사이에 있는 거대하고 장엄한 건물들에는 지붕에서 땅까지, 하켄크로이츠 문양이 새겨진 주름 잡힌 붉은 우단이 드리워졌다. 가로수인 보리수들은 하켄크로이츠 휘장들의 바다 속에

잠겼는데, 그 사이로 가끔 오색 동그라미들로 이루어진 올림픽 깃발이 보였다. 책임 기획자 알베르트 슈페어의 발상에 따라 선전부를 비롯한 빌헬름 광장의 여타 건물들의 앞쪽 창문들에도 꽃장식과 금장 띠들이 드리워졌다.220) 브란덴부르크 문을 지나 제국체육경기장으로 향하는 10킬로미터에 이르는 축제의 거리를 따라 나무들마다 종이 깃발 장식이 매달려 있었다. 거리를 따라 끊임없이 늘어선 깃대들을 녹색, 은색, 금색 화환이 휘감고 있었다.

1936년 8월 1일 올림픽 개막일에 루스트 공원에서 불편한 다리를 가진 괴벨스가 "영적인 시간" 중 독일의 출전 청소년들 앞에서 〈독일 운동 선수들에게〉라는 연설을 했다. 그 뒤 괴벨스가 탄 세단 승용차는 히틀러의 메르세데스 뒤를 따라, 수십만 명의 군중이 도열해 있는 "비아 트리움팔리스" 거리를 지나갔다. 독일제국과 국제올림픽위원회의 수많은 명사들과 함께 그는 마이펠트(베를린 올림픽 경기장 뒤편의 옥외 스포츠 경기장)를 지나 스타디움 안으로 들어섰다. 국가가 울려 퍼지고 각국 선수들이 입장한 후 '총통 각하'는 베를린 올림픽 개막을 선언했다. 예포가 발사되었고, 마지막 주자가 올림픽 성화를 스타디움으로 가져오기 전에 무수한 비둘기들이 하늘로 날아올랐다. 1896년 제1회 그리스 올림픽의 마라톤 우승자 스피리돈 루이스(Spyridon Louis)가 선수단 앞으로 나와, 독일을 한결같이 오로지 전쟁으로 이끌어간 남자, 제복과 군화를 신고 있는 그 남자에게 올림포스 산에서 가져온 평화의 상징인 올리브 가지를 전달했을 때, 그 주변에서 회의를 품은 사람은 거의 없었다.

괴벨스와 마찬가지로 오후 내내 귀빈석에 앉아 있던 히틀러에게 스포츠 경기들은 "인종의 투쟁"이었다.221) 그들과 그리 멀리 떨어지지 않은 곳에 앉아 있던 베를린 주재 프랑스 대사 프랑수아퐁세는 스포츠를 싫어하는 히틀러가 긴장하여 얼굴을 찌푸린 채 독일 선수들의 경기를 주시하고 있는 장면을 목격했다. 그들이 승리하면 히틀러의 표정은 밝아졌고 철썩 소리가 나도록 허벅지를 내려치고 웃으며 괴벨스에게로 고개를 돌렸다. 독일 선수들이 패배하면 그의 표정은 어두워졌다. 그러면서도 스포츠 정신이 스타디움의 모든 감정의 동요를 넘어서 있었다는 것이었다. "화해하는 유럽의 모습, 달리기와 높이뛰기와 던지기와 창 던지기에서 모든 불화를 끝내는 모습을 보고 있었다."222)

독일은 고조된 감정에 탐닉하고 있는 듯했다. 올림픽은 독일이 과거의 굴욕을 끝내고 동등한 제국으로서 자신감에 가득차 나아가는 새로운 미래의 시작을 상징하는 것이 아닌가. 물론 이러한 분위기를 가능하게 한 것은 외교적 성과들만이 아니었다. 국내에서도 상황이 많이 개선되었다. 무엇보다 수백만 명에 이르던 실업자들이 (특히 올림픽을 준비하는 대규모 토목공사 때문에) 줄어들었다. 이 모든 것이 많은 사람들이 나치 지배의 어두운 측면을 잊도록 만들었다.

그러나 모든 사람이 평화를 사랑하는 진보적인 정권이라는 겉모습에 속은 것은 아니었다. 많은 외국 신문들은 비용 문제 때문에 추가 기자단을 독일로 보내지 않았고 유럽 특파원들에게 올림픽 경기를 보도하게 하였다. 이들은 현실을 잘 알고 있었다.223) 베를린 거리를 비틀거리며 돌아다니면서 상부 지시를 어기고 "올림픽만 끝나 봐. 유대인 놈들 초죽음을 만들어놓겠다."224) 같은 소리를 외치고 다니던 술 취한 돌격대원들이 없었더라도 그들은 현실을 잘 알고 있었던 것이다. 괴벨스가 올림픽 경기 초반에 외국 기자들 앞에서 올림픽은 선전 선동을 위한 행사가 아니라고 못 박았을 때 이는 의례적인 말처럼 들렸고 그리 확신을 주지 못하였다.225) 그리고 괴벨스 자신이 매일같이 해외 언론의 반향이 매우 긍정적이라고 스스로 현혹시켰을 때,226) 이는 오로지 절반만 진실이었다. 그는 선전부의 비밀 보고 내용을 억지로 무시하려 했는데, 보고서는 비판적 목소리가 드높은 해외에서는 괴벨스의 생각이 옳지 않음을 보여주고 있었다.227)

방송 분야에서 거둔 기술적·조직적 업적은 확실히 주목할 만했다. 베를린의 제국방송사는 처음으로 방송 시설이 있는 지구상 거의 모든 국가에 방송 보도를 송출하는 데 성공했다. 이는 1932년 로스앤젤레스에서는 실패했던 일이었다.[228] 그리하여 16일의 올림픽 기간 중 67명의 라디오 아나운서들이 500개의 독일 국내 프로그램 외에도 2,500개의 보도를 28개 언어로 19개 유럽 국가와 13개 비유럽 국가들로 방송하여 수백만 명의 청취자들이 올림픽에 참여할 수 있도록 하였다. 외국 라디오 아나운서들은 선전장관에게 전보를 보내 감사를 전하기도 했다.[229]

최상급의 올림픽을 위해서는 영화도 필요했다. 이 과제는 히틀러가 높이 평가한 레니 리펜슈탈이 맡는 것으로 처음부터 결정되어 있었다. 그녀는 나치 전당대회를 찍은 영화 〈믿음의 승리〉[230]와 〈의지의 승리〉로 정권의 선전적 의도를 다큐멘터리 영화라는 매체와 얼마나 완벽하게 결합할 수 있는지 보여주었다.[231] 처음에 괴벨스는 리펜슈탈에게 영화의 예술적 구성이나 그 계획의 소식적 해결에 필요한 단독 권한을 부여한다는 히틀러의 결정에 반대했다. 제국선전부의 영화부서 내에서 그가 지휘하는 가운데 계획적으로 올림픽을 준비해 왔기 때문이었다. 그곳에서는 1934년부터 소규모의 스포츠 선전 영화들을 제작했는데, 그 영화들은 카메라맨들과 해설자들이 올림픽에서 실제로 펼칠 활동을 준비할 수 있도록 한 것이었다. 이러한 활동의 정점으로 계획된 것이 "1936년 두 편의 올림픽 대작 영화 제작"이었다.[232] 이 계획은 히틀러 때문에 좌절되었는데, 영화와 관련한 괴벨스의 자화자찬을 생각해본다면 그가 개인적인 허영심 때문에라도 이러한 인기 있는 활동을 자신이 직접 책임지는 것을 너무도 열망했을 것임은 불 보듯 뻔했다. 그러나 괴벨스는 이를 히틀러에게 관철시킬 수 없었다. 언제나처럼 그에게 '총통 각하'의 바람은 곧 명령이었던 것이다.[233]

레니 리펜슈탈과 괴벨스는 이미 1935년 가을에 '올림픽 영화' 프로젝

베를린 올림픽 기간 중 운동선수들을 촬영 중인 영화감독 레니 리펜슈탈. 리펜슈탈은 히틀러의 의뢰를 받아 나치 전당대회와 베를린 올림픽을 다룬 기록 영화를 제작했는데, 그의 영화는 훌륭한 작품성을 인정받았으며 나치의 힘을 세계에 과시하는 데 크게 기여했다.

트를 두고 여러 차례 협의를 나누었다.[234] 히틀러가 선전부가 마련한 계약을 승인하고 나서,[235] 괴벨스는 11월 초 리펜슈탈 감독에게 이 계약서를 넘겨줄 수 있었고, 리펜슈탈은 "매우 기뻐하는" 것처럼 보였다.[236] 계약서에는 레니 리펜슈탈이 오직 선전부에만 회계보고 의무를 진다고 되어 있었다. 괴벨스는 이러한 방식으로 그녀를 통제할 가능성을 얻으려는 저의를 가지고 있었지만, 어쨌든 작업 조건을 그녀에게 유리한 방식으로 확정해준 셈이었다.[237] 1935년 8월 히틀러가 이 프로젝트에 승인한 150만 제국마르크[238]는, 민영은행에서 대부를 받을 수도 있었지만,[239] 괴벨스의 희망대로 정부 재정으로 충당되었다. 이는 레니 리펜슈탈이 작업 도중 은행 대출의 경우 있을 수도 있는 시간적 압박을 받지 않도록 하기 위함이었다.[240]

10장 위기와 위험을 헤치고 우리는 자유로 간다 525

촬영 작업이 진행되는 중에 괴벨스와 레니 리펜슈탈 사이에 여러 차례 중대한 갈등이 생겨나기는 했지만 이 때문에 두 사람의 원만한 관계가 깨지지는 않았다. 하지만 괴벨스는 여성인 리펜슈탈이 그러한 과제를 완수할 수 있을지 계속 회의했다. 그전에 괴벨스는 그녀에게 자주 인정과 경의를 표했는데(그녀는 '영리한 계집'[241]이며 "자신이 원하는 것을 아는 여자"[242]라는 것이다), 이제는 일기에 그녀가 "뭐라 말할 수 없는" 태도를 보이고 있다고 적었다. "히스테릭한 여자. 그러니까 한마디로 사나이가 아니다!"[243]

1936년 가을 올림피아 필름 유한회사에 대한 감사를 실시하던 중에 레니 리펜슈탈이 "재정 운영을 엉망으로 했다."는 사실이 드러나자, 괴벨스는 당장 '개입'을 지시했다.[244] 그러나 감독은 1936년 11월 초 괴벨스를 완전히 격분하게 하는 새로운 제안을 내놓으며 대놓고 맞섰다.

> 리펜슈탈은 히스테리를 사상하고 있다. 이런 거친 여자들과는 함께 일할 수 없다. 그녀는 자신의 영화를 위해 50만 마르크를 추가로 원하고 있고 이를 통해 두 편을 만들려고 한다. 그녀의 활동에서는 전례 없이 지독한 냄새가 난다. 나는 심장까지 차가워졌다. 그녀는 울었다. 눈물은 여성의 마지막 무기이다. 그러나 내게는 더는 효과가 없다. 그녀는 일을 해야 하고 질서를 유지해야 한다.[245]

그렇지만 레니 리펜슈탈은 이 문제에서도 자신의 의지를 관철할 수 있었다. 올림픽 영화는 한 편이 아니라 두 편이 탄생했으니, 그것은 〈민족의 제전〉과 〈미의 제전〉이었다.

올림픽 축제가 빛의 궁륭들, 게임과 노래, 다음 도쿄 올림픽*에 참가하라는 전 세계 청년들에게 보내는 격문 등을 갖춘 한밤의 거대한 대중 집회로 막을 내리기 전, 선전장관도 최상급의 축제를 연출했다. 비록 괴벨스는 이 몇 주 동안 당과 국가에서 "너무 많이 축하했다."[246]는 생각을 했지만, 8월 15일을 위해 '전 세계'를[247](실은 2,000명에서 3,000명의 손님들을 의미한다) 전원의 향취가 느껴지는 파우엔인젤 섬으로 초대했다. 틀 자체가 최상의 규모였고, 제국무대미술가 베노 폰 아렌트가 장식과 "요정의 세계 같은 조명"을 설치하여 하벨 강의 그 작은 섬을 꾸미는 나머지 일을 맡았다.[248] 그리하여 베를린 주재 미국 대사 윌리엄 도드(William Dodd)는 그 엄청난 비용에 대해 장황하게 늘어놓기도 했다.[249]

초대 받은 사람들은 이 행사를 위해 섬과 강변 사이에 설치된 선교(船橋)들을 건너, "타오르는 횃불을 손에 든 젊은 여자 무용수들이 경의를 표하기 위해 늘어선 사이를" 지나, 환하게 빛나는 섬으로 들어섰다. "오래된 나무들의 가지에서 빛나는 수천 개의 불빛들은 거대한 나비의 모습을 하고 있었다."[250] 세 개의 관현악단이 무도회를 위해 연주하고 있었다. 흰 양복을 입은 환하게 빛나는 초대자 괴벨스와 우아한 야회복 차림의 아내 마그다는 손님을 영접했다.[251] 이날 저녁 샴페인이 수없이 흘러내렸다. 괴링이 외국 손님들을 위해 "독일인다운 진심 어린 명랑함" 속에서 개최한 가든파티[252]나, 크림색 비단으로 뒤덮인 독일 오페라하우스에서 열린 저녁 축제도 이날 저녁 선전장관의 파티에 비견할 수는 없었다.

그 여름밤의 손님 중에는 슈바넨베르더의 이웃인 여배우 리다 바로바(Lida Baarova)와 구스타프 프뢰리히(Gustav Fröhlich)도 있었다. 리다

도쿄 올림픽 1940년 12회 올림픽 개최지로 결정되었던 도쿄는 중일전쟁으로 개최권을 반납했고, 2차 세계대전 발발로 1940년과 1944년 두 차례 올림픽의 개최 자체가 불발되었다.

바로바와 늘 동행하던 프뢰리히의 회고에 따르면 이날 저녁 괴벨스는 그 젊은 체코 여인을 '사로잡는 매력'을 '퍼부어댔다'고 한다.[253] 그녀는 전에도 이미 여러 차례 선전장관의 눈에 띄었다. 1934년 12월 괴벨스는 히틀러와 함께 바벨스베르크의 제작 스튜디오를 방문했고 영화 〈바르카롤레〉의 주연 배우인 바로바와 프뢰리히를 알게 되었다.[254] 또 다른 영화 〈유혹의 시간〉과 관련하여 괴벨스는 1936년 6월 처음으로 일기에서 바로바를 언급했다. 비록 그 영화는 "특별할 것 없이 시시하지만", 그래도 거기에서 바로바의 연기는 좋았다는 것이다.[255]

이렇게 시작된 리다 바로바와 괴벨스의 관계는 그녀가 프뢰리히와 함께 슈바넨베르더에서 살던 빌라가 선전장관의 빌라와 가깝다는 점 때문에 더욱 쉽게 진전됐다. 프뢰리히는 오페레타 가수 기타 알파르(Gitta Alpar)와 헤어졌고 그녀는 1933년 1월 30일(히틀러가 집권한 날을 뜻한다) 직후 자신의 유대계 혈통 때문에 독일을 떠나야 했다. 프뢰리히는 올림픽이 열리기 직선 자신과 연인 바로바가 함께 살 집, 보트 선착장을 갖추고 방이 12개나 있는 으리으리한 저택을 구입했다. 올림픽 기간 중 괴벨스는 프뢰리히의 빌라를 둘러보고 싶다는 의사를 밝혔다. 그 후 여러 차례 만남이 이어졌다. 소규모 사교모임에서 그들은 슈비로프제 호수로 항해하는 선상 파티를 열었다.[256] 괴벨스는 채 22살도 되지 않은 아름다운 체코 여인에게 점점 분명히 관심을 드러냈고, 신분 상승을 욕망하는 그 여배우는 출세라는 관점에서 볼 때 독일 영화계에서 가장 중요한 인물이 자신에게 보이는 관심에 불쾌감을 느끼지 않았다.

1914년 프라하에서 태어난 리다 바로바는 그곳에서 이미 19편의 영화(그중 6편을 우파의 자회사에서 찍었다)를 찍었고, 국립극장에서 단역을 맡거나 좀 더 작은 극장들에서 주연을 맡기도 했다. 1934년 우파의 해외 담당 책임자 윌리엄 캐럴(William Carol)은 카메라 테스트를 위해 그녀를 베를린으로 데려 왔다. 슬라브적인 어두운 피부색을 가진 그녀는 외모만 본다면 마그다 괴벨스의 정반대 극을 체현하고 있었으며, 선전 속의 '독일적 여성'의 전형이라기보다는 오히려 정권이 공식적으로는 조롱해 온 '팜므 파탈'에 가까웠다.

마그다 괴벨스는 오래전부터 어느 정도 단념하고 있었으나, 그래도 자신에 대해 오래전부터 '일종의 불쾌감'을 느끼고 있던 남편의 삶의 변화 때문에 고통을 받았다.[257] 괴벨스는 일기에서 마그다가 자신으로부터 '때때로 매우 멀리' 떨어져 있다고 불평했다.[258] 이러한 '매우 멀리'라는 표현은 무엇보다도 부부 사이의 관대함의 문제와 결부되어 있었다. 그녀는 괴벨스에게 여러 차례 '끝없는 장광설'로 결혼과 가족에 대한 견해를 '해설'했는데,[259] 그녀의 생각은 괴벨스의 생각과는 맞아떨어지지 않았다. 그녀는 그의 분방한 행동들을 둘러싼 소문들 때문에 그를 '압박했고', 그는 "이 불쾌한 주제의 말다툼에" 얽혀 들어간 것 자체를 후회하곤 했다. 왜냐하면 마그다는 "결코 변하지 않을 것이기 때문"이었다.[260] 그러는 동안 괴벨스의 가정은 "지긋지긋한 중압감"에 시달리게 되었다.[261]

부부의 지속적인 다툼 와중에 마그다의 전 동서이며 그녀와 가장 친한 엘레오노레 크반트가 계속해서 불에 기름을 끼얹었다. 같은 연배의 '엘로'는 1934년 9월부터 귄터 크반트의 형제 베르너와 헤어졌으며,[262] 거의 매일 괴벨스의 집에 놀러와 베를린에서 괴벨스와 그의 연애 행각에 대해 떠도는 소문들을 마그다에게 전했다. 괴벨스는 엘로가 "너무 많이 떠벌인다."면서 마그다를 달래려 했다. 그리고 마그다 역시 "대화 중 좀 더 조심해야 하며, 특히 엘로와 이야기할 때 그렇다."라는 것이었다.[263] 그러나 충실한 엘로는 마그다에게 언제나 의심을 "불어넣고 있었다."

마그다도 종종 스캔들 속으로 도피해 들어갔다. 베를린이 올림픽 열기에 들떠 있을 때, "뤼데케(Kurt Lüdecke)와의 불쾌한 사건"이 두 쌍의 부부를 압박했다.[264] 하필이면 괴벨스는 이 이야기를 다른 사람도 아닌 알프레트 로젠베르크에게서 듣게 되었다.[265] 괴벨스는 마그다와 대화를 했지만, 마그다가 진실을 말하지 않는다고 생각했다.[266] "그날 밤" 그녀가 "뤼데케 사건이 사실"이라고 고백하자, 그는 "지독히 우울하다."는 반응을 보였다. 이러한 "심각한 신뢰 상실"로부터 회복되기 위해서는 오랜 시간이 필요할 것이었다.[267] 그 다음 며칠 동안 괴벨스는 마그다와 "껄끄러운 관계"였다.[268] 그러다 그는 마침내 히틀러와 만났고, 히틀러는 마그다를 괴벨스가 만날 수 있는 최고의 여성이라고 칭송했다.[269] 이러한 일이 있고 나서야, 늘 그랬던 것처럼 괴벨스는 마그다와 다시 화해할 계기를 가지게 되었다.[270]

심리적 동요와 계속되는 임신으로 마그다의 건강상 불안정과 만성적인 심장 허약 증세가 더욱 심해졌다. 그녀는 드레스덴에 있는 당시 인기 있는 요양원 '바이서 히르쉬'에 요양차 잠시 머무는 횟수가 점점 많아지고 머무는 기간도 점점 길어졌다. 괴벨스가 '명예의 제국전당대회'에 참석하러 뉘른베르크로 떠나던 때 마그다는 막 요양원에서 베를린으로 돌아왔다. 괴벨스는 히틀러와 협의 후 뉘른베르크에서 9월 9일 바로바가 출연한 영화 〈배신자〉를 처음 상영하게 하였다.[271] 그리하여 선전장관 괴벨스는 당시 보헤미아의 상류층을 위한 프란첸스바트 온천에 요양차 머물고 있던 그 여배우를, 다른 두 주연 배우 이레네 폰 마이엔도르프와 빌리 비르겔(Willy Birgel)이 모두 영화의 초연에 참석했다는 이유를 들어 뉘른베르크로 불러들일 핑계를 만들었다.[272] 영화 초연이 "유례 없는 성공"을 거두고 끝나자,[273] 괴벨스는 바로바에게 다시 한 번 접근했다. 그의 시도는 실패하지 않은 것으로 보이는데, 왜냐하면 괴벨스는 일기에 "우파 사람들과 식사. 재미있는 담화들. 기적이 일어났다."라고 썼기 때문이다.[274]

괴벨스는 전당대회에서 중요한 연설을 앞두고 있었다. 젊은 바로바에게 깊은 인상을 주고 그녀와 관계를 진전시키고 싶어서 그는 웅변술도

1936년 8월 베를린 올림픽 기간 중 괴벨스 선전장관이 개최한 여름 파티에서 리다 바로바, 구스타프 프 뢰리히가 괴벨스와 이야기를 나누고 있다. 리다 바로바는 평소 괴벨스가 찬양하던 이상적인 독일 여성상 에서 멀었지만 괴벨스는 바로바와 사랑에 빠졌다.

활용했다. 괴벨스는 그녀에게 자신의 손님으로 참석해 달라고 청했고, 그녀에게 연단에서 온갖 신호를 보내며 아첨을 하였다. 2시간에 걸친, 괴벨스의 볼셰비즘에 대한 '고발'을 리다 바로바는 한 귀로 듣고 한 귀로 흘렸을 뿐이었다. 그녀는 오직 서로 약속했던 신호들만을 보고 있었던 것이다. 그녀는 달변의 장관에게 깊은 인상을 받은 채 뉘른베르크를 떠나 프란첸스바트를 향했는데,275) 기차 안에서 괴벨스의 부관이 그녀를 찾아서 붉은 장미들과 그녀를 곧 다시 보기를 원한다는 메모가 적힌 괴벨스의 사진을 전달했다.

그 직후 괴벨스는 새로운 일기장에 "가장 야성적인 삶이 가장 아름답다."276)라는 제목을 달았다. 9월 20일 그는 어릴 때부터 꿈이었던 고대 그리스를 둘러보는 8일간의 순회 여행을 떠날 예정이었다.277) 그러나 출발 전 9월 14일 '프란첸스바트로부터 방문'을 받았다. 마그다는 괴벨스의 여행에 동행하기는 했지만 몇 주 전부터 그들 사이에 감돌던 '자극되고' '더러운 분위기'는 끝나지 않았다. 그 분위기는 '끝없는 앙심'을 품은 것처럼 그를 쫓아왔다.[278]

베를린으로 돌아오자마자 괴벨스는 프란첸스바트의 리다 바로바에게 전화를 걸었는데, 그곳에는 그녀의 연인도 함께 머물고 있었다. 괴벨스는 그녀에게 프뢰리히와 함께, 두 사람이 출연한 영화 〈유혹의 시간들〉 초연에 참석하러 베를린으로 오지 않겠느냐고 물었다. 그녀는 동의했고, 그녀가 베를린에 도착하자마자 괴벨스는 9월 29일 영화가 초연되는 저녁에 괴벨스 자신이 〈라 트라비아타〉를 관람하는 국립오페라극장의 좌석을 찾아와 달라고 그녀에게 강력하게 요구했다.[279] 괴벨스는 이틀 후 그녀를 구스타프 프뢰리히와 함께 초대했다. 프뢰리히의 영화 〈도시 아나톨〉을 함께 감상하자는 구실을 내세워, 헤르만 괴링 거리의 최근 새로 단장한 장관 관저로 초대한 것이다. 그 후 여러 차례의 만남에 이어 은밀한 데이트가 이루어졌다. 마침내 다리를 저는 선전장관과 아름답고 젊은 영화 스타는 한 쌍의 연인이 되었다. 1980년대 말, 70대 중반의 정정한 리다 바로바는 자신이 괴벨스를 진정으로 사랑했다고 공언하였다.

1936년 가을에는 '총통'과 결속이 점점 더 강해지고 있다는 사실도 괴벨스를 더욱 행복하게 했다. 그의 39번째 생일에 히틀러는 친위 연대를 보냈고, 직접 선전부를 방문하기도 했다. 이에 대한 괴벨스의 메모는 그가 얼마나 어린아이처럼 히틀러에게 종속되어 있는지를 보여준다.

우리는 단둘이 내 방으로 갔다. 그는 아주 다정하고 친근하게 이야기했다. 과거의 시간들을, 우리가 어떻게 단결했고, 그가 얼마나 개인적으로 나를 좋아하는지를. 그는 내게 그렇게 감동을 주었다. 멋진 헌정사가 담긴 그의 사진을 한 장 내게 주었다. …… 그와 단둘이 보낸 아름다운 시간이었다. 그는 내게 가슴 속의 모든 것을 보여주었다. 어떤 걱정을 품고 있는지, 그가 얼마나

나를 신뢰하는지, 그가 내게 맡기려는 과업들이 얼마나 위대한지.[280]

다음날인 1936년 10월 30일 괴벨스와 베를린의 나치당은 괴벨스의 관구장 취임 10주년을 축하했다. 이를 계기로 알렉산더 광장의 붉은 시청에서는 '베를린 10년의 투쟁'이라는 전시회가 열렸다. 거기에는 광택이 나는 면직물 외투를 입은 투쟁적인 연사 괴벨스가 주먹을 불끈 쥐고 '체제 시기'에 적대해 선동하는 커다란 사진들이 '전리품'처럼 전시되어 있었을 뿐 아니라, 무엇보다도 '이지도르의 모자, 안경, 여권' 등이 전시되었다. 그러나 선전장관은 자비로운 태도 역시 잊지 않았다. "우직하고 가난한" 당원과 돌격대원들을 위하여 그는 이날 프리드리히스하인에서 '괴벨스 박사 고향(Dr. Goebbels-Heimstatte)'이라는 재단 청사의 기공식을 가졌다.[281] 그리고 궁핍한 배우들을 위하여 노령연금기금인 '예술가의 감사-요제프 괴벨스 박사 재단'이 설립되었는데, '순혈 유대인'과 '절반 유대인'뿐 아니라 '유대인과 결혼한 자'와 정치적으로 환영받지 못하는 자들 역시 이 재단의 지원 대상에서 제외되었다.[282]

독일노동전선의 기관지가 되어 로베르트 라이가 발행하고 있는 〈공격〉은 특별호[283]에서 '투쟁 시기'의 기억들을 늘어놓았다. 그 기념호의 한 페이지는 베를린에서 "운동의 전사자" 40명, 특히 베셀, 퀴테마이어, 마이코프스키에게 바쳐졌다. 그 기사에서는 이 시기를 회고하면서 이 도시의 "수백만 명에 이르는 시민들"이 나치즘을 "자발적으로 받아들인 것이 아니라", "우리가 이를 성취해냈다."라고 적었다.[284]

〈공격〉은 1936년 10월 31일 베를린 시가 "관구장 괴벨스 박사에게 특별한 생일 선물을 선사했다."라고 보도했다. 그것은 "베를린 교외의 조용한 호숫가에 있는 소박한 통나무집"이며, 그는 그곳에서 "매일 민족과 제국에 복무하는 힘겨운 노동이 끝나고 나면 휴식과 평정을 되찾을 수 있게 되었다."[285] 시는 "명예시민 괴벨스에게 그의 축복받은 활동과 내적으로 결속되어 있음을 보여주려는 뜻에서 평생 무료로 이용할 수 있도록 그 집을 제공한 것이다."[286]

관구장 취임 기념일의 압권은 체육궁전에서 열린 집회였는데, 10월 30일 저녁 히틀러가 여기에서 연설을 했다. 자정 한 시간 전 그는 연설을 시작했고,[287] 그 연설에서 괴벨스를 "당의 방패를 들고 따르는 믿음직스럽고 흔들림 없는 충복"이라고 치하했다. 베를린이라는 '전진 초소'에서 거의 절망적인 싸움을 시작한 그는 "이 투쟁에서 신앙심 깊은 열광자로서 베를린, 이 깨어나는 베를린으로 진군해 들어갔다." 히틀러는 계속해서 "그래서 나는 당신, 나의 박사님에게 오늘 무엇보다도 당신이 10년 전 나에게서 깃발을 받아 들고 제국 수도 베를린에 민족의 군기로 꽂은 것을 감사드리려 합니다. 베를린에서 나치 운동이 벌인 10년의 투쟁 위에는 귀하의 이름이 있습니다! 그 이름은 이 투쟁과 영원히 결속되고 결코 독일 역사에서 사라지지 않을 것입니다."

마지막으로 히틀러는 체육궁전에 모인 수천 명의 청중들에게 "나와 함께 나의 베를린 총독으로서, 베를린의 지도자로서 우리의 깃발을 여기 들고 있는 남자에게 인사합니다. 우리의 괴벨스 박사, 하일!" 히틀러가 기진맥진하여 연단에서 내려온 후 모두가 지켜보는 가운데 경직된 동지적 제스처로 다소 어색하게 괴벨스의 어깨를 두드렸을 때, 괴벨스는 감정을 억제하기 힘들었다. 그가 일기에 고백한 바에 따르면, 히틀러는 그를 "유례 없는 방식으로 추어올렸다. 나는 이를 기대하지 않았다. ······ 나는 얼마나 행복한가."[288]

11장
총통은 명령하고 우리는 복종한다!
(1936~1939)

1936년 10월 말 괴벨스가 일기에 이제 '비정치적 시대'는 지나갔다고 썼을 때,[1] 이 말은 '위험 지대'를 지나왔음을 표현한 것이었다. 베르사유 조약의 '사슬'을 '털어내고' 독일은 다시 "국방 능력을 지니게" 되었다. 괴벨스는 히틀러가 동부에 독일의 '생활권'을 만든다는, 그의 근본 목표를 위해 곧 활동을 시작하리라는 것을 알고 있었다. 여기에 필요한 기초를 닦으려면 먼저 오스트리아를 제국에 '병합'하는 일을 추진해야 하고, 체코슬로바키아와 폴란드가 제국에 복속하지 않는다면 무력으로라도 굴복시켜야 하며, 마침내 동쪽의 거대한 공산주의 제국을 공격할 수 있도록 해야 할 것이다.

이미 여름에 히틀러는 국방군의 육해공 부대들을 스페인으로 보냈다. 그들은 프랑코(Francisco Franco, 1892~1975, 스페인의 장군·정치가. 스페인 내전(1936~1939)에서 스페인 민주공화국을 전복한 후 죽기 전까지 스페인 총통을 지냈다)의 팔랑기스트(스페인의 극우 민족주의 단체인 팔랑헤당의 당원)들과 스페인 내전에 개입한 이탈리아 부대의 편에 서서, 모스크바와 국제공산주의운동(코민테른)이 지원하는 마드리드의 인민전선에 맞서 싸웠는데, 이는 실전 훈련도 겸한 것이었다. 히틀러는 이와 동시에 일본과 협상을 강화하였는데, 이는 곧 소련에 적대하는 동맹(1936년 11월 25일 독일과 일본이 맺은 반 코민테른 협정)으로 귀결된다.

이런 국제적인 움직임과 함께 1936년 9월 초 뉘른베르크 전당대회에서도 볼셰비즘에 대항하는 "사활을 건 범세계적 투쟁"이라는 구호가 흘러넘쳤다. 선전장관은 히틀러에게서 매우 자극적인 연설을 하라는 지시를 받았는데, 이 연설로 그는 1935년 프랑스, 체코슬로바키아와 상호군사원조조약을 맺은 소련이 외교 관계를 파기하도록 도발하려 했다.[2] '유대인 마르크스'의 볼셰비즘이 "독일적인 공동체 의식"('진정한' 사회주의)을 국제화하여 이를 좀먹고 있다는 히틀러의 생각에 동의하며,[3] 이러한 사상을 지닌 히틀러를 "선견지명을 지닌 예언자"라고 미화했던[4] 괴벨스는 이에 따라 64쪽에 달하는 "볼셰비즘의 이론과 실제"에 관한 원고를 작성했다. 이 원고를 읽은 히틀러는 2년 전부터 그의 수석 선전가 괴벨스가 쓴 글 중에서도 최고라는 평가를 내리면서 온갖 칭찬을 늘어놓았다.[5] 그 글에서 괴벨스는 '세계의 적'이라는 그림을 그리면서, 유럽이 다시 '건강해지려면' 그 적을 절멸시켜야 한다고 주장했다.[6] 그리고 괴벨스가 장기적으로 이 세계에서 볼셰비키들은 나치주의자들과 공존할 수 없다고 주장할 때, 여기서도 히틀러를 따르고 있는 것이었다. 괴벨스는 1936년 가을 독일이 이러한 "위대한 역사적 투쟁"의 출발선에 서 있다고 생각했다.[7]

그의 전당대회 연설의 구성과 유사하게 선전부에 내려진 반공주의 선전 선동의 지침 역시 노련하게 국민 각 계층의 다양한 욕구에 맞춰졌다.[8] 부르주아, 노동자, 농부, 교회, 여성들에게 각각 다양한 측면들이 강조되었다. 세계 각국에서 공산주의자들이 벌이는 "음험한 중상"에 대한 보고는 부르주아들의 공포를 불러일으키려는 것이었다. 기아, 주택난, 사회복지 결여, 무급 연장 근무, 완벽한 노예화는 노동자에게, 집단화의 결과는 농민에게, 각각 볼셰비즘이 노동 대중에게 사기극을 벌이고 있음을 확신시키려는 것이었다. 교회에 맞추어서는 소비에트 체제의 "신성 모독"을 극적으로 제시했다. 그리고 동유럽의 높은 이혼율, 여성을 "야생동물"(타인의 횡포에 무방비로 맡겨진 사람이나 법률의 보호를 못 받는 사람을 뜻함)로 묘사하는 일이나 아이들의 타락 등은 독일 여성들에게 깊은 인상을 남겼다.

선전 선동 활동을 위해서 언어뿐 아니라 사진도 중요한 역할을 했다.[9] 9월 17일 선전부는 주요 화보 잡지 편집인들을 특별회의에 소집했다. 각 잡지들은 반 소비에트를 주제로 한 1~2쪽 분량의 사진 보도를 하나씩 맡았다. 예를 들어 〈뮌헤너 일루스트리어르테(Münchener Illustrierte)〉는 소련의 유대인, 그리고 〈파밀리엔일루스트리어르테(Familienillustrierte)〉는 소련 청소년의 참상을 보도하게 하였다.[10]

1936년 11월 25일 독일제국과 천황국 일본이 반(反)코민테른 협약*을 맺었을 때,[11] 괴벨스는 언론 보도의 논조를 지시했다. 나치가 혁명을 통해 유럽을 "공산주의의 홍수로부터" 사수해낸 것처럼, 일본 민족도 극동에서 "마찬가지 사명"을 행하고 있다는 것이었다.[12] 괴벨스의 수하 직원인 타우베르트가 고안한 '반(反) 코민테른'이라는 개념은 "목적의식적인 강권 정책이라는 인상"을 피하기 위하여 "강권 정책적 협력을 감추는 도덕적 상투어"였다.[13] 그 외에도 인종 이데올로기 관점에서 부조화를 은폐해야 했는데, 나치의 인종 이론가들에 따르면 일본인은 "아리아인"에 속하지 않았기 때문이다.

....
반 코민테른 협약 1936년 11월 25일 독일과 일본 사이에 최초로 체결된 협정. 이후 1937년 11월 6일에는 이탈리아가 포함되었다. 표면상으로는 코민테른(제3인터내셔널)에 대항한 것이지만, 실제로는 특별히 소련에 대항하여 체결된 것이었다. 이 조약은 아돌프 히틀러가 추진한 것이었다. 당시 히틀러는 볼셰비즘을 공개적으로 비난했고 중국과 전쟁에서 일본이 거둔 성공에 관심을 가지고 있었다. 일본은 1936년 8월의 중소 불가침 조약으로 소련의 군용기와 군수품이 중국에 도입되고 있는 것에 분노하고 있었다. 또 히틀러와 무솔리니는 자신들을 공산주의에 대항한 서유럽 가치의 수호자로 선전할 수 있었다. 일본은 1939년 8월 23일 독소 불가침 조약 체결에 분개하여 반 코민테른 협약을 파기했지만, 1940년 9월 27일 다시 3국동맹 조약에 서명했다. 이 협정에서 독일 · 이탈리아 · 일본은 "현재의 유럽 전쟁이나 중일전쟁에 관련되어 있지 않은 어떤 세력(즉 소련이나 미국)에게 한 나라가 공격을 받으면 모든 정치적 · 경제적 · 군사적 수단을 동원하여 이를 격퇴한다."라고 서약했다.

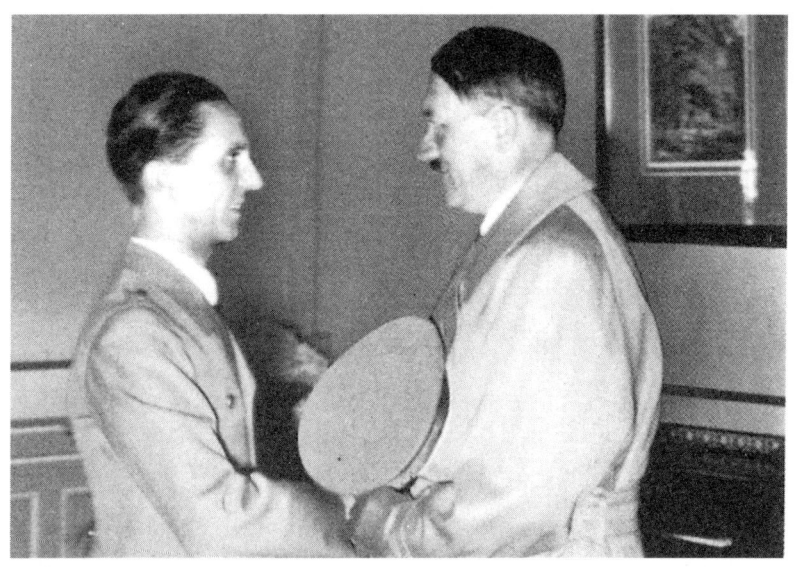
1936년 10월 29일 괴벨스의 39살 생일을 축하하는 히틀러. 히틀러는 괴벨스에게 각별한 애정을 표해 괴벨스를 감동시키곤 하였다.

외부의 적 '세계 볼셰비즘'에 맞서는 투쟁의 반대 급부로 국내에서는 '민족공동체'가 점점 더 전체주의적으로 히틀러의 목표로 이끌려가고 있었다. 오로지 나치 신념의 원리에 사로잡힌 대중을 완벽하게 통합하기 위하여, 그 어떤 "이탈 행위"도 선전 선동으로 "유대적" 혹은 "마르크스주의적"이라고 낙인 찍고 더욱 지독하게 박해했다. 하인리히 힘러는 '박해를 통한 통합'을 주도하는 인물이었다. 그는 내무장관 프리크와 권력 투쟁을 거쳐 1936년 6월 17일 히틀러에 의해 독일 경찰 총수로 임명되었다.[14] 힘러를 "정력적이고 비타협적"이라고 평가해 왔던 괴벨스는 명백한 환영 의사를 밝혔다.[15]

괴벨스는 자신의 활동 분야 중 우선 문화 정책에서 행보를 서둘렀다. 그러기 위해 로젠베르크의 급진적이고 독단적인 노선으로 방향을 전환했다. 1933년 이후에도 독일에 남은 위대한 예술가들 중 최소한 일부라

11장 총통은 명령하고 우리는 복종한다! 539

도 제3제국에 합류시켜 히틀러가 그토록 칭송한 독일 문화의 우월성을 보여주려 했던 괴벨스의 시도는 자주 그를 막다른 골목으로 몰아넣었다.

> 예술에서 대체 무엇을 해야 하는가? 능력 있는 사람들은 대개 구시대적이다. 그리고 우리의 젊은이들은 아직 너무 미성숙한 상태이다. 예술가를 공장에서 찍어낼 수는 없는 노릇이다. 그렇지만 불모지에서 이렇게 영원히 기다리는 일도 끔찍하다. 나는 이제 다시 한 번 나쁜 것들을 솎아낼 것이다.[16]

1936년 11월 26일 괴벨스는 자신이 보기에 "공공의 생활에 치명적인 피해를 입히는" 자유로운 예술 비평을 우선 금지했다.[17] 이는 히틀러가 얼마 전 "오늘날 …… 최고의 의무는 비판이 아니라," "정신과 의지의 통일성 창출"이 되어야 한다고 표명했기 때문이다.[18] "독일적" 문화 및 예술 생활 건설 추구에 "끝없이 시비를 거는 취미"와 "불협화음의 배경음악"으로 맞서며 "서만하게 아는 체하는 일"로는 그러한 목표에 결코 기여할 수 없다는 것이다.[19]

그런 일들이 어디에서 일어나는지는 제국문화원 제4차 연례회의에서 괴벨스가 행한 연설에서 분명하게 드러났다. 괴벨스가 예술비평의 대표자들을 "유대인 비평가 귀족"들의 "위장한 후손들"이라고 지칭했을 때, 예술 비평 금지는 다시 한 번 반유대주의적 방향성을 띠게 되었다.[20] "독일 문화 생활의 새로운 형성"을 위한 법령에 따르면, "예술의 지나친 유대화"의 시대에는[21] "자신은 오류를 저지르지 않으면서 타인의 업적만 판정하는 재판관"인 양 으스대던 일이 "하인리히 하이네(Heinrich Heine, 1797~1856)에서 알프레트 케르(Alfred Kerr)에 이르는 유대인 문학가들에게 맡겨졌던" 것이다.[22] 괴벨스는 "'비평'이라는 개념이 예술 법정인 것처럼 완전히 전도"된 것의 주된 책임이 유대인들에게 있다고 낙인찍었다.[23]

그는 앞으로 나치 국가에서 이러한 일은 근본적으로 용인될 수 없다고 밝혔다. 괴벨스가 개인적으로 평한 바에 따르면, 지도적 위치에 있는 나치 인사 중 어느 누구도 자신이 공개적으로 비판받아야 한다는 사실을 이해하지 못한다는 것이었다. 그는 그렇기 때문에 예술가들도 언론의 비판적 간섭에서 풀려나야 한다고 주장했다.[24] 그의 의도에 따르면, 추가적 언어 규정들을 통해 비평을 예술 보도로까지 격하하고, 앞으로 그 기초는 나치즘의 신조와 "감정의 순수함", 그리고 "분별심"과 "예술적 의지 앞의 경의" 등이 되어야 한다. 비평은 가치 평가를 자제하는 대신, 묘사와 칭송에 좀 더 치중한다는 기준을 지켜야 한다.[25]

괴벨스와 히틀러는 그들이 보기에 기독교가 독일 민족에 끼친 악영향 역시 마찬가지로 유대적 영향의 책임이라고 주장했다. 괴벨스는 기독교가 독일 민족의 도덕과 태도를 망쳐놓았다고 생각했고,[26] 히틀러에게도 기독교의 영상은 점점 더 그의 총체적인 적의 영상, 즉 유대인과 혼합되어 갔다.[27] 그리스도는 "유대인의 세계 지배도" 반대하려 했다는 것이다. 히틀러는 1937년 2월 22일 '교회 문제 회담' 중 유대인들이 그리스도를 십자가에 못 박았다고 말했다. 괴벨스도 이와 비슷한 생각을 오래전 자신의 작품 《미하엘》에서 밝힌 적이 있었다.[28] 히틀러는 계속해서 "기독교 내부의 유대인" 바울이 이 가르침을 "조작하여" 고대 로마를 무너뜨렸다고 말했다.[29] 히틀러는 나치 독일이 분열되기를 원치 않았기 때문에 "사이비 사제들의 절멸"을 계획했다. 이렇게 종교에 대한 최후 투쟁의 시기가 개막되었으나, 나중에 전쟁 초기에 '휴전 상태'로 접어들었다.

아무튼 1937년 당시 제국종교협약에도 불구하고 성직자들도 탄압을 면치 못하게 되었다. 히틀러의 반공 노선 때문에 처음에는 나치 정권을 환영했던 가톨릭교회도 나치가 로젠베르크를 통해 계속 교회 내부 사안에 개입하는 데 불만이 쌓이기 시작했다. 그리하여 훗날 교황 피우스 12

세*가 되는 파셀리 로마 교황청 국무장관이 교회와 관련한 특수한 이해관계뿐 아니라 나치의 강권 통치 자체에 대해서 독일 정부와 외교문서를 교환하였다. 평소 이 정권에 그리 비판적이 아니었던 파셀리는 이러한 외교 문서 중 하나에서 교황은 오늘날 독일에서 어느 정도로 자기 결정권이 제한되어 있는지를 알고 있다면서 이 문제의 시정을 요구했다.

가톨릭 성직자와 관련한 괴벨스와 히틀러의 주요 체험[30]은 1937년 1월 30일 일어났다. 히틀러는 권력 획득 4주년 기념일을 계기로 내각 내 '비당원'을 입당시키고 이들에게 황금 당원 배지를 수여했다.[31] 독실한 가톨릭 신자인 교통우편장관 엘츠뤼베나흐의 차례가 되었을 때(괴벨스는 그에 대해서 "그는 너무 검기 때문에 재채기를 하면 검댕이 튀어나왔다(검은 색은 가톨릭 성직자의 옷을 상징하기도 한다)."라고 묘사했다.[32]), "불가사의한 일"이 일어났다. 엘츠는 입당을 거부하면서, 나치당이 교회를 탄압하고 있음을 그 이유로 들었고, '총통 각하'의 해명을 요구했다. 모두가 얼어붙은 듯했다. 사람들은 "마비된 것처럼" 서 있었다. 히틀러는 분통을 터뜨리며 일체의 대화를 거부하고 그 방을 박차고 나갔다. 괴벨스는 곧바로 행동에 돌입했다. 그는 "그러한 심각한 무례함"에 마찬가지로 충격을 받은 장관들을 불러 모아, "우리가 단합하여 엘츠의 해임을 요청해야 한다."라고 주장해 이내 관철시켰다. "이들이 검은 자들이다. 그들은 우리 조국 위에서 더 높은 권력을 지니고 있다. 축복을 독점하는 교회." 어쨌든 내각은 "이렇게 몰래 기어드는 위험"으로부터 비로소 벗어나게 되었다. 그날 저녁 그는 "몹시 격분한" 히틀러를 진정시키려고 노력했고, 연민에 차서 다음과 같이 썼다. "그와 같이 선량한 사람에게는 그런 일이 일어나게 마련이다."

1937년 3월 21일 부활절 직전 일요일 교황 피우스 11세*는 독일 내 모든 가톨릭 성당의 설교단에서 자신의 교서 〈심각한 우려를 품고〉를 낭독하라고 지시했다. 이날 미사에 참석한 사람들이 들은 설교의 내용은 실제로 매우 적절하게 표현된 것이었다. 이날 성직자들은 자신들의 교구 신자들에게 다음과 같이 전달했다.

인종이나 민족이나 국가나 국가 형태나 국가 권력의 담지자나 그밖에 다른 인간 사회 형성의 기본 가치들(이들은 세속적 질서 내에서 본질적이고 명예로운 자리를 차지한다)을 그들의 세속적 가치 등급으로부터 떼어내 종교적 가치를 위해서도 최고의 규범으로 삼고 이를 우상 숭배로 떠받드는 자들은 신이 창조하고 명령한 사물의 질서를 전복하고 위조하는 것이다.[33]

이러한 발언은 나치즘을 기독교 대신 종교의 위치로 밀어 올리려는 괴벨스에게는 이단의 목소리로 들렸다.[34] 그리스도가 아니라 히틀러가 "예언자",[35] "우상",[36] "메시아"여야 하며, 과거 사도들이 그랬듯이 민

피우스 12세(Pius XII, 1876~1958) 1939~1958년 재위. 본명은 에우게니오 마리아 주세페 조반니 파첼리(Eugenio Maria Giuseppe Giovanni Pacelli)이다. 2차 세계대전과 전쟁 후 재건기의 로마 가톨릭 교회를 이끌었다. 수많은 강론과 몇몇 회칙을 통해 당시의 도덕적·신학적 문제를 다루었다. 전례와 성서 연구에서 국세직 체계와 개혁에 대한 그의 생각은 중요한 것이었지만 2차 세계대전 중 독일의 유대인 학살을 방관한 그의 행위는 논란의 대상이 되어 왔다.

피우스 11세(Pius XI, 1857~1939) 1922~1939년 재위. 본명은 암브로지오 다미아노 아킬레 라티(Ambrogio Damiano Achille Ratti). 1870년 이탈리아 왕국의 로마 병합 이후 교황청과 이탈리아 왕국은 대립을 계속해 오고 있었는데, 피우스 11세는 1929년 2월 무솔리니 정권과 라테란 협정을 체결하여 오랜 세월의 분쟁을 해결하고, 이에 따라 바티칸시국(市國)을 확립했다. 그는 가톨릭의 해외 포교에 힘쓰는 한편, 공산주의와 소련을 격렬하게 비난하였다. 한편, 독일 가톨릭교도들이 직면하고 있던 어려움을 덜어주려는 희망으로 1933년 독일에서 새로 수립된 아돌프 히틀러의 나치 정부와도 조약을 맺었다. 그러나 그는 1933~1936년 제3제국에 여러 번 항의문을 썼고, 1938년 나치의 인종차별 정책이 이탈리아에 도입된 뒤 파시스트 이탈리아에 대한 태도를 완전히 바꾸었다.

족은 그를 믿고 따라야 한다는 것이다. 괴벨스는 그리스도가 아니라 히틀러를 "기적"과 "징표"와 연관시켰다. 예를 들어 그는 1937년 제국전당대회 도중 '총통 각하'가 연단에 올라서는 어느 순간 태양이 구름을 뚫고 나타나는 장면을 관찰했다는 것이다. 그는 이를 통해 자신의 신앙을 확고히 하려고 노력했다.[37] 괴벨스는 개인적으로는 전당대회를 "장엄 미사"[38]로 느꼈는데, "거의 종교적 제식"인 돌격대 사열이 이를 "무한히 신비로운 마법으로 둘러싸고" 있었다.[39] 기독교의 신이 있는 성당이 아니라 바로 이곳에서 나치의 신에게 올리는 미사가 진행되는 것이다.

괴벨스가 상황 악화를 원하는 라인하르트 하이드리히로부터 3월 20일 저녁 늦게 교황 교서의 내용을 전해 들었을 때, 그는 이러한 '도발'에 대해 '분노와 원한'의 반응을 보였다. 그러나 한때 기독교의 신을 독실하게 신봉했던 괴벨스는 신중한 태도를 보였는데, 이는 교회가 신자들에게 행사하는 힘을 너무도 잘 알고 있었기 때문이다. 그래서 괴벨스는 하이드리히에게 "이를 무시하고 죽은 듯이 있으라"는 지시를 내렸다. 체포 조치 대신 "경제적 압력"으로 대응해야 했으며, 피우스 11세의 교서를 인쇄한 모든 성당 관보들은 압수, 정간 처분을 받았다. 그외에 괴벨스는 "침착성을 잃지 말고, 그 도발자들을 해치울 수 있는 시간이 올 때까지 기다리자."라는 모토에 충실했다.[40]

히틀러에게는 다음날까지 이 소식을 전달하지 않았는데, 이는 그가 "이 일 때문에 밤새 노여워하지 않도록" 하려는 뜻이었다.[41] 이 소식을 전해 들은 히틀러는 처음에는 마찬가지로 신중한 태도를 보였다. 괴벨스를 비롯한 다른 사람들에게 '전술적 이유'에서 교회 탈퇴를 금지했던 히틀러[42]는 일단 '침묵' 전술을 승인했으나,[43] 점점 "과격화"되어 갔다.[44] 4월 2일 괴벨스는 사제들이 "참을성과 관대함"을 이해하지 못하기 때문에, 히틀러는 "이제 바티칸을 치기를" 원한다고 적었다. 그 '사제들'은 "우리의 준엄함, 강경함, 무자비함을 맛보게 될 것이다."[45]

괴벨스가 보기에 "벨기에의 한 수도원에서 어느 소년에게 가해진 끔찍한 성폭력 살해 사건"이 이제 막을 올리는 언론의 무자비한 집중 포화의 서곡으로 가장 알맞은 것이었다. 그래서 괴벨스는 곧 선전부의 '특별 기자'를 브뤼셀로 보내 그곳에서부터 가톨릭 성직자들을 모욕하는 캠페인을 시작하도록 하였다. 이런 목표에 활용하려는 의도에서 그 다음 몇 주 동안 언론에서는 이른바 동성애 가톨릭 성직자들에 관련된 소송들로부터 나온 선동의 재료들을 떠들어댔는데, 이 소송들은 1936년 중단되었다가 히틀러의 명령에 따라 다시 시작된 것이었다. 히틀러가 "더는 자비를 베풀지 않고" "이 남색 집단을 박멸"하기를 원하기 때문에,[46] 괴벨스는 그의 부하직원 중 가장 파렴치하며 무절제한 선동가 알프레트 잉게마르 베른트를 시켜서 극도로 야만적인 언론 캠페인을 지시했다. 괴벨스는 일기에서 이 캠페인을 "귀리밭 몰이*"[47]이며 "가장 강한 대포를 이용한"[48] "일제 공격"[49]을 "검은 무뢰한들"[50]에게 퍼붓는 것이라고 불렀다.

몇 주를 지배했던 이 작전에서 '사제들'에 대해 괴벨스가 취했던 모든 행동들은 다시 한 번 히틀러와 긴밀한 협의를 거쳐 이루어졌으며, 히틀러는 이 모든 것을 추동하는 원동력이었다. 괴벨스는 히틀러가 로젠베르크가 아니라 자신에게 연설을 위임한 것을 "퍽 기쁘게" 생각했는데,[51] 이 연설은 교회에 대항하는 "지옥의 콘서트"[52]의 절정을 이룰 것이었다. 두 사람은 어느 날 오후 슈바넨베르더에서 마그다와 아이들과 항해를 한 뒤 함께 "사제에 대한 연설" 내용을 정리했으며 이 연설을 위해 히틀러는 "몇 가지 힌트"를 주었다.[53]

1937년 5월 28일 저녁 베를린 도이칠란트할레 강당의 대중 집회에서

귀리밭 몰이 바이에른과 티롤 지방 농민들의 일종의 사형(私刑) 풍습으로, 풍속을 어지럽힌 남녀를 귀리밭을 기어 다니게 했다는 데서 비롯한 명칭이다.

이러한 앙갚음[54]은 모든 라디오 방송을 통해 중계되었고 다음날(일부는 "최후의 경고!" 같은 위협적 표제로[55]) 모든 독일 신문들에 "최대 활자의 제목을 달고"[56] 등장하였다. 여기서 괴벨스는 자신을 "지상에서 가장 귀중한 개인적 재산이 자신의 네 아이들인" 걱정스러운 아버지라고 과시하면서, "이 도덕 설교자들의 천인공노할 추문"을 비난했다. 그는 지독한 장광설로 가톨릭 성직자들에게 집중 포화를 퍼부었고, "야수적이고 파렴치한 미성년자 성폭력범"이라고 말하며, "이러한 성적인 흑사병을 뿌리째 뽑아낼 것"이라고까지 천명했다. '총통 각하'가 "독일 청소년들의 천부적 보호자로서 철저하고 엄격하게 우리 민족의 영혼을 파멸시키고 중독시키는 자들을 막고 있다!"는 사실에 감사할 뿐이라는 것이다.[57] 이 연설("최상의 컨디션으로 두 시간에 걸쳐 행한 연설"[58]) 후 괴벨스에게 히틀러가 감사를 표한 것은 당연한 일이었다. "그는 내게 악수를 청했다. 그는 라디오로 연설을 낱낱이 들었고, 단 일 분도 자리에 가만히 앉아 있을 수가 없었다고 말했다."[59]

'사제들'의 동성애적 무절제에 대한 이러한 위선적인 윤리적 분노가 국민들에게 끼친 파장은 헤아리기 힘들다. 물론 베를린에서 저명한 당 간부들의 동성애적 성향은 널리 알려져 있었다.[60] 또 어떤 사람들은 추문으로 주목을 끌며 아내에게 이혼을 당하기도 했다. 간부급 인사들 사이에 만연한 "이혼의 광기"는 바로 지금 나치당 내에서 "최악의 문제"로 떠올랐다.[61] 이는 또한 히틀러와 괴벨스의 가장 잦은 대화 주제 중 하나였고, 미래와 관련하여 시사하는 바도 없지 않았다.

공보실장 디트리히의 아내가 히틀러에게 도움을 청했을 때, 선전장관 괴벨스는 그녀가 히틀러로 하여금 자신의 남편에게 혼인 관계를 유지하라고 "명령하게" 하려는 것이라면서 이는 "불가능한 일"이라고 깎아내렸다. 결혼 제도를 "일종의 버팀목"이라고 생각한 히틀러였지만[62] 이 문제에서는 그가 그들을 신뢰하지 않으며 그렇기 때문에 그들을 결속시킬 수도 없다는 이유를 들어 거부했다. 괴벨스는 히틀러의 태도를 "매우 정당한 입장"이라고 생각했다.[63] 괴벨스는 문제의 책임을 오로지 남편을 붙잡기에는 "너무 멍청하고 굼뜬" 여자들에게만 돌렸다.[64]

간통을 처벌해야 하느냐는 물음을 두고 당내에서 격렬한 논쟁이 벌어졌다. 베를린을 "죄악의 구렁텅이"로 만들고 싶지 않지만 그렇다고 "수도원"으로도 만들고 싶지도 않았던 괴벨스는 어차피 스스로 윤리의 감독관 역할을 맡을 수 없었기에 고삐를 어느 정도 늦추려 했다. "에로스"를 식욕과 함께 "가장 생생한 삶의 힘"으로 보았던 그였다.[65] 그리하여 청소년 유해 서적 감독을 위한 "순결 위원회"도 반대했다.[66] 괴벨스는 간통에 대해 10년 금고형을 내려야 한다는 주장에 예민하게 반응했다. "도덕적 위선"을 거부하는 데 히틀러와 같은 생각을 갖고 있던 괴벨스는 "그러면 그들은 소급해서 프리크부터 시작해야 할 것이다."[67]라고 말했다.

괴벨스 부부의 결혼 생활은 초여름까지는 흔들림이 없어 보였지만 (1937년 2월 19일 그들의 네 번째 아이 홀데가 태어났다) 괴벨스는 실제로는 그동안 거의 붕괴 상태에 이르러 있었다고 썼다.[68] 이미 오래전부터 괴벨스가 아내를 대하는 태도가 점점 더 시큰둥해지고 있다는 사실을 관찰했던 사람은 에른스트 한프슈탱글이었다. 그는 1930년대 초반까지 사이가 좋던 그 젊은 부부와 친한 관계였고 자주 라이히스칸츨러플라츠의 그들 집을 방문했다. 그가 퍼뜨리고 다닌 어떤 일화가 마그다를 대하는 괴벨스의 태도를 잘 보여준다. 어느 날 저녁 선전장관이 손님들을 배웅하던 중 미끄러져서 거의 넘어질 뻔했는데 그때 마그다가 그를 부축했다. 괴벨스는 놀람이 가시고 나자 그녀의 목덜미를 잡아 앉힌 다음 "광기어린 웃음"을 터뜨리며 자신의 구원자로 보이는 것이 그녀에게 잘 어울린다며 소리를 질렀다는 것이다.[69]

그러나 마그다뿐 아니라 한프슈탱글 자신도 그 시기에 두려움을 불러

11장 총통은 명령하고 우리는 복종한다! 547

일으키는 선전장관의 거친 '장난'의 희생자였다. 괴벨스는 '총통 각하'가 베를린에 있기만 하면 언제나 총리청으로 가서 그와 점심 식사를 했는데, 식사 중 언제나 (때로 연속하여) 이야기, 일화, 농담 등으로 흥을 돋웠다.[70] 이는 히틀러를 즐겁게 하는 동시에 철저한 계산을 거쳐 자신의 정적들을 깎아내릴 최고의 기회였던 것이다. 불신을 받고 있는 나치당 해외공보실장 한프슈탱글의 권한을 자신이 움켜쥐기 위하여 괴벨스는 우선 그의 탐욕에 대한 이야기를 늘어놓았다.[71] 그 이야기들이 효과를 나타내지 못하자 오찬 중에 한프슈탱글이 스페인 내전에 참전 중인 독일의 콘도르 연대의 도덕성을 두고 경멸하는 발언을 했다는 말을 퍼뜨렸다.[72] 슈페어가 전하는 바에 따르면 히틀러는 이에 당장 반응을 보였고 격분하여 "다른 사람의 용맹을 판단할 자격도 없는 이 비겁한 자에게 따끔한 맛을 보여주어야 한다."라고 말했다.[73]

이는 괴벨스에게는 일종의 신호와 같았다. 그는 히틀러, 괴링과 함께 한프슈탱글의 50살 생일에 즈음하여 한 가지 계획을 짰는데, 이는 나중에 유쾌하지 않은 결과를 가져오게 된다. 한프슈탱글은 히틀러의 위임을 받은 사람에게서 봉인된 지령을 전달받았는데, 여기에는 그를 위해 슈타켄에 준비된 비행기가 출발한 후에 열어보라는 단서가 달려 있었다. 비행기가 이륙하고 나서 한프슈탱글은 "스페인의 공산 지역"에 투입되어 프랑코의 스파이로 활동하라는 지시를 읽고 말할 수 없이 놀랐다. 거기에는 위조 여권도 들어 있었다.[74] 나중에 괴벨스는 절망에 빠진 한프슈탱글이 이 모든 것이 오해 때문에 생겨난 것이라면서 조종사에게 비행기를 다시 돌려 달라고 어떻게 애원했는지, 어떻게 비행기가 몇 시간에 걸쳐 독일 영토 위의 구름 속을 빙빙 돌았고 한프슈탱글이 스페인에 가까워지고 있다고 믿도록 허위로 위치 보고를 하였으며, 마침내 어떻게 조종사가 엔진 고장이라면서 비상 착륙을 한다고 속이고 한프슈탱글을 라이프치히 동쪽 부르첸의 한 활주로에 "내려놓았는지" 등을 히틀러에게

1935년의 에른스트 한프슈탱글. 괴벨스의 원한을 산 그는 1937년 히틀러와 괴벨스가 짠 악의적인 장난으로 영국으로 망명하였다. 2차 세계대전 중에는 미국으로 건너가 미국의 정치 및 심리전 고문으로 일했다.

시시콜콜 유쾌하게 늘어놓았다.[75] 괴벨스는 일기에 심술궂게 적었다. "그 불쌍한 녀석은 지금 작센에서 스페인 탐험을 하고 있다."[76]

괴벨스의 상세한 묘사는 함께 점심 식사를 하는 히틀러와 여러 사람들에게 큰 즐거움을 주었다.[77] 그러나 히틀러가 며칠 후 한프슈탱글이 스위스로 몰래 도망쳤다는 소식을 들었을 때는 그리 신이 나지 않았다. 괴벨스는 괴링과 힘러의 도움을 받아 한프슈탱글을 독일로 돌아오게 하려고 노력했다. 왜냐하면 한프슈탱글이 그 어떤 망명자들과 비교해도 "월등한 수준의" 폭로를 할 것이 두려웠기 때문이었다.[78] 괴벨스는 그를 "체포"하여 "다시는 놓아주지 않으려는" 생각이었다.

헤르만 괴링은 3월 19일 한프슈탱글에게 위선적인 편지를 보내, 자신이 "명예를 걸고" 확언하건대, 이러한 "장난은 몇 가지 지나치게 대담한 발언들에 대하여 다시 한 번 심사숙고할 기회를 주려는" 의도에서 일어난 것이라고 밝혔다.[79] 힘러는 괴벨스에게 한프슈탱글을 "꾀어서 데려오라"고 요구했고, 이에 따라 괴벨스는 한프슈탱글 앞에 "영화, 음악 관련 활동을 위해 막대한 보수를 지급할 것이라는 미끼"를 던졌다.[80] 한프슈탱글은 이 미끼를 물지는 않았지만 그래도 그는 1938년 초 "기꺼이 독일로 돌아오기"를 원했다.[81] 그래서 그는 다시 건너간 런던에서 1938년 2월 힐러에게 복권을 요청했다. 그는 그 근거로 자신에게 "익명의 부정의"가 행해졌기 때문이라고 밝혔다.[82] (한프슈탱글은 결국 미국으로 망명하여 2차 세계대전 중 미국의 정치 및 심리전 고문으로 활동했다.)

그러는 동안 마그다 괴벨스는 남편과 리다 바로바의 관계를 눈치채게 되었다. 1937년 초 선전장관 집에서 열리는 다과회나 야회(夜會)에 바로바가 초대되는 일이 점점 잦아졌던 것이다.[83] 둘의 관계는 오래전부터 베를린에서 구설수에 올랐다. 사람들은 영화〈애국자들〉촬영 작업 중에 괴벨스, 리다 바로바, 구스타프 프뢰리히 사이에 충돌이 있었다면서, 그 와중에 프뢰리히가 선전장관에게 따귀를 날렸다고 수군댔다. 그러나 사실은 1937년 1월 슈바넨베르더의 빌라 바로 옆에서 난처한 상황을 연출하고 있던 괴벨스와 바로바를 만난 프뢰리히가 이제 모든 것을 알았다고 말하면서 장관의 코 앞에서 자동차 문을 쾅 닫았던 것이다.[84] 이후 상황은 정리되었다. 1937년 늦여름 프뢰리히(괴벨스는 그를 경멸조로 "상상력이 결핍된 꼬마 난봉꾼"이라고 말했다[85])는 슈바넨베르더의 빌라를 팔아치웠다.[86]

리다 바로바의 영화 이력은 괴벨스의 후원으로 급상승 곡선을 그리기 시작했다. 1937년부터 "모든 영화 제작과 배역 문제에 강력하게 개입하기 시작한"[87] 선전장관은 영화〈애국자들〉의 제작을 세부 사항까지 전부 개인적으로 감독했다. 그는 바로바의 상대역으로 마티아스 비만(Mathias Wiemann)을 불러들이면서[88] 그에게 어떤 유형의 연기를 원하는지("부드러운 젤리보다는 딱딱한 돌처럼") 간단명료하게 밝혔다.[89] 괴벨스 자신이 시나리오를 개작했고,[90] 그 소재가 "제자리를 잡기" 시작할 때까지[91] 여러 차례 감독 카를 리터(Karl Ritter)와 면밀히 협의했다. 그런데도 그 영화의 소재는 나중에 좀 더 강력하게 "민족주의적으로 방향전환"을 해야 했다.[92] 그는 프랑스 대사 프랑수아퐁세와 그의 부인과 함께 촬영 중인 우파 촬영소를 방문하기도 했다.[93] (전혀 놀랄 일이 아니지만) 첫 '샘플' 검열이 예상 밖으로 긍정적인 결과를 낳은 데 이어, 4월에 완성된 작품은 그를 "가장 심오한 방식으로" 감동시켰다. 영화는 "탁월하게 만들어졌다. 매우 분명하고 민족주의적 성향을 지녔다. …… 이는 하나의 예술적 쾌락이다."[94] 물론 마그다 역시 "매우 만족스럽다."고 밝혔다. 히틀러가 〈애국자들〉과 바로바의 연기를 칭찬하자[95] 괴벨스는 다시 완벽하게 행복해졌다.

1차 세계대전 중 어느 프랑스 여자와 독일 병사가 자신들의 감정과 애국적 의무 사이에서 갈등을 느끼고 결국 후자를 따르게 된다는 내용의 이 영화에 괴벨스는 자신이 줄 수 있는 최고의 등급을 주었다. 영화 비평은 어차피 괴벨스의 평가에 동참해야 했다. 그리하여 〈필름보헤(Filmwoche)〉는 첫 상영이 끝난 후 리다 바로바가 "어느 때보다도 훌륭한 연기를 보여주었다."[96]라고 평했다. 그리고 〈리히트빌트뷔네(Licht-Bild-Bühne)〉에서는 이 "매우 어려운 배역"에서 그녀의 연기는 "하나의 걸작"[97]이었다고 평가했다. 괴벨스는 이 영화가 파리 세계박람회의 독일 문화 주간 중에 첫 상영되도록 하여 자신이 진정한 후원자임을 연인에게 거듭 과시했다.

이런 일이 가능했던 것은 그가 1937년부터 독일 영화계에서 전능한 위치를 차지함으로써 누리게 된 엄청난 권력 덕분이었다. 영화계에서 무엇보다 "신경에 거슬리는 예술의 민주주의"를 싫어했던 괴벨스는[98](그는 우파 사장 에른스트 후고 코렐Ernst Hugo Correll에게 그렇게 표현했다) 1937년 3월까지 끊임없는 비판과 영화에 대한 혹평으로 우파 간부들을 "물렁물렁" 해지도록 "쪼아댔다."[99] 그리하여 그는 알프레트 후겐베르크에게 우파 영화사를 내놓도록 윽박지를 수 있었다. 마지막 순간까지 매각에 저항했던 후겐베르크는 1927년에는 미국인들이 우파를 인수하는 것을 막을 수 있었지만, 지금 그가 상대해야 하는 적인 괴벨스는 자신보다 월등하고도 정력적인 적으로 성장해 있었다. 제국신탁위원 막스 빈클러의 실질적인 도움으로 괴벨스는 그 영화 제국의 주식 대부분을 국가 소유로 만들었는데, 재무장관 슈베린 폰 크로지크(Schwerin von Krosigk, 1887~1987)는 영화 산업의 적자 폭이 크기 때문에 우파 구입에 매우 회의적인 입장이었으나 결국 이를 승인할 수밖에 없었다. 이에 대한 감사의 표시로 괴벨스는 1937년 빈클러를 독일영화경제제국위원으로 임명했다. 괴벨스는 이사회를 열어 곧바로 다른 세 명의 "후겐베르크계 인물", 즉 "독일국가인민당 계열의 아저씨들"을 제거하기 전에, 무마용 "고약"으로 후겐베르크에게 "친절한 편지"를 보냈다.[100]

1917년 12월에 설립된 "우니베르줌 필름 주식회사(우파의 원래 명칭)"를 구입함으로써 괴벨스는 독일제국에게 독일 최대이자 가장 중요한 영화사를 주었다. 그 기업은 직원이 5,000명 이상이며 독일 전역에 12만 개의 좌석을 갖춘 120개 이상의 영화관을 소유하고 있었다. 재정 적자 폭이 매우 큰 시기였지만 우파와 함께 1920년대 말의 경제적 몰락을 견뎌냈던 좀 더 작은 기업들, 즉 토비스, 테라, 바바리아 같은 영화사들에게 나치제국의 우파 인수는 모종의 신호를 보내는 효과가 있었다. 그들 역시 나중에 괴벨스의 영화 제국에 흡수되었다. 괴벨스는 1937년 5월 초 "이제 우리는 독일 영화의 주인이다."라고 만족스럽게 결산했다.[101] 괴벨스는 영화 산업을 국유화하자마자 풍크와 빈클러에게 "우파와 토비스의 해외 지사들에서 조직적으로 유대인을 제거하라."는 지시를 내렸다.[102] 얼마 지나지 않아 그해 중에 괴벨스는 유대인 배우들이 활약하던 "과거 영화의 마지막 잔재들"이 상영되는 것을 "일괄적으로" 금지했다.[103]

괴벨스는 재무장관 슈베린 폰 크로지크로부터 영화 산업 인수를 위한 재원을 받아내는 데 어려움을 겪었고 그럴수록 더욱 강력하게 영화 산업에서 사업적 성공을 이루어야 했다.[104] 그래서 그는 외국으로 이민을 떠난 독일의 최고 스타들을 다시 데려오려고 노력했다.[105] 만일 필요하다면 엄청난 보수도 지불했다.[106] 예컨대 독일극장의 감독 하인츠 힐페르트(Heinz Hilpert)를 협상자로 파리에 보내, 1934년 영화 〈아가(雅歌, song of songs)〉의 상영 금지 이후 독일을 떠난 마를레네 디트리히(Marlene Dietrich, 1901~1992)[107]를 그녀의 과거 활동 무대인 독일에, 그리고 (무엇보다) 독일 영화계에 활력을 불어넣는 존재로 다시 모셔 오려 했다. 그러나 영화 〈푸른 천사〉의 스타는 이 제안을 거부했다. 1937년 미국 시민권을 얻었던 이 프리마돈나는 자신은 1년 후에야 베를린에 갈 수 있으나 여전히 독일에 결속되어 있다고 괴벨스에게 전하게 했다.[108] 그 직후 괴벨스는 언론에서 그녀를 당장 복권시켰다.[109]

영화계 장악을 마친 괴벨스는 1937년 여름 '예술 볼셰비즘의 절망적 실례'를 본 후,[110] 회화와 조각 분야에서 특정 경향을 공격하기 시작했다. 이런 미술 경향을 두고 로젠베르크와 그의 국가사회주의 문화공동체는 오래전부터 '문화 볼셰비즘'이라고 비난하고 모욕했으나, 괴벨스는 1934년 6월까지는 "가장 진보적인 현대성의 담지자"인 나치는 이들을 예술 분야에서 높이 평가하고 있다고 밝혔다.[111] 그 대상은 다름 아닌 표현주의와 추상 회화였다. 괴벨스는 뷔르츠부르크와 프라이부르크 대학에 다니던 시절 항상 예술사 강의를 들었고[112] 1933년까지도 에밀 놀데가 "볼셰비키인지, 화가인지"를 곰곰이 생각했으며 어느 박사 논문에서 이 물음의 답을 다루도록 위임하려고까지 했다.[113] 그리고 그는 1934년 3월에는 심지어 괴링과 함께 베를린에서 열린 이탈리아 미래파* 전시회의 명예위원회 위원으로 활동하기도 했다.[114] 그러나 이제 그는 (베를린에서) '퇴폐 미술' 전시회*를 계획하고 있었는데, 이는 "국민이 눈으로

보고 깨닫게 하려는 것"이었다.[115]

'퇴폐 미술 전시회'를 뮌헨에서 열게 된 직접적 계기는 그의 부하직원 한스 슈바이처(과거 〈공격〉의 만평가였던 그는 그동안 제국예술창작위원으로 승진해 있었다)가 히틀러가 애호하던 프로젝트 "위대한 독일 예술 전시회" 준비에서 저지른 실수를 만회하기 위한 것이었다.[116] 히틀러는 그 전시회를 점검차 둘러보다가 "스타일의 안정성"이 결여되어 있다고 슈바이처에게 울화통을 터뜨리면서[117] 해당 회화 작품들을 선정하는 데 심각한 태만을 범했다고 성토했다. 그러나 실은 이는 취미의 차이에 불과했는데, 왜냐하면 나치즘적 의미에서 "새롭고, 진정으로 민족적인 예술"의 실례가 되는 작품들의 선정 기준에 명료한 지침이란 처음부터 있을 수 없기 때문이었다.

"독일 축제의 해"에, "운동의 도시"이자 (1933년 10월 15일 독일예술회관 기공식에서 일컬어진 것처럼) "독일 예술의 도시"인 뮌헨에서 문화 정책적으로 더 강력한 영향력을 얻고 싶었던 괴벨스의 입장에서는 이는 더욱 울화가 치미는 일이었다. 이는 동시에 또 다른 라이벌, 즉 뮌헨 관구장 아돌프 바그너[118]를 통해 뮌헨의 문화계를 통제하고 있던 베른하르트 루스트 제국학술교육국민교양 장관에게 뮌헨의 영향력을 넘겨주는 것을 의미했다. 비행선 힌덴부르크 호가 미국의 레이크허스트 공항에서 추락한 다음날인 5월 8일, 괴벨스는 뮌헨 문화계의 다소 자유주의적인 분위기를 염두에 두고 일기에 썼다. "뮌헨은 위태로운 땅이다. 그럼에도 우리는 이곳을 조금씩 얻어 가고 있다."[119]

괴벨스가 그토록 낙관적일 수 있던 까닭은, 그가 1936년 12월 1일 온건한 오이겐 회니히(Eugen Hönig) 후임으로 제국미술원장으로 임명했던 과격한 인물, 뮌헨의 미술학교 교수 아돌프 치글러(Adolf Ziegler, 1892~1959)[120]가 '독일 예술의 날'을 위한 준비에 참여하게 되었다고 알려왔기 때문이다. '위대한 독일 예술 전시회'를 위한 전문가 집단에도 포함되어 있던 치글러는 '투쟁 시기'에 히틀러에게서 그의 연인 겔리 라우발의 초상을 그리라는 특별 지시를 받은 적이 있었다.121) 1937년, 치글러는 괴벨스가 히틀러를 달래려고 '위대한 독일 예술 전시회'의 '대비 전시회'로 추진 중인 '퇴폐 미술 전시회'를 준비하는 일에서 괴벨스의 오른팔이 되었다.

이 아이디어는 처음에는 (슈바이처나 슈페어를 포함하여) "곳곳에서 반대에" 부딪혔다.122) 그러나 히틀러는 6월 29일 '퇴폐 미술' 전시회를 허락했다. 히틀러는 괴벨스에게 "모든 미술관에서 이와 관련된 작품들을 압수"할 수 있는 권한을 부여했다.123) 괴벨스는 이 권한을 치글러에게 주면서, "1910년 이후 회화와 조각 분야에서 독일의 퇴폐 예술과 관련하여 제국, 주, 지자체가 보유한 작품들을 전시 목적으로 선정하고 확보할" 전권을 위임했다. 치글러가 루스트를 끌어들이려 하자 괴벨스는 적

미래파(未來派, Futurismo) 20세기 초 이탈리아를 중심으로 일어난 예술 운동. 역동성과 혁명성을 강조한 이 운동의 가장 중요하고 뚜렷한 결과는 시각예술 분야에서 이루어졌으나 문학·연극·음악에서도 표현되었다. 1909년 이탈리아 시인이며 잡지 편집인인 필리포 톰마소 마리네티가 프랑스 파리의 신문 〈피가로(Le Figaro)〉에 미래파 선언을 기고한 데에서 비롯되었다. 미래파 선언은 주로 "우리는 박물관·도서관을 파괴할 것이며 도덕주의, 여성다움, 모든 공리주의적 비겁함에 대항해서 싸울 것"이라는 등의 선언으로 대중에게 충격을 주었다. 정치 분야에서 미래파는 사회적 불의가 없어지기를 바라기는 했으나 "우리는 세계의 유일하고도 진정한 건강법인 전쟁을 찬양할 것"이라고 선언하면서 초기 파시즘과 제휴했다.

퇴폐 미술 전시회 나치 정부가 1937년 뮌헨에서 선전용으로 마련한 현대미술 전시회. 나치 정부는 이 전시회를 '볼셰비키와 유대인이 만든 퇴폐적인 작품의 문화 자료'라고 선전했다. 전시된 작품들 가운데, 나치 선전장관인 괴벨스의 명령으로 독일의 미술관들에서 압수한 2만여 점의 현대미술 작품은 극히 일부밖에 포함되지 않았다. 파블로 피카소, 바실리 칸딘스키, 에른스트 루트비히 키르히너, 에밀 놀데를 비롯하여 20세기의 주요 미술가들이 창조한 이른바 '퇴폐적'이라고 명명된 작품들은 정신병자들이 그린 그림과 나란히 전시되어, 악의에 가득찬 언론과 독일 국민들에게 웃음거리가 되었다.

극적으로 개입했다.[124] "나는 이를 허가할 수 없다. 총통 각하의 위임은 나와 치글러에게 내려진 것이지 루스트에게 내려진 것이 아니다."[125]

'퇴폐적'이라고 배척당하는 미술가들의 대략 17,000여 점에 달하는 '문화 볼셰비즘적 졸작들'을 공공 미술관들에서 압수하는 일은 프로이센 예술원의 '재편'과 함께 이루어졌다. 예술원의 재편이란 곧 그 회원들의 "재편성"을 의미했다.[126] 에른스트 바를라흐, 에른스트 루트비히 키르히너(Ernst Ludwig Kirchner, 1880~1938), 에밀 놀데, 막스 페히슈타인 같은 미술가들(1938년에는 오스카 코코슈카(Oskar Kokoschka, 1886~1980)도 포함되었다)과 건축가 루트비히 미스 반 데어 로에 등은 지체 없이 예술원 사퇴 선언을 하라고 종용받았다. 이미 1933년과 1934년에 막스 리버만(Max Liebermann, 1847~1935), 케테 콜비츠(Käthe Kollwitz, 1867~1945), 카를 슈미트 로틀루프(Karl Schmidt-Rottluff, 1884~1976) 등이 예술원 미술 분과를 떠났다.

대부분이 바로 사퇴를 선언한 반면, 키르히너, 놀데, 페히슈타인은 격렬하게 저항했다. 그들은 자신들이 나치즘에 긍정적 입장을 갖고 있다고 강조했다. 자신을 베르사유 조약 때문에 "덴마크로 넘겨진 독일 해외동포"라고 표현한 놀데는 1937년 7월 12일 프로이센 예술원장에게 편지를 보내, 자신이 나치당 북부 슐레스비히 지부가 창설된 후 곧바로 당원이 되었다고 밝혔다.[127] 이에 덧붙여 그는 1938년 7월 2일 괴벨스에게 보낸 편지에서처럼, 자신이 "독일 예술가로는 거의 유일하게 독일 예술이 지나치게 외국의 영향을 받고 있는 것에 반대하는 투쟁을 공개적으로 벌이고 있다."라고 주장했다.[128] 그러면서 (키르히너와 마찬가지로) 자신이 1933년 이전에 당시 지배적인 예술 사상들로부터 종종 공격을 받아 왔다는 점을 지적했다. 한편 페히슈타인은 자신의 장남이 돌격대원이라는 점을 강조하면서 예술원 사퇴를 피해보려고 하였다.[129]

그러나 그 어떤 논리도 소용없었다. 히틀러, 그리고 그 때문에 괴벨스

1937년 '퇴폐 미술 전시회'를 관람하는 히틀러와 나치 지도자들. 이 전시회를 기획한 괴벨스는 샤갈과 피카소, 놀데 등 거장의 작품들을 '퇴폐 미술'로 낙인 찍어 수모를 당하게 했다. 이후 괴벨스는 압수한 작품들 중 상당수를 외국으로 팔아치우거나 불에 태워 없애버렸다.

도 "우리 문화를 파멸로 이끄는 최후의 요소들을 상대로 가차 없는 정화 전쟁을 벌여 나간다."라는 굳은 결의를 품고 있었다.[130] 그리하여 놀데, 키르히너, 페히슈타인의 작품들도 에리히 헤켈(Erich Heckel, 1883~1970), 프란츠 마르크(Franz Marc, 1880~1916), 막스 베크만(Max Beckmann, 1884~1950), 코코슈카, 슈미트 로틀루프, 파이닝어(Lyonel Feininger, 1871~1956), 마르크 샤갈(Marc Chagall, 1887~1985), 파울 클레(Paul Klee, 1879~1940), 파울라 모더존베커(Paula Modersohn-Becker, 1876~1907), 바를라흐의 작품들과 함께, 원래 고대 미술 박물관의 석고 작품들이 있던 호프가르텐 아르가덴(미술관이 밀집해 있는 뮌헨의 지역)의 미술관 건물에 걸리거나 세워져 "퇴폐 예술이라는 수모를 당하게" 되었다.[131] 놀데와 바를라흐는 괴벨스가 1924년 쾰른의 발라프리하르츠 미술관을 찾았을 때 현대 미술의 '위안'이라고 생각했던 미술가

들이었다.[132)

괴벨스는 7월 16일 '퇴폐 미술 전시회'를 관람하고 다음과 같이 판정을 내렸다. "이는 내가 보았던 그 어떤 것보다도 멋진 것이다."[133)] 아돌프 치글러는 히틀러가 그 전날 '축성'한[134)] '독일미술회관'에서 시작한 '위대한 독일 미술 전시회'와 쌍을 이루는 퇴폐 미술 전시회 개막사에서, 현대가 낳은 이 600여 점의 걸작들을 "광기와 파렴치의 소산"이며 "무능력의 산물"이라고 말했다. 그의 말은 괴벨스의 진심에서 우러나온 말로 들렸다.[135)] 괴벨스는 1938년 2월 이 전시회를 베를린에서도 개최하고 난 후, 약 6,000점의 압수된 유화, 수채화, 스케치, 판화 중 약간을 1938년 5월 설치한 위원회를 시켜 외국에 팔아치우게 했다. 그러고 나서 괴벨스는 나머지 작품들이 이러한 평가에 걸맞은 대우를 받게 하였다. 1939년 3월 20일 남은 약 5,000여 점의 예술 작품들을 베를린 소방본부 마당에서 태워버린 것이다.[136)]

선전장관 괴벨스의 지속적인 관심사는 여전히 '유대인 문제' 해결이었다. 그는 이를 위해 끊임없이 히틀러에게 "강력한 자극"을 가했다.[137)] 그는 히틀러가 자신에게 맡긴, "앞으로 유대인은 독일의 무대 행사와 문화 행사를 방문할 수 없다."는 내용의 법안을 만드는 과제를 기꺼이 처리했다.[138)] 그러나 이를 위해 괴벨스는 법률이 아니라 경찰 명령의 형식을 선택했는데, 법률은 "너무 커다란 물의"를 빚을 것이기 때문이었다.[139)] 괴벨스는 제국문화원의 '탈유대화' 문제로도 여전히 분주했다. 그는 제국음악원 등의 저항을 강경하게 억누르고, 문화원 산하 개별 기구들에 여러 차례 그의 지시 사항을 신속하게 실행하라고 독촉했다. 그의 일기에는 끊임없이 자신이 얼마나 이 "찬란한 업적"을 "특히 자랑스러워하고 있는지"가 씌어 있다.[140)]

그의 조치들은 당사자들에게는 비극적 결과를 가져왔다. 홀로코스트 훨씬 이전에 많은 사람들이 자살로 몰려갔다. 순혈 유대인, 절반 유대인, 4분의 1 유대인, 유대인과 친족인 예술가들, 나아가 불신받는 아리아인들도 괴벨스의 분노를 샀다. 괴벨스는 베를린의 '팅엘탕엘', '카타콤베', '카바레트 데어 코미커', 그리고 나중에 '비너 베르클' 같은 카바레(춤, 노래, 만담 등으로 정치적이거나 시사적 풍자를 하는 무대 예술) 공연장들을 체계적으로 감시하도록 하였고, 많은 경우 문을 닫게 하거나 "물 밑으로 정화"하도록 했다.141) 심지어 "누가 한 번쯤 유쾌하고 (프뢰리히이고*) 싶지 않겠는가?"라는 말을 유행시킨 베르너 핑크(Werner Finck)142) 같은 카바레 예술가들은 잠시 동안 수용소에 갇히기도 했다.

괴벨스는 히틀러의 위촉을 받아 문화산업 자본의 '아리안화'를 정력적으로 밀어붙였다. 예를 들어 영화 수출업체, 영화 배급업체, 레뷰(revue, 노래, 춤, 풍자 따위를 호화롭게 엮은 극) 극장, 레코드 사업 등이 그 작업에 해당되었다. 그는 이 업무의 실행을 한스 힌켈에게 위임했는데, 힌켈은 이를 '즐거워'했다.143) 이 과정에서 괴벨스가 "우리 정치의 불행"144)이라고 보았던 제국경제장관 샤흐트의 위상이 그의 당 기율 위반 때문에 히틀러가 해임을 고려할 정도로 약화되는 일이 일어났다. 이제 '아리안화'라는 문제를 놓고 법률적인 회의론을 제시하는 사람은 오직 일부 법률가들에 불과했다. 전혀 가능성이 없는 경우 괴벨스는 그 가능성을 "폭력적으로" 만들어냈다.145) 그의 견해에 따르면 법률가들은 어차피 "단지 종속적인 역할"밖에 하지 않는데, 이는 말하자면 "필수불가결한 정치적 결단에 합법적인 외양을 부여하는 일"146)이다. 그리고 그런 일들은 "독일로부터, 아니 전 유럽으로부터" 유대인들의 추방이 확정되고 난 후에 필요한 것이다.147)

....
프뢰리히이고 프뢰리히는 괴벨스에게 연인 바로바를 빼앗긴 배우의 이름이자 '유쾌한'이라는 의미를 지니고 있다.

이러한 민족적·문화적 초토화를 넘어서, 제국의 규격화된 문화 창조자들은 히틀러가 모든 독일인들에게 노벨상 수상을 금지함에 따라 더욱 고립되었다.[148] 나치가 수용소로 보낸 출판인이자 〈벨트뷔네〉의 전 편집장 카를 폰 오시츠키가 1935년 노벨평화상 수상자로 지명되었다. 화가 치민 괴벨스는 이를 나치 정권에 대한 "의도적이고 파렴치한 도발"이라고 말했다.[149] 그러한 불쾌함을 제거하기 위하여 1937년 제국전당대회에서 상금 30만 제국마르크의 '민족예술학술상'이 처음으로 수여되었다. 그러나 히틀러가 세계적 명성을 누리는 외과의사 자우어브루흐 외에 하필이면 로젠베르크를 수상자로 선호하자 선전장관은 경악하지 않을 수 없었다.[150] 하지만 히틀러가 괴벨스의 라이벌이 가진 "충족되지 않은 명예욕의 상처에 약을 발라주려 한다."는 논리를 펴자,[151] 괴벨스는 이에 동의한다고 굴복했다.

연속해서 세 차례나 반공의 기치 하에 열린 '노동의 제국전당대회'에서 괴벨스는 치사(致詞)를 통해 로젠베르크가 그 상의 수상자로 "살아 있는 사람 중 가장 적격"이라고 관대하게 강조했다. 칭찬을 받은 수상자 로젠베르크는 당장 일기장에 이를 그대로 옮겨 적었고 이를 "이 시기의 결정적 징후"로 평가했다.[152] 히틀러는 괴벨스의 연설에 매우 만족했지만, 괴벨스가 전당대회에서 행한 보고 〈스페인의 진실〉[153]에 대해서는 비판적인 태도를 보였다. 선전장관이, 독일이 볼셰비즘에 대항하는 유럽 방위 전선의 선두에 서 있음이 자랑스럽다고 한 것이나 아돌프 히틀러가 "세계 제1의 적"을 영원히 제거하기 위한 "새로운 세계적 사명"을 넘겨받았다고 선언한 것은 지나치게 앞서 나간 발언이라는 것이었다.[154] 괴벨스의 발언은 그 당시 시급히 해결해야 할 외교적 요구들에 비추어볼 때 적합하지 않았는데, 특히 독일 편으로 끌어들이려는 무솔리니가 히틀러에게 (무엇보다 반공 투쟁에서) 뒤처지지 않으려 하기 때문에 민감한 반응을 보일 수 있다는 걱정이었다.

'총통 각하'는 공식적으로 출판된 괴벨스 연설의 판본에서는 세계 볼셰비즘에 대항하는 투쟁에서 독일의 지도권 요구와 관련된 이 문단들을 삭제하게 했다.155) 이는 무엇보다도 독일을 공식 방문할 '두체(Duce)' 무솔리니를 배려한 조치였다. 히틀러는 오스트리아를 제국에 '병합'하려면 그를 종국에는 동맹자로 만들어야 했던 것이다. 히틀러의 의도를 들여다본 선전장관은 히틀러는 그것을 원하고 있고 "우리는 전술적으로 노련해야 한다."라고 적었다.156) 괴벨스는 무솔리니가 1937년 9월 25일 뮌헨에서 행한 괴벨스의 연설에 "아낌 없는" 칭찬을 퍼붓자 다시 기운을 차릴 수 있었다.157) 괴벨스가 "민족의 운명을 이끄는 비범한 창조자"158)라고 환영한 이탈리아의 '두체'는 9월 28일 저녁 베를린 마이펠트에서 극적으로 연출된 한밤의 대중 집회에서 연설을 했다. 그는 이 연설을 "유럽이여, 깨어나라!"라는 선전장관의 전당대회 구호로 끝마쳤는데, 이 역시 괴벨스의 허영심을 채워주었다.159)

남부 티롤 지방을 포기할 의사를 밝힌 히틀러와 가진 사전 협의에서 두체는 반복하여 "체면을 지키기"를 원한다는 말로160) 결정적인 쟁점, 즉 오스트리아 문제를 제쳐 두려 했다. 이 때문에 괴벨스는 불신을 품게 되었는데, 무솔리니의 마이펠트 연설 후에도 마찬가지였다. 이와 달리 히틀러는 이탈리아의 동무를 "매우 확신"하였다.161) 그러나 괴벨스는 "그가 착각하지 않은 것이기를 바란다."라고 의심을 보였다.162) 그동안 독일을 떠난 무솔리니가 '멋진' 전보에서 히틀러에게 "한결같은 우정"을 확인했을 때에야163) 괴벨스도 두 나라가 "싫건 좋건 서로 묶여 있다."164)라는 히틀러의 의견에 동조하게 되었다. 그러나 그는 무엇보다 무솔리니의 독일 방문에 대한 전 세계 언론의 반향에 만족했다. 그는 여론을 다시한 번 속였다는 점을 의식하면서 "평화의 외침에 불이 붙었다."라고 메모했다.165)

무솔리니가 독일 방문 중에 독일측이 기대한 군사동맹에 대한 동의를 표시하지는 않았지만,[166] 이탈리아는 이미 1936년 10월 25일 독일과의 '추축국'* 조약을 체결했으며 1937년 11월 6일 히틀러의 특사 리벤트로프의 방문 후에는 독일과 일본의 반 코민테른 협정에 가입했다. 이는 "2억 5천만의 연대"로서 괴벨스에게 "커다란 안도감"을 주었다. 그는 대뜸 모스크바를 향해 "경계를 늦추지 않고 있다."라고 위협했다.[167] 이탈리아가 반 코민테른 협정에 가입하고 12월에 국제연맹에서 탈퇴하면서 오스트리아 문제에 대한 무솔리니와 히틀러의 합의 역시 간접적으로 표명되었다.

빈으로 가는 길이 이제 완전히 열렸다고 본 히틀러는 1937년 제국전당대회 중 괴벨스에게 오스트리아 문제는 "무력으로 해결될 것"이며, (실러의 표현에 따라) 그곳에서 "세계 역사는 곧 세계 심판이 될 것"이라고 밝혔다.[168] 괴벨스는 언제 히틀러가 그곳을 "말끔히 처리"할 것인지 알지 못했지만, "모든 것을 건다는" 히틀러의 근본적인 결의는 단 한순간도 의심하지 않았다. 히틀러는 괴벨스에게 오스트리아는 국가가 아니며 그 국민은 독일에 속하며 독일로 오게 될 것이라고 말했다. 그의 빈 입성은 "언젠가 그의 가장 자랑스러운 승리"가 되리란 것이었다.[169] 이러한 입장이 더욱 강화된 것은 1938년 1월 2일 런던 주재 대사 리벤트로프가 최종 보고서에서 영국은 "중부 유럽의 국지적 문제에 대해 …… 자신들의 세계 제국을 건 생존의 싸움을 감히 벌이지 않을 것"이라는 확신을 보였기 때문이었다.[170]

추축국(Axis Powers) 2차 세계대전 당시 독일·이탈리아·일본이 연합국에 대항해 형성한 동맹. 이 동맹은 독일과 이탈리아의 협정으로 시작되었고 1936년 10월 25일에는 로마와 베를린을 연결하는 '추축'이 선언되었다. 이어 1936년 11월 25일 독일과 일본은 소련에 대항하기 위해 반(反) 코민테른 협정을 체결했다. 이러한 결속은 독일과 이탈리아의 군사적·정치적 동맹을 목적으로 한 강철조약(1939년 5월 22일)에 의해 강화되어 마침내 1940년 9월 27일 독일·이탈리아·일본의 3국 조약이 조인되었다.

1937년 9월 28일, 이탈리아의 파시즘 지도자 무솔리니의 공식 방문 때 베를린 마이펠트 경기장에서 연설하는 괴벨스. 사진 아래쪽 왼편에는 무솔리니, 치아노, 리벤트로프, 히틀러가 있다.

괴벨스는 마치 홀린 듯이 '총통 각하'의 결정을 기다리면서, "주검처럼" 보이는 히틀러에게 커다란 연민을 품었다.[171] 하필이면 오스트리아 '문제'를 처리하기 직전에 제국국방장관이자 국방군 총사령관인 블롬베르크가 1938년 1월 12일 결혼식을 하면서 "룀 스캔들 이래 정권의 최대 위기"[172]를 일으켰던 것이다. 그 위기의 '전조'는 이미 1937년 11월 초부터 보였는데, 그때 육군 수뇌부(특히 블롬베르크와 프리치)는 외교적 조치들이 전쟁 위험을 불러올 수 있다고 경고했던 것이다. 괴링과 히틀러 자신이 증인으로 섰던 블롬베르크의 결혼식 후 며칠이 지나 새로운 '블롬베르크 육군 원수 부인'이 "자신의 음란한 사진을 판매한" 전과가 있음을 입증하는 경찰 수사가 시작되었다.[173] 히틀러는 이 모든 일이 블롬베르크가 "유약하고 경박하며" "케케묵은 부르주아" 출신이고 "유혹하는 계집에게 빠져버렸다."라고 설명했다.[174] (전직 매춘부와 두 번째 결혼을 한 블롬베르크는 자신이 강화했던 군속의 결혼 규정을 위반한 셈이 되어 사퇴하였다.)

괴벨스는 이 일을 "그리 쉽사리 극복할 수 없는" "끔찍한 불운"이라고 평가했지만,[175] 상황은 더욱 고약해졌다. 블롬베르크가 울며 겨자 먹기로 사퇴하면서 국방군 총사령관직이 공석이 된 것이다. 그러자 육군 총사령관인 프리치 대장이 그 후임이 될 야심을 품었다. 직책과 칭호에 거의 중독 지경인 괴링도 블롬베르크의 후임자가 되고 싶기는 마찬가지였다. 괴링은 경쟁자를 떨어뜨리기 위해 힘러와 공모하여 계략을 꾸몄다. 이는 블롬베르크 스캔들로 불신에 가득찬 히틀러를 쉽게 흔들 수 있는 것이었다.

힘러는 프리치의 동성애를 입증하는 자료를 준비했고, 괴링은 이를 히틀러에게 보여주었다. 프리치는 명예를 걸고 자신의 무죄를 항변했지만, 이미 여러 차례 전과를 가진 어느 징역수, 괴벨스의 표현에 따르면 '하인 녀석'[176]과 함께 게슈타포에서 대질 심문을 받을 수밖에 없었다. 죄수는 프리치를 알고 있다고 주장했지만 프리치는 이를 극구 부인했다. 그런데도 프리치는 하이드리히에게서 한밤중에 심문을 받아야 했다. 하지만 그는 "흔들리지 않고 굳건한"[177] 태도를 유지했기 때문에, 힘러는 1월 30일 정권 획득 5주년 기념일에 "매우 의기소침하여" 총리청에 와 앉아 있을 수밖에 없었다.[178] 그러나 히틀러가 자신의 부관 프리드리히 호스바흐(Friedrich Hoßbach, 1894~1980)가 프리치에게 이 일에 대비하도록 이 일을 귀띔해주었다면서 해임하자,[179] 히틀러가 육군 총사령관의 진술보다 그 '하인 녀석'의 진술을 더 믿고 있다는 것이 분명해졌다. "무엇이 옳고 그른지" 자신도 모르겠다던[180] 괴벨스는 괴링과 힘러가 강력하게 키워 가던 그 위기가 진행되는 동안, "아주 창백해지고 흰머리가 늘어난"[181] 히틀러를 걱정스럽게 관찰했다. 괴벨스는 그보다 며칠 전에는 일기에서 자신이 히틀러에게 "마치 아버지에게 그런 것처럼" 매달려 있다고 쓰기까지 했다.[182] 괴벨스는 특별한 주의를 기울여 그의 피로와 충격을 지켜보면서,[183] 히틀러가 "눈물에 목이 메는 음성"으로 이야기하는 것을 들었다고 말했다.[184] 그는 프리치 때문에 '총통 각하'의 '모든 이상들'이 무너졌다는 사실을 조금도 의심하지 않았다.[185] 히틀러는 프리치가 "175번으로 거의 밝혀졌다."(구舊 형법 175조에서 금지하는 동성애를 암시한다)는 사실을 "굳게 믿었고", 이는 언제나처럼 괴벨스 역시 확신하게 만들었다. 비록 프리치는 부인하고 있지만 "이런 인간들은 언제나 그런 것"이라고 괴벨스는 썼다.[186] 그럴수록 괴벨스에게는 "굳건하게 내면 깊이 총통과 함께 느낀다."라는 고백이 필요했다. 그는 이와 함께 히틀러는 "아주 깊이 굳게 내 마음에 서 있다. 그가 맹목적으로 믿을 수 있는 친구들이 몇 있다는 사실은 좋은 일이다. 나 역시 거기 속하려 한다."라는 서약을 하였던 것이다.[187]

히틀러는 1938년 2월 4일 육군 총사령관을 해임하였다. 그는 괴링을 재판장으로 하는 명예 법정의 판결도 기다리지 않았다. 그 후 명예 법정은 힘러와 하이드리히도 심문해야 한다는 변호사 뤼디거 그라프 폰 데어 골츠의 요구를 받아들이지 않았으면서도, 얼마 지나지 않아 (이른바 '착오'로) 프리치의 무죄를 선고하였다. 그리하여 히틀러는 1938년 6월 13일 어쩔 수 없이 군 장성들 앞에서 프리치의 명예 회복을 공개 선언하고 이를 통해 힘러의 '끔찍한 패배'[188]를 최종 확인할 수밖에 없었다. 그러나 프리치의 완전한 복권은 이루어지지 않았고 그는 폴란드 전쟁 중 의문의 죽음을 당하였다.

한편 여론에 보여주기 위한 대규모 경질이 단행되었다. 괴벨스는 히틀러와 함께, "대대적인 인사 이동"을 감행해 이 사태의 근본 원인을 "완벽하게 가리도록" 하고[189] 동시에 세계 언론을 들쑤시는 소문을 "머리부터 짓눌러버리려" 했다.[190] 그리하여 블롬베르크와 프리치가 2월 4일 공식적으로는 "건강상 이유로" 사임한 후, 인사 이동과 신규 임용의 물결이 시작되었다. 많은 군 장성들이 교체되면서 군은 "예상치 못한 규모로" 젊어졌다.[191] 다시 말해 군 장교들 중 수많은 보수 인사들 대신에 나치주의자들과 기회주의적 출세주의자들이 활개를 치게 되었는데, 후자에는 신임 육군 총사령관 발터 폰 브라우히치*(Walter von Brauchitsch, 1881~1948)가 포함되었다. 계략을 꾸민 괴링도 소득이 있었다. 히틀러는 1938년 2월 4일 그를 원수에 임명했다. 괴벨스는 이에 대해 "그는 환하게 웃고 있는 것은 당연하다. 그야말로 환상적인 출세를 한 것이다."[192]라고 썼다. 히틀러에게 고분고분한 한낱 도구로 타락해버린 국방군의 정상에

브라우히치(Walther von Brauchitsch, 1881~1948) 독일의 육군 원수. 2차 세계대전 초기의 육군 총사령관. 폴란드 침공, 네덜란드·벨기에·프랑스 침공, 발칸 반도 침공, 소련 침공 작전을 계획하고 실행하는 데 이바지했다. 브라우히치는 독일의 지상전을 지휘하여 성공을 거두었지만, 모스크바 근교에서 독일 군이 참패를 당하자 히틀러는 그에게 책임을 물어 1941년 12월 19일 강제로 사임시켰다. 그는 전쟁에서는 살아남았지만, 연합군 법정에서 전범으로 재판을 받기 전에 죽었다.

런던 주재 독일 대사 시절의 요아힘 폰 리벤트로프(1937년). 1938년 외무장관으로 임명된 리벤트로프는 이후 독일의 전쟁 수행에 필수적인 여러 국제 조약을 이끌어냈다.

는 '총통 각하' 자신이 등극했다.

외무부에도 결정적 변화가 있었다. 콘스탄틴 폰 노이라트 대신 "공사다망한 리벤트로프 씨"가 외무장관직을 맡게 되었는데,[193] 그는 히틀러가 총리 자리에 앉는 데 큰 공을 세운 인물이었다. 괴벨스는 이 "전형적인 정치적 벼락출세자"[194]가 런던 주재 독일 대사로 승진한 시절부터 아니꼬운 눈으로 지켜보고 있었다. 당시 괴벨스는 "리벤트로프 임명은 인사상 실책"[195]이라고 판단했는데, 이는 리벤트로프가 독자적인 언론 정책을 관철하려 하였고 괴벨스는 전력을 다해 반대했기 때문이기도 했다.[196]

그러나 괴벨스가 리벤트로프의 영향력 증대에 불신을 품은 이유는 무엇보다도 (괴벨스의 견해에 따르면) 히틀러가 그를 지나치게 신뢰하기 때문이었다.[197] '총통 각하'가 그의 외무장관 임명을 고려하고 있을 때, 선전장관은 강력한 반대 의사를 표명했다. 그는 히틀러에게 자신이 리벤트로프를 '무능력자'로 여기고 있음을 분명히 밝혔고, 히틀러는 이에 따라 자신의 결정을 하룻밤을 넘기며 숙고하려 했다.[198] 그러나 괴벨스의 개입은 실패로 돌아갔다. 1938년 2월 5일 리벤트로프는 외무장관으로 임명되었다.

'은폐 작전' 와중에 그 당시 선전부 차관이던 발터 풍크도 경제장관으로 공식 임명되었기 때문에 일부 선전부 고위 간부들의 인사 이동이 불가피해졌다. 공석이 된 차관 자리에는 괴벨스의 제안에 따라 그의 최측근 카를 한케가 임명되었다.[199] 제국공보실장 디트리히도 차관보로 선전부에 편입되었다.[200] 이와 동시에 풍크의 제국정부공보실장직도 넘겨받은 디트리히는 '오직' 언론 관계 업무에만 전념하게 되었고, 풍크는 경제 문제들에서 계속 괴벨스를 자문하고 보좌하게 되었다.[201]

블롬베르크·프리치 위기가 진행되는 와중에 히틀러는 오스트리아에 위협을 가했다. 히틀러는 2월 4일 온건파로 분류되는 파펜 특사를 사전 예고도 전혀 없이 빈으로부터 소환했고, 오스트리아 총리 쿠르트 폰 슈슈니크*는 이 조치를 오스트리아에 대한 강경 노선의 신호로 정확히 이해했다. 그래서 그는 2월 12일 오버잘츠베르크 산에서 히틀러와 '비공식 회담'을 열 용의가 있음을 밝혔다. 그 자리에서 히틀러는 온갖 위협 전술을 구사했다. 그는 회담 중에 "가장 우락부락한 장군" 두 사람(1940년 원수가 되는 라이헤나우Walther von Reichenau와 슈페를레Hugo Sperrle를 말한다)에게 대기실에서 버티고 있으라고 지시했다.[202]

'대화'가 시작되자마자 히틀러는 으르렁거렸다. "이 점을 말씀드립니다, 슈슈니크 씨, 나는 이 모든 일을 끝장내려고 거의 결심했습니다. 독일제국은 강대국이고, 그 독일이 자신의 국경 질서를 만들려고 할 때 아무도 이에 대해 이래라 저래라 할 수 없고 그러지도 않을 것입니다."[203]

그 후 두 시간에 걸쳐 히틀러의 독백이 이어졌고, 마지막에는 자신의 요구가 모조리 당장 충족되지 않을 경우 이 문제를 무력으로 해결할 것이라고 단호하게 선언했다.

파펜은 빈으로 돌아오는 길에 어안이 벙벙해진 슈슈니크를 진정시키느라 애썼다. "예, 총통은 충분히 그럴 수 있는 사람입니다. 이제야 총리께서 이를 직접 경험한 것입니다. 그러나 다음에 만나실 때에는 훨씬 쉽게 이야기할 수 있을 것입니다. 총통은 매우 매력적일 수도 있는 사람이거든요."204) 그러나 히틀러는 그럴 생각이 전혀 없었다. 베를린으로 돌아온 히틀러는 "군 방첩대장 카나리스*와 괴벨스가 참석한 자리에서", 오스트리아를 더욱 압박하려면 어떤 종류의 뉴스를 '내보내야' 하는지를 논의했다. 어쨌거나 그 와중에 명확해진 것은 '모종의 동원 조치들'을 취해야 한다는 점이었다.205)

처음에는 모든 일이 계획에 따라 진행되는 듯이 보였다. 2월 16일 슈슈니크는 개각을 발표했다. 히틀러가 희망한 대로 두 사람의 나치가 입

슈슈니크(Kurt von Schuschnigg, 1897~1977) 오스트리아의 총리. 나치 독일의 오스트리아 병합을 저지하기 위해 힘썼다. 1927년 연방 하원의원으로 신출된 후 엥겔베르트 돌푸스 정부에서 법무장관과 교육장관을 지냈으며 1934년 돌푸스가 암살되자 총리직을 계승했다. 슈슈니크는 베르히테스가덴 회담(1938년 2월)에서 히틀러에게 굴복한 후 그해 3월 13일에 국민투표를 이용해 오스트리아의 독립을 거듭 천명할 생각이었으나 곧이은 독일의 침공과 오스트리아 병합으로 계획을 이룰 수 없었다. 1938년 3월 11일 강압에 못 이겨 총리직을 사퇴한 뒤 곧바로 수감되었고 2차 세계대전이 끝난 1945년 5월에야 방면되었다.

카나리스(Wilhelm Canaris, 1887~1945) 독일 제독. 나치 정권에서 군사정보국(Abwehr)의 책임자로 있었으며, 히틀러에 대한 장교들의 저항에서 핵심적인 역할을 했다. 그는 나치 체제가 결국에는 독일의 전통적·보수적 가치를 파괴할 것이며 대외적인 욕망이 독일을 위험에 빠뜨릴 것이라고 확신하고 군사정보국에 히틀러에 반대하는 음모가들을 요원으로 모집하고 그들의 활동을 비호했다. 1944년 7월 20일 히틀러 암살 시도가 실패로 돌아가자 체포되어 처형되었다.

각했다. 즉, 아르투어 자이스인크바르트*는 연방내무안보장관이라는 요직을 맡았고, 에드문트 폰 글라이제호르스테나우(Edmund von Glaise-Horstenau)는 정무장관이 되었다.

그러나 3월 9일 슈슈니크가 히틀러를 거역하고 "자유롭고 독일적·독립적·사회적·기독교적인 통일 오스트리아"206)를 위한 별도의 국민투표를 실시하려 한다는 사실을 알게 되자, 히틀러는 3월 10일 (괴벨스는 그의 얼굴에서 "신의 노여움과 성스러운 의분"을 관찰했다고 한다207)) 바이에른의 부분 동원령을 내렸다. 3월 11일 아침 일찍 '오토'라는 작전명으로 "오스트리아에 대한 무장 작전 지시"208)가 내려졌다.

3월 11일 오전 괴벨스, 괴링, 노이라트와 일부 장성과 차관들도 참석한 총리청 회의에서 히틀러의 특사 파펜은 오스트리아의 상황은 인내심의 한계를 넘어섰다는 말로 이를 환영했다. 슈슈니크는 독일의 이념을 배반했으며, 자신은 이러한 '강제 투표'를 허용할 수 없다는 것이다. 국민투표를 '중단'시키거나, 아니면 정부를 물러나게 해야 한다는 것이 그의 주장이었다. 파펜이 관찰한 히틀러의 "극도의 흥분"209)은 그가 바로 그날 빈으로 파견한 다수의 협상 대표들(그중에는 헤스, 힘러, 하이드리히, 뷔르켈, 달뤼게도 있었다)이 가져올 결과를 긴장하여 기다리고 있었기 때문이었다. 그러나 그 결과로 나타난 일들은 히틀러의 수많은 오판, 지시와 취소였고, 이는 나치의 팽창 정책이 현실화된 이 최초의 작전 기간 동안 '총통 각하'가 얼마나 심하게 불안정했는지를 보여준다. 괴벨스는 자신의 선전에서 히틀러의 모습을 이와는 완전히 딴판으로 기획해냈다. "신경을 갉아먹는 팽팽한 긴장"에도 불구하고 그는 "그 사건의 모든 순간에, 계획적으로 숙고되고 결정된 정치적 발전 과정의 수단과 방법을 전략 전술적으로 장악하는 수준에 있었다."라는 것이다.210)

실제로는 이 오스트리아 작전에서 주도권을 거머쥔 자는 냉혹한 괴링이었다. 괴링은 자신의 '연구 기관'의 도움으로 하루 종일 베를린에서 그 상황을 주시했다. 괴링은 흔들리는 히틀러가 앞으로 나아가도록 정력적으로 밀어붙였고, 히틀러의 위임을 받아 슈슈니크 사임 후 나치주의자 자이스인크바르트를 연방총리에 임명하라는 최종 통첩을 보냈다. 그리고 괴링은 자이스인크바르트에게 독일의 도움을 요청하는 전보를 받아쓰게 했다. "슈슈니크 정부 사퇴 후 오스트리아에 평온과 질서를 재건하는 과제를 지닌 오스트리아 과도 정부는 독일 정부에 이 과제의 완수를 위한 지원과 유혈사태를 막기 위한 원조를 긴급히 요청한다. 이를 위해 오스트리아 정부는 독일 군의 조속한 파견을 독일 정부에 요청한다."[211]

히틀러가 3월 11일 저녁 늦게 로마에 파견한, 이탈리아 왕의 사위 필립 폰 헤센 왕자(Philipp von Hessen)를 통해 전화로 무솔리니가 독일의 행보에 동의함을 확인하자, 그 '정변'은 성공했다. 히틀러는 무솔리니에게 이를 "결코 잊지 못할 것"이라는 전갈을 보내고 나서 자정 무렵 첫 번째 축하를 받게 되었다. 하객에는 선전장관 괴벨스와 공군 총사령관 괴링도 포함되어 있었다. '비행사 회관'에서 열린 연회에 참석했던 "연미복을 입은 괴벨스와 예복을 입은 괴링"[212]은 급히 총리청으로 들어와 위층에 있는 히틀러의 집무실로 들어갔다. 괴벨스가 라디오 청취자들에게 그 직후 격정적으로 묘사한 바에 따르면, 그들은 그 "구원의 순간"에 감

자이스인크바르트(Artur Seyß-Inquart, 1892~1946) 오스트리아의 나치 지도자. 1938년 독일제국의 오스트리아 합병 때 오스트리아 총리를 지냈다. 온건하고 '합법적인' 오스트리아 나치당 지도자로 1937년 6월 나치당이 정부와 협조할 수 있도록 오스트리아 국가연방평의회 위원에 임명되었다. 1938년 2월 독일의 압력으로 내무 및 보안장관이 되었으며, 쿠르트 폰 슈슈니크의 후임으로 병합 직전에 총리가 되었다. 독일 - 오스트리아 통일을 오랫동안 지지해 오스트리아가 독일에 병합되자 이를 공개적으로 환영했다. 그 뒤 1939년 4월 30일까지 새로 생긴 오스트리아 주지사가 되었다. 그 후 폴란드 부지사에 임명되었다가 결국 네덜란드 점령 지역의 관할 책임사(Reichs kommissar)가 되었다. 2차 세계대전에서 독일이 패배하자 뉘른베르크에서 재판을 받고 전범으로 처형당했다.

동의 눈물을 흘리며 빈의 라디오에서 처음 틀어주는 '호르스트 베셀의 노래'를 들었다.[213]

종소리가 울려 퍼지는 가운데 히틀러는 그로부터 24시간도 지나지 않아 자신이 태어난 도시 브라우나우에서 인(Inn) 강을 건넘으로써 국경을 넘었다. 그는 거리의 환호하는 군중을 뚫고 4시간 동안 자동차를 달려 린츠에 도착하여 자이스인크바르트와 힘러의 영접을 받았다. 히틀러는 그날 저녁 시청 발코니에서 "언젠가 이 도시로부터 시작해 제국을 지도하라는 사명"을 자신에게 부여한 '섭리'를 이야기했다. 통일의 축하하는 환호성과 외국의 무기력한 체념 속에서 히틀러는 3월 13일 저녁 늦게 린츠의 바인칭거 호텔에서 급히 작성된 '오스트리아와 독일제국의 재통일 법률'에 서명했다.

히틀러는 그 전날 베를린을 떠나기 전에 이미 독일 민족에게 보내는 긴 선언문을 받아 적게 했고, 괴벨스는 미리 약속한 대로 이를 정오에 라디오에서 낭독했다.

> 오늘 아침부터 독일과 오스트리아의 모든 국경을 넘어 독일 국방군 병사들이 진군하고 있다. 빈의 새로운 나치 정부가 직접 요청한 대로, 육상에서는 기갑부대, 보병부대, 친위대가, 푸른 하늘에서는 독일 공군이 오스트리아 국민이 가능한 빠른 시간 안에 진정한 국민투표를 통하여 자신의 미래와 운명을 스스로 결정할 기회를 가질 수 있도록 보장할 것이다. …… 세계는 이 시기에 오스트리아의 독일 민족이 최고의 기쁨과 감동을 경험하고 있음을 확인하게 될 것이다. 그들은 자신들을 도우려고 달려온 형제들을 최악의 난관으로부터 구원자로 보고 있는 것이다![214]

괴벨스는 히틀러의 빈 입성을 파이트 하를란과 그의 두 번째 부인이며 리다 바로바의 가까운 친구인 연극배우 힐데 쾨르버의 집에서 지켜보고

공식적으로 오스트리아 병합 다음날인 1938년 3월 14일, 히틀러가 빈에서 군중의 환호 속에 군사 퍼레이드를 벌이고 있다.

있었다. 그 주에 자주 그랬던 것처럼 괴벨스는 3월 14일 늦은 오후에도 이 비밀스러운 만남의 장소에 왔다. 환호성과 종소리가 울려 퍼지는 가운데 쉔브룬을 지나온 히틀러가 오스트리아의 대도시 빈에 도착했을 때, 그들은 함께 홀린 듯이 라디오를 듣고 있었다.[215] 히틀러는 저녁 7시 임페리얼 호텔 앞에 모여 열광하는 군중 앞에서 짤막한 연설을 했다.

앞으로 어떠한 일이 일어나더라도, 오늘의 독일제국을 그 누구도 흩어버리지 못할 것이며 그 누구도 찢지 못할 것이다. …… 지금 쾨니히스베르크에서 쾰른까지, 함부르크에서 빈까지 모든 독일인들이 두터운 신심으로 말하고 있다.[216]

11장 총통은 명령하고 우리는 복종한다! 573

히틀러가 그 다음날 호프부르크의 발코니에서 헬덴 광장에 모인 수십만 명에게 다음과 같이 외칠 때, 괴벨스의 라디오도 이를 중계했다. "독일 민족과 제국의 총통 겸 총리로서 역사 앞에 이제 나의 고향이 독일제국에 들어온 것을 선언한다."[217] 〈민족의 파수꾼〉이 기사 제목에서 히틀러를 칭하였듯이 "승승장구한 야전사령관의 귀향"을 맞이하기 위해 괴벨스는 템펠호프 공항에 도착했다. 그곳에서부터 연방총리청으로 가는 길은 또 다시 개선 행렬 같았다. 베를린에서도 수십만 명이 거리를 메웠다. 종소리가 울려 퍼지는 가운데 환호하는 군중을 지나 총리청으로 가는 길은 거의 한 시간이 걸렸다.[218]

선전부가 오스트리아 '병합'으로 맡게 된 과업과 4월 10일의 국민투표 및 제국의회 선거 준비를 시작하기 전에[219] 괴벨스는 4월 초 일부 조직 개편을 단행했다. 직원 수는 그동안 지속적으로 증가해 그가 이상적으로 생각했던 1천여 명에 육박하고 있었다. 괴벨스는 직업공무원 조직은 가능한 한 축소하고 그 대신 보수가 높은 사무직원들을 고용하여, 행정보다는 경영을 하기를 원했기 때문이다.[220] 그는 언론에서 이러한 변화는 통상적인 "공무원 인사 이동"이 아니라 "철저한 계산을 거친 엄밀한 재조직", 즉 "힘의 집중"을 의미한다고 밝혔다.

이러한 조치 중 하나는 디트리히 직속의 언론국에도 해당되었는데, 이로써 언론국은 두 개의 주요 국(局)으로 나눠졌다. 괴벨스는 1936년 4월 이래로 언론국 전체를 이끌었으며 디트리히를 상대로 자주 계략을 꾸며 온 그의 확실한 적수 알프레트 잉게마르 베른트를 국내언론국장으로 임명했다. 그리고 해외언론국장이 된 카를 뵈머(Karl Bömer)도 리벤트로프가 지휘하는 외무부와의 관계에서 베른트처럼 견제의 역할을 맡았다. 나아가 레오폴트 구터러가 새로 맡은 선전 분야에는 총국(II A국) 하나가 귀속되었는데, 한스 힌켈이 이끄는 이 총국은 이제 1935년부터 운영되어 온 "제국 영토 내 비(非) 아리안인들의 문화 활동 감시"를 공식적으로로 맡게 되었다.

오스트리아도 제국 영토에 속하게 되었기 때문에 괴벨스는 자신의 권력 기반을 곧 그곳으로 확장했고, 히틀러의 의지에 따라 정치적 중심지의 힘을 잃게 될 빈에[221] 제국선전지국을 설치했다. 이를 위해 유대인 이민자로부터 건물을 압수했고, 괴벨스의 지시에 따라 나치의 선동가들이 입주하기 전까지 "우선 한 번 더 해충 박멸을" 마쳐야 했다.[222] 바야흐로 "실제로 개입할 수 있는 모든 구실들"[223]을 괴벨스에게 제공한 것은 6월 21일 언론원 및 문화원 법률의 도입이었다. 그동안 국민투표를 앞두고 정치적 교화의 물결이 또 한 차례 독일을 휩쓸었다. 그 중심에는 이미 효과가 검증된 총통의 '대독일제국 순회'가 있었다.

히틀러는 자주 괴벨스의 수행을 받으며, 쾨니히스베르크에서 라이프치히, 베를린, 함부르크, 쾰른, 프랑크푸르트, 슈투트가르트, 뮌헨을 지나(오스트리아 지역인) 그라츠, 클라겐푸르트, 인스브루크, 잘츠부르크, 그리고 끝에서 두 번째 기착지인 린츠에 이르렀다. 히틀러는 자신의 연설을 각 방송국별로 따로 묶어서 방송할 것을 라디오에 지시했다. 청취자들이 너무 시달리는 바람에 "선거전에서 상징적인 마지막 대규모 집회, 총통 각하가 연설할 빈의 그 집회에", 그가 보기에 바람직한 규모로 청중들을 동원하지 못할 위험이 있다고 우려했다. 괴벨스는 이를 올바른 생각이라고 보았다.[224]

4월 9일 주최측이 전 제국에 사이렌을 울리고 교통을 금지하기 전에, 괴벨스가 정오에 빈 시청의 발코니에서 선언한 '대독일제국의 날'은 북부 베스트반 대강당에서 열린 대규모 집회로 절정에 오르며 끝났다. 제국의 수백만 명의 청취자들과 그곳 현장에 모여 기다리는 2만 명의 군중은 선전부 장관이 임페리얼 호텔에서 내보내는 라디오 르포를 통해 일사불란하게 조율되었다. 괴벨스는 이제 막 집회 장소로 출발한 히틀러를 독일의 분열을 극복한 위대한 인물로 칭송했다. 괴벨스는 민족을 정치적 단일체("그 어디에서 언제 7500만 명의 사람들이 한 사람 주위에 모인 것을 보았는가.")로 일컬었고, 숱한 공약들을 하나도 지키지 못한 '체제 시기'와 '구 정당들'을 공격했으며, 곧이어 4월 10일 국민투표를 거론하며 다음과 같이 주장했다.

> 이는 통상적인 의미의 투표가 아니다. 왜냐하면 전국의 독일인들은 그들 앞에 던져진 역사적 물음 앞에서 그 어떤 선택도 할 수 없기 때문이다. 국민의 소리는 이미 드러났다. 그리고 국민의 소리가 신의 소리라면 우리 독일인은 내일 신의 법정에 들어가 찬성표를 던질 것이다! 그리하여 오스트리아의 독일 민족의 영원한 고통은 마지막에 구원을 얻게 되는 것이다.[225]

괴벨스의 연설 후에 그가 상투적으로 연출하는 축제 의식이 파이프오르간과 베토벤의 "하늘은 찬양한다"(베토벤의 가곡〈신의 영광〉의 제4곡 첫 부분)라는 합창이 울려 퍼지는 가운데 진행되었다. 그리고 바그너의〈탄호이저〉에서 나오는 행진곡에 따라 군기와 돌격대 깃발이 게양되고 국가가 울려 퍼지며 마침내 히틀러가 군중 앞에 모습을 드러냈다. 그의 연설과 마무리 점호에 이어 민족적 기원과 감사 기도가 행해졌다. 다른 대규모 '민족 축제일'과 마찬가지로 제국 전체에 교회 종소리가 울려 퍼지고, 언덕들에서는 축화(祝火)가 타올랐다. 제3제국 마지막 국민투표가 실시된 다음날 "그대는 1938년 3월 13일 완수된, 오스트리아와 독일제국의 통일에 동의하고, 우리의 지도자 아돌프 히틀러의 후보들에게 표를 던지겠는가?"라는 질문에 독일에서는 99.08%, 오스트리아에서는 99.75%가 찬성표를 던졌다.[226]

'섭리'가 이끄는 히틀러(괴벨스는 그렇게 믿었다)는 그 상황의 대단원을 다시 적극적으로 이끌었다. 괴벨스는 히틀러가 자신의 49살 생일 전날 저녁에 행한 연설을 "진실함, 희망, 믿음, 민족적 자부심이 가득한 전 민

1938년 4월 9일, 오스트리아 빈 시청의 발코니에서 '대독일제국의 날'을 선언하는 히틀러.

족의 기도"라고 격정적으로 칭송했다. "민족적 감수성과 사고와 맺은 단단한 결속은 그의 정치적 본능에 뿌리 내렸고" 그는 이를 통하여 "최대의 위험"을 "최대의 승리"로 만들었다. "신의 태양이 비추는 민족들 중 가장 불우한 민족을 지구상의 가장 행복한 민족으로" 만든 것을, 독일 민족의 이름으로 '총통 각하'에게 감사를 표했다.[227]

실제로 독일인 대다수가 '총통'을 숭배하게 되었다. 초인(超人)의 모든 속성들이 그에게 부여되었다. 그는 "누구와도, 그 무엇에 의해서도 결합되어 있지 않은, 신처럼 고독하게 살아가는 생의 공간", 오직 그를 위하여 존재하며 그외에는 아무도, 특히 여자는 들어갈 수 없어 보이는 무인지경 안에서 살고 있다는 것이다. 그 결과, 그에게 기도하고, 그를 직접 보면 도취에 빠지고, 심지어 집 한쪽에 있는 "하느님을 위한 공간"을 "총통을 위한 공간"으로 만들어 사진과 꽃으로 장식한 것은 바로 여자들이었다. 그러한 '총통' 숭배는 매일 수천 통씩 히틀러의 관저에 도착하는 흠모의 편지와 꽃들로 잘 나타났다. 루트비히 베크* 육군대장은 그것들이 '독일 숭배 박물관'에 수집될 만한 가치를 지녔다고 말했다.228)

대부분의 독일인들 눈에 히틀러는 세속적인 일상을 넘어서 있는 일종의 신이었다. 제국에서 그들을 경악하게 하는 그 어떤 정의롭지 못하고 사악한 일이 일어나더라도, 히틀러는 그와 관련되기에는 너무도 높고 숭고했다. 그 책임은 언제나 다른 사람들이 져야 했다. 심지어 비열한 방식으로 권력에서 밀려난 프리치 대장조차 "총통 각하에 대해서는 나쁜 말을 할 것이 없다. 그러나 그 아래 있는 자들은 끔찍하다."229)

이러한 총통 신화를 창조한 바로 그 사람, 괴벨스는 히틀러의 생일 저녁을 위해 레니 리펜슈탈의 올림픽 영화 〈민족의 제전〉의 첫 상영을 베를린 동물원 옆 우파 팔라스트 극장에서 장엄하게 상영하도록 했다. 이는 이 영화감독에 대한 경의 표시이자 히틀러의 특별한 즐거움을 위해 마련된 자리였다. 괴벨스는 1937년 11월 말 자신이 처음 보았던 올림픽 영화에 대해 도를 넘는 칭찬을 늘어놓았다. "이루 말할 수 없을 만큼 좋다. 매력적인 사진들과 묘사들. 매우 위대한 업적. 각 부분들에서 깊은 감명을 받는다. 레니는 이미 커다란 능력을 보여주었다. 나는 열광하였다."230) 그는 다음에 기회를 얻자마자 가장 총애하는 감독의 업적을 그와 마찬가지로 매우 기뻐하는 히틀러에게 보고했다.231) 5월 1일 히틀러는 제국문화원 연례 축하 행사에서 문화원장 괴벨스가 참석한 가운데 리펜슈탈에게 '민족영화상'을 수여했다.232)

....

베크(Ludwig Beck, 1880~1944) 베크는 1차 세계대전 중 참모본부에서 일했으며 히틀러가 집권한 후 급속히 승진해 1935년 육군 참모총장이 되었다. 그러나 그는 체코슬로바키아 점령 결정에 항의하면서 군 내부에서 히틀러의 팽창정책에 반대하는 세력을 조직화하려다 실패했다. 그 후 1938년 참모총장을 사임했다. 그는 히틀러에 반대하는 공모자들의 지도자로 알려졌고 히틀러가 실각한 후 독일 대통령감으로 예상되었다. 1944년 7월 20일 히틀러를 암살하려는 음모가 실패하자 자살했다.

히틀러의 초상을 들고 존경 어린 눈으로 바라보는 독일 여성들. 괴벨스가 만들어낸 '총통 숭배'의 신화는 1930년대 말 독일에서 히틀러를 신으로 만들었다. 수많은 사람들이 히틀러의 사진을 집에 놓고 하느님을 섬기듯 그를 섬겼다.

그 다음날 선전장관은 히틀러의 대규모 수행단과 더불어 1주간의 이탈리아 방문을 떠났다. 여기에는 리벤트로프, 한스 프랑크, 한스하인리히 람머(Hans-Heinrich Lammers, 1879~1962), 빌헬름 카이텔*, 힘러, 불러, 아만, 디트리히 박사, 슈튈프나겔(Karl-Heinrich von Stülpnagel) 육군중장, 슈니빈트(Otto Schniewind) 해군소장, 제프 디트리히(Sepp Dietrich), 보덴샤츠(Karl Bodenschatz) 육군소장 등이 포함되었다. 그들은 안할트 역에서 특별 열차에 올라탔고, 괴링은 히틀러의 대리인으로 베를린에 남았다.

로마 시대의 성 파올로 푸오리 르 무레 교회 근처에서 독일 대표단은 그들을 위해 급히 마련된 특별역에서 비토리오 에마누엘레 3세*의 영접을 받았다. 깃발과 파스케스(fasces, 붉은 띠로 묶은 느릅나무나 자작나무 가지 다발에 도끼 머리를 끼운 모양으로, 고대 로마 집정관의 최고 권위를 상징했다)와 하켄크로이츠로 장식된 "영원한 도시"에서 보낸 날들은 리셉션, 관광, 협의들로 지나갔다. 그 협의 중 히틀러는 이탈리아가 자신에게 체코슬로바키아에 대해 재량권을 준다는 말을 했다고 믿었다. 대표단은 로마에서 나폴리로 향했는데, 그곳에서 독일 방문객들은 두체의 자랑거리인 이탈리아 해군을 볼 수 있었다. 이는 "무력 면에서 확신을 주는 광경"이었지만, 나중에 이탈리아 군은 비참하게 패배한다. 그 위에서 이탈리아 국왕과 무솔리니가 히틀러와 함께 나폴리 만의 군함 사열을 바라보았던 기함 '콘티 데 카부르'가 5월 5일 오후 다시 항구로 들어왔을 때, 괴벨스는 무선 전신으로 베를린에 있는 아내 마그다가 다섯 번째 아이인 딸 헤다를 낳았다는 소식을 전해 들었다.[233]

이 무렵 괴벨스는 자신과 리다 바로바의 관계를 마그다가 묵인하도록 다그치려고 마음먹었다. 그는 오래전부터 이 문제를 더 숨길 것도 없다는 태도였으며, 공적인 행사에도 그 여배우와 함께 베를린의 여론 앞에 거리낌없이 나타나곤 했다. 바로바의 영화 〈박쥐〉가 카피톨 극장에서 개봉할 때나, 그 직후 영화의 성공을 예술가 클럽에서 축하할 때,[234] 리다 바로바가 레네 델트겐(René Deltgen)과 함께 무대에 선 테아터 안 데어 자란트 극장을 방문할 때,[235] 괴벨스는 항상 자랑스럽게 자신의 전리품을 과시했다. 나치 저명 인사들이 거의 빠짐없이 참석한 레니 리펜슈탈의 올림픽 영화 첫 상영 때에도 괴벨스는 리다 바로바와 함께 등장했다.[236] 1937년 12월에 괴벨스는 이미 슈바넨베르더의 빌라에서 나와, "방해받지 않기" 위하여 정원의 궁내관 숙소에 거처를 정했다. 그러나 그는 리다 바로바와 대부분의 시간을 보겐제 호숫가의 랑케에서 보냈다. 괴벨스가 마그다의 '질투' 때문에 잦아진 '짜증나는 일'을 잊으려고, 저녁마다 휴식을 위해 더 자주 드라이브를 할 때면, 두 사람은 베를린 북부 숲 한가운데에 있는 전원적인 통나무집으로 함께 갔다. 복잡한 정치에서 벗어나 여배우의 옆에서 보내는 오후의 시간들, 그리고 얼마 지나지 않아 밤 시간에는, 괴벨스는 끊임없는 허세에서 벗어나서 그나마 흔적이라도 조금 남은 인간적 분별심을 가질 수 있었다.

괴벨스는 도덕과 윤리적인 가치들 때문에 고민거리가 생길 때면, 더욱 단호하게 무절제한 반유대주의로 도피해 들어갔다. 1938년에는 특히 그

카이텔(Wilhelm Keitel, 1882~1946) 2차 세계대전 당시의 독일 군 원수이며 최고사령부 장관. 아돌프 히틀러의 가장 충성스럽고 신임받는 부관 중 한 사람으로 총통의 개인 군사 참모장이 되어 2차 세계대전 전역들의 대부분을 지휘하는 데 일익을 담당했다. 전후에 그는 뉘른베르크에서 열린 국제군사재판소에서 인질들의 사살과 그밖의 행위들을 지령한 죄로 유죄 판결을 받고 처형되었다.

비토리오 에마누엘레 3세(Vittorio Emanuele III, 1869~1947) 이탈리아 군주제의 마지막 왕. 1900년 왕위에 올랐으며, 입헌군주로 자유주의 내각을 받아들이고 1915년에는 제1차 세계대전에 참가했다. 전쟁으로 의회제도가 위기를 맞아 무솔리니가 전면에 등장했을 때, 비토리오는 내각이 제안한 계엄령에 서명함으로써 파시스트의 권력 장악을 막을 수도 있었으나 이를 막지 못했다.

릴 만한 일이 많았다. 왜냐하면 '총통 각하'가 선전장관의 강력한 조언에 따라, 적절한 이민 압력을 통해 국민 중 유대인 비율을 줄이고 독일의 경제 생활에서 유대인들을 몰아낸다는 결심을 하게 되었기 때문이다. 1938년 4월 26일 유대인들의 재산 신고를 의무화하는 법령이 만들어졌다. 당시 독일 내 유대인들의 재산은 총 5천 제국마르크를 초과하는 수준이었다. 세무서들과 각 지역 관할 경찰서들이 작성한 명단을 들여다보고 나서 괴벨스는 "그중에 수많은 부자들, 엄청난 백만장자들이 포함"되어 있고 "여기에 동정 따위는 전혀 필요없다."[237]라는 결론에 도달했다. 이러한 재산 등록 규정, 나아가 유대인 공장의 등록과 신고를 명시한 1938년 6월 14일의 제국국민법 3차 시행령은 괴벨스가 바로 그 달에 포고한 또 다른 행정 조치들의 기초가 되었다. 조만간 경제 분야에서도 유대인의 영향력이 무너지도록 "법적 조치들을 통한 준비"가 이루어졌다.[238]

이와 동시에 진국에서 일제 검거와 테러의 선풍이 일어났다. 이는 그동안 국내의 정치적 사건들을 고려하여 여러 차례 미뤄졌던 일이었다. 이 작전(괴벨스의 지령에 따르면 "경찰은 합법적 외피를 쓰고 행동하고, 당은 지켜본다."[239])은 "노동을 회피하고 반사회적이라고" 분류된, 이른바 유대인 전과자들을 대상으로 하는 것이었다. 그러나 이것이 실제로는 유대인 전체를 노리고 있음은 6월 3일 괴벨스의 발언으로 분명해졌다. 괴벨스는 베를린에서 그 작전을 함께 조직하고 처리했던 헬도르프에게, 자신의 목표는 "그 어떤 감상도 없이 베를린에서 유대인을 추방하는 것"이라고 말했던 것이다.[240] 6월 10일 이를 위해 괴벨스는 경찰관 300명을 차출하였고, 그들에게 자신의 증오를 공공연하게 주입했다. "우리의 슬로건은 법이 아니라 트집 잡기이다." 그는 행사장을 떠나며 경찰이 자신을 도울 것이라고 확신했다.[241] 그는 지극히 만족해서 다음과 같이 썼다.

헬도르프는 이제 유대인 문제에서 급진적으로 대처하고 있다. 당은 그를 돕는다. 대대적인 검거 선풍. …… 경찰은 내 지시를 알아들었다. 우리는 베를린을 유대인 없는 도시로 만들려 한다. 나는 더는 느슨하게 풀어주지 않을 것이다. 우리의 길은 올바르다.[242]

그는 6월 21일 베를린 올림픽 경기장에서 열린 하지제에서 행한 연설도 이와 같은 목적에서 "유대인과의 무자비한 투쟁"에 이용했다.[243] 그는 "지난 몇 달 동안 3천 명 이상의 유대인이 베를린으로 이주해 왔다는 사실에 부아가 치밀고 얼굴이 붉어질 지경이 아닌가?"라고 외쳤다. "그들은 대체 여기서 무엇을 원하는가? 그들은 자신들이 나온 그곳으로 돌아가야 할 것이다. 그리고 우리를 더 성가시게 해서는 안 될 것이다." 괴벨스는 그들에게 하루빨리 베를린을 떠나라고 '권고'했고, 만일 나치가 유럽에서 모스크바 다음으로 붉은 색이었던 이 도시를 "진정한 독일적 도시"로 만드는 데 성공한다면, 나치는 두말할 나위도 없이 이러한 투쟁의 결과들을 미래에 다시 잃지 않을 권리를 가지고 있다고 으름장을 놓았다.

우리가 베를린에서 국제적으로 활동하는 유대인들을 상대로 싸움을 벌인 지 7년이 되었다. 그러나 지금 나치의 베를린에서 유대인들은 그 어느 때보다도 더욱 활발하게 활동하고 있다. 베를린에서 국제주의적 유대인들이 보이는 이러한 도발적 태도에 맞서 우리는 강력하게 저항한다.[244]

그러한 강경한 조치는 저항에 부딪혔다. 베를린의 반유대주의적인 박해를 두고 외국 언론들은 "미쳐 날뛰었다." 그러나 외국의 언론들은 괴벨스를 흔들리게 하지 못했다. 그는 "안심시키는 선언"을 발표하였고, 동시에 이미 출발한 그 노선을 유지할 것을 지시했다.[245] 곧 당내 비판자들이 그에게 더 많은 어려움을 안겨주었다. 과거 그의 차관이었으며 현재 경제장관인 풍크는 이 문제에 개입하여, "이 모든 것을 합법적으로 해야 하는 것이 아니냐."라는 회의론을 제기했다. 괴벨스는 한편으로 화를 내고 다른 한편으로 의기소침하여 "그렇게 하면 시간이 너무 오래 걸린다."라고 적었다.[246] 카이저호프 호텔에서 외교 상황을 논의하는 자리에서 괴벨스를 만난 리벤트로프 외무장관 역시 우려를 표명했다. 괴벨스는 리벤트로프의 '불안'을 잠재우기 위해 "조금 부드럽게 행동하겠다."라고 약속했다. 그러나 그는 베를린을 '정화'하겠다는 생각에서 원칙적으로 조금도 물러나지 않았다.[247]

심지어 약탈 사태까지 일어난 베를린에서[248] '유대인 문제'를 반대하는 의견이 나타남에 따라(히틀러 역시 어느 정도 제동을 건 것으로 보인다) 사태가 "매우 복잡해졌고", 괴벨스는 이 상황의 책임을 갑자기 헬도르프에게 미루었다. 헬도르프가 자신의 명령을 "정반대로 바꿔놓았다."라는 것이었다. 헬도르프의 '부재질' 때문에 "낡은 유대인 상점을 낙서로 더럽혔다." 괴벨스는 일기에 자신이 괴링과 함께 "그 난동을 가라앉히고 있다."라고 거짓을 썼지만, (실제로 사태를 가라앉히려는 행동을 했다고 해도) 이는 단지 어쩔 수 없는 휴지기일 뿐이었다. 유대인을 "그 악당들의 마지막 싹까지" 깡그리 뽑아 없앤다는 의도에는 전혀 변화가 없었다.[249] 그는 여기 참여한 당 기구들에게 겉으로는 "모든 불법적 행동들"을 금지한다고 명령하면서도, 유대인은 "자신의 상점들을 다시 스스로 정화해야 한다. …… 그리고 그외에도 이런 식의 인민재판도 좋은 점이 있다. 유대인들은 겁을 먹었고, 앞으로 베를린을 자신들의 노다지로 보는 일을 피하게 되리라."라고 밝혔다.[250]

히틀러도 같은 견해를 나타냈다. 7월 말 바이로이트의 바그너 축제 중에 이루어진 면담에서 그는 괴벨스의 행동을 승인했다. 해외 언론들의 보도는 "중요치 않다." 히틀러는 유대인을 독일에서 밀어내는 것이 주요

두 명의 시민(유대인 남성과 독일인 여성)이 나치 돌격대원들에게 거리에서 수모를 당하고 있다. 이들은 유대인과 독일 혈통의 성관계를 금지한 1935년의 '뉘른베르크 법'을 위반했다는 혐의로 거리로 끌려 나왔다. 뉘른베르크 법에 따라 1936년 이후로 독일에서 유대인의 50%가 일자리를 잃었다.

사안임에 틀림없다고 밝혔다.[251] 그리하여 유대인 국민들에 대한 추가 조치들이 하나하나 이루어졌다. 8월에는 유대인 의사들의 면허가 취소되었다.[252] 그 달 중순부터 유대인들은 "더 잘 눈에 띄도록" 일률적으로 강제된 이름을 달아야 했는데(여성은 자라Sarah, 남성은 이스라엘Israel) 이는 여권에 기재될 뿐 아니라 개인 의원이나 변호사 사무실 간판에도 알아볼 수 있게 표기해야 했다. 괴벨스는 이 조치가 매우 마음에 들었지만, 유대인의 추방은 10년 내에 이루어질 것이라는 히틀러의 발언 때문에 크게 실망했다. 히틀러에게 유대인은 잠정적으로 '볼모'로 기능해야 하는 것이었다.[253]

괴벨스는 유대인의 희생 위에서 치부하는 일도 마다하지 않았다. 과거

〈공격〉 편집장을 역임했으며 현재 수도 베를린 시장을 맡고 있는 리페르트는 광대한 호숫가 대지의 소유자 자무엘 골트슈미트(Samuel Goldschmidt)에게 11만 7,500제국마르크라는 터무니없이 싼 값으로 그 땅을 "제국 수도 베를린에게, 혹은 시 당국이 양도를 위해 위촉한 제3자에게" 매각하라고, 베를린 시의 이름으로 다그쳤다.[254] 그것은 슈바넨베르더의 인젤 거리 12~14번지에 있는 9,600제곱미터에 달하는, 숲이 우거진 땅이었다. 골트슈미트-로트쉴트의 은행장이던 그는 굴복했고 괴벨스의 부동산과 이웃한 자신의 토지를 팔아야 했다. 1938년 3월 30일 골트슈미트와 '제국 수도 베를린' 사이에 매매 계약이 체결되었고, 그 직후 리페르트는 공증인 오토 카메케('투쟁 시기' 괴벨스의 변호사)에게 "대지 구매자가 제국장관 요제프 괴벨스 박사"임을 통보했다.[255]

그러는 동안 히틀러는 팽창 정책의 두 번째 단계인 체코슬로바키아 침공 준비에 전념하고 있었다. 1937년 8월 이미 그는 괴벨스에게 체코슬로바키아는 "국가도 아니다."라고 말했다. 체코슬로바키아를 언젠가 기습해야 한다는 것이었다.[256] 히틀러는 로마에서 돌아온 후 이러한 목표를 위해 상황을 진전시켰다. 체코슬로바키아 정부가 부분 동원령을 내리자 영국과 프랑스는 이 조치를 명시적으로 승인하고, 소련의 지지 아래 자신들에겐 군사원조 의무가 있음을 밝혔다. 격분한 히틀러는 그 후 침공 계획을 중단할 수밖에 없었다. 그러나 1938년 5월 30일 군부에 체코슬로바키아 침공을 위한 새로운 비밀 지령을 하달했다. 히틀러는 괴벨스에게 "이 더러운 나라"는 사라져야 하며 이는 "빠를수록 좋다."고 말했다.[257]

6월 2일 그는 선전장관 괴벨스에게 상세한 계획을 설명했다. 괴벨스는 히틀러가 이 문제를 "머리 속에서 이미 해결"했고 "이미 새로운 관구들의 구획에 대한 구상"을 마쳤다는 데 감명받았다.[258] 이와 함께 그는 언론에 그동안 내렸던 체코슬로바키아에 대한 비판적 보도 금지 조치를 해제했다. 그 대신 그 나라의 "반 독일적" 정책을 다루라는 지시를 매일 내렸다. 최근의 돌발 사태들과 수데텐 지방 독일인들이 받는 억압과 권리 박탈을 다룬 보도들이 선정적인 제목을 달고 언론에 실렸다. 이는 적들에게 겁을 주려는 의도였다. "체코슬로바키아의 사태들이 큼직하게 실리지 않았기 때문에" 히틀러가 제국공보실장 디트리히를 호되게 질책한 후, 괴벨스는 대대적인 "언론의 공포 분위기 조성"[259]의 임무를 베른트에게 위임했다.

"언제나 새롭게 선동하고 타격하며", 참을 수 없이 분통이 터질 때까지 결코 가만히 놔두지 않는다[260]는 괴벨스의 모토에 충실하게, 베른트는 "당시 매일 밤을 참모부 지도, 주소록, 인명록과 씨름했고, 수데텐 지역의 참혹한 소식들을 조작해냈다."[261] 여기서 그는 사소한 일들을 과장했을 뿐 아니라, 과거의 일들을 방금 일어난 일들로 포장했다.[262] 베른트는 자신의 방법을 공공연하고 노골적인 실례를 들면서 어느 기자회견에서 보여주었다. 그는 "눈을 감고 수데텐의 어느 지도 위를 짚은 다음, 웃으면서 머리 속에서 짜내 만든 끔찍한 뉴스를 그렇게 찾아낸 그 지역에서 일어난 일이라고" 말했다.[263] 괴벨스 자신은 "체코슬로바키아인들이 대략 독일 영토의 절반 정도를 자신의 것이라고 주장하고 있는" "1919년의 지도"를 공개하여 이 일에 한몫을 담당했다. 그는 이 지도를 "적절한 때 출판할 것"이다.[264]

체코슬로바키아 정부가 그러한 행동에 경악하고 있는 동안, 괴벨스도 그러한 도발에 따르는 위기감 고조가 마냥 편안하지만은 않았다. 왕년의 차관 풍크,[265] 최측근 한케와 베르너 나우만(Werner Naumann, 그는 브레슬라우 호르스트 제국선전지국장이자 1937년 브레슬라우에서 열린 '가수 축제'의 조직자로 괴벨스의 눈에 띄어 선전부로 차출되었다[266])과 대화를 나누던 중, 선동자 괴벨스는 전쟁의 전망 때문에 당혹감과 우려를 나타냈다.[267] 제국선전지국들과 보안대가 분위기를 전달한 보고문들을 면밀히 검토한 괴벨스는 독일에서도 "곰팡내 나는 분위기"가 만들어질 수 있다고 생각했는데, 이는 1914년 8월의 열광과 환호와는 전혀 다른 것이었다.[268] 그는 틀림없이 전쟁이 일어날 상황이기 때문에 오히려 "무거운 불안감"이 지배하고 있다고 파악했다.[269] 그는 이 책임을 부분적으로는 언론에 돌렸는데 이는 디트리히에 대한 측면 공격이기도 했다. 언론은 한편으로는 체코슬로바키아 정부를 계속 공격하여 국민들 사이에 "지속적으로 공포 분위기"를 조성했고,[270] 다른 한편 결국 이 때문에 "공격의 날카로운 무기"에서 너무 일찍 "이가 빠지게" 만들었다는 것이었다.[271] 사람은 "몇 달 동안 위기감을 견뎌낼 수 없으며" 이러한 일은 지켜보는 사람을 피곤하게 한다.[272]

괴벨스를 사로잡은 불안감은 그에게 남은 약간의 현실적 판단력에 기인한 것이었다. 그러나 괴벨스는 곧바로 히틀러는 자신이 원하는 것이 무엇인지 명확히 알고 있으며 이를 언제나 "정확한 순간에 움켜쥐고" 이용해 왔다고 스스로를 안심시켜 이러한 불안감을 다시 머리 속에서 지워버릴 수 있었다.[273] 그리하여 히틀러와 함께 있을 때면 괴벨스도 또 다시 영국은 분쟁 발생시 개입하지 않을 것이라는 전망을 가질 수 있었다. 더구나 '총통 각하'는 그에게 독일이 서방으로부터 '불가침'의 상태가 되도록 만들 방어 요새가 곧 완성될 것이라고 말했다.[274] "언제나 느낌으로 그는 판단한다."고 생각한 괴벨스[275]는 히틀러가 옆에 있다는 것만으로 늘 마취제에 취한 듯한 영향을 받았다.

괴벨스는 1938년 6월 하순 독일과 오스트리아를 순회 여행하면서 '총통 각하'가 성장한 린츠 근처 레온딩을 방문했을 때, 다시 힘과 믿음을 회복했다. 그 마을 묘지에 있는 히틀러 부모의 무덤 곁에서 "여기에 그토록 위대한 역사적 천재의 부모가 잠들어 있다는 경외감"이 그를 꼼짝 못하게 사로잡았다. 오랫동안 무덤가에 서 있던 그는 묘지 건너편에 히틀러 부모의 집이 있다는 말을 들었다.[276] 그는 마치 '총통 각하'와 깊은

집무실에 앉아 있는 괴벨스. 그는 다른 나치 지도자들과 달리 제복이 아닌 양복을 즐겨 입었다. 나치당에서 유일한 인텔리였던 그는 유창한 말솜씨와 세련된 패션 감각, 높은 예술적 안목으로 많은 이들을 사로잡았다.

결속감을 확인하려는 듯이, 그 집을 자기 부모의 집과 같은 모습으로 받아들였다. 그는 이 집이 "아주 작고 소박하다."라고 썼다. "사람들이 그의 영토였던 방으로 나를 안내했다. 작고 귀여운 방이었다. 여기에서 그는 계획들을 만들어내고 미래를 꿈꾸었다." 마지막에 정원을 가로질러 가면서 괴벨스는 여기에서 어떻게 "꼬마 아돌프가 밤마다 사과와 배를 땄는지" 상상했다.

또 괴벨스는 히틀러의 학교 친구들로부터 그가 청소년 시기에도 "항상 우두머리"였으며 친구들에게 역사 이야기를 해주었고 언제나 그들의 "좋은 동지"였다는 이야기를 들었다. 그의 부모와 마찬가지로 히틀러의 어머니도 "친절하고 따뜻했으며", 아버지는 "무뚝뚝하고 말이 없고 엄격했다." 괴벨스는 그러한 출신 성분과 괴벨스 자신과 마찬가지로 젊은 시절 히틀러가 겪어야 했던("합스부르크 정권의 무뢰한들에게 쫓기고 학대받고 체포되었다.") 수난이 두 사람 모두에게 더욱 위대한 것을 추구하는 사명을 부여했다고 생각했다. 괴벨스는 이곳에 머무는 것이 "행복하다"면서 마지막에 다시 한 번 모든 방들을 둘러보며 "이 집의 공기를 가슴 깊이" 들이마셨다.[277]

베를린으로 돌아온 후 괴벨스와 마그다의 관계는 더욱 악화되었다. 괴벨스는 오스트리아로 떠나기 전에, 괴벨스 자신의 말을 빌리면 자신의 생애 중 가장 아름다운 휴가를 리다 바로바와 함께 랑케에서 보냈다.[278] 괴벨스는 그곳에서 상주하고 있었다. 그는 8월 초가 되어서야 마그다에게 그 영화배우와 맺은 관계의 전모를 밝혔다. 그러나 괴벨스는 "일이 여기까지 온 것이 기쁘다."[279]라고 하면서 특이하게도 자신이 직접 마그다에게 가지 않고, 리다 바로바를 먼저 보내 여자 대 여자로 자신의 계획에 준비하도록 하려 했다. 그 계획이란 앞으로 세 사람이 함께 결혼 생활을 하자는 것이었다.[280]

연인 바로바가 먼저 넌지시 속을 떠본 다음에야 부부는 다음날 "장시간의 대화"를 가졌고, 그 후 괴벨스에게는 "비록 모든 것이 깔끔해지지는 않았으나, 많은 것들이 명확해진 것"처럼 보였다.[281] 마그다는 (아마도) 남편의 제안을 받아들일 용의가 있어 보였다. 그러나 두 차례 주말을 함께 보내고 나서 괴벨스는 그녀를 폭발하게 만들고 말았다. 괴벨스는 마그다와 손님들이 보는 앞에서 리다 바로바와 함께 애정 어린 태도로 요트 위를 돌아다녔고 저녁에는 개인 영화관에서 그녀의 영화를 상영하도록 했다.[282] 마그다의 인내심은 최종적으로 바닥이 났다. 1938년 8월 15일 그녀는 괴벨스가 예기치 못한 행동을 했다. 참을 수 없는 그 상황을 끝내려고 히틀러에게 간 것이다. 히틀러는 "깊은 충격"으로 반응했으나, 2월의 블롬베르크 스캔들을 겪은 후라 또 다른 스캔들을 우려했기 때문에 그녀가 요구하는 이혼을 금지했다. 히틀러는 이것이 "자신의 위신을 희생하는 것"임을 알면서도 그렇게 했다는 것이다.[283]

히틀러는 괴벨스를 당장 불러들여 "매우 긴 시간 동안 심각한 대화"를 나누며 그에게 의무를 일깨우고 리다 바로바와 당장 헤어지라고 단호하게 명령했다. 괴벨스에게 추가로 압력을 가하는 뜻에서 히틀러는 괴벨스의 정치 이력을 마그다와 결혼을 유지하는 것과 결부시켰다. 그리고 히틀러는 마그다에게 그녀가 이를 승인할 것인지 말 것인지의 최종 결정을 맡겼다. 물론 체코슬로바키아와 무력 분쟁을 앞두고 노련한 선동가를 잃고 싶지 않았던 히틀러는 시간이 이 문제를 해결해주기를 기대했고 괴벨스의 부부 싸움에 "9월 말까지 휴전"을 명령했다.[284] 괴벨스는 "매우 깊은" 충격을 받았고 "완전히 얼이 빠졌다." 그러나 곧 "매우 어렵고" "최종적"인 결정을 내렸다. "그러나 의무는 무엇보다 중요하다. 그리고 난관 속에서도 이를 따라야 한다. 그외에는 모든 것이 흔들리고 변하기 때문이다. 그러므로 나는 그 앞에 무릎 꿇는다. 완벽하게, 그 어떤 불평도 없이."[285] 그는 저녁 늦게 리다 바로바와 "아주 길고 아주 슬픈 전화 통화"를 마지막으로 했다. "그러나 내 심장이 부서지더라도 나는 흔들리지 않을 것이다. 이제 새로운 삶이 시작된다. 강하고 무자비하고 오로지 의무에 복무하는 삶. 청춘은 이제 지나가버렸다."[286]

괴벨스는 그 다음 며칠을 히틀러와[287] 마그다와 번갈아 '대화'를 나누며 보냈다. 그가 진실로 심각하게 그녀와 헤어지려고 했다는 증거는 어디에도 없다.[288] 그의 일기들을 보면 오히려 그 반대이다. 그는 약속된 휴전 기간이 끝나면 마그다가 결혼 생활을 계속 유지하는 데 긍정적 결정을 내려줄 것이라고 희망했다. "그때까지 많은 것들이 변할 수 있다. 좋은 의미로든 나쁜 의미로든. 원컨대 좋은 의미로만 변하기를. 이 모든 일은 잊혀져야 한다. 그리고 알다시피 시간은 모든 것을 치유한다."[289] 그러나 히틀러가 그에게 "마치 아버지 같았던"[290] 반면 마그다에게서는 "지독한 굴욕"을 맛보았다.[291] 괴벨스는 마그다가 자신에게 얼마나 "강경하고 무자비한지" 여러 차례 불평을 늘어놓았다.[292] 그는 자기 연민에 가득차서 인생에서 가장 어려운 시기를 겪고 있다고 썼다. 그의 가슴은 '치명상'을 입었고, "강력한 수면제"가 있어야만 잠들 수 있으며 낮 동안은 아무것도 먹지 않는다고 썼다.[293] 괴벨스는 히틀러 외에는 오직 어머니와 누이동생 마리아로부터만 도움을 받았는데, 그들에게 충고를 구하면서 긴 저녁 시간을 보냈던 것이다.[294]

리다 바로바에게는 괴벨스와의 결별이 독일에서 배우로서 경력이 끝나는 것을 의미했다. 그녀는 파이트 하를란 감독의 두 번째 부인이자 자신의 친구인 힐데 쾨르버를 통해서 괴벨스의 마음을 돌려보려고 애썼지만 뜻을 이루지 못했다. 괴벨스는 힐데 쾨르버에게 자신의 행동이 "불가피하며" 그 결정을 "되돌릴 수 없다"고 알렸다.[295] 우파의 전속 의사가 느닷없이 그녀에게 심장판막증 진단을 내렸고, 리다는 곧바로 영화 〈연인〉의 주연을 빅토리아 폰 발라스코(Viktoria von Balasko)에게 넘겨주어야 했다. 이미 촬영된 그녀의 영화 〈프로이센의 사랑 이야기〉는 (괴벨스의 주도로 만들어졌고) 두 사람의 사랑 이야기를 암시적으로 다루고 있었는데, 상영 금지 처분을 받았다. 이 영화는 1950년에야 〈사랑의 전설〉이라는 이름으로 영화관에서 상영되었다. 그러나 그녀에게는 아직 가장 비참한 순간이 기다리고 있었다.

양심의 가책 때문에 아직 몸을 한껏 낮추고 있던 괴벨스는 히틀러의 "모든 생각이 현재 군사적 문제로 가득차 있다."[296]라고 관찰했다. 거의 매일 그는 '총통 각하'와 협의했다. 한번은 발칸 지역 국가들이 주제였다. 히틀러는 그 민족들, "특히 체코슬로바키아인들"을 "독일의 피로 씻어내기"를 원치 않으며 단지 그들을 그 지역에서 "밀어내고" 그 땅을 점령하기를 원했다.[297] 괴벨스는 이를 "매우 명확하고 강경하지만 또한 논리정연하다."라고 생각했다.[298] 히틀러는 영국이 독일의 팽창 정책을 "가로막고 있다."고 보았다.[299] 괴벨스가 오버잘츠베르크 산의 히틀러를 방문한 8월 31일에도 영국의 태도가 다시 대화의 중심이 되었다.[300] 10월로 예정된 독일의 체코슬로바키아 침공을 영국이 용인하지 않을 경우를 대비해[301] 포괄적인 군사적 준비를 해놓았다고 히틀러는 선전장관을 안심시켰다. 물론 이는 사실이 아니었는데, '총통 각하'는 영국이 결국 분쟁을 회피할 것이라고 계산했기 때문이었다.

그러는 와중에 선전부에서도 "전쟁에 가까운 활동을 개시"했다.[302] 왜냐하면 군사적 충돌에서 "선전 전쟁"이 "무기 전쟁"과 동등한 중요성을 지닌다는 점에서 나치 수뇌부와 국방군이 처음부터 같은 의견이었기 때문이다.[303] 선전은 1937년 9월 작전 중 처음으로 공식적으로 국방군의 일부가 되었다. 괴벨스의 선전부에서 파견한, 최신 차량과 장비를 갖춘 작전 참모부가 "함께 활동"할 수 있게 되었던 것이다.[304] 선전부의 제국방위총국에서는 1935년 이래로 어떻게 "선전 전쟁"이 "무기 전쟁"을 보완할 것인지 연구를 진행해 왔다. 1938년 여름 중 국방군 최고사령부*의 빌헬름 카이텔과 괴벨스는 전쟁 발발시 국방군과 선전부의 역할

분담을 합의했다.305) "전쟁 중 선전 선동 활동의 원칙들"에서는 군대의 "정훈 교육", "전투지역 내 능동적 선전", "적의 군대와 노동자들을 대상으로 하는 선동" 등은 비록 조직상으로는 국방군 관할이지만, 그 내용과 심리적 지침들은 괴벨스의 부처가 책임진다는 점이 명시되었다.306) 이러한 과제를 실행하기 위하여, 1938년 7월 중순부터 제국방위총국 국장이던 브루노 벤처(Bruno Wentscher)의 제안에 따라,307) 이른바 "선전 선동 중대들"이 설치되었다.308) 이 중대들은 8월 법령에 따라 국방군에 통합되었다.309)

그동안 괴벨스는 1938년 7월 말 브레슬라우에서 열린 '독일 체조 및 체육 축전'에서 수데텐 독일인 대표단의 대열이 히틀러 앞을 "열광과 믿음의 물결 속에서" 지나가는 것을 지켜보았다.310) 히틀러는 집요하게 체코슬로바키아 '문제'의 해결을 추구하고 있었다. 히틀러는 뉘른베르크 제국전당대회의 폐막 연설에서 "체코슬로바키아에서 독일 민족 동지들이 계속 박해받는 것을 언제까지고 인내심을 가지고 바라보고 있을" 생각이 없다고 선언했다. 수데텐 지역에서 나치가 연출한 폭동 시도가 실패로 돌아가고 제국에서 활발한 군사 활동이 일어나고 있을 때, 즉 한마

국방군 최고사령부 1938년 블롬베르크와 프리치를 숙청한 후 히틀러는 이를 계기로 자신의 전쟁 계획을 차질 없이 진행할 수 있도록 총통 직속 국방군 최고사령부를 설치하였고 그 아래 육군(발터 폰 브라우히치), 해군(에리히 레더), 공군 최고사령부(헤르만 괴링)를 배치했다.

체임벌린(Neville Chamberlain, 1869~1940) 영국의 총리(1937~1940). 1931년 재무장관으로 세계공황 이후의 재정 위기를 잘 수습하여 1937년 총리가 되었다. 그는 유화정책으로 파시즘을 자극하는 것을 피하였다. 그리하여 에스파냐 내전에는 불간섭 정책을 고수하였고, 이탈리아의 에티오피아 합병을 인정하였으며, 1938년 뮌헨회담에서는 히틀러의 요구를 받아들였다. 그러나 이러한 일시적인 전쟁 회피책도 결국은 성공하지 못하고, 1939년 2차 세계대전에 돌입하게 되었으며, 1940년 노르웨이 작전의 실패에 대한 책임을 지고 사퇴하였다.

독일을 방문한 영국 총리 체임벌린과 괴벨스. 체임벌린은 체코의 수데텐을 넘겨주고 히틀러의 팽창 정책을 저지하려 했지만 성과를 거두진 못했다.

디로 모든 징조가 곧 전쟁이 벌어질 것을 보여주고 있던 때, 영국 총리 체임벌린*이 개입했다. 독일의 히틀러를 유화정책으로 대해 온 체임벌린은 양보할 뜻을 가지고 히틀러와 9월 15일 베르크호프 산장에서, 그로부터 7일 후에는 바트 고데스베르크에서 만났다. 그러나 그 대화는 성과 없이 끝났다. 히틀러가 9월 22일 자신의 요구를 수데텐의 독일인 거주 지역으로 한정하지 않고 폴란드와 헝가리의 영토 할양까지 요구했기 때문이다.

그는 최종적으로 곧 다가올 체코슬로바키아 전쟁에 대비해 독일인들을 준비시킬 수 있는 집회를 9월 26일 체육궁전에서 열도록 지시했다. 괴벨스는 이른바 독일인들의 전쟁 의지를 히틀러에게 보여준다는 과제를 맡았다.

당신은 국민들을 믿을 수 있습니다. …… 국민들은 마치 한 사람처럼 당신 뒤에 서 있습니다. 그 어떤 위협이나 압력도 당신과 우리들의 포기할 수 없는

11장 총통은 명령하고 우리는 복종한다! 595

권리로부터 당신을 떼어놓을 수 없다는 사실을 우리는 알고 있습니다. 독일 민족 전체가 이러한 생각으로, 그리고 바위 같은 확신으로 당신과 일치단결하고 있습니다. 우리는 종종 민족의 위대한 순간들에 이를 찬양해 왔습니다. 이제 가장 중대한 결단의 순간에 당신 앞에서 충만하고 강인한 마음으로 이를 반복합니다. 총통은 명령하고 우리는 따릅니다!³¹¹⁾

히틀러가 자신의 연설을 황홀경에 빠진 듯한 도취감 속에서 끝냈을 때, 괴벨스는 2만 명의 환호하는 군중으로 가득한 체육궁전의 그 고조된 분위기에서 '이 역사적 순간'에 두 번째 '전 독일 민족의 연사'가 되어 충성의 맹세를 했다. 그는 1918년 11월이 다시는 반복되지 않을 것이라고 말했다. 이 문장에서(미국 라디오 아나운서 윌리엄 시러William Shirer의 관찰에 따르면) 히틀러는 그날 저녁 내내 자신이 찾았던 문장이 바로 그것이라는 듯 괴벨스를 올려다보았다. 히틀러는 의자에서 벌떡 일어나 "잊을 수 없는 광신의 눈빛으로 전력을 다해 '네!'라고 외치고는 지친 듯이 다시 의자에 주저앉았다."³¹²⁾

그 위기의 몇 달 동안 자주 그랬던 것처럼 전쟁에 대한 불안감이 자신의 무의식을 지배할수록, 괴벨스는 점점 더 자주 그러한 광신주의로 도피하곤 했다. 9월 27일 한 사단의 베를린 행진 때도 그랬다. 그 다음날 총리청에서 오찬을 하며 괴벨스는 불안감을 표현했는데, 아마도 '총통 각하'가 이를 없애줄 것이라는 기대에서 그랬던 것 같다. 외무부 차관 에른스트 폰 바이츠제커는 괴벨스가 "독일 국민들이 전쟁에 매우 반대하고 있다."라고 "적절한 순간에 용감하게", 그리고 "모든 참석자들을 건너뛰어 총통 각하에게 직접" 말했다고 묘사했다.³¹³⁾

해군과 육군측의 경고 때문에(육군 참모총장 베크는 이 때문에 9월 19일 사표를 제출했다) 생겨난 불안감,³¹⁴⁾ 그러나 무엇보다도 서방 열강의 결연한 태도*를 보여주는 외국의 소식들 때문에, 마침내 히틀러는 수데텐 독일인 지역으로 만족할 수밖에 없었다. 9월 29일 영국 총리 체임벌린, 프랑스 총리 달라디에, 히틀러, 그리고 여기에 중재자로 합류한 이탈리아의 '두체' 무솔리니는 '뮌헨 협정'*에 서명했다. 협정 당사국들은 강한 압력을 행사해 체코슬로바키아 정부에 협정 준수를 강요했다. 그 후 히틀러가 불과 며칠 전 체임벌린과 가진 고데스베르크 회담 중 요구했으나 바로 그 때문에 회담이 결렬된 바 있던, 독일 군의 수데텐 입성이 1938년 10월 1일 이루어졌다.

유럽은 모두 안도의 한숨을 쉬었다. 많은 사람들은 마침내 평화가 이루어졌다고 믿었다. 독일 육군 총사령관 브라우히치 대장은 괴벨스에게 보낸 전보에서 이번에는 무기가 "말할 수 없었고" 그 대신 괴벨스의 무기인 언론과 선전이 승리를 가져왔다고 썼다.[315] 브라우히치의 실망은 잠시뿐이었는데, 전쟁을 방해받고 체임벌린 때문에 프라하 진군을 이루지 못해 화가 난 히틀러가 흔들림 없이 원래의 목표를 추구했기 때문이다.[316] 그로부터 겨우 3주가 지난 1938년 10월 21일 히틀러는 국방군에

....

서방 열강의 결연한 태도 1938년 9월 22일 영국 총리 체임벌린은 독일로 가서 고데스베르크에서 히틀러를 만났으나 체코슬로바키아 문제에 대한 히틀러의 상승해진 요구에 실망했다. 히틀러는 수데텐에서 독일인이 50%를 넘는 지역은 모두 독일로 넘겨준다는 영국과 프랑스의 제안을 거부한 채 수데텐을 점령하고 체코슬로바키아인들을 10월 1일까지 철수시키려고 했다. 체임벌린은 체코슬로바키아에 새로운 제안을 내놓는 데 동의했으나 체코슬로바키아는 이를 거절했고 영국 내각과 프랑스도 역시 거절했다. 이에 따라 9월 24일 프랑스는 부분 동원령을 내렸고 체코슬로바키아는 이보다 이틀 앞서 총동원령을 내렸다. 9월 27일에는 영국 함대가 동원되고 비상 사태가 선포되었다.

뮌헨 협정 이 협정은 고데스베르크 제안과 거의 같은 내용으로, 독일 군이 10월 10일까지 수데텐을 완전 점령하고, 다른 분쟁 지역의 앞날에 대해서는 국제위원회가 결정하기로 했다. 뮌헨을 떠나기 전에 체임벌린과 히틀러는 평화 보장을 위한 협의를 통해 의견 차를 서로 해소하겠다는 희망을 밝힌 서류에 서명했다. 그러나 다음해 3월 히틀러가 체코슬로바키아의 나머지 영토를 합병하고 9월에는 폴란드를 침입해 2차 세계대전이 일어났다.

게 "체코 나머지 지역(체코슬로바키아 중 수데텐 지역과 슬로바키아를 제외한 영토)마저 붕괴시키기 위한 준비와 메멜란트(발트 해 연안의 지방으로 동프로이센에 속했으나 베르사유 조약으로 연합군에 할양된 적 있다. 현재는 리투아니아 영토)의 점령을 지시했다.

이 시기에 괴벨스의 사생활도 더욱 악화되었다. 마그다는 '휴전 기간' 동안 생각을 바꿀 기미를 전혀 보이지 않았다. 고열에 시달리고 "미칠 듯 가슴이 아픈" 괴벨스는 이 상황을 끝내야겠다는 굳은 결심을 하고, 그 자신에게는 "어떠한 길도 막혀 있었기 때문에"[317] 차관 한케를 중재자로 마그다에게 보냈다. 괴벨스에게 희미한 희망의 불빛이 보인 것은 1938년 10월 21일 베르크호프 산장에서 히틀러가 마그다와 대화를 나누면서였다.[318] 그로부터 이틀 후인 10월 23일 그녀와 히틀러, 괴벨스의 대화가 새롭게 이루어졌다.[319] 히틀러가 "국정상의 사유로" 그 결혼을 유지하기를 원한다고 분명히 말하자 마그다는 3개월의 시험 기간 동안[320] 남편이 절대적으로 올바른 태도를 보인다는 조건으로 이를 받아들였다. 그들 사이에 합의가 이루어지지 않을 경우에 괴벨스는 자신의 직책을 내놓아야 한다는 것이었다.[321]

동시에 리다 바로바에게 가해지는 압력도 더욱 심해졌다. 그 계기는 10월 말 쿠어퓌르스텐담 거리의 글로리아 팔라스트 극장에서 도스토예프스키 원작을 영화화한 〈도박자〉가 첫 상영된 일이었다. 7월에 괴벨스가 이 영화를 검열했을 때 그의 비평은 지나칠 정도로 긍정적이었다. "환경 묘사가 뛰어나고, 심리 묘사도 유능하다. 나는 깊은 감명을 받았다."[322]

이 영화에서 리다 바로바는 빚을 진 러시아 장군의 딸 역을 맡았는데, 그녀는 기대하던 유산 상속이 이루어지지 않자 가정교사에게서 위안을 얻으려 한다. 그런데 그 가정교사는 최후의 금덩어리를 가지고 도박장에서 10만 플로린을 딴다. 한 장면에서 그녀는 아버지에게 돈을 달라고 청

1938년 10월 1일, 뮌헨 협정에 따라 독일 군이 체코 수데텐 지역에 입성했다. 독일 혈통이 많았던 수데텐 지역 주민들은 독일 군을 열광적으로 환영했다.

하는데, 아버지는 다음과 같은 말로 일축한다. "너의 박사님에게 돈을 달라고 해라! 그가 나보다 돈이 많으니까!" 영화관에 꽉 찬 관객들은 이 순간 시끄럽게 휘파람을 불고 야유를 보냈다. 그러한 소동을 일으키도록 지시받은 자들은 "꺼져, 장관의 창녀, 꺼져라!"라고 외쳤다. 그렇게 연출된 소동은 영화 상영이 중단되어서야 끝났다. 이로써 영화는 실패하고 곧 상영 시간표에서 삭제되었다.[323]

리다 바로바는 신경쇠약에 걸렸다.[324] 게슈타포가 모든 행동을 지켜보는 가운데 그녀는 베를린 경찰청장 헬도르프의 지시에 따라 공적인 자리에서 완전히 물러나야 했다. 다시 한 번 할리우드와 과거의 끈을 되살려보려는 그녀의 계획조차 실패로 돌아갔다. 외국에서 스캔들이 폭로될 것을 두려워한 히틀러는 보좌관 샤우프를 시켜 그녀의 출국을 금지했다. 1938~1939년으로 이어지는 겨울에 마침내 그녀는 한 친구의 도움으로

11장 총통은 명령하고 우리는 복종한다! 599

프라하로 탈출하는 데 성공했다. 그렇지만 그곳에서도 그녀는 과거 때문에 많은 어려움을 겪었다.[325]

11월 7일 프랑스의 수도에서 전해진 소식이 괴벨스와 여배우의 스캔들로부터 사람들의 주의를 돌려놓았다. 가족이 독일에서 추방된 폴란드 유대인 헤르셀 그린츠판(Herszel Grynszpan)이라는, 절망에 빠진 한 젊은 남자가 1938년 11월 7일 파리에서 프랑스 주재 독일 대사를 권총으로 살해하려다가 대신 대사관 제3서기관 에른스트 폼 라트(Ernst vom Rath)를 쏜 것이다. 중상을 입은 라트가 병원으로 옮겨지자마자, 괴벨스는 라디오와 신문에 대대적인 보도를 내보내 '유대인 이민자 도당'과 '국제적인 유대인 범죄 집단'이 그 테러를 사주한 것으로 비난하도록 지시했다.[326] 〈민족의 파수꾼〉에서 그 목적이 분명하게 나타났다. 이에 따르면, 수천 명의 유대인이 아직도 상점가를 완전히 장악하고 있고, 유흥업소들을 가득 채우며, '외국인 집주인'으로 독일인 세입자들의 돈을 긁어모으고 있고, 외국에서는 그들의 '인종적 동지들'이 독일과 전쟁을 요구하면서 독일 외교관을 쏴 죽이고 있는 이 상황은 비정상적이다.[327] 몇몇 지역 나치 지도자들의 선동 후에 이미 11월 8일과 9일 쿠르헤센과 마그데부르크-안할트 관구의 몇몇 도시들에서는 반유대주의 난동이 일어났다(이는 선전부와 그 지국들의 사주로 보인다).

라트의 죽음이 유대인을 증오하는 자들에게 좋은 기회가 될 것이라고 걱정했던 많은 유대인들은 "그가 죽지는 말아야 할 텐데……."라고 대화를 시작하곤 시작했다.[328] 그러나 11월 9일 오후 외교관은 심한 부상을 이기지 못한 채 세상을 떠났다. 그 소식은 저녁 7시경 독일통신사의 공지를 통해 각 언론 편집국들에 알려졌다. 두 시간 정도 지나 그 소식은 당 수뇌부가 펠트헤른 강당으로의 진군(1923년 11월 9일 히틀러 쿠데타를 의미)을 기억하기 위한 연례 기념식을 마무리하고 있던 뮌헨 구 시청에 전

프랑스 파리에서 독일 참사관을 저격한 유대인 청년 헤르셸 그린츠판. 이 사건으로 독일 내에서 유대인 박해가 더욱 과격화되었다.

해졌다. 한 전령이 히틀러의 귀에 이 소식에 속삭이자 히틀러는 옆에 앉아 있던 괴벨스와 "매우 급박하게" 이야기를 나누었다. 그러나 그 대화는 아주 나지막한 목소리로 이루어졌기 때문에 바로 옆에 앉은 사람들조차도 무슨 말인지 알아듣지 못할 정도였다.329) 그 후 히틀러는 그 모임 장소를 떠났다. 무엇보다 뮌헨 협정이 자신의 계획을 무산시켰기 때문에 그는 획기적인 사건을 일으키려고 결심하였다. 그는 이미 괴벨스에게 상세한 지시를 내렸으나, 과거에 그랬던 것처럼 스스로가 '피의 훈장* 서훈자들'에게 이야기를 하지는 않았다. 일은 괴벨스가 맡았다.

저녁 10시경 괴벨스는 연단으로 뛰어올라 상심한 듯한 모습으로 그 외교관의 죽음을 알리고 곧바로 국제적 유대인들을 상대로 증오에 가득

피의 훈장(Blutorden) 1923년 11월 9일 뮌헨의 펠트헤른할레 진격에 참여했던 1,500명에게 히틀러가 1934년 3월 수여한 훈장. 1938년부터는 오스트리아와 수데텐에서 나치당적 때문에 구금을 당하거나 부상을 입은 자들에게도 수여했다.

한 장광설을 늘어놓았다. 여기서 그는 '국민의 증오'가 이미 시작되었다고 분명히 언급했고, 자연발생적으로 이루어지는 시위들은 당이 준비하거나 실행해야 하는 것이 아니며, 또 이와 반대로 당에 반대해 계획되어서도 안 된다고 덧붙였다. 그가 바로 얼마 전 히틀러와 협의했던 '행진 경로'가 지시되었다. 그것이 '제대로' 이해되었다는 점은 그 다음해의 당 내부 문건 하나가 입증하고 있다. 이에 따르면 "그 자리에 참석한 당 지도부는 모두 제국선전장관이 구두로 내린 지시를 밖에서 보기에 당이 사주한 것으로 보여서는 안 되지만 실제로는 이를 조직하고 이끌어야 한다는 의미로 받아들였다."[330] 이는 괴벨스가 6월에 이미 헬도르프에게 실행하도록 했던 전술과 같은 것이었다. 그 작전들은 각 관구 선전지국들이 이끌었다.

히틀러와 괴벨스는 광범위한 대중이 참여하는 포그롬*이 이루어질 시기가 무르익었다고 생각했다. 그리하여 11월 10일 새벽 전국에서 지옥을 방불케 하는 광경이 펼쳐졌다. 사복 차림의 돌격대원들은 유대교 회당인 시나고그(synagogue)로 몰려가 파괴하고 방화하였다(어떤 경우에는 심지어 히틀러유겐트도 참가했다). 유대인 상점들의 진열장이 깨지고, 설비와 전시품들이 거리에 내던져졌다. 그들은 약탈을 일삼으면서 거리를 누볐고, 유대인들을 침대에서 끌어내 폭행하고 살해했다. 2만 명 이상이 가축처럼 트럭에 실려, 다하우, 부헨발트, 오라니엔부르크의 수용소로 이송되었고, 대부분은 그곳에서 영영 돌아오지 못했다.

괴벨스는 11월 10일 정오 무렵 독일인들에게 그러한 가공할 사건 중

포그롬(pogrom) 러시아어로 '파괴' 또는 '학살'이라는 뜻. 종교적·인종적·민족적으로 소수인 사람들과 그들의 재산에 대해 군중들이 당국의 묵인이나 허가를 받고 가하는 공격을 말한다. 주로 19세기 말과 20세기 초 러시아에서 일어났던 유대인 박해를 가리키며, 히틀러 통치하의 독일과 폴란드 등에서 자행되었다.

1938년 11월 10일 '수정의 밤'에 불타고 부서진 유대인 상점. 괴벨스는 히틀러의 지시에 따라 대규모 유대인 박해를 도발하였다. 물론 이 일은 나치 당국과 전혀 상관없는, 시민들의 자발적인 폭력 행위인 것으로 포장되었다.

어떤 것들을 들려줄 것인지를 결정했다. 그는 방송과 신문에 보도 내용을 지시했다. 그는 여기저기에서 유리창이 박살나고 시나고그에서는 저절로, 혹은 알 수 없는 원인으로 화재가 일어났다고 축소, 왜곡했다. 괴벨스는 지나치게 크게 보도되어서는 안 된다고 보았다. 논평들은 "그 서기관의 피살에서 비롯한 자연발생적 반응으로 국민들의 이해할 만한 격분이 일어났다."331)라는 식으로 쓰였다. 괴벨스는 매일 오후 통상적으로 여는 선전부 기자회견에서 외국 특파원들에게, 그의 귀에 들려오는 유대인 재산이 약탈당하고 파괴되고 있다는 식의 모든 소문들은 "더러운 거짓말들"이라고 선언했다. 유대인들의 "머리털 하나도 건드리지 않았다."라는 것이다.332)

대부분의 해외 언론 특파원들은 그의 주장을 믿지 않았다. 그리하여 예를 들어 〈뉴욕타임스〉와 런던의 〈데일리 텔레그래프〉의 특파원들은 독일 수도에서 벌어진 포그롬에 대해 그들이 가까이에서 경험한 것을 상세하게 보도했다. 그들은 독일 국민의 반응에 대해 많은 사람들이 "유대인을 죽여라."라고 소리 질렀고 돌격대원들이 파괴를 마치고 나서 대도시의 폭도들이 상점을 약탈했다고 썼다. 그러나 그들은 "그 사건들에 대해 깊은 당혹감을 느낀" 다수에 대해서도 보도했다. 그러한 보도들은 독일 국내에서는 읽을 수 없었는데, 괴벨스가 이 신문들을 압수하여 독일 내 배달을 막았기 때문이다.[333]

그러나 그때까지 독일에서 벌어진 가장 잔인하고 가장 큰 규모의 포그롬을 보는 외국의 반응은 전체적으로 매우 소극적이었다. 미국 대통령 루스벨트(Franklin Delano Roosevelt, 1882~1945, 미국의 제32대 대통령(1933~1945))가 한 일이라곤 보고를 들으려고 대사를 소환한 것이 전부였다. 비록 뉴욕에서 시위가 벌어지기는 했지만, 이에 맞서 벌어진 나치의 독미 연맹의 반대 시위도 경찰의 보호를 받았다. 이 시위는 독일제국을 공산주의에 대항하는 요새로 칭송했다. 프랑스는 그 반유대주의 테러가 벌어진 지 4주 후에 독일 외무장관의 공식 방문을 최고의 의전 절차를 갖추어 치렀다. 그리고 독일 외무장관 리벤트로프와 프랑스 외무장관 보네(Georges-Etienne Bonnet, 1889~1973)는 독일-프랑스 공동성명을 내놓았다. 여기서 프랑스 정부는 무엇보다도 라인란트에서 독일의 행동(1936년 3월 히틀러가 로카르노 조약을 파기하고 라인란트의 재무장을 감행한 것)을 승인했고 유대인 포그롬에 대해서는 비판적 언급을 전혀 하지 않았다.[334]

유대인들에게 상황이 더욱 위험해진 것은, 영국 정부가 1939년 2월 유대인의 이민을 줄이기로 했고, 수에즈 운하 보호를 위해 필요한 아랍의 지원을 고려하여 유대인 국가 창설의 약속*을 약화시켰기 때문이었다. 이 때문에 유대인들의 팔레스타인 이주는 불법적으로만 이루어질 수 있었다. 이는 베를린에서 '유대인 문제'와 관련해 급진적으로 행동하는 세력에게 결국 다시 힘을 실어주었다.

이러한 사실은 유대인들이 보험에 가입해 있었기 때문에 파괴로 인해 독일의 보험업계 및 전체 경제가 부담을 지게 되었음을 깨닫게 되자 명확하게 드러났다. 그래서 '수정의 밤'* 이후 국민경제에서 '비 아리안들'을 제거하는 구체적 조치들을 시작하려 했다. 1938년 12월 선전부 내 국내언론국을 책임지고 있던 한스 프리체(Hans Fritzsche)는 나중에 뉘른베르크 국제군사법정에서 괴벨스의 당시 태도를 다음과 같이 증언했다. 괴벨스는 "우리는 때로 과격해야 한다."라면서, "유대인들을 경제계에서 제거할 수는 없다."라고 늘 주장한 경제장관 풍크에게 11월 9일에 폭동을 일으킴으로써 그것이 가능하다는 사실을 입증해야 했다고 말했다는 것이다.335)

수정의 밤 다음날 괴벨스는 총리청에서 히틀러와 점심 식사 자리에 참석했으며, 그곳의 참석자들 대부분이 "이 작전의 의미를 확신했다."336)라고 밝혔다. 우리가 괴링의 말을 믿는다면, 괴벨스는 베를린 관구장으로서 수도에 서주히는 부유한 유대인들을 겨냥하여, 각 관구들이 유대인들에게서 벌금을 거두어들여야 한다고 주장했다. 그에 반해 괴링은 '벌금'을 제국정부가 징수해야 한다는 입장을 보였다.337) 결국 히틀러는 괴

유대인 국가 창설의 약속 19세기 후반 팔레스타인에 유대 국가를 세우려는 '시온주의'가 시작되어, 1882년 최초로 시온주의자들의 정착촌이 세워졌으며, 1917년 영국은 벨푸어 선언을 통해 유대인 국가 건설을 지지했다. 영국이 1918년 팔레스타인을 점령하고, 1922년 국제연맹에서 위임 통치를 승인받아 정치적 책임을 떠맡게 된 후 이 정책은 중요성을 띠게 되었다. 1930년대에서 1940년대 초 히틀러의 박해로 유대인의 팔레스타인 이주가 늘어나면서 유대인과 아랍인의 관계는 점차 악화되기 시작했다.

수정의 밤(Kristallnacht) 수많은 유리창들이 산산조각 나서 거리에 수정처럼 흩뿌려져 있었던 데서 붙여진 이름. 최근 독일 역사학계에서는 이 이름이 이 사건을 미화 내지는 축소하고 있다고 보고 점차 '포그롬의 밤'으로 부르고 있다.

링에게 괴벨스도 포함하는 위원회를 설치할 것을 위촉했다. 그러나 위원회가 처음 모이기도 전인 11월 11일 이미 괴벨스는 경제장관 풍크와 전화 통화를 하면서 '총통 각하'가 괴링에게 유대인들을 경제계에서 완전히 배제하라는 명령을 내렸다고 전달했다.[338]

"유대인 문제"를 "어떤 방식으로든 해결하기 위하여"[339] 1938년 11월 12일 제국항공부의 커다란 회의실에서 괴벨스, 괴링, 경제장관 풍크, 재무장관 슈베린 폰 크로지크, 오스트리아 통상장관 한스 피슈보크(Hans Fischbock), 보안경찰 및 보안대 책임자 하이드리히, 치안경찰 책임자 달뤼게가 모였다. 처음에 4개년 계획(1936년부터 독일 경제와 군대를 전쟁 준비로 몰고 가기 위해 히틀러가 세운 계획) 책임자인 괴링이 풍크와 함께 포그롬 때문에 발생한 국민경제의 문제점들을 이야기했다. 그런데 곧 경제 문제에는 문외한인 괴벨스가 끼어들어 회의를 완전히 다른 방향으로 이끌어 갔다. 그는 유대인들에게 독일의 극장, 연주회, 버라이어티 쇼, 영화관, 서커스를 비롯한 모든 종류의 문화 행사에 입장을 금지하는 명령을 요구했다. 그외에도 괴벨스는 열차에서 유대인이 독일인과 같은 침대칸을 사용하는 일이 얼마나 허무맹랑한 일인지 열을 올리며 이야기했다.

그러므로 유대인을 위한 특별 칸을 설치하여 이 칸이 꽉 차면 유대인은 좌석을 요구할 수 없으며, 특별 칸도 독일인이 모두 좌석에 앉은 다음에야 얻을 수 있고, 유대인들이 독일인들과 섞이지 않도록 하고, 만일 좌석이 없다면 유대인들은 바깥의 복도에 서서 가야 한다는 내용을 담은 제국교통장관의 규정이 필요하다.

괴벨스의 거슬리는 행동 때문에 그를 조롱하던 괴링이 다소 반대 의사를 표명했지만, 그야말로 광적인 유대인 증오에 사로잡힌 괴벨스는 더 나아가 유대인들을 "독일의" 온천 및 휴양지, 유흥업소, 학교, 심지어 '독일의 숲'으로부터 사라지게 해야 한다고 주장했다. 그는 유대인들이 "떼를 지어" 어슬렁거리고 도발하는 베를린의 그루네발트 숲을 "끔찍한 예"로 들었다.

괴링은 계속 괴벨스를 비아냥대면서, 유대인을 위한 숲의 특별 구역을 설치하고 그곳에 유대인과 "빌어먹을 만큼 닮은" 짐승들(이를테면 코가 큰 사슴 등)을 풀어놓자고 제안했다. 그러나 괴벨스는 일기에서 자신이 괴링과 "훌륭하게" 협력했다고 썼다. 괴링도 "마찬가지로 강경하게 나왔다."는 것이다. 이러한 평가는 아주 틀린 것은 아니었다. 괴링이 대화를 다시 자신이 관심 있는 방향으로 이끌고 여기에 보험업계 대표 한 사람을 끌어들이고 나자, 보험회사들이 비록 포그롬에서 발생한 손해를 보상해야 하지만 곧이어 제국정부가 그 돈을 압수해야 한다는 결정이 내려졌다. 그외에도 유대인들에게는 '속죄금'으로 10억 제국마르크가 부과되었는데, 여기에는 재산이 5천 제국마르크 이상인 자는 누구나 참여해야 했다. 독일 내 유대인 재산은 50억 마르크로 추산되었으므로 그 '세금'은 총 재산의 20%였는데, 괴벨스가 보기에 이는 "아주 그럴듯하게 돈을 우려낸 것"이었다.[340] 회의 후 그는 "급진적 견해"가 승리했고 앞으로 '초토화'시킬 일만 남았다고 흡족하게 적었다.[341]

독일 경제에서 유대인을 배제하는 방안을 논의한 회의의 내용들은 그날 제국관보를 통해 포고되었다. 유대인 소유로 남아 있는 마지막 공장과 상점들은 "강제 아리안화"하기로 했는데, 그 공장과 상점들은 터무니없이 낮은 가격에 매각되고 매각 수입은 전쟁 중 독일제국이 몰수한 지불 동결 계좌로 들어가게 된다는 것이었다. 괴벨스는 그외의 조치로 유대인들이 연극, 음악회, 영화관, 전시회를 불문하고 그 어떤 문화적 행사에도 참석하지 못하도록 지시하였다. 그는 유대인들이 서커스에 가는 것도 "더는 허용되지 않는다."라고 밝혔다.[342] 다른 부처들도 그와 비슷한

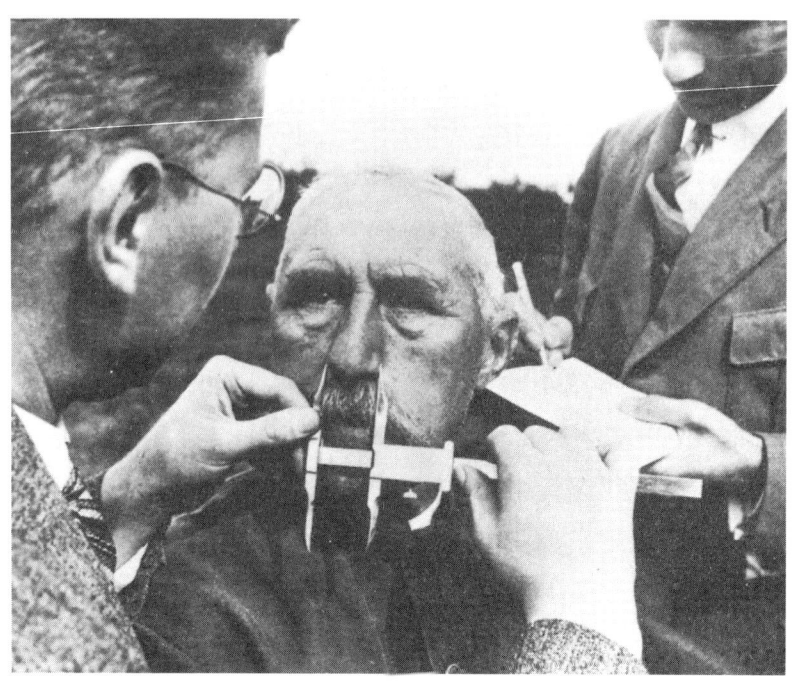

나지 관리들이 "혈통이 의심스러운 독일인"을 상대로 종족 검사를 실시하고 있다. "적절하고 균형 잡힌 외모의 독일인"과 구별되는 "커다랗고 보기 흉한 코"를 지닌 유대인을 골라내려고 캘리퍼스를 사용하고 있다.

조치들을 취했는데, 유대인 아이들은 학교 수업도 받을 수 없게 되었고 모든 유대인은 휴양지나 유흥업소 출입을 금지당했다. 1939년 초 괴링은 하이드리히에게 "제국 전역에서 유대인의 해외 이민 실행"을 위촉했다.[343] 괴벨스는 "이러한 추방 과정 후에 '가련한 유대인'들을 동정하는 쓸데없는 짓을 하는 자들은 과거에 유대인들이 독일의 문화 생활을 얼마나 깊이 좀먹어 들어갔는지를 전혀 모르기 때문"이라고 말했다. 그는 독일인들과 "국제적인 유대 문화라는 기생적 요소를 깨끗하게 분리하는 일"을 나치가 이루어냈다고 자찬했다.[344]

그러는 동안 "모든 민족들의 국제적인 적"을 대상으로 하는 괴벨스의 선전 캠페인은 계속되었다. 이를 위해 언론은 유럽의 공동 방어전선 구축이라는 암시를 걸었는데, 예를 들어 벨기에가 유대인의 이민 유입 감소를 요구했다거나 파리에서 '정화'를 요구하는 목소리가 커지고 있다거나 슬로바키아에서 유대인의 투표를 금지했다는 보도 등이 그러했다.345) 〈민족의 파수꾼〉에 실린 글에서는 그 선전 캠페인의 목표가 일목요연하게 드러났다. "그린츠판의 범죄는 이번에는 독일의 국경을 훨씬 넘어서, 한 건의 암살을 처벌하는 것이 문제가 아니라 죽음, 부패, 악의에 찬 증오만을 전 세계로 퍼뜨리는 페스트 소굴을 박멸하는 것이 문제라는 인식을 불러일으켰다. …… 알유다*는 지금 유럽의 심장을 호시탐탐 노리고 있다."346)

신들린 듯한 괴벨스는 '알유다'가 추구하는 "서구의 몰락"을 피해야 한다는 자신의 망상에 한 발짝 다가섰다. 독일 내 유대인에 대한 조직적인 권리 박탈과 차별이 시작되었다. 이러한 지점에서 유대인들의 물리적 멸종까지 생각하게 되는 지점까지는 (결정적인 한걸음이기는 하지만) 이제 겨우 한걸음밖에 남지 않은 상태였다.

그러나 처음에는 아직 이를 위한 조건이 무르익지 않았다. 이는 11월 19일 괴벨스의 격문이 잘 보여주는데, 여기서 그는 아직 이러한 행동을 거부하는 사람들이 있다는 점을 간접적으로 시인했다. 그리하여 신문 기사들의 마무리는 다음과 같은 경향으로 이루어져야 한다고 지시했던 것이다.

독일 민족이여, 그대는 이제 어떻게, 그리고 어디서 유대인들이 그대에게 해를 입혔는지 읽었다. 그대가 여전히 까다로운 민족 동지를 만난다면, 그가 아직도 이해하지 못하는 자이며, 늘 부정만 일삼는 자라는 사실을 알 수 있을

알유다(Alljuda) '범유대인'이라는 뜻으로 유대인을 하나의 조직적인 통일체로 파악하는 말. 유대인을 경멸적으로 일컫는 '유다'라는 용어를 더욱 악의적으로 쓰는 단어이다.

것이다. 그를 기억하라. 그들은 뒤에서 총통을 덮칠 자들이다.[347]

괴벨스는 11월 24일 기자회견에서 아직도 '불쌍한' 유대인이라고 말하고 기회만 있으면 이들을 변호하는 "일부 엄살 부리는 속물들"이 있다고 불평했다. "오직 국가와 당만 반유대주의적이어서는 안 된다."라는 것이다.[348] 괴벨스가 이를 강력히 비난하고 "민족"이 '총통'에게 충성을 맹세하게 하는 데 큰 성공을 거두었지만, '총통'과 '민족'이 '유대인 문제'에 있어 일치하도록 한다는 목표에는 그리 성공적이지 못했다. 이는 대부분의 독일인들이 포그롬을 히틀러의 작품으로 생각하고 싶어하지 않는다는 데서도 잘 나타났다. 그런 사람들에게는 정서를 무디게 하고 그들 자신의 생존 욕구를 최대화할 수 있는 장기간의 전쟁이 필요했다. 이를 통해서야 불가사의한 일도 가능하게 될 것이었다.

이렇게 전반적으로 악화되는 상황은 유대인 포그롬의 충격이 지배하는 가운데 히틀러가 11월 10일 뮌헨 쾨니히스 광장의 총통관(Führerbau)에서 행한 비공개 연설에서 새로운 선전 노선의 지침을 분명히 한 데서도 잘 드러난다.[349] 그는 선전 기구들의 최고 간부들인 괴벨스, 아만, 한케, 디트리히, 로젠베르크와 400여 명의 언론인과 출판인들에게 "평화주의의 레코드판은 모두 다 돌아갔다."라고 말하면서 지금까지의 "평화 선전"을 종결짓기를 원했다.[350] 히틀러는 '환경'이 자신으로 하여금 "수십 년간 거의 오로지 평화만 말하도록 강요했다."라고 말했다. 그러한 일은 분명히 "의심스러운 측면"이 있는데, 이 때문에 많은 사람들이 그 정권이 어떠한 상황에서도 평화를 유지하겠다는 결심과 의지를 언제까지라도 유지할 것으로 "너무 안이하게" 생각한다는 것이다. 이는 이 체제의 목표를 잘못 판단하는 것일 뿐 아니라, 이 때문에 무엇보다도 독일 민족이 앞으로 일어나는 사건들에 대비해 무장하는 대신, 장기적으로 보면 정권의 성공을 위협하는 패배주의로 빠지게 만들 것이다. 그러므로 독일 민족을 점차 심리적으로 변화시키고 무력을 동원해 관철해야 하는 일들도 있음을 점진적으로 알리는 일이 불가피하다. 이를 위해서는 폭력 그 자체를 선전하는 것보다는 독일 민족에게 구체적인 외교적 과정들을 해명하여 "민족의 내적 목소리가 스스로 천천히 무력을 요구하기 시작하도록" 해야 한다. "민족의 대다수 대중들의 두뇌에서 완전히 자동적으로 점차 확신이 생겨나도록 구체적인 과정을 설명해야 한다." 그 확신이란 "우리가 이를 선의를 통해 중단시킬 수 없다면 무력으로라도 중단시켜야 한다. 이런 상황이 결코 계속되어서는 안 되기 때문이다."351)

국민들을 이렇게 심리적으로 변화시키는 데에는 자신감을 불어넣는 것도 포함된다. 그리하여 괴벨스는 선전 선동에서, 독일이 강대국 지위를 다시 되찾게 되는 근거로 나치 지도부와 독일 민족의 '힘' 외에 국방군의 군사적 힘을 특히 강조하도록 하였다. 그는 11월 19일 대독일 제국의회를 위한 수데텐 독일인의 보궐선거 운동을 시작하면서 행한 연설에서 이러한 선전 선동의 틀을 제시했다. 그는 마치 '기적'처럼 보이는 일, 즉 제국이 역사상 "최악의 추락"으로부터 "세계 최강의 군사 대국"으로 복귀하는 일은 독일 민족이 "자신의 힘"을 자각하고, 나치가 "그야말로 탁월하게" 국정을 운영한 데 힘입은 것이라고 말했나. 그리고 그 비밀은 "올바른 일을 올바른 순간에" 행하는 데 있다는 것이다.352) 선전장관 괴벨스는 수데텐 독일인 청중들과 국민수신기를 통해 듣고 있는 청취자들에게 그들이 "위대한 강대국의 구성원"이라고 강력히 주장했다.

우리 제국이 5년 6개월 동안 엄청난 희생과 최악의 위험 속에서 건설한 국방군은 이제 여러분의 국방군이다! 오늘날 독일의 힘과 위대함의 자랑스러운 증거로서 전 세계 대양을 누비고 있는 독일의 전함들은 여러분의 전함이기도 하다. 이는 여러분의 힘과 위대함, 여러분의 자랑이며 여러분이 제국과 결속하고 있다는 증거이다.353)

'체코 나머지 지역'의 침공을 앞두고 물론 언론도 이러한 유형의 '교육 작업'을 수행해야 했다. 10월 19일 선전부는 언론 대표자들에게 "국방군의 대중성 강화"[354]를 위해 더욱 진력하라는 지시를 내렸다. 언론은 "지속적인 영향력 행사로 독일 민족이 자신의 힘과 군사적 수단에 대한 자신감"을 강화하는 데 이용 가능한 모든 수단들을 활용하고 언론의 모든 방법을 동원해야 한다는 것이다.[355] 이때 "전쟁의 참혹함과 개인의 고통을 보여주는" 묘사는 피해야 한다.[356] 그 대신 "전쟁 자체에 내재하는 영웅적 성격"과 "전사들의 자연스러운 승리의 기쁨"을 강조해야 한다.[357] 방송은 독일방송국과 베를린, 쾨니히스베르크, 함부르크, 프랑크푸르트, 빈, 브레슬라우의 제국방송사 소속 방송국들에서 송출된 '대독일 국경의 병영들' 같은 프로그램을 통해 군인과 국민들 사이의 "아름다운 동지애"를 촉진해야 한다.[358]

국민들을 전쟁에 대비시키는 가운데 당의 지도급 간부들은 선전장관의 결혼 생활이 위기와 그외 잡다한 이야기들에 관심을 쏟았다. 마그다 괴벨스는 에미 괴링에게 '악마' 같은 남편으로 인한 괴로움을 토로하였고, 괴벨스는 괴링에게 자신의 아내가 "얼마나 냉정한지"와 "그가 다른 친구들을 얼마나 필요로 하는지"를 늘어놓았다.[359] 수 년간 은밀하게 흉보던 일들이 이제 모두가 즐기며 "수군대는 스캔들"이 되었다.[360] 언제나 마그다의 호의를 얻는 데 성공했던 괴벨스의 차관 한케는 슈페어에게 "반은 신이 나서, 반은 화를 내며" 괴벨스가 예전에 젊은 여배우들을 어떻게 협박하곤 했는지 이야기했다.[361] 또한 그는 당과 예술가들이 괴벨스의 주제넘은 행동에 "예외 없이 격분"하고 있다고 전했다.[362] 전반적으로 한케의 말 속에는 스캔들의 진행 상황을 궁금해하는 호기심과 괴벨스가 '총통'의 신뢰를 악용하고 있다는 위선적인 분노가 뒤섞여 있었다.

선전장관은 모든 진영으로부터 업신여김과 조롱을 받았다. 그의 숙적 로젠베르크의 일기는 특히 생생한 증거를 제공한다. 그는, 괴벨스는 '고

름균'으로 1933년까지 "이 고름을 이지도르 바이스에게 뿌렸고" 그 다음에는 나치 간부들의 "깨끗한 조끼"에 뿌리기 시작했다고 독설을 퍼부었다.[363] 로젠베르크는 힘러와 마찬가지로[364] 괴벨스가 "나치에 심각한 윤리적 부담을 주고 있다."고 보았다. 여러 해 동안 여배우들뿐 아니라 많은 여직원들에게도 성관계를 강요했고, 그래서 "당내에서 도덕적으로 고립된" 괴벨스 장관에게 공공연한 경멸이 쏟아졌다(로젠베르크의 경우, 이는 그의 시기심을 터뜨릴 절호의 기회였다).

힘러는 히틀러에게 "독일에서 가장 증오받는 이 남자"를 가리켜 "예전에 우리는 여직원들을 유린한 유대인 사장들을 욕했지만, 이제 괴벨스 박사가 그런 짓을 하고 있습니다."라고 말했다. 힘러는 해당 여성들이 차례로 괴벨스 부인과 게슈타포에게 그들이 강요당한 일을 증언한 "십여 건의" 사례들을 로젠베르크에게 알려줌으로써 불에 기름을 끼얹었다. 힘러는 그중 몇몇 증언을 히틀러에게 전달했다.

그리하여 점점 더 큰 압력을 받고 있던 괴벨스가 자신의 주변에서 "서리처럼 차가운 분위기"를 느끼게 된 것은 놀라운 일이 아니었다. 그는 그 험담들에 대해 "귀를 막고 못 들은 것처럼"[365] 행동하려 했지만, 그의 스캔들에 참견하려고 했던 차관 한케와 자주 "이 사건의 수지스러움"을 이야기하고, 자신이 "이 일로부터 빠져나올 수 없다."라고 자포자기의 심정으로 쓰곤 했다.[366] "모든 과거를 잊고 싶다!"[367]는 희망은 많은 것을 말해준다.

11월 11일 마그다의 생일 축하는 "매우 조용하게" 이루어졌다. 그 상황에서 "왁자지껄한 홍겨움"을 즐길 이유가 전혀 없었기 때문이다.[368] 그러나 그의 적들이 괴벨스가 히틀러의 총애를 잃게 되었다고 어림짐작하고 기뻐한 것은 전혀 근거가 없었다. 히틀러는 11월 중순 슈바넨베르더의 괴벨스 부부 집에서 보란 듯이 이틀을 지내면서 카이텔, 브라우히치, 괴링과 면담을 했다.[369]

1938년 말 괴벨스의 상태는 또 한 번의 최저점을 맞았다. 마그다가 마지막으로 결정을 내리려 하고 있었고, 그 때문에 괴벨스는 정치적 경력에서 결정적으로 중요한 기간 동안에 그는 어느 때보다도 고립되었고 육체적으로나 심리적으로 붕괴하기 직전이었다. 1938년 12월 병원에서는 "심각한 신경 장애로 특히 위장이 심각하다."[370]라고 진단하였고, 드레스덴에서 불러들인 자우어브루흐 교수가 "곧 수술을 시작"하자고 할 정도로 고통이 심해졌다.[371]

괴벨스가 아직 병원에 입원해 있을 때 마그다는 히틀러와 다시 한 번 대화를 나누었고 그 대화 내용은 남편에게는 비밀로 했다. 아마도 이는 괴벨스가 유린하고 괴롭힌 여성들의 '증언'과 관련된 것이었을 텐데, 왜냐하면 그 후에 다시 그에게 "홍수 같은 비난"이 쏟아졌기 때문이다. 여전히 괴벨스는 마그다의 마음을 돌리지 못하고 있었다. 그녀는 괴벨스가 죗값을 치르도록 하려 했다. 그들의 드문 만남의 분위기는 대개 "묵직하고 암담했다."[372] 그리하여 괴벨스는 그녀가 이제 마음을 돌리지 않을 것이라는 인상을 받았다. 녹초가 된 선전장관이 이 상황에서 '민족의 성탄절'이라는 연설을 취소해야 했던 것은 또 다른 "광적인 소문들의 계기"가 되었다.[373]

괴벨스 가족은 궁내관 숙소에서 일기에 자신의 비참함을 적고 있는 괴벨스가 빠진 가운데, 그해의 성탄절 축제를 슈바넨베르더 빌라에서 보냈다. 그의 아이들, 그의 어머니, 누이동생 마리아와 1938년 2월 초 슈바넨베르더에서 마리아와 결혼한 악셀 키미히(Axel Kimmich), 그리고 헬도르프만이 괴벨스에게 잠깐 들렀을 뿐이다. 히틀러는 두 권의 책을 보냈는데, 그 책에 적은 글에서 괴벨스에게 변함없는 애정을 보였다. 새해를 맞이할 때도 상황은 별 진전이 없었다. 헬도르프가 유일한 방문자였고, 괴벨스는 마그다로부터는 '한마디도' 듣지 못했다.[374] 괴벨스는 그러한 암울한 분위기에서 다음과 같이 썼다. "참담하다! 이럴 때는 차라

1939년의 괴벨스와 마그다. 히틀러의 중재로 괴벨스가 영화배우 리다 바로바와 관계를 청산하고 가정에 충실하겠다고 맹세한 뒤 둘은 비로소 화해를 할 수 있었다.

리 목을 매고 싶다."[375]

그러나 괴벨스는 여전히 히틀러가 개인적으로 신년 연하장을 보낸 몇 안 되는 사람들 중 하나였다. 답장에서 괴벨스는 '매우 친밀하게'[376] 계속되는 어려운 상황을 묘사했고, 그 후 히틀러는 그를 오버잘츠베르크 산으로 초대했다.[377] 괴벨스는 1939년 1월 5일 그곳에 도착했다. 히틀러는 오랜 시간 동안 괴벨스와 대화하며 그 상황을 하루빨리 정리할 것을 거듭 촉구했는데, 이는 마그다가 계속 새로운 '추측들'을 늘어놓으며[378] 마음을 돌리지 않는 상황에서 괴벨스의 처지를 더욱 어렵게 하는 것이었다. 괴벨스는 자신이 "대가를 치러야 한다."는 사실을 분명히 깨달았다.[379] 그는 여기에서 탈출할 길이 있는지는 미래가 보여줄 것이라면서 아래와 같이 썼다. "나는 모든 것을 준비하고 있고 각오가 되어 있다. 이를 총통에게도 말했다."[380] 비록 히틀러가 최선을 다해 그를 돕겠다고 약속했지

11장 총통은 명령하고 우리는 복종한다! 615

만, 괴벨스는 1월 17일 "지독한 불안감에 가득 차"381) 베를린으로 돌아왔다. 마그다가 헤어지자는 주장을 굽히지 않는다면 사임하게 될 전망이었다.382)

남은 시간이 별로 없었기 때문에 괴벨스는 베를린으로 돌아와 발 빠르게 누이동생 마리아를 마그다에게 보냈고, 마그다는 괴벨스를 만날 용의가 있다고 전해 왔다.383) 1939년 1월 18일 오후 슈바넨베르더에서 부부의 대화가 있었는데, 그 대화가 끝날 무렵 괴벨스는 어쩌면 "그래도 아직 해결의 실마리가 있을지도 모른다."는 기대를 가졌다.384) 그와 마그다가 다음날 반쯤 합의했을 때, 괴벨스는 히틀러에게 처음으로 "해결을 위한 제안"을 내놓았다. 히틀러는 이에 동의하고 동참하기로 했다.385)

1월 21일 괴벨스는 베를린의 변호사 루돌프 딕스(Rudolf Dix)가 작성한 마그다의 계약서 초안을 받았다. 괴벨스는 추가 수정 없이 이를 수용했고, 당연히 히틀러의 '많은 좋은 충고들'도 귀담아들었다.386) 심지어 괴벨스는 "그를 개인적으로 좋아할 수밖에 없다."라고까지 썼다.387) 1939년 1월 22일 괴벨스 부부는 여전히 암담한 분위기에서 새로운 결혼 계약서에 서명했다. 괴벨스는 자포자기의 심정으로 다소 낙관적인 결론을 내렸다. "그러니까 이로써 이 문제는 형식적으로 마무리되었다. 최소한 새로운 시작인 셈이다. 그 시작은 어디로 가게 될 것인가? 지금 이 순간은 아무도 이에 대해 말할 수 없다."388)

1939년 1월 말 히틀러는 처음으로 공개적으로 자신의 진정한 외교적 목표를 천명했다. 1월 30일 그는 제국의회 연설에서 "우리 민족의 생활권 확장"을 이야기했다.389) 수데텐 독일인 문제의 해결이 자신이 유럽에서 내놓는 '마지막 영토 요구'라고 했던 1938년 9월의 약속390)과 달리, 체코슬로바키아 위기의 불씨는 계속 꺼지지 않고 있었다. 전쟁은 이제 시간 문제였다. 이런 상황에서 괴벨스가 선전하는 독실한 충성의 원칙을 위하여 자기 자신의 판단력을 포기하지 않은 소수의 사람들은 히틀러의 "세계 역사상 전무후무한 성공"에도 불구하고 감히 공공연하게 경고를 하고 있었다. 그런 사람들은 정권 입장에선 불편할 수밖에 없었다. 그들은 "품종 개량으로 저항력이 약화된 지식인들"로 히틀러와 괴벨스로부터 언제나 '마르크스주의자'나 '유대인'과 똑같은 취급을 받았다.391)

이제 그 골치 아픈 지식인들을 쓸어버리기 위한 총공세가 시작되었다. 공세는 1938년 11월 언론 대표들 앞에서 행한 히틀러의 연설로 시작되었는데,392) 히틀러는 여기서 이들을 "닭의 족속"이라고 모욕했다.393) 그리고 이러한 공세는 괴벨스의 1938년 송년 연설로 계속되었다. 국민들 대다수는 "여전히 소박하고 건전한 신앙의 능력"을 견지하여 "그들이 영혼을 모조리 바쳐 섬기고 이를 위해 강렬하고 용감한 심정으로 싸우는 모든 것이 실제로 가능하고 이루어질 수 있는 것으로 여긴다."면서, 이에 반해 특히 "불타는 이상주의적 심정보다는 깔끔하고 차가운 이성의 힘을" 더 믿으며 "여기저기서 악취를 풍기는 지식인들"394)에게서는 이러한 능력이 "어느 정도 퇴화되었다."라는 것이다.395)

이틀세 시작한 후 괴벨스는 2월 중 〈민족의 파수꾼〉에 실린 세 편의 사설에서 중상모략 캠페인을 계속해 나갔다. 2월 4일 〈우리가 대체 아직도 유머를 지니고 있는가?〉라는 글에서 지식인들에게 "위기의 순간에 한번 용감하게 두 손으로 자신의 심장을 움켜쥐고 위험을 직시할 힘이 없다."고 비판했다. "그들의 나약한 심장에는 뜨겁고 위대한 정치적 열정을 위한 자리가 없다."는 것이다. 그는 "우리 대도시의 으리으리한 거리들에 우글거리는 이 기생충 같은 구더기들", "이 무능력한 지식인들"로부터 "바보 취급을 당할" 생각이 없다고 밝혔다.396) 〈지식인〉397)이라는 글에서는 이 글이 "마치 폭탄처럼" 터지기를 기대한다고 했고,398) 1939년 2월 18일 〈똑똑이와 얼간이〉라는 기고문에서 다시 비난을 퍼부었다.

'지식인들'에 대한 괴벨스의 분노는 그가 언제나 유일하게 쓸모 있는 선전의 도구로 평가하던 수단이 그들에게는 먹혀들지 않는다는 자각으로부터 나온 것이었다.[399] 즉 선전에 관한 괴벨스의 신조는 문제들을 가장 단순한 공식으로 만들 수 있고 "그 문제들을 이렇게 만든 공식으로 끝없이 반복할 수 있는 용기를 지닌 자만이, 여론에 끼치는 영향력이라는 부분에서 장기적으로 궁극적 성과를 거둘 수 있다."는 것이었다.[400] 이에 반해 지식인들은 한 가지 주제를 자주 다룰수록 청중들은 점점 더 무관심해진다는 잘못된 견해를 가지고 있다. "만일 이를 언제나 새로운 측면에서 조명하고, 언제나 새로운 증명 방식을 찾으며, 자신의 관점에 대해 언제나 더 강렬하고 날카로운 논리를 동원할 수 있는 재능을 가지고 있다면, 청중의 관심은 결코 사라지지 않을 뿐 아니라 오히려 더욱 강해질 것이다."[401]

언론 역시 1939년 2월 '체코 나머지 지역'이라는 주제를 다시 여론의 관심사로 만들기 위해 바로 이러한 원칙을 따랐다.[402] 체코슬로바키아 대통령 에밀 하하(Emil Hacha)를 베를린으로 강제로 소환하기에 앞서 선전장관은 체코슬로바키아 내에서 일어난 소요 소식들을 아주 큼직하게 보도하라는 지시를 내렸다.[403] 적에게 겁을 주려는 계산까지 포함하고 있는 이러한 혐오스러운 선전은 그야말로 극적인 모습을 갖추었다. 독일통신사(DNB)의 보도들에서는 "슬로바키아에서는 이미 19명이 사망했다."라고 전했다. 그리고 '독일 아이들'에 대한 추행과 독일인에 대한 "체코 군의 테러" 상황을 보도했다.[404] 하하가 베를린에 도착한 3월 14일 신문의 큼지막한 표제들은 체코슬로바키아에 소련 정부가 개입하여 "붉은 지하 세계"를 무장시키고 있다고 밝히고 있었다. 또한 이글라우에서 50명이 다치고, 브륀에서 일어난 돌발 사태, 독일인 체육관 습격, 총격전, 체코 헌병들의 대검 난자 등 참혹한 사태들이 보도되었다.[405]

1939년 3월, 독일 군 부대가 체코의 프라하 광장을 지나고 있다. 수데텐 지역과 달리 프라하를 비롯해 '체코 나머지 지역'에서는 독일 군을 환영하는 인파가 없었다.

하하와 그를 수행한 독일의 정무장관 마이스너가 안할트 역에서 그들을 환영하는 의장대를 사열하는 동안, 히틀러는 독일 군 제8군단 일부와 친위대 경호부대 '아돌프 히틀러'로 하여금 녹일과 제코 국경을 넘어 요충지인 매리쉬-오스트라우를 점령하도록 했다.[406] 그 전해 슈슈니크처럼 하하도 괴벨스가 '역사적'이라고 선전했던[407] 한밤중의 협의 도중 히틀러가 퍼붓는 욕설과 괴링이 늘어놓는 프라하 폭격이라는 엄포를 견뎌내야 했다. 기절했다가 깨어난 하하는 "체코 민족과 그 땅의 운명을 믿음을 가지고 독일제국 총통의 수중에 놓는" "협정"에 서명했다.[408]

1939년 3월 15일 국방군은 소위 '체코 나머지 지역'으로 진군했고, 처음으로 독일인이 살지 않는 지역을 점령했다. 체코슬로바키아 국경에 도착한 히틀러는 (총통 사령부를 지휘하는 열혈 지지자 에르빈 로멜*의 의견에 따라) 호위 부대도 없이 프라하로 향했다.[409] 길가에서 히틀러에게 환호를 보내는 군중은 적었다. 흐라드신에서 히틀러는 그 나라가 이제 존재하지 않는다고 선언했다. 그 다음날 '보헤미아 및 모라비아 보호령*'이 선포되었다. 히틀러는 전 외무장관 콘스탄틴 폰 노이라트를 보호관으로 임명했다. 괴벨스는 일기에서 자신이 이 인사 조치를 대환영했다고 썼다. 그것은 "탁월한 해법"이라는 것이다. 노이라트는 "영리하고 필요할 경우에는 강경하며 외교적 훈련을 받았고 필요할 경우 매우 정중하다." 그리하여 그는 그 막중한 임무를 "의심의 여지없이 완수할 것"이라는 것이다.410) 그러나 슈페어의 회상에 따르면 괴벨스는 처음에는 "소심한 인물로 알려진" 노이라트의 임명을 강경하게 반대했다고 한다. 보호령에는 질서 유지를 위하여 강경한 조치도 필요하기 때문이다. 게다가 그는 자신들과 공통점이 하나도 없고 다른 세계에 속하는 사람이라는 이유를 들었다고 한다.411)

괴벨스가 곧바로 히틀러의 판단에 동의하게 된 것은 히틀러가 다시 '서방 금권정치'의 본질을 옳게 판단하여 그의 '본능적인 확실성'을 증명했기 때문이었다. 프랑스와 영국 정부는 3월 18일 처음에는 항의 각서를 보냈다. 카리스마를 갖춘 '총통'의 "절대적 침착성" 때문에 다시 회의와 우려에서 벗어난 괴벨스는 뮌헨 협정 파기에 대한 영국의 항의가 '별 볼일 없는 광고'와 "신경질적인 비명"에 불과하다는 히틀러의 평가에 동의했다. "독일 언론들도 이를 그런 식으로 다룰 것이다. 경멸해주면 그만이다."412)

선전장관 자신은 사설에서 그 협박(히틀러가 체코 대통령에게 퍼부은 협박)의 성공에 대해 비아냥거리는 우쭐함을 보이며, "역사적인 한 주"를 다시 '점검'해보았다. 그는 "실은 전혀 국가가 아니었던" "체코슬로바키아라는 꽤나 기묘한 국가 유사 조직",413) "한 시절의 국가", "베르사유(조약)의 그릇된 산물"이 단 하룻밤 사이에 해체되어버렸다고 썼다. "전 세계의 적대적인 거짓투성이 언론들에서 그 분야에 걸맞은 국민 선동가들이 더듬거리며 늘어놓는 병적인 장광설과 파렴치한 모욕들은 정치적 의미가 전혀 없으며" 더구나 전체적으로 보아 서구 민주주의 진영의 반응은 "전무한 것이나 마찬가지"라는 것이다.[414]

히틀러가 베를린으로 돌아온 다음날 신문들에게 "전 세계적인 선동"에 맞서 "매우 강력한 방어 캠페인"을 지시했지만,[415] 독일의 지도층은 전체적으로 별로 동요하지 않았다. 그러한 사실은 이미 바란도프에 있는 프라하 영화 스튜디오들을 확보한 괴벨스가 계획하고 있는 지중해 동부 지역 여행을 히틀러가 허가했다는 점에 비추어보아도 알 수 있다.[416]

히틀러가 괴벨스의 실각을 막았기 때문에 당시 괴벨스는 지도급 간부들 사이에서도 다시 자신 있게 나설 수 있었다. 2월 말 뮌헨에서 열린 당 파티에서 로젠베르크는 괴벨스가 "사람들이 자신에게 맞는 방식대로 살도록 허용해야 한다."라고 말하는 것을 들었다.[417] 그는 "여자들과의 스캔들"은 너무도 자연스러운 일이므로 전혀 위험하지 않다고 느꼈다. 그는 공공연하게 이를 고백했다. 더구나 그는 왜 자신이 뮌헨 속물들의 허

로멜(Erwin Rommel, 1891-1944) 1910년 육군에 입대해 1차 세계대전에 소위로 참전하였다. 전후 나치 운동에 흥미를 가지게 되었으며 이에 히틀러의 호감의 시 경비대장이 되었으며, 나치 독일의 국방군을 지휘하여 빈, 프라하, 바르샤바 등을 침공함으로써 2차 세계대전의 문을 열었다. 2차 세계대전이 발발하자, 1940년 기갑사단장으로 프랑스 전선에서 활약하였으며, 1941년 북부 아프리카에서 교묘한 작전으로 영국 군을 괴롭혀 '사막의 여우(the Desert Fox)'라는 별칭을 얻었다. 그러나 가중되는 보급의 어려움으로 지친 부대를 철수하게 해달라는 로멜의 요청을 무시하고 1942년 여름 히틀러는 카이로와 수에즈 운하에 대한 공격 명령을 내렸다. 로멜이 이끈 독일-이탈리아 군은 이집트의 엘알라메인(알알라마인)에서 영국 군에 의해 저지되었다. 결국 북아프리카에서 철수해야 했고, 그 뒤는 서부 전선의 지휘를 맡았다. 1944년 독일 방위군 총사령관으로 작전 지휘 중 부상당하여, 병원에서 요양 중에 히틀러 암살 미수 사건에 관련되어 히틀러의 명령에 따라 자살하였다.
보헤미아 및 모라비아 보호령 1939~1945년 소위 '체코 나머지 지역'에 설치된 독일제국의 위성국가.

위 도덕 앞에 굽혀야 하는지 수긍할 수 없었다.[418] 나아가 괴벨스는 그의 뻔뻔함 때문에 할 말을 잃은 청중들 앞에서 히틀러는 "1924년 이 점을 숙고해야 했는데(히틀러가 겔리 라우발과의 관계로 나치당 내에서 구설수에 올랐던 일을 뜻한다), 그렇지 않았다면 그 당시 다른 정당을 찾았을 것"이라고 말했다.[419]

괴벨스 부부가 따로 여행을 떠난 일 때문에 사람들은 곧 다시 수군거리기 시작했다. 그가 3월 30일 베를린에서 발칸 지역으로 떠났을 때, 마그다는 거의 3주 전부터 이탈리아 남부와 시칠리아를 여행하고 있었다.[420] 알베르트 슈페어 부부가 시칠리아와 고대 도시인 세게스타부터 시라쿠사, 셀리누스, 아그리젠토, 카스텔 델 몬테, 파에스툼, 폼페이를 거쳐 로마로 가는 여행에 그녀를 초대했던 것이다. 여기에는 토라크, 브레커, 브란트 부부도 참가했다. 괴벨스의 차관 카를 한케도 여기에 참석하고 싶어 갖은 노력을 기울였다.

한케는 점점 마그다의 신뢰를 얻을 수 있었다. 때문에 그와 괴벨스의 관계가 소원해지는 것은 어쩔 수 없는 일이었다. 당시 한케의 여러 발언들은 자신의 상관에 대한 거리감을 드러냈는데, 더구나 괴벨스는 다시 그를 자신의 스캔들에 끌고 들어가려 했던 것이다. 1938년에서 1939년으로 넘어갈 무렵 한케가 괴벨스 앞에서 보고를 할 때면 "분위기가 냉랭해"졌는데,[421] 마그다 괴벨스를 얻으려는 한케의 노력(그는 그녀에게 연서를 "퍼부었다고" 한다)이 완전히 실패하지만은 않았기 때문에 더욱 그러했다. 그러나 결국 마그다 괴벨스는 한케에게 거리를 두었다.[422] 6명의 아이를 가진 어머니로서 1939년 어머니의 날에 히틀러가 만든 어머니 훈장을 베를린-슐라히텐제 지부로부터 수여받게 되는 마그다로서는 자녀들을 생각할 때 한케와의 미래가 너무도 불확실한 것이었다.

이 무렵 괴벨스는 스스로 마음을 풀어보려고 애썼다. 그는 '아리안 문화의 요람'인 아크로폴리스에 들르고, 파르테논 신전을 보았으며, 로도스의 구시가를 돌아보았다. 그는 그 여정에서 '주인 민족'이 여기에 사는 사람들을 '이용'하여야 하며 그러지 않으면 이들은 "쓰레기투성이가 될 것"이라고 썼다.423) 4월 6일 그는 항공기로 카이로로 갔다. 여기서 그는 국립박물관, 내성(內城), 기자의 피라미드와 같은 관광 코스를 따라 여행했다. 그러는 동안 독일에서 '총통 각하'는 그 다음 희생양인 폴란드에 집요하게 접근하고 있었다. 괴벨스는 상황이 급박해지면 히틀러가 자신을 다시 불러들일 것이라고 스스로를 안심시켰다. 그 여행의 마지막 기착지는 이스탄불이었는데, 그는 여기서 명승지들 외에도 독일 군인 묘지를 방문하여 제국의 과거의 영화를 돌이켜보았다.

괴벨스가 히틀러의 50살 생일을 축하하는 호화로운 축제에 맞춰 수도로 돌아왔을 때, 전쟁의 징후가 뚜렷했다. 히틀러는 단지히 '문제'를 거론하려고 외무장관을 폴란드 정부에 보냈다. 소련에 대한 공동 대처에 폴란드 정부를 끌어들이려 한 것은 그의 전쟁 계획의 핵심이었지만 주효하지 못했다. 폴란드 정부는 이를 한마디로 거부했다. 무엇보다 폴란드 외무장관 요제프 베크가 품고 있던, 폴란드의 은밀한 강대국의 꿈은 대독일 곁에서 보조적 동반자 역할을 맡는 것으로는 이룰 수 없었기 때문이다. 이렇게 된 이상 히틀러가 동부에서 '생활권'의 목표를 이루려면, 폴란드를 "쳐부수는 일" 말고는 다른 방도가 없었다.

괴벨스가 '총통 생일'의 민족 축제 전날 저녁 라디오에서 한 연설은 그가 또다시 충분한 정보를 얻지 못하고 있다는 인상을 불러일으켰다. 그는 운명을 두고 싸우는 한 민족이 "그때 그때 현기증을 일으키는 사건들의 전개" 과정에서 그 상황과 나아갈 방향과 목표를 분명히 알기 위해 놓아야 하는 '버팀목들'을 이야기했다. 그리고 여느때처럼 히틀러를 민족의 맹목적이고 흔들리지 않는 믿음을 누릴 만한 충분한 가치가 있음을 보여준, 위대한 정치가이자 역사적 천재라고 미화하였다. 히틀러는 "마치 기적처럼, 우리들이 거의 해결이 불가능할 것이라고 믿고 있었던 중부 유럽의 문제에 궁극적 해법을 도입했다."는 것이다.[424] 목표 설정의 '상상력'과 나아갈 길의 '현실주의'는 히틀러에게서 "역사에서 드물게 나타나는 독특한 조화"를 이루고 있다.[425] 그리하여 독일 주변에 사는 오스트리아와 수데텐의 독일 민족들이 영혼의 고통을 겪게 되자, 히틀러는 "더 드높고 본능적으로 확고한 통찰력의 기반 위에서" "실천적 현실성을 가진 평화"를 창조할 수 있었다고 하였다.[426]

알베르트 슈페어는 1937년부터 낡은 베를린을 거대한 수도 '게르마니아'로 재건하고 있었다. 1939년 4월 20일, 새로운 수도를 위해 완공된 첫 번째 대로인 동서축 대로*에서는 괴벨스가 주장하는 "실천적 현실성을 가진 평화"가 무엇을 의미하는지 분명하게 드러났다. 히틀러는 제국 무대미술가 베노 폰 아렌트가 세운 으리으리한 세트 앞에 전대미문의 규

동서축 대로(Ost-West-Achse) 베를린의 브란덴부르크 문에서 개선탑에 이르는 대로. 과거에는 샤를로텐부르거 쇼세 거리, 현재는 '6월 17일 거리'로 불린다.
몰트케(Helmuth von Moltke, 1800~1891) 근대적 참모제도의 창시자이며 대(大)몰트케로 불린다. 덴마크의 귀족 출신으로 1822년 프로이센 군대에 들어가, 1858년에 참모총장이 되었다. 전략의 천재로서 대(對) 덴마크 전쟁(1864), 프로이센-오스트리아 전쟁(1866) 및 프로이센-프랑스 전쟁(1870~1871)을 지휘하여 승리를 이끌었다. 그는 참모본부를 단순한 군사기술 기관에서 탈피시켜 군대의 중추가 되도록 하여, 통수권의 독립을 주장하였다. 이로 말미암아 정치적 고려에서 작전에 개입하려 한 비스마르크와 대립하였다. 1870년에 백작(伯爵), 1871년에 원수(元帥)가 되었다.
론(Albrecht Theodor Emil von Roon, 1803~1879) 1821년 군에 입대하여 1859년 중장으로 승진하였고, 군제개혁위원회에 참여하였다. 1859년 말 육군장관이 되었으며 참모장 몰트케 등의 지원을 받아 군제(軍制)개혁을 추진하여 군의 근대화에 주력하였고, 국민의 반대에도 불구하고 강제징병제를 확충하였는데, 이것이 대(對)오스트리아 전쟁과 대(對) 프랑스 전쟁을 승리로 이끄는 원동력이 되었다. 1861~1871년 해군장관을 겸하였고, 1871년 백작, 1873년 원수가 되었다. 또 비스마르크의 뒤를 이어 프로이센 총리가 되었으나, 1873년 11월 건강 때문에 사임하였다. 보수적인 국가주의자로 비스마르크, 몰트케와 함께 독일제국 건설의 세 영웅으로 일컬어진다.

1939년 4월 20일, 히틀러의 50번째 생일 축제에서 무장 군 병력이 총통과 외국 사절들 앞을 행진해 지나고 있다. 괴벨스는 이날의 축하 행사를 르포 영화로 제작해 우파 영화사의 '주간 뉴스' 특별판으로 방송했다.

모로 군 사열을 연출하게 했다. 아렌트의 기획에 맞춰 호화로운 거리 양편에 늘어선 거대한 기둥들 위에 발톱으로 승리의 화환을 움켜쥔 주철 독수리들이 앉아 있었다.

기술적으로 탁월하게 무장한 군 병력은 다섯 시간 동안 충격과 함께 깊은 인상을 받은 외국 외교 사절들 앞을 지나쳤다. 히틀러는 리벤트로프에게 위촉하여, 이 기회에 외국 하객으로 "비겁한 민간인들과 민주주의자들을 가능한 한 많이" 초대하여[427] 그들에게 겁을 주려 했다. 경악을 불러일으키는 그 행사가 진행되는 동안 특별석에 앉은 괴벨스의 눈은 비스마르크, 몰트케*, 론*의 '제2제국' 개선탑이 새로 자리 잡게 된 그로서슈테른 광장을 내려다보고 있었다. 태양이 황금빛 승리의 여신을 비추어 번

쩍거리는 광채를 낼 때 선전장관은 이를 또 다시 "경이로운 징후"428)로 해석하면서 자신을 만성적으로 괴롭히던 앞날에 대한 불안감을 몰아내려 했다.

군국주의적 군사 사열은 우파 영화사의 주간 뉴스 특별판에서도 중요하게 다루었다.429) 이 주간 뉴스는 괴벨스가 히틀러 생일을 위해 제작을 위촉한 것이었다. 괴벨스는 이 기록 영화의 '비장품(秘藏品)'이 "기강과 움켜쥔 힘의 분위기"를 대다수 국민에게 전달하고 그들의 눈과 감성을 사로잡아야 하며 시대정신을 분명히 드러내어야 한다는 기준을 제시했다.430) 여기에서는 정치인인 히틀러의 이미지에 군대를 사열하는 미래의 야전사령관의 이미지가 겹쳤다. 그 자신이 선발한 카메라맨 12명이 4월 19일과 20일 공식 행사들에서 총 9킬로미터 길이의 필름을 찍었고, 편집 작업을 거쳐 주간 뉴스를 위한 최종본으로 그중 20분의 1의 필름이 남았으며, "몇 시간에 걸친 점검" 끝에 선정된 장중한 클래식 음악이 배경에 깔렸다. 이를 통해 "괴벨스식 선전 기술의 걸작"이 탄생했다.431) 이 주간 뉴스가 최고 등급, 특히 '국민교육적'이라는 등급을 획득한 것은 자명한 일이었다. 괴벨스는 이 영화가 국민 교육에서 초등학교 뺨치는 교육적 효과를 가지고 있다고 썼다.432)

그렇게 거창하게 선전된 '세계 최강 국방군'은 히틀러가 줄기차게 추구하는 대 폴란드 전쟁에서 독일인들에게 자신감을 불어넣어야 했다. 4월 3일 이미 히틀러는 국방군에게 폴란드와의 전쟁을 지시했다. 어느 초기 메모를 보면 1939년 9월부터 군사 작전 실행이 "언제라도 가능해야 한다."라는 히틀러의 지시를 알 수 있다. 영국이 폴란드에게 상호 군사 원조를 보장했기 때문에 히틀러는 이번에는 더 큰 '판돈'을 걸어야 한다는 사실을 분명히 알고 있었다. 그렇지만 히틀러는 4월 28일 연설에서 1934년 폴란드와 맺은 무력 포기 공동선언을 파기하고 당시 '최종적'이라고 표현했던 1935년 영국과의 전함 협정을 파기할 것이라고 밝혔다. 또 이와 함께 경이롭다는 표현을 써 가며 영국에 대한 공격을 주입시키고 폴란드에게는 협상 의지를 보였다.

괴벨스는 히틀러의 지시에 따라 의식적으로 선전을 영국에 집중했다. 그는 '포위'라는 핵심 용어를 사용하면서 독일 국민에게 이른바 위협을 방위하는 데 필요한 수세적 노선보다는 히틀러의 공세적 노선을 '집중 조명'했다. 그리고 이를 독일 영토가 지정학적으로 불리한 중간 위치에 있기 때문에 적들의 압박에 넘어간다는 전통적인 콤플렉스와 결부시켰다.[433] 괴벨스는 "영국이 매우 분주한 외교 활동을 통해 독일 주변에 설치하려고 하는 고리는 오로지 독일제국의 부상을 억누르고 이를 통해 유럽에서 그 악명 높은 세력 균형을 재건하려는 목표 외에는 없다. 영국은 자국의 행운과 안보가 본국에서나 세계제국에서나 여기에 달려 있다고 여기고 있다."라고 썼다.[434]

1939년 5월 독일과 이탈리아 사이의 '철의 동맹(강철조약)' 체결과 함께 전선이 더욱 명확해지자, 그는 영국인들에게 이를 그들의 '포위 정책'에 대한 대응으로 묘사했다. 영국의 포위 정책에 반대해 독일과 이탈리아에서 "1억 5천만 명의 블록"이 들고 일어났으며, 이들은 모든 힘과 자원을 총동원하여 민족의 생존을 지켜내겠다는 의지와 결의로 가득차 있다는 것이다. 괴벨스는 적들의 포위 전선은 이러한 블록과 동등한 그 어떤 것도 만들 수 없다고 주장했다.[435]

괴벨스가 1939년 초여름 영국의 '포위자들'에 반대하는 장문의 기사 세 편에서 전개한[436] 선전에서는 '반자본주의'가 또 다른 중심 논리였다. 이는 바로 무력하고 굶주림에 시달리지만 건전한 빈자(貧者)들이, 풍요와 권력을 누리며 살지만 타락한 유산계급에 맞서 벌이는 투쟁의 논리였다. 여기에는 괴벨스 자신의 개인적 삶의 경험에 기초한 뿌리 깊은 증오가 반영되어 있었는데, 그동안 히틀러의 친영국 노선은 그러한 선전을 금지해 왔다.

그리하여 괴벨스는 독일과 영국의 분쟁을 결국 사회적 투쟁으로 만들었다. 그는 토지를 소유한 영국 금권정치가들이 세력 균형 원칙을 조종하고 있는데 이 때문에 '프롤레타리아적 민족들'은 정의를 누릴 수 없다고 적었다.[437] 대영제국처럼 이미 "세계제국을 조립하고"[438] 주머니가 두둑하다면, 독일이나 이탈리아와 같은 "빈털터리"보다는 도덕적이기 쉽다는 것이다. 괴벨스는 부자는 결코 빵을 훔치겠다는 생각도 해본 적이 없겠지만, 굶주리고 빵을 살 돈이 없는 영락한 자는 그러한 생각을 하게 된다고 단순화하여 둘러댔다.[439] "유럽의 나이 든 도덕적 아주머니"인 영국이[440] 히틀러의 독일이 인도주의, 문명, 국제법, 신뢰 등을 위반하고 있다고 비난할 때, 이는 자신의 참된 정치적 동기를 "도덕적 수사로 뒤범벅된 상투어" 뒤에 숨기고 있는 것이다.[441]

리벤트로프의 충고에 따라 "영국 없이, 필요하다면 영국에 적대해서라도, 그러나 가능하다면 여전히 영국과 함께"라는 노선을 밟아 가던 히틀러는 괴벨스의 증오에 때때로 제동을 걸어야 했다. 여기서 중요한 것은 위협과 화해 의지를 꼼꼼하게 뒤섞어 곧 일어날 폴란드 침략에 영국이 개입하는 것을 막는 일이었기 때문이다. 그러나 1939년 6월 17일 단치히의 관구 문화 주간이 끝날 때는 이러한 지침이 적용되지 않았다. 괴벨스는 전쟁 직전에 유일하게 행했던 그 연설에서 영국 정부의 반응을 시험하러 도발해야 했고, 폴란드 문제에서 미리 압박을 가해보아야 했다. 그 연설은 이 목적에 걸맞게 신문들에 대대적으로 보도되어야 했다. 사전에 신문 편집인들에게는 비밀 메모가 전달되었다. "토요일인 내일 저녁 단치히에서는 중요한 정치적 사건이 일어날 것이다. …… 단치히의 행동은 일요일 신문들의 톱기사로 크게 다루어져야 한다. 이는 단치히 문제 결정 등에 있어 국제 사회의 분위기를 시험해보는 최초의 실험용 기구(氣球)이다."[442]

히틀러는 이런 일에 괴벨스보다 적절한 사람은 없다는 것을 잘 알고 있었다. 그러나 선전장관은 6월 17일 저녁 국립극장 발코니에서 행한 연설에서 자신의 위기 의식을 거침없이 터뜨렸다. 대중의 히스테릭한 환호성을 이끌어낸 그 "거친 연설"443)에서 괴벨스는 "하룻밤 사이에" "국제적 골칫거리"가 되어버린 단치히를 제국에 다시 귀속시켜야 한다고 요구했다.444) "한 민족, 한 제국, 한 총통", "우리는 제국으로 돌아가리라!", "독일, 모든 것 위의 독일", "유대인과 폴란드인, 그들이 단치히를 원한다." 같은 용의주도하게 준비된 구호들이 몇 분 동안이나 운율을 맞추어 계속되면서 그의 연설을 중단시키곤 했다. 괴벨스는 이른바 영국의 '포위 시도'를 위협적으로 밝혔다.

> 영국 외무장관 핼리팩스 경(Lord Halifax)이 며칠 전 상원에서 밝혔듯이, 영국 정부는 단치히 문제를 우호적 협상으로 해결하려고 한다. 그러므로 영국 역시 폴란드 정부에게 백지 어음을 제안하였고 지금은 1914년 정책을 재개하기 위해 독일제국과 이탈리아를 고립시키려 하고 있다. 그러나 그들이 허약하고 무기력하고 부르주아적인 독일을 생각한다면 오산이다. 나치의 제국은 허약하지 않고 막강하다! 그는 무기력하지 않고 오히려 현재 세계 최강의 국방군을 보유하고 있다! 그리고 그는 비겁한 부르주아에 의해 통치되는 것이 아니라 아돌프 히틀러에 의해 지배되고 있다.445)

영국 신문들이 격분하는 반응을 보였지만 히틀러는 전쟁 준비에 한 치도 흔들림이 없었다. 6월 하순 국방군 최고사령부는 공격 계획을 내놓았다. 그 직후 히틀러는 바이흐젤 강 하류의 교량들을 점령하기 위한 작전 계획을 수립하라는 명령을 내렸다. 마침내 1939년 7월 27일 단치히 정복 명령이 떨어졌다. 대폴란드 전쟁 준비를 엄호한 선전 선동은 '온건'과 '자중'을 최고 규율로 내세웠는데,446) 이는 "민족의 열정을 불러일으키는 일"이 지나치게 "무거운 분위기"447)를 조성할 수 있기 때문에 이를 피하려는 것이었다.448) 돌발 사태들에 대한 신문 보도는 단지 두 번째 페이지에 선정적인 제목 없이 나뉘어 실렸다. "단치히 문제"도 마찬가지로 "뒷전으로 물러나야" 했다. 전체적으로 보면 "이 문제는 약한 불로 계속 끓도록 한다."449)라는 방침이 적용되고 있었다.

이러한 상황에서 강대국의 비전을 표현하는 폴란드의 강한 어조들은 괴벨스에게 좋은 빌미를 주었다. 폴란드의 연사들이 독일은 과거 폴란드의 위성국가였던 프로이센으로부터 탄생한 나라라고 주장하거나, 폴란드 신문들이 동프로이센은 본래 폴란드 공화국의 봉토였고 포메른 지방 전체가 피아스트 왕조(10세기~12세기 폴란드의 왕조)에 통합되었던 일부분이었다고 쓸 때,450) 괴벨스는 이를 '과대망상'에 빠진 보도라면서 단박에 독일 언론의 편집진에 넘겼다. 괴벨스는 폴란드의 반응을 바탕으로 "완전히 엉망진창이 된 폴란드 국수주의"451)라고 쉽게 비난할 수 있었다. 〈바르차프스키 드치에니크 나로도프이(Warszawski Dziennik Narodowy)〉 신문이 적은 것처럼, 독일이 유럽에서 추구해 온 제국주의적 팽창 정책을 막기 위해 하필 폴란드인들이 1933년부터 최초의 군사적인 둑을 건설하고 있는 것에 대해, 괴벨스는 "굉장한 유머"452)라고 비꼬면서, 거만하게 되물었다. "쿠오바디스, 폴로니아?"453)

히틀러가 유럽을 상대로 전쟁을 벌이려 하던 그해 여름, 호화롭게 신축한 헤르만 괴링 20번지 장관 관저가 괴벨스에게 넘겨졌다. 이 계획은 1937년 여름에 시작된 것이었다. 괴벨스는 당시 재무장관 슈베린 폰 크로지크에게 히틀러가 슈페어가 이끄는 베를린 재개발 작업의 일환으로 괴벨스의 관저도 역시 새로 짓는 것을 염두에 두고 있다고 전했다. 괴벨스는 계속해서 이를 위해서는 관저에 인접해 있는, 블뤼허 궁전의 미국 소유 건물 전체와 제국식량부에 속하는 정원도 다시 꾸며야 할 필요가 있다고 썼다.454)

베를린 시립오페라 신축 건물 설계로 괴벨스와 히틀러를 열광시켰던[455] 건축가 파울 바움가르텐(Paul Baumgarten) 교수는 낡은 건물 철거를 포함한 관저 신축 비용을 200만 제국마르크로 계산했다. 괴벨스는 자신에게 "부과되는 외교적 대표 업무들이 계속해서 늘어나고 있기 때문에 건물을 인색하지 않게 꾸밀 필요가 있다."라는 논리를 펼쳤다.[456] 재무장관 슈베린 폰 크로지크는 신축 계획에 "원칙적으로" 찬성하였지만, 그 액수가 "토지 매입 비용이 따로 들지 않고 내부 인테리어는 아직 계산에 들어가지도 않았다는 점을 고려할 때 지나치게 높게 산정되었다."라는 "매우 심각한 의구심"을 내비쳤다.[457] 이에 대해 괴벨스는 이 프로젝트의 본질적인 변화를 용인하지 않을 것이며 "특히 최상급 재료들만을 사용해야 한다."[458]라고 답변했다.

내부 인테리어에 대해 장관의 요구는 끝이 없었는데, 이 때문에 신축 공사의 전체 비용은 1939년 2월 말(1939년 1월 5일 상량식이 있었다) 이미 250만 제국마르크였고 점점 더 늘고 있었다. 대외적 용도로 쓰일 공간들의 실내 장식 비용은(이는 뮌헨의 공방협회가 맡았다) 20만 제국마르크가 늘어나 54만 제국마르크가 되었고, 위층의 실내 장식 비용도 40만 마르크로 두 배가 되었다.[459] 특히 문 장식을 위해 700킬로그램의 동이 사용되었다.[460] 루이 16세 스타일의 대리석판을 단 장미목 장롱은 3만 마르크, 18세기 전반기의 오뷔송 양탄자는 28만 3,450마르크[461]였고, 총 300여 명을 위해 필요한 식탁, 자기 그릇, 유리제품, 여타 가재도구들도 빠져서는 안 되었다.[462] 모든 필요한 물품들을 위해 소요되는 약 15만 제국마르크에 대해 제국재무부 관계자들은 "심각한 회의론"을 제기했다. 그들은 "1938년 예산년도가 되어야 100~500명을 위한 은, 식탁보, 자기 그릇 등의 마련을 위한 특별비가 승인될 수 있다."[463]라는 점을 지적했다. 제국재무부는 이를 철회하라고 주장했고, "이러한 새로운 특별 지출을 피하기 위해" 이미 있는 물건들을 장관 새 관저에서도 이용할 것

을 요청하면서, 괴벨스에게 "우선 50명 분의 자기 그릇 등을 마련하는 데 동의할 것"을 제안했다.⁴⁶⁴⁾

전체 공사비는 결국 총 320만 제국마르크가 되었다. 그러나 이것도 아직 충분하지 않았다. 집주인 괴벨스는 집을 둘러보는 가운데 다섯 페이지에 달하는 이의 제기 목록을 작성했다. 많은 방들에 아직도 "필수불가결한 안락함"이 부족하다는 것이었다. 처음 계획된 가구들 자체가 "평균적 수준의 실내 장식"을 보장하지만 "각 방들이 지니는 대외적 용도에 부합하지 않고, 생활 공간에서 장관의 개인적 취향에도 전혀 들어맞지 않는다."라는 사실이 곳곳에서 드러났다.⁴⁶⁵⁾ 곧이어 괴벨스는 "그 집이 이제 반드시 살 만하게 꾸며져야 한다."고 강력히 촉구했는데, 이 때문에 선전부 예산국은 추가 건축 자재 구입을 위해 연극기금과 예술진흥기금을 절감해야 했다.⁴⁶⁶⁾ 관저 건축에 참가한 일부 회사들이 미지불 금액에 대해 비용 및 이자를 청구하겠다고 엄포를 놓았기 때문이다.⁴⁶⁷⁾

공방협회기 완진히 새롭게 가구와 실내장식 설계를 마련해야 했던 괴벨스 집무실⁴⁶⁸⁾은 빨간 색으로 꾸며졌다. 책상과 그 앞의 회전의자는 빨간 가죽으로 덮었고, 벽들과 벽난로 주변의 안락의자들도 빨간 천을 덮었으며, 묵직한 커튼들과 양탄자들은 짙은 빨간 색이었는데, 이 때문에 이후 그의 언론국장이 되는 빌프레트 폰 오펜(Wilfried von Oven)처럼 선의를 가진 사람들조차, 그 방이 "어떤 섬뜩한 광채"를 내뿜고 있다고 평가하였다. 히틀러의 거대한 전신 초상화가 책상 뒤 벽을 거의 전부 덮었다. 책상 왼편에는 프로이센의 프리드리히 대왕 초상화가 걸려 있었는데, 오펜은 관저 내에 그의 서로 다른 초상화가 전부 6개나 걸려 있었다고 말했다.⁴⁶⁹⁾

그러나 이 모든 사치스러운 행각들도 미래에 대한 그의 불안감을 흩어 버릴 수는 없었다. 그래서 그는 예전에 여러 번 그랬던 것처럼 다시 결혼 생활에서 위안을 찾으려 했다. 1939년 7월 말 바이로이트의 바그너 축제에서 그가 아내 마그다와 '화해'했다는 말이 흘러나왔다.[470] 그는 며칠에 걸쳐 그녀를 설득했고 압력을 넣었다. 마그다는 한케와 계속 사적인 만남을 가진다면 아이들을 빼앗겠다는 위협을 여러 차례 받았기 때문에 다른 선택의 여지가 없게 되었다고 알베르트 슈페어에게 털어놓았다.[471] 그 후 8월 초 한케는 선전부 차관 업무를 중단했으나 그로부터 반 년이 지나서야 이 직책을 완전히 포기했고, 레르 기갑연대에 자원하여 몇 주 후 폴란드 전쟁에 참가했다.[472]

마그다 괴벨스는 이 모든 것을 마음 속에서 정리해내지는 못했다. 1939년 7월 26일 '트리스탄과 이졸데' 공연 도중[473] 그녀는 흐르는 눈물을 주체할 수 없었다. 정치 상황 때문에 신경이 날카로운 히틀러는 그녀의 행동을 이해할 수 없었고 다음날 슈페어에게 진상 규명을 지시했다. 그리고 곧 괴벨스를 불러들여 "건조한 말투"로 그와 그의 아내가 그 날 중으로 바이로이트를 떠나도록 명령했다.[474] 이러한 일들은 선전장관에게는 유쾌하지 못한 일이었지만, 그래도 그의 결혼은 파탄을 면할 수 있었다.

12장

그는 전능하신 분의 보호 안에 있다
(1939~1941)

1939년 여름 어떤 대가를 치르더라도 목표를 달성하겠다는 '총통 각하'의 결연함을 선전장관은 계속 걱정스런 눈으로 바라보고 있었다. 괴벨스가 더는 그를 숭배하지 않기 때문이 아니었다. 지금 그가 두려워하는 것은 비극을 가져올 교만이었다. 그들은 너무 자주 운명에 도전했고, 너무 자주 승리를 거두었다. 거기에는 궁핍과 고통, 한마디로 말해 희생, 예전에 괴벨스에게 흔들림 없는 믿음을 주었던 그 희생이 결여되어 있었다. 회의의 순간들에 괴벨스는 팽창욕에 사로잡힌 히틀러를 평화 노선으로 유도하리란 계획을 세웠다.[1] 그러나 히틀러가 그에게 이야기하고 그를 자신의 마력으로 끌어들이면, 괴벨스는 불안감이 새로이 밀려들기 전에, '섭리'가 그의 손을 이끌고 있다고 더욱 광신적으로 자신을 속였다.

히틀러의 의사 결정 과정에서 배제되었던 괴벨스는 이 시기에 히틀러의 비밀회의에 한 번도 참석하지 않았다.[2] 1939년 초여름 그에게는 히틀러가 폴란드뿐 아니라 영국과 프랑스에 대해서도, 그리고 어쩌면 소련에 대해서까지 전쟁을 감수할 것처럼 보였기 때문에, 그 상황이 더욱 위협적으로 느껴졌다. 선전장관은 질투와 앙심을 품고 적수인 외무장관 리벤트로프를 바라보았다. 괴벨스는 그가 히틀러를 전쟁으로 선동하는 히틀러의 '악령'이라고 여겼다.[3]

괴벨스의 이러한 두려움은 그가 총리청으로부터 받은 지시(반 소련 선전을 중단하라는 지시)를 분쟁이 다가오는 상황에서 소련을 달래는 정책이라고 해석한 사실에도 기인한다. 그는 정보 부재의 상태였다. 5월 5일 그는 최고위급 훈령을 통해 언론이 앞으로 소련과 볼셰비즘에 적대적인 논리를 펴는 것을 중단하도록 했다. 그 훈령에는 "세계관의 깊은 차이에 관계되는 것이 아니라, 단지 이 상황을 혼란시킬 뿐인 무수한 외국의 풍문들 때문에 필요한 것"[4)]이라는 이유가 붙어 있었다. 프랑스와 영국 정부가 집단 안보체제의 재건을 위해 모스크바에서 국제연맹 문제를 협상하고 있다는 사실이 알려졌다. 이는 달리 말하자면, 서방 열강이 소련의 도움으로 히틀러의 폴란드 침략 야욕을 저지하려 한다는 것이었다. 그러므로 공격적 선전을 펼치면 크렘린을 그들의 품으로 밀어 넣을 수 있기 때문에, 이러한 일을 피하는 것이 독일의 이익이 된다는 주장이었다.

런던 주재 대사로 활동하면서 영국은 "어떤 일이 일어나도 결코 독일과 동맹을 맺지 않을 것"[5)]이라는 확신을 품고 돌아온 리벤트로프의 강력한 주장에 따라, 실제로 히틀러는 소련과 협력을 고려했다. 크렘린은 이미 3월 10일 베를린과 협의를 원한다는 신호를 보냈다. 이를 통해 히틀러는 서구 열강이 폴란드를 위해 감히 독일과 전쟁을 벌이는 일이 일어나지 않도록 하면서 자신의 폴란드 계획을 관철시킬 수 있다고 여겼다.

그러나 히틀러가 서방의 '금권 정치가들'과 담합하여 그들의 엄호를 받으며 동부에서 목표를 달성할 수도 있다고 우려한 스탈린 역시 히틀러와 같은 것을 기대했다. 자본주의 국가들끼리의 전쟁은 그들의 출혈을 가져오고, 과거 군주제 국가들의 전쟁(1차 세계대전)이 이미 한 번 그 토양을 준비해주었던 것과 마찬가지로, 소련이 붉은 군대의 힘으로 볼셰비키 혁명의 이념을 유럽으로 전파할 수 있게 해줄 것이었다.

크렘린이 7월 중순 여러 차례 신호를 보내자 그때까지 주저하던 히틀러는 이를 받아들였다. 그는 8월 14일 리벤트로프를 거쳐 모스크바 주재 독일 대사 그라프 폰 데어 슐렌부르크(Graf von der Schulenburg)에게 지시하여, 유대인 '리트비노프-핀켈슈타인(Litvinov-Finkelstein)'(리트비노프는 언론 보도지침에서 이렇게 일컬어졌다[6)])의 뒤를 이어 소련 외무장관이 된 몰로토프*에게 발트 해와 흑해 사이 이해가 얽힌 지역들(동유럽 전체)의 국경에 대한 독일측 제안을 제시하도록 했다. 이에 따르면 독일은 "자본주의적인 서방 민주주의"에 맞서는 공동 전선을 시사하면서 소련에 충분한 전리품을 약속했다. 전리품을 더 많이 챙기려는 목적에서 몰로토프는 대화를 질질 끌었다. 모스크바에서는 히틀러가 폴란드 공격 시점을 이미 토요일, 즉 8월 26일로 잡아두었음을 알고 있었던 것이다. 히틀러가 직접 스탈린에게 개입하고 나서야 크렘린은 리벤트로프의 모스크바 방문을 8월 23일로 앞당기는 데 동의했다.

나치가 "역사 앞에서" 해야 할 "본래적인 위대한 사명"이 대(對) 볼셰비즘 투쟁이라고 생각했던[7] 선전장관은 이 무렵 히틀러로부터 소련과 맺을 동맹 계획을 귀띔 받았다. 처음에는 어안이 벙벙했지만 곧 '총통 각하'의 '천재성'에 다시 감명을 받은 괴벨스는 이를 "천재적인 선전의 수순"이라고 보았다. 그는 1940년 3월 히틀러의 논리 구조를 전적으로 따르면서 다음과 같이 썼다. "우리는 적당한 동맹자를 낚은 것이다. 우리가 그렇게 다급한 상황만 아니었다면……. 모스크바 볼셰비즘의 사회·문화적 수준이 도대체 우리와 무슨 상관이란 말인가. 우리는 독일을 강력하고 위대하게 만들려는 것일 뿐, 유토피아적인 세계의 개선 프로그램 따위는 추구하지 않는다."[8] 괴벨스는 이러한 과도기 해법을 "어쩐지

....

몰로토프(Vyacheslav Mikhaylovich Molotov, 1890~1986) 소련의 정치가·외교관. 2차 세계대전 발발 직전인 1939년 5월 외무장관으로 임명되었고 그해 10월 독·소 불가침조약(몰로토프-리벤트로프 조약)을 체결했다. 1941년 6월 독일이 소련을 침공하자 그는 전시 내각인 국가방위위원회에서 활동하면서 영국·미국과 동맹관계를 맺었고 국제연합(UN)을 창설한 샌프란시스코 회의(1945)뿐만 아니라 테헤란 회담(1943), 얄타 회담(1945), 포츠담 회담(1945) 등의 연합국 회담에 참석했다. 1949년 3월 몰로토프는 외무장관직을 사임했지만 1953년 3월 스탈린이 사망하자 다시 복귀하여 1956년 6월 흐루시초프와의 정치적 불화로 해임될 때까지 계속 재직했다.

1939년 8월 20일 독소 불가침조약을 체결한 스탈린과 독일 외무장관 리벤트로프. 이 조약이 체결되자 히틀러는 폴란드 침공 계획을 과감히 실행에 옮길 수 있었다.

끔찍하다"고 느끼고 있었고[9] (이후 일기의 많은 내용들이 입증한다[10]) 히틀러와 달리 폴란드 문제에 모든 것을 걸 전제 조건들이 모두 갖추어졌다고 보지는 않았다. 여전히 그는 (슈페어의 《회고록》에 따르면) 영국과도 전쟁을 벌이는 일은 "지나치게 큰" 위험이라고 생각했고 걱정스러운 모습을 보였다.[11]

리벤트로프가 불가침조약과 유럽을 나레프 강, 바이흐젤 강, 산 강을 잇는 선의 동서 양편에 위치한 두 개의 이해 관계 영역으로 나누는 비밀 부속 의정서를 준비하러 모스크바로 떠나기 전에, 괴벨스는 '총통 각하'의 지시에 따라 폭탄 선언을 했다. 그러나 그 자신은 선전상의 이유로 한 발 뒤로 물러섰는데, 이는 괴벨스 자신이 바로 지난 여러 해 동안 반공 선전 활동에서 가장 극단적으로 나섰던 사람이기 때문이었다. 8월 21일 늦은 저녁 제국방송사에서는 독일통신사의 공지로, 제국정부와 소련 정부가 불가침조약 체결에 합의했음을 알렸다. 그 직후 각 신문 편집부에는 독소 불가침조약 체결 소식을 "1면에 대대적으로 보도하라."는 지침이 내려졌다. 심지어 굵은 인쇄체로 적힌 보도 내용까지 전달되었다. 물론 당분간 논평들은 실려서는 안 되었다.[12]

두 독재자의 동맹 소식이 전해지자 서방 국가들에선 경악하는 반응이 터져 나왔지만 이와 달리, 독일 국민들은 이 소식을 듣고 안도했다. 〈프랑크푸르터 차이퉁〉의 베를린 주재 기자가 본사 편집국에 보낸 편지에서는 수도의 분위기를 이렇게 전하고 있다.

> 유쾌한 흥분에 젖어 있다. 국민들은 이제 전쟁이 없을 것이고 만일 전쟁이 일어나더라도 위험하지 않을 것이라고 느끼고 있다. 이 협정의 배후 의미에는 별로 주의를 기울이지 않는다. 이 협정을 팽팽하던 긴장이 완화되는 것으로 받아들이는 것이다. 그러나 얼굴에 떠도는 웃음들은 조금은 교활한 느낌을 주는데, 그들은 이를 숨기지 않고 눈을 끔쩍거린다. 우리 언론은 이를 다음과 같이 표현한다. 그 나라는 바로 세계의 공적(公敵) 제1호가 아니었던가![13]

8월 22일 아침 선전부 국내언론국장 프리체는 독일 언론 대표들에게 괴벨스가 규정한 전략에 충실한 보도지침을 내렸다. 보도와 논평은 유럽의 정국에 "획기적 전환"이 일어났다는 점을 강조해야 한다는 것이다.[14] 그날 편집장들이 받은 '대외비 정보'에는 이를 보완하여 이 협정으로 "독일과 소련의 정치가 전통적으로 가지고 있는 공통점"이 회복되었다는 언급이 있었다. "독일과 소련의 화해라는 정치적 노선을 위한 역사적 전제 조건의 이와 같은 측면이야말로 논평과 사설들에서 깊이 있게 다루어야 한다. 그것이 오래전부터 유럽의 전체 정세에 결정적이었기 때문이다."[15] 물론 "두 국가의 세계관 차이에 대해서는 긍정적 관점이건 부정적 관점이건" 다루어선 안 된다[16]는 점이 명시적으로 지시되었다.

"보나마나 해외 언론들이 죽도록 이야기해댈 반(反) 코민테른 협정의 문제"는 독일 언론들은 가능한 한 다루지 말고 넘어가야 한다.[17] 괴벨스는 얼마 지나지 않아 선전부의 반 코민테른 기구 활동도 공식적으로 중단해야 했다. 그러나 문에 붙은 '반 코민테른'이라는 오래 된 명판을 떼고 그 자리에 몇몇 새 기구들이 들어선 뒤에도, 직원 수가 크게 줄기는 하였지만 그 조직의 수뇌부는 위장한 채 여전히 관찰, 수집, 기록 업무를 계속해 나갔다.[18]

8월 22일에는 해외 언론 특파원들도 선전부 기자회견에 호출되었다. 기자회견이 끝나자 베르크호프 산장에 머물던 히틀러는 괴벨스에게 전화를 걸어 그들의 반응을 물었다. 괴벨스는 엄청난 동요가 일어났다고 말했다. 기자회견 도중 바깥에서 교회 종소리가 울려 퍼지자 한 영국 기자는 이를 "대영제국의 장례식 종소리"라고 말했다는데, 이는 그렇지 않아도 희열에 가득찬 히틀러에게 깊은 인상을 남겼다.

그 직후 히틀러는 자신이 소집한 군 장성들에게 "열에 들뜬 듯 빛나는 눈으로" 괴벨스의 말을 전했다.[19] 히틀러는 새로운 '쿠데타'가 성공했고 마침내 자신이 폴란드를 상대로 제한적 전쟁을 수행할 수 있게 되었다는 믿음으로 대부분 호의적으로 동조하는 군 장성들에게 이제 행동에 나서겠다는 굳은 결심을 선언했다. 국방군은 '바이스(흰색)' 사태라 불리는, 결코 패할 수 없는 그 전쟁을 수행하기 직전이었다. 히틀러는 무엇을 개전의 구실로 삼을지 궁리하겠지만 그것이 그럴 듯한지 아닌지는 아무 상관이 없다고 말했다. 승자는 진실을 말했는지의 여부를 두고 심문을 받지 않을 것이다.[20]

독일의 전쟁 기구가 바삐 돌아가기 시작하고 (히틀러는 8월 24일을 공격 개시일로 확정했다) 모스크바에서 돌아온 리벤트로프가 자신이 크렘린에서 마치 오랜 당원들과 함께 있는 것처럼 느꼈고 스탈린이 본질적으로 '총통'을 닮았다고 보고하던 그 무렵, 이제 더는 막을 수 없게 된 사태를 그래도 막아보려고 각국 대사들은 유럽의 여러 수도들 사이를 바삐 오가고 있었고 전화통에 불이 날 지경이 되었다. 프리체는 상관 괴벨스의 지시에 따라 8월 25일 한밤중 긴급 기자회견에서 언론들은 "홍수처럼 쏟아져 나오는 평화와 중재의 제안들"[21)]에 대해서는 가급적 모른 척해야 하고, 머릿기사로는 여전히 폴란드를 다루어야 한다[22)]는 지침을 내렸다. 이러한 "초조한 시련"은 "며칠간 계속되고 더 커질 것이다. …… 독일의 강철 같은 의지가 더욱 분명해져야 한다."[23)] 사실 이는 영국 정부에게 겁을 주어야 했기 때문이기도 했다.

거의 동시에 히틀러는 영국 대사 헨더슨(Arthur Henderson, 1863~1935)에게 세계를 지배 영역들로 분할할 것을 제안했다. 독일은 대영제국의 존재를 보장하고 자신의 현재 서부 국경을 인정하는 대신 동부에서 자유롭게 활동하겠다는 제안이었다. 헨더슨이 자국 정부에 히틀러의 제안을 전달하러 떠난 뒤 히틀러는 그 다음날로 정해진 공격 시점을 다시 한 번 확인했다.

그러나 영국이 폴란드와 상호군사원조조약을 바로 그날 저녁에 비준할 것이라는 소식이 베를린에 전해지고, 무솔리니는 그 전의 말들과는 달리 아톨리코(Bernardo Attolico) 대사를 통해 이탈리아 군대는 전투에 필요한 무장이 되어 있지 않다고 전해 오자, 히틀러는 개전 날짜를 급하게 연기해야 했다. 괴벨스는 8월 26일 언론 대표자들에게 국민들에게는 어느 특정한 시점에 '돌격할 것'인지를 결코 알려서는 안 된다고 지시했다. '총통'은 "이에 구속되어서는 안 되고 행동의 규칙을 스스로 정해야 한다."라는 것이었다.[24)]

근심에 싸인 괴벨스는 히틀러가 협상 테이블에 앉기를 희망했으나, 이는 소용없는 일이었다. 8월 27일 오후 히틀러가 새 총리청에 소집된 제국의회 의원들에게 정세가 매우 심각하다고 밝혔을 때 괴벨스는 그 자리에 있었다. 히틀러는 어려운 상황임에도 동부 문제를 "어떻게 해서라도" 해결하겠다는 결심이라고 말했다. 그는 자신이 헨더슨에게 몇 가지 제안을 했으며 영국 측의 답변을 기다리고 있다고 밝혔다.

그날 저녁 기자회견에서 괴벨스는 동프로이센을 비롯한 여러 지역에서 폴란드의 도발에 직면하여 "행정 권력이 국방군 수중으로 넘어왔다."라고 발표했다. 일요일 신문들은 "강경하고 때로는 비타협적인 언어를 사용해 그 주의 사건들"을 요약해야 하고, "이러한 개관에 비하여 상세한 보도들은 뒷면으로 숨어들어가야 한다."는 지시가 내려졌다. 프랑스의 동원령을 보도할 때는 "신문 안쪽 지면에 부수적으로 보도해야" 하며 "결코 크게 다루어서는 안 된다."라고 지시했다.[25]

8월 28일 저녁 늦게(이 날 독일에서는 식료품과 기타 생필품이 배급되었다) 헨더슨은 히틀러에게 본국 정부의 답변을 가져왔다. 영국 정부는 조약상의 의무를 지키겠지만 단치히와 회랑 지대*에 대해 협상하겠다는 폴란드 정부의 확고한 약속을 받았다고 밝혔다. 히틀러는 다음날 영국 대사에게 전달한 답신에서 폴란드 정부와의 직접 협상을 환영했다. 그는 다음날 폴란드 대표가 도착할 것이라고 예상하고 있으며 영국 정부에 적절한 제안들을 내놓을 것이라 생각한다고 썼다. 그 대답은 언론의 지원 사격을 받았는데, 8월 29일 괴벨스는 언론에 보도지침을 내렸다. "폴란드의 테러 소식들을 전하는 보도 수위가 외국에서 보기에 독일 입장의 확고함을 재는 척도가 된다."는 것이다.[26]

8월 30일 자정 무렵 헨더슨은 총리청에 도착했다. 리벤트로프는 그에게 독일측 제안을 읽어주면서도, 폴란드 정부가 반응을 보이고 있지 않기 때문에 이 제안이 그다지 의미가 없게 되었다고 밝혔다. 영국과 프랑스가 폴란드 정부에 개입한 후 마침내 폴란드 대사 리프스키(Josef

---

회랑 지대 이른바 '폴란드 회랑'이란 독일의 본토와 동프로이센 지역을 갈라놓는 30~90킬로미터 너비의 땅으로, 1차 세계대전 후 베르사유 조약을 통해 폴란드에 할양되었고 이후 히틀러의 폴란드 침공의 구실이 되었다.

Lipski)는 8월 31일 오후 히틀러나 리벤트로프와의 협상을 청해 왔다. 히틀러는 그에게 면담을 허용하지 않으면서 단지 '바이스' 작전이 계속 추진될 것이라고 확인했다. 리벤트로프는 마지못해 거드름을 피우며 리프스키와 면담을 해주었지만, 그 폴란드인이 협상 권한을 위임받지 못하였음을 전화 감청으로 이미 알고 있다고 말하는 데 그쳤을 뿐이었다.

괴벨스가 선전을 통해 폴란드가 독일계 소수 민족들에게 저지르는 잔학한 행위들을 계속 새로운 뉴스로 유포하는 동안(괴벨스는 국민들이나 외국이 이를 믿건 말건 그 사건들을 "계속 크게 보도해야 한다."라고 지시하면서, 중요한 것은 오로지 "이 신경을 갉아먹는 투쟁의 마지막 국면에서 독일이 패배해서는 안 된다."는 사실뿐이라고 말했다[27]) 전쟁의 도구들은 완전 가동하기 시작했다.

1939년 8월 31일 오후 4시경 하이드리히는 "할머니 별세"라는 암호명을 쓰는 작전을 펼쳐 전쟁의 구실을 제공할 조치를 취하기 시작했다. 특히 그날 저녁 친위대 분견대들은 글라이비츠 방송국(오버슐레지엔의 대도시 글라이비츠에 있던 독일의 라디오 방송국)을 습격하고 폴란드측이 저지른 것처럼 연출했다. 그 후 저녁 11시경 괴벨스는 베를린에서 긴급 기자회견을 소집했다. 독일통신사는 폴란드의 방송국 습격을 다음과 같은 논조로 대대적으로 보도해야 했다.

아무리 해도 독일 민족의 사기가 꺾이지 않기 때문에 그러한 야만적 공격을 가한 것이다. 그러나 독일 민족은 그러한 공격이 되풀이될 경우 참고 받아들이지 않을 것이다. 지금까지는 오로지 폴란드 지역에서만 테러가 자행되었는데, 이제 독일 지역에서도 이루어지고 있다.[28]

육군 부대들은 이미 폴란드 내부 깊숙이 침탈해 들어갔고, 바르샤바에

폴란드 침공의 시작. 1939년 9월 1일 폴란드 침략 첫 날 독일 군인들이 폴란드와 독일의 국경을 표시하는 목책을 파괴하고 있다.

는 최초의 공습이 이루어졌다. 히틀러는 그가 '애지중지'하는 회녹색 제복을 1920년 이래로 처음으로 다시 꺼내 입으면서 승리할 때까지 이 제복을 입을 것이고 그렇지 않으면 영영 벗지 않겠다고 했다. 바르샤바 공습이 이루어지던 1939년 9월 1일 오전 10시 직전, 히틀러는 이 제복을 입고 괴벨스를 비롯한 '고위 관료들'의 수행을 받으며 새 총리청에서 크롤 오페라하우스로 향하고 있었다. 라디오와 조간 신문들이 단치히가 독일제국으로 '귀환'했다고 보도했는데도, 거리에는 도열한 돌격대원 및 친위대원들 외에 인파가 별로 없어 썰렁해 보였다.[29] 언론 보도에서도 '전쟁'이라는 표현은 사용되지 않았다.[30] 공식적 표현으로는 "단지 반격한 것"이었다. 히틀러는 제국의회 의원들 앞에서 행한 연설에서 자신의 "평화 애호"와 "가없는 인내심"이 한계에 부딪혔다고 강조했다. 따라서 5시 45분을 기해 반격을 가한다는 것이었다.[31]

괴벨스는 촌각을 다투어 방송 비상조치 법안을 작성하여, 국민들이 외국 방송을 청취하거나 외국 방송의 보도 내용을 유포를 할 경우 징역형("극히 중범인 경우" 사형)을 내리겠다고 위협하였다.[32] 신경이 날카로워진 괴벨스는 흥분 상태에서 영국이 어떻게 반응할 것인지, 영국이 과연 폴란드에 대한 동맹의 의무를 수행할 것인지 여부를 자문해보았다. 그는 히틀러 자신도 불안감을 느끼고 있으며 그 어느 때보다도 판돈을 크게 걸었다는 사실을 놓치지 않았다. 히틀러처럼 괴벨스도 "이 일로 전쟁이 일어나지는 않을 것"이라고 자신을 설득하고 측근들에게 확언했다. 왜냐하면 서방 열강은 "허세를 부리고 있었고", "폴란드 역시 서방의 군사 원조 없이 감히 전쟁을 벌이지 않을 것"[33]이기 때문이다.

독일 국민들의 부정적 분위기는 선전장관에게 또 다른 근심이 되었다. 1914년 8월의 열광, 그 애국주의적 만세 소리는 이즈음에는 들을 수 없었다. "기쁨도 환호도 없다. 어디를 가더라도 답답한 고요힘, 더 나아가 의기소침한 분위기가 짓누르고 있었다. 독일 민족 전체가 충격에 사로잡혀 마비된 듯했고 이 때문에 박수 갈채도, 불만도 표현할 수 없는 지경이었다."[34]

괴벨스가 발작적으로 부인하려 했던 극단적인 사태, 즉 대규모 전쟁이 일어난다면, 이는 그의 선전을 더욱 어렵게 만들 것이었다. 9월 1일 저녁 영국 대사는 리벤트로프에게 통첩을 전달했는데, 여기서 영국은 독일군이 철수하지 않는다면 폴란드와의 동맹의 의무를 지킬 것이라고 밝히고 있었다. 그러나 최후통첩 시한은 정해지지 않았다. 9월 2일은 불안감이 가득한 채 지나갔다. 9월 3일 오전 헨더슨이 다시 나타났다. 외무부 수석통역관 파울 슈미트는 리벤트로프도 참석한 자리에서 히틀러에게 영국측 통첩을 번역해주었는데, 여기에서 영국 정부는 독일이 폴란드 작전을 두 시간 내에 중단할 것을 요구했다. 슈미트는 《회고록》에서 다음과 같이 썼다.

히틀러는 돌처럼 굳은 채 앉아 앞만 똑바로 보았다. …… 내게는 영원처럼 느껴지던 그 시간이 어느 정도 흐르고 나서 히틀러는 꼼짝하지 않고 창문 앞에 서 있던 리벤트로프 쪽으로 몸을 돌렸다. 히틀러는 외무장관에게 "이제 어떡하지?"라고 물었다. …… 리벤트로프는 나지막한 목소리로 대답했다. "제 생각에 프랑스도 이 같은 최후통첩을 곧 전달해 올 것으로 보입니다."[35]

그 사건들에 짓눌린 채 새 총리청사의 히틀러 집무실 앞의 방에 모여 있던 많은 사람들 중에서 괴벨스는 "의기소침하여 혼자 생각에 잠긴 채 구석에 서 있었고, 물벼락 맞은 개처럼 전전긍긍하고 있었다."[36] 그의 걱정은 현실이 되었고 곧 전쟁이 시작될 것이다. 괴벨스가 "스스로 확고하게 활동하는, 신의 도구"라고 믿었던 히틀러가 오류를 저지를 수 있는 존재임이 입증되었다. 있어서는 안 되는 일이었다. 있어서는 안 되는 일이었기 때문에 괴벨스는 곧 자기 기만적인 믿음을 통해 이로부터 도피해야 했다. 이어지는 전쟁 기간 중에 '총통'과 제국의 처지가 나빠지면 나빠질수록, 괴벨스는 "전 세계에서 음모를 꾸미는 유대인"의 위협에서 서양을 사수한다는 히틀러의 사명에 대한 망상적 '신념'의 세계 속으로 더욱 빠져들어 갔다.

그는 동부에서 '생활권' 확보가 독일제국의 존망을 좌우하는 중요성을 지닌다는 '총통 각하'의 생각을 기꺼이 따랐다. 그리하여 그에게는 런던과 파리의 '금권 정치가들'이 독일제국에 전쟁을 선포하는 본래 이유가 "비교적 그 의미가 적은 분쟁 대상"인 단치히 때문이 아니라, 이른바 독일의 파멸을 협박하려는 것으로 보였다. 서방 열강은 일단 선전포고에 머물러 있었다. 괴벨스가 겁내던 동서 양쪽 전선에서 동시에 진행되는 전쟁은 아직 일어나지 않았고[37] 이는 그에게 기적에 가깝게 느껴졌다. 뉘른베르크 전범 재판에서 알프레트 요들*은 이를 다음과 같이 설명했다. "우리가 1939년에 진작 무너지지 않았던 것은 전적으로 폴란드 침공 시기에 프랑스와 영국의 110여 개 사단들이 독일의 23개 사단에 대해 전혀 아무런 행동도 취하지 않았던 데에 기인한다."[38]

그리하여 히틀러의 국방군은 전쟁사에서 최초로 투입된 선전 중대를 포함하여 자신의 모든 전투력을 십분 활용하여 새로운 유형의 전쟁 기술을 전 세계에 과시할 수 있었다. 그것은 우선 울부짖는 소리를 내며 하늘로부터 치고 내려오는 급강하 폭격기 '슈투카', 죽음을 부르는 '하인켈' 폭격기, 거의 시속 600킬로미터로 전광석화처럼 날아다니는 최첨단 '메서슈미트' 전투기 등을 이용한 전격전*이었고, 기갑부대를 대규모로 투입하고 그 뒤를 기계화 보병부대가 뒤따르게 하는 기습 공격이었다. 아직도 일부는 기병 부대로 싸우는 폴란드 군은 독일의 전쟁 기구, 그 괴기스럽게 기계화된 몰록(Moloch)에 의해 그야말로 가루가 되었다. 9월 5일 벌써 폴란드 군 총사령관 리츠스미글리(Edward Rydz-Smigly, 1886~1941) 원수는 바이흐젤 강 건너편으로 후퇴를 명령했다. 3일 후 독일의 기갑 4사단이 바르샤바 교외에 이르렀고, 그 남쪽에서는 10군단이 킬체를 정복하고 14군단은 바이흐젤 강과 산 강이 합쳐지는 산도미르츠로 입성했다.

국방군 보고서가 속속 승리의 소식을 내놓던 9월 8일 괴벨스는 패배를 맛보아야 했다. 이날 해외 선전 업무에 대해 총통 지시가 내려졌다. 이에 따르면 '외교 선전 영역'에서 '전반적인 지침과 지시'는 외무장관이 담당하도록 하고, 제6항에서는 외무장관이 전단, 라디오, 영화, 신문 잡지와 관련한 "자신의 희망 사항 및 지시들을 선전장관에게" 알리고, 선전부는 이를 "지체 없이 넘겨받아 실행해야 한다."는 것이었다.[39] 이 지시는 실제로는 리벤트로프가 "능력 있는 공무원들을 연락관으로" 선전부에 파견하는 방식으로 나타났다.[40] 리벤트로프는 해외 선전 문제에서 괴벨스에게 지시를 내릴 권한을 확보했고, 이로써 1933년 7월 30일의 관할권 규정은 전면 수정되었다.[41]

괴벨스에게 이러한 요구는 새로운 일이 아니었다. 괴벨스는 1933년 외무부에서 해외 선전 업무를 빼앗아 오는 데 성공했다. 그런데 리벤트로프가 1938년 외무장관 임명 직후부터 관심을 보이고 그 권한들을 "야금야금 갉아먹어 왔다."는 것이다.[42] 그래서 리벤트로프에 대한 괴벨스의 반감은 걷잡을 수 없이 커졌다. 괴벨스는 반격을 가하여, 자신의 정적이 "결함투성이에다 불분명한" 외교적 사고를 하고 있다고 폄하하기 시작했다.[43] 그러나 리벤트로프는 1939년 여름 괴벨스와 "지극히 추악한 알력"[44]에서 승리를 거두었다. 히틀러와 스탈린 동맹을 성사시키는 데 결정적 공로를 세워 히틀러의 각별한 총애를 받고 있었기 때문이다. 히틀러는 외무장관을 '제2의 비스마르크'로 생각하기 시작했던 것이다.[45]

물론 괴벨스는 9월 8일의 지시를 무력화하려 애썼다. 그는 외무부가

요들(Alfred Jodl, 1890~1946) 2차 세계대전 중 독일 군 작전 참모장으로서 대부분의 전투를 계획하고 수행하는 데 일조했다. 1차 세계대전 기간과 종전 후 주로 참모장교로 복무하다가 1935년부터 전쟁부의 국민방위 국장직을 맡았다. 유능한 참모장교로 최후까지 히틀러의 충실한 부하였던 그는 1939년 8월 23일 사모 군 작전 참모장에 임명되어 독일 군의 거의 모든 전투를 지휘했다. 1945년 5월 7일 그는 프랑스 랭스에서 서방 연합군에 대한 독일 군의 항복 문서에 서명했다. 전후 뉘른베르크 국제군사재판소에서 전범 판결을 받고 처형되었다.

전격전(電擊戰, Blitzkrieg) 기습·신속성 및 물자·화력의 우세를 이용하여 적의 군대에 정신적인 충격과 그에 따른 혼란을 일으키는 것을 주목적으로 하는 군사 전술. 독일군이 1938년의 스페인 내전과 1939년의 대(對) 폴란드전에서 시험한 결과, 전격전이 지상과 공중 전투의 이점을 결합하여 가공할 만한 파괴력을 발휘하는 것으로 밝혀졌다. 전격전의 핵심은 적을 물리적으로 이기는 것이 아니라 기동력과 충격, 한 곳에 집결된 화력을 이용하여 기술적으로 통합된 공격을 가함으로써 적군의 방어 능력을 마비시키고, 이 마비 상태를 이용하여 적의 후방으로 침투, 적군의 통신과 행정 체계를 전체적으로 무너뜨리는 데 있다. 1940년 독일 군이 벨기에·네덜란드·프랑스 침공 때 이 전술로 성공을 거두었고, 북아프리카의 사막전에서도 독일 군 사령관 에르빈 로멜이 이 전술을 썼다.

독일 군 장갑차 위를 저공 비행하는 급강하 폭격기 슈투카. 독일 군은 슈투카와 하인켈 폭격기 등 최신예 전투기를 이용한 전격전을 펼쳐 불과 한 달 만에 폴란드를 제압했다.

이미 내정한 선전부 연락관들을 '스파이'라고 부르며[46] 이들의 활동을 거부했다. 그뿐 아니라 외무부의 "지성에 호소하는 멍청한 선전 선동"[47]과 '유대인 문제'에서 외국에 대한 신중한 노선이 괴벨스의 비위에 거슬렸다.[48] 그리하여 괴벨스와 리벤트로프의 끝없는 국지전은 점점 외국 언론 및 선전 정책의 전 영역에 파장을 일으켰고, 로젠베르크 사건 때와 비슷하게 편지들(주로 리벤트로프가 괴벨스에게 보내는 편지들)이 흘러 넘치게 되었다.[49] 그러나 괴벨스는 외무부와 조율하는 것을 잠정적으로 "미루어두었고",[50] 대부분 '모욕적'인 리벤트로프의 편지에 답장을 하지 않았다. 괴벨스는 이런 '과대망상증 환자'는 자기 말이 먹혀들 때까지 한참 기다려야 할 것이라는 태도를 취했다.[51]

괴벨스가 보기에 "상상력과 지성이라고는 눈 씻고 찾아봐도 없는 멍청이"[52]인 제국공보실장 디트리히도 언론에 대한 선전장관의 권한 축소에 일조했다. 이는 전쟁이 시작되면서 디트리히가 총통 사령부의 히틀러 바로 옆에서 대부분의 시간을 보내게 되었기 때문에 가능한 일이었다.[53] 디트리히는 히틀러가 볼 일간 신문과 언론 정보를 선정하였는데, 히틀러는 매일 아침 이들을 꼼꼼히 챙겨 읽고 나서 디트리히에게 언론에 내릴 보도 지침을 전달했고, 때때로 심지어 단어 하나하나를 받아 적게 했다.[54] 디트리히는 괴벨스와 매일 전화로 접촉하면서, 전선과 베를린의 정보를 교환했다.[55] 이 때문에 괴벨스의 권한이 어쩔 수 없이 축소되고 있다는 점은 그 당시 괴벨스가 자신의 논평들을 '총통'이 내리는 공식적 언명들에 종속시키면서 직원들에게도 독일의 전쟁 개시를 두고 "자체적인 근거 제시"를 하지 않았다는 사실에서 특히 잘 나타나고 있다.[56]

괴벨스는 이러한 권한 축소에 직면하여 완전히 뒤로 물러나지 않기 위하여, 9월 말 한 가지 도구를 작동시켰다. 그는 이미 1932년 이 방법으로 자신의 '고위 관료들'에게 투쟁에서 "늘 변모하는 전술"을 엄격하게 지시하는 데 성공했다.[57] 다시 언론 보도를 확고히 장악하려는 목적에서 괴벨스는 매일 오전 11시 고위 관료와 국장들(처음에는 5~6명에 불과했지만, 그 후 약 20명, 그리고 소련 침공이 시작된 후부터는 약 50명)을 '장관 주재 회의'에 소집했는데, 이는 실제로는 회의라기보다는 그가 사적으로 명령을 내리는 자리였다.[58] 괴벨스의 보좌관은 훗날 뉘른베르크 재판에서 이 자리에서는 토론은 전혀 없었고 처음에는 국방군의 연락 장교들로부터 전황을 보고받은 후 괴벨스가 각 담당자들에게 언론, 라디오, 주간 뉴스 등의 선전에 관련해 지시를 내렸다고 증언했다.[59]

1939년 9월 말 폴란드 침공이 대단원의 막을 내렸다. 폴란드라는 국가가 이제 존재하지 않게 되었기 때문에 러시아와 우크라이나 소수 민족들을 보호해야 한다는 구실을 붙여 소련 붉은 군대가 9월 17일 폴란드 동부로 진군해 들어왔다. 그 다음날 소련 군과 독일 군은 브레스트리토프스크에서 조우했다. 그로부터 다시 9일이 지나 포위된 바르샤바 방위군이 항복했다. 이와 동시에 리벤트로프, 몰로토프, 스탈린은 크렘린에서 히틀러-스탈린 동맹을 소련에 유리하게 수정했다. 독소 국경 및 우호조약 체결을 통해 나치는 리투아니아를 포기하고 그 반대 급부로 폴란드의 루블린 주, 그리고 바르샤바 주 동부 지역을 추가로 획득했다.

신문과 라디오에서 바르샤바 함락 당일 이미 대대적인 평화 공세가 펼쳐지고 나서, 히틀러는 10월 6일 크롤 오페라하우스에서 행한 연설에서 서방 강대국들에 '평화 제안'을 했다. 여기서 히틀러는 "폴란드를 제외한 모든 사람들로부터 이미 그 태생부터 잘못된 것으로 인정되고 있는 그 구조물을 굳이 재건하기 위해 수백만 명의 생명을 살상하고 엄청난 물자를 파괴하는 일은 무의미하다."라고 밝혔다.

"평화가 돌아올 것"[60]을 은근히 기대했던 괴벨스는 영국의 답변을 초조하게 기다리면서 계속해서 "바야흐로 세계대전이 시작될 것인가?"[61]라는 근심스러운 물음을 던졌다. 10월 10일 총리청 오찬에서 히틀러는 영국이 어떤 반응을 보일지 아직 모른다고 밝혔다. 답변을 기다리면서 상황이 무르익기를 관망하는 수밖에 없다는 것이었다.[62] 상황을 더 빨리 진척시키려고 히틀러는 그날 저녁 괴벨스가 베를린의 체육궁전에서 조직한, 첫 번째 전시(戰時) 겨울철 빈민구제협회의 '국민 집회'를 십분 활용했다. 집회 중에 히틀러는 영국을 향해 다시 '마지막으로' 독일제국과 평화를 체결할 것을 촉구했다.[63]

그보다 몇 시간 전에 히틀러는 국방군 각 군 사령관들을 소집하여 전황과 세계 정세를 다룬 장문의 성명서와 서부 전선을 위한 제6차 지시문을 낭독했다. 영국과 프랑스가 전쟁 종결에 조속히 동의하지 않는다면, 그는 능동적이고 공세적으로 행동할 것임을 밝혔다. 히틀러는 군사 작전을 계속하기 위해, 룩셈부르크와 벨기에 및 네덜란드 지역을 가로지르는 공세를 준비하라고 지시했다. 이를 통해 프랑스 군을 치고 영국 상륙에 필요한 교두보를 확보하려는 것이었다.

'숙적'에게 신속한 승리를 거둔다는 상상은 히틀러를 크게 도취시켰던 것으로 보인다. 어쨌든 괴벨스는 그의 "굉장한 승리의 확신"에 감명받아,[64] 모든 불안과 의구심을 누르고 열광적으로 다음과 같이 썼다. "총통과 함께 우리는 언제나 승리할 것이다. 그는 자신 안에 위대한 군인의 모든 덕목을 가지고 있다. 그것은 용기, 현명함, 신중함, 유연성, 희생 정신, 안락함에 대한 확고한 경멸이다."[65] 히틀러가 이미 머리 속에서 프랑스의 지방들을 분할하고 있다는 사실을 알고 선전장관은 경외심을 느끼며 다음과 같이 평했다. "그는 사태 전개의 모든 조치들보다 한 발 앞서 달려가고 있다. 모든 천재들이 그러한 것처럼."[66]

그렇지만 선전장관은 사태가 그 정도까지 악화되지 않고 영국이 마음을 돌리기를 기대했다. 그때까지 서부 전선에서는 단지 "아무것도 아닌 포격전"만이 진행되었을 뿐이었다.[67] 괴벨스는 이를 "역사상 가장 특이한 전쟁"[68]이라고 보고 있었다. 그래서 10월 13일 체임벌린의 하원 선언은 그에게는 커다란 실망을 주었다. 체임벌린은 히틀러의 제안이 체코슬로바키아와 폴란드가 당한 불의에 대해 어떻게 보상할 수 있는지 아무런 내용도 담고 있지 않아 공허하고 모호하다고 보았다.

히틀러는 "이제 평화의 가능성이 거의 전무하다."라고 믿었다. 그는 "영국에게 덤벼들 수 있게 되었다."고 보았고 "영국인들은 피해를 입어야 정신을 차릴 것"이라고 말했다.[69] 괴벨스는 스스로 모든 회의를 누르고 믿음을 불러일으키기 위하여 우스꽝스러운 논리를 들이댔다. "우리는 이겨야 하기 때문에 이길 것이다." 그는 계속해서 자신에게 말하기를 "우리의 기회는 매우 좋다. 스스로 이를 놓치지 않는다면 우리는 승리할 것이다. 그리고 우리는 이를 놓치지 않을 것이다." 그렇게 그는 거듭 확언했다.[70]

히틀러는 영국을 상대로 더욱 강경한 선동을 지시했다. 10월 14일 함장 귄터 프린(Günther Prien) 대위가 지휘히는 독일 잠수함 U47호가 영국의 대규모 군항(軍港) 스캐퍼플로*로 쳐들어가서 전함 '로열 오크'를 격침한 사건이 일어났는데, 이는 선전장관에게는 절호의 기회였다. 괴벨스는 해군장관 윈스턴 처칠에게 이 참극의 책임이 있다면서 그를 공격하는 글을 곧바로 발표했다. 이제 중립적 언론들도 "평화를 외치기 시작했기 때문에", 괴벨스는 처칠의 위치 역시 "어느 정도 흔들리고 있다."고 판단했다. 그러므로 그를 무너뜨리고 독일에 대망의 평화를 가져오기 위해 "흔들림 없이 몰아붙여야" 한다는 생각이었다.[71]

괴벨스가 '아테니아' 호 침몰을 둘러싸고 새로 불붙인 캠페인도 이러한 목적을 위한 것이었다. 영국의 증기여객선 아테니아 호는 (영국인들의

스캐퍼플로(Scapa Flow) 영국 스코틀랜드 북쪽 오크니 제도에 속한 육지로 둘러싸인 광활한 정박지. 1차 세계대전 종전 직후 이곳에 억류된 독일 해군이 스스로 배에 구멍을 내어 침몰시킨, 역사적 상징성을 지닌 영국의 주요 군항이다.

스캐퍼플로의 영웅들. 히틀러가 1939년 10월 14일 영국의 군항 스캐퍼플로로 쳐들어가 영국 군함 로열 오크를 격침시킨 귄터 프린 함장과 대원들에게 훈장을 수여하고 있다.

보도에 따르면) 9월 3일 헤브리디스(Hebrides, 영국 스코틀랜드 대서양 연안에 있는 제도) 근처에서 독일 잠수함에 의해 실수로 격침되었다. 독일 해전 지휘부는 그 근처에서 가장 가까운 독일 잠수함이 아테니아 침몰 지점으로부터 75해리 떨어진 곳에 위치하고 있다고 믿었고 총통 사령부에도 그렇게 보고했기 때문에, 히틀러는 언론국장 디트리히를 통하여 선전부에 영국의 발표는 옳지 않다는 입장을 밝히도록 지시했다. 괴벨스도 라디오와 신문을 통해 이 사건을 부인했다. 이와 함께 해군대장 레더는 미국이 중립 입장을 철회할까 두려워하던 리벤트로프의 요청에 따라(아테니아 공격으로 미국 국민 28명이 사망했다) 9월 중순 미국측 해군무관을 면담하여, 완전한 통신 두절 상태에서 작전 중인 모든 독일 잠수함들의 보고서를 현재 입수해 가지고 있다고 밝혔다. 이에 따르면 아테니아는 독일 잠수함이 격침한 것이 아니라는 사실이 최종 확인되었다는 것이다. 그러나 물론 이는 사실이 아니었다. 9월 27일 U30호가 대서양에서 독일 북서부 니더작센의 항구 도시 빌헬름스하펜으로 복귀했다. '잠수함 지도자'인 카를 되니츠 제독*은 잠수함 함장의 진술을 들었다. 함장은 그 기선을 격침했다고 보고했고, 그 후 되니츠는 레더에게 연락을 취하고 히틀러와 협의하여 "철저한 보안 유지"를 명령했다.

괴벨스의 일기에 따르면 그는 아테니아 호 격침이 독일 해군의 작품임을 알지 못했다. 그가 10월에 매일 히틀러 주변에 있었는데도 몰랐던 것이다. 10월 19일(수도 베를린에서는 괴벨스가 연출한, 스캐퍼플로의 영웅들을 맞이해 펼친 화려한 환영 행사의 여운이 채 가시지 않은 상태였다) 괴벨스는 "아테니아를 둘러싼 비밀을 마침내 드러낸" "앤더슨이라는 사람"의 보고를 들먹였다. "그에 따르면 처칠이 그 배의 바닥에 구멍을 내도록 지시했다는 점이 입증되었다. 우리는 이로부터 선풍적인 사건을 만들 것이다. 나는 다시 사설을 작성한다. 처칠에 대한 전면 공격이다. 아마도 그는 이를 통해 비틀거리게 될 것이다." 그로부터 몇 시간 후 괴벨스는 히틀러로부터 이 사건을 어떻게 다루어야 할지 지시를 받는다. "그 역시 우리가 처칠을 무너뜨리는 데 성공할 수도 있다는 생각이며" 그러한 성공을 "전함 두 척의 격침 이상으로 높이 평가하고 있다."[72]

10월 21일 괴벨스는 처칠을 공격하면서 워싱턴 주재 독일 대사가 뉴욕에서 앤더슨의 진술을 확인하기를 기다릴 것이라고 적었다. 그날이 지나기 전에 그는 처칠에 대한 공격을 시작하게 했다. 처칠이 노련하게 반격하고 나서 괴벨스는 10월 22일 〈민족의 파수꾼〉에서 또 한 번 그에게 맹공을 퍼부었다. 괴벨스는 또 다시 "윈스턴 처칠이 시한폭탄을 터뜨려 그 배를 침몰시키려 시도했다."라고 비난했다. "처칠이 원래 계획했던 테러가 그 범죄자의 의도대로 성공했다면, 거의 1,500명이 죽었을 것이다. 그렇다. 그는 기선을 타고 있던 수백 명의 미국인들이 익사하기를 원했던 것이다. 그래야 그에게 속은 미국 국민들의 분노가 그 범죄의 주범으로 지목된 독일로 향할 수 있을 테니까." 괴벨스는 다음과 같은 물음으로 끝맺었다. "영국 역사상 가장 전통이 깊은 직위 중 하나를 언제까지 살인자가 차지하고 있을 것인가?"[73]

그외에도 선전장관은 라디오 연설을 받아 쓰게 했는데, "처칠에 대한 고발을 가장 신랄한 형태로 요약하고 있는" 그 연설은 그날 저녁 독일의 모든 라디오를 통해 전 세계 언어로 방송되었다. 일기에서 그 연설의 파장을 자화자찬한 괴벨스는 자신이 "전쟁 발발과 그 연장의 원인"[74]이라고 본 처칠을 실각시키려고 집요하게 작업을 계속했다. 그러나 곧 그는 처칠을 매우 진지하게 받아들여야 할 적이라고 깨닫게 되었다. 이 때문에라도 괴벨스는 그 후 프랑스와 영국에 대한 공격을 어느 정도 현실적으로 진행하려고 하였다. 독일 국민들이 프랑스와 영국에게 승리를 거두는 일이 식은 죽 먹기라고 믿도록 만들어서는 안 된다는 것이다. 국민 계몽은 패배주의적이어서는 안 되지만 그렇다고 환상을 불러일으켜서도 안 된다.[75]

1차 세계대전에서 얻은 경험과 감정으로 경직된 군 수뇌부는 서부 전선의 전쟁을 끊임없이 반대했으나, 더는 피할 수 없게 되었다. 전쟁으로 인한 두려움을 억누르려고 괴벨스는 스스로 영국의 "처지와 능력은 현

되니츠(Karl Dönitz, 1891~1980) 1935년 독일과 영국의 함대 협정(독일이 영국이 보유한 군함의 35%까지 군함을 건조할 수 있도록 한 협정) 후 히틀러의 지시에 따라 잠수함 함대 재건과 운영을 담당했고, 2차 세계대전 발발 후 '잠수함 지도자'로 '무제한 잠수함 전쟁'을 이끌었다. 잠수함을 불신하고 대전함 위주의 해전을 주창하던 에리히 레더 해군 총사령관이 1943년 물러나자 그 뒤를 이어 해군 총사령관에 임명되었고, 1945년 5월 1일 히틀러의 유서에 따라 그의 후계자로 지명되었다. 1945년 5월 8일 독일의 무조건 항복을 발표하였고, 1946년 뉘른베르크 법정에서 10년 형을 선고받아 1956년 석방될 때까지 복역했다. 회고록에서 자신을 '비정치적 군인'으로 묘사하여 전쟁 책임에서 벗어나려 하였다.

재 그 어느 때보다도 허약하다."[76]라고 설득하려 했다. 또 그는 만일 독일이 두 전선에서 싸우지 않아도 된다 해도 이는 "그저 괜찮은 일에 불과하다."라며[77] 스스로 위로했다. 본래 믿지 않던 점성술조차 '특이하게' 독일의 승리를 예상하고 있었지만,[78] 그럼에도 온갖 위협적인 상상들이 그를 계속 괴롭혔다. 그에게 삶은 "모든 즐거움을 다 잃어버릴 정도로 암울하게" 보였다.[79] 그래도 전쟁 초기 몇 달 동안 아내 마그다와 관계가 안정되어서 그들은 1939년 11월 11일 그녀의 38살 생일을 '단둘이' 랑케에서 축하했다. 한편 괴벨스는 영국인들이 "개처럼 야비한 방송"을 선사한 자신의 생일에는 미래를 두려운 마음으로 내다보았다. "42살. 나는 몇 살까지 살 수 있을까? 알고 싶지 않다."[80]

괴벨스는 1939년 11월 8일 뮌헨에서 열린 '11월 전사자'(1923년 11월 뮌헨 쿠데타에서 사망한 우익 전사들)들을 기리는 연례 추모집회에 참석하는 히틀러를 수행할 때도 암울한 기분에 잠겨 있었다. 더구나 그는 자신의 선전이 "아직도 모든 곳에서 특별한 찬사를 받고 있지는 않다."는 사실을 확인했던 것이다.[81] 히틀러를 영접하는 뷔르거브로이하우스 맥주홀의 환호성과 그 홀을 정신병동처럼 바꾸어놓은 히틀러의 연설이 비로소 괴벨스의 기분을 어느 정도 풀어주었다. 괴벨스는 "영국의 약탈 정책"에 대한 히틀러의 "날카로운 보복"과 독일이 결코 항복하지 않을 것이라는 그의 선언이 "전 세계적 센세이션"이라고 생각했다.[82]

그러나 진짜 센세이션을 만들어낸 것은 다른 뉴스였다. 히틀러와 괴벨스는 함께 베를린으로 돌아오는 도중에 그 소식을 들었다. 히틀러와 그 심복이 뷔르거브로이하우스를 떠나고 몇 분 뒤 연단 바로 옆에서, 슈바벤 지방 쾨니히스브룬 출신의 요한 게오르크 엘저(Johann Georg Elser)의 사제 다이너마이트 시한폭탄이 폭발했던 것이다. 엄청난 폭발로 천장이 무너지는 바람에 그 집회에 참석한 여러 사람이 목숨을 잃었다. 히틀러는 그 전 몇 해와 달리 그 행사를 30분 정도 일찍 시작하고 약간 일찍 그곳을 떠나 무사할 수 있었다. 이 사건 때문에 괴벨스는 그때까지의 모든 의구심을 버리고 "그는 역시 전능하신 분의 보호를 받고 있다. 그는 사명을 다한 후에야 죽을 것이다."[83]라고 생각하게 되었다.

괴벨스가 말하는 사명의 일부는 정복한 동부 지역의 '평정'이었는데, 여기서 선전장관도 여러 새로운 과제를 얻을 수 있었다. 히틀러는 10월 5일 바르샤바에서 거창한 개선 퍼레이드를 벌이고 돌아오자마자 자신이 폴란드에서 받은 인상을 괴벨스에게 털어놓았다. 폴란드인들은 "인간이라기보다는 짐승에 가깝고 지극히 둔하고 흐물흐물하기" 때문에 그들과 "동화되기를 전혀 원치 않는다."라는 것이었다.[84] 그는 한스 프랑크가 지도하는 신설 총독부가 폴란드의 노예 민족을 통치하도록 하고, 그 민족을 지식인, 가톨릭 성직자, 귀족, 유대인으로부터 '정화'하기를 원한다고 말했다. 나머지 국민들의 "조련"을 위해서 괴벨스도 힘써야 한다. 그 전에 권한을 대폭 제한당한 데 대한 작은 보상인 것처럼, 괴벨스는 그곳의 선전 업무를 전면적으로 넘겨받게 되었다.[85] 구체적인 조치로 크라카우의 총독과 크리카우, 루블린, 라돔, 바르샤바의 4개 지구 책임자들 밑에 각각 국민계몽선전지국을 하나씩 설치하였고, 이들은 선전부 내 신전국에 귀속되었다.

전투 와중에 벌써 힘러는 하이드리히에게 지시를 내려, 친위대가 폴란드에서 이른바 '경지 정리*'를 꾀하고 있음을 육군 참모장 바그너에게 전달하도록 했다. 육군 수뇌부는 두 가지 전제 조건을 내세웠다. 그 '정리'는 군이 철수하고 안정적인 민간 행정부로 권한 이행이 완료된 후 이

경지 정리(Flurbereinigung) 독일제국에 병합된 폴란드 영토에서 폴란드인과 유대인을 격리해 수송하고 독일인을 정착시켜 이 지역을 완전히 독일화하려는 인종주의 정책을 말한다.

루어져야 한다는 것이다. 또 "외국이 흑색 선전을 할 여지를 주는 일들은 일어나서는 안 된다. 가톨릭 성직자들! 아직은 불가능하다."라고 육군 참모총장 할더(Franz Halder)는 육군 총사령관 브라우히치와 나눈 대화 내용을 기록했다. 이를 통해 육군 수뇌부가 상상을 초월하는 나치의 범죄에 연루되었음이 명백해진다.[86]

히틀러의 영향을 받아 "엉망진창인 아시아 지역"[87]이라는 견해를 갖게 된 괴벨스는 자신의 눈으로 그 사실을 확인하기 위해, 11월 초 폴란드로 떠났다. 히틀러의 전격전이 휩쓸고 간 나라가 "을씨년스러운 절망"[88]의 모습 외에 대체 무엇을 보여줄 수 있었겠는가. 괴벨스는 바르샤바를 '전율의 장소'라고 단정하고, 전쟁과 점령에 굴복하여 '벌레처럼' 거리를 기어다니는 국민들을 "둔하고 유령 같다."라고 느꼈다. 그는 로즈(이 도시는 바르샤바와 함께 폴란드 최대의 게토 지역이었다)의 유대인 게토(ghetto)를 둘러보면서 혐오감을 키웠다. "이들은 인간이 아니라 짐승이다. 그러므로 이는 인도주의의 문제가 아니라 외과 수술의 문제일 뿐이다. 여기서는 수술, 그것도 매우 근본적인 수술을 단행해야 한다."[89]

괴벨스는 왜 하필 '똥 더미'[90] 같은 로즈, "거의 대부분 저질스런 폴란드인과 유대인(ghetto)들만이" 거주하는[91] 이 도시를 게르만화하여 리츠만슈타트라는 도시로 변화시켜야 하는지를 자문했다. 그리하여 그는 히틀러에게 근본적 '수술'을 요구하게 되었다. 괴벨스는 '총통 각하'의 의지에 따라 유대계 폴란드인들의 멸종을 생각하고 있었다. 1939년 1월 말 히틀러는 세계대전이 발발할 경우 유럽의 유대인을 '박멸'하겠다고 선언했는데, 이 일이 최초의 행보가 될 것이었다. '유대인 문제'에 대한 괴벨스의 묘사는 "총통의 전적인 동의"를 얻었다. 그러나 히틀러는 여전히 서구 국가들과 가능한 협상에 관심을 가지고 있었기 때문에 유대인의 조속한 멸절에는 관심을 보이지 않았다. 그가 괴벨스에게 밝혔듯이, 유대인은 '볼모'로 활용할 수 있기 때문이었다.

독일 친위대에 의해 강제로 격리 수용되는 유대인과 폴란드인들. 1939년 10월 9일 친위대 지도자 하인리히 힘러는 점령 폴란드에서 유대인과 사상적으로 불온한 폴란드인들을 강제로 격리해 이송하라는 조치를 내렸다.

10월 9일 힘러가 지시한 최초 조치로 유대인, 그리고 "독일화에 적합하지 않은" 폴란드인들은 총독령으로 수송해 격리되었다. 그곳에서는 1939년 10월 말 유대인 강제노동이 도입되었고 모든 유대인에게 노란 다윗의 별을 의무 착용하게 했다. 힘러는 '아돌프 히틀러' 경호대원들 앞에서 행한 연설에서, 1939~1940년 겨울에 유대인들을 상대로 대규모 수송 격리와 살해를 시작한 자들에 대해, "수천, 수만, 수십만을 이송하고" "지도적 폴란드 인사 수천 명을 총살"하려면 "불굴의 의지"를 지녀야 했다고 영웅시했다. "대부분의 경우에는 차라리 전투에 참여하는 것이, 하나의 중대가 어떤 지역에 들어가 문화적으로 열등하고 고분고분하지 않은 민중들을 진압하고, 처형하고, 수송 격리하고, 울부짖는 부녀자들을 끌어내는 것보다는 훨씬 더 쉬운 일"이라는 것이었다.[92]

괴벨스의 선전은 이러한 '폴란드 정책' 중 감춰질 수 없었고, 따라서 독일 사회에까지 알려진 사실들을 정당화하려 했다. 즉, 전쟁 직전과 전쟁 도중 독일 소수 민족에게 가해진 만행, 가령 브롬베르크(폴란드 북부 비드고슈치의 독일식 이름)의 '피의 일요일'* 등이 여러 주에 걸쳐 대대적으로 보도된 것이다. 괴벨스는 히틀러와 자신이 유대인 문제의 해법으로 의도하고 있는 수송 격리 등의 조치를 국민들이 용인하도록 하기 위해 영화까지 동원하였다. 그리하여 선전부에서는 이미 몇 주 전부터 다큐멘터리 영화 〈영원한 유대인〉의 기획과 초안 작업을 하고 있었다.

괴벨스가 지휘하는[93] 이 작업의 실무는 영화국 신임 국장인 제국영화감독관 프리츠 히플러(Fritz Hippler)와 히틀러-스탈린 동맹으로 갑자기 반공 활동을 할 수 없게 된 에버하르트 타우베르트가 담당했다. 히플러는 대학생 시절 국가사회주의 독일대학생동맹의 브란덴부르크 지구장으로, 1933년 5월 베를린 오페른 광장에서 '비독일적' 저술의 분서를 주도적으로 조직한 이력이 있었다.[94] 그는 점령 폴란드로부터 이 '르포 영화'를 위해 촬영한 필름들을 가지고 왔다.[95] 그중에는 바르샤바 게토에서 촬영된, 유대교의 가축 도살 의식 장면도 있었다. 괴벨스는 이를 느긋하게 즐기며 감상하고 나서, 어차피 이미 계획되었던 것을 재확인하는 차원에서, "이런 야만성 앞에 등골이 오싹했다."고 말했다. "이 유대인들은 멸종되어야 한다."[96]

그는 히틀러 앞에서 이 장면을 상영하고 나서,[97] 영화감독 파이트 하를란이 최근 완성한 영화 〈유대인 쥐스〉* 안에 끼워 넣으라고 지시했다. 그러나 하를란은 잔혹함 때문에 관객이 구토할 것이라는 이유를 들어 거부하였다.[98] 그 대신 이 도살 장면들은 〈영원한 유대인〉의 마지막 시퀀스가 되었는데, 이 부분은 공공장소 상영시 예외적인 경우에만 내보내라는 전제 조건이 붙었다. 또 여성들은 "섬세한 감수성"에도 추천할 만한, 편집된 버전만 볼 수 있도록 했다.[99] 언론의 선전에 따르면, 이 조잡한 '다큐멘터리' 영화는 "조작 불가능한 장면들"을 보여줌으로써 독일인들에게 "냉정하고 사실적으로" "세계의 유대인"의 정보, 특히 "폴란드의 게토에서 순수 배양된 유대인들이 유지하고 있는 유대인의 원형 상태"에 대한 정보를 전달하며, 이를 통해 문명화된 서유럽 유대인들의 모습을 떠올리게 한다는 것이었다.[100]

괴벨스가 '배우 지도자' 하를란의 손에 맡긴 〈유대인 쥐스〉 연출의 주제는 "문명화된 서유럽인" 행세를 하는 유대인이었다. 이 영화의 원작인 리온 포이히트방거(Lion Feuchtwanger, 1884~1958, 독일의 소설가·극작가)의 동명 소설은 나치의 이념에 따라 완전히 왜곡되었다. 하를란은 회고록에서 이 영화의 제작을 위촉받은 일을 "무시무시한 충격"[101]이었다고 기억했다. 그러나 그는 "수많은 새로운 아이디어들"을 만들어냈다.[102] 나아가 그는 선전부 연극국장 에버하르트 볼프강 뮐러(Eberhard Wolfgang Möller)[103]가 쓴 시나리오 초고를 "훌륭하게" 수정하였기 때문에, 괴벨스는 하를란의 영화가 "반유대주의 영화의 대명사"가 될 것으로 믿어 의심치 않았다.[104]

쥐스 오펜하이머 역으로 정해진 배우 페르디난트 마리안(Ferdinand Marian)과 벌인 협상은 하를란의 경우처럼 순조롭지 않았다. 그는 사교계의 탕아나 정부 역을 주로 맡아 온 자신이 이런 가증스러운 배역을 맡

브롬베르크의 '피의 일요일' 1939년 9월 3일 히틀러의 폴란드 침공 직후 브롬베르크(비드고슈치) 시에서 벌어진 독일인 소수 민족 박해 사건. 희생자 수와 사건의 원인 등에 대해 역사가들의 견해가 엇갈리고 있다.
〈유대인 쥐스〉 18세기 초 유대인 쥐스킨트 오펜하이머는 뷔르템베르크 공작령의 최고위 관직에 올랐는데, 이는 당시 유대인 신분으로는 초유의 일이었다. 그러나 그는 이를 시기하는 자들의 모함을 받아 반역, 부패, 기독교 모독, 미성년자 추행 등의 누명을 쓰고 처형되었다. 이 사건은 그 후 다수의 소설과 영화의 소재가 되었는데, 1934년 영국 영화 〈유대인 쥐스〉는 독일의 반유대주의에 경종을 울리는 내용이었으나, 1940년 동명의 독일 영화는 오히려 반유대주의의 대표작 중 하나가 되었다.

는 것을 관객이 원치 않을 것이라며 거절했다.[105] 그러자 괴벨스는 그가 이 배역을 맡도록 개인적으로 "약간의 도움"을 주었는데,[106] 그 "도움"이란 그의 면전에서 자신의 전능한 권력을 적나라하고 퉁명스럽게 과시하는 것이었다. 괴벨스는 자신이 배역을 지명한다면서, 나치가 배우들을 처음으로 상류층으로 만들었고 독일의 최고 학자들보다도 더 많은 돈을 벌도록 해주었는데도, 배우들은 무엇인가를 요구받으면 할리우드의 "구더기 같은 유대인들"의 눈치를 보며 거절한다고 비난했다.[107] 결국 마리안은 쥐스 역을 울며 겨자 먹기로 맡을 수밖에 없었다. 괴벨스가 랍비 뢰브의 역을 제안한 베르너 크라우스(Werner Krauß)에게는 그러한 압력도 필요하지 않았다. 5만 제국마르크는 그전에 제국연극원 수석 부원장이던 크라우스가 배역을 맡기에 충분히 달콤한 거금이었다.[108]

    괴벨스는 11월 말 단치히, 토른(폴란드 도시 토루인의 독일식 이름), 브롬베르크로 두 번째 '오스트란트* 여행을 떠났고, 12월 초에는 서부 방벽*을 시찰했다. 여행에서 돌아온 괴벨스는 히틀러가 1939년 12월 11일 총리청 오찬 도중 영화 제작에 대한 불만을 "극도로 강경하게" 표현하자, 반유대주의 영화 제작에 기울인 자신의 노력 때문에 더욱 불쾌할 수밖에 없었다. 괴벨스는 숙적 로젠베르크, 총통 대리 헤스, 그리고 다수의 장교와 부관들 앞에서[109] 히틀러로부터 영화들이 나치 혁명이 일어났음을 느끼게 하지 못하고 있다는 말을 들었다. '일반적인 애국적' 영화들은 몇 편 있으나 나치 영화는 없으며, 무엇보다도 영화가 아직도 "유대인 볼셰비키들에게 맞서지 못하고 있다."라면서 히틀러는 광분했다. 히틀

오스트란트(Ostland) 2차 세계대전 중 독일이 점령한 발트 지역과 벨로루시 일부 지역을 가리킨다.
서부 방벽 1938~1940년 독일 서부 국경 639킬로미터에 걸쳐 건설된, 18,000여 개의 벙커와 지하갱도, 수많은 참호와 대전차 장애물로 이루어진 방어선.

괴벨스가 제작을 지시한 〈유대인 쥐스〉의 한 장면. 여주인공은 투옥되어 고문당하는 남편을 구하려고 음흉한 유대인 쥐스에게 굴복하는데, 그 뒤 남편은 풀려나지만 그녀는 끝내 자살한다. 당시 나치 영화는 이처럼 유대인이나 외국인의 유혹에 넘어간 독일 여성을 모두 죽는 것으로 처리했다.

러가 잊고 있었던 것은 이미 제작이 끝난 반공 영화들도 소련을 대하는 그 자신의 태도가 돌변했기 때문에 상영을 연기해야 했다는 점이었다.110)

괴벨스가 위대한 기획으로 생각한, 폴란드 진군 당시 공군을 선전하는 영화 〈불의 세례〉에 대해 여러 차례 수정을 지시했던111) 히틀러는 이날 매주 3,000곳의 영화관에서 상영하는 주간 뉴스에도 비판을 가했다.112) 그 뉴스들은 "이상과 깊은 관심이 결여된 채 그저 조립되었을 뿐"113)이라는 것이었다. '총통'은 오찬 자리에서 계속하여 괴벨스가 "민족을 지속적이고 흥미 있게 이끌고 민족이 원하는 것을 전해주는 일을 해내지 못하고 어중간하게 제작하고 있다."라고 비판하면서, 선전장관이 몇 주

12장 그는 전능하신 분의 보호 안에 있다 665

전부터 해결하려 애쓰고 있는 결점을 지적했다. 그 문제점이란 '장기전' 도중에는 "적당한 모티브"가 없다는 점이었다.[114] 선전중대는 무미건조한 필름들만 전해 오고 있는데, 이에 대해 민간인 괴벨스는 선전중대가 주로 군사 교육을 받았기 때문에 "창조적인 작업"을 하지 못하고 있는 것[115]이라고 생각했다.

히틀러의 장황한 욕설은 (로젠베르크가 고소해하면서 꼼꼼하게 기록한 일기를 보면) 약 20분 동안 계속되었다. 평소에 반론을 잘 펼치던 괴벨스는 처음에 약간 변명을 하려 했지만("그렇지만 그래도 좋은 민족 영화들이 있습니다."[116]) 곧 완전히 입을 다물었다. 괴벨스는 '총통 각하'가 자신을 그런 처지로 밀어 넣은 것이 지극히 참담하기는 했지만, 자기 자신에게 히틀러의 행동을 구구하게 변명하기 시작했다. 괴벨스는 "그는 그럴 권리가 있다. 그는 천재니까."[117]라고 쓰면서, 앞으로는 좀 더 나은 영화를 만들겠다고 다짐했다.

아마도 신경이 날카로워진 히틀러는 국민들의 낙관적이지 않은 태도 때문에 선전장관에게 공격을 퍼부었던 것으로 보인다. 영국과 프랑스와 전쟁을 피할 수 없음이 분명해진 뒤, 사람들은 1914~1918년까지 서부전선에서 벌어졌던 그 끝없이 계속된 살인적인 진지전을 떠올렸다. 우루과이와 아르헨티나 경계의 라플라타 강 어구에서 '아드미랄 그라프 슈페(그라프 슈페 제독)'* 호를 스스로 침몰시킨 일은 과거의 끔찍한 전쟁의 기억이 현재에도 다시 재현될 수 있음을 확인해주었다. 전투로 손상을 입은 그 전함은 영국 함대와 해전 후 계속 항해해 몬테비데오 쪽으로 달아났다. 우루과이 정부는 미국의 압력으로 함장 한스 랑스도르프(Hans Langsdorff)에게 파손된 부분을 수리하기에 충분하지 않은 96시간의 정박만을 허용했고, 영국인들은 '그라프 슈페'를 공격하기 위해 만 어구에서 대기하고 있었다. 그러자 독일 정부는 자침(自沈)을 지시했다. 바로 얼마 전 선전에서는 '그라프 슈페' 호의 해전 승리를 보도했지만, 이제

이 문제에 대해서는, 괴벨스의 표현을 빌자면, "스위치를 돌려 꺼버리게" 되었다. "심금을 울리는" "자랑스러운 함대의 영웅적 종말" 소식을 독일 국민들의 관심사에서 조금이라도 멀어지게 하려고 괴벨스는 괴링의 전투기가 슐레스비히홀슈타인 주의 섬인 헬골란트 상공의 공중전에서 영국 항공기 36대를 격추했다는 풍문을 세상에 내놓았다.[118]

그 풍문이 얼마나 라플라타 강의 참사를 잊게 했는지는 차치하고, 괴벨스는 그해 말 적성국가들, 특히 영국을 축소 왜곡하지 않아야 한다고 생각했다. 이는 "민족의 존망"이 걸린 문제이기 때문이었다.[119] 괴벨스는 크리스마스 때 "감상주의에 빠지는 것"을 경계하면서,[120] 국민을 "강인하게" 만들어야 한다고 요구했는데,[121] 이는 그의 송년 연설의 기조와도 일치하는 것이었다. 12월 31일 괴벨스는 '총통 각하'가 "믿음과 승리의 확신"을 내뿜고 있기 때문에 승리를 믿어 의심치 않는다면서, 독일인들에게 1940년을 다음과 같이 예언했다.

아드미랄 그라프 슈페 호 정식 이름은 아드미랄 그라프 폰 슈페(Admiral Graf von Spee). 1936년에 진수된 독일의 1만 톤급 소형 전함이었다. 그라프 슈페는 대서양 전투에서 여러 척의 상선을 침몰시킨 뒤, 1939년 12월 13일 라플라타 강 어귀에서 영국 수색 함대에 발각되었다. 수색 함대는 엑시터 호, 에이잭스 호, 아킬레스 호 등으로 이루어져 있었다. 새벽 6시 14분, 영국의 수색 함대가 공격을 시작했지만, 1시간여 만에 그라프 슈페는 엑시터 호에 손상을 입히고 다른 2척의 순양함을 따돌렸다. 그라프슈페는 몬테비데오 쪽으로 달아났고, 그곳에서 지휘관 한스 랑스도르프 대령은 배의 수리를 위한 4일간의 정박 허락을 받아냈다. 영국측은 대규모의 증원군을 모을 때까지 그라프 슈페를 몬테비데오 항에 묶어두기 위해 강력한 외교 활동과 정보 활동을 벌였다. 그러나 12월 17일 그라프 슈페가 다시 바다로 나왔을 때, 에이잭스 호와 아킬레스 호를 지원하기 위해 도착한 전함은 컴벌랜드 호뿐이었다. 영국이 예상했던 전투는 벌어지지 않았다. 랑스도르프 대령이 우세한 적 병력이 기다리고 있을 것이라고 생각하고 부하들을 시켜 배 밑바닥에 구멍을 뚫어놓았기 때문이었다. 사흘 뒤, 랑스도르프는 권총으로 자살했다.

승리는 우리가 침몰하지 않도록 할 것이다. 우리는 스스로 그 승리를 얻을 자격을 갖추어야 한다. …… 모두가 여기에 참여해야 하고 이를 위해 함께 싸워야 한다. …… 우리는 싸우고 일하기를 원하고, 그 다음에 그 프로이센 장관처럼 말하기를 원한다. "신이시여. 딩신이 우리를 도울 수 없거나 돕기를 바라지 않는다면, 우리는 당신께 저 저주받은 적들도 돕지 말 것을 청할 뿐입니다!"122)

해가 바뀌는 이 무렵 영하 25도의 추위에 석탄이 부족했기 때문에, 학교, 공장, 영화관, 극장 등은 문을 닫아야 했고, 괴벨스 자신도 선전부에서 외투와 담요를 뒤집어쓰고 일해야 했다. 괴벨스는 한밤중 랑케에서 열린 소규모 연말 파티에서 잔을 들고 다음과 같이 말할 만했다. "신은 영국을 벌하리라!"123) 새해에 베르크호프 산장으로 간 히틀러는 그동안 어떻게 프랑스를 '벌할지' 골머리를 썩였다. 그는 이미 여러 차례 악천후 때문에 서부 침공을 연기했다. 1월 10일 히틀러는 공격 날짜를 1월 17일로 '최종' 결정했다. 그러나 4일 후 그는 또 연기해야 했는데, 역시 "일기 상황을 고려"해서였다.

그러나 진짜 이유는 독일 군용기 한 대가 표류 비행을 했기 때문이었다. 1월 10일 뮌스터에서 쾰른 방향으로 떠났던 그 비행기는 몇 시간이 지나 벨기에 메헬렌에 비상 착륙했다. 그 비행기에 탑승하고 있던 제2항공제대 연락장교 헬무트 라인베르거(Helmut Reinberger) 소령의 가방에는 계획 중인 서부 공격의 작전 계획안이 들어 있었다. 서류를 파기하려는 그의 모든 노력에도 불구하고 그중 일부가 벨기에측으로 넘어갔다. 라인베르거는 벨기에 당국으로부터 석방되자마자 브뤼셀 주재 독일 대사관을 통해 베를린의 제국항공부와 즉시 연락을 취했다. 국방군 최고사령부의 작전부장 요들 장군은 1월 12일 개인적으로 '총통'에게 이 사건을 보고했다. 다음날 브뤼셀 주재 독일 대사관이 긴급 전문을 보내 벨기에 군대의 대규모 이동을 보고하였고 이 일이 그 놀라운 정보 때문인 것으로 추정되자, 히틀러는 서부 진군을 무기한 연기했다.

괴벨스는 이 시기에 거의 매일 히틀러와 만났지만(1월 14일 히틀러는 슈바넨베르더의 괴벨스 저택에 오기도 했다) 그는 또다시 사건에서 배제되고 있었다. 그리하여 그는 그 다음날 벨기에와 네덜란드가 군인들에게 휴가 금지 조처를 내렸다는 이야기를 들었을 때, 두 나라 정부가 "넌지시 떠보려 한다."고 생각했다. 오후에 히틀러와 함께 있을 때 히틀러는 괴벨스에게 서부 침공 연기는 날씨가 굳어서라고 말했다. 그보다 열흘이 지나서야 괴벨스는 일기에서 장교 한 사람이 벨기에로 잘못 날아가 그곳에 긴급 착륙했기 때문에 공격을 미루어야 했다고 적었다.

암살 위험(1939년 11월 8일 뮌헨 뷔르거브로이하우스 맥주홀의 시한폭탄 사건을 뜻한다)에서 무사히 벗어나서 "절대적인 안전의 확고한 느낌"을 가지고 있던 히틀러는[124] 11월 9일 괴벨스에게 서구 침공을 연기한 진짜 이유를 설명하는 대신, "매우 큰 맥락에서", 즉 믿음의 범주 내에서 말했다. "한마디로 우리는 전쟁에서 질 수 없다. 그리고 우리는 모든 생각과 행동을 거기에 맞춰야 한다." 히틀러는 자신에게 깊은 감명을 받은 선전장관에게 승리의 믿음을 표명하는 동시에, "역사적 천재의 위대함은 그가 활동하는 범위가 아니라, 위험에 맞서는 용기와 대담함으로 나타난다."[125]라고 밝혔다.

괴벨스는 이 같은 히틀러의 강력한 의지 표명에 따라 "마치 다시 태어난 듯" 일에 매달렸다. 업무의 중심은 예나 지금이나 선전 선동이었으며, 이를 통해 영국 국민과 그 지도층을 분열시키려 했다. 거기에는 한편으로 "금권정치가들", "아리안인 중의 유대인들",[126] 체임벌린 가문과 처칠 가문을 비롯한 여타 수백 개의 가문들, "세계의 패권을 차지할 그 어떤 윤리적 권리도 지니지 못한 그들"[127]이 있었다.

"금권정치가"는 "한없이 고루한 오만함, 나태한 사유, 다른 민족들의 근심과 관심에 대한 가증스러운 둔감함, 위선적이고 표리부동한 도덕, 거짓말과 모함을 퍼뜨리는 데 있어 어리석고 뻔뻔스러운 미숙함" 등을 일종의 정치 기술로 발전시켜 왔고[128] 이를 가지고 영국 국민들을 전쟁과 파멸로 이끌어 가고 있다는 것이 괴벨스 선전의 취지였다. 그는 그 전해 12월 이미 선전에서 '반금권정치적 성격'을 강조하려고 했다.[129] 이것이 "영국에 상대하는 가장 좋은 공격 지점"이라는 것이었다.[130]

선전 선동으로 영국을 분열시킨다는 계획을 위해 괴벨스는 열에 들뜬 사람처럼 선전부 해외국을 서둘러 강화하여, 개전 초기부터 1941년 4월까지 담당 직원 수를 20명에서 41명으로 두 배 이상 늘렸다.[131] 해외국은 특히 효력을 발휘하던 해외 라디오 방송을 관장했다. 그 부서는 그전에 이미 자르 지방에서 "제국으로 돌아가자" 캠페인의 라디오 선전에서 탁월한 솜씨를 보여주었던 방송사 사장 아돌프 라스킨이 맡아 조율하고 고무했는데, 괴벨스는 그 활동을 매우 만족스럽게 생각했다.[132]

주로 나치낭 간부들의 연설을 번역해 내보내던 통상적인 선전 방송 외에도 그의 지휘에 따라 비밀 방송국이 "에테르 전쟁(에테르는 전자파의 매질로 생각되던 가상 물질)"[133]을 진행했다. 또 해외국 업무에는 전단 기획도 포함되었다. '총통'은 영국 군인들이 프랑스 여자들과 의심할 바 없이 성교 자세를 취하고 있는 모습이 그려진 전단을 보고 괴벨스를 극찬했는데, 이 전단은 연합국들 내부에서 서로 적개심을 불러일으키려는 것이었다.[134] 담뱃갑에 그려진 처칠의 사악한 캐리커처들은 선전국이 주도했으며, 독일인들에게 서구 열강을 전쟁광으로 묘사하려는 것이었다.[135]

괴벨스가 보기에 "적진에서 가장 야비한 선전가"는 과거 단치히 자유시의 시의회 의장을 지낸 헤르만 라우슈닝이었다. 그가 영국으로 망명하여 집필한 《히틀러와의 대화》는 "지극히 교묘하게" 쓰였고 "엄청난 위험"을 내포하고 있는데,[136] 이는 저자가 그 책에서 히틀러의 한없는 팽창주의적이고 인종주의적 목표들을 폭로하고 있기 때문이었다. 라우슈

라디오 연설을 준비하는 괴벨스. 폴란드 침공에 이어 서부 전선 전쟁을 앞두고 선전장관 괴벨스는 주로 영국 국민과 그 지도층을 분열시키는 선전 활동에 주력했다.

닝은 히틀러의 말을 빌려, 소련에 대한 "결정적 투쟁"은 피할 수 없는 일이고, 영국에 "상륙"할 것이며, 미국에서는 "폭동과 소요"를 선동할 것이고, 기독교, 그리고 당연히 유대교를 "뿌리째" 근절하려 한다고 밝혔다.

1940년 1월 29일 베른 주재 독일 영사관은 《히틀러와의 대화》가 영어 및 프랑스어로 유포되는 것과, 나치즘의 본질을 갈파하고 있는 라우슈닝의 저서 《허무주의 혁명》이 발간된 것에 항의했다. 3일 후 베른 주재 영사 프라이허 지기스문트 폰 비브라(Freiherr Sigismund von Bibra)는 《히틀러와의 대화》를 판매 금지할 것을 요구했다. 단치히에서 라우슈닝에게 불리한 자료들을 수집하도록 시켰던 괴벨스는 중립국 스위스를 협박하면서, "중립 개념"이 군사 분야에 그치는 것이 아니라, 정치 분야, 그리고 출판 분야에도 확장되기를 원한다고 밝혔다. 스위스 연방내각은 굴복하고 2월 16일 라우슈닝의 책을 판매 금지했다.[137]

그라프 슈페 호의 보급을 맡고 있다가 그라프 슈페가 침몰하자 영국인 포로 300명을 싣고 독일로 돌아오던 독일 해군 보조함 '알트마르크' 호가 노르웨이 영해에서 영국 구축함에게 발각되어 나포된 사건이 일어났다. 이 사건이 알려지고 난 후, 1940년 2월 18일 괴벨스는 선전부에 "모든 선전 수단"을 동원하여 "통분에 가득찬 지옥의 노래"를 시작하라고 지시했다.[138] 영국 정보부가 이 돌발 사태를 독일 정보기관보다 몇 시간 전에 이미 보고하여 전 세계 대부분의 언론이 영국측 설명을 받아들였음에도 불구하고, 괴벨스는 "노련하게 작업한다면 외무부가 태만하게 해둔 일을 아직은 어느 정도 되돌릴 수 있을 것"이라고 믿었다. "모든 신문과 방송은 완전 가동되었다. 독일 민족의 분노는 형용할 수 없다."라고 그는 일기에 적었고,[139] 2월 19일 언론에 "모든 담론을 이 한 가지 사건에 집중하여" 바다기 부글거리게 하라는 지침을 내렸다.[140]

괴벨스가 선전전을 계속하는 동안 히틀러는 알트마르크 사건의 영향으로, 영국인들이 거리낌 없이 중립국인 노르웨이를 덮칠 것이고 노르웨이 정부는 여기에 저항할 수 없을 것이라고 믿게 되었다. 그래서 히틀러는 1월 말 "그가 개인적으로 직접 관여하면서" 추진해 왔던[141] 덴마크와 노르웨이 '장악' 준비를 더욱 가속화하도록 지시했다. 이는 특히 그 나라의 항구들을 획득해 독일 해군이 대서양으로 자유롭게 드나들 수 있게 하고, 나아가 중립을 지키는 스웨덴으로부터 철광석을 안정적으로 수입하려는 목적이었다. 추운 계절이면 북부 스웨덴 수역이 얼어붙기 때문에 철도를 통해 철광석을 나르비크로 운송한 후 다시 선박으로 노르웨이 해안을 따라 독일 항구로 운송해야 했다.

1940년 3월 18일 히틀러가 브레너에서 무솔리니와 가진 면담에서 이탈리아가 독일의 동맹국으로 참전한다는 약속을 받은 후, 두체에게도 비밀을 유지한 그 작전의 준비가 신속히 끝났다. 육·해·공 삼군이 통틀어 참여하는 그 작전은 '베저 훈련'이라는 이름으로 위장하였다. 4월 초 괴벨스도 이 계획을 귀띔 받은 것으로 보이는데, 그는 4월 5일 베를린 신문들의 편집장들과 베를린 주재 외국 언론 특파원들을 초대한 리셉션을 열어 그들에게 전쟁에서 곧 변화가 일어날 것이라고 밝혔던 것이다. 독일 선전 선동의 목표에는 마치 과거 권력 쟁탈전에서 정당 지도부와 유권자들을 분리시켰던 것처럼 서구 열강의 정부로부터 국민들을 분리시키는 것도 들어 있었다. 그러나 이것이 군사 작전을 불필요하게 만드는, "유일하게 쓸모 있는" 전쟁 도구는 절대 아니었다.[142]

코앞으로 다가온 북방 작전을 독일뿐 아니라 해외에서도 방어 조치로 묘사하는 과감한 선전 선동이 이루어졌다. 괴벨스 수하의 전문가들은 이를 위해 프랑스 잡지 〈일뤼스트라시옹〉의 표제 그림을 활용했다. 그 그림은 미국 국무성 차관보 섬너 웰레스(Sumner Weles)와 프랑스 총리 폴 레이노(Paul Reynaud)가 중부 유럽 지도 앞에 있고 그 지도에서 독일은 라인 강과 오데르 강 사이의 지역으로 한정되고 남북으로 분할되어 있었다. 선전 선동을 위해 위조한 다른 사안들과 마찬가지로 이 또한 일단 외국 언론에 실리도록 추진했다. 이탈리아 신문 〈레기마 파시스타〉가 이 유럽 지도를 실은 다음에야 독일의 선전 활동에서 이 사안을 대대적으로 다루었고, 언론에는 "연합국들의 새로운 파괴적 경향을 보여주는 야비한 증거"로 이 지도를 실을 것을 지시했다. 이는 루르 지역 분쟁의 자료들과 섞어서 괴벨스의 취향에 맞는 선전의 혼합물이 되었다.[143]

4월 5일 유럽의 국경 문제에 대한 섬너 웰레스의 태도 변화를 다루지 말라는 보도지침이 언론에 내려지고 이틀이 지난 후, 런던의 최고 전쟁 지휘부는 노르웨이와 스웨덴 정부에 통첩을 보내, 노르웨이 영해 앞에 기뢰를 설치하고 원정군을 파견할 것임을 선언했다. 선전장관은 기쁨을 감추지 못했다. 언론에서 다룰 만한 사건을 찾은 것이다. "이는 독일 선박 운항에 적대하는 조치인데, 그야말로 공공연하게 취해졌다. 이는 우리가 찾던 도약대이다. 오, 상크타 심플리시타스!(성스러운 단순함이여!) 이제 시작이다. 아직 독일 언론에는 어느 정도 자중하도록 조심시키고 있다. 너무 빨리 가면을 벗어서는 안 된다."144)

'베저 훈련'의 '카운트다운'이 진행되고 있는 동안 괴벨스는 4월 8일 오전 히틀러와 함께 총리청 정원을 가로질러 갔다. 히틀러는 모든 것이 '세밀한 부분까지' 준비되었고, 약 25만 병력이 작전을 수행할 것이라고 밝혔다. 히틀러는 포탄과 대포는 대부분 석탄 수송으로 위장하여 그곳으로 옮겨졌다면서, 전쟁은 1년 내로 승리로 끝날 것이라고 자신하는 것을 잊지 않았다. 그러지 못한다면 적이 물자 측면에서 너무 우월해질 것이라는 것이었다.145) 그날 오후 괴벨스는 "숨 막히는 긴장" 속에서 일련의 긴급한 활동을 벌였다. 대외 위장을 위해 그날 저녁에는 체육궁전에서 열린 겨울철 빈민구제협회 행사에서 연설을 했고, "아무도 눈치채지 못하게 비밀리에" 라디오를 "동원"하였고, 다시 한 번 히틀러를 만났으며, 언론에는 루마니아 문제를 크게 다루라고 지시했고, "현대전 역사상 가장 대담한 이 모험"146)을 그에게 상세히 설명해주는 요들과 대화를 나눴으며, 세 번째로 '총통 각하'에게 갔다. "이제 강철 같은 침착성을 유지하고 좋은 별자리를 믿는 것이다."147)

1940년 4월 9일, 독일 군은 덴마크와 노르웨이 침공을 시작했는데, 이는 영국인들보다 불과 몇 시간 먼저 선수를 친 것이었다. 그래서 베를린의 선전부는 베저 훈련을 방어 조치로 내세웠는데 그것은 어느 정도 일리가 있는 것처럼 보였다. 그리고 언론에는 다음과 같은 내용을 보도하라는 지침이 내려졌다. "스칸디나비아를 대독일 전쟁의 무대로 삼으려는 영국의 도발에 대한 번개 같은 응답." 영국은 그날 독일의 손실이 많았다고 보도했지만, 괴벨스는 이를 거짓말이라고 일축했다. 그날 저녁 총리청에서 히틀러가 그 성공한 작전을 "우리의 정치와 전쟁에서 거둔 최대 성과 중 하나"라고 말하는 것을 들었을 때 괴벨스는 더욱 확신을 지니게 되었다. 영국 정부는 당황했고 미국은 무관심한 태도를 보였다. 괴벨스에게 이는 '굉장한 행운'이었다. 그는 '신의 질투'가 두려울 정도였다.[148]

그러나 이 꿈에서 깨어나는 데는 그리 오래 걸리지 않았다. 덴마크와 달리 노르웨이는 군사적 저항을 선언했다. 순양함 '블뤼허'가 이끄는 16척의 독일 전함 선단이 오슬로 피요르드로 들어섰을 때, 블뤼허 호는 해안 포대로부터 포격을 당해 격침되었다. 그 직후 독일 함대는 크리스티안산, 베르겐, 나르비크에서 영국 해군과 맞부딪쳐 큰 손실을 입었다. 괴벨스가 4월 10일 총리청에 있을 때, 히틀러는 영국이 이틀 동안 "체면을 크게 깎였다."라고 말하기는 했지만 독일의 손실을 애석해했다. 그리고 그로부터 이 작전은 자신이 해군에 맡길 수 있었던 유일한 큰 과제였다는 결론을 이끌어냈다.[149]

4월 11일 장관 주재 회의에서 괴벨스는 부하 직원들에게 베저 훈련 작전의 성공 여부가 유일하게 결정적인 사안임을 유념하라고 훈시했다. 여기서는 '물론' 손실도 계산에 넣어야 하지만, 문제는 그것이 아니라 "전쟁의 승리를 가져올 성공"을 거두는 것이라고 밝혔다.[150] 하루가 지나고 괴벨스는 '위기 상황들'을 들먹였고, 결코 침묵하지 않고 언제나 무엇인가 말해야 한다는 것이 원칙이라고 말했다.[151] 그러나 그는 곧바로 예외 없는 규칙은 없다고 덧붙였다. 2만 명 이상의 영국, 프랑스, 폴란드 군이 철광석 수송 철도의 종착지 나르비크에 상륙했을 때, 방송과 언론은 침묵을 지켜야 했다. 독일 군이 노르웨이에서 벌인 다른 작전들은 계획대로 진행되었지만, 디틀(Eduard Dietl) 장군이 지휘하는 독일 산악부대는 절망적인 처지에 빠졌다. 4월 18일 히틀러는 디틀에게 후속 부대를 전혀 보낼 수 없다면서, "독일 국방군의 명예가 더럽혀지지 않도록 처신하라."고 명령했다.[152]

4월 20일 전날 저녁 연례적인 연설을 하며 괴벨스는 노르웨이 북부의 상황을 은폐하려고 애썼다. 그는 영국의 금권정치가들과 그들의 거짓말에 대해 욕설을 퍼부었다. 영국 정부가 독일을 두고 "늘어놓기 시작한 거짓말의 홍수"는 독일인들에게는 전혀 효과가 없다는 것이었다. "이는 독일 민족이 총통을 민족적 힘의 현신이며 민족적 목표의 빛나는 모범으로 받아들이고 있기 때문이다." 연설 중 대(對) 폴란드 전쟁 영화 〈불의 세례〉 중 한 장면을 실례로 묘사하면서 라디오 청취자들에게 히틀러의 구세주 역할을 설명했다.

> 이제 카메라는 협의 중인 장군들로부터 천천히 멀어지면서 그 방의 한쪽에 앉아 있는 총통을 잡는다. 관찰자의 시선은 깊은 감동으로 그 남자, 우리 모두가 지켜보고 있는 그 남자를 발견하고, 얼굴이 근심에 사로잡혀 있고 사유의 무게로 그늘이 져 있는 그 역사적 인물이 위대하고 고독하게 존재함을 발견한다.[153]

뮌헨 뷔르거브로이 맥주홀에서 터진 엘저의 폭탄으로부터 기적적으로 살아난 후 괴벨스에게 다시금 불멸의 인물이라는 믿음을 준 히틀러는 생일상 앞에서 "지치는 기색 없이 유쾌하고 명민했다." 대화는 영국이 앞으로 얼마나 더 오래 대독일 전쟁을 끌어가려 할 것인가라는 문제에까지 이르렀다. 독일 귀족정치에 대한 자신의 경험 때문에 영국의 금권정치를 지독하게 혐오하는 괴벨스는 히틀러가 영국을 절멸시키거나 대영제국을 파괴하려는 것이 아니라 "오늘이라도 평화를 이루려" 한다고 말하는 것을 듣고 어느 정도 놀랐다.[154]

4월 24일 히틀러는 선전장관에게 서부 진군 역시 이러한 목표를 위한 것이라고 설명했다. 프랑스를 치는 이유는 이를 통해 영국 정부가 "대륙의 단도"를 잃고 '무기력'해지도록 만들 수 있기 때문이라는 것이었다.

1940년 7월, 장군들과 함께 서부 전선 작전을 논의하는 히틀러. 1940년 5월 10일에 시작된 서부 진군은 독일 국방군의 연전연승으로 이어졌다.

그외에도 프랑스를 "박살내는 일"은 "역사적 정의를 위한 행동"[155]이기도 하다. 그로부터 1주일이 지난 5월 1일 히틀러는 '겔프(노란 색) 작전'을 5월 5일 개시할 것을 명령했다. 그러나 침공은 다시 연기해야 했다. 괴벨스는 또다시 극도로 긴장하였다. 모두가 대공세를 기다리고 있을 때, 그는 심리적인 준비로 세계 여론의 눈을 당분간 다른 곳으로 돌렸다. 바티칸이 교황은 "일요일 내내 눈물을 흘리며 기도했다."며 경고를 보낸 데 대해 괴벨스는 거만하게 반응했다. "이 오래된 사기꾼들의 수법을 우리는 잘 알고 있다."[156]

최고사령부 보고에서는 네덜란드와 벨기에의 중립 선언을 지난 3월부터 이미 끊임없이 "질책했으나"[157] 괴벨스는 방송과 신문에서 두 나라에 대해서는 어떠한 공격 의사도 없다고 밝혔다. 그리고 언론 대표들에게는 "우리에게 선전포고를 했고 앞으로 그 대가를 치러야 할 나라들"은 영국

12장 그는 전능하신 분의 보호 안에 있다 677

과 프랑스이고 "어떤 경우에도 다시 침략자의 역할을 맡지 않을 것"[158]이라는 사실을 "반복해" 밝히라고 주문했다. 그러는 동안 히틀러는 5월 8일에 최종적으로 그 다음날 공격을 시작한다는 명령을 내렸다. 히틀러는 만슈타인(Erich von Manstein, 1887~1973) 장군의 '지헬슈니트(낫질) 계획'*을 도입했다. 물론 히틀러가 작성한 "서부 전선 장병들에게 보내는 선언"에서는 이 공격 계획을 방어 조치로 묘사했다. 왜냐하면 영국과 프랑스가 네덜란드와 벨기에를 지나 "루르 지역으로 밀고 들어오려" 하기 때문이라는 것이다. 이로써 서부 전선 군인들의 시간이 돌아왔다. "이제 시작되는 전투는 향후 수천 년 동안 독일 민족의 운명을 결정한다."라고 히틀러는 밝혔다.[159]

5월 9일 오후 5시경, 히틀러는 위장 전술로 베를린 교외의 작은 기차역 핀켄크룩에서 참모진과 함께 특별 열차에 타고 북서 방향으로 출발했다. 괴벨스는 (마찬가지로 위장을 위해) 그날 저녁 베를린 국립극장에서 무솔리니가 직접 극본을 쓴 연극 〈카부르〉를 보고 있었지만, 그의 생각은 그륀트겐이 연출한, 전혀 마음에 들지 않는 그 연극보다는 히틀러에게로 가 있었다. 히틀러의 특별 열차는 그동안 바트 뮌스터아이펠 북부의 사령부 '바위 둥지(Felsennest)'로 방향을 돌렸다. 한편 괴벨스는 그 연극을, 두체는 "역사를 극화하기보다는 역사를 직접 만드는 편이 낫다."라고 평가했다.[160]

1940년 5월 10일 아침이 시작될 무렵 서부 진군이 시작되었다. 병력 약 150만 명, 거의 2,500대의 전차와 4,000대의 비행기를 갖춘 137개 사단은 북해에서 남쪽 국경에 이르는 방어선을 밀고 들어가기 시작했다. 독일 특공대들은 교량, 철도 요충지, 교통 중심지, 그리고 전략적 중요성을 갖추었고 난공불락으로 여겨지던, 리에주 교외 포르트 에벤 에마엘을 접수했다. 같은 시각인 오전 8시 괴벨스는 벨기에, 네덜란드, 룩셈부르크로 보내는 각서를 라디오에서 낭독했다. 그는 여기서 그 나라들의 정부가 "가장 기초적인 중립 규정들을 거스르는 명백한 위반" 행위를 저질렀다고 비난했다. 신문과 방송에는 영국과 프랑스가 벨기에와 네덜란드 점령을 앞두고 있었는데, '총통'은 또다시 그들보다 한 발 앞섰다는 점을 부각하라고 지시했다. 두 나라가 오래전부터 금권정치 세력으로 기울었기 때문에 그들의 희생양이 되었다는 것이다.

서부 진군은 독일 국방군의 전무후무한 승리의 연속이었다. 기갑 장군 한스 라인하르트(Hans Reinhardt), 하인츠 구데리안,* 헤르만 호트(Hermann Hoth)가 이끄는 A집단군*은 스당에서 손쉽게 프랑스 진지들을 분쇄하고 5월 20일에 솜 강 어귀까지 진군했다. 이 '낫질'의 흔적보다 북쪽에 위치한 모든 벨기에, 영국, 프랑스 군은 내륙과 접촉이 두절되었다. "포위 성공. 새로운 칸나이*가 시작되었다."라고 괴벨스는 즐거워했

....
지헬슈니트 계획 벨기에를 가로지르는 신속한 공격을 펼쳐 연합군을 분리시키고 패퇴시키려는 전략.
구데리안(Heinz Guderian, 1888~1954) 1, 2차 세계대전 사이에 기갑전과 전격전을 고안한 주요 인물 중 한 사람으로 2차 세계대전 초기에 독일이 폴란드 · 프랑스 · 소련에게 승리하는 데 결정적으로 이바지했다. 1938년 11월 독일 기동부대 대장으로 임명된 구데리안은 1939년 9월 폴란드와의 전투에서 자신의 이론이 옳았음을 보여주었고 1940년 5월에는 영국 해협의 프랑스 쪽 해안으로 돌진하여 프랑스 군을 전쟁에서 몰아냈다. 소련과의 전투에서는 모스크바 교외까지 진출했으나 1941~1942년 겨울, 소련의 반격에 부딪쳐 군대를 철수시킨 것 때문에 히틀러의 미움을 사서 1941년 10월 후퇴하기 전에 해직되었다. 1944년 7월 20일 히틀러 암살 기도 사건이 있은 뒤에는 육군참모총장 대리가 되었다. 그러나 자신의 작전이 히틀러의 간섭으로 대부분 무시되자, 1945년 3월 5일 군에서 물러났다.
집단군 독일 군 편제의 최고 단위로 2~4개 군단, 1~2개 기갑군단 및 기타 보조 군대로 이루어졌다.
칸나이(Cannae) 카르타고의 장군 한니발이 이탈리아 동남부 풀리아의 작은 부락 칸나이 근처에서 기원전 216년 로마군을 섬멸시킨 전투.

다. 그는 1차 세계대전 시기를 상기시키는 그 지역들에서 독일 군의 성공적인 작전들을 열광하면서 지켜보고 있었다. 그러나 그의 기분이 그렇게 들뜬 것은 독일 군의 승전보보다도 오히려 야전 사령부에서 지휘하고 있는 히틀러와 거의 매일 전화 통화를 할 수 있었기 때문이었다. 괴벨스는 한 번은 "행복하다"고 적었고, 또 한 번은 그가 보기에 '총통' 자신이 승전을 굳게 믿고 있는 점이 "그가 우리에게도 확신을 내비칠 수 있는 또 다른 이유이다."라고 적었다.[161]

괴벨스는 열정에 들떠 "역사적 천재가 이끄는 가운데" 이 천재가 고안해내고 계획적으로 준비한 나치 체제는 승리를 거둘 것이라고 적었다. 이 남자의 "열광시키는 영향력"에 힘입어 독일 민족의 전통적 덕목들이 새로운 이상 안에서 다시 깨어나고 있다는 것이다. "독일의 창조적 천재성이 역사상 처음으로 관료주의와 왕정의 모든 장애를 벗어나 완벽하게 펼쳐지고 있다." '유례 없는 시간'이라는 제목(이는 나중에 1939~1941년까지 괴벨스의 연설과 글들을 담은 책의 제목이 되기도 했다)의 글에서 괴벨스는 독자와 자기 자신에게, 독일이 처해 있는 이 상황이 1914년의 상황과는 완전히 다르다는 점을 증명하려 했다.

그 글은 주간 신문 〈제국(Das Reich)〉 창간호에 실렸다. 이 신문 창간의 아이디어는 1939년 11월에 등장했는데, 그때는 독일 신문들의 단조로움에 대한 불만이 늘어났고 해외선전 강화의 가능성들이 모색되고 있었다. 강력한 권력을 누리던 롤프 린하르트,[162] 즉 나치의 '신문 제왕' 막스 아만[163]의 오른팔이던 바로 그 롤프 린하르트와 가진 몇 차례 협의 중, 당시 이미 종이 공급이 원활하지 않았음에도 불구하고,[164] "특히 해외를 겨냥한 주간지"의 창간 계획이 움텄다.

처음에는 〈독일 뉴스(Deutsche Rundschau)〉라는 제목을 붙이려 하였다.[165] 괴벨스는 린하르트가 선호한 '제국'이라는 이름이 "너무 관(官)에 가깝게" 들려 적당하지 않다고 생각했다.[166] 그러나 곧 괴벨스는 이 문제에서 아만과 린하르트가 출판 부문에서 휘두르는 무소불위의 권력에 굴복해야 했다. 물론 그 내용과 형태에 대해서는 그들 사이에 합의가 이루어졌다. 일종의 독일판 〈옵서버〉, 즉 지식인 신문을 만드는 것이 그들의 목표였다. 새 주간지는 독일제국의 지도급 인사들이 지원하는 가운데 세련된 언어로 정치적·사상적인 관심을 지닌 독일인들, 그리고 특히 중립적인 외국을 겨냥하여 제작될 예정이었다.[167] 〈제국〉은 신문으로는 유일하게 제국공보실장 디트리히의 일일 구호에 유념하지 않아도 되는 특권을 지니게 되었다.

유명한 언론인들 사이에 끼어 글을 쓰게 된 것에 만족했던[168] 괴벨스는 언론인다운 야심을 품었다. 그는 처음부터 여기에 "매우 밀착하여 공조할" 생각이었는데,[169] "매우 커다란 선전 효과를 노릴 수 있기 때문"이었다.[170] 한편 〈프랑크푸르터 차이퉁〉과 〈도이체 알게마이네 차이퉁〉을 발간하는 출판사를 운영하던 아만은 괴벨스와 글 한 편당 2천 제국마르크의 원고료를 지급한다는 계약을 맺었다. 괴벨스는 오랜 휴식 끝에 1939년 전쟁 직전의 위태로운 몇 달 동안 다시 정기적으로 (처음에는 〈민족의 파수꾼〉에) 사설을 쓰기 시작했는데, 통상 1시간이나 1시간 30분의 시간을 들여 글을 썼고, 필요하다면 15분 내에 쓰기도 했다.[171]

1941년 초부터 빌헬름 광장의 선전장관이 보내는 전령은 거의 예외 없이 월요일 오전마다 면밀하게 편집된 원고를 출판사로 가져왔다.[172] 이는 심지어 괴벨스의 숙적 로젠베르크조차 인정한 '정력적 업적'이었다. 그렇기 때문에 그 글들에 대해 "그때 그때 사소한 비판으로 맞서서는 안 된다."라고 생각했다. 그러나 로젠베르크가 '공적인 의무감' 때문에 "거기 쓰인 내용을 좀 더 면밀히 읽으려는 마음으로 볼 때면", "특히 우리의 적을 논박하는 부분이 너무 품격이 없어" 여러 차례 괴링에게 불만을 담은 편지를 보내기까지 했다. 왜냐하면 로젠베르크가 보기에 괴벨스는 "'지나치게 처칠의 옷자락에 매달려' 있기" 때문이었다.[173]

창간 6개월 만에 50만 부를 발행하게 될 그 신문의 창간호는 5월 26일 일요일에 발행되었다.[174] 이날은 독일 군이 영국 도버에서 불과 34킬로미터 떨어진 프랑스 북부의 항구 도시 칼레를 점령하여 (괴벨스의 말에 따르면) 독일이 "영국의 목을 조르게 된" 날이었다.[175] 이틀 후 네덜란드에 이어 벨기에의 레오폴 3세(Leopold III, 1901~1983)가 항복했다. 레오폴 3세는 괴벨스가 뿌리부터 혐오하는 귀족정치가의 한 사람이지만 괴벨스로부터 "깨어 있는 사람"으로 인정을 받았는데, 이는 그가 "국민을 가슴으로 대하기 때문"이라는 것이었다. 그는 독일에 "깊은 호의"를 지닌 것으로 받아들여졌기 때문에 히틀러는 5천만 프랑의 연금을 약속했다.[176]

괴벨스는 선전 활동을 펼쳐 군사 행동 초기부터 연합국 진영 내의 불화를 조장하려 했는데, 이를 위해 공식 성명들을 이용해 그들을 서로 적대하게 하려 했다. 이번에도 그는 벨기에 항복을 비판한 프랑스 총리의 발언을 프랑스 "전쟁광 정부"의 "초라한 태도"를 규탄하는 계기로 십분 활용했다. 프랑스 정부는 처음에는 벨기에를 "독일에 적대하는 범죄적 계획"으로 끌어들였고, 레오폴이 저항을 계속하는 일이 소용없다는 것을 깨닫고 포기하자 그에게 발길질을 해대면서 배신자라고 비난하고 있다는 내용이었다.[177]

독일에서 제국방송사의 특별 방송 서두를 장식하는 새로 만들어진 승리의 팡파르가 계속 울려 퍼지고, 신문들이 독일 국민에게 그 성과의 위대함을 절절하게 설명하고 있는 동안, 괴벨스의 지하 라디오 방송이 완전하게 가동하기 시작했다. 괴벨스는 그 방송의 보도문을 손수 작성했는데, 예를 들어 프랑스 군인들에게 탈영을 권유하고, 국민들에게 투항을 권고하거나 독일이 은행부터 압류할 것이라고 하여 예금을 인출하는 사태를 유발하려 시도했다. 의도적인 오보들은 실제로 커다란 혼란을 불러일으켰다. 지하 방송이 괴벨스가 프랑스에 도착했다는 오보를 퍼뜨려 파

프랑스 파리를 점령한 독일 군. 독일 군의 파리 점령은 5월 10일 독일 군이 서부 전선 진군을 시작한 후 겨우 한 달여 만에 이루어진 일이었다. 이후 프랑스에는 독일의 괴뢰 정권인 비시 정부가 들어섰다.

리의 북역이 공황 상태에 빠졌을 때, 괴벨스는 지극히 흡족해했다.[178]

독일의 승리가 점점 분명해지던 5월 말, 괴벨스는 방송과 신문에서 프랑스 공격을 한 단계 더 강화했다.[179] 오래된 반(反) 프랑스 상투어들이 마구 동원되었는데, 예를 들어 "벨쉬(프랑스를 비롯한 로만 계통 민족을 폄하하는 표현)적 본질"의 퇴폐성에 대한 상투어들이었다. 프랑스는 "열등한 인종들과의 혼합으로 질이 낮아졌고 1918년 이후 루르 지방 점령 중에 인종적으로 가장 발달한 민족을 검둥이들이 감독하게 하는 최대의 문화적 수치를 저질렀기 때문에" 유럽 문화의 담지자일 수 없다는 것이었다.[180] 괴벨스는 프랑스 점령 시기와 그 부정적인 부수 현상들의 기억을 불러일으키기 위해 모든 기회를 활용했다.

영국 원정군은 이미 해협을 넘어 철수한 뒤였지만 독일 군이 됭케르

12장 그는 전능하신 분의 보호 안에 있다 683

크를 6월 4일 뒤늦게나마 점령함으로써 서부 진군의 첫 번째 국면은 끝났다. 이틀 후 괴벨스는 비행기를 타고 나무르 근교 브륄리-드-페세의 야전사령부에 있는 히틀러에게 갔다. 히틀러는 그에게 자신이 1차 세계대전 중 전투에 참가했던 전장을 둘러보았던 일을 설명하면서,《나의 투쟁》에서 "지상의 삶" 중에서 "잊을 수 없는 최고의 시간"이었다고 묘사했던 전선 체험의 기억 속에 빠져들었다. 괴벨스는 "이 극적인 묘사들에 가슴 깊은 곳으로부터 감명을 받았다." '총통'은 모든 사람 위에 "탑처럼 솟아 있다." 히틀러의 숭배자 괴벨스는 그를 (다시 한 번) '역사적 천재'라면서, 그 위대한 시간에 대해, 그리고 새로운 유럽 건설에 동참할 수 있는 행운에 기쁨을 표현하였다.[181] 괴벨스는 자신에게 매우 '다정다감했던' 히틀러와 "간절한 석별의 정을 나누고" "다시 커다란 힘과 긴장"을 느끼며 근처의 야전 활주로로 향했다. 하인켈 폭격기가 그를 태우고 베를린으로 돌아왔다.

히틀러는 괴벨스에게 6월 10일 이탈리아의 선전포고를 받은 프랑스를 6주에서 8주 내에 "무릎 꿇릴 수" 있다고 말했다.[182] 그러나 실제로 프랑스 진군은 단지 14일 만에 성공적으로 끝났다. 6월 14일 독일 전차들은 자브뤼켄에서 마지노 선(Maginot Line, 1930년대에 프랑스가 북동쪽 국경선에 건설한 정교한 방어용 장벽)을 돌파했다. 또 1차 세계대전에서 여러 해 동안 전투가 벌어졌던 베르됭(이 전투에서 70만 명이 전사했다)은 몇 시간 만에 함락되었다. 같은 날 한 전투 부대가 스위스 쥐라 주(州) 국경에 도착해서 프랑스의 동부 전선 군대 전체를 분리시켰고 이와 동시에 한 독일 군 보병사단은 파리로 입성했다. 하루 동안 많은 사건이 일어난 이 날 저녁 괴벨스는 히틀러와 전화 통화 후 독일이 군사적인 대승리를 거두었다고 믿었다. 히틀러는 프랑스가 "화평을 구걸할 때까지 짓밟을 것"이다.[183]

보르도로 피신했던 프랑스의 레이노 정부가, 영국의 처칠 신임 총리가 끝까지 버티라고 요구했는데도 결국 물러났다는 사실도 괴벨스를 열광하게 했다. 이틀 후, 1차 세계대전 당시 '베르됭의 승리자'인 백발의 원수 필리프 페탱*이 정부 업무를 인계받았고, 곧 바로 독일측에 정전을 제안했다. 히틀러가 이를 알려주려고 괴벨스에게 전화를 걸었을 때, 괴벨스는 "위대한 역사적 순간"의 감회 때문에 히틀러에게 제대로 축하 인사를 하지도 못할 정도였다.[184] 그리고 히틀러는 역사를 연출했는데, 그는 1918년 11월 11일 독일 서부군 대표들이 항복 문서에 조인해야 했던 바로 그 장소에서 항복 협상을 진행하겠다고 마음먹었다.

제국방송이 획기적인 휴전 소식을 전하고 나서 1940년 6월 17일 빌헬름 광장의 괴벨스의 창문 앞에 수천 명이 모여들어 "독일, 모든 것 위의 독일"을 합창하였다. 그때 괴벨스는 '총통'에게 열광했다. 괴벨스는 콩피에뉴 숲의 기차 차량에서 1940년 6월 21일부터 22일 사이에 일어난 사건(프랑스의 페탱 원수가 독일과 휴전 조약에 서명한 일)을 "드높은 역사적 운명이 위탁하고 우리가 완수한 하느님의 심판"이라고 표현했다.[185] 1차 세계대전의 수치스러운 패배와 그로 인한 굴욕들은 이제 지워졌다. 20년도 더 지난 그해(1918년)의 11월 어두운 삶의 시기를 시작했던 괴벨스 자신도 지금은 강력한 독일제국의 권력의 중심에 서 있었다.

괴벨스는 제국방송을 통해 방송된 콩피에뉴로부터의 전화 통화 보도

....
페탱(Philippe Pétain, 1856~1951) 1차 세계대전 때 1916년 요새 도시 베르됭에서 독일과의 전투(베르됭 전투)에서 승리하여 국민적 영웅이 되었지만, 2차 세계대전 중 독일의 괴뢰 정권인 비시 프랑스의 국가원수직을 맡아 명예가 실추되었다. 1944년 8월 샤를 드골 장군에 의해 파리가 해방된 후 페탱은 평화적인 정권 이양 준비를 위해 특사를 파견했다. 드골은 그 사절을 맞이하기를 거부했다. 프랑스에서 1940년 이후의 행동에 대해 재판을 받게 된 페탱은 1945년 8월 사형 선고를 받았다. 그 직후 그는 종신 독방형으로 감형되었으며, 대서양의 한 요새에 투옥되어 95살에 죽었다.

를 통해 독일 국민들에게 휴전 협상에 대한 정보를 끊임없이 제공했다. 프랑스 협상 대표 샤를 윙트지(Charle Huntziger, 1880~1941)는 자국 정부와 협의 후 마침내 독일 국방군이 프랑스에서 제네바 – 돌 – 투르 – 몽드마르상 – 스페인 국경을 잇는 선의 서쪽과 북쪽을, 이를 통해 결국 영불 해협(도버 해협)과 대서양의 해안 전체를 점령한다는 데 동의했다. 6월 25일 새벽 1시 35분 프랑스가 무기를 놓았을 때 라디오는 특별 방송을 내보냈다. 선전장관은 이 방송을 매우 "효과적으로 구성했다."라고 우쭐대며 말했다. 괴벨스는 랑케로 초대한 몇 명의 부하직원들과 함께 그 방송을 들었다. "우리는 이미 여기까지 이끌어 왔다!"라고 그는 만족스럽게 결론을 내렸다.[186]

괴벨스를 괴롭혔던 전쟁의 우려와 불안은 국방군의 연이은 승전으로 감쪽같이 증발해버렸다. 그는, 제국과 '총통'의 성스러운 사명에 대한 투철한 믿음을 가지고 심지어 대(對) 영국 전쟁이 벌어지기를 희망하기까지 했다. 그는 "처칠이 마지막 순간에 양보해서는 안 된다."라고 우려하기까지 했다.[187] 자국민에게 피와 고난과 눈물과 땀 외에는 약속하지 않았던 영국 총리의 집요함과 굳건함 때문에 괴벨스는 점점 더 그를 증오하였다. 괴벨스 자신의 선전도 처칠에게는 위해가 되지 못하는 것처럼 보였던 것이다. 괴벨스는 사람들이 기이한 생활 방식을 가지고 있다고 수군대는 그 적수를 "분홍 바지를 입은 거만한 원숭이"[188]라든가 "순간적 효과만을 노리는 교만한 수다쟁이"[189] 등의 표현을 통해 우스꽝스러운 인물로 깔아뭉개려고 하였다. 그러나 괴벨스는 장기적으로 보아 그에게 경의를 표하지 않을 수 없었다. 그는 처칠 연설의 "매료시키는 스타일"[190]에 경탄하면서, "그 늙은 여우"[191]는 뚜렷한 성격이나 태도를 지니고 있지는 않지만 "커다란 재능을 가진 남자"[192]라고 적었다. 그리고 "만일 그가 1933년 배를 젓고 있었다면"[193] 독일은 지금 서 있는 위치에 있지 못했을 만큼 그는 위험하다고 생각했다.

벨기에, 네덜란드, 프랑스를 돌아보면서 괴벨스는 머지않아 영국도 굴복시킨다는 생각이 완전히 옳다고 느꼈다. 그가 이프르(벨기에 서부의 도시로, 1차 세계대전 중 격전지로 영국 군 25만 명을 비롯해 수많은 사상자를 냈다) 전장과 랑에마르크의 독일 군 전몰 장병 묘지를 방문한 다음 독일 군인들과 나눈 대화는 그의 이러한 생각을 더욱 굳게 했다. 그들은 영국으로 가려 한다는 것이다. "수치의 장소이자 민족 부활의 장소이기도 한" 콩피에뉴에서도 그는 마찬가지 생각을 했다. 거기에서도 군인들은 오로지 한 가지 질문만을 던지고 있었다. "영국으로는 언제 갑니까?"194)

영국에 적대하여 선전기구들을 전면 가동하고 있던 괴벨스는 1940년 7월 1일 하루 동안 파리에 있었다. 그는 나폴레옹 무덤이 있는 앵발리드, 사크르쾨르 성당과 노트르담 성당 등 파리의 명승지들을 방문하고 나서 베르사유로 갔다. 괴벨스는 "독일에게 사형 선고를 내렸던" 베르사유에서 몇 주 살고 싶다고 꿈꿨다. 그러나 오후에 걸려 온 히틀러의 전화는 괴벨스를 그런 꿈에서 깨어나게 했다. 히틀러는 괴벨스에게 현재 상황과 추가 조치들을 설명해주려고 사령부 '바위 둥지'로 오라고 지시했다. 괴벨스는, 히틀러가 마음만 먹으면 영국을 4주 만에 굴복시킬 수 있다고 하면서도 제국의사당 앞에서 연설을 하여 영국 정부에게 '마지막 기회'를 주겠다는 의지를 표명한 것 때문에 놀랐다. 또 한 번 곧바로 총통에게 설복당한 괴벨스에게 히틀러는 이러한 결정의 이유를 지극히 우쭐거리며 밝혔다. 즉, 영국이 잃게 되는 것들은 모두 독일이 아니라 다른 열강들에게 돌아갈 것이라면서, 그 열강으로 특히 미국을 지목했다.

처칠이 '총통 각하'가 동부 전쟁의 목표를 달성하는 데 필요한 전제 조건으로 영국과 화해하기를 얼마나 기대하고 또 필요로 하고 있는지를 깨닫지 못하고 이 '마지막 기회'를 잡을 것인지 괴벨스는 의심했다. 히틀러는 벌써 몇 주 전에 노르웨이 작전이 해군에 맡길 수 있는 유일한 대형 작전이라고 말하여, 영국이란 섬으로 성공적 상륙이 거의 불가능하다는 것을 완곡하게 시사했던 것이다. 괴벨스는 히틀러의 대(對)영국 전략을 공공연하게 정당화하기 어려웠다. 어느 장관 주재 회의 도중 괴벨스는 "영국에 대한 증오를 지금까지와 같은 수준으로 유지하는 것"이 반드시 필요하지만, "국민들이 고발과 위협 대신 행동을 보기를 원하게 되는 위험은 피해 가야 한다. 그 어떤 것도 총통보다 앞서 나가서는 안 되기 때문에 그런 위험은 그 자리에서 억눌러야 한다."[195]라고 말했다.

베를린 시민들에게 "유례 없는 열광으로" '총통'을 영접할 것을[196] 촉구했던 괴벨스는 7월 6일 오후 군중을 뚫고 안할트 기차역으로 갔다. 그곳에 "모든 시대를 통틀어 가장 위대한 야전사령관"의 특별 열차가 도착했다. 바다처럼 일렁이는 하켄크로이츠 깃발들로 장식된 역사 안에는 돌격대 음악대가 대오를 짓고 있었고 주간 뉴스의 촬영기사들이 일을 기다리고 있었다. 그곳에서 괴벨스는 저명한 당 간부들과 국방군 수뇌부를 모두 만날 수 있었다. 괴링과 잠깐 '수다'를 떠는 동안 괴링온 그에게 이 스펙터클이 지나갔다는 것에 만족한다면서 자신은 영국의 공습을 두려워했다고 털어놓았다. 영국의 전쟁 내각은 개전과 동시에 영국 공군이 독일 본토에 폭격전을 하는 것을 허용하기로 결정했다는 것이다.

오후 3시 정각, 히틀러의 기차가 들어왔다. "미친 듯한 열광이 역을 채웠다. 총통은 매우 감명을 받았다. (그가 좋아하는) 바덴바일러 행진곡(Baden Weiler March)이 울려 퍼지는 가운데 '대독일제국' 지도자들의 곁을 지나가는 그의 눈에는 눈물이 맺혔다."[197] 꽃으로 덮이고 환호하는 군중이 길가를 메운 베를린 시내를 지나갈 때 그것은 바로 개선 퍼레이드였다. 교회 종소리가 울려 퍼지는 가운데 '총통'을 태운 벤츠 콤프레서는 총리청으로 향했다. 그가 발코니로 나왔을 때 그 아래 빌헬름 광장에 모인 수십만 명의 군중이 "하일"을 외치며 그를 향해 손을 뻗었다.[198]

"한 민족, 한 제국, 한 총통"이라는 선전 구호가 한 번이라도 옳은 때가 있었다면, 그것은 바로 1940년 7월 6일 이날이었다. 괴벨스가 언제나

1940년 7월 6일, 파리 점령 후 베를린으로 돌아온 히틀러를 환영하는 인파로 거리가 가득찼다. 이때 독일인들의 눈에 히틀러는 '초인(超人)'으로 보였다. 그러나 당시 그가 쓴 영광의 월계관은 이후 전쟁 경과에 따라 언제든 변할 수 있는 불안한 것이었다.

섭리의 선택을 믿었다고 생각했던 히틀러는 이때 독일인의 눈에 실제로 초인(超人)이 되었다. 하지만 그가 기어오른 권력의 정상은 불안정한 땅이었다. 누구보다 히틀러가 이를 잘 알고 있었다. 모든 것은 영국이 독일과 평화를 유지할 용의가 있느냐 없느냐에 달려 있었다. 영국은 얼마 전 알제리 항구 메르스엘케비르의 프랑스 함대를 공격하여 자신의 결연함을 보여주었던 것이다(이 공격은 독일 군이 프랑스 함대를 차지하는 것을 막으려는 조치였다).

괴벨스는 히틀러가 영국을 상대로 아직 "매우 긍정적인 느낌"을 지니고 있음을 또다시 깨달았으나, 히틀러는 그의 삶에서 자주 그랬던 것처럼 일단 기다려보기로 결정했다. 괴벨스는 해외 선전에서 계속 처칠을 공격했으나, 영국 국민은 거기에서 제외되도록 세심한 주의를 기울였다.

국내 선전으로는 그 순간의 위대함을 찬미하기를 그치지 않았고, 이른바 조국에 대한 배신이 일어났던 1차 세계대전 당시와 차이를 강조하면서, 이 전쟁에서 패배할 수 없다는 사실을 보여주려 했다.

7월 18일 베를린의 모든 종들이 울리는 가운데 귀환한 제218 보병사단이 군악대의 연주와 함께 하켄크로이츠 군기들과 제국전쟁기(旗)들이 나부끼는 브란덴부르크 문을 행진해 지나갔다. 다시 한 번 국민축제 분위기가 되었다. 1871년 제국 창건 이래로 베를린은 이에 버금가는 스펙터클을 경험한 적이 없다고 모두가 생각했다.[199] 그때 괴벨스는 파리저 광장에 도착한 군대와 군중에게 외쳤다.

> 1918년 12월에도 당시 1차 세계대전 군인이던 그대들은 이 자리에서 이른바 정부로부터 환영을 받았다. 그 환영은 환영이 아니었다. 그 환영식은 1917년과 1918년 병사 파업을 조직했던 정치적 지하세계의 인물들, 제국의 운명이 풍전등화에 놓였을 때 비겁한 국내 혁명을 통해 일선 군인들이 무기를 놓게 했던 그들에 의해 이루어졌다. 반역자와 유대인들이 당시 그들을 환대했다. …… 우리의 전쟁에서 싸운 군인인 그대들은 이와 달리 그대들이 떠났던 모습 그대로의 고향을 다시 찾게 되었다. 고향의 정상에는 같은 총통이 버티고 있고, 고향의 건물들에는 같은 깃발이 나부끼며, 그리고 국민들은 같은 정신과 의지로 가득차 있다. …… 전쟁은 아직 끝나지 않았다. 마지막 승리는 아직 이루어지지 않았다. 그것이 이루어진 후에 평화의 종이 조국의 땅 위에 울려 퍼질 것이고, 우리는 더 큰 제국, 더 나은 유럽을 건설할 것이다.[200]

괴벨스는 승리의 열광 속에서도 '유대인 문제'를 잊지 않았다. 그는 계속해서 이 문제의 해결을 히틀러에게 권고했는데, 사령부로 찾아가 히틀러를 방문한 6월 6일에도 그랬다. 괴벨스의 차관 구터러가 서베를린의 중심지인 쿠어퓌르스텐담의 군대 행진 때 평상시와 다를 바 없는 '무관심'한 분위기와 "슬슬 산책하는 무뢰한"들만 있더라고 보고하자, 괴벨스는 "전쟁이 끝나는 대로 당장 베를린에 아직 거주하는 유대인 62,000명 전원을 최대 8주 내에 폴란드로 추방하겠다."라는 결심을 선언했다. 유대인이 베를린에 사는 한, 도시 서부의 분위기는 "언제나 그들에게서 영향을 받을 것"이다. 선전부에서 유대인 문제 주무 총국의 국장인 한스 힌켈은 장관 주재 회의에서 경찰이 작성한 추방 계획을 보고했다. 무엇보다 괴벨스의 의도는 "베를린이 가장 먼저 청소되어야 한다."는 것이었는데, 왜냐하면 그 도시에서 "유대인이 진정으로 사라지지 않는다면", 유대인이 직접 밖으로 드러나지 않더라도 쿠어퓌르스텐담은 여전히 유대의 얼굴을 유지하게 될 것이기 때문이다. 베를린 다음에야 비로소 "다른 유대인 도시들(가령 브레슬라우 등)의 차례가 될 것이다."[201]

그러나 아직 그러한 때는 오지 않았다. 제국이 영국과 전투 중이었던 것이다. 그리고 가능성이 전혀 보이지 않았음에도 불구하고 히틀러는 영국 정부와 화해를 희망하고 있었다. 그는 7월 16일 그리 내키지 않는 마음으로 영국에 대한 싱륙 작전 준비 명령을 내렸다. 3일 후 그가 제국의회에 등원했을 때, 그의 연설은 독일 국민을 향한 것이라기보다는, 그가 동맹을 맺기를 희망하지만 이를 거부하고 있는 영국을 향한 것이었다.[202]

그 연설에는 괴벨스의 이름도 거론되었다. 히틀러는 그리 중요하지 않은 부분에서 몇 마디 말로 선전 책임자인 그를 치하하면서, "그의 선전 활동 수준은 지난 세계대전 당시 선전 활동과 비교할 때 매우 두드러지는 것"이라고 말했다. 히틀러가 몇 년 전부터 자신의 외교 노선을 "충성스럽고 지칠 줄 모르고 헌신적인 활동으로 현실화해 온" 리벤트로프에게 한 감사의 말들에 비교하면, 괴벨스를 칭송한 말은 미약했다. 리벤트로프의 이름이 "제국외무장관으로서 독일 민족의 정치적 부상과 영원히 결합할 것"이라는 말을 괴벨스는 지겨워하면서 들었다. 히틀러는 승진 대상자의 긴 명단을 읽고 그중에 괴링에게는 파괴력 있는 독일 공군 '창조자'의 "전무후무한 공적"에 따라 '제국원수'라는 신설된 직위를 부여한다고 밝히고 나서, 본론으로 들어갔다. 그는 "이 순간" "나의 양심 앞에서 한 번 더 영국의 합리적인 사람들에게 촉구해야 할" 의무를 느낀다면서, "나는 이 전쟁을 반드시 계속해야 할 어떠한 이유도 찾지 못한다."[203]라고 말했다.

괴벨스는 일기에 쓴 것처럼 "처칠이 노를 쥐고 있는 한"[204] 영국의 평화 의지를 믿지 않았다. 그에 대한 증오가 믿음을 갖지 못하도록 했기 때문이었다. 괴벨스의 불신이 옳은 것으로 밝혀졌다. 7월 19일 저녁 영국 라디오에서는 히틀러의 '제안'을 단호하게 거부하는 선언이 흘러나왔다. 히틀러는 그 대답을 "그 순간 인정하지 않으려 했고" "조금 더 기다리려고" 했는데, 이는 그가 "처칠이 아니라 그 국민에게 촉구한" 것이었기 때문이다.[205] 그러나 영국 외무장관 핼리팩스 경이 7월 22일 라디오에서 재차 단호하게 거부 의사를 밝히자, 히틀러도 이를 "영국의 최종적 거부"[206]로 받아들였다.

영국의 단호한 거부 의사에 히틀러는 어떻게 영국의 마음을 돌릴 수 있을 것인가를 놓고 여러 가능성을 고려했다. 여기에는 소련을 끌어들인 가운데 유럽 대륙의 적대 전선을 형성하는 방식이 고려되었다. 다른 한편 히틀러는 소련을 영국의 최후의 "대륙의 단검"으로 생각했고, 1940년 중으로 소련에 대한 전격전을 펼치려는 생각도 하고 있었다. 그러나 소련 공격은 일단 1941년에 도모하기로 하였다. 마침내 그는 해상 봉쇄와 괴링의 공군을 통해 우선 영국만을 무릎 꿇리겠다고 결정했다. 그러나 그 자신이 준비하도록 지시했던 상륙작전은 진지하게 고려하지 않기로 했다.

이에 반해 영국의 태도로 거의 안도하게 된 괴벨스는 히틀러가 대대적

영국 총리 윈스턴 처칠. 처칠은 독일이 본격적인 침략 의지를 드러내기 전부터 독일의 위협에 주의를 기울여 영국의 재무장을 주창했으며, 2차 세계대전 발발 후 총리직에 올라 불굴의 의지로 영국을 이끌었다.

인 상륙작전을 시도할 것이라고 확신하였고, 공습은 이를 위한 전제 조건이라고 생각했다. 그래서 괴벨스는 "총통이 내민 평화의 손"을 처칠이 받아들이는 것을 독일 여론이 "두려워하고 있다."[207]라고 생각했다. 그에게는 오로지 언제 출격할 것인지의 문제만 남은 것이었다. "이는 총통만이 결정한다. 그는 최적의 시기를 찾아낼 것"이고 그 후 "신속하고 근본적으로" 행동할 것이다.[208]

괴벨스는 공군의 대작전을 초조하게 기다리는 동안 언론과 방송에 '전투'를 준비하라고 지시했다.[209] 7월 24일 장관 주재 회의에서 부하직원들에게 독일 국민 사이에 확산되고 있는 전투 분위기를 더욱 강화하라고 지시했다. 지난 몇 주간의 소극적 태도는 거둬들여야 하지만, 독일 국민에게는 영국 국민 전체가 아니라 영국의 '금권정치'만을 공격하도록 해야 한다는 것이다. 영국 국민에게는 영국 지도부의 '금권정치 도당'들이 국민들과는 전혀 상관이 없고 일체감을 느끼지도 않음을 분명히 보여주어야 했다. 그 도당들에 대한 불신의 씨앗을 뿌리고 국민들에게 불안감을 불러일으키려면 "가능한 한 크게 과장해야 한다."[210] 공식적 선전 도구들, 특히 제국방송의 영어 방송들에도 마찬가지 지침이 적용되었다.[211]

영국에 적대하는 선전에서도 (반 프랑스 선전과 마찬가지로) 괴벨스의 라디오는 "가장 강력한 선전 무기"[212]였다. 제국방송이 내보내는 공식적인 영어 방송 외에도 지하 방송들이 있었는데, 이들은 유럽 대륙에서 영어 프로그램을 송출했다. 그리고 지하 방송이 영국 안에서 활동하고 있다는 인상을 주도록 했다. 그것들이 결코 독일의 선전기구라는 것이 폭로되어서는 안 된다고 괴벨스는 경고했다. 그렇기 때문에 모든 방송은 나치즘 공격으로 시작했다.[213] 가장 유명한 것은 〈뉴 브리티시 브로드캐스팅 스테이션〉이었는데, 이 방송의 진행자는 영국 파시즘 지도자 오스왈드 모슬리* 측근인 아일랜드인으로, 청취자들은 그를 "호 호 경(Lord Haw Haw)"(본명 윌리엄 조이스William Joyce)이라고 불렀다. 지하 방송은 평화와 복지의 영국을 선전하면서 그 평화 운동을 기독교적인 기반 위에 놓았다. 〈라디오 칼레도니아〉는 잉글랜드와 스코틀랜드의 갈등을 부채질하였고, 또 다른 세 번째 방송은 웨일스 국민들을 잉글랜드의 폭정에 반대하도록 선동했다.[214]

8월 13일, 마침내 '독수리의 날(Adlertag)' 작전이 시작되었다. 거의 4,000대의 항공기로 이루어진 3개 공군 편대가 동원된 (괴벨스의 표현에 따르면) '신의 심판'[215]이 영국인들 위로 다가가고 있을 때, '에테르 전쟁'도 광분하기 시작했다. '총통 각하'가 "커다란 낙관주의와 믿음의 힘"을 발휘하고 있었기 때문에[216] 괴벨스 역시 승리를 확신했다. 여기에는 히틀러가 9월 초 영국 군의 베를린 공습에 대한 보복으로 런던 공습을 명령한 후, 독일 군의 공습이 야기한 무시무시한 파괴를 보도하는 기사들도 일조했다. 런던 전체가 '전대미문의 연기'로 뒤덮였다고 괴벨스는 희희낙락했고, 영국 공군기들이 베를린 바로 앞에서 돌아가자 적이 "벌써 그렇게 부서져버렸는가?"라고 물었다.[217]

1940년 9월 10일 괴벨스는 "영국이 항복할 것인가?"라는 물음에 "그렇다."고 대답했다. 이는 군부와는 다른 견해였고, 히틀러는 "아직 알 수 없다."는 입장이었다.[218] 그러나 그런 일은 일어나지 않았고 며칠 지나지 않아 괴벨스는 영국 정부가 다시 "유리한 위치"를 차지하고 있음을 인정해야 했다. 괴링의 공군은 영국의 방공망을 굴복시키는 데 아직도 성공하지 못하고 있었다. 밤중에 영국 폭격기가 베를린 정부청사 지역을 폭격하고 난 다음날인 9월 11일에 이미 괴벨스는 텔렉스를 통해 신문들에게 영국 정부가 더 버티지 못한다거나, 국민의 사기가 땅에 떨어졌다거나, 영국 방위력이 무너지고 있다는 추측을 불러일으키는 보도에 신중할 것을 지시했다. "그 다음 몇 주 동안 오히려 공습이 강화될 것으로 예측된다. 적이 이미 큰 타격을 입었다는 인상을 너무 빨리 불러일으킨다면 적의 공습 강화는 도무지 이해할 수 없는 일이 될 것"이다.[219]

영국 남부와 해협 위에서 공중전이 격렬하게 펼쳐지고 있는 가운데 영국 공군은 실제로 독일 공습을 강화했다. 9월 25일로 넘어가는 한밤중에 베를린의 사이렌은 두 번이나 울렸다. 영국의 웰링턴과 휘틀리 폭격기들이 불 꺼진 베를린에 이르러 사람들이 방공호로 밀려들어가고 대공포가 하늘을 향해 불을 뿜기 직전에, 우파 팔라스트 극장에서는 〈로트쉴트 가문〉에 이은 그 해 여름의 두 번째 반유대주의 선동 영화 〈유대인 쥐스〉의

....

모슬리(Oswald Mosley, 1896~1980) 영국의 정치가. 1932~1940년에는 '영국파시스트연합'의 지도자였고, 1948년부터 죽을 때까지 유니언 운동(파시스트 연합을 계승한 조직)의 지도자였다. 이 두 단체는 반유대주의를 선전하고 런던 동부의 유대인 거주 지역에서 적대적인 시위를 벌이는 한편 나치 같은 제복을 입고 휘장을 달고 다니는 것으로 유명했다.

독일 첫 상영이 막 끝났다. 감독인 하를란과 유대인 쥐스 역을 맡은 배우 마리안, 그리고 정무장관 마이스너 같은 수많은 정권의 고위층과 함께 특별석에 앉아 있던[220] 괴벨스는 막이 내리고 극장이 '미친 듯' 열광에 빠져들자 아주 흡족했다.

〈유대인 쥐스〉는 전적으로 그의 희망에 따라 만들어졌고 "매우 위대하고 천재적인 성공작"이 되었다. 이는 "우리가 기대해 마지않던 반유대주의 영화"[221]라는 것이다. 그리하여 괴벨스는 그 영화를 8월 베니스 영화제의 '독일 - 이탈리아 영화의 밤' 동안 상영될 독일 작품들 중 하나로 출품했다. 그는 그 영화의 효과를 확신하여 언론에 그 영화를 미리 선전할 때 반유대주의로 규정짓지 말라고 지시했다.[222] 왜냐하면 이 영화에서 반유대주의 효과는 자연스럽게 나타날 것이기 때문이었다.[223] 이 효과는 힘러도 확신했기에 9월 30일 "친위대와 경찰 모두가 겨울 안에 〈유대인 쥐스〉를 관람할 것"을 명령했다.[224]

괴벨스는 그들이 계획하고 있던, 베를린에서 유대인의 수송 격리를 더욱 단호하게 밀어붙였다. 전쟁이 격화되고 있는 때 괴벨스는 독일 국내의 반유대주의가 세계 여론에 끼치는 부정적 영향들은 어차피 감수할 수밖에 없기 때문에 차라리 그 긍정적인 측면이라도 확고히 확보해야 하며, 그렇기 때문에 마음 놓고 유대인을 '추방'할 수 있다고 주장했다.[225] 선전부의 '유대인국' 국장 힌켈은 9월 6일 "전쟁이 끝나 수송 수단이 확보되는 대로 4주 내에 6만 명의 유대인을 대부분 베를린에서 동부로 실어 나를 모든 준비가 끝났다."라고 보고했다. "나머지 12,000명은 그 후 4주 내에 마찬가지로 사라지게 될 것이다."[226]

그 직후 선전장관은 이른바 '마다가스카르 계획'에 직면하게 되었다. 외무부와 제국보안중앙국이 유럽의 유대인들을 마다가스카르 섬으로 격리 수용한다는 계획을 고안해낸 이후, 히틀러는 1940년 7월 12일 유대인 해외 이주 계획을 세우는 데 동의하고 프랑스에게 그들의 식민지인

마다가스카르에서 물러나라고 요구했다. 히틀러는 '강제 게토' 마다가스카르를 독일 수중의 '볼모'로 유지하기를 원했고, 그러한 작전에서 예상되는 피수용자들의 대규모 사망도 기꺼이 감수하기로 했다. (그 계획이 완전히 무르익은 것은 아니었지만) 마다가스카르는 선전부에서 계속 시도한 유대인 분리 계획에서 프랑크의 총독령을 대신하는 목표지로 등장한 것으로 보인다. 어쨌든 이 계획은 9월 17일 장관 주재 회의에서 힌켈이 보고한 내용의 기초가 되었다.

350만 명의 유럽 유대인들을 독일이 통제하는 거류지 마다가스카르로 '소개(疏開)'하려면 영국과의 전쟁에서 승리가 필요했다. 그러나 공습 과정에서 점점 더 많은 피해를 입고 공습 자체가 실패할 위기에 처하면서 승전은 물 건너 간 것처럼 보였다. 10월 11일 괴벨스는 일기에서 몇 사람은 아직도 "몇 주 내에 영국의 무릎을 꿇릴 수 있다."라는 입장을 보이고 있으나, 자신은 이러한 희망이 "지극히 모호하다."고 생각하고 있다고 썼다.[227] 그렇기 때문에 그는 베를린의 극히 불충분한 방공 시설(예를 들어 병원들은 전혀 방공호를 갖추지 못하고 있었다)을 개선하는 일이 반드시 필요하다고 보았다.[228] 그는 제공권을 잃는다면 '바다사자(Seelöwe)' 작전이라 명명된 영국 상륙작전은 불가능하다는 점을 분명히 알고 있었다. 이틀 후 히틀러는 물개 작전을 무기한 연기하면서 괴벨스에게는 딴청을 피웠다. 작전을 연기하는 이유를 일기가 불순하고 지나친 피해가 우려되기 때문이라고 얼버무린 것이다.[229] 괴링의 공군은 실패했고 해군 총사령관은 예정일까지 준비를 끝낼 수 없다고 전해 왔다는 사실을 히틀러는 발설하지 않았다. 그 대신 히틀러는 추종자 괴벨스를 칭찬하는 말을 늘어놓았다.

괴벨스는 1940년 10월 초에 시작된 영국에 대한 '환상 파괴 작전'이 아무런 효력도 발휘하지 못하고 있다는 사실을 여전히 믿을 수 없었다.[230] 그는 거의 매일 "그 야비한 처칠"이 아직도 "무릎을 후들후들 떨고 있지 않은지",231) 그가 언제까지 견딜 것인지,232) 그리고 "언제나 가련한 처칠이 마침내 항복할 것인지"233)를 자문했다. 영국이 이런 상황을 '영원히' 버틸 수는 없을 것이다.234) 그럴수록 괴벨스는 "영혼의 위기가 사소하게 시작되는 바로 이 시점에" 우리는 "굽히지 말아야 하고 눈썹 하나 까딱하지 않고 우리 길을 가야 한다."라고 확신했다. 어려운 상황에서 끝내 권력을 획득한 1932년 10월과 11월의 일을 돌이켜보면 이러한 믿음을 더욱 강하게 지킬 수 있었는데, 그때에도 "확신을 지니고 우리의 길을 걸어간다는 태도가 중요했고, 우리가 그런 태도를 지켰기에 결국 승리했던" 것이다.235)

그렇게 자신을 안심시킨 괴벨스는 제국원수 괴링의 초청으로 10월 17일 프랑스로 떠났는데, 8월에 히틀러는 그에게 프랑스 점령 지역의 선전 업무를 위촉했다.236) 파리에서 그는 티타임에 '팔레 로트쉴트'에 앉아 있기도 하고, '예술품 수집가' 괴링과 함께 전시회를 관람하기도 했다. 그리고 그와 함께 센 강변 대도시의 거리를 거닐고, "많은 아름다운 여인들과 아무런 장벽 없이 벌거벗은 몸들"이 잠시나마 전쟁을 잊도록 해주는 '카지노 드 파리'에서 저녁을 보내기도 했다.237) 괴링이 파리에서 그의 호화 별장 카린홀*에 적합한 예술품들을 '징발'하는 동안, 괴벨스는 파리 방문 중 주로 영화 문제에 골몰했다. 그는 이 분야의 지배권을 프랑스 점령지까지 확대하려 했다.

파리 여행에서 돌아온 괴벨스는 히틀러와 함께 어떻게 '위장 체제'를 세워서 "누가 자신들을 조종하는지 프랑스인들이 알아차리지 못하도록" 할 수 있을지 고민했다. 물론 괴벨스는 여기에 만족하지 않았다. 그는 전 유럽의 영화계를 자신이 통제하게 될 때까지 중단하지 않으려 했다.238)

카린홀 괴링은 1934년 베를린 북부에 지은 성. 죽은 부인 카린의 이름을 따 '카린홀'이라 명명한 후 엄청난 양의 약탈 미술품으로 전시관을 장식했다.

1940년 10월 파리를 방문한 괴벨스. 제국원수 괴링의 초청으로 파리를 방문한 괴벨스는 주로 영화 문제에 골몰했다. 그는 독일뿐 아니라 프랑스에서도 영화 분야의 지배권을 독점하려 했다.

영화가 얼마나 수지맞는 분야인지는 독일과 점령 지역들에서 올린 상영수입이 잘 보여주었는데, 1939년 독일의 영화 산업은 111편이라는 최고 제작 편수를 기록했다.[239] 1939년 영화는 약 3,700개의 극장을 가진 괴벨스 제국에 상영 수입 5억 제국마르크라는 "전례 없는 기록적 매상"을 안겨주었고,[240] 1940년 순수익은 7천만 제국마르크를 기록했다. 재무장관이 "허탕을 치게 하려고" 괴벨스는 곧 영화관 신축을 위한 '특별 기금'을 설치했다.[241] 그리고 그는 히틀러에게 사업 결과를 자랑스럽게 과시하고, 500만 제국마르크는 그의 문화재단에, 그리고 1500만 마르크를 전시 겨울철 빈민구제협회의 복지기금으로 넣어 히틀러를 기쁘게 했다.[242]

독일 영화의 독재자 괴벨스는 그러한 고수익 상황에도 불구하고 개인적으로는 랑케 영지를 확충하는 "자금 조달 때문에 무거운 걱정"에 시달려야 한다는 사실을 이해할 수 없었다.[243] 1939년 그는 통나무 집이 "너무 협소하고 비실용적"이라고 느꼈기 때문에 이 일을 시작했다.[244] 물론 괴벨스에게는 리프니츠제 호수의 자연보호 구역에 속하는, 부채 모양의 그 넓은 토지를 위한 건축 허가도 없었다. 주 정부는 "귀중한 삼림 지대의 원형의 아름다움을 보존하고 제국 수도의 휴양객들이 계속 하이킹에 이용할 수 있도록" 그에게 공사를 즉각 중단할 것을 요구했다.[245]

괴벨스의 정적 로젠베르크에게는 그런 일들이 매우 반가웠다. 1939년 5월 중순 그가 많은 관구장들을 불러 모았을 때, 그들 중 한 사람은 성급하게 나서서 자기 같으면 괴벨스의 건축 계획을 금지했을 것이고, "그 때문에 총통에게 불려 갈 경우 자신의 신상에 어떠한 일이 일어나더라도 이 문제를 공론화할 것"이라고 말했다.[246] 그러나 제국산림국장직을 맡고 있던 괴링은 괴벨스를 전혀 방해하지 않았고 5월 말 "그 건축은 어떤 식으로든지 저지되어서는 안 된다."[247]라고 결정했다.

그리하여 보겐제 호수 주변에 다섯 채의 건물을 보유한 괴벨스의 영지가 탄생했는데, 이는 제국원수 괴링의 카린홀과 비교해도 뒤지지 않았다. 소나무 숲으로 둘러싸인 길쭉한 단층의 주거용 건물은 시골 별장풍으로 21개의 방이 있었고 그중에는 5개의 욕실과 당연히 영화관도 있었다. 거대한 창들(그리고 하우스 바)은 전기로 작동되었다. 그 집은 에어컨과 열풍 난방 시설도 갖추고 있었다. 벽을 장식하는 데에는 파리에서 25,000마르크에 구입한 오뷔송 양탄자가 적당했다.[248] 집무용 건물에는 늘 그렇듯 호화로운 실내 장식을 갖춘 27개의 방이 있었는데, 그 재산 목록은 빽빽한 줄 간격으로 28쪽에 이르렀다.[249] 게다가 건너편 호숫가에는 예전의 통나무 집과 영빈관 및 차고가 있었다.

그전에 독일 영화사들의 매입에도 크게 기여했던 제국신탁위원 빈클러는 1940년 11월 괴벨스의 랑케 저택 건축 자금 조달 문제를 해결해주었다. 그는 괴링과 협력하여 독일 영화계 명의로 그 영지에 드는 비용

1940년 괴벨스의 아이들. 이 사진 뒷면에 마그다는 다음과 같이 썼다. "사랑하는 할머니, 즐거운 성탄과 신년이 되시기를 기원합니다! 헬가, 힐데, 헬무트, 홀데, 헤다, 그리고 아직 여기 없는 꼬마 하이데 드림."

226만 제국마르크를 부담했다.[250] 그뿐 아니라 그는 "산더미 같은 세금을 지불해야 했던" 선전장관에게 큰 도움을 주었다.[251] 그러나 괴벨스는 꼼꼼히 계산을 해보더니 이와는 다른 계산서를 내밀었다. 베를린과 그 주변에 총 300만 마르크 값어치에 달하는 저택들을 소유하고 누리던 그가 "내가 지금 죽는다면, 재산은 더하고 빼면 결국 영(0)이 될 것이다. 20년 동안 조국에 봉사했음에도 불구하고."라고 말했던 것이다.[252]

1940년 10월 29일 괴벨스의 43살 생일에 그의 가족은 헤르만 괴링 거리 20번지의 대궐 같은 관저에 입주했다. 이 저택은 1939년에 이미 그에게 넘겨졌으나, 계속해서 새로운 '결점'들을 보완해야 했다. 몇 주 동안 전쟁이 끝난 후의 몽상 같은 계획들을 발전시키면서 종전 후에는 은퇴하겠다는 생각을 했던 괴벨스는(일기의 새 공책에, "다시 평화가 왔다."라는 "아름다운 말들"을 쓸 수 있기를 기대했다[253]) 매년 그러하듯이 시를 암송하던 그의 아이들이 그 호화로운 궁전에 마련된 자기 방들을 좋아하는 모습을 보고 기쁨을 감추지 못했다. 그날 저녁 여섯 번째 아이가 태어났다. 몇 주 전부터 병원에 입원해 있던 마그다는 '화해의 아이' 하이데(Heide)를 낳았다.254) 산모와 아기가 집으로 돌아오고 마그다가 11월 11일 생일을 맞이했을 때, '총통'이 깜짝 손님으로 방문했다. 그는 신생아와 그 대리석 궁전에 감격하는 반응을 보였다.255)

히틀러의 방문은 몇 달 동안 드문 일이었다. 그는 영국 상륙을 대신하여 리벤트로프가 진행하고 있는 정치적 대안에 몰두해 있었기 때문이다. 그것은 '과도기의 외교적 해결안',256) 즉 프랑스, 그리고 특히 소련을 끌어들인 "마드리드에서 요코하마까지"의 대륙 블록이었다. 리벤트로프는 이 구상의 창안자인 카를 하우스호퍼*의 말을 빌려, 이 계획의 '지정학적 중요성'을 볼 때 이는 대영제국 입장에선 '신들의 황혼'이 될 것이라고 높이 평가했다.257) 히틀러는 이를 통해 도버 해협 건너편의 적국을 정치적으로 고립시키려 했다. 그리하여 점점 더 영국에 가까워지고 있는 미국이 참전하지 않도록 저지하고, 영국 정부와 합의에 이르며, 자신이 계속 집요하게 추구하는 동부의 생활권 계획을 실행하기 위해 서부의 배후를 안전하게 하려는 것이었다.

히틀러는 9월 27일 조인된 독일, 일본, 이탈리아의 3국 조약으로 일단 국가들 간의 구조물을 형성한 후, 다른 유럽 대국들도 그 안으로 끌어들이려고 하였다. 그는 몇 주 동안 외무장관이 준비한 분주한 순방 활동을 펼쳤다. 히틀러는 10월 4일 두체와 브레너에서 회담을 가졌고, 10월 23일에는 프랑코와 헨다이에서, 그리고 같은 날 페탱과 투르 북부 작은 마을 몽투아르쉬르르루아에서 만났다. 히틀러는 괴벨스에게, 페탱이 카우디요(caudillo, 라틴아메리카의 군사 독재자를 가리키는 말. 여기서는 스페인의 프랑코 장군을 뜻한다)와 달리 자신에게 깊은 인상을 주었다고 전했다. 그러나 이 계획은 지중해 연안 국가들 사이의 서로 크게 대립하는 이해관계들 때문에 곧 무솔리니의 불신을 샀다. 무솔리니는 바로 얼마 전 그리스를 침략한 바 있었다. 그래서 히틀러는 페탱과 회담 직후 피렌체로 가서 또 한 번 불신에 찬 동맹 상대와 이야기를 나눠야 했다.

11월 11일 히틀러가 헤르만 괴링 거리의 괴벨스 관저에 있을 때 소련 외무장관 몰로토프의 방문이 임박해 있었다. 그때까지 진행한 협상들의 실망스러운 결과에도 불구하고, 그리고 "유럽의 문제는 모두" 소련에서 비롯되기 때문에 다음해 "대대적인 보복"을 준비하는 데 전력을 기울여야 한다는 '통찰'에도 불구하고, 히틀러는 스탈린의 팽창욕을 인도 쪽으로 돌리려고 애썼다. 이는 소련 정부를 영국에 적대적인 전선으로 끌어들이려는 의도였다.

이때 괴벨스는 소련과의 공조는 과거 히틀러-스탈린 동맹과 마찬가지로 잠정적 해결책일 수밖에 없음을 잘 알고 있었다. 그는 1940년 8월 일기에서 볼셰비즘은 "여전히" "세계의 공적 1호"이며 독일은 "언젠가 그와 충돌하게 될 것"이라고 썼다.[258] 그는 그런 일이 언제 일어날지는 모르지만 반드시 일어날 것임을 알고 있기 때문에 "러시아에 대한 그 어떤 알랑거림"도 단호히 거부한다고 썼다.[259] 두 나라의 관계가 "단지 정략적 목적" 이상이 아니기 때문에,[260] 괴벨스는 독일과 소련의 문화 교류를 시작하려는 외무부의 노력에 대해서도 반대 입장을 취했다.[261]

괴벨스는 언론에서도 친(親) 소련적 보도를 금지했다.[262] 그는 8월 프리체에게 소련 국내 사정 중에서 긍정적인 내용, 특히 그들의 문화·사회·군사·경제 정책을 어떤 식으로든 선전하는 것을 피하라고 "재차 강력하게" 지시했다. 더 나아가 언론은 라이프치히 가을 박람회에서 러시아 진열관을 지나치게 보도하는 것을 "피해야 한다"고 했다.[263] 〈도이

하우스호퍼(Karl Haushofer, 1869~1946) 나치의 '생활권' 개념을 창안한 지정학 이론가. 그러나 1938년경부터 유대계 아내 때문에 나치즘에 환멸을 느꼈다. 문학가인 아들 알브레히트 하우스호퍼(1903~1945)는 헤스 아래서 외무부 고문으로 일하였는데 1944년 7월 히틀러 암살 미수 사건에 가담하였다는 혐의로 처형되었다. 하우스호퍼는 아들이 처형되자 이를 비관하여 자살했다.

체 알게마이네 차이퉁〉의 모스크바 특파원이 볼쇼이 발레단을 보도했을 때, 화가 난 선전장관은 암호문을 통해 8일 내에 그 신문과 같은 정도로 유명한 소련 신문에 독일 극장 상황을 그와 비슷하게 긍정적으로 보도하는 기사를 내보낼 것을 지시했다. "그러지 않을 경우 그는 그러한 둔한 감각에 책임을 지고 소환될 것"[264]인데, 이는 "볼셰비즘 경향과 신조는 그 어떤 것도 독일로 들여보내지 않는다."[265]라는 모토에 따른 것이다.

몰로토프의 방문을 염두에 두고 괴벨스는 언론에 지난해부터의 독소 관계의 추이를 보도하되, "우리가 그의 방문을 위해 손을 비벼대는 것 같은" 인상을 불러일으켜서는 안 된다는 지침을 내렸다. 몰로토프의 베를린 회담에 다른 측면들을 결부시키지 않고, 그 방문은 단순히 독소 관계에서의 "정략적 논점"으로만 평가되어야 했다. 역사적 회고를 통해 독일과 소련 양측이 항상 상호 협력 관계를 이용해 왔다는 점은 보도해도 좋지만, 그 방문에서 일어난 일들은 2단 이상으로 크게 보도해서는 안 되었다.[266]

몰로토프의 방문에 대비하던 괴벨스는 소련 외무장관에게 과도한 영예를 부여하지 않도록 하려고, 돌격대가 몰로토프를 위해 도열하지 못하도록 했고, 그를 위한 '국민 행진'을 개최하자는 외무부의 제안을 거부했다.[267] 11월 13일 히틀러가 총리청에서 러시아 대표단과 조찬을 함께 할 때, 괴벨스는 "볼셰비키 하등 인간들"을 관찰했다. "얼굴 색이 밀랍처럼 누런" 몰로토프는 "영리하고 꾀가 많은" 인상을 주었지만, "매우 무뚝뚝한" 태도를 보였다. 그와 달리 수행원들은 괴벨스가 보기에 "지극히 평균적"이었다. "단 한 사람도 품격을 갖추지 못하고 있었다. 마치 그들이 볼셰비즘 대중 이데올로기의 본질에 대한 우리의 이론적 통찰을 그야말로 확증해주는 듯했다. …… 그들의 얼굴에는 서로에 대한 공포와 열등감이 서려 있었다."[268] 몰로토프 수행원들에 대한 괴벨스의 평가는 러시아인들이 "영화에 쓸 수 있는 지하세계 유형의 좋은 본보기를 제시한

1940년 11월 12일, 베를린을 방문한 소련 외무장관 몰로토프. 왼쪽에 몰로토프가 앉아 있고 그 옆에 히틀러가 있다. 괴벨스는 몰로토프를 유심히 관찰하여 "영리하고 꾀가 많은" 듯하지만 "매우 무뚝뚝하다."라고 썼다.

다."고 생각한 외무부 차관 바이츠제커의 견해와 일치하였다.[269]

그러나 '주인 인간들'이 그토록 우월했는데도, 대영제국이 인도에서 파산할 경우 남겨질 재산을 두고 소련 대표단에게 모호한 희망을 불어넣어서 그들을 히틀러의 목표에 얽어매려는 시도는 성공하지 못했다. 더구나 베를린 회담이 진행되는 동안 영국 공군이 인상적으로 스스로를 과시하면서 영국이 전혀 굴복하지 않았음을 보여주었기 때문에 이는 더욱 성공을 거두기 어려웠다. 괴벨스는 이 방문을 "런던에 있는 소비에트의 친구들"에게는 "커다란 환멸"이라고 평가했다.[270] 그러나 히틀러는 소련의 관심이 인도가 아니라 중부 유럽에 뻗쳐 있으며, 그래서 잠정적 해결책으로 대륙 블록 계획은 실패했음을 깨달았다. 결국 히틀러는 몰로토프가 떠나는 바로 그날 "날씨가 좋아지면 지체 없이 러시아와 묵은 계산을 청산하기 위한"[271] 진군 준비를 명령했다. 1940년 12월 18일 그는 '바르바로사 작전'*을 위한 총통 명령 21호에 서명했다.

스탈린을 불신하여 1940년 여름 몇 개 사단을 독일 동부 국경 쪽으로 배치했던 히틀러[272]는 서부 전선 배후의 안전을 확보하지 못하더라도 동부에서 '생활권' 획득이라는 본래 목표를 위해 행동을 개시할 것이며 이를 통해 양면 전선 전쟁의 위험을 감수할 것이라는 사실에 대해서는 선전장관에게 함구했다. 특히 히틀러가 대영 전쟁을 수행하면서 동부의 배후 안전을 강조해 왔고 이 때문에 소련과 동맹을 체결했기 때문에, 괴벨스는 아직까지도 먼저 영국을 굴복시켜야 한다는 생각을 하고 있었다. 그래서 그는 일기에 모스크바의 '중립 유지'가 가장 중요한 일이라고 적었다.[273]

괴벨스는 영국이 "점점 더 쓰러져 가고 있다."는 히틀러의 주장에 계속 빠져 있었다.[274] 그는 그 전해 프랑스의 붕괴를 예견했던 것처럼, 이제 영국의 붕괴를 예언했다. 하나의 붕괴에 이어 또 다른 붕괴가 일어날 것이라는 예언이었다.[275] 침략이 제공권 확보 없이는 불가능하다는 점과 히틀러의 "물에 대한" 두려움 같은 것을 확인했던 괴벨스는 심리적 효과에서 지나치게 과대 평가된, 런던, 코벤트리, 셰필드 등에 대한 공습을 중시했다. 그리고 끝까지 참고 견뎌내면서 승리를 위한 작업에 진력할 것을 맹세했다. 이는 전쟁의 두 번째 겨울로 들어서는 문턱에서 자국 국민들에게, 승리가 쉽지는 않겠지만 전력을 기울인다면 반드시 이룰 수 있다고 독려하는 것을 의미했다. 괴벨스는 장관 주재 회의에서 독일 언론이 날마다 영국이 곧 붕괴할 것이라는 인상을 불러일으킨다면 장기적으로 거부감이 발생할 것이라고 밝혔다. 독일 국민들에게 "대영제국과 같은 세계제국은 몇 주 만에 무너질 수는 없다는 사실을 태연하게 말해주어야 한다."라는 것이다.[276]

이 과정에서 선전장관의 언론 관련 권한은 1940년 11월 초 눈에 띄게 축소되었다. 히틀러는 이른바 "제국공보실장의 일일 구호"를 도입하도록 지시했다. 이 조치는 히틀러가 디트리히를 통해 더 강력하고 직접적으로 언론 장악을 기도한 것이었다.[277] 일일 구호는 그때그때 총통 사령부에서 만들어졌고, 선전부의 일일 기자회견에서 구속력 있는 첫 번째 항목으로 낭독되었다.[278] 이로써 괴벨스나 다른 부처의 대표들은 기자회견 중 오직 그 지시, 정보 및 통지 사항을 전달할 뿐이었고, 이들 사항들은 그전에 디트리히나 그가 관할하는 독일공보실에서 서면으로 제시되었다.

괴벨스는 계속 내려오는 '일일 구호'에 대한 분통을 오직 디트리히에게 터뜨렸다. 괴벨스는 국내 언론 통제의 권한 축소를 해외 선전 권한 확대로 벌충하려 했다.[279] 괴벨스는 보헤미아 및 모라비아 보호령, 폴란드 총독령, 점령 프랑스, 네덜란드, 노르웨이의 선전을 장악하면서, 외무부와 대화를 재개하여 1939년 9월 리벤트로프에게 이양된 보도지침 권한을 공식적으로 되찾아오려 했다. 대륙 블록 계획의 실패로 히틀러에 대한 리벤트로프의 영향력이 크게 줄어들었기 때문에 괴벨스의 이러한 의도는 성공을 거둘 수 있을 것으로 보였다. 그러나 외무부 대표를 라디오에서 배제할 수 있었던 것(어떤 경우에는 심지어 그 대표들을 완력으로 쫓아내기까지 하였다)을 제외한다면, 그 협상들은 거의 진전이 없었다.

이와 동시에 영국의 독일 국내 폭격이 지속되는 가운데(12월 9일 그들은 괴벨스의 고향 라이트를 폭격하기도 했다) 국민들의 사기 저하를 막는 일이 점점 힘들어졌다. 추축 동맹국 이탈리아가 북아프리카와 발칸 지역에서 크게 패배했기 때문에 독일인들의 사기 저하는 더욱 심각해졌다. 로

....
바르바로사 작전 독일의 소련 침공 작전의 암호명. 바르바로사(Barbarossa)는 '붉은 수염'이라는 뜻으로 신성로마제국 황제 프리드리히 1세(재위 1152~1190)의 별명이다.

마의 지중해 제국 건설이라는 꿈에 부푼 무솔리니는 1940년 9월 식민지 리비아로부터 인접국 이집트로 원정군을 진군시켰다. 영국의 비중 있는 저항에 부딪히지도 않은 채 그 공세는 며칠 만에 중단되었다. 이탈리아 군이 알바니아 국경 지대로부터 작은 나라 그리스로 공격해 들어갔으나 이는 11월 대참사로 끝나고 말았다. 얼마 지나지 않아 북아프리카에서도 이탈리아 군은 같은 일을 겪었는데, 치열한 해전을 통해 지중해 제해권을 장악한 영국 군이 12월 반격을 가하기 시작한 것이다.

영국 군이 1월 토브루크(Tobruk, 리비아 북동부에 있는 항구)와 방가지(Banghazi, 리비아 북동부 시드라 만에 있는 항구이자 주요 도서)를 장악하고 나자, 그들이 이탈리아 식민지 리비아의 수도 트리폴리를 정복하는 것을 아무도 막을 수 없는 것처럼 보였다. 독일의 개입이 없다면 유럽 남쪽에서의 재앙은 더는 피할 수 없는 것처럼 보였다. 그래서 히틀러는 소련 침공 이전에 먼저 그 지역 상황을 '정돈'하기로 했다. 그는 11월에 이미 남부 이탈리아와 시칠리아로 항공대를 파병한 데 이어 1941년 연초에 북아프리카로 기갑군을 보냈다. 그해 초에 발칸 지역을 통과하여 그리스로 진군하여 남동부 지역을 안정화하려는 계획이었다.

이탈리아의 뒤늦은 참전에 불쾌해했던 괴벨스는 이탈리아가 "추축국의 군사적 명예를 송두리째 무너뜨렸다."[280]라고 비판했다. 그러나 연두교서에서 1941년을 "우리의 승리가 완성되는 해"로 선전했던 히틀러는 "추축국의 단결을 대대적으로 과시할 것"을 괴벨스에게 강력히 지시했다.[281] 지중해 지역에서 이미 영국이 승리를 거두었기 때문에, 독일의 대영 전쟁의 효과는 선전에서 묘사한 것처럼 클 수 없었다. 그래서 괴벨스는 그 성과들을 어느 정도 축소하여 보도하도록 지시했다. 또한 그는 국민들이 "점차 참고 견디는 데 익숙해지도록" 하기 위하여, "영국 내의 일련의 파멸적 현상들을 우리들의 선전 목록에서" 제외하도록 했다.[282] 그외에 그의 선전은 "다시 근본적인 문제로 돌아왔는데",[283] 이는 1940

년 가을 '진지전'과 비밀 외교의 시기에 국민들을 무언가에 "열중하게 함"284)으로써 선전의 빈 곳을 채워 넣었던 것과 같은 방식이었다.

괴벨스는 다시금 그의 "최고의 공격 대상"인 영국 금권 정치가들을 겨냥해서, 〈제국〉에 '영국과 금권정치가들', '처칠의 거짓말 공장에서', '사이비 사회주의자들' 등의 사설을 썼다.285) 3월 미국에서 대금 지급 없이도 영국에 전쟁 물자를 공급할 수 있도록 대통령 프랭클린 루스벨트에게 전권을 위임하는 무기대여법이 통과되면서, 미국은 마치 과시하듯이 영국 쪽으로 기울었다. 이 일은 괴벨스가 보기에는, 영국 정부에게 "목숨을 구할 지푸라기 같은 것"286)이었다. 이에 대해 괴벨스는 〈제국〉에 이렇게 썼다.

> 온갖 혼란스러운 의견들 속에서도 분명한 시각을 잃지 않고 있던 미국 언론인들은 영국이 전쟁 물자를 공급받음으로써 민족의 체면과 국제 사회에서 영향력을 희생했다는 사실을 공공연히 말하고 있다. 그들은 변죽을 울리지 않고, 영국이 그 전쟁에서 패배해야 한다고 말한다. 그래야 바로 미국이 영국 대신 등장하여 그 세계제국을 해체할 것이기 때문이다.287)

괴벨스의 반(反) 영국 선전의 목록에는 영화도 포함되어 있었다. 영화계에서 "무차별적으로 친영국적 영화들"이 제작되고 있다288)는 로젠베르크의 비판의 근거를 없애려고 괴벨스는 스타 배우 에밀 야닝스의 아이디어를 도입했다. 남아프리카 공화국에서 영국의 정책에 저항하다가 "영국 강제수용소의 참혹함"을 경험했던 파울 크뤼거(Paul Krüger)가 "부르 족의 자유의 전사"로 살아온 생애를 영화화하는 아이디어였다.289) 야닝스가 주연을 맡은 〈크뤼거 아저씨〉라는 역사극은290) '민족 영화'가 되었다.

그렇게 명백하게 선전적인 영화들이 전체 영화에서 차지하는 비율은,

비록 늘어나기는 하였지만 전쟁 중에도 여전히 낮은 수준이었다.291) 괴벨스는 바로 지금 영화계의 과제는 "긴장을 풀어주는 오락 영화들"292)에 있다고 보았다. 이 정도 규모의 전쟁에서 승리하려면 "반드시 낙관주의"가 필요하기 때문에 '유쾌함'이 유지되어야 한다는 것이었다.293) 그러나 "정치적으로 중요한 의미를 지니는" 오락이라고 해도 "정치 지도부의 과제 설정에서 벗어날 수 없고",294) 괴벨스가 영화를 "1급의 민족 교육 수단"으로 생각했기 때문에,295) 이른바 기분 전환이나 "영혼의 힘"의 "재생" 따위에도 모두 저의가 있었다.296) 그리하여 괴벨스가 제작하게 한 소재들은 정권의 선전 목적과 함께 주도면밀하게 반죽되었다.297) 괴벨스는 1939년부터 영화의 주요 소재가 된 전쟁을 다양한 장르와 결합해 단조로움을 피함으로써 관객을 교화하려는 목적을 은폐하고 영화라는 매체의 매력을 유지하려 하였다.298) 괴벨스가 선전에서 이상적인 방식으로 기대하는 것처럼, 영화에서도 마찬가지로 늘 똑같은 한 가지 메시지를 계속해서 다른 다양한 측면에서 묘사해야 했다.

레뷰*와 군사 행진이 혼합된 〈우리는 전 세계에서 춤춘다〉(1939)라는 영화는 수백만 명이 관람했다. 그 영화의 주요 모티브는 "춤추는 젊음, 승리하는 젊음, 웃음을 터뜨리는 젊음, 그것이 우리이며 그것이 우리의 목표"라는 것이었다.299) '독일 소녀'가 연인인 강건한 공군 소위를 운명의 장난으로 잃어버렸다가, 희망곡 음악회(Wunschkonzert)를 통해 되찾는다는 내용의 〈희망곡 음악회〉(1940)는 자그마치 2300만 명이 관람하는 대성공을 거두었다. 그 영화에서는 1936년 올림픽 당시의 '위대한 시대'의 추억, 그리고 매주 일요일 방송되는 최고 인기 라디오 프로그램으로 전선과 후방 사이에 감상적인 다리를 놓아주던 희망곡 음악회의 유행가들에 대한 향수 어린 기억 속에 전쟁 장면들이 섞여 들어갔다.

〈위대한 사랑〉(1942)과 같은 로맨스 영화들은 나치의 의도에 특히 적절히 맞아떨어졌는데, 괴벨스는 이 영화에 출연한 차라 레안더(Zarah

Leander)에게 처음에는 강한 거부감을 느꼈으나 그녀의 영화들이 큰 성공을 거두자 그녀를 인정하게 되었다. 이 영화는 그 시절 수십만 명이 겪은 운명을 묘사했기 때문에, 관객들에게 특정 메시지를 주입하고 나치가 기대하는 태도의 모범을 제시할 수 있었다. "나는 알지, 언젠가 기적이 일어날 것을" 같은 노래들과 레안더가 공군 조종사인 연인과 이별한 후 전선으로 날아가는 공군 부대를 향해 깊은 감사의 눈길을 보내는 멜로드라마 같은 분위기 때문에 관객들은 그러한 '모범'을 더욱 받아들이기 쉬웠다.

괴벨스는 특히 괴링의 공군 부대 중 기사십자훈장(2차 세계대전 개전과 함께 도입된 철십자 훈장의 한 단계) 서훈자인 조종사들을 국민 영웅으로 미화했다. 베르너 묄더스(Werner Mölders, 1913~1941), 아돌프 갈란트(Adolf Galland, 1912~1996), '아프리카의 별' 한스 요아힘 마르세유(Hans Joachim Marseille, 1919~1942) 같은 이름들은 독일 군인의 새로운 유형을 보여주었다. 그들 외에도 잠수함 부대원들, 특히 '스캐퍼플로의 영웅' 귄터 프린은 독일 젊은이들의 우상이 되었다. 유서 깊은 육군은 인기 있는 장교를 그리 많이 배출하지 못했다. 육군에서는 나르비크 상륙 이후부터 에두아르트 디틀 장군이 인기를 끌었는데 그는 '총통의 고향' 출신 산악병들과 함께 영국 원정군이 철수할 때까지 절망스러운 상황에서도 견뎌냈던 것이다. 괴벨스는 그의 투쟁을 '영웅화'하여[300] "현대의 니벨룽의 노래"[301]로 만들었는데, 이는 "소수 민족 출신 기사십자훈장 서훈자들"을 선전에서 선호한다는 면밀한 계산을 거친 것이었다.[302] 얼마 지나지 않아 선전장관이 누구보다도 선호하는 사람이 나타났는데, 그는 바로 에르빈 로멜이었다.

레뷰(revue) 동시대의 인물과 사건들을 묘사하거나 때로는 풍자하는 노래, 춤, 촌극, 독백 등으로 이루어진 가벼운 오락극.

괴벨스가 육군 최고사령부와 협력하여 로멜을 다룬 〈서부의 승리〉라는 선전영화를 제작했던 프랑스 진격 당시, 로멜은 제7기갑사단을 이끌고 제4군의 선두에서 연장된 마지노 선을 돌파했다. 그의 저돌적인 지휘 스타일은 전격전의 '혁명적 전략'에 잘 맞아떨어졌다. '현대전'은 '늙은 장군'들의 몫이 아니라는[303] 의견을 가진 괴벨스는 로멜이 나치 군 지휘관의 모든 특성과 성격을 한 몸에 지니고 있다고 보았다. 그래서 프랑스 진격 당시부터 이미 그에게 특별한 관심을 쏟아 부었다. 물론 이는 괴벨스의 측근 카를 한케가 그의 사단에서 근무하고 있었다는 데에도 이유가 있었다.

히틀러가 무솔리니에게 자신의 "가장 대담한 기갑부대 장군"이라고 자랑했던[304] 로멜은 1941년 2월 트리폴리에 도착하여, 추축국들이 이탈리아 식민지인 그곳을 잃지 않도록 독일 군 아프리카 군단을 이끌고 영국 군의 진군을 막아서는 임무를 맡게 되었다. 그때 괴벨스 부하 직원인 해거르트와 베른트도 그 작전에 참가하고 있었다. 대위 계급이던 베른트는 참모부 배속 장교이며 최고사령관 전투부대의 편대장으로서 "지극히 위험하고 대담한" 정찰부대 임무를 수행해 두각을 나타냈고,[305] 이에 대해 로멜은 경의를 표할 수밖에 없었다.[306] 그러나 그 기갑부대 장군에게 더 중요한 의미를 지녔던 것은 선전 책임자인 베른트였다.[307]

마쓰오카 요스케(松岡洋右, 1880∼1946) 일본의 외교관·정치가. 만주철도의 총재였던 그는 1940년 7월 제2차 고노에 내각이 출범하자 외무장관으로 입각했다. 대동아공영권 확립의 주창자였던 그는 일본·독일·이탈리아 3국 조약을 체결했으며 소련을 포함한 4국 동맹을 구상했다. 그러나 독·소 개전(開戰)으로 4국 동맹의 구상이 무너지고 그의 외교 정책에 대한 반대 여론이 거세졌다. 결국 고노에 내각이 1941년 7월 16일 총사퇴하면서 내각에서 물러났지만, 그의 외교정책을 그대로 이어받은 일본은 1941년 12월 8일 전쟁 개시로 치닫게 되었다. 패전 후 도쿄 재판에서 A급 전범으로 지목되어 심리를 받던 도중 병으로 죽었다.

에르빈 로멜 장군. 괴벨스가 발굴한 여러 전쟁 영웅 중 으뜸은 바로 로멜 장군이었다. 괴벨스가 보기에 로멜은 나치 군 지휘관의 모든 특성을 한 몸에 갖춘 군인이었다.

휴직 중인 부하 직원 베른트와 해거르트와 긴밀한 연락을 취하고 있던 괴벨스가 빌헬름 광장에 있는 선전부 청사로부터 반영국 선전전을 조율하고 있는 동안, 히틀러는 몇 주나 베르크호프 산장에 머물러 있었다. 괴벨스는 '합병' 3주년 기념식이 있었던 3월 12일이 되어서야 린츠에서 그를 다시 만날 수 있었다. 그전에 선전장관은 린츠 시청에서 시청사 개축("고향 도시를 지극히 사랑하는 총통이 애착을 갖고 있던 계획")을 위한 모형과 스케치들을 보았고, 레온딩으로 가서 히틀러 부모의 묘소에 꽃다발을 놓으면서 다시 '깊은 감격'을 맛보았다.308)

그들이 "다소 원시적인 석조 텐트 같은" 한 호텔에 함께 있게 되었을 때, 히틀러는 감사하는 마음으로 듣고 있는 괴벨스에게 전체적인 정치 상황에 대해 "답변을 해주었다." 빠르면 이날인 3월 12일, 늦어도 히틀러가 총리청에서 일본 외무장관 마쓰오카 요스케*와 오찬을 나눈 3월 28일에는 히틀러가 선전장관에게, 영국과 사전 '강화' 없이도 소련을 곧 공격하겠다는 자신의 의도를 설명한 것으로 보인다. 이에 대해 괴벨스가 어떠한 반응을 보였는지는 알려져 있지 않다. 그러나 여러 정황을 살펴볼 때, 늘 그랬던 것처럼 이번에도 괴벨스는 '총통'의 결심을 천재적 결정으로 평가한 것으로 보인다. 그리하여 마치 양면 전선의 전쟁에 대한 두려움이 전혀 없었던 것처럼, 그는 3월 29일 아침 처음으로 일기에 이렇게 썼다.

> 위대한 시도는 뒤늦게 온다. 소련 진격. 이는 면밀하게 위장되어 있고 극히 일부만 알고 있다. 이 작전은 서부 전선으로 대대적인 병력이 이동하는 것으로 시작된다. 우리는 동부 전선을 제외한 모든 방향으로 의심을 돌리려는 것이다. 영국을 상대로 위장 작전을 펴고, 그 다음 번개처럼 돌아와 돌격한다. 우크라이나는 훌륭한 곡창지대이다. 우리가 거기 있게 되면 오랫동안 버틸 수 있다. 발칸과 동부 지역의 문제는 이로써 최종 해결되는 것이다. 심리적으로 보아 이 보는 것은 몇 가지 어려움을 지닌다. 나폴레옹과의 비교 등이 그것이다. 그러나 우리는 이를 반공주의로 간단히 극복할 것이다. …… 우리는 걸작을 만들어낼 것이다.[309]

군사 문제에 완전히 문외한인 괴벨스[310]가 양면 전선 전쟁을 더는 전혀 걱정하지 않게 된 데에는 '총통'의 "전략적 천재성"에 대한 신뢰 외에도 리비아로부터 온 소식들이 한몫을 했다. 그곳에서 로멜은 독일의 아프리카 군단을 이끌고 수비 임무에서 벗어나 진군을 하고 있었던 것이다. 얼마 지나지 않아 그는 대영제국 군대로부터 방가지와 데르나를 빼앗고, 토브루크를 포위하고 4월 중순에는 이집트와 국경에 있는 솔룸에 이르렀다. 얼마 전 "선전에서 육군을 위해 무엇인가를 해야 한다."[311]라고 했던 선전장관은 베른트와 해거르트도 "최전방에서 함께 하고 있는" 이 진격을 멀리 베를린에서 열광하며 지켜보았다.[312]

로멜이 솔룸을 함락하자 괴벨스는 '거의 두려움'에 싸일 정도였다.[313] "그리고 뉴스들이 속속 도착했다. 로멜은 이미 시디 바라니를 지나 진격했다. …… 그러한 전승 앞에서 거의 전율을 느껴 뒷걸음질 칠 지경이고, 폴리크라테스*처럼 속죄의 선물로 바다에 반지를 던지고 싶다."[314] '북아프리카의 기적'[315]과 그동안 매우 성공적으로 진행되었으며 영국 원정군의 대재앙으로 끝나게 될 유고슬라비아와 그리스 진격은 영국을 그해 안에 패퇴시킬 것이라는 히틀러의 '예언'을 확신했던 괴벨스를 그야말로 행복에 취하게 만들었다. "이 어떤 부활절인가! 오랜 겨울잠에서의 재생!"[316]

괴벨스의 기쁨은 로멜이 토브루크 공방전에서 곧 험난한 상황에 빠져들면서 다소 가라앉기는 했으나, 그래도 그는 기대감으로 가득차 다가올 일을 학수고대했다. 스탈린이 아무것도 눈치채지 못하고 있는 것 같다는 점이 괴벨스를 흡족하게 했다. 괴벨스는 그 그루지야인(스탈린)이 일본 외무장관 마쓰오카 요스케를 모스크바의 벨로루시 기차역에서 환송하는 자리에서 독일 장교 크렙스*를 포옹하며 "러시아와 독일은 단결하여 목표 지점까지 행진할 것"이라고 말했다는 사실에서 더욱 이러한 확신을 가졌다. 괴벨스는 이에 대해 "대단히 멋진 일이고 현재 상당히 쓸모 있는 일"[317]이라고 평하면서, 마쓰오카가 얼마 전 서명한 소련-일본 중립 조약 때문에 반소 전선의 목표를 "혼동해서는 안 된다."라고 덧붙였

폴리크라테스 고대 그리스 사모스 섬의 참주로 자신의 운명에서 벗어나기 위해 바다에 반지를 던졌으나 그 반지가 물고기와 어부를 거쳐 다시 그에게 되돌아왔다는 전설이 있다.
크렙스(Hans Krebs, 1898~1945) 1914년에 입대했으며 1930년대에 참모장교로 경력을 쌓았다. 1945년 구데리안의 후임으로 참모총장에 임명되었으며, 히틀러가 자살한 다음날인 1945년 5월 1일, 소련의 추이코프 장군을 만나 독일의 무조건 항복을 면해보려고 애를 쓰다가 벙커에서 자살하였다.

다.[318)

그러나 괴벨스의 히틀러가 크롤 오페라극장에서 성공적으로 마무리된 발칸 진격의 승전을 선언하고 난 후 며칠 지나지 않아 어려운 시험에 들게 되었다. 5월 12일 저녁, 주간 뉴스 제작에 몰두하고 있던 괴벨스는 '끔찍한 소식'[319)을 전해 들었다. 1934년 비행 대회에서 우승한 경력이 있는 뛰어난 조종사 루돌프 헤스가 이틀 전에 2기통 비행기 Me(메서슈미트) 110을 몰고 아우구스부르크의 한 활주로를 떠나 영국으로 향했는데, 이는 그 섬나라와 협상을 통해 전쟁을 끝내려는 것이었다. 다음날 이른 아침 히틀러는 헤스의 부관으로부터 '총통' 대리인 헤스가 자신의 계획을 설명해놓은 편지를 전달받았다. 비록 그의 허황한 행동이 성공할 가능성이 낮긴 하지만 이를 좌절시키지 않기 위해 일단 기다려보는 쪽을 택했다.

아무런 반응도 없이 또 하루가 지나가자 이 희망은 완전히 사라졌다. 5월 11일까지만 해도 이 문제를 괴링, 리벤트로프와 협의했던 히틀러는 이제 다음 행동을 취하기로 했다. 그는 마르틴 보어만*에게 그때까지 자신의 상관이 담당하던 업무를 맡을 것을 명령하고, 리벤트로프를 로마로 파견하여 이탈리아 독재자에게 개인적으로 이 지극히 엄중한 스캔들을 통지하도록 했다. 히틀러는 제국공보실장 디트리히에게 이와 관련한 최

보어만(Martin Bormann, 1900~1945) 청년 시절에는 범(汎)게르만주의를 소리 높여 주장했고 1차 세계대전이 끝난 뒤 우익계인 독일 자유군단 활동에 참여했다. 1924년 정치적 암살에 가담하여 투옥되었고 석방된 뒤 독일국가사회당에 합류했다. 1926년 튀링겐에서 나치 신문 책임자가 되었고, 1928년 이후 돌격대의 고위 사령관을 지냈다. 1933년에는 부총통 루돌프 헤스의 참모장이 되었다. 1941년 헤스의 영국행 이후 총통 비서로서 히틀러의 실질적 대리인 역할을 하며 막강한 권력을 행사했다. 1946년 뉘른베르크에서 궐석 재판으로 사형 선고를 받았으나 종적을 찾을 수 없다가 1973년 시체가 발굴되었다.

히틀러에 이어 나치당 서열 2인자였던 루돌프 헤스. 헤스는 전쟁을 끝낼 목적으로 1941년 몰래 비행기를 몰고 영국으로 건너가 평화 협정을 맺으려 했다. 그의 행동은 국제적으로 물의를 일으켰고, 히틀러는 헤스가 정신착란 증세를 보였다고 발표하게 했다.

초의 공식 발표를 내놓게 했는데, 이는 5월 12일 저녁 대독일 방송에서 낭독되었다. 이 발표는 독일 국민과 국제사회에 "헤스 동지"가 "병세의 악화"에도 불구하고 비행기를 얻어 출발했다고 전했다. 그가 남긴 편지는 "혼란스러워서 유감스럽게도 정신착란의 흔적을 보여준다."면서 그 때문에 "헤스 동지가 망상의 희생이 되었다."는 우려를 불러일으킨다는 내용의 발표였다. 또한 헤스가 "비행 중 어딘가에 추락하거나 사고를 당했다."고 여겨진다고도 했다.[320]

괴벨스는 이 소식을 통고받으면서 동시에 모든 제국지도자들 및 관구장들과 함께 베르히테스가덴으로 호출을 받았다. 그때, 괴벨스는 "그 순간 이 사태의 전모를 전혀 알아볼 수 없었다."[321] 오버잘츠베르크 산에서 "녹초가 되어" 보이는 히틀러는, 그 전날 발표문 작성과 관련한 협의에서 배제되어서 홀대받았다고 느끼고 있던[322] 괴벨스에게 영국으로 날아간 헤스의 편지들을 보여주었다. 그전에 영국은 짤막한 통지를 보내와 헤스가 낙하산으로 뛰어내렸다는 사실을 전달했다. 지난 10월까지만 해도 히틀러가 "맹목적으로" 믿었던 "선량하고 믿음직스러운 남자" 헤스를 매우 긍정적으로 판단했던[323] 괴벨스는 일기에 다음과 같이 썼다.

> 뒤죽박죽의 혼란, 서툰 아마추어 솜씨, 그는 영국으로 가서 그의 절망적 상황을 보여주고 스코틀랜드의 해밀턴 경을 통해 처칠 정부를 전복하고 영국 정부가 체면을 유지할 수 있는 화평을 이루려 하였다. …… 총통 다음의 2인자가 그런 바보였다. 믿기 어려운 일이다. 그의 편지들은 덜 익은 신비주의로 넘쳐흐른다. 여기서 악령들은 하우스호퍼 교수(헤스는 뮌헨 대학교 재학 시 그의 제자였다)와 그 부인, 늙은 헤스 부인이었다. 그들은 그 '나이 든 아이'를 억지로 이 역할로 들이밀었다.[324]

베르크호프 산장의 커다란 홀에는 소집된 60~70명이 모여들었다. 신임 총통 비서실장 보어만이 헤스의 편지들을 읽고 난 다음 히틀러가 이야기를 시작하여 자신의 대리인 헤스의 행동을 날카롭게 비판했다. 헤스는 독일 동부 국경에서 각 사단들이 경보 태세를 갖추고 있고 사령관들이 지금껏 가장 중대한 군사적 임무를 위한 명령을 언제라도 받을 수 있는 바로 그 순간 자신을 떠나갔다. 최고위 정치 지도자가 자기 마음대로 '전장'을 떠난다면 어떻게 군 장성들이 자신의 명령을 따를 것을 기대할 수 있겠는가. 다시금 히틀러의 말에 감명받은 괴벨스는 "충정 어린 작별인사" 후 그를 남겨두고 떠나야 함을 유감스러워했다. 그는 헤스 사건에 대한 선전 방어전을 이끌기 위해 선전부로 떠났다.[325]

베르히테스가덴에 있을 때 괴벨스는 두 번째 성명을 발표한다는 '총통'의 계획에 동의했다. 어떻게든지 영국측 발표에 대응해야 하고, 혼란에 빠져 있는 독일 국민에게 헤스가 잉글랜드나 스코틀랜드에서 대체 무엇을 하려 했는지를 설명해야 했던 것이다. 그 결과는 〈나치당 통신〉의 보도였는데, 여기서는 헤스의 이른바 망상증을 거듭 지적했다.[326]

괴벨스는 베를린으로 돌아온 후 〈제국〉에서 이 사안을 거론하지 않고 입을 다물었다. 그러나 그는 이와 관련해 부하 직원들을 교육시키면서 행동 지침이 될 구호를 내놓았다. 국내에서는 이 문제를 더 자세히 다루지 말고 극히 의미가 작은 군사적 사건들도 과장해서 다뤄 국민들의 주의를 딴 곳으로 돌리도록 했다. 해외 선전에서는 전체 사건을 암시적으로 묘사하면서 동시에 "거짓말에 대한 방어"를 결부시켜야 한다. 괴벨스는 이른바 정보 부재의 해외 언론들이 마구잡이식 추측들을 늘어놓고 있다면서 이를 거짓말로 단정했던 것이다.[327] 괴벨스는 또한 다음과 같은 믿음으로부터 심정적 지지를 얻었다. "우리는 총통의 예언자적 재능을 신봉한다. 겉보기에는 우리에게 불리한 것처럼 보이는 그 모든 것들이 마지막에는 커다란 행운이 될 것임을 우리는 알고 있다."[328]

영국인들이 선물처럼 주어진 이 사건으로 무슨 짓을 하려 할지 자문해 보던 괴벨스는 적국이 얻은 이러한 가능성을 부러워했다. 영국은 헤스 자신이 전혀 알 필요도 없는 내용의 성명을 헤스의 이름으로 발표할 수도 있다. 심지어 그의 목소리를 모방해 독일 국민에 대한 촉구를 연출할 가능성도 있었다. 이 모든 것이 괴벨스의 상상력을 자극하여 그로부터 생겨날 결과들은 그의 등골을 오싹하게 만들었다. 그가 적국의 선전에서 아직 "뚜렷한 경향"을 발견하지 못하고 있다고 생각하였고 영국 정부는 잇따라 나타나는 온갖 추측들이 그저 생기는 대로 흘러가도록 내버려두고 있을 때, 괴벨스는 처음에는 적이 상당히 교활하다고 생각했다. 적은 시간을 끌어 그 극적 효과를 더욱 고조시키려 하는 것처럼 보였던 것이다. 처칠이 그 다음 며칠 동안에도 이 문제를 선전에서 충분히 이용하지 않자, 괴벨스는 그 이유를 붕괴 직전에 있는 '금권정치' 지도층의 방만함 때문이라고 생각했다. 해외 라디오와 신문의 추측 보도들이 곧 거의 사라지자 괴벨스는 안도할 수 있었고, 헤스의 영국행으로부터 불과 8일밖에 지나지 않은 5월 18일에 이미 헤스 사건을 '해제'할 수 있다. "이 경박한 시대에 이 사건은 그렇게 빨리 지나갔다. 헤스는 이를 예견했어야 했다. 앞으로 그는 어떻게 될 것인가?"329)

괴벨스는 헤스가 야기한 위기가 해결된 것으로 보았다. 그래도 그는 슬슬 더 신경이 날카로워졌는데, 왜냐하면 나치의 '본래의 위대한 과제', 즉 '유대적 볼셰비즘'의 제거가 하루하루 가까워지고 있었기 때문이었다. 그는 5월 중순까지는 '바르바로사'라는 작전명으로 불리는 그 기획이 5월 22일에 시작될 것이라고 생각하고 있었다.330) 그러나 히틀러는 예상과는 달리 발칸 진격의 마무리 격인 크레타 공정작전*을 유럽 남동부 지역의 안정을 위해 마지막 순간에 연기했고, 이는 동부 전선 작전을 또 한 번 지연시켰다. 이 일로 선전장관은 동부 지중해 지역을 주시하게 되었는데, 이는 '저 아래에서' 그의 의붓아들 하랄트가 활동하고 있고 마그다가 하랄트 때문에 큰 걱정을 하고 있기 때문이기도 했다.

크레타는 격렬한 선전의 승부처가 되었다. 이는 영국이 그 섬을 확고히 장악했으며 결코 포기하지 않을 것이라고 강경하게 발표하면서 시작되었다. 영국이 크레타를 장악했다는 것은 틀린 말이 아니었다. 괴링의 공수부대는 엄청난 손실을 입었고 크레타 상륙에 어려움을 겪고 있었다. 괴벨스는 며칠에 걸친 선전에서 그 전투들을 언급하지 않았고, 영국은 크레타 상황을 상세히 보도했다. 침공 상황이 점차 호전되었을 때 영국 정부는 5월 27일 비스마르크 호를 대서양에서 격침시켰다는 소식을 전할 수 있었다. 그 배는 3일 전 덴마크 해협 남부에서 영국의 순양전함 '후드'를 격침시킨 후 영국의 주력 선단으로부터 공격을 당한 것이었다. 2천 명 이상의 독일 해군의 생명을 앗아간 그 참사는 제국방송에서 낭독한, 열정적으로 들리는 뤼트옌스(Günter Lütjens) 제독의 마지막 무선 통신 내용과, 해군의 영웅적 용기와 사라지지 않는 명성에도 불구하고, 선전을 통해 축소할 수는 없었다.

그래서 괴벨스는 동부 지중해에서 마침내 독일에 유리하게 전세가 전개되기 시작하자, '모든 정보 정책'을 동부 지중해로 옮겨 갔다.[331] 영국인들이 크레타를 포기한 6월 초 괴벨스는 단번에 구제될 수 있었다. 전략적 의미에서 지나치게 과대평가된 그 섬을 정복함으로써 독일 국민들의 사기가 눈에 띄게 높아졌기 때문이다. 동부 지중해의 승전보를 축하하도록 지시한 괴벨스는 마침내 처칠이 체면을 크게 구겼다고 평가했다. 그는 '날카로운 사설'을 통해 영국인들의 "수천 가지 핑계와 방만한 구실들"을 깡그리 폭로했다고 믿었다.[332]

또 크레타에서 하랄트 크반트가 보여준 용맹은 계부 괴벨스와 히틀러를 만족시켰다.[333] 한편 괴벨스는 크레타를 보고 영감을 얻어 한 가지 선전의 속임수를 생각해냈는데, 이를 통해 마지막 단계로 접어든 바르바로사 작전 준비를 은폐하려 했다. 괴벨스는 5월 말 독일 군이 영국 상륙을 감행해 서부 전선에서 곧 결말을 지으려 하고 있으며 스탈린이 베를린 공식 방문을 계획하고 있고 독일과 소련의 군사동맹이 준비되고 있다는 소문을 퍼뜨렸다.[334] 그러나 동부에서 엄청난 군사 삭선이 준비되고 있다는 국내외의 온갖 소문들은 그것만으로는 사그라들지 않았다. 히틀러가 영국과의 전쟁을 끝내기 전에 거침없이 제2의 전선을 열어제치는 것이 가능하다고 보는 사람은 거의 없었지만, 끊임없는 수송의 흐름이나 거의 전적으로 폴란드나 동프로이센 지역에서 배달되어 오는 군사우편들은 어쩔 수 없이 이러한 예측을 하게 했다.

....
공정작전(空挺作戰) 공수작전이라고도 한다. 전략적·전술적 임무를 수행하기 위하여 전투 부대나 전투 지원부대 등을 비행기로 수송, 목표지에 투하 또는 착륙시키는 작전을 말한다.

괴벨스는 미국 언론으로부터 크레타 점령은 (그것이 성공한다면) 영국 점령도 가능함을 보여준다는 기사를 읽었다.[335] 독일 군 수뇌부는 '메르쿠어' 작전(크레타 섬을 점령하기 위해 벌어진 독일의 공수작전)으로부터 그와 반대되는 결론을 이끌어냈지만, 괴벨스는 외국 여론을 상대로 하여 독일의 영국 점령이 가능하다는 믿음을 강화할 수 있을 것이라고 추측했다. 그 자신도 "다소 뻔뻔스러운 시도"라고 보았던 그런 기만 작전이 더욱 필요했던 이유는, 선전부 내 해외언론국장 뵈머가 베를린 주재 불가리아 대사관의 한 리셉션에서 술을 많이 마시고 외교관이 눈앞의 소련 침공을 추측할 수 있을 만한 발언을 했기 때문이었다.

괴벨스는 히틀러에게서 크레타를 이용한 기만 작전을 재가받은 후, "대단한 기지"를 발휘하여 '크레타의 예'라는 글을 썼다. 그는 글의 행간에서 독일의 영국 침공이 임박했음을 읽을 수 있게 하였다. '총통'의 수정을 거친 그 글은 6월 12일 "모든 요구되는 절차를 거쳐" 〈민족의 파수꾼〉에 넘겨져 다음날 베를린 판에 발표될 예정이었다. 그러나 이는 이루어지지 않았는데, 기만 전술의 하나로 다음날 이른 아침 몇 부를 제외하고 모든 베를린 판 신문들이 압수되었던 것이다.[336]

이 때문에 오히려 더욱 빠르게 유포된 괴벨스의 글은 외국 언론 특파원들에게는 폭탄이 터진 것 같았다. 감청된 전화 통화들은 그로부터 도출된 결론들이 대개의 경우 동일했음을 보여준다. '허풍선이 괴벨스'는 끝까지 침묵을 지킬 수 없었다는 것이다. 특파원들은 선전장관이 비밀을 누설했기 때문에 히틀러의 총애를 잃게 되었다고 보도했다. 영국 라디오 논평자들은 이로부터 심지어 독일 세력권의 동쪽 주변부에서 진군은 대대적인 기만 전술일 뿐이고 이를 통해 영국 침공 준비를 위장하고 있다고 결론 내렸다.[337] 이와는 달리 선전장관이 거꾸로 기만 작전을 펴고 있다고 말하면서 히틀러가 소련을 공격할 것이라는 견해를 고수하는 사람도 있었지만, 크렘린은 자신들은 독일의 공격 의도를 전혀 알지 못하고 독일의 군대 이동은 다른 목적 때문이라면서 이러한 견해를 공식 부인했다.[338] 서방 국가들의 라디오와 신문을 지배하는 '완벽한 혼란'은 괴벨스로 하여금 적들을 오도하는 데 큰 성공을 거둘 수 있다고 더욱 오판하게 하였다.

괴벨스는 최측근 몇 명을 제외하고는 선전부 내 직원들조차 위장된 길로 이끌었다. 국방군의 '인민위원 명령'이 헤이그 육전 조약*을 무시할 것을 지시하기 전날(1941년 6월 6일 국방군 최고사령부는 소련 군의 정치 인민위원들을 생포할 경우 그 자리에서 처형하라는 내용의 '인민위원 명령'을 내렸다)인 6월 5일, 괴벨스는 비공개 회의 중 선전부 국장들에게 지나가는 말처럼 '총통'이 영국 침공 없이 전쟁이 끝날 수 없다는 인식을 가지게 되었다고 '귀띔'해주었다. 동부에서 계획 중인 작전들은 포기했다는 것이었다. 그는 정확한 공격 시점은 알 수 없으나 3주, 혹은 5주 후에 영국 침공이 시작된다는 사실은 확실하다고 말했다.[339] 그러한 위장을 더욱 믿을 만하게 만들 목적으로 괴벨스는 침공을 위한 노래를 만들도록 위촉하고, 새로운 팡파르 곡을 작곡하도록 하며, 영어 방송자를 선정하도록 했다. 그는 일기에 썼듯이 "마지막에 모든 것이 거꾸로 굴러가게 될 때 체면을 잃을" 위험을 무릅쓰고 이 모든 것을 진행해 나갔다.[340]

괴벨스가 6월 15일 오후 히틀러의 호출을 받은 시점에서 국내외 언론은 여전히 수수께끼를 풀고 있었다. 히틀러의 총애를 잃었다는 괴벨스를 둘러싼 추측들을 더욱 무성하게 만들기 위해 괴벨스의 운전기사는 장관

헤이그 육전 조약 1899년 제1회 헤이그 평화회의에서 체결되었고, 다시 1907년의 제2회 평화회의에서 개정된 육전(陸戰)의 법전이라고 할 만한 조약. 정식 명칭은 '육전의 법규 관례에 관한 조약'이다. 조약은 모두 9개조로 되어 있는데, 육전에 있어서의 해적 행위(적국의 육·해·공군 병력에 대한 가해 수단)의 금지·제한에 대한 일반 조약이다. 규칙은 56개조로 이루어져 육전에 관한 여러 규칙을 거의 포괄하고 있는데, 당시의 관습법을 성문화시킨 것도 많이 포함되어 있었다.

관용차에 새 번호판을 달고 총리청 옆문으로 들어가야 했다.[341] 히틀러는 그를 "매우 따뜻하게" 맞이하고 나서 임박한 동부 작전들의 계획을 설명했다. 대략 1주일에 걸친 행군이 끝나는 대로 소련 침공이 시작될 예정이었다. "이는 최대 규모의 대대적 공세가 될 것이다. 역사상 가장 강력한 공격이 될 것이다."라고 히틀러는 밝혔다. 히틀러는 스탈린이 유럽이 기진맥진하기를 기다려 볼셰비즘화하려 하기 때문에 이런 공격이 필요한 것이라고 말했다. 그러나 괴벨스에게는 이러한 설명도 불필요했는데, 그는 어차피 소련과의 협력을 "우리의 명예로운 방패에 묻은 오점"으로 보고 있었기 때문이다. 그는 '유대적 볼셰비즘'을 멸망시킴으로써 이제 이러한 오점을 "씻어낼 수 있을 것"이라고 보았다.[342] 임박한 섬멸전을 "정당한 전쟁"이라고 부르는 허구에 괴벨스가 얼마나 깊이 빠져들어 있었는지는 그가 총리청을 떠나는 장면을 묘사한 일기에 잘 나타나 있다.

내가 작별을 고할 때 총통은 커다란 감회에 젖어 있었다. 이는 내게는 매우 위대한 순간이었다. 차를 타고 정원을 가로지르고 정문을 지나 사람들이 천진난만하게 빗속을 걷고 있는 시내를 지나왔다. 그들은 우리의 모든 걱정들에 대해 아무것도 모르고 하루하루를 살아가고 있는 행복한 사람들이었다. 우리는 그들 모두를 위해 일하고 싸우고 있으며 모든 위험을 감수하고 있다. 그래서 우리 민족이 살아가는 것이다!

괴벨스가 소련 진격과 양면 전선 전쟁이 내포하고 있는 '위험'에 대해 이야기하는 것은, 영국이 의지할 최후의 "대륙의 무기"를 새로운 전격전을 통해 빼앗을 수 있느냐에 독일의 미래가 달려 있음을 잘 알고 있었기 때문이다. 히틀러는 소련 붉은 군대의 전투력이 높지 않기 때문에 이 전쟁은 4개월 정도 걸릴 것이라고 말했다. 괴벨스는 이 문제를 한 번도 연구해본 적도 없으면서 러시아인들의 지구력을 더욱 낮게 보았고 그래서 전쟁 기간을 더욱 짧게 잡았다. 이는 그의 언론담당 개인 보좌관 루돌프 젬러(Rudolf Semler)가 이미 5월 말에 서술하고 있는 것과 같은 그의 걱정을 없애려는 것이었다.[343]

히틀러와 물리적으로 가까이 있는 것만으로도 자신을 괴롭히는 불안감을 몰아낼 수 있었던 괴벨스는 가장 긴 일기를 쓰면서 일부는 히틀러로부터 들은 주장들을 무더기로 적어 넣고 의도적인 자기기만을 시도했다. 이는 (러시아 원정에서 참패해 결국 몰락한) 나폴레옹의 예가 반복될 수 없고 반복되지도 않을 것이라고 자신의 이성을 홀리려는 것이었다.[344]

> 볼셰비즘은 모래성처럼 무너질 것이다. 우리는 유례 없는 승전을 앞두고 있다. 우리는 행동해야 한다. …… 우리의 작전은 인간에게 가능한 모든 준비를 마쳤다. 막강한 예비 자원이 준비되어 실패란 그야말로 불가능하게 되었다. …… 일본이 동맹에 포함되어 있다. …… 소련은 우리가 허약해지면 공격해 올 것이고 그렇게 되면 우리는 양면 전선 전쟁을 겪게 될 것이다. 이제 예방 작전을 통해 이를 미연에 방지하려는 것이다. 그 후에야 우리의 등 뒤가 안전하게 된다. 나는 러시아인들의 전투력을 매우 낮게 평가히는데, 총통보다 더욱 낮게 평가하고 있다. 안전한 작전이라는 것이 존재한다면 바로 이 작전이 그러하다. 우리는 자유로운 병력을 얻기 위해 소련을 공격해야 한다. 소련을 굴복시키지 않으면 우리는 계속 150개 사단을 유지해야 하는데, 우리에겐 그 병력이 전시 경제를 위해 시급히 필요하다. 전시 경제가 활성화되어야 미국도 더는 아무런 짓도 못하게 될 것이다.[345]

1941년 6월 22일 이른 아침으로 결정된 공격 시점까지 남아 있는 며칠은 "엄청난 긴장 속에서" 지나갔다. 독일에서 풍문이 확실한 사실이 되고 영어권 신문들이 위장 선전의 내막을 알게 되고 소련이 서부 국경으로 군 병력을 집중 배치하고 있다는 소식들이 속속 들어오고 있었다. 그동안 괴벨스는 선전부에서 그 사실을 알고 있는 몇 안 되는 부하 직원들과 함께, 개전과 함께 순식간에 움직이기 시작할 선전 선동 준비에 지칠 줄 모르고 진력했다. 그러나 그는 바깥으로는 "가장 무거운 침묵"으로 위장했다.[346] 그는 비밀을 엄수하면서 히틀러가 동부 전선 병사들에게 보내는 격문의 인쇄와 유포를 조직했는데, 10만 부를 발행해 공격 개시일에 퍼뜨릴 계획이었다. 그리고 그는 승전을 알리는 특별 보도가 시작될 때 울려 퍼질 팡파르를 다듬었고, 소련측의 라디오 선전을 방해할 전파 방해 방송국을 설치할 최적지를 물색했다.

6월 21일 저녁(그 날은 일요일이었다) 총리청의 호출을 받은 괴벨스는 슈바넨베르더에 온 이탈리아 손님들을 남겨두고 떠났다.[347] 총리청에서 그는 완전히 녹초가 된 히틀러를 만났다. 그러나 히틀러는 말을 하는 동안 코앞에 다가온 세계사 최대의 진격에 도취되었다. '총통'은 결정적 순간이 다가올수록 더욱더 심리적인 입박에서 벗어나고 있었는데, 그는 항상 그랬다는 것이다. 괴벨스는 히틀러가 세 시간 동안 총리청의 큰 홀에서 자신과 함께 거닐며 반복하여 "그 자신의 내면을 깊이 들여다보는 동안" 피로에서 벗어났다고 적었다.[348]

괴벨스가 마침내 한밤중에 선전부로 가서 자신을 기다리고 있는 고위 관리들에게 정보를 주었을 때는 새벽 2시 반이었다. 열기에 들떠 작업에 몰두하던 괴벨스는 3시 반경 160개 이상의 사단 병력이 총 1,500킬로미터의 전선을 형성해 소련 국경을 넘었을 때 자신의 방으로 돌아왔다. 그는 일기에 다음과 같이 썼다. "이제 대포가 불을 내뿜는다. 하느님, 우리 무기를 축복하소서! …… 나는 방 안에서 초조하게 오락가락했다. 역사의 숨결을 들을 수 있었다. 새로운 제국이 태어나는 위대한 기적의 시간. 제국은 고통 속에 있기는 하지만, 그러나 빛을 향해 솟아오르고 있다."[349]

13장
그대들은 총력전을 원하는가?
(1941~1944)

1941년 6월 22일 새벽 5시 30분, 프란츠 폰 리스트(Franz von Liszt, 1811~1886, 헝가리 출신의 피아니스트, 작곡가)의 곡으로 만든 새로운 팡파르가 독일의 모든 방송에서 울려 퍼지는 가운데 괴벨스가 히틀러의 선언문을 대독했다. 선전장관은 카랑카랑한 목소리로 '총통'이 "독일제국과 국민의 운명과 미래를 다시 우리 병사들의 손에 두기로" 결정했다고 밝혔다.[1] 독일 전역에서, 그리고 프랑스의 대서양 연안 진지들, 벨기에, 그리스, 덴마크, 노르웨이의 장교용 카지노에서도 그날 내내 반복된 그 방송을 들은 이들의 반응은 열광보다는 무엇인가에 짓눌린 듯한 침묵이었다.

  히틀러 자신이 독일은 1차 세계대전 패전에서 교훈을 얻어야 하고 어떤 일이 있어도 양면 전선 전쟁을 피해야 한다고 말하지 않았던가? 그래서 볼셰비즘 숙적과 그 이해하기 힘든 조약을 맺었던 것이 아니었던가? 라디오 청취자들은 자문해야 했다. 바로 그러한 우려를 잠재우는 것이 괴벨스가 마주한 도전이었다. 먼저 그는 독일 국민들에게 아직도 분명히 영향을 끼치고 있는 독소 불가침조약 이전 시기에 이루어졌던 반공 선전 활동에 또 다시 의존했다. 그리하여 우선 '범죄적인 볼셰비즘의 이중 게임'이 독일의 '수백만 병력'의 '어마어마한 투입'을 유발했음을 "독일 언론의 포괄적 활동의 주제"로 삼아야 했다.[2]

  선전장관은 6월 22일 장관 주재 회의에서, 독일 국민의 '심리적 태도'를 움직이는 데 결정적이며 가장 중요한 논리는 독일 국방군의 서부 전선 완전 투입은 동부에 "언제 배신할지 모르는 수상쩍은 강대국"이 버티고 있는 한 불가능하다는 '사실'을 강조하는 것이라고 지시했다.[3] 나치즘은 "볼셰비즘 권력자의 배반을 총통이 색출해냄으로써" 2년간의 "외관상의 성내 평화"를 끝내고, 나치즘을 태동시킨 "그 원칙으로 돌아가게 되었다." 그 원칙이란 바로 '금권정치'와 '볼셰비즘'과 벌이는 투쟁이다.[4] "유대인이 볼셰비즘이라는 사악한 체제를 통해"[5] 전 유럽을 위협한다고 확신하고 있던 괴벨스는 바르바로사 작전을 예방 전쟁이자 '세계사적 행위'[6]로 묘사하려 했다. "도그마에 빠진 당 이론가들과 닳고 닳은 유대인들과 탐욕적인 국가 자본가들의 음모가 발각되었으며"[7] 히틀러의 독일이 이끄는 서방이 이 음모에 대항하여 전쟁을 벌이는 것이었다.

괴벨스는 7월 6일 〈제국〉에 공개된 논설 '베일이 벗겨졌다'에서 반 볼셰비즘 캠페인의 본격적 출발을 알렸다. 이 글에서 괴벨스는 독일이 볼셰비즘에 대항해 전개하는 전쟁은 "영혼의 부패, 도덕의 몰락, 정신적이고 물리적인 피의 테러, 산더미 같은 시체들 위에 앉아 또 다른 희생자를 찾으려고 둘러보고 있는 범죄자와 그가 저지른 범죄적 정치에 반대해 계몽된 인류가 벌이는 전쟁"이라고 주장했다. 지금 그 범죄자들이 유럽의 심장부로 침입해 들어오기 직전이라는 것이다. "그들이 야수와 같은 무리를 이끌고 독일과 서구로 밀려들어 온다면 어떤 일이 일어날지는 인간의 상상력을 넘어서 있다." '총통'을 따르는 군인들은 "사실상 정치적 지하세계의 위협으로부터 유럽 문화와 문명을 지켜내는 구원자이다."[8]

독일인들은 사실 아무런 내용도 없는 보도들만 가끔 듣다가 6월 29일에야 '반공주의 유럽 십자군 전쟁'[9]이 어떻게 진행되고 있는지 최초의 정보들을 얻을 수 있었다. 그날 방송에서는 특히 브레스트리토프스크, 비알리스토크, 그로드노, 민스크 등에서 붉은 군대에 맞서 거둔 승리에 관한 12편의 특별 프로그램이 라디오에서 15분 간격으로 낭독되었다. 신중함을 요구하는 괴벨스는 많은 특별 방송들을 촘촘하게 모아서 내보내는 것은 "버터를 지나치게 바르는 것"이라는 이유를 들어, 히틀러의 위촉으로 공보실장 디트리히가 지시한 그 방식에 불만을 표시했지만,[10] 총통 사령부에서는 이 방식이 잘못되었다고 보지 않았다.

새로운 달이 시작될 무렵 총통 사령부에서는 소련 전쟁이 이미 결판났다는 견해가 확산되었다. 붉은 군대가 정밀하게 움직이는 독일의 전쟁 기구에게 강력한 타격을 받아 붕괴해버린 것처럼 보였기 때문이다. 수많은 군인들이 항복했으며 전쟁포로의 수는 며칠 만에 1백만 명을 넘어섰다. 붉은 군대의 미약한 전투력과 공격군의 이른바 '인종적 우월성'에 대한 예언들이 모조리 실현된 것처럼 보였다. 그리하여 육군 참모총장 프란츠 할더는 1941년 7월 3일 만족스럽게 일기에 썼다. "대소련 전쟁이 14일 안에 승리로 끝났다고 주장한다고 해도 지나친 것은 아니다."[11]

그러나 그렇게 성급하고 오만한 판단들은 급속히 식어버렸다. 하루하루 붉은 군대의 저항이 강력해진 것이다. 얼마 전까지 지극히 낙관적인 분위기였으니 이느새 위기론이 유포되었다. 군사 분야에서 문외한인 괴벨스도 자폭해버리는 소련의 요새 수비병들이나 비행기 추락 후 독일인들에게 생포되지 않으려고 자살해버리는 조종사들에 대한 보도를 보며 많은 생각을 하게 되었다.[12] 이 전쟁이 모스크바 '산책'이 되지 않으리란 사실이 분명해지자, 괴벨스는 국방군 보도를 작성하는 총통 사령부를 힐난하면서 그렇게 지나치게 많은 것을 약속해서는 안 된다고 말했다. 그는 지나치게 낙관적으로 채색된 모든 정보 정책은 언제나 장기적이건 단기적이건 큰 실망감을 가져온다면서, 영국의 모범적인 선전 전술을 지적했다.[13]

보안대의 보고에 따르면, 동부 전선의 승전 소식이 그 어떤 전쟁에서 보다도 오랫동안 들려오지 않아 이를 하염없이 기다리는 국민들의 사기가 점차 저하되고 있었다.[14] 그러나 국방군 총사령부는 8월 6일 마침내 전선의 중간 지점에 있는 스몰렌스크 전투에서 승리를 거두었다고는 발

'바르바로사 작전' 개시. 1941년 6월 히틀러의 동부 전선 진격 명령에 따라 독일 군이 소련으로 진격해 들어가고 있다.

표했다. 남부 집단군은 드네프르 강까지 쳐들어갔고, 전선의 북부 지역에서 독일 군이 드비나 강을 건너 에스토니아를 점령했다는 소식에 선전 장관은 안도했다. 그는 이제 비관론이 사라지고 모든 독일인이 곧 다가올 미래를 다시 커다란 희망을 품고 기다릴 수 있게 되었다고 생각했다.[15]

괴벨스가 8월 중순 동프로이센 라스텐부르크에 설치된 총통 사령부 '늑대 성채(Wolfsschanze)'를 처음 방문했을 때, 히틀러와 그의 대화 주제는 독일 동부 전선의 위기가 이미 극복되었으며, 소련의 저항력은 "둔감한 수백만 대중"의 "원초적 끈기"와 "동물적 본능" 때문이라는 괴벨스의 견해였다.[16] 지난 몇 주 동안의 사건들 때문에 충격을 받았고 "매우 예민해진" 군 통수권자 히틀러는[17] 괴벨스 앞에서 소련의 군사력, 특히 소련 군 장비를 지나치게 과소평가하였음을 인정했다. 괴벨스가 히틀러에게 이를 사전에 깨달았다면 소련 공격을 철회했겠냐고 질문하자, 히틀러는 그 때문에 '결코' 근본적인 부분이 흔들리지는 않았을 것이라면서도, 그런 경우에는 결단을 내리기가 "훨씬 더 어려웠을 것"이라고 대답했다.

끝으로 히틀러는 겨울이 시작되기 전에 전쟁을 "어느 정도 마무리"할 것이라는 전망으로 괴벨스를 안심시켰다. 아마도 스탈린이 강화를 요청할 것이라는 전망이었다. 히틀러는 영토 문제에서 확고부동한 안전 조치가 취해진다면 항복을 받아들일 용의가 있다고 말했다. 괴벨스는 면담이 끝나고 나서, 그들이 볼셰비키들의 잠재력을 "아주 면밀하게 예측하지 않았고", 심지어 잘못된 추정을 하였으며, "그들의 무기, 특히 중화기의 규모를 전혀 상상하지 못했던 것"이 "어쩌면 대단히 좋은 일이었다."라고 자신을 설득했다. 만일 "우리가 그 위험 정도를 명확히 알고 있었다면" 히틀러는 "몇 달 동안" 오로지 "훨씬 더 심각한 걱정만 하고 있었을 것"이다. 그리고 히틀러는 "해결할 때가 된 동부와 볼셰비즘 문제에 손대는 것을 아마 꺼리게 되었을 것"이다.[18]

괴벨스가 부푼 마음으로 총통 사령부를 떠날 수 있었던 것은 무엇보다 히틀러가 다시 선전에 각별한 관심을 보였기 때문이었다.[19] 선전은 소비에트 제국의 해체를 위해 더욱 시급해졌고 따라서 '천덕꾸러기' 신세를 면해야 한다는 것이다.[20] 괴벨스는 "긍정적 상황"에서 선전 활동을 하는 것은 예술이라고 할 수도 없으며, "위기 상황에서 성공으로 이끄는 선전 활동을 하는 것이 정치 예술"[21]이라고 썼다. 이러한 새로운 도전 앞에 선 그에게 히틀러가 동부에서 선전 활동의 과업을 로젠베르크에게 맡긴 것은 뼈아픈 일이 아닐 수 없었다. 히틀러는 로젠베르크를 1941년 4월 동유럽 문제의 핵심적 해결을 위한 전권위원으로 임명했고 1941년 7월 17일에는 다시 동부 점령 지역 담당 장관으로 임명했던 것이다. 이로써 로젠베르크는 괴벨스와 리벤트로프 사이에 벌어졌던 수 년간의 줄

다리기에서 어부지리를 얻었다.

괴벨스와 리벤트로프의 관계가 최악으로 치닫게 된 것은, 발칸 지역 진격 와중에 외무부가 라디오 방송국들을 매입하여 선전 활동에서 영향력을 넓히고,[22] 리벤트로프가 '뵈머 스캔들(소련 침공 계획을 비밀로 하고 있을 때 불가리아 대사관 술자리에서 뵈머가 실수로 이를 누설할 뻔한 사건)'이 일어났을 때 히틀러 앞에서 괴벨스의 부하 직원인 뵈머에게 적대적 태도를 보였으며 그래서 뵈머가 결국 히틀러의 명령에 의해 특별재판소에 회부된 일[23] 때문이었다. "외무부 녀석들이" 그 사건을 "뻔한 이유 때문에 폭로하였을 때"[24] 처음에 괴벨스는 그 일이 "별일이 아니다."라고 생각했다. 그러나 이는 곧 헨켈 왕조의 상속녀와 결혼했던 리벤트로프에 대한 분노로 돌변하게 되었다. 리벤트로프가 "정치를 상대를 속이는 것이 중요한 샴페인 장사와" 혼동하고 있다는 것이다.[25] (1920년 샴페인 재벌 헨켈의 딸과 결혼한 리벤트로프는 베를린 지사를 맡아 샴페인 사업을 벌인 경력이 있다.)

그러나 리벤트로프가 히틀러에게 끼치는 영향력이 눈에 띄게 줄어들었기 때문에 괴벨스는 1941년 6월 중순 총리청 비서실장 한스하인리히 람머에게 도발적으로 다음과 같은 질문을 던질 수 있었다. 즉, 1939년 9월 8일 총통 명령이 여전히 유효한지, 다시 말해 선전 선동이 제국국민계몽선전부의 업무인지 아니면 외무부의 업무인지, 그리고 전쟁 중에 "현 상황에서 선전부의 기존 기구와 경쟁하면서 무의미하게 돈과 인력과 물자를 낭비하며 나와 내 부하 직원들의 업무 의욕을 갉아먹는 일 외에는 별다른 과제가 없는"[26] 두 번째 기구를 구성하는 행위가 책임 있는 행동인지 질문을 던진 것이다. 실제로 괴벨스는 얼마 지나지 않아 선전부와 외무부가 해외 선전에서 동등하다는 사실을 공식적으로 다시 인정받을 수 있었다.[27]

히틀러-스탈린 동맹 이후로 오직 소규모의 위장된 부서에서 진행해

온 동부 선전 및 반공 선전에서 자신의 영향력을 확고하게 다질 목적에서, 괴벨스는 이 기구를 상당히 큰 규모로 확대했다. 1941년 7월 선전부 내에 타우베르트가 이끄는 동부 지역 총국이 로젠베르크의 동부 점령 지역 담당 부처에 대한 대항 기구로 신설되었다. 이로써 로젠베르크의 동부 부처와의 갈등은 예고된 것이었다. 괴벨스는 선전부의 기구가 "선전을 실제로 실행하는 중심 기구"라고 주장했지만,[28] 로젠베르크가 자신의 부처가 동부 지역에 해당되는 모든 업무들의 '독점적 권한'을 가진다고 규정한 1939년 9월의 총통 명령을 들고 나오면서 둘의 갈등은 더욱 깊어졌다. 레오폴트 구터러 차관 직속의 선전부 동부 지역 총국의 업무 범위는 "적에 대한" 선전, 즉 붉은 군대 해체를 목적으로 하는 선전과 나치 전체 지배 영역 내의 반공 선전 선동을 포괄했으며, 이는 제국 내 동부 노동자, 독일 편에서 싸우는 의용군 단체, 동유럽 국민, 소련 전쟁포로, 유럽 점령지 국민 등을 대상으로 했다.[29]

선전의 측면에서 공격 개시일에 대비하기 위해 괴벨스는 이미 4월 10일 선전부로부터 독립적인 반소 기구인 반(反) 코민테른을 비밀리에 다시 가동하라는 지시를 타우베르트에게 내린 적이 있었다.[30] 이를 위해 타우베르트는 주요 동유럽 언어로 송출될 라디오 프로그램들과 지하 방송국 활동 준비를 과제로 맡는 부서를 설치하였다. '피네타'라는 가명으로 편성된 언어 담당 부서 직원들은 개전 때까지 외부와 철저히 격리된 상태에서 포스터나 전단 등을 기획하고, 확성기를 단 가두선전차를 위해 녹음을 하고, 선전 영화들의 더빙 작업을 했다. 그들 중 가장 유명한 직원은 과거 공산당 소속 제국의회 의원이던 에른스트 토르글러[31]였는데, 그는 서부 전선 진격 당시부터 선전부에서 일하고 있었다.[32]

괴벨스의 일기에 따르면, 소련 진격 초기 독일의 선전 활동은 매우 희망적으로 진행되었다. 또 그는 전단 수송에 필요한 항공기의 운송 능력을 아주 낮추어 잡았다.[33] 공군 비행기들이 적진 내부에 뿌려댈 전단 9000만 장[34] 외에도 선전장관은 특히 라디오 선전의 효과를 중시했다. 이를 위해 우선 지하 방송국 세 곳(나중에는 22개 지하 방송국이 매일 18개 언어로 34개의 각종 정치 관련 뉴스 프로그램을 동유럽으로 송출했다)[35]이 "모두 강력하게 스탈린 정권에 맞서"[36] 활동했다.

괴벨스가 자신의 선전 작업이 나타낸 효과를 희망적으로 본 것은 독일군의 침략을 당한 피지배 국민들이 처음에는 독일 군을 해방군으로 인식했다는 사실에도 기인했다. 예를 들어 우크라이나의 렘베르크(우크라이나의 도시 리보프L'vov의 독일식 이름)에서 독일 군은 대대적인 환영을 받았다. 그러나 독일인을 대하는 이러한 태도는 전투부대의 뒤를 이어 자유가 온 것이 아니라, 보안대와 친위대, 게슈타포 출동 부대*가 들이닥치면서 곧 바뀌었다. 그리하여 8월 중순 괴벨스는 점령 지역 국민들에게서 "동부 진격에 대한 열광"을 끌어내는 데 아직 성공하지 못했음을 확인했다.[37]

이는 동부 점령 지역 장관 로젠베르크 탓은 아니었다. 로젠베르크는 발트 연안 국가들이나 우크라이나에 제한적인 자치권을 부여해야 한다고 주장했고, 그들을 볼셰비즘의 희생자로 다루면서 독일의 이익에 맞게 경제적으로 재조직하기를 원했다.[38] 그러나 로젠베르크는 러시아인들에 대해서는 "볼셰비즘에 책임이 있다."면서 증오했다.[39] 이러한 로젠베르크의 입장은 선전부의 타우베르트의 입장과 크게 다르지 않았다.

하지만 괴벨스는 동유럽 민족들의 그 어떤 독립성도 강하게 거부했다. '오스트란트'(그중에서도 특히 발트 연안 국가들)에서 뚜렷하게 나타나고

게슈타포 출동 부대 아인자츠그루펜(Einsatzgruppe). 동부 점령지의 유대인 말살과 정적 탄압을 위해 투입한 친위대 소속 특수부대로 1942년 1월 반제 회담 당시까지 폴란드와 소련에서 약 50만 명의 유대인을 학살했다.

있는 민족주의 흐름에 대해 괴벨스는 "이는 어린아이처럼 순진무구한 환상으로 우리에게 어떠한 감명도 주지 못한다."[40]라고 밝혔다. 이 민족들은 "독일 국방군이 피를 흘린 이유가 이 난쟁이 국가들에서 새로운 민족 정부가 주도권을 잡도록 도와주려는 것이라고 상상했던 것 같다." 그러나 나치는 이러한 '근시안적 정치'를 하기에는 너무 냉혹하고 냉정하며 현실적이므로 자민족에 이익이 되는 행위만을 할 뿐이다. 그리고 그것은 "의심의 여지없이, 그곳에 사는 소수 민족들의 이해관계에 대한 어떠한 배려도 없이 이 지역에서 독일의 질서를 엄격하게 관철하는 것"[41]이다. 이러한 괴벨스의 견해는 동부에서 인종주의적인 초토화 전쟁을 이끌면서 동부 지역 민족들을 '하급 인간'이자 '볼셰비키 야수들'로 보고 그 땅을 독일제국의 일종의 약탈 대상으로 보는 히틀러의 확신에 부합하는 것이었다.[42]

그러나 잇따른 9월의 군사적 성공과 앞으로의 가능성 때문에, 히틀러 주변에서는 그전에 동부 신전 활동에 잠시나마 보여주었던 각별한 관심이 곧 다시 줄어들었다. 중부 집단군이 키예프 동부 전투를 성공적으로 마무리하고 난 후 '총통'은 모스크바 진격을 명령했다. 그는 8월의 지극히 비관적 전망과는 달리 붉은 군대를 다음달 안에 "끝장낼" 것이라고 믿었고,[43] 9월 23일 총통 사령부를 방문한 괴벨스에게 이를 약속하기도 했다.

뱌즈마와 브리안스크의 전투에서 승리를 거두자, 히틀러는 10월 3일 체육궁전에서 열린 겨울철 빈민구제협회 개회식에서 적은 이미 무너졌고 다시 일어설 수 없을 것[44]이라고 열변을 토했다. 그리고 괴벨스는 일기에 '총통 각하'는 모든 요인들을 충분히 심사숙고했다고 적었다. 그가 전체 상황의 모든 요소들을 제대로 계산에 넣었다는 것이다. 모든 형세를 현실적으로 고찰해본 후 히틀러는 독일이 이제 승리를 놓칠 수 없게 되었다는 '최종 결론'에 도달하였다.[45] 독일 사회에서 또 다시 충족될 수 없는 기대를 불러일으킨 '총통 각하'의 그 연설을 두고 괴벨스는 선전의 측면에서 매우 큰 도움이 되었다고 평가했다.

선전장관은 10월 5일 메츠에서 베스트마르크 관구 집회에 참가해 눈에 띄게 소극적인 자세를 보였지만,[46] 그의 적수인 제국공보실장 디트리히가 나흘 후 선전부의 대형 기자회견장에서 국내외 기자들을 모아 놓고 동부 진격은 티모셴코*가 이끄는 서부 전선군*의 붕괴로 결판났다고 선언하자, 더는 자제할 수 없게 되었다. 디트리히는 그 다음에는 기대하는 대로 상황이 전개될 것이며, (독일의) 양면 전선 전쟁에 대한 영국의 소망은 끝내 이루어질 수 없게 되었다[47]고 했다. 〈민족의 파수꾼〉에 '위대한 시대가 왔다'는 제목으로 매우 크게 강조되어 실린 디트리히의 그 발언에 대해 괴벨스는 히틀러에게 항의했다. 괴벨스는 그의 발언이 조만간 여론의 심각한 환멸을 가져올 것이라고 우려했다. 여론은 소련 진격이 끝난 것이나 마찬가지라고 믿게 되었던 것이다.[48] 그러나 히틀러는 이것이 일본을 대소 전쟁 참전으로 끌어들이려는 전술적 수순이었다고 대답했다.[49]

동부에서 크고 작은 도로들을 하룻밤 사이에 진흙탕으로 만드는 악천후 계절이 되면서, 주로 트럭 운송에 기반을 둔 군대 보급이 점차 힘들어졌고 결과적으로 군의 진격 자체가 어렵게 되었다. 이 때문에 뱌즈마와

티모셴코(Semyon Konstantinovich Timoshenko, 1895-1970) 소련의 장군. 1차 세계대전에 참전했으며 러시아 혁명이 일어나자 붉은 군대에 가담했다. 1940년 겨울 핀란드와의 전쟁에서 핀란드 군에게 고전하고 있던 붉은 군대를 이끌어 결국 승리를 이끌어냈다. 그러나 소련 군대에서 전투 능력을 발휘할 수 있는 몇 안 되는 장군이었으나 독소 전쟁에서는 독일 군의 진격을 막는 데 실패했다. 1960년에 은퇴했다.
전선군 소련의 육군은 전체 10~12개의 전선군으로 구성되었다. 전선군은 3~9개(평균 5~7개) 군이 1개의 전선군을 이루었으며, 1개 군은 평균 3개의 소총 군단으로 이루어졌다. 1개의 소총 군단은 2~3개 사단 병력으로 구성되었다.

동부 전선의 전투는 도로를 진흙탕으로 만드는 악천후 시기가 되면서 교착 상태에 빠져들었다. 트럭 운송에 기반을 둔 군대 보급이 힘들어졌고 결과적으로 군대의 진격 자체가 어렵게 된 것이다.

브리안스크에서 붉은 군대에게 거둔 승리 이후 전투가 거의 드물어졌다. 그래서 소련의 인명과 물자가 엄청난 손실을 입었고 소련 정부가 모스크바에서 볼가 강변의 쿠이비셰프로 옮겨갔다는 사실에도 불구하고, 소련이 실제로 패배를 당한 것인지 하는 물음이 10월 말경 괴벨스를 비롯한 많은 사람들을 괴롭혔다. 히틀러는 10월 27일 괴벨스와 만나 지극히 긍정적인 전황 평가를 제시하여 괴벨스에게 낙관론을 불어넣었다. "우리는 건기가 시작되거나 서리가 내리기를 기다리고 있다. 우리 전차들이 다시 엔진을 작동할 수 있게 되고 도로에서 진흙과 진창이 사라진다면, 소련의 저항은 비교적 단시일 내에 무너지게 될 것"이라고 괴벨스는 믿었다.[50)]

그해 10월, 전 세계가 경악하며 소련을 바라보고 있을 때, 유대인 국민들의 대열이 독일의 도시들을 가로질러 갔다. 괴벨스는 유대계 독일인들의 소개를 가속화해야 한다고 또 한 번 역설했다. 그는 1923년에 탄생한 그의 이데올로기적 구조물이 동부 진격이 시작된 뒤로 확실하게 검증되었다고 보았던 것이다. 그는 〈제국〉에 실린 논설에서 볼셰비즘은 '유대인 당 이론가들'과 '교활한 유대인 자본가들'의 작품[51]이라고 주장했다. 이는 서방의 '금권정치'가 스탈린과 협력하는 데서 드러났다. 스탈린, 처칠, 루스벨트는 '전 세계 반독일 음모의 우두머리들'[52]이다. 뜻밖에 치열한 운명을 건 전쟁 중에 괴벨스는 적의 정체와 관련한 이러한 생각 때문에 점점 더 안절부절 못했고, 그럴수록 그는 '세계의 음모자들'의 독일 내 동맹자들을 "털끝도 남김없이 섬멸하는 일"이 더욱 시급하다고 느꼈다. 그들을 제거하는 일은 "그 어떤 감상도 없이" 추진해야 할 것이다.[53]

'유대인의 별' 착용을 베를린에서도 의무화하려는[54] 괴벨스는 선전부 내에서 그 협의 날짜를 1941년 3월 20일로 잡았다. 이때 괴벨스의 차관 레오폴트 구터러는 베를린에 아직도 6만~7만 명의 유대인이 있음을 확인했다 "나치 제국의 수도에 지금도 여전히 그렇게 많은 유대인이 살고 있다."[55]는 사실은 있을 수 없는 일이었다. 구터러의 말에 따르면, 비록 히틀러가 베를린을 당장 "유대인이 없는" 지역으로 만들어야 한다고 직접 결정하지는 않았지만 괴벨스는 "적절한 소개 방안은 총통의 동의를 얻을 것을 확신하고 있었다." 제국 수도의 건설총감찰관 슈페어 역시 "공습 피해가 커질 경우를 대비한 예비 주택으로 비워두기 위해서나, 나중에 베를린 재개발 과정에서 철거될 주택들을 비워야 할 경우를 위해" 약 2만 명의 유대인이 살고 있는 주택들을 필요로 하였다. 협의가 끝날 무렵에는 이후 대규모 격리 수용과 '최종 해결책'*을 담당하는 중심 지휘 본부가 될 제국보안중앙국 유대인 문제 주무국장 아돌프 아이히만*에게 "관구장 괴벨스 박사에게 제시할 베를린의 유대인 소개 방안을 작성할 것을" 요청하였다.

8월에 괴벨스는 베를린에 아직도 75,000여 유대인이 '어슬렁거리고' 있고 그중에서 단지 23,000여 명만이 노동을 하고 있음은 '수치스러운 일'이라고 재차 밝혔다. 노동하지 않는 유대인들은 "그들을 초대한 주인 민족의 노동에 기생하고 있는 것이고", "우리 민족의 노동력을 갉아먹고 살면서" 독일의 패배를 고대하고 있다는 것이다.[56] 그들은 "거리의 풍경뿐 아니라 분위기도" 더럽히고 있으니,[57] 독일 민족으로부터 배제해야 한다. 그러나 공무원 사회의 "지극히 관료적"이고 "매우 감상적인 저항들"[58]이 "문제의 근본적 해결"을 가로막고 성과를 거두지 못하게 하고 있다. 그러나 괴벨스는 이 때문에 "아연해하거나 흔들리지 않을 것"이며,[59] "우리가 유대인들에게 최후의 귀결을 맛보게 해줄 때까지 쉬지 않을 것"이라고 밝혔다.[60]

8월 18일, 히틀러와 가진 면담에서 괴벨스는 유대인 문제의 신속한 해결을 요구했다. 그가 이를 실명하려고 준비한 초안은 수많은 제안들을 포함하고 있었는데,[61] 그것들 중 대부분이 면담 직후 실행에 옮겨졌다. 괴벨스는 유대인 표시와 식료품 배급 축소(이를 두고 괴벨스는 일기에서 "이는 정당하거나 올바른 일이 아니다. 일하지 않는 자, 먹지도 말아야 한다."[62]

최종 해결책(Endlosung) 1941~1945년까지 나치가 유대인 멸종을 위해 조직적으로 추진한 추방과 살해 정책. 모든 유대인을 모아 동부로 이송한 뒤 가혹한 강제노동을 시켜 자연적인 유대인 감소 효과(사망)를 노렸다. 살아남은 유대인들은 '상황에 따라' 처리하기로 했다.

아이히만(Adolf Eichmann, 1906~1962) 2차 세계대전 때 나치의 유대인 집단학살 정책 가담자로 이스라엘에서 교수형을 당했다. 1942년 1월 베를린 근처 반제에서 나치 고위관리들이 모여 유대인 문제의 '최종 해결책'에 필요한 계획과 병참 업무 준비에 관한 회의를 열었다. 아이히만은 이 문제의 책임을 맡음으로써 사실상 대량학살을 뜻하는 이 '최종 해결책'의 집행자가 되었다. 그는 유대인을 식별하고 집결시켜 그들을 집단수용소로 보내 죽음으로 몰아넣었다.

유대인의 표시인 '다윗의 별'을 단 남자. 1941년 9월부터 독일의 모든 유대인들은 다윗의 별을 의무적으로 착용해야 했다.

라고 썼다) 외에도 '총통 각하'에게 유대인이 교통수단을 이용하지 못하도록 하고 그들에게 '독일인' 생산자들의 제품을 제공하지 말아야 한다고 주장했다. 그들로부터 자전거, 타자기, 잭, 숙음기, 냉장고, 진기오븐, 담배, 손거울 등 '생활용품과 사치품'을 몰수해야 한다. 그리고 유대인의 월급을 '엄격하게' 제한하여 "유대인이 지조 없는 독일인들을 매수하지 못하도록" 해야 한다. 나아가 "게으르게 빌붙어 먹고 사는" 유대인들을 대상으로 '일제 점검'을 실시하여, 누가 아직 "전쟁에 필요한 노동"으로 활용될 수 있을 것인지 결정해야 한다. 이러한 "철저한 차출"을 통해 '동부 이송'에 "적당한 상태에 도달한" 유대인을 "골라내야" 한다.

괴벨스는 수송 수단이 확보되는 대로 제일 먼저 베를린의 유대인들을 동부로 '추방'할 수 있도록 한다는 데 히틀러의 동의를 얻어냈다.[63] 그들은 그곳에서 "좀 더 엄격한 분위기 아래서 걸러질" 것이다.[64] 괴벨스는 그 직후 유대인 표시에 대한 경찰 규정과 유대인 별의 도입이라는 성과를 얻어냈다. 이들은 각각 9월 1일과 9월 19일 독일 전역에서 발효되었다. 그리고 괴벨스는 총통 사령부에서 하이드리히와 "몇 가지 중요한 사안들"을 협의했다.[65] 비록 수송 수단의 부족으로 유대인 수송을 동부 작전이 끝날 때까지 연기해야 한다는 전제에서 출발했지만, 베를린 치안경찰 책임자인 괴벨스의 친구 달뤼게는 뱌즈마와 브리안스크에서 거둔 승리로 이루어진 최고위급 지시에 따라 10월 14일 베를린 거주 유대인들에 대한 최초의 격리 수송 법령에 서명했다.[66]

괴벨스는 극도로 맹목적인 증오로 가득찬 논설에서 여론을 상대로 이격리 수송을 '정당화'했다.[67] 괴벨스는 그 글에서 "총통이 1939년 1월 30일 독일제국의회에서 국제적인 유대인 금융 자본들이 여러 민족들을 또 다시 세계대전으로 끌어들인다면, 그 결과는 세계의 볼셰비즘화와 유대인의 승리가 아니라 유럽 내 유대인 종족의 멸망이 될 것"이라고 예언했던 것이 진실로 판명되었다고 적었다. "우리는 지금 이 예언의 성취를 눈으로 확인하고 있고, 유대인들에게는 그들이 자초한 험난한 운명이 다가오고 있다. 동정이나 유감 따위는 전혀 온당하지 않다."

제국 수도의 소개 작업은 소집 장소로 이용된 레페초프 거리의 시나고그 폐허에 500~1,000명의 유대인을 끌고 오면서 시작되었다. 스스로 걸을 수 있는 유대인은 승마용 채찍을 든 친위대원들이 늘어선 가운데, 그 폐허에서부터 고급주택가에 있는 그루네발트 기차역으로 끌려갔다. 그리고 그곳에서 유대인 공동체가 만들어야 했던 절차에 따라 기차에 실렸다. 생존 유대인 여성 한 사람은 희생자들의 태도가 놀라웠다고 전한다. "반항은 있을 수 없음을 모두가 알고 있었다. 유일하게 가능한 반항은 자살이었다."[68]

베를린의 유대인들을 로즈로 수송한 최초의 '소개 수송' 이후 1942년 1월 말까지 추가로 로즈, 민스크, 코브노, 리가로 아홉 차례의 수송이 이루어졌다. 여러 주에 걸쳐 국방군은 수송 능력을 높이려고 노력했으나 여의치 않았기 때문에, 그 달 중에 일단 수송이 중단되었다. 11월 말부터 극적으로 악화된 동부 전선의 전세 때문이었다.

'모스크바 공방전'의 두 번째 시기는 붉은 군대가 전혀 굴복하지 않았고 독일 군이 능력의 한계에 처했음을 잘 보여주었다. 예기치 않게 겨울이 일찍 찾아온 것도 이러한 상황에 일조했다. 빙설 속의 전투를 위한 장비들을 제대로 갖추지 못했던 수천 명의 독일 병사들은 전선에서 동사했고, 차량과 자동화기들은 작동하지 않았다. 11월 말 하인츠 구데리안은 그의 부대가 궤멸 직전이라고 보고했는데, 그는 바로 몇 주 전 집으로 편지를 쓰면서 모스크바에 입성할 때 자신을 부각시키는 '로멜풍의' 요란한 선전을 원하지 않는다고 밝혔던 바로 그 사람이었다.[69]

거의 공황 상태에 빠진 군 장성들은 군대를 철수시켜 전선을 일직선으로 유지하면서 수비로 전환해야 한다고 호소했지만, 히틀러는 강경하게 반대했다. 독일 군의 최전방과 히틀러의 위신을 높여줄 공격 목표인 모스크바의 거리는 겨우 30킬로미터밖에 남지 않았던 것이다. 마치 그때까지 호의를 보여준 섭리에 완전히 기대고 있는 것처럼, 히틀러는 선황에 대한 그 어떤 냉정한 판단도 거부했다. 그 대신 일본이 곧 대소 전쟁에 참전할 것이고 그렇게만 되면 독일의 처지가 결정적으로 호전될 것이라는 생각으로 도피했다. 히틀러는 11월 21일 마지막으로 괴벨스에게 자신의 생각을 말했는데, 괴벨스는 일기에서 자신은 '총통 각하'와 같은 희망을 품고 있지 않다[70]고 썼다. 이는 상당히 오래전부터 괴벨스에게 나타나지 않던 태도였다.

11월 9일에 이미 괴벨스는 〈제국〉에 '언제 혹은 어떻게'라는 논설을 발표했는데, 이 글은 히틀러와 그의 공보실장 디트리히가 10월까지만 해도 적극적으로 유포했던 커다란 희망을 전혀 담고 있지 않았다. 괴벨스는 언제 승리가 올지 "우리는 묻지 않으며" "그 대신 그 승리가 올 수 있도록 노력할 뿐이다."라고 썼다. 이를 위해서는 "거대한 민족적 힘의 경주"가 필요하다. 괴벨스는 군사력 증강을 위하여 전쟁의 부담과 결핍을 모든 독일인이 분담하고 생활의 모든 분야에서 '민족공동체'를 동원하는 것을 염두에 두고 있었던 것이다. 한마디로 말해, "사회주의적으로 이끄는" 전쟁[71]이 필요하다는 것이다. 이는 그가 1943년 2월에 선언하게 될 '총력전'*에 다름 아니었다.

그가 이른 시기에 상당히 냉정하게 상황을 판단한 데는, 동부 전선의 전황에 대한 우려 외에도 또 다른 계산이 숨어 있었다. 그것은 오로지 그 자신의 선전을 통해서야 총력전의 기반을 마련할 수 있다는 사실이었다. 12월 초 전황이 극도로 심각해지자 그의 구상을 현실화시키는 일이 더욱 급해졌다. 붉은 군대는 시베리아에서 이동해 온 정예 사단들을 이끌고 역공에 나섰다. 크렘린은 일본의 태평양 지역 침공이 임박했고 이 때문에 소련에 대한 동부 선선의 위협은 사라지게 될 것임을 확신하고 있었다. 그리하여 잘 무장한 소련 군 사단들이 서쪽으로 이동할 수 있게 되었다. 그들의 공격 때문에 며칠 동안 전선이 오락가락했다. 대소 전격전으로 영국의 '대륙 단검'을 빼앗고 곧이어 모든 전쟁 자원을 총동원하여 영국으로부터 강화나 항복을 이끌어내려던 히틀러의 전쟁 계획은 이로써 최종적으로 좌초하게 되었다.

독일의 동부 군대에 파국이 임박한 가운데 히틀러는 11월 28일 일본이 동맹국 독일에게 의견을 타진해 온 것을 실제로 '섭리의 활동'으로 생각했다. 일본은 미국과 영국에 대항하여 독일과 일본이 공동으로 전쟁을 벌이기 위하여 새로운 군사 동맹을 제안했던 것이다. 12월 4일 오후, 이미 히틀러의 대미(對美) 전쟁 결심은 확고했다. 그는 앵글로색슨의 군사력을 두 개의 대양에 펼쳐진 두 개의 전장으로 분산시킴으로써 동부에서 다시 한 번 자신의 계획을 실현하는 데 필요한 시간을 벌려고 했다.

히틀러는 12월 7일 그에게는 매우 놀라운 소식, 즉 일본 해군이 진주만의 미국 함대를 공격했다는 소식을 듣고 나서, 12월 14일 이른 오후 미국 대리공사 르랜드 모리스(Leland Morris)를 외무부로 소환했다. 리벤트로프 외무장관은 모리스에게 독일의 선전포고를 낭독했다. 그전에 히틀러는 제국의회에서 광신적 추종자들의 박수 갈채 때문에 계속 중단된 연설을 하면서, 루스벨트가 뉴딜 정책의 실패를 감추기 위해 전쟁을 도발했다고 비판했다. 이 극적인 날을 장식한 마지막 사건은 추축국인 독일, 이탈리아, 일본의 동맹 조인이었다. 이로써 미국과 영국에 대항하는 공동의 전쟁이 성공으로 끝날 때까지 무기를 놓지 않는다는 '불굴의 결단'이 내려졌다.

12월 18일 '늑대 성채'에서 히틀러에게 설명을 들은 괴벨스는 '총통 각하'의 결정을 환영했다.[72] (육군 총사령관 브라우히치의 해임이 임박함에 따라 이를 선전의 측면에서 처리하기 위하여 12월 16일 총통 사령부로 호출된[73]) 선전장관은 어차피 미국과의 전쟁은 피할 수 없는 일이라고 생각하고 있었다. 이제 대미 전쟁이 현실이 되자 괴벨스는 이것이 전선을 명확하게 하고, "사회주의로 이끄는 전쟁(국제 자본주의에 맞서는 전쟁)"이라는 자신의 구상이 좀 더 원활하게 이루어지도록 할 것이라고 생각했다.

이는 괴벨스의 선전 활동의 측면에서 본다면, 11월에 신중하게 시작한, 냉철한 상황 전달이라는 새로운 노선을 지속하는 것을 의미했다. 12월 7일 비공개로 열린 장관 주재 회의 중에 이미 괴벨스는 그동안 선전이 독일 국민에게 불쾌한 뉴스는 모두 숨김으로써 결국 독일 국민들이

....

총력전(total war) 제한전과 구별되는 것으로, 전쟁에 임하는 양 진영이 인명과 그 밖의 자원을 어느 정도 희생하고서라도 완전한 승리를 얻으려고 하는 군사 대결. 20세기의 두 차례 세계대전은 제한적인 면이 많기는 했지만, 역사상의 전쟁들 가운데서 가장 총력적이었던 것으로 평가된다.

상황 악화에 "지나치게 민감하게" 만든 것이 "근본적 실수"였다고 선언했다. 그는 처칠의 "피와 땀과 눈물" 전략*을 모범적이라고 말하며, 독일의 선전 활동이 "물론 여전히 전쟁의 결과를 예측하면서 정당한 낙관주의를 기본 태도로 삼아야 하지만", 앞으로는 모든 부문에서 좀 더 현실적으로 변해야 한다고 주장했다. 국민들은 이를 능히 소화해낼 수 있고 또한 그래야만 한다는 것이었다.[74]

괴벨스는 12월 19일 부하 직원들에게 선전 활동에서 "현실적 낙관주의"[75]를 강조했는데, 이러한 요구에 부응하려면 여론에서 확산되고 있는 불안감을 고려해야 했다. 동부 전선으로부터 들어오는 최신 정보들은 국민들의 기대와 정반대되는 것이었기 때문이다. 여기에 덧붙여, 미국의 참전으로 종전은 더욱 멀어졌으며, 괴벨스가 염려했던 "무거운 충격"은 없었지만 그래도 사기가 저하되었다. 그래서 히틀러와 협의를 거친 선전 활동에서 일본군의 군사력을 강조하기 시작했다. 그리고 독일의 군사적 우위라는 믿음을 위태롭게 하지 않기 위하여, 동부 전선에서 이미 일어났고 앞으로도 계속 전달되어야 하는 그 복잡한 상황들이 겨울이 너무 빨리 시작되었기 때문에 일어났다고 설명해야 했다.

괴벨스는 이례적인 악천후가 가져온 곤란함을 반복해 강조했고, 히틀러도 연설 중에 계속 이를 활용했다. 그는 베를린 체육궁전에서 열린 집권 9주년 기념행사에서 '민족동지들'에게 "소련이 아니라, 영하 38도,

....

피와 땀과 눈물 1940년 5월 13일, 윈스턴 처칠은 새로 총리가 되어 의회에서 행한 첫 번째 연설에서 "나는 피와 수고와 땀과 눈물밖에 내놓을 것이 아무것도 없습니다."라고 말해 신임 투표를 통과했다. 당시 그는 독일에 점령당한 프랑스의 암울한 군사 상황을 상세히 전하면서 그렇지만 영국은 끝까지 싸울 것이라고 밝혔다. 자신의 모든 것을 바쳐 조국을 위해 헌신하겠다는 처칠의 연설은 많은 이들의 호응을 이끌어냈다. 괴벨스는 지나치게 상황을 미화하는 독일의 선전을 비판하면서 처칠의 솔직하고 현실적인 발언을 높이 평가한 것이다.

1941년 12월, 모스크바에서 퇴각하는 독일 군대가 눈 속에 빠진 탱크를 끌어내려 안간힘을 쓰고 있다. 괴벨스는 겨울철 악천후의 영향을 부풀려 선전하여 자신들의 패배가 지도부의 그릇된 판단 탓이 아니라 날씨 탓이라고 은폐했다.

40도, 42도 때로는 45도에 이르는 날씨가 우리를 압박하고 있다."라고 밝혔다.[76] 그리하여 오늘날까지 영향을 끼치고 있는 하나의 전설이 태어났다. 그리고 이는 패배의 진정한 원인이 독일 지도부가 소련의 힘을 오만하게 과소평가했기 때문이라는 점을 은폐하고 있다.

괴벨스는 12월 18일 총통 사령부에서 돌아오자마자, 그가 내세우려 했으나 허사로 그친 '사회주의적'으로 진행되는 전쟁, 즉 '총력전' 구상의 틀 안에서, 히틀러와 협의를 거친 선전 캠페인을 고안했다.[77] 그것은 겨울철 빈민 구제 활동 기부금 모금, 동부 전선 병사들에게 보낼 방한복 모으기, '일선 장병에게 보내는 고향의 성탄절 선물' 등이었다. 괴벨스는 8월 총통 사령부를 처음 방문했을 때 다가오는 겨울을 염두에 두고 '양모 모으기 운동'을 제안하기도 했다. 그러나 그 당시 최고사령부의 요들은 거국적 차원의 겨울옷 모으기 운동 조직을 거부했다. 이는 무엇보다 겨울이 오기 전에 동부 진격이 끝날 것이라고 생각하고 있던 전선과 후방의 사람들에게 충격을 줄 것이란 우려 때문이었다. 그로부터 여러 주가 지난 후 괴벨스가 그에게 다시 이 제안을 내놓자 요들 장군은 깔보는 투로 다음과 같이 말했다. "겨울? 그때면 우리는 레닌그라드와 모스크바의 따뜻한 병영에 앉아 있을 것입니다. 그런 걱정일랑 우리에게 맡겨주십시오."[78]

괴벨스가 특히 국방군 최고사령부의 회의적 목소리에도 불구하고 힘 있게 밀어붙여서 실행하려 했던 그 이후 캠페인의 목표는 '후방전선'을 동원하고 사람들에게 새로운 동기를 부여하려는 것이기도 했다. 12월 21일 괴벨스는 동부와 남동부 전선, 노르웨이, 혹은 저 위쪽의 핀란드에서 단 한 사람의 병사라도 악천후에 시달리고 있다면 후방은 편안하게 있을 수 없다면서 선동적으로 촉구했다. 그러면서 그는 전선에서 필요한 의류 목록을 길게 늘어놓았다.[79]

전황의 심각성을 알려주는 선전의 새로운 이미지와 서구로 "밀려들어 오려는" "야수적인 무리들"의 이미지는 실제로 독일인들의 기부 의욕을 자극했다. 기부금이 엄청나게 쏟아져 들어와서, 유명한 영화배우나 스포츠 스타들이 광고한 모금 운동은 성탄절 주일을 지나 1942년 1월 11일까지 연장해야 했다. 괴벨스는 6,700만 점 이상의 의류가 모인 데 대해 (1월 14일 라디오를 통해) "이 전쟁을 승리의 순간까지 이끌어나가겠다는 독일 민족의 결의를 보여주는 확고한 증표"[80]라고 주장했다. 괴벨스의 계산은 맞아떨어진 듯 보였는데, 이를 관찰한 한 스웨덴인은 그 운동이 국민의 사기를 결정적으로 높였다고 확인했다.[81] 그러나 이는 너무 늦게 이루어졌고 준비도 너무 미흡했기 때문에 전투 중인 병사들에게 실질적인 도움을 주지는 못했다.[82]

1942년 1월 말 괴벨스는 국방군이나 군수 산업을 위해 일할 사람들을 찾느라 선전부를 샅샅이 뒤지는 일에 몰두했고, 국방군 최고사령부와 외무부의 '중상모략가들'에 맞서 싸웠다. 그는 점점 더 자주 '투쟁 시기'와 현 상황을 비교했다. 그는 1942년 1월 30일 사설에서 상황이 크게 악화되었던 1932년을 상기시키면서, 그 어떠한 위대한 목표도 "노력과 땀과 희생과 피 없이는" 이루어지지 않는다고 강조했다. 괴벨스는 "강인한 심장을 가지고 있는지 여부가 여기에서 드러나며, 위기의 순간들에는 그것이 한낱 합리성이나 지성보다 더 귀중하다."[83]라고 썼다. 지극히 험난해지는 상황을 맞아 그 자신도 이를 더욱 굳게 믿기 시작했다.

1월 29일 오후 괴벨스는 다음날 저녁 체육궁전에서 연례 연설을 하기 위해 총통 사령부를 떠나 베를린으로 온 '총통 각하'와 만났다. 괴벨스는 그와 '오랫동안 대화'를 나눴고, 그 대화는 "지극히 낙관적이고 즐겁게" 진행되었다. 왜냐하면 히틀러가 향후 전쟁의 총력화에 대한 괴벨스의 생각에 동의한 듯 보였기 때문이다. 히틀러는 신경이 몹시 날카롭고 지쳐 있었지만, 괴벨스는 그의 마력에 또 한 번 완전히 사로잡힌 채 "그가 얼마나 건강해 보이는지, 그리고 그의 심신의 상태가 얼마나 빛나고 있는지"를 보는 것이 "행복하다"고 느꼈다.[84]

괴벨스에게 승리란 곧 히틀러에 대한 믿음의 문제였다.[85] 따라서 그에겐 히틀러의 건강이 절대적으로 중요했다. 왜냐하면 "그가 살아 있고 건강하게 우리 곁에 있는 한, 그가 정신적 힘과 남성적 힘을 발휘할 수 있는 한, 우리에게 나쁜 일은 일어나지 않을 것"[86]이기 때문이다. 히틀러의 연설이 불러일으킨 "상상하기 힘든 열광"은 괴벨스의 생각이 옳음을 보여주는 듯했다.

선전장관이 히틀러와의 만남에서 영향을 받아, "가장 중대한 심리적 난관"을 극복했다[87]고 생각했을 때, 이는 한편으로 극동에서 전해진 일본의 승전보 외에도 (바로 적시에) 다른 전쟁터에서도 승전보가 날아들었기 때문이었다. 북아프리카에서 추축국 군대들은 12월 초 영국 군의 공세에 밀려 시드라 만(리비아의 해안으로 만입한 지중해의 지류) 지역의 출발 지점, 즉 그들이 1941년 3월과 4월 진격을 시작했던 바로 그 지점까지 퇴각해야 했지만, 로멜이 다시 역공을 펼치면서 잃었던 땅을 수복하기 시작했던 것이다. 괴벨스는 이들 새로운 성공이 경이롭다고 말하면서, 영국은 독일의 아프리카 군단이 또 다시 예술의 경지에 이른 방식으로 자신들을 놀라게 하고 기만했음을 인정해야만 한다고 승리감에 도취되었다. 그리고 영국측 선전이 로멜을 "전 세계에서 가장 인기 있는 장군 중 한 사람"으로 만들었다고 말했다.[88]

실제로 로멜은 영국에서는 1941년에서 1942년으로 해가 바뀔 무렵 가장 유명한 독일 장군이었다. 그가 철수할 때도 영국 언론은 거의 매일 그를 다룬 기사를 보도했다. 〈데일리 익스프레스〉의 종군 기자 앨런 무어헤드(Alan Moorehead)는 그 슈바벤 출신 장군의 신출귀몰한 작전 능력에 열광했고, 중동의 영국 군 사령관 클로드 오친렉 경(Sir Claude Auchinleck, 1884~1941)조차 상대의 퇴각 결정을 높이 평가하는 발언을 했다. 그 후 로멜이 다시 공세로 전환했을 때, 처칠은 이미 정리된 것처럼 보였던 북아프리카 상황이 어떻게 그렇게 빨리 로멜에게 유리하게 바뀔 수 있었는지를 하원에서 해명해야 했다. 물론 처칠은 대영제국군의 전력이 약화되었다는 사실(영국의 강력한 부대들은 일본의 참전 때문에 동아시아 지역으로 재배치되었던 것이다)을 공개적으로 인정하지 않으려 했다. 그는 영국의 잇따른 패배를 변명하기 위해 로멜을 그야말로 초인으로 묘사할 수밖에 없었다.[89]

9월 북아프리카에서 돌아온 베른트의 보고와 설명을 통해 로멜에게 특히 연대감을 느끼고 있던 괴벨스는 "훌륭한 인간이자 탁월한 군인"인 로멜 장군은 그런 대접을 받을 만하다고 생각했다.[90] 그해 여름에 이미 괴벨스는 아프리카 군단의 부대들을 배려하는 일에 개인적으로 신경을 썼는데, 그곳 병사들이 독일 군의 동부 진격 때문에 자신들은 잊혀졌다고 생각해서는 안 되기 때문이었다. 로멜은 괴벨스가 그토록 혐오하는 귀족적인 '장군 무리들', 괴벨스가 히틀러와 협의를 거쳐 모스크바 공방전 대패의 책임을 뒤집어씌웠던 그들과 달랐다. 로멜은 "제대로 된 군인의 주도권, 용기, 상상력"이 있다면 "거의 기적처럼" 보이는 위업도 이룰 수 있음을 증명했고, 따라서 그러한 호의를 받을 만했다.91) 달리 말해, 괴벨스가 보기에 로멜은 괴벨스 자신이 나치즘과 긴밀히 결부시키는 어떤 것, 다시 말해 정치는 '불가능의 예술'이라는 사실을 군사 영역에서 체현하고 있는 것처럼 보였다. 특히 그 이유 때문에 괴벨스는 그를 "가장 좋은 의미에서 현대적 장군"이라고 생각했다.92)

선전장관은 동부 전선의 전투에 완전히 고정되어 있는 독일 여론의 격정스런 눈길을 로멜의 승전 쪽으로 돌렸다. 괴벨스는 11월 말부터 이미 혹한의 러시아 전선에서 벌어지는 전투를 뜨거운 아프리카의 전투와 대비하고 싶어했다. 로멜의 50살 생일 보도가 너무 부수적으로 다루어졌다고 생각한 괴벨스는 카이텔과 요들에게 어느 정도 여론의 주목에서 벗어난 로멜을 '일종의 국민 영웅'으로 승격시킬 것을 시급하게 권고했다. 군에 반드시 필요한 일이라는 것이었다. 낭 시도부의 총애를 받는 로멜을 시기하던 군 장성들은 울며 겨자 먹기로 이에 동의했는데, 괴벨스는 그들이 '적극' 동의했다고 보았다.93)

괴벨스에게 지난 늦가을 영국의 공세가 예기치 못한 일이었다면, 이번에는 이 기회를 적극 활용했다. 1942년 1월 말과 2월 초 북아프리카의 전황이 상세히 보도되었다. 주간 뉴스나 라디오, 신문들에서 온통 로멜을 중점적으로 다루었고, 그 이름은 점차 아프리카 전투와 동의어가 되었다. 선전 보도에서 수천 장의 사진을 통해 로멜은 블뤼허,* 몰트케, 힌덴부르크와 같은 급으로 다루어졌고 심지어 '역사 의지의 집행자'로 칭송받았다.94)

다른 나라들의 강력한 협력으로 이루어진, 로멜에 대한 야단스러운 선전은 독일 내에서 북아프리카 전쟁과 일본의 전투와 결부되어 그곳에 주어진 전략적 가능성이 과도하게 평가되는 결과를 낳았다. 그래서 괴벨스는 "독일 내 선전 활동에서는 군사적 측면에서 절대 잘못된 기대를 일으키지 않도록 각별히 주의해야 한다."라고 지시해야 했다.[95] 이 지침은 그 자체로 상당히 유리하게 전개되고 있는 리비아 상황에 적용되었는데, 예를 들어 키레나이카 지역을 다시 정복하려는 의도를 지니고 있는 것처럼 묘사해서는 안 되는 것이었다. 2월 초 로멜은 스스로 판단하여 키레나이카 공격을 실행에 옮겼고 이를 통해 그에 대한 선전은 더욱 힘을 얻었다.

당시 무엇보다 싱가포르 사태(1942년 2월 15일 일본이 영국의 직할 식민지였던 싱가포르를 점령한 일) 보도가 독일 국내 사기 진작에 기여했다. 대영제국의 몰락이 임박했다고 주장하는 노선에서 오래전부터 벗어나 있던 괴벨스는 스스로 신중한 선전 방침을 고수했다. 괴벨스는 "수백 년에 걸쳐 건설된 것이 몇 달 만에 무너질 수 없다."라는 선전 기조를 유지했으나, 사고사한 무기탄약 장관 프리츠 토트(Fritz Todt)의 장례식에 참석하러 베를린에 와 있던 히틀러는 낙관적인 태도를 보였다.[96] "그는 경우에 따라서는 그로부터 대영제국에 심각한 위기가 생겨날 수 있다고 믿고 있다. 처칠의 입지가 큰 타격을 받을 수 있다는 것이다."[97]

괴벨스가 신경질적으로 말한 것처럼, 영국 총리 처칠은 일부러 상황을 실제보다 부정적으로 묘사하는 선전을 통해 자신에 대한 "공격이 전혀 불가능하도록" 만들고 있었다.[98] 그래서 괴벨스는 영국이 싱가포르라는 직할 식민지를 상실하면서 내부 갈등을 겪게 된 상황을 보며 "이 연약한 싹"을 잘 가꾸어 나가야 한다고 생각했다. 괴벨스는 자신의 선전 활동에서 싱가포르 사건만으로 세계제국이 무너지지는 않는다는 사실을 인정하면서도, 다른 한편 처칠이 유포한 의도적 비관론이 사실에 대한 냉정한 시선을 흐리고 이로써 "장기적이거나 단기적으로 대영제국의 심각한 위기를 가져올" 사태를 더욱 확대하고 있다고 생각했다. 그는 "영국 제국 위에 어두운 그림자가 드리우고 있다."라고 적었다.[99] 괴벨스는 일본의 참전이 '신의 참된 선물'이라고 흡족하게 말했는데, 이 때문에 '이 불운한 겨울'의 상황이 근본적으로 변화했다는 것이다.[100]

이 불운한 겨울은 괴벨스가 3월 19일 동프로이센 사령부로 히틀러를 방문했을 때 두 사람이 나눈 대화의 중심 주제이기도 했다.[101] 한 달 반 전과 마찬가지로 괴벨스는 히틀러의 상태를 눈치채지 못했고, 오히려 '총통'의 "건강이 감사하게도 매우 좋아 보인다."라며 기뻐했다. 히틀러가 긴 겨울이 자신의 심리 상태에 영향을 끼쳤고 그 상태가 흔적 없이 사라진 것이 아니라고 괴벨스에게 고백했을 때에야, 그도 "그의 머리가 얼마나 세어버렸는지, 그리고 겨울 동안 한 걱정에 대한 그의 설명이 그를 얼마나 나이 들어 보이게 하는지"를 "깨달았다." 군 통수권자 히틀러는 때때로 이 겨울을 견뎌내는 것이 더는 불가능하다고 생각했다고 말했다. 그럴 때면 언제나 다시 한 번 '최후의 의지력'으로 적에게 대항했고, 언제나 이를 극복하는 데 성공했다는 것이다.

괴벨스는 여기서 또 한 번 '의지의 승리'를 발견했고, 계속해서 어마어마한 인명 피해를 감수하고 버텨낸 그 겨울 전투가 실은 미리 예정되어

....
블뤼허(Gebhard Leberecht von Blücher, 1742~1819) 프로이센의 육군 원수. 1813년 나폴레옹 전쟁의 개시와 함께 프로이센·러시아 연합군의 사령관이 되어 각지에서 선전했으며, 라이프치히 전투에서 나폴레옹 군을 격파하고, 1814년 3월 파리에 입성하였다. 그의 신속 과감한 작전을 높이 평가하여 이때부터 그를 '전진 원수(前進元帥, Marschall Vorwarts)'라고 불렀다. 1815년 나폴레옹이 엘바 섬을 탈출하자 다시 프로이센 군의 야전군 사령관이 되었고, 워털루 전투에서는 프랑스 군의 측면을 공격하여 나폴레옹에게 치명적인 타격을 주는 등 나폴레옹 전쟁의 최종적 승리를 거둠으로써 나폴레옹 전쟁의 영웅으로 불렸다.

있던 시험이었다고 선전했다. 그는 〈제국〉에서 "이 모든 것이 지나간 지금 우리가 이겨내지 못할 일이 무엇이 있겠는가?"라고 썼다.

거대한 시험을 통과했다. 그 과정에서 우리가 운명을 원망하든지, 아니면 이를 기꺼이 받아들이고 용기 있게 극복해 나가든지를 막론하고, 이 운명은 우리의 것이다. 앞으로 독일의 영웅을 이야기하면서 첫 번째로 (소련의) 볼호프 강, 뎀얀스크, 주흐노프, 르제프, 도네츠 강, 케르치 등을 생각하지 않을 수 없을 것이다. 그리고 독일의 영웅들이 견뎌낸 그 이름은 수백 년 동안 빛나게 될 것이다. 그 이름은 바로 동부 전선이다.[102]

그렇지만 1942년 3월 19일 히틀러와 괴벨스는, 히틀러가 며칠 전 전몰자 추념일 연설에서 소련을 결국에는 무릎 꿇게 만들 것이라고 말한 그 동부 전선의 문제만 논의한 것은 아니었다. 그들은 괴벨스가 주장한 '후방전선'의 총동원 문제도 이야기했다. 두 사람은 가령 '여성 노동 의무'의 도입 같은 사안들을 논의했는데, 히틀러는 여러 사안에서 선전장관에게 동의하였지만 구체적인 조치까지 논의하지는 않았다. 그러나 이미 공표된 나치의 국민 지도 원칙들을 위반한 자들을 형무소나 교도소에 보내고 죄질이 중하면 사형까지 가능하도록 하는 법적 조치들을 마련하자는 괴벨스의 제안은 예외였다. 자신이 "마치 새로 충전한 축전지 같다."고 느끼던 괴벨스는 총통 사령부를 떠나 베를린으로 돌아왔다. 그로부터 5주가 지난 4월 26일 히틀러는 제국의회가 자신에게 이 조치를 위해 전권을 위임하도록 했다(제국의회가 히틀러에게 최고 입법 및 사법권을 부여함으로써 '총통 명령Führerbefehl'은 곧 최고 법률이 되었다).

괴벨스는 또한 히틀러에게 법무차관 프란츠 슐레겔베르거(Franz Schlegelberger, 1875~1970)에 대해서도 심각하게 불평을 늘어놨다. 괴벨스는 자신이 영향력 행사를 위한 요구를 할 때마다 슐레겔베르거가 법적 근거가 없다는 말을 되풀이했다고 투덜댔다. 괴벨스는 자신들이 '투쟁 시기'에 "가지고 놀았던" 사법기관만으로는 한 국가를 수호할 수 없다는 견해를 내세웠다. 그 곁에 "언제나 그에 상응하는 기구를 배치해야 하는데, 우리의 경우 이는 강제수용소이다."[103) 상습범들이 범죄를 저지르기 전에 그곳에 처넣어야 한다.

괴벨스는 "우리의 사법부는 결코 이를 이해하지 못할 것"이며 "유대인도 그리로 처넣고 과감하게 처리해야 한다."[104) 라는 사실도 이해하지 못한다고 분통을 터뜨렸다. 제국 수도의 '탈유대화'를 가로막고 있는 '관료주의'의 장애물을 제거하려면 시급하게 '법적' 도구를 마련해야 했다. 1942년 1월 20일 이른바 반제 회의*에서 합의한 대로 단순히 유럽의 유대인들을 소련의 게토들로 격리 수송하는 데는 새로운 '법적 근거'가 필요하지 않았지만, 이와 병행하여 아우슈비츠 계획을 개시한 후로는 법적 근거가 필요해졌다. 왜냐하면 학살수용소*들이 제국 영토 안에 있었기 때문이었다.[105)

책임 전가를 통해 유대인 학살을 정당화하는 선전 조치를 취하는 문제에서도 법무부는 괴벨스가 원하는 대로 협조하지 않았다. 괴벨스는 1938년 11월 7일 파리에서 독일 외교관 라트를 살해하고 1940년 프랑

....
반제 회의(Wannsee-Konferenz) 라인하르트 하이드리히의 주도로 15명의 고위 관료가 모여, '유대인 문제'의 '최종 해결책'을 논의한 회담. 유럽의 유대인을 멸종한다는 방침을 확인하고, 이를 위한 구체적인 지침들과 각 부서의 협조를 논의했다.
학살수용소 나치의 강제수용소는 단순 수용을 위한 수용소와 학살을 위한 수용소(집단학살수용소)로 나뉘었다. 집단학살수용소의 경우, 희생자는 대부분 유대인이었지만 집시, 슬라브 인종의 일부, 또는 정신질환자로 몰린 사람도 포함되었다. 대표적인 학살수용소인 아우슈비츠, 베르겐 벨젠, 헤움노, 마이다네크, 소비부르, 트레블링카 등은 폴란드에 있었다. 가장 악명 높은 아우슈비츠에는 집단학살이 절정에 이르렀을 때 10만 명이 수용되어 있었다.

스 점령 지역에서 체포된 유대인 그린츠판(이 사건을 빌미로 삼아 괴벨스가 유대인의 음모론을 퍼뜨렸고 그 결과로 '수정의 밤' 사건이 일어났다)의 전시용 공개 재판을 계획했다. 그린츠판은 단순한 앞잡이일 뿐이고 그 범죄는 사실은 '국제 유대인의 세계 음모'가 만들어낸 작품이라고 폭로해야 했던 것이다.[106] 괴벨스는 폴란드 침공 후 이미 〈평화에 대한 테러. 그린츠판과 그의 공범들에 대한 황서(黃書)〉라는 팸플릿을 발간했다. 이 글은 방송국장 볼프강 디베르게(Wolfgang Diewerge)가 작성했는데, 그는 구스틀로프 피살(1936년 스위스의 나치 지도자였던 빌헬름 구스틀로프가 피살된 사건) 후에 발표된 이와 비슷한 반유대주의 논설로 이미 두각을 나타낸 바 있었다.[107] 새로 발간된 '황서'의 제목 자체가 출판물의 목적을 드러내고 있었다. 거기서 디베르게는 (1차 세계대전이 유대인의 도발이라는 히틀러의 주장에 상응하여[108]) 유대인에게 2차 세계대전의 책임을 전가하였다. 이는 파리에서 일어난 독일 외교관 피살과 사라예보에서 일어난 오스트리아 황태지 프린츠 페르니난트 피살 사건의 유사점을 만들어 내려는 시도였다.

그린츠판의 재판 준비에서 나타난 큰 어려움은 이른바 '유대인 배후 조종자들'의 존재를 입증할 수 있는 "증거를 마련하는 일"이었다. 그래서 특별재판소장은 게슈타포와 서신을 주고받았으며, 선전장관 역시 온갖 시도를 다 해보았다. 1942년 2월 중순 파리에서 협의를 마치고 돌아온 디베르게는 프랑스 전 외무장관 보네가 그 살인 사건 재판에서 증언을 할 것이라는 소식을 전했다. 증언의 내용은 "그(보네)가 대독일 선전포고에 반대했으나, 프랑스 정부를 압박하는 유대인들의 세력이 너무 강해서 선전포고를 피할 수 없었다."[109]라는 것이었다.

특별재판소의 공판일이 결정되고 선전장관이 주도하는 가운데 재판 전략이 확정된 후, 괴벨스는 기소장을 보았다. 기소장에는 익명의 편지 내용도 실려 있었는데, 이 편지는 프랑스의 한 유대인 망명자가 보낸 것

베르겐 벨젠 수용소의 유대인들. 1945년 4월 15일 영국 군의 점령으로 최초로 해방된 수용소였다. 이곳에서 발견된 약 6만 명의 유대인은 대부분 죽었거나 죽어가고 있었다. 《안네의 일기》로 유명한 안네 프랑크도 이곳에서 1945년 3월에 사망했다.

으로 되어 있었다. 이에 따르면 그린츠판이 외교관 라트와 동성애 관계였다는 것이다. 괴벨스는 이 내용, 그리고 이와 함께 기소장에 포함된 '유대인 소개' 문제를 공공연하게 다루는 것을 모욕적이라면서 거부했는데, 실은 적국의 선전에서 재판을 정반대 방향으로 뒤집어버릴 위험이 도사리고 있었기 때문이다. "그러니까 이번 사건에서 우리 사법당국이 또 한 번 얼마나 멍청한 행동을 하고 있는지, 그리고 사법당국에게 정치 사안을 처리하도록 맡기는 일이 얼마나 근시안적인지를 볼 수 있다."[110]

이러한 어려움 때문에 괴벨스는 점점 더 불쾌감을 느꼈다. 그가 보기에 "더 상세히 설명하기 어려운 야만적인 처리 방법"을 써서 "유대인들이 거의 남지 않도록 하는"[111] 유대인 절멸 조치가 여전히 신속하게 진행되지 않고 있었던 것이다. 1942년 5월 18일 베를린 루스트가르텐 공원의 반(反) 소련 전시회에서 테러가 일어났는데, 그에게 이 사건은 계획적으로 여론을 조작하여 유대인 절멸 조치를 가속화할 수 있는 반가운 계기였다. 그는 대뜸 그 책임을 유대인에게로 돌렸다. 5월 27일 하이드리히가 프라하 근교 파넨스케 브레차니에 있는 자신의 새로운 영지로 차를 타고 가다가 테러에 희생된 사건도 그러한 '음모론'을 연출할 기회를 제공했다. 5월 30일(그날 밤 영국은 1,000대의 폭격기를 동원해 쾰른을 초토화했다) 괴벨스는 히틀러와 총리청에서 만나 현재 베를린에 등록되어 있는 유대인 4만 명을 '소개'하고 "어떠한 희생을 치르더라도 유대인의 위험을 제거할 것"[112]을 거듭 강력히 요구했다.

그 전날 괴벨스는 일기에 베를린의 유대인 500명의 체포 계획을 실행하고 유대인 공동체 지도자들에게 "유대인의 음모나 봉기 시도가 한 번 일어날 때마다 우리 손 안에 있는 유대인을 100명에서 150명씩 총살시킬 것"이라고 경고할 생각이라고 적었다. 이미 6월 5일(중상을 입은 하이드리히는 이날 사망했다) 게슈타포의 베를린 국가경찰 지휘본부는 그루너 거리 12번지의 고등세무국장에게 "1942년 5월 27일 특수작전에서 체포된 후 사망한" 유대인들의 명단을 보냈다. 거기에는 "그들이 소유한 재산 신고서"가 첨부되었다.[113] 이러한 살인 작전과 베를린 유대인들을 동부 지역 게토로 추가 격리 수송하는 조치, 그리고 예를 들어 5월 29일의 이발소 이용 금지나 6월 11일의 담배 구매 금지 조치 등과 같이 대부분 괴벨스가 주도한 일련의 조치들에도 불구하고, 그의 반유대주의적 증오심은 아직도 충족되지 못하고 있었다.

그러는 동안 히틀러는 두 번째 시도를 통해 결판을 내기 위하여 다시 동부 작전을 시작했다. 1942년 5월 말 국방군은 케르치 반도를 정복하고 차르코브 남단에서 포위전을 통해 소련 군 3개 군을 섬멸했다. 6월 초 독일 군은 크림 지역의 요새 도시 세바스토폴 공세를 시작하여 치열

라인하르트 하이드리히. 그는 가는 곳마다 대량 학살을 일삼아 '교수형 집행자'라는 별명으로 불렸으며, 결국 1942년 5월 27일 체코 저항 조직의 공격을 받아 치명상을 입고 같은 해 6월 4일 사망했다.

한 전투 끝에 4주 후 함락시켰다. 이 모든 작전들에서 괴벨스의 선전 활동은 결과를 예측하는 일에는 신중한 태도를 보였다. 선동은 소련과 영미 홍보 정책의 '허구성'을 폭로하는 데 주력했다. 즉, 적국이 낙관적으로 보도하고 예측한 사건들이 일어난 후에 이러한 보도와 예측이 '거짓 프로파간다'였다고 강조하는 식이었다.

독일 군은 동부 전선 남부 지역에서 소련을 자원 공급지들로부터 차단할 목적으로 공세를 준비했다. 이때 괴벨스는 곧 벌어질 독일 군 작전의 주공격 대상들로부터 다른 곳으로 눈길을 돌리기 위해 여러 가지 기만 전술을 채택했다. 특히 외국에서 널리 읽히는 〈프랑크푸르터 차이퉁〉에 독일 공격의 주력이 모스크바 방향을 겨누고 있다는 글을 싣도록 했다. 괴벨스는 셰를 출판사 편집장인 크리크(Otto Kriegk)를 처음에는 동부 전선 한복판에 보냈고, 나중에는 유럽에서 모든 정보들이 모여드는 포르투갈의 리스본으로 보내, 술집에서 술 취한 상태를 가장하여 몇 가지 정보를 일부러 흘리도록 하였다. 괴벨스는 이런 방식으로 크리크의 수다가 중립국이나 적성국의 언론인들에게 널리 알려지기를 원했다.[114] 비록 이 활동은 적국 참모부(만일 그 '정보들'이 거기까지 도달한다고 해도)의 그 누구에게도 확신을 주지 못했지만, 선전장관은 또 한 번 '총통'의 칭찬을 들을 수 있었다.[115]

    7월 초 마침내 동부 전선에서 본격적인 여름 공세가 시작되었다. 국방군이 도네츠 강 방향으로 밀고 들어가자, 소련 총사령부는 스탈린그라드, 볼가 강, 코카서스 지방으로 퇴각을 명령했다. 결정적 전투가 벌어지지 않은 것에 실망한 히틀러는 마침내 7월 중순 두 개의 쐐기 모양의 공격 대형으로 그 작전들을 계속해 나가기로 결정했다. 독일 군은 8월 초 코카서스 산맥에 처음 도착했고, 제6군은 돈 강을 건넌 후 볼가 강에 다가갔다. 독일 산악부대가 카프카스 산맥의 엘브루스 산에 제국 군기를 꽂고 이틀이 지난 8월 23일 급강하 폭격기들이 스탈린그라드 공습을 시작했다. 그 직후 독일 보병부대는 스탈린그라드 남쪽의 수비 진지들을 돌파했다.

    언론과 방송은 국지전들에 대해 보도해야 했다. 한편으로는 독일 내 식료품 배급이 줄어드는 상황 때문에라도 대소 전쟁의 경제적 목표를 크게 강조했다. 여기서 중요한 것은 포로의 숫자가 아니라 지하자원 공급지의 획득이라는 것이 선전의 기조였다. 전격전은 이미 오래전에 소모전(인원, 물자, 장비 따위를 계속 투입하여 쉽게 결판이 나지 않는 전쟁)으로 변했고, 이것은 곧 당시 독일 손에 넘어온 귀중한 경제적 수단들의 도움이 있어야만 전쟁에서 이길 수 있다는 뜻이었다. 괴벨스는 5월 말 〈제국〉에 이것은 "옥좌와 제단을 위한 전쟁이 아니라 곡물과 빵을 위한 전쟁, 푸짐한 아침과 점심과 저녁 식사를 위한 전쟁이다. …… 지하자원, 고무, 철, 광석을 위한 전쟁, 한마디로 우리가 지금까지 수치스러운 빈곤 때문에 영위할 수 없었던, 인간적 품위를 지킬 수 있는 민족의 삶을 위한 전

북아프리카 토브루크의 로멜. '사막의 여우' 로멜은 1942년 6월에 영국의 토브루크 요새를 함락해 침체되어 있던 독일에 잠시나마 희망을 가져다주었다.

쟁이다."[116]라고 썼다.

그해 여름 독일 국내에서 다시 낙관론이 퍼진 데에는 특히 북아프리카 전장의 추이가 영향을 끼쳤다. 5월 말 '사막의 여우' 로멜은 공세로 선환했다. 그 후 약 4주가 지난 6월 21일 북아프리카의 넓은 공간에서 벌어진 상당히 변화무쌍한 전투들이 끝난 후, 대독일 방송을 통해 승리의 팡파르가 울려 퍼졌다. 그 전해에 이미 이른바 대영제국 최후의 보루라는 카이로와 수에즈 운하 앞의 토브루크 요새가 함락됐다. 〈민족의 파수꾼〉 첫 면에 '로멜의 경이로운 승리'[117]라는 기사가 커다란 활자체로 화려하게 실렸다. 신문과 라디오에서는 토브루크 요새의 점령이 됭케르크나 싱가포르의 붕괴보다 적에게 더 큰 충격을 주었다고 떠들었다. 영국의 여론은 충격을 받았고 처칠도 어찌할 바를 모르게 되었다는 이야기가 돌았다.

13장 그대들은 총력전을 원하는가? 761

괴벨스는 다음날 장관 주재 회의에서 독일의 해외 선전이 토브루크 함락의 모든 책임을 처칠 한 사람에게 돌려야 한다고 주장했다. 쾰른 융단폭격의 복수가 바로 토브루크라는 것이었다. "영국 정부를 이끄는 아마추어"가 독일 내의 군사적으로 무의미한 목표물에 비행기들을 투입하고 있으며 그 때문에 군사적으로 매우 중요한 전투에서 비행기들을 사용할 수 없게 되었다는 것이 그 이유였다.[118] 그러나 25,000명의 영국 군인들이 그 요새에서 항복했다는 사실을 적의 저항 능력이 약하다는 증거로 받아들여서는 안 된다. 아프리카 전선으로 돌아가 토브루크 공세에서 선두에 섰던 베른트가 괴벨스에게 이렇게 당부했다. 왜냐하면 그럴 경우 승리 자체와 그 주인공인 에르빈 로멜의 업적이 축소된다는 것이다.

토브루크 함락 직후 괴벨스가 총리청에서 히틀러와 오찬 중 나눈 대화의 주제는 로멜이었다. 괴벨스는 로멜 장군이 사회 전반에서 명망을 누리게 되어 그 이름이 국민들 사이에서 '탁월한 독일 군인'의 상징이 되었다고 칭송했다.[119] 그를 육군 원수로 승진시킨 히틀러는 괴벨스에게 동의하면서도, 영국측 역시 "엄청난 선전"을 펼치고 있는데 이는 그들이 "로멜을 부각시켜서 자국민들에게 패배를 쉽게 설명하려는 것"[120]이라고 덧붙였다.

라디오와 신문에서는 로멜을 불패의 후광으로 감쌌을 뿐 아니라, 나아가 토브루크 함락을 '영국 방어체제의 최후의 중요한 지주'가 무너졌다고 선전했다. 이는 북아프리카에서 승패가 결판난 것처럼 보이는 지금, 추축국 군대가 이집트의 심장부로 밀고 들어갈 것을 암시하고 있었다. 그래서 괴벨스는 6월 23일 장관 주재 회의 중에 부하 직원들에게 대국민 선전 활동에서 영국이 이미 완전히 무너졌다는 인상을 불러일으켜서는 안 된다고 지시해야 했다. 괴벨스는 영국의 공식적인 선전 정책은 현재 패배의 심각성을 일단 고의적으로 과장하고 이후 유리한 정보들을 내보내 순식간에 분위기를 반전시킨다는 원칙에 따라 진행되고 있음을 지적

했다.[121]

그러나 괴벨스는 로멜의 승리를 둘러싼 국내의 소동이 자체적으로 전개되어 나가는 사태를 막을 수 없었다. 이러한 분위기는 히틀러에게도 영향을 끼쳤다. 그리하여 비밀 지령을 받은 베른트가 로멜 원수가 상부의 지시를 깡그리 무시하고 계속 진격하는 이유를 설득력 있게 설명하자, 히틀러는 동맹국 이탈리아와 맺은 사전 협의를 무시하고 북아프리카 공세를 계속하도록 허용했다. 로멜이 충분한 연료와 전차를 갖추지 못하고 있었는데도, 히틀러는 무솔리니에게 로멜의 추가 진격을 허가해줄 것을 요청했다. 히틀러는 전쟁의 행운의 여신이 다시 로멜을 쓰다듬게 될 것이라는 격정적인 말로, 군사적 승리를 거두지 못하여 국내 정치에서도 타격을 입고 있는 두체[122]에게 허가를 강요했다.

외무부가 영국의 굴레로부터 이집트의 독립을 보장하는 선언을 준비하는 동안, 로멜이 이끄는 소수의 전차 부대는 나일 강과 수에즈 운하 방향으로 더 깊이 침투해 들어갔다. 그러나 독일의 주간 뉴스가 7월 초 독일 극장들에서 토브루크 점령을 보여주고 있을 무렵, 이미 로멜의 전차들은 건너갈 수 없는 카타라 분지(이집트 북서부에 있는 건조한 리비아 사막의 분지)와 지중해 사이의 좁은 지역에 있는 엘알라메인이라는, 사막의 작은 도시에 갇혔다. 주간 뉴스 해설자는 '이집트'라는 말을 언급하지 않고 로멜이 쉬지 않고 있다는 말만 했다. "전투는 계속되어야 한다."[123]

그해 여름 괴벨스는 점령지의 유대인 외에도 제국 내 유대인들 역시 (가축 수송용 화차에 몰아넣어) 아우슈비츠 등으로 수송하고 그곳에서 친위대 소속 의사들이 그들을 가스실 혹은 살인적 노동 현장으로 '선별'하도록 하는 '법률적 전제'도 만들어낼 수 있었다. 이를 가능케 한 것은 사실 그리 중요하지 않은 한 사건이었다. 폴란드 총독령의 라돔 지역 책임자 카를 라슈(Karl Lasch)가 재판 없이 처형된 것이다.* 그의 친구인 한스 프랑크 총독은 제국법무위원의 권한으로 그 후 몇몇 대학에서 행한 연설에서 '나치 법치국가' 구축을 요구했다. 이 때문에 행동을 취할 수밖에 없게 된 히틀러는 프랑크를 제국법무위원에서 해임했을 뿐 아니라, 선전장관의 희망 사항 역시 충족시켜주었다. 히틀러는 소극적 태도를 보이던 임시 법무장관 슐레겔베르거를 해임하고 그 자리에 특별재판소에서 공격적이고 야만적인 피의 재판관으로 악명 높은 오토 티라크(Otto Thierack)를 임명했던 것이다. 그리고 그에게 현행 법률에서 벗어난 '강력한 나치적 법 집행'을 분명하게 허가했다.[124]

괴벨스는 슐레겔베르거 후임으로 티라크를 선호했으며, 티라크는 선전장관이 자신을 지지한다는 사실을 알고 있었던 듯하다. 그는 승진하기 한 달 전 괴벨스에게 특별재판소 재판관들 앞에서 연설해줄 것을 청했다. 괴벨스는 이 연설에서 유대인이 여전히 법원에 의지할 수 있는 현 상황을 비판했다. 그리고 베를린에 거주하는 '공공의 적 유대인' 4만 명을 격리 수송할 것을 선언했다. 마침내 티라크가 장관으로 승진하자, 괴벨스는 9월 14일 그에게 유대인을 "무조건 근절시킬 대상"으로 선언할 것을 제안했고, 이를 위해서는 "노동을 통한 절멸"이라는 생각이 "최적"이라고 말했다.[125]

두 사람이 이 문제를 재차 협의하고 난 후, 법무장관과 힘러는 "반사회 분자들의 판결을 집행하기 위한 이송"이라는 구호 아래 모든 유대인, 집시, 그외에 정권의 마음에 들지 않는 개인들을 기소 없이 수용소로 보낼 수 있는 근거를 마련하는 문제에 합의했다. 티라크는 마르틴 보어만에게 "사법부는 이 종족을 근절하는 데 기여하는 범위가 크지 않다."[126]라고 밝혔다. 그는 이 집단을 경찰의 요시찰 대상으로 두어서 "형법상 유죄 입증이라는 절차상의 규정에 방해받지 않고 필요한 조치들을 취할 수 있도록 하는 것"이 더 낫다고 보았다. 괴벨스는 이제 목표를 달성했다. 히틀러의 구상들이 마침내 실현될 수 있게 된 것이다. 베를린의 유대인들뿐 아니라 다른 많은 사람들의 아우슈비츠 격리 수송이 (한 사람당 1

킬로미터에 4페니히의 차비를 내고 독일제국철도를 이용하여) 시작된 것이다.

추축국 지배 지역에서 군대 보급을 위한 철도 수송 용량이 불충분하다는 사실도 이를 막을 수 없었다. 동부 전선에서는 보급품이 부족하였고, 이탈리아 항구들을 통한 보급품 수송도 어려움을 겪고 있었다. 그렇기 때문에, 그리고 특히 지중해 중심부에서 영국이 제해권(制海權)을 장악했기 때문에, 북아프리카의 물류는 거의 붕괴 상태였다. 엘알라메인에서 치른 소모적 전투들 때문에 로멜의 기갑부대와 동맹국 이탈리아 군은 기진맥진한 상태였고, 그런 그들과 군수물자 면에서 월등하고 미국의 지원 아래 대공세를 준비하고 있는 영국 군이 서로 맞서고 있었다.

후방전선의 삶도 점점 어려워지고 있었다. 지난 여름 독일 국민들 사이에서 피어올랐던 희망, 곧 전쟁이 끝날 것이라는 낙관적 희망은 영국의 공습이 점차 위협적으로 변하면서 사라져버렸다. 괴벨스는 (매년 방문하는 베니스 영화제에서 돌아오자마자) 이러한 쓰라린 현실을 머리 속에서 몰아내면서, 이 추이를 '긍정적 사태'라고 평가했다. "왜냐하면 우리는 시닌해보다 더 나은 정신 상태로 겨울을 맞이할 수 있기 때문이다."[127]

1942년 9월 중순, 또 다시 독일 군이 동부 전선에서 결성적인 진전을 이룬 것처럼 보였다. 9월 15일 히틀러의 공보실장 디트리히가 내린 일일 구호는 '스탈린그라드 공방전'의 "성공적인 결말"이 다가오고 있음을 알리고 있었다. 독일 신문들에는 "이 스탈린의 도시를 둘러싼 위대한 전투들의 성공적 결말을 효과적인 형태로 (경우에 따라서는 호외 발행을 통해) 칭송하라."는 지침이 하달되었다.[128] 승전보는 도착하지 않았지만, 독일

카를 라슈의 처형 점령 폴란드 지역 총독인 한스 프랑크는 총독령 내 재산 약탈 문제 때문에 하인리히 힘러 친위대장과 갈등에 빠졌고, 힘러는 이에 대한 경고로 프랑크의 측근인 라슈를 살해했다.

신문들은 승리가 임박했다고 보도했다. 그래서 괴벨스는 디트리히에게 강하게 항의했는데(히틀러는 디트리히가 공식적으로는 괴벨스의 지휘를 받는다는 사실을 1942년 8월 23일의 "제국선전장관과 제국공보실장의 협력 확보를 위한" 지시에서 확인했다[129]), 이때 괴벨스는 디트리히가 결국 히틀러가 위임한 바로 그것을 행하고 있을 뿐이라는 사실은 또 다시 애써 무시하고 있었다.[130]

괴벨스는 그럴수록 더욱 집요하게, 여전히 승리가 가능하지만 이는 커다란 노력을 필요로 한다는 그의 (현실을 지나치게 미화하는) 선전 노선을 고수했다. 그는 〈제국〉에 역사상 전쟁 당사국이 이토록 짧은 시간 내에 승리를 위한 그렇게 많은 전제 조건들을 만든 예는 없었다고 썼다. "이 상황을 있는 그대로보다 장밋빛으로 볼 까닭이 있는가? 현 상황은 어차피 우리에게 승리를 위한 커다란 기회를 제공하고 있다. 이는 우리의 더 많은 희생과 노력을 요구하고 있다."[131] 여기서 괴벨스에게 주된 장애물은 당연히 현실 앞에서 눈을 감지 않는 사람들, 이른바 믿음의 능력을 상실한 사람들이었다. 괴벨스는 1942년 9월 30일 베를린 체육궁전의 겨울철 빈민구제협회 개회식에서 행한 연설에서 이들을 비판했다. "당시 국내 권력 투쟁의 마지막 시기에 우리에게 맞섰던, 정치적으로 의심스러운 그 인물들"이 오늘날에도 "멍청하고 비열한 뜬소문을 퍼뜨려서 독일 민족공동체에 불안감을 조성하고 궁극적 승리에 대한 민족의 믿음을 약화시키고 파괴하려 한다." 괴벨스에 이어 히틀러도 연설을 통해 살벌한 욕설로 정적들을 공격했다.[132]

그날 저녁 육군 원수 로멜은 체육궁전 귀빈석에 앉아 있었다. 〈함부르거 일루스트리어테(Hamburger Illustrierte)〉가 '총통'과 원수의 사진과 함께 보도한 머릿기사의 제목처럼 히틀러는 "승리를 확신하는 악수"로 로멜을 환영했다.[133] 명예욕이 강한 로멜은 사막의 전투에서 얻은 긴장을 풀기 위해 돌아온 고국에서 다시 선전의 무기로 활용되었다. 그는 그

1942년, 겨울철 빈민구제 협회의 헌 옷 수집가들이 베를린 시내를 지나가고 있다. 이들은 주민들에게 기부를 강요하다시피 했다.

누구보다 독일 군의 낙관주의와 승리에서 얻은 확신을 체현하고 있었기 때문이다. 괴벨스는 해외 언론 기자회견을 마련하여 '사막의 여우'를 기자들에게 소개했다. 독일 신문들은 그 사건을 "우리 시대 가장 위대한 인물들의 조우"로 미화했다. 여기서 괴벨스의 선전은 스스로 놓은 덫에 걸리게 되었는데, 실제로 많은 사람들이 로멜이 북아프리카에 있는 한 나쁜 일은 일어날 수 없다고 믿게 되었던 것이다.[134]

1942년 10월 23일, 영국이 공세를 취하기 시작했을 때 로멜은 아직 그곳으로 돌아가지 않은 상태였다. 그는 이틀 후 다시 '독일-이탈리아 기갑군단'의 지휘를 맡게 되었다. 영국 군이 몇 배나 우월하기 때문에 자신의 부대가 전멸할 수 있다고 우려한 로멜이 11월 초 질서정연하게

13장 그대들은 총력전을 원하는가? 767

퇴각하기 시작했을 때, 히틀러는 그에게 사수 명령을 내렸다. "우월한 적의 부대에 맞서 강력한 의지를 통해 승리를 거두는 것은 역사에서 처음 있는 일이 아니다. 귀관은 귀관의 부대에게 오로지 승리 아니면 죽음의 길을 제시할 수 있을 뿐이다."[135] 이때 득달같이 총통 사령부로 날아가, 아마도 괴벨스의 도움을 받아, 히틀러의 마음을 돌려 참사를 막은 것은 베른트였다.[136]

괴벨스는 11월 5일과 6일의 장관 주재 회의에서 부하 직원들에게 전황을 설명하고 (마치 자기 자신의 선전의 희생이 된 것처럼) "로멜 원수가 그전에 자주 그랬던 것처럼 상황을 장악하게 될 것"이라는 희망을 피력했다. 그는 수하 기관들에 "잠정적으로 소극적으로 처신할 것"을 명령했다. 이런 어려운 시기도 결국 지나갈 것이다.[137] 그의 직원인 베르너 슈테판(Werner Stephan)은 지중해에 등장한 미국 전함과 수송함이 괴벨스에게 우려를 넘어 공황 상태를 불러일으켰다고 전했다.[138] 괴벨스는 미군이 이탈리아나 남부 프랑스를 침공할 것으로 예상했던 것이다. 하지만 그 대신 모로코와 알제리 상륙이 이루어지자, 미국 전쟁 지휘부의 체계적이고 신중한 방식에 익숙하지 않던 괴벨스는 다시 그들의 '소극성과 무능력'을 믿게 되었다.[139]

선전장관은 동부 전선 남부 지역에서 일어난 심각한 상황을 처음에는 알지 못했다. 그곳에서는 겨울이 시작되면서 거의 동시에 11월 19일 소련의 역공세가 불을 뿜었고 3일 후에 이미 스탈린그라드 지역에서 25만 명에 이르는 제6군, 제4기갑군 일부, 그리고 일부 루마니아 부대들이 포위당하였다. 11월 8일에 이미 스탈린그라드를 정복했다[140]고 선언했던 히틀러는 프리드리히 파울루스* 장군에게 그곳에서 버티면서 지원군을 기다리라고 명령했다.

12월 16일(그보다 나흘 전 제4기갑군의 공격대가 포위망을 뚫는 작전에 착수했다) 스탈린그라드에서 막 돌아온 괴벨스의 언론 보좌관 루돌프 젬러는 선전장관에게 볼가 강변의 그 대도시를 둘러싸고 벌어지고 있는 사생결단의 전투들을 보고했다.[141] 어떤 희생을 치르더라도 스탈린그라드를 반드시 점령해야 하느냐는 젬러의 질문에 괴벨스는 '총통'의 전략가로서 명예가 위기에 처해 있다는 말로 대답을 대신했다. "우리는 감히 그의 작품을 파괴하려 해서는 안 될 것이다."[142]라고 말하는 괴벨스는 1941년에도 항전 명령을 내려 결국 모스크바 앞에서의 위기를 극복한 군 통수권자를 여전히 신봉하고 있었다. 괴벨스는 12월 18일 히틀러가 자신의 본래 의도와 달리 총통 사령부에 머물러 있다는 사실을 전해 듣고 상황이 우려할 만한 징후라고 생각하면서도, 자신의 견해를 바꾸지는 않았다.[143]

그보다 여러 주 전에 이미 괴벨스는 후방전선의 총동원이라는 자신의 계획을 히틀러가 받아들이도록 하는 새로운 시도에 착수했다. 이를 위해 그는 협력자를 찾았는데, 예를 들어 1942년 2월부터 중앙에서 경제를 이끌면서 군수 산업을 효과적으로 재조직했던 신임 군수장관 슈페어가 있었다. 또 괴벨스는 전 선전부 차관이며 현 경제장관인 발터 풍크와 나치당의 제국조직국장 빌헬름 라이를 끌어들였다.[144] 괴벨스의 슈바넨베르더 빌라에서 그들은 독일을 순차적으로 거대한 병영으로 바꾸고 그 안

파울루스(Friedrich Paulus, 1890~1957) 2차 세계대전 당시 독일의 동부 전선 담당 육군 원수. 1943년 초 그가 휘하의 전 병력과 함께 스탈린그라드(지금의 볼고그라드)에서 붙잡힌 것이 2차 세계대전의 전환점의 하나가 되었고, 독일의 궁극적인 패배에 큰 작용을 했다. 1940년에 독일 참모 본부장이 되어 바르바로사 작전의 초안 작성에 관여했다. 1942년 초부터 제6군 사령관으로 스탈린그라드 진격을 지휘했다. 1942년 11월 19일부터 스탈린그라드에서 반격을 시작한 소련 군에 포위당한 끝에 제6군은 1943년 2월 2일에 백기를 들었다. 소련 군에 생포된 파울루스는 독일의 전쟁포로들 사이에서 반(反) 히틀러 감정을 선동했고, 후에 뉘른베르크 국제군사재판소에서 증언했다. 1953년에 석방된 후 동독에 정착했다.

에서 오로지 전쟁만이 지배하게 하며, 오로지 '전쟁에 필수적인 것들'만을 허용하고 다른 모든 것은 금지한다는 괴벨스의 목표에 동의했다. 무기를 들고 전방에서 싸우지 않는 사람은 후방에서 밤낮으로 군수산업과 식료품 공급을 위해 일해야 한다는 것이었다. 모든 '민간적인' 찌꺼기, 심지어 평화시와 같은 생활 수준이라는 외관조차도 전면적으로 금지해야 한다. 그동안 괴벨스의 '오른팔'로 부상한 나우만의 지휘 아래 선전부 내에서 이에 상응하는 조사와 연구가 이루어졌다.[145] 선전부에서는 나우만을 "매력적인 품위"와 "칼로 베듯 날카로운 단호함"을 지닌 인물이라고 평가하고 있었다.[146] 그는 괴벨스의 "무절제한 광신주의"[147]를 공유했으며 이로써 괴벨스의 광신적인 측면을 더욱 강화했다. 그러나 그는 1944년 35살에 구터러의 후임으로 선전부 내 사무차관직을 맡는다.

괴벨스는 10월 초 슈페어와 함께 히틀러에게 자신의 계획을 선보일 기회를 잡았다. 그 후 히틀러는 곧바로 '총력전'의 '출발 신호'를 내릴 것이라고 약속했다고 한다. 그러나 12월 초에도 아무 일도 일어나지 않자 괴벨스는 다시 이 사안을 히틀러에게 제기했다. 그러나 그가 기대한 반응은 이번에도 나타나지 않았다. 이제 모종의 행동이 필요했다. 왜냐하면 12월 21일 포위망을 뚫으려는 국방군의 작전은 스탈린그라드 전방 50킬로미터도 못 되는 지점에서 교착상태에 빠져 있었고, 괴벨스와 같은 군사 문외한이 보기에도 그곳에 포위된 군대의 전멸은 더는 피할 수 없었기 때문이다.

그리하여 괴벨스는 우울한 심정으로 그해 크리스마스 무렵을 가족들과 보냈다. 괴벨스에 대해 무한한 총애를 표현하는 히틀러의 선물조차 그의 기분을 크게 바꿀 수 없었다. 당시 방탄 유리를 설치한 기갑 차량인 벤츠와 경호원 4명이 선전장관을 테러로부터 보호하고 있었다.[148] 이는 그 달 초 한스하인리히 쿠머로프(Hans-Heinrich Kummerow) 박사가 괴벨스를 목표로 테러를 시도했기 때문이다. 공학박사이자 베를린의 뢰베

(라디오 등 전자제품을 생산하는 대기업)에서 과장으로 일하던 그는 이미 1939년 익명으로 오슬로 주재 영국 해군무관에게 보고문을 작성하여 보낸 적이 있었다. 여기서 그는 독일의 최첨단 장거리 무기 계획을 상세하게 누설했다.[149] 쿠머로프는 하벨 강의 섬인 슈바넨베르더에 연결된 다리 아래에 원격 조종으로 폭파할 수 있는 지뢰를 설치하려 했다. 그러나 테러 계획은 실패로 돌아갔다. 낚시꾼으로 변장한 쿠머로프가 다리 아래 폭탄을 설치하기 전에 체포되었던 것이다. 특별재판소는 그에게 곧바로 사형을 선고했다.[150]

휴일이 지나간 후 히틀러는 마침내 괴벨스의 계획에 반응을 보였다. 그는 마르틴 보어만을 람머와 괴벨스에게 보내, 후방전선의 전쟁 동원을 강화하기 위한 제안들을 협의하도록 했다.[151] 그들은 생활 수준의 제한과 "상류층 1만여 명의 특별한 희생"이 불가피하다는 데 합의했고, 보어만은 선전장관에게 가능한 한 빠른 시일 내에 "제국 수호의 과제 수행을 위한 노동 가능 남녀의 포괄적 투입"에 관한, 총력전에 반드시 필요한 법령을 작성하도록 위임했다. 1월 중의 추가 협의를 위해 초안을 미리 마련해야 했다. 슬슬 히틀러의 총애를 손에 넣고 있는 보어만을 시기하며 주시하던 괴벨스는 희망하던 목표에 도달한 것으로 생각했다. 괴벨스는 1941~1942년 사이의 겨울부터 히틀러에게 확신시키려 노력해 왔던 자신의 착상들을 현실화할 기회를 마침내 잡았다고 여겼다.

12월 31일 밤, 의붓아들 하랄트가 그에게 전쟁은 "앞으로도 최소한 2년은 지속될 것"이라고 말하자[152] 괴벨스는 전방 군인들에게 보내는 신년사에서 "아직 폭풍우가 우리 주변에 몰아치고 있지만" 새해에 독일의 '궁극적 승리', '최후 승리'가 가까워질 것이라고 선언했다.[153] 그는 1월 4일 장관 주재 회의에서 부하 직원들에게 상황의 위험성을 설명하면서도, 자신이 "총력전 요구에서 돌파구를 찾게 되어" 기쁘다고 말했다.

우리가 동부에서 야만적 적과 맞서고 있고 그들은 오로지 야만적 수단으로 굴복시킬 수 있으며, 이를 위해 우리의 모든 힘과 자원을 총동원해야 한다는 사실이 날마다 새로 입증되고 있다. 이를 통해 독일의 선전 활동도 다시 발 디딜 땅을 얻게 된다. …… 총력전에 대해 단순히 선전만 하는 것이 아니라 이에 필요한 실제적 조치들이 취해진다는 사실을 국민들이 깨달을 때에야 선전은 올바른 내용과 효과를 얻게 된다.[154]

괴벨스는 1943년 1월 5일 측근들에게 보어만, 람머, 그리고 자신으로 구성된 3인 위원회가 '총력전 실행'을 위한 작전 계획을 작성할 예정이며 이를 '최단 시일' 내에 히틀러에게 제출할 것이라고 밝혔다.[155] 그로부터 3일 후 괴벨스, 슈페어, 풍크는 보어만, 람머, 카이텔과 함께 "제국 수호의 과제 수행을 위한 노동 가능 남녀의 포괄적 투입에 대한 총통 규정" 기획안을 협의했다. 1월 13일에 히틀러는 자신에게 제출된 이 안에 서명했으나, 아직 이를 위해 구성될 3인 위원회 위원들을 임명하지는 않았다.

다음날 베를린으로 돌아온 나우만은 날짜가 적히지 않은 그 기획안을 엄중한 비밀을 유지하면서 제국 최상급 기관들에서 선전부로 파견한 연락 담당자들에게 통보했다.[156] 기획안의 규정은 민간 기관과 군사 기관들에 제시되는 것이었다. 그리고 여기에 괴벨스의 구상들을 설명하는 '총통' 초안이 첨부되었다. 이에 따르면 그 작전의 목표는 4개월 내에 전방에 최소 50만 명, 가능하면 75만 명의 병력을 제공한다는 것이었다. 이를 위해서 1942년 5월 31일 현재 징집을 면제받은 군 복무 가능자 520만여 명 중 10~15%에게 징집 면제 취소 조치를 내려야 했다. 징집으로 비게 되는 일자리들을 채우기 위해 괴벨스는 독일에 남아 있는 노동 인력의 일종의 '재편성 과정'을 계획했다. 그는 소매업 부문에 아직 220만 명이 종종 '불필요하게' 일하고 있다고 단순 산술적으로 설명했

"당신도 도와야 한다!" 여성들의 자원 노동을 권유하는 포스터. 1941년이 되자 700만 명에 이르는 독일 남성이 전선에 동원되었다. 동시에 후방에서는 그들을 지원하기 위해 많은 수의 여성들을 노동 전선으로 끌어들여야 했다. 독일에 남아 있는 노동 인력의 재편성 과정을 계획한 것은 괴벨스였다.

다. 괴벨스는 약 1백만 명의 노동력을 지금까지의 고용 관계에서 풀어내어 국방군에 징집된 사람들의 일자리를 채울 수 있다고 생각했다.

괴벨스의 구상은 50만 명의 추가 병력을 투입해 동부 전선의 승리를 이끌어낼 수 있다는 문외한적인 생각에 바탕을 두고 있었다. 그는 승리에 필요한 군 병력 강화 문제에서 '총통'의 설명에 속아 넘어갔는데, 히틀러는 실제보다 훨씬 덜 비관적인 상황 판단을 제시하여 자기 자신과 괴벨스를 설득하려 했다. 한편 괴벨스는 군수산업의 생산 능력 문제에서는 전적으로 군수장관 슈페어의 영향을 받았던 것으로 보인다. 괴벨스가 그 열성적인 출세주의자와 열심히 협의했음에도 불구하고, 그가 나우만과 함께 작성한 통계 조사는 히틀러의 눈에도 미흡하게 보였다.

그 이유 때문에라도 히틀러는 1월 18일 3인 위원회 위원으로 보어만, 람머, 카이텔을 임명했고, 이 모든 과정을 주도한 괴벨스에게는 단지 자문 역할만을 맡겼다. 슈페어의 지원을 받으며 자신이 이 직책을 맡을 것이라고 분명히 믿었던 괴벨스는 전날까지만 해도 자신의 영향력을 두고 스스로 찬사를 늘어놓고 있었다. 그는 자신이 소외되지 않을 것으로 확신했던 만큼,[157] 그 소식을 듣자 더욱 '쓰라린 실망감'을 맛보게 되었다. 그는 당장 "격분하고 깊은 상처를 받은 채" 총통 사령부가 그 인사 조치를 변경하도록 시도했으나 이는 람머에 의해 기각되었다.[158]

1월 20일, 그런 만큼 처음으로 람머가 주도하는 제국장관들의 협의가 열렸을 때 분위기는 험악했다.[159] 그날 토론에서 괴벨스는 풍크와 슈페어의 지원을 받으며 급진적 견해들을 내세웠다. 이에 대해 프리크와 람머는 반대 의견을 내놓았다. 4시간 동안 괴벨스는 자신이 주장하는 조치들을 관철시키려고 "한 마리 호랑이처럼 싸웠지만"[160] 끝내 뜻을 이룰 수 없었다. 노동력 동원 전권위원 프리츠 자우켈*이 전문 인력을 포함해 필요한 노동력을 외국에서 데려올 수 있다고 자신하면서, 괴벨스가 제안한 노동 동원 조치의 상당 부분이 불필요해졌지만, 이것 역시 괴벨스의 단호한 태도를 흔들 수 없었다. 그는 "우리가 할 수 있는 것들이 곧 실행될 것이라고 안도했다."[161]

히틀러는 1월 22일 총통 사령부를 방문한 괴벨스에게 3인 위원회의 위원 임명과 관련해 자신의 결정을 설명했다. 그는 괴벨스가 개인적으로 3인 위원회에 참가하게 되면 "이 거대한 프로그램의 행정 업무들 때문에 부담을 지게 될 것이므로" 이를 원치 않았다고 했다. "그는 내가 이 전체 업무들에서 하나의 영구기관 역할을 맡아주기를 원했던 것이다."[162] 히틀러가 보여준 관심과 적절히 사용된 아부, 그리고 국방군 최고 보좌관이자 육군인사부장인 루돌프 슈문트(Rudolf Schmundt, 1896~1944)와 쿠르트 차이츨러(Kurt Zeitzler, 1895~1963) 장군(그는 괴벨스를 심지어 '최후의 희망'이라고 칭송했다[163])의 인정은 괴벨스의 굴욕감을 씻어주었다. 당시 괴벨스는, 총통의 총애를 두고 다투는 경쟁자들을 히틀러로부터 멀리 떨어뜨려놓기 위하여 늘 질투심을 품고 감시하던 보어만에게뿐 아니라 히틀러에게도 무시당했다는 굴욕감을 느끼고 있었다.[164] 괴벨스는 라스텐부르크 총통 사령부(늑대 성채)에서 벌어진 사전 정지작업이 이미 "상당히 깊이 뿌리 내렸다."라고 자위했다. "앞으로 3개월간 선전장관을 적대하여 분쟁을 일으키는 자를 만나지 않겠다."[165]라고 히틀러

자우켈(Fritz Sauckel, 1894~1946) 2차 세계대전 동안 히틀러의 강제노역자 징병 책임자로 일했다. 그는 1923년 나치당에 가입하여 니더프랑켄 지방에서 나치 선전가로 일했다. 1927년 나치당 튀링겐 지부 지부장이 되었으며 이어서 그 지역의 내무장관과 최고 행정권자가 되었다. 2차 세계대전이 진행 중이던 1942~1945년에 수석인력관리위원장을 지낸 자우켈은 산업 생산을 증대하라는 히틀러의 명령에 따라 독일 공장에서 일할 강제노역자를 모으기 시작했다. 그는 나치가 점령하고 있던 유럽 지역을 순회하면서 강제노역자들을 징집해서 그들의 노동력을 잔인하게 착취했다. 전쟁이 끝난 후 다른 나치 지도자들과 함께 뉘른베르크에 있는 국제군사재판소에 기소되었다. 그는 1946년 10월 1일 전쟁을 일으키고 반인도적 행위를 행했다는 이유로 유죄 선고를 받고 교수형에 처해졌다.

가 귀에 속삭이듯 약속한 뒤 괴벨스는 베를린으로 돌아왔다.

그의 선전부에서 2,500킬로미터 떨어진 볼가 강변에서 비극의 마지막 막이 올라갔던 1943년 1월 말까지도 괴벨스는 적절한 조치만 이루어진다면 '최후의 승리'가 여전히 가능하다는 것을 의심치 않았다. 스탈린그라드 시의 포위된 구역들에서 벌어지는 전투는 이미 오래전부터 그 어떤 전략적·전술적 목표도, 그 어떤 군사적 의미도 지니지 않았다. 그것은 오로지 고통스럽고 음울한 대학살의 일대 혼란일 뿐이었다. 1월 24일 제6군의 파울루스는 군 통수권자 히틀러에게 이 상황을 끝내고 항복하게 해 달라고 요청했다. 히틀러의 답변은 짤막했다. "항복은 있을 수 없다. 군은 마지막 총알이 떨어질 때까지 싸운다." 그리하여 스탈린그라드 폐허에서 무의미한 죽음은 계속되었다. 1월 30일, 전선에서는 몇 개 남지 않은 라디오 주위로 사람들이 둘러앉았다. 그들은 자신들이 대부분 다시는 돌아가지 못할 그 먼 고향에서 '총통'이 그들에게 전하는 말을 들으려 했던 것이다.

히틀러는 그들에게 할 말이 없었다. 그는 운명을 원망하며 총통 사령부에 숨어 있었다. 집권 10주년을 맞아 '나치의 위대한 연단' 베를린 체육궁전에서 라디오를 통해 독일 국민에게 연설을 한 것은 괴링과 괴벨스였다.[166] 괴벨스는 히틀러가 '전쟁 지휘' 때문에 총통 사령부에 묶여 있다고 변명했다. 괴벨스는 연설 도중 '총통의 선언'[167]을 대독했는데, 여기에서 히틀러는 "볼가 강에서 우리 병사들의 영웅적 투쟁"을 상찬하면서, "전능하신 분", "정의로운 심판자", "모든 세계의 창조자" 앞에 서기 위하여 "독일의 자유를 위한 투쟁에서 최대의 노력을 기울여줄 것"을 요구했다.[168] 히틀러의 선언문과 마찬가지로 괴벨스도 총력전의 실현을 위한 구체적 조치들을 선언했다. 총력전에서는 현재의 피해들은 단지 경고 신호에 불과하다는 것이다.

독일 육군 원수 프리드리히 파울루스. 1943년 2월 1일 파울루스는 끝까지 항전하라는 히틀러의 명령을 어기고 남은 군 병력과 함께 스탈린그라드에서 항복했다.

그러나 우리 사전에 항복이란 없다는 점은 오래전부터 확고하고도 뒤집을 수 없는 원칙이었다! …… 우리에게 총통이 계시기에 우리는 승리를 믿는다! …… 믿음은 산을 움직인다! 산을 움직이는 믿음이 우리 모두를 가득 채워야 한다.[169]

괴벨스의 이러한 고백의 여운이 사라지기도 전인 1943년 2월 1일, 히틀러가 얼마 전 (자살로 몰고 갈 수 있다는 기대를 품고[170]) 육군 원수로 승진시켰던 파울루스는 그의 남은 군 병력과 함께 스탈린그라드에서 항복했다. 괴벨스가 생각하기엔 만일 자신이 이러한 상황에 처해 있다면 어떠한 결정을 내릴지 확실했다.("15년이나 20년을 더 살 것인가, 아니면 시들지 않는 영광 속에서 수천 년의 영원한 삶을 얻을 것인가.")[171] "초원의 세력을 막기 위해 경계를 서고 있는 유럽의 전초기지"에서는 오로지 죽은 자만이 영웅적이고 용기 있는 희생을 상징한다고 미화될 수 있었다.[172] 그래서 처음에 그는 선전에서 스탈린그라드 전투 부대 생존자들의 항복에 대해 함구했다.

그러나 괴벨스는 가능하면 그 참사를 무시하려고 했던 '총통 각하'로부터 재가를 얻은 후, 주도면밀하게 준비한 라디오 특별 프로그램을 통해 이 문제를 여론에 드러냈다. 그 프로그램의 주요 부분은 리하르트 바그너의 오페라 〈리엔치〉를 녹음한 것이었다.[173] 2월 3일 저녁 방송에서 제6군은 "파울루스 원수의 모범적 지휘 아래 최후의 숨을 거둘 때까지 깃발 앞의 맹세에 충실하였으나, 적의 압도적인 힘과 불리한 상황 때문에 패배했다."[174]라는 식으로 그 전투의 종말이 은폐된 채 서술되었다. 항복이라는 말은 전혀 들리지도 않았다.

괴벨스는 볼가 강변의 대재앙을 "진정으로 고전적인 위대함을 지닌 광경"[175]이라고 묘사하며 자신의 총력전 구상에 맞춰 도구화하려 했다. 그의 머리 속에는 충격을 받은 독일 사회에 대규모 집회를 열어 "승리 아니면 파멸"이라는 양자택일을 격렬하게 제시하려는 생각이 떠올랐다. 괴벨스는 승리를 원하는 자는 그의 총력전 구상과 그 모든 결과들도 원해야 한다고 주장하면서, 대중을 자신의 의도대로 동원하고 이를 통해 지금까지의 "내키시 않아하는 태도"를 끝낼 수 있는 스펙터클한 연설을 하려 하였다.

그는 2월 6일 관구장 회의 참석차 포젠으로 떠나기 전에 이미 베를린 관구에서 준비에 착수했다. 전쟁에 중요하지 않은 공장들을 폐쇄하라는 지시를 내린 것이다. 지난달에 그는 국방군과 군수산업을 위해 선전부에서 300명의 남자들을 차출하고, 그 빈자리를 여성들로 채우라고 지시했다. 나아가 괴벨스는 베를린의 정부 청사 지역에서 점증하고 있는 패배주의에 어떻게 맞설 것인가를 고민했으며,[176] 베를린의 호화 레스토랑들을 폐쇄하도록 했다. 그때까지는 고급 레스토랑들에서 저명인사들이 신분을 감추고 50~100마르크짜리 호화로운 식사를 하곤 했다. 가장 유명한 호화 음식점은 '호르허'였는데, 그 주인은 제국원수 괴링에게 특별한 총애를 받았다. 호르허를 폐쇄할 수 없었던 괴벨스는 여러 차례 돌격대원들을 시켜 창문에 돌을 던지도록 했다. 그는 고위 당 관료들에게도

"이 일이 진지하게 추진되지 않는다면" 국민들이 속았다고 느낄 수 있음을 걱정하고 있었다.[177]

포젠의 회의와 뒤이어 라스텐부르크의 총통 사령부에서 열린 협의 도중 괴벨스는 총력전 문제에서 자신의 영향력을 강화할 수 없었던 것으로 보인다. 그의 업무 영역은 여전히 총동원 조치들을 언론에서 다루는 일에 한정되었다. 그는 이 일을 공적으로 처리하면서 '계급투쟁 노선'으로 잘못 빠져들지 않도록 해야 했다.[178] 마찬가지로 그는 동유럽 민족들에 대한 정책 노선 변경이라는 생각도 관철시킬 수 없었는데, 그는 이러한 조치를 통해 소련에서 독일 군의 전투 조건을 개선할 수 있기를 희망했던 것이다.

동유럽 민족의 처리 문제와 관련한 괴벨스의 생각은 1월 중 그에게 제출된 두 개의 문건에서 비롯했다.[179] 육군 참모부가 내놓은 첫 번째 문건은 동유럽 주민들의 분위기를 담은 지극히 암담한 내용이었는데, 그 책임이 독일 점령군의 무자비하고 인명을 경시하는 잔인한 행동 방식에 있다는 것이었다. 나아가 그 문건에서 괴벨스가 읽은 내용은 슬라브 민족의 열등함과 그 민족의 멸종 필요성에 대한 독일측의 구호들이 소련 사회에까지 이르렀고(여기에는 인간 사냥이라는 표현도 들어 있었나) 이것이 붉은 군대의 저항 의지를 강화하고 스탈린이 주장하는 "조국 전쟁"에 점차 광범위한 지지 기반을 안겨주었다는 내용이었다. 며칠 후 괴벨스는 오랜 당의 동지 호프베버(Max Hofweber)의 보고서에서도 유사한 내용을 읽어야 했다.

히틀러가 성명을 발표해 모든 러시아인에게 평등과 자치, 사유재산 재도입을 약속해야 한다는 육군 참모부의 제안을 두고 괴벨스는 1943년 1월 10일까지만 해도 거부 입장을 보였다. 그러한 제안은 정치적 성과들을 악용하여 늘 새로운 요구를 내놓으려 하는 "슬라브 민족성을 잘못 판단하는 것"이라는 것이다.[180] 그러나 그는 생각을 바꾸었다. 며칠 후 괴벨스는 "우리가 동부에서 러시아 민족이 아니라 볼셰비즘을 상대로 싸우고 있다는 구호를 내세울 경우, 그곳의 전투가 확실히 크게 유리해질 것"이라고 썼다.[181]

2월 말까지 괴벨스는 히틀러에게 제출할 동부 선언 초안 작성에 매달렸는데, 여기서 그는 (군 장성들의 지원을 받으며) 그들의 제안을 자기 것인 양 활용했다. 전황의 압박을 받으며 괴벨스는 "정치적으로 명철한 자"라면, 동부 전투를 좀 더 유리하게 이끌고 동시에 점증하는 파르티잔의 위협에 맞서려면 "심리적 안도감을 줄 수 있는 모종의 조치가 취해져야 한다."는 "분명한 요구를 외면할 수 없다."라고 생각하게 되었다.[182] 심지어 그는 자신의 조치들[183]이 후방전선 총동원의 보완 조치로 동부의 위기를 "근본적으로 해결"하는 데 기여할 수 있을 것이라고까지 믿었다.[184]

그 초안에는 히틀러와 독일 군이 '야수 스탈린'과 '볼셰비즘 체제의 야만성'에 맞서 거둔 승리가 동부 점령 지역 국민들의 근본적 이익에 부합하는 것임을 그들에게 이해시켜야 한다는 의도가 담겨 있었다. 이를 위해서는 그들을 공공연하게 멸시하거나 자존심을 자극하는 일은 적절하지 않았다. 마찬가지로 식민화나 토지 몰수에 대한 발언들은 없어야 했고, 반대로 "볼셰비즘 테러 정권에 대항하는 자유의지와 투쟁의지, 그리고 그러한 의지를 통해 소련의 박해받는 민족들이 지니게 되는 군인 정신과 노동 의욕을 기회가 있을 때마다 강조해야 했다."[185] '유대인 볼셰비즘'에 대항하는 전투에서 "유럽 대륙의 모든 힘, 무엇보다 동부 민족들의 힘"이 투입되어야 했다.[186] 그러나 히틀러는 선전장관의 제안을 단호하게 거절했다. 그는 동부에서 다시 시작될 공세 작전과 함께 선언을 발표하려 했던 것이다.[187] 괴벨스는 이 일이 어그러진 데 따른 책임을 숙적 로젠베르크에게 돌렸다. 왜냐하면 그가 이와 비슷한 사안을 "부적절한 시기에" 히틀러에게 제시했기 때문이다.[188]

제대로 '웅변술의 걸작'을 보여주겠다는 광신적 의지에 이끌려 괴벨스는 2월 14일 오후 연설문 초안을 구술했고, 같은 날 저녁 초벌 교정했으며, 2월 18일 아침까지 며칠 동안 여러 차례 손보았다.[189] 그는 2월 17일 "너무 날카로운 부분들"을 부드럽게 고쳤고 외교 관련 구절들은 외무부에서 검토하도록 했다. 그 연설이 "매우 성공적"이고 심지어 "탁월한 작품"이며, 이번에도 "커다란 성과"를 거둘 것이 "거의 확실하다"고 확신한 상태에서, 괴벨스는 2월 18일 오후 방탄 벤츠 승용차를 타고 체육궁전으로 향했다.

오후 5시 조금 못 되어 괴벨스는 마지막 자리까지 꽉 들어찬 경기장에 들어섰는데, 여기에는 처음으로 그의 두 딸 헬가와 힐데가 아내 마그다와 함께 나와 앉아 있었다. 슈페어는 그외의 다른 관중들은 "당 조직들이 동원한 인원"이었고 그중에는 하인리히 게오르게(Heinrich George, 1893~1946) 같은 '대중적 지식인들과 배우들'도 있었으며, "주간 뉴스의 영화 카메라들은 그들이 갈채를 보내는 모습을 찍어 국민들에게 감명을 주려 했다."라고 회고했다.[190] 그들 외에도 내각 구성원 거의 전부와 수많은 나치당 제국지도자와 관구장들, 대부분의 차관들이 체육궁전에 입장했다. 그곳 난간에는 "전격전은 최단기전"이라는 현수막이 걸려 있었다.

'독일 민족동지들'에게 연설하기 위해 원기왕성하고 긴장된 얼굴로 연단에 올라선 괴벨스는 스탈린그라드를 "초원의 질풍"에 맞서는 영웅적 투쟁의 상징이라고 선언했다. 그 "초원의 질풍"은 "지금까지 서양을 위협했던 모든 위험들을 훨씬 넘어서는 무시무시한 역사적 위험"[191]이었다. 이어서 괴벨스는 밀려들어 오는 소련 군 뒤에서 "유대인의 살인 부대들을 보고 있으며" "테러의 환영, 그리고 수백만 명이 굶주리고 유럽이 완전히 무정부 상태에 빠지는 환영을 보고 있다."라고 열변을 토했다. "여기서 국제 유대인들은 사악한 분해 효소이며, 전 세계를 최악의 무질서로 무너뜨리고 자신들이 한 번도 깊이 참여하지 못했던 수천 년의 문화들을 몰락시키는 데서 야비한 만족감을 느끼고 있음"이 다시 증명된다는 것이다.

괴벨스는 온갖 형태의 공포의 시나리오를 유포해서 그에 대한 유일한 증오의 응답, 말하자면 테러를 역(逆)테러로 분쇄한다는 방침을 내세우려 하였다. 그는 "부르주아적인 점잔" 따위는 집어치워야 한다고 과도하게 목소리를 높였고, 미칠 듯한 박수 갈채가 끝나자 총력전이라는 자신의 요구 사항으로 접어들었다. 그에 따르면, 총력전은 시대의 요구였다. 괴벨스는 사회주의로부터 영감을 얻은 과거 자신의 사고방식, 그러나 결코 실현된 적 없는 '민족공동체'라는 비전을 다시 끄집어내어, 당은 신분과 직업 등을 결코 고려해서는 안 된다고 강조했다. 가난하거나 부유하거나, 신분이 높거나 낮거나 모두 같은 의무를 져야 한다는 것이다. 그러나 이는 볼셰비즘과는 관계가 없으며 오히려 볼셰비즘을 이기기 위한 것이라고 했다.

괴벨스는 동부 전선 전투, 그리고 전쟁 전체의 돌이킬 수 없는 실패를 결정지은 스탈린그라드의 참사를 운명의 긍정적 섭리라고 아전인수 격으로 해석했다. 독일 민족이 이를 통해 '깊이 정화'되었다는 것이다. 그의 견해에 따르면, 스탈린그라드의 '영웅적 희생'이 있고난 후에야 비로소 오로지 총력전을 향한 부동의 의지만이 '최후 승리'를 가져온다는, 구원을 가능케 하는 깨달음이 가능해졌다. 이 논지에 따르면 스탈린그라드는 "커다란 역사적 의미"를 얻는다. "그것은 헛된 것이 아니었다. 왜 그

7년 전쟁 1756~1763년 프로이센-영국 동맹과 오스트리아-프랑스-러시아 동맹 사이에 벌어진 전쟁. 전통적으로 경쟁 관계에 있던 영국과 프랑스 양국의 주요 전장(戰場)은 유럽이 아니라 식민지였는데, 이들은 북아메리카 및 인도를 둘러싼 패권 경쟁을 벌였다. 이 때문에 전쟁의 결과는 유럽뿐만 아니라 전 세계에 영향을 끼쳤다.

군중 앞에서 연설하는 괴벨스. 1943년 2월 18일 괴벨스는 체육궁전에서 전 독일 국민에게 '총력전' 참여를 촉구했다. 그날 "그대들은 총력전을 원하는가?"라는 괴벨스의 물음에 청중들은 열정적인 환호로 대답했다.

러한지는 미래가 보여줄 것이다."

이는 (물론 완전히 다른 수준에서 이루어지기는 했으나) 그가 20년 전에 쓴 《미하엘》이라는 작품에 나타난 것과 같은 사고방식이었다. 당시 그 소설의 주인공은 광산에서 죽음으로써 구원의 희생을 가져왔고 힘을 불어넣는 우상 숭배를 만들어냈다. 그렇게 이성을 극복하는 믿음은 이민에도 "불가능한 사건을 일으키는 기적"을 가져올 것이다. 괴벨스는 이러한 믿음의 힘의 '증거'로 과거 나치당의 도약뿐 아니라 프리드리히 대왕의 7년 전쟁*을 들었다. "그 위대한 왕"은 "지옥 같은" 7년 중 두 번째 해에 프로이센 국가 전체를 휘청거리게 만든 패배를 경험했지만, 결국 승리를 거두었다.

괴벨스는 크고 작은 패배들이 결정적인 것이 아니라, 오히려 "위대한 왕"(괴벨스는 항전을 선동하는 〈위대한 왕〉이라는 영화를 만들기도 했다)이 "그 모든 운명의 타격에도 불구하고 무너지지 않았고, 오락가락하는 전쟁의 운을 불굴의 의지로 자기 쪽으로 끌어왔으며, 끈질긴 심장으로 모든 위험을 극복했다는 점"이 결정적이라고 주장했다. 괴벨스는 청중들에게 프리드리히가 믿고 승리했던 것처럼 히틀러도 현재 믿음을 가지고 있으며 앞으로 승리할 것이라고 암시하고 있었다. 제국의 승리의 길은 "총통에 대한 믿음 위에 세워져 있다."

이를 '민족동지들'에게 전달하려고 괴벨스는 연단에 나섰다. 연설 중간에 이미 우레 같은 박수 갈채가 쏟아졌다. 그가 연설 말미에 이르러 청중들에게 총통처럼 독일 군의 최후의 전면적 승리를 믿느냐고 물었을 때, 그리고 그가 "그대들은 총력전을 원하는가? 그대들은 필요하다면 우리가 지금 상상할 수 있는 것보다 훨씬 더 총체적이고 근본적으로 총력전을 벌이기를 원하는가?"라고 물었을 때, 체육궁전은 통제 불능의 상태에 빠졌다. 그리고 선전장관이 광란하는 군중에게, 기진맥진했으면서도 집중한 상태에서 열정적인 목소리로 저 유명한 대사, "자, 민족이여, 일어서라, 폭풍이여, 몰아쳐라!"라고 외치자, 모든 것이 "미친 듯한 분위기의 일대 혼란" 속으로 빌려들어 갔다.[192] 체육궁전에서 일찍이 '투쟁 시기'에도 볼 수 없었던 극도의 군중 히스테리가 나타났다. 대독일방송은 연설 후에도 20분간 방송을 계속하여 라디오 청취자들 역시 열광적 분위기로 몰아갔다.

자신의 연설을 웅변술의 '걸작'이라고 자평한 괴벨스는 자신의 저택까지 함께 돌아온 슈페어에게, 철저한 계산을 거친 자신의 감정 분출이 가져온 심리적 효과들을 분석해 설명했다. 그는 군수장관에게 청중이 아주 미세한 뉘앙스에도 반응을 보이고 적절한 순간마다 정확하게 박수 갈채를 보낸 것을 관찰했는지 물었다. 그들은 독일에서 "정치적으로 가장 잘 훈련된 청중"들이었다는 것이다.[193] 그 다음 며칠 동안 그는 언론의 칭송들을 부지런히 수집하며 즐기고 있었다. 그가 선전부에 내려온 주도면밀한 훈령들과 비교해볼 때, 국내 언론의 반응에 대한 그의 기쁨은 거의 기괴하게 보일 정도였다. 그는 "1급 센세이션", 참으로 "엄청난 메아리",

"그야말로 환상적인 논설들"이라고 썼다.[194]

 실제로 괴벨스의 연설은 독일 전역에서 국민 수신기로 연설을 들은 수많은 사람들에게 열광적 반응을 불러일으켰다. 최소한 독일 각지의 제국 선전지국들이 보고한 내용에 따르자면 그러했다.[195] 보쿰에서는 아직 그 도시에 살고 있는 유대인들을 목표로 한 "어느 정도의 약탈과 학살 분위기"가 나타났다면서, 이제 국민들이 다시 커다란 낙관을 품게 되었다고 보고했다. 뮌스터에서는 장관 연설을 "가장 발화력이 크고 국민에게 친근한 연설 중 하나"로 받아들이고 있으며 국민들이 총력전의 강력한 요구들을 받아들이고 있다고 알려왔다.

 이러한 보고들은 미화된 것일 수도 있다. 그렇다고 해도 의문의 여지가 없는 사실은 증오와 망상으로 가득찬 선전장관이 독일인의 일부를 젖먹던 힘까지 다해 총동원에 임하도록 고무하는 데 성공했다는 점이다. 그들은 자신의 생존을 위해 싸운다고 믿게 되었으나 사실은 이를 통해 전쟁과 자신들의 참극을 연장할 뿐이었다.

 체육궁전의 집회 후 괴벨스의 관저에는 많은 당의 지도급 인사들이 방문했는데,[196] 여기에는 에르하르트 밀히(Erhard Milch, 1892~1972) 원수, 제국내무부 및 프로이센 내무부 차관 빌헬름 슈투카르트(Wilhelm Stuckart, 1902~1953), 동부경제지휘참모부 부의장 파울 쾨르너(Paul Körner), 그리고 로베르트 라이와 '피의 재판관' 오토 티라크 등이 있었다. 여기서 그들은 그 집회가 "일종의 소리 없는 쿠데타" 같았다는 견해를 보였다. 즉, 괴벨스를 혐오하는 관료들에 맞서 일어난 쿠데타라는 것이다. 괴벨스는 그 관료들을 자신의 계획을 실현하는 데 주된 장애물로 생각했다. 그는 하급 행정 부문부터 시작해 히틀러의 최측근들에 이르기까지 신속한 행위를 가능케 할 구조가 결핍되어 있다고 보았다. 히틀러의 "분열을 이용한 지배 원칙"은 히틀러 자신이 전쟁의 타격들로 마비된 채 자신을 추종하는 최측근 명령 수행자들 사이의 균형을 유지하는 주도권을 상실하게 될수록 그 자신에게 오히려 불리하게 작용했다. 보어만에게는 지적인 능력이 결핍되어 있었고, 람머는 머뭇거릴 뿐인 "지나치게 전형적인 법률가이자 관료"였으며, 카이텔은 단순한 군인, 괴벨스의 말에 따르면 "결국 아무것도 아닌 존재였다."

그러나 총력전을 신속하게 진행하려는 목적에서 1943년 2월 18일 저녁 밀히와 슈페어가 내놓은, 괴링을 동맹자로 끌어들이자는 제안이 토의되었다. 제국원수 괴링과 함께라면 괴링이 의장으로 있는 제국방어내각평의회를 다시 가동하고 이를 통해 3인 위원회와 그 위원(보어만, 람머, 카이텔)가 히틀러에게 끼치는 영향력을 해체할 수 있을 것이라는 속셈이었다. 슈페어와 밀히의 중재로 1943년 3월 2일 제국원수 괴링은 오버잘츠베르크 산에 있는 여름 별장에서 선전장관을 맞이했다. 괴벨스는 그 협의가 "우리의 전쟁에서 결정적인 의미"를 가질 것으로 기대하고 있었다.[197] 비록 그 무렵 그들 사이에는 또 다시 "사소한 불화들"이 다반사로 불거졌지만, 점점 더 마약 중독에 빠져들던 괴링은 손님을 "최대의 호의"로 영접했고 "열린 마음으로 다가왔다." 괴벨스가 자신의 계획을 설명하고 나서 두 사람은 마침내 행동을 취할 때가 왔다는 데 완전히 의견이 일치했다.

> 무엇보다 유대인 문제를 더 피해 갈 수 없다는 사실에 대해 우리의 견해는 확고했다. 그리고 이는 옳은 일이었다. 경험에 따르면, 하나의 운동이나 국민은 자신이 건너온 다리를 끊어버린 후에는 아직 철수 가능성이 남아 있을 때보다 훨씬 더 맹목적으로 싸우게 된다.[198]

주도권을 탈취하기 위하여 괴벨스와 괴링은 제국방어내각평의회를 다시 활성화한다는 데 합의했다. 괴벨스와 슈페어도 내각평의회 구성원이 되기로 했다. 내각평의회의 다른 성원들에게는 무슨 일이 있더라도 너무 솔직하게 이야기해서는 안 된다. 괴벨스는 "그들은 우리가 3인 위원회를 점차 와해시키려 한다는 사실을 알아서는 안 된다. 우리는 그저 총통을 위한 충성 동맹인 것이다."[199]라면서, "이러한 위기 상황에서 총통의 주위를 둘러싸고 그 둘레에 결코 무너지지 않을 밀집 방진을 구성하는 것"은 "총통의 가장 가까운 친구들이 해야 할 일"[200]이라는 데 괴링, 슈페어와 의견을 같이했다.

괴링과 대화를 나눈 후에 괴벨스는 자기 자신을 설득해야 하는 더 큰 이유가 생겼다. "우리는 여전히 매우 많은 기회를 가지고 있다. 우리는 결코 무익한 게임을 하고 있는 것이 아니다. 우리의 가능성을 잘 이용한다면 비교적 짧은 시간 내에 전쟁에 결정적인 전환을 가져올 수 있다고 나는 믿는다."[201] 그러나 1943년 3월 8일 우크라이나 비니차에 있는 총통 사령부에서, 그보다 며칠 전 오랜만에 '민족동지들'에게 연설을 했던 히틀러를 만났을 때, 상황은 완전히 다른 길로 들어서게 되었다. 괴벨스는 그에게 제국방어내각평의회 가동 계획을 최소한 암시적으로라도 제시하려 했다. 그러나 괴벨스가 그곳에 도착하자마자, 슈페어는 연합군의 공습이 거의 방해받지 않고 집중적으로 이루어지고 있기 때문에 히틀러가 공군 책임자 괴링에게 불만을 품고 있음을 전달했다. 곧바로 괴벨스는 자신의 관심사를 설명하기에는 "적당한 시기가 아니다."라고 판단하고 나중으로 미루기로 했다.[202]

그리하여 괴벨스는 본래 테마는 전혀 건드리지도 않은 채 히틀러와 4시간 동안 이야기를 나눴다. 저녁 식사 때는 슈페어도 참석했다. 다음날 새벽까지 그들은 "긴장을 풀고 거의 유쾌한 기분으로" 벽난로 앞에 함께 앉아 있었다. 괴벨스는 히틀러를 즐겁게 만드는 법을 알고 있었다.

뛰어난 말솜씨로, 갈고 닦은 문장들로, 적절한 아이러니로, 히틀러가 원할 때는 경탄으로, 그 순간과 대상이 이를 필요로 할 때는 감상을 덧붙여, 뒷공론과 연애 사건들로. 그는 대가의 솜씨로 연극, 영화, 과거사 등의 모든 것을 뒤섞었다. 또 히틀러는 괴벨스 가족의 아이들에 대해서도 (언제나처럼) 자세히 이야기하게 했다. 그 아이들의 귀여운 말들, 좋아하는 놀이들, 때때로 허를 찌르는 말들은 히틀러에게 잠시나마 시름을 잊게 해주었다. 괴벨스는 히틀러가 과거에도 위기들을 극복했음을 상기시키면서 자신감을 불어넣고, 군대식 대화의 냉랭함에 만족할 수 없었던 히틀러의 허영심에 아부할 줄 알았다. 히틀러는 선전장관의 업적들을 칭송하여 자존심을 세워줌으로써 이에 감사를 표했다.[203]

히틀러는 괴벨스가 총력전을 선동한 연설을 '최고 인기 상품'이라고 칭송하면서, 자신의 추종자 괴벨스의 업무 처리에 대해 '또 다시' 지극히 만족할 뿐 아니라 경탄을 금치 못한다고 말했다. 독일의 전시 선전은 처음부터 끝까지 걸작이라는 것이다.[204]

자신감이 높아지고 또 한 번 히틀러에게 완전히 감복한 괴벨스는 비니차까지 긴 여행을 한 이유이자 주된 관심사는 아예 말을 꺼내지 못했다. 더군다나 갑자기 뉘른베르크에 맹렬한 공습이 가해졌다는 소식이 전해지자 히틀러는 또 다시 "무능한 제국원수"를 가리켜 격하게 비난을 늘어놓았다. 그를 진정시키려 애쓰던 괴벨스는 동부 선언이라는 자신의 착상에 대해서는 전혀 이야기를 꺼내지도 못했다. 히틀러가 지나가는 말로 이 문제를 건드렸다. 동부의 전황은 아직 충분히 안정되지 않았고 나아가 볼셰비즘이 국민들 사이에서 커다란 증오와 공포를 불러일으키고 있기 때문에 "우리 선전의 반공 경향이 매우 충분하다."라는 것이었다.[205] 그럼에도 불구하고 괴벨스는 자신의 도움 없이도 히틀러가 위기를 극복할 수 있을 것이라는 희망을 다시 얻게 된 것 같다. 그는 "총통이 사령부에 격리되어 있지만, 상황을 미화하지 않고 매우 분명하게 바라보고 있

다."고 크게 기꺼워하면서, 이 때문에 다시 "미래의 희망을 되찾게 되었다."라고 밝혔다.[206)]

그러나 베를린으로 돌아온 괴벨스는 3인 위원회를 무너뜨리려는 목표를 계속 추구했다. 그는 이를 위해 다시 여러 차례 슈페어, 라이, 풍크, 괴링과 만났다. 3월 17일 베를린의 라이프치히 광장에 있는 제국원수 괴링의 대저택에서 그들은 3시간 동안 토의를 했다. 괴링은 우선 현재 당내 권력 관계를 상세히 서술하면서 '총통'의 심리적 특성에 대해서도 이야기했다. 괴링은 무엇보다 히틀러를 적절하게 다루면서 적시에 합당한 논리로 그에게 요구 조건을 내놓는 일이 중요하다고 말했다. 그런데 자신들은 이 부분에서 유감스럽게도 몇 가지 할 일을 하지 않고 있으며, 보어만, 람머, 카이텔은 이 점에서 훨씬 더 노련하게 행동하고 있다는 것이다.[207)] 슈페어, 풍크, 라이가 조용히 앉아 있는 동안 곧 괴링과 괴벨스는 히틀러 주변의 3인 위원회에서 시작되는 위험들을 다루어 과장하기 시작했고, 히틀러를 그러한 고립상태에서 풀려나게 할 방법들을 모색했다. "괴벨스는 바로 며칠 전 히틀러가 괴링을 비난했다는 사실을 완전히 잊은 것처럼 보였다."[208)] 마침내 제국원수는 다음엔 '총통'과 만날 때 그 문제를 언급하겠다고 과장되게 약속했다.

그러나 이 대화에서 약속한 것처럼 또 다시 3인 위원회 위원들을 공격하는 일은 일어나지 않았다. 왜냐하면 바로 '총통' 자신이 괴벨스가 모른 체할 수 없는 상황을 만들어냈기 때문이었다. 즉 히틀러가, 영향력이 지속적으로 상승하고 있는 막후 실력자 보어만을 '총통 비서'로 임명하여 그에게 모든 부처에 개입해 지배할 수 있는 수단을 준 것이다. 괴벨스는 특유의 방식으로 자신을 설득하려고, 독일 공군이 연합군 공습 방어에 완전히 실패함에 따라 히틀러의 신망을 점차 더 잃어 가고 있는 그 "뚱뚱하고 게으른" 제국원수 괴링에 대해 자신이 무엇인가 착각하고 있었다고 생각했다. 한편으로 괴벨스는 5월 초 사고사한 돌격대장 루체의 장

레식 중 히틀러, 라이, 보어만과 당내 인사 조치를 논의하고 나서, 총통 비서가 "지극히 충성스럽게" 행동하고 있으며 그를 비난하는 말들은 대부분 근거 없는 것이라고 여겼다. 그는 자신이 보어만에 반대하는 적대행위의 동력이었다는 사실뿐 아니라, 총력전 실현을 위한 내각평의회 재가동 계획이 실패로 돌아갔다는 사실 역시 의도적으로 잊으려 했다.

그럴수록 괴벨스는 더욱 광신적으로 다시 제국 수도의 '탈유대화'에 몰두했다.209) 아우슈비츠행 격리 수송의 범위와 속도(1943년 1월 초부터 2월 말까지 5,000명을 태운 기차가 다섯 차례 베를린을 떠났다)가 여전히 그의 기대에 미치지 못하고 있었기 때문에, 괴벨스는 1943년 2월 27일 밤 베를린 탄약 공장들에서 대대적인 일제 검거를 실시했다. 그는 공장들을 친위 연대들이 포위하게 하고, 공장에서 일하던 유대인 강제노동자들을 수송 준비가 끝날 때까지 억류하도록 했다. 3월 2일까지 그들 중 3,000명 이상이 비인간적인 조건에서 죽음의 수용소로 수송되었다. 그런데도 괴벨스는 그 일제 검기가 결정적인 성공이 아니었다고 적었다. 유감스럽게도 여기에서도 "상층부, 특히 지식인들이 우리의 유대인 정책을 이해하지 못하고 일부는 유대인의 편에 서 있다는 사실"이 다시 드러났다는 것이다. "그 결과 우리의 작전은 사전에 누설되었고, 수많은 유대인들이 우리 손에서 빠져나갔다. 그러나 우리는 그들을 잡아내고야 말 것이다. 나는 최소한 제국 수도가 유대인으로부터 완전히 해방되기 전까지 쉬지 않을 것이다."210)

괴벨스는 3월 11일 그가 체포하지 못했거나 "특권적인 혼합 결혼"(다른 인종 간, 특히 유대인과 독일인의 결혼을 뜻하는 나치 용어)의 배우자 4,000명(실제로는 당시 그 숫자는 약 18,000여 명이었다고 한다)을 제외한다면 목표를 달성했다고 생각했다. 그 다음날 유대인 946명의 아우슈비츠 이송과 4월, 5월, 6월 중 각각 300명에서 400명의 유대인을 이송함으로써, 아우슈비츠로 향하는 대대적 격리 수송은 거의 대부분 마무리되었

총통 비서 마르틴 보어만. 루돌프 헤스가 영국으로 간 뒤 그의 뒤를 이어 당 총비서가 되었다. 1943년 3월에 '총통 비서'에 임명된 그는 모든 정부 부처에 개입할 수 있는 강력한 권한을 얻었다.

다. 총 63건의 격리 수송을 통해 1941년 베를린에 거주하던 66,000명의 유대인 중 35,738명이 이송되었고 학살당했다. 여기에 덧붙여 종전 때까지 유대인 14,979명을 대상으로 테레지엔슈타트로의 이른바 노인 수송* 117건이 이루어졌는데, 그들 중 생존자는 별로 없었다.[211] 그들과 또 다른 수백만 명의 유럽 유대인들을 죽음으로 보내는 (특히 정신적인) 길을 개척한 자는 괴벨스였다. 그는 1943년 5월 19일 자신의 관구가 "유대인으로부터 해방된 구역"이라고 선언하면서 이를 자신이 이룬 "최대의 정치적 업적"이라고 생각했다.[212]

노인 수송 나치는 오래된 요새이자 병영이던 테레지엔슈타트에 유대인 게토를 설치했다. 처음에는 이곳을 선전에 활용할 목적으로 비교적 모범적으로 운영하려 했으나 곧 수용소로 변질되었다. 주로 나이든 유대인들을 수용하였기에 '노인 수송'이라고 불린다. 테레지엔슈타트는 현재 체코의 테레진이다.

이때 선전장관의 양심에는 거리낌이 없었다. 군사적 승리가 요원해질수록 그는 점점 더 유대인 '절멸'이 서양의 구원을 위한 나치즘의 위대한 역사적 과제 중 그나마 실행 가능한 부분이라고 생각하게 되었다. 이른바 서양이 처해 있는 위험은 선전장관의 망상 속에서 부녀자, 아이, 노인들을 학살하는 것도 정당화했는데, 그는 이를 '의무'라고 생각했다. 그러나 그의 선전은 이러한 생각을 독일 국민 사이에 널리 퍼뜨리는 데는 실패했다. 그래서 인종 학살은 비밀에 부쳤다. 물론 선전 활동은 많은 사람들이 전시라는 비상 상황을 구실 삼아 이런 현실을 외면하려는 성향을 강화시켰는데, 이는 학살수용소와 관련해 소문으로 전해지는 내용들이 이를 믿기에는 너무도 기괴하게 들리기 때문이기도 했다.

그러나 교전 상대국들은 '최종 해결'의 정보들을 대독일 전쟁에 총동원했다. 1942년 말부터 영국의 라디오들과 소련의 통신사들은 대량학살의 범위와 방식을 사실에 근접하는 보도로 알렸다. 그 보도들은 일부는 독일어로 방송되었고, 이에 내해 책임 주궁을 했다.[213] 예를 들어 요크 대주교는 1943년 신년사에서 연합국에 "인류를 유대인 학살이라는 비인

....
카틴 학살(Katyn Massacre) 2차 세계대전 중 소련이 포로로 잡은 폴란드 장교들을 대량 처형한 사건. 나치 독일과 소련이 1939년 불가침조약을 체결한 뒤, 소련 군대는 주로 커즌 선의 동쪽 폴란드 영토를 점령했다. 이 때문에 수천 명의 폴란드 군인들이 체포되어 소련 내에 있는 포로수용소에 수용되었다. 한편 1941년 6월 독일이 소련을 침공하자, 영국에 있는 폴란드 망명정부와 소련 정부는 독일에 대항해 협력하기로 합의하고 소련에서 폴란드 육군을 만들기로 했다(1941년 7월 30일). 그러나 그 뒤에도 소련은 자신들이 포로로 잡아 둔 폴란드 병사들의 생사 여부를 제대로 밝히지 않고 얼버무렸다. 그러던 중 1943년 4월 13일, 독일이 스몰렌스크 근교의 카틴 숲에서 폴란드 장교들이 묻혀 있는 큰 무덤을 찾아냈다고 발표했다. 독일은 그 시체들이 1940년 4월 이전에 코젤스크 포로수용소에 수용되었던 장교들이라고 신원을 밝히면서 소련 당국이 1940년 5월에 포로들을 처형했다고 비난했다. 소련은 전후에도 계속해서 독일이 학살의 범인이라고 주장하며 발뺌하다가 1989년에 이르러서야 부분적으로 시인했다.

카틴 학살의 현장. 소련 군이 폴란드 군인 포로들을 살해해 묻은 카틴 숲에서 독일 군이 학살의 흔적을 확인하고 있다. 소련은 전후까지 계속해서 독일이 학살의 범인이라고 주장하다가 1980년대 말에 이르러 비로소 시인했다.

간적 야만으로부터 해방시키기 위한" 십자군 원정을 촉구했다.[214)]

그러나 그러한 정보들에 직면한 괴벨스의 해외 선전은 더욱더 소련을 "지독한 악취를 풍기는 세계의 적"이라고 폭로하고 이를 통해 서방 연합국의 동맹국 자격을 박탈하고자 노력했다. 1943년 4월 4일 한 친위대 하사관이 스몰렌스크로부터 보내 온 전보가 제국보안중앙국을 거쳐 차관 구터러에게 도착했을 때, 반(反)소련 선전을 위한 한 가지 가능성이 생겼다.[215)] 카틴이라는 지역에서 결박당한 폴란드 장교와 병사들의 시신이 묻힌 집단 무덤이 발견되었다는 보고였다(카틴 학살*). 그 친위대원의 추정에 따르면 이는 소련 내무인민위원회(Narodnyi Konissariat Vnutrennikh Del, NKVD. KGB의 전신인 소련 비밀경찰) 경비부대가 학살한 6,000여 명의 시신으로, 시신들은 점토질의 흙 속에서 어느 정도 썩지 않은 채 유지되어 있다고 했다. "거기에서는 특히 군 장성 한 명과 고위 참모장교 여러 명, 주교 한 명이 발견되었다. 수많은 신분증, 인식표, 부적, 일기 등을 확보했다." 전염병 위험이 있고 집단군이 이 발굴을 선전에 이용하는 일을 차단하고 있기 때문에(그 전의 비슷한 발견들의 경우, 발굴된 시체들은 단지 군의관들에게 연구 목적으로 제공되었고 선전 담당기관들은 전혀 개입하지 않았다) 그 친위대 하사관은 신속한 행동을 권고했다.

이 정보가 뒤늦게 괴벨스에게 도착했을 때 그는 아프리카에서 돌아온 베른트가 참여한 가운데 선전기구를 움직이기 시작했다. 4월 8일 '오전 11시 회의'에서 괴벨스는 지시를 내렸다.[216] 회의 중 괴벨스는 다음날 최초로 스몰렌스크로 떠나기로 예정된 한 무리의 기자들 외에도 폴란드 언론인, 성직자, 학자, 중립국 및 점령 지역 대표단 등이 현지를 방문하도록 하여 소련의 잔인한 행동을 확인하게 하는 일이 얼마나 중요한지를 지적했다. 그외에도 그는 유럽에서 명성을 누리고 있는 작가 한 사람(괴벨스는, 영국을 증오하며 로멜과 함께 이집트에 들어가기를 원한 적이 있는 《비아 말라(Via Mala)》의 작가 존 크니텔John Knittel을 염두에 두고 있었다)을 그리로 보내려 했다. "그는 유럽이 지르는 비명이라 할 수 있는 공개 서한을 작성할 수 있을 것이다."

괴벨스는 기자들이 카틴 숲에서 목격하고 보도한 사실들이 "너무 끔찍하여", 그 사안이 "엄청난 정치적 사건"이 될 것이고 "경우에 따라서는 중대한 파문을 불러일으킬 것"[217]이라고 예측하였다. 그의 추측은 어긋나지 않았다. 독일측이 그 살인의 범인이라는 소련 정부의 주장에도 불구하고, 런던의 폴란드 망명정부는 성명을 발표해 여론에 호소했다. 거기에서는 1939년 소련 군의 포로가 된 폴란드 병사 수천 명의 생사를 여러 차례 문의했으나 무위로 끝났던 일도 지적했다. 그리고 그 문건에서 폴란드인들은 독일의 선전은 언제나 거짓말을 유포하고 있음을 잘 알고 있지만, 이 사건의 경우에는 폴란드 정부가 국제적십자위원회에 호소하고 대표단을 보내줄 것을 요청했다고 밝혔다.[218] 같은 날 독일 정부도 적십자사가 이 사건을 조사해줄 것을 청했기 때문에, 모스크바에서 발행되는 일간지 〈프라우다(Pravda)〉는 곧바로 폴란드인들을 히틀러의 '공범'이라고 공격했다. 4월 26일 스탈린은 앞날을 내다보면서, 몰로토프를 통해 소련이 폴란드의 부르주아적 망명정부와 외교 관계를 단절하도록 지시했다.[219]

선전장관은 승리를 거두었다.

> 적국의 모든 방송과 신문들은 빠짐없이, 그 외교 관계의 단절을 독일의 선전, 특히 나 개인의 전면적 승리로 바라보고 있다. 사람들은 카틴 사건에 지극히 정치적인 물음을 결합한 우리의 비상한 지략과 노련함에 경탄하고 있다. 런던에서는 독일 선전이 거둔 성과에 큰 충격을 받고 있다. 마침내 연합국 진영에 단번에 균열이 나타나는 것을 보고 있다.[220]

그러나 괴벨스는 이 일을 과대평가하면서도 한편으로 독일 내 라디오와 신문에서는 이러한 균열을 다루지 못하게 하고 있었다. 왜냐하면 처칠과 루스벨트는 더 강한 편에 서 있었는데 그것은 다름 아닌 소련이었기 때문이다. 몇 년 전부터 더는 존재하지도 않는 폴란드라는 나라의 피살자 수천 명이 대체 왜 중요하단 말인가?

선전장관의 기쁨은 북아프리카 전장에서 일어난 사건들로 퇴색했다. 5월 5일 그곳에서 영국 군은 결정적인 공세에 착수했고 튀니지의 교두보를 방어하는 추축국 군대들을 둘로 갈라놓았다. 괴벨스가 선전에서 겪을 문제는 새로운 패배를 여론에 전달하는 데만 있지 않았다. 더 심각한 문제는 아프리카 전투와 분리해 생각할 수 없는 로멜 원수가 이미 몇 주 전에(3월 10일에) 독일로 돌아와 있다는 사실이었다. 괴벨스는 이미 참사가 일어난 상황에서 진실을 밝히는 것은 대단히 위험하다고 보았고, 나아가 이 패배로 로멜의 명망에 흠집이 나지 않도록 하려 했다. 그래서 영국측 공세가 시작되자마자 국방군 총사령령부를 통하여, '사막의 여우'가 2개월 동안 요양을 위한 휴가에 들어갔다고 발표하게 했다.[221]

그 후 괴벨스는 아프리카의 패배를 마치 승리인 양 내세웠다. 그 중심에는 또 다시 로멜이 있었다. 로멜은 5월 초 여러 차례 괴벨스와 베른트를 만나, '27개월의 아프리카 전투'라는 라디오 강연을 준비했다.[222] 어느 햇볕 좋은 가을날, 히틀러에게 원수 지휘봉을 하사받은 그 "창조적 전략가", "타미들(Tommys, 영국 보병의 별칭)"과 술래잡기를 하고 있는 "전략의 대가"를 둘러싼 개인 숭배도 그 시각 튀니지에서 독일과 이탈리아의 24만 병력이 항복했다는 사실을 마치 일어나지 않은 일처럼 만들 수는 없었다. 괴벨스는 패배와 관련된 숫자에 대해서는 함구하면서, 자신이 "독일 군의 전시 사기 진작을 위하여 튀니지에서 일어난 사건들을 미화하려 한다."라는 혐의 따위는 안중에도 두지 않는다고 밝혔다.[223]

5월에는 북아프리카의 패배뿐 아니라 점점 잦아지는 영국과 미국의 공습 역시 (보안대 비밀 보고서에 따르면) 독일 전역의 사기를 떨어뜨렸다.[224] 괴벨스는 개인적인 연설들을 통해 공습의 심리적 영향을 완화하는 일이 자신의 과제 중 하나라고 보았지만, "공습 때문에 우리의 물질적 자산뿐 아니라 심적 자산도 상당히 줄어들었다."라고 인정할 수밖에 없었다.[225] 그리하여 그는 1월에 맡은 '공습 피해 복구 범(凡)부처 위원회' 위원장 자격으로[226] 여러 도시를 방문했다.

6월 부퍼탈엘버펠트에서 열린 한 추모 집회에서 연설하면서 그는 초기 투쟁 시기 자신이 활동했던 이곳에 대한 "내적인 유대감은 결코 끊어지지 않았다."라고 밝혔다.[227] 그리고 7월에는 대규모 공습을 당한 쾰른에서 연설했다. 그는 도착하는 곳마다 열렬한 환영을 받았다. 그의 부하 직원 젬러는 고난에 처한 사람들이 최소한 한 사람이라도 자신들의 운명에 관심을 보이고 있음을 느꼈던 것이라고 적었다.[228] 그 달 말에 괴벨스가 7일 동안의 지옥에서 3만 명이 죽음을 당한, 유서 깊은 한자동맹 도시 함부르크를 방문했을 때에도 마찬가지였다.

괴벨스의 선전은 공습이 남긴 엄청난 피해를 부인하지 않았다. 그는 문제를 솔직히 다룰 때에만 국민에게 '도덕적 버팀목'이 될 수 있다는 의견을 가지고 있었다. 동시에 적에게 공습의 무의미함을 설득하려고, 공습은 민간인들의 사기를 더욱 드높일 뿐이라고 주장했다. 그러나 만일 그렇다고 하더라도, 이는 오직 소수에게 해당될 뿐이며 그런 사람들의 숫자도 점점 더 줄어들고 있었다. 그러나 괴벨스는 국민 속에서 "흥미로운 변화"가 일어나고 있다고 혼자 상상했다. "긍정적인 자들은 승리의 확신을 가지고 더욱 광신적으로 될 뿐이고, 특히 지식인 그룹 등을 비롯한 부정적인 자들은 패배주의적 발언들을 일삼고 있다."[229]

괴벨스는 점차 상황을 현실적으로 판단하는 '패배주의자들'이 나타나고 있는 데 대해 거듭 강경한 조치를 취하려 했다. 그의 견해에 따르면 믿음을 통해 현실을 바꿀 수 있다는, 승리를 가능케 할 이데올로기에 대해 방해 공작을 하는 것이 바로 그자들이었다. 전국 방방곡곡에서 집회를 열어 '민족동지들'에게 승리의 믿음과 아돌프 히틀러를 향한 불굴의 신앙을 고취해야 했다. 이와 병행하여 '패배주의자들'을 고발하도록 촉구했다. 이제 전쟁의 결과를 두고 회의적 발언을 하는 것만으로도 게슈타포에 체포되어 특별재판소에서 사형 선고를 받을 충분한 이유가 되곤 했다. 또 괴벨스는 영화감독 헤르베르트 젤핀(Herbert Selpin, 1902~1942), 비판적 언론인 에리히 크나우프(Erich Knauff), 천재적인 신문 만평가 e.o. 플라우엔(e.o. plauen, 1903~1943, 에리히 오저Erich Ohser의 필명) 같은 사람들에게 테러를 가해 결국 자살로 몰고 가기도 했다.[230]

1943년 7월 9일 선전장관은 자신이 1921년에 박사학위를 취득했던 하이델베르크 대학에서 행한 '제국의 운명을 건 투쟁에서 정신 노동자'

라는 강연에서, 어떻게 해야 냉철한 관찰 방식과 상황의 심각성에 대한 인식, 그리고 지식 일반이 '최후 승리'라는 믿음과 부합될 수 있는지 설명했다.

우리는 마르지 않는 힘을 오로지 믿음으로부터만 길어낼 수 있는 천진난만하게 행복한 존재들은 아니다. 그러나 우리는 지식과 인식을 믿음을 반박하는 데 필요한 수단으로 전락시키지도 않는다. 오히려 우리는 지식과 인식을 믿음을 지지하는 기초로 삼는다. 반쪽짜리 지식이 비겁함으로 귀결되는 일은 드물지 않다. 하지만 온전한 지식과 가장 심오한 인식은 믿음에 승리의 힘을 주며, 그 힘은 폭풍우가 몰아치는 가운데에서도 흔들림이 없다.[231]

집단적으로 이성을 억눌러 맹목적 믿음을 가능하게 만들려는 목적에서 괴벨스는 한 가지 작전을 시작했다. 작전의 목적은 복수의 서약이 곧 새로운 무기들, '기적의 무기들'을 통해 실현될 것이라는 풍문을 국민들 사이에 조직적으로 퍼뜨리는 것이었다.[232] 선전부 내 '슈바르츠 판 베르크 사무소'에서 이 작전을 조율한 것으로 보이는데, 이는 공식적으로는 슈바르츠 판 베르크(Schwarz van Berk)라는 친위대 대령의 지휘에 따라 외국을 위해 독일에 관련한 정보들을 수집하는 곳이었으나, 실제로는 뜬소문과 구호를 유포하려고 괴벨스 자신이 만든 것이었다.[233] 그곳에서 펼친 활동이 얼마나 성공적이었는지는 1943년 7월 1일 보안대 보고서에 기록되어 있다. 보고서에 따르면 새로운 무기에 관한 소문은 며칠 전부터 전국에 확산되고 있어 거의 모든 '민족동지'들이 어떤 식으로든지 그 소문을 듣고 있다고 했다. 단지 친구들 사이의 대화뿐 아니라 일부는 공공연하게 대중교통이나 술집 등에서도 매우 상세하게 새로운 무기들에 대한 정보가 퍼지고 있어, 어디에서나 복수가 성공할 것이라는 커다란 희망이 일어나고 있다는 것이다.[234]

그해 여름에 입은 일련의 타격에서 회복하기가 어려웠기 때문에 더욱 이러한 희망이 필요했다. 동부에서는 7월 초에 시작된 쿠르스크 공세가 치열한 전차전 끝에 중단되었다. 붉은 군대가 성공적으로 역공세를 펼쳤기 때문이다. 선전은 독일 여론에 이를 전달하지 않았다. 그 대신 결사 항전의 촉구와 최후 승리의 믿음이라는 상투어들을 뒤섞어 전하는 가운데, 유럽의 몰락을 막으려면 독일 방어선에 공격을 가하는 "무자비한 적" 혹은 "짐승 같은 무리들"을 막아내야 한다고 선전했을 뿐이다.

괴벨스는 상황의 심각성을 깨닫고 있었다. 그는 일기에서 자신이 지도를 보면서 "우리가 지난해 이 무렵에 차지하고 있던 것과 지금 우리가 어디까지 밀려났는가"[235]를 비교할 때면, "약간 소름이 끼친다."라고 적었다. 1943년 8월 말, 그는 새로운 언론 보좌관 빌프레트 폰 오펜(Wilfred von Oven)에게 독일이 전쟁에서 질 수도 있다고 말했다. 그리고 이 경우 자신의 결심은 확고하다는 것이다. "적의 지배 아래 사는 것은 기꺼이 포기할 수 있다. 우리가 이 위기를 극복하거나(그리고 나는 이를 위해 전력을 경주할 것이다) 아니면 나는 다시 한 번 영국의 정신 앞에 싶이 고개를 숙이고 내 머리에 총알을 박을 것이다."[236] 괴벨스는 이 시점부터 6.35구경 권총을 책상 서랍에 보관하기 시작했으나,[237] 대부분 이런 생각에서 빠져나와 자신의 믿음 안으로 도피하려 했다. 그의 믿음은 1차 세계대전 후 개인적인 절망으로부터 빠져나오는 길을 보여주었고, 1932년 나치당이 흔들림 없는 믿음을 통해 위기를 극복한 적이 있다는 경험 때문에 가능했다.

히틀러를 방문한 일이 또 다시 괴벨스에게 새로운 힘을 안겨주었다. 무솔리니의 실각과 이탈리아의 혼란* 때문에 괴벨스는 침묵을 지키고 있었고, 독일의 분위기는 계속 악화되고 있었다. 히틀러가 반 년 만에 다시 라디오를 통해 독일 국민에게 연설하는 일이 시급히 필요하다고 생각

한 괴벨스는 9월 9일 라스텐부르크로 떠났다.[238]

그는 성공했다. 그의 경애하는 '총통'은 바로 그날 연설문을 썼는데, 괴벨스는 이를 보고 "클라우제비츠(Carl von Clausewitz, 1780~1831, 프로이센의 장군. 《전쟁론》의 저자)의 정신"으로 가득차 있다고 칭송했다. 히틀러는 여기서 "바돌리오 도당의 반역"을 비판하고, '두체'에 대한 흔들림 없는 우정을 과시하면서 이탈리아 내 독일의 입지를 방어하는 데 필요한 조치들을 제시했다. 동시에 그는 '민족동지들'에게 독일에서는 결코 그러한 반역이 일어나서는 안 된다고 경고했다. 나아가 히틀러는 영국과 미국의 공습 테러에 보복을 선언하고, 마지막으로 현재의 이 모든 어려움에도 불구하고 독일의 '최후 승리'를 다짐했다. 괴벨스 역시 이를 확신하고 있었다.

여전히 총통 사령부에서 보낸 시간의 영향을 받고 있던 괴벨스는, 히틀러의 연설과 이탈리아에 대한 '맹공격', 특히 독일 국방군의 로마 점령의 결과, 긍정적인 방향으로 또 한 번 분위기를 반전시킬 수 있을 것이라고 믿게 되었다. 그러나 이는 괴벨스가 말하듯, 이탈리아를 "형언할 수 없이" 지독하게 증오하기 때문에[239] 마침내 그들을 공격할 수 있다는 점에 대해 많은 사람들이 지니고 있던 만족감에 불과했다. 선전장관도 여기서 예외는 아니었다. 그러나 독일 공수부대가 놀라운 작전을 펼쳐 이탈리아 아브루치의 산악 지역 그란사소의 한 저택에 연금된 무솔리니를 구해냈을 때, 괴벨스는 그 상황을 회의적으로 판단했다.

두체가 없는 한 우리는 이탈리아를 초토화할 수 있었다. 우리는 어떠한 배려도 없이 그리고 바돌리오 정권의 엄청난 반역을 이유로 이탈리아와 관련된 문제를 해결할 수 있었다. 나는 남부 티롤을 염두에 두지 않더라도, 경우에 따라서는 우리의 국경을 베네토 지방까지 확장할 수 있을 것으로 생각했다.[240]

상황이 정리된 뒤 괴벨스는 신문과 라디오에 그때까지의 신중한 자세를 버리고 이탈리아의 사건들을 히틀러의 논조에 따라 다룰 것을 명령했다. 그 자신도 여러 주 동안의 휴식을 끝내고 〈제국〉에 사설을 썼다.[241] 여기에서 괴벨스는 "바돌리오 도당이 꾸민 반역"을 그 즉시 "완벽한 범위에서" 꿰뚫어보고 있었으나 "우리의 민족적 이해관계를 고려하여" 침묵을 지켰다는[242] 인상을 불러일으키려 했다. 그러나 그의 선전 활동은 독일의 전쟁 수행에 대한 국민들의 믿음을 높이는 데 성공하지 못했다. 그동안 이탈리아 본토에 연합군이 상륙했고, 동부 전선에서는 전선 중부에서 소련의 역공세가 시작되어 1943년 9월 말까지 도네츠 분지와 스몰렌스크를 탈환해 갔다.

"선민(選民)의 궁극적 자유와 자기 실현으로 가는 길에서 전 민족이 골고다를 겪는 일은 피할 수 없다."[243]라는 자주 썼던 상투적 선전은 점점 약효가 떨어졌다. 무력감이 번져 나가고 선전의 공허한 약속들에 절망하면서도 독일 국민들은 '총통'을 추종하여 어떻게 해서라도 버텨내기를 희망했다. 괴벨스는 독일의 여론과 히틀러의 측근들이 전쟁이 이 국면에서 "삶과 죽음을 건 필사적 투쟁"이 되어버렸음을 충분히 인식하지 못하고 있다고 생각했다. 괴벨스는 "독일의 전 민족과 특히 그 시도층이 이를 빨리 깨달을수록, 우리 모두에게 좋은 일이다. 우리가 이 전쟁이 변화하는 어떤 분기점에서 '그건 너무 적었고 너무 늦었다'고 말해야 한다면 이는 슬픈 일이다."[244]라고 썼다. 그로부터 며칠 후 히틀러는 1923년

이탈리아의 혼란 1943년 7월 영국 군과 미군이 시칠리아에 상륙한 후 이탈리아의 군부와 보수파가 7월 25일 무솔리니를 체포했고, 바돌리오(Pietro Badoglio, 1871~1956)가 총리가 되었다. 바돌리오는 무솔리니 정권에서 참모총장을 지내다가 1940년 사임했으며 무솔리니의 하야를 배후에서 기획한 인물이었다. 1943년 9월 3일 이탈리아의 무조건 항복 후, 독일 군은 이탈리아를 침략했으며 무솔리니를 구출하였다. 후에 파르티잔에게 체포된 무솔리니는 총살당했다.

뮌헨 쿠데타 20주년 기념식을 위해 나치당 친위대 앞에서 연설을 하면서 괴벨스에게 "마치 상처에 바르는 향유" 같은 위안을 주었다.[245]

괴벨스는 국내 분위기가 너무 가라앉지 않게 하려고 11월 5일 독일 중부 카셀에서 행한 연설에서, 국민들에게 처음으로 복수의 약속들은 실제로 단순한 반격 이상을 의미한다고 공식 선언했다. "우리가 의도하는 것은 일종의 전 국민적 비밀이 되어버렸다. 모든 사람이 다른 사람보다 더 많이 알고 있다. 그럼에도 불구하고 나는 그리 오래지 않아 영국이 그 국민들의 이마에 공포의 식은땀이 흐르게 할 대답을 받게 될 것이라고 주장할 수 있다."[246] 그로부터 몇 주 후 슈바르츠 판 베르크는 〈제국〉에 쓴 논설에서 공격 시점을 언급했다. 심각한 초조함에 시달리는 국민들에게 답을 주기 위하여, 베르크는 정확한 시점은 노련하게 호지부지 얼버무리면서, 공격 순간은 "심리적으로 적절한 순간"이 언제인가에 달려 있다고 말하고 있었다.[247]

그러나 먼저 공격한 쪽은 영국과 그 동맹국들이었다. 11월 중순 그들은 독일 수도에 조직적 폭격을 가하기 시작했는데, 괴벨스를 비롯한 베를린 시민들은 함부르크가 끔찍한 공습을 당한 후부터 이를 이미 예상하고 있었다. 1943년 8월 1일로 넘어가는 밤에 선전장관은 모든 베를린 가정에 보내는 전단을 배포했는데, 이는 직업 활동에 참여하지 않은 여성, 아이, 노인들에게 덜 위험한 지역으로 도피할 것을 촉구하고 있었다.[248] 그 후 수십만 명이 도시를 떠났다. 아이들을 지방으로 수송한다는 조치에 따라 40만 명의 아이들이 기차로 좀 더 안전한 오스트리아와 슐레지엔으로 옮겨졌다. 이러한 조치를 통해 그 아이들의 어머니들을 총력전에 투입할 수 있었다. 공습에 시달리는 남아 있는 시민들에게 보내는 호소에서 괴벨스는 국민의 사기가 "전쟁을 결정짓는 요인"[249]이라고 표현했다. 괴벨스 자신의 가족(1941년 초 처음에는 베르크호프 산장에, 그 후 오버도나우 관구의 아우스제로 안전하게 피신시켰던 아이들은 그동안 베를린으로

1944년 연합군의 공습이 한 차례 휩쓸고 간 뒤 독일 병사들이 베를린 시가지에서 발견된 불발탄을 터지지 않도록 조심스럽게 종이 꾸러미로 묶어 운반하고 있다.

돌아왔다)은 덜 위험한 보겐제 호숫가의 랑케 저택으로 옮겨 갔다. 괴벨스는 베를린에 머물러 있었다. 그는 사람들이 자신을 베를린 정복자라고 부르고 있으나 앞으로는 베를린의 수호자라는 이름을 얻으려 한다고 강조했다.[250]

포괄적인 방공(防空) 조치가 취해지지 않고 있었고 방공 설비를 건설할 시간도 없었기 때문에(건설 노동자와 자재도 부족했다) 괴벨스는 궁여지책을 써야 했다. 지하철이 지면에서 불과 몇 미터 아래에 있었는데도 괴벨스는 전문가들의 견해와 달리 지하철 시설을 차단하지 않는다는 결정을 관철했다. 그는 이러한 조치가 재앙을 불러일으킬 것이라는 의견에 반박했는데, 실제로 그가 옳았다. 공습이 시작되자 수천 명이 갱도들을 통해 대형 화재에서 피신할 수 있었다. 괴벨스는 다시 이를 자신의 즉흥적 판단이 신중한 '관료들'의 판단보다 더 믿을 만하다는 증거로 생각했다.[251]

괴벨스는 공습의 밤들에 경보가 울려 퍼지는 가운데, 그리고 한낮에는 카이저호프 호텔의 벙커에서 민간인 투입과 구호 조치를 지휘했다. 이를 위해 그는 저명한 호텔 손님들을 위해 빌헬름 광장 지하에 건설된 호화로운 시설들을 즉각 압수했다.[252] 경보가 해제되자 그는 고위 당 관료로는 유일하게 불타는 시내를 서둘러 가로질러 가면서, 여론 선전에서 효과적인 화재 진압 업무를 넘겨받았고, 그곳에서 신속한 구호 조치를 취했다. 사람들이 그가 있는 곳으로 밀려와 그와 악수를 하거나 이야기를 나누었다. '붉은 베딩'에서 열린 공개 식사 자리에서 그는 노동자들로부터 열광적인 환영을 받았다.[253] 수많은 어린 고사포대 보조원들의 장례식 같은 자리에서 괴벨스는 희생과 구원을 주제로 열정적인 연설을 하고 나서 관들 위에 상투적인 격정에 찬 몸짓으로 철십자 훈장을 놓았다. 그럴 때 유가족들은 괴벨스의 참여를 자신들을 존중하는 뜻으로 받아들였다.[254] 괴벨스는 자신이 그들 중 한 사람임을 끊임없이 과시함으로써 고난 중에 인기를 얻었다. 사람들은 그 말이 선전장관 괴벨스의 입에서 나오는 것임에도 불구하고 그러한 격려에 감사했던 것이다.

그리하여 영국이 희망했던 바와 같이 베를린 시민들의 사기가 완전히 꺾이는 일은 결코 일어나지 않았다.[255] 괴벨스의 지시로 (군사 조직을 통해) 공장 내 봉기를 진압할 목적으로 돌격대가 구성한 부대들이나, '특공대'는 전혀 불필요하다는 사실이 드러났다. 1943년 11월 24일 젬러는 이날 아침 노동자의 75%가 일터에 나갔다고 밝혔다. 이는 그 다음 며칠 동안도 마찬가지였는데, 베를린 군수 감독관은 12월 초 생산이 '완전히' 가동되고 있다고 보고했다. 괴벨스가 이런 상황을 자신의 공적이라고 쓴 것은 틀린 말이 아니었다. 그는 자신이 그 혹사당하는 사람들을 지배하고 있다는 확신을 품고, 베를린 시민들이 빌헬름 광장으로 쳐들어와서 전쟁 종결을 요구하지 않은 것은 자신의 개인적인 공적이라고 썼다.[256]

그의 노력은 결국 히틀러에게 사례를 받게 되었다. 히틀러는 1943년

12월 23일 자신의 가장 충실한 추종자에게 범(凡)부처 위원회를 전신으로 하여 신설된 '공중전 대비 민간 조치 제국감찰국'의 지휘를 맡겼다. 이로써 그에게 "공중전의 최근 경험들을 지속적으로 염두에 두면서, 공중전 피해 복구와 관련된 모든 지역적 대비·예방·구호 조치들을 검토하고, 이 조치들의 실행을 위하여 지역적으로 가동 가능한 모든 역량, 특히 공동 부조와 자조 역량을 추가 작동토록 하는" 과제를 위임받은 것이다.[257] 장관은 '총통 각하'가 이러한 신뢰를 보여준 데 격정적으로 감사를 표했다.

아내와 자녀들, 장모, 누이동생 마리아 키미히와 함께 랑케에서 보낸 1943년 크리스마스에 괴벨스는 히틀러에게 "각하가 어깨에 짊어진 엄청난 심려 중 작은 부분이라도 덜어낼 수 있게 되어" 매우 행복하다고 썼다. 그는 실패의 짐에 짓눌린 히틀러에게 "투쟁의 해 1944년"에도 "그 어떤 처지에 빠지더라도" 자신을 믿을 수 있을 것이라고 약속했다. 그리고 그에게 "건강과 축복받은 활동"을 기원했다. "그렇다면 우리 모두가 희망하는 그 일은 각하의 천재성과 우리들의 땀의 결과가 될 것입니다."[258]

그해 말, 괴벨스는 동부 점령 지역의 선전 활동 관할권을 두고 로젠베르크와 벌인 갈등에서도 명백한 우위를 차지할 수 있었다. 12월 15일 각 제국전권위원 산하의 선전 분과들이, 문화 정책과 신문 분야를 제외하고 괴벨스의 부처에 편입된다는 합의가 이루어졌다.[259] 괴벨스는 로젠베르크가 동부 장관이 된 뒤부터, 1941년 7월 17일 총통 명령을 통해 로젠베르크가 맡은 "이 분야에 해당되는 전 업무의 독점 관할권"에 맞서 지속적으로 투쟁해 왔다. 여기서 괴벨스는 자신의 선전기구가 선전의 실질적 수행에서 핵심 기관이며 "전쟁 중 이의 붕괴는 국방군의 특수 부문의 붕괴와 마찬가지"라는 1939년 9월 8일자 총통 원칙을 근거로 삼았다.

로젠베르크가 선전부의 동부 활동 예산을 끌어오려 했을 때 상황은 로젠베르크에게 유리하게 진행되는 듯했다. 그 후 선전부 내 동부총국 책임자 타우베르트는 구터러 차관에게 "심각하고 근본적인 의구심"을 나타냈다. "우리는 중기적으로 완전히 동부 장관의 손아귀에 떨어질 것이다."[260] 로젠베르크는 소득 없이 끝난 양측의 대화를 자신에게 유리한 합의인 양 자의적으로 해석했다. 그는 제국재무장관에게 동부 점령 지역의 선전 예산이 1942년 12월 1일부터 자신의 단독 기획으로 넘어오게 되었다고 통지했다. 로젠베르크는 "이 시점부터 선전부에서도 필요한 예산을 직접 내게 신청해야 한다."라고 덧붙였다.[261]

로젠베르크와 총리청 비서실장 람머는 괴벨스에 맞서는 동지가 되었다. 람머는 히틀러가 동부장관의 의도대로 예산을 귀속시키는 명령을 내리도록 영향력을 행사했을 뿐 아니라, "선전부 내 동부총국을 없애는 것이 이 총통 결정의 필수적 결과"라고 히틀러에게 설명했다.[262] 1943년 5월 23일 괴벨스는 개인적으로 히틀러에게 접근해, 선전부가 선전 업무를 총괄 지휘해야 한다는 여러 차례에 걸친 자신의 주장을 상기시켰다. 그리고 '총통 각하'가 이러한 방향으로 결정을 내려준다면 "감사를 표할 것"이라고 말했다.[263]

비록 히틀러가 8월 15일 괴벨스의 생각에 근본적으로 상응하는 지시를 내렸지만[264](특히 동부 점령 지역의 예산을 계속 선전부가 관리하게 되었다), 두 적수의 갈등은 언론 및 문화 활동 관할권을 둘러싸고 변함없이 계속되었다. 이를 계기로 람머는 선전장관에게 보내는 지극히 악의에 찬 편지에서, '총통'은 8월 15일 지시를 내린 직후에 다시 이 문제를 거론해야 하는 것을 "그리 유쾌하게 여기지 않고 있다."라고 전달했다. 히틀러는 명쾌한 관할권 분리가 불가능하기 때문에 괴벨스가 로젠베르크와 대화를 나누기를 기대한다는 것이다. 이것이 가능하지 않다면 보어만과 람머 자신이 분쟁 당사자들 사이의 합의를 이끌어낼 수밖에 없다. '총통'은 이 사안에 또 다시 얽히지 않기를 원한다는 것이다.[265]

이 오랜 경쟁자들이 동부 점령 지역의 선전 관할권을 놓고 벌이는 분

연합군 폭격 후 막대한 피해를 복구하기 위해 괴벨스가 베를린 주둔 장교들과 군 투입을 논의하고 있다 (1944년 2월).

쟁은, 1943년 12월 쟁점들을 배제한 채 이루어진 합의를 통해 마침내 어느 정도 가라앉게 되었다. 그러나 그동안 점령 지역에서 선전은 그리 큰 의미를 지니지 않게 되었다. 포스터 3800만 장, 팸플릿 5400만 부, 18개 언어로 32개 동부 지역 라디오를 통해 송출되는 정치 뉴스 방송들, 7,625건의 주간 뉴스 동부판, 그리고 650개의 야전 영화관에서 상영된 수많은 선전영화들(괴벨스는 1943년 5월 23일 히틀러에게 보낸 편지에서 그렇게 뽐냈다)은 "불타버린 땅"에서 벌어지는 전쟁, 그리고 친위대와 보안대의 특별 부대들이 자행하는 끔찍한 테러와 현격한 대조를 이루었다. 선전국의 타우베르트는 그 재앙을 다음과 같이 전했다.

> 만일 동부의 도시들에 붙은 수백만 장의 포스터 아래에서 러시아 포로가 총살당하거나 수천 명이 굶어 죽는다면, 주민들이 가축처럼 강제노동으로

끌려간다면, 친애하는 전권위원들이 승마 채찍으로 국민들을 골탕 먹인다면 (물론 이들은 독일의 전권위원들인데, 볼셰비키 전권위원들은 러시아 국민에게 태형을 적용하기에는 너무 영리한 심리학자들이기 때문이다), 아무리 그 포스터에서 히틀러가 '해방자'로 묘사된다고 한들 장기적으로 보아 대체 무슨 소용이 있을 것인가." "독일 선전의 아름다운 표현들은 독일 정치가 실제로 저지르는 일들 때문에 점점 더 거짓말로 전락하고 있는 것이다."[266]

괴벨스와 로젠베르크의 갈등은 해당 동부 지역이 붉은 군대의 침입으로 점점 더 줄어들어 감에 따라 더욱 그로테스크한 양상을 보였다. 1944년 1월 4일 소련의 우크라이나 전선 부대들은 볼히니엔에서 폴란드와 소련 국경을 넘었다. 그로부터 열흘 후 소련 군은 전선의 북부에서 성공적인 대공세를 펼쳤다. 남부 지역에서는 3월 초 전반기 공세가 시작되었다. 그러나 흉흉한 소식들을 속속 보내 온 것은 동부 전선뿐이 아니었다. 헝가리 총리 칼라이(Miklos Kallay)가 서방 연합국과 접촉하기 시작했는데, 그 직후 독일 군은 헝가리를 점령했다.* 1943년 10월 바돌리오 총리가 대독일 선전포고를 했던 이탈리아에서는 연합군 상륙 부대들을 안치오-네투노에서 막아 지중해로 돌려보내려는 시도가 실패했다. 대서양에서도 독일 잠수함들의 전세는 점점 불리해졌다. 전력 면에서 월등히 뛰어난 영국과 미국의 공군은 이제 대낮에도 더욱 강력하게 공격을 감행하고 있고, 이에 맞서는 독일 공군은 제국 영토 전역에서 절망적일 만큼 불리한 처지에 빠진 채 전투를 벌이고 있었다. 독일의 도시들은 점차 잿더미로 변하고 있었다.

나아가 이미 1년 전부터 예고된, 대륙을 가로지르는 연합군의 공격이라는 '다모클레스의 칼'*이 있었다. 몇 개월 전부터 괴벨스는 선전을 통해 쉬지 않고 독일인들, 그리고 자기 자신에게 연합군의 시도는 성공할 수 없다는 확신을 심어주려 했다. 그의 생각은 군 장성들의 지나치게 낙관적인 상황 판단에 지지를 받고 있었다.

  1944년 2월 중순, 서부 전선 총사령관인 게르트 폰 룬트슈테트 육군 원수는 대서양 방벽*에 대한 "매우 효과적인 연설"을 했는데, 그는 연설에서 이 방벽이 영국과 미국이 돌파할 수 없는 완전히 새로운 유형의 요새 시설이라고 강조했다.[267] 국방군 작전부장 요들은 2월 24일 뮌헨 관구 지도자 회의에서 비슷한 발언을 했다. 히틀러도 호프브로이하우스 맥주홀 연회장에서 열린 나치당 근위대의 대규모 집회에서 연설하면서 자신이 '승리의 길'을 가고 있으며, 전 세계 유대인을 굴복시킬 때까지 이 길을 "비타협적으로 계속 걸어갈 것"이라고 선언했다(괴벨스는 이 연설을

독일 군의 헝가리 점령 2차 세계대전 당시 헝가리는 독일에 협력했으나, 동부 전선에서 소련이 계속 승리하자 1943년 영국과 비밀리에 협상에 나섰다. 헝가리의 나치 단체가 이 움직임을 독일에 보고했고 이에 히틀러는 1944년 3월 헝가리를 점령하도록 했다.
다모클레스의 칼 다모클레스(Damocles)는 기원전 4세기경에 활동한 시칠리아 시라쿠사의 참주 대(大)디오니시오스의 신하였다. '다모클레스의 칼' 전설에 따르면, 다모클레스가 디오니시오스의 행복을 터무니없이 과장하여 떠들어대자 디오니시오스가 화려한 잔치에 그를 초대해 천상에 실 한 올로 매달아 놓은 칼 밑에 앉히고 권력자의 운명이 그만큼 위험하다는 것을 보여주었다고 한다.
대서양 방벽 미국의 참전 후 히틀러는 전쟁이 장기화할 것에 대비해 서유럽 점령 지역의 방위를 더욱 강화했다. 그는 1942년 8월, 서부 전선 총사령관 룬트슈테트 원수에게 영국과 미국 연합군이 프랑스 해안 지대로 상륙 작전을 감행할 것에 대비해 '대서양 방벽'을 구축하라고 지시했다. 대서양 방벽은 약 5,000킬로미터에 이르는 프랑스 해안 지대를 따라 건설되었는데, 콘크리트와 철강 구조물로 약 15,000개의 거점이 설치되었다. 그러나 룬트슈테트 원수는 방벽보다 전투 부대의 자질을 향상시키는 것이 더 중요하다고 생각했다. 1943년 11월 히틀러는 B집단군의 로멜 원수를 그의 군대와 함께 서부 전선으로 이동시켰다. 방벽 계획에 회의적인 룬트슈테트와 달리 로멜은 방벽을 강화하는 데 힘써 수중 장애물과 지뢰, 방공호 등을 설치했다. 히틀러의 예상대로 영국과 미국 연합군이 1944년 6월 6일 '노르망디 상륙작전'을 감행했다. 그러나 독일군 사령부는 공격 예상 지역과 가장 좋은 대응책이 무엇인지 의견의 일치를 보지 못했기 때문에 즉각적이고 강도 높은 반격을 하지 못했다.

"매우 신선하다."라고 평가했다). 그리고 곧 "폭풍우처럼 몰아치는 엄청난 박수 갈채"가 시작되었을 때, 괴벨스의 걱정은 다시 (잠간이나마) 사라져 버렸다.268)

서부 전선에서 결정적 전투를 앞두고 있던 이 무렵, 괴벨스는 히틀러와 군 장성들의 관계 개선을 위해 모종의 조치를 취해야겠다고 생각했다. 히틀러와 군 장성들의 관계는 특히 1943년 9월 소련의 전쟁포로가 된 자들이 만든 '독일장교동맹'의 활동으로 심각한 지경에 이르러 있었다. 그 의장인 발터 폰 자이들리츠쿠르츠바흐(Walther von Seydlitz-Kurzbach, 1888~1976) 장군과 공군 대위 하인리히 그라프 폰 아인지델(Heinrich Graf von Einsiedel)을 비롯한 장성들은 소련의 사주를 받아 전투 중인 전우들에게 반(反) 히틀러 봉기를 촉구했다. 괴벨스는 히틀러의 국방군 보좌관 슈문트에게 "군이 단호하게 자이들리츠 장군과 신을 긋고 결별한다."라는 선언을 발표할 것을 제안했다. "이 선언은 총통에 대한 불타는 충성의 맹세를 표현해야 하고 국방군의 모든 원수들이 서명해야 한다."269) 슈문트가 이 착상에 열렬하게 동의했기 때문에, 선전장관은 곧바로 그에게 성명의 내용을 구술했다. 그로부터 며칠 후 슈문트 보좌관은 "행복에 겨워" 전화를 했다. 그는 "원수들을 모두 방문했고 어디에서나 환대를 받았다."는 것이었다.270)

3월 3일 괴벨스가 오버잘츠베르크 산에서 히틀러와 함께 있으면서 식탁에 어느 정도 활기가 돌아온 것을 기뻐하고 있을 때, 히틀러는 긴 독백을 통해 자신과 '어떠한 내적 관계'도 맺지 않고 소극적 태도를 보이고 있으며 일부는 그저 말썽만 빚고 있는 "아주 역겨운" 장성들을 거듭 비난했다. 이런 일은 스탈린이 더 손쉽게 처리하는데, 스탈린은 자신을 방해하는 장성들을 제때 총살시켰다는 것이다. "우리는 이 방면으로 아직도 하지 못한 일이 몇 가지 있다. 그러나 이를 위해 전시(戰時)는 적당하지 않은 시기이다."[271] 그런 히틀러의 생각 때문에, 괴벨스는 몇 주 후 히틀러가 원수들과 면담한 일과 그들의 "지극히 나치적인" 충성의 선언을 설명했을 때 더욱 만족스러웠다. 괴벨스는 4월 18일 득의만면하여 일기에 썼다. "이는 매우 기쁜 일이다. 왜냐하면 내가 그 선언을 작성한 장본인이기 때문이다. 총통은 이 사실을 모르고 있다."[272]

그 전날 괴벨스는 뮌헨에서 열린 뮌헨 관구 지도자 아돌프 바그너의 영결식에 참가했다.[273] 바그너는 "우리의 오랜 행군자들이 잠들어 있는" 뮌헨 쾨니히 광장의 총통관 옆 명예의 전당에 묻혔다. 괴벨스는 오찬 때 히틀러에게, 중부 유럽으로 진군을 시도하는 '금권정치가'들과 '볼셰비키들'의 어색한 동맹이 점점 불안정해지고 있다고 설명했다. 영국에서는 아직 '점화'되지는 않았으나 위기가 이미 확산되고 있다는 것이다.

히틀러가 분통을 터뜨린 두 번째 주제는 또 다시 그 침략(서부 전선의 연합군 공세)에 대한 것이었다. 그는 서부 전선의 B집단군 사령관 로멜 원수가 "모범적으로 활동하였다."라고 칭찬을 늘어놓았다. "영국과 미국을 상대로 오랜 빚을 청산해야 할 그는 내적으로 분노와 증오로 이글거리고 있다." 그렇게 승리에 빛나는 원수가 그에게 5월 1일까지 방어 준비를 마칠 것이라는 "구속력 있는 약속"을 했기 때문에, 히틀러는 적국의 침략이 실패할 것이라는 데 지극히 낙관적이었다. 그는 얼마 후 제국 지도자들과 관구장들 앞에서 행한 연설을 "독일의 승리에 대한 무조건적 믿음의 고백"으로 시작하면서 이러한 생각을 재차 강조했다.

얼마 전 히틀러가 베를린 시의장에 임명했고 이로써 "제국 수도의 지도와 지휘에서 절대적 권한을 위임받은"[274] 괴벨스는 히틀러의 55살 생일에 즈음하여 보낸 편지에서 히틀러의 부담을 자신이 조금이라도 더 넘겨받을 수 있게 된 것을 특별한 행운으로 생각한다고 또 한 번 밝혔다. 이때 괴벨스는 손을 떨고 머리가 센 독재자에게 다음과 같이 말하는 것도 마다하지 않았다.

> 저는 각하를 위기의 순간에 가장 경애하였습니다. 위기는 언제나 저를 각하와 더욱 가깝게 만들었습니다. 각하가 이러한 고뇌 속에서도 위대한 인간, 더욱이 소박한 인간으로 남아 있다는 사실은 저에게는 각하의 인격을 가장 아름답게 보여주는 증거라고 생각됩니다. 각하의 모든 가까운 측근들과 마찬가지로 제가 고민을 가지고 각하에게 가서 각하의 강인함에 기대어 저 자신을 바로 세울 수 있다는 사실은 이 최악의 시간에도 언제나 저에게 새로운 힘과 새로운 믿음을 주고 있습니다.[275]

괴벨스는 5월 중 영국과 미국이 상륙 작전을 감행한다면 엄청난 인명 피해를 각오해야 할 것이라고 계속 예고하는 한편, 로멜을 승리의 전형으로 찬양하여 무너지지 않는 대서양 방벽의 신화를 만들어냈다. 그러나 바로 그 자신이 어느 때보다도 그런 믿음을 필요로 했다. 왜냐하면 그의 선전이 국민들 사이에서 점점 더 약효를 잃고 있었기 때문이다. 히틀러가 진격을 막아냈다고 믿고 있던 붉은 군대에 대한 공포가 그나마 독일 국민들을 동원할 수 있게 하고 있었다.

그가 〈제국〉에 쓴 한 사설 제목은 마치 개인적인 탄식처럼 보였다. "왜 이렇게 우리는 힘들게 되었는가?"[276] 전선들에서 계속되는 타격과 패배들을 '설명'이라도 하려면, 괴벨스는 선전에서 점점 더 형이상학적 범주로 도피하는 수밖에 없었다. 이 무렵 그는 "섭리의 믿음" 같은 말들을 사용하는 일이 잦아졌다. 역사는 "모든 인간적 행위를 뒤덮는 거대한 정의"를 보유하고 있고, 그 정의는 나치즘의 "정당한 과업"에도 결국 이루어질 것이라 주장했다.[277]

동시에 괴벨스의 망상의 세계는 더 맹렬하게 공격성을 내뿜었다. 총력전, 다시 말해 전방과 군수산업을 위해 가능한 모든 힘들을 동원한다는 그의 구상은 아직까지 히틀러의 호응을 받지 못하고 있었다. 그 때문에 괴벨스는 스스로 더욱 강력하게 전쟁의 극단화를 위해 애썼다. 그는 한 선전 캠페인에서 (예를 들어 5월 말 〈민족의 파수꾼〉에 실린 한 논설처럼) 제네바 조약*의 실질적 파기를 요구하면서, 격추한 적의 항공기 조종사를 국민들의 습격으로부터 보호하지 말아야 한다고 주장했다. 저공 비행기의 민간인을 목표로 하는 총격이나 거주 지역 폭격은 "적나라한 살인 행위"이며, 교전 상대국의 이러한 행위를 뒷받침해줄 수 있는 국제법상 규정은 있을 수 없다는 것이다. 우리는 "이러한 범죄자들로부터 스스로 방어할 수단과 방도를 찾게 될 것이다."[278]

1944년 5월 30일 총통 사령부는 보어만이 서명한 회람을 모든 제국지도자들과 관구장들에게 보냈는데, 이는 영국과 미국의 저공 비행기 조종사에게 린치를 가하는 사람에 대한 형법상 처벌 규정을 없앤다는 내용이었다.[279] 이를 폭격기 조종사에게도 적용하기를 원했던 괴벨스는 1944년 6월 4일 뉘른베르크 하우프트마르크트 광장에서 열린 집회에서 영국과 미국의 '테러 공격'을 거듭 맹비난했다.[280] 다음날 그는 오버잘츠베르크 산에 머물면서 "린치에 대한 규정"을 토의하였지만, 실망스럽게도 현행 규정을 유지하도록 결론이 내려졌다.[281] 그동안 친위대 계급이 소장으로 진급한 괴벨스의 부하 베른트는 처음에는 이 따위 규정에 전혀 얽매이지 않았다. 그는 1944년 6월 6일 낙하산을 타고 뛰어내려 살아난 미국 조종사 데니스 소위를 대로에서 사살했다. 베른트의 정적들은 책임을 물으려 하였지만, 카이텔을 비롯한 다른 이들이 막아주었고 나중에는

제네바 조약 군인과 민간인을 전쟁으로부터 보호하기 위해 1864~1949년에 스위스의 제네바에서 체결된 일련의 국제 조약. '적십자 조약'이라고도 하는데, 이는 전시에 부상자·포로·피억류자 등을 식별·보호하기 위해 적십자의 표장을 사용한 데서 유래한다.

힘러도 그를 옹호했다.[282]

선전장관은 1944년 6월 5일 히틀러를 만나고 나서, 비록 "멀리서 보면 심각한 시련을 겪고 깊이 고개 숙인 남자로 그 어깨가 책임의 무게에 눌려 무너질 것같이 보인지만", 가까워질수록 "사실은 활기차고 결단력 있으며 침울함이나 심적 충격의 흔적이 조금도 없다."는 인상을 받았다.[283] 육체적으로 붕괴 직전인 히틀러와 대화를 나누면서 괴벨스는 거듭 반(反) 괴링 분위기를 조장했다. 그리고 그 대화의 주제는 교전 상대국들의 동맹에서 이른바 위기가 생겨나고 있다는 것 외에도 특히 외교에 관련된 사항들이었다. 괴벨스는 히틀러가 외무장관 리벤트로프에게 "부분적으로만" 동의하고 있으며, 이미 여러 차례 리벤트로프를 해임할 생각을 해 왔지만 적절한 후임자를 찾지 못했다는 사실을 알고 흡족했다. 그러나 "총통이 그 후임이 필요하다면 로젠베르크를 물망에 올려놓고 있다고 말했을 때 나는 경악을 금치 못했다. 리벤트로프 대신 로젠베르크, 그것은 엎친 데 덮친 격이다. …… 그는 창백한 이론가이며, 현실 정치에서는 그 어떤 재능도 없다." 그러나 괴벨스는 히틀러의 이러한 고백을 듣고, 현재 '총통'이 리벤트로프에게 무언가 결정적인 조치를 취할 처지가 아니라는 사실을 금세 깨달았다. "상황이 흘러가도록 그대로 두는 것"이 그가 취할 수 있는 행동이었다.[284]

저녁 10시경 "우리가 적국의 무선 교신에서 감청해냈으며 오늘밤 침략이 시작된다는 내용이 담긴" 정보가 처음 도착했다. 그러나 벌써 며칠 전부터 '침략'에 대해 농담을 늘어놓던 괴벨스는 이를 진지하게 받아들이지 않았다.[285] 이 전쟁의 이른바 결정적 국면에 이르러 점점 더 자주 '총통 각하'의 곁을 찾아오던 선전장관은 이날도 바깥에서는 "무시무시한 폭풍"이 몰아치는 가운데 오버잘츠베르크 산 베르크호프 산장의 벽난로 앞에 히틀러와 오랫동안 앉아 있었다. 새벽 2시가 되어서야 그는 작별을 고하고 나서 보어만에게 들른 후, 4시경 베르히테스가덴의 호텔로 가려고 차를 타고 산을 내려왔다. 그곳에서 보좌관 젬러는 "믿을 만한 문건"을 그에게 제시했는데, 이에 따르면 "침략이 이른 아침에, 그것도 서부 지역에서 시작될 것이라고 했다." "이로써 이 전쟁의 결정적인 하루가 시작되었다."[286]

걷잡을 수 없이 분주한 시간들이 시작되었고, 그동안 영불 해협의 해안에서 새로운 보고가 속속 도착했다. 그러나 그 상륙 작전(1944년 6월 6일 시작된 연합군의 노르망디 상륙 작전)이 단지 독일의 주의를 그리로 돌리기 위한 작전에 불과한 것인지, 그래서 혹 다른 지역에서 본격적인 공격이 임박해 있는 것이 아닌지 불분명했다. 괴벨스는 '총통 각하'가 "약해진 조짐을 전혀 보이지 않아" 안도했다. 6월 6일이 지나는 동안 상황은 여전히 모호했지만, 그날 저녁 그의 특별 기차가 베르히테스가덴 역에서 베를린 방향으로 떠날 때 괴벨스의 걱정은 순식간에 사라져버렸다. 왜냐하면 작별할 때 "깊은 감회를 표현한" 히틀러가 다시 한 번 "적을 유럽 대륙에서 내던져버리는 일이 비교적 짧은 시간 내에 성공할 것이라는 변함없는 확신을 표명했기" 때문이다.[287]

괴벨스의 이러한 비현실적 믿음은 마침내 투입 준비를 끝낸 '기적의 무기' 때문에 더욱 강화되었다. 그는 무기의 완성이 계속 지연되는 바람에 지난 1년간 물 밑에서 진행한 그의 선전뿐 아니라 자신의 신뢰성까지 위협받고 있다고 우려했다. 1944년 4월 보안대의 어느 보고에 따르면 그동안 국민들은 복수가 어떻게 이뤄질 것인지보다 오히려 그 복수라는 것이 대체 일어나기는 할 것인지를 이야기하고 있다는 것이었다.[288]

6월 초 마침내 준비가 갖춰졌다. 괴벨스는 9일 자신의 집으로 몇 사람을 초대해 그들에게 독일의 장거리 무기가 최초로 발사될 것임을 밝혔다. 슈페어의 발표에 의존하고 있었으며 장거리 무기의 효과를 과대평가하고 있었던 괴벨스는 뉘른베르크 집회에서 그랬던 것처럼, 그 무기가 "전쟁을 결판 지을 특성을 지녔다."라고 강조했다. 그러나 박수 갈채는

1944년 6월 6일 노르망디에 상륙하는 미군. 8월 29일까지 계속된 '노르망디 상륙작전(정식 작전명 오버로드 작전Operation Overload)은 2차 세계대전에서 연합군이 승리하는 데 결정적인 계기가 되었다.

너무 이른 것이었다. 또다시 지연된 것이다.[289]

1944년 6월 12일에서 13일로 넘어가는 밤에 '기적의 무기'의 첫 번째 투입이 이루어졌으나, 이는 다시 중단되었다가 6월 15일 계속될 수 있었다. 괴벨스는 안도감에 젖어 언론 보좌관에게 다음과 같이 말했다.

> 나는 이제 이 복수가 현실이 된 데 아마도 독일 국민 중 가장 커다란 만족을 느끼고 있다고 생각한다. 왜냐하면 바로 내가 이를 독일 국민에게 약속했기 때문이다. 그것이 실패했다면 내게 책임이 돌아왔을 것이다. 자네는 오로지 '복수는 언제 이루어지는가?'라는 단 한 가지 질문만을 담고 있던 수백 통의 편지들을 기억할 것이다.[290]

노르망디 상륙작전이 있은 1944년 6월 6일, 히틀러가 총사령부에서 참모들과 작전 지도를 검토하고 있다. 지도 위에서 노르망디에 구축된 연합군의 교두보를 가리키는 사람은 알프레트 요들 장군이다.

 마침내 복수가 이루어지게 되었고 승리에 대한 괴벨스의 환상은 날개를 달았다. "우리의 주식들은 국내에서뿐 아니라 국제 사회에서도 대폭 상승했다."291)

 그러나 괴벨스는 선전에서 지나치게 희망을 불어넣지 않으려 했다. 왜냐하면 이는 정반대로 뒤집어지기 쉽기 때문이었다. 신중함(예를 들어 '복수'라는 표현은 가급적 피해야 했다)이 필요한 이유는 특히 '기적의 무기'라는 선전의 진실 여부를 현실에서 검증할 수 있게 되었기 때문이다. 그런 까닭에 괴벨스는 부정확한 표현을 담은 디트리히의 일일 구호에 기반해 유명한 언론인 오토 크리크가 〈베를리너 나흐트아우스가베(Berliner Nachtausgabe)〉에 쓴 사설을 명백한 오류라고 보았다. 그 사설은 "8천만 명의 독일인이 그토록 고대하던 날은 오고야 말았다."라는 문장으로 시작했다.²⁹²⁾ 괴벨스는 자신의 보좌관 오펜에게, 국민 정서는 "지극히 복잡한 도구"라고 말했다. 그래서 이 '도구'를 매우 정확히 알고 있어야 이를 가지고 놀 수 있다. 디트리히처럼 "서투른 자"는 이를 "결코 이해할 수 없을 것"이다.²⁹³⁾

불의의 사고들에도 불구하고 신무기 투입은 독일 국민들에게 다시 짧은 시간 동안이나마 사기 진작을 가져왔다. "독일 국민은 거의 열병에 도취된 듯하다……. 일부에서는 전쟁이 3일이나 4일, 혹은 8일 만에 끝날 것이라는 데 내기를 걸고 있다."²⁹⁴⁾ 보안대의 보고들은 노르망디에서 치열한 격전이 벌어지고 있던 이 무렵, '총통'의 신망이 다시 높아지고 있으며 다시 오르막길이 시작된다는 희망이 생겨나고 있음을 보여준다. 어떠한 방어 조치도 불가능하다는 그 무기의 소식들은 일선 병사들에게도 새로운 믿음을 주었고 전장의 사기를 드높였다.²⁹⁵⁾

괴벨스는 선전으로 끊임없이 증오와 복수심을 선동하여 사기 진작 효과를 높이려 했다. 라디오 프로그램 수석논평자 겸 책임자²⁹⁶⁾ 한스 프리체가 6월 17일 상관 괴벨스의 기조에 따라 라디오에서 말한 바에 따르면, 영미의 폭격 테러가 일어나고 있던 몇 개월 내내 "유럽에서는, 과거 치열하던 유럽 내의 전쟁들을 지배했던 그 어떤 증오보다도 더욱 커다란 증오가 고이고 있었다. 유럽 민족들은 이 몇 개월 동안 증오를 먹고 살았고, 이 테러를 쳐부수고 복수할 것이라는 의지를 먹고 살았다!"는 것이다.²⁹⁷⁾

7월 초에는 선전에서 '복수'라는 주제가 크게 강조되었고, 6월 17일부터 슈바르츠 판 베르크의 제안에 따라 공식적으로 'V 무기(V는 복수 Vergeltung를 뜻한다)'라고 불리게 된 그 장거리 무기들이 더 엄청난 성능을 갖추고 등장할 것이라고 예고되었다. 하지만 보안대 보고는 곧 국민들의 분위기가 '침체'되고 있음을 보여준다. 그 장거리 무기들이 극적으로 진행되고 있는 전쟁 상황을 전혀 바꾸지 못할 것으로 보였기 때문이다. 연합군은 프랑스에서 불과 며칠 만에 확고한 교두보를 쟁취하여 그곳을 통해 거의 방해받지 않고 보급을 받고 있었다. 이탈리아에서는 독일 군이 6월 4일 로마를 비워준 후 연합군이 더 북쪽으로 치고 올라왔다.

전황이 계속 악화되고 있는데도 총통 사령부에서는 긍정적인 판단들이 흘러나왔다. 그곳을 지배하는 낙관론과 군 장성들의 지나친 복종에도 불구하고 다름 아닌 히틀러 자신이 이런 식으로 자신의 실패를 숨기려 했다는 사실에 대해 괴벨스는 눈을 감으려 했다.[298] 그는 한 번 더 동지들을 규합했다. 풍크, 슈페어, 라이, 프리츠 자우켈이 이른바 수요 회의에서 상황을 이리저리 조종했는데, 그 모임에는 식량농업부 차관 헤르베르트 바케(Herbert Backe), 내무부의 슈투카르트, 선전부의 나우만도 출석했다. 그들은 자신들이 보기에는 아직까지 충분한 범위에서 이루어지지 않고 있는 전쟁 총동원 조치를 논의했다. 그곳에 모인 사람들은 모두 선전장관의 지도력에 의존했는데, 그들은 괴벨스가 모두가 고대하는 전환점을 가져올 적임자라고 믿었다.

6월 중순 괴벨스는 지극히 위태로운 상황에서 '비상조치'를 취해야 한다는 점을 슈문트가 확신하도록 만들었다.[299] 히틀러의 국방군 보좌관 슈문트는 히틀러에게 괴벨스와 나눈 이야기를 자세히 보고한 인물이기도 했다. 히틀러는 1시간 동안 말없이 듣고 나서 선전장관을 '최대한 빨리' 오버잘츠베르크 산으로 불러오라고 지시했다.[300] 히틀러가 서부 전선의 룬트슈테트와 로멜 원수를 방문하느라 며칠 지연된 이 면담에서, 괴벨스는 상황의 심각성을 고려하여 마침내 총력전에 대한 '총통 각하'의 동의를 끌어낼 수 있기를 희망했다.[301]

1944년 6월 21일 두 사람은, 괴벨스가 일기에 쓴 것처럼 그 전쟁 기간 중 "가장 심각하고" "가장 중요한" 면담을 위해 베르크호프 산장의 커다란 홀에 마주보고 앉았다.[302] 괴벨스는 히틀러에게 "환상이라고까지 말하지는 않겠지만 근거 없는 낙관론에 커다란 의구심을" 표현하였고, 총력전이 단지 "상투적인 말이 되고" 실제로는 전혀 이루어지지 않고 있다고 불평했다. 괴벨스가 자신의 견해를 피력하고 나자 히틀러는 특유의 장광설을 괴벨스에게 늘어놓았다. 이 일을 괴벨스는 일기에 다음과 같이 요점을 정리해 두었다.

> 이 모든 것은 총통이 현재로서는 아직 독일 국민에게 참된 의미의 총력전을 대대적으로 호소할 시기가 아니라는 의견을 가지게 하였다. 그는 잠정적으로 지금까지 사용한 방편을 계속 쓰려고 했다. 비록 내가 정력적으로 이에 반대하면서, 우리가 그러한 방법들을 쓴다면 경우에 따라서는 너무 늦게 될 수도 있다고 설명했다. …… 총통은 이 위기가 아직은 최후의 수단을 동원할 만큼 그렇게 심각하고 진지하다고 생각하지 않았다.[303]

몇 시간에 걸친 대화 끝에 선전장관은 자신의 제안이 또 다시 실패했음을 깨달았다. 히틀러의 논리가 (드물게도) 이번에는 그를 완전히 납득시킬 수 없었기 때문에, 괴벨스는 이 대화 중 몇 차례의 설득 시도가 무위로 돌아가자 '총통 각하'는 지금까지 언제나 본능적으로 올바른 시점을 택해 왔다는 생각으로 위안을 삼을 수밖에 없었다.[304]

전장의 상황은 괴벨스가 옳다는 것을 보여주었다. 이미 1944년 6월 22일(독일이 소련을 침공한 지 정확히 3년이 되던 날) 히틀러가 예상하던 소련의 여름 공세가 시작되었고 이는 몇 주 만에 중부 집단군의 붕괴를 가져왔다. 얼마 전 한케 전 차관과 마그다를 둘러싼 구원(舊怨)을 마침내 청산했던 괴벨스는[305] 7월 초 브레슬라우에서 그와 대화를 가진 후 다음과 같이 적었다. "동부의 상황은 점점 더 심각한 우려를 자아내고 있다. 전선을 어딘가에서 멈추게 해야 한다. 만일 상황이 계속 이렇게 진행된다면 소련은 얼마 지나지 않아 우리의 동프로이센 국경 앞까지 밀려오게 될 것이다. 총통이 이를 막기 위해 어떤 행동을 취하는지 나는 계속 절망스럽게 되묻고 있다."306) 선전장관은 그 물음의 답을 찾지 못했고 동부 전선에서는 "진정 비참한 공포의 소식들"이 전해져 왔다(특히 후방 병참기지도 퇴각하기 시작했다). 괴벨스는 한 번 더 히틀러에게 건의하기로 결정했다.

이때 그를 도운 것은 그의 수요 회의의 구성원들, 특히 슈페어였다. 슈페어는 수소 첨가 공장을 겨냥한 조직적 폭격을 걱정스럽게 지켜보고 있었다. 그 폭격 때문에 연료 생산이 1944년 4월 생산량의 4분의 1 수준으로 떨어졌고 나치의 전쟁 메커니즘이 완전히 마비되기 직전이었다. 평소에는 군수산업의 성과를 미리 과시하며 뽐내곤 하던 슈페어는 7월 10일 괴벨스와 긴 대화를 나누던 중, 최근의 전세 때문에 히틀러가 총력전에 좀 더 긍정적인 자세를 보이고 있다는 견해를 표명했다. 최근 〈제국〉의 사설에서 독일이 현재 총력전을 이끌어 가고 있느냐는 물음에 부정적으로 답변했던 괴벨스는307) 이 때문에 '총통'에게 제출할 문건을 작성하기로 결심했고, 슈페어도 히틀러에게 내놓을 서류를 작성하기로 했다. 슈페어는 그 서류에서 "무능한 3인 위원회 대신 선전장관에게 후방의 전쟁 총동원과 관련된 문제들을 위임할 것"308)을 히틀러에게 진언하려고 한 것이다.

문건에서309) 괴벨스는 영국과 미국과 소련의 동맹이 곧 붕괴될 것이라고 적었다. 그는 히틀러가 자신에게 전권을 위임하지 않을 경우 "물러나겠다"는 생각을 하고 있었다. 그는 "또 한 번 치욕을 당하고" 자신의 제안들을 놓고 "부르주아 약골들이 지껄여서 너덜너덜하게 만드는" 것을 볼 생각이 없다고 썼다.310) 그러나 그는 때때로 이 시점에서 제국이 여전히 충분한 '담보들'을 수중에 지니고 있는가라는 '근심스러운 의문'이 든다면서 모든 가능한 힘들을 총동원해야 한다고 주장했다. "국내에서 아직 인적자원과 경제력 면에서 엄청난 예비력이 잠재해 있으며" 국민들이 총력전을 요구하고 있기 때문에 이것이 가능하다는 것이다.

괴벨스는 구체적으로는 "인력을 소모하는 거대한 기구"인 국방군을 철저히 조사하여 그 인력을 좀 더 효율적으로 투입하도록 해야 한다고 '총통 각하'에게 제안했다. 그리고 군수산업과 국방군을 위한 인력을 얻기 위하여 공공부문 행정은 최소한의 행정적 조치로 제한되어야 한다고 했다. 그외에도 민간의 생활은 "진정한 전시 상태"로 바뀌어야 했다. 여기에는 "거의 환영인 것처럼" 보이는 "수많은 부차적이거나 불합리한 일들이" 해당된다.

동프로이센 지방이 전력을 다해 고향 땅을 방어하려고 무장하고 있을 때, 이곳 베를린에는 매일 수많은 리셉션, 파티, 축제극 등에 초대된 사람들이 전국에서 몰려오고 있다. 이는 오늘날 우리 국민의 위신에 도움이 되기보다는 이를 깎아먹는 짓이다. 여기에는 변화가 필요하며, 이는 물질적인 이유 때문만이 아니라 심리적인 이유 때문이기도 하다.

그는 계속해서 총력전을 위한 수많은 노력이 비대한 관료기구 때문에 (괴벨스는 이와 관련해 로젠베르크의 동부부와 리벤트로프의 외무부를 지목했다), 그리고 다양한 기관들의 권한 다툼 때문에 실패하고 있다고 썼다. 그는 '이른바 3인 위원회의 비극'에 참여했지만 서둘러 이를 새로 조직할 필요가 있다고 밝혔다. 모든 중대한 결정들이 한없는 지껄임 속에서 속절없이 스러져 가고 결국 그 대용물만이 남는다는 것이다. 그리고 위원회가 그렇게 된다는 것은 지극히 당연한 일이다. "당과 국가의 중대한 순간들에 저의 총통이신 각하께서는 언제나 위원회 따위가 아니라 남자들을, 다시 말해 상상력, 정치적 열정, 각하와 각하의 위업에 대한 깊은 신앙을 책임의 즐거움, 나아가 책임에 대한 갈증과 결합한 남자들을 주변에 모아 왔던 것입니다."

 석 달에서 넉 달이 지난 후에는 흙을 다져 '새로운 5개 사단'을 빚어낼 것이고 군수품 생산 과정은 더욱 가속화될 수 있을 것이며, 이는 한마디로 '국내의 전시 독재'를 확보한 히틀러가 그 '전쟁의 도구'를 승리로 이끌 수 있을 것이었다. 더 나아가 당초 목표를 넘어서는 예상도 가능한데, 이를 통해 다시 믿음과 의지의 힘을 투입할 수 있다는 것이었다. "우리 당의 역사에서 목표를 넘어서는 예상을 하지 않고서 무언가를 이룬 적이 있었습니까?" 괴벨스는 자신이 오래전부터 고대해 오던 전권 위임을 위해 작성한 1944년 7월 18일의 그 문건을 "각하는 저의 삶이 각하에게 귀속된다는 사실을 알고 계십니다.", 그리고 그의 가족도 "우리의 것이 아닌 시대를 살 수 없으며 살아도 의미가 없습니다."라는 확언으로 끝맺었다.

14장

복수는 우리의 미덕, 증오는 우리의 의무!
(1944~1945)

1944년 7월 20일 정오 괴벨스가 집무실에서 경제장관 풍크, 군수장관 슈페어와 함께 "후방 총동원을 위한, 지연되거나 여전히 남아 있는 기회들에 대하여" 협의하고 있을 때, 긴급히 전화를 받으라는 소리가 스피커에서 들렸다. 전화를 건 사람은 흥분한 제국공보실장 디트리히였다. '늑대 성채'에 있던 그는 방금 (회의실로 사용되던) 손님용 가건물에서 히틀러 암살 시도가 있었다고 긴급히 전했다. 괴벨스에게는 "마치 지축이 흔들리기 시작하는 것" 같은 소식이었다.[1] '총통 각하'가 무사하다는 말을 들은 괴벨스는 좀 더 자세한 상황을 알고 있는지 물었다. 이에 디트리히는 히틀러가 '토트 조직'*의 동부 지역 노동자 중 한 사람을 범인으로 생각하고 있다고 대답했다.[2]

통화를 끝낸 뒤 괴벨스는 곧 군수장관과 협의하면서 비난 어린 질문들을 던졌다. 왜냐하면 슈페어는 '토트 조직'의 수장으로 총통 사령부에서 벙커 시설 건설에 종사하는 모든 노동자들을 책임지고 있기 때문이었다. 격분한 괴벨스가 노동자들을 선발하는 데 어떠한 검증 조치를 취했느냐고 묻자, 슈페어는 제대로 대답하지 못했다. 괴벨스는 이러한 상황이라면 세계 최고의 차단과 안전 조치가 갖춰진 이 구역에 들어가는 것이 암살자에게 손쉬운 일이었을 것이라며 분통을 터뜨렸다.[3]

괴벨스는 참사관 하이너스도르프(Heinersdorf)가 전 선전부 직원이며 대독일 경비연대 장교인 한스 하겐(Hans Hagen)을 면담해 달라고 요청할 때까지는 정말로 동부 지역 출신의 노동자가 범인이라고 믿었던 것으로 보인다. 괴벨스는 5시 반경 도착한 그를 짤막한 신원 확인 절차를 거친 후 다음과 같은 말로 맞이했다. "자, 귀하가 가져온 소식은 무엇이죠?" 하겐은 에른스트 오토 레머(Ernst Otto Remer, 1912~1997) 소령 휘하의 경비대대가 정부 청사 지구를 포위하라는 명령을 받았다고 전했는데, 이는 히틀러가 사고를 당하고 정부 권력이 국방군 손에 넘어갔기 때문이라는 것이었다. 그는 반역이 일어났다고 감지했다. 하겐이 이 말을 꺼내자마자 괴벨스는 벌떡 일어나 이런 일은 있을 수 없다고 소리를 질렀다. 그러자 그 전직 선전부 관료는 장관에게 잠깐 창밖을 바라보라고 말했다. 거기에는 레머 휘하 경비대대의 중대 병력을 실은 트럭들이 지나가고 있었다. 하겐은 괴벨스가 "암살 시도가 있었다는 보고를 받았지만, 베를린에서 진행되고 있는 쿠데타에 대해서는 아직 전혀 알지 못하고 있다."[4]라는 사실을 깨달았다.

창 아래를 지나쳐 간 병사들의 지휘관 레머는, 오후 5시경 모반자들의 '발퀴레 작전'*에 따라 그의 상관이며 베를린 국방군 사령관인 파울 폰 하제(Paul von Hase, 1885~1944) 장군으로부터 정부 청사 지구에 포괄

....

토트 조직 무기탄약장관 프리츠 토트가 이끌었던 기구로 고속도로, 서부 방벽, 대서양 방벽 등의 건설을 담당했다. 히틀러의 양면 전선 전쟁에 반대해 온 **토트**는 1942년 2월 7일 비행기 사고로 의문사했고 그의 뒤를 이어 슈페어가 군수장관에 임명되었다.
발퀴레 작전 1944년 7월 20일, 독일 군부의 지도자들이 히틀러를 암살하려다 실패한 계획을 말한다. '7월 암살 음모 사건(July Plot)'이라고도 한다. 암살 주모자들은 정부 통치권을 장악해 연합국 진영으로부터 좀 더 유리한 협상 조건을 끌어내려 했다. 음모의 지도부에는 육군대장 루트비히 베크(전임 총사령관)를 비롯한 일부 고위급 장교들이 포함되어 있었다. 가장 용감한 음모자는 클라우스 그라프 폰 슈타우펜베르크로, 그는 개인적으로 암살 계획을 실행에 옮겼다. 7월 20일 슈타우펜베르크는 히틀러가 군 수뇌부와 회동하고 있던 동프로이센의 라스텐부르크 '늑대 성채' 회의실에 폭탄을 넣은 서류가방을 놓고 나왔다. 방을 빠져나온 그는 오후 12시 42분 폭발을 목격하고 히틀러가 죽었다고 확신하고 최고사령부를 장악하기로 한 다른 음모자들과 합류하기 위해 베를린으로 갔다. 그러나 속기사 1명과 장교 3명이 죽고 히틀러는 가벼운 부상만을 입은 채 빠져나올 수 있었다.

적 보안 조치를 취하라는 명령을 받았다.[5] 레머가 나중에 보고서에서 강조했듯이, 그는 하제의 전화를 받은 직후 한스 하겐 소위에게 "모든 일이 너무 기묘해서 우리는 어떤 경우에도 냉철한 이성을 유지해야 하고 어떤 일이 있더라도 이용되어서는 안 된다."라고 말했다고 전한다.[6] 그러나 그때까지 레머와 "동일한 세계관"에 기초한 개인적 우정을 나누고 있던[7] 하겐은 이를 믿지 못했던 것으로 보인다. 어쨌든 대화가 끝날 무렵 대독일 경비대대 지휘관 레머는 하겐 소위를 선전부로 보내 상황을 알아보도록 했던 것이다.

하겐의 설명을 끝까지 들은 뒤 괴벨스는 자신이 그토록 증오해 온 '귀족주의적 장군 도당'이 권력을 찬탈하려 하고 있음을 분명히 알게 되었다. 괴벨스는 냉철한 계산을 거쳐 다음 조치들을 취했다. 그는 하겐에게 경비대대 지휘관을 불러오라고 명령했고, 베를린-리히텐펠트에 주둔한 아돌프 히틀러 친위연대(정부 요인과 정부 청사의 호위 및 경비를 맡은 친위대 소속 부대)에 경보를 내렸으며, 히틀러에게 전화를 걸었다. 히틀러는 괴벨스에게 빨리 방송을 통해 '총통' 암살 시도가 실패로 끝났음을 알리라고 위임했다. 괴벨스는 반역의 범위를 잘 모르고 있었기 때문에 머뭇거렸다. 그는 레머에게서 더 듣게 될 추가 정보들을 기다리려 했던 것으로 보인다.

그러는 동안 괴벨스는 슈페어에게 지체 없이 선전부로 들어오라고 하고는 상황을 알려주었다.[8] 슈페어는 괴벨스에게 "장군들의 반란 진압을 위한 선의의 권고들"을 하고 나서,[9] 오펜의 집무실로 들어갔다. 그는 창문을 통해, 전투 준비를 한 채 소규모 병력들로 나뉘어 브란덴부르크 문으로 이동하고 있는 병사들을 관찰했다. 그들은 그곳에 기관총을 설치하고 모든 교통을 통제했다. 그들 중 두 사람은 중무장을 한 채로 선전부 정문으로 와서 보초를 섰다. 슈페어는 괴벨스에게 이러한 사실들을 알렸다. 그 후 그는 옆에 있는 사실(私室)로 들어가 "상자에서 알약을 몇 개

왼쪽부터 최고사령부 장관인 빌헬름 카이텔 장군, 괴링, 히틀러, 총통 비서 마르틴 보어만. 1944년 7월 20일 암살 시도 후 1시간 정도 지났을 때의 모습이다. 폭발 때문에 속기사 1명과 장교 3명이 사망했으나 히틀러는 무사했다.

꺼내 외투 주머니에 넣으면서 '자, 이것은 만일의 경우를 위해서이다!' 라고 중얼거렸다."[10]

괴벨스가 최악의 경우를 배제하지 않았던 것은 언제나 모든 일의 고급 정보를 가지고 있으며 "쿠데타 진압에 동원할 만한, 의심의 여지없이 믿을 수 있는 부대를 유일하게 보유하고 있던" 제국친위대장 힘러와 연락이 닿지 않고 있었기 때문이다. 괴벨스는 "연락이 안 되는 적절한 이유를 찾지 못하자 더욱 불안해졌다."[11] 그는 슈페어에게 여러 차례 힘러를 불신하는 표현을 했다. 그러나 아직까지 전화가 불통 상태가 아니고 라디오에서 모반자들의 선언이 방송되지 않고 있다는 사실로부터 괴벨스는 상대편의 상황도 그렇게 순조롭게 진행되지 않고 있다고 추리했다.[12] 히틀러가 다시 그에게 전화를 걸어 모반자들이 방송국 한 곳을 점령할 수도 있다고 우려하며 라디오 방송을 재촉하자, 괴벨스는 이를 실행하는 데 필요한 지시들을 내렸다.[13] 오후 6시 45분 독일방송은 특별 보도를 내보냈다. "암살은 실패했다."[14]

한편, 오후 6시 30분경 이미 레머는 정부 청사 지구의 통제 작업을 끝냈다.[15] 그는 조치들을 점검하고 나서 상관인 하제 장군에게 명령 수행을 보고하러 사령부로 갔다. 레머는 사령부 대기실에서 그동안 선전부에서 돌아온 하겐으로부터, 이는 군부 쿠데타이며 그가 빨리 괴벨스에게 보고해야 한다는 전언을 들었다.[16] 하제 장군은 레머에게 이를 금지했지만 레머는 괴벨스에게 가기로 "순간적으로 독단적인" 결정을 내렸다.[17] 히틀러를 전복하고 나치즘의 폭력 정권을 끝장내려는 시도는 이 시점에서 이미 실패한 것이나 다름없었다.

레머가 선전부에 도착하기도 전에, 초조한 선전장관은 레머를 자기 편으로 끌어들일 수 있다고 자신했다. 그는 슈페어에게, 히틀러는 곧 있을 대화에 대해 이미 보고를 받았으며 총통 사령부에서 그 결과를 기다리고 있고 언제라도 직접 레머 소령과 이야기할 용의가 있다고 밝혔다.[18] 레머는 오후 6시 40분경 절도 있게 "하일 히틀러!"를 외치며 괴벨스의 집무실에 들어섰다.[19] 그곳에서 일어난 일은 그 직후 레머가 작성한 보고서에 잘 나타나 있다. "장관은 내가 신념을 지닌 나치주의자인지를 물었다. 나는 당연히 그렇다고 말하고 100% 총통을 지지한다고 말했다."[20] 이 시점까지 레머는 히틀러가 살해되었다고 생각하고 있었고,[21] 자신의 지휘관 하제 장군의 명령을 실행해야 한다고 밝혔다.[22] 이때 괴벨스가 레머에게 "결정적이고 모든 것을 뒤엎어버리는 이야기를 꺼냈다. '총통은 살아계시다!' 그리고 그는 레머가 처음에는 의구심을 보이다가 곧 눈에 보일 만큼 불안해졌음을 깨닫고 이내 한 번 더 말했다. '그는 살아계시다!'"[23]

괴벨스는 자신이 히틀러의 위임을 받아 행동하고 있으며 불과 몇 분

전 그와 전화 통화를 했다고 '맹세'했다. "극소수 야욕에 찬 장군들의 무리"가 군부 쿠데타를 연출해낸 것은 "역사상 최대의 비열한 짓"이라는 것이다.[24] 그러자 레머는 "충성스러운 나치 장교"로서 어떤 경우에도 '총통'에 대한 자신의 선서에 충실하게 의무를 실행할 뜻이 있다고 약속했다.[25]

슈페어는 히틀러가 아직 살아 있다는 희망이 "궁지에 빠지고 당혹스러워하는 그 포위 지시를 받았던 사람에게 구원처럼" 작용했다고 술회했다. 레머는 "안도하면서, 그러나 아직 못 미더운 듯" 그들을 뚫어지게 바라보았다. 그러자 괴벨스는 레머에게 "그 역사적 순간"에 대하여, 젊은 그의 어깨에 걸린 역사 앞의 거대한 책임을 상기시켰다. 괴벨스는 "운명이 한 인간에게 그러한 기회를 주는 것은 흔한 일이 아니며, 그가 이 기회를 잡을 것인지 아니면 떨쳐버릴 것인지는 그 자신에게 달려 있다."라는 식의 말을 했다고 한다. 심리적인 측면에서 노련하게 사용된 그의 말들은 효과가 있었다. "레머를 지켜보며 이 말이 그에게 일으킨 변화를 관찰하는 사람이라면 괴벨스가 이미 이겼다는 사실을 알 수 있었다." 이제 지적으로 훨씬 앞서 있는 괴벨스가 자신이 가진 최고의 패를 내놓을 때가 되었다. 그는 소령에게 히틀러와 통화할 수 있도록 해주겠다고 말했다. "괴벨스는 다소 빈정거리는 말투로 '총통이라면 귀관에게 귀관의 장군이 내린 명령을 취소시키는 새로운 명령을 내릴 수 있지 않겠는가?'라고 말했다."[26]

그 후 괴벨스는 지체 없이 라스텐부르크의 총통 사령부로 전화를 연결했다. 선전부 통화 센터의 특별 라인은 아직 반란자들에 의해 두절되지 않은 상태였다(이는 그들이 저지른 가장 심각한 실책으로 보인다). 몇 초 지나지 않아 히틀러가 전화를 받았다. 괴벨스는 그 상황을 몇 마디로 보고하고 나서 소령에게 수화기를 넘겨주었고 소령은 얼른 차려 자세를 취했다.[27] 레머는 그 상황을 이렇게 술회했다. "총통은 자신이 부상을 입지 않았다면서 내가 그의 목소리를 알 수 있겠느냐고 물었다. 나는 그렇다고 대답했다."[28] 히틀러는 레머에게 "비열한 범죄적 테러"가 일어났음을 말하고, 자신이 후방 군대의 지휘관으로 임명한 제국친위대장 힘러가 도착할 때까지 레머가 자신에게 직속될 것이라고 밝혔다. 우선 레머는 괴벨스가 내리는 지시들을 모두 수행해야 한다는 것이었다.[29]

선전장관은 히틀러에게서 그 대화의 내용을 전해 듣고, 레머로부터 그가 알고 있는 적들의 의도에 대해 보고를 받은 후, "경비대대의 연락이 닿는 모든 부대원들을 곧바로 선전부 관저 정원으로 집결시키라."는 지시를 내렸다.[30] 얼마 지나지 않아 대부분 나이 든 남자 150여 명이 그곳에 도착했다. 레머는 괴벨스에게 그들에게 직접 이야기를 해줄 것을 부탁했다. 선전장관은 병사들에게 가기 전 승리를 확신하며 슈페어에게 말했다. "내가 저들마저 설득한다면 우리는 이 게임에서 이긴 것입니다. 저들을 어떻게 손에 넣는지 잘 보십시오!"[31]

그동안 날이 어스름해졌다. 열려 있는 문으로 새어 나온 불빛이 장관 관저 정원의 광경을 비추고 있었고 슈페어는 이를 관찰했다. 독일방송을 통해 히틀러가 곧 독일 국민에게 연설할 것임을 알리게 했던 괴벨스는 이제 경비대대 군인들이 둘러싼 한가운데에 서서 상황을 설명하고 있었다.[32] 그 군인들은 괴벨스의 "사실상 아무 내용이 없는", 그러나 그들에게 지극히 개인적으로 다가가는 긴 연설을 첫마디부터 한껏 귀기울여 듣고 있었다.[33] 괴벨스는 상황을 완전히 장악했음을 의식하면서, "아주 자신 있게 그날의 승리자로" 행세했다.[34] "그는 상황을 짤막하게 요약했고, 총통의 생명을 노린 그 범죄적 테러를 노골적인 표현으로 비난했으며, 그 순간 대독일 경비대대에게 부과된 역사적 사명을 지적했다."[35] 마지막으로 그는 히틀러를 향해 "직(Sieg)"이라고 외쳤으며 이를 잇는 군인들의 "하일" 외침('직 하일(Sieg Heil, 승리 만세)'은 나치의 전형적 인사말이다)이 정부 청사 지구에 울려 퍼졌다.[36]

쿠데타 시도를 좌절시킨 뒤 히틀러와 괴벨스를 비롯한 나치 지도자들이 암살 사건 현장을 둘러보고 있다.

사기충천한 레머는 반란의 중심지인 벤들러블록의 보충군(1차 세계대전과 2차 세계대전 당시 장교와 사병의 훈련과 군수 기술 개발을 맡았던 후방 배치 부대) 총사령부로 가서 "그곳을 청소"하려 했다.[37] 그러나 괴벨스는 이를 막아섰는데, 반란군이 얼마나 강한지 알 수 없었기 때문이다. 그의 언론 보좌관 오펜에 따르면, 괴벨스는 무엇보다 그 상황에서 "한마디로 대체 불가능한" 그 남자를 잃을 수도 있는 모험을 피하려 했던 것이다.[38] 그 사이 장관 관저에 도착한 제국보안중앙국장 에른스트 칼텐브루너(Ernst Kaltenbrunner, 1903~1946)는 괴벨스의 의견에 동의했다. "반역자 소굴을 소탕하기 전에" 먼저 충분한 세력을 확보해야 한다는 것이었다.[39]

벤들러블록에서는 보충군 사령관 프리츠 프롬(Fritz Fromm, 1888~1945) 대장처럼 쿠데타 기도를 알고는 있었지만 일단 상황 변화를 지켜보기로 했던 장교들 중 대다수가 히틀러 편으로 넘어왔다. 그들이 보기에 쿠데타 실패가 확실해진 것이다. 그동안 프롬은 자신의 생명을 구하려고 모반 주도 혐의자들, 그리고 자신이 그 비밀을 인지하고 있었음을 알고 있는 증인들을 체포했고, 루트비히 베크 대장의 자살 후에는 클라우스 그라프 폰 슈타우펜베르크(Claus Graf von Stauffenberg, 1907~1944), 프리드리히 올브리히트(Friedrich Olbricht, 1888~1944), 알브레히트 리터 메르츠 폰 크비른하임(Albrecht Ritter Mertz von Quirnheim, 1905~1944), 베르너 폰 해프텐(Werner von Haeften, 1908~1944)을 그 건물 마당에서 총살했다.

그러나 이러한 조치도 프롬 자신을 구할 수는 없었다. 친위대가 벤들러블록을 점거한 후 프롬도 체포되어 친위대 장교 스코르체니*에 의해 괴벨스의 장관 관저로 끌려가 다른 장교들과 함께 구금되었다.[40] 그곳에는 하제 장군, 에리히 회프너(Erich Hoepner, 1886~1944) 대장, 코르츠플라이슈(Joachim von Kortzfleisch) 장군 등이 갇혀 있었다.[41] 선전장관은 그들에게 깊은 경멸감을 품고 있었는데, 이는 그들이 친애하는 '총통'의 생명을 노렸기 때문만이 아니라 그가 그들을 가련한 아마추어로 생각했기 때문이기도 하다.

히틀러는 힘러에게 슈타우펜베르크 체포를 위임하면서 그를 보충군 총사령관으로 임명했다. 힘러는 저녁에야 헤르만 괴링 거리에 도착하여 자신이 그 일에서 거리를 두고 있었던 것을 전술적 조치라고 설명했다. 괴벨스는 그에게 다음과 같이 말했다.

그들이 그렇게 미숙하지만 않았다면 어떻게 되었겠는가! 그들은 커다란 기회를 가졌던 것이다. 그것은 얼마나 좋은 패였던가! 그리고 그들은 얼마나 어수룩하게 처리했던가! 내가 그런 일을 했다면 어땠을까를 생각해본다. 왜 그들은 방송국을 점거하여 멋진 거짓말들을 늘어놓지 않았던가. 그들은 여기 내 문 앞에 보초를 세워두었다. 그러나 그들은 내가 느긋하게 총통과 전화하고 모든 것을 움직일 수 있도록 방치했다! 내 전화를 끊어놓지 않았던 것이다! 그렇게 좋은 패들을 손에 쥐고서……. 정말 초보자들이다!"[42]

괴벨스는 오직 히틀러의 바라크에 직접 폭탄을 놓은 사람만 예외로 보았다. "그러나 슈타우펜베르크, 그는 사나이다! 그를 생각하면 거의 애석한 느낌이 든다. 그 냉정함, 지적 능력, 강철 같은 의지! 그가 얼간이 무리에 둘러싸여 있었다는 게 믿어지지 않을 지경이다."[43]

히틀러가 새벽 1시 제국방송을 통해 연설하면서 "우리가 나치주의자의 익숙한 방식대로" 보복을 하겠다고 선언하고 나서 몇 시간 동안 헤르만 괴링 거리는 분주하게 움직였다. 새벽 5시가 되어서야 점차 평온이 되돌아왔고, 그래서 꽤나 자부심에 가득찬 괴벨스는(그에 대한 히틀러의 신망은 또 얼마나 높아졌을 것인가?) 최초의 상황 요약을 할 수 있었다. 그는 측근인 나우만, 귄터 슈베거만(Günter Schwägermann), 오펜 등에게 모든 일이 그렇게 신속하게 좋은 결과로 끝날 것이라고 그 누구도 감히 예상하지 못했을 것이라고 말했다. 그는 자신이 "명철한 사고력을 가진 냉정한 인간으로 지나친 긴장감을 느끼지 않는다."는 점은 분명하지만, 이 경우에는 다음과 같이 말할 수밖에 없다는 것이다. "이는 하느님의 섭리가 드러난 일종의 숙명 같은 일이다. 이럴 때는 아무리 엄격한 현실주의자라도 초월적인 운명의 숨결을 느끼지 않을 수 없다."[44]

스코르체니(Otto Schorzeny, 1908~1975) 오스트리아 빈 출생. 1943년 공수부대를 이끌고 실각해 구금되어 있던 무솔리니를 구출해내면서 유명해졌다. 1944년 소련에 항복하려 한 헝가리의 호르티를 체포, 납치하였으며, 1944년 말 서부 전선의 아르덴 공세 때 미군 군복을 입은 독일 군을 미군 배후에 침투시켜 미군을 혼란에 빠뜨리는 등 기발한 작전을 펼쳤다. 전쟁이 끝난 뒤 재판을 기다리던 중 다름슈타트 교도소에서 1949년에 탈출했으며, 죽을 때까지 스페인에서 사업을 하며 살았다.

7월 22일 제국에서 가장 중요한 인물들이 호출을 받아 라스텐부르크에 속속 도착해 히틀러에게 암살 시도를 무사히 넘긴 것을 축하했다. 괴벨스는 슈타우펜베르크에게 '영국인 아내'가 있다는 사실로부터 "그 암살의 정신적 진범이 어디에 있는지"[45]를 유추해냈다. 그리고 그는 자신의 사려 깊고 결연한 행동 덕분에 마침내 히틀러가 총력전 수행의 전권을 위임할 것이라는 기대를 품고 그곳으로 갔다. 람머가 이끄는 야전 사령부에서 보어만, 카이텔, 슈페어, 풍크, 자우켈 등도 참여한 가운데 이루어진 최고위 협의부터 선전장관에게 낙관적 전망을 가지게 했다.[46]

히틀러에게 지시를 받은 것으로 보이는 람머는 이를 갈면서 '그러한 위기 상황' 때문에 이제 자신과 보어만, 카이텔이 속한 3인 위원회를 해산할 것을 제안했다. 힘러가 국방군 개혁의 '최고 전권'을 위임받아야 하고 괴벨스는 국가와 공공생활 개혁에서 '마찬가지의 전권'을 위임받아야 한다는 것이었다. 람머의 제안은 괴벨스를 놀라게 했지만 괴벨스는 이내 그 '나리들'이 "그들의 불충분한 조치들로 말미암아 점차 최대의 국가적 위기와 전시 위기가 닥쳐올 것"을 걱정하며 불안에 떨고 있는 것이 그 제안의 이유라고 생각했다.[47]

괴벨스는 자신이 "전혀 원하는 바가 아니지만" 그 임무들을 받아들이겠다고 선언하면서, 그 이유로 조국의 위기가 '대대적 조치들'을 요구하고 있으며 히틀러는 "사소한 일들에서 벗어나 위대한 역사적 과제에만 헌신할 필요가 있기 때문"이라고 밝혔다. 당의 저항(특히 보어만의 저항)을 사전에 차단할 목적에서 괴벨스는 이미 7월 18일 자신의 문건에서 나치당은 그가 추구하는 조치들로부터 제외될 것이라는 점을 분명히 했다. 나치당도 "인원이 부족한 처지이기 때문에 인력을 제공하는 예비 기구가 될 수 없다."라는 것이다.[48]

그에 이어 발언한 카이텔은("매우 놀란" 괴벨스의 말에 따르면) 괴벨스에게 '100% 이상' 동의했다. 보어만은 괴벨스에게 "최상의 칭송을" 늘어놓은⁴⁹⁾ 카이텔보다는 소극적인 태도를 보였다. 총통 비서 보어만은 개별 부처들의 저항을 지적했다. 내무부 차관 슈투카르트도 반감을 드러냈는데, 그는 "제국철도국과 제국우정국 분야에서 국방군과 군수산업에 필요한 인력을 더 짜낼 수 없으며" "행정부문에서도 현재 거의 생존에 필수적인 활동만 처리되고 있기 때문에 이는 거의 불가능하다."라고 밝혔다. 괴벨스는 그러한 반대들을 일축하면서, 현재의 토의가 개별적인 부분들 때문에 초점을 잃으면 안 된다고 지적했다. 슈페어, 자우켈, 풍크가 자신들의 견해를 피력하고 협의가 점차 탁상공론으로 빠져들자, 괴벨스는 다시 발언권을 얻어 참석자들에게 히틀러와 가질 면담에서 자신의 '대략적 노선'을 따르라는 의무를 지웠다.

더는 아무도 반대하지 않자 괴벨스는 마침내 제국장관 람머(총리청 비서실장 람머는 정무장관직도 겸임했다)에게 실질적 내용을 히틀러에게 보고하는 일을 위임했다. 왜냐하면 "그가 자기 자신을 추천하기는 어렵기 때문"이었다.⁵⁰⁾ "우리가 람머가 이끄는 사령부에서 결정한 내용을 총통이 받아들인다면, 이로써 사실상 국내에서 전시 독재가 시작되는 것이다. 나는 나 자신이 이를 실행하고 전권을 활용해 전쟁에서 최대의 효과를 낼 수 있을 만큼 충분히 강하다고 느꼈다." 괴벨스는 "강철 같은 손으로" 국가 기구를 "철저히 조사할 것"이라고 결심했다.⁵¹⁾

회의 후 참석자들이 함께한 점심 식사 중 라이트 출신의 남자 괴벨스는 중심에 서 있었다. 그는 마치 물고기가 물을 만난 느낌이었다. 최근의 위기들이 그가 그렇게 크게 부풀어 오르도록 만들었던 것이다. 이제 그는 자신이 7월 20일 레머와 협력하여("경비대대에 그렇게 탁월한 지휘관이 없었다면, 나는 최소한 얼마 동안은 내동댕이쳐졌을 것이다."⁵²⁾) '반역자 도당'의 '범죄적 행태'를 어떻게 진압했는지 보고할 수 있게 되었다.⁵³⁾ 모두가 괴벨스에게 '최대의 호의'를 보이고 있다는 사실은 그가 현 상황에서 '지도'하는 일이 "지극히 손쉬울 것"이라는 희망을 불러일으켰다. 괴벨스는 "이는 특히 모두가 엄청난 전시 위기나 심지어 대재앙에 두려움을 가지고 있기 때문"[54]이라고 생각했는데, 물론 자기 자신과 '친애하는 총통 각하'는 예외라고 여겼다.

1944년 7월 22일, 히틀러를 다시 만났을 때 괴벨스는 "신의 손 아래서 활동하는 사람 앞에 서 있는 느낌"을 받았다. 이러한 '느낌'은 히틀러가 그의 반란 진압 조치에 "강하게 매료되었다."라고 말하자 한층 강해졌다. "그는 나의 조치를 매우 적절하다고 보았는데, 특히 군 장성들에 맞서 무장 친위대를 투입하는 것을 마지막까지 피한 일을 그렇게 생각했다." 히틀러가 반란자들을 격렬히 비난하고 나서 총력전에 아주 긍정적인 태도를 보이자, 괴벨스는 점점 더 그의 매력에 빠져 들어갔다. 과거 투쟁 시기의 그 오랜 친밀함이 다시 돌아왔다. '총통'이 "매우 늙었고" "노골적으로 허약한 인상"을 준다는 사실은 불안을 불러일으켰지만, 괴벨스는 히틀러의 본질이 "특별한 호의라는 특징을 지닌다."라면서 그에게 최고의 경애를 표시하는 말들을 늘어놓았다. 괴벨스는 자신이 "이날처럼 내적인 따스함을 지닌" 히틀러를 "결코" 본 적이 없었다는 것이다. "그는 친밀한 사랑을 받을 만하며, 이 시대에 살고 있는 가장 위대한 역사적 천재이다."[55]

그날 저녁 또 한 차례의 면담 도중 선전장관은 히틀러에게서 "이제 드디어 반역적 장군 무리를 끝장내야 한다는 내용의 대규모 집회의 물결을 전국적으로 일으키라."[56]는 지시를 받았다. 그리고 이는 세부적인 사항까지 괴벨스가 규정하는 것이었다. 연사들은 히틀러 암살 기도가 "오로지 반동적으로 굳어버린 소수 반역 도당"의 주도로 일어났고, 이 "깡패들"이 "나치즘의 최후 승리를 훼방 놓기 위해" 갖은 수단을 다 써왔으며, 무엇보다 "언제나 정의롭고 굳센 군" 자체는 그러한 쿠데타 기도로부터 어떠한 흠집도 입지 않고 굳건히 남았다는 사실을 강조해야 했다.[57] 이 사실들을 강조하는 일이 더욱 중요했던 이유는 나치당 제국조직국장 라

1943년부터 1944년까지 공공 장소에 은밀히 나붙었던 이 그림은 "너무 늦기 전에 독재자를 처치하라."는 내용을 담고 있다. 전쟁과 유대인 학살이 본격화되면서 독일 사회 내에서도 나치 정권에 대한 불만과 환멸, 분노가 조금씩 자라나고 있었다.

이가 라디오로 방송된 연설에서 암살자들을 "더러운 푸른 피('귀족'을 뜻한다)의 개들"이라고 비난해 군 지휘부의 귀족들을 뭉땅 싸잡아 난도질했기 때문이기도 하다.[58]

그때부터 시작된 선동 캠페인의 절정은 모든 라디오 방송으로 7월 26일 송출된 괴벨스의 연설이었다. 히틀러는 괴벨스의 요청에 따라 이 연설을 허가했다.[59] 여기서 괴벨스는 자신이 적과 내통한 "탐욕스럽고 파렴치한 모험가와 도박꾼들이 모인 소수 도당"의 범죄를 처음 들은 순간, '묵시록의 광경들'을 머리 속에서 보았다고 밝혔다.[60]

그러나 그 후 거의 종교적이고 경건한 감사가 내 가슴을 채웠습니다. 나는 총통이 섭리의 보호를 받으며 자신의 위업을 달성하는 경험, 그리고 아무리

14장 복수는 우리의 미덕, 증오는 우리의 의무! 839

커다란 난관이 버티고 있더라도 모든 인간 행위를 주재하는 신적 운명이 이러한 위업은 완성되어야 하고, 완성될 수 있으며, 반드시 완성될 것이라는 암시를 주는 경험을 이미 여러 차례 했습니다. 그러나 바로 이 순간처럼 이를 가시적으로 분명하게 경험한 적은 없었습니다.[61]

선전장관은 이 연설의 성공, 나아가 전체 캠페인의 성공 여부를 두고 어느 정도 자신을 속이고 있었다. 제국선전지국들이 보내 오는 보고에 기초해 빌헬름 광장의 선전부에서 작성한 한 활동 보고서[62]에 따르면, 당이 주도하고 "민족동지들"이 참여하는 집회들은 "자발적인 충성 과시"이며 히틀러에 찬성하는 "무의식적인 국민투표" 같은 것이라고 묘사했다. 실제로 독일인의 대다수가 그 암살 사건을 조국을 배신한 행위로 생각했지만, '총통의 건재'를 통해 '사기 진작'이 이루어졌다고 말할 수는 없었다.

'제국장관 귀하'에게 제출할 보고들에는 독일 국민이 승리의 순간까지 전쟁을 지속하기 위해 더욱 결연하게 젖 먹던 힘까지 동원할 각오를 하고 있다는 내용도 있었다. 이는 '섭리'에 대한 괴벨스의 믿음을 더욱 굳건히 하였고 히틀러에게도 영향을 끼쳤다. 7월 22일 '늑대 성채'에서 모임이 있었을 때, 군수장관 슈페어는 히틀러의 기분을 알아차렸다. 히틀러는 암살 실패와 괴벨스가 유포한 낙관론에 힘입어, 전쟁에 커다란 긍정적 전기가 이루어질 수 있다는 생각을 또다시 하고 있었던 것이다. 히틀러는 "반역의 시대"는 지나갔고, "새롭고 더 뛰어난 장군들이 지휘권을 넘겨받게 될 것이다. …… 모두가 찬성하고 있다."[63]라고 말했다. 그러나 그 찬성은 한편으로는 한갓 기회주의, 다른 한편으로는 공포나 얕은 생각 때문이었다. 오직 한 사람만이, "그 장성들에게 깔보고 업신여기는 말을 퍼부어댄"[64] 한 사람만이 진정으로 이를 믿었다. 오로지 신념만이 합리적으로 불가능해 보이는 것을 현실로 만들 수 있기 때문이었다. 그는 바로 선전장관 괴벨스였다.

괴벨스는 1944년 7월 25일 법령에 따라 총력전 제국전권위원에 공식 임명되었고,[65] 이로써 민간 부문 전체와 제국 최고 기관의 책임자들에게 명령을 내리는 권한을 갖게 되었다. 괴벨스는 새로운 기구를 창설하려 하지는 않았고, 인력 20명의 실무진으로 "국가 기구 전체에 필요한 구조 조정"을 강행하려 했는데, 이 표현은 앞으로 취할 조치의 규모를 간접적으로 암시하고 있었다. 이를 위해 그는 두 개의 위원회를 구성했다. 나우만이 지휘하는 계획위원회의 활동은 괴벨스의 검토를 거쳐 히틀러에게 보고된 후 두 번째 위원회, 즉 베저엠스(Weser-Ems, 독일 북서부 니더작센 주의 서부)의 관구장 파울 베게너(Paul Wegener)가 지휘하는 실행위원회의 지시로 각 부처에서 실천에 옮겨지게 되었다.[66]

그 조치들을 손쉽게 실천하기 위해 괴벨스는 제국방위 전권위원들[67](각 관구장들이 이러한 직책을 겸하면서 각 관구 내에서 최고 명령권을 보유했다)에게 "제국과 각 주의 중급 및 하급 관청, 그리고 경제계 자치기구, 지자체, 각 기업, 국방군 소속 기업들을 모두 포함하는 자치단체들에 대한 포괄적인 정보 요구권 및 지시권"을 부여했다.[68] 징집 면제자들의 심사와 모든 인력의 적절한 투입을 위하여 각 관구와 군에 위원회를 설치했다. 이 모든 일은 결국 이렇게 무제한적 전권을 부여하고 통제함으로써 '행정 없는 통치'라는 나치의 이상을 실현하려는 것이었다.[69]

괴벨스는 모든 최고 제국 기관, 관구장, 제국지사,* 행정기관 들을 수신인으로 하는 회람에서 그들의 행동은 그 행동이 전방의 병사들과 군수 산업 근로자들의 눈앞에서 이루어지고 있다는 생각을 척도로 삼아야 한

제국지사(Reichsstatthalter) 1933년 3월 각 주정부의 획일화 조치 이후, 각 주에서 나치당의 정책 수행을 감독한 히틀러 직속 직책.

다고 강조했다. 그러므로 지도급 인사들의 생활 방식도 전체적인 전시 상황의 요구에 맞춰져야 한다는 것이었다. 괴벨스는 "이제 모든 공적 생활에서 전시(戰時) 방식을 가꾸어 가는 것이 우리의 영예가 되어야 한다. 이는 우리 국민들뿐 아니라 외국에 대해서도, 우리가 목숨을 건 싸움을 하고 있으며 어떤 희생을 치르더라도 이 전투를 승리의 그날까지 끌고 나가겠다는 결연한 의지를 지니고 있음을 분명하게 보여주는 것이다."[70] 라고 썼다. 괴벨스의 부인 마그다는 일시적으로 베를린의 한 공장에서 노동을 함으로써 모범을 보여주었다.[71]

1944년 8월 3일, 포젠의 성에서 열린 관구장 회의 중 괴벨스는 모인 사람들에게 총력전을 위한 조치들을 상세히 설명했다. 괴벨스는 스탈린그라드의 위기보다 세 배는 더 심각한 동부전선 중앙부의 '위기'를 둘러싼 전반적인 불안감에 대해 7월 20일의 음모를 가지고 해명했다. 그는 나중에 이 반역이 "전시 위기 중 최저 중에서도 최저점이었을 뿐 아니라" 동시에 "우리의 부활이 시작된 날"이라고 말하였다.[72] 벤들러 거리에서 발견된 명령들은 그에게는 "이 조직의 지도적 인물들이 만일 동부전선 방어를 위해 적절한 명령들을 내리려고 전력을 다했다면, 그리고 나치 운동 전복에 걸었던 기대와 희망만큼만 동부전선 방어에 기대와 희망을 걸었다면, 동부의 사태 변화는 분명히 완전히 다르게 나타났을 것이란 전형적인 증거"라는 것이었다. 괴벨스는 "이 한줌밖에 안 되는 무리는 승리를 원치 않았던 것이다!"라고 관구장들에게 외쳤다.[73]

괴벨스는 포젠의 연설에서 반역자들에게 무자비한 보복을 선언했다. 그 다음날인 1944년 8월 4일 히틀러가 지시한 각본에 따라,[74] 게르트 폰 룬트슈테트 육군 원수를 의장으로 하고 신임 육군 참모총장 하인츠 구데리안, 카이텔, 그외 두 명의 장군으로 구성된 국방군 명예위원회가 첫 회합을 열었다. 이는 체포한 저항 운동가들을 독일 군에서 제명하고 특별재판소로 넘기기 위해서였다. 그로부터 나흘 후 광신적인 특별재판소장 프라이슬러(1931년 9월 베를린의 유대인 박해 사건 재판에서 헬도르프 돌격대 대장을 변호했던 그 롤란트 프라이슬러)는 비인간적 재판을 거쳐 8건의 사형 선고를 내렸고, 이는 몇 시간 후 플뢰첸제 형무소에서 집행되었다.

이 사형 집행과 그 후 이어진 사형 집행들(유죄 판결을 받은 사람들은 강철 철사로 갈고리에 매달려 천천히 교살되었다)은 제국문화행정관이자 선전부 영화국장 한스 힌켈에 의해 카메라로 촬영되었다. 다큐멘터리 영화 〈특별재판소 앞의 반역자들〉 제작을 위촉한 것은 괴벨스였는데, 그는 관구장들에 대한 공지에서 이를 약속했다.[75] 이를 두고 제국지도자이자 총통 비서 보어만은 관구장들이 각각 주변 사람들과 이 영화를 관람하게 되면 "이 사람들을 통해 소송 과정을 둘러싼 불쾌한 논란이 일어날 가능성이 매우 높다."라고 확신하며 영화 제작에 '의구심'을 드러냈다. 보어만에게 "커다란 두려움"을 가졌다던[76] 괴벨스는 그의 개입을 참작하여 이 일에서 거리를 두기로 했다. 즉 괴벨스는 관구장들에게 그 영화 필름이 운송 도중 탈취될 것을 우려하여 다음번 공동 회의에서 상영할 것이라고 밝힌 것이다.[77]

괴벨스는 처형 장면이 상영되는 순간 고개를 돌렸다고 하는데,[78] 이는 처형된 사람들 중 그의 오랜 동지인 베를린 경찰청장 헬도르프가 있었기 때문이기도 하다. 헬도르프는 "지난 몇 년간의 전쟁 때문에 점점 더 절망과 우울에 빠져들면서" 저항 세력에 가담했던 것이다.[79] 그 파렴치한 반유대주의자는 체포되기 직전 정부 참사관 한스 베른트 기제비우스(Hans Bernd Gisevius, 1904~1974)에게 상황을 있는 그대로 묘사했다.

모두가 전쟁이 끝나기를 기다리고 있다. 그 누구도 나치를 위해 바리케이드에서 싸우려 하지 않을 것이다. 전반적인 피로감이 크다. 그런데도 그 어떤 반란의 현상도 나타나지 않고 있다. 공습이라는 테러가 사람들을 하나로 묶고 있는 것이다. 구조 작업 중에는 누가 찬성하고 누가 반대하는지 서로에게 물을 시간이 없다. 전반적으로 절망적인 상황에서 모든 것이 유일무이한 광신적 의지로 똘똘 뭉쳐지고 있으며, 점차 가시적으로 변하고 있는 그 광신적 의지를 한 몸에 드러내고 있는 자는 유감스럽게도 괴벨스이다. 이를 지켜보는 것은 역겹다. 그러나 그 음흉한 난쟁이가 나타나는 곳이면 어디서나 여전히 사람들이 몰려들어 사인 한 장이나 악수 한 번으로 행복감을 느끼고 있다.[80]

그 "음흉한 난쟁이"는 헬도르프가 저항에 가담했음이 밝혀진 후, 빚과 스캔들로 엉망이 된 오랜 친구에게 경멸감을 느꼈다. 괴벨스가 그해 초 헬도르프를 '당 직속 조직' 중에서는 처음으로 기사십자 무공훈장을 수여받도록 히틀러에게 천거한 적이 있기 때문에, 헬도르프에게 느끼는 증오는 더욱 클 수밖에 없었다.[81] 그래서 괴벨스는 헬도르프가 처형당한 후 그 '반역자'는 자기 차례가 되기 전에 처형당하는 다른 자들이 교수대에서 고통스럽게 최후를 맞는 모습을 지켜보아야 했다고 만족스럽게 말했다.[82]

총력전의 법률을 조금이라도 위반하는 자들을 죄다 사형에 처할 생각으로 괴벨스는 자신의 총동원 조치들의 실행을 위한 관련 법률을 만들려고 했다.[83] 그러나 그 법률은 발효되지 않았는데, '유해국민 규정'과 '국방력 저하 조항' 자체가 괴벨스가 모든 분야에 개입할 수 있는 충분한 도구가 되었기 때문이었다. 예를 들어 게슈타포의 프리츠 괴스(Fritz Goes) 소령이 7월 말 히틀러 암살 기도와 관련하여 "실패로 끝나 유감이다."라고 말했다고 여배우 마리안네 폰 짐존(Marianne von Simson)이 고발했으나 장교 담당 군 중앙재판소가 무죄 방면한 사건이 일어나자, 괴벨스는 이 사안을 히틀러에게 보고했다.[84] 그 결과 제국친위대 대장이 군사

1944년 8월 법정에 선 베를린 경찰청장 헬도르프. 괴벨스의 오랜 동지였으며, 나치 돌격대 출신인 그는 몇 년에 걸친 전쟁 중에 차츰 절망에 빠져들어 히틀러 암살 음모에 가담했고 결국 플뢰첸제 형무소에서 사형당했다.

법원의 판결을 취소하고 괴스 소령을 프라이슬러의 특별재판소로 넘겨 버렸다.[85]

괴벨스는 자신에 대한 공포심 때문에 억지로 낙관적인 분위기를 유지했던 주변 사람들 중에서 젬러나 뮐러 같은 직원들을 가리켜 '패배주의자'라고 비판했다.[86] 몇 개월 전부터 공습 피해 복구 범부처 위원회와 제국감찰단을 이끌고 있던 선전국장 베른트에게도 사정은 다르지 않았다. 괴벨스의 견해에 따르면, 베른트는 "서부전선의 방어 준비와 관련해 심각한 기밀 누설"을 저질렀고, "서부전선 독일 군 총사령부에서 일어난 불화들"을 떠들어댔다는 것이다.[87] 실제로 베른트는 7월 중순 미국의 저공 비행기 공격으로 프랑스에서 중상을 입었던 로멜 원수가 히틀러 앞에서는 그토록 승리의 확신을 보였으나 사실은 그러한 확신을 가지고 있지 않았다고 말했다.[88] 괴벨스는 그러한 패배주의를 용납할 수 없다며 1944년 6월 베른트를 선전국장직에서 보직 해임했다. 그 후 베른트는 전방으로 갈 수 있도록 자신을 완전히 놓아 달라고 요청했으나 그 요청은 무위로 끝났다. 두 사람의 협의와 친위대 중장 헤르프(Maximillian von Herff)의 개입이 있은 후에야 괴벨스는 베른트를 선전부에서 놓아주었다. 베른트는 8월 말 무장 친위대의 1개 기갑부대를 지휘하게 되었다.[89]

그러는 동안 2차 세계대전 최후의 대대적인 동원 캠페인이 시작되었다. 이번 캠페인은 제국전권위원 괴벨스가 조율하는 가운데 슈페어와 힘러의 긴밀한 공조를 거쳐 이루어졌다. 분주한 행동주의로 번뜩이면서도 그 조치들의 실제적 효과들에 눈을 감은 괴벨스는 공장들을 가동 중단시키고, 공무원과 근로자의 주당 60시간 노동을 도입하고, 징집 면제자들에게 무자비하게 면제 해제 조치를 내렸다. 언론계도 심각한 제한 조치가 이루어졌다. 존속하고 있는 몇 안 되는 일간지들의 발행 면수가 4면으로 축소되었다. 화보 잡지들은 〈일루스트리어터 베오바흐터〉와 〈베를리너 일루스트리어테〉를 제외하고 모두 정간되었으며, 오락적 저술들은 모조리 금지되었다. 모든 극장, 바리에테 극장, 카바레, 연극학교, 미술학교, 미술전시회들도 문을 닫았다. 음악 분야에서도 제국방송 프로그램에 필요한 오케스트라를 제외하고는 같은 조치가 취해졌다.

당과 국가기관의 대표자들은 새로 도입한 조치들이 시급하게 필요하다고 인정하면서도, 그들의 관할 부문에 해당되는 긴급 조치들을 피하거나 최소한 완화할 목적에서 '총통'에게 영향력을 행사하려고 다방면으로 안간힘을 썼다. 히틀러의 총애를 둘러싼 '연적(戀敵)' 괴벨스를 질투하던 보어만은 이런 일들을 통하여, 광신적 활동을 벌이고 있는 괴벨스의 감시자 역할을 맡게 되었다. 보어만은 점점 늘어나는 괴벨스의 권력을 제한하기 위해 괴벨스가 시행하는 일부 조치들의 무의미함을 히틀러에게 확신시켜서 괴벨스의 활동을 방해하려 했다.

그리하여 보어만은 8월 14일 괴벨스에게 제국우정국과 관련된 여러 조치들의 강도에 대한 '총통'의 의구심을 전달했다. 거리가 150킬로미터 이상인 소포 발송과 개인적인 전보 발송 금지가 정말로 필요한 조처인지 근본적으로 재고해보아야 한다는 것이다. 사법부와 관련한 조치 중에서 "신속한 결혼 절차에 어떠한 장애도 있어서는 안 되며", 전방 잡지의 경우에는 병사들이 신문과 잡지에 "강렬한 갈망"을 지니고 있음을 염두에 두어야 한다며, '총통'은 어떤 경우라도 "그러한 조치의 효과가 그로 인해 나타나는 여러 장애들을 정당화할 수 있는지" 숙고해야 한다고 강조했다는 것이다.90) 괴벨스가 그 조치들의 일부를 신문에 발표했을 때, 보어만은 이를 괴벨스에게 앞으로는 아직 법적 효력을 갖추지 못한 규정과 지시의 발표를 삼가해 달라고 '긴급히' 요청하는 절호의 기회로 삼았다.91) 보어만은 8월 24일 괴벨스가 내린 지시들 중 일부가 중급 관료기구들, 기업들, 관구장들의 업무 가능성을 심각하게 제한하게 된다면, 이는 총력전의 요구들에 대한 "끔찍한 무지"를 보여준다고 비판했다.92)

물론 괴벨스는 '비서'와 어떤 충돌도 피하려 했지만, 그렇다고 그 때문에 자신의 열성적 활동을 조금이라도 흐트러뜨리려고는 하지 않았다. 괴벨스는 7월 20일의 '반역'이 전방의 참극을 불러온 한 가지 원인이라고 실제로 믿었고, 적국의 군수 물량에 대해 완전히 오판하고 있었다. 그리고 슈페어가 군수품 생산에서 계속 기록을 깨고 있다고 말했기 때문에 (거기에는 제트 추진 비행기 및 신형 잠수함 제조가 포함된다), 전쟁에서 곧 전환점이 나타날 것이며, 조만간 이루어질 것이 확실시되는 적국들의 동맹 와해까지 필요한 시간을 벌 수 있을 것이라고 믿었다. 이러한 믿음은 이번에는 제대로 된 또 다른 '기적의 무기', 즉 V2라고 불리는 세계 최초의 탄도 로켓 A4를 곧 투입할 수 있을 것이라는 예측으로 더욱 강해졌다.

7월 중에 슈페어는 철저한 보안 속에 괴벨스 외에는 에르하르트 밀히 원수만이 참석한 영화 상영을 주선했다. 선전장관은 이륙하는 로켓을 촬영한 영화에 커다란 감명을 받아 이를 여러 차례 연달아 틀어 달라고 청했다. 그리고 그 직후 비록 "근거 없는 낙관론"을 유포하려는 것은 아니지만 충분한 숙고를 거쳐 "이 무기가 영국을 무릎 꿇릴 수 있을 것"으로 믿는다고 밝혔다. "우리가 이 영화를 모든 독일 영화관들에서 보여줄 수 있다면 나는 더 연설을 할 필요도 없고 논설을 쓸 필요도 없을 것이며, 가장 끈질긴 비관주의자들조차 우리의 승리를 더는 의심하지 않을 것이다."[93] 괴벨스의 열광은 사그라지지 않았다. 그는 〈제국〉 사설에서 '총통'이 "무시무시한 병기"를 투입하여 빠른 시일 안에 전쟁을 끝맺을 것이라고 암시했다.[94]

물론 그런 말들이 국민들의 부정적 생각을 변화시킬 수는 없었다. 국민들은 이미 지금까지 지켜지지 않은 수많은 약속들을 지켜보았기 때문이다. 항공 폭탄 V1*은 이미 "실패(Versager) 1호" 또는 "우민화 도구(Volksverdummungsmittel) 1호"라는 냉소적인 별명으로 불리고 있었다.[95] 이 점을 염두에 둔 듯 총통 사령부는 괴벨스에게 신무기에 대해 함구할 것을 지시했다. 슈페어는 히틀러에게 V1의 경우와 같은 대대적인 선전은 단시일에 충족될 수 없는 너무 큰 기대를 불러일으켜 곧 그 반대 현상을 가져올 것이라고 경고했는데, 그의 말이 사령부에서 그러한 사고방식을 더욱 강화시켰던 것이다.[96]

그래서 V2가 9월 초 영국으로 발사되었을 때는 어떤 선전 행위도 이루어지지 않았다. V2는 영국에 적지 않은, 그러나 연합군의 대독일 공습에 비하면 사소한 피해를 입혔다. 그리고 이는 전선들이 거침없이 독일에 가까워지고 있는 상황을 바꾸지 못했다. 동부에서 붉은 군대는 9월

항공 폭탄 V1 항공기 모양의 로켓으로 8,000여 기가 발사되어 2,500여 기가 런던에 명중했다. V2는 세계 최초의 본격적인 탄도 미사일로 1,000여 기가 발사되어 600여 기가 런던에 명중했다.

1944년 8월 25일 프랑스 파리로 입성하는 미군. 1940년 6월 독일 군이 파리를 점령한 뒤 4년여 만에 자유를 찾은 파리 시민들이 미군을 환영하고 있다.

중순 발트 지역까지 진입했고 슬로바키아 국경에 이르렀다. 불가리아와 루마니아가 대독일 선전포고를 한 남동부에서 독일 군은 그리스를 포기했다. 이탈리아에서는 아펜니노 산맥 진지들에서 방어전이 시작되었고, 서부에서는 미군과 드골이 이끄는 자유프랑스 군 부대들이 이미 8월 25일 독일 군이 전투도 치르지 않고 포기한 센 강변 메트로폴리스(파리)로 개선해 들어온 뒤 신속하게 제국 영토로 진군해 오고 있었다.

괴벨스는 8월 30일 일기에서 국방군 최고사령부 보고들이 너무 극적이어서 "국민들이 점점 초조해하기 시작하고 있다."[97]라고 썼다. 괴벨스는 지도적인 정치 기구들이 견실한지도 걱정하고 있었다. 그는 이 기구들이 적국의 라디오 선전이 내보내는 "특정한 목적과 의도를 지닌 보도들"의 요약을 매일 받아보게 하는 것은 잘못된 일이라고 생각했다. "나 자신은 이 자료들의 일부만을 내게 제출토록 했다. 왜냐하면 심각하고도 위태로운 이 시기에 영국, 미국, 소련의 선전 선동으로 내 신경을 마비시킬 생각이 전혀 없기 때문이다."[98]

이때 괴벨스는 방송만으로는 독일인들이 "기운을 차리게" 할 수 없다는 사실을 인정했다. 그래서 그는 흔들림 없는 신뢰 속에서, 유일하게 "현 상황에서 국민에게 다시 용기와 힘을 줄 수 있는" 권위를 보유한 '총통 각하'에게 지체 없이 라디오에서 연설해줄 것을 요청했다. 그러나 괴벨스의 요청은 성공하지 못했고 그 때문에 국내 분위기가 계속 침체할 것이라는 그의 걱정은 더욱 커졌다. 특히 그의 총동원 조치들이 아직 효력을 발휘하지 못하고 있고, 서부와 동부 모든 방면에서 추가적인 "심각한 타격"을 각오해야 하기 때문에 더욱 그러했다. 괴벨스는 위기의 정점은 "아직 지나가지 않았다."[99]라는 점을 분명히 알고 있었다.

전방의 상황은 하루하루 극적으로 변해 갔고, 서부 방벽 요새의 건설 책임자가 "그 설비가 몽땅 구식 무기들을 기준으로 만들어졌고" 시멘트 벙커는 지속적인 포격을 견뎌낼 "충분한 강도를 갖추고 있지 못하다."라고 보고했다.[100] 그리고 공수부대의 쿠르트 슈투덴트(Kurt Student, 1890~1978) 장군은 9월 9일 괴벨스에게 의붓아들 하랄트 크반트가 아드리아 근처 전투에서 부상을 입고 실종되었다는 "슬픈 소식"을 전했다. 그 직후 괴벨스는 그의 생사를 가능한 한 조속하게 알기 위해 적십자사에 조사를 위임했고, 병을 앓고 있는 부인에게는 "불필요하게 불안하게 만들지 않으려고" 일단 이 소식을 숨겼다.[101] 그는 24시간도 지나지 않아 뮌헨글라트바흐와 라이트에 대규모 공습이 가해졌다는 소식을 들었다. 9월 12일 헤르만 괴링 거리의 장관 관저 정원에 대형 폭탄이 투하되어 지붕을 날리고 1층을 초토화시켰다. 괴벨스는 히틀러가 그의 가족을 위해 벙커를 만들어주었던 랑케로 거주지를 옮겨야 했다.[102]

양면 전선을 유지하는 전쟁이 더는 승리를 가져올 수 없다는 인식 때문에 괴벨스는 점점 더 조만간 적들의 불균등한 동맹이 깨질 것이라는 '총통 각하'의 예언에 매달렸다. 그는 9월 9일 늦은 밤까지 슈바르츠 판 베르크와 토의했다. 베르크는 괴벨스에게 현재 전황이 보여주는 정치적 측면들로 미루어볼 때, "만일 적들이 이성이라는 것을 지니고 있다면 상황이 매우 희망적"이라고 믿음을 주었다. 하지만 괴벨스는 독일 외교가 더는 이런 상황을 제대로 활용할 수 있는 능력이 없다는 걱정을 떨쳐버릴 수 없었다. "내가 지금 외무장관이라면 어떤 일을 해야 하는지 알고 있다."[103]

그러나 그는 9월 19일 나우만과 협의 후 행동에 나서기로 결심했다. 그가 1944년 4월 차관으로 임명한 측근 나우만은 베를린 주재 일본 대사 오시마 히로시(大島浩)와 가졌던 "획기적인 협의"를 보고했던 것이다. 오시마는 독일제국이 반드시 다른 적국과 분리하여 소련과 화평을 이루어야 한다는 입장을 보였다. 반공주의자인 오시마가 이러한 입장을 보인 것은 "독일 군이 동부에서 출혈을 계속한다면, 서부의 위험을 더는 감낭할 수 없기 때문이다 일본은 심지어 모종의 양보 조치를 통해 독소 평화조약의 길을 열 용의가 있다는 것이다." 나우만은 일본 대사가 미국, 영국과는 어차피 시도해볼 일이 없으며 스탈린이 '현실주의' 입장을 취해 선전장관과 같은 의견을 보였다고 설명했고, 이 말을 들은 괴벨스는 감격했다. 그는 적절한 수단을 사용해 오시마의 생각을 '총통'에게 설명할 수 있도록 곧 바로 힘러와 보어만에게 연락을 취했다.

괴벨스 자신은 그가 1년 전부터 계속해서 조용히 숙고해 왔던 외교 관련 방침들[104]을 히틀러에게 제출할 문건의 형태로 작성하기 시작했다.[105] 그의 상황 분석은 소련과 서방 열강들이 "서로 대립적인 이해관계의 산맥"을 사이에 두고 갈라져 있으며, 이는 그저 독일에 맞선 공동 전쟁 수행으로 봉합되고 있을 뿐이라는 판단에서 출발했다. 괴벨스는 이 상황에서 빠져나가는 길은 1932년을 돌아보는 것이라고 거듭 생각했다. 당시 적들의 좌우 대립을 활용하는 히틀러의 현명한 수완으로 인하여 "1933년 1월 30일 제한적 승리를 거두고 이 승리는 권력의 완전한 장악을 위한 전제가 되었던 것이다." 당시 국내 정치에서 행했던 일을 이제 외교에서도 해야 한다는 것이다. 그러므로 적의 양 진영 중 한쪽과 화친을 시도하여 이로써 적들을 점차 굴복시킬 수 있도록 해야 한다.

괴벨스는 자신이 '정치적 모험가'가 아니며 '각하와 각하의 위업'에 대한 자신의 의무를 수행하려는 것이라고 썼다. 스탈린과 화친을 시도해야 한다. 만일 화친이라는 조치가 정 필요하다면, 이는 서방 '금권주의자'들을 궁극적으로 배후 조종하는, 자신이 여전히 혐오하는 자본주의적 '증권 유대인들'과 하기보다는, 차라리 그 자신이 언젠가 '유대적 속임수'라고 일컬었던 볼셰비즘과 할 수 있다는 것이었다. 그가 서술한 이유에는 사회주의적 동기에서 비롯된 그의 오랜 증오심이 분명히 나타나고 있었다. 괴벨스에게는 평화의 더듬이를 동부로 뻗치는 것이 더 나은 수로 보였다.

괴벨스는 충분히 가능성이 있는 그러한 시도가 현행 외교 정책 때문에 좌절되고 있다고 지적하면서 리벤트로프의 실패를 하나하나 나열했다. 괴벨스는 리벤트로프가 "군사적 성공들을 외교 정책의 성공을 위한 기초로 삼아야 한다."라는 사실을 전혀 활용하지 못했다면서, 바로 무기의 힘을 통해 외교 정책이 이루어지는 것이기 때문에 사실 군사적 승리를 거두는 상황에서는 외교 정책이라는 것이 거의 필요하지 않다고 덧붙였다. 그 밖에도 리벤트로프는 "상당히 부패하고 패배주의적"이며, 최소한 현재 필요한 "불타는 광신주의"는 갖추지 못하고 있다는 것이다. 그 밀고에 가까운 비판을 강화하려고 괴벨스는 "독일의 당, 국가, 군 수뇌부의 대부분이" 자신과 같은 의견이라고 밝혔다.

제국전권위원으로서 자신의 적 리벤트로프의 언론, 방송, 문화 부서들을 폐쇄하려 노력해 온 괴벨스가 어떠한 목적으로 이런 비판을 했는지는 분명했다.[106] 그가 선전부 부하 직원들에게 그 자신이 스탈린과 협상을 담당하기를 원하며 이를 통해 제국의 외교적 운명을 넘겨받으려 한다고 말했을 때, 바로 리벤트로프 제거라는 목표를 암시하고 있었던 것이다.[107] 히틀러의 근시가 심해져서 특별히 큰 글자체로 타자를 친, 27쪽에 이르는 서신 형식의 이 문건은 충성과 헌신의 맹세, 그리고 '총통 각하'를 가르치려 하는 것을 송구스러워하는 표현으로 끝맺고 있었다. "무수한 외로운 저녁과 생각에 골몰하여 불면으로 지샌 밤들의 결과물"인 이 문서가 단지 '총통 각하'를 생각하는 그 자신의 마음을 조금이라도 홀가분하게 하는 성과 외에 아무것도 이루지 못하더라도, 그것만으로도 자신에게는 충분히 가치 있는 일이라는 것이었다.

괴벨스는 9월 22일 이 문건을 히틀러에게 보냈다. "그가 어떻게 반응할지를 내가 얼마나 긴장하여 기다리고 있었는지 상상할 수 있을 것이다."[108] 그 직후 나우만은 '총통'이 샤우프가 있는 자리에서 괴벨스의 글을 "유심히 통독"했으며 한밤의 독서를 위해 자신의 서류철에 끼워서 가져갔다고 전했다.[109] 그러나 몇 주가 지나도록 괴벨스는 그 문건에 대해 히틀러로부터 일언반구도 듣지 못했다. 그는 10월에 한 번 더 자신의 제안을 강조하려는 뜻에서 히틀러에게 편지를 보냈다. 거기서 그는 외무부가 "매우 위험한 정도로 반역자들과 정치적으로 의심스러운 인물들에게 조종되고 있다."라고 썼다.[110] 그러나 이 역시 국방군 최고통수권자 히틀러가 자신의 오랜 생각을 고집하는 상황을 변화시키지 못했다. 게다가 히틀러는 아른헴 방어 전투*의 성과에 근거하여 아르덴 지역에서 역공세를 결정했다. 그는 여전히 이러한 조치들과 집중적인 V무기 사용을 통해, 영국이 화친 용의를 가지도록 강요하고 이로써 미군이 유럽에서 철군하도록 만들어 배후 안전을 확보한 뒤, 모든 전력을 집중해 대소련 전쟁에서 결판을 낼 수 있을 것으로 희망하고 있었다.

히틀러는 괴벨스에게 서부 전선에서 공세를 취한다는 자신의 결정을 개별적 강화 조약의 전제 조건으로 내세우면서도, 물론 어느 쪽과 강화를 추진할 것인지는 확언하지 않았다. 그러면서도 히틀러는 괴벨스의 동부 화친 계획에 귀를 기울였는데, 앞으로 이른바 주적과 싸우기 위해서는 그리로 주력을 투입해야 한다고 생각했기 때문이다. 당시 괴벨스의 선전이 추구하는 목표는 무엇보다 연합군이 점차 가까이 진격해 오고 있는 상황에서 특히 독일 서부 지역 국민들이 느끼는 전쟁에 대한 염증에 대처하는 것이었다. 심지어 서부 지역에는 가능한 빨리 소련이 아닌 미국의 점령 통치를 받게 되는 것을 그나마 불행 중 다행으로 여기는 분위기가 팽배해 있었다.

그런데 때마침 괴벨스가 선전에 이용할 만한 훌륭한 소재가 등장했다. 1944년 9월 중순 미국 재무장관 모겐소(Henry Morgenthau, 1904~1980, 독일 태생의 미국 정치학자, 역사가)가 제안하고 연합국이 퀘벡 회담*에서 수용한 (그리고 나중에 다시 포기한) 계획이 바로 그것이었다. 퀘벡 회담에서 논의된 계획은 독일 영토를 갈가리 찢어 나누고 산업을 완전히 마비시켜 '채소밭'으로 바꾼다는 내용이었다. 괴벨스에겐 선전을 통해 미국이 점령할 경우에 겪게 될 삶의 묵시론적 전망을 제시할 수 있는 절호의 기회였다. 그리하여 "지금까지 알려진 절멸 프로그램들"[111]을 들며 〈민족의 파수꾼〉은 환호했다. "이는 조르주 클레망소*를 뛰어넘는 것으로서, 4천만 명의 독일인이 너무 많다는 것이다."[112]

10월 초 선전장관은 격렬한 전투를 거쳐 수복한 "서부전선 국경 지대"를 방문했다. 그는 그곳 관구장들에게 총력전의 문제를 설명하고 B집단군 총사령관 발터 모델* 원수의 사령부에서 정확한 전황 보고를 받고 나서, 10월 3일 오후 공습을 당한 성당 도시 쾰른에 도착했다. 괴벨스는 쾰른아헨 관구 집회에서 연설을 하면서,[113] "라인 지방의 아들"인 자신은 이 지역을 영국이나 미국이 점령하든지 소련이 점령하든지 어차피 마찬가지라고 밝혔다. 그는 '유대인 모겐소'의 계획을 상기시키면서, 그들 중 어느 쪽이라도 "똑같이 끔찍한 테러 정권을 독일 땅에 설치할 것"이라고 주장했다.114) 괴벨스가 이로부터 내린 결론은 "항전하자"는 것이었다. 그렇게 하면 곧 기적이 일어날 것이다. 그는 독일 국경으로 밀려드는 적들의 진군을 분쇄할 뿐 아니라 조만간 공세를 취할 수 있게 될 것이라고 말하면서, 그러한 기적을 불러올 조치를 암시했다.115)

아른헴 방어 전투 영국의 육군 원수 버나드 몽고메리가 입안한 '마켓 가든 작전(Operation Market Garden)'에 따라 펼쳐진 전투. 1944년 6월 6일에 시작된 노르망디 상륙 작전이 성공하면서 연합군은 승리를 꿈꾸기 시작했다. 서유럽 전선에서 영미 연합군을 지휘하고 있던 몽고메리 원수는 전쟁을 크리스마스까지 끝내려면 과감한 승부수가 필요하다고 주장했다. 그는 연합군의 모든 자원을 한데 모아 네덜란드에서 라인 강을 건너, 독일 산업의 심장부인 루르로 진격해 치명타를 날릴 계획을 세웠다. 그 일환으로 대규모 공수 부대를 동원해 영국 군의 진격로를 확보한다는 것이 '마켓 가든 작전'의 목표였다. 1944년 9월 17일, 작전이 시작되었다. 그러나 몽고메리의 예상과 달리, 독일 군의 강력한 저항으로 아른헴 전투는 연합군의 패배로 끝났다. 아른헴에서 분전한 영국 1공수 사단은 8,000명의 병력이 죽거나 포로가 됐다.

퀘벡 회담 2차 세계대전 때 캐나다의 퀘벡 시에서 두 차례에 걸쳐 열린 영국·미국 양국 회의. 첫 번째 회담(1943년 8월 11~24일)에서는 미국의 루스벨트 대통령과 영국의 처칠 총리가 참석해 앞으로 있을 연합군의 이탈리아 및 프랑스 공격에 관한 작전을 논의했다. 이듬해 루스벨트와 처칠은 퀘벡에서 다시 옥타곤 회담(1944년 9월 11~16일)을 가졌다. 이 회담에서 베를린에 합동 공세를 펴는 대신에 두 곳의 서부 전선을 통해 독일로 진격하기로 했는데, 이 결정은 소련 군으로 하여금 독일의 수도를 차지할 수 있게 해주었다고 하여 종전 후 한동안 비난을 받았다.

클레망소(Georges Clemenceau, 1841~1929) 1차 세계대전 후 베르사유 조약 체결 협상에서 독일을 철저히 약화시키고 프랑스가 라인 강 좌안을 획득해야 한다고 강하게 주장했던 프랑스 총리.

모델(Walter Model, 1891~1945) 1909년 군에 들어가 1차 세계대전 때 참전했고, 1944년 원수가 되었다. 열렬한 히틀러 지지자였으며, 방어전에 탁월한 능력을 보여 '총통의 소방수'라는 별명을 얻었다. 패전이 분명해지자 자살했다.

1944년 겨울, 공습으로 파괴된 쾰른 시내. 연합군 공습으로 폐허가 되었지만 거리마다 크리스마스 장식품과 플랜카드를 내걸어 모든 것이 정상임을 가장하고 있다.

그러나 고대하던 서부전선의 역공세는 여전히 일어나지 않고 있었다. 그 대신 미군이 몇 주에 걸친 치열한 전투 끝에 독일 서부 국경지역 최대도시 아헨을 점령했다. 그들은 10월 초 괴벨스의 어머니가 태어난 도시 위바흐를 차지했으나, 괴벨스가 그나마 약간의 만족감을 표시하면서 일기에 적었듯이, 이 과정에서 커다란 희생을 감수해야 했다. 그러나 그것이 독일 국민들이 최소한 서부에서라도 전쟁이 끝나기를 염원하고 있다는 사실을 감출 수는 없었다. 괴벨스가 받은 선전지국들의 보고서는 "희망의 상실"과 "전반적인 체념"[116)]을 언급하고 있었는데, 다름 아닌 괴벨스 자신도 그런 정서로 우울증에 빠져들고 있었다.

여기에는 하랄트의 생사 여부를 아직도 알아내지 못하고 있다(이제 마그다도 이 소식을 알게 되었다)는 사실도 한몫을 했다. 게다가 그와 친교를 맺어 온 로멜이 사망하는 일이 일어났다.[117] 히틀러는 빌헬름 부르크도르프(Wilhelm Burgdorf) 장군과 에른스트 마이젤(Ernst Maisel) 장군을 통해 로멜 원수에게 ('7월 암살 음모 사건'과 관련해) 특별재판소에서 유죄 판결을 받거나 아니면 청산가리 자살로 그 자신과 가족의 "명예를 구하라."고 양자택일을 강요했다.

괴벨스가 이 사건을 묘사한 것을 보면, 그 역시 로멜 원수가 7월 20일 반역에 참여한 것으로 받아들이고 있음을 알 수 있다. 게슈타포는 그 저항에 주도적으로 참가한 전(前) 라이프치히 시장 괴르델러*가 작성한 내각 명단을 확보했는데 로멜의 이름이 (그 자신도 모르는 사이에) 거기에 끼어 있었다. 괴르델러는 국내뿐 아니라 서방에서도 인기가 높은 로멜을 새 출발을 위한 통합의 상징으로 보았던 것이다. 괴벨스는 9월 '7월 20일 관련 서류들'에서 "슈튈프나겔 장군이 반역에 적극 참여했고 그가 클루게*와 로멜도 자신의 편으로 끌어들이려 했다. 클루게와 로멜은 모두

괴르델러(Karl Friedrich Goerdeler, 1884~1945) 1930~1937년 라이프치히 시장으로 재직했다. 독일이 1914년 이선으로 복귀해야 한다고 주장했고, 극우적 '독일국가인민당'의 한 사람으로 활동했다. 나치와 불편한 관계가 계속 악화되어 1937년 강요에 의해 라이프치히 시장직을 사퇴하고, 곧 히틀러에 대한 저항에 들어갔다. 이전부터 게슈타포의 추적을 받아 왔던 괴르델러는 쿠테타가 실패하자 잠적했으나, 8월 12일 폴란드에서 체포되어 그해 9월 8일 사형 선고를 받고 5개월 뒤 플뢰첸제에 있는 감옥에서 교수형에 처해졌다.

클루게(Gunther von Kluge, 1882~1944) 프로이센 구(舊) 귀족 출신으로, 1차 세계대전에 참전한 뒤로 계속 군에 머물렀다. 2차 세계대전 중에 그는 1941년 12월부터 1943년 10월 소련에서 부상당할 때까지 중부전선의 군단 사령관으로 소련의 대대적인 공세를 견제하는 데 대부분 성공을 거두었다. 1944년 6월 연합군이 프랑스에 상륙한 후 7월 초 독일 군의 서부 전선 총사령관으로 부임하지만, 결국 영미 연합군의 진격을 저지할 수 없었다. 히틀러는 그를 1944년 7월 20일에 일어난 총통 암살 공모자로 의심하여 증원군 파견을 거부하고 8월 17일 해임했다. 클루게는 군 지휘관으로서 실패한 것에 좌절하고 체포될 것을 두려워하여 다음날 자살했다.

그의 부추김에 마땅히 취해야 했을 저항을 보이지 않았다."라는 사실을 알게 되었다.[118]

그러나 로멜의 운명은 공모 혐의를 받고 있는 한스 슈파이델(Hans Speidel) 장군이 국방군 명예위원회 앞에서 한 진술에 따라 결판이 났다. 로멜의 참모장인 그는 자신이 암살 계획을 듣고 곧 원수에게 보고했다고 진술했다. (대개 로멜을 시기하고 적대적 입장을 취한 인물들인) 명예위원회 위원장들은 슈파이델의 진술을 신뢰하여 자동적으로 로멜 원수에게 혐의를 씌웠다. 그리고 총통 사령부에 있는 로멜의 적수들이 히틀러가 그의 '총애하는 장군'에게 단지 죽음의 두 가지 방법에 불과한 양자택일을 강요하도록 최종적으로 유도했다. 중상을 입은 이후 점점 용기를 잃어가고 있던 로멜은 그 음모를 알아차렸지만, 히틀러에게 해명할 기회를 얻지 못했다. 그리하여 1944년 10월 14일 '사막의 여우'는 스스로 청산가리 알약을 삼켰다.

반역자의 죽음을 충성스러운 영웅의 '사고사'로 은폐해야 한다고 믿은 괴벨스가 실제로는 자신이 꾸며낸 허위를 통해 진실을 규명했다는 것은 운명의 아이러니이다. 로멜의 부인이 전쟁이 끝나고 나서 "뷔르템베르크(Württemberg)의 아들"인 남편의 명예를 저항에 참가했다는 주장으로 더럽히지 않으려 했던 것처럼,[119] 로멜은 '총통'에 대한 맹세를 결코 저버린 적이 없었다. 그렇기 때문에 선전부에서 작성한 룬트슈테트 원수의 조사(弔詞)가 로멜이 영웅적 열정으로 이룬 군인으로서의 위업을 기리고 나서 "그의 심장은 총통에게 속한다."라는 말로 끝맺은 것은 결국 틀린 말이 아니었다.

히틀러의 병(그는 위경련과 장경련으로 거의 무감각하게 침대에 누워 있었는데, 이는 1940년 당시 서부 진격의 공격 일자가 누설되었음을 이제야 알게 되었기 때문이기도 하다[120])은 괴벨스에게는 물론 최대의 부담되었다. '총통'이 매일 5시간에서 6시간씩 전황을 논의하는 것은 감당하기 힘든 일이었다. 점차 우울증에 빠져든 선전장관은 히틀러의 측근들이 새롭게 업무를 분담해야 할 것이라고 한탄했다. 그의 부인도 마찬가지로 우울증에 빠져들었다. 그녀는 멈출 수 없이 다가오는 종말을 생각하며 점점 더 불안해하고 있었다. 그녀는 자신과 가족들을 위해 탈출구가 없다고 생각했기 때문에 체념하기 시작했다. 괴벨스의 생일을 축하하려고 10월 29일 "자정에서 1분이 지나자" 전화를 걸어 온 히틀러는 이런 상황을 잘 알고 있었기 때문에, 마그다의 용기를 북돋우고자 그녀와도 통화하기를 청했다. 잠시 후 나우만, 젬러, 슈바르츠 판 베르크 등 소수가 모여 있는 방으로 돌아온 그녀의 눈에는 기쁨의 눈물이 고여 있었다. 그녀는 거기 모인 사람들에게 '총통'이 크리스마스에 독일 국민들에게 위대한 군사적 성공을 선물하겠다고 자신에게 약속했다고 말했다.[121]

히틀러는 자신이 약속한 것처럼 승리를 실현하기 전에는 다시 사람들 앞에 나서지 않으려 했다. 그래서 괴벨스의 청원에도 불구하고 1923년 11월 쿠데타를 기념하여 매년 뮌헨에서 행해 오던 연설을 그해에는 취소해야 했다. 대신 히틀러는 그 기념일에 독일인들이 새로운 희망을 가지는 '기쁨'을 누리도록 하기 위해, 선전에서 V2를 활용해도 좋다고 허가했다.[122] 그 후 국방군 총사령부는 기념일 전날 저녁, 몇 주 전부터 V1보다 훨씬 강력한 폭탄인 V2로 런던 일대를 폭격하고 있다고 발표했다.[123] 괴벨스는 그 아마추어적인 선전 방식에 분통을 터뜨렸다. 이미 몇 주 전부터 투입되었지만 절망적인 상황을 조금도 변화시키지 못한 '기적의 무기'로 어떻게 국민들의 믿음을 이끌어낼 수 있겠느냐는 것이었다.

이러한 분노와 보어만의 지속적인 교란 작전에 덧붙여, 지난 몇 개월 동안 군수산업체 기업가들이 징집 면제자들에 대해 가지는 결정권 때문에 여러 차례 크게 충돌을 빚었던 군수장관 슈페어가 예기치 않게 공격해 왔다.[124] 11월 2일자 편지에서 슈페어는 "앞으로 일간지와 전문 잡지들에서 아직 성취되지 못한 군수 생산의 성과들을 암시하지 않도록 조치를 취해 달라."125)고 요청했다. 괴벨스와 가진 면담에서 슈페어는 분쟁을 가라앉힐 생각에서, 군수물자 생산량이 연말경에 새로운 기록을 세우게 될 것이라고 밝혔다. 면담 후 괴벨스는 11월 14일 젬러에게, 슈페어가 몇 개월 동안 군수산업 상황에 대한 잘못된 정보들로 혼란을 야기했다며 분노했다.126)

이 모든 반격과 저항, 그리고 많은 부분적 해결책에도 불구하고, 괴벨스는 자신이 비등점까지 몰고 가는 '최후 승리'에 대한 선전, 그리고 슈페어와의 협력을 통해 또 다시 (최후의 무의미한) 총동원의 추진력을, 비록 계획했던 규모는 아니지만 어느 정도 이끌어내는 데 성공했다. 수십만 명이 국방군에 입대하여 보잘것없는 훈련과 장비를 갖춘 이른바 국민보병사단(Volksgrenadierdivision)에 배속되었고 엄청난 인명 피해를 감수한 채 점점 좁혀 들어오고 있는 전선에 투입되었다.

다른 사람들은 군수산업 노동 명령을 받았는데, 거기에서 슈페어는 모델의 단순화, 공장 간 노동 분업, 컨베이어 벨트를 갖춘 기술적 효율성이 높은 대기업들로 생산을 대폭 이전하고, 민간 수요 경제 부문을 억제하는 조치 등을 통해 생산의 여력을 최대한 활용하였다. 이를 통해 그는 1944년 여름과 가을 독일의 군수 생산을 최고 수준으로 끌어올릴 수 있었다. 슈페어는 뉘른베르크의 국제군사법정에서도 자신이 "공습에도 불구하고 지속적인 군수물자 생산 증대에 성공했다."라고 뽐냈다. "이를 수치로 이야기하자면, 1944년 139개 보병사단과 40개 기갑사단을 완전히 새로 무장시킬 수 있을 만큼 엄청난 것이었다. 이는 2백만 명을 새로 무장시키는 것이었다."127)

당시 괴벨스는 '국민돌격대'* 조직을 선전적으로 준비하는 일에 매진했다. "독일 국민돌격대 건설을 위한" 9월 25일자 '총통 명령'은 몇 주의 지연을 거쳐 10월 18일 공포되었다. 이는 16~60살의 복무 가능한 모든 독일 남자들을 소집하는 것을 내용으로 하고 있었다. 독일 전역에 설치된 신고처에는 군 입대에 부적합한 자들, 노인들, 그리고 아직 충분히 자라지 않은 청소년들까지 줄을 서 있었다. 나치당 당료(黨僚, 정당에서 주로 사무를 맡아 보는 사람)들이 부대 편성뿐 아니라 군사 훈련도 맡았다. 군사적으로는 무의미할 따름인, 민병대와 비슷한 그 부대들을 지휘한 것은 군인들이 아니라 당료인 제국방위 전권위원들이었다.[128] 괴벨스는 그 부대들의 선서 날짜를 전국적으로 통일하여 11월 12일로 정했다. 제국 수도 한가운데인 브란덴부르크 문 바로 옆 파리저 광장에서는 베를린 중앙 시구(市區)를 위한 관구의 중요한 집회가 열렸다. '마지막 병력'(여기에는 선전부 직원들로 편성된 '빌헬름플라츠' 대대도 있었다)이 입장하고 돌격대 중장 귄터 그랜츠(Günther Gräntz)가 보고할 때, 괴벨스는 사령관의 역할을 맡았다.[129]

괴벨스가 그럭저럭 투입할 수 있는 마지막 독일인들까지 총동원하려 하던 때, 그와 '총통 각하'가 커다란 희망을 걸고 있던 날이 다가왔다. 그들은 이미 여러 차례 이를 논의했다. 12월 3일, 히틀러가 오랜만에, 그리고 최후로 괴벨스의 오후 다과 초대에 응했고 괴벨스가 보온병에 직접 차를 넣어 온 그날에도 그 희망의 날을 중심으로 논의가 이루어졌다. 괴벨스의 6명의 아이들은 인사를 하기 위해 '정렬'했다. 여자아이들은 긴 드레스를 입었다.[130] 괴벨스 내외는 1시간 반 동안 히틀러, 그의 부관 샤우프, 나우만과 함께 있었다. 히틀러는 다소 조용해지기는 했으나 여전히 도맡아 이야기를 했고, 괴벨스 부부는 (예전의 라이히스칸츨러플라츠

국민돌격대(Volkssturm) 1944년 징집 가능 남성의 총동원을 위해 창설되었다. 군사 시설 건설과 지역사회 방어에 투입되었던 국민돌격대원들은 훈련과 장비가 부족한 상태에서 연합군에 맞서 커다란 희생을 치러야 했다.

시절처럼) 그의 입술만 바라보고 있었다. 그가 돌아가고 나서 남은 사람들은 자랑스러워했고, 마그다는 그가 괴링 부부는 방문하지 않았다는 사실을 다른 사람들에게 떠벌이고 다녔다.[131]

1944년 12월 16일 새벽 드디어 때가 되었다. V1과 V2가 연합군 병참기지인 벨기에의 안트베르펜을 폭격하여 엄호하는 가운데, 호헤스 펜(벨기에와 독일 국경 지대에 있는 구릉 지대)과 룩셈부르크 북부에서부터 아르덴 공세*가 시작되었다. 미군이 급습을 당했고 최초의 전투들이 독일 군에게 유리하게 진행되었기 때문에, 괴벨스는 전황이 크게 변화된 것으로 보았고 환호성을 지르며 좋아했다. '총통'이 이를 이루어낸 방식은 기적이었다. 그는 부하 직원들 앞에서 그해 말까지 미군의 총병력을 150% 전멸시키거나 바다에 빠뜨릴 것이라고 허풍을 떨었다.[132]

괴벨스를 또 한 번 사로잡은 이러한 열광은 히틀러가 아르덴 공세를 지휘하러 바트 나우하임 근처 치겐베르크에 있는 총통 사령부 '독수리 둥지(Adlerhorst)'로 떠나기 전에 괴벨스에게 찬사를 늘어놓았기 때문이기도 했다. 히틀러는 괴벨스의 총력전 조치들, 특히 국민보병사단 편성을 들어, 현재 계획되고 있는 역공세에서 그의 공이 절반이라고 칭찬하였다. 그리고 이번 공격에 투입될 완전히 새로운 무기들을 기회가 닿는 대로 이야기했다. 그리하여 괴벨스는 공격의 성공을 믿게 되었고, 나아가 신체적·정신적 상태에서 그토록 걱정을 불러일으켰던 '총통 각하'가 본래 모습으로 돌아왔다고 굳게 믿게 되었다.[133]

아르덴 공세 아르덴 전투(벌지 전투)를 말한다. 2차 세계대전 때 독일 군이 서부 전선에서 편 마지막 공격(1944년 12월 16일~1945년 1월 16일)이었다. 독일 군은 이 전투에서 초반에 크게 승리했으나 연합군을 독일 영토에서 몰아내지는 못했다. 독일 군은 서부에서 주도권을 되찾기 위한 이 마지막 싸움에서 많은 병력과 자원을 소모한 뒤 1월 8~16일에 차례차례 퇴각했다.

1944년 12월 베를린의 군 부대를 방문한 괴벨스. 1944년 7월 총력전 제국전권위원이 된 괴벨스는 전쟁이 시작된 뒤 처음으로 열정적인 활동을 펼칠 수 있었다.

12월 17일 기자회견에서 괴벨스는 자신이 '룬트슈테트 공세'라고 부르던 그 작전의 목표는 언급하지 않은 채, "거대한 군사적 성취"를 이야기했다. 그리고 히틀러가 오랫동안 공적인 장소에 나타나지 않은 것을 가리켜 "탁월한 행동"이라고 미화했다. 이를 통해 미국과 영국 정부가 스스로 안전하다고 착각하게 만들었다는 것이다.[134] 히틀러가 12월 19일 새벽 1시 총통 사령부에서 그에게 전화를 걸었을 때, 괴벨스가 서부 공세로 인해 품게 된 희망이 이루어지는 것처럼 보였다. 선전장관은 이에 대해 일기에 쓰고 있다. "그는 유쾌한 기분이고 건강도 완전히 회복했다. 그의 기분을 보면 그가 이미 얻어낸 승리들 때문에 그의 감정이 근본적으로 변화했다는 점을 알 수 있었다."[135]

그러나 그 직후 아르덴 하늘이 맑게 개면서 연합군은 제공권을 활용할 수 있게 되었다. 미군은 12월 22일 반격에 착수했다. 물론 괴벨스는 이로써 분명해진 서부 전선의 패배를 받아들이려 하지 않았고, 선전에서는 이를 오히려 성공으로 둔갑시켰다. 작전명 '라인 강변 보초'는 적의 병력을 그리로 끌어들여 독일에게 위험한 전선 지역으로부터 철수하도록 하는 것이 목표였으며, 이는 완전히 성공했다는 것이다.

그러한 자기 기만에도 불구하고, 괴벨스가 그 전해처럼 부인, 아이들, 누이동생 마리아와 함께 랑케에서 보낸 1944년 크리스마스는 그의 일생 중 가장 쓰디쓴 크리스마스의 하나가 되었다. 가족이 크리스마스 트리 주변에 둘러앉아 선물을 주고받고 라디오에서 흘러나오는 선전장관의 성탄 연설에 귀를 기울이는 등 겉모습은 그대로 유지되고 있었다. 그러나 그가 독일 "민족동지들"에게 불어넣으려 했던 낙관은 랑케에서도 억지로 유지될 뿐이었다. 마그다는 12월 24일 자신의 비서에게 다음해에는 평화가 올 것이라고 말했는데, 그 말에는 다른 의미도 은밀하게 숨겨져 있었다.[136]

12월 31일, 괴벨스의 영지를 지배하던 음울한 분위기는 한 무리의 방문자들 때문에 깨졌다.[137] 정오 무렵 독일에서 가장 성공적인 전투기 조종사 한스 울리히 루델* 대령이 그를 위해 특별히 만들어진 최고 무공훈장, 즉 '황금백엽검 기사 다이아몬드 철십자장'과 진급 조치를 받으러 히틀러에게 가는 도중, 잠깐 그곳에 들렀다. 선전장관은 그의 말을 흥미롭게 경청했다. 그에겐 루델이 의지가 이룰 수 있는 것이 무엇인지를 증명한 사람으로 보였다. 괴벨스에게는 한케 관구장도 이러한 태도를 체현하는 것으로 보였는데, 그는 브레슬라우를 소련으로부터 방어해내겠다고 광적으로 결연하게 선언했던 것이다. 그래서 한케는 과거 마그다와의 관계에도 불구하고 괴벨스에게 높은 평가를 받았다. 자정 무렵 라디오 스피커에서 하인리히 게오르게가 낭독하는 클라우제비츠의 '프로이센 선서'가 흘러나오고 그 마지막 부분에 독일 국가가 끼어들었다. 그리고 종소리 후에 마침내 군가 "오, 독일이여 저 높이 영예로이"가 이어질 때,

괴벨스는 구원이 오거나 파멸이 올 때까지 '총통'의 과업을 위해 싸우겠다는 데 한 점의 의혹도 가질 수 없었다.

랑케에 모인 사람들은 자정 무렵 히틀러의 행운을 빌며 건배를 했다. 괴벨스는 1944년 연말과 1945년 연초에 히틀러에게 다시 열정적인 축원을 보냈다. 그는 그 어느 때보다도 히틀러에게 의지하고 있었다. 괴벨스는 히틀러에게 "오직 한 가지"를 기원했다. "건강과 힘. 그러면 다른 것들은 절로 이루어질 것입니다." 괴벨스가 계속 썼듯이, 그 다른 것들이란 "우리 목표의 승리, …… 고통받는 세계의 위대한 구원"(!)이었다. 괴벨스는 자신의 "삶이 오직 각하와 각하의 위업에 속해 있으며, 각하 없는 세계는 상상할 수도 없고 상상하기도 싫다."라면서 "열정을 지니고 모든 힘을" 그 목표를 위해 계속 쏟아 부을 것이라고 밝혔다.[138]

그동안 신경성 습진과 신장 산통(疝痛)에 걸린 괴벨스는 히틀러가 국방군에 하달한 신년 명령에 쓴 대로 "죽느냐 사느냐를 둘러싼 냉혹한 투쟁"을 벌이고 있는 독일의 상황에 직면하여,[139] 갈수록 역사 속에서 모범을 찾으려 했다. 그는 영국의 역사가이자 작가인 토머스 칼라일(Thomas Carlyle)이 쓴 프리드리히 2세 전기를 반복해 읽으며 그에게서 항전의 모범을 찾았고, 테오도어 몸젠(Theodor Mommsen, 1817~1903, 독일의 역사가·작가)의 《로마사》에서는 포에니 전쟁 부분을 연구했다. 수십 년 동안 카르타고와 싸워야 했던 고대 로마는 카르타고의 명장 한니발이 로마의 성문 앞까지 진군해 왔으나 끝내 항복하지 않았다. 오직

루델(Hans Ulrich Rudel, 1916~1982) 2차 세계대전 당시 급강하 폭격기 슈투카를 몰고 엄청난 전과를 올린 전설적인 조종사. 일명 '슈투카 대령' '슈투카 에이스'로 알려져 있다. 루델은 독일이 패전하기까지 2,530회 출격하여 전차 518대, 트럭 700대 격파, 군함 격침 3척, 적기 격추 9기, 상륙정 격침 70대 등의 놀라운 전과를 거두었다. 자신도 대공포화에 의해 30회 격추되고 5회의 부상을 입었으며, 오른쪽 무릎 아래를 절단해야 했다. 전후 그는 한 다리의 등반가로 이름을 날렸다.

국가와 국민들의 완강함으로 나중에 카르타고의 땅들을 로마의 쟁기가 갈게 되었던 것이다.[140]

크라프트(Zdenko von Kraft, 1886~1979)의 책 《알렉산드로스 전쟁》에서 괴벨스는 현재 히틀러의 주변 상황을 비춰줄 뿐 아니라, 곤경에서 빠져나가는 비상구까지 보여주는 구절을 발견했다.[141] 괴벨스는 병석에 누워 있는 알렉산드로스 대왕의 이야기를 읽었다.

"그의 크게 뜬 눈이 아직 삶을 응시하고 있는지" 아무도 모르는 상황이었다. 알렉산드로스의 주치의 필리포스가 물약을 조제하여 주자, 알렉산드로스가 그릇을 향해 떨리는 손을 뻗었고, "이제 그에게는 기다릴 시간이 더 없는 것처럼 보였을 때"(알렉산드로스 휘하의 장군) 파르메니오의 사자가 편지를 가지고 들어왔다. 그 편지에는 필리포스의 약에 독이 들어 있다고 적혀 있었다. 알렉산드로스는 "오른손으로 그릇을 입으로 가져가 꿀꺽꿀꺽 마시면서 왼손으로는 방금 도착한 편지를 필리포스에게 내밀었다. 필리포스는 읽었다. 그는 안색이 창백해졌지만 자세는 여전히 꼿꼿했다. …… 한마디도 하지 않고 필리포스는 편지를 옆에 내려놓고 왕의 침상 옆에 앉았다. 그에게는 자신의 무죄를 증명할 방법이 떠오르지 않았다. 그는 조용히 숲과 들판이 많은 자신의 고향과, 어린 시절과 젊은 시절, 자신이 어릴 때 어떻게 펠라의 궁전으로 오게 되었는지를 이야기하고, 마케도니아와 그 왕의 업적을 칭송하고, 앞으로 올 새로운 승리들을 예언하고, 동방의 아름다운 나라들에 대한 꿈을 이야기했다. 그가 알렉산드로스의 피로하게 감긴 눈앞에 그렇게 생생한 모습들을 떠올려주고 있을 때, 오래전에 잃어버렸던 진정한 미소가 알렉산드로스의 창백한 입술에 아름답게 다시 떠올랐다. 그러자 필리포스는 몸을 일으켜 주변 사람들을 전부 물리쳤다. 알렉산드로스는 잠이 들었다. 그는 회복의 잠을 자고 있었다."

1월 10일 괴벨스는 《알렉산드로스 전쟁》의 이 부분을 며칠 후 바트 나우하임의 총통 사령부에서 베를린으로 돌아온 '총통 각하'에게 보냈다. 히틀러는 총리청 지하 벙커에서 소련에 맞서는 방어 전투를 지휘하려고 돌아온 것이었다. 1월 12일 소련의 제1우크라이나 전선군이 바라노프 교두보에서부터 오버슐레지엔 방향으로 공격에 착수했다. 크렘린이 이미 수 주 전부터 예고했던, 메멜 강에서 카르파티아 산맥에 이르는 대대적인 겨울 공세가 시작된 것이다.

불과 며칠 지나지 않아 붉은 군대는 독일의 방어선들을 돌파했다. 1월이 끝날 무렵 그들은 쾨니히스베르크까지 밀고 들어왔다. 타넨베르크(그곳에 묻혀 있던 힌덴부르크의 시신이 소개疏開되었다), 굼비넨, 인스터부르크는 이미 그들의 수중에 떨어졌다. 붉은 군대는 그 남쪽 지역에서 서쪽을 향해 쳐들어와 동프로이센을 포위했다. 그리고 폴란드의 그네젠과 토루인을 점령하고, 포즈나인과 오데르 강 서쪽 연안의 프랑크푸르트안데어오데르(약칭은 '프랑크푸르트')로 진군해 들어왔으며, 한케가 최후의 결전을 준비하고 있던 슐레지엔 지방과 그 중심 도시 브레슬라우를 다른 제국 영토로부터 고립시켰다.

소련 군이 민간인들을 살해하고 강간하고 있던 동부 지역에서는 공황 상태가 나타났다. 혹한에도 불구하고 수백만 명의 독일인들이 끝없는 행렬을 지어 소련 저공 비행기들의 저격을 받으며, 말이나 수레를 이용하거나 도보로 서쪽으로 피난을 떠났다. 1월 말 베를린에는 매일 4만 명에서 5만 명의 피난민이 도착했고, 그중 최대 10%만이 다시 베를린을 떠날 수 있었다. 폭격으로 만신창이가 된 베를린에서는 지칠 줄 모르는 노력에도 불구하고 숙소, 식료품, 연료 등, 한마디로 모든 것이 부족했다.

1월 22일, '독수리 둥지'에서 돌아와 처음으로 괴벨스를 만난 히틀러는 그러한 절망적 상황에도 불구하고 그의 '필리포스'의 기대에 부응하는 태도를 보였다. 이에 괴벨스는 히틀러가 "엄청난 안정감과 신념의 힘"을 내뿜고 있고, "흔들림 없이 자신의 별자리"를 믿고 있었다면서, 심지어 '총통'은 "인간의 기적"¹⁴²⁾이라고 썼다. 그러나 1월 26일 히틀러가 과시하는 낙관주의는 괴벨스가 보기에도 지나칠 정도였다. 괴벨스는 히틀러의 "지나치게 낙관적인" 예언처럼 현 방어선들을 유지하는 것이 과연 성공할지 "매우 짙은" 회의를 보였다.¹⁴³⁾ 파킨슨병 증세를 보이던 히틀러는 스스로 억제하려 했음에도 불구하고, 가장 충성스러운 추종자와 자기 자신조차 그러한 눈속임에 가까운 낙관론을 항상 믿게 할 수는 없었던 것이다. 그런 순간에 괴벨스는 곧 역사에서 비슷한 예화들을 끄집어내어 히틀러에게 '역사적 사명'을 확신시키고 그를 다시 추스르려고 애썼다. 그는 어느 정도 성공을 거두기도 했는데, 예를 들어 1월 28일 일기에 다음과 같이 썼다. "그(히틀러)는 역사의 위대한 예들에 걸맞은 모습을 보이겠다고 내게 말했다. 위험은 그를 결코 동요하게 할 수 없을 것이다."¹⁴⁴⁾

괴벨스가 그렇게 '총통 각하'에게 용기를 불어넣을 수 있었듯이 히틀러 역시 거꾸로 괴벨스를 고무시켰다. 이날 괴벨스는 이미 여러 차례 히틀러에게 진정했던 사안, 즉 제국의 외교적 이해를 관철시키는 문제에서 또 다시 실패를 맛보았다. 그러나 괴벨스는 집으로 돌아오는 길에 '총통'이 그에게 말했던 모든 것을 재차 곱씹어보면서 다음과 같은 결론에 도달했다.

> 위대한 인간이 자신의 위대한 순간을 기다려야 한다는 사실, 그리고 이때 아무도 그에게 충고를 줄 수 없다는 사실은 옳다. 이는 합리적 인식보다는 오히려 본능의 문제인 것이다. 총통이 이 상황에서 전기를 마련할 수 있다면—이를 위한 기회가 언젠가 올 것이라고 나는 확신한다.—그는 세기의 인물일 뿐 아니라 1천 년의 인물이 될 것이다.¹⁴⁵⁾

괴벨스는 정치적 해결을 시도해봐야 성공할 전망이 제로에 가깝기 때문에 히틀러가 이를 전혀 추구하지 않을 수도 있다는 생각은 전혀 하지

1944년 10월 독일 군 장교들이 소련 군에 사살된 독일 주민들의 시체를 살펴보고 있다. 소련 군이 민간인을 학살하고 강간한다는 소식이 전해지자 동부 지역에서는 주민의 절반 이상이 피난길에 올랐다.

않았다. 점점 더 마약 중독으로 도피하고 있던 괴링이 정신이 비교적 맑아진 때 괴벨스에게 이 문제를 "강경하게" 제기하자, 괴벨스는 '총통'이 '당연히' 정치적 해결을 원하고 있다는 자기 기만적이고 쌀쌀한 확신으로 답했다.[146)]

총력전 제국전권위원으로서 괴벨스는 마침내 "전방 투입을 위한 최대 병력 확보라는 목표 아래, 후방 전투 지역에서" 국방군, 무장 친위대, 경찰까지 조사하는 권한을 획득했다.[147)] 그의 부하 직원 오펜의 증언을 믿는다면, 그 조치는 다음과 같은 생각에 기초하고 있었다. 민간 부문에서 수십만 병력을 소집하고 난 지금, 오로지 국방군만이 전방 투입이 가능한 예비 인력들을 가지고 있다는 것이다. 그러나 바로 그 기구 안에 오류가 내재해 있기 때문에 오로지 바깥에서 이를 도울 수 있을 뿐이다. 괴벨

14장 복수는 우리의 미덕, 증오는 우리의 의무! 869

스는 우선 추가로 1백 개 전방 사단 구성을 위해 인원을 동원할 것을 희망했다.[148] 프랑켄 관구장 카를 홀츠(Karl Holz)가 선전장관의 위임을 받아 지휘하고, 그랜츠도 소속되어 있는 소규모 참모부가 이 목표 달성을 위해 열성적으로 일하게 되었다. 더욱 확대된 권한을 지니게 된 괴벨스는 지난 2년 동안 총력전을 준비하고 실행하는 과정에서 쓸데없는 수다만 많았고, 안이함, 게으름, 무책임, 시기심, 악의가 총력전을 실행하려는 자신의 노력을 가로막고 사보타주 해왔다는 사실을 생각하면 미칠 지경이었다. 겨우 얼마 전부터 그는 자신의 뜻을 이룰 수 있었다. "그러나 모든 것이 너무 늦어버렸다."[149]

하지만 괴벨스는 1945년 1월 말 작은 성과를 거둘 수 있었다. 그는 오랜만에 히틀러가 제국방송에서 연설을 하도록 유도해냈던 것이다. 오래전부터 더는 존재하지 않게 되었던 '대독일제국'의 '총통'이 1944년 7월 20일 그의 소명에 '확증'을 주었던(암살 미수 사건에서 무사했던 일을 뜻함) "전능하신 분"에게 호소하는 일, 그가 희망하는 동맹 대상인 영국이 혼자 힘으로는 볼셰비즘을 "길들일 수" 없음을 깨닫고 이성을 되찾기를 촉구하는 일, 그리고 마침내 "유례 없이 잔혹한 운명 앞에 서 있는 우리 민족을 구원하려는 이 투쟁에서 그 어떤 것으로부터도 물러서지 않을 것"이라는 "변함없는 의지"를 천명하는 일도 이번이 마지막이 될 것이었다.[150]

히틀러가 1월 30일 독일 국민에게 연설하던 때 동부에서 난민들의 비극은 첫 번째 정점에 이르렀다. 해군이 시작한 대피 작전에서 '기쁨의 힘' 소속 선박 '빌헬름 구스틀로프' 호가 소련 잠수함에 의해 격침된 것이다. 붉은 군대를 피해 피난하려던 5,000명 이상이 포메른 해안 앞 차디찬 물속에 수장되었다. 베를린 시민들이 이 소식을 접하고 비탄에 젖어 있던 1월 31일 소련 군이 오데르 강까지 이르렀다는 소식이 전해졌고, 이는 패닉 상태를 불러일으켰다. 벨텐, 슈트라우스베르크, 퓌르스텐발데에 적의 전차 부대 선두가 들어섰고 심지어 베를린 시내에 공수부대가 침입했다는 풍문들이 들불처럼 퍼져 나갔다.[151]

이날 괴벨스는 보좌관 슈베거만에게 자동차를 내주고 랑케로 보내 마그다와 여섯 아이들, 보모들, 급사들, 그리고 꼭 필요한 짐들을 안전한 곳, 즉 헤르만 괴링 거리의 장관 관저로 피신시키도록 했다. 그동안 적십자사를 통해 생사를 확인한, 현재 영국 포로수용소에 있는 아들 하랄트 크반트에게 보내는 편지에서 마그다는 "공습에도 불구하고 우리 집은 아직 파괴되지 않았고, 할머니와 다른 가족들을 포함해서 우리는 모두 무사하다. 아이들은 즐겁게 지내고 있고 학교에 가지 않는 것에 기뻐한다. 다행히도 그 아이들은 이 심각한 상황을 아직 이해하지 못하고 있다. 아빠와 나는 믿음에 차 있고 최대한 의무를 수행하고 있다."[152]라고 썼다.

소련 군이 한발 한발 다가오는 상황에서 괴벨스의 '의무' 중에는 "그의 도시"에서 신임 베를린 사령관 하우엔실트(Bruno Ritter von Hauenschild) 장군과 공동으로 수도 방위를 준비하는 일이 포함되어 있었다. 이를 위해 도시를 여러 개의 방어 구역으로 나누는 계획이 작성되었다. 괴벨스가 2월 1일 베를린을 요새라고 선언하고 나서, 그들은 도시 주변에 참호를 파고 시내에는 바리케이드와 임시 전차 장애물을 설치하는 일을 서둘렀다. 국민돌격대는 기차역, 교량, 공공건물을 점거했다. 괴벨스가 슈페어와 합의한 대로, 도시 내에서는 전쟁에 중요한 생산의 양을 그저 유지하는 것이 아니라 더욱 확대했는데, 이는 베를린이 오버슐레지엔과 단절된 후 독일 내에서 가장 중요한 군수산업 중심지로 떠올랐기 때문이다.[153]

괴벨스에게 제국 수도 방위의 모범은 스탈린의 '볼셰비키 방위 전쟁' 혹은 '사회주의 민족 전쟁'이었다. 괴벨스는 자신이 모든 노력을 기울였는데도 아직 충분히 성공하지 못하고 있는 총력전이 바로 그 소련 독재자의 성공 비결이었다고 믿었다. 독일 편에 서서 싸우던 러시아 블라소프 군 총사령관 안드레이 블라소프* 장군이 1941년 12월의 성공적인 모스크바 방어전에서 스탈린이 보여준 '끈기'에 대해 보고한 내용은 괴벨스에게 감명을 주었다.[154] 또 1년 이상 독일 군에게 포위되었던 레닌그라드를 해방시킨 사건을 다룬 소련 영화 〈싸우는 레닌그라드〉도 그에게 깊은 인상을 주었다. 괴벨스는 임박한 '베를린 공방전'을 담당할 모든 사람들에게 그들을 독려할 수 있는 모범으로 이 영화를 보여주었다.[155]

괴벨스는 항전을 위한 영화 〈위대한 왕〉을 국민들에게 반복해 보여주었다. 1943년 6월 그가 하를란에게 제작을 위촉했던 영화 〈콜베르크〉가 1월에 마침내 완성되었다. 괴벨스는 하를란에게 "국방군, 국가기관, 당의 모든 관청들"에 도움과 지원을 요청할 것과 그가 "지시한 이 영화가 우리의 정신적 전투에 복무한다는 사실"을 강조하라고 지시했다.[156] 이 영회의 괴재는 나폴레옹 군내에 서항한 발트 해의 작은 항구도시 콜베르크*를 예로 들어 "전방과 후방에서 일치단결한 민족은 어떠한 적이라도 굴복시킬 수 있다."라는 점을 보여주는 것이었다.[157]

이때 괴벨스는 자신이 제시한 주변적 사건들을 이용해 역사적 사실을

블라소프(Andrei Vlasov, 1900~1946) 스탈린의 총애를 받은 군인이었으나, 1942년 독일 군에게 포위된 끝에 포로가 되었다. 그 뒤 심경의 변화를 일으켜 스탈린 체제 타도를 내세우고 소련 군 포로들로 자유군단을 조직해 독일에 협력했다. 1945년 미군에게 항복했으나 소련으로 인도되어 처형되었다.

콜베르크 현재 폴란드 북서부 코샬린 주에 있는 도시 '코우오브제크'의 독일식 이름. 발트 해 연안을 흐르는 파르셍타 강 어귀에 있다. 13세기에 상업 요충지가 되었으며 1648년 브란덴부르크 선거후에게 넘어갔다가 2차 세계대전 후 폴란드에 반환되었다.

틸지트 강화조약(Treaties of Tilsit) 나폴레옹이 1807년 7월 틸지트(현재 러시아의 소베츠크)에서 러시아, 프로이센과 맺은 조약. 이 조약으로 프랑스와 러시아는 동맹국이 되어 유럽을 분할하고 오스트리아와 프로이센을 고립시켰다.

히틀러유겐트 대원들이 자전거에 대전차 무기를 동여매고 소총을 등에 멘 채 폐허가 된 오데르 강가를 지나고 있다. 전쟁 말기에는 나이 어린 소년들까지 전투에 동원되었다.

왜곡했다.[158] 1807년 콜베르크 시민들은 방어에 성공했지만 틸지트 강화조약* 후에 나폴레옹 군대가 도시를 점령하게 되었다. 하지만 괴벨스는 시민군 장군 네텔베크가 이끄는 저항으로부터 해방전쟁의 기념비적 사건을 조작해냈다. 이런 목적에 따라 음악도 선정되었다. 그 영화는 테오도어 쾨르너(Theodor Körner)의 행진곡 '전투가 시작되고 폭풍이 몰아친다'로 시작하였고 이와 마찬가지로 장중한 '네덜란드 감사기도'의 마지막 합창으로 끝맺었다. 이 두 번째 음악은 실제 사건이 일어난 지 50년 후에야 만들어진 것이었다. "하늘에 계신 당신을 찬양합니다. 그대, 전투의 지휘자시여, 그대의 공동체가 적에게 희생되지 않도록 우리를 돌보아주소서. 그대 이름 영예로워라, 오, 주여, 우리를 자유롭게 하소서!"[159]

영화는 매우 노골적으로 현재와 관련성을 보여주고 있었다. 실제로 당시 포메른 지방의 콜베르크를 둘러싸고 치열한 전투가 벌어졌던 것이다.

14장 복수는 우리의 미덕, 증오는 우리의 의무! 873

그러나 선전장관은 그 영화의 사본들을 콜베르크가 아니라, 포위되어 있는 독일의 대서양 요새 라로셸과 생나제르로 보내도록 힌켈에게 지시했다.[160] 그리고 괴벨스는 마지막 순간까지 영화에 시사성을 부여하기 위해 재편집을 요구했다.[161] 그러나 영화 속에서 가능했던 일, 즉 콜베르크 함락을 승전으로 둔갑시키는 일은 현실에서는 실패했다. 하지만 괴벨스는 여전히 허구에 집착하고 있었다. 나중에 그는 붉은 군대가 그 도시를 점령했다는 뉴스의 보도를 금지시켰던 것이다.[162]

2월 초 소련 군의 공세는 잦아들었다. 국민들은 붉은 군대가 무너지고 있다는 희망을 품었으나, 괴벨스는 이것이 단지 마지막 폭풍 전야의 고요일 뿐이라는 걸 알고 있었다. 그는 앞으로 어떤 일들이 벌어질지 너무도 잘 알고 있었다. 얄타 회담*은 합의에 이를 것이고 독일은 동부, 서부, 남부, 그리고 공중으로부터 공격을 당해 회복 불능의 패배를 당할 것이다. 그 후에도 남아 있을 폐허들은 예정된 계획에 따라 점령당할 것이다. 괴벨스는 오펜에게 국제평화기구(국제연맹을 뜻한다)의 헛소리들은 그들의 힘의 정치를 더욱 거침없이 밀고 나갈 목적에서 전쟁에 지친 인류의 눈에 흩뿌리는 모래에 불과하다고 말했다.[163]

그러나 그런 상황은 시간을 벌어주었고 아무리 절망적인 상황에서도 그 시간을 활용해야 했다. 왜냐하면 괴벨스는 영미와 소련의 동맹이 제때 무너지는 일이 일어나서 크렘린과 공조할 수 있는 전제 조건이 마련되는 기적이 일어나려면, 이에 대한 신념과 행동이 필요하다고 생각했기 때문이다. 그 '행동'에 속하는 것은 서방 "금권정치들"과 볼셰비즘의 동맹을 "무거운 역사적 죄악"으로 비판하는 끊임없는 선전이었다.

1945년 2월 4일 〈제국〉 사설에서 괴벨스는 유럽의 '볼셰비즘화'를 경고하면서, 오로지 독일이 '영웅적 투쟁'으로 이를 막으려고 애쓰고 있다고 썼다. 그는 역사에서 다시 사례를 끌어냈다. "프랑스 귀족들도 대부분 자코뱅주의와 협력하였고", 결국 최후의 변절자들의 머리가 기요틴에서 떨어질 때까지 자신들의 살롱에서 자코뱅주의를 "길러냈다." 그러므로 "오늘날 금권정치의 지배층들이 통찰력을 갖추게 되고 그들의 정신적 선구자들을 파멸로 이끌었던 그 오류들을 피할 것을 어떻게 기대할 수 있겠는가."[164] 괴벨스는 멀찌감치 2000년을 내다보면서, 지금 독일 국민이 무기를 내려놓는다면, "루스벨트, 처칠, 스탈린 사이에 합의가 이루어진다 해도, 소련이 동유럽과 동남부 유럽 전역, 그리고 이에 덧붙여 독일제국 영토 중 대부분을 차지하게 될 것이다. 소련 본토를 포함하는 이러한 거대한 영토 앞에는 철의 장막이 드리워지고 그 뒤에서 인종 대학살이 시작될 것이다."[165]라고 썼다.

괴벨스는 시간적 여유를 이용하여 증오심에 가득찬 무시무시한 선전을 펼쳐 독일인의 저항 의지를 강화하려 했는데, 이는 동부 지역 국민들의 공황 상태를 더욱 심화시킬 위험을 감수하는 것이었다. 그는 "세계의 귀"가 "북유럽, 동유럽, 남동부 유럽, 그리고 이제 우리 조국의 동부에서 볼셰비즘의 무자비한 마수에 끌려 들어가 몸과 마음을 유린당하고 고초를 겪고 있는 수백만 명의 단말마의 비명을 못 들은 척하고 있다."라고 썼다. 이러한 "피에 굶주리고 복수에 목마른" 적에 맞서려면 "우리가 뜻대로 할 수 있는 모든 수단, 무엇보다 한없는 증오를 활용해야 한다."[166]라는 것이다. 괴벨스는 심지어 페인트공들을 시켜 제국 수도의 거리에

얄타 회담(Yalta Conference) 1945년 2월 4~11일까지 2차 세계대전 중 우크라이나의 얄타에서 미국, 영국, 소련의 수뇌들이 가진 회담. 연합국의 지도자들인 미국의 루스벨트 대통령, 영국의 처칠 총리, 소련의 스탈린 최고인민위원은 나치 독일의 최종 패배와 점령을 논의하기 위해 크림 반도 얄타에서 회담을 개최했다. 독일에 관해서는 미국·영국·프랑스·소련이 분할 점령한다는 원칙이 이미 결정되어 있었다. 또 연합국은 독일인에 대해 최저 생계를 마련해주는 것 외에는 일체의 의무를 지지 않는다는 원칙을 채택하고, 독일의 군수산업을 폐쇄 또는 몰수한다고 선언했으며, 주요 전범들은 뉘른베르크에서 열릴 국제 재판에 회부하기로 합의했다. 배상금 문제는 위원회를 구성해 위임하기로 했다.

(베를린은 2월 3일 엄청난 공습을 당하였고 그 와중에 특별재판소장 프라이슬러가 죽음을 당했다) "복수는 우리의 미덕, 증오는 우리의 의무" 같은 구호를 휘갈겨 쓰게 했다.167)

괴벨스는 전황 토의를 위해 히틀러, 보어만과 만났다.168) 억제할 수 없는 증오 때문에 그는 반복하여 총력전을 위한 자신의 권한 확대와 더욱 강력한 전쟁 수행을 요구했다. 그는 자신의 급진적 목표들을 관철시킬 새로운 기회를 발견하게 되었다. 2월 13~14일 사이의 한밤중과 14일 정오 무렵 영국과 미국의 폭격기들이 독일에서 가장 아름다운 도시 중 하나이며 슐레지엔 피난민으로 가득차 있던 드레스덴을 초토화했던 것이다. 최소 35,000명이 그 생지옥에서 죽음을 맞았다. 눈물이 솟구치고 분노에 몸을 떨었다는 괴벨스는 곧 자신과 마찬가지로 깊은 충격을 받은 히틀러에게 이에 맞서 긴급 대응으로 "1만 명 이상의 영국 및 미국 전쟁포로들"을 사살할 것을 요구했다.169)

이와 관련하여 괴벨스는 제네바 협정을 파기하는 이유로, 적국 폭격기 조종사들이 '수십만 명의 비전투요원들'을 최단 시간 내에 죽일 수 있다면 그 협정은 이미 무의미해진 것이라 밝혔다. 그 협정은 보복 조치를 불가능하게 만들기 때문에 결국 독일이 자신을 지킬 수 없게 한다. 협정을 파기한다면, 독일 수중에 떨어진 모든 폭격기 승무원들에 대해 즉결 재판을 열고 저항할 수 없는 민간인들을 살해한 혐의로 사형을 선고할 수 있다. 그러한 조처는 서방 열강들이 어쩔 수 없이 폭격 테러를 중단하도록 할 것이다.170) 히틀러는 괴벨스의 제안을 따를 용의를 보였으나,171) 다른 사람들이 제기한 회의론 때문에 전쟁 관련 국제 협정의 파기가 불러올 장단점을 검토하도록 지시했다. 위원회는 히틀러에게 그러한 조치를 취하지 않을 것을 권고했다.172)

괴벨스는 자신의 오랜 적, 즉 그동안 완전히 모르핀에 중독된 제국원수 괴링을 무너뜨리려고 드레스덴 파괴를 이용했다. 그는 2월 14일 나우

1945년 2월 연합군 공습으로 폐허가 된 드레스덴. 피난민으로 가득차 있던 드레스덴에 연합군 폭격기가 폭탄을 쏟아 부어 최소 35,000명이 목숨을 잃었다.

만과 젬러가 있는 자리에서 자신이 투쟁 시기부터 부르주아적 사고방식 때문에 증오해 왔던 '기생충'에 대해 분통을 터뜨렸다. 괴벨스는 자신이라면 연합군의 폭격 테러에 책임을 져야 할 그 '무위도식자'를 특별재판소에 세울 것이라고 말했다.[173] 그는 제국원수는 나치주의자가 아니라 '쥐바리스(식도락으로 악명높은 고대 그리스 시민들)'에 불과하다고 일기에 썼다. "훈장을 주렁주렁 매단 광대나 향수를 뿌리고 옷을 쫙 빼 입고 우쭐거리는 바보가 전쟁을 지휘할 수는 없다. 스스로 자신을 바꾸든지 아니면 제거되어야 한다."[174]

괴벨스는 2월 초 히틀러에게 편지를 써 자신의 권한을 확대해 달라고 다시 요청했다.[175] 아군 속의 그의 적들, 즉 괴링, 리벤트로프, 그리고 동부 해체를 거부한 로젠베르크를 숙청하는 데 필요한 지원을 얻고 이로

14장 복수는 우리의 미덕, 증오는 우리의 의무! 877

써 (괴벨스가 믿기에) 독일의 방어 전투를 더 효율적으로 이끌어 나가기 위해, 괴벨스는 2월 14일 베를린에서 40킬로미터 떨어진 호헨린첸에서 힘러를 만났다. 힘러는 그곳 친위내 병원에서 후두염 치료를 받고 있었다. 괴벨스의 견해에 따르면 새로운 나치 지도부는 다음과 같이 구성되어야 했다. 그 자신은 제국총리가 되고, 힘러는 국방군 총사령관을 맡고, 보어만은 당 총재가 되도록 하며, 이 모든 것이 '총통'의 재가에 따라 이루어져야 한다. 괴벨스의 계획에서 모두의 위에 군림하는 역사적 위인의 역할을 맡아야 할 히틀러는 일단 심각한 건강 상태 때문에 부담을 짊어지지 말아야 했다.[176]

호헨린첸에서 두 사람은 나아가 제국을 구할 정치적 가능성에 대해서도 토의했다. 며칠 후 괴벨스는 지나가는 말로 제국친위대장은 영국이 "정신을 차리게 될 것"이라는 견해를 가지고 있으나 자신은 그 생각을 "의심하는 편"이라고 썼다. 힘러의 말에 따르면 그는 전적으로 서방 지향적이고, 동부로부터는 아무것도 기대하지 않고 있다는 것이다. 이에 반해 선전장관은 "오히려 동부에서 무엇인가 이룰 수 있다."라고 여전히 믿었는데, 그에게는 "영미의 미치광이 살인자들"보다는 스탈린이 "더 현실주의적"으로 보였기 때문이다.[177] 당시 힘러는 괴벨스에게 자신과 스웨덴의 베르나도테* 백작의 관계를 밝히지 않은 것으로 보인다. 제국친위대장은 괴벨스와 만남이 있은 직후 마찬가지로 호헨린첸에서 베르나도테를 만났다. 힘러는 자신의 정부인 헤드비히 포타스트(Hedwig Potthast)의 재촉을 받고 자신의 목숨을 구할 희망에서 서방 열강들과 개별적 강화의 가능성을 찾고 있었던 것이다.

2월 25일 괴벨스는 장관 관저에서 열린 제국노동지도자 콘스탄틴 히를의 생일 파티에서 만난 힘러에게 공동 행동을 설득하는 데 또 실패했다.[178] 그래서 그는 2월 27일 '총통'에게 보고하면서 총력전을 위한 자신의 노력을 여전히 가로막고 있는 관료주의적 장애들을 설명하는 데 그쳐야 했다. 괴벨스는 자신이 광범위한 권한을 위임받는 문제와 기타 여러 조치들을 실행하는 데 방해가 되는 자들을 "찬밥으로 만들 것"을 요구했다. 그는 무엇보다 괴링을 염두에 두고 있었는데, 전날 괴링의 공군은 또 다시 1,000대 이상의 미국 폭격기들이 제국 수도를 공격하여 엄청난 피해를 입히는 것을 수수방관할 수밖에 없었다.

괴벨스에 따르면, 히틀러는 "모든 논점들에 있어" 그가 옳다면서 "매우 칭찬하였고", 솔직하고 무조건적으로 그를 지지하였으며, 그가 거리낌 없이 생각을 밝혀서 기쁘다고 말했다. 그런 아첨들은 괴벨스가 괴링의 제거를 주장하던 입장에서 기꺼이 한발 뒤로 물러나도록 만들었다. 이제 괴벨스는 오히려 '총통'이 "괴링을 다시 사나이로 만들 수 있을 것"이라고 희망했다.[179)] 물론 그렇지만 괴벨스는 얼마 지나지 않아 제국원수의 숙청을 거듭 시도하였다. 히틀러는 무엇보다 괴링이 1923년 11월 펠트헤른할레의 진격(히틀러의 뮌헨 쿠데타를 뜻함)을 함께 한 오랜 동지이기 때문에 그를 제거하지 않으려 했지만, 괴벨스는 이 문제를 또 다시 끄집어냈다.

괴벨스는 3월 4일 큰 걱정에 잠겨 총통 관저 지하 벙커의 계단을 내려갔으나(소련은 힌터포머른에서 발트 해 방향으로 공세를 시작했고 독일의 방어진지들을 돌파했다) 그만큼 용기를 얻어 다시 계단을 올라올 수 있었다. '총통'은 동부 상황을 상대적인 관점에서 파악해야 한다고 말했다. 그리고 괴벨스는 어느 정도 상황이 호전되었다는 히틀러의 말을 옳다고 보았

베르나도테(Folke Bernadotte af Wisborg, 1895~1948)　스웨덴의 군인·외교관. 국왕 구스타브 5세의 조카로 1943년 스웨덴 적십자부총재, 1946년 총재가 되었다. 2차 세계 대전 중에는 중립국 대표로서 포로 교환에서 활약했으며, 1945년 초에는 독일 수용소의 덴마크인·노르웨이인 정치범을 스웨덴 YMCA가 감시하는 캠프로 모으는 사업을 조정하였다. 1945년 4월에는 소련을 제외한 영국·미국에만 무조건 항복이라는 독일의 제안과 그에 대한 영국·미국 측의 거부 회답을 힘러를 통해 중개하였다.

다. 4주 전에는 "대부분의 군사 전문가들이 우리에게 기회가 아주 없다고 보았을 정도였다. …… 만약 총통이 당시 베를린으로 와서 스스로 상황을 장악하지 않았다면 어떻게 되었을까."[180]

히틀러는 면담 도중 희생양을 찾아 다시 총참모부에게 비난을 퍼부었다. 이 면담 중 괴벨스는 드디어 베를린에서 여군 대대를 편성할 권한을 위임받았다.[181] 그외에도 히틀러는 흩어진 군인들을 새로운 연대로 재편성한다는 계획을 승인했다. 점점 자신의 국민민병대대장 역할을 좋아하게 된 괴벨스는 단지 기획 활동에만 만족하지 않았다. 그는 가죽 외투와 계급장 없는 독일 장교 모자를 쓰고 제국 수도 방위를 위한 참호 공사를 시찰하거나 국민돌격대 부대들을 방문했다. 2월 중순에는 오데르 전선에서 프랑크푸르트(동독 지역의 프랑크푸르트안데어오데르 시를 뜻한다)의 진지들을 돌아다녔다. 그는 그곳에서 나날이 전력이 월등해지는 소련군에 맞서고 있는 잡다하게 편성된 부대의 사령관들에게 '총통과 조국'을 위해 최후까지 싸워야 한다고 독려했다.[182]

3월 8일 괴벨스는 라우반과 슈트리가우 시를 탈환하려고 독일이 제한적인 반격을 펼치고 있던 니더슐레지엔으로 갔다. 그는 괴를리츠에서 도시 방어를 "훌륭한 상태"로 조직해내고 있는 군(郡) 지도자 브루노 말리츠(Bruno Malitz)와 만났다.[183] 그리고 괴벨스는 슐레지엔 군 최고사령관 페르디난트 쇠르너(Ferdinand Schörner) 대장에게 깊은 감명을 받았다. 괴벨스에게 그는 탁상공론을 늘어놓고 지도만 뒤적이는 책상물림 장군이 아니라 최전방의 '투사'로 보였던 것이다. 괴벨스가 가장 감탄했던 부분은 "잔학한 인간"으로 악명 높은 쇠르너 장군이 아군 진영의 '겁쟁이들'에게 취하는 무자비한 조치들이었다. 괴벨스는 "그는 그러한 인간들에게는 상당히 가혹하게 대하고 있으며, 근처에 눈에 띄는 나무가 있으면 거기 목을 매달아버렸다."라고 썼는데, 이는 칭찬의 의미였다. 괴벨스는 쇠르너와 함께 전선으로 가던 중 총격을 받아 파괴된 소련 전차

1945년 3월 8일 니더슐레지엔의 라우반에서 괴벨스가 철십자 훈장을 받은 소년병 빌리 휘프너와 악수하고 있다. 이 소년병은 겨우 16살이었다.

들을 지나쳐 가면서 "스탈린은 이 기계 인간처럼 흉물스러운 강철의 거대한 물건을 가지고 유럽을 노예화시키려 했다."라고 말했다.

파괴된 소도시 라우반의 마르크트 광장에서 쇠르너가 괴벨스의 총력전 조치들을 칭송하고 나서, 괴벨스는 그곳에 집결한 보병들과 공군 보조병들에게 연설을 했다. 그들 앞에서 괴벨스는 프리드리히 대왕을 예로 들며 "그의 끈기와 불굴의 가슴이 바로 이 역사적인 땅에서 프로이센을, 그리고 이를 통해 그 후 제국 자체를 구원하게 되었다. 우리 민족이 당시 위대한 프로이센 국왕에게 그랬던 것처럼 총통에게 언제나 신심과 충성을 바친다면, 바로 이와 같이 총통도 불굴의 가슴으로 우리 세대를 승리로 이끌 것이다."184)라고 말했다. 전쟁 후 생존자들은 괴벨스가 "볼셰비키의 포악한 군인들"의 광란과 잔인함으로부터 조국과 독일 국민을 수호할 공동의 의무를 주제로 하여 현실적이면서도 감성적인 말들을 통해

깊은 인상을 남겼다고 증언했다.[185]

'총통, 민족, 제국'을 위한 전사자들의 짧은 부고가 오래전부터 각 면의 절반을 차지하고 있던 〈민족의 파수꾼〉은 괴벨스가 그날 저녁 괴를리츠에서 병사, 국민돌격대원, 군수산업 노동자, 히틀러유겐트 단원들에게 "형언할 수 없는 소련의 야수적 행위들"에 대해 연설했다고 보도했다. 독일 병사들은 "성스러운 의분"으로 그 어느 때보다 굳게 무기를 쥐고 있는데, 그들은 타살(打殺)된 아이들과 추행당한 여성, 어머니들에 대한 생각에 사로잡혀 결코 벗어날 수 없다는 것이다. 괴벨스는 '오늘' 가증스러운 적들이 퍼뜨리려는 공황 상태가 아니라 수십만 명의 동부 전선 병사들이 입을 모아 외치는 소리를 만날 수 있었다고 했다. "만나는 대로 볼셰비키를 때려눕혀라."[186] 괴벨스는 여기에서도 충격과 증오를 관찰했다고 믿었고, 그 때문에 전선을 방문하고 돌아와 "이 남자들은 승리의 낙관, 총통을 향한 신심의 지배를 받고 있다."라는 결론을 내렸다. 이는 쇠르너가 '볼셰비키들'을 때려눕히겠다고 떠벌이면서 몇 주 내로 브레슬라우를 구원할 수 있다고 허풍을 떨었기 때문이기도 하다.

괴벨스는 선전을 통해 2월 중순부터 포위되었고 한케가 요새화를 선언한 브레슬라우와, 이와 마찬가지로 고립되어 있으며 1937년 12월 그 자신이 명예시민이 된[187] 쾨니히스베르크를 "볼셰비즘에 맞서는 투쟁의 보루"라고 칭송했다. 3월 3일 저녁 괴벨스는 제국방송으로 한케의 연설을 내보내고 나서, 일기에 동부의 모든 관구장들이 한케 같은 사람들이고 그처럼 일하고 있다면 독일의 상황이 더 나아질 것이라고 썼다.[188] 이 말은 특히 동프로이센 관구장 에리히 코흐를 겨냥한 것이었다. 코흐는 쾨니히스베르크에서 도망치면서 군(郡) 지도자 바그너를 그곳의 '나치당 요새 방위위원'으로 임명했던 것이다.

바그너는 쾨니히스베르크 사령관 오토 라슈(Otto Lasch) 장군과 함께 그 포위된 동프로이센 대도시를 방어했을 뿐 아니라, 필라우와 연결되는 주요 연락로도 쟁취했다. 괴벨스는 그 전술적 성과들을 과대포장할 생각에서 바그너가 한케에게 보낸 무선 교신 내용을 신문에 공개하게 했다. 분명히 선전장관의 문체를 담고 있는 그 글에서는 쾨니히스베르크의 수비병들이 브레슬라우 시민들에게 구호를 "부르짖고 있었다."라고 밝히고 있다.

복수는 우리의 미덕, 증오는 우리의 의무! …… 용감하고 충성스럽게, 자랑스럽고 고집스럽게, 우리의 요새를 소련 도당의 공동묘지로 만들 것이다. …… 너희와 마찬가지로 우리도, 해가 뜨기 직전이 가장 어둡다는 사실을 알고 있다. 전투 중 핏물이 눈으로 흘러내리고 어둠이 너희 주변을 감싸더라도 이를 잊지 말라. 어떤 일이 일어나더라도 승리는 우리의 것이다. 볼셰비키들에게 죽음을! 총통 만세![189]

괴벨스는 그토록 비장하게 과시하는 영웅주의 때문에, 아헨에서 팔츠까지 서부방어선의 전 지역을 돌파하고 라인 강에 이른 미군 앞에서 공교롭게도 고향인 라이트 시가 전투 한 번 없이 항복한 사실을 더욱 "부끄럽고 치욕적"으로 느꼈다. 그는 자신의 부모 집에 백기가 걸린 것을 상상하고 싶어하지 않았다. 선전 보도에서 알려진 바와 같이 점령군이 그를 자극할 목적으로 라이트에서 "이른바 자유로운 독일 신문"을 창간하려 한다는 사실은 그에게는 그야말로 견디기 힘든 일이었다. "그러나 그들이 이를 통해 과시하는 승리는 내게는 좀 이른 것으로 보인다. 나는 적어도 라이트에서 질서를 재건할 방법을 찾아낼 것이다."[190] 이를 위해 괴벨스의 뜻에 따라 특공대를 투입하여, 미군에 협력하고 있는 "완전한 나치 속물"[191] 포겔장(Heinrich Vogelsang) 시장을 살해하려 했다. 암살은 "그러한 일을 위해 충분한 훈련을 받은 베를린 동지들"이 실행할 예정이었으나 결국 이루어지지는 못했다. 하지만 특공대원을 위한 위조 여권, 전투 식량, 기관총, 무전기 등 장비들의 세부 사항이 면밀하게 토의되었던 것은 사실이다. 괴벨스는 어떤 일도 결코 우연에 맡겨두려 하지 않았던 것이다.[192]

1945년 3월 13일 저녁 대형 폭탄이 투하되어 선전부 청사가 파괴된 일은 괴벨스에게 고향 도시의 항복보다 더 큰 타격을 주었다. 그날은 12년 전 그가 제국대통령 힌덴부르크 앞에서 선서를 했던 바로 그날이었다. 그는 어쩔 줄 모르고 폐허 위를 비틀거리며 돌아다녔다. 황급히 달려온 선전부 직원들은 폐허에서 그나마 건질 수 있는 것들을 찾고 있었다. 이 소식을 듣고 선전장관을 걱정한 히틀러는 곧 그를 불러들여 총리청 아래 벙커에서 대화를 나누었다. 그곳에서 괴벨스는 선전부가 파괴된 상황을 묘사했고, 특히 매일 밤 벌어지는 영국의 모스키토 전폭기 공격이 갈수록 부담을 주고 있음을 설명했다. 이번에도 괴벨스는 괴링을 강하게 비판하고 그에게 책임을 물어야 한다는 요구를 잊지 않았다.[193]

그러나 히틀러는 이를 받아들이지 않았고, 오히려 동부전선 안정화와 서부전선의 미군(미군은 그동안 레마겐에서 라인 강을 건넜다) 축출을 위한 (이제는 서류상으로만 존재하는) 사단들에 대해 이야기했다. 그리고 잠수함 전쟁을 강화할 것이며 투입 준비가 끝난 제트 전투기에 기대를 건다고 말했다. 손을 떨고 뺨이 움푹 들어가는 등 병세가 역력한 히틀러는 가장 충실한 추종자를 또 다시 자신의 마력으로 옭아매었다. 괴벨스의 눈앞에 결코 멸망하지 않을 제3제국의 비전이 되살아날 정도였다. 그리하여 괴벨스는 "전쟁이 끝나고 나면 (총통의 생각처럼) 기념비적인 선전부 청사를 새로 세울 뿐 아니라, 이 (파괴된) 구 청사도 과거의 광휘 속에서 재건할 것"이라고 굳게 결심했다.[194]

여전히 그러한 비전들에 도취될 수 있었던 괴벨스도 현실의 상황에 끌려 다시 아래로 내려오곤 했다. 그럴 때면 그는 자학과 냉소에 가득차 자신의 죽음을 그려보았다. 그는 마지막 순간에 독약을 먹거나 폭약을 써서 죽을 것이라고 말했다. 그는 환상 속에서 자신이 하켄크로이츠 군기를 들고 바리케이드 위에서 죽는 모습을 보았다.[195] 자신의 죽음을 그렇게 고조시키는 일은 다시금 그의 증오를 걷잡을 수 없게 만들었다. 그러면 괴벨스는 이로부터 새로운 믿음의 힘을 길어 올렸고, 칼라일의 프리드리히 대왕 전기를 비롯하여 마지막 순간의 구원을 다룬 역사책들을 읽으며 이 힘을 강화했다. 하지만 이 모든 것은 결국 현실에 의해 다시 산산조각 났고 괴벨스는 또 다시 히틀러에게서 구원을 찾아야 했다.

괴벨스는 종말이 다가올 것이라고 절망하고 있는 자신의 아내와 이런 대화를 피했다. 마그다가 자신의 고뇌를 털어놓는 사람들은 선전부 청사 파괴 이후 근처에 있는 장관 관저에서 업무를 계속하고 있는 선전부 직원들이었다. 그녀는 죽음에 대한 두려움은 없으나, 죽음을 어느 정도 태연자약하게 받아들일 수 있기까지는 노력이 필요했다고 젬러에게 털어놓았다. 그러나 그녀는 여전히 아이들의 목숨을 빼앗아야 한다는 생각을 견딜 수 없다고 했다. 그녀는 때가 오면 도대체 이 일을 어떻게 치를 것인지 끊임없이 번민하고 있었다. 남편과는 이러한 이야기를 할 수 없었다. 그녀가 남편의 저항 의지를 약화시킨다면 남편은 이를 결코 용서하지 않을 것이다. 그는 자신이 싸울 수 있는 한 아직 모든 것을 잃은 것은 아니라고 말했다고 한다.[196]

그녀의 시누이 마리아 키미히를 비롯해 주변에 있는 사람들은 그녀가 파멸의 순간에 그녀 자신과 아이들을 죽음으로 몰고 가지 않도록 노력했다. 최후의 순간까지 유일하게 놀라울 만큼 "태연하고" "활달하고" "느긋하게" 보였으며[197] 광신적인 괴벨스가 절망스러운 순간들을 넘기도록 도왔던 나우만 역시 그녀와 아이들이 빠져나갈 방법을 찾으려 했다. 그는 하벨 강의 큰 배들 중 한 대에 생필품들을 가득 실어, 섬에 있는 괴벨스 가족의 집 근처에 정박해 두려 했다. 그는 마그다와 아이들이 파탄의 시간에 그 배에 숨은 다음, 사태가 진정되면 점령군에게 자수해야 한다고 제안했다.[198] 그러나 최후의 순간까지 남편의 곁에 서겠다는 마그다 괴벨스의 결심은 바꿀 수 없었다.

외무장관은 종말을 피하려고 여전히 노력하고 있었다. 괴벨스는 3월 4일 저녁 헤벨(Walter Hewel, 1904~1945) 대사로부터 리벤트로프가 "서방 국가들과의 접촉을 시도하고 있다."라는 말을 들었다.[199] 괴벨스는 이는 잘못된 노선이며, "우리가 군사적 성공을 과시하지 못한다면" 성공 가능성도 없는 시도라고 평가했다.[200] 그가 헤벨과 대화하기 직전 '총통 각하'도 그렇게 밝혔다는 것이다. 괴벨스는 히틀러에게 그가 "기대에 차서" 추구하고 있는, 영국-미국-소련의 동맹 와해 공작이 충분히 빠르게 진전되지 않고 있음을 조심스럽게 여러 번 지적했다. 괴벨스는 히틀러에게 감히 소련과 강화를 맺어야 한다고 주장하지도 못했지만, 히틀러는 이 유쾌하지 않은 주제를 오래 이야기하고 싶지 않다는 듯 자신의 실제 목표와는 반대로 다음과 같이 수장했다. 즉 대영국 전쟁을 "강력한 에너지"로 계속해 나갈 목적에서 스탈린과 타협을 추구할 생각도 하고 있다는 것이다. 그러나 그는 이를 위한 전제 조건은 군사적 승리라고 덧붙였다.

리벤트로프가 외교 참사관 헤세(Fritz Hesse)에게 3월 15일 스톡홀름에서 서방 국가들과의 휴전 가능성을 타진해보도록 위임하였으나 그 시도가 실패로 돌아가자, 괴벨스는 그 일을 조롱했다. 그는 이 시도가 "완전히 물거품이 되어버렸다."라고 경멸조로 평했다. 괴벨스는 외무장관에게 지시를 내린 '총통 각하'는 결부시키지 않은 채, 그 실패한 임무는 "리벤트로프의 모험적 기도가 수포로 돌아간 것이며 이러한 결과가 나올 것을 어느 정도 확실히 예견할 수 있었다."라고 말했다.[201]

히틀러는 자신이 내리는 제반 조치들을 통해 자신과 제국의 종말을 연출하고 있다고 생각했던 반면, 괴벨스는 그 조치들을 총력전을 위한 추가 조치들로 이해했다. 가령 히틀러는 3월 19일 다음과 같은 지시를 내렸다. "적이 곧바로, 혹은 단시일 내에 전투에 조금이라도 활용할 수 있는, 제국영토 내 모든 군사적인 교통·통신 시설, 산업체와 생필품 공급 시설, 유가물(有價物)들을 파괴하라."[202] 히틀러 이후를 내다보며 히틀러에게 등을 돌리기 시작한 슈페어는 온갖 논리를 동원하여 이 '네로 명령'에 물 타기를 하여 결국 효력을 잃게 할 수 있었다. 아직까지 '전환점'이 나타날 것이라는 믿음과 이후 물자들을 재사용할 수 있으리란 기대를 포기하지 않고 있던 괴벨스도 슈페어의 시도를 성공작으로 평가했다.

그러나 '네로 명령'은 시작에 불과했다. 이른바 '깃발 명령'은 백기가 휘날리는 모든 집의 남자들을 그 자리에서 사살할 것을 지시했다. 괴벨스가 체육궁전 연설에서 정식화한 것처럼, 최후의 전투에서 주민들을 배려하는 것은 불필요하며 전쟁은 상상할 수 있는 것보다 훨씬 더 "총체적이고 급진적"이 되어야 한다는 것이었다. 이를 위해 괴벨스는 3월 말 거의 풀다(Fulda, 독일 중부 헤센 주의 도시)까지 이른 서부전선의 적 점령 지역 내에서 파르티잔 활동을 벌인다는 이른바 '베어볼프(Werwolf, 늑대인간)' 작전에 몰두했다.[203] 괴벨스는 친위대가 설치한 그 기구의 이름에 따라 명명된 신문과 강력한 라디오 방송을 각각 하나씩 설립하여 지극히 혁명적 내용들을 보도하게 할 것을 계획했다. 그렇지만 괴벨스가 신화적으로 미화한 베어볼프 전사들은 미국측이 임명한 아헨 시장의 사살과 같은 몇몇 테러 행위들 이상의 성과를 거두지 못했다. 반대로 이와 관련된 라디오 선전은 커다란 효과를 가져왔다. 초기 서방 연합군 치하에서 그 방송은 독일인들의 지하 저항 활동이 오랫동안 지속될 것이라는 우려를 불러일으켰다.

괴벨스는 베어볼프 조직의 통제권 확보를 시도한 것과 마찬가지로, 계속하여 집요하게 개인적인 정적들을 제거하는 데 힘을 쏟았다. 3월 25일

1945년 2월 식사 중 환담을 나누는 괴벨스와 히틀러. 독일의 패전이 분명해진 상황에서도 괴벨스는 히틀러에 대한 광적인 믿음을 바탕으로 역사의 정의가 제국의 멸망을 막을 것이라고 말하곤 했다.

괴링을 공격한 일에서는 조그만 성공을 거두었다. 그가 "장문의 편지"에서 히틀러에게 공군 전체 조직을 축소하여 "뇌수종 같은 구조를 정말로 제거해야 한다."라고 제안했을 때, 히틀러는 그에게 이를 위한 조치들을 시작할 권한을 부여했다.204) 또 6일 후 괴벨스는 그가 여러 해 동안 제거하려고 계략을 꾸몄으나 번번이 실패했던 한 남자를 실각시키는 데 성공했다. 히틀러는 디트리히를 파면하고 그 후임을 제국공보실장이 아니라 '총통 공보실장'으로 명명하기로 '확고부동하게' 결정했는데, 이로써 그 조직은 사실상 폐지된 셈이었다.205) 이러한 조치 이전에 괴벨스는 반공 선전이나, 점령 지역에서 영국과 미국의 전횡에 맞서는 선전을 거론하며, 디트리히가 여기서 자신에게 안겨준 어려움들을 설명하였다.

그러나 외무장관 숙청에서만은 진전이 없었다. 그리하여 괴벨스는

"우리가 이러한 상황에 빠져들게 된" 책임을 다시 리벤트로프에게 전가했다.[206) 제국이 아직 협상 수단을 지니고 있던 때 리벤트로프가 히틀러에게 협상을 제안했어야 했다는 것이다. 괴벨스는 당시 스톡홀름에 머물고 있던 크렘린의 한 '주요 인사'와 대화에 나서겠다고 제의했다. 그러나 붕괴하는 전선들의 보고 때문에 울화가 치밀어 계속 신경발작을 일으키고 있으며 구원과 몰락의 환영을 번갈아 보고 있던 히틀러는 이 제안에 거부감을 드러냈다. 이는 현 상황에서는 "허약함의 표시일 뿐"이라는 것이다. 괴벨스는 또 다시 자기 기만으로 자신을 절망에서 건져냈다. 히틀러는 "이런 일들에서 언제나 탁월한 감각"을 보여 왔기 때문에 "완전히 신뢰할 수 있다."라는 것이다.[207)

괴벨스는 종말이 다가오고 있음을 인정하지 않으려 했기 때문에 오로지 일에 파묻혔다. 매일 연합국 공군으로부터 공습을 받고 있는 베를린의 방어를 준비하는 과제 외에도(그는 일기에 "적들이 전쟁의 역사에서 초유의 상황에 처하게 될"[208) 전투를 벌일 것이라고 자기 자신을 기만했다) 그는 미래를 대비하는 일들을 점점 더 자주 다루었다. 그는 라디오의 재조직 계획을 작성했고,[209) 디트리히에 맞서서 얻은 성과를 바탕으로 제국공보실장이라는 직책이 완전히 배제된 새로운 언론 지침을 만들었다.[210) 그는 《전쟁의 법칙》이라고 제목을 붙일 책도 저술하고 있었다. 발터 모델 원수는 이를 위해 괴벨스가 요청한 서문을 전보로 보내 왔다. 괴벨스가 재구성한 700단어의 그 전보 텍스트에는 그 책이 나중에 모든 세대들이 읽게 될 책 중의 하나가 될 것이며 "마치 청동으로 주조한 것처럼 수백 년을 살아남을 것"이라는 말이 들어 있었다.[211)

그의 생애에서 "가장 슬픈 부활절 축제"가 있던 1945년 4월 초는 그렇게 지나갔다. 이 기간 중에 그는 이미 3월 말 슈바넨베르더로 대피시켰던 가족들을 위해서는 거의 시간을 내지 않았다. 일에 파묻히지 않을 때면, 샌프란시스코에서 '국제연합' 창설을 막 시작한 적국들의 동향 보고를 읽었다. 그리고는 한탄조로 서방과 동방의 3차 세계대전에 대해 늘어놓는가 하면, 적의 두 진영 사이에서 점점 좁아지고 있는 '나머지 독일'이 구원을 받을 수 있다고 스스로 설득하려 했다.

"걱정스러운 뉴스들"이 더욱 자주 도착했다.[212] 벙커에 있는 히틀러는 전선 상황을 통찰하는 전체적 시각을 이미 잃어버렸고 자신을 통제하지 못하는 일이 늘어났다. 그는 헝가리 플라텐제 호수 북쪽에서 공세에 나섰던 친위대 기갑부대의 제프 디트리히와 그의 병사들로부터 사단명이 수놓아진 제복 소매 표장을 압수했는데, 이는 그 당시의 관점으로는 그들의 '명예'를 압수한 것이었다. 그들은 알프레트 잉게마르 베른트를 포함하여 수많은 희생자를 낸 몇 주의 전투 끝에[213] 절망적인 상황에 놓여 퇴각을 단행했던 것이다. 또 히틀러는 육군 참모총장 구데리안을 해임하면서, 즉각 6주의 요양 휴가를 떠날 것을 명령했다. 4월 9일 집중 포격을 받고 불타는 요새 쾨니히스베르크가 항복하자, 히틀러는 궐석 재판을 통해 그 지역 사령관 라슈에게 사형을 선고하고 그 가족을 "연좌제 구금"하라고 지시했다. 괴벨스는 제프 디트리히 사건에서는 히틀러의 행위를 구구하게 변명하는 말을 늘어놓아야 했지만, "과도한 부담을 지고 있는 총통"이 구데리안과 라슈에게 내린 조치에는 적극 동조했다. 이에 반해 괴벨스는 브레슬라우에서 전화를 걸어 온 한케는 이곳을 사수하려고 했다고 강조했다.[214]

괴벨스가 아무리 역사적 실례들을 제시해 보아도 히틀러에게 결국 자신의 뜻을 "제대로 관철할 수 없었고",[215] 히틀러의 주변에서는 파멸의 분위기가 퍼져 가고 있었다. 하지만 선전장관은 '투쟁'을 게을리 하지 않았다. 그리하여 4월 12일 오후 베를린 필하모니 오케스트라 고별 콘서트를 듣기 위해 히틀러 외에 제국의 수많은 고위 인사들(이 콘서트의 발의자 슈페어, 라이, 되니츠도 참석했다)이 폭격으로 절반밖에 남지 않은 필하모니 홀에 도착했을 때에도 괴벨스는 여기에 참석할 수 없었다.[216) 바그너의 〈신들의 황혼〉 마지막 악장이 포츠담 광장 주변의 폐허에까지 들려오고 있을 때, 괴벨스는 오데르 강 전선으로 가서 퀴스트린에 있는 9군 사령부를 방문했던 것이다. 그곳에서 그는 담배와 술 등을 나눠주고, 장교들 앞에서 "역사의 정의"가 제국의 멸망을 막을 것이라고 훈시를 늘어놓았다.[217)

그가 몇 시간째 차를 타고 가고 있을 때, 헤르만 괴링 거리의 관저에 머물러 있던 부하 직원 젬러는 독일통신사(DNB)의 전화를 받았다. 그는 처음에는 그 내용을 농담으로 받아들였다. 관현악단이 아직 연습하고 있던 오전 중에 그로부터 6,000킬로미터 떨어진 웜 스프링스에서 루스벨트 대통령이 사망했다는 것이었다. 젬러가 비망록에 쓰고 있듯이, 그가 그 획기적인 뉴스를 큰소리로 되뇌고 있을 때, 선전부 직원, 비서, 관저 직원들이 모여들어 기쁨에 겨워 소리를 질렀으며 서로 악수를 나눴다. 빈 출신의 요리사는 성호를 긋고 나서 이 순간에 많은 사람들이 머리 속에 가지고 있는 생각을 입 밖에 냈다. 이것이 바로 괴벨스 박사가 오래전부터 약속해 왔던 기적이라는 것이다.[218)

젬러는 9군 사령부에 있는 괴벨스와 연락을 시도했으나 성공하지 못했다. 이미 괴벨스는 심각한 공습을 당하고 있는 베를린으로 돌아오고 있는 중이었다. 자정이 지나 4월 3일 금요일이 되어 헤르만 괴링 거리에 도착한 괴벨스에게 젬러가 멀리서부터 이 소식을 외쳐대자, 그는 순간적으로 "마치 못 박힌 것처럼" 제자리에 서버렸다.[219) 그의 비서 잉게 하버체텔(Inge Haberzettel)은 "불타는 베를린의 불빛 속에 나타난 그의 표정을 결코 잊을 수 없을 것"[220)이라고 말했다. 괴벨스는 흥분하여 이것이 전쟁의 전환점이라고 외치다가, 이 소식이 정말 맞느냐고 되풀이해 확인하기도 했다.[221)

괴벨스는 당장 히틀러에게 연락을 취했다. 괴벨스는 히틀러에게 운명이 그의 최대 적수를 쓰러뜨렸고 신이 그들을 잊지 않았다고 축하를 건 넸으며, 마지막에는 황홀경에 빠진 목소리로 '기적'이라고 말했다. 프리드리히 대왕의 프로이센을 마지막 순간 몰락으로부터 구해냈던 "브란덴부르크 가(家)의 기적"*이 다시 나타나게 될 것이다. 그리고 그 위대한 왕이 결코 믿음을 포기하지 않았던 것처럼, 괴벨스 자신도 '총통'에 대한 믿음을 유지할 것이라고 했다. 그 옛날 러시아의 엘리자베타 여제(Yelizaveta, 1709~1762, 재위 1741~1762)의 죽음이 적국 오스트리아와 러시아가 맺은 동맹을 무너뜨렸다면, 이제는 '유대인' 숙적 루스벨트의 죽음이 서방 "금권정치들"과 볼셰비즘의 동맹을 무너뜨릴 것이라는 것이었다.

....
브란덴부르크 가(家)의 기적 왕위에 오른 후 프리드리히 대왕의 군대는 1760년 대(對) 오스트리아 전투와 1761년 대 프랑스 전투에 이르기까지 거의 패배를 모르는 무적의 군대였다. 프리드리히는 그가 가본 적이 없는 영국에서조차도 최고의 인기를 누렸다. 그러나 영국은 여러 가지로 국내외 상황이 어렵게 되자 프로이센에 대한 지원을 중단하겠다고 발표했다. 따라서 프리드리히의 군대는 15만 명에서 6만 명으로 대폭 줄었으며 훈련 기간도 점차 줄어드는 등 군의 역량이 갈수록 줄어들어 조만간 전쟁을 중단하지 않을 수 없게 되었다. 이런 상황에서 뜻밖의 행운이 다가왔다. 1762년 1월 5일 프리드리히와 오랜 적대 관계로 경계의 대상이었던 러시아의 엘리자베타 여왕이 죽은 것이다. 러시아가 적대 행위를 중단한 것은 물론이고 1만 8,000명의 병력을 넘겨주었다. 또 북부 지역의 위협 세력인 스웨덴도 평화를 선언했다. 이제 남은 적대국이라고는 프랑스와 오스트리아밖에 없었다. 프로이센은 프랑스를 라인 강 밖으로 몰아내는 데 성공했다.

15장

총통과 나치가 사라지면 이 세계는 살아갈 가치가 없다
(1945)

거칠 것 없는 몰락이 잠시 지체되는 순간이 있는 것처럼, 미국 대통령 루스벨트의 죽음은 괴벨스의 환상의 세계에서 잠시 동안 위기에서 벗어나는 길을 열어주는 것처럼 보였다. 히틀러 역시 가장 충성스러운 추종자의 자기 기만을 멈추게 하지 않았다. 히틀러는 "크게 낙관하지 않으면서도"[1] "신의 섭리"의 작용을 내세우는 괴벨스의 장광설에 동의했다. 괴벨스는 리벤트로프의 상임 대리인 발터 헤벨 특별대사에게 "지극히 희망적인 미래상"[2]을 내비쳤다. 괴벨스는 적국들의 동맹 와해가 눈앞에 다가왔다면서, 그 근거로 트루먼이 스탈린의 유럽 내 권력 요구에 결연하게 맞설 것이며, 히틀러도 이 같은 생각을 하고 있다는 점을 들었다. 괴벨스가 보기에 이제 모든 일은 이제라도 곧 쳐들어올지 모르는 소련군의 대공세를 제국 수도 문 앞에서 막아내어, '섭리'가 그 위업을 완성할 때까지 시간을 벌 수 있는가에 달려 있었다.

그래서 괴벨스는 다시 독일 국민에게 "피에 굶주리고 복수심에 불타는 동방과 서방의 적들"에 맞서 버텨내자고 호소했다. 그가 4월 15일 〈제국〉에 쓴 논설(이것은 그가 쓴 마지막 논설 직전의 논설이었다)에 따르면, '총통'은 이번에도 딜레마로부터 빠져나가는 길을 알고 있다는 것이었다. "이 전쟁을 하루로 본다면 자정을 몇 초 앞두고서야 비로소 결판이 날 것이다. 그러나 우리가 체념하여 무기를 내려놓는다면, 우리가 내려놓은 그 무기는 상황에 따라 오로지 우리를 겨냥할 것이다."[3] 괴벨스가 작성에 참여한 히틀러의 '동부 전사들'에게 보내는 격문에서는, 그들이 의무를 수행하여 "아시아의 마지막 돌풍"을 분쇄하고 이로써 "결국 서부의 적들의 침입도 막아낼 것"을 더욱 강력하게 요구했다. "사상 최대의 전범의 목숨이 이미 거두어진 지금 전쟁의 전환점이 나타날 것이다."4)

1945년 4월 16일 이른 아침 '베를린 공방전'이 시작되었다. 소련의 주코프*와 코네프*가 이끄는 전선군(병력 250만 명, 대포 41,600문, 전차 6,250대, 비행기 7,560대)은 여러 시간에 걸친 집중 포격 후 오데르-나이세 전선의 진지들을 출발하여 베를린으로 협공을 가해 왔다. 전력에서 절망적으로 뒤떨어지는 독일 군이 사력을 다해 저항했지만, 그날 저녁 소련 군은 퀴스트린 요새 북쪽을 돌파했다. 4월 17일과 18일, 붉은 군대는 오데르 강 서안에 교두보를 세우기 위한 작전을 펼쳐 프랑크푸르트 지역에서 일단 성공을 거두었다.

멀리서 천둥이 둔중하게 울리는 것 같은 포격 소리가 들려 왔을 때, 베를린의 폐허 속에서 버티고 있던 3백만 명의 혹사당한 사람들은 전쟁의 끝이 다가오고 있음을 느꼈다. 베를린에서는 국민돌격대의 청소년, 노인, 여성들이(괴벨스는 그중 전투 가능한 부대들은 4월 17일 베를린 교통회사

주코프(Georgy Zhukov, 1896~1974) 2차 세계대전 때 가장 중요한 소련 군 지휘관이었다. 1차 세계대전 때 군대에 징집되었고 1918년 적군(赤軍)에 들어가 러시아 내전 동안 기병대 지휘관으로 복무한 뒤 독일과 프룬제 육군사관학교에서 군사학을 공부했다. 1930년대 말 몽골과 만주의 접경 지대에서 일본군과의 전투에 참가했다. 독소 전쟁 동안 소련 군에서 가장 탁월한 야전 사령관으로 인정받았으며, 스탈린의 신임을 얻어 최고사령관 대리가 되었다. 이후 1945년 4월 직접 베를린 공격을 지휘했으며, 그 뒤 독일 점령 소련 군 사령관이자 연합군 독일 통제위원회의 소련측 대표로 활약했다.
코네프(Ivan Konev, 1897~1973) 농부의 아들로 태어난 코네프는 1916년 러시아 황제 군에 징집되었다. 러시아 혁명 후 1918년 그는 공산당과 적군에 가담했다. 그는 내전 기간 중 시베리아의 반혁명군과 일본군과 싸웠다. 1941년 6월 독일 군이 소련을 침공했을 때 육군 장군으로서 사실상 맨 처음 반격을 지휘했으며, 뛰어난 기습 전술로 독일의 전차 전문가 구데리안의 모스크바 진격을 막았다. 1944년에 원수가 되었고, 1945년 4월 주코프 원수의 부대와 함께 베를린으로 진격하여 점령했다.

들의 버스에 나누어 태워 전방으로 보냈다⁵⁾) 전투 투입을 준비하고 있었다. 폭격을 받은 선전부 청사 근처에서 '빌헬름플라츠' 대대원들은 최후의 바리케이드를 설치했다. 총리청 부지에서는 벽들을 무너뜨리고 대전차포와 유탄 발사기를 설치했다. 아돌프 히틀러 근위대 소속 병사 800여 명이 친위대 소장 빌헬름 몬케(Wilhelm Mohnke, 1911~2001)의 지휘를 받으며 그곳에 진지를 구축했다. 그들은 자기 부대의 이름이기도 한 그 남자, 히틀러의 청사를 수호하는 임무를 맡고 있었다.

괴벨스는 최후의 순간까지도 서방 국가들이 소련에 대항하도록 선동하고, 그들이 유럽을 구하려면 지금이 행동을 취할 최적기임을 보여주려 했다. 괴벨스는 히틀러 생일 전날인 4월 19일 그가 전통적으로 행해 오던 라디오 연설에서, 대륙으로 밀려들어 오는 '볼셰비즘의 홍수'를 지극히 암담한 전망으로 표현하고, 히틀러를 문명 세계의 수호자로 칭송했다.

아돌프 히틀러가 없었다면 독일은 핀란드, 불가리아, 루마니아의 정부들과 유사한 정부에 의해 통치되었을 것이다. 그렇다면 이미 오래전에 볼셰비즘에 희생되었을 것이다. 레닌은 언젠가 붉은 세계혁명의 길은 폴란드와 독일을 가로지른다고 말한 적이 있다. 영국과 미국이 아무리 미화하더라도 폴란드는 크렘린의 수중에 떨어졌다. 독일이 폴란드같이 되었거나 앞으로 그렇게 된다면, 우리 대륙의 나머지 지역들은 어떻게 될 것인가?⁶⁾

실제로 모스크바에서는 서방 열강들이 마지막 순간에 나치 독일과 개별적으로 휴전을 체결하거나, 심지어 반소 군사동맹을 체결할 수도 있다고 우려했다. 이러한 사태를 시사하는 수많은 징후가 있는 것처럼 보였다. 크렘린에서는 힘러와 베르나도테의 접촉, 이탈리아 전선에서 조속한 휴전을 위해 친위대 중장 카를 볼프(Karl Wolff, 1900~1984)와 미국 정보부장 앨런 덜레스(Allen Dulles, 1893~1969) 사이에 이루어진 협상(이

1945년 초 공습으로 폐허가 된 베를린 거리에서 한 어머니가 아이들에게 줄 음식을 끓이고 있다.

를 통해 1945년 5월 2일 이탈리아 전선에서 휴전이 이루어졌다), 리벤트로프의 여러 시도를 인지하고 있었다. 소련의 코네프 원수는 회고록에서 "우리가 이와 관련한 수많은 정보들을 입수하고 있었을 뿐 아니라 갖가지 소문들이 우리 머리 속을 헤집고 다니는 상황에서 그 가능성들을 무시해 버릴 권리는 없었다."라고 적고 있다.[7] 소련측이 얼마나 노심초사했는지는 빈의 전투 전황이 잘 보여준다. 스탈린은 4월 13일 오스트리아의 빈을 접수한 직후 진격을 중단하고 어떤 군사적 근거도 없이 계단식 참호를 깊이 파게 했다. "세계사 최대의 배반이 시작되고 있다. 그대들이 자본주의 국가들과 함께 우리에 맞서 계속 싸우기를 원치 않는다면 이리로 넘어오라."라는 내용의 소련측 확성기 선전이 독일 군 진지들 위로 울려 퍼졌다.[8]

그래서 스탈린에게는 독일 수도를 신속히 점령하는 일이 결정적으로 중요했다. 소련 군이 다가오는 동안 수천 명의 강제노역자들이 베를린의 공업 지역을 떠났고, 동부 지역에서 밀려온 끝없는 마차와 수레의 행렬이 도시를 가득 메웠다. 교외의 기차역들에는 돌보지 못하는 부상자들의 수송 열차가 서 있었고, 영국과 미국의 공습이 밤마다 계속되어 저항력을 고갈시키는 가운데 공습으로 죽은 시신들은 오래전부터 더 발굴할 수조차 없었다. 아무도 이를 돌볼 수 없었다. 폭격의 밤이면 엄습해 오는 '감정의 마비'가 어느새 지속적인 상태가 되었고 모두가 오로지 자신의 생존만을 생각하게 되었기 때문이다.[9]

갈색 국가 독일의 특권층은 그동안 베를린을 빠져나가기 시작했다. 정무장관 마이스너는 4월 20일 메클렌부르크에서 괴벨스에게 전화를 걸어, 활동의 자유를 확보할 목적으로 대통령청을 안전한 곳으로 대피시켰다고 밝혔다. 그러자 분노한 괴벨스는 자신이 12년 동안이나 하고 싶었던 일을 할 수 없게 된 것을 유감스럽게 생각한다며, 그 일은 바로 그의 얼굴에 침을 뱉는 것이라고 대꾸했다.[10] 대통령청의 대피는 예외적 사태가 아니었다. 이 무렵 정부 부처의 대부분이 소개되었다. 괴링, 라이, 힘러, 슈페어 같은 고위층들은 예의상 '총통'의 생일까지는 기다리다가, 그 후 "무거운 마음으로" 그리고 오로지 "의무에 따라" 다른 장소에서 투쟁을 계속하려고 베를린을 떠났다.

루스벨트의 죽음 후에도 적들의 동맹이 와해될 것 같은 조짐이 전혀 보이지 않았기 때문에, 정권의 최고위 인사들이 마지막으로 모인 가운데 벙커에서 조촐하게 열린 생일 파티 분위기는 몹시 암담했다. 히틀러는 이러한 분위기를 온갖 장광설과 억지 낙관론으로 덮어보려고 했지만,[11] 소련 군이 오데르 강을 돌파하고 나서 불과 몇 시간 만에 그의 의연함은 순식간에 사라졌다. 소련 군이 다가오는 가운데 히틀러는 (군부와 측근들의 요구에 따라) 오버잘츠베르크 산에 은거하여 '알프스 요새'의 보호 속

에서 투쟁을 계속하겠다고 결심했다.[12]

이 결심을 알고 있었던 괴벨스는 히틀러에게 또 한 번 그가 '섭리'의 사자라고 속삭여 기운을 불어넣었다. 히틀러 생일 전날의 연설에서 괴벨스는 "세계의 멸망이라는 악마적 목표를 이룰 때까지 어떠한 평화도 원하지 않는" "국제 유대인들"을 저주하고, 히틀러를 신의 사명을 받은 메시아로 드높였다.

> 신은 늘 그랬던 것처럼 이번에도 전 민족들을 지배하는 권력의 문 앞에 서 있는 루시퍼를 그가 기어 나왔던 심연으로 다시 던져 넣을 것이다. 진정 100년에 한 번 나올까 말까 한 위대함, 무적의 용기, 심장을 뒤흔들고 드높이는 의연함을 갖춘 그 남자는 여기서 신의 도구가 될 것이다.[13]

괴벨스는 히틀러에게 무너져 가는 "금권정치와 볼셰비즘의 변태적 동맹"에 맞선 "문명 세계"의 최후의 일전[14]을 제국 수도 베를린에서 벌여야 한다고 설득했다. 오로지 전 세계의 이목이 집중된 베를린에서만 "세계를 사로잡는 도저저 성공"을 거둘 수 있다는 것이 그의 지론이었다.[15]

괴벨스의 말에 고무된 히틀러는 4월 20일 정오 무렵 총리청 성원으로 나와 방송사 카메라맨들과 사진사들 앞에 모습을 드러냈다. 그는 그곳에서 몇몇 히틀러유겐트 단원들의 가슴에 철십자 훈장을 달아주고는 급히 다시 벙커로 내려가버렸다. 벙커에서 히틀러는 제국 영토가 남부와 북부의 전투 지역으로 분할될 경우 두 개의 사령부를 구성한다는 지시를 내렸다. 그외에도 도시 외곽으로 다가오고 있는 소련 군에게 북쪽으로부터 공격을 가할 준비를 하라고 명령했다. 당시 히틀러는 '총통'에게 절망적 상황을 설명하기를 꺼리는 굴종적인 장군들 때문에 정보를 충분히 얻지 못하고 있었다. 그리하여 히틀러는 이미 무너져버린 사단들을 재배치하기도 하고, 떨리는 손으로 작전 지도를 짚어가면서 '러시아인들'에게

"베를린 문 앞에서 그들 역사에서 가장 끔찍한 패배를" 안겨주겠다고 선언하는 등 마지막 호기를 부렸다.[16]

같은 시간에 괴벨스는 〈제국〉에 실을 마지막 사설을 썼는데, 〈제국〉 마지막 호는 배달되지 못했기 때문에 이 글은 결국 아무도 읽지 못하게 되었다.[17] 이 글에서 그는 '민족동지들'에게 "모든 희생을 감수한 저항"을 재차 촉구했다. 그는 적에게 "수류탄과 원반형 지뢰를 투척하고, …… 창문과 지하실 구멍으로부터 총을 쏘며, 위험한 전투에도 눈 하나 깜짝하지 않는" "소년과 소녀들"의 환상을 떠올렸다.[18] 총력전에 관한 그의 도착적 사고는 마지막까지 고조되었고, 단지 환상에 머물지 않았다. 나치당 기숙사에 있던 젊은 여성들이 실제로 전투 지역으로 보내졌다. 그들은 블라우스 왼쪽 소매에 "우리 형제와 남편을 위한 복수"라는 글을 수놓았다. 친위대는 어린 히틀러유겐트 병사들의 지원을 받고 있었는데, 그들은 몇 주 전부터 신병훈련소에서 교육을 받고 4월 22일 전장에 내던져졌다. 그들 대부분은 그 직후 하벨 강변이나 베를린 제국체육경기장(베를린 올림픽 경기장) 주변 전투에서 전사했다.[19]

기대했던 적들의 동맹 와해 소식이 전혀 들려오지 않자, 괴벨스는 더욱 심한 자기 기만으로 빠져들었다. 4월 21일 헤르만 괴링 거리의 관저에서 창문에 못질을 하고 촛불을 켠 채 시작한 마지막 장관 주재 회의에서 그는 부하 직원들에게 잠시 자신의 자기 기만적인 관점을 보여주었다. 그는 과거 국제연맹 탈퇴를 결정하는 국민투표에서 독일 민족의 절대 다수가 양보의 정치에 반대하고 "명예와 모험"의 정치에 찬성했기 때문에, 결국 독일 민족 스스로 바로 현재와 같은 상황을 원했던 것이라고 자신을 속이려 들었다. 즉 여기서 그는 독일인들 스스로 전쟁을 선택했다는 결론을 이끌어냈던 것이다. 괴벨스가 직원들과 작별하면서, 자신은 그 누구에게도 자신의 부하가 될 것을 강요한 적이 없다고 말하고, 지극

1945년 4월 20일 히틀러가 자신의 56번째 생일에 마지막으로 카메라 앞에 모습을 드러냈다. 이날 그는 히틀러유겐트 대원 몇 명에게 훈장을 달아주고는 급히 다시 벙커로 내려가버렸다.

히 냉소적으로 "이제 여러분은 목이 잘리게 될 것"[20]이라고 말한 것은 그의 인간에 대한 끝없는 멸시를 보여주는 행동이었다.

소련 군이 베를린 남쪽의 초센에 이르렀고 북서쪽에서는 이미 프로나우 지역에서 전투가 벌어지고 있었고 동쪽으로는 제국 수도 최외곽 방어지대에 도달한 다음날, 괴벨스는 일기들을 안전한 장소로 옮겼다. 몇 달 전부터 그의 개인 속기사 리하르트 오테(Richard Otte)가 그의 일기들을 감광판에 축소 복사하는 일을 감독하고 있었다. 이날 오후 오테는 자신과 함께 몇 주 전부터, 그리고 4월 22일에도 여전히 일기 구술을 속기했던 오토 야콥스(Otto Jacobs)의 지원을 받아, 일기 원본들을 총리청의 총통 벙커로 옮길 수 있도록 포장하라는 지시를 받았다.[21]

오후 5시경 장관 관저에서 전화벨이 울렸다. 그에게 전화를 걸어 군 장성들의 배신, 야비함과 비겁함을 말하며 비통한 심정을 늘어놓는 히틀러는 이미 정신이 나간 것처럼 보였다. 그 직전 히틀러는 벙커에서 전황 보고를 받는 자리에서, 자신이 명령하였고 오전 내내 그 성공 소식을 헛되이 기다렸던 공격이 병력의 부족으로 인해 시작되지도 않았음을 알게 되었다. 이 때문에 히틀러는 광란의 발작을 일으켰으나 다시 자신을 추슬렀다. 그는 작전 테이블 둘레에 서 있는 사람들에게 이제 피신해도 좋다고 말했다. 그 자신은 베를린을 사수하다가 총리청 계단에서 전사하겠다는 것이다.[22]

다시 히틀러의 힘을 북돋워주고 어느 정도 희망을 불어넣은 것은 급히 벙커로 달려온 괴벨스였다.[23] 그러나 며칠 전부터 벙커에 머물고 있던 에바 브라운*은 히틀러가 이미 희망을 잃어버렸다고 말했다.[24] 괴벨스는 문을 닫고 히틀러와 밀담을 나누었다. 그러고 나서 방에서 나온 괴벨스는 아직 가능할 때 히틀러에게 피신을 권유하라는 보어만의 요구를 무시하고, 히틀러의 비서 트라우들 융게(Traudl Junge)에게 자신의 아내가 나중에 아이들을 데리고 이리로 올 것이라고 말했다. '총통'의 명령에 따라 그들은 이제부터 벙커에 머물 것이라고 했다.[25]

얼마 지나지 않아 괴벨스의 운전기사인 귄터 라흐 친위대 중위와 부관인 귄터 슈베거만 친위대 대위가 운전하는 승용차 두 대가 가까이 있는 헤르만 괴링 거리로부터 쓰레기더미와 폐허로 뒤덮인 거리를 지나 총리청으로 왔다. 괴벨스 가족은 작은 방 다섯 개를 차지했는데, 그중에는 히틀러의 주치의 테오도어 모렐(Theodor Morell) 교수의 방도 있었다. 그는 되니츠의 연락장교 카를 예스코 폰 푸트카머(Karl Jesko von Puttkamer) 등과 함께 막 벙커를 빠져나가고 없었다.[26]

히틀러는 마그다에게 한밤중에 가토브 비행장을 출발하는 비행기를 타고 바이에른으로 가서 그곳에서 사태를 관망하라고 말했으나, 그녀는 이 제안을 거부했다. 그녀는 자신이 그토록 경애한 '총통' 곁에 머무는 것을 의무로 여긴다고 했다. 괴벨스와 마그다는 그들의 동요하는 '메시아'를 떠나지 않기로 결정했는데, 이는 (그들이 고대하는 기적이 일어나지 않을 경우) "골고다 언덕으로 가는 길"에 있는 그에게 힘을 주기 위해서라고 했다. 이를 통해 히틀러는 '메시아'처럼 지상의 무대를 떠나면서 희생과 충성심의 전범을 후세에 보여줄 힘을 얻을 것이었다.

괴벨스는 그러한 전범이 신화와 전설을 낳을 것이고 이를 통해 정치적 종교인 나치즘이 존속할 수 있을 것이라고 어느 정도 기대하고 있었다. 괴벨스가 "총통이 베를린에서 명예롭게 최후를 맞이하고 나서 유럽이 볼셰비즘화 된다면, 늦어도 5년 후면 총통은 전설적 인물이 될 것이고 나치즘은 신화가 될 것이다. 그가 최후의 위대한 행위로 인해 신성시될 것이기 때문이다."27)라고 말할 때, 그는 자기 자신을 기만하기 위해 최후의 패배 앞에서 눈을 감고 실패에 '의미'를 부여하고 있는 것이었다.

최고사령부의 요들 장군으로부터 상세한 전황을 보고받은 괴벨스가 요구한 대로, 히틀러는 마지막으로 주도권을 행사했다. 그는 엘베 강변에 주둔하고 있는 12군(발터 벵크Walther Benck 장군이 지휘하는 가운데 임시로 편성된 병력)에게 미군들과의 전투로부터 퇴각하여 베를린 수복에 나서라고 명령했다.28) 이미 소련 군에게 포위되어 완전히 소진되어버린, 부세(Busse)가 지휘하는 9군도 마찬가지로 베를린 방향으로 진군하여 베를린 남부에서 벵크의 부대와 합류하도록 했다. 북쪽에서는 슈타이너의 잔여 부대가 공격을 하기로 했다. 4월 22일 저녁 안으로 카이텔은 벵크의 지휘부가 위치한 비젠부르크로 가서, 그 군단 사령관에게 "총통을 구출하라. 그의 운명은 독일의 운명이다. 벵크, 귀관의 손에 독일을 구할 임무가 맡겨져 있다."29)라고 간절히 요청했다.

에바 브라운(Eva Braun, 1912~1945) 1929년 히틀러를 처음 만났고 1931년 겔리 라우발이 자살한 후 히틀러의 연인이 되었다. 1945년 4월 29일 히틀러와 결혼하고 다음날 동반 자살했다.

히틀러의 마지막 희망이었던 발터 벵크. 1945년 4월 6일 12군 사령관에 임명된 벵크는 4월 22일 베를린 수복에 나서라는 명령을 받지만, 그는 소련 군에 포위된 9군과 독일 피난민들을 구출하는 작전을 펼쳤다.

4월 22일 오후 대국민 호소문에서 부하 직원들과 함께 베를린을 사수할 것임("나의 아내와 아이들도 여기에 있고 여기에 머물 것이다."30))을 선언했던 괴벨스는 보어만과 리벤트로프의 도피 권유에 히틀러가 최종적으로 거부 결정을 내린31) 다음날 두 번째 호소문을 발표했다. 그는 '총통'이 제국 수도에 머물러 있으며 "베를린 수호를 위해 나선 모든 병력들의" 총지휘권을 넘겨받았다고 밝혔다. 이러한 사실이 베를린 공방전이 전 유럽적인 중요성을 지닌 전투라는 인상을 각인시킬 수 있다는 것이었다.32)

괴벨스는 이 전투를 더욱 극단적으로 몰고 갔다. 이미 그 전날 그는 "모든 수단을 동원해" "선동가와 범죄적 인물들"에게 단호하게 대처할 것이라고 선언했다. 이제 그는 나아가 히틀러에게 "심각한 권고"를 발표하도록 요청했는데, 이 글은 이날 베를린에서 배포된 전단 신문 〈판처 베어〉(갑옷 입은 곰) 제1호에 실렸다. 여기에서는 "기억하라! 우리의 저항의 힘을 약화시키는 행동들을 선동하거나 승인하는 자들은 죄다 반역자이다! 그런 자들은 즉각 총살되거나 교수형에 처해질 것이다."[33]라고 적혀 있었다. 친위대원, 나치당 정치 간부들, 보안대 요원들로 긴급 편성된 체포 부대들은 그야말로 무절제한 처형을 시행했고 이는 베를린의 혼란을 더욱 가중시킬 뿐이었다.[34]

그러는 동안 벙커의 시멘트 천장 아래에서 괴벨스는 터무니없이 영웅적인 태도를 취했다.[35] 괴벨스는 숱한 전황 토의들 중 한 번은 소련 군이 엘베 강까지 밀려온다면 미군이 철수할 것이라고 말하기도 했다. 그리고 영국 군은 20~25개 사단밖에 남아 있지 않고 스탈린은 점령 지역을 군사 통치하고 선전 선동을 통해 서구 열강과 싸울 것이라는 것이었다. 스탈린은 영국인들보다 더 나은 선전가이며 소련 군은 어떠한 상황에서라도 그에 맞추어 선전 선동을 할 수 있기 때문에, 여기서 얼마 지나지 않아 분쟁이 일어날 것이다. "나는 영리한 영국인들이 이를 모를 리 없다고 생각한다."[36] 그리고 괴벨스는 서방 열강들이 반소 노선으로 전환하여 모스크바가 "정신이 번쩍 나게" 할 것이라면서, 여전히 '총통'에게 정치적 해결 구상을 제시하고 있었다. 독일이 베를린 전투에서 승리하고 서방 국가들에서 이런 반소 움직임이 일어난다면, 스탈린은 자신이 차지하려 했던 유럽을 얻지 못하고 단지 독일과 영국을 가깝게 만들었을 뿐임을 알게 될 것이다. 그렇다면 스탈린은 "모종의 합의"를 통해 독일과 "손잡으려" 할 것이다. 괴벨스는 이를 강조하려고 "프리드리히 대왕도 이와 비슷한 상황에 처해 있지 않았던가. 그도 로이텐 전투*를 통해

로이텐 전투 7년 전쟁 중 한 전투. 1757년 12월 5일 브레슬라우 서쪽의 로이텐에서 프리드리히 2세가 이끄는 43,000명 프로이센 군이 로트링겐 공(公) 카를이 이끄는 72,000명의 오스트리아 군을 격파하여 대승리를 거둔 전투이다. 적은 병력으로 우세한 적을 완파하여 프리드리히 대왕의 군사적 재능을 잘 보여준 전투로 유명하다.

권위를 완전히 회복할 수 있었다."라고 말했다.[37]

괴벨스가 잠시 베를린으로 돌아온 슈페어에게 벵크 부대의 구원 작전을 "세계사적 의미를 지닌다."라고 말하고 있을 때,[38] 마그다는 다가올 일의 중압감에 못 이겨 무너지기 직전이었다. 아이들의 목숨을 어떻게 거두어야 하는지를 두고 골머리를 썩이면서 아이들에게 아무 걱정도 없는 척하는 것은 쉬운 일이 아니었다. 그녀는 심장병에 시달리고 몸이 허약해져 창백한 얼굴로 침대에 누운 채 알베르트 슈페어가 마지막으로 벙커를 방문하는 것을 보았다.[39] 이에 비해 아이들은 어머니 눈에는 "경이로운" 태도를 보였다. 그녀는 "이 지극히 원시적인 상황에서 아무도 도와주지 않지만 아이들은 서로 도왔다."라고 썼다. "아이들은 땅에서 잘 때나 스스로 씻거나 먹을 때, 그 어느 때도 결코 불평하지 않았고 울지도 않았다. 폭격은 벙커를 뒤흔들었다. 좀 더 큰 아이들은 작은 아이들을 보호했다. 여기 아이들이 있어서 총통이 가끔씩이라도 웃음을 짓는다는 사실 자체가 축복이다."[40]

히틀러는 4월 23일의 최악의 우울증에서는 어느 정도 벗어날 수 있었다. 어쩌면 이 모든 것이 단지 최후의 시험이고 "섭리의 담금질"일 뿐이며, 운명의 전환이 다가오고 있을 것이었다. 그는 선전장관의 끊임없는 지원을 받으며 "불가능한 것 속에서 의연해야 한다."라고 스스로 용기를 불어넣었다.[41] 그리하여 그는 베르히테스가덴으로부터 헤르만 괴링의 전보가 도착했을 때, '총통'의 자세로 반응하려고 안간힘을 썼다. 괴링은 '총통'이 자유로운 행위 능력을 상실했다고 생각하기 때문에 대리인인 자신이 "제국의 총지휘"를 넘겨받으려 한다면서, 히틀러가 이에 동의하느냐고 물었다. 히틀러는 오래전부터 괴링이 모르핀 중독자이고 부패한 실패자임을 알고 있었다면서 광분했다.[42] 정적 괴링에 대한 자신의 의견이 사실로 확인되었다고 생각한 괴벨스는 곧바로 제국원수가 한 번도 진정한 나치주의자였던 적이 없으며 그러한 모습으로 살아본 적도 없다고 덧붙였다.[43] 괴벨스는 히틀러가 괴링의 행동을 나치즘과 "그 개인을 배반한 것"이라고 여기고 그를 공군 총사령관직에서 해임하는 광경을 흡족한 마음으로 바라보았다. 그러나 괴링이 이로써 완전히 실각했음에도 불구하고, 괴벨스는 히틀러가 그의 체포 명령을 내리면서도 살해 명령은 내리지 않는 데 적이 실망했다.

히틀러가 그러한 환멸을 견뎌낼 수 있도록 하려고, 괴벨스는 적들의 동맹이 와해될 것이라는 희망을 계속 부채질했다. 괴벨스는 4월 25일 작전회의에서 그 와해가 '발병'하는 데 단지 어떤 계기가 필요할 뿐이라고 말하면서,[44] 루스벨트의 죽음은 하나의 계기이기는 했으나 충분하지는 않았다고 말했다. 독일이 베를린에서 여전히 작전 능력을 갖춘 상태임을 입증한다면 그것이 바로 적들의 동맹을 와해시킬 두 번째 계기가 될 수 있다는 것이었다. 히틀러와 괴벨스는 미군이 벵크 군단의 작전 지역에 공습을 중단한 것을 그러한 징후라고 생각했다.[45] 그리하여 그들은 엘베 강변의 토르가우 지역에서 곧 동방과 서방의 '충돌'이 일어날 것을 더욱 손에 땀을 쥐고 기대했다(1945년 4월 25일 실제로 토르가우에서 소련 군과 미군이 조우했으나 양측의 충돌은 전혀 없었다. 이는 2차 세계대전의 종전을 예고한 상징적 사건으로 유명하다).

4월 25일과 26일, 12군의 재편성과 진격이 마침내 이루어졌다. 완전히 포위당한 제국 수도를 둘러싸고 2차 세계대전 최후의 독일 군 공세가 시작된 것이다. "베를린이 그대를 기다린다"라는 제목의 전단들이 병사들을 고무하기 위해 뿌려졌다. 그곳으로 쏟아져 들어오는 난민들이 소련 군이 독일 민간인에게 자행하는 잔혹한 만행들을 보고함으로써 병사들은 더욱 고무되었다. 그리하여 처절하게 싸우는 12군 병사들은 소련 군의 포위 전선을 밀어내고 포츠담 방향으로 진군하는 데 실제로 성공했다.

"하느님, 벵크가 오고 있습니다!"라고 괴벨스는 4월 27일 벵크의 진격

보고에 대해 말했다.⁴⁶⁾ 실낱 같은 희망에 집착하던 히틀러는 모든 상황이 마침내 변화하고 있다고 믿었다. 히틀러 앞에서 해군대장 되니츠를 대리하는 해군중장 한스에리히 포스(Hans-Erich Voß)가 이러한 히틀러의 믿음을 확인해주자, 히틀러는 독일 군이 서쪽에서 밀고 들어와 아군 요새와 연결되어 베를린 전역에 들불 같은 저항이 나타난다면 과연 어떤 결과를 가져올 것인가라는 생각에 도취되었다. 그러나 물론 다음날에도 이런 일은 일어나지 않았다. 그렇지만 괴벨스가 참여하여 작성한 국방군 전황 보고에서는 서부에서 공세를 취하는 사단들이 전선의 광범위한 지역에서 치열한 전투 끝에 적들을 물리쳤으며, "현대사에서 일찍이 없었던 위대한 전투를 통해 수도 방어에 성공했다."라고 승리감에 차서 밝히고 있었다.⁴⁷⁾

4월 28일, 벵크의 구원 작전이 추가로 성공을 거두었다는 소식 대신에 벙커에 또 다시 침울한 소식들이 도착했다. 영국측 라디오는 힘러가 이미 4월 24일 뤼베크에서 베르나도테 백작과 만나서 서방에 항복을 제의했다는 획기적인 뉴스를 내보냈다. 그는 자신의 자격을 입증하려고 히틀러가 병에 걸렸다거나 혹은 이미 사망했다고 주장했다는 것이다. 히틀러는 저녁 10시경 수행원 하인츠 링게(Heinz Linge, 1913~1980)로부터 이 소식을 전해 듣고 다시 광분했다. 어느 정도 제 정신을 차리고 나서 그는 괴벨스와 보어만을 불러 이 사태를 논의했다. 그들은 즉결 군사재판을 열어서, 사복을 입고 베를린을 빠져나가려다 실패한, 에바 브라운의 제부(弟夫) 헤르만 페겔라인*에게 사형을 선고하는 데 합의했다. 그 자리에서 처형당한 페겔라인은 힘러의 비밀 협상을 미리 알고 있었다는 혐의를 받았다.

유명한 시험비행 여성 조종사이며 히틀러를 숭배하던 한나 라이치(Hanna Reitsch, 1912~1979)와 공군 원수 리터 폰 그라임(Ritter von Greim, 1892~1945)이 4월 26일 피젤러 슈토르흐 기를 타고 소련 군의 집중 총격을 뚫고 동서축 대로에 착륙한 후 벙커로 뛰어들어 왔다. 히틀러가 괴링 후임으로 공군 총사령관에 임명했던 그라임 원수는 반역자 힘러를 체포하고 총리청을 둘러싼 최후 전투에 비행기를 투입할 수 있도록 하기 위해, 라이치와 함께 즉시 베를린을 떠나라는 지시를 받았다.

히틀러에게서 그 전날 나치당의 황금 당원 배지를 수여받았던 마그다 괴벨스는 그라임과 라이치 편으로 북아프리카의 영국 전쟁포로 수용소에 있는 아들 하랄트에게 마지막 소식을 전할 수 있는 기회를 얻었다. 마그다는 자신들이 "나치주의자의 삶에서 유일하게 가능한 명예로운 죽음을 맞이하려고" 6일 전부터 벙커에 머물고 있다고 편지에 썼다.[48] 마그다는 "아빠는 반대하지만" 자신이 그 옆에 머물기로 했으며 지난 일요일까지 총통은 자신이 여기서 빠져나가도록 도우려 했음을 하랄트가 알아야 한다고 썼다.

나는 깊이 생각할 필요도 없었다. 우리의 위대한 이념이 파멸하고 있으며, 그것과 함께 내가 삶에서 알았던 아름다움, 경이로움, 고귀함, 선함이 남김없이 무너지고 있다. 총통과 나치즘 이후에 오는 세계는 살 만한 가치가 없으며, 그래서 나는 아이들을 데리고 가련다. 우리가 죽은 뒤에 닥칠 삶은 그에들에게 어울리지 않는다. 그리고 내가 스스로 그들에게 구원을 선사하는 것을 자비로운 하느님은 이해해주실 것이다.

마그다는 자신이 "자랑스럽고 행복하다."라면서 모두가 죽음의 순간

페겔라인(Hermann Fegelein, 1906~1945) 1944년 에바 브라운의 동생 그레텔 브라운과 결혼한 친위대 장교. 그는 부대 이탈을 구실로 처형당했으나, 그동안 에바 브라운에게 접근했다는 이유로 히틀러의 미움을 사고 있었고, 반역자 힘러와 가까웠다는 점이 실제 처형 이유로 추측되고 있다.

까지 '총통'에게 충성을 다 바친다는 오직 한 가지 목표만을 품고 있다고 밝혔다. 그들이 히틀러와 함께 삶의 종지부를 찍을 수 있다는 것은 한 번도 기대하지 못했던 "운명의 은총"이라면서 "사랑하는 아들"에게 독일을 위해 살라는 충고를 보내며 작별을 알렸다.

괴벨스도 하랄트 크반트에게 몇 줄의 편지를 썼다. 아내와 달리 그는 아직도 희망을 완전히 버리지 않고 있었기에, 이 전쟁이 어떻게 끝날지는 오직 하느님만이 알고 있다고 썼다. 그러나 그들이 "살아 있거나 죽거나 간에 명예와 영광을 가지고 전쟁에서 벗어나게 될 것"임을 안다는 것이다. 비록 그는 자신들이 다시 만날 수 있다고 거의 믿지 않지만, 독일이 이 끔찍한 전쟁을 이겨낼 것이라고 확신하고 있다고 썼다. 물론 이는 독일 민족이 다시 스스로 일으켜 세울 수 있는 모범이 눈앞에 있어야만 가능하다. 마지막으로 괴벨스는 의붓아들에게 앞으로 시작될 세상의 소음 때문에 혼란에 빠지지 말라고 당부했다. "거짓말은 언젠가 무너지고, 그 위에서 진실이 승리할 것이다. 우리가 순수하고 흠집 하나 없이 모든 것 위에 서게 될 순간이 올 것이다. 우리의 믿음과 추구가 늘 그랬던 것처럼."[49]

이 편지들은 정말로 하랄트 크반트에게 도착했다. 한나 라이치가 가벼운 부상을 입은 그라임과 함께 비행기를 몰고 불타는 베를린에서 레흘린으로 가는 데 성공한 것이다. 피젤러 슈토르흐 기가 동서축 대로에서 수류탄의 폭음과 기관총의 총격을 뚫고 이륙했을 때, 소련 군은 이미 샤를로텐부르크에 들어와 템펠호퍼 펠트를 경유해 도시 내부 방어선을 돌파했다. 하레셔 토르 문, 슐레지엔 기차역, 알렉산더 광장에서 도심을 둘러싼 전투가 시작되었다. 전쟁의 종말을 지연시킨 것은 특히 독일과 외국 출신 친위대 부대들의 처절한 저항이었다.

전투 현장들에서 불과 몇백 미터 떨어진 총리청 벙커에서 괴벨스는,

괴벨스와 가족. 사진 속의 여섯 아이들은 모두 마그다가 벙커에서 죽였고, 마그다가 첫 번째 결혼에서 낳은 아들 하랄트(사진 맨 오른쪽)만 살아남았다. 괴벨스 부부가 자살하기 전에 포로 수용소에 있는 하랄트에게 쓴 편지는 우여곡절 끝에 그에게 전해졌다.

그가 "하느님 역사(役事)의 창조적 도구"라고 부른 히틀러가 후세에게 감동을 주며 신화를 만들어내는 방식으로 퇴장한다는 구상들[50)]에 역행하는 명령을 받았다. 괴벨스에게 호적계 공무원을 불러 달라고 요청한 히틀러는 그런 구상을 포기한 것으로 보였다. 히틀러는 바로 그런 구상 때문에 한동안 떨쳐버렸던 계획을 실행하려고 했다. 연인 에바 브라운과 결혼을 하려는 것이었다.

4월 29일 새벽 1시경, 마침내 공인 호적계 공무원이며 베를린 시참사회 의원인 발터 바그너(Walter Wagner) 관구 사무장이 도착했다. 임시로 결혼식장으로 꾸며진 작전 회의실에서 괴벨스는 히틀러와 에바 브라운 옆에 섰다. 신랑 신부가 "네"라고 대답하고 히틀러의 증인인 괴벨스와 보어만이 결혼 증서에 서명하고 나서 그들은 복도로 나와 벙커에 있는 사람들이 신혼부부에게 보내는 축하 인사를 받았다. 벙커의 내실들에서 조촐한 잔치가 벌어졌는데, 여기에는 괴벨스 부부, 보어만, 히틀러의 비서 게르다 크리스티안(Gerda Christian)과 트라우들 융게, 그리고 나중에 한스 크렙스 장군, 빌헬름 부르크도르프 장군, 히틀러의 공군 보좌관 니콜라우스 폰 벨로프(Nicolaus von Below)도 합류했다.[51]

결혼식이 끝난 뒤 참석자들은 각기 헤어져 제 갈 길을 갔다. 마그다와 함께 자기 방으로 돌아간 괴벨스가 흥분한 상태로 이리저리 걸어다니는 동안, 히틀러는 유언장을 구술했다. 자기 변호로 가득찬 난삽한 혼합물인 정치적 유언장(히틀러는 정치적 유언장과 개인 유언장을 별도로 작성했다)에서[52] 히틀러는 자신이 1939년의 전쟁을 원하지 않았다고 말하면서 다음과 같이 예언했다. "우리의 도시들과 기념비적 예술의 폐허로부터 이러한 종말에 책임이 있는 민족에 대한 증오가 언제나 새롭게 나타날 것이다. 그 민족이 바로 이 모든 일을 야기했다. 그것은 국제 유대인과 그 공범들이다." '총통과 총리의 자리'인 베를린에서 그의 병사들의 위대한 행위와 업적에 힘입어 "기쁜 마음으로" 숨을 거두겠다고 결심하고 난 후, 히틀러는 괴링과 힘러에게 출당 조치를 내렸다. 그리고 자신이 죽은 후 되니츠를 제국대통령 겸 국방군 최고사령관으로 임명한다고 했으며, 그외에도 브레슬라우에서 저항하고 있는 관구장 한케를 제국 친위대장으로,[53] 뮌헨-오버바이에른 관구장 파울 기슬러(Paul Giesler)를 내무장관으로 임명했다. 그리고 히틀러는 자신의 제국총리직 후임으로 마침내 요제프 괴벨스를 임명했다.

보어만, 부르크도르프, 크렙스와 함께 4월 29일 새벽 4시 히틀러 유서에 증인이 되어 떨리는 손으로 서명한 괴벨스는 이로써 파멸의 순간 출세의 최고점에 이르렀다. 비록 그는 제국총리로서 겨우 몇 평방 킬로미터의 지배권을 가질 뿐이었지만, 그래도 최후의 순간에 자신과 되니츠를 자기 옆에 세운 '총통 각하'의 커다란 호의와 신뢰에 기쁨을 느꼈다. 괴벨스는 히틀러 유서에 첨가한 글에서 히틀러에게 충성을 맹세함으로써

히틀러와 연인 에바 브라운. 죽음을 결심한 히틀러는 1945년 4월 29일 총리청 지하 벙커에서 결혼식을 올리고 다음날인 4월 30일 동반 자살했다.

감사의 마음을 표시했다.

괴벨스는 '총통'을 둘러싼 "반역의 정신착란 상태에서" 최소한 몇 사람이라도 죽는 순간까지 무조건 그를 지지해야 한다고 썼다. 그는 베를린 바깥에서 제국정부를 지휘하는 일이 아니라 바로 이러한 일을 통해 독일 민족의 미래에 최고의 봉사를 할 수 있다고 믿었다. 왜냐하면 "다가올 어려운 시기들"에 "우리의 민족적 삶의 재건"을 위해서는 "민족에게 해방으로 가는 길을 제시하는" 사람들보다 오히려 모범이 더욱 중요하기 때문이었다. 그러므로 요제프 괴벨스 그 자신은 생애 "처음으로" '총통'의 명령을 수행하는 것을 "단호하게 거부"해야 한다는 것이다. "내 아내와 아이들은 이러한 거부에 합류했다. 그러지 않는다면 (우리가 인간적 이유에서 그리고 개인적 충성의 이유에서라도 그럴 수밖에 없다는 점을 일단 제쳐 두더라도) 나는 남은 생애 동안 자신을 불명예스러운 반역자이자 비열한 악한으로 생각하게 될 것이다."54) 괴벨스는 여론에 공표할 목적으로 작성한 히틀러 유언장에 그 부록을 포함시키려 했다.

괴벨스는 공보실장 하인츠 로렌츠(Heinz Lorenz)에게 이 두 문서를 미군과 영국 군의 점령지로 가지고 들어가 그곳에서 공개하여 후대가 볼 수 있게 하라고 위임했다. 그 직후 로렌츠는 적진을 돌파하기 위해 벙커를 떠났으며, 그와 함께 히틀러의 정치적 유언장을 되니츠와 쇠르너에게 전달하러 보어만의 부관인 친위대 대령 빌헬름 찬더(Wilhelm Zander), 히틀러의 육군 보좌관 빌리 요한마이어(Willi Johannmeier) 소령도 출발했다.55)

포츠담 광장, 라이프치히 거리, 프리드리히 거리, 안할트 기차역에서 벌어지는 시가전은 괴벨스와 '총통 각하'에게 그들이 이미 내린 결정을 행동으로 옮겨야 할 순간이 왔음을 분명히 보여주었다. 1945년 4월 29일 벙커에 알려진 무솔리니의 죽음은 적에게 생포되어서는 안 된다는 경고로 보였다. 무솔리니와 그의 정부 클라라 페타치는 4월 27일 코모 호숫가의 동고에서 파르티잔들에게 체포되어 그 다음날 사살되었다. 한때 '두체'를 열광적으로 추종했던 국민들이 분노를 터뜨리며 그들의 시신을 욕보였다. 두 사람의 시신은 결국 밀라노의 피아찰레 로레토 광장의 반쯤 완성된 주유소 비계에 매달렸다.56)

1945년 4월 30일 새벽 2시 30분경 벙커에서 마지막 행동이 취해졌다. 괴벨스와 그의 아내, 그리고 히틀러의 다른 최측근들은 히틀러에게 작별인사를 하려고 아래쪽 계단에 섰다. 이미 그 전날 오후 히틀러는 총리청 지하 대형 방공호 벙커에 설치된 부상자 치료 병동에서 활동하던 그의 외과의사 하제(Werner Hasse) 교수에게 자신의 셰퍼드 블론디에게 독약을 먹일 것을 지시했다(히틀러는 독약이 신속하게 효력을 발휘할지를 알아보려고 개에게 시험을 해보았다). 히틀러는 여비서들에게도 독이 든 알약을

나눠주면서, 더 좋은 작별 선물을 줄 수 없어 유감이라고 말했다.[57]

4월 29일 밤 11시경 히틀러는 마지막 무선을 보냈는데, 이는 마치 '전능하신 분'이 어쩌면 그를 단지 '시험'하는 것일 뿐이고, 그분이 마지막 순간에 자신을 구원하기 위해 기적을 보여준다면 자신이 너무 빨리 포기해 그분을 실망시킬지도 모른다고 생각한 것처럼 보였다. "'벵크' 부대의 선두는 어디에 있는가? 그들은 언제 다시 공격을 하는가? 9군은 어디에 있는가?"[58] 새벽 1시 30분경 카이텔이 회신을 보내 이 마지막 희망마저 앗아갔다. 베를린을 구원할 공격은 계속될 수 없다는 것이었다. 그로부터 1시간 후 히틀러는 벙커에 모여 있는 20여 명의 사람들 곁을 지나가면서 여성들과 악수를 하고 불분명한 말을 몇 마디 중얼거렸다.

그러나 히틀러는 주저했다. 소련 군이 총리청에 집중 포격을 가하던 4월 30일 오전, 그는 헬무트 바이틀링(Helmuth Weidling, 1891~1955) 장군에게 적의 포탄이 다 떨어진다면 부대를 이끌고 적의 포위망을 돌파해 베를린 주변 숲에서 전투를 계속하라는 총통 명령을 전달했다. 오후에 히틀러는 다시 한 번 작별을 고했다. 또 다시 요제프 괴벨스, 마그다 괴벨스, 크렙스 장군, 부르크도르프 장군, 포스 장군, 헤벨 장군 등을 비롯한 모든 사람들이 모였다. 마치 과거의 그림자처럼 보이는 히틀러가 몸을 떨며 부인의 손을 잡고 작전 상황실에 나타났다. 히틀러는 철십자 훈장이 왼편 가슴에 달려 있는 소박한 제복을 입고 약 10분 정도 소요되는 의식을 주재했다. 그리고 나서 링게가 내실로 가는 문을 열었다.

히틀러와 에바 브라운이 문 안으로 사라지자 마그다 괴벨스는 자제력을 잃었다. 그녀는 "울음을 터뜨리며 극도의 흥분 상태에서", 친위대원 몇 명과 함께 문 앞에 대오를 짓고 서 있던 히틀러의 친위대 부관 오토 귄셰(Otto Günsche, 1917~2003) 소령에게 다시 한 번 히틀러와 이야기할 수 있게 해 달라고 요청했다. 그가 이에 대해 물으려고 문을 노크하자 히틀러는 화가 나 문을 벌컥 열어젖혔다. 그러자 마그다는 귄셰 옆을 지나 방 안으로 뛰어 들어갔다. 그녀는 아직 늦지 않았다면서 히틀러에게 베를린을 떠나라고 간청했다. 이는 그녀 자신과 아이들이 벙커에서 참혹한 죽음을 맞지 않도록 하려는 마지막 시도였던 것 같다. 히틀러는 "단호하게 거부하고 그 대화를 끝맺었다. …… 약 1분 후 마그다 괴벨스는 거실을 떠나 울면서 방으로 들어갔다."[59]

괴벨스, 크렙스, 부르크도르프 등 다른 사람들은 작전 상황실에서 기다리고 있었다. 몇 분 지나지 않아 귄셰가 그리로 들어오며 말했다. "총통 각하께서 돌아가셨습니다."[60] 그가 죽은 방으로 가장 먼저 들어선 보어만과 링게의 뒤를 이어 괴벨스와 귄셰, 제국청소년지도자 아르투어 악스만(Artur Axmann, 1913~1996)도 방으로 들어갔다. 그들은 손을 치켜들어 히틀러 경례를 하고 나서 시신을 면밀히 검사했다. 죽은 '총통'을 바라보는 것을 견딜 수 없었던 괴벨스는 그 직후 작전 상황실로 되돌아와 상실감에 잠긴 채, 빌헬름 광장으로 나가서 총알을 맞을 때까지 뛰어다니겠노라고 말했다.[61] 그러나 그는 벙커에 남아 있었고, 자신은 마지막 순간에 그럴 수 없었다고 링게에게 고백했다.[62]

다시 자제력을 찾은 괴벨스는 오후 4시가 지나 보어만과 함께 계단을 올라가 총리청 정원으로 갔다. 비상구로부터 몇 미터 떨어진 곳에 반쯤 파 놓은 구덩이에 담요로 둘둘 말린 채 휘발유가 여러 통 뿌려진 히틀러와 그의 아내의 시신이 놓여 있었다. 그 시신 위에는 휘발유를 여러 통 뿌린 상태였다. 바람이 세차게 불어 친위대원들이 성냥으로 휘발유에 불을 붙일 수 없게 되자, 결국 귄셰가 헝겊을 휘발유에 적셔 불을 붙인 후 시신들 위로 던졌다. 괴벨스, 보어만, 부르크도르프, 귄셰, 링게, 켐프카는 죽은 '총통'에게 마지막으로 "하일 히틀러"를 외쳐 작별을 고했다.[63]

제국도 없고 권한도 없으며 절망적으로 보이는 총리 괴벨스는 절룩거리며 벙커를 뛰어다녔다. 베를린 수호라는 그의 과제는 실제로 벌어지는

1945년 4월 30일 밤 11시경 소련 군 상사 2명이 마침내 독일 제국의회 의사당 건물에 승리의 깃발을 올렸다. 사진은 한밤중에 일어난 역사적 장면을 다시 대낮에 재연한 것이다.

상황 때문에 이미 오래전에 무의미해졌다. 거대한 배신과 '국제 유대인들'에 맞서는 투쟁을 계속하자는 그의 말에 아무도 귀를 기울이지 않았다. 히틀러는 죽었다. 그리고 그와 함께 히틀러가 집단 자살이나 모두의 목숨을 빼앗아가는 다른 조치들을 지시할 수도 있다는 벙커 거주자들의 걱정도 사라졌다. 안도감이 퍼져 나갔고 곧 술판이 벌어졌다. 이를 금지할 수 있는 권위조차 갖추지 못한 벙커의 새 주인에게는 자신이 총리 후계자로 선택된 데 따른 열광적 기쁨 때문에 격정적으로 히틀러의 곁에서 죽겠다고 선언했던 것이 이제 결코 넘을 수 없는 장애물로 다가왔다. 괴벨스는 죽음의 공포에 사로잡혔다. 결국 그는 그 공포에 무릎을 꿇고 맹세는 단지 맹세에 그치게 하겠다고 생각했다. 그는 히틀러가 죽고 난 지금 스탈린과 연락을 꾀하기로 결심했다. 스탈린의 군대는 이미 이른 오후에 폐허가 된 제국의사당 건물에 붉은 기를 꽂았다.

그러한 그의 의도에 보어만이 걸림돌이 되었다. 보어만은 4월 30일 저녁 참모총장 크렙스, 부르크도르프, 헤벨, 악스만이 참가한 장시간의 회의 중에 약 300~500명에 이르는 벙커 내 사람들과 함께 그곳을 뛰쳐나가 북쪽의 되니츠에게 가자고 제안했던 것이다. 몬케의 전황 보고를 통해 그러한 시도가 전망이 없음이 분명해지고 나서야 괴벨스는 자신의 제안을 강력히 밀어붙였다. 협상 대표로는 참모총장 크렙스가 나섰다. 그는 독일 군의 모스크바 군사작전 때부터 러시아어를 할 수 있었고, 게다가 1941년 4월 벨로루시 기차역에서 일본 외무장관 마쓰오카 요스케에게 작별 인사를 할 때 이미 스탈린과 이야기한 적이 있었던 것이다.

괴벨스는 보어만이 입회한 가운데 '소련 군 최고사령관'에게 보내는 편지를 작성했다. 스탈린에게 "비독일인에게는 처음으로" 히틀러가 4월 30일 자살했다는 사실과 그가 법적 효력을 갖춘 유언장에서 되니츠, 괴벨스, 보어만에게 권력을 이양했다는 사실을 전달하려 했다. 신임 제국 총리 괴벨스는 휴전 협상을 위해 소련과 연락을 취하는 임무를 받았다.

"이는 엄청난 손실을 입었던 국가들 간의 평화 협상을 위해 반드시 필요한 일이다."[64]

크렙스가 각료 명단과 협상 위임장이 첨부된 괴벨스의 편지를 가지고 새벽 4시경 템펠호프 비행장 근처로 전진 배치된 추이코프의 제8근위군 사령부에 도착했을 무렵,[65] 아직 완전히 불타지 않은 히틀러와 그의 아내, 그리고 셰퍼드 블론디의 주검은 유탄으로 파인 구덩이에 아직도 매장되지 않은 상태로 놓여 있었다. 이는 친위대 소장 요한 라텐후버(Johann Rattenhuber, 1897~1957)의 명령에 따른 것이었다.

테오도어 폰 두프빙(Theodor von Dufving)과 병사 두 명의 수행을 받으며 사령부에 도착한 크렙스는 바실리 추이코프* 대장에게 문서를 전달하고 문서 내용을 다시 한 번 구두로 설명했다. 그 후 추이코프는 상관인 주코프 원수와 전화 통화를 하였고, 주코프는 다시 스탈린과 연락을 취했다. 모스크바의 답변은 1945년 5월 1일 아침 10시 15분 베를린에 도착했다. 그것은 요구 조건(전면적 항복 또는 베를린의 항복)이 받아들여지지 않을 경우, 소련 군이 정부 청사 지구를 다시 공격할 것이라는 지시를 담고 있었다. 크렙스는 추이코프와 주코프가 파견한 바실리 소콜로프스키(Vasilii Sokolowski)와 여러 시간에 걸친 면담에도 불구하고 자신의 임무가 수포로 돌아갔음을 깨달았다. 그는 시간을 벌 생각으로 자신이 항복할 권한을 위임받지 못했음을 상세히 설명했다. 괴벨스의 오랜 적이면서 바이마르공화국에 맞서 투쟁했던 발터 울브리히트가 다른 독일 공

....
추이코프(Vasily Chuikov, 1900~1982) 소련의 장군. 2차 세계대전 당시 스탈린그라드 전투에서 수비군 사령관으로 활약했고, 히틀러의 군대를 격퇴하는 작전에 참가했으며, 소련군의 베를린 진격을 지휘했다. 후에 원수로 승진했다. 추이코프는 1945년 5월 1일 베를린에서 직접 독일의 항복을 받아들였다. 전후 그는 소련의 점령군과 함께 독일에 체류했으며(1945~1953), 1949년부터 점령군 사령관직을 맡았다. 그 후로도 군의 여러 요직을 거쳤다.

산주의자들과 함께 그 전날 모스크바에서 돌아와 베를린 북동부에서 상황을 둘러보고 있던 오후 1시경, 크렙스는 템펠호프의 슐렌부르크 링 거리에 있는 추이코프의 사령부를 떠나 벙커로 돌아왔다.

벙커로 돌아온 크렙스는 몇 시간 전부터 기다리고 있던 사람들에게 경과를 보고했다. 괴벨스는 몹시 흥분하여 소련의 항복 요구를 거부했다. 그는 임무 실패의 책임을 대뜸 크렙스에게 돌리면서, 크렙스가 소련측이 잠정적 휴전 협정을 거부할 경우 독일이 총알이 떨어질 때까지 싸움을 계속할 것이라는 의지를 추이코프에게 충분히 결연하게 보여주지 못했다고 질책했다.[66] 그래서 그는 이 점을 한 번 더 강조할 생각에서 또 다른 대표를 파견하기로 결정했다. 이 두 번째 독일 대표단은 한 명의 대령이 이끄는 네 명의 장교들로 구성되었다. 그러나 그 대령과 수행원 한 명은 목적을 이루지 못하고 돌아왔다(다른 두 명은 소련 군의 포로가 되었다).

괴벨스는 소련과 개별 휴전을 맺으려는 노력이 실패하자, 보어만이 되니츠와 북부 및 남부에서 작전을 벌이고 있는 사람들에게 두 차례의 텔렉스를 보내며 그랬던 것처럼 히틀러의 죽음을 은폐하는 일이 이제 무의미하다는 것을 깨닫게 되었다. 보어만은 4월 30일 늦은 오후 되니츠 해군대장에게 히틀러 유고시 그가 제국대통령직을 승계받는다는 사실만을 우선 통지했던 것이다.[67] 그 다음날 아침에 보어만은 유언장이 효력을 발휘했다는 소식을 보냈는데, 여기에서도 히틀러의 죽음은 한 마디도 언급하지 않았다.[68] 그러나 이제 괴벨스가 히틀러의 죽음을 알리게 되었다. 그는 되니츠에게 세 번째 텔렉스를 보내게 했는데, 거기에는 "총통이 서거"했으며 보어만이 그날 중으로 그리로 가서 "귀하에게 상황을 설명할 것"이라고 적혀 있었다.[69] 오후 3시 18분 슐레스비히홀슈타인의 플뢴에 도착한 그 텔렉스에 서명한 일과 벙커 안의 사람들에게 탈출 여부를 각자의 재량에 맡긴 작전회의 마지막 속기록에 서명한 일이 제국총리 파울 요제프 괴벨스의 마지막 행정 업무였다.

그 직후 괴벨스는 복도 반대편에 있는 작은 집무실로 들어가 자신의 삶을 기록한 일기를 끝맺었다. 그의 삶은 처음에는 독일에, 그 다음에는 유럽에, 그리고 그 다음에는 전 세계에 대재앙을 안겨주는 데 결정적으로 기여한 삶이었다. 그리고 만약 그렇지 않았다면 비극적이었을 것이라고 스스로 생각하는 엄청난 자기 기만의 삶이었다. 그의 역할은 처음 히틀러를 '총통'으로 만들었다는 데에 있다. 괴벨스는 그를 일찌감치 '구원자', '새로운 메시아'로 '선포'했다. 히틀러는 처음에는 소규모 추종자들, 그 후에는 수십만 명의 추종자들, 그리고 얼마 지나지 않아 모든 것을 포괄하는 선전기구의 도움을 받아 저항 능력이 없는 민족 전체의 메시아가 되었다. 1차 세계대전 참전 상병이던 히틀러가 실제로 독일의 분열을 극복하고 베르사유 조약을 수정하고 독일 민족에게 이를 통해 민족적 자존심을 회복시켜 주었을 때 괴벨스의 예언은 이루어지는 것처럼 보였다. '총통', '섭리의 도구'라는 신화가 창조된 것이다.

정치와 전쟁 수행의 주요 결정에 영향을 끼치지 못했지만, 히틀러의 끝없는 정복 전쟁, 동부의 생활권과 지원 공간을 갖춘 "대독일 제국"이라는 비전을 실현하는 데 필요한 전제 조건들을 만든 사람은 바로 괴벨스였다. 엄청난 모험이 감행되었으나 유화 정책을 통해 전쟁이 간신히 회피되고 있던 시절, 괴벨스는 평화를 애호하는 총통의 '천재성'과 '사명'을 찬양했다. 그 다음 히틀러가 독일 민족을 전쟁으로 끌고 들어갔을 때 괴벨스는 이를 우려하는 민족에게 히틀러는 오류를 저지를 수 없다고 거듭 설교했다.

독일 군이 1차 세계대전 당시 진지전에서 상대하여 한 세대 전체를 잃어버려야 했던 서방의 그 '숙적'을 전격전을 통해 굴복시켰을 때, 또다시 히틀러는 오류를 저지를 수 없는 사람처럼 보였다. 그리하여 그가 독일을 양면 전선 전쟁으로 몰고 가고 승리 대신 패배만이 거듭되었을 때에도 독일인들은 그러한 '총통'을 따를 수밖에 없었다. 괴벨스가 약속하는 것처럼 그가 왜 지금이라고 상황을 반전시키지 못한다는 말인가? 그리하여 그들은 희망을 버리지 않았고, 국가와 당의 대표자들이 아니라 신화적으로 숭배되는 히틀러만을 추종하였다. 독일 국민들은 전쟁뿐 아니라, 분명하게 드러난 다른 끔찍하고 잔인하고 비열한 모든 일들의 책임과 죄를 그 대표자들에게 돌렸다. 독일 국민들은 히틀러가 모든 책임에서 벗어나도록 만드는 표현을 사용했다. "총통이 그것을 아신다면!" 이 문장은 바로 총통 신화의 힘을 상징하는 것이고, 요제프 괴벨스의 역사적 의미는 바로 이 신화의 창시자였다는 것이다.

괴벨스의 이러한 '성공'은 시대의 우연들과 예측 불가능성을 감안하더라도, 그가 히틀러를 '섭리의 도구'라고 칭송하면서 그 자신도 그에 대한 신봉을 결코 멈추지 않았다는 사실 때문에 가능했다. 독일이 위기로 점점 깊이 빠져들수록 괴벨스는 자신의 믿음이 지닌 비합리주의로 도피해 들어갔고, 히틀러를 점점 더 과도하게 찬양했다. 그러한 비합리주의가 공격적으로 실현된 것이 바로 '총력전'이었다. 히틀러를 신봉하는 '민족공동체'의 극단적 전쟁이었던 총력전은 절망적 상황에서도 승리를 끌어낼 수 있다는 소망에서 비롯되었다. 더 나은 미래를 만들겠다는 그의 증오에 가득찬 신념이 1923년에 이미 현실을 변화시킨 것처럼 보였듯이, 지금도 현실을 바꿀 수 있다는 것이었다.

그러나 새로운 차원의 테러들과 수백만 명의 학살도 그저 종말을 늦출 수 있을 뿐이었다. 괴벨스는 자신의 믿음을 계속 유지하고 거침없이 다가오는 사태 앞에 용기를 잃지 않으려고, 이미 체념한 히틀러에게 파멸의 최후 순간까지 그의 위대함과 사명을 상기시키며 최면을 걸었다. 나우만이 벙커에서 도망쳐 나오면서 잃어버렸다고 주장하는 괴벨스의 마지막 메모들에서 그는 그 어느 때보다도 강력하게 자기 기만에 빠졌던 것으로 보인다.

자신이 책임을 맡고 있는 '탈유대화'의 선구자였으며 히틀러에게 끊임없이 유대인의 절멸을 요구했던 그는 마지막으로 세계적인 적에 맞서는 전 세계적 투쟁이라는 상투어로 빠져들었다. 그는 마지막까지 '총통 각하'를 후대의 모범으로 미화하여 무의미한 사태에 하나의 의미를 부여하려 했고, 1926년의 음울한 예언을 충족시킬 힘을 길어 올리고자 했다. 당시 그는 "각하를 둘러싼 폭도들이 침을 질질 흘리며 으르렁거리고 '저자를 십자가에 못 박아라!'라고 소리 지를 때 …… '호산나'를 외치고 부르며 죽음 앞에서도 절망하지 않는" "강인한 성격의 참모부", "강철 같은 인물들"에 속하기를 원한다고 '총통 각하'에게 공개적으로 맹세했다.70)

그렇지만 괴벨스가 오후 4시 일기를 끝맺은 다음 벙커에서 일어난 일은 그가 언젠가 맹세했던 그러한 위대함과는 거리가 먼 것이었다. 그것은 차라리 그의 증오에 가득찬 광신주의가 보여준 마지막 도착 증세였다. 마지막 작전회의가 끝난 후 자녀들을 베를린 바깥으로 피신시키라는 악스만의 제안에 따라 마그다에게 갔을 때 괴벨스는 다시 한 번 한순간 주저했던 것으로 보인다. 그러나 그 못지않게 광신적이었던 마그다는 괴벨스가 모든 여성들과 아이들을 피신시키라고 이야기했던 4월 26일에 그랬던 것처럼, 이번에도 철저하게 강경한 입장을 보였다.71) 자신의 아이들을 살해하는 일을 실천에 옮긴 것도 바로 그녀였다. 그녀는 이미 여러 차례 친위대 의사인 루트비히 슈툼페거(Ludwig Stumpfegger, 1910~1945)와 마찬가지로 친위대 의사이자 총리청 친위대 의무행정부의 수석 의사 보좌관인 헬무트 구스타프 쿤츠(Helmut Gustav Kunz)와 함께 어떻게 아이들을 신속하고 고통 없이 죽일 수 있는지 상의했던 것이다.

5월 1일 오후, 마그다는 쿤츠에게 벙커에 들러 달라고 요청했다.72) 그녀는 친위대 의사에게 이미 결정이 내려졌으며, 그가 아이들의 '안락사'를 위해 그녀를 도와주는 데 괴벨스가 감사하고 있다고 전했다. 저녁 8시 40분경 쿤츠는 아이들에게 모르핀을 주사했다.73) 그는 이층 침대 세

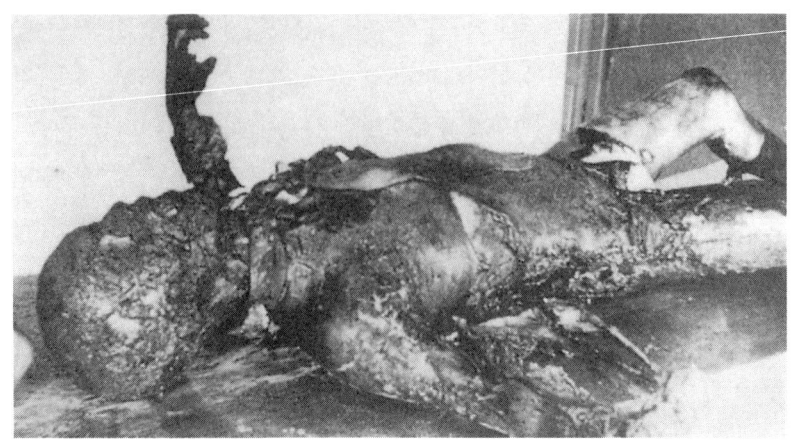

1945년 5월 2일 오후 소련 병사들이 발견한 제국총리 괴벨스의 주검. 그와 아내의 시신은 미처 다 타지 못한 채 숯이 된 상태로 발견되었다.

개가 놓인 그 방을 떠나 마그다 괴벨스와 함께 아이들이 잠들 때까지 밖에서 기다렸다. 그 후 그녀는 독극물을 달라고 요청했다. 쿤츠가 이를 거부하자 마그다는 슈툼페거를 불러오라고 그를 보냈다. 쿤츠와 슈툼페거가 아이들 침실 앞으로 돌아왔을 때 마그다는 이미 침실에 있었고, 슈툼페거가 곧바로 그리로 들어갔다. 4~5분 후 슈툼페거는 마그다 부인과 함께 아이들 방에서 밖으로 나왔다. 모렐 교수가 준 청산가리 앰플을 헬가, 힐데, 헬무트, 홀데, 헤다, 하이데에게 마그다가 직접 입 안에 밀어 넣은 것이 거의 확실해 보인다.[74]

죽음의 공포에 사로잡힌 채 줄담배를 피우고 있던 괴벨스의 얼굴에는 붉은 반점들이 번져 있었다. 그는 여전히 기적을 기대하면서 계속해서 전투 상황을 묻고 있었다. 소련 군이 언제라도 벙커로 들어올 수 있는 상황이 되어 시간이 급박해지자 괴벨스는 부관 슈베거만으로부터 자신과 부인의 시신을 태우겠다는 약속을 받은 뒤 귄셰, 몬케, 링게, 켐프카, 보어만, 나우만 등과 작별을 고했다. 그는 자제력을 잃지 않으려고 노력하는 모습이 역력했고, 이를 온갖 격정적인 상투어로 증명해야 한다고 믿었다. 괴벨스는 히틀러의 비행편대 수석 조종사 한스 바우어(Hans Bauer, 1897~1993)가 그 자리를 떠날 때 "우리가 살고 싸우는 법만을 알았던 것이 아니라 죽는 법도 알았다고 되니츠에게 전해주시오."라고 말했다고 한다.[75]

괴벨스의 죽음을 둘러싼 최후의 상세한 내용은 아직도 어둠에 싸여 있다.[76] 분명한 사실은 요제프 괴벨스와 마그다 괴벨스는 마그다가 아이들을 죽였던 것과 동일한, 모렐 교수의 그 청산가리 캡슐로 자살했다는 사실이다.[77] 그러나 괴벨스가 그외에도 머리에 총을 발사했는지는 밝혀지지 않고 있다.[78] 또한 그들이 벙커 안에서 죽었는지 아니면 소련 군이 그 시신을 발견한 바깥의 비상구 앞에서 죽었는지도 밝혀지지 않고 있다. 괴벨스와 그의 아내가 1945년 5월 1일 밤 10시 직후 계단을 올라가고[79] 그 뒤에 휘발유 두 통을 든 슈베거만과 운전기사 라흐가 뒤따랐으며, 거기에서 괴벨스 부부가 최후를 맞이했다는 설이 가장 유력하다.[80]

| 에필로그 |

1945년 5월 2일 오후 5시경 총리청 정원에 있는 총통 벙커 비상구로부터 불과 몇 미터 떨어지지 않은 곳에서 클리멘코(Ivan Klimenko) 중령과 비스트로프(Bystrow) 소령, 샤신(Chasin) 소령이 총리청의 요리사 랑게와 정원사 슈나이더가 보고 있는 가운데 요제프 괴벨스와 마그다 괴벨스의 반쯤 불탄 시신을 발견했다. "키 작은 남자의 시체, 오른쪽 발은 반쯤 구부러진 자세로(만곡족) 반쯤 타 들어간 금속 의족 안에 들어 있었다. 그 위에는 불타버린 나치당 제복과 그을은 나치당 황금 당원 배지의 찌꺼기들이 놓여 있었다. 불에 탄 여성의 시체 곁에는 그을은 황금 담뱃갑이 발견되었고 시신 위에는 나치당 황금 당원 배지와 그을은 금 브로치가 놓여 있었다. 두 시신의 머리 부분에는 제1호 발터 권총 두 정이 놓여 있었다."[1]

소련 장교들은 그 시신들을 가지고 가기로 결정했다. 들것이 없었기 때문에 시신을 총리청 건물에서 떨어져 나온 문 위에 올려놓은 후, 그 문을 질질 끌고 가 트럭에 실었다. 그리고 제1벨로루시 전선군 79 저격군단의 '스메르쉬(SMERSH)' 수비대 사령부가 주둔하고 있는 플뢰첸제 교도소로 돌아갔다.[2] 형무소 바깥의 해커담 5A 건물에서 요제프 괴벨스와 마그다 괴벨스의 시신, 그리고 아이들의 시신의 신원은 그 다음날 해군 중장 포스, 랑게, 슈나이더에 의해 확인되었다. 신원 확인 절차를 위해 시신들은 감옥 마당으로 옮겨졌고, 그곳에서 사진과 비디오로 그 시신들

을 찍었다.³⁾

 5월 4일에 괴벨스 가족의 주검들은 이미 베를린 북부의 부흐에 들어와 있던 소련 군 제496 외과 야전병원으로 옮겨졌고, 그곳에서 한스 프리체가 주검들을 보았다. 선전장관의 시신은 아직까지도 붉은색과 노란색의 문 위에 놓여 있었고, 여섯 아이들의 시신은 어느 작은 건물의 지하실에 "물이 차 있는 선반 위에 놓여졌다."⁴⁾ 5월 7일 아이들의 시신을 부검했고, 5월 9일 소련 군의관들이 괴벨스 시신을 부검했다. 보고서 내용은 다음과 같다. "짧은 종아리와 관절 부분에서 안쪽으로 구부러진 발로 인하여 오른쪽 다리는 가늘어지고 짧아졌다. 이것이 오른발의 의족과 자세 교정용 오른쪽 신발이 필요했음을 설명해준다. 머리의 특이점은 측면이 평평하고 이마는 움푹 들어갔으며 뾰족한 턱, 작은 돌기가 있는 적당히 큰 코, 위쪽 앞니들이 아래쪽 앞니를 덮듯이 튀어나온 것이다." 사인은 다음과 같이 적혀 있다. "일부가 불에 탄 시신들에서는 심각한 치명상이나 질병의 가시적 흔적은 확인되지 않았다. 부검할 때 쓴 아몬드 냄새가 났다. 입에서는 앰플 조각들이 발견되었다. 내부 장기와 혈액의 화학검시를 통해 청산가리 투여가 입증되었다. 그러므로 그 남자의 사인은 청산가리 투여로 인한 독극물 중독으로 결론을 내릴 수 있다."⁵⁾

 여러 차례 신원이 확인되었지만, 소련 군은 시신들을 이미 5월 4일 프리체와 함께 시신을 검사했던 베를린 의대 외과교수 베르너 하제에게 5월 12일 한 번 더 보였다.⁶⁾ 괴벨스의 경호장교 빌헬름 에콜트(Wilhelm Eckold)는 성령강림절에 베를린 동부 프리드리히스하겐 근교의 한 숲에서 나무 관에 들어 있는 시신들을 확인했다.⁷⁾ 그 주검들에 대해서는 그 후에도 여러 차례 매장과 발굴이 거듭되었다. 그리고 1970년 초 '총통각하'의 시신과 함께 마침내 화장되어 막데부르크 근처의 작은 강 엘레에 뿌려졌다.

| 주석 |

머리말

1) Heiber, Helmut : *Joseph Goebbels*, Berlin 1962 (이하 : Heiber, *Goebbels*) ; 이 책의 부록 중 연대별로 정리된 괴벨스 전기들을 참조할 것.
2) Goebbels, Joseph : *Tagebücher 1945. Die letzten Auszeichnungen*. Mit einer Einführung von Rolf Hochhuth, Stuttgart o.J. (이하 : Tgb 1945)
3) Fest, Joachim C. : *Das Gesicht des Dritten Reiches. Profile einer totalitären Herrschaft*, München 1963, pp. 119 이하
4) Stephan, Werner : *Joseph Goebbels, Dämon einer Diktatur*, Stuttgart 1949 (이하 : Stephan, *Goebbels*)
5) Reimann, Viktor : *Dr. Joseph Goebbels*, Wien/München/Zürich 1971
6) Fraenkel, Heinrich/Manvell Roger : *Goebbels. Eine Biographie*, Köln/Berlin 1960 (이하 : Fraenkel, *Goebbels*)
7) *Die Tagebücher von Joseph Goebbels. Sämtliche Fragmente*, hrsg. v. Elke Fröhlich im Auftrag des Instituts für Zeitgeschichte und in Verbindung mit dem Bundesarchiv, Teil I, Aufzeichnungen 1924~1941, München/New York 1987 (Bd.1 : *Erinnerungsblätter* von 1897-Oktober 1923 ; Tagebuch vom 27.6.1924-31.12.1930 ; Bd.2 : 1.1.1931-31.12.1936 Bd.3 : 1.1.1937-31.12.1939 ; Bd.4 : 1.1.1940-8.7.1941), (이하 : Tgb IfZ) ; ferner : *Das Tagebuch von Joseph Goebbels* 1925/26, mit weiteren Dokumenten hrsg. v. Helmut Heiber, Stuttgart 1960 (sog. Elberfelder Tagebuch) ; *Goebbels Tagebücher aus den Jahren 1942-43*. Mit anderen Dokumenten hrsg. v. Louis P. Lochner, Zürich 1948 (이하 : Lochner, *Goebbels-Tgb*) ; Tgb 1945, 또한 Bundesarchiv Koblenz (NL 118)의 미공개 부분들. 일기들의 자료 가치 문제에 있어 뮌헨본 편집자는 제1권 서문에서 "일기들이 우쭐한 자기 묘사와 자기 암시적 거짓말들을 포함하고 있음에도 불구하고, 최근까지 진지하게 양심적으로 받아들여지는 연대적 보고의 기초적 내용들을 유지하고 있다."라고 썼는데, 이 견해에 동의한다. 자기 도취와 거짓말은 계속 반복되는 심리적 기본 틀에 따라 행해지기 때문에, 일기 중 이러한 부분을 확인하는 일은 어렵지 않다. 나아가 일기 내용과 관련되는 다른 자료들을 참조한다면 더욱 도움이 된다.
8) Mitteilung von Frau Brachmann-Teubner an den Autor vom 23.5.1990
9) Boelcke, Willi A. (Hrsg.) : *Kriegspropaganda 1939-1941. Geheime Ministerkonferenzen im Reichspropagandaministerium*, Stuttgart 1966
10) Bramsted, Ernest K. : *Goebbels und die nationalsozialistosche Propaganda 1925-1945*, Frankfurt am Main 1971
11) Balfour, Michael : *Propaganda in War. Organisations, Policies and Publics in Britain and Germany*, London 1979

1장 신은 왜 그를 경멸받고 조롱당하도록 만들었는가?

1) 출신, 유년기, 청소년기의 정보는 아래를 참조할 것 : 뮌헨글라트바흐 시 문서보관소에 보관되어 있는 출생 및 사망 장부의 사본(요제프 괴벨스 박사의 선조가 기록된 호적계 문서들과 친족 연대표) ; 2차 세계대전 후 작성된 설문조사 문서를 포함하는 K. Frank-Korf-Papers, Hoover Institution, Stanford Kalifornien ; 그리고 무엇보다도 Tgb IfZ, hier : Vorspann zu Bd. 1, 27.6.1924-31.12.1930, 'Tagebuch für Joseph Goebbels (Erinnerungsblätter) *von 1897 (Geburtsjahr) bis Oktober 1923 (geschrieben Juli 1924)*, hier : '*Von 1897 bis zu meinem ersten Semester 1917 in Bonn*, pp.1-5, (이하 : Tgb IfZ, *Erinnerungsblätter*) ; 그의 심리 상태에 대해서는 1919년 3인칭으로 쓴 자전적 글 *Michael Voormanns Jugendjahre*, Teil I, BA Koblenz, NL 118/126, 이하 : Goebbels, Michael(1919)가 인상적인 정보를

제공한다. ; 그는 비망록에서 다음과 같이 쓰고 있다. : "나는 심장의 피로 내 자신의 역사를 쓴다. '미하엘 포어만'. 우리 고통을 모두 털어놓는다. 아무런 장식도 없이, 내가 그것을 보는 그대로."(Tgb IFZ, Erinnerungsblätter, p.14) ; 또한 : Fraenkel : Goebbels, pp.21 이하 ; Heiber : Goebbels, pp.7 이하
2) 괴벨스(Goebbels 또는 Gobbels)라는 성은 때로는 프랑스에 속하기도 했던 라인 강 서쪽의 쾰른-아헨-뮌헨글라트바흐 지역에서는 드물지 않았다. Heiber, Goebbels, p.8를 참조할 것.
3) Ausweis Nr.419 für den Verkehr in und mit dem besetzen Gebiet, ausgestellt auf den Namen Fritz Goebbels am 2.6.1927, Genoud, Lausanne 소장
4) Tgb IfZ, Bd.1, 11.12.1929, p.467
5) Ausweis Nr.419 für den Verkehr in und mit dem besetzen Gebiet, ausgestellt auf den Namen Fritz Goebbels am 2.6.1927, Genoud, Lausanne 소장
6) Erckens, Günter : Juden in Mönchengladbach. Jüdisches Leben in den früheren Gemeinden M.Gladbach, Rheydt, Odenkirchen, Giesenkirchen-Schelsen, Rheindalen, Wickrath und Wanlo. Beiträge zur Geschichte der Stadt Mönchengladbach 25, Bd.2, Mönchengladbach 1989, p.187, Anm. : 1(이하 : Erckens, Juden)
7) Tgb IfZ, Bd.1, 8.12.1929, p.466 und 11.12.1929, p.467
8) Goebbels, Michael(1919)
9) Tgb IfZ, Bd.1, 8.12.1929, p.466
10) Goebbels, Michael(1919)
11) Tgb IfZ, Bd.3, 5.7.195, p.490
12) Kontoauszüge von Fritz Göbbels der Jahre 1900-1920, Genoud, Lausanne 소장
13) Tgb IfZ, Erinnerungsblätter, p.2
14) 요제프 괴벨스가 그러한 고통에 관해 많은 언급을 하지는 않았지만, 뼈의 질병 때문에 신경성 만곡족병을 앓았다고 썼다. 1945년 5월 9일 소련측 검시 보고서의 다음과 같은 내용도 이를 보여주고 있다. "오른발은 불 속에서 타버리지 않았다. 그 발은 발바닥까지 함께 안쪽으로 구부러져 있어서 종아리 뼈와 거의 직각을 이루고 있다. 발의 관절 부분은 심한 기형이고, 다리는 짧고 두꺼웠다. 왼발의 길이는 21.5센티미터, 오른발은 이에 비해 최대 길이가 18센티미터였다. 시신과 함께 발견된 정형기구는 오른발의 기형 형태에 완벽하게 맞아 떨어졌다." Besymenski, Lew : Der Tod des Adolf Hitler. Der sowjetische Beitrag über das Ende des Dritten Reiches und seines Diktators, 2.Aufl., Munchen/Berlin. 1982, pp.333 이하 (이하 : Besymenski, Hitler)
15) Tgb IfZ, Erinnerungsblätter, p.2
16) 괴벨스(Michael, 1919)와는 달리, 그 누이 마리아 키미히는 2차 세계대전 후, 오빠가 7세 때 발과 다리 수술을 받았다고 밝힌 바 있다. Maria Kimmich zu Richard McMasters Hunt im Dezember 1959, in : ders. : Joseph Goebbels : A Study of the Formation of his National-Socialist Consciousness 1897-1916, Phil. Diss., Harvard University, Cambridge, Massachusetts 1960, p.62, Anm. 46
17) Mitteilung Frau Hompesch am 19.10.1987. WDR 방송이 1987년 그녀와 가졌던 1시간 가량의 대화를 담은 카세트 테이프가 Stadtarchiv Mönchengladbach에 보관되어 있다.
18) 같은 출처
19) 어린 요제프 괴벨스의 심리적 고통에서 특징적인 점은 그의 "환상 속에서" 집안 어른들 중 할아버지를 언제나 가장 좋아했다는 것이다. 그러나 그는 할아버지를 어머니의 이야기를 통해서만 알고 있었다. 할아버지는 "키가 크고 몸집이 크며 근육질"이었다. 즉 괴벨스 자신과 정반대의 신체를 가졌던 것이다. (Tgb IfZ, Bd.1, Erinnerungsblätter, p.1)
20) Goebbels, Michael(1919)
21) Tgb IfZ, Bd.1, Erinnerungsblätter, p.2
22) 같은 출처, p.3
23) Fraenkel, Goebbels, p.24
24) Goebbels, Michael(1919)
25) Oven, Wilfred von : Finale Furioso. Mit Goebbels bis zum Ende, Tübingen 1974, p.281(이하 : Oven,

Finale)
26) Bestand Genoud, Lausanne 소장
27) Oven, *Finale*, p.281
28) 시간적 배열을 위해서는 손으로 써서 박사 논문에 첨부한, 1921년의 요제프 괴벨스의 약력을 참조할 것. Genoud, Lausanne 소장.
29) Goebbels, *Michael*(1919)
30) 같은 출처
31) Zehn Zeugnisse des Joseph Goebbels der Jahre 1912-1916는 BA Koblenz, NL118/113에 소장되어 있다.
32) Oven, *Finale*, p.283
33) Goebbels, *Michael*(1919) : "······ 그리고 미하엘은 그의 본색과 완전히 다르게 되었다."
34) Goebbels, Joseph : *Aus meinem Tagebuch*, Juni 1923, BA Koblenz, NL118/126
35) Goebbels, *Michael*(1919)
36) *Andenken an die erste hl. Kommunion der Schuler der höheren Lehranstalten* : ··· Rheydt, den 3. April 1910, Oberlehrer Mollen, Religionslehrer, Stadtarchiv Monchengladbach, 14/2112
37) Goebbels, Joseph : *Gehardi Bartels Manibus!*, Beitrag zu der Gedachtnisschrift fur den Oberlehrer Dr. Gehard Bartels, Rheydt, pp.25 이하,(hier : p.26), 6.12.1919, BA Koblenz, NL118/120
38) Willy Zilles an Joseph Goebbels vom 4./5.1.1915, Genoud, Lausanne 소장
39) Goebbels, *Michael*(1919)
40) Goebbels, Joseph : *Der tote Freund*, April 1912, Genoud, Lausanne 소장 Im den Erinnerungsblättern datiert Goebbels sein erstes Gedicht auf das Jahr 1909(Tgb IfZ, Bd.1, *Erinnerungsblätter*, p.3)
41) Goebbels, Joseph : *Der Lenz*, 1914, Genoud, Lausanne 소장
42) Goebbels, *Michael*(1919)
43) 같은 출처
44) Tgb IfZ, *Erinnerungsblätter*, p.3
45) Goebbels, Michael(1919)
46) 같은 출처
47) 같은 출처 다음과 비교할 것 : Tgb IfZ, *Erinnerungsblätter*, p.5
48) Hitler, Adolf, Mein Kampf, Munchen 1939, p.162(이하 : Hitler, Mein Kampf)
49) Goebbels, Joseph : *Wie kann auch der Nichtkämpfer in diesen Tagen dem Vaterland dienen?* (Klassenaugsatz vom 27.11.1914), BA Koblenz, NL 118/117
50) *Zeugnis über die wissenschaftliche Befähigung für den einjährig-freiwilligen Dienst*, 3.4.1914, BA Koblenz, NL 118/113
51) Goebbels, Joseph : *Wie kann auch der Nichtkämpfer in diesen Tagen dem Vaterland dienen?* (Klassenaugsatz vom 27.11.1914), BA Koblenz, NL 118/117
52) Goebbels, Joseph : Aus halbvergessenen Papieren. Dem Andenken Ernst Heynens gewidmet, 22.2.1924, BA Koblenz, NL 118/113
53) Hubert Offergeld an Joseph Goebbels am 16.11.1914, Genoud, Lausanne 소장
54) Willy Zilles an Joseph Goebbels am 4./5.1.1915, Genoud, Lausanne 소장
55) Joseph Goebbels an Willy Zilles am 26.7.1915, Stadtarchiv Mönchengladbach. 괴벨스는 에른스트 하이넨(Ernst Heynen)에게 보내는 편지에서도 같은 내용을 썼는데, 이는 1916년 4월 12일 하이넨의 답장(Genoud, Lausanne 소장)에서 알 수 있다.
56) 이 두 작가에 대해 괴벨스는 좀 더 긴 글들을 썼다. Genoud, Lausanne 소장.
57) Joseph Goebbels an Willy Zilles am 26.7.1913, Stadtarchiv Monchengladbach
58) Goebbels, Joseph : Wilhelm Raabe, 7.3.1916, Genoud, Lausanne 소장

59) 같은 출처
60) Goebbels, Joseph : *Das Lied im Kriege*, (Klassenaufsatz vom 6.2.1915) ; 다음을 참조할 것 : *Wie kann auch der Nichtkampfer in diesen Tagen dem Vaterland dienen?* (Klassenaufsatz vom 27.11.1914), beide : BA Koblenz, NL 118/117
61) 이는 Brief von Hubert Hompesch an Joseph Goebbels vom 6.8.1915(Genoud, Lausanne 소장)에서 알 수 있다.
62) Willy Zilles an Joseph Goebbels am 29.7.1915 Genoud, Lausanne 소장
63) Fritz Goebbels an Joseph Goebbels am 9.11.1919, BA Koblenz, NL 118/112
64) Voss an Joseph Goebbels am 7.12.1915, Genoud, Lausanne 소장
65) Hubert Hompesch an Joseph Goebbels am 15.7.1916, Genoud, Lausanne 소장
66) Goebbels, Joseph : *In utraque fortuna utriusque memor* (Klassenaufsatz vom 30.6.1916), Genoud, Lausanne 소장
67) Hubert Hompesch an Joseph Goebbels am 15.10.1916, Genoud, Lausanne 소장
68) Lene Krage an Joseph Goebbels am 8.12.1916, BA Koblenz, NL 118/112
69) Goebbels, *Michael*(1919)
70) Lene Krage an Joseph Goebbels am 22.8.1916, BA Koblenz, NL 118/112
71) Goebbels, *Michael*(1919)
72) *Rheydter Zeitung* vom 25.4.1933
73) Goebbels, Joseph : Abiturientenrede, 21.3.1917, BA Koblenz, NL 118/126
74) Tgb IfZ, Bd.2, 25.4.1933, p.412 ; *Rheydter Zeitung* vom 25.4.1933
75) Entwurf eines Briefes von Joseph Goebbels an seinen Lehrer Voss von Ende 1915, Genoud, Lausanne 소장
76) *Rheydter Zeitung* vom 25.4.1933

2장 내 안의 혼돈

1) 요제프 괴벨스의 대학 시절은 다음을 참조할 것 : Tgb IfZ, Bd.1, *Erinnerungsblätter*, pp.5-22(여기서는 p.5)
2) Vereinsberichte des Verbandes der wissenschaftlich-katholischen Studentenvereine Unitas, Institut für Hochschulkunde, Universität Würzburg (이하 : Unitas), 57.Jg., 1916/17, p.227 : 부세 제 뮐렌도 본 대학에서 공부했고 그곳의 우니타스 회원이었다. 이는 Gesamtverzeichnis des Verbandes der wissenschaftlichen-katholischen Studentenvereine Unitas an den Hochschulen Aachen, Berlin, Bonn, Freiburg im Breisgau, 1914에서 보여진다.
3) Goebbels, Joseph : *Bin ein fahrender Schüler, ein wüster Gesell...*, Novelle aus dem Studentenleben, Sommer 1917, BA Koblenz, NL 118/117
4) Goebbels, Joseph : *Wilhelm Raabe*, ohne Datum, Genoud, Lausanne 소장. 이는 1916년 3월 7일 그 시인에 대해 쓴 자신의 글을 수정한 것으로 보인다. ; Tgb IfZ, Bd., *Erinnerungsblätter*, p.5 : *Unitas*, 57.Jg., 1916/17, p.279 ; 다음을 참조할 것 : Schrader, Hans-Jürgen : *Joseph Goebbels als Raabe-Redner*, in : Jahrbuch der Raabe-Gesellschaft(1974), pp.112 이하
5) Klassen, Franz Josef : *Treue um Treue*. Sigfridia sei's Panier. Geschichte der Katholischen Deutschen Burschenschaft Sigfrida zu Bonn im Ring Katholischer Deutscher Burschenschaften 1910-1980, Bonn 1980, p.19, Anm.1
6) Fraenkel, *Goebbels*, p.34
7) *Unitas*, 57. Jg. 1916/17, p.279 ; Joseph Goebbels an einen unbekannten Professor am 14.9.1917, abgedruckt in : Fraenkel, *Goebbels*, p.32
8) Goebbels, Joseph : *Die die Sonne lieben*, Sommer 1917, BA Koblenz, NL118/117
9) Goebbels, Joseph : *Bin ein fahrender Schüler, ein wüster Gesell...*, Novelle aus dem Studentenleben,

Sommer 1917, BA Koblenz, NL118/117
10) Tgb IfZ, Bd.1, *Erinnerungsblätter*, p.5
11) Joseph Goebbels an den Diözesanausschuß des Albertus-Magnus-Vereins am 5. und 15.9.1917, BA Koblenz, NL118/117
12) Anmerkung Kaplan Mollens auf einem Brief Joseph Goebbels' an den Diözesanausschuß des Albertus-Magnus-Vereins am 18.9.1917, abgedruckt in : Fraenkel, *Goebbels*, p.32 이하
13) BA Koblenz, NL118/113 문서들을 참조할 것.
14) *Unitas*, 58 Jg., 1917/18, p.68, p.119 이하
15) Hasenberg, Peter Joseph : *125 Jahre Unitas-Verband. Beitrage zur Geschichte des Verbandes der wissenschaftlichen, katholischen Studentenvereine Unitas*(UV), Köln 1981, p.91
16) Mutter von Agnes Kölsch am Joseph Goebbels am 16.11.1917, BA Koblenz, NL118/111
17) 요제프 괴벨스와 퀼슈 가족 간의 광범위한 서신들을 참조할 것, Bundesarchiv, NL118/111 소장
18) *Unitas*, 58 Jg., 1917/18, p.153
19) Tgb IfZ, Bd.1 *Erinnerungsblätter*, p.6
20) *Unitas*, 58 Jg., 1917/18, p.182 und p.215
21) Goebbels, Joseph : *Michael Voormann, Ein Menschenschicksal in Tagebuchblättern*, handschriftliches Manuskript, 1923, Genoud, Lausanne 소장. 프라이부르크 대학의 1918년 여름학기 중 이제 막 시작되던 안카 슈탈헤름과의 사랑에 대해 괴벨스는 *Michael*(1919), Teil III, fertiggestellt im September 1919, BA Koblenz, NL118/115에서 상세히 묘사했다. BA Koblenz, NL118/109 이하가 소장한 다수의 편지들도 참조할 것.
22) Tgb IfZ, Bd.1, *Erinnerungsblätter*, p.8
23) Agnes Kölsch an Joseph Goebbels am 15.8.1918, BA Koblenz, NL 118/112
24) Joseph Goebbels an Anka Stalherm am 31.7.1918, BA Koblenz, NL118/109 ; Tgb IfZ, Bd.1, *Erinnerungsblätter*, p.8
25) Oven, Finale, p.287
26) Goebbels, Joseph : *Judas Iscariot. Einer biblischen Tragödie in fünf Akten*, Juli/August 1918, BA Koblenz, NL118/127 ; 요제프 괴벨스와 안카 슈탈헤름이 주고받은 이 당시 서신도 참조할 것(BA Koblenz, NL118/109, NL118/127)
27) Joseph Goebbels an Anka Stalherm am 21.8.1918, BA Koblenz, NL118/127
28) Goebbels, Joseph : *Judas Iscariot. Eine biblische Tragödie in fünf Akten*, Juli/August 1918, p.55, BA Koblenz, NL 118/127
29) 같은 출처, p.99
30) 1918년 가을 요제프 괴벨스는 하우인 테오 가이트만에게《차라투스트라는 이렇게 말했다》를 한 권 선물했다. 이에 대해서는 1918년 10월 편지를 참조할 것. BA Koblenz, NL118/112
31) Joseph Goebbels an Anka Stalherm am 26.8.1918, BA Koblenz, NL118/109
32) Joseph Goebbels an Anka Stalherm am 30.8.1918, BA Koblenz, NL118/109
33) Joseph Goebbels an Anka Stalherm am 11.8.1918, BA Koblenz, NL118/127
34) Tgb IfZ, Bd.1, *Erinnerungsblätter*, p.10
35) Joseph Goebbels an Fritz Prang am 13.11.1918, abgedruckt in : Fraenkel, Goebbels, p.38
36) Joseph Goebbels an Fritz Prang am 13.11.1918, abgedruckt in : Fraenkel, Goebbels, p.38
37) Julius-Maximilians-Universität Würzburg. *Kollegienbuch des Studierenden der Germanistik, Herrn Joseph Goebbels aus Rheydt*, BA Koblenz, NL118/113
38) Joseph Goebbels an Anka Stalherm am 29.1.1919, BA Koblenz, NL118/109
39) Fritz Prang an Joseph Goebbels im November 1918, BA Koblenz, NL118/113
40) Fritz Goebbels an Joseph Goebbels am 3.10.1918, BA Koblenz, NL118/113
41) Fritz Goebbels an Joseph Goebbels am 14.11.1918, BA Koblenz, NL118/113
42) Fritz Goebbels an Joseph Goebbels am 21.12.1918, BA Koblenz, NL118/112

43) Fritz Goebbels an Joseph Goebbels am 3.1.1919 und 31.12.1918, BA Koblenz, NL118/113
44) Joseph Goebbels an Anka Stalherm am 25.1.1919, BA Koblenz, NL118/109
45) Joseph Goebbels an Anka Stalherm am 26.1.1919, BA Koblenz, NL118/109
46) Joseph Goebbels an Anka Stalherm am 30.1.1919, BA Koblenz, NL118/109
47) Tgb IfZ, Bd.1, *Erinnerungsblätter*, p.10
48) Joseph Goebbels an Anka Stalherm am 26. und 27.1.1919, BA Koblenz, NL118/109
49) Joseph Goebbels an Anka Stalherm am 29.1.1919, BA Koblenz, NL118/109
50) Tgb IfZ, Bd.1, *Erinnerungsblätter*, p.15
51) Joseph Goebbels an Anka Stalherm am 27.1.1919, BA Koblenz, NL118/109
52) Joseph Goebbels an Anka Stalherm am 16.2.1919, BA Koblenz, NL118/126
53) Joseph Goebbels an Anka Stalherm am 20.2.1919, BA Koblenz, NL118/126
54) Joseph Goebbels an Anka Stalherm am 26.2.1919, BA Koblenz, NL118/126
55) Joseph Goebbels an Anka Stalherm am 24.2.1919, BA Koblenz, NL118/109
56) Goebbels, Joseph : *Heinrich Kämpfer, Ein Drama in drei Aufzügen*, BA Koblenz, NL118/114. 처음에는 〈조용한 영웅들〉이라는 제목을 가졌던 이 작품은 1919년 2월 12일 완성되었다. 이에 대해서는 요제프 괴벨스와 안카 슈탈헤름 간의 서신을 참조할 것. BA Koblenz, NL118/109
57) Goebbels, Joseph : *Heinrich Kämpfer, Ein Drama in drei Aufzügen*, p.39, BA Koblenz, NL118/114
58) 같은 출처, p.56
59) Dostojewskij, Fjodor, M. : *Schuld und Sühne*, München 1987
60) *Michael*(1919), Teil III (BA Koblenz, NL118/114f.)에서 괴벨스는 다음과 같이 썼다. "현재 기독교는 그리스도가 새로이 가져온 것을 거의 가지고 있지 않다. 그들은 인간의 껍질을 벗기고 피를 빨아먹고 있다."
61) *Unitas*, 59.Jg., 1918/19, "WS1918/19 겨울학기, 괴벨스 씨 탈퇴"
62) 그는 그녀에게 〈은둔자의 성탄 종소리〉라는 자신의 "크리스마스 메모"를 선사했다. BA Koblenz, NL118/126
63) Tgb IfZ, Bd.1, *Erinnerungsblätter*, p.13
64) Joseph Goebbels an Anka Stalherm am 16.3.1919, BA Koblenz, NL118/109
65) Olgi Esenwein an Joseph Goebbels am 21.2.1924 (혹은 21.6.1924), BA Koblenz, NL118/112
66) Tgb IfZ, Bd.1, *Erinnerungsblätter*, p.13
67) Dostjewskij, Fjodor, M. : *Die Damonen*, übertragen von E.K.Rahsin, München 1956 p.343 이하 ; 다음을 참조할 것 : Bärsch, Claus-Ekkehard : *Erlösung und Vernichtung. Dr. phil. Joseph Goebbels. Zur Psyche und Ideologie eines jungen Nationalsozialisten*, München 1987 (이하 : Bärsch, Erlösung)
68) Genoud, Lausanne에는 수많은 시들, 그중에서도 그가 안카 슈탈헤름에게 "증여"했던 일련의 시들이 있다.
69) Verlag-Vertrag zwischen Joseph Goebbels cand. phil. und dem Xenien-Verlag Leipzig, 18.6.1919, BA Koblenz, NL118/113
70) Joseph Goebbels an Anka Stalherm am 20.8.1919, BA Koblenz, NL118/109
71) Tgb IfZ, Bd.1, *Erinnerungsblätter*, p.13
72) Goebbels, *Michael*(1919), Teil I (BA Koblenz, NL118/126) 또한 Teil III (BA Koblenz, NL118/115f.), 2부는 전하지 않는다.
73) Tgb IfZ, Bd.1, *Erinnerungsblätter*, p.14 ; "미하엘 포어만이 완성되었다. 네게 기쁨을 줄 것이라고 생각한다."라고 요제프 괴벨스는 안카 슈탈헤름에게 썼다. Joseph Goebbels an Anka Stalherm am 6.9.1919, BA Koblenz, NL118/109
74) Goebbels, *Michael*(1919), Teil I
75) 같은 출처, Teil III
76) 아르코팔라이는 1924년 석방되고 제3제국에서 독일 루프트한자 사장이 되었다.
77) Tgb IfZ, Bd.1, *Erinnerungsblätter*, p.17

78) Stadtrat München an Joseph Goebbels (ohne Datum, Betreff : Fremdenzuzug, Genoud, Lausanne 소장)
79) Goebbels beschreibt diesen Heiligabend 1919 in seinem Artikel *Sursum corda!* in der *Westdeutschen Landeszeitung* vom 7.3.1922
80) Joseph Goebbels an Anka Stalherm am 6.9.1919, BA Koblenz, NL118/126
81) Tgb IfZ, Bd.1, *Erinnerungsblätter*, p.16
82) Fritz Goebbels an Joseph Goebbels am 9.11.1919, BA Koblenz, NL118/112
83) Goebbels, Joseph : *Kampf der Arbeiterklasse. Fragment eines sozialistischen Dramas*, Genoud, Lausanne 소장
84) 같은 출처
85) Joseph Goebbels an Anka Stalherm am 29.1.1920, BA Koblenz, NL118/109
86) Joseph Goebbels an Anka Stalherm am 31.1.1920, BA Koblenz, NL118/109
87) Joseph Goebbels an Anka Stalherm am 6.2.1920, BA Koblenz, NL118/109
88) Joseph Goebbels an Anka Stalherm am 4.3.1920, BA Koblenz, NL118/110
89) 다음을 참조할 것 : Briefentwurf Joseph Goebbels' an Voss, Ende 1915, Genoud, Lausanne 소장
90) Joseph Goebbels an Anka Stalherm am 4.3.1920, BA Koblenz, NL118/110
91) Joseph Goebbels an Anka Stalherm am 13.3.1920, BA Koblenz, NL118/110
92) Tgb IfZ, Bd.1, *Erinnerungsblätter*, pp.17 이하
93) Goebbels, Joseph : Die Saat. Ein Geschehen in drei Akten (Marz 1920), BA Koblenz, NL118/117
94) Tgb IfZ, Bd.1, *Erinnerungsblätter*, pp.17 이하
95) Joseph Goebbels an Anka Stalherm am 14.4.1920, BA Koblenz, NL118/126
96) Joseph Goebbels an Anka Stalherm am 6.6.1920, BA Koblenz, NL118/110
97) Joseph Goebbels an Anka Stalherm am 15.5.1920, BA Koblenz, NL118/110
98) Joseph Goebbels an Anka Stalherm am 13.6.1920, 18.6.1920, 4.7.1920, BA Koblenz, NL118/110
99) Joseph Goebbels an Anka Stalherm am 15.5.1920, BA Koblenz, NL118/110
100) Joseph Goebbels an Anka Stalherm am 29.6.1920, BA Koblenz, NL118/126
101) Tgb IfZ, Bd.1, *Erinnerungsblätter*, p.19
102) Joseph Goebbels an Anka Stalherm, ohne Datum, BA Koblenz, NL118/118
103) Joseph Goebbels' Testament vom 1.10.1920. 서로 약간의 차이가 있는 두 개의 판본이 있다. BA Koblenz, NL118/113과 NL118/118
104) Joseph Goebbels an Anka Stalherm am 27.11.1920, BA Koblenz, NL118/126
105) Richard Flisges an Joseph Goebbels am 31.10.1920, BA Koblenz, NL118/126
106) Anka Stalherm an Joseph Goebbels am 24.11.1920, BA Koblenz, NL118/126
107) Joseph Goebbels an Anka Stalherm am 27.11.1920, BA Koblenz, NL118/126
108) Tgb IfZ, Bd.1, 30.5.1928, p.229
109) 같은 출처, 14.12.1928, p.303
110) 같은 출처, 16.12.1928, p.304
111) 같은 출처, 1.4.1929, p.351
112) Spengler, Oswald : *Der Untergang des Abendlandes. Umrisse einer Morphologie der Weltgeschichte*, München 1923
113) Tgb IfZ, Bd.1, *Erinnerungsblätter*, p.21
114) Fritz Goebbels an Joseph Goebbels am 5.12.1920, BA Koblenz, NL118/113
115) Tgb IfZ, Bd.1, *Erinnerungsblätter*, p.16
116) Joseph Goebbels an Anka Stalherm am 6.6.1920, BA Koblenz, NL118/110
117) Goebbels, Joseph : *Wilhelm von Schütz als Dramatiker. Ein Beitrag zur Geschichte des Dramas der*

Romantischen Schule, Phil. Diss. Heidelberg 1921 ; 다음을 참조할 것 : Neuhaus, Helmut : *Der Germanist Dr. phil. Joseph Goebbels. Bemerkungen zur Sprache des Joseph Goebbels in seiner Dissertation aus dem Jahre 1922*, in : ZfdPh93 (1974), pp.398 이하

118) 같은 출처, pp.8 이하
119) Tgb IfZ, Bd.1, *Erinnerungsblätter*, p.21
120) Mitteilung von Wilhelm Kamerbeek vom 21.10.1987
121) Doktordiplom für Joseph Goebbels, datiert auf den 21.4.1922, Universität Heidelberg, BA Koblenz, NL118/128 ; 원본은 Genoud, Lausanne 소장
122) Tgb. IfZ, Bd.1, *Erinnerungsblätter*, p.22
123) 같은 출처

3장 회의주의를 이겨내자. 나는 강하고자, 믿고자 한다.

1) Richard Flisges an Joseph Goebbels am 12.12.1921, BA Koblenz, NL118/112
2) Tgb IfZ, Bd.1, *Erinnerungsblätter*, p.23
3) Westdeutsche *Landeszeitung* vom 24.1.1992
4) Goebbels, Joseph : *Aus meinem Tagebuch*, Juni 1923, BA Koblenz, NL118/126
5) 같은 출처
6) *Westdeutsche Landeszeitung* vom 6.2.1922
7) "〈서구의 몰락〉이라는 말은 오늘날 적절한 때이건 적절하지 않은 때이건, 모든 교양인과 비교양인의 입에 오르내리고 있다. 오스발트 슈펭글러의 책은 물론이고 그의 이름도 들어보지 못한 사람들이 이러한 말을 하는 것을 나는 자주 들었다. 어떠한 책의 제목이 이 말처럼 암시적인 힘을 발휘한 예는 그리 많지 않다. 슈펭글러는 시대의 산물이다. 우리가 우리 시대를 이미 극복했다고 개인적으로 아무리 확신한다고 해도 결국 우리 모두가 이 시대에 얽매여 있는 것과 마찬가지이다. 나는 슈펭글러의 책을 매우 좋아하고, 수많은 귀중한 시간들을 이 책을 읽으며 보냈다. 그럼에도 불구하고 이 책은 독일 정신에 유용하기보다는 해가 되었다고 말할 수밖에 없다. …… 유감스럽게도 많은 사람들은 이로부터 병적인 비관주의를 길어 올렸고, 오늘날 비관주의는 그 어느 때보다도 우리 민족의 몸에 독으로 작용하고 있다. 슈펭글러의 책은 잘못된 시대에 나온 것이다.", 출처 : Goebbels, Joseph : *Vom Sinn unserer Zeit*, a.a.O.
8) *Westdeutsche Landeszeitung* vom 8.2.1922 ; 이외에도 베스트도이체 란데스차이퉁Westdeutsche Landeszeitung에는 괴벨스의 논설 *Kritik und Kunst*(Ausgabe vom 11.1.1922), *Zur Erziehung eines neuen Publikums*(Teil 1 in der Ausgabe vom 21.2.1922 ; Teil 2 in der Ausgabe vom 27.2.1922), *Sursum corda*(Ausgabe vom 7.3.1922)가 발표되었다.
9) Müller an Joseph Goebbels am 16.10.1922, BA Koblenz, NL118/113
10) Tgb IfZ, Bd.1, *Erinnerungsblätter*, p.24
11) Goebbels, Joseph : *Ausschnitte aus der deutschen Literatur der Gegenwart*, (Vortrag gehalten am 30.10.1922), Genoud, Lausanne 소장
12) Anzeige in der *Westdeutschen Landeszeitung* vom 25.10.1922
13) Else Janke an Joseph Goebbels am 6.9.1922, BA Koblenz, NL118/110
14) Fraenkel, *Goebbels*, p.68
15) Else Janke an Joseph Goebbels am 5.10.1922, BA Koblenz, NL118/110
16) Else Janke an Joseph Goebbels am 22.12.1922, BA Koblenz, NL118/110
17) Joseph Goebbels an Else Janke, Weihnachten 1922, abgedruckt in : Fraenkel, *Goebbels*, pp.66 이하
18) Maria Goebbels an Joseph Goebbels am 16.2.1923, BA Koblenz, NL118/113 : "함께 보내는 소포에는 빵, 흰 빵, 설탕, 소시지, 버터 ……. 수건 세 장, 양말 한 켤레, 셔츠칼라 세 장이 들어 있다."
19) Else Janke an Joseph Goebbels am 11.2.1923, BA Koblenz, NL118/110
20) Else Janke an Joseph Goebbels am 31.1.1923, BA Koblenz, NL118/110

21) Goebbels, Joseph : *Aus meinem Tagebuch*, Juni 1923, BA Koblenz, NL118/126
22) 같은 출처
23) 같은 출처
24) Else Janke an Joseph Goebbels am 25.4.1923, BA Koblenz, NL118/110
25) Goebbels, Joseph : *Aus meinem Tagebuch*, Juni 1923, BA Koblenz, NL118/126, 이 절의 다음 두 인용도 같은 출처에서 나왔다.
26) Joseph Goebbels an Else Janke am 5.6.1923, abgedruckt in : Fraenkel, *Goebbels*, pp.68 이하
27) Tgb IfZ, Bd.1, *Erinnerungsblätter*, p.26
28) Goebbels, Joseph : *Aus meinem Tagebuch*, Juni 1923, BA Koblenz, NL118/126
29) Tgb IfZ, Bd.1, *Erinnerungsblätter*, p.27
30) 같은 출처
31) Else Janke an Joseph Goebbels am 11.2.1923, BA Koblenz, NL118/110
32) Tgb IfZ, Bd.1, *Erinnerungsblätter*, p.27
33) Goebbels, Joseph : *Michael Voormann. Ein Menschenschicksal in Tagebuchblättern*, handschriftliches Manuskript aus dem Jahre 1923, Genoud, Lausanne 소장 (이하 : Goebbels, *Michael* 1923). 이곳과 BA Koblenz(NL118/127)에는 또 하나의 타자본과 원고 복사본이 있다. ; 다음을 참조할 것 : Singer, Hans-Jürgen : *Michael oder der leere Glaube*, in : 1999. *Zeitschrift für Sozialgeschichte des 20. und 21.Jahrhunderts*, 2.Jg., Oktober 1987, Heft4, pp.68 이하 ; Hunt, McMasters Richard : *Joseph Goebbels : A Study of the Formation of his National-Socialist Consciousness* (1897-1926), Phil. Diss., Harvard University, Cambridge, Massachusetts 1960, pp.94 이하 ; Bärsch, Erlösung
34) Goebbels, *Michael*(1923), Präludium
35) 다음을 참조할 것 : Bering, Dietz : *Die Intellektuellen. Geschichte eines Schimpfwortes*, Frankfurt a.M./Berlin/Wien 1982, pp.109 이하
36) Goebbels, *Michael*(1923), Tgb 14.Juni
37) 같은 출처
38) 같은 출처, Tgb 1.Juni
39) 같은 출처, Tgb 15.November
40) 같은 출처, Tgb 15.Mai
41) Goebbels, Joseph : *Die Führerfrage*, in : Goebbels, Joseph : *Die zweite Revolution. Briefe an Zeitgenossen*, Zwickau 1926, p.6(이하 : Goebbels, *Die zweite Revolution*)
42) Goebbels, Joseph : *Schöpferische Kräfte. Richard Flisges, dem toten Freunde! Rheydter Zeitung* vom 22.12.1923, BA Koblenz, NL118/113
43) Olgi Esenwein an Joseph Goebbels am 3.1.1924, BA Koblenz, NL118/112 ; 또한 Brief Olgi Esenweins an Joseph Goebbels vom 21.4.1924, BA Koblenz, NL118/112
44) Goebbels, Joseph : *Michael. Ein deutsches Schicksal in Tagebuchblättern*, München 1929(이하 : Goebbels, *Michael* 1929)
45) 같은 출처, Tgb 15.Mai, p.108
46) 같은 출처, Tgb 17.Mai, p.109
47) 같은 출처, Tgb 9.Ausgust, p.57
48) 같은 출처, p.156 이하
49) *Die Weltbühne* vom 27.1.1931
50) Siehe oben p.131
51) Joseph Goebbels an Else Janke am 22.9.1923, BA Koblenz, NL118/110
52) Hans Goebbels an Joseph Goebbels am 18.9.1923, BA Koblenz, NL118/110
53) Fritz Goebbels an Joseph Goebbels am 23.9.1923, BA Koblenz, NL118/113
54) Fritz Goebbels an Joseph Goebbels am 27.9.1923, BA Koblenz, NL118/113
55) Tgb IfZ, Bd.1, *Erinnerungsblätter*, p.28

56) Mitteilung von Erich Willmes am 6.7.1988
57) Fraenkel, *Goebbels*, p.70
58) Bewerbungsschreiben Joseph Goebbels an den Verlag Rudolf Mosse, ohne Datum, BA Koblenz, NL118/113
59) Goebbels, Joseph : *Aus meinem Tagebuch*, Juni 1923, BA Koblenz, NL118/126
60) Tgb IfZ, Bd.1, 28.7.1924, p.51
61) 같은 출처, p.52
62) 같은 출처, p.51
63) 같은 출처, 17.7.1924, p.43
64) Goebbels, Joseph : *Aus meinem Tagebuch*, Juni 1923, BA Koblenz, NL118/126
65) Tgb IfZ, Bd.1, *Erinnerungsblätter*, p.26 : "유대인. 나는 돈 문제를 곰곰이 생각해본다."
66) Fraenkel, *Goebbels*, p.65 ; Tgb IfZ, Bd.1, *Erinnerungsblätter*, p.23
67) Joseph Goebbels an Anka Stalherm am 17.2.1919, BA Koblenz, NL118/126
68) Offener Brief des in die Vereinigten Staaten emigrierten Dr. Josef Joseph an den Reichspropagandaminister, veröffentlicht im November 1944 in der amerikanischen Presse, zitiert nach : Erckens, *Juden*, pp.189 이하
69) Tgb IfZ, Bd.1, *Erinnerungsblätter*, p.25
70) Goebbels, Joseph : *Ausschnitte aus der deutschen Literatur der Gegenwart*, (Vortrag gehalten am 30.10.1922), Genoud, Lausanne 소장
71) Von diesem Zeitpunkt an haufen sich die Eintragungen über das Judentum, Tgb IfZ, Bd.1, *Erinnerungsblätter*, pp.26 이하
72) Else Janke an Joseph Goebbels am 4.11.1923, Genoud, Lausanne 소장
73) Tgb IfZ, Bd.1, *Erinnerungsblätter*, p.27 ; Chamberlain, Houston Stewart : *Die Grundlagen des neunzehnten Jahrhunderts*, München 1899 (이하 : Chamberlain, *Grundlagen*)
74) Gobineau, Joseph Arthur de : *Die Ungleichheit der Menschenrassen*, 4.Bde., 1853-55
75) Chamberlain, *Grundlagen*, p.259
76) Tgb IfZ, Bd.1, 8.5.1926, p.178
77) In *Michael*(1929) schrieb Goebbels unter dem 15.November(p.82) : "Christus ist der erste Judengegner von Format. 'Du sollst alle Völker fressen!' Dem hat er den Krieg angesagt. Deshalb mußte das Judentum ihn beseitigen. Denn er ruttelte an den Fundamenten seiner zukünftigen Weltmacht."
78) Joseph Goebbels in der *Völkischen Freiheit* vom 15.11.1924.
79) Goebbels, Joseph : *Lenin oder Hitler? Eine Rede*, Zwickau 1926, p.21
80) Goebbels, Joseph : *Ausschnitte aus der deutschen Literatur der Gegenwart*, (Vortrag gehalten am 30.10.1922), Genoud, Lausanne 소장
81) Tgb IfZ, Bd.1, 4.7.1924, p.33
82) Goebbels, Joseph : *Lenin oder Hitler? Eine Rede*, Zwickau 1926, p.31

4장 이 남자는 누구인가? 반은 평민이고 반은 신이다!

1) Goebbels, Joseph : *Aus meinem Tagebuch*, Juni 1923, BA Koblenz, NL118/126
2) Goebbels, *Michael*(1923), Tgb 15.Mai
3) Goebbels, Joseph : *Die Führerfrage, in : Goebbels, Die zweite Revolution*, p.7
4) Tgb IfZ, Bd.1, 30.6.1924, p.30 : "Die ersten wollen den preußischen Protestantismus (...), die anderen den großdeutschen Ausgleich, -etwas wohl mit katholischem Einschlag. München und Berlin stehen im Kampf. Man kann auch sagen, Hitler und Ludendorff."
5) Klein, Ulrich : *Mekka des deutschen Sozialismus oder "Kloake der Bewegung". Der Aufstieg der NSDAP in

Wuppertal 1920-1934, in : *Über allem die Partei. Schule, Kunst, Musik in Wuppertal 1933-1945*, hrsg. von Klaus Goebbel, Oberhausen, 1987, pp.105 이하(hier : p.117) (이하 : Klein, *Mekka*)

6) *Die Stadt Rheydt und die Nationalsozialistische Deutsche Arbeiterpartei*, von Kreisamtsleiter Pg. W. von Ameln, in : Einwohnerbuch der Stadt Rheydt 1936, StA Mönchengladbach
7) Tgb IfZ, Bd.1, 30.6.1924, p.30
8) 같은 출처
9) 같은 출처, p.30 이하
10) 같은 출처, 15.8.1924,p.65
11) Zur Weimarer Tagung am 17.und 18.August siehe : Tgb IfZ, Bd.1, 19.und 20.8.1924, pp.66-73(hier : p.66)
12) *Berliner Tageblatt* vom 13.9.1930
13) Goebbels, Joseph : *Die Katastrophe des Liberalismus*, in : *Völkische Freiheit* vom 11.10.1924, StA Wuppertal
14) Tgb IfZ, Bd.1, 22.8.1924, p.75
15) *Die Stadt Rheydt und die Nationalsozialistische Deutsche Arbeiterpartei*, von Kreisamtsleiter Pg. W. von Ameln, in : Einwohnerbuch der Stadt Rheydt 193, StA Mönchengladbach
16) 같은 출처
17) Tgb IfZ, Bd.1, 22.8.1924, p.75
18) Fraenkel, *Goebbels*, pp.71 이하
19) Tgb IfZ, Bd.1, 27.91924, p.91
20) *Völkische Freiheit* vom 4.10.1924, StA Wuppertal
21) Tgb IfZ, Bd.1, 3.10.1924, p.93
22) 같은 출처, 27.9.1924, p.91
23) *Völkische Freiheit* vom 18.10.1924, StA Wuppertal
24) 같은 출처, 11.10.1924
25) 같은 출처, 1.11.1924
26) 같은 출처, 4.10.1924
27) 같은 출처, 18.10.1924
28) 같은 출처, 20.9.1924
29) 같은 출처
30) 같은 출처, 8.11.1924
31) 같은 출처, 15.11.1924
32) 같은 출처, 4.10.1924
33) 같은 출처, 20.12.1924
34) Herrmann Fobke an Dr. Adalbert Volck am 21.9.1924, abgedruckt in : Jochmann, Werner (Hrsg.) : *Nationalsozialismus und Revolution. Ursprung und Geschichte der NSDAP in Hamburg 1922-1933*, Dokumente, Frankfurt a.M.1963, Dok.46, pp. 154. (이하 : Jochmann, *Dokumente*)
35) *Völkische Freiheit* vom 10.1.1925, StA Wuppertal
36) Hitler, *Mein Kampf*, p.354
37) Heiden, Konrad : *Geschichte des Nationalsozialismus. Die Karriere einer Idee*, Berlin 1932, p.195
38) Tgb IfZ, Bd.1, 15.9.24, p.85 : "Mit Strasser spreche ich lange. Von Hitler. Und ob er frei kommt. Bange Frage."
39) Karl Kaufmann an Otto Strasser am 4.6.1927, BDC
40) Klein, *Mekka*, p.116
41) Heiber, *Goebbels*, p.46
42) Karl Kaufmann an Otto Strasser am 4.6.1927, BDC
43) 같은 출처

44) Polizeibericht ohne Datum, HStA. Dusseldorf, Polizeipräsidium Wuppertal 소장
45) Tgb IfZ, Bd.1, 8.6.1925, p.116
46) 같은 출처, 23.10.1925, p.137
47) *Völkische Freiheit* vom 15.11.1924, vom 20.12.1924 und vom 10.1.1925, StA Wuppertal
48) 같은 출처, 20.12.1924
49) *15 Entwürfe für Schriftplakate oder Flugblätter zur Ankündigung von Vorträgen der N.S.D.A.P.*, hrsg. v. der Geschäftsstelle der *Nationalsozialistischen Briefe* mit einem Vorwort von Joseph Goebbels, Elberfeld o.J.
50) Tgb IfZ, Bd.1, 26.3..1925, p.98
51) 같은 출처, 28.3.1925, p.99
52) 같은 출처, 16.4.1925, p.104
53) 같은 출처, 28.5.1925, p.115
54) 같은 출처, 22.4.1925, pp.105 이하
55) 같은 출처, 18.4.1925, p.105
56) 같은 출처, 27.5.1925, p.114
57) *Völkischer Beobachter* vom 8.7.1925
58) Karl Kaufmann은 괴벨스 전기작가 Fraenkel과 Manvell(Fraenkel, *Goebbels*, p.95)에게, 괴벨스와 히틀러가 1925년 가을 엘버펠트에서 처음 만났다고 밝혔다. 그러나 Kaufmann의 증언은 잘못된 것이다. 왜냐하면 괴벨스가 엘버펠트에서 1925년 8월 12일부터 쓰기 시작한 일기에는 1925년 11월 2일이나 6일 이전에는 이러한 만남에 대해 전혀 언급이 없기 때문이다. 1925년 11월 6일 일기에 따르면 (Tgb IfZ, Bd.1, pp.140 이하), 괴벨스는 히틀러를 브라운슈바이크에서 만났다. 일기 중 두 차례의 내용이 이 만남이 첫 번째 만남이 아니라는 점을 분명히 보여주기 때문에, 첫 번째 만남은 괴벨스 일기 중 비어 있는 부분, 즉 1925년 6월 10일부터 1925년 8월 12일 엘버펠트 일기 사이의 기간에 일어났음이 확실하다. 기타 회고록이나 다른 문헌에서도 히틀러가 1925년 여름 엘버펠트에 있었다는 내용이 없기 때문에(반면 1926년 6월 그곳의 협회 회관을 방문한 내용은 여러 곳에서 입증되고 있다.), 괴벨스와 히틀러는 1925년 7월 12일 바이마르의 관구장 회의에서 처음 만났다는 추측이 정당하다 하겠다. 더구나 1928년 7월에 끝나는 괴벨스 일기 초안에는 다음과 같은 내용이 있다. "7월 25일 바이마르의 히틀러. ······ 11월 25일 브라운슈바이크의 히틀러." Tgb IfZ, Bd.1, p.248
59) Lohse, Hinrich : *Der Fall Strasser*, ohne Datum, IfZ, ZS265
60) Tgb IfZ, Bd.1, 21.8.1925, p.121
61) 같은 출처, 12.10.1925, p.134
62) 같은 출처, 26.3.1925, p.98
63) Klein, *Mekka*, pp.119 이하
64) Rust(Hannover), Fobke (Göttingen), Schultz (Hessen-Nassau Nord) und Lohse(Schleswig-Holstein) an die Leitung der N.S.D.A.P. am 15.4.1925, BA Koblenz, Sammlung Schumacher201/I
65) Bouhr an Rust am 20.4.1925, BA Koblenz, Sammlung Schumacher202/I
66) Tgb IfZ, Bd.1, 18.5.1925, p.112
67) 같은 출처, 12.8.1925, p.118
68) 같은 출처, 4.4.1925, p.101
69) 같은 출처, 19.8.1925, p.121
70) Klein, *Mekka*, p.120
71) Strasser, Otto : *Mein Kampf. Eine politische Autobiographie mit einem Vorwort von Gerhard Zwerenz*, Frankfurt am Main 1969, p.24(이하 : Strasser, Otto : *Mein Kampf*)
72) Tgb IfZ. Bd.1, 21.8.1925, p.121
73) Anlage zum Brief Gregor Strasser an Karl Kern vom 18.6.1927 über die Berliner Parteiversammlung am 10.6.1927, BDC

74) Tgb IfZ, Bd.1, 21.8.1925, p.121
75) Fobke, Hermann : *Aus der nationalsozialistischen Bewegung. Bericht über die Gründung der Arbeitsgemeinschaft der nord- und westdeutschen Gaue der NSDAP*, 11.9.1925, abgedruckt in : Jochmann, *Dokumente*, Dok.66, pp.270 이하(hier : p.208)
76) 같은 출처, p.209
77) Tgb IfZ, Bd.1, 11.9.1925, p.127
78) 같은 출처, 28.9.1925, p.130
79) Hitler, *Mein Kampf*, p.73
80) 같은 출처, p.113
81) 같은 출처, p.145
82) *Nationalsozialistische Briefe* vom 15.10.1925 ; 다음을 참조할 것 : Schüddekopf, Otto-Ernst : *Nationalbolschewismus in Deutschland 1918-1933*, Frankfurt a.M./Berlin/Wien 1972, pp.176 이하
83) Tgb IfZ, Bd.1, *Erinnerungsblätter*, p.27
84) 같은 출처, 14.10.1925, pp.134 이하
85) 같은 출처, 6.11.1925, p.141(다음 인용들도 동일 출처)
86) 같은 출처, 23.11.1925, p.143
87) 같은 출처, p.144
88) Goebbels, Joseph : *Die Führerfrage*, in : Goebbels, *Die zweite Revolution*, p.8
89) Tgb IfZ, Bd.1, 23.11.1925, p.143
90) Goebbels, Joseph/Strasser, Gregor (Unterzeichner) : *Statuten der Arbeitsgemeinschaft der nord- und westdeutschen Gaue der NSDAP*, abgedruckt in : Jochmann, *Dokumente*, Dok.67, pp.212 이하 (hier : p.213)
91) Tgb IfZ, Bd.1, 18.12.1925, p.149
92) Goebbels, Joseph : *Das kleine ABC des Nationalsozialisten*, handschriftlicher Entwurf vom Oktober 1925, BDC ; 다음을 참조할 것 : Tgb IfZ, Bd.1, 26.10.1925, p.138
93) Tgb IfZ, Bd.1, 6.1.1926, p.153
94) Joseph Goebbels an Gregor Strasser am 11.1.1926, BA Koblenz, NS 1-341 II - 184 : "귀하의 강령 초안을 대한 여러 관구장들의 태도는 그야말로 괘씸하다고 하겠습니다."
95) Tgb IfZ, Bd.1, 18.12.1925, p.148 ; 1923년 발간된 이 정치적, 철학적 저술은 바이마르공화국 시대의 반민주주의 사상의 가장 중요한 증거이며, 1차 세계대전의 환멸의 경험들, 11월 혁명, 베르사유 조약에 대한 반응이다. 괴벨스는 1933년 "나치당의 정치사상의 역사에 있어 중요한 이 저작의 유포"를 환영했다.(Hamburger Verlagsanzeige einer Massenauflage), *Kindlers Literatur-Lexikon*, Munchen 1974, Bd.7, pp.2874 이하
96) *Nationalsozialismus und Bolschewismus*, in : *Nationalsozialistische Briefe* vom 15.10.1925
97) Tgb IfZ, Bs.1, 25.1.1926, p.157
98) 같은 출처
99) Wörtz, Ulrich : *Programmatik und Führerprinzip. Das Problem des Strasser-Kreises in der NSDAP. Eine historisch-politische Studie zum Verhältnis von sachlichem Programm und persönlicher Führung in einer totalitären Bewegung*, Phil.Diss. Erlangen 1966, p.85(이하 : Wörtz : *Programmatik*)
100) Strasser, Otto : *Mein Kampf*, p.27
101) Tgb IfZ, Bd.1, 6.2.1926, p.159
102) 같은 출처, 20.1.1926, p.156
103) Bouhler an Viereck am 9.2.1926, BA Koblenz, Sammlung Schuhmacher 204
104) Tgb IfZ, Bd.1, 11.2.1926, p.160
105) 같은 출처
106) 밤베르크 회의에 대해서는 다음 참조 : Tgb IfZ, Bd.1.12./15.2.1925, pp.161 이하
107) Otto Strasser an Joseph Goebbels am 26.1.1926, abgedruckt in : Jochmann, *Dokumente*,

Dok.72, pp.221 이하(hier : p.222)
108) *Völkischer Beobachter* vom 25.2.1926
109) Tgb IfZ, Bd.1, 15.2.1926, p.161
110) Beschwerdebrief Gottfried Feders an Hitler bzw. Heinemann(Uschla) am 2./3.5.1926, abgedruckt bei : Tyrell, Albrecht(Hrsg.) : *Führer befiehl..., Selbstzeugnisse aus der "Kampfzeit" der NSDAP. Dokumentation und Analyse*, Dusseldorf 1969, pp.125 이하(hier : p.127) (이하 : Tyrell, *Führer befiehl...*)
111) Tgb IfZ, Bd.1, 15.2.1926, p.162
112) 같은 출처
113) *Nationalsozialistische Briefe* vom 1.3.1926
114) Tgb IfZ, Bd.2, 13.3.1926, p.166
115) 같은 출처, 22.2.1926, p.163
116) Beschwerdebrief Gottfried Feders an Hitler bzw. Heinemann(Uschla) am 2./3.5.1926, abgedruckt in : Tyrell, *Führer befiehl...*, p.125
117) 같은 출처, pp.125 이하
118) Vgl. zu München : Tgb IfZ, Bd.1, 13.4.1926, pp.171 이하
119) 같은 출처, 16.4.1926, p.174
120) 같은 출처, 19.4.1926, p.175
121) Goebbels, Joseph : *Lenin oder Hitler*, Zwickau 1926, p.13
122) Goebbels, Joseph : *Der Generalstab*, in : Goebbels, Joseph : *Wege ins Dritte Reich. Briefe und Aufsätze für Zeitgenossen*, München 1927, pp.7 이하(여기서는 : pp.9 이하) (이하 : Goebbels, *Wege ins Dritte Reich*) ; 다음 참조 : Tgb IfZ, Bd.1, 3.5.1926, p.177
123) Beschwerdebrief Gottfried Feders an Hitler bzw. Heinemann(Uschla) am 2./3.5.1926, abgedruckt in : Tyrell, *Führer befiehl...*, pp.124 이하
124) 같은 출처, p.125
125) Tgb IfZ, Bd.1, 8.5.1926, p.178
126) 같은 출처, 10.5.1926, p.179
127) 같은 출처, 16.,17.,19 und 21.6.1926, pp.186 이하
128) 같은 출처, 6.7.1926, pp.190 이하
129) Goebbels, Joseph : *Die Revolution als Ding an sich*, in : *Nationalsozialistische Briefe*, 24.Brief vom 15.11.1926 ; abgedruckt in : Goebbels, *Wege ins Dritte Reich*, pp.44 이하(hier : pp.47 이하)
131) Tgb IfZ, Bd.1, 24.7.1926, pp.196
132) 같은 출처, 10.6.1926, p.185
133) Tyrell, Albrecht : *Führergedanke und Gauleiterwechsel. Die Teilung des Gaues Rheinland der NSDAP 1931*, in : VfZG, 23.Jg./1975, pp.341 이하(hier : p.352) (이하 : Tyrell, *Führergedanke*)
134) Tgb IfZ, Bd.1, 6.7.926, p.191
135) 같은 출처, 27.8.1926, p.204
136) 같은 출처, 17.9.1926, p.208
137) Kurt Daluege in der Jubiläumsausgabe des *Angriff* aus dem Jahre 1936, BA Koblenz, NS26/968 ; Tgb IfZ, Bd.1, 16.10.1926, p.212
138) Erich Schmiedicke an Joseph Goebbels am 16.10.1926, abgedruckt im Dokumentenanhang von : Heiber, Helmut (Hrsg.) : *Das Tagebuch von Joseph Goebbels 1925/1926*, Stuttgart 1960, pp.112 이하(이하 : Heiber : *Tagebuch 1925/26*)
139) Else Janke an Joseph Goebbels am 9.4.1924, Genoud, Lausanne 소장
140) Tgb IfZ, Bd.1, 17.8.1926, p.202
141) 같은 출처, 8.6.1925, p.117
142) 같은 출처, 12.10.1925, pp.133 이하

143) 같은 출처, 12.2.1925, p.161
144) 같은 출처, 12.6.1926, p.185
145) Dokumentenanhang zu Broszat, Martin : *Die Anfänge der Berliner NSDAP 1926/27*, in : VfZG, 8.Jg./1960, pp.85 이하, hier : Situations-Bericht Nr.6, November 1926, pp.103 이하(hier : p.104) (이하 : Muchow, Situations-Bericht Nr...)
146) Tgb IfZ, Bd.1, 16.6.1926, p.186
147) 같은 출처, 30.10.1926, p.214
148) 같은 출처, 18.10.1926, p.213

5장 죄악의 구렁텅이, 베를린! 나는 그 안으로 떨어져야 하는가?

1) 관구장Gauleiter과 지구장Ortsgruppenleiter이라는 명칭은 이 시점에는 아직 통상적이지 않았다. 1930년 1월에야 제국조직책 지시(9.1.1930, BA Koblenz, Sammlung Schumacher 373)에 따라, 당료들을 돌격대 지도자SA-Führer들과 구분하기 위하여 그때까지 여전히 사용되던 자부심에 가득 찬 관구 지도자Gauführer 내지는 지구 지도자Ortsgruppenführer라는 표현 대신 통일적으로 "장Leiter"으로 표현하도록 했다(Tyrell, *Führergedanke*, p.351, Anm. 40).
2) Aus der Werbebroschure der Graphischen Anstalt Otto Elsner für den Welt-Reklamekongreß 1929 in Berlin, in : *Berlin, Berlin*, Katalog zur Ausstellung zur Geschichte der Stadt, Berlin 1987, p.59
3) 다음을 참조할 것 : Erbe, Michael : *Spandau im Zeitalter der Weltkriege*, in : Ribbe, Wolfgang(Hrsg.) : *Slawenburg, Landesfestung, Industriezentrum. Untersuchungen zur Geschichte von Stadt und Bezirk Spandau*, Berlin(o. Datum), pp.268 이하(hier : Der Weg ins Unheil, pp.292 이하)
4) Muchow, Situations-Bericht Nr.5 und 6, Oktober bis November 1926, pp.101 이하
5) Muchow, Situations-Bericht Nr.5, Oktober 1926, p.103
6) Zusammenstellung der in der Funktionärssitzung vom Freitag, dem 10.Juni 1927, erhobenen Angriffe)(gegen Strasser) und deren Erwiderung, p.4, BDC
7) 광역 베를린, 브란덴부르크, 엘베하벨가우에서 이 표제로 발행되었다면, 루르 관구에서는 〈라인과 루르를 위한 민족사회주의자〉, 작센 관구에서는 〈작센을 위한 민족사회주의자〉, 슐레지엔, 동프로이센, 그렌츠마르켄에서는 〈오스트마르켄을 위한 민족사회주의자〉, 포머른, 메클렌부르크, 슐레스비히홀슈타인, 함부르크, 뤼네부르크에서는 〈북부 독일을 위한 민족사회주의자〉, 서부독일, 쿠르헤센, 발데크에서는 〈서부 독일을 위한 민족사회주의자〉, 막데부르크안할트, 북부 작센, 할레-메르제부르크에서는 〈중부독일을 위한 민족사회주의자〉라는 표제로 발행되었다.
8) Daluege in der Jubiläumsausgabe des *Angriff* vom Oktober 1936, BA Koblenz, NS26/968
9) Tgb IfZ, Bd.1, p.248 (Nachtrag) : "5.Nov. Hitler Munchen. Unterschreibt Bedingungen."
10) Zusammenstellung der in der Funktionärssitzung vom Freitag, dem 10.Juni 1927, erhobenen Angriffe(gegen Strasser) und deren Erwiderung, p.6, BDC
11) Strasser, Otto : *Mein Kampf*, p.31
12) Zusammenstellung der in der Funktioärssitzung vom Freitag, dem 10.Juni 1927, erhobenen Angriffe(gegen Strasser) und deren Erwiderung, p.6, BDC
13) Strasser, Otto : *Mein Kampf*, p.30
14) Rundschreiben No.1. der Gauleitung Berlin Brandenburg der NSDAP vom 9.11.1926, abgedruckt in : Heiber, *Tagebuch* 1925/26,pp.115 이하
15) Goebbels, *Kampf um Berlin*, p.24 ; Muchow, Situations-Bericht Nr.6, November 1926, p.104
16) Goebbels, *Kampf um Berlin*, p.26 ; Muchow, Situations-Bericht Nr.6/7/8, November/Dezember 1926, Januar 1927, p.104, 106 und 108 ; Tgb IfZ, Bd.2, 15.11.1932, p.280(Kaiserhof) 또한 같은 출처, 19.11.36, p.730
17) Tgb IfZ, Bd.1, 2.5.1925, p.109

18) Goebbels, *Kampf um Berlin*, p.27 : *Nationalsozialistische Briefe*, Nr.31 ; Muchow, Situationsbericht Nr.6, November 1926, p.104
19) Le Bon, Gustave : *Psychologie der Massen*, 1911
20) Goebbels, Joseph : *Erkenntnis und Propaganda. Rede vom 9.Januar 1928*, in : Goebbels, Joseph : *Signale der neuen Zeit*, München 1937, pp.28 이하(hier : p.40) (이하 : Goebbels, *Signale*)
21) Goebbels, *Kampf um Berlin*, p.28
22) 같은 출처, p.86
23) Rundschreiben No.1.der Gauleitung Berlin Brandenburg der NSDAP vom 9.11.1926, abgedruckt in : Heiber, *Tagebuch 1925/26*, p.116
24) *Volksblatt und Spandauer Nationale Zeitung* vom 15.11.1926
25) 같은 출처
26) Goebbels, Joseph : *Erkenntnis und Propaganda, Rede vom 9.Januar 1928*, in : Goebbels, *Signale*, pp.44 이하
27) Goebbels, *Kampf um Berlin*, p.23
28) *Havelzeitung/Spandauer Nationale Zeitung* vom 9.12.und 14.12.1926
29) Vgl.dazu : Oertel, Thomas : *Horst Wessel. Untersuchung einer Legende*, Köln/Wien 1988(이하 : Oertel, *Wessel*)
30) Wesel, Horst : *Politik*, Aufzeichnungen aus dem Jahre 1929, Jagiellonen-Bibliothek Krakau, Ms.Germ.Oct.761
31) 같은 출처
32) 같은 출처
33) Muchow, Situationsbericht Nr.8, Januar 1927, pp.107 이하(hier : p.108)
34) Goebbels, *Kampf um Berlin*, pp.24 이하
35) 같은 출처, p.52
36) Muchow, Situationsbericht Nr.7, Dezember 1926, pp.105 이하(hier : p.106)
37) Engelbrechten, Julek Karl von : *Eine braune Armee entsteht*, Berlin 1937, p.48
38) Muchow, Situationsbericht Nr.8, Januar 1927, pp.107 이하(hier : p.108)
39) Wessel, Horst : *Politik*, Aufzeichnungen aus dem Jahre 1929, Jagiellonen-Bibliothek Krakau, Ms.Germ.Oct.761
40) Strasser, Otto : *Mein Kampf*, pp.31 이하
41) Hitler, *Mein Kampf*, p.478
42) Bericht des Außendienstes der Abteilung IA im Polizeipräsidium vom 21.3.1927 über den Ausmarsch der SA der NSDAP nach Trebbin am 19.und 10.März 1927, LA Berlin, Rep.58, Zug.399, Nr.302, Bd.4
43) Aufstellung über die Aktivitäten des Gauleiters. Erstellt von der Abteilung IA, BDC
44) Bericht des Außendienstes der Abteilung IA im Polizeipräsidium vom 21.3.1927 LA Berlin, Rep.58, Zug.399, Nr.302, Bd.4
45) Zeugenaussage Goebbels' vom 21.3.1927 in Sachen II P J 62/27, LA Berlin, Rep.58, Zug.399, Nr.302, Bd.1
46) Anklageschrift des OStA LG II v.9.1.1928 in Sachen II P J 62/27, LA Berlin, Rep.58, Zug.399, Nr.302, Bd.6
47) Zeugenaussage Goebbels' vom 21.3.1927 in Sachen II P J 62/27, LA Berlin, Rep.58, Zug.399, Nr.302, Bd.1
48) Polizeilicher "Bericht betr. politische Schlägerei und aufreizende Reden" vom 20.3.1927, LA Berlin, Rep.58, Zug.399, Nr.302, Bd.1
49) Zeugenaussage Goebbels' vom 21.3.1927 in Sachen II P J 62/27, LA Berlin, Rep.58, Zug.399, Nr.302, Bd.1

50) Bericht der Abt.IA vom 28.3.1927, abgedruckt in : Heiber, *Tagebuch 1925/26*, p.117 : BDC의 괴벨스 문서들에 있는 1927년 6월 16일자 익명의 편지에는 1926년 가을과 1927년 6월 사이에 "매달 약 100~120명의 당원이 입당했다."라고 되어 있다. 한편 비교적 작은 단체인 '독일민속동맹Deutscher Volksbund'에만 베를린에서 1919년-1922년 중 3,000명 이상의 조직원이 있었다.
51) Aufstellung über die Aktivitäten des Gauleiters, erstellt von der Abteilung IA im Polizeipräsidium, BDC
52) Anklageschrift des GenStA LG I, Bln-Mitte, v. 23.11.1927 in Sachen 1J372/27, LA Berlin, Rep.58, Zug.399, Nr.27
53) 같은 출처
54) Vernehmung des Fritz Stucks am 19.6.1928, Bericht der Abt. IA über die Berufungsverhandlung im "Stucke-Prozeß" am 19.6.1928 vom 20.6.1928, BDC
55) *Vossische Zeitung* vom 6.5.1927
56) 같은 출처
57) Aufstellung über die Aktivitäten des Gauleiters, erstellt von der Abteilung IA, BDC
58) *Vossische Zeitung* vom 6.5.1927
59) *Berliner Arbeiterzeitung* vom 6.5.1927
60) Protokoll der Funktionärssitzung vom 10.6.1927 von Emil Holtz, BDC
61) Erich Koch an Joseph Goebbels am 26.4.1927, BDC
62) Goebbels an Otto Strasser am 29.12.1925 und Otto Strasser an Goebbels am 30.12.1925(BA Koblenz, NS1/341-1fol.56f.und fol.47-51)
63) 이 당시 베를린의 언론 지형에 대해서는 Peter de Mendelssohn이 전하고 있다(*Zeitungsstadt Berlin. Menschen und Mächte in der Geschichte der deutschen Presse*, Berlin 1959, p.306) : 1928년 제국 수도에서는 2,633종의 신문과 잡지가 발간되었다. 다음과 비교할 것 : Kessemeier, Carin : *Der Leitartikler Goebbels in den NS-Organen "Der Angriff" und "Das Reich"*, Münster 1967, pp.18(이하 : Kessemeier, *Leitartikler*)
65) *Welt am Abend* vom 4.6.1927
66) *Berliner Tageblatt* vom 4.6.1927
67) Bericht des Untersuchungs- und Schlichtungsausschusses vom 19./21.6.1927, BDC
68) Joseph Goebbels an Adolf Hitler am 5.6.1927, abgedruckt in : Heiber, *Tagebuch 1925/26*, pp.121 이하
69) Protokoll der Funktionärssitzung vom 10.6.1927 von Emil Holtz, BDC
70) 같은 출처
71) Emil Holtz an Hitler am 17.6.1927, abgedruckt in : Heiber, *Tagebuch 1925/26*, pp.135
72) Wörtz, *Programmatik*, pp.134 이하
73) 1927년 6월 20일 나치당 중앙웅변대회에 대한 뮌헨 정치경찰의 보고서가 BDC에 보관되어 있다.
74) 괴벨스는 이미 1927년 6월 9일 루돌프 헤스에게 보내는 편지에서 그러한 선언문 발표를 요구한 바 있다. abgedruckt in : Heiber, *Tagebuch 1925/26*, p.124
75) *Völkischer Beobachter* vom 25.6.1927 (abgedruckt in : Heiber, *Tagebuch 1925/26*, p.138) und das Ergebnis der Münchener Besprechung am 20./21.6.1927, BDC
76) Untersuchungs- und Schlichtungsausschuß an Karl Kern am 24.6.1927, BDC
77) Gregor Strasser an Rudolf Heß am 15.6.1927, abgedruckt in : Heiber, *Tagebuch 1925/26*, p.124
78) Goebbels, *Kampf um Berlin*, p.188
79) 1929년 10월 1일부터 〈공격〉지는 매주 두 차례, 일요일과 목요일에 발행되었고, 1939년 11월 1일부터는 일요일을 제외하고 매일 저녁 발간되었다. 1933년부터 이 신문은 라이의 독일노동전선 소속 일간지가 되었다. 1945년 4월 24일 〈공격〉은 발행 중지되었다.
80) Rahm, Hans-Georg : *Der Angriff 1927-1930. Der nationalsozialistische Typ der Kampfzeitung*, Berlin 1939, p.214

81) Goebbels, *Kampf um Berlin*, p.209
82) 같은 출처, p.203
83) 같은 출처, pp.202 ; 뒤르는 1933년 베를린 시 공보실장이 되었다.
84) Moreau, Patrick : *Nationalsozialismus von links. Die "Kampfgemeinschaft Revolutionärer Nationalsozialisten" und die "Schwarze Front" Otto Strassers 1930-1935*, Stuttgart 1984(1985), p.27(이하 : Moreau, *Nationalsozialismus von links*)
85) Kessmeier, *Leitartikler*, p.48 ; 슈바이처는 이 가명으로 괴벨스와 함께 《이지도르의 책》을 발간했다. 주석 112번 참조
86) Tgb IfZ, Bd.1, 15.9.1929, p.425
87) Goebbels, *Wege ins Dritte Reich*, p.23
88) 괴벨스는 이미 〈정치 일지〉라는 이름으로 논설을 연재한 적이 있다. 이는 괴벨스가 1924년 10월 4일 편집인을 맡게 되는 엘버펠트의 주간신문 〈민족의 자유Volkische Freiheit〉에 1924년 9월 13일부터 발표되었다.
89) Goebbels, *Kampf um Berlin*, p.200
90) 같은 출처, p.202
91) 같은 출처, p.188
92) 같은 출처, p.190
93) Rahm, *Der Angriff*, p.200
94) Kessemeier, *Leitartikler*, p.49
95) Goebbels, *Kampf um Berlin*, p.200
96) Goebbels, *Kampf um Berlin*, p.200
97) Goebbels, *Signale*, p.50
98) Goebbels, *Kampf um Berlin*, p.198
99) Hitler, *Mein Kampf*, p.124
100) *Der Angriff* vom 21.1.1929
101) 같은 출처, 30.7.1928
102) 같은 출처, Goebbels, *Kampf um Berlin*, p.138
103) Goebbels, *Kampf um Berlin*, p.140
104) 베른하르트 바이스에 대해서는 다음 참조 : Liang, Hsi-Huey : *Die Berliner Polizei in der Weimarer Republik*, Berlin/New York 1977, p.61, 75, 177
105) *Völkischer Beobachter* vom 8./9.5.1927
106) *Der Angriff* vom 15.8.1927
107) 1923년 7월 5일 〈적기〉에서 처음 사용되었다. 이 모욕적 논설을 쓴 자는 오토 슈타이니케Otto Steinicke였는데, 나중에 〈공격〉 편집자로 활동한다. 다음을 참조할 것 : Angress, Werner T. : *Die Kampfzeit der KPD 1921 bis 1923*, Düsseldorf 1974, p.375, Anm.63
108) 다음을 참조 : Bering, Dietz : *Der jüdische Name als Stigma*, in : *Die Zeit* vom 7.8.1987 ; 같은 저자의 다음 연구도 참조할 것 : *Der Name als Stigma. Antisemitismus im deutschen Alltag 1812-1933*, Stuttgart 1987. 여기서 베링은 괴벨스가 이 이름을 고른 것이 독일에 "깊이 뿌리 내리고 광범위하게 퍼진" 반유대주의 전통이 이미 "자극을 주고 준비해 왔던" 사태를 받아들여 새롭게 연출한 것임을 입증하려 한다. 이와 관련하여 다음을 참조할 것 : Anklageschrift des Oberstaatsanwalts in Sachen II PJ 430/27 vom 2.3.1928(LA Berlin, Rep.58, Nr.24, Bd.1). 여기에는 "'이지도르'라는 이름이 어원으로 모욕적인 뜻을 담고 있지 않지만, 민중들의 언어에서는 한 개인의 유대인 혈통과 이에 대한 경멸감을 표시하기 위해 널리 사용되고 있음은 잘 알려져 있다."라고 했다. 다음 참조할 것 : Goebbels, *Kampf um Berlin*, pp.140 ; 이러한 맥락에서 괴벨스가 1924년의 일기에서 이미 작가이자 언론인인 막시밀리안 하르덴(Maximilian Harden, 본명 : 펠릭스 에른스트 비트코프스키Felix Ernst Witkowski)를 "이지도르 비트코브스키"라고 빈정대고 있다는 사실이 중요하다(Tgb IfZ, Bd.1, 27.6.1924, p.30).

109) 다음을 참조할 것 : Anklageschrift des OStA LG II in Sachen OO PJ 430/27 vom 2.3.1928, LA Berlin, Rep.58, Zug.399, Nr.24, Bd.1
110) Bering, Dietz : *Der jüdische Name als Stigma*, in : *Die Zeit* vom 7.8.1987
111) Mjoelnir/Goebbels : *Das Buch Isidor. Ein Leitbild voll Lachen und Haß*, München 1928
112) Goebbels, Joseph(Hrsg.) : *Knorke. Ein neues Buch Isidor für Zeitgenossen*, München 1929
113) Tgb IfZ, Bd.1, 2.7.1928, p.244 ; 1928년 11월 초 이미 재판이 발행되었다.
114) 이 구절은 괴벨스의 〈공격〉의 1929년 3월 11일 논설 〈알렉산더 광장 주위에서〉에서 나오는 것이다.
115) Goebbels, *Kampf um Berlin*, p.217
116) Wessel, Horst : *Politik*, Aufzeichnungen aus dem Jahre 1929, Jagiellonen-Bibliothek Krakau, Ms.Germ.Oct.762
117) 같은 출처
118) *Der Angriff* vom 29.8.1927
119) Goebbels, Joseph : *Der Wanderer. Ein Spiel in einem Prolog, elf Bildern und einem Epilog*, BA Koblenz, NL118/98
120) *Der Angriff* vom 10.10.1927
121) LA Berlin, Rep.58, Zug.399, Nr.1708 ; 오라니엔부르크에서 무허가 공연을 한 혐의로 1932년 로데에 대한 수사가 이루어졌다.
122) *Völkischen Beobachter* vom 6.5.1933 참조
123) *Der Angriff* vom 10.10.1927 ; 1928년 10월 1일 다시 개학했을 때 괴벨스의 연설은 〈새 시대냐 파멸이냐〉였다.(IfZ Tgb, Bd.1, 1.10.1928, p.271)
124) *Der Angriff* vom 14.11.1927
125) 같은 출처, 28.11.1927
126) Vernehmung beim Amtsgericht Schönenberg vom 25.2.1928 in Sachen II PJ430/27, LA Berlin, Rep.58, Nr.24, Bd.1
127) *Nationalsozialistische Briefe* vom 1.4.1927
128) Bericht der Abteilung IA vom 20.6.1928 über die Berufungsverhandlung in Sachen I J372/27 vom 19.6.1928, BDC
129) Tgb IfZ, Bd.1, 20.6.1928, p.236
130) Schreiben Goebbels' an den Vorsitzenden des LG I vom 4.4.1928, LA Berlin, Rep.58, Zug.399, Nr.302, Bd.7
131) Tgb IfZ, Bd.1, 14.4.1928, p.215
132) *Vossische Zeitung* vom 3.5.1928
133) 같은 출처, 5.5.1928
134) 같은 출처
135) 같은 출처
136) Tgb IfZ, Bd.1, 20.4.1928, p.216
137) 같은 출처, 26.4.1928, p.218
138) 같은 출처, 17.4.1928, p.216
139) Goebbels an das Amtsgericht Schönenberg am 17.4.1928, LA Berlin, Rep.58, Nr.24, Bd.1
140) Wilke an das Amtsgericht Schönenberg am 23.4.1928, LA Berlin, Rep.58, Nr.24, Bd.1
141) Polizeipräsident(Abt. IA) an den Oberstaatsanwalt beim LG II in Sachen II PJ365/27 am 18.2.1928, LA Berlin, Rep.58, Nr.24, Bd.2
142) Polizeipräsident an den OStA LG II in Sachen II PJ46/28 am 23.4.1928, LA Berlin, Rep.58, Nr.24, Bd.8
143) Weiß an den Oberstaatsanwalt LG II in Sachen II P1J77/28 am 30.3.1928, LA Berlin, Rep.58, Nr.24, Bd.7
144) Tgb IfZ, Bd.1, 28.4.1928, p.219

145) 같은 출처, 27.4.1928, p.219
146) Aus der Begründung des Berufsurteils in Sachen II PJ 365/27 vom 20.11.1928, LA Berlin, Rep.58, Nr.24, Bd.2
147) Anklageschrift des OStA LG II in Sachen II Pj 430/27 vom 2.3.1928, LA Berlin, Rep.58, Nr.24, Bd.1
148) Tgb IfZ, Bd.1,3.und 5.5.1928, pp.220 이하
149) 같은 출처, 17.5.1928, p.224
150) 같은 출처, 16.5.1928, p.224
151) *Vossische Zeitung* vom 12.5.1928
152) 다음을 참조할 것 : Broszat, Martin : *Die Machtergreifung. Der Aufstieg der NSDAP und die Zerstörung der Weimarer Republik*, 2.April., München 1987, p.46(이하 : Broszat, *Machtergreifung*)
153) Tgb IfZ, Bd.1, 21.5.1928, p.226
154) 같은 출처

6장 우리는 혁명가이고자 한다. 언제까지나

1) Tgb IfZ, Bd.1, 13.6.1928, p.234
2) 같은 출처, 15.6.1928, p.235
3) 같은 출처, 13.6.1928, p.234
4) Verhandlungen des Reichstages. IV.Wahlperiode 1928. Stenographische Berichte. Band 424(von der 41.Sitzung am 5.Februar 1929 bis zur 76.Sitzung am 4.Juni 1929), Berlin 1929, hier : Protokoll der 54.Sitzung am Freitag, dem 1.März 1929, pp.1349 이하(hier : p.1389) ; 다음 출처에 이 연설이 실릴 때 잘못된 날짜(1929년 3월 9일)가 기입되었다 : Goebbels, Joseph : *Revolution der Deutschen. 14 Jahre Nationalsozialismus*. Goebbels-Reden mit einleitenden Zeitbildern von Hein Schlecht, Oldenburg 1933, p.15(이하 : Goebbels, *Revolution*)
5) Tgb IfZ, Bd.1, 2.6.1928, p.239
6) Verhandlungen des Reichstages. IV.Wahlperiode 1928. Stenographische Berichte. Band 423(von der 1.Sitzung am 13.Juni 1928 bis zur 40.Sitzung am 4.Februar 1929), Berlin 1929, hier : Protokoll der 7.Sitzung am Dienstag, dem 10.Juli 1928, pp.121 이하
7) Tgb IfZ, Bd.1, 10.7.1928, p.243
8) Goebbels, Joseph : *Idl*, in : Der Angriff vom 28.5.1928(《공격》의 논설들은 대개의 경우, 물론 여러 측면에서 수정되어서, 다음의 출처에 등장한다 : Goebbels, Joseph : *Der Angriff Aufsätze aus der Kampfzeit*, München 1935, und : Goebbels, Joseph : *Wetterleuchten. Aufsätze aus der Kampfzeit*. Zweiter Band "Der Angriff", München 1938)
9) Tgb IfZ, Bd.1, 10.6.1928, p.233
10) *Berliner Arbeiterzeitung* vom 27.5.1928
11) *Nationalsozialistische Briefe* vom 15.6.1928 ; Tgb IfZ, Bd.1, 20.6.1928, p.236
12) Tgb IfZ, Bd.1, 22.6.1928, p.238
13) 같은 출처, 29.6.1928, p.240
14) 같은 출처, 1.7.1928, p.241
15) 같은 출처, 15.7.1928, p.245
16) 같은 출처, 21.6.1928, p.237
17) *Berliner Arbeiterzeitung* vom 9.9.1928
18) Tgb IfZ, Bd.1, 1.9.1928, p.260
19) Oertel, *Wessel*, pp.57 이하
20) Tgb IfZ, Bd.1, 3.9.1929, p.418
21) Goebbels, *Kampf um Berlin*, p.89

22) Tgb IfZ, Bd.1, 8.8.1928, p.253
23) IA국이 슈테네스에 대해 작성한, 날짜가 기입되지 않은 보고서가 출처이다. 이 보고서 작성자는 특히 다음 팸플릿에 기초하고 있다. Hillebrand, Wilhelm : *Herunter mit der Maske. Erlebnisse hinter den Kulissen der NSDAP*, Teil I, BDC.
24) Tgb IfZ, Bd.1, 3.8.1928, p.255
25) 같은 출처, 24.8.1928, p.257
26) Wessel, Horst : *Politik*, Aufzeichnungen aus dem Jahr 1929, Jagiellonen-Bibliothek Krakau, Ms.Germ.Oct.761
27) Tgb IfZ, Bd.1, 14.9.1928, p.264
28) 무호브에 대해서는 다음을 참조할 것 : Broszat, Martin : *Die Anfänge der Berliner NSDAP 1926/27*, in : VfZG, 8.Jg./1960, pp.85.(이하 : Broszat, *Anfänge*)
29) Tgb IfZ, Bd.1, 11.10.1928, p.275
30) 호르스트 베셀은 다음 글에서 이에 대해 쓰고 있다. *Politik*, Aufzeichnungen aus dem Jahr 1929, Jagiellonen-Bibliothek Krakau, Ms.Germ.Oct.761 : "조직 자체는 공산주의자들을 본뜬 것이다. 지구(Ortsgruppe) 대신 분소(Sektion) 설치, 세포 시스템, 언론 광고, 선전선동 등에서 그들의 모범을 분명하게 알아볼 수 있었다."
31) 같은 출처
32) 같은 출처
33) Broszat(*Anfänge*, p.87)에 따르면 1930년 5월 1일 베를린 나치당의 관구공장세포가 창설되었다.
34) 같은 출처
35) Tgb IfZ, Bd.1, 7.12.1928, pp.300
36) 같은 출처, 23.9.1928, p.268
37) *Der Angriff* vom 25.6.1928 : 이 노래는 〈베를린 돌격대의 노래(Berliner S.A.Lied)〉라는 명칭도 사용했으며, 공식적으로 인정된 나치당의 밤베르크 언론인 〈불꽃(Flamme)〉(7.10.1927)에 등장한다. 그러나 기기시는 마지막 연이 나음과 같다. "바리케이드로 공격하라! 일어나라, 일어나 승리를 위해 싸우라! 우리는 히틀러 공화국의 돌격대다." ; 다음을 참조할 것 : Tyrell, *Führer befiehl…*, p.288
38) Bericht des Außendienstes der Abteilung IA vom 2.11.1928, LA Berlin, Rep.58, Zug.399, Nr.697
39) 같은 출처 ; 이 발언 때문에 경찰은 괴벨스를 공화국 수호법 위반으로 수사했다. 그러나 1929년 2월 4일 제국의회가 이 사안과 관련하여 괴벨스의 면책 특권을 박탈하지 않기로 결정함에 따라 이 수사는 중단되었다.(LA Berlin, Rep.58, Zug.299, Nr.697)
40) Tgb IfZ, Bd.1, 1.10.1928, p.271
41) 같은 출처, 4.10.1928, p.273
42) 같은 출처, 6.10.1928, p.273
43) 같은 출처, 14.10.1928, pp.276
44) 같은 출처, 4.11.1928, p.286
45) 같은 출처, 23.12.1928, p.307
46) *Vossische Zeitung* vom 18.11.1928
47) Tgb IfZ, Bd.1, 17.11.1928, p.292
48) 같은 출처, 18.11.1928, p.292
49) Goebbels, Joseph : *Kütemeyer*, in : *Der Angriff* vom 26.11.1928
50) Tgb IfZ, Bd.1, 17.1.1929, p.318
51) 같은 출처, 19.1.1929, p.319
52) Goebbels, Joseph : *Gegen die Young-Sklaverei*, in : *Der Angriff* vom 23.9.1929
53) 요제프 괴벨스의 소위 1년 일기(Jahrestagebuch, 이는 그가 언젠가 책의 형태로 발간하기를 원했던 산발적인 글들을 뜻한다. 이중 일부는 〈공격〉지에 〈정치 일지〉에 발표되었다) 중 1929년 2월 16일자 메모는 Reuth에 소장되어 있다 ; 이렇게 단지 산발적으로 쓰인 "1년 일기"에 대해서는 Tgb IfZ, Bd.1,

16.2.1929, p.332와 1.6.1929, p.380에 언급된다.
54) Fragment vom 19.2.1929, Bestand Reuth
55) Tgb IfZ, Bd.1, 17.12.1929, pp.470 이하
56) Fragment vom 18.2.1929, Bestand Reuth
57) Tgb IfZ, Bd.1, 5.4.1929, pp.354 이하
58) 같은 출처, 6.4.1929, p.355
59) 같은 출처, 12.4.1929, p.358
60) 같은 출처, 13.4.1929, p.359
61) 같은 출처, 16.4.1929, p.360
62) 같은 출처, 28.4.1929, p.365
63) Wörtz, Programmatik, p.134
64) Tgb IfZ, Bd.1, 30.4.1929, p.366
65) 같은 출처, 29.5.1929, pp.378 이하
66) 같은 출처, 31.5.1929, p.380
67) 같은 출처, 28.6.1929, p.392
68) 같은 출처, 5.7.1929, p.395
69) 같은 출처, 12.7.29, p.397
70) Broszat, Martin : Die Machtergreifung. Der Aufstieg der NSDAP und die Zerstörung der Weimarer Republik, München 1984, p.46(이하 : Broszat, Machtergreifung)
71) Tgb IfZ, Bd.1, 2.5.1929, p.367
72) Der Angriff vom 6.5.1929
73) Internationale Pressekorrespondenz 12, Nr.46 vom 13.Juni 1932, p.1431(abgedruckt bei : Pirker, Theo(Hrsg.) : Komintern und Faschismus. Dokumente zur Geschichte und Theorie des Faschismus, Stuttgart 1965, pp.158 이하)
74) Oertel, Wessel, pp.60 이하
75) Der Angriff vom 9.9.1929
76) Protokoll der Verhandlungen des 12. Parteitages der KPD (Sektion der Kommunistischen Internationale) Berlin-Wedding 9.-16.Juni 1929, Berlin ohne Datum, p.79
77) Buber-Neumann, Margarete : Kriegsschauplätze der Weltrevolution. Ein Bericht aus der Praxis der Komintern 1919-1943, Stuttgart 1967, pp.269 이하
78) Tgb IfZ, Bd.1, 30.8.1929, p.416
79) Der Angriff vom 24.11.129
80) Tgb IfZ, Bd.1, 23.9.1929, pp.429 이하
81) 같은 출처, 3.11.1929, p.449
82) 같은 출처, 24.12.1929, p.474
83) Der Angriff vom 29.12.1929
84) Bericht der Abteilung IA des Polizeipräsidium vom 2.4.1930 über die Versammlung vom 14.3.1930, Rep 58,Zug.399, Nr.6015
85) Tgb IfZ, Bd.1, 19.11.1929, p.456
86) Der Angriff vom 21.11.1929
87) 1930년 10월 초 괴벨스는 베를린 시의회 의원 및 샤를로텐부르크 구의회 의원직을 사퇴하면서, 제국의회 의원, 〈공격〉 발행인, 나치당 제국선전책으로서 '과중한 임무'를 그 이유로 들었다. 리페르트가 베를린 시의회 의원단 대표직을 승계했다.
88) Reichhardt, Hans J. : Berlin in der Weimarer Republik. Die Stadtverwaltung unter Oberbürgermeister Gustav Böß, Schriftenreihe "Berliner Forum", 7/1979, p.108
89) Muchow, Reinhold : Die Straßenzellen-Organisation des Gaues Berlin, in : Völkischer Beobachter vom 11.3.1930

90) 그러나 이는 당원 수와는 상응하지 않는다. 1931년 7월까지 광역 베를린 관구의 당원은 16,667명이었는데, 인구 수가 비슷한 작센 관구에서는 이미 당원 4만 명, 돌격대원 16,000명 이상이 있었다.
91) Tgb IfZ, Bd.1, 11.12.1929, p.467
92) 같은 출처, p.468
93) 같은 출처, 19.12.1929, p.471 und 23.12.1929, p.473
94) 같은 출처, 29.12.1929, p.475
95) Urteil./. Stoll u.a. (500) 1polbK 13/34. (60/34). 이는 1934년 2차 베셀 소송의 판결문에 나오는 내용이다. 1930년 1차 베셀 소송 관련 서류들은 1947년 8월 14일 요청에 따라 소비에트 구역으로 옮겨져 그 후 반환되지 않고 있다. 이와 관련해서는 베를린 주법원이 변호사 로마이어Lohmeyer와 야코프Jacob에게 1963년 6월 보낸 편지(Az. 1 PAR 35/63)를 참조하라. 판결문과 편지는 모아비트 소재 베를린 주법원의 문서보관소에 있다. 호르스트 베셀의 죽음에 대해서는 다음을 참조할 것 : Oertel, *Wessel* 또한 Lazar, Imre : *Der Fall Horst Wessel*, Stuttgart/Zürich 1980(이하 : Lazar, *Wessel*)
96) 〈포시셰 차이퉁〉이 베셀 살해사건에 대해 1930년 9월 23일과 24일 보도한 내용을 참조할 것. 또한 다음을 참조하라 : Oertel, *Wessel*, pp.83 이하
97) *Vossiche Zeitung* vom 24.9.1930
98) Tgb IfZ, Bd.1, 19.1.1930, p.486
99) 같은 출처
100) *Der Angriff* vom 21.1.1930
101) *Die Rote Fahne* vom 15.1.1930
102) Tgb IfZ, Bd.1, 10.2.1930, p.498
103) Lazar, *Wessel*, p.117
104) Tgb IfZ, Bd.1, 1.3.1930, p.507 ; Hanfstaengl, Ernst : *15 Jahre mit Hitler. Zwischen Weißem und Braunem Haus*, München/Zürich 1980, pp.204 이하(이하 : Hanfeteagl, *15 Jahre*)
105) Tgb IfZ, Bd.1, 2.3.1930, p.508 ; *Vossische Zeitung* vom 2.3.1930
106) Tgb IfZ, Bd.1, 2.3.1930, p.508
107) *Der Angriff* vom 6.3.1930
108) Goebbels, Joseph : *Die Fahne hoch!*, in : *Der Angriff* vom 27.2.1930
109) 호르스트 베셀의 노래는 나치 투쟁가 중 처음으로 음반으로 발간되었다(1930년 10월 15일). 이와 관련해서는 다음을 참조할 것 : *Der Angriff* vom 9.10.1930

7장 이제 우리는 완전히 합법적이다. 아무래도 상관없지만, 어쨌든 합법적이다.

1) 이와 함께 괴벨스는 그곳에 그라프 카를 후베르투스 폰 심멜만Graf Karl Hubertus von Schimmelmann이 지휘하는 "개인 비서실"을 설치한다.
2) Tgb IfZ, Be.1, 24.1.1930, p.489
3) 같은 출처
4) 같은 출처, 31.1.1930, p.492
5) 같은 출처, 16.2.1930, p.500
6) 같은 출처, 8.2.1930, p.497
7) 같은 출처, 2.2.1930, p.493
8) 같은 출처, 2.3.1930, p.507
9) 같은 출처, 16.3.1930, p.515
10) 같은 출처, 1.4.1930, p.522
11) 다음을 참조하라 : *Der Angriff* vom 30.3, 27.5, 4.5 und 11.5.1930
12) 같은 출처, 11.5.1930
13) *Nationalsozialistische Briefe* vom 15.5.1930
14) Tgb IfZ, Bd.1, 28.4.1930, p.538

15) 같은 출처
16) Strasser, Otto : *Hitler und ich*, Konstanz 1948, pp.129 이하
17) Tgb IfZ, Bd.1, 14.6.1930, p.561
18) *Der Angriff* vom 22.6.1930
19) *Ein Brief des Führers*, in : *Der Angriff* vom 3.7.1930
20) *Der National Sozialist* vom 1.7.1930 ; 다음을 참조할 것 : Moreau, *Nationalsozialismus von links*
21) Tgb IfZ, Bd.1, 29.6.1930, p.567
22) 1930년 6월 30일 집회에 대해서는 다음을 참조하라 : *Der Angriff* vom 3.7.1930 ; Tgb IfZ, Bd.1, 1.7.1930, p.569
23) 히틀러는 이를 깨닫고 있었기에 그레고어 슈트라서의 충성에 대한 감사 표시로 작센 주총리직을 주려고 하였다. 그러나 나치가 정부에 참여하지 않게 됨에 따라 이는 무산되었다.
24) *Der Angriff* vom 27.7.1930
25) 같은 출처, 3.8.1930
26) Goltz, Rüdiger Graf von der : *Lebenserinnerungen des Grafen Rüdiger von der Goltz (1894-1976)*, p.172, BA Koblenz, Kl.Erw./653-2(이하 : von der Goltz-Erinnerung)
27) *Vorwärts* vom 13.8.1930
28) Schreiben des Preußischen Justizministers an den GenStA beim Kammergericht Berlin vom 20.3.1930, LA Berlin, Rep.58, Zug.399, Nr.6015
29) Reichsminister der Justiz an den Preußischen Justizminister am 14.5.1930, LA Berlin, Rep.58, Zug.399, Nr.6015, Bd.2
30) Tgb IfZ, Bd.1, 16.5.1930, p.547 und 30.5.1930, p.554
31) Aus der Urteilsbegründung des Schöffengerichts Charlottenburg Abt.60 in Sachen E 1 J22/30 vom 31.5.1930, LA Berlin, Rep.58, Zug.399, Nr.6015
32) Tgb IfZ, Bd.1, 1.6.1930, pp.554 이하
33) Aus der Urteilsbegründung des Schöffengerichts Charlottenburg Abt.60 in Sachen E 1J22/30 vom 31.5.1930, LA Berlin, Rep.58, Zug.399, Nr.6015
34) Tgb IfZ, Bd.1, 1.6.1930, p.555
35) *Der Abend* vom 14.8.1930
36) *Vossische Zeitung* vom 15.8.1930
37) *Vorwärts* vom 15.8.1930
38) *Der Angriff* vom 17.8.1930
39) Tgb IfZ, Bd.1, 28.5.1930, p.553
40) Aufzeichnung betreffend den Prozeß gegen Dr. Goebbels (Nur zum Handgebrauch, nicht für die Akten), LA Berlin, Rep.58, Zug.399, Nr.6015, Bd.2
41) Von der Goltz-Erinnerungen, p.170, BA Koblenz, Kl.Erw./653-2
42) Tgb IfZ, Bd.1, 1.9.1930, pp.596 이하 ; Lippert, Julius : *Im Strom der Zeit, Erlebnisse und Eindrücke*, 2.Aufl., Berlin 1942, pp.178 이하
43) Hanfstaengl, *15 Jahre*, p.226
44) Tgb IfZ, Bd.1, 1.9.1930, pp.596 이하 ; 히틀러는 "최고 돌격대장(Oberster S.A.-Führer)" 페퍼를 면직시키고 스스로 그 직위를 넘겨받았으며, 룀 전 대위를 "돌격대 참모장(Stabschef der SA)"으로 다시 불러들였다.
45) Mitteilung des Landeskriminalpolizeiamtes Berlin vom 16.9.1930, StA Bremen, 4,65, Bd.5
46) Tgb IfZ, Bd.1, 1.9.1930, p.597
47) 같은 출처, 11.9.1930, p.601
48) *Völkischer Beobachter* vom 10.9.1930
49) Tgb IfZ, Bd.1, 11.9.1930, p.601
50) *Der Angriff* vom 14.10.1930

51) Kolb, Eberhard : *Die Weimarer Republik*, 2.Aufl., München 1988, pp.169(이하 : Kolb, *Weimarer Republik*) ; 나치당 지지 유권자들의 사회계층 특성에 대한 최근 연구 결과에 따르면, 1930년부터 나치당 지지자들 중 중산층이 압도적으로 많아졌다. 같은 출처, p.211
52) Tgb IfZ, Bd.1, 23.9.1930, pp.606 이하
53) 재판관들이 언급한 글(Goebbels, Joseph : *Der Nazi-Sozi. Fragen und Antworten fur den Nationalsozialisten*, Elberfeld 1927)에는 이 구절이 나오지 않는다.
54) *Vossische Zeitung* vom 26.9.1930
55) 같은 출처
56) Tgb IfZ, Bd.1, 26.9.1930, p.608
57) Scheringer, Richard : *Das große Los. Unter Soldaten, Bauern und Rebellen*, Hamburg 1959, p.236
58) Hitler, *Mein Kampf*, p.338
59) Tgb IfZ, Bd.1, 27.9.1930, p.609
60) Kolb, *Weimarer Republik*, p.127
61) 다음을 참조하라 : Goebbels, Joseph : *Der Adler steigt*, in : *Der Angriff* vom 2.12.1930
62) *Vossische Zeitung* vom 16.10.1930
63) Tgb IfZ, Bd.1, 29.10.1930, p.625
64) *Tatsachenbericht über die Mordtat am Bülowplatz von Michael Krause, Lukkau (Niederlausitz, 2.7.1938)*, Akten des Generalstaatsanwaltes bei dem Landgericht Berlin, ./. Thunert und Genossen, 1polaK 7/34(41/34), Landgericht Berlin-Moabit
65) *Sturm 33. Hans Maikowski. Geschrieben von Kameraden des Toten*, Berlin 1933, p.16
66) Kempner, Robert M.W. (Hrsg.) : *Der verpaßte Nazi-Stopp. Die NSDAP als staats- und republikfeindliche, hochverräterische Verbindung. Preußische Denkschrift von 1930*, Frankfurt a. M./Berlin/Wien 1983, pp.7 이하
67) Von der Goltz an den Vorsitzenden des Schöffengerichts Charlottenburg vom 25.9.1930, LA Berlin, Rep.58, Zug.399, Nr.39, Bd.4
68) Ärztliches Attest des prakt. Arztes Dr. Conti vom 27.9.1930, LA Berlin, Rep.58, Zug.399, Nr.39, Bd.4
69) Tgb IfZ, Bd.1, 29.29.1930, p.610
70) Verhandlungsprotokoll des Schöffengerichts Charlottenburg vom 29.9.1930, LA Berlin, Rep.58, Zug.399, Nr.39, Bd.4
71) Von der Goltz an das Schöffengerichts Charlottenburg vom 11.10.1930, LA Berlin, Rep.58, Zug.399, Nr.39, Bd.4
72) Tgb IfZ, Bd.1, 13.10.1930, p.617
73) Aus dem Protokoll des Sitzung des Schöffengerichts Charlottenburg vom 13.10.1930, LA Berlin, Rep.58, Zug.399, Nr.39, Bd.4
74) *Vossische Zeitung* vom 14.10.1930
75) 같은 출처
76) Tgb IfZ, Bd.1, 6.11.1930, p.629
77) *Der Angriff* vom 8.11.1930
78) 같은 출처, 11.11.1930
79) Tgb IfZ, Bd.1, 9.12.1930, p.644
80) *Vossische Zeitung* vom 10.12.1930
81) Tgb IfZ, Bd.1, 9.12.1930, p.644
82) *Vossische Zeitung* vom 10.12.1930
83) 같은 출처, 7.12.1930
84) Tgb IfZ, Bd.1, 10.12.1930, p.644
85) *Berliner Tageblatt* vom 2.1.1931

86) Tgb IfZ, Bd.2, 3.1.1931, p.2
87) *Die Rote Fahne* und *Der Angriff* vom 23.1.1931
88) *Die Rote Fahne* vom 30.1.1931
89) *Berliner Tageblatt* vom 2.2.1931
90) *Die Rote Fahne* vom 5.2.1931
91) Verhandlungen des Reichstages. V.Wahlperiode 1930. Stenographische Berichte. Band 444(von der 1.Sitzung am 13.Oktober 1930 bis zur 26.Sitzung am 14.Februar 1931), Berlin 1931, hier : Protokoll der 17.Sitzung vom 5.Februar 1931, pp.683, hier : pp.685 이하
92) Tgb IfZ, Bd.2, 12.2.1931, p.20
93) *Vossische Zeitung* vom 3.2.1931
94) Tgb IfZ, Bd.2, 10.2.1931, p.19
95) Verhandlungen des Reichstages. V.Wahlperiode 1930. Stenographische Berichte. Band 444(von der 1.Sitzung am 13.Oktober 1930 bis zur 26.Sitzung am 14.Februar 1931), Berlin 1931, hier : Protokoll der 22.Sitzung vom 10.Februar 1931, pp.873 이하
96) Tgb IfZ, Bd.2, 18.1.1931, p.9
97) 같은 출처, Bd.1, 12.11.1930, p.631
98) 같은 출처, 27.11.1930, p.637
99) 같은 출처, 2.12.1930, p.639
100) 같은 출처, Bd.2, 23.2.1931, p.25 ; 1931년 2월 19일과 26일 〈공격〉의 논설들을 참조하라. 여기에서는 슈테네스에게 노련한 참전 군인이자 성공적인 자유군단 전사라고 찬사를 보내고 있다.
101) Tgb IfZ, Bd.2, 4.3.1931, p.30
102) Aufstellung uber die Aktivitäten des Gauleiters. Erstellt von der Abteilung IA des Berliner Polizeipräsidiums, BDC
103) 같은 출처
104) Tgb IfZ, Bd.2, 6.3.1931, p.30
105) 베를린 검찰의 수사(1 polJ 388/31)가 1931년 5월 말 범인을 체포하지 못한 상태에서 최종적으로 중단되어야 했고 그 사이 〈공격〉 편집진에 대해 공공질서 문란 혐의로 추진되었던 소송도 이루어지지 못했으나, 여러 정황 증거들(특히 돌격대원 에두아르트 바이스가 번복한 진술)은 그 "폭탄 테러"를 기획한 것이 누구인지를 분명히 보여준다. 경찰청장은 1931년 3월 27일 보고에서 다음과 같이 쓰고 있다. "그러므로 괴벨스 박사에 대한 테러가 나치낭에 의해 신진 도구로 이루어질 것이라는 의혹을 떨칠 수 없다."(1 polJ 388/31, LA Berlin, Rep.58, Zug.399, Nr.509). 1931년 1월부터 괴벨스 일기에 테러가 이루어질 것이라고 주도면밀하게 삽입된 구절들도 이러한 측면에서 시사하는 바가 매우 크다.
106) Aus der Aussage von Eduard Weiß in der Sache 1 polJ 388/31 vom 8.5.1931, LA Berlin, Rep.58, Zug.399, Nr.509. 바이스는 그보다 전인 1931년 5월 4일 슈테네스의 신문 〈노동자, 농민, 군인〉에 이에 상응하는 법적 서약 효과를 지닌 성명서를 발표했다.
107) *Vossische Zeitung* vom 17.3.1931
108) 같은 출처, 14.3.1931
109) *Der Angriff* vom 14.3.1931
110) Tgb IfZ, Bd.2, 14.3.1931, p.33
111) *Ursachen und Folgen. Vom deutschen Zusammenbruch 1918 und 1945 bis zur staatlichen Neuordnung in der Gegenwart*. Hrsg. v. Herbert Michaelis und Ernst Schraepler, Bd.7, Dok.1621a, pp.549 이하
112) Tgb IfZ, Bd.2, 16.3.1931, p.34
113) 같은 출처
114) 같은 출처, 25.3.1931, p.38
115) Mitteilungen der LKP Berlin vom 1.5.1931, BA Koblenz, Sammlung Schumacher/278
116) Tgb IfZ, Bd.2, 25.3.1931, p.38

117) 같은 출처, 29.3.1931, p.41
118) 같은 출처, 30.3.1931, p.41
119) 같은 출처, 28.3.1931, p.40
120) 같은 출처, 29.3.1931, p.41
121) 같은 출처
122) *Vossische Zeitung* vom 3.4.1931
123) Tgb IfZ, Bd.2, 2.4.1931, pp.42 이하
124) *Vossische Zeitung* vom 3.4.1931
125) 같은 출처
126) Tgb IfZ, Bd.2, 2.4.1931, p.43
127) *Völkischer Beobachter* vom 5./6./7.4.1931
128) Tgb IfZ, Bd.2, 4.4.1931, p.44
129) 같은 출처
130) Mitteilung der LKP Berlin vom 1.5.1931, BA Koblenz, Sammlung Schumacher/278
131) Tgb IfZ, Bd.2, 17.4.1931, p.51
132) 같은 출처, 10.4.1931, p.46
133) *Arbeiter, Bauern, Soldaten* vom 4.5.1931
134) *Vossische Zeitung* vom 15.3.1931
135) Tgb IfZ, Bd.2, 6.5.1931, p.60
136) 같은 출처, 4.4.1931, p.44
137) 같은 출처, Bd.1, 7.11.1930, p.629
138) 같은 출처, 3.4.1929, p.353
139) 아마도 크반트의 희망에 따라 그녀는 계부인 프리트랜더의 유대인 성을 버리게 되었고, 친부인 공학 석사 오스카르 리첼의 적출 선고를 받고 결혼 때까지 그의 성을 따랐다. 그녀의 어머니인 가정부 아우구스테 베렌트는 그녀가 태어난 1901년 11월 11일 베를린 크로이츠베르크에서 독신으로 살고 있었으며 그 후에야 리첼과 결혼했다. 마그다가 세 살 때 리첼 부부는 이혼했다. 그녀는 유대인 상인 프리트랜더와 재혼했는데 나중에 사위인 괴벨스의 희망에 따라 그의 성을 버리고 다시 "명백한 아리안" 성인 베렌트를 다시 쓰게 되었다.(Heiber, *Goebbels*, p.101).
140) 그는 "열광적인 시오니스트" 대학생 빅토르 아를로소로프Viktor Arlossoroff인데, 나중에 팔레스타인으로 이주했다. 여기 대해서는 아를로소로프와 함께 베를린의 베르너 지멘스 실업 김나지움을 다녔던 출판인 쿠르트 리스가 전하고 있다. 다음을 참조할 것 : Riess, Curt : *Das war mein Leben. Erinnerungen*, München 1986, p.326.
141) NSDAP-Mitgliedskarte, BDC
142) Meissner, Hans-Otto : *Magda Goebbels. The First Lady of the Third Reich*, New York 1980, p.80(이하 : Meissner, *First Lady*)
143) Tgb IfZ, Bd.2, 1.2.1931, p.15
144) 같은 출처, 15.3.1931, p.33 und 23.2.1931, p.25
145) 같은 출처, 19.2.1931, p.23
146) 같은 출처, 15.2.1931, p.21
147) 같은 출처, 22.3.1931, p.37
148) 그녀는 사위와 관계가 매우 좋지 않았고, 그를 "절대 신뢰하지 않았다."라고 괴벨스 전기작가 쿠르트 리스(Joseph Goebbels. *Eine Biographie*, Baden-Baden 1950, p.212, 이하 : Riess, *Goebbels*)에게 밝혔다 ; 괴벨스 또한 장모를 자신에게 관심을 갖지 않는(Tgb IfZ, Bd.3, 27.5.1937, p.155) "끔찍한 사람" (Tgb IfZ, Bd.2, 26.1.1933, p.350)이라고 생각했다. 몇몇 표현을 따르자면 괴벨스는 장인 오스카 리첼에 대해서는 거의 알지 못했고, 4월 5일에 장인이 죽었다는 사실도 괴벨스에게 전혀 심적인 동요를 주지 않았다(Tgb IfZ, Bd.4, 4.4.1941, p.569).
149) Tgb IfZ, Bd.2, 12.4.1931, p.48

150) 같은 출처, p.47
151) 같은 출처
152) 같은 출처
153) 같은 출처, 18.4.1931, p.51
154) Preußischer Justizminister an Generalstaatsanwalt Landgericht I (Berlin-Mitte) in Sachen 1 J 1276/29 am 23.2.1931, LA Berlin, Rep.58, Zug.399, Nr.2
155) Verfügung des Generalstaatsanwaltes beim Landgericht I in Sachen 1 J 1276/29 vom 2.3.1931, LA Berlin, Rep.58, Zug.399, Nr.2
156) Aus dem polizeilichen Protokoll der Goebbels-Rede vom 26.9.1929 in Sachen 1 J 1276/29, LA Berlin, Rep.58, Zug.399, Nr.2
157) Aus der Urteilsbegründung in Sachen 1 J 1276/29 vom 2.6.1931, LA Berlin, Rep.58, Zuh.399, Nr.2
158) 형법 130조 위반 혐의로 소송이 이루어졌다., Sache II PJ 268/28, LA Berlin, Rep.58, Zug.399, zu Nr.23 (Handakten der Staatsanwaltschaft), Bd.3
159) Bericht von Kriminalkommissar Herbst über Goebbels' Festnahme in München in Sachen E 1 J 651/30, LA Berlin, Rep.58, Zug.399, Nr.39, Bd.4
160) Tgb IfZ, Bd.2, 28.4.1931, p.57
161) Aktennotiz in der Sache E 1 J 651/30, LA Berlin, Rep.58, Zug.399, Nr.39, Bd.4
162) Tgb IfZ, Bd.2, 28.4.1931, p.57
163) Goebbels, Joseph : *Der geheimnisvolle Leichnam*, in : *Der Angriff* vom 15.4.1929
164) 이와 비슷한 논설들이 다른 나치 언론들에 발표되었다. 예를 들어 1928년 10월 28일 〈베스트도이처 베오바흐터(Westdeutscher Beobachter)〉에 '의례 살인'이라는 제목으로 실린 논설이 있다. 당시 이 신문의 발행인이자 책임 편집인이던 로베르트 라이는 1929년 10월 2일 쾰른 지방법원의 1호 형사 대법정 2심 공판에서 1천 제국마르크 벌금형을 선고받았는데, 1심 공판에서는 2개월 징역형을 선고받은 바 있다. 판결문에서는 "그림과 글을 통해 그러한 의도를 보여주고 있다"면서, 이 논설을 통해 모든 유대인들이 느끼는 법적 안전이 동요하게 되었다고 밝혔다.(LA Berlin, Rep.58, Zug.399, Nr.39, Bd.3)
165) Aus der Begründung des Urteils der Berufungsverhandlung in Sachen E 1 J 651/30 vom 14.11.1931, LA Berlin, Rep.58, Zug.399, Nr.39, Bd.2
166) *Der Angriff* vom 11.2.1929
167) Verhandlung des Schöffengerichtes Charlottenburg in Sachen E 1 J 651/30 vom 29.4.1931, LA Berlin, Rep.58, Zug.399, Nr.39, Bd.1
168) Aus der Begrundung des Urteils der Berufungsverhandlung in Sachen E 1 J 651/30 vom 14.3.1931, LA Berlin, Rep.58, Zug.399, Nr.39, Bd.2
169) 같은 출처, Bd.2
170) Aus den "maßgeblichen Erwägungen für die Strafzumessung" des Urteils der Berufungsverhandlung in Sachen E 1 J 651/30 vom 14.11.1931, LA Berlin, Rep.58, Zug.399, Nr.39, Bd.2
171) "Bericht über die am 22.3.29 stattgefundene Versammlung der NSDAP im Viktoriagarten, Wilhelmsaue" der Abteilung IA im Polizeipräsidium, Außendienst vom 23.3.1929, LA Berlin, Rep.58, Zug.399, Nr.39, Bd.2
172) Aus der Begründung des Urteils der Berufungsverhandlung in Sachen E 1 J 651/30 vom 14.11.1931, LA Berlin, Rep.58, Zug.399, Nr.39, Bd.2 ; 이 맥락에서 괴벨스의 친구 테오 가이트만 Theo Geitmann이 1918년 10월 6일 보낸 편지에서 이와 같은 류의 괴벨스의 말장난을 회고한 내용이 주목할만하다. "친애하는 내 친구 울렉스의 말장난들을 생각해보자. '람펜푸처, 품퍼라처, 루첸팜퍼, 팜펜룬처Lampenputzer, Pumpenlatzer, Lutzenpamper, Pampenlutzer!'"(BA Koblenz, NL118/112)

173) Tgb IfZ, Bd.2, 2.5.1931, p.58
174) Schreiben Goebbels an Landgericht I, Berlin-Mitte vom 7.11.1931, LA Berlin, Rep.58, Zug.399, Nr.2
175) Antwort des Polizeipräsidium vom 20.1.1932 auf eine entsprechende Anfrage des GenStA vom 24.12.1931, LA Berlin, Rep.58, Zug.399, Nr.2
176) 다음을 참조할 것 : LA Berlin, Rep.58, Zug.399, Nr.39, Bd.12(E 1 J 651/30) : 2심 판결의 벌금 1,486.77 제국마르크 중 슐라이허 제국수상의 1932년 성탄절 사면 때까지 60 제국마르크만을 납부 했다.
177) Tgb IfZ, Bd.2, 20.4.1931, p.52
178) Hanfstaengl, *15 Jahre*, p.227
179) Tgb IfZ, Bd.2, 7 und 8.5.1931, p.61 ; 같은 출처, 29.5.1931, p.71
180) 같은 출처, 31.5.1931, p.71
181) 같은 출처, 12.5.1931, p.63 ; zweitinstanzliches Urteil in Sachen II PJ41/28 bzw. II PJ430/27, LA Berlin, Rep.58, Zug.399, Nr.24, Bd.4
182) Weiland, Alfred(Pseudonym : Spartakus) : *Der Fall Mielke. Unternehmen Bülowplatz. Biographie unserer Zeit*, Berlin ohne Datum, p.4(이하 : Weiland, Mielke)
183) *Der Angriff* vom 7.8.1931
184) 같은 출처
185) Tgb IfZ, Bd.2, 5.6.1931, p.74, 15.6.1931, p.79 und 18.7.1931, p.90
186) *Der Angriff* vom 8.8.1931
187) Urteil gegen Thunert u.a. wegen Tötung der Polizeibeamten Anlauf und Lenk, 1 Pol a K 7/34, Akten des Generalstaatsanwaltes bei dem Landgericht Berlin, Landgericht Berlin-Moabit ; 다음을 참조할 것 : Weiland, *Mielke*
188) *Der Angriff* vom 13.8.1931
189) *Die Rote Fahne* vom 23.4.1931
190) Urteil gegen Beilfuß u.a. wegen Überfalls auf das NS-Lokal "Zur Hochburg", II P K 13/33, Akten des Generalstaatsanwaltes bei dem Landgericht Berlin, Landgericht Berlin-Moabit.
191) Urteil gegen Deig u.a. wegen Überfalls auf das Lokal des SA-Sturmes 21, II P K 1/32, Akten des Generalstaatsanwaltes bei dem Landgericht Berlin, Landgericht Berlin-Moabit. 이에 따르면 울브리히트가 "하급 대원들이 저지른 살인, 살인 미수, 중대한 치안 교란을 교사한 책임을 지닌 다"는 사실이 드러난다.
192) Grzesinski, Albert. C. : *Inside Germany*, New York 1939, p. 132
193) 카를 제베링Carl Severing(사민당)은 1931년 10월 14일 프로이센 주의회 연설에서 공산주의자들의 위협을 중대한 것으로 평가했다.(Schulthess' *Europäischer Geschichtskalender* [fur die Jahre 1860-1940], 1931, p.243). 그르체진스키Grzesinski(사민당)는 1931년 크로이츠베르크에서 열린 제국군 기단 축제에서 다음과 같은 견해를 피력했다. "나는 모든 사람들의 생각처럼 나치들을 위험하게 보지 않는다. 최대의 위험은 공산주의자들이고 제국군기단은 조속한 시일 내에 그들과 끝장을 보아야 한다."(GStAPK, Rep.219, Nr.20, Fol.65). 1931년 9월 22일자 〈전진〉에서 그르체진스키의 말이 다음과 같이 인용되고 있다. "공산주의자들이 파시스트 적들에게 선전동의 재료를 제공하고 있다는 사실이 계속 드러나고 있다."
194) *Der Angriff* vom 10.8.1931
195) Anlage zum Schreiben des Polizeipräsidenten an den OStA LG III in Sachen E 1 J 1155/30 vom 5.10.1931. 이 편지의 또 다른 첨부 문건에서는 1931년 10월 2일 연대장 협의 도중 법정 진술과 관련하여 총통의 상세한 지시가 있었다고 밝히고 있다. LA Berlin, Rep.58, Zug.399, Nr.20, Bd.1
196) 다음을 참조할 것 : Helldorfs Personalpapiere der Abteilung IA des Berliner Polizeipräsidiums, BDC

197) Bericht über den Grafen Wolf-Heinrich von Helldorf, am 14.10.1896 in Merseburg geboren, Abteilung IA, 24.10.1931, BDC
198) Aus der Anklageschrift gegen 38 S.A.-Männer im Kurfürstendamm-Prozeß (E 1 J 1155/31), LA Berlin, Rep.58, Zug.399, Nr.20, Bd.1
199) *Der Angriff* vom 19.12.1931
200) Revisionsurteil in Sachen E 1 L 34/31 d. 4. Gr. Str.K. d. LG III vom 9.2.1932, LA Berlin, Rep.58, Zug.399, Nr.20, Bd.7
201) 검찰 대표 슈테니히 박사가 4. Gr. Str.K. d. LG III v. 26.1.1932에 제출한 규정 위반 처벌 기소장(LA Berlin, Rep. 58, Zug. 399, Nr. 20, Bd.3)을 통해 추론할 수 있는 사실을 괴벨스는 다음과 같이 표현하고 있다. "이는 익명의 한 정보원이 내가 그라프 헬도르프와 함께 쿠어퓌르스텐담의 유혈 충돌 계획을 세웠다고 주장하고 있는 것이다. 나는 즉시 경찰청에 대해 날카로운 공격을 퍼부었고, 절차상의 하자를 들어 그 정보원의 이름이 명시될 때까지 진술을 거부했다. 그러자 거듭 설전이 일어났다. 나는 검사와 맞붙어 싸웠고 마지막에는 그가 완전히 제정신을 잃어버릴 때까지 그에게 소리를 질렀다. 그리고 나는 요구에 따라 거의 모욕에 가까운 해명이 조서에 기록되도록 진술했고, 500 제국마르크의 규정 위반 벌금을 판결 받고 풀려났다. 기소된 돌격대원들은 웃음을 터뜨리며 어쩔 줄 몰라했다.(Tgb IfZ, Bd.2, 22.1.1932, p.114)
202) Aus der Urteilsbegründung des Revisionsurteils in Sachen E 1 L 34/31 d. 4. Gr. Str.K. d. LG III vom 9.2.1932, LA Berlin, Rep.58, Zug.399, Nr.20, Bd.7
203) Revisionsurteil in Sachen E 1 L34/31 d. 4.Gr. Str.K. d. LG III vom 9.2.1932, LA Berlin, Rep.58, Zug.399, Nr.20, Bd.7
204) Flugblatt der S.A. vom Dezember 1931, LA Berlin, Rep.58, Zug.399, Nr.20, Bd.3
205) Ernst Röhm an Dr. Karl Gunther Heimsoth am 25.2.1929, BDC
206) 룀의 175조 관련 형사재판 서류, 1 polJ127/31, LA Berlin, Rep.58, Zug.399, Nr.517, Bd.I-III 참조할 것.
207) Geheimbericht an die Parteileitung vom 21.12.1931, BA Koblenz, NS26/87
208) 같은 출처
209) 같은 출처
210) Bericht über den Verlauf der am 4.Januar 1932 im Konzerthaus Clou stattgefundenen öffentlichen Versammlung der Standarte 6 der SA der NSDAP, BA Koblenz, NS26/1224

8장 일개 상병이 합스부르크 왕가를 계승하다니, 기적이 아닌가?

1) Meissner, *First Lady*, p.96
2) AP.-Korrespondenz Nr.54/31 vom 22.12.1931, hrsg. v. Dr. Helmut Klotz, in : Akten zum Kurfürstendamm-Prozeß, LA Berlin, Rep.58, Zug.399, Nr.20
3) *Der Angriff* vom 19.1.1932
4) Aus der Verfügung der GenStA LGI in Sachen 1 polJ 164/32 vom 4.3.1932, LA Berlin, Rep.58, Zug.399, Nr.9, Bd.2 ; 1932년 5월 19일자 〈포시셰 차이퉁〉 보도에 따르면 진범들은 도주에 성공했는데, 아마 소련으로 도망간 것으로 보인다. 공동 주최자인 슈테네스 부하 한 사람을 비롯한 다른 공범들은 1932년 7월 14일 12StrKdLGI에서 수 년씩의 징역형을 선고받았다.
5) Goebbels, Joseph : *Anklage*, in : *Der Angriff* vom 26.1.1932 ; 나치 저술가 아르놀트 리트만Arnold Littmann은 헤르베르트 노르쿠스의 이야기를 소설로 각색했다.(*Herbert Norkus und die Hitlerjungen vom Beusselkiez*, Berlin 1934).
6) Tgb IfZ, Bd.2, 22.1.1932, p.131(Kaiserhof)
7) 같은 출처, 19.1.1932, p.112(Kaiserhof)
8) 같은 출처, 2.2.1932, p.119(Kaiserhof)
9) 같은 출처, 9.2.1932, p.125(Kaiserhof)

10) 같은 출처, 12.2.1932, p.127(Kaiserhof)
11) 같은 출처, 22.2.1932, p.130(Kaiserhof)
12) 같은 출처, p.131(Kaiserhof)
13) 같은 출처, 23.2.1932, p.131(Kaiserhof) ; 괴벨스가 "독자적으로" 히틀러의 제국대통령 출마를 선언했다는 추정은 알베르트 크렙스Albert Krebs(*Tendenzen und Gestalten der NSDAP. Erinnerungen an die Frühzeit der Partei*, Stuttgart 1959, p.167, 이하 : Krebs, Tendenzen)와 뵈르츠Wörtz(*Programmatik*, p.183)가 내세우고 있으나 이를 입증할 수 있는 증거는 내놓지 않고 있다. 1932년 2월 23일 〈포시셰 차이퉁〉 보도에 따르면 괴벨스는 자신이 히틀러의 결정을 당 동지들에게 발표할 것을 위임받았다고 선언했다.
14) Verhandlungen des Reichstages. V.Wahlperiode 1930. Stenographische Berichte. Bd.446 (von der 53.Sitzung am 13.10.1931 bis zur 64.Sitzung am 12.5.1932), Berlin 1932, hier : Protokoll der 57.Sitzung vom 23.2.1932, pp. 2245(hier : p.2250) ; *Vossische Zeitung* vom 24.2.1932
15) Verhandlungen des Reichstages. V.Wahlperiode 1930. Stenographische Berichte. Bd.446 (von der 53.Sitzung am 13.10.1931 bis zur 64.Sitzung am 12.5.1932), Berlin 1932, hier : Protokoll der 57.Sitzung vom 23.2.1932, pp.2245 이하(hier : p.2254)
16) *Vossische Zeitung* vom 28.2.1932
17) Zit. nach : *Vossische Zeitung* vom 28.2.1932
18) Tgb IfZ. Bd.2, 28.9.1932, p.250(Kaiserhof)
19) Vgl. dazu die unbetitelte Ausarbeitung des Pg. Karoly Kampmann, ohne Datum, BA Koblenz, NS26/968
20) Lebenslauf des Gauleiters Karl Hanke vom 25.5.1943, BDC
21) Tgb IfZ, Bd.2, 7.3.1932, p.137(Kaiserhof)
22) 같은 출처, 29.2.1932, pp.134 이하(Kaiserhof)
23) 같은 출처, 6.3.1932, p.137(Kaiserhof)
24) 괴벨스가 〈공격〉지에 1932년 4월 1일(*Adolf Hitler als Staatsmann*)과 4일(*Adolf Hitler als Mensch*) 발표한 글도 그러한 미화를 보여주고 있다.
25) Tgb IfZ, Bd.2, 13.3.1932, pp.140 이하(Kaiserhof)
26) 같은 출처
27) 다음을 참조할 것 : Unbetitelte Ausarbeitung des Pg.Karoly Kampmann, ohne Datum, BA Koblenz, NS26/968
28) Tgb IfZ, Bd.2, 15.3.1932, p.142(Kaiserhof)
29) 같은 출처, 16.3.1932, p.143(Kaiserhof)
30) 같은 출처, 17.3.1932, p.144(Kaiserhof)
31) 같은 출처, 18.3.1932, p.145(Kaiserhof)
32) *Vossische Zeitung* vom 13.4.1932
33) 〈민족의 파수꾼〉 보도를 참조할 것
34) Reichswahlleitung der NSDAP an alle Gauleitungen am 23.3.1932, BA Koblenz, NS26/290
35) 같은 출처 : 제국대통령이 긴급 조치로 발효시킨 법률 수는 1930년 5개에서 1931년 44개, 1932년 66개로 급증했고, 제국의회가 의결한 법률 수는 1930년 98개에서 1931년 34개, 1932년 5개로 줄어들었다. 제국의회 개회 일수도 크게 감소했는데, 1930년 94일이었으나 1931년 42일, 1932년 13일에 불과했다.(Kolb, *Weimarer Republik*, p.128).
36) Tgb IfZ, Bd.2, 10.4.1932, p.153(Kaiserhof)
37) 같은 출처, 11.4.1932, p.153(Kaiserhof)
38) Zitiert nach : Hillgruber, Andreas : *Die Auflösung der Weimarer Republik*, in : Tormin, Walter(Hrsg.) : *Die Weimarer Republik*, Hannover 1973, pp.189 이하(hier : p.216)
39) Tgb IfZ, Bd.2, 26.4.1932, p.161(Kaiserhof)
40) 같은 출처, 25.4.1932, p.161(Kaiserhof)

41) 같은 출처, 23.4.1932, p.160(Kaiserhof)
42) 같은 출처, 26.4.1932, p.161(Kaiserhof)
43) *Die Politik des Generals von Schleicher gegenüber der NSDAP 1930-1933. Ein Beitrag zur Frage Wehrmacht und Partei*, auszugsweiser Abdruck einer Niederschrift des Generalmajors a.D.H.v. Holtzendorff vom 22.6.1946, in : VfZG, 1 Jg./1953, p.268
44) Tgb IfZ, Bd.2, 28.4.1932, p.162(Kaiserhof)
45) 같은 출처, 8.5.1932, p.165(Kaiserhof) ; Meißner, Otto : *Staatssekretär unter Ebert, Hindenburg, Hitler. Der Schicksalsweg des deutschen Volkes von 1918 bis 1945, wie ich ihn erlebte*, Hamburg 1950, p.230(이하 : Meißner, *Staatssekretär*)
46) Tgb IfZ, Bd.2, 8.5.1932, p.165(Kaiserhof)
47) 같은 출처, 9.5.1932, p.166(Kaiserhof)
48) 같은 출처, 4.5.1932, p.164(Kaiserhof)
49) 같은 출처, 10.5.1932, p.166(Kaiserhof)
50) 같은 출처, 11.5.1932, p.167
51) Verhandlungen des Reichstages. V.Wahlperiode 1930. Stenographische Berichte. Bd.446(von der 53. Sitzung am 13.Oktober 1931 bis zur 64. Sitzung am 12.Mai 1932), Berlin 1932, hier : Protokoll der 63. Sitzung vom 11.5.1932, pp.2561 이하(hier : p.2598)
52) 같은 출처, p.2599
53) *Vorwärts* vom 10.5.1932(Abendausgabe)
54) *Der Angriff* vom 11.5.1932
55) Tgb IfZ, Bd.2, 19.5.1932, p.170(Kaiserhof)
56) Verhandlungen des Reichstages. V.Wahlperiode 1930. Stenographische Berichte. Band 446(von der 53.Sitzung am 13.Oktober 1931 bis zur 64.Sitzung am 12.Mai 1932), Berlin 1932, hier : Protokoll der 64.Sitzung vom 12.5.1932, pp.2561 이하(hier : pp.2686 이하)
57) *Vossische Zeitung* vom 12.5.1932
58) Tgb IfZ, Bd.2, 23.5.1932, p.172(Kaiserhof)
59) 같은 출처, 18.5.1932, p.170(Kaiserhof)
60) 같은 출처, 30.5.1932, p.177(Kaiserhof)
61) 같은 출처
62) 같은 출처, 8.5.1932, p.165(Kaiserhof)
63) 같은 출처, 29.5.1932, p.176(Kaiserhof)
64) 같은 출처, 14.6.1932, p.185(Kaiserhof)
65) 다음을 참조할 것 : Kolb, *Weimarer Republik*, p.134
66) 9명의 장관 중 6명이 귀족이었다.
67) Tgb IfZ, Bd.2, 14.6.1932, p.185(Kaiserhof)
68) Pohle, Heinz : *Der Rundfunk als Instrument der Politik. Zur Geschichte des deutschen Rundfunks von 1923/38*, Hamburg 1955, p.165(이하 : Pohle, Rundfunk)
69) Tgb IfZ, Bd.2, 14.6.1932, p.185(Kaiserhof)
70) 같은 출처, 15.6.1932, p.186(Kaiserhof)
71) 같은 출처, 7./8.7.1932, p.201(Kaiserhof)
72) 같은 출처, 8.7.1932, p.202(Kaiserhof)
73) 같은 출처, 10.7.1932, p.202(Kaiserhof)
74) Randbemerkung des Ministerialrats Scholz beim Reichsminister des Inneren zum Brief der Funk-Stunde an denselben vom 16.6.1932, BA Koblenz, R55/1273
75) Goebbels, Joseph : *Der Nationalismus als staatspolitische Notwendigkeit*, Redemanuskript, BA Koblenz, R55/1273
76) Tgb IfZ, Bd.2, 5.7.1932, p.200

77) 같은 출처, 18.7.1932, p.206(Kaiserhof) ; 이 상황에 대해서는 1932년 6월 20일(p.189)과 7월 10일 (p.202)의 일기도 참조할 것.
78) 같은 출처, 1.7.1932, pp.194 이하(Kaiserhof)
79) 같은 출처, 18.7.1932, p.206(Kaiserhof)
80) 같은 출처, 20.7.1932, p.207(Kaiserhof)
81) Grzesinski an den GenStALGI am 17.5.1932 in Sachen 1 polJ1560/32, LA Berlin, Rep.58, Zug.399, Nr.721
82) Aufzeichnungen, die Albert Grzesinski nach seiner Emigration im Dezember 1933 in Paris über seine politische Tätigkeit niedergeschrieben hat, BA Koblenz, Kl.Erw./144
83) Tgb IfZ, Bd.2, 22.7.1932, p.209(Kaiserhof)
84) 가령 함부르크, 에센, 도르트문트에서와 같이 베를린에서도 나치당은 상류층 및 중상류층 거주 지역에서 평균 이상의 좋은 성적을 거두었고, 일부는 최고 성적을 거두기까지 했다(Kolb, *Weimarer Republik*, p.210). 광역 베를린의 나치당 평균 득표율이 28.6%이었는데, 슈테글리츠에서는 42.1%(공산당은 광역 베를린 평균 27.3%, 슈테글리츠 12.3%, 사민당은 광역 베를린 평균 27.3%, 슈테글리츠 19.0%), 첼렌도르프 36.4%(공산당 8.5%, 사민당 21.2%), 빌머스도르프 35.1%(공산당 10.2%, 사민당 25.4%)를 얻었다. 반면 나치당은 베딩에서는 19.3%(공산당 42.6%, 사민당 27.8%), 프리드리히스하인 21.6%(공산당 38.5%, 사민당 28.1%), 노이쾰른 23.9%(공산당 34.4%, 사민당 30.8%)을 얻었다. 여기에 대한 상세한 내용은 다음을 참조하라. Erbe, Michael : *Spandau im Zeitalter der Weltkriege*, in : Ribbe, Wolfgang(Hrsg.) : *Slawenburg, Landesfestung, Industriezentrum. Untersuchungen zur Geschichte von Stadt und Bezirk Spandau*, Berlin(o. Datum), pp. 268 이하(hier : p. 295)
85) Tgb IfZ, Bd.2, 1.8.1932, p.211
86) 같은 출처, 2.8.1932, p.213
87) 같은 출처, 3.8.1932, p.214
88) 같은 출처, 5.8.1932, p.215
89) Aufzeichnung Meißners über die bisherigen Besprechungen in der Frage einer Regierungsumbildung (Hubatsch, Walther : *Hindenburg und der Staat. Aus den Papieren des Generalfeldmarschalls und Reichsprasidenten von 1878 bis 1934*, Göttingen 1966, Dok.Nr.87, p.336) ; vgl. *Wörtz, Programmatik*, pp.192 이하
90) Tgb IfZ, Bd.2, 7.8.1932, p.217
91) 같은 출처
92) 같은 출처, 9.8.1932, pp.218 이하
93) 같은 출처, p.220(Kaiserhof)
94) *Völkischer Beobachter* vom 11.8.1932
95) Tgb IfZ, Bd.2, 11.8.1932, p.221
96) 같은 출처
97) 같은 출처, p.222(Kaiserhof)
98) Dementi vom 10.8.1932 im *Völkischer Beobachter* vom 12.8.1932
99) Zit. nach : Erdmann, Karl Dietrich : *Die Weimarer Republik*, München 1980, p.297
100) Tgb IfZ, Bd.2, 12.8.1932, p.223(Kaiserhof)
101) 같은 출처, 8.8.1932, p.218(Kaiserhof)
102) Dorpalen, Andres : *Hindenburg in der Geschichte der Weimarer Republik*, Berlin/Frankfurt am Main 1966, p.336(이하 : Dorpalen, *Hindenburg*)
103) Tgb IfZ, Bd.2, 13.8.1932, p.225(Kaiserhof)
104) *Völkischer Beobachter* vom 17.8.1932
105) Tgb IfZ, Bd.2, 13.8.1932, p.225(Kaiserhof)
106) 같은 출처, 25.8.1932, p.231(Kaiserhof)
107) 같은 출처

108) Zit. nach : Hillgruber, Andreas : *Die Auflösung der Weimarer Republik*, Hannover 1960, p.46(이하 : Hillgruber, *Weimarer Republik*) ; ähnlich lautende Telegramme sandten Göring und Stabschef Röhm
109) 같은 출처
110) *Der Angriff* vom 24.8.1932
111) Tgb IfZ, Bd.2, 12.9.1932, p.241(Kaiserhof)
112) 같은 출처, 13.9.1932, p.242(Kaiserhof)
113) 같은 출처, 16.8.1932, p.243(Kaiserhof)
114) 같은 출처, 1.10.1932, p.251(Kaiserhof)
115) Deist, Wilhelm/Messerschmidt, Manfred/Volkmann, Hans-Erich/Wette, Wolfram : *Ursachen und Voraussetzungen des Zweiten Weltkrieges*, Stuttgart 1989, pp.122 이하(이하 : Messerschmidt, *Zweiter Weltkrieg*)
116) 다음을 참조할 것 : Pohle, *Rundfunk*, pp.162 이하
117) Tgb IfZ, Bd.2, 14.10.1932, p.259(Kaiserhof)
118) 같은 출처, 9.10.1932, p.256(Kaiserhof)
119) *Der Angriff* vom 24. und 25.9.1932
120) 같은 출처, 10.10.1932
121) Tgb IfZ, Bd.2, 20.10.1932, p.263(Kaiserhof)
122) 이는 괴벨스가 1932년 10월 4일 집회에서 행한 연설의 제목이다. StA Mönchengladbach, 14/2281
123) 다음을 참조할 것 : Verhandlungen des Reichstages. V.Wahlperiode 1930. Stenographische Berichte. Band 446(von der 53.Sitzung am 13.Oktober 1931 bis zur 64.Sitzung am 12.Mai 1932), Berlin 1932, hier : Protokoll der 62.Sitzung vom 10.5.1932, pp.2510
124) Köhler, Hennig : Berlin in der Weimarer Republik (1918-1932), in : Ribbe, Wolfgang(Hrsg.) : *Geschichte Berlins. Von der Marzrevolution bis zur Gegenwart*, München 1987, pp.797 이하(hier : p.921)(이하 : Köhler, *Berlin in der Weimarer Republik*)
125) Tgb IfZ, Bd.2, 2.11.1932, p.268
126) 같은 출처
127) 같은 출처, 4.11.1932, p.270
128) Vgl. dazu den Bericht eines Beamten des Polizeipräsidiums für den Innenminister vom 7.11.1932, Rep.219, Nr.80, fol.80-82, GStAPK, Berlin
129) *Deutsche Allgemeine Zeitung* vom 3.11.1932, p.194
130) 같은 출처, 4.11.1932
131) Schulthess' *Europäischer Geschichtskalender*, 1932, p.194
132) Tgb IfZ, Bd.2, 4.11.1932, p.270
133) 같은 출처, 6.11.1932, p.272
134) 나치당의 득표율은 부르주아 지역들인 첼렌도르프에서는 36.4%에서 29.4%로, 슈테글리츠에서는 42.1%에서 36.1%로, 빌머스도르프에서는 35.1%에서 29.3%로 감소했다. 노동자 지역에서는 감소율이 적었다. 나치당 지지율은 베딩에서는 1.3%(19.3%에서 18%), 프리드리히스하인에서는 1.6%(21.6%에서 20%) 감소했다. 상세한 내용은 Erbe, Michael : *Spandau im Zeitalter der Weltkriege*, in : Ribbe, Wolfgang(Hrsg.) : *Slawenburg, Landesfestung, Industriezentrum. Untersuchungen zur Geschichte von Stadt und Bezirk Spandau*, Berlin(o. Datum), pp. 268 이하(hier : p. 295)
135) Köhler, *Berlin in der Weimarer Republik*, p.920
136) Tgb IfZ, Bd.2, 6.11.1932, p.272(Kaiserhof)
137) 같은 출처
138) *Der Angriff* vom 13.12.1932
139) *Völkischer Beobachter* vom 8.11.1932

140) Tgb IfZ, Bd.2, 9.11.1932, p.274
141) 같은 출처, 10.11.1932, p.276(Kaiserhof)
142) 같은 출처, 11.11.1932, p.277(Kaiserhof)
143) *Vossische Zeitung* vom 10.10.1932
144) *Völkischer Beobachter* vom 8.11.1932
145) Tgb IfZ, Bd.2, 11.11.1932, p.277(Kaiserhof)
146) Meißner, *Staatssekretär*, p.248
147) *Schwäbischer Merkur* vom 25.11.1932
148) *Völkischer Beobachter* vom 25.11.1932
149) Wörtz, *Programmatik*, pp.218 이하
150) Tgb IfZ, Bd.2, 5.12.1932, p.293(Kaiserhof)
151) 같은 출처, p.292(Kaiserhof)
152) 같은 출처, p.293(Kaiserhof)
153) Strasser, Otto : 30. Juni. *Vorgeschichte, Verlauf, Folgen*. Prag ohne Datum(1934), p.36
154) Frank, Hans : *Im Angesicht des Galgens. Deutung Hitlers und seiner Zeit auf Grund eigener Erlebnisse und Erkenntnisse*, München-Gräfelfing 1953, p.108
155) *Vossische Zeitung* vom 10.12.1932
156) 같은 출처, 9.12.1932
157) Tgb IfZ, Bd.2, 9.12.1932, p.295
158) *Der Angriff* und die *Vossische Zeitung* vom 9.12.1932
159) Tgb IfZ, Bd.2, 10.12.1932, p.299
160) 같은 출처, 9.12.1932, p.295
161) *Der Angriff* vom 12.12.1932
162) *Frankfurter Zeitung* vom 1.1.1933
163) Tgb IfZ, Bd.2, 24.12.1932, p.314
164) 같은 출처, 25.12.1932, p.315
165) 같은 출처, 1.1.1932, pp.320 이하
166) 같은 출처, 10.1.1932, p.232
167) Unbetitelte Ausarbeitung des Pg. Karoly Kampmann, ohne Datum. BA Koblenz, NS26/968
168) Tgb IfZ, Bd.2, 8.1.1933, p.329 ; Der Angriff vom 9.1.1933
169) *Der Angriff* vom 16.1.1933 ; Strafsache ./. Geissler wegen Totschlags zum Nachteil des SA-Mannes Sagasser, Akten des Generalstaatsanwaltes bei dem Landgericht Moabit, 1PolK5/33, Landgericht Berlin-Moabit
170) *Der Angriff* vom 12.1.1933
171) 같은 출처, 16.1.1933
172) Tgb IfZ, Bd.2 17.1.1933, p.340
173) 같은 출처, 20.1.1933, p.343
174) *Stationen eines Arztes. Operieren bei Sauerbruch, Kinderkriegen bei Stoeckel*, in : *Frankfurter Allgemeine Magazin*, Heft375 vom 8.5.1987, pp.52
175) Tgb IfZ, Bd.2, 25.1.1933, p.349 : "히틀러와 커피. 그는 최근 정황에 대해 내게 설명했다. 일요일에 그는 파펜, 마이스너, 그리고 힌덴부르크 아들과 함께 있었다. …… 젊은 오스카는 보기 드물게 멍청한 자이다. …… 세 사람 모두 슐라이허에 대해 강경한 반대 입장이었다. 그는 제거되어야 한다. 파펜은 부수상이 되고자 한다. 그것이 전부이다."
176) *Der Angriff* vom 23.1.1933 : Völkischer Beobachter vom 24.1.1933
177) *Die Rote Fahne* vom 26.1.1933
178) *Vorwärts* vom 25.1.1933
179) Tgb IfZ, Bd.2, 29.1.1933, p.354

180) Bussche-Ippenburg, Erich v. d., in : *Frankfurter Allgemeine Zeitung* vom 2.12.1952
181) Huber, Ernst Rudolf : *Deutsche Verfassungsgeschichte seit 1789, Bd.*Ⅶ, *Ausbau, Schutz und Untergang der Weimarer Republik*, Berlin/Köln/Mainz 1984, p.1240(이하 : Huber, *Verfassungsgeschichte*)
182) 같은 출처, 16.1.1933
183) Huber, *Verfassungsgeschichte*, p.1239
184) 이는 오토 마이스너가 작성하고 서명한 이력서에 나온다. BDC ; 다음을 참조할 것 : Picker, Henry(Hrsg.) ; *Hitlers Tischgespräche im Führerhauptquartier*, Stuttgart 1976, p.82(이하 : Picker, *Tischgespräche*)
185) Tgb IfZ, Bd.2, 30.1.1933, p.355
186) 다음을 참조할 것 : Niederschrift Hammerstein, in : Hillgruber, *Weimarer Republik*, pp.63
187) Schwerin von Krosigk, Lutz Graf : *Es geschah in Deutschland. Menschenbilder unseres Jahrhunderts*, Tübingen/Stuttgart 1951, p.147
188) Tgb IfZ, Bd.2, 30.1.1933, p.355
189) 같은 출처
190) Goebbels-Ansprache vom Oktober 1938, zit. nach : *Der Verführer. Anmerkungen zu Goebbels*, ZDF-Dokumentation
191) 괴벨스는 1932년 12월 24일과 1933년 2월 2일 〈공격〉에 '위대한 기적'이라는 제목으로 각각 사설을 썼다.
192) Manuskript dieser Rundfunksendung abgedruckt bei : Wulf, Joseph : *Presse und Funk im Dritten Reich. Eine Dokumentation*, Frankfurt a.M./Berlin 1983, pp.284 이하(hier : pp.288 이하)(이하 : Wulf, *Presse und Funk*)
193) Tgb IfZ, Bd.2, 30..1933, p.361(Kaiserhof), 같은 출처, 31.1.1933, p.359
194) Aus der Urteilsbegrundung im Prozeß gegen Schuckar und Genossen, LA Berlin, Rep.58, Nr.30, Bd.4 ; 1933년 1월 31일부터 2월 6일 사이 〈공격〉의 광범위한 보도들을 참조하라.
195) Tgb IfZ, Bd.2, 31.1.1933, p.362 und 1.2.1933, p.362(beide Kaiserhof)
196) "상황을 잘 알고 있는 소식통"의 정보에 따르면, 1933년 2월 6일 독일 대사 디르크젠은 모스크바로부터 텔만이 그 달 초 크렘린에 48시간 동안 머물렀다고 전해 왔다. 이때 그는 독일공산당의 전술을 "당국에 대한 도발과 무장 충돌을 피하는 방향으로" 이끌어 가라는 지령을 받은 것을 보인다. ; 다음을 참조할 것 : Chartess, Paul : *Strategie und Technik der geheimen Kriegführung, Teil* Ⅱ : *Geheimpolitik und Geheimdienste als Faktoren der Zeitgeschichte*, Bd.A, Berlin 1987, p.346
197) *Vossische Zeitung* vom 2.2.1933
198) Ansprache Hitlers vor Industriellen am 20.2.1933, IMT, Bd. XXXV, Dok.203-D, pp.42 이하 (hier : p.46)
199) *Der Angriff* vom 7.2.1933
200) Dorpalen, Hindenburg, pp.427 이하
201) *Der Angriff* vom 6.2.1933
202) Goebbels' Rede anläßlich des Staatsbegräbnisses für Maikowski und Zauritz ist abgedruckt in : Heiber, *Goebbels-Reden*, Be.1, pp.64 : *Der Angriff* vom 6.2.1933
203) Tgb IfZ, Bd.2, 3.2.1933, p.366(Kaiserhof)
204) 같은 출처, 4.2.1933, p.365
205) Hadamovsky, Eugen : *Dein Rundfunk*, zit. nach : Pohle, *Rundfunk*, pp.276
206) Tgb IfZ, Bd.2, 3.2.1933, p.365(Kaiserhof)
207) 같은 출처, 24.2.1933, p.382(Kaiserhof)
208) *Frankfurter Zeitung* vom 12.2.1933
209) Tgb IfZ, Bd.2, 11.2.1933, p.371
210) *Vossische Zeitung* vom 2.2.1932
211) Tgb IfZ, Bd.2, 6.2.1933, p.368 ; 같은 출처, 2.2.1933, p.363

212) 같은 출처, 3.2.1933, p.364 ; 같은 출처, 11.2.1933, p.371
213) 같은 출처, 3.2.1933, p.364
214) 같은 출처, 6.2.1933, p.368 ; 같은 출처, 10.2.1933, p.369 ; 같은 출처, 13.2.1933, p.374
215) 같은 출처, 14.2.1933, p.375
216) Göring, Hermann : *Reden und Aufsätze*, München 1939, p.27
217) *Vossische Zeitung* vom 24.2.1933
218) 같은 출처, 26.2.1933
219) 다음을 참조할 것 : Broszat, Martin : *Der Staat Hitlers*, 11.Aufl., München 1986, pp.96(이하 : Broszat, *Der Staat Hitlers*)
220) Tgb IfZ, Bd.2, 21.2.1933, p.381(Kaiserhof)
221) Hanfstaengl, *15 Jahre*, pp.294
222) 같은 출처, p.295
223) 다음을 참조할 것 : Hanfstaengl, Ernst : *Hitler - The Missing Years*, London 1957, p.202 ; 여기에는 다음과 같은 내용이 있다. "괴링 자신이 이 모든 일을 계획했고, 증오하는 적 괴벨스로부터 권력을 빼앗기 위한 수단으로 이용했다는 사실은 나를 전혀 놀라게 하지 않는다." 이 부분은 이 책의 독일어 번역본(Hanfstaengl, *15 Jahre*)에서는 빠져 있다.
224) *Vossische Zeitung* vom 2.3.1933 ; 이에 따르면 괴링은 보수적인 스웨덴 신문의 문의에 대해, "필요한 경우에는" 리프크네히트 회관에서 "압수한 혁명 계획"의 "사진 복사본"을 공개할 용의가 있다고까지 밝혔다. 그러나 그러한 일은 일어나지 않았다.
225) 제국의사당 방화가 그 네델란드 부랑자 반 데어 루베의 단독 범행이었는가, 아니면 나치의 작품인가에 대한 끝없는 논쟁들과 관련해서는 다음 출처들을 참조할 것. 첫 번째 입장에는 Tobias, Fritz : *Der Reichstagsbrand. Legende und Wirklichkeit*, Rastatt 1962 ; Backes, Uwe/Janßen, Karl-Heinz/Jesse, Eckhard / Köhler, Henning / Mommsen, Hans / Tobias, Fritz : *Reichstagsbrand-Aufklärung einer historischen Legende*, München, Zürich 1986 ; 두 번째 입장에는 *Der Reichstagsbrand. Eine wissenschaftliche Dokumentation*, Bd. 2, hrsg. von Walter Hofer, Edouard Calic, Christoph Graf und Friedrich Zipfel, München, New York, London, Paris, Berlin 1978, p. 362(이하 : Hofer, *Reichstagsbrand*) ; Hofer, Walter / Graf, Christof : *Neue Quellen zum Reichstagsbrand*, in : Geschichte in Wissenschaft und Unterricht 27(1976), pp. 65-88 ; 괴벨스 일기에는 1941년 4월 9일(Tgb IfZ, Bd.4, p.579) 이와 관련된 많은 내용이 들어 있다. "제국의사당 방화 사건에서 그(히틀러)는 토르글러가 원흉이라고 추측하고 있다. 그러나 그럴 가능성은 없다. 그러기에는 그는 너무 부르주아적이다."
226) 많은 사람들의 회고록에서 괴벨스는 여러 차례 방화 사건의 배후조종자로 지목받았으나 이를 입증할 수 있는 근거는 제시되지 않았다. 단지 그 신빙성이 의심되는 한스 폰 케셀Hans von Kessel의 1969년 글에서 제국선전책의 이름이 그 방화와의 구체적 관련 하에서 언급되고 있다. 이에 따르면 정치경찰 총수인 딜스Diels가 1934년 살해된 한스 폰 케셀의 동생의 친구인 돌격대 중장 데텐Detten에게, "모스크바의 지령에 따라 한 부랑자가" 제국의사당에 방화하려 한다는 정보들이 있다고 알려왔다는 것이다. 그리고 데텐은 2월 27일 오후 6시경 괴벨스 관저로 호출을 받았는데 그곳에는 이미 딜스가 와 있었다고 한다. 괴벨스는 이 면담에서 다음과 같이 말했다고 한다. "이 범죄가 우리에게 8백만 표를 가져다 줄 수 있다면, 벙커가 불에 타도 좋다." 대공 특별 임무를 맡고 있던 데텐은 방화 사건이 일어나면 불을 끄지 말고 제국의사당이 완전히 불타버리도록 해야 한다는 지시를 받았다는 것이다. 이와 관련해서 Hofer, *Reichstagsbrand*, Bd. 2, p. 362를 참조할 것.
227) *Der Angriff* vom 28.2.1933
228) *Der Reichstagsbrandprozeß und Georgi Dimitroff*. Dokumente, Bd.1, 27. Februar bis 20. September 1933, Ost-Berlin 1982, hier : Anmerkung zu Dokument Nr.6, p.32
229) 같은 출처, Dokument Nr.6, p.24
230) *Vossische Zeitung* vom 28.2.1933
231) Diels, Rudolf : *Lucifer ante portas. Zwischen Severing und Heydrich*, Zürich o.J. (1949), p.194

232) *Der Angriff* vom 28.2.1933
233) Tgb IfZ, Bd.2, 27.2.1933, p.383 (Kaiserhof) ; 1942년 5월 10일 오찬 회동에서 히틀러는 이 글들을 회고하면서, 이것은 "결정적인 상황들에서는 모든 것을 직접 해야만 하는 곤경에 쉽게 빠져들 수 있다."는 데 대한 확고한 증거라고 말했다. Picker, *Tischgesprache*, p.278
234) *Der Angriff* vom 28.2.1933
235) Tgb IfZ, Bd.2, 2.3.1933, p.386(Kaiserhof)
236) 같은 출처, 4.3.1933, p.386(Kaiserhof)
237) 같은 출처, 31.1.1933, p.359 : "우리는 이를 월등하게 승리로 이끌 것이다."
238) 3월 12일 베를린 시의회 선거에서 나치당은 38.5%를 득표, 제1당이 되었다. 그러나 나치는 12.1%를 득표한 "흑백적 투쟁전선"과의 연합을 통해서야 과반수에서 1개 의석을 간신히 초과할 수 있었다. 그러므로 베를린을 "정복"했다는 말은 적절치 않다.
239) Tgb IfZ, Bd.2, 5.3.1933, p.387(Kaiserhof)
240) Kershaw, Ian : *Der Hitler-Mythos, Volksmeinung und Propaganda im Dritten Reich*, Stuttgart 1980(이하 : Kershaw, *Mythos*), pp.25 이하
241) Goebbels, Joseph : *Die Dummheit der Demokratie*, in : Goebbels, Joseph : *Der Angriff. Aufsätze aus der Kampfzeit*, München 1935, p.61

9장 모두가 우리에게 빠져들 때까지, 우리는 인간들을 개조할 것이다

1) 1933년 2월 15일 일기(Tgb IfZ, Bd.2, p.376)에는 다음과 같이 쓰여 있다. : "우리의 분노의 칼이 언젠가 범죄자들을 칠 것이다."
2) 괴벨스는 "민족"을 "굳건하고 확고한 손"을 필요로 하는 반죽 혹은 "여성성"으로 보았다(Heiber, Goebbels, p.268). 괴벨스는 "남성적" 손이 필요하다고 생각했다. 그는 창조 의지, 힘, 용기, 군건함 등의 소위 "남성적" 특성 등을 주창했고, 나치 국가 전체를 "남성적"이라고 보았다.(Tgb BA Koblenz, NL118/21, Eintragung vom 19.8.1941)
3) "대체 이 가련한 인생이란 무엇이란 말인가! 그리고 인간이라 불리는 이 쓰레기 더미들이란!"(Tgb IfZ, Bd.2, 12.4.1931, p.47) ; "나는 이제 체념을 배웠다. 인간이라는 사기꾼에 대한 끝없는 멸시를 배웠다."(Tgb IfZ, Bd.1, 14.10.1925, p.135) ; "인간은 한 무더기의 오물이다."(Tgb IfZ, Bd.4, 2.2.1941, p.488)와 같은 표현들이 일기 곳곳에서 등장한다.
4) Erlaß über die Errichtung des Reichsministeriums für Volksaufklärung und Propaganda vom 13.3.1933, I, p.104, BA Koblenz, R 43 Ⅱ/1150a
5) Goebbels-Rede vom 25.3.1933 über *Die zukünftige Arbeit und Gestaltung des deutschen Rundfunks*, in : Heiber, Helmut (Hrsg.) : *Goebbels-Reden 1932-1939*, Bd.1, Düsseldorf 1971, pp.82(hier : p.89 이하) (이하 : Heiber, *Goebbels-Reden*)
6) Rede vor der Presse in Berlin am 16.3.1933, in : Goebbels, Revolution, pp.135 이하(hier : p.137)
7) Zit. nach : *Presse in Fesseln. Eine Schilderung des NS-Pressetrusts*, Gemeinschaftsarbeit des Verlages Archiv und Kartei, Berlin, auf Grund authentischen Materials, Berlin 1947, p.220
8) Goebbels, *Revolution*, p.136
9) Zit. nach : Auszug aus dem Protokoll der Kabinettsitzung vom 11.3.1933, BA Koblenz, R43 Ⅱ/1149 Bl.5 abgedruckt in : *Zur Geschichte des Reichsministeriums für Volksaufklärung und Propaganda und zur Überlieferung*, in : Wolfram Werner, Koblenz 1979, p.Ⅵ(이하 : Werner, *Geschichte des RMVP*)
10) 같은 출처
11) Tgb IfZ, Bd.2, 6.3.1933, p.388(Kaiserhof) ; 나중에는 "저술", "방위", "음악", "미술" 등이 여기에 덧붙여졌다. "저술" 분과의 과제와 구성에 대한 상세한 내용은 다음을 참조하라. : Strothmann, Dietrich : *Nationalsozialistische Literaturpolitik. Ein Beitrag zur Publizistik im Dritten Reich*, 2.Aufl.,

Bonn 1963, pp.23 이하
12) Müller, Georg Wilhelm : *Das Reichsministerium für Volksaufklärung und Propaganda*, Berlin 1940, p.11
13) Tgb IfZ, Bd.2, 22.1.1932, p.113 (Kaiserhof) ; 같은 출처, 5.8.1931, p.215 und 9.8.1932, p.218
14) Tgb IfZ, Bd.2, 8.3.1933, p.389(Kaiserhof)
15) 이러한 견해 차이에 대해서는 다음을 참조할 것 : Werner, *Geschichte des RMVP*, p.IX ; 다음을 참조할 것 : Heiber, *Goebbels-Reden*, Bd.1, p.? X ; Stephan : *Goebbels*, p.31
16) Goebbels, *Revolution*, p.137
17) Vermerk von Lammers vom 9.5.1934 über einen Vortrag bei Hitler, BA Koblenz, R 43 II/1149
18) Goebbels, *Revolution*, p.137
19) 같은 출처, p.138
20) Tgb IfZ, Bd.2, 8.8.1932, p.219(Kaiserhof)
21) 나중에 괴벨스는 "선전Propaganda"이라는 개념이 긍정적인 의미로만 사용되도록 면밀하게 감독하였으나, 그 자신은 가끔 이를 지키지 않았다. 1937년 선전부는 "선전"과 "선동Agitation"(경제계의 선전에는 "광고Reklame"라는 표현을 사용하라는 지시가 내려졌다)을 명확히 구분하라는 지시를 내렸다. "'선전'이라는 말을 잘못 쓰지 않도록 요청한다. 새로운 국가의 사고방식에서 선전은 어느 정도 법적 보호를 받는 개념이 되었고 부정적인 사태에 사용되지 않아야 한다. 그러므로 '혐오스러운 선전'이나 '볼셰비즘 선전'과 같은 표현 대신에 혐오스러운 비방, 혐오스러운 선동, 혐오스러운 캠페인 등이 쓰여야 한다. 한마디로 말해 우리에 찬성하는 것은 선전이고 우리에 반대하는 것은 선동Hetze이다." (BA Koblenz, Sammlung Brammer, Zsg. 101/10, p. 61, 28.7.1937, Nr. 960) 선전을 긍정적인 의미로만 사용하도록 하는 언론 언어 규정이 존재했다.(Erlaß des RMVP an das RPA Nürnberg vom 8.11.1940, BA Koblenz, R 55/1410) 1942년 2월 9일 기밀 정보에는 다음과 같이 적혀 있다. "신문들에 대해서는 '선전'이라는 개념을 오로지 긍정적 의미에서만, 다시 말해 독일측의 선전에만 사용해야 한다는 점을 지적했다. 적국의 활동에는 여전히 '선동'이라는 개념을 사용해야 한다.(*Vertrauliche Informationen*, Nr. 147/42, 9.21942. p.3, Sammlung Oberheitmann, ZSg 109/28, BA Koblenz) 괴벨스 자신은 "베를린 공방전"을 쓰던 당시에 아직 선전을 "선동"과 구별하지 않고 있다.(참조 : Goebbels, *Kampf um Berlin*, p. 212 : "사람들은 우리의 선동을 여러 차례 원시적이고 재치가 없다고 비판해 왔다.") 그리고 그의 〈제국〉 논설들에서도 늘 이 규정을 지킨 것은 아니다.(Kessemeier, *Leitartikler*, p. 281)
22) Tgb IfZ, Bd.2, 6.3.1933, p.388(Kaiserhof)
23) 같은 출처, 11.3.1933, p.390(Kaiserhof)
24) 같은 출처, 13.3.1933, p.392(Kaiserhof)
25) 같은 출처, 11.3.1933, p.390(Kaiserhof)
26) Menz, Gerhard : *Der Aufbau des Kulturstandes*, München/Berlin 1938, pp.13
27) 1933년 7월 설치된 주州 기구 31개소는 1937년 9월 9일 제국 기구가 되었고 그때부터 "제국선전지국 Reichspropagandaamt"이라고 불렀다. 나중에 "제국선전지국"은 총 41개소가 존재했다.
28) Messerschmidt, *Zweiter Weltkrieg*, p.132
29) Tgb IfZ, Bd.2, 18.4.1933, p.409(Kaiserhof)
30) 다음을 참조할 것 : Bramsted, Ernest K. : *Goebbels und die nationalsozialistische Propaganda 1925-1945*, Frankfurt am Main 1971, p.110(이하 : Bramsted, *Propaganda*) ; Messerschmidt, Zweiter Weltkrieg, p.132
31) 1939년 4월 1일 현재 선전부 직원이 956명이었고 1940년 4월 1일에는 1,356명이 되었다. 선전부 직원은 계속 늘어나서 1941년 4월 1일에는 1,902명이 되었다. 이러한 인력 증원으로 선전부 내 부서도 늘어났다. 1935년에는 9개 부서가 있었으나 1941년에는 최고 수준인 17개 부서가 있었다. 공간적 측면에서도 이러한 성장세가 나타났다. 1930'년대 중반 선전부는 마우어 거리 45-52번지에 방 500개를 가진 6층 건물이 신축되었다. 나중에는 베를린 곳곳의 22개 건물에 선전부의 각 부서들이 입주하기까지 했다.(Heiber, *Goebbels*, p.138) 정규 예산은 처음에는 1,700만 제국마르크였으나 1억 제국마르크

까지 치솟았고, 그와 비슷한 규모의 특별 예산이 덧붙여졌고, 전쟁 중에는 더욱 증가했다. 이 통계들은 다음 출처에서 나온 것이다. : Boelcke, Willi A.(Hrsg.) : *Kriegspropaganda 1939-1941. Geheime Ministerkonferenzen im Reichspropagandaministerium*, Stuttgart 1966, pp. 121 und 138(이하 : Boelcke, *Ministerkonferenzen*)
32) Müller, Georg Wilhelm : *Das Reichsministerium für Volksaufklärung und Propaganda*, Berlin 1940, p.10
33) Aussage von Hans Fritzsche in Nürnberg, IMT, Bd. XVII, p.210
34) Aussage von Walther Funk in Nürnberg, IMT, Bd. XIII, p.106
35) Boelcke, *Ministerkonferenzen*, p.60
36) Siege dazu : Tgb IfZ, Bd.2, 12.7.1933, p.445
37) Boelcke, *Ministerkonferenzen*, p.139
38) *Reichsminister Dr. Goebbels über die Aufgaben der Presse*, in : Zeitungs-Verlag vom 18.3.1933, abgedruckt in : Wulf, Joseph : *Presse und Funk im Dritten Reich. Eine Dokumentation*, Frankfurt am Main/Berlin/Wien 1983, pp.64(이하 : Wulf, *Presse und Funk*)
39) Goebbels beim Empfang des Berliner Verbandes der Auswärtigen Presse im RMVP am 6.4.1933, zit. nach : Schulthess' europäischer Geschichtskalender 1933, pp.85 ; 다음 참조 : Müller, Hans-Dieter : *Portrait einer Deutschen Wochenzeitung*, in : *Facsimile Querschnitt. Das Reich*, Bern/Munchen o.D., pp.7 이하(hier : p.9)
40) Zit. nach : Stephan, *Goebbels*, pp.156 이하
41) Zit. nach : Wulf, *Presse und Funk*, p.6
42) Boveri, Margret : *Wir lügen alle. Eine Hauptstadtzeitung unter Hitler*, Freiburg im Breisgau 1965, p.547(이하 : Boveri, *Wir lügen alle*) ; 베렌트에 대한 상세한 내용은 다음을 참조할 것 : Boelcke, *Ministerkonferenzen*, pp.75(hier : p.76) ; 나치당 공보실장 디트리히의 특별대리인 활동에 대해서는 다음을 참조할 것 : Lebenslauf Alfred Ingemar Berndts vom 19.10.1936, BDC
43) 나중에 괴벨스의 개인 언론보좌관이 되는 빌프레트 폰 오펜과 선전부에 통합된 제국정부 선전국 직원 베르너 슈테판이 그에 대해 내린 판단이다. 다음을 참조할 것 : Boelcke, *Ministerkonferenzen*, p.75
44) Tgb IfZ, Bd.2, 15.2.1933, p.376(Kaiserhof)
45) 같은 출처
46) Wulf, *Presse und Funk*, pp.27(hier : p.31) ; 1932년에서 1934년 사이에 신문의 수는 4,700여 개에서 3,100여 개로 줄었다.(Heiber, *Goebbels*, p.160)
47) Wulf, *Presse und Funk*, pp.31 이하
48) 괴벨스 일기는 이에 대해 여러 차례 언급하고 있다. "〈프랑크푸르터 차이퉁〉은 사라져야 한다 이 쓰레기 신문은 전혀 쓸모가 없다."(Tgb IfZ, Bd.2, 22.10.1936, p.703) ; 이 주제에 대한 상세한 내용은 다음을 참조하라. : Gillessen, Günther : *Auf verlorenem Posten. Die Frankfurter Zeitung im Dritten Reich*, Berlin 1986
49) 다음을 참조할 것 : Bericht von Fritz Sänger, einem langjährigen Mitarbeiter der Berliner Redaktion der *Frankfurter Zeitung* bis zu deren Verbot am 31.8.1943, vom 28.7.1963, abgedruckt bei : Wulf, *Presse und Funk*, pp.81 이하
50) 같은 출처, p.81
51) 같은 출처, p.83
52) Aussage Moritz von Schirmeisters in Nürnberg, IMT, Bd. XVII, p.263
53) Aleff, Eberhard : *Das Dritte Reich*, Hannover 1970, p.103(이하 : Aleff, *Drittes Reich*)
54) Abel, Karl-Dietrich : *Presselenkung im NS-Staat. Eine Studie zur Geschichte der Publizistik in der nationalsozialistischen Zeit*, Berlin 1968, pp.5 이하(hier : p.6) (이하 : Abel, *Presselenkung*) ; 그는 제국언론원장직을 이러한 목적을 달성하기 위한 수단으로 활용했다. 제국언론원장은 발행인들이 그 직업의 수행을 위해 나치적 의미에서 "필수적인 신뢰성과 능력"을 갖추지 못하고 있는 경우 이들을 언론원에서 제명할 수 있었다.(§§4 und 10 der Ersten Durchführungsverordnung des RKK-Gesetzes

vom 1.11.1933, RGBI. 1933, I,S.797)
55) IMT, Bd. XVII, p.265
56) Stephan, *Goebbels*, p.157
57) Goebbels, *Revolution*, p.144
58) Stephan, *Goebbels*, p.157 ; 하다모프스키를 제국방송사 사장으로 임명하면서 괴벨스는 방송을 "국민에게 영향을 끼칠 수 있는 가장 중요한 도구"라고 불렀다.(*Der Angriff* vom 14.7.1933)
59) 다음을 참조할 것 : Diller, Ansgar : *Rundfunkpolitik im Dritten Reich*, München 1980
60) Tgb IfZ, Bd.2, 1.3.1933, pp.384 이하(Kaiserhof)
61) *Film-Kurier* vom 8.7.1933, zit. nach : Wulf, *Presse und Funk*, p.301
62) 하다모프스키에 대한 상세한 내용은 다음을 참조할 것 : Boelcke, *Ministerkonferenzen*, pp.80 und 89
63) *Kölnische Zeitung* vom 16.3.1933, zit. nach : Wulf, *Presse und Funk*, p.300
64) *Badischer Beobachter* vom 23.3.1933, zit. nach : Wulf, *Presse und Funk*, pp.300 이하
65) Goebbels' Rede über *Die zukünftige Arbeit und Gestaltung des deutschen Rundfunks*, abgedruckt bei : Heiber, *Goebbels-Reden*, Bd.2, pp.82 이하(hier : p.87 u 89)
66) 같은 출처, p.106
67) Goebbels in seiner Eröffnungsrede bei der 19.Rundfunk-Ausstellung am 16.8.1935, in : *Hannoverscher Anzeiger* vom 17.8.1935
68) Mitteilungen der RRG, Mr.364 vom 9.6.1933, Bl.1 ; 1937년 "대독일방송 제국사장" 임명으로 방송 획일화 조치가 정점에 달했다.(Boelcke, *Ministerkonferenzen*, p.89)
69) Hadamovsky, Eugen : *Dein Rundfunk*, zit. nach : Pohle, *Rundfunk*, p.276
70) "나는 가령 새로운 제국의회 개회나 (······.) 제국대통령 앞에서 포츠담 연대의 퍼레이드 같은 민족적 행사들이 단지 1만 명이나 1만 5천 명에 불과한 인원으로 벌어진다는 것은 있을 수 없는 일이라고 생각했다. 그것은 매우 비현대적이다. 이를 허용하는 정부라면 민족적 행사에 겨우 1만 5천 명밖에 관심을 보이지 않는다고 해도 놀랄 것이 없다. 나는 반대로 전 민족이 ······ 그러한 행사에 직접 참여하고 이에 대해 함께 들어야만 한다고 생각했다. in : Goebbels, *Revolution*, pp.143
71) Tgb IfZ, Bd.2, 17.3.1933, p.394(Kaiserhof)
72) Hanfstaengl, *15 Jahre*, p.298
73) 같은 출처
74) Tgb IfZ, Bd.2, 22.3.1933, p.395(Kaiserhof)
75) 같은 출처, p.396
76) *Berliner Börsenzeitung* vom 22.3.1933
77) Domarus, Max : *Hitler - Reden und Proklamationen 1932-1945*, Bd. I : *Triumph*, Bd. II : *Untergang*, Würzburg 1963 (hier : Bd. I , p.241) (이하 : Domarus, *Reden*)
78) Tgb IfZ, Bd.2, 24.3.1933, p.397(Kaiserhof)
79) *Der Angriff* vom 18.5.1934
80) Tgb IfZ, Bd.3, 30.8.1938, p.522
81) 같은 출처, Bd.2, 9.8.1933, p.456 : "방송 귀족들이 내 제안에 따라 오라니엔부르크로 갔다. 이제 그들은 편지나 전보에서 칭얼대고 신경발작을 일으키고 있다. 그런 일들은 이 비겁한 고수익자들에게 아주 어울리는 일이다." ; 독일 방송의 창시자이자 "아버지", 제국방송위원이자 제국방송사 대표이사인 한스 브레도프Hans Bredow는 히틀러 집권 직후 사임했고, 직업 금지 조치를 받는 대신 수용소로는 가지 않았다. 이에 대해서는 다음을 참조할 것 : Tgb IfZ, Bd.2, Eintragungen vom 10.8.1933, p.456 und 12.8.1933, p.457
82) Diels, Rudolf : *Lucifer ante portas,...es spricht der erste Chef der Gestapo...*, Stuttgart 1950, p.304
83) Tgb IfZ, Bd.2, 27.3.1933, S398(Kaiserhof)
84) 같은 출처, 26.3.1933, p.398(Kaiserhof)
85) Domarus, *Reden*, Bd. II , p.1030
86) Mitgliedsliste des "Zentralausschusses", siehe IMT, Bd.III, p.586(vollständige Liste siehe Dok.

2156-PS, IMT, Bd. ⅩⅩⅨ, pp.268 이하)
87) 1933년 3월 28일 나치당 지도부의 보이콧 격문 7항에는 다음과 같은 말이 있다. "이것은 우리가 어쩔 수 없이 취하는 자위 조치라는 사실을 늘 강조해야 한다." zit. nach : Domarus, *Reden*, Bd. Ⅰ, p.250
88) 같은 출처, p.251
89) Tgb IfZ, Bd.2, 28.3.1933, p.399(Kaiserhof)
90) Domarus, *Reden*, Bd. Ⅰ, p.251
91) Goebbels, *Revolution*, p.158
92) Bericht des amerikanischen Generalkonsuls in Leipzig vom 5.4.1933 (Dok.2709-PS), IMT, Bd. Ⅲ, p.586
93) Tgb IfZ, Bd.2, 1.4.1933, p.400(Kaiserhof)
94) 같은 출처, 28.4.1933, p.413(Kaiserhof)
95) Speer, Albert : *Erinnerungen*, Frankfurt am Main/Wien/Berlin 1969, p.40 (이하 : Speer, *Erinnerungen*)
96) Tgb IfZ, Bd.2, 25.4.1933, p.411(Kaiserhof)
97) *Rheydter Zeitung* vom 22., 23.und 25.4.1933, StA Mönchengladbach을 참조할 것
98) *Rheydter Zeitung* vom 25.4.1933, StA Monchengladbach
99) 같은 출처
100) 라이트가 1933년 8월 1일 괴벨스의 개입으로 다시 글라트바흐로부터 독립하고 나서(*Volksparole, Rheydter Nachrichten* vom 17.10.1934), 1934년 10월 16일 시의원 결의에 의해 새로운 시의회는 괴벨스에게 라이트 시 명예시민증을 수여하기로 했다. 이 결정은 1945년 6월 14일 라이트 시의 시의원 위원회 회의에서 취소되었다.(StA Mönchengladbach, Sitzungen des Vertrauensmänner-Ausschusses März-Dezember 1945, Sign.256/194, Lager-Nr.2878)
101) *Rheydter Zeitung* vom 25.4.1933
102) François-Poncet, André : *Botschafter in Berlin. 1931-1938*, Berlin/Mainz 1962, p.129(이하 : François-Poncet, *Botschafter*)
103) Tgb IfZ, Bd.2, 1.5.1933, p.415(Kaiserhof)
104) 분서와 여기에서 괴벨스의 역할에 대해서는 다음을 참조할 것 : Sauder, Gerhard : *Der Germanist Goebbels als Redner bei der Berliner Bücherverbrennung*, in : Horst Denkler/Gerhard Lämmert(Hrsg.) : *Das war ein Vorspiel nur...*, Berliner Colloquium zur Literaturpolitik im "Dritten Reich", Schriftenreihe der Akademie der Künste, Bd.15, Berlin 1985, pp.56
105) Golo Mann in einem Gespräch mit Pierre Bertaux und Brigitte Bermann-Fischer, Weihnachten 1982, abgedruckt in : Haarmann/Huder/Siebenhaar(Hrsg.) : *"Das war ein Vorspiel nur". Bücherverbrennung Deutschland 1933. Voraussetzungen und Folgen*, Berlin/Wien 1983, pp.228 이하(hier : p.230)
106) Heiber, *Goebbels-Reden*, Bd.1, pp.108 이하(hier : p.108)
107) 같은 출처, p.111
108) Golo Mann in einem Gespräch mit Pierre Bertaux und Brigitte Bermann-Fischer, Weihnachten 1982, abgedruckt in : Haarmann/Huder/Siebenhaar(Hrsg.) : *"Das war ein Vorspiel nur". Bücherverbrennung Deutschland 1933. Voraussetzungen und Folgen*, Berlin/Wien 1983, pp.228 이하(hier : p.230)
109) Heiber, *Goebbels-Reden*, Bd.1, pp.109 이하
110) Tgb IfZ, Bd.2, 15.5.1933, p.420
111) Goebbels, Magda : *Die deutsche Mutter. Rede zum Muttertag gehalten im Rundfunk am 14.5.1933*, Heilbronn 1933, pp.18 이하
112) Tgb BA Koblenz, NL118/21, Eintragung vom 19.8.1941
113) Ruhl, Klaus-Jörg : *Brauner Alltag. 1933-1939 in Deutschland*. Düsseldorf 1981, p.73(이하 : Ruhl, *Brauner Alltag*) ; 다음을 참조하라 : Goebbels' Eröffnungsrede zur Ausstellung "Die Frau" am

18.3.1933 in Berlin, abgedruckt in : Goebbels, Joseph : *Signale der neuen Zeit. 25 ausgewählte Reden*, München 1937, pp.118 이하(이하 : Goebbels, *Signale*)
114) Tgb IfZ, Bd.2, 17.7.1933, p.447
115) 같은 출처, 4.6.1933, p.425
116) 같은 출처
117) 같은 출처, p.427
118) 같은 출처, 8.7.1933, p.443
119) RGBl., 1933 I, p.104
120) 다음을 참조할 것 : Dahm, Volker : *Anfänge und Ideologie der Reichskulturkammer*, in : VfZG, Jg.34/1986, pp.53 이하(hier : p.60)(이하 : Dahm, *Anfänge*)
121) Tgb IfZ, Bd.2, 19.4.1933, p.409(Kaiserhof)
122) RGBl., 1933, I, p.449
123) 이에 대해서는 괴벨스의 것으로 보이는, "국민계몽선전 제국전권위원" 설치에 대한 기획(BA Koblenz, R 43 II/1149, Bl.49-53)을 참조할 것. 여기에서는 1933년 6월 30일 명령을 넘어서는 권한들을 요구하고 있다.
124) Auszugsweise abgedruckt bei : Wulf, Joseph : *Die Bildenden Künste im Dritten Reich. Eine Dokumentation*, Gütersloh 1963, pp.99(이하 : Wulf, *Bildende Künste*)
125) Tgb IfZ, Bd.2, 11.5.1933, pp.418 이하
126) Niederschrift darüber in : ADAP, Serie C I, Bd.2, Dok.261
127) Tgb IfZ, Bd.2, 25.5.1933, p.424 ; 이 논쟁에 대해서는 다음을 참조할 것 : Longerich, Peter : *Propagandisten im Krieg. Die Presseabteilung des Auswärtigen Amtes unter Ribbentrop*, München 1987, pp.126 이하(이하 : Longerich, *Propagandisten*)
128) Tgb IfZ, Bd.2, 11.4.1933, p.406(Kaiserhof)
129) 같은 출처, 25.5.1933, p.424
130) 그의 권한 분야에는 비스바덴의 독일극장Deutsches Theater, 나중에는 빈의 제국극장Reichstheater과 베를린의 메트로폴테아터Metropoltheater 및 아드미랄스팔라스트Admiralspalast도 포함되었다.
131) Tgb IfZ, Bd.2, 7.8.1933, p.455, 다음을 참조하라 die Eintragungen vom 9.7.1933, p.444, 23.8.1933, p.460, 29.8.1933, p.461 und 31.8.1933, p.462
132) 같은 출처, 25.6.1933, p.438
133) 같은 출처, 23.8.1933, p.460
134) 같은 출처
135) Schreiben Görings an den RInnenM, RPostM, PreußMdInnern, PreußMfWiss, Kunst und Volksbildung, PreußFinanzM sowie die Landesregierungen von Bayern, Sachen, Württemberg, Baden, Thuringen, Hessen und Hamburg vom 12.6.1933, auszugsweise abgedruckt in : Wulf, *Presse und Funk*, pp.289(hier p.292)
136) Tgb IfZ, Bd.2, 17.6.1933, p.435
137) 같은 출처, 20.6.1933, p.436
138) 같은 출처, 17.6.1933, p.435
139) 같은 출처, 19.8.1933, p.459
140) 같은 출처, 2.9.1933, p.463
141) 같은 출처, 17.6.1933, p.435
142) 같은 출처, 19.7.1933, p.448
143) 같은 출처, 29.6.1933, p.440 : "보스는 내게 매우 친절하다. 나는 후겐베르크의 관저를 얻게 되었다."
144) 제국식량장관 다레가 히틀러에게 보내기 위해 썼으나 그 시도의 무의미함 때문에 보내지는 않은 것으로 보이는 편지 초안이 BDC에 보관되어 있다(Entwurf eines Schreibens Darres an Hitler, BDC). ; Speer(*Erinnerungen*, p.40)는 괴벨스의 관저 인수가 "어느 정도 폭력적으로" 이루어졌다고

쓰고 있다.
145) Entwurf eines Schreibens Darrés an Hitler, BDC
146) Speer, *Erinnerungen*, p.40
147) Tgb IfZ, Bd.2, 1.7.1933, p.441
148) 같은 출처, 27.12.1933, p.468
149) 같은 출처, 16.7.1933, p.447
150) Speer, *Erinnerungen*, pp.40 이하
151) 같은 출처, Bd.2, 20.7.1933, p.448
152) 같은 출처, 21.7.1933, p.449
153) 같은 출처, 22.7.1933, p.449
154) 같은 출처, und 23.7.1933, p.450
155) 다음을 참조할 것 : Dahm : *Anfänge*, pp.61 이하
156) 같은 출처, p.62
157) Tgb IfZ, Bd.2, 7.7.1933, p.443
158) 같은 출처, 11.7.1933, p.445
159) *Der Angriff* vom 11.7.1933
160) Dahm, *Anfänge*, p.62
161) Schreiben des RMVP an die Reichskanzlei vom 13.7.1933, BA Koblenz Akten der Reichskanzlei R 43 Ⅱ/1244
162) 같은 출처
163) "Grundgedanken zur Errichtung einer Reichskulturkammer" (Juli 1933), BA Koblenz R 43 Ⅱ/1241
164) 다음을 참조할 것 : Dahm, *Anfänge*, p.62
165) Goebbels-Rede "über den ständischen Aufbau der Kulturberufe" auf der Tagung der RKK am 7.2.1934, Text des Deutschen Nachrichtenbüros (DNB), Nr.288 vom 28.2.1934, BA R 43 Ⅱ/1241, Bl.18f.
166) Dahm, *Anfänge*, p.56
167) Brenner, Hildegard : *Die Kunstpolitik des Nationalsozialismus*, Reinbek bei Hamburg 1963, p.56(이하 : Brenner, *Kunstpolitik*)
168) "Grundgedanken zur Errichtung einer Reichskulturkammer" (Juli 1933), BA Koblenz R 43 Ⅱ/1241
169) 같은 출처
170) Tgb IfZ, Bd.2, 25.8.1933, p.461
171) Dahm, *Anfänge*, p.66
172) 같은 출처, p.83
173) 다음을 참조할 것 : Werner, Kurt/Biernat, Karl Heinz : *Die Köpenicker Blutwoche 1933*, Berlin(Ost) 1960
174) Tgb IfZ, Bd.2, 1.9.1933, p.463
175) Aus der geheimen Erklärung von Goebbels am 5.4.1940 vor geladenen Vertretern der deutschen Presse, ausschnittweise abgedruckt in : Jacobsen, Hans-Adolf : *1939-1945. Der Zweite Weltkrieg in Chronik und Dokumenten*, Darmstadt 1959, pp.180 이하(이하 : Jacobsen, *Weltkrieg*)
176) Goebbels, Joseph : *Deutschlands Kampf um Friede und Gleichberechtigung*. Außenpolitische Rede im Berliner Sportpalast am 20.10.1933, in : Goebbels, *Signale*, pp.250 이하(hier : p.271)
177) Tgb IfZ, Bd.2, 25.9.1933, p.465
178) Hill, Leonidas E.(Hrsg.). : *Die Weizsäcker-Papiere 1933-1950*, Frankfurt am Main/Berlin/Wien 1974, hier : Eintragung vom 1.10.1933, p.76(이하 : Hill, *Weizsäcker-Papiere*)

179) Tgb IfZ, Bd.2, 25.9.1933, p.465
180) Schmidt, *Statist auf diplomatischer Bühne 1923-1945, Erlebnisse des Chefdolmetschers im Auswärtigen Amt mit den Staatsmännern Europas*, Bonn 1953, p. 283(이하 : Schmidt, *Statist*)
181) Tgb IfZ, Bd.2, 25.9.1933, p.465
182) Schmidt, *Statist*, p. 283
183) 같은 출처 ; 독일 외교관 울리히 폰 하셀Ulrich von Hassell은 일기(*Die Hassell-Tagebucher. Aufzeichnungen vom Andern Deutschland*, hrsg. v. Friedrich Freiherr Hiller von Gaertringen, Berlin 1988, Eintragung vom 12.6.1944, pp.431 ; 이하 : Hassell-Tgb)은 괴벨스가 1944년 6월 8일 선발된 고위 관료, 경제인들 앞에서 행한 강연에 대해 전하면서, "그는 휘장 없는 세련된 회색 양복을 입고 전문가들을 겨냥하여 차분한 말투로 이야기하면서 고급 '부르주아' 수준에 뛰어나게 적응했다고 밝히고 있다. (…….) 그는 대부분의 참석자들에게 '탁월한 지식인'이라는 결정적인 인상을 주었다."
184) Hill, *Weizsäcker-Papiere*, Eintragung vom 1.10.1933, p.76
185) 같은 출처, Eintragung vom 6.10.1933, p.76
186) Tgb IfZ, Bd.2, 28.9.1933, p.467
187) 같은 출처, 27.9.1933, p.466
188) Abgedruckt in : Goebbels, *Signale*, pp.233 이하
189) 다음을 참조할 것 : Messerschmidt, *Zweiter Weltkrieg*, pp.135 이하
190) Goebbels, *Signale*, pp.243
191) 같은 출처, p.246
192) 같은 출처, p.236
193) 이는 1934년 나치당이 보유한 뮌헨의 에어 출판사가 1933년-1934년의 괴벨스 연설 25편을 모아 발간한 책의 제목이다.
194) Schmidt, *Statist*, pp.284
195) 같은 출처, p.285
196) *The Times* vom 29.9.1933
197) Zit. nach : Heiber, *Goebbels*, p.246
198) Boveri, *Wir lügen alle*, p.162 ; Schmidt, *Statist*, p.285도 참조할 것 : 그는 괴벨스가 "매우 예민한 문제들에 대해 뛰어난 논리로" 접근해 들어갔으며, "외국 언론인들의 때때로 매우 날카로운 발언들의 창끝을 무디게 하는 법을" 노련하게 익히고 있었다.
199) Schmidt, *Statist*, p.286
200) Tgb IfZ, Bd.2, 25.9.1933, p.465
201) Documents Diplomatiques Français 1932-1939, 1re Série (1932-1935), Tome Ⅳ, 16 Juillet - 12 November 1933, Paris 1968, Dok. 259, M. Paul-Boncour, Ministre des Affaires Etrangères, à M. Daladier, Président du Conseil, Ministre de la Guerre, Genève, 29 septembre 1933, pp.443 이하.(hier : p.444)(Übersetzung des Verfassers)
202) Schmidt, *Statist*, p.289
203) 같은 출처
204) Tgb IfZ, Bd.2, 27.9.1933, p.466
205) 같은 출처
206) 같은 출처, 21.9.1933, p.464. 이 부분의 내용상 이 부분은 잘못 끼어들었고 올바른 날짜는 1933년 9월 29일인 것으로 추정된다. 여기에 대해서는 폴 봉쿠르의 1933년 9월 29일 대화 기록을 참조할 것, in : Documents Diplomatiques Français 1932-1939, 1re Série (1932-1935), Tome Ⅳ, 16 Juillet-12 November 1933, Paris 1968, Dok. 259, pp.443 이하
207) Tgb IfZ, Bd.2, 27.9.1933, p.466
208) Domarus, *Reden*, Bd.1, pp.306(hier : p.306) ; vgl. auch : Messerschmidt, *Zweiter Weltkrieg*, p.136

209) Goebbels, *Signale*, pp.250 이하(hier : p.270 und p.269)
210) Rauschning, Hermann : *Gespräche mit Hitler*, Wien 1973, p.103(이 책에 대한 유보적 태도에 대해서는 다음을 참조할 것 : *Der Spiegel*, Nr.37/1985, pp.92 이하)
211) Goebbels in einem Interview mit dem Wolffschen Telegraphen-Büro vom 8.11.1933 über den Sinn dieser Reichstagswahl, abgedruckt in : *Ursachen und Folgen. Vom deutschen Zusammenbruch 1918 und 1945 bis zur staatlichen Neuordnung Deutschlands in der Gegenwart*, hrsg. von Herbert Michaelis/Ernst Schraepler, Berlin 1958ff., hier : Bd. X, Dok. 2330, pp.51 이하 (hier : p.52)(이하 : *Ursachen und Folgen*)
212) 같은 출처
213) 토르글러는 석방되었지만 1935년 중반까지 보호감호 조치를 받았다. 그는 구금 중 과거 자신의 직원이던 마리아 레제Maria Reese와 함께 반공 서적을 한 권 저술했다(Tgb IfZ, Bd.2, 23.8.1935, p.506). 히틀러는 이 책에 매우 관심을 보였지만(같은 출처, 21.8.1935, p.505) 결국 출판되지는 못했다(같은 출처, 2.12.1936, p.742). 그 후 토르글러는 히틀러로부터 학술 연구 명목으로 월 800마르크를 지급받았는데, 그가 공개적으로 활동하지 않는다는 것이 조건이었다(같은 출처, Bd.3, 25.1.1937, p.21 ; 26.1.1937, p.22).
214) 프랑스로 도주한 공산당 수석 선전가 빌리 뮌첸베르크Willi Münzenberg의 선전선동 기구는 〈기록문서〉(〈갈색 책〉)를 작성했는데, 이는 독일에서 몰래 빼돌린, 나치 고위 인사들의 비밀 명령과 기밀 문서들의 소위 증언을 담고 있었다. 그 자료들, 그리고 〈갈색 책〉의 논리들은 매우 설득력이 있어서, 나치의 거의 모든 반대자들이 나치의 죄악에 대해 확신하게 되었다.
215) 별도의 언급이 없는 경우에는, 이 설명은 괴벨스 심문 조서와 1933년 11월 9일자 〈포시셰 차이퉁〉의 재판 보도에 따른다.
216) Hedemann-Prozeßbeobachtungen, BA Koblenz, Kl.Erw./433, p.173
217) 같은 출처, p.179
218) *Die deutsche Kultur vor neuen Aufgaben*, in : Goebbels, *Signale*, pp.323 이하(auch p.336)
219) Goebbels-Rede "über den ständischen Aufbau der Kulturberufe" auf der Tagung der RKK am 7.2.1934, Text des Deutschen Nachrichtenbüros (DNB), Nr.288 vom 28.2.1934, BA Koblenz, R43 II/1241, Bl.18f.
220) 다음을 참조할 것 : Dahm, *Anfänge*, pp.55 이하
221) 다음을 참조할 것 : Brenner, Hildegard : *Die Kunstpolitik des Nationalsozialismus*, Reinbek bei Hamburg 1963, p.54(이하 : Brenner, *Kunstpolitik*)
222) Goebbels, *Signale*, pp.332 이하
223) Piper, Ernst : *Nationalsozialistische Kunstpolitik. Ernst Barlach und die "entartete Kunst". Eine Dokumentation*, München 1987, p.15(이하 : Piper, *Nationalsozialistische Kunstpolitik*)
224) Zit. nach : Bollmus, Reinhard : *Das Amt Rosenberg und seine Gegner. Studien zum Machtkampf im Nationalsozialistischen Herrschaftssystem*, Stuttgart 1970, p.52 이하(이하 : Bollmus, *Amt Rosenberg*)
225) Speer, *Erinnerungen*, p.139
226) Zentner, Christian : *Der Nürnberger Prozeß. Dokumentation-Bilder-Zeittafel*, München/Zürich 1984, p.70
227) Piper, *Nationalsozialistische Kunstpolitik*, p.14
228) Tgb IfZ, Bd.3, 13.4.1937, p.109
229) *Völkischer Beobachter* vom 14.11.1925 ; 다음을 참조할 것 : Kapitel 4, p.96 : Bollmus, *Amt Rosenberg*, p.45 und p.265, Anm. 101 ; Tgb IfZ, Bd.1, 14.11.1925, p.143
230) *Völkischer Beobachter* vom 7.7.1933
231) Bollmus, *Amt Rosenberg*, pp.45 이하
232) Tgb IfZ, Bd.2, 16.5.1933, p.420
233) Dahm, *Anfänge*, p.57
234) 같은 출처, p.71

235) 1934년 뉘른베르크 제국전당대회의 "정치 지도자" 집회 중 히틀러 발언을 참조할 것. "국가가 우리에게 명령하는 것이 아니다. 우리가 국가에게 명령하는 것이다! 국가가 우리를 만든 것이 아니다. 우리가 우리에게 우리의 국가를 만들어낸다." zit. nach : Bollmus, *Amt Rosenberg*, p.265, Anm.94
236) Bollmus, *Amt Rosenberg*, p.45 u. p.53
237) 같은 출처, p.52
238) Goebbels im Sportpalast am 7.11.1933, in : Goebbels, *Signale*, pp.278 이하(hier : p.301)
239) Tgb IfZ, Bd.2, 2.1.1934, p.469
240) Domarus, *Reden*, Bd. Ⅰ, p.339

10장 위기와 위험을 헤치고 우리는 자유로 간다

1) Tgb IfZ, Bd.2, 2.3.1935, p.483
2) 같은 출처, 15.8.1933, p.458
3) 같은 출처, 25.3.1934, p.471 und 31.3.1934, p.471
4) 같은 출처, Bd.3, 25.1.1937, p.22
5) 같은 출처, Bd.2, 15.10.1935, p.527
6) Goebbels am 28.3.1933 im Hotel Kaiserhof vor den Filmschaffenden, zit. nach : Albrecht, Gerd : *Nationalsozialistische Filmpolitik. Eine soziologische Untersuchung über die Spielfilme des Dritten Reiches*, Stuttgart 1969, pp.439 이하(hier : p.439)(이하 : Albrecht, *Filmpolitik*)
7) Tgb IfZ, Bd.2, 15.1.1936, p.564 : "…… 미국 …… 문화가 없는 나라. 그러나 그들은 몇 가지는 할 줄 알고, 또 열심히 해내고 있다. 예를 들어 기술이 그렇고 영화가 그렇다. 그들은 유럽에 대해서는 전혀 관심이 없다. 거기에는 1,200만 명의 검둥이와 700만 명의 유대인이 있다. 그러니까 우리의 인종법을 이해하지 못하는 것도 당연하다. 또 그럴 필요도 없다. 그들은 그저 영화를 만들고 기계나 만들면 되는 것이니까."
8) Tgb IfZ, Bd.2, 26.7.1933, p.451 und Bd.3, 30.1.1939, p.565
9) 같은 출처, Bd.2, 12.6.1933, p.432
10) 1942년 8월 19일 서류 메모를 참조할 것, abgedruckt in : Wulf, *Theater und Film*, pp.354 이하
11) Cziffra, Géza von : *Es war eine rauschende Ballnacht. Eine Sittengeschichte des deutschen Films*, Frankfurt am Main/Berlin 1987, pp.141 이하
12) 제국연극국의 과제와 구성에 대해서는 다음을 참조할 것 : Wulf, *Theater und Film*, pp.56 이하
13) Tgb IfZ, Bd.2, 13.10.1935, p.526
14) 다음을 참조할 것 : Romani, Cinzia : *Die Filmdivas des Dritten Reiches*, München 1982, p.19(이하 : Romani, *Filmdivas*)
15) Goebbels am 28.3.1933 vor Vertretern des Films im Hotel Kaiserhof, zit. nach : Albrecht, *Filmpolitik*, p.439
16) Tgb IfZ, Bd.3, 22.12.1937, p.378
17) 같은 출처, Bd.4, 15.10.1940, p.365
18) Rauschning, Hermann : *Gespräche mit Hitler*, Wien 1973, pp.143 이하
19) Tgb IfZ, Bd.2, 21.5.1934, p.472
20) *Ursachen und Folgen*, Bd.Ⅹ, Dok.2375a, pp.157 이하
21) 같은 출처, p.161
22) 같은 출처, p.161
23) 같은 출처, p.162
24) 같은 출처, p.159
25) *Das politische Tagebuch Alfred Rosenbergs aus den Jahren 1934/35 und 1939/40*, hrsg. v. Hans-Günther Seraphim, Göttingen 1956, hier : Eintragung vom 22.5.1934, p.24(이하 : Tgb Rosenberg)
26) 폴란드 문화동맹에서 행한 그의 강연 주제는 〈유럽 평화의 요인으로서 나치 독일〉이었다.

27) *Völkischer Beobachter* vom 19.6.1934
28) 같은 출처
29) *Deutsche Allgemeine Zeitung* vom 22.6.1934, 다음도 참조할 것 : *Angriff* vom 22.6.1934 und *Völkischer Beobachtung* vom 23.6.1934
30) Papen, Franz von : *Der Wahrheit eine Gasse*, München 1952, p.349
31) Tgb IfZ, Bd.2, 29.6.1934, p.472
32) 괴벨스가 크게 놀랐다는 사실은 무엇보다도 1934년 6월 29일 일기에서 나타난다. 그는 여기에서 "도처에서 활동하는" "반동"에 대해 조치를 취해야 한다고 두 번이나 쓰고 있다.
33) "룀 쿠데타"에 대해서는 다음을 참조할 것 : Longerich, Peter : *Die braunen Bataillone. Geschichte der SA*, München 1989, pp.206 이하(이하 : Longerich, *Braune Bataillone*)
34) *Ursachen und Folgen*, Bd. X, Dok.2376, pp.166 이하(hier : p.166)
35) Tgb Rosenberg, 7.7.1934, p.33
36) *Der Angriff* vom 2.7.1934
37) 같은 출처 ; 히틀러의 운전기사 에리히 켐프카Eich Kempka의 서술을 참조할 것, in : *Ursachen und Folgen*, Bd. X, Dok.2378, pp.168 이하 ; 다음 참조 : Domarus, *Reden*, Bd. I, p.395
38) 같은 출처, Bd. I, Bild X
39) Longerich, *Braune Bataillone*, p.218
40) 괴벨스의 보좌관 프리드리히 크리스티안 프린츠Friedrich Christian Prinz가 샤움부르크 리페 Schaumburg-Lippe에게 그렇게 말했다 : *Zwischen Krone und Kerker*, Wiesbaden 1952, pp.173 이하, auszugsweise abgedruckt in : *Ursachen und Folgen*, Bd. X, Dok.2379b, pp.181 이하(hier : p.183)
41) 괴링은 언론 대표들 앞에서 자신이 권한을 확대시켰다고 자랑스럽게 선언했다. 다음을 참조할 것 : *Ursachen und Folgen*, Bd. X, Dokument 2379c, pp.183 이하(hier : p.184)
42) Gregor Strasser an Rudolf Heß am 18.6.1934, BDC
43) Frau Strasser an Wilhelm Frick am 22.10.1934, auszugsweise abgedruckt in : Gruchmann, Lothar : *Einleitung zum Erlebnisbericht Werner Pünders über die Ermordung Klauseners am 30. Juli 1934 und ihre Folgen*, in : VfZG, 19.Jg./1971, pp.404 이하(hier : pp.409 이하)
44) 룀은 에프 장군을 비롯한 손님들에게 비쇼에서의 회합을 특히 "괴벨스의 얼굴에서 가면을 벗기는데" 활용할 것이라고 선언했다. Aussage Ferdinand Karl Prinz von Isenburgs vom 3.1.1950, zit. nach : Mau, Hermann : *Die Zweite Revolution-Der 30.Juni 1934*, in VfZG, 1 Jg /1953, pp.119 이하. (hier : p.128)
45) Wortlaut der Goebbels-Rede vom 1.7.1934 abgedruckt im *Angriff* vom 2.7.1934 ; sowohl Göring (*Völkischer Beobachter* vom 3.7.1934) äls auch Rosenberg (*Völkischer Beobachter* vom 4.7.1934) äußerten sich anschließend dahingehend ; 다음을 참조할 것 : Kershaw, *Mythos*, pp.72 이하
46) Heiber, *Goebbels-Reden*, Bd., pp.156 이하
47) *Völkischer Beobachter* vom 3.7.1934
48) 같은 출처, 4.7.1934
49) 이러한 조치에 대해서는 이미 1933년 여름부터 합의가 이루어졌다. 1933년 7월 19일 괴벨스는 일기 (Bd.2, p.448)에서 다음과 같이 적고 있다. " …… 힌덴부르크 후계 문제. 히틀러는 자기 위에 어떠한 제국 대통령도 용인할 수 없으며, 아들 오스카(힌덴부르크의 아들 오스카 폰 힌덴부르크 대령을 뜻한다)의 장기판의 말이 되지도 않을 것이다. 두 직책을 한 사람이 통합해야 한다. 우리는 모종의 방법을 찾아낼 것이다. 특히 국민이 결정하도록 할 것이지, 제국 대통령의 은혜에 기대지 않을 것이다." 이에 대해서는 다음을 참조하라 : Tgb IfZ, Bd.2, 25.8.1933, p.461
50) *Berliner Lokal-Anzeiger* vom 2.8.1934
51) 같은 출처, 3.8., 7.8.und 8.8.1934
52) François-Poncet, *Botschafter*, p.242
53) 같은 출처, pp.244 이하

54) Tgb IfZ, Bd.2, 19.7.1933, p.448
55) Domarus, *Reden*, Bd.Ⅰ, p.444
56) Tgb Rosenberg, 13.7.1934, p.39
57) Tgb Rosenberg, 2.8.1934, p.40
58) 괴벨스는 로젠베르크의 여러 연설들(그중에는 마리엔부르크에서 행한 "강령적 연설"인 〈독일 질서 국가〉도 있었다)을 방송하는 것을 막으면서, 한편으로 이미 프로그램이 모두 결정되어 있어 변경할 수 없다는 논리를 들었고, 다른 한편으로는 연설이 30분 이상이어서는 안 된다는 규정을 들었다. 그 후 로젠베르크는 1934년 4월 21일 괴벨스에게 편지를 보냈다(루돌프 헤스에게도 편지 사본을 보냈다). "본인이 총통으로부터 위임받은 과제를 최대한 무력화시키려는 그러한 시도들에 대해 모든 방도를 동원해 항의하고자 한다. 나치 국가의 방송은 몇몇 선민을 위해 존재하는 것이 아니다." BA Koblenz, NS 8/171
59) 로젠베르크는 1934년 10월 20일 괴벨스에게 편지를 썼으나 보내지는 않았다. 그 편지에는 "발송되지 않음"이라는 메모가 첨부되어 있다. 로젠베르크는 1934년 12월 20일 좀 더 순화된 내용의 편지를 괴벨스에게 보냈다. 여기에서 인용된 비판은 1934년 10월 20일자 편지에서 인용한 것이다. IfZ, MA-596
60) 이 내용은 로젠베르크가 1934년 8월 30일 괴벨스에게 쓴 편지에 나온다. IfZ, MA-596
61) Rosenberg an Goebbels am 30.8.1934, IfZ, MA-596
62) Zit. nach : Wulf, Joseph : *Literatur und Dichtung im Dritten Reich*. Eine Dokumentation, Frankfurt am Main/Berlin/Wien 1983, p.230(이하 : Wulf, *Literatur*)
63) 제3제국에서 슈트라우스의 역할에 대해서는 다음을 참조할 것 : Wulf, Joseph : *Musik im Dritten Reich. Eine Dokumentation*, Frankfurt am Man/Berlin/Wien 1983, p.194 (이하 : Wulf, *Musik*)
64) Wulf, *Musik*, p.195 ; 히틀러도 비슷한 선물을 보냈다. 그의 헌사는 "위대한 독일 작곡가에게 성실한 경의를 표하며"라고 되어 있다.(같은 출처)
65) Goebbels an Rosenberg am 25.8.1934, BA Koblenz, NS8/171
66) Zit. nach : Bollmus, *Amt Rosenberg*, p.75
67) Tgb IfZ, Bd.2, 24.8.1934, pp.475 이하
68) 다음을 참조할 것 : Wulf, *Musik*, p.196
69) Tgb IfZ, Bd.2, 24.8.1934, p.475
70) Goebbels an Rosenberg am 25.8.1934, BA Koblenz, NS8/171
71) *Die Musik*, November 1934, pp.138-146 ; 다음을 참조하라 : Wulf, *Musik*, pp.372 이하
72) *NSZ-Rheinfront*, Neustadt, vom 5.11.1934, zit. nach : Wulf, *Musik*, p.372 ; 특히 그의 작품 〈살인자〉, 〈여성들의 희망〉, 〈누쉬-누쉬〉, 〈성 수잔나〉, 〈최신 뉴스〉 등이 문제가 되었다.(다음을 참조할 것 : Wulf, *Musik*, p.374)
73) *Völkischer Beobachter* vom 7.12.1934
74) Zit. nach : Heiber, *Goebbels*, p.199
75) 예를 들어 다음을 참조할 것 : Tgb IfZ, Bd.2, 11.9.1935, p.513 und 1.11.1935, p.534
76) Furtwängler, Wilhelm : *Mathis der Maler*, in : *Deutsche Allgemeine Zeitung* vom 25.11.1934, zit. nach : Wulf, *Musik*, pp.373 이하 : 이러한 충돌의 동기이자 논란의 계기는 힌데미트의 오페라 〈화가 마티스〉였는데 그중 3막에서는 이단 서적들의 분서를 준비하는 장면이 있었다. 이는 명백히 1933년 5월 10일 분서를 암시하는 것이었다. 푸르트뱅글러는 이 오페라의 공연이 금지되고 난 후 1934년 초 이 오페라에 포함된 교향악을 연주했다. 이와 관련한 내용은 다음을 참조할 것 : Wulf, *Musik*, p.373
77) 같은 출처, p.376
78) Bollmus, *Amt Rosenberg*, p.76
79) 같은 출처, p.76 ; 괴벨스가 체육궁전에서 열린 문화창조자 집회에서 행한 연설을 참조하라(*Berliner Lokal-Anzeiger* vom 7.12.1934). 여기서 괴벨스는 푸르트뱅글러-힌데미트 "사건"을 계기로 "몇 가지 기본적인 설명들"을 했다.(Wulf, *Musik*, pp.376 이하).
80) Tgb IfZ, Bd.2, 2.3.1935, p.483
81) 같은 출처

82) Wulf, *Musik*, p.378
83) Tgb IfZ, Bd.2, 2.3.1935, p.483
84) Zit. nach : Bollmus, *Amt Rosenberg*, p.76
85) 같은 출처, p.277, Anm.94
86) 같은 출처
87) 제3제국에서 푸르트뱅글러의 역할에 대해서는 다음 내용이 시사하는 바가 많다 : Wulf, *Musik*, pp.85 이하
88) Tgb IfZ, Bd.2, 20.7.1934, p.474
89) 이러한 전술에 대해서는 다음을 참조하라 : *Querschnitt durch die Tätigkeit des Arbeitsgebietes Dr. Taubert(Antibolschewismus) des RMVP bis zum 31.12.1944*, YIVO-Institute for Jewish Research, G-PA-14, BA Koblenz, R55/450, pp.14 이하(hier : p.15)
90) Tgb IfZ, Bd.2, 27.9.1933, p.466
91) Taubert, Eberhard : *Der antisowjetische Apparat des deutschen Propagandaministeriums*, BA Koblenz, Kl. Erw.671, p.1 und 3 (이하 : Taubert, *Der antisowjetische Apparat*)
92) Zit. nach : Aleff, *Drittes Reich*, p.98
93) *Querschnitt durch die Tätigkeit des Arbeitsgebietes Dr. Taubert (Antibolschewismus) des RMVP bis zum 31.12.1944*, YIVO - Institute for Jewish Research, G-PA-14, p.16
94) Goebbels in seiner außenpolitischen Rede *Deutschlands Kampf um Friede und Gleichberechtigung* im Berliner Sportpalast am 20.10.1933, in : Goebbels, *Signale*, pp.250 이하(hier : p.267)
95) Konferenzmitschrift vom 15.1.1935, BA Koblenz NS 8/171 ; dieses und die folgenden Zitate sind daraus entnommen
96) Tgb IfZ, Bd.2, .3.1935, p.484
97) Aus der Goebbels-Rede anläßlich der Eröffnung des Reichssenders Saarbrücken, abgedruckt in : Heiber, *Goebbels-Reden*, Bd.1, pp.269 이하(hier : p.269)
98) Tgb IfZ, Bd.2, 2.3.1935, p.484
99) 같은 출처
100) "우리는 예를 들어 프랑스에 대해, 만일 자르 지역이 귀환한다면 더는 물질적 요구를 하지 않을 것이라고 말할 수 있다. 그것은 불가능한 것이 아니다. (······.) 만일 이러한 우리의 요구가 충족된다면 우리는 만족할 것이다." Goebbels am 20.10.1933 im Berliner Sportpalast zum Thema *Deutschlands Kampf um Friede und Gleichberechtigung*, in : Goebbels, *Signale*, pp.250 이하(hier : p.267)
101) Sänger, Fritz : *Politik der Täuschungen. Mißbrauch der Presse im Dritten Reich. Weisungen, Informationen, Notizen 1933-1939*, Wien 1975, p.64(이하 : Sänger, *Politik der Täuschungen*)
102) 같은 출처, p.5
103) 다음을 참조할 것 : Bramsted, *Propaganda*, pp.219 이하
104) Goebbels, Joseph : *Klarheit und Logik*, in : Goebbels, Joseph : *Wetterleuchten. Aufsätze aus der Kampfzeit*, München 1939, pp.385 이하(이하 : Goebbels, *Wetterleuchten*)
105) 같은 출처, p.388
106) Tgb IfZ, Bd.2, 17.4.1935, p.486
107) Goebbels' Rundfunkrede zur Hitlers Geburtstag 1935, abgedruckt in : *Frankfurter Zeitung* vom 21.4.1935 ; 다음을 참조할 것 : Bramsted, *Propaganda*, p.290
108) Rosenberg an Rust am 2.5.1935, BA Koblenz, BS 10/58
109) Dreßler-Andreß' Bericht : Eilt sehr! vom 8.6.1935, abgedruckt in : Wulf, Joseph : *Theater und Film im Dritten Reich. Eine Dokumentation*, Frankfurt am Main/Berlin/Wien 1983, pp.71 이하 (hier : 71) (이하 : Wulf, *Theater*)
110) Streng vertrauliche Mitteilung an die Gauobmänner der NS-Kulturgemeinde vom 20.6.1935, abgedruckt in : Wulf, *Musik*, pp.196 이하
111) Zit. nach : Bollmus, *Amt Rosenberg*, p.78 ; siehe dazu die Dokumente zum "Fall Strauss" in :

Wulf, *Musik*, pp.194 이하 ; 슈트라우스의 유품 중 〈침묵의 여인 이야기〉라는 기록에는 다음과 같이 적혀 있다. "그러나 지금은 나와 같은 급의 예술가들이 무엇을 작곡하고 공연할 수 있는지에 대해 장관이라는 아이에게 물어야 하는 슬픈 시대이다." zit. nach : Wulf, *Musik*, pp.197 이하

112) Tgb IfZ, Bd.2, 5.7.1935, p.490
113) 같은 출처
114) 같은 출처
115) *Berlin am Morgen* vom 29.10.1931
116) Tgb IfZ, Bd.2, 31.3.1934, p.471
117) 같은 출처, 19.7.1935, p.494
118) Taubert : *Der antisowjetische Apparat*, p.5
119) Tgb IfZ, Bd.2, 13.9.1935, pp.513 이하
120) Goebbels, Joseph : *Kommunismus ohne Maske*, München 1935, p.5 und p.7(이하 : Goebbels, *Kommunismus*)
121) 같은 출처, p.4 이하 ; 그 다음 인용들은 같은 출처 중 p.7, 18, 23을 참조할 것.
122) 이 글에서 나오는 인용문들은 모두 괴벨스 연설문 *Kommunismus ohne Maske*, pp.24 이하에서 인용된 것이다.
123) Tgb IfZ, Bd.2, 15.9.1935, p.515
124) 같은 출처, 17.9.1935, p.515
125) 같은 출처, 29.4.1935, p.488
126) 같은 출처, 15.11.1935, p.540 : "유대인법의 실행. 타협. (……) 사분의 일 유대인들은 우리 손을 빠져나갔다. 절반 유대인들은 예외적인 경우에만 포함된다. 맙소사, 이러한 조치로 평화가 올 것인가."
127) Tgb IfZ, Bd.2, 15.11.1935, p.540
128) 같은 출처, 15.9.1935, p.515
129) Dahm, Volker : *Das jüdische Buch im Dritten Reich*, Teil Ⅰ : *Die Ausschaltung der jüdischen Autoren, Verleger und Buchhändler*, Frankfurt am Main 1979, Sp.60, (이하 : Dahm, *Das jüdische Buch*)
130) 다음을 참조할 것 : Dahm, *Das jüdische Buch*, Sp.60 이하 ; ferner : *Nichtarier auf deutschen Bühnen*, *Frankfurter Zeitung* vom 6.3.1934, abgedruckt in : Wulf, *Theater*, p.260
131) *Dr. Goebbels über den geistigen und künstlerischen Umbruch im neuen Deutschland*, Rede auf der 2. Jahrestagung der RKK, in : *Börsenblatt für den Deutschen Buchhandel* vom 18.11.1935
132) 다음을 참조할 것 : Dahm, *Das jüdische Buch*, Sp.114
133) 1935년 9월 28일, 11월 4일, 12월 12일 제국경제장관의 항의가 있었다. 이에 대해서는 다음을 참조할 것 : Dahm, *Das jüdische Buch*, Sp.115
134) Tgb IfZ, Bd.2, 21.8.1935, p.505
135) 같은 출처, 11.9.1935, p.512
136) Goebbels an Rosenberg am 7.11.1935, darin zit. §12 der Ersten Verordnung zur Durchführung des RKK-Gesetzes vom 1.11.1933, BA Koblenz, NS8/171
137) Bollmus, *Amt Rosenberg*, p.80
138) Vgl. dazu das Memorandum des Reichskulturamtsleiters im RMVP, Morraller, vom 18.6.1935, abgedruckt bei : Wulf, *Literatur*, pp.192 이하(hier : p.193)
139) Goebbels an Rosenberg am 7.11.1935, darin zit. Rundschreiben der "Nationalsozialistischen Kulturgemeinde" vom 16.10.1935, BA Koblenz, BS8/171
140) Tgb IfZ, Bd.2, 13.9.1935, p.513
141) 같은 출처, 27.9.1935, p.519
142) 같은 출처
143) 같은 출처, 3.10.1935, p.522
144) 이는 마그다의 첫 번째 남편 가문의 전통을 따른 것으로 보인다. 그의 아들들의 이름은 헬무트, 헤르

베르트, 하랄트이다. 여기에 덧붙여서 "히틀러"라는 성의 첫 번째 철자에 맞출 수 있다는 점도 우연한 요인이 된 것으로 보인다.
145) Tgb IfZ, Bd.2, 13.10.1935, p.526
146) Goebbels an Rosenberg am 7.11.1935, BA Koblenz, NS8/171
147) Tgb IfZ, Bd.2, 13.10.1935, p.526
148) 같은 출처, 24.10.1935, p.530
149) Goebbels an Rosenberg am 7.11.1935, BA Koblenz, NS8/171 ; 다음 참조 : Tgb IfZ, Bd.2, 9.11.1935, p.537
150) 같은 출처, 11.12.1935, p.551
151) Rosenberg an Goebbels am 22.4.1936, BA Koblenz, NS8/171
152) Rosenberg an Goebbels am 31.3.1936, BA Koblenz, NS8/171
153) Goebbels an Rosenberg am 20.3.1936, BA Koblenz, NS8/171
154) Tgb IfZ, Bd.2, 6.4.1936, p.596
155) 같은 출처, 4.4.1936, p.595
156) Rosenberg an Goebbels am 22.4.1936, BA Koblenz, NS8/171
157) 다음을 참조할 것 : Dahm, *Das jüdische Buch*, Sp.116
158) Rundanweisung Hinkels vom 22.1.1936, BA Koblenz R56V/102
159) Tgb IfZ, Bd.2, 14.2.1936, p.573
160) Abgedruckt in : Domarus, Reden, Bd. Ⅰ, pp.573 이하(hier : p.574)
161) Tgb IfZ, Bd.2, 14.2.1936, p.573
162) Dies und das Folgende nach : Dahm, *Das jüdische Buch*, Sp.134 이하
163) 다음을 참조할 것 : Wulf, *Presse und Funk*, pp.74 이하
164) Tgb IfZ, Bd.2, 21.1.1936, p.567 ; 1935년 10월 파시즘 국가 이탈리아는 에리트레아와 이탈리아령 소말리란드로부터 에티오피아를 침공했고 1936년 병합했다(이탈리아 국왕 비토리오 에마누엘레 3세는 에티오피아 황제가 되었다). 이를 통해 유럽에 쏠린 영국 정부의 관심을 그리로 유도할 수 있었다. 이는 히틀러가 원하던 바였다.
165) Tgb IfZ, Bd.2, 21.1.1936, p.567
166) Jacobsen, Hans-Adolf : *Nationalsozialistische Außenpolitik 1933-1938*, Frankfurt am Main/Berlin 1968, p.417(이하 : Jacobsen, *Nationalsozialistische Außenpolitik*) ; Hoßbach, Friedrich : *Zwischen Wehrmacht und Hitler*, Wolfenbüttel/Hamburg 1949, p.97
167) Tgb IfZ, Bd.2, 29.2.1936, p.575
168) 괴벨스는 로카르노 협약은 러시아 동맹이 완전해진 후에야 적용이 가능할 것이라는 논리를 내세웠다.(Tgb IfZ, Bd.2, 29.2.1936, p.576).
169) Jacobsen, *Nationalsozialistische Außenpolitik*, p.418
170) Tgb IfZ, Bd.2, 29.2.1936, p.576
171) 같은 출처
172) 같은 출처, 2.3.1936, p.577
173) 같은 출처, 4.3.1936, p.578
174) 같은 출처, 6.3.1936, p.580
175) "이제 불확실한 것은 일정뿐이다. 제네바에 달려 있다.", Tgb IfZ, Bd.2, 4.3.1936, p.578
176) 같은 출처, p.579
177) 같은 출처, 8.3.1936, p.581
178) 같은 출처
179) 같은 출처, 4.3.1936, p.578
180) Domarus, Reden, Bd. Ⅰ, p.582
181) Tgb IfZ, Bd.2, 8.3.1936, p.581 ; 다음을 참조할 것 : Riess, *Goebbels*, pp.184 이하
182) Sänger, *Politik der Täuschungen*, p.79

183) Tgb IfZ, Bd.2, 8.3.1936, pp.581 이하(이 글의 다음 인용들도 마찬가지이다).
184) 같은 출처, 29.3.1936, p.593
185) 포스터는 다음을 참조할 것 : Ruhl, *Brauner Alltag*, p.146
186) Sänger, *Politik der Täuschungen*, p.79
187) *Völkischer Beobachter* vom 20.4.1936
188) Tgb IfZ, Bd.2, 31.3.1936, p.594
189) 이러한 선거 조작에 대해서는 다음을 참조할 것 : Domarus, *Reden*, Bd. Ⅰ, p.617
190) 이에 대해서는 다음을 참조할 것 : Ruhl, *Brauner Alltag*, p.146
191) Tgb IfZ, Bd.2, 22.3.1936, p.590
192) Laut Auskunft des Amtsgerichts Schöneberg/Grundbuchamt Schwanenwerder vom 12.10.1989
193) Tgb IfZ, Bd.2, 29.3.1936, p.593
194) 같은 출처, 17.3.1936, p.587
195) 같은 출처, 8.4.1936, p.597
196) Befragung von Max Amann durch K. Frank Korf am 4.4.1948, Korf-Papers, Hoover Institution, Stanford
197) Tgb IfZ, Bd.2, 15.3.1936, p.586
198) 같은 출처, 22.10.1936, p.704
199) 같은 출처, 9.4.1936, pp.597 이하
200) 괴벨스에게 저택 양도는 1936년 4월 1일 확정되었고, 토지대장에는 1936년 4월 25일 등재되었다.(laut Auskunft des Amtsgerichts Schöneberg/Grundbuchamt Schwanenwerder vom 12.10.1989)
201) Tgb IfZ, Bd.2, 20.4.1936, p.602
202) 같은 출처
203) 같은 출처, Bd.4, 28.4.1940, p.133
204) 1941년 10월 3일 일기(BA Koblenz, NL 118/28)에는 "헬무트는 6살이 된다. …… 다른 남자 아이들과의 모임에 참석하는 것이 …… 반드시 필요하다. 계속 여자아이들 속에서만 자라서야 제대로 된 남자가 되지 못하기 때문이다."
205) Tgb IfZ, Bd.1, 13.8.1926, p.201
206) 같은 출처, Bd.2, 9.4.1936, p.598
207) 같은 출처, 27.6.1936, p.634
208) 같은 출처, 9.7.1936, p.640 und 28.8.1936, p.668
209) 같은 출처, 13.4.1936, p.599
210) Dahm, *Das jüdische Buch*, Sp.136
211) Rundanweisung Hinkels an die Präsidenten der Einzelkammern vom 29.4.1936, BA Koblenz R56V/102
212) Tgb IfZ, Bd.3, 3.2.1937, p.32
213) 힌켈에 대한 상세한 내용은 다음을 참조할 것 : Boelcke, *Ministerkonferenzen*, pp.85 이하
214) Rundanweisung Hinkels an die Präsidenten der Einzelkammern vom 29.4.1936, BA Koblenz R56V/102
215) Krüger, Arnd : *Die Olympischen Spiele 1936 und die Weltmeinung. Ihre außenpolitische Bedeutung unter besonderer Berücksichtigung der USA*, Berlin/Frankfurt am Main/München 1972, p.230(이하 : Krüger, *Olympia*)
216) Sänger, *Politik der Täuschungen*, p.108
217) Tgb IfZ, Bd.2, 26.6.1936, p.633
218) 같은 출처, 15.8.1936, p.662
219) 같은 출처, 29.7.1936, p.649 und 30.7.1936, p.650

220) 여기 대해서는 BA Koblenz R55/509 문서를 참조할 것.
221) 호르스트 위버호르스트Horst Ueberhorst(*Spiele unterm Hakenkreuz*)는 다음과 같이 쓰고 있다. "민족들 간의 스포츠를 통한 경쟁이 전쟁의 전 형태가 되었다.", zit. nach : Kunert, Günter : *Bühne der Macht, Stadt der Spiele : Berlin und sein Stadion*, in : *Frankfurter Allgemeine Magazin*, Heft 528 vom 12.4.1990
222) François-Poncet, *Botschafter*, p.304
223) Krüger, *Olympia*, p.231
224) Zit. nach : 같은 출처, p.229
225) *Völkischer Beobachter* vom 1.8.1936
226) Tgb IfZ, Bd.2, 18.8.1936, p.663
227) 다음을 참조할 것 : Krüger, Arnd : *Olympia*, p.230 ; 다음 참조 : BA Koblenz R55 Zg. Rep. 304/45 : Die Olympiade Berlin 1936 im Spiegel der ausländischen Presse
228) Pohle, *Rundfunk*, pp.414 이하
229) Bramsted, *Propaganda*, p.222
230) 이 영화의 제작을 위촉한 나치당 제국선전국 IV과(영화)는 "총통의 특별한 희망"에 따라 레니 리펜슈탈에게 영화의 예술적 지도 임무를 맡긴다고 되어 있다. 이와 관련해서는 다음을 참조할 것 : Wulf, *Theater und Film*, pp.387 이하
231) 〈의지의 승리〉로 레니 리펜슈탈은 1935년 5월 1일 괴벨스로부터 민족영화상을 수상했다. 1935년 베니스 비엔날레에서 이 영화는 국제 심사위원단으로부터 다큐멘터리 영화 부문 최우수 영화로 선정되었고, 1937년 파리 세계박람회에서는 그랑프리와 프랑스 민족 금메달을 수상했다.
232) *NSK-Sonderdienst. Der deutsche Film. Neue Filmaufgaben der Reichspropagandaleitung* vom 1.2.1934, BA Koblenz, NS26/293
233) 다음을 참조할 것 : Tgb IfZ, Bd.2, 13.10.1935, p.526
234) 같은 출처, 17.8.1935, p.503 und 5.10.1935, p.523
235) 다음을 참조할 것 : Graham, Cooper C. : *Leni Riefenstahl and Olympia*, London 1986, pp.264 이하 (이하 : Graham, *Riefenstahl*)
236) Tgb IfZ, Bd.2, 7.11.1935, p.537
237) Graham, *Riefenstahl*, p.21 : 괴벨스는 "리펜슈탈을 돕는 데 깊은 관심을 가지고 있었던 것으로 보인다."
238) Tgb IfZ, Bd.2, 21.8.1935, p.505
239) Graham, *Riefenstahl*, pp.21 이하
240) Zit. nach : Graham, *Riefenstahl*, pp.21 이하
241) Tgb IfZ, Bd.2, 17.8.1935, p.503
242) 같은 출처, 5.10.1935, p.523
243) 같은 출처, 6.8.1936, p.655
244) 같은 출처, 25.10.1936, p.707
245) 같은 출처, 6.11.1936, p.717
246) 같은 출처, 25.6.1936, p.633 und 3./4./5./7.1936, pp.637 이하
247) 같은 출처, 16.8.1936, pp.662 이하
248) 같은 출처
249) Dodd, William E. : *Ambassador Dodds Diary. 1933-1938*, London 1941, p.349 ; 괴벨스는 1937년 7월 1일 파우엔인젤에서 마찬가지로 호화로운 또 한 번의 파티를 열었다.(Tgb IfZ, Bd.3, 2.7.1937, pp.193 이하)
250) Beschreibung nach Ebermayer, Eich/Roos, Hans (Pseudonym für Hans Otto Meißner) : *Gefährtin des Teufels. Leben und Tod der Magda Goebbels*, Hamburg 1952, pp.210 이하 ; auch bei François-Poncet, *Botschafter*, p.305 ; Riess, *Goebbels*, p.186
251) Dodd, William E. : *Ambassador Dodds Diary. 1933-1938*, London 1941, p.349

252) *Völkischer Beobachter* vom 15.8.1936
253) Fröhlich, Gustav : *Waren das Zeiten! Mein Film-Heldenleben*, München/Berlin 1983, p.367(이하 : Fröhlich, *Waren das Zeiten*)
254) Fröhlich, *Waren das Zeiten*, pp.362 이하
255) Tgb IfZ, Bd.2, 10.6.1936, p.623
256) 리다 바로바와 저자가 1987년 9월 3일 잘츠부르크에서 나눈 대화 내용이다. : 다음 참조 : Tgb IfZ, Bd.2, 19.8.1936, p.664 und 5.9.1936, p.673
257) Tgb IfZ, Bd.2, 18.6.1933, p.435
258) 같은 출처, 10.5.1936, p.610
259) 같은 출처, 24.10.1936, p.531
260) 같은 출처, 3.8.1936, p.498
261) 같은 출처
262) 같은 출처, 21.9.1934, pp.476 이하 und 24.9.1934, p.477
263) 같은 출처, 7.8.1935, p.500
264) 문제의 인물은 쿠르트 뤼데케Kurt G. Lüdecke임이 거의 확실시된다. 그는 1920년대 히틀러의 외교정책 보좌관이었고 나중에는 히틀러의 특사로 미국에서 나치 운동에 대한 지지를 호소했고 자금 모금에 나섰다. 여기 대해서는 다음을 참조할 것. Jacobsen, *Nationalsozialistische Außenpolitik* p.14 und p.529
265) Tgb IfZ, Bd.2, 1.8.1936, p.652
266) 같은 출처, 2.8.1936, p.652
267) 같은 출처, p.653
268) 같은 출처, 4.8.1936, p.654
269) 같은 출처, 7.8.1936, p.656
270) 같은 출처, p.657
271) 같은 출처, 6.9.1936, p.673
272) 이러한 설명은 미공개된 바로바 회고록 타자본(저자 소장), 저자와 바로바와의 1987년 9월 3일 잘츠부르크 대화 녹음 테이프, 괴벨스의 일기 등에 따른 것이다. : 이 세 가지의 출처를 상호 비교하면 서로 놀랍게 일치한다.
273) Tgb IfZ, Bd.2, 10.9.1936, p.675
274) 같은 출처, 11.9.1936, p.676
275) 같은 출처, 12.9.1936, p.676, 여기에는 "작별하고 프란첸바트로 떠나다."라고 적혀 있다.
276) Tgb IfZ, Bd.2, p.678
277) 같은 출처, 18.9.36, p.680
278) 같은 출처, 18.9. und 19.9.1936, p.680
279) 같은 출처, 30.9.1936, p.690 ; 바로바 회고록
280) 같은 출처, 30.10.1936, p.711
281) 같은 출처, 31.10.1936, p.712
282) Wulf, *Theater und Film*, p.94
283) BA Koblenz, NS26/968
284) Zit. nach : Katalog der Ausstellung *Berlin. Berlin, Zur Geschichte der Stadt* im Martin-Gropius-Bau 1987, p.543
285) 증여 서류에 쓰인 글이다. zit. nach : Heiber, *Goebbels*, p.260
286) Zit. nach : Heiber, *Goebbels*, p.260
287) Hitler-Rede vom 30.10.1936, abgedruckt in : Domarus, Reden, Bd. Ⅰ, pp.652 이하(따로 출처가 밝혀지지 않은 다음 인용구들도 여기에서 나온 것이다).
288) Tgb IfZ, Bd.2, 31.10.1936, pp.712 이하

11장 총통은 명령하고 우리는 복종한다!

1) Tgb IfZ, Bd.2, 27.10.1936, p.708
2) 같은 출처, 9.9.1936, p.675
3) 같은 출처, Bd.3, 23.2.1937, p.55
4) 같은 출처
5) 같은 출처, Bd.2, 8.9.1936, p.675
6) Text des Goebbels-Referates während des Parteitags am 10.9.1936, in : *Völkischer Beobachter* vom 11.9.1936
7) Zit. nach : Jacobsen, *Nationalsozialistische Außenpolitik*, p.457(다음을 참조할 것 : Tages- und Wochenparolen RMVP, BA Koblenz, Sammlung Brammer, ZSg101, vom 24.11.1936, p.491)
8) 이 지침들은 1937년 3월 31일 내려졌다. 이에 대한 상세한 내용은 다음을 참조할 것 : Jacobsen, *Nationalsozialistische Außenpolitik*, p.458 ; 다음도 참조할 것 : Text des Goebbels-Referates während des Parteitags am 10.9.1936, in : *Völkischer Beobachter* vom 11.9.1936 ; 괴벨스는 〈소비에트 러시아의 참된 얼굴Das wahre Gesicht Sowjetrußlands〉에 대한 이와 비슷한 캠페인을 이미 1930년 9월 〈공격〉에서 베를린 노동자들을 대상으로 펼친 바 있다.
9) 이에 대한 상세한 내용은 다음을 참조할 것 : Jacobsen, *Nationalsozialistische Außenpolitik*, p.457
10) Geheime Weisungen an die deutsche Presse, BA Koblenz, Sammlung Sänger(ZSg 102) vom 17.9.1936 ; 다음을 참조할 것 : Sänger, *Politik der Täuschungen*, p.345
11) 1937년 11월 이탈리아, 1939년 만주국, 헝가리, 스페인이 여기 참여했다.
12) Geheime Weisungen an die deutsche Presse, BA Koblenz, Sammlung Sänger(ZSg 102) vom 25.11.1936
13) *Querschnitt durch die Tätigkeit des Arbeitsgebietes Dr. Taubert(Antibolschewismus) des RMVP bis zum 31.12.1944*, YIVO - Institute for Jewish Research, G-PA-14(Ba Koblenz, R55/450), p.11
14) 다음을 참조할 것 : Tgb IfZ, Bd.2, 31.5.1936, p.619
15) 같은 출처, 19.6.1936, p.628
16) 같은 출처, 16.6.1936, p.627
17) 같은 출처, 18.11.1936, p.729
18) Zit. nach : Münster, Hans A. : *Publizistik*, Leipzig 1939, p.149
19) Goebbels-Rede zur 4.Jahrestagung der RKK am 27.11.1936, in : *Völkischer Beobachter* vom 28.11.1936, zit. nach : Strothmann, Dietrich : *Die "Neuordnung" des Buchbesprechungswesens im 3. Reich und das Verbot der Kunstkritik*, in : Publizistik. Zeitschrift fur die Wissenschaft von Presse, Rundfunk, Film, Rhetorik, Werbung und Meinungsbildung, hrsg. v. der Deutschen Gesellschaft für Publizistik, 5.Jg./1960, pp.140 이하(hier : p.151)
20) 같은 출처, p.151
21) Erlaß zur Neuformung des deutschen Kulturlebens vom 27.11.1936, zit. nach : Wulf, *Bildende Künste*, pp.127 이하(hier : p.128)
22) 같은 출처
23) 같은 출처
24) Tgb IfZ, Bd.2, 26.10.1936, p.707
25) Erlaß zur Neuformung des deutschen Kulturlebens vom 27.11.1936, zit. nach : Wulf, *Bildende Künste*, pp.127 이하(hier : p.128)
26) Tgb IfZ, Bd.3, 6.2.1937, p.35
27) Hockerts, Hans Günter : *Die Goebbels-Tagebücher 1932-1941. Eine neue Hauptquelle zur Erforschung der nationalsozialistischen Kirchenpolitik*, in : *Politik und Konfession. Festschrift für Konrad Repgen zum 60. Geburtstag*, hrsg. v. Dieter Albrecht, Hans Günter Hockerts, Paul Mikat, Rudolf Morsey, Berlin 1983, pp.359 이하(hier : p.376)

28) Siege oben 3.Kapitel, Anm.77
29) Tgb IfZ, Bd.3, 23.2.1937, p.55
30) 같은 출처, 6.4.1937, p.102
31) 이 내용은 다음 출처에서 인용 : Tgb IfZ, Bd.3, 31.1.1937, pp.29 이하
32) 같은 출처, 5.1.1937, p.5
33) Zit. nach : Albrecht, Dieter : *Der Vatikan und das Dritte Reich*, in : *Kirche im Nationalsozialismus*, hrsg. v. Geschichtsverein der Diözese Rottenburg-Stuttgart, Sigmaringen 1984, pp.31 이하 (hier : pp.36 이하)
34) 다음을 참조하라 : Tgb IfZ, Bd.2, 7.8.1933, p.455 : "우리는 스스로 교회가 되고자 한다."
35 같은 출처, Bd.3, 23.2.1937, p.55
36) 같은 출처, 13.9.1937, p.265
37) 같은 출처, p.264
38) 같은 출처, Bd.2, 17.9.1935, p.515
39) 같은 출처, Bd.3, 13.9.1937, p.264
40) 이 문단의 모든 인용은 다음 출처에서 나온다. : 같은 출처, 21.3.1937, p.87
41) 같은 출처
42) 같은 출처, Bd.4, 29.4.1941, p.614. 여기에는 다음과 같은 내용이 실려 있다. "그리고 그런 헛소리에 나는 10년 이상이나 교회세를 납부해 왔던 것이다. 그게 가장 화가 난다." ; 이와 관련해서 다음을 참조하라. : Speer, *Erinnerungen*, p.109 : "히틀러는 1937년경 당과 친위대의 주도로 그의 추종자 중 많은 사람들이 교회에서 탈퇴하고 있으며, 그 이유는 교회가 히틀러의 의도들에 고집스럽게 반대하기 때문이라는 이야기를 듣게 되자, 기회주의적인 이유 때문에 그의 가장 중요한 측근들, 특히 괴링과 괴벨스에게 계속 교회에 속해 있으라는 지시를 내렸다. 그 역시 가톨릭교회와의 어떠한 심적인 유대감도 가지고 있지 않았음에도 불구하고 교회에 계속 머물러 있었다."
43) Tgb IfZ, Bd.3, 24.3.1937, p.89
44) 같은 출처, 10.4.1937, p.105
45) 같은 출처, 2.4.1937, p.97
46) 같은 출처, 1.5.1937, p.129
47) 같은 출처, 26.4.1937, p.124
48) 같은 출처, 30.5.1937, p.157
49) 같은 출처, 30.4.1937, p.128
50) 같은 출처, 27.6.1937, p.188
51) 같은 출처, 30.5.1937, p.157
52) 같은 출처, 30.4.1937, p.128
53) 같은 출처, 26.5.1937, p.153
54) 상세한 내용은 다음을 참조할 것 : Hockerts, Hans Günter : *Die Sittlichkeitsprozesse gegen Katholische Ordensangehörige und Priester 1936/37. Eine Studie zur nationalsozialistischen Herrschaftstechnik und zum Kirchenkampf*, Mainz 1971, pp.113 이하(이하 : Hockerts, *Sittlichkeitsprozesse*)
56) Presseanweisung zit. nach : Hockerts, *Sittlichkeitsprozess*, p.113
57) 이 인용과 그 전의 인용은 연설문에서 나온 것이다. 다음을 참조할 것 : *Völkischer Beobachter* vom 30.5.1937, BA Koblenz, Sammlung Schumacher(pp.115)
58) Tgb IfZ, Bd.3, 29.5.1937, p.156
59) 같은 출처, pp.156 이하
60) "175조를 둘러싸고 풍크에 대해 좋지 않은 소문들이 들린다. 나는 이에 대해 즉시 강력하게 반발했다."
61) 같은 출처, 10.4.1937, p.105
62) 같은 출처
63) 같은 출처, 22.2.1937, p.53

64) 같은 출처, 11.2.1937, p.40
65) 같은 출처, Bd.4, 11.12.1937, p.427
66) 같은 출처, Bd.3, 10.12.1937, p.363
67) 같은 출처, 5.3.1937, p.67
68) 같은 출처, 16.4.1937, p.113
69) Hanfstaengl, *15 Jahre*, p.319
70) 다음을 참조할 것 : Speer, *Erinnerungen*, pp.138 이하 ; Hanfstaengl, *15 Jahre*, pp.199 이하 ; Lang, Serge/Schenk, Ernst von : *Portrait eines Menschheitsverbrechens, nach den hinterlassen Memoiren des ehemaligen Reichsministers Alfred Rosenberg*, St. Gallen 1947, p.182 : 로젠베르크는 "총통과의 식사 중 괴벨스가 다른 사람에 대해 좋게 이야기하는 것을 한 번도 듣지 못했다. …… 다른 사람에 대한 비판이 제기되면 괴벨스는 항상 여기에 동조했다."
71) Picker, *Tischgespräche*, p.424
72) Speer, *Erinnerungen*, p.141
73) 같은 출처
74) Tgb IfZ, Bd.3, 11.2.1937, p.40
75) 같은 출처
76) 같은 출처, 12.2.1937, p.41
77) Speer, *Erinnerungen*, p.141
78) Tgb IfZ, Bd.3, 13.4.1937, p.109
79) Göring an Hanfstaengl am 19.3.1937, abgedruckt in : Hanfstaengl, *15 Jahre*, p.373
80) Tgb IfZ, Bd.3, 12.3.1937, p.76
81) 같은 출처, 19.1.1938, p.407
82) Hanfstaengl an Himmler am 5.2.1938, BDC, Personalakte Hanfstaengl ; 1942년 한프슈탱글은 루스벨트의 고문역으로 미국으로 망명한다.
83) 예를 들어 부활절 월요일과 4월 18일 바로바와 히틀러를 비롯한 손님들이 차를 마시기 위해 그곳에 머물렀다.
84) Fröhlich, Gustav : *Waren das Zeiten! Mein Film-Heldenleben*, München/Berlin 1983, p.157
85) Tgb IfZ, Bd.3, 24.2.1937, p.57
86) 같은 출처, 5.9.1937, p.255
87) 같은 출처, 23.3.1937, p.88
88) 같은 출처, 13.1.1937, p.9
89) 같은 출처, 20.1.1937, pp.15 이하
90) 같은 출처, 17.1.1937, p.13
91) 같은 출처, 20.1.1937, pp.15 이하
92) 같은 출처, 13.1.1937, p.9
93) 같은 출처, 26.1.1937, p.23
94) 같은 출처, 21.4.1937, p.120
95) 같은 출처, 26.5.1937, p.153
96) *Die Filmwoche* vom 4.10.1937
97) *Licht-Bild-Bühne* vom 4.9.1937
98) Tgb IfZ, Bd.3, 14.1.1937, p.10
99) 같은 출처, 13.3.1937, p.76
100) 같은 출처, 20.3.1937, pp.85 이하
101) 같은 출처, 5.5.1937, p.135
102) 같은 출처, 12.5.1937, p.141
103) 같은 출처, 11.9.1937, p.262
104) 같은 출처, 6.10.1937, p.290

105) 같은 출처, 7.10.1937, p.291
106) 같은 출처, 8.12.1937, p.360
107) 다음을 참조할 것 : Wulf, *Theater und Film*, pp.306 이하
108) Tgb IfZ, Bd.3, 12.11.1937, p.332
109) 같은 출처, 19.11.1937, p.339
110) 같은 출처, 5.6.1937, p.166
111) Zit. nach : Heiber, *Goebbels*, p.196
112) 그중에서도 1918년-1919년 겨울학기 뷔르츠부르크 대학의 크납Knapp 교수에게서 "인상주의에서 큐비즘으로, 현대 미술의 역사"라는 강의를 들었다.(다음을 참조할 것 : Goebbels' Studienbuch WS1918/19, BA Koblenz, NL118/113)
113) Tgb IfZ, Bd.2, 2.7.1933, p.441
114) Piper, *Nationalsozialistische Kunstpolitik*, p.15
115) Tgb IfZ, Bd.3, 5.6.1937, p.166
116) 슈바이처의 실수와 뮌헨의 "퇴폐 예술" 전시회 간의 "직접적인 인과 관계"에 대해서는 카를하인츠 마이스너("München ist ein heißer Boden. Aber wir gewinnen ihn allmählich doch.". *Münchener Akademien, Galerien und Museen im Ausstellungsjahr 1937, in : Die "Kunststadt" München 1937. Nationalsozialismus und Entartete Kunst*, hrsg. v. Peter-Klaus Schuster, München 1987, pp. 37 (hier : p. 44)(이하 : Schuster, *"Kunststadt" München*)가 주장하였다. 여기에 대해서는 일기 내용을 참조하라. "총통은 풍크에게 슈바이처에 대한 불만을 털어놓았다. 옳은 이야기이다. 왜냐하면 그는 허약할 뿐 아니라 확실한 취향도 없다. 그러나 뮌헨의 그림 선정에서 일어난 스캔들은 뮌헨의 교활한 녀석들이 그에게 떠넘긴 일이다. 그가 뮌헨에 없었기 때문이다. 닳고 닳은 방법이다!"(Tgb IfZ, Bd.3, 18.6.1937, p.177) 그리고 다음날 일기에는 다음과 같이 썼다. "뮌헨에서 퇴폐 전시회 계획"(Tgb IfZ, Bd.3, 19.6.1937, p.178)
117) "총통은 슈바이처에 대해 매우 강경한 판단을 내리고 있다. …… 취향도 결여되어 있고, 스타일의 안정성도 결여되어 있다.", Tgb IfZ, Bd.3, 30.6.1937, p.190
118) 아돌프 바그너는 동시에 바이에른 교육문화 장관으로서 베른하르트 루스트 아래에 있었다.
119) Tgb IfZ, Bd.3, 8.5.1937, p.138
120) 같은 출처, Bd.2, 22.11.1936, p.733
121) Wulf, *Bildende Künste*, p.153(Anm.1)
122) Tgb IfZ, Bd.3, 12.6.1937, p.172
123) 같은 출처, 30.6.1937, p.190
124) Goebbels an Ziegler am 30.6.1937, Dokument abgedruckt in : Schuster, *"Kunststadt" München*, p.219 ; 그러나 치글러는 위임을 받은 대로 1910년 이후 독일 예술가들이 제작한 작품에만 한정된 것이 아니라, 1937년 늦여름부터는 반 고흐, 세잔, 뭉크, 마티스를 비롯한 다른 예술가들의 작품도 압수하여 쾨페니크 거리의 한 창고에 보관했다. 이에 대해서는 다음을 참조하라. : Zweite, Armin : *Franz Hofmann und die Städtische Galerie 1937, in : 같은 출처, pp.261 이하(hier : p.283) ; 1938년 5월 31일에는 "퇴폐 예술 작품 몰수법"이 만들어졌다.
125) Tgb IfZ, Bd.3, 3.8.1937, p.223
126) Schreiben der Preußischen Akademie der Künste vom 8.7.1937, abgedruckt in : Piper, *Nationalsozialistische Kunstpolitik*, p.188
127) Wulf, *Bildende Künste*, p.40 ; 로젠베르크는 놀데의 "독일문화투쟁연맹" 입회 신청을 거부했다.
128) Zit. nach : Piper, *Nationalsozialistische Kunstpolitik*, p.24
129) Piper, *Nationalsozialistische Kunstpolitik*, p.188
130) Hitler-Rede in : *Münchener Neueste Nachrichten* vom 19.7.1937
131) Schlagzeile des *Völkischen Beobachters* vom 20.7.1937
132) Tgb IfZ, Bd.1, 29.8.1924, p.78 : "놀데의 스페인 무용수. 경이로운 색채. …… 내게 가장 큰 감동을 주는 것은 그 구성성이다. 바를라흐. 그는 베르제르커이다. 이것이 바로 표현주의의 의미이다. 간결

함이 찬란한 서술로 고양되고 있다."
133) Tgb IfZ, Bd.3, 17.7.1937, p.204
134) *Völkischer Beobachter* vom 19.7.1937
135) Zieglers Rede zur Eröffnung der Ausstellung "Entartete Kunst" vom 19.7.1937, abgedruckt in : Schuster, "*Kunststadt" München*, pp.217 이하(hier : p.217)
136) Heiber, *Goebbels*, p.198
137) Tgb IfZ, Bd.3, 11.2.1937, p.40 : "나는 볼셰비즘과 관련한 유대인 문제에 대해 다시 강력한 자극을 가한다. 포스터와 신문. 총통은 감격했다."
138) 같은 출처, 26.11.1937, p.346
139) 같은 출처, 3.12.1937, p.354
140) 같은 출처, 3.3.1937, p.64 und 3.2.1937, p.32
141) 같은 출처, 30.4.1937, p.108 und Bd.4, 20.1.1941, p.472
142) Hassell-Tgb, p.476 (Anm.2)
143) Tgb IfZ, Bd.3, 25.12.1937, p.382
144) 같은 출처, 4.11.1937, p.324
145) 같은 출처, 9.12.1937, p.361
146) 같은 출처, 15.12.1937, p.369
147) 같은 출처, 30.11.1937, p.351
148) 같은 출처를 참조하라, 31.1.1937, p.29 : "제국의회. …… 총통 연설…… 예술과 학술을 위한 민족상에 1년에 30만 마르크를 약속하다. 나는 이를 실행하기 위한 지시를 받았다. 독일인의 노벨상 수상 금지."
149) Tgb IfZ, Bd.2, 27.11.1936, p.737
150) 같은 출처, Bd.3, 27.7.1937, p.213
151) 같은 출처, 3.9.1937, p.252
152) Kempner, Robert M.W. : *Der Kampf gegen die Kirche. Aus unveröffentlichten Tagebüchern Alfred Rosenbergs*, in : *Der Monat. Eine internationale Zeitschrift*, 1 Jg./Juli 1949, Nr.10, pp.26 이하(hier : Eintragung : Nach dem Parteitag 1937, p.31)
153) *Völkischer Beobachter* vom 10.9.1937
154) Zit. nach : Jacobsen, *Nationalsozialistische Außenpolitik*, p.460
155) 같은 출처, p.835
156) Tgb IfZ, Bd.3, 10.9.1937, p.261
157) 같은 출처, 3.9.1937, p.279
158) Zit. nach : Heiber, *Goebbels-Reden*, Bd.1, p.288
159) Tgb IfZ, Bd.3, 25.9.1937, p.278
160) 같은 출처, 28.9.1937, p.281
161) 같은 출처, 29.9.1937, p.283
162) 같은 출처
163) 같은 출처, 1.10.1937, p.285
164) 같은 출처, 30.9.1937, p.284
165) 같은 출처
166) 같은 출처
167) 같은 출처, 7.11.1937, p.328
168) 같은 출처, 14.9.1937, p.266
169) 같은 출처, 3.8.1937, p.223
170) ADAP, Serie D, Bd.1, Nr.93
171) Tgb IfZ, Bd.3, 27.1.1938, p.416
172) 같은 출처

173) 같은 출처, p.415
174) 같은 출처, 1.2.1938, p.423
175) 같은 출처, 29.1.1938, p.419
176) 같은 출처, 28.1.1938, p.417
177) 같은 출처, 31.1.1938, p.422
178) 같은 출처
179) 같은 출처, 28.1.1938, p.417
180) 같은 출처, und 31.8.1938, p.422
181) 같은 출처, 28.1.1938, p.417
182) 같은 출처, 17.1.1938, p.405
183) 같은 출처, 30.1.1938, p.421
184) 같은 출처, 6.2.1938, p.433
185) 같은 출처, 30.1.1938, p.421
186) 같은 출처, 1.2.1938, p.423
187) 같은 출처, p.424
188) 같은 출처, 12.8.1938, p.505
189) 같은 출처, 1.2.1938, p.424
190) 같은 출처, 6.2.1938, p.434
191) 같은 출처, 5.2.1938, p.431
192) 같은 출처, 6.2.1938, p.432
193) 같은 출처, 6.3.1937, p.68
194) 같은 출처, Bd.4, 1.4.1941, p.562
195) 같은 출처, Bd.3, 27.10.1937, p.315
196) 같은 출처, Bd.2, 7.12.1935, p.550
197) 같은 출처, Bd.3, 6.3.1937, p.68
198) 같은 출처, 1.2.1938, p.424
199) 같은 출처, 29.10.1937, p.318
200) 같은 출처, 20.1.1938, p.408
201) 같은 출처, 29.10.1937, p.318
202) Domarus, *Reden*, Bd. Ⅰ, p.787(Anm.62)
203) 같은 출처, p.788
204) 같은 출처, p.790
205) Aussage Wilhelm Keitels in Nürnberg, IMT, Bd. Ⅹ, p.568
206) Text des Aufrufs zu der für den 13.März angesetzten Volksbefragung von Schuschnigg, zit. nach : Domarus, *Reden*, Bd. Ⅰ, p.807
207) Goebbels in seiner Rundfunkansprache zu Hitlers Geburtstag 1938, abgedruckt in : *Völkischer Beobachter* vom 21.4.1938
208) Abgedruckt in : Domarus, *Reden*, Bd. Ⅰ, p.809
209) Aussage Franz von Papens in Nürnberg, IMT, Bd. ⅩⅥ, p.354, 앞의 두 인용도 여기서 나온 것이다.
210) Goebbels in seiner Rundfunkansprache zu Hitlers Geburtstag 1938, abgedruckt in : *Völkischer Beobachter* vom 21.4.1938
211) Zit. nach : Domarus, *Reden*, Bd. Ⅰ, p.811, Anm.120
212) Speer, *Erinnerungen*, p.123
213) Goebbels in seiner Rundfunkansprache zu Hitlers Geburtstag 1938, abgedruckt in : *Völkischer Beobachter* vom 21.4.1938
214) Zit. nach : Domarus, *Reden*, Bd. Ⅰ, pp.816 이하

215) Harlan, Veit : *Im Schatten meiner Filme. Selbstbiographie*, Gütersloh 1966, p.83(이하 : Harlan, *Selbstbiographie*)
216) Zit. nach : Domarus, *Reden*, Bd.Ⅰ, pp.822 이하
217) 같은 출처, p.824
218) 같은 출처, pp.825 이하
219) *Veränderungen im Reichsministerium für Volksaufklärung und Propaganda, Hamburger Fremdenblatt* vom 5.4.1938, BA Koblenz, R55/1338
220) Tgb IfZ, Bd.3, 2.12.1937, p.353
221) 같은 출처, 19.7.1938, p.485
222) 같은 출처, 19.6.1938, p.460
223) 같은 출처, 21.6.1938, p.462
224) Rede vor der Parteiführerschaft am 19.3.1938 in Berlin, zit. nach Heiber, *Goebbels-Reden*, Bd.1, pp.289 이하(hier : p.291)
225) Goebbels-Reportage vom Besuch Hitlers in Wien am 9.4.1938, abgedruckt in : Heiber, *Goebbels-Reden*, Bd.1, pp.299 이하(hier : p.302)
226) Ruhl, *Brauner Alltag*, p.149
227) *Völkischer Beobachter* vom 21.4.1938
228) Hausner, Hans Erik(Hrsg.) : *Zeitbild : Das historische Nachrichtenmagazin. Der Zweite Weltkrieg*, Wien/Heidelberg 1979, p.25
229) 같은 출처, p.26 ; 다음을 참조할 것 : Kershaw, *Mythos*, pp.118 이하
230) Tgb IfZ, Bd.3, 24.11.1937, p.344
231) 같은 출처, 26.11.1937, p.347
232) Domarus, *Reden*, Bd.Ⅰ, p.855
233) *Völkischer Beobachter* vom 6.5.1938 und vom 7.5.1938
234) Tgb IfZ, Bd.3, 3.11.1937, p.324
235) 같은 출처, 28.12.1937, p.385
236) 이날 저녁에 대한 정확한 서술과 자세한 손님 명단은 다음을 참조할 것. in : Graham, Cooper C. : *Leni Riefenstahl and Olympia*, London 1986, pp.186 이하
237) Tgb IfZ, Bd.3, 31.8.1938, p.523 ; 다음을 참조할 것 : Scheffler, Wolfgang : *Judenverfolgung im Dritten Reich 1933-1945*, Berlin 1960, pp.27 이하
238) *Goebbels über die Auseinandersetzung mit den Juden. Eine Rede bei der Berliner Sonnwendfeier*, in : *Deutsche Allgemeine Zeitung* vom 23.6.1938, BA Koblenz, Sammlung Schumacher(SS115)
239) Tgb IfZ, Bd.3, 22.6.1938, p.463
240) 같은 출처, 4.6.1938, pp.448 이하
241) 같은 출처, 11.6.1938, p.452
242) 같은 출처, 19.6.1938, p.460
243) 같은 출처, 22.6.1938, p.463
244) *Goebbels über die Auseinandersetzung mit den Juden. Eine Rede bei der Berliner Sonnwendfeier*, in : *Deutsche Allgemeine Zeitung* vom 23.6.1938, BA Koblenz, Sammlung Schumacher(SS115)
245) Tgb IfZ, Bd.3, 19.6.1938, p.460
246) 같은 출처, 22.6.1938, p.463
247) 같은 출처, 6.7.1938, p.473
248) 같은 출처, 22.6.1938, p.463
249) 같은 출처
250) 같은 출처
251) 같은 출처, 25.7.1938, p.490
252) 같은 출처, 4.8.1938, p.500

253) 같은 출처, 25.7.1938, p.490
254) Bericht des Rechtsanwaltes Krech, Berlin-West, vom 11.10.1954 betr. "Nachlaßpflegesuche Dr.Goebbels", 5. Ⅱ.623/54 und 5. Ⅱ.210/54
255) 쇠네베르크/슈바넨베르너 토지능기소 지원에 등재한 후 괴벨스는 1939년 6월 8일 기업가 알프레트 루트비히에게 인젤 거리 12/14 토지 일부를 18만 제국마르크에 매각했다(It. Auskunft des Amtsgerichts Schöneberg/Grundbuchamt Schwanenwerder vom 12.10.1989). 1941년 그는 이 "뚱보 자본가"와의 "사소한 승강이" 끝에 그 집을 임차했다(Tgb IfZ, Bd.4, 30.3.1941, p.558 und Eintragung vom 24.3.1941, p.550).
256) Tgb IfZ, Bd.3, 3.8.1937, p.223
257) 같은 출처, 3.6.1938, pp.446 이하
258) 같은 출처, 10.8.1938, p.504
259) Tgb BA Koblenz, 19.8.1941, NL 118/21 ; 다음을 참조하라 : Schwarzenbeck, Eberhard : *Nationalsozialistische Pressepolitik und die Sudetenkrise*, München 1979
260) Tgb IfZ, Bd.3, 3.6.1938, pp.446 이하
261) Aussage Moritz von Schirmeisters in Nürnberg am 28.6.1946, IMT, Bd. ⅩⅦ, p.266
262) 다음을 참조할 것 : Erklärung von Hans Fritzsche vom 7.1.1946, IMT, Dokument 3469-PS, Bd. ⅩⅩⅩⅡ, p.319
263) Stephan, *Goebbels*, p.105
264) Tgb IfZ, Bd.3, 3.6.1938, pp.446 이하
265) 같은 출처, 24.8.1938, p.516
266) 나우만에 대한 상세한 내용은 다음을 참조할 것 : Boelcke, *Ministerkonferenzen*, pp.54 이하
267) Tgb IfZ, Bd.3, 19.7.1938, pp.484 이하 : "전쟁이 어떻게 될 것인가에 대해 한케와 진지한 대화를 나누다. …… 우리는 모두 현재 어느 정도 걱정을 하고 있다."; 같은 출처, 28.8.1938, p.520 : "한케 및 나우만과 대화. …… 뜨거운 주제는 전쟁과 프라하. 이 문제들은 현재 우리 모두를 짓누르고 있다."
268) 같은 출처, 1.9.1938, p.525
269) 같은 출처, 28.8.1938, p.520
270) 같은 출처, 16.7.1938, p.482
271) 같은 출처, 19.7.1938, p.485
272) 같은 출처, 17.7.1938, p.483
273) 같은 출처, 19.7.1938, p.485 ; 같은 출처, 24.8.1938, p.516
274) 같은 출처, 19.8.1938, p.511
275) 같은 출처, 30.8.1938, pp.521 이하 : "란돌프Randolph(괴벨스의 런던 주재 공보관)가 런던에서 보고했다. 유혈 충돌이 일어날 경우 영국이 어떠한 행동을 취할지는 아무도 모른다. 란돌프는 영국이 개입할 것이라고 보고 있다. 나는 그렇게 생각하지 않는다. 영국 정부가 자신들의 수수방관하는 태도를 자국민에게 정당화할 수 있고 또 우리의 서쪽 국경에 변동이 생기지 않는다면, 영국 정부는 다만 항의하는 데 그칠 것이다. 그러나 이 모든 것은 여전히 느낌의 문제이다."
276) 같은 출처, 22.7.1938, p.487
277) 같은 출처, p.488 ; 괴벨스는 자신의 젊은 시절에 비추어서 오스트리아의 젊은 히틀러가 받았을 수난을 느꼈다. 이 내용은 다음에서 인용되었다. : Goebbels' Ansprache zu Hitlers 49.Geburtstag vom 19.April 1938, *Völkischer Beobachter* vom 21.4.1938 ; 다음을 참조할 것 : Bramsted, *Propaganda*, p.295 und Tgb IfZ, Bd.2, 9.8.1932, p.219
278) Tgb IfZ, Bd.3, 2.7.1938, p.471
279) 같은 출처, 5.8.1938, p.501
280) "마그다는 집에서 중요한 대화를 나눈다. 그녀는 내게 커다란 의미를 가진다.", 같은 출처, 5.8.1938, p.501
281) 거기에서는 다음과 같은 내용도 있다. "나는 이제 다시 새로운 목표가 설정되기를 원한다. 내게는 그

러한 것이 필요하다. 지난 몇 달 동안 나는 많이 힘들었다."(같은 출처, 6.8.1938, p.501)
282) 같은 출처, 14.8.1938, p.507
283) Rosenberg-Tgb, Eintragung vom 6.2.1939, p.64
284) Tgb IfZ, Bd.3, 21.8.1938, p.513
285) 같은 출처, 16.8.1938, p.508
286) 같은 출처
287) "총통과 함께 있었다. 다시 그와 오랫동안 대화를 나누었다. …… 이제 더는 출구를 찾지 못하겠다.", 같은 출처, 17.8.1938, p.509
288) 같은 출처, 16.8.1938, p.508 und 21.8.1938, p.513 ; 다음을 참조할 것 : Hassell-Tgb, Eintragung vom 10.10.1938, p.57
289) Tgb IfZ, Bd.3, 21.8.1938, p.513
290) 같은 출처, 16.8.1938, p.508
291) 같은 출처, 18.8.1938, p.509
292) 같은 출처, 20.8.1938, p.513 ; 같은 출처, 18.8.1938, p.509 ; 같은 출처, 19.8.1938, p.510
293) 같은 출처, 18.8.1938, pp.509 이하
294) "내게 그렇게 따뜻하고 친절한 어머니에게로 간다. 그곳에 가면 정말 내 집 같다. 마리아는 나를 잘 이해한다. …… 내 마음을 감동시키는 어머니 때문에 기쁘다. …… 아직도 어머니와 마리아를 방문하여 함께 있다. …… 다른 곳에서는 너무 외로워서 더는 견디기 힘들다.", 같은 출처, 19.8.1938, pp.510 이하 ; "많이 아픈 어머니를 방문하다. 어머니와 함께 생각한다. 어머니가 내게는 가장 가까운 사람이다. …… 오랫동안 어머니와 마리아와 식사를 했다. 아주 슬픈 저녁이다.", 같은 출처, 20/21.8.1938, p.513
295) 같은 출처, 17.8.1938, p.509
296) 같은 출처, 21.8.1938, p.513
297) 같은 출처, 22.8.1938, pp.514 이하
298) 같은 출처
299) 같은 출처, 21.8.1938, p.514
300) 같은 출처, 1.9.1938, p.525
301) 같은 출처
302) 같은 출처, 21.8.1938, p.513, 다음 참조 : 같은 출처, 13.8.1938, p.506 : "전시를 위한 우리 선전부의 활동이 대대적으로 시작되었다."
303) Messerschmidt, *Zweiter Weltkrieg*, p.149 ; 다음을 참조할 것 : 제국국방부 심리전 담당 전문가 블라우Blau의 저술들, *Propaganda*(1935) und *Geistige Kriegführung*(1937)
304) 다음을 참조할 것 : Tgb IfZ, Bd.3, 16.9.1937, p.268, 같은 출처, 19.9.1937, p.271
305) 같은 출처, 30.7.1938, p.495
306) 다음을 참조할 것 : Messerschmidt, *Zweiter Weltkrieg*, p.149 ; Longerich, *Propagandisten*, pp.116 이하 ; Boelcke, *Ministerkonferenzen*, pp.127 이하
307) 같은 출처, pp.127 이하
308) Tgb IfZ, Bd.3, 13.8.1938, p.506 ; 다음을 참조할 것 : Messerschmidt, *Zweiter Weltkrieg*, p.149
309) Tgb IfZ, Bd.3, 21.8.1938, p.513 ; 1939년 여름 개전시 15개 선전중대의 투입 준비가 끝났다.
310) 같은 출처, 1.8.1938, p.497
311) Domarus, *Reden*, Bd. I , p.923
312) Shirer, William L. : Berlin Diary, London 1941, pp.118 이하., zit. nach : Bullock, Alan : Hitler. *Eine Studie über Tyrannei*, Kronberg 1977, p.445(이하 : Bullock, Hitler)
313) Hill, *Weizsäcker-Papiere*, Eintragungen vom 9.10.1938 und Mitte Oktober 1939(Ruckblick), p.145 und 171 ; 제국은행총재 샤흐트는 하셀 대사에게 1938년 9월 15일 괴벨스가 "경솔한 전쟁 정책에 반대하고 있다."라고 말했다.(Hassell-Tgb, Eintragung vom 17.9.1938, p.52)
314) 다음을 참조할 것 : Hill, *Weizsäcker-Papiere*, Eintragung von Mitte Oktober 1939(Rückblick),

p.171 : "뮌헨 협정으로부터 몇 주가 지난 후 괴링 원수는 내게 다음과 같이 말했다. 즉 총통은 자신이 평화적 방법을 선택하도록 하는 두 가지 이유가 있다고 괴링 원수에게 말했다는 것이다. 그 한 가지는 독일 민족이 전쟁 의지를 지니고 있는가라는 의구심이고, 다른 한 가지는 무솔리니가 그를 돕지 않을 수도 있다는 의구심이라는 것이다." Marianne von Weizsäcker an Ernst von Weizsäckers Mutter am 30.10.1938, 같은 출처, p.144 : "에른스트는 최근 총통 다음으로 공적이 큰 사람이 헤르만 괴링이라고 보고 있습니다. …… 에른스트는 그에게 매료되었습니다. 괴벨스도 그의 곁에서 보도 자로서 탁월하게 일했다고 합니다."; 이와 관련하여 다음을 참조할 것 : Bullock, *Hitler*, p.453

315) Zit. nach : Domarus, *Reden*, Bd. I , p.946
316) 다음을 참조할 것 : Bullock, *Hitler*, p.453
317) Tgb IfZ, Bd.3, 18.10.1938, pp.525 이하
318) Irving, David : *Hitlers Weg zum Krieg*, Herrsching 1978, pp.299 이하(이하 : Irving, *Hitlers Weg*)
319) Siehe Bild und Unterschrift im Völkischen Beobachter vom 25.10.1938 ; 이 모임이 있었던 10월 23일은 보어만의 일기에는 감탄 부호로 표시되어 있었다고 한다. 다음을 참조할 것. Irving, *Hitlers Weg*, p.301 ; Heiber(*Goebbels* p.277)도 이 날짜가 맞다고 보지만, Domarus(*Reden*, Bd. I , p.961)는 10월 24일에 모임이 있었다고 본다.
320) Rosenberg-Tgb, Eintragung vom 6.2.1939, pp.64 이하
321) 한케가 우르반Urban(로젠베르크의 가장 오래된 정치 담당 직원 중 한 사람)에게 한 말, Rosenberg-Tgb, 같은 출처, p.64
322) Tgb IfZ, Bd.3, 16.7.1938, p.482
323) Notiz Rudolf Likus' an Ribbentrop am 3.11.1938 : "글로리아팔라스트 극장에서 금요일부터 일요일까지 〈도박자〉 상영 중 스캔들이 일어났다. 리다 바로바는 야유를 받았다. 월요일 그 영화는 상영계획에서 삭제되었다." (AA, Serie 43, 29 042) ; 다음 참조: Hassell-Tgb, Eintragung vom 30.1.1939, p.79
324) Darstellung nach : Geza von Cziffra : *Es war eine rauschende Ballnacht. Eine Sittengeschichte des deutschen Films*, Frankfurt am Main/Berlin 1987, pp.149 이하
325) 독일 국방군이 1939년 3월 15일 소위 "체코 나머지 지역"을 점령하고 나서 2년 후, 프라하에 살고 있던 리다 바로바는 별다른 제재를 받지 않았다. 그러나 1941년 초 그녀는 활동 금지 조치를 받았다. 러시아 군대가 다가오자 그녀는 친구들과 함께 미국 점령 지역으로 피신했다. 전쟁 말기의 혼란 속에서 그녀를 체포한 공산주의자들은 그녀를 부역 혐의로 프라하에서 특별재판소에 넘겼다. 기소 내용은 반역죄였다. 러시아 장교들에 의한 심문 중 그녀의 어머니는 심장마비로 사망했다. 그녀의 자매이자 마찬가지로 배우이던 초르카Zorka는 활동 금지 조치를 받았고 그 후 자살했다. 그녀는 감옥에서 16개월을 보내고 1946년 크리스마스 때 그녀와 나중에 결혼하게 되는 체코 장관의 조카 얀 코페츠키Jan Kopetzky의 중재로 사면을 받고 풀려났다.
326) Gillessen, Günther : *Der organisierte Ausbruch des Hasses. Die "Reichskristallnacht" vor 50 Jahren*. Beilage der FAZ vom 5.11.1988(이하 : Gillessen, "*Reichskristallnacht*")
327) *Völkischer Beobachter* vom 8.11.1938
328) Deutschkron, Inge : *Ich trug den gelben Stern*, München 1985, p.36
329) Graml, Hermann : *Reichskristallnacht. Antisemitismus und Judenverfolgung im Dritten Reich*, München 1988, p.17(이하 : Graml, "*Reichskristallnacht*")
330) Dokument 3063-PS, IMT, Bd. XXXII, p.21
331) Gillessen, "*Reichskristallnacht*"
332) Bramsted, *Propaganda*, p.506
333) Gillessen, "*Reichskristallnacht*"
334) Gesprächsprotokoll Ribbentrop - Bonnet, ADAP, Serie D, Bd.4, Dok.372
335) Aussage von Hans Fritzsche in Nürnberg, IMT, Bd. XVII, p.210
336) Aufzeichnung des Majors Engel vom 11.11.1938, zit. nach : Lauber, Heinz : Judenpogrom: "*Reichskristallnacht*" *November 1938 in Großdeutschland. Daten, Fakten, Dokumente, Quellentexte*,

Thesen und Bewertungen, Gerlingen 1981, p.178, dies bestatigte auch Goring in Nürnberg, IMT, Bd. XIII, p.131

337) Aussage Hermann Görings in Nürnberg, IMT, Bd.IX, pp.312 이하
338) Aussage Walther Funks in Nürnberg, IMT, Bd.XIII, p.131
339) Reitlinger, Gerald : *Die Endlösung. Hitlers Versuch der Ausrottung der Juden Europas 1939-1945*, 5.Aufl., Berlin 1979, p.18 ; das Besprechungsprotokoll befindet sich als Dokument 1816-PS in IMT, Bd. XXVIII, pp.499 이하
340) Tgb IfZ, Bd.3, 12./13.11.1938, pp.532 이하
341) 같은 출처, 13.11.1938, p.533
342) *Völkischer Beobachter* vom 14.11.1938
343) Erlaß vom 24.1.1939, 다음을 참조할 것 : Adler, H.G. : *Der verwaltete Mensch. Studien zur Deportation der Juden aus Deutschland*, Tübingen 1974, p.71 und 85(이하 : Adler, *Deportation*) ; 다음도 참조할 것 : Brief Göring an Heydrich vom 31.7.1941, IMT, Dok.710-PS, Bd. XXVI, pp.266 이하
344) Goebbels auf der Jahrestagung der RKK am 25.11.1938, in : *Völkischer Beobachter* vom 26.11.1938
345) 같은 출처, 20.11.1938
346) 같은 출처, 10.11.1938
347) Gillessen, "*Reichskristallnacht*"
348) 같은 출처. ; 다음도 참조할 것 : Graml, "*Reichskristallnacht*", p.37
349) *Völkischer Beobachter* vom 11.11.1938 ; Rede Hitlers vor der deutschen Presse (10.November 1938), mit Vorbemerkungen von Wilhelm Treue, in : VfZG, 6.Jg./1958, pp.175 이하.(이하 : Treue, *Geheimrede*)
350) Treue, *Geheimrede*, p.183
351) 같은 출처, pp.182 이하
352) Abgedruckt in : Heiber, *Goebbels-Reden*, Bd.1, pp.309 이하(hier : p.316 und p.320) ; 다음을 참조할 것 : Sywottek, Jutta : *Mobilmachung für den totalen Krieg. Die propagandistische Vorbereitung der deutschen Bevölkerung auf den Zweiten Weltkrieg*, Opladen 1976, pp.165 이하(이하 : Sywottek, *Mobilmachung*)
353) Heiber, *Goebbels-Reden*, Bd.1, pp.309 이하(hier : pp.327 이하) ; 이 연설은 주데텐 독일인들의 "선거전"에서 전단으로 뿌려지기도 했다. 다음을 참조할 것 : Sywottek, *Mobilmachung*, p.165
354) Presseanweisung des RMVP vom 19.10.1938, zit. nach : Sywottek, *Mobilmachung*, pp.166 이하
355) Zit. nach : 같은 출처, p.166
356) Pressekonferenz vom 9.5.1939, BA Koblenz, Sammlung Sänger (ZSg 102/13)
357) Schreiben des Leiters der Pressegruppe des O.K.W., Hasso von Wedel, an die für die Kontrolle des Schrifttums zuständige Abt. Inland des O.K.W. vom 6.5.1939, zit. nach : Sywottek, *Mobilmachung*, p.167
358) 같은 출처, p.169
359) Hassell-Tgb, Eintragung vom 26.1.1939, p.82
360) 같은 출처, Eintragung vom 10.10.1938, p.57
361) Speer, *Erinnerungen*, p.161
362) Rosenberg-Tgb, 6.2.1939, p.66
363) Rosenberg zu Darré am 1.3.1939 auf einem Empfang Hitlers für das diplomatische Korps, in : Rosenberg-Tgb, Eintragung vom 1.3.1939, p.66
364) 같은 출처, Eintragung vom 6.2.1939, pp.63 이하(hier : pp.64 이하.), daher stammen auch alle folgenden Zitate dieses Absatzes
365) Tgb IfZ, Bd.3, 1.11.1938, p.526
366) 같은 출처, 3.11.1938, p.528 und Rosenberg Tgb, Eintragung vom 6.2.1939, p.64

367) Tgb IfZ, Bd.3, 1.11.1938, p.528
368) 같은 출처, 12.11.1938, p.532
369) 같은 출처, 17.11.1938, p.536
370) 같은 출처, 10.12.1938, p.545
371) 같은 출처, 30.12.1938, p.551
372) 같은 출처, 9.12.1938, p.545
373) 같은 출처, 30.12.1938, p.551 ; 다음을 참조하라 : Hassell-Tgb, Eintragung vom 30.1.1939, p.79
374) Tgb IfZ, Bd.3, 3.1.1939, p.553
375) 같은 출처, 1.1.1939, p.552
376) 같은 출처, 3.1.1939, p.553
377) 같은 출처, 4.1.1939, p.553
378) 같은 출처
379) 같은 출처, 18.1.1939, p.556
380) 같은 출처, 8.1.1939, p.554
381) 같은 출처, 17.1.1939, p.555
382) 1940년 1월 아만과 로젠베르크의 대화 중 다음과 같은 언급이 이러한 사실을 암시한다. "아만은 괴벨스 박사와의 대화에 대해 말했다. 아만은 폴란드에서 출판인과 저술가들을 투입했다. 괴벨스는 나중에 '점검'을 하여 그들을 다시 해고했다. 그 후 아만은 선전부의 괴벨스를 찾아가서 그에게 두 시간 동안 진실을 이야기했다. 그에게 떠오르는 생각, 그의 비참한 선전부에 대해서 본래 가지는 생각이 무엇인지에 대해 이야기한 것이다. 아무도 이제 그의 이야기를 들으려 하지 않는다는 것이다. 모든 관구장들도 한마음으로 그것을 거부하고 있다. 괴벨스는 불쌍한 표정으로 거기 앉아 있었다. 친애하는 아만 동지, 우리 이만 헤어져야겠습니다. 저는 이미 1년 전부터 총통에게 사임하겠다고 말해 왔습니다.", Rosenberg-Tgb, Eintragung vom 19.1.1940, p.96
383) Tgb IfZ, Bd.3, 18.1.1939, p.556
384) 같은 출처, 19.1.1939, p.556
385) 같은 출처, 20.1.1939, p.557
386) 같은 출처, 21.lies22.1.1939, p.559
387) 같은 출처, 20.1.1939, p.557
388) 같은 출처, 24.lies25.1.1939, p.561
389) Zit. nach : Domarus, *Reden*, Bd.Ⅱ, p.1053
390) 같은 출처, Bd.Ⅰ, p.927
391) Hitler in seiner Geheimrede vor Pressevertretern am 10.11.1938, abgedruckt in : 같은 출처, Bd.Ⅰ, pp.973 이하(hier : p.976)
392) 지식인들에 대한 그의 비판에 대해서는 같은 출처, pp.975 이하를 참조할 것.
393) Treue, *Geheimrede*, p.188
394) Goebbels, Joseph : *Wer will den Krieg?* vom 1.4.1939, in : Goebbels, Joseph : *Die Zeit ohne Beispiel. Reden und Aufsätze aus den Jahren 1939/40/41*, München 1941, pp.90 이하(hier : p.91)(이하 : Goebbels, *Zeit ohne Beispiel*)
395) In : Goebbels, *Zeit ohne Beispiel*, pp.17 이하(hier : p.19), 이 문단 중 별도로 표시되지 않은 다른 인용문들의 출처도 마찬가지이다.
396) *Völkischer Beobachter* vom 4.2.1939
397) 같은 출처, 11.2.1939
398) Tgb IfZ, Bd.3, 10.2.1939, p.571
399) "모든 선전에서 최악의 적은 지식인주의이다.", 같은 출처, Bd.4, 15.12.1940, p.422
400) Lochner, *Goebbels-Tgb*, 29.1.1942, p.62 ; 괴벨스는 일기에서 이와 비슷한 방식으로 말하고 있다. 1940년 1월 3일 일기(Tgb IfZ, Bd.4, p.2)에는 다음과 같은 내용이 있다. "우리는 언제나 같은 내용을 언제나 변화하는 형식으로 말해야 한다. …… 우리의 사고방식을 끝없이 반복함으로써 국민들을

사로잡아야 한다. 제대로 자리를 잡을 때까지!". 그리고 1940년 2월 8일 일기(같은 출처, p.36)에서는 "선전은 반복, 영원한 반복이다!"라는 내용이 있다.
401) 같은 출처, Bd.2, 8.2.1932, p.124 (Kaiserhof)
402) Beispiele lieferte Hans Fritzsche in seiner Nürnberger Erklärung vom 7.1.1946, IMT, Bd. XX?, Dokument 3469-PS, pp.305 이하(hier : p.319)
403) 같은 출처, p.320
404) Domarus, Reden, Bd. II, p.1091
405) 같은 출처, p.1092
406) Ereignisse des Hacha-Besuches nach : 같은 출처, pp.1093 이하 ; 독일군의 침공은 실제로는 이미 1939년 3월 14일 일어났다. 그러나 언론에 대해서는 "이 날짜에 너무 비중을 두는 것은 적절하지 않다. …… 14일이라는 날짜는 부수적인 부분으로 밀려나야 한다."라는 지침이 내려졌다.(BA Koblenz, Sammlung sänger, ZSg.102/15).
407) Goebbels, Joseph : Die große Zeit vom 18.3.1939, in : Goebbels, Zeit ohne Beispiel, pp.70 이하 (hier : p.72)
408) Domarus, Reden, Bd. II, p.1095
409) Reuth, Ralf Georg : Erwin Rommel. Des Fuhrers General, München 1987, pp.24 이하(이하 : Reuth, Rommel)
410) Tgb IfZ, Bd.3, 19.3.1939, p.576
411) Speer, Erinnerungen, p.162
412) Tgb IfZ, Bd.3, 19.3.1939, p.576
413) Goebbels, Joseph : Aussprache unter vier Augen mit der Demokratie vom 21.3.1939, in : Goebbels, Zeit ohne Beispiel, pp.77 이하(hier : p.78)
414) 별도의 언급이 없는 경우 이 문단의 인용들의 출처는 다음의 괴벨스 논설이다. Die große Zeit vom 18.3.1939, in : Goebbels, Zeit ohne Beispiel, pp.70 이하(hier : pp.72 이하.)
415) Tgb IfZ, Bd.3, 21.3.1939, p.577
416) 같은 출처, p.578
417) Rosenberg-Tgb, Eintragung vom 1.3.1939, p.66
418) Heiber, Goebbels, p.274
419) Rosenberg-Tgb, Eintragung vom 1.3.1939, p.66
420) Speer, Erinnerungen, pp.161 이하
421) Tgb IfZ, Bd.3, 3.4.1939, p.552
422) Speer, Erinnerungen, p.161
423) Tgb IfZ, Bd.3, 3.4.1939, p.588
424) Rundfunkrede zum 50.Geburtstag Hitlers vom 19.4.1939, in : Goebbels, Zeit ohne Beispiel, pp.97 이하(hier : p.98)
425) 같은 출처, p.99
426) 같은 출처, p.98
427) Kordt, Erich : Wahn und Wirklichkeit, Stuttgart 1948, pp.152 이하
428) Tgb IfZ, Bd.3, 21.4.1939, p.599
429) 다음을 참조할 것 : Terveen, Fritz : Der Filmbericht über Hitlers 50.Geburtstag. Ein Beispiel nationalsozialistischer Selbstdarstellung und Propaganda, in : VfZG 7.Jg./1959, pp.75 이하(이하 : Terveen, Filmbericht)
430) Santé, Georg : Parade als Paradestück. Zwölf Augenpaare, die mehr als Hunderttausende sahen- Großeinsatz der Wochenschau, auszugsweise abgedruckt in : Wulf, Theater und Film, pp.382 이하 (hier : p.382)
431) Terveen, Filmbericht, p.84
432) Goebbels, Joseph : Der Film als Erzieher, in : Goebbels, Joseph : Das eherne Herz. Reden und

Aufsätze aus den Jahren 1941/42, München 1943, pp.37 이하(hier : p.38)(이하 : Goebbels, *Das eherne Herz*)
433) 다음을 참조할 것 : Bramsted, *Propaganda*, p.531
434) Goebbels, Joseph : *Nochmals : die Einkreiser*, in : *Völkischer Beobachter* vom 27.5.1939
435) 같은 출처
436) *Die Einkreiser*(20.5.1939), pp.144 이하, *Nochmals : die Einkreiser* (27.5.1939), 150ff. und *Das schreckliche Wort von der Einkreisung*(1.7.1939), 188ff., in. Goebbels, *Zeit ohne Beispiel*
437) 다음을 참조할 것 : Goebbels, Joseph : *Klassenkampf der Völker?* vom 3.6.1939, in : Goebbels, *Zeit ohne Beispiel*, pp.157 이하
438) Goebbels, Joseph : *Die Moral der Reichen* vom 25.3.1939, in : Goebbels, *Zeit ohne Beispiel*, pp.84 이하(hier : p.85)
439) 같은 출처, p.84
440) 같은 출처, p.89
441) Goebbels, Joseph : *Aussprache unter vier Augen mit der Demokratie* vom 21.3.1939, in : Goebbels, *Zeit ohne Beispiel*, pp.77 이하(hier : p.77)
442) Vertrauliche Bestellung für die Schriftleitung vom 16.6.1939, abgedruckt in : Wulf, *Presse und Funk*, p.106
443) Hassell-Tgb, Eintragung vom 20.6.1939, p.92
444) Rede vom 17.6.1939 abgedruckt in : Heiber, *Goebbels-Reden*, Bd.1, pp.333 이하 ; 이 연설은 테이프로 전해오는 평화 시기 괴벨스의 연설 중에서 가장 엄청난 대중 히스테리를 불러일으켰다, 같은 출처, S. X X Ⅶ ; Rede vom 18. Juni abgedruckt im *Völkischer Beobachter* vom 19.6.1939
445) Abgedruckt in : Heiber, *Goebbels-Reden*, Bd.1, pp.333 이하(hier : p.335)
446) Sanger, *Politik der Täuschungen*, pp.371 이하
447) Goebbels, Joseph : *Wer will den Krieg?* vom 1.4.1939, in : Goebbels, *Zeit ohne Beispiel*, pp.90 이하(hier : p.90)
448) Goebbels, Joseph : *Bajonette als Wegweiser* vom 13.5.1939, in : Goebbels, *Zeit ohne Beispiel*, pp.135 이하(hier : p.135)
449) Weisung vom 23.6.1939, zit. nach : Sänger, *Politik der Täuschungen*, p.378
450) 다음을 참조할 것 : Goebbels, Joseph : *Bajonette als Wegweiser* vom 13.5.1939, in : Goebbels, *Zeit ohne Beispiel*, pp.135 이하(hier : pp.137 이하)
451) 같은 출처, p.139
452) 같은 출처, pp.136 이하
453) *Völkischen Beobachter* vom 5.5.1939에 실린 사설의 제목이다. in : Goebbels, *Zeit ohne Beispiel*, pp.127 이하
454) Goebbels an Schwerin von Krosigk am 2.6.1937, BA Koblenz, R55/421
455) Tgb IfZ, Bd.2, 27.8.1935, p.507
456) Aufzeichnung des Leiters der Haushaltsabteilung im RMVP, Dr.Karl Ott, betr. Dienstwohnung des Reichsministers für Volksaufklärung und Propaganda vom 21.4.1938, BA Koblenz, R55/421
457) Vermerk Otts vom 22.4.1938, BA Koblenz, R55/421
458) 다음을 참조할 것 : Heiber, *Goebbels*, p.254
459) Generelle Kostenzusammenstellung betr. den Neubau des Dienstwohngebäudes für den Herrn Reichsminister für Volksaufklärung und Propaganda vom 28.2.1939, BA Koblenz, R55/421
460) "동이 투입될 공간들은 전적으로 대외적 용도로만 사용된다"는 이유를 들어 괴벨스는 금속 관리처가 동을 제공하도록 했다. Schreiben an die Überwachungsstelle für Metalle vom 10.2.1939, BA Koblenz, R 55/421

461) 헤르만 괴링 거리와 랑케 48번지 저택들을 위해 파리에서 사들인 물품의 목록은 전체적으로 48개 품목이고 그 가격은 총 230만 제국마르크였다. RM, BA Koblenz, R55/423
462) Ott an Goebbels am 24.2.1939, BA Koblenz, R55/421
463) 같은 출처
464) 같은 출처
465) Begründung für Schreiben an Finanzministerium betr. Titel des Haushalts des RMVP : Neubau der Ministeramtswohnung, BA Koblenz, R55/1360
466) Ministerbüro an Haushaltsabteilung am 3.11.1939, BA Koblenz, R55/1360
467) Architekt Baumgarten an Minister am 2.12.1939, BA Koblenz, R55/1360
468) Begründung für Schreiben an Finanzministerium betr. Titel des Haushalts des RMVP : Neubau der Ministeramtswohnung, BA Koblenz, R55/1360
469) Oven : *Finale*, Eintragung vom 19.6.1943, p.38
470) "한케와 괴벨스 부인의 관계는 그들이 결혼하기를 원하여 주변 사람들의 경악을 불러일으킬 정도로 발전해 갔다. …… 한케는 히틀러에게 괴벨스 부부의 이혼을 진정했으나, 히틀러는 국시國是를 들어 이를 거부했다.", Speer, *Erinnerungen*, p.164
471) 같은 출처, p.165
472) Lebenslauf des Gauleiters Karl Hanke vom 25.5.1943, BDC, Personalakte Hanke
473) *Völkischer Beobachter* vom 27.7.1939 ; Domarus, *Reden*, Bd. Ⅱ, p.1220
474) Speer, *Erinnerungen*, p.165

12장 그는 전능하신 분의 보호 안에 있다

1) 다음을 참조할 것 : Speer, *Erinnerungen*, p.177 ; 괴벨스의 오랜 개인 언론보조관 모리츠 폰 쉬르마이스터Moritz von Schirmeister도 뉘른베르크 재판에서 이와 비슷하게 말하고 있다. 괴벨스는 "전쟁으로 몰고 가기를 원치 않았다."는 것이다.(IMT, Bd. ⅩⅦ, p.263)
2) Domarus, *Reden*, Bd. Ⅱ, p.1334
3) Speer, *Erinnerungen*, p.177
4) Bestellung für die Redaktion vom 5.5.1939, abgedruckt bei Wulf, *Presse und Funk*, p.106(BA Koblenz, Sammlung Brammer, ZSg 101)
5) Ribbentrop, Joachim von : *Zwischen London und Moskau. Erinnerungen und letzte Aufzeichnungen*, hrsg. v. Annelies von Ribbentrop, Leoni 1953, p.97 ; 이에 대해서는 그가 1938년 1월 2일 자신의 영국 대사 시절을 정리한 내용 역시 참조할 것("Notiz für den Führer", ADAP, Serie D, Bd.1, Dok.93, pp.132 이하)
6) 다음을 참조할 것 : Sanger, *Politik der Täuschungen*, Anweisung vom 11.9.1937, p.348
7) Tgb IfZ, Bd.4, 24.5.1941, p.657
8) 같은 출처, 16.3.1940, p.76
9) 같은 출처, Bd.3, 9.11.1939, p.635
10) 다음을 참조할 것 : 같은 출처, Bd.4, Eintragungen vom 12.4., 5.8., 25.8., 23.8., 24.8.1940
11) Speer, *Erinnerungen*, p.177 ; 슈페어는 계속하여 괴벨스가 "나타나고 있는 전쟁의 위험에 대해 솔직하게 우려하는 말"을 했으며 그래서 히틀러 측근들은 그를 "권력의 단맛에 중독된 인간"으로 보았다고 적었다.
12) Zit. nach : Sanger, *Politik der Täuschungen*, p.360
13) Zit. nach : 같은 출처, pp.360 이하
14) Zit. nach : 같은 출처, p.362
15) Vertrauliche Informationen Nr.188/39, 22.8.1939, BA Koblenz, Sammlung Oberheitmann, ZSg 109, zit. nach : Bramsted, *Propaganda*, p.277
16) 같은 출처

17) Zit. nach : Sänger, *Politik der Täuschungen*, Weisung vom 24.8.1939, p.363
18) Taubert : *Der antisowjetische Apparat*, p.6
19) Speer, *Erinnerungen*, pp.176 이하
20) Aufzeichnung von Hitlers zweiter Rede vor den deutschen Generälen am 22.9.1939(IMT, Dok.1014-PS), zit. nach : Domarus, *Reden*, Bd. II , pp.1237 이하(hier : p.1238)
21) Zit. nach : Sänger, *Politik der Täuschungen*, p.385
22) 같은 출처, p.364
23) 같은 출처, p.384
24) Zit. nach : 같은 출처, p.386
25) Zit. nach : 같은 출처
26) Zit. nach : 같은 출처, p.388
27) Zit. nach : Fest, Joachim C. : *Hitler. Eine Biographie*, Frankfurt am Main/Berlin/Wien 1973, p.803 ; 다음을 참조할 것 : Sänger, *Politik der Täuschungen*, pp.364 이하(hier : p.379)
28)Zit. nach : 같은 출처, p.390
29) 다음을 참조할 것 : Domarus, *Reden*, Bd. II , pp.1310 이하
30) 1939년 9월 1일 제국정부 기자회견에서는 다음과 같은 언어 규정이 공표되었다. "전쟁이라는 단어가 들어간 표제는 허용되지 않는다! 총통의 연설 후 우리는 이제 단지 반격할 뿐이다." zit. nach : Sänger, *Politik der Täuschungen*, pp. 391 ; 여기에 대해서는 외무부 차관 바이츠제커의 1939년 9월 1일자 회람(ADAP, D, Bd. VII, Nr. 512)도 참조할 것. 여기에서는 독일 군대가 "폴란드 공격을 방어하기 위해" 작전에 돌입했다고 되어 있다. "이 작전은 잠정적으로 전쟁으로 표현되어서는 안 된다."
31) Domarus, *Reden*, Bd. II , pp.1314 이하 ; 공격은 실제로는 4시 45분에 시작되었다.
32) Goebbels, "Schnellbrief" vom 1.September 1939, Akten der Reichskanzlei, BA Koblenz, R43 II /639, p.145-147 ; 다음을 참조할 것 : Conrad F. Latour : *Goebbels' "Außerordentliche Rundfunkmaßnahmen" 1939-1942*, in : VfZG, Jg.11/1963, pp.418 이하
33) Aussage Moritz von Schirmeisters in Nurnberg, IMT, Bd. X VII, p.277
34) Karl Wahl (Gauleiter von Schwaben) über seine Fahrt durch Deutschland in jenen Tagen, zit. nach : Messerschmidt, *Zweiter Weltkrieg*, p.25
35) Schmidt, *Statist*, p.473
36) 같은 출처, p.474
37) Tgb IfZ, Bd.3, 11.11.1939, p.639
38) Aussage von Alfred Jodl in Nürnberg, IMT, Bd. X V, pp.385 이하
39) ADAP, Serie D, 1937-1945, Bd.VIII.1, *Die Kriegsjahre*, 4.9.1939 bis 18.3.1940, Baden-Baden/Frankfurt am Main 1961, Dok.31, p.24
40) 같은 출처, Punkt 7, p.24
41) Boelcke, Willi A.(Hrsg.) : *Kriegspropaganda 1939-1941. Geheime Ministerkonferenzen im Reichspropagandaministerium*, Stuttgart 1966, p.125(이하 : Boelcke, *Ministerkonferenzen*)
42) Tgb IfZ, Bd.3, 8.7.1938, p.475
43) 같은 출처, 3.6.1938, p.447
44) Aussage Moritz von Schirmeisters in Nürnberg, IMT, Bd. X VII, p.280
45) Dietrich, Otto : *Zwölf Jahre mit Hitler*, München 1955, p.259
46) Tgb IfZ, Bd.4, 2.12.1940, p.415
47) 같은 출처, Bd.3, 18.11.1939, p.646
48) 같은 출처, 21.11.1939, p.648
49) Longerich, Peter : *Propagandisten im Krieg. Die Presseabteilung des Auswärtigen Amtes unter Ribbentrop*, München 1987, p.137 (이하 : Longerich, *Propagandisten*)
50) Tgb IfZ, Bd.4, 12.1.1940, p.11
51) 같은 출처, 6.2.1940, p.35

52) 같은 출처, Bd.3, 5.11.1939, p.632
53) 괴벨스와 디트리히의 관계에 대해서는 다음을 참조할 것 : Longerich, *Propagandisten*, pp.112 이하
54) 다음을 참조할 것 : Speer, *Erinnerungen* p.311 : "히틀러는 늦게 아침 식사를 하고 나서 신문과 언론 동향을 받았다. 그가 자신의 의견을 형성하는 데 이 서비스는 결정적인 의미를 지니고 있었다. 또한 이는 히틀러의 기분에 커다란 영향을 주었다. 그는 각각의 해외 뉴스들에 대해 즉각적으로 대부분의 경우 공격적인 입장을 보였고 이를 공보실장 디트리히 박사에게 구술하는 경우가 많았다." : Aussage von Hans Fritzsche in Nürnberg, IMT, Bd. XVII, pp.172 이하
55) 다음을 참조할 것 : Longerich, *Propagandisten*, p.115
56) Aussage Moritz von Schirmeisters in Nürnberg, IMT, Bd. XVII, p.277
57) Tgb IfZ, Bd.2, 28.9.1932, p.250(Kaiserhof)
58) 이에 대한 상세한 내용은 다음을 참조할 것 : Boelcke, Ministerkonferenzen, pp.26 이하 und p.49
59) Aussage Moritz von Schirmeisters in Nürnberg, IMT, Bd. XVII, p.261
60) Tgb IfZ, Bd.3, 9.10.1939, p.603
61) 같은 출처, 12.10.1939, p.607
62) 같은 출처, 11.10.1939, pp.605 이하
63) Domarus, *Reden*, Bd. II, p.1395
64) Tgb IfZ, Bd.3, 12.10.1939, pp.606 이하
65) 같은 출처, p.607
66) 같은 출처, 3.11.1939, p.630
67) 같은 출처, 13.10.1939, p.608
68) 같은 출처, 12.10.1939, p.607
69) 같은 출처, 14.10.1939, p.609
70) 같은 출처, 13.10.1939, p.608
71) 같은 출처, 15.10.1939, p.610
72) 같은 출처, 20.10.1939, p.615
73) IMT, Bd. XXXII, Dokument 3260-PS, pp.83 이하
74) Tgb IfZ, Bd.3, 23.10.1939, p.618
75) 같은 출처, 8.11.1939, p.634
76) 같은 출처
77) 같은 출처, 11.11.1939, p.639
78) 같은 출처, 14.11.1939, p.640
79) 같은 출처, 26.10.1939, p.621
80) 같은 출처, 29.10.1939, p.625
81) 같은 출처, 9.11.1939, p.636
82) 같은 출처
83) 같은 출처, p.637
84) 같은 출처, 10.10.1939, p.604
85) 다음을 참조할 것 : Boelcke, *Ministerkonferenzen*, p.185
86) Halder, Franz : *Kriegstagebuch. Tägliche Aufzeichnungen des Chefs des Generalstabes des Heeres 1939-1942*, Bd.2 : *Von der geplanten Landung in England bis zum Beginn des Ostfeldzuges(1.7.1940-21.6.1941)*, bearbeitet von Hans-Adolf Jacobsen, Stuttgart 1963, Eintragung vom 20.9.1940(이하 : Halder Tgb)
87) Tgb IfZ, Bd.4, 9.5.1940, p.150
88) 같은 출처, Bd.3, 2.11.1939, pp.628 이하, 다음 인용들도 같은 출처에서 나왔다.
89) 로즈의 게토는 공식적으로는 1940년 4월 30일부터 존재했다.
90) Tgb IfZ, Bd.3, 17.11.1939, p.645
91) 같은 출처, 8.11.1939, p.635

92) Ansprache Himmlers an das Offizierskorps der Leibstandarte-SS "Adolf Hitler" am 7.9.1940, abgedruckt in : IMT, Bd. X X IX, Dok.1918-PS, pp.98 이하(hier : p.104)
93) 일기에서 그는 이 영화를 "나의 유대인 영화"라고 말했다. Tgb IfZ, Bd.3, 28.11.1939, p.653 ; 다음을 참조하라 : Eintragung vom 11.11.1939, p.639
94) Wulf, *Bildende Künste*, p.13, Anm.1
95) Tgb IfZ, Bd.3, 17.10.1939, p.611
96) 같은 출처, p.612
97) 같은 출처, 29.10.1939, p.625
98) Harlan : *Selbstbiographie*, pp.111 이하
99) Wulf, *Theater und Film*, p.456(Plakat)
100) 이 인용들은 *Deutsche Allgemeine Zeitung* vom 29.11.1940의 비평란에서 나온 것이다. abgedruckt bei Wulf, *Theater und Film*, p.457
101) Harlan, *Selbstbiographie*, p.86
102) Tgb IfZ, Bd.3, 5.12.1939, p.657
103) 축제극 "프랑켄부르크의 주사위 놀이"의 작가인 에버하르트 볼프강 뮐러Wolfgang Möller는 1935년 국가작가상을 받았다.
104) Tgb IfZ, Bd.3, 15.12.1939, p.666
105) Harlan, *Selbstbiographie*, pp.107 이하
106) Tgb IfZ, Bd.4, 5.1.1940, p.4
107) Harlan, *Selbstbiographie*, p.108
108) Wulf, *Theater und Film*, p.447
109) Tgb IfZ, bd.3, 12.12.1939, p.663
110) Rosenberg Tgb, Eintragung vom 11.12.1939, p.91 ; 이 때문에 영화산업은 수백만 마르크 규모의 손실을 입었는데, 괴벨스는 이를 "상부의 힘" 때문이라고 말했다.(Tgb IfZ, Bd.3, 29.10.1939, p.624)
111) Tgb IfZ, Bd.3, 10.12.1939, p.662 und 13.12.1939, pp.663 이하
112) Schwarz van Berk, Hans : *Von der Kunst, zur Welt zu sprechen*, in : Goebbels, *Zeit ohne Beispiel*, pp.9 이하(hier : p.10)
113) Tgb Rosenberg, Eintragung vom 11.12.1939, p.91
114) Tgb IfZ, Bd.3, 21.11.1939, p.649
115) 같은 출처, 15.10.1939, p.610 und 13.12.1939, p.664
116) Tgb Rosenberg, Eintragung vom 11.12.1939, p.91
117) Tgb IfZ, Bd.3, 12.12.1939, p.663
118) 다음을 참조할 것 : 같은 출처, Eintragung vom 19.und 20.12.1939, pp.669 이하
119) Tgb IfZ, Bd.3, 21.12.1939, p.672
120) 같은 출처, 23.12.1939, p.674 ; 다음을 참조할 것 : Goebbels' Weihnachtsrede 1939, in : Goebbels, *Zeit ohne Beispiel*, pp.224 이하
121) Tgb IfZ, Bd.3, 24.12.1939, p.675
122) Goebbels' Silvesteransprache zur Jahreswende 1939/40, abgedruckt in : Goebbels, *Zeit ohne Beispiel*, pp.29 이하(hier : pp.238 이하)
123) Tgb IfZ, Bd.4, 1.1.1940, p.1
124) 같은 출처, 1.2.1940, p.29
125) 같은 출처, 16.1.1940, p.15(wie auch das folgende Zitat)
126) Goebbels, Joseph : *Von der Gottähnlichkeit der Engländer*, in : *Das Reich* vom 16.6.1940, abgedruckt in : Goebbels, *Zeit ohne Beispiel*, pp.301 이하(hier : p.304)
127) Goebbels, *Zeit ohne Beispiel*, p.248
128) Goebbels, Joseph : *Von der Gottähnlichkeit der Engländer*, in : *Das Reich* vom 16.6.1940,

abgedruckt in : Goebbels, *Zeit ohne Beispiel*, pp.301 이하(hier : p.301)
129) Tgb IfZ, Bd.3, 21.12.1939, p.672
130) 같은 출처, 23.12.1939, p.674
131) Boelcke, *Ministerkonferenzen*, p.141
132) Zur Person Raskins siehe : 같은 출처, pp.92 이하
133) 다음을 참조할 것 : 같은 출처, p.93
134) Stephan, Goebbels, p.211 ; Boelcke, *Ministerkonferenzen*, p.304
135) 같은 출처, p.211
136) Tgb IfZ, Bd.4, 13.2.1940, p.41
137) Boelcke, *Ministerkonferenzen*, p.272
138) Tgb IfZ, Bd.4, 19.2.1940, p.48
139) 같은 출처
140) Boelcke, *Ministerkonferenzen*, p.289
141) Hitlers Weisung zur Vorbereitung des Unternehmens "Weserübung" vom 27.1.1940, zit. nach : Shirer, William Lawrence : *Aufstieg und Fall des Dritten Reiches*, Herrsching(o. Datum), p.621
142) Boelcke, *Ministerkonferenzen*, p.314
143) 같은 출처, p.310
144) Tgb IfZ, Bd.4, 9.4.1940, p.101
145) 같은 출처, p.102
146) 같은 출처, p.103
147) 같은 출처, p.104
148) 같은 출처, 10.4.1940, p.106
149) 같은 출처, 11.4.1940, p.107
150) Boelcke, *Ministerkonferenzen*, p.317
151) Boelcke, Willi A. (Hrsg.) : *Wollt Ihr den totalen Krieg? Die geheimen Goebbels-Konferenzen 1939-43*, Herrsching 1989, p.45 (이하 : Boelcke, *Goebbels-Konferenzen*)
152) 다음을 참조할 것 : Tgb Jodl vom 1.2.-26.5.1940, IMT, Dokument 1809-PS, Bd. XXVIII, pp.397 이하(hier · Eintragungen vom 17./18.4.1940, pp.420 이하)
153) Goebbels, *Zeit ohne Beispiel*, pp.285 이하
154) Tgb IfZ, Bd.4, 21.4.1940, p.121
155) 같은 출처, 25.4.1940, p.126
156) 같은 출처, 7.5.1940, p.145
157) 같은 출처, 29.3.1940, p.90
158) Boelcke, *Ministerkonferenzen*, Anweisung Nr.4 vom 11.5.1940, p.346
159) Domarus, *Reden*, Bd. II, p.1503
160) Tgb IfZ, Bd.4, 10.5.1940, p.152
161) 같은 출처, 16.5.1940, p.162
162) 다음을 참조할 것 : 같은 출처, Bd.3, 26.11.1939, p.651 und 6.12.1939, p.659
163) 1903년 생인 린하르트는 1923년부터 나치당원이었고, 1928년부터 나치의 중앙 출판사인 에어 출판사의 법률 고문이자 대표자, 조직상의 수뇌이자 베를린 "행정처" 처장이었다. 1934년 독일신문발행인 제국협회 부회장이 되었다. 그는 독일 언론 전체의 인사 문제를 장악했다. 린하르트의 특별한 권력에 대해서는 다음을 참조할 것 : Abel, *Presselenkung*, pp. 8 이하
164) 다음을 참조할 것 : Schreiben Amanns an Gerdy Troost vom 30.6.1940, abgedruckt in : Wulf, *Presse und Funk*, pp.158 이하
165) Tgb IfZ, Bd.3, 14.12.1939, p.665
166) Müller, Hans Dieter : *Portrait einer Deutschen Wochenzeitung*, Einführung zu dem "Facsimile-

Querschnitt durch Das Reich", München/Bern/Wien 1964. (이하 : Müller, *Portrait*), pp.7 이하 (hier : p.10) ; 다음을 참조하라 : Kessemeier, *Leitartikler*, p.138

167) 다음을 참조할 것 : Schreiben Amanns an Gerdy Troost vom 30.6.1940, abgedruckt bei : Wulf, *Presse und Funk*, pp.159 이하(hier : p.159)
168) Müller, *Portrait*, p.10
169) Tgb IfZ, Bd.3, 14.12.1939, p.665 ; 이를 저지하기 위한 린하르트의 논리에 대해서는 다음을 참조하라 ; Müller, *Portrait*, p.10
170) Tgb IfZ, Bd.3, 26.11.1939, p.651 ; 1941년 11월 7일부터 괴벨스의 사설은 매주 금요일 저녁 7시 45분부터 8시 사이에 대독일방송 전국 프로그램에서 낭독되었다.(Kessemeier, *Leitartikler*, p.200)
171) Tgb 1944/45, 19.9.1944, ZStA Potsdam ; Schwarz van Berk, Hans : *Von der Kunst, zur Welt zu sprechen*, in : Goebbels, *Zeit ohne Beispiel*, pp.9 이하(hier : p.9)
172) Müller, *Portrait*, p.10
173) Rosenberg, Alfred : *Letzte Aufzeichnungen. Ideale und Idole der nationalsozialistischen Revolution*, Göttingen 1955, p.193
174) Am 15.März 1940년 3월 15일에 이미 시험 호가 발간되었다.
175) Tgb IfZ, Bd.4, 27.5.1940, p.177
176) 같은 출처, 31.5.1940, p.183
177) Bramsted, *Propaganda*, p.324
178) Tgb IfZ, Bd.4, 28.5.1940, p.177
179) 같은 출처, 31.5.1940, p.183
180) Bramsted, *Propaganda*, p.326
181) Tgb IfZ, Bd.4, 6.6.1940, p.192
182) 같은 출처, 4.6.1940, p.189
183) 같은 출처, 15.6.1940, p.203
184) 같은 출처, 18.6.1940, p.207
185) 같은 출처, 22.6.1940, p.213
186) 같은 출처, 25.6.1940, p.219
187) 같은 출처, 23.6.1940, p.215
188) 같은 출처, 13.6.1940, p.687
189) 같은 출처, 12.4.1940, p.109
190) 같은 출처, 22.8.1940, p.290
191) 같은 출처, 23.1.1940, p.20
192) 같은 출처, 1.4.1940, p.93
193) 같은 출처, 8.5.1940, p.629
194) 같은 출처, 1.7.1940, p.224
195) Boelcke, *Ministerkonferenzen*, Anweisung Nr.6 vom 6.7.1940, p.417
196) *Berliner Lokal-Anzeiger* vom 6.7.1940
197) Tgb IfZ, Bd.4, 7.7.1940, p.231
198) 다음을 참조할 것 : Berichterstattung des *Berliner Lokal-Anzeigen* vom 6. und 7.7.1940
199) Domarus, *Reden*, Bd.Ⅱ, p.1539 ; 괴벨스는 신문들의 1면이 이 사건에 할애되어야 한다고 지시하면서, 신문들이 "사진들과 함께 특히 1918년과 현재 간의 차이점들을 분명히 해야 한다."는 것이다.(Boelcke, *Ministerkonferenzen*, Anweisung Nr.6 vom 17.7.1940, p.428). 괴벨스는 주간 뉴스에 대해서는 "이러한 영접 자체와 이를 둘러싸고 일어나는 국민 축제를 대대적으로 강조할 것"을 기대했다.(Boelcke, *Ministerkonferenzen*, Anweisung Nr.4 vom 19.7.1940, p.431)
200) Goebbels, Joseph : *Heimkehr*, in : Goebbels, *Zeit ohne Beispiel*, pp.305 이하(hier : pp.307 이하)
201) Boelcke, *Ministerkonferenzen*, 19.7.1940, p.431
202) Hitlers Rede vom 19.7.1940, abgedruckt in : Domarus, *Reden*, Bd.Ⅱ, pp.1540 이하

203) 같은 출처, p.1558
204) Tgb IfZ, Bd.4, 21.7.1940, p.248
205) 같은 출처. ; 다음을 참조할 것 : Ciano, Galleazzo : *Tagebücher* 1939-1943, Bern 1947, p.259
206) Tgb IfZ, Bd.4, 24.7.1940, p.250
207) 같은 출처
208) 같은 출처, 25.7.1940, p.253
209) 같은 출처, 24.7.1940, p.250
210) Boelcke, *Ministerkonferenzen*, 24.7.1940, p.435
211) 같은 출처
212) Tgb IfZ, Bd.4, 12.5.1940, p.155
213) Boelcke, *Ministerkonferenzen*, 24.7.1940, p.435
214) Bramsted, *Propaganda*, p.328
215) Tgb IfZ, Bd.4, 3.8.1940, p.263
216) 같은 출처, 5.9.1940, p.309
217) 같은 출처, 8.9.1940, p.314
218) 같은 출처, 11.9.1940, p.318
219) Zit. nach : Hagemann, Walter : *Publizistik im Dritten Reich. Ein Beitrag zur Methodik der Massenführung*, Hamburg 1958, p.443(이하 : Hagemann, *Publizistik*)
220) *Berliner Lokal-Anzeiger* vom 26.9.1940
221) Tgb IfZ, Bd.4, 18.8.1940, p.286
222) Boelcke, *Ministerkonferenzen*, Anweisung Nr.5 vom 26.4.1940, p.332
223) Harlan, *Selbstbiographie*, p.273
224) Anordnung Himmlers vom 30.9.1940, abgedruckt bei Wulf, *Theater und Film*, pp.451 이하 ; 다음 참조 : Personalakte Harlan im BDC
225) Goebbels, Joseph : *Das kommende Europa*. Rede an die tschechischen Kulturschaffenden und Journalisten am 11.9.1940, in : Goebbels, *Zeit ohne Beispiel*, pp.314 이하(hier : p.319)
226) Boelcke, *Ministerkonferenzen*, 6.9.1940, p.492
227) Tgb IfZ, Bd.4, 11.10.1940, p.360
228) 다음을 참조할 것 : 같은 출처, Eintragungen vom 18.9.1940, p.328, 19.9.1940, p.331 und 12.10.1940, p.361
229) 같은 출처, 16.10.1940, p.366
230) 같은 출처, 7.10.1940, p.355
231) 같은 출처, 14.10.1940, p.364
232) 같은 출처, 18.10.1940, p.369
233) 같은 출처, 20.11.1940, p.404
234) 같은 출처
235) 같은 출처, 15.10.1940, p.365
236) 같은 출처, 21.8.1940, p.289 ; 1939년-1940년간 겨울에 히틀러는 이미 제국선전부에게 프랑스 전단 선전의 주도권을 위임했고 이로써 해외 선전에서 우위를 주장하던 외무부에 최초로 예민한 패배를 안겨주었다.
237) 같은 출처, 19.10.1940, p.369
238) 같은 출처, 21.10.1940, p.371
239) 뷜케는 1939/40 제작년도에는 81편, 1940/41 제작년도에는 44편의 영화가 제작되었다고 밝히고 있다(*Ministerkonferenzen*, p.171). 그러나 괴벨스는 1939년 가을 영화 제작의 붐을 연간 약 1백 편으로 줄이려고 애썼다. 이는 자신의 주장처럼 성급한 제작을 피하기 위한 것이라기보다는(Tgb IfZ, Bd. 3, 20.10.1939, p.616), 좀 더 잘 통제하기 위해서였다. 그는 히플러와 함께 작성한 새로운 영화 규약에서 연간 104편 제작을 확정했고 시나리오 초안을 촬영 시작 한 달 전에 제출하도록 했다. 이를 통

해 "일종의 사전 검열"이 이루어지도록 한 것이다.(같은 출처, 14.11.1939, p.641)
240) Tgb IfZ, Bd.4, 30.4.1940, p.136
241) 같은 출처, 29.3.1941, p.555
242) 같은 출처, 1.4.1941, p.562
243) 같은 출처, Bd.3, 7.11.39, p.633
244) Heiber, *Goebbels*, p.261
245) Der Regierungspräsident des Regierungsbezirkes Potsdam an Staatssekretär Hanke vom RMVP am 16.3.1939, BA Koblenz, R55/422
246) Tgb Rosenberg, Eintragung Mitte Mai 1939, pp.66 이하(hier : p.67)
247) Staatssekretär im Reichsforstamt an Staatssekretär Hanke vom RMVP am 31.5.1939, BA Koblenz, R55/422
248) Liste von in Paris gekauften Gegenstände fur die Wohnsitze Hermann-Göring-Straße und Lanke, BA Koblenz, R55/423
249) BA Koblenz, R55/430
250) Bericht über die Prüfung der Abrechnung für das Haus am Bogensee vom 11.10.1940, BA Koblenz, R55/422
251) Tgb IfZ, Bd.4, 5.11.1940, p.387
252) 같은 출처, 5.12.1940, p.419
253) 다음을 참조할 것 : 같은 출처, 4.12.1940, p.418 und 20.11.1940, p.405 ; 다음을 참조할 것 : Speer, *Erinnerungen*, p.267 : "개전 초기 성공적이던 때 괴벨스는 야심을 드러내지 않았다. 오히려 그 반대로 그는 1940년에 이미, 전쟁 승리 후 다양한 개인적 취미들에 몰두하겠다는 뜻을 비쳤다."
254) 괴벨스는 이에 대해 다음과 같이 평하고 있다. "출산시 어머니는 전투시 병사와 같다."(Tgb IfZ, Bd.4, 26.9.1940, p.341)
255) Tgb IfZ, Bd.4, 12.11.1940, p.394
256) Hillgruber, 다음을 참조할 것 : Anm.271
257) Jacobsen, Hans-Adolf : *Karl Haushofer. Leben und Werk*, Bd.1 : Lebensweg 1869-1946 und ausgewählte Texte zur Geopolitik, Boppard/Rhein 1979, p.607
258) Tgb IfZ, Bd.4, 9.8.1940, p.273
259) 같은 출처, 24.8.1940, p.293
260) 같은 출처, 12.4.1940, p.109
261) 같은 출처, und 5.8.1940, p.266
262) 같은 출처, 23.8.1940, p.292
263) Boelcke, *Ministerkonferenzen*, 22.8.1940, p.473
264) 같은 출처, 23.8.1940, p.476
265) 같은 출처, Anweisung Nr.6 vom 12.8.1940, p.455
266) 같은 출처, pp.565 이하
267) Tgb IfZ, Bd.4, 12.11.1940, p.393
268) 같은 출처, 14.11.1940, p.396
269) Hill, *Weizsacker-Papiere*, Eintragung vom 15.11.1940, p.224
270) Tgb IfZ, Bd.4, 15.11.1940, p.398
271) *Hitlers Politisches Testament. Die Bormann Diktate vom Februar und April 1945*, Hamburg 1981, Eintragung vom 15.2.1945, p.80 ; 다음을 참조할 것 : die Wertung des Molotow-Besuchs aus der Hitlerschen Perspektive bei : Hillgruber, Andreas : *Noch einmal : Hitlers Wendung gegen die Sowjetunion 1940. Nicht (Militär-) "Strategie oder Ideologie", sondern "Programm" und "Weltkriegsstrategie"*, in : Geschichte in Wissenschaft und Unterricht, 4/1982, pp.214 이하 (hier : pp.221 이하)
272) Tgb IfZ, Bd.4, 15.8.1940, p.281

273) 같은 출처, 14.11.1940, p.396
274) 같은 출처, 12.12.1940, p.429
275) 같은 출처
276) Boelcke, *Ministerkonferenzen*, 28.1.1940, p.558
277) Aussage von Hans Fritzsche in Nürnberg, zit. nach : Longerich, *Propagandisten*, p.113, Anm. : 27 : "그는 천천히 시작하였으나 계획적으로 실행한 작업을 통해 언론 전체를 수중에 넣었다. 디트리히 박사는 마침내 자신의 활동에서 커다란 자립성을 얻게 되었고, 이를 통해 괴벨스 박사도 언론과 직접 소통하지 못하게 되고 괴벨스 박사의 지시와 희망이 오로지 디트리히 박사를 통해서만 신문에 전달되게 만들었다."
278) Brief von Dr. Hans Joachim Kausch vom 21.11.1963 an J. Wulf, abgedruckt in : Wulf, *Presse und Funk*, pp.90 이하
279) 다음을 참조할 것 : Longerich, Propagandisten, pp.139 이하
280) Tgb IfZ, Bd.4, 22.12.1940, p.441
281) 같은 출처, 7.1.1941, p.456
282) 같은 출처, 6.1.1941, p.455
283) 같은 출처, 10.1.1941, p.460
284) 같은 출처, 25.10.1941, p.375
285) Vom 5.1., 12.1. und 26.1.1941, abgedruckt in : Goebbels, *Zeit ohne Beispiel*, pp.359 이하, pp.364 이하 und 375 이하
286) Tgb IfZ, Bd.4, 11.3.1941, p.534
287) Goebbels, Joseph : *Wenn der Frühling auf die Berge steigt* vom 9.3.1941, in : Goebbels, *Zeit ohne Beispiel*, pp.415 이하(hier : p.417)
288) Tgb Rosenberg, Eintragung vom 8.5.1940, p.115
289) 다음을 참조할 것 : Wulf, *Theater und Film*, pp.412 이하
290) Tgb IfZ, Bd.3, 29.11.1939, p.653
291) 제3제국에서 제작된 1,094편의 영화 중 코미디는 47.8%, 사회 영화 Problemfilm는 27%, 모험 영화는 11.2%, 선전 영화는 14%였다. 다음을 참조할 것 : Romani, Filmdivas, pp.21 이하
292) Goebbels vor Vertretern der Filmindustrie am 1.3.1942, in : *Völkischer Beobachter* vom 2.3.1942
293) Tgb BA Koblenz, 3.3.1942, NL118/41 ; 다음을 참조하라 Eintragungen vom 26. und 27.2.1942, 같은 출처, NL118/40 또한 vom 10.5..1943, 같은 출처, NL118/54
294) Goebbels, Joseph : *Der Film als Erzieher*, in : Goebbels : *Das eherne Herz*, pp.37 이하(hier : p.38)
295) 같은 출처, p.38
296) 같은 출처, p.38
297) 다음을 참조할 것 : Albrecht, *Nationalsozialistische Filmpolitik*, p.83 : "이 시대의 비정치적 영화들 역시 선전영화들과 같은 과제를 지닌다."
298) 다음을 참조할 것 : Romani, *Filmdivas*, p.22
299) 같은 출처, p.23
300) Tgb IfZ, Bd.4, 21.7.1940, p.248
301) 같은 출처, 3.7.1940, p.226
302) 같은 출처, 22.9.1940, p.334
303) 같은 출처, 26.5.1940, pp.175 이하
304) ADAP, Serie D, Bd.12.1, Dok.17, 5.2.1941, p.25
305) Vgl. dazu die Personalunterlagen von Alfred-Ingemar Berndt, BDC
306) Befragung von Manfred Rommel durch David Irving am 5.12.1976, IfZ, Sammlung Irving
307) 같은 출처
308) Tgb IfZ, Bd.4, 13.3.1941, p.536

309) 같은 출처, 29.3.1941, pp.556 이하
310) 예를 들어 괴벨스는 1941년 4월 16일 일기에 쓰고 있다. "이제 우리는 북아프리카에 8개 기갑사단을 가지고 있다. 이를 가지고 모든 일을 이룰 수 있다."(Tgb IfZ, Bd.4, p 589) 실제로 로멜은 경무장 1개 기갑사단을 보유하고 있었고, 두 번째 사단의 북아프리카 이동은 막 시작되었던 것이다. 이 시점에서 그의 지휘를 받는 부대는 허약한 이탈리아군 1개 기갑사단뿐이었다. 그외에는 이탈리아군 1개 보병사단을 활용할 수 있었다.
311) Tgb IfZ, Bd.4, 8.3.1941, p.529
312) 같은 출처, 16.4.1941, p.589
313) 같은 출처, 15.4.1941, p.588
314) 같은 출처, 16.4.1941, p.590
315) 같은 출처, 6.4.1941, p.571
316) 같은 출처, 14.4.1941, p.587
317) 같은 출처
318) 같은 출처, 24.4.1941, p.604
319) 같은 출처, 13.5.1941, p.638 ; 헤스 비행에 대하여, 그리고 그에 대해 히틀러가 인지하고 있었는가에 대하여는 다음을 참조할 것 : Heß, Wolf Rüdiger : *Mein Vater Rudolf Heß. Englandflug und Gefangenschaft*, München/Wien 1984, pp.90 이하
320) Domarus, *Reden*, Bd. II, p.1714
321) Tgb IfZ, Bd.4, 13.5.1941, p.638
322) Semler Tgb, 14.5.1941, pp.32 이하(hier : p.33)
323) Tgb IfZ, Bd.4, 16.0.1940, p.366
324) 같은 출처, 14.5.1941, p.639
325) Tgb IfZ, Bd.4, 14.5.1941, p.640
326) Domarus, *Reden*, Bd. II, p.1715
327) Tgb IfZ, Bd.4, 15.5.1941, p.641
328) Boelcke, *Goebbels-Konferenzen*, p.170
329) Tgb IfZ, Bd.4, 18.5.1941, p.647
330) 같은 출처, 16.5.1941, p.643
331) 같은 출처, 28.5.1941, pp.662 이하
332) 같은 출처, 3.6.1941, p.672
333) Tgb BA Koblenz, 19.8.1941, NL118/21
334) Semler Tgb, 1.6.1941, p.38
335) Tgb IfZ, Bd.4, 22.5.1941, p.652
336) 같은 출처, 7.11., 12., 13., 14. und 15.6.1941, pp.677 이하
337) 같은 출처, 14.6.1941, p.688
338) 같은 출처, p.690
339) Boelcke, *Goebbels-Konferenzen*, 5.6.1941, p.180 ; Semler Tgb, 5.6.1941, p.39
340) Tgb IfZ, Bd.4, 31.5.1941, p.668
341) Semler Tgb, 13.6.1941, p.42 ; zur Besprechung bei Hitler siehe : Tgb IfZ, Bd.4, 16.6.1941, pp.694 이하
342) 같은 출처, p.696
343) Semler Tgb, 28.5.1941, pp.36 이하
344) Tgb IfZ, Bd.4, 16.6.1941, p.694 ; 다음을 참조하라 das Vorwort dieser Edition von Elke Fröhlich, Bd.1, S.LIV/LV
345) Tgb IfZ, Bd.4, 16.6.1941, p.695
346) 같은 출처
347) 같은 출처, 22.6.1941, p.709

348) 같은 출처, p.710
349) 같은 출처, p.711

13장 그대들은 총력전을 원하는가?

1) *Völkischer Beobachter* vom 23.6.1941
2) Boelcke, *Goebbels-Konferenzen*, 22.6.1941, p.181
3) 같은 출처
4) 같은 출처, p.182
5) 같은 출처, 5.7.1941, p.183
6) Goebbels, Joseph : *Der Schleier fällt*, in : *Das Reich* vom 6.7.1941
7) 같은 출처
8) 같은 출처
9) "십자군"이라는 개념은 외무부의 제안에 따라 언론에서 사용되었다. 그러나 괴벨스는 이 단어를 너무 자주 사용하지 않으려 했다. 왜냐하면 중세의 십자군은 수많은 피를 요구했지만 한 번도 완전한 성공을 거둔 적이 없었고 그렇기 때문에 그의 견해에 따르자면 비관적인 기억들을 불러일으킬 것이기 때문이었다.(Boelcke, *Goebbels-Konferenzen*, p.182)
10) Tgb IfZ, Bd.4, 30.6.1941, pp.724 이하
11) Halder, Tgb, Bd.3 : *Der Rußlandfeldzug bis zum Marsch auf Stalingrad(22.6.1941-24.9.1942)*, bearbeitet von Hans-Adolf Jacobsen, Stuttgart 1964, Eintragung vom 3.7.1941
12) Semler Tgb, 1.7.1941, p.46
13) Tgb BA Koblenz, 24.7.1941, NL118/18
14) Boberach, Heinz(Hrsg.) : *Meldungen aus dem Reich. Auswahl aus den geheimen Lageberichten des Sicherheitsdienste der SS 1939-1944*, Neuwied 1965, Nr.208 vom 4.8.1941, p.167(이하 : Boberach, *Meldungen*)
15) Tgb BA Koblenz, 7.8.1941, NL118/19
16) Tgb BA Koblenz, 19.8.1941, NL118/21
17) 같은 출처
18) 같은 출처
19) 같은 출처
20) 같은 출처, 21.8.1941, NL118/21
21) 같은 출처, 29.8.1941, NL118/21
22) Tgb IfZ, Bd.4, 1.6.1941, p.670 : "외무부는 우리 코앞에서 베오그라드 방송국을 낚아채갔다. 나는 이를 좌시하지 않을 것이다."
23) 다음을 참조할 것 : Tgb IfZ, Bd.4, 13.6.1941, p.687
24) 같은 출처, 24.5.1941, p.658
25) 같은 출처, 27.5.1941, pp.661 이하
26) Goebbels' Schreiben an Lammers zur Vorlage bei Hitler vom 16.6.1941, zit. nach : Longerich, *Propagandisten*, pp.141 이하
27) In dem Arbeitsabkommen zwischen RMVP und AA vom 22.10.1941 unterblieb der Passus des Weisungsrechtes Ribbentrops gegenüber dem Propagandaministerium, 다음을 참조할 것 : Longerich, *Propagandisten*, pp.142 이하
28) Leiter Rechtsabteilung des RMVP, Schmidt-Leonardt, an Goebbels am 19.10.1942, BA R55/799, fol.1
29) Taubert, *Der antisowjetische Apparat*, p.7
30) 같은 출처, p.6
31) Taubert an Gutterer am 16.10.1943, BA Koblenz, R55/567

32) 토르글러는 괴벨스의 비밀 방송국 "후마니테"에서 일했다. 다음을 참조할 것 : Tgb IfZ, Bd.4, 3.6.1940, p.187 und 8.-10.6.1940, pp.195 이하
33) Tgb BA Koblenz, 21.8.1941, NL118/21 : "동부 전선으로 삐라 수송. …… 애초에 생각하던 것보다 어렵다. (……) 2억 장의 삐라를 수송하기 위해서는 거의 항공기 1개 편대가 필요하다."
34) 같은 출처, 19.8.1941, NL118/21
35) Anlage über die "Arbeit des Ostpropaganda-Apparates des Propagandaministeriums" zu dem Schreiben Goebbels' an Hitler vom 23.5.1943, BA Koblenz, R55/799
36) Tgb IfZ, Bd.4, 30.6.1941, p.725
37) Tgb BA Koblenz, 14.8.1941, NL118/20
38) Taubert-Ausarbeitung für Staatssekretär Gutterer betitelt *Die Politik in den besetzten Ostgebieten* vom 24.2.1943, BA Koblenz R55/567
39) Taubert, *Der antisowjetische Apparat*, p.8
40) Lochner, Goebbels-Tgb, 16.3.1942, p.123
41) 같은 출처, pp.122 이하
42) Taubert, *Der antisowjetische Apparat*, p.8
43) Tgb BA Koblenz, 24.9.1941, NL118/24
44) Domarus, *Reden*, Bd. Ⅱ, pp.1758 이하 ; vgl. auch : Dietrich, Otto : *Zwölf Jahre mit Hitler*, München 1955, pp.101 이하
45) Tgb BA Koblenz, 4.10.1941, NL118/28
46) *Der Angriff* vom 7.10.1941
47) Hagemann : *Publizistik*, p.253
48) Tgb BA Koblenz, 10.10.1941, NL118/28
49) Semler Tgb, 11.10.1941, p.56
50) Tgb BA Koblenz, 28.10..1941, NL118/31
51) *Das Reich* vom 20.7.1941
52) Tgb BA Koblenz, 24.7.1941, NL118/18
53) 같은 출처, 20.8.1941, NL118/21
54) Tgb IfZ, Bd.4, 22.4.1941, p.601
55) 이 문단의 다음 인용들도 다음 출처에서 나온다 : Protokoll einer Besprechung in der Reichspropagandaleitung vom 21.3.1941, zit. nach, Adler, *Deportation*, pp.152 이하 ; 다음을 참조하라 : Schmidt, Matthias : *Albert Speer. Das Ende eines Mythos. Speers wahre Rolle im Dritten Reich*, Bern/München 1982, pp.218 이하
56) Tgb BA Koblenz, 18.8.1941, NL118/21
57) 같은 출처, 20.8.1941, NL118/21
58) 같은 출처
59) 같은 출처
60) 같은 출처, 19.8.1941, NL118/21
61) Abgedruckt in : Adler, *Deportation*, pp.50 이하 ; 별도의 언급이 없으면 이 문단의 인용들의 출처는 동일하다.
62) Tgb BA Koblenz, 19.8.1941, NL118/21
63) 같은 출처
64) 같은 출처
65) 같은 출처, 24.9.1941, NL118/24
66) Reitlinger, Gerald : *Die Endlösung. Hitlers Versuch der Ausrottung der Juden Europas 1939-1945*, Berlin 5/1979, pp.97 이하(이하 : Reitlinger, *Endlösung*) ; 베를린 유대인의 격리 수송과 살해에 대해서는 다음을 참조할 것. : Kempner, Robert Max Wassili : *Die Ermordung von 35000 Berliner Juden. Der judenmordprozeß in Berlin schreibt Geschichte*, in : Gegenwart im Rückblick. Festgabe für die

Jüdische Gemeinde zu Berlin 25 Jahre nach dem Neubeginn, Heidelberg 1970, pp.180 이하
67) Goebbels, Joseph : *Die Juden sind schuld!*, in : *Das Reich* vom 16.11.1941 ; 다음을 참조할 것 : Tgb BA Koblenz, 19.8.1941, NL118/21 ; Hitlers Reichstagsrede vom 30.1.1939, abgedruckt in : Domarus, *Reden*, Bd. Ⅱ, pp.1047 이하(hier : p.1057)
68) Henschel, Hildegard : *Aus der Arbeit der Jüdischen Gemeinde Berlin während der Jahre 1941-1943. Gemeindearbeit und Evakuierung von Berlin. 16. Oktober 1941-16.Juni 1943*, in : *Zeitschrift für die Geschichte der Juden* 9(1972), pp.33 이하(hier : pp.36 이하)
69) Reuth, *Rommel*, p.117
70) Tgb BA Koblenz, 22.11.1941, NL118/36
71) 같은 출처, 13.8.1941, NL118/20
72) Tgb-Fragment vom 20.12.1941, Bestand Reuth
73) 1941년 12월 22일 언론은 다음과 같은 보도지침을 하달받았다. "총통의 육군 총사령부 접수는 전방과 후방의 모든 힘의 집중, 모두를 더욱 강력하게 동원한다는 의지, 신뢰의 위대성에 대한 효과적인 상징이다. 이에 대해서는 어떠한 논평도 가해져서는 안 된다. 이는 신문들의 전투적 태도를 심화시키고 그들의 동원을 강화하는 계기로 작용해야 한다." (Boelcke, *Goebbels-Konferenzen*, 19.12.1941, p.201)
74) Boelcke, *Goebbels-Konferenzen*, 7.12.1941, p.196
75) 같은 출처, 19.12.1941, p.200
76) Hitler, Adolf : *Der großdeutsche Freiheitskampf. Reden Adolf Hitlers vom 16. März 1941 bis 15. März 1942*, 3 Bde., München 1943, p.203
77) Tgb-Fragment vom 20.12.1941, Bestand Reuth
78) Boelcke, *Goebbels-Konferenzen*, p.195
79) Abgedruckt in : Goebbels, *Das eherne Herz*, pp.131 이하(hier : pp.134 이하)
80) Die Rundfunkrede ist abgedruckt in : Goebbels, *Das eherne Herz*, pp.176 이하(hier : p.178)
81) Fredborg, A. : *The Street Wall. A Swedish Journalist in Berlin, 1941-1943*, New York 1944, pp.67 이하
82) Hagemann, *Publizistik*, p.254
83) *Völkischer Beobachter* vom 30.1.1942
84) Tgb BA Koblenz, 30. und 31.1941, NL118/38
85) Goebbels am 30.1.1942 zur Begrüßung Hitlers im Sportpalast anläßlich des 9. Jahrestages der Machtergreifung, in : Heiber, *Goebbels-Reden*, Bd.2, p.81
86) Tgb BA Koblenz 31.1.1942, NL118/38
87) 같은 출처
88) Tgb BA Koblenz, 24.1.1942, NL118/38
89) Reuth, *Rommel*, pp.87 이하
90) Tgb BA Koblenz, 24.1.1942, NL118/38
91) 같은 출처, 25.1.1942, NL118/38
92) Picker, *Tischgespräche*, 22.6.1942, p.374
93) Tgb BA Koblenz, 28.11.1941, NL118/36
94) Reuth, *Rommel*, p.89
95) Boelcke, *Goebbels-Konferenzen*, 29.1.1942, pp.210 이하
96) *Das Reich* vom 23.11.1941
97) Tgb BA Koblenz, 11.2.1942, NL118/39
98) 같은 출처, 16.2.1942, NL118/40
99) Goebbels, Joseph : *Schatten über dem Empire* vom 22.2.1942, in : Goebbels, *Das eherne Herz*, pp.215 이하(hier : p.215 u. 221)
100) Tgb BA Koblenz, 18.2.1942, NL118/40
101) 같은 출처, 20.3.1942, NL118/42

102) Goebbels, Joseph : *Die Ostfront* vom 17.5.1942, in : Goebbels, *Das eherne Herz*, pp.316 이하 (hier : p.322)
103) Tgb IfZ, Bd.4, 20.12.1940, p.440
104) 같은 출처, 20.7.1940, p.246
105) 라이틀링어Reitlinger(*Endlösung*, pp.175 이하)가 힘러와 관련해 내세운 이 이론은 괴벨스의 태도로도 입증된다.
106) 다음을 참조할 것 : Heiber, Helmut : *Der Fall Grünspan*, in : VfZG, 5.Jg./1957, pp.134 이하
107) Diewerge, Wolfgang : *Der Fall Gustloff. Vorgeschichte und Hintergründe der Bluttat von Davos*, München 1936 ; 디베르게Diewerge에 대한 상세한 내용은 다음을 참조할 것 : Boelcke, *Ministerkonferenzen*, p.79, Anm.91
108) 다음을 참조할 것 : Tgb BA Koblenz, 19.8.1941, NL118/21
109) 같은 출처, 11.2.1942, NL118/39
110) 같은 출처, 5.4.1942, NL118/43
111) 같은 출처, 27.3.1942, NL118/42
112) Boelcke, *Goebbels-Konferenzen*, p.243
113) Zit. nach : Reitlinger, *Endlösung*, p.111
114) Tgb BA Koblenz, 6.4.1942, NL118/43
115) 같은 출처, 23.5.1942, NL118/46
116) *Das Reich* vom 31.5.1942
117) *Völkischer Beobachter* vom 23.6.1942
118) Boelcke, *Goebbels-Konferenzen*, 22.6.1942, p.249
119) Picker, *Tischgespräche*, 22.6.1942, p.372
120) 같은 출처, p.373
121) Boelcke, *Goebbels-Konferenzen*, p.252
122) Hitler an Mussolini am 23.6.1942, abgedruckt in : Reuth, Ralf Georg : *Entscheidung im Mittelmeer. Die südliche Peripherie Europas in der deutschen Strategie des Zweiten Weltkriegs 1940-1942*, Koblenz 1985, p.200 und pp.250 이하, Dok.13
123) Reuth, *Rommel*, p.98
124) Reitlinger, *Endlösung*, p.176
125) Auszug aus dem Dokument 682-PS, abgedruckt in : IMT, Bd.V, pp.496 이하
126) Zit. nach : Reitlinger, *Endlösung*, p.177
127) Boelcke, *Goebbels-Konferenzen*, 10.9.1942, p.277
128) 같은 출처, p.282
129) 괴벨스와 디트리히가 작성한 1942년 8월 23일자 "제국선전장관과 제국공보실장의 협력 확보를 위한 총통 지시 수행" 협의안은 13개 조로 이루어졌다. 여기에서 괴벨스가 보유한 일반적인 "행정상" 권한들이 강조되었으나, 디트리히가 선전부의 3개 언론 부문(국내, 해외, 잡지)에 대해 가지는 "전문적" 권한도 명시되었다. 이를 통해 비록 조직상으로는 디트리히가 괴벨스에 종속되지만 실질적으로는 동등한 권한을 가지게 된 것이다. 다음을 참조할 것 : Longerich, *Propagandisten*, p.114
130) Boelcke, *Goebbels-Konferenzen*, 26. und 27.9.1942, .285
131) Goebbels, Joseph : *Der steile Aufstieg*, in : *Das Reich* vom 20.9.1942
132) Zit. nach : Boelcke, *Goebbels-Konferenzen*, p.286
133) *Hamburger Illustrierte* vom 10.10.1942
134) Reuth, *Rommel*, pp.98 이하
135) Zit. nach : Irving, David : *Rommel. Eine Biographie*, Hamburg 1978, p.295
136) Personalakte Berndt, BDC
137) Boelcke, *Goebbels-Konferenzen*, 6.11.1942, p.299
138) 슈테판은 1922년부터 1929년간 독일민주당 제국사무총장이었고 그 후 외무부 소속 제국정부 공보실

직원이었다. 공보실은 1933년 선전부로 귀속되었다. 전쟁 후 슈테판은 최초의 비판적 괴벨스 전기를 발간했다. : *Joseph Goebbels, Dämon einer Diktatur*, Stuttgart 1949 ; 슈테판에 대한 상세한 내용은 다음을 참조하라. Boelcke, *Ministerkonferenzen*, pp. 67

139) Stephan, *Goebbels*, p.287
140) Bramsted, *Propaganda*, p.351
141) 젬러는 처음에는 선전부 해외공보실 직원이었고, 1941년 1월 1일부터 1945년 4월까지 괴벨스의 개인 언론보좌관이었다. 전쟁 후 일기 형식의 회고록을 발간했다. : *Goebbels-The Man Next to Hitler*, London 1947 ; 젬러에 대한 상세한 내용은 다음을 참조하라. Boelcke, *Ministerkonferenzen*, pp.52
142) Semler Tgb. 16.12.1942, p.59
143) Tgb BA Koblenz, 18.12.1942, NL118/48
144) Speer, *Erinnerungen*, p.267
145) Semler Tgb, 31.12.1940, p.13
146) Boelcke, *Ministerkonferenzen*, p.55 ; 여기에는 나우만에 대한 상세한 내용도 들어 있다.
147) Semler Tgb, 4.3.1945, p.187
148) 같은 출처, 24.12.1942, p.61
149) 다음을 참조할 것 : Hölsken, Heinz Dieter : *Die V-Waffen. Entstehung-Propaganda-Kriegseinsatz*, Studien zur Zeitgeschichte, Bd.27, hrsg. vom Institut für Zeitgeschichte, Stuttgart 1984, p.169(이하 : Holsken, *V-Waffen*)
150) Semler Tgb, 19.12.1842, p.60 ; Tgb BA Koblenz, 19.12.1942, NL118/48 ; Karteikarte Dr. Hans Kummerow des Volksgerichtshofes, BDC
151) Semler Tgb, 28.12.1942, pp.62 이하
152) 이날 저녁 부인 크리스티안 쇠더바움과 함께 괴벨스의 손님이었던 파이트 하를란이 이렇게 전한다.(*Selbstbiographie*, p.140)
153) Zit. nach : Boelcke, *Goebbels-Konferenzen*, p.316
154) Boelcke, *Goebbels-Konferenzen*, 4.1.1943, p.316 ; "총력전" 구상은 1930년대 중반 태동했으며, 특히 공습 전략가들에 의해 집중적으로 토의되었다. 1935년 루덴도르프의 책〈총력전〉이 독일에서 출판되어, 1937년 이미 10만 부가 판매되었다. 이 책의 주장은 그 세부적인 내용까지 1943년 괴벨스가 주장한 것과 유사하다.(이에 대해서는 다음을 참조할 것 : Moltmann, Günter : *Goebbels' Rede zum Totalen Krieg am 18. Februar 1945*, in : VfZG, 12.Jg./1964, pp.13(hier : p.17))(이하 : Moltmann : *Rede zum Totalen Krieg*)
155) Boelcke, *Goebbels-Konferenzen*, 5.1.1943, p.318
156) 선전부 내 외무부 연락관 크뤼머 영사에게도 통보되었다. 그 내용은 본 소재 외무부 정치 문서 보관소의 크뤼머 관련 문서에 있다. 여기에서는 이것이 공개되어서는 안 된다는 사실이 처음부터 명시되어 있다. 이에 대한 상세한 내용은 다음을 참조할 것 : Boelcke, Willi A. : *Goebbels und die Kundgebung im Berliner Sportpalast vom 18. Februar 1943. Vorgeschichte und Verlauf*, in : Jahrbuch für die Geschichte Mittel- und Ostdeutschland, hrsg. v. W. Berges, H. Herzfeld und H. Skrzypczak, Bd. 19, Berlin 1970, pp. 234.(hier : pp. 234)(이하 : Boelcke, *Goebbels-Kundgebung Sportpalast*)
157) Tgb BA Koblenz, 18.1.1943, NL118/50
158) Boelcke, *Goebbels-Kundgebung Sportpalast*, p.242
159) Speer, *Erinnerungen*, p.269
160) Semler Tgb, 20.1.1943, p.66
161) Tgb BA Koblenz, 21.1.1943, NL118/50
162) 같은 출처, 23.1.1943, NL118/50
163) 같은 출처
164) 다음을 참조할 것 : Boelcke, *Goebbels-Kundgebung Sportpalast*, p.242
165) Boelcke, *Goebbels-Konferenzen*, 24.1.1943, p.326

166) Heiber, *Goebbels-Reden*, Bd.2, pp.158 이하
167) Domarus, *Reden*, Bd. Ⅱ, pp.1976 이하
168) 같은 출처, p.1976 und 1979
169) Heiber, *Goebbels-Reden*, Bd.2, Nr.16, pp.158 이하(hier : p.160, 169 und 170)
170) Trevor-Roper, Hugh R : *Hitlers letzte Tage*, Frankfurt am Main/Berlin 1965, p.37(이하 : Trevor-Roper, *Hitlers letzte Tage*)
171) Tgb BA Koblenz, 2.2.1943, NL118/52
172) Goebbels, Joseph : *Die harte Lehre*, in : Das Reich vom 7.2.1943
173) Hinkel an Goebbels am 3.2.1943, BA Koblenz, R55/1254
174) *Die Wehrmachtberichte 1939-1945*, Köln 1989, Bd.2, p.435(이하 : *Wehrmachtberichte*)
175) Tgb BA Koblenz, 23.1.1943, NL118/50
176) 같은 출처
177) Boelcke, *Goebbels-Konferenzen*, 4.2.1943, p.334
178) Hinweis an die Presse vom 7.2.1943, zit. nach : Boelcke, *Goebbels-Konferenzen*, p.334
179) Tgb BA Koblenz, 10.1.1943 und 14.1.1943, NL118/49
180) 같은 출처, 10.1.1943, NL118/49
181) 같은 출처, 14.1.1943, NL118/49
182) 같은 출처, 31.1.1943, NL118/50
183) Abgedruckt in : Boelcke, *Goebbels-Konferenzen*, 15.2.1943, pp.337 이하
184) Tgb BA Koblenz, 31.1.1943, NL118/50
185) Boelcke, *Goebbels-Konferenzen*, 15.2.1943, p.338
186) 같은 출처, p.337
187) Tgb BA Koblenz, 10.2.1943, NL118/52
188) 같은 출처, 11.2.1943, NL118/52
189) 다음을 참조할 것 : 같은 출처, 14.-18.2.1943, NL118/52 und 53(다음 인용들의 출처도 동일하다) : Moltmann, *Rede zum Totalen Krieg*, pp.25 이하
190) Speer, *Erinnerungen*, p.269 ; 청중의 구성에 대한 상세한 내용은 다음을 참조할 것 : Moltmann, *Rede zum Totalen Krieg*, pp.27 이하
191) Heiber, *Goebbels-Reden*, Bd.2, pp.172 이하(다음 인용들의 출처도 동일하다).
192) Goebbels-Tgb, zit. nach : Heiber, *Goebbels-Reden*, Bd.2, p.204, Anm.89
193) Speer, *Erinnerungen*, p.269
194) Heiber, *Goebbels-Reden*, Bd.2, p.208, Anm.99
195) Chef des Propagandastabes an Goebbels am 19.2.1943, BA Koblenz, R55/612
196) Folgende Darstellung nach Moltmann, *Rede zum Totalen Krieg*, p.26
197) Tgb BA Koblenz, 1.3.1943, NL118/54
198) 같은 출처, 2.3.1943, NL118/54
199) Speer, *Erinnerungen*, p.272
200) Tgb BA Koblenz, 2.3.1943, NL118/54
201) 같은 출처
202) 같은 출처, 9.3.1943, NL118/54
203) Speer, *Erinnerungen*, p.275
204) Tgb BA Koblenz, 9.3.1943, NL118/54
205) 같은 출처
206) 같은 출처
207) 같은 출처, 18.3.1943, NL118/54
208) Speer, *Erinnerungen*, p.276
209) 1943년 2월 18일 체육궁전 연설에서 괴벨스는 또 한 번 독일은 "이 유대인의 위험 앞에 굴복할" 뜻이

없으며, "오히려 필요한 경우에는 완벽하고 급진적인 유대인 멸절을 통하여 이에 적절한 시기에 대응할 뜻을 가지고 있다."라고 선언했다. 이는 실언인가 계산인가?

210) Tgb BA Koblenz, 2.3.1943, NL118/54 und 18.4.1943, NL118/54
211) 통계는 다음 출처에서 인용 : Kempner, Robert Max Wassili : *Die Ermordung von 35000 Berliner Juden. Der Judenmordprozeß in Berlin schreibt Geschichte*, in : Gegenwart im Rückblick. Festgabe für die Jüdische Gemeinde zu Berlin 25 Jahre nach dem Neubeginn, Heidelberg 1970, pp.180 이하
212) Tgb BA Koblenz, 2.3.1943, NL118/54 und 18.4.1943, NL118/54
213) RMVP/Erkundungsdienst am 22.12.1942, BA Koblenz, R55/1355
214) 같은 출처
215) Fernschreiben an RSHA ⅢC zu Händen SS-Hauptsturmführer Dr.Hirche am 4.4.1943, BA Koblenz, R55/115
216) Protokoll der Ministerkonferenz vom 8.4.1943, BA Koblenz, R55/115
217) Tgb BA Koblenz, 16. und 17.4.1943, NL118/54
218) *Polish Sovjet Relations 1918-1943. Official Documents*. Hrsg. v. der polnischen Gesandtschaft in Washington 1945. Dok. Nr.39, p.119
219) *Sovjet Foreign Policy during the Patriotic War : Documents und Materials*, Translated by A. Rothenstein, London 19456, Bd. Ⅰ, p.202
220) Tgb BA Koblenz, 28.4.1943, NL118/54
221) Reuth, *Rommel*, p.104
222) 같은 출처, pp.104 이하
223) Goebbels, Joseph : *Mit souveräner Ruhe*, in : *Das Reich* vom 23.5.1943
224) Boberach, *Meldungen*, Nr.381, 384 und 385 vom 6.20. und 24.5.1943, pp.387 이하
225) Tgb BA Koblenz, 6.3.1943, NL118/54
226) 같은 출처, 8.1.1943, NL118/49
227) Goebbels, Joseph : *In vorderster Reihe*. Rede auf der Trauerkundgebung in der Elbertfelder Stadthalle, in : Goebbels, Joseph : *Der steile Aufstieg, Reden und Aufsätze aus den Jahren 1942/1943*, München 1944, pp.323 이하(hier : p.323)(이하 : Goebbels, *Der steile Aufstieg*)
228) Semler Tgb, 10.7.1943, p.88
229) Tgb BA Koblenz, 28.5.1943, NL118/55
230) Stephan, *Goebbels*, p.275
231) Goebbels, Joseph : *Der geistige Arbeiter im Schicksalskampf des Reiches, Rede vor der Heidelberger Universität am Freitag, dem 9.Juli 1943*, München (ohne Datum), p.8
232) 다음을 참조할 것 : Hölsken, V-Waffen, pp.93 이하 ; Hans Schwarz van Berk soll laut Rudolf Semler den Begriff "V-Waffe" erfunden haben(Semler Tgb, p.131) ; 다음을 참조하라 : Kessemeier, *Leitartikler*, pp.299 이하
233) Hölsken, *V-Waffen*, p.96
234) Boberach, *Meldungen*, 1.7.1943, p.413
235) Tgb BA Koblenz, 21.9.1943, NL118/56
236) Oven, *Finale*, 27.8.1943, p.115
237) 다음을 참조할 것 : Lochner, *Goebbels-Tgb*, p.9(unter Punkt 8)
238) Tgb BA Koblenz, 10. und 11.9.1943, NL118/56
239) 같은 출처, 12.9.1943, NL118/56
240) 같은 출처, 13.9.1943, NL118/56
241) Goebbels, Joseph : *Das Schulbeispiel*, in : *Das Reich* vom 19.9.1943
242) 같은 출처
243) Bramsted, *Propaganda*, p.386

244) Tgb BA Koblenz, 7.11.1943, NL118/56
245) 같은 출처, 11.11.1943, NL118/56
246) Zit. nach : Heiber, *Goebbels-Reden*, Bd.2, pp.277 이하
247) Goebbels, Joseph : *Die Lehren des Krieges*, in : *Das Reich* vom 5.12.1943
248) Girbig, Werner : ···*im Anflug auf die Reichshauptstadt*, Stuttgart 1977, pp.69 이하
249) Goebbels, Joseph : *Die Moral als kriegsentscheidender Faktor*, in : *Völkischer Beobachter* vom 7.8.1943
250) Es sprach Hans Fritzsche. Nach Gesprächen, Briefen und Dokumenten, von Hildegard Springer, Stuttgart 1949, p.17
251) Stephan, *Goebbels*, p.268
252) 같은 출처, p.267
253) Tgb BA Koblenz, 29.11.1943, NL118/56
254) Stephan, *Goebbels*, pp.260 이하
255) Schäfer, Hans Dieter : *Berlin im Zweiten Weltkrieg. Der Untergang der Reichshauptstadt in Augenzeugenberichten*, München/Zürich 1985, p.41(이하 : Schäfer, *Berlin*)
256) Semler Tgb, 24.11.1943, p.111
257) Führererlaß vom 21.12.1943, BA Koblenz, R43 II/669d
258) Brief Goebbels' an Hitler, Weihnachten 1943 또한 ein Telegramm-Entwurf Goebbels' an Hitler zu Neujahr 1944, 두 문서 모두 BA Koblenz, NL118/100
259) Vereinbarung vom 15.12.1943, zwischen RMVP und RMfdbO, 또한 Erlaß über die Errichtung von Propagandaämtern im Bereich der besetzten Ostgebiete vom 17.12.1943, BA Koblenz, R55/1436 fol.1
260) Taubert und Ott Gutterer am 5.11.1942, BA Koblenz, R55/799 fol.1
261) Rosenberg an Schwerin von Krosigk am 23.3.1943, BA Koblenz, R55/799 fol.1
262) 같은 출처
263) Goebbels an Hitler am 23.5.1943, BA Koblenz, R55/799 fol.1
264) Anordnung des Führers betr. Abgrenzung der Zuständigkeit zwischen RMVP und RMfdbO vom 15.August 1943, BA Koblenz R55/799 fol.1
265) Lammers an Goebbels am 27.10.1943, BA Koblenz R55/799 fol.1
266) Taubert, *Der antisowjetische Apparat*, p.9
267) Tgb 944/45, 17.2.1944, ZStA Potsdam ; 히틀러는 1939년 4월 28일 제국의회 연설에서 서부 방벽 완성을 과장하면서 "역사상 가장 거대한 요새"라고 말했다. Domarus, *Reden*, Bd.2, p.1154 ; 방벽의 여러 부분들의 실제 상태에 대해서는 다음을 참조할 것 : Großcurth, Helmuth : *Tagebücher eines Abwehroffiziers 1938-1940*, hrsg., v. H., Krausnick und H. C. Deutsch unter Mitarbeit von H. v. Kotze, Stuttgart 1970, p.179
268) 같은 출처, 25.2.1944
269) 같은 출처, 29.2.1944
270) 같은 출처, 11.3.1944
271) 같은 출처, 4.3.1944
272) 같은 출처, 18.4.1944
273) 같은 출처(이 문단의 다음 인용들도 동일 출처이다)
274) 같은 출처, 8.4.1944 und eine Eintragung unbekannten Datums
275) Goebbels an Hitler am 20.4.1944, BA Koblenz, NL118/100
276) *Das Reich* vom 9.4.1944
277) 같은 출처. ; vgl. dazu auch den Goebbels-Artikel *Die Nemesis der Geschichte*, in : *Das Reich* vom 9.4.1944
278) *Völkischer Beobachter* vom 28./29.5.1944, abgedruckt in : IMT, Bd. XXVII, Dok.1676-PS, pp.436

이하
279) Rundschreiben 125/44g., (nicht zur Veröffentlichung), Betrifft : Volksjustiz gegen anglo-amerikanische Mörder, abgedruckt in : IMT, Bd. X X V, Dok.057-PS, pp.112 이하
280) Heiber, *Goebbels-Reden*, Bd.2, pp.323 이하(hier : pp.335 이하)
281) Aus der Urteilsbegründung gegen Bormann, IMT, Bd. I , p.385
282) Betr. : Erschießung des US-amerikanischen Fliegerleutnants Dennis durch SS-Brigadeführer Berndt, An SS-Brigadeführer Dr.Klopfer, (Parteikanzlei), Juli 1944, BDC ; Vortragsnotiz Keitels, IMT, Bd. V, p.20
283) Tgb 1944/45, 6.6.1944, ZStA Potsdam
284) 같은 출처
285) 같은 출처, und 5.6.1944
286) 같은 출처, 6.6.1944 ; Semler Tgb, 6.6.1944, p.127 : 이에 따르면 괴벨스는 젬러에게 "다행스럽게도, 마침내, 이것이 마지막 판이 될 것이다."라고 말했다고 한다.
287) Tgb 1944/45, 7.6.1944, ZStA Potsdam ; Semler Tgb, 6.6.1944, p.128
288) Boberach, *Meldungen*, pp.472 이하 ; vgl. dazu generell : Hölsken, *V-Waffen*, pp.102 이하
289) Semler Tgb, 9.6.1944, pp.128 이하
290) Oven, *Finale*, p.359
291) Tgb 1944/45, 18..1944, ZStA Potsdam
292) Zit. nach : Bramsted, *Propaganda*, p.429
293) Oven, *Finale*, p.361
294) Tgb 1944/45, 18.6.1944, ZStA Potsdam
295) Hölsken, *V-Waffen*, pp.104 이하 und p.107
296) 다음을 참조할 것 : Tgb 1944/45, 5.4.1944, ZStA Potsdam
297) 같은 출처, p.105
298) 다음을 참조할 것 : Semler Tgb, 2.5.1944, p.122
299) Tgb 1944/45, 14.6.1944, ZStA Potsdam
300) 같은 출처, 16.6.1944
301) 다음을 참조하라 : Herbst, Ludolf : *Der Totale Krieg und die Ordnung der Wirtschaft. Die Kriegswirtschaft im Spannungsfeld von Politik, Ideologie und Propaganda 1939-1945*, Stuttgart 1982, pp.207 이하
302) Tgb 1944/45, 22.6.1944, ZStA Potsdam
303) 같은 출처
304) 같은 출처
305) 같은 출처
306) 같은 출처, 9.7.1944
307) *Das Reich* vom 2.7.1944
308) Speer, *Erinnerungen*, p.405
309) 다음을 참조할 것 : Longerich, Peter : *Joseph Goebbels und der Totale Krieg. Ein unbekannte Denkschrift des Propagandaministers vom 18. Juli 1944*, in : VfZG, Jg.35/1987, pp.289 이하 (Dokument : pp.305 이하, daher stammen die folgenden Zitate)
310) Tgb 1944/45, 14.7.1944, ZStA Potsdam

14장 복수는 우리의 미덕, 증오는 우리의 의무!

1) Goebbels' Rechenschaftsbericht über den 20.Juli, Rundfunkrede vom 26.7.1944, zit. nach Heiber, *Goebbels-Reden*, Bd.2, pp.342 이하(hier : p.342)
2) Speer, *Erinnerungen*, p.391

3) 같은 출처 ; 괴벨스는 1944년 7월 26일 해명서에서, 자신은 (히틀러의 최초 추측과는 달리) 총통 사령부에서 일하는 건설 노동자들이 이 범죄를 저지른 것이 아니라는 사실을 즉각 깨달았다고 주장했다.(Schmidt, Speer, p.122)
4) Darstellung nach dem Hagen-Bericht über den 20.7.1944 vom 16.10.1944(이하 : Hagen-Bericht), in : Jacobsen, Hans Adolf (Hrsg.) : *Spiegelbild einer Verschwörung, Die Opposition gegen Hitler und der Staatsstreich vom 20. Juli 1944 in der SD-Berichterstattung*, Stuttgart, 1984, Bd.Ⅰ, pp.12 이하(hier : p.14)(이하 : Jacobsen, *Spiegelbild*)
5) Bericht Remers vom 22.7.1944 über den Ablauf der Ereignisse am 20.7.1944, wie er sie "als Kommandeur des Wachbataillons Großdeutschland erlebte",(이하 : Remer-Bericht), abgedruckt in : Jacobsen, *Spiegelbild*, Bd. Ⅱ, pp. 637,(hier : p. 637) ; 하제가 1940년 12월 취임 인사차 괴벨스를 방문했을 때, 괴벨스는 일기에 그에 대하여 다음과 같이 적었다. "··· 탁월한 장교로서 당에 매우 긍정적 태도를 보이고 있다."(Tgb IfZ, Bd. 4, 12.12.1940, p. 429)
6) Remer-Bericht, in : Jacobsen, *Spiegelbild*, Bd.Ⅱ, p.637
7) Hagen-Bericht, in : Jacobsen, *Spiegelbild*, Bd.Ⅰ, p.13
8) Speer, *Erinnerungen*, pp.392 이하
9) Oven, Wilfred von : *Der 20.Juli 1944-erlebt im Hause Goebbels*, in : *Verrat und Widerstand im Dritten Reich*, Coburg 1978, p.43
10) Speer, *Erinnerungen*, p.393
11) 같은 출처
12) 같은 출처
13) Oven, Finale, p.417 ; Bramsted, *Propaganda*, p.448
14) Hillgruber, Andreas/Hümmelchen Gerhard : *Chronik des Zweiten Weltkrieges. Kalendarium militärischer und politischer Ereignisse 1939-1945*, Düsseldorf 1978, p.223 ; Bramsted gibt 18.30Uhr an(*Propaganda*, p.448)
15) Remer-Bericht, in : Jacobsen, *Spiegelbild*, Bd.Ⅱ, p.638
16) 같은 출처, p.639
17) 같은 출처
18) Speer, *Erinnerungen*, p.394
19) 이 중요한 대화가 이루어진 시간에 대해 자료들은 상당히 다른 내용을 담고 있음에도 불구하고(가령 젬러(Semler Tgb, p.134)는 오후 5시, 존 휠러베네트John Wheeler-Bennett(*The Nemesis of Power. The German Army in Politics 1918-1945*, London 1953, p.656)는 오후 7시경으로 밝히고 있다), 1944년 7월 20일 사건 추이에 대한 레머의 보고서에 따르면 그 대화가 오후 6시 40분 내지는 45분경부터 이루어졌다는 사실이 분명하게 드러난다. 하겐은 자신의 보고서에서 레머의 자동차가 오후 6시 35분경 헤르만 괴링 거리로 접어들었다고 전하고 있다.(Jacobsen, *Spiegelbild*, Bd.I, p.15)
20) Remer-Bericht, in : Jacobsen, *Spiegelbild*, Bd.Ⅱ, p.639 ; dies deckt sich mit Speers Erinnerung : "일단 괴벨스는 소령에게 그가 총통에게 행한 선서를 상기시켰다. 레머는 히틀러와 당에 대한 충성의 맹세로 대답했다."(*Erinnerungen*, pp.394 이하)
21) Remer-Bericht, in : Jacobsen, *Spiegelbild*, Bd.Ⅱ, p.639
22) Speer, *Erinnerungen*, p.395
23) 같은 출처
24) Remer-Bericht, in : Jacobsen : *Spiegelbild*, Bd.Ⅱ, p.639 ; 이는 슈페어의 기술(*Erinnerungen*, p.395)과 일치한다 : "나는 몇 분 전까지 그와 이야기를 나누었다! 야욕을 지닌 장군들의 소수 도당이 시작한 것이다! 비열한 짓! 역사상 최대의 비열함!"
25) Remer-Bericht, in : Jacobsen : *Spiegelbild*, Bd.Ⅱ, p.639
26) Speer, *Erinnerungen*, p.395
27) 같은 출처
28) Remer-Bericht, in : Jacobsen : *Spiegelbild*, Bd.Ⅱ, p.639 ; 슈페어 역시 레머가 이미 죽었다고 했던

히틀러의 목소리를 곧 알아들었음을 관찰했다.(Erinnerungen, 395)
29) Speer, Erinnerungen, p.395
30) 같은 출처
31) 같은 출처, p.396
32) Oven, Finale, p.422
33) Speer, Erinnerungen, p.396
34) 같은 출처
35) Remer-Bericht, in : Jacobsen : Spiegelbild, Bd. Ⅱ, p.640
36) Oven, Finale, p.422
37) 같은 출처
38) 같은 출처
39) 같은 출처
40) Bramsted, Propaganda, p.454
41) 같은 출처
42) Speer, Erinnerungen, p.398
43) Oven, Finale, p.429
44) 같은 출처, pp.427 이하
45) Tgb 1944/45, 23.7.1944, ZStA Potsdam
46) Protokoll des Chefbesprechung am 22.7.1944 im Feldquartier des Reichsministers und Chefs der Reichskanzlei unter dem Vorsitz von Reichsminister Lammers, BA Koblenz, R55/664a
47) Tgb 1944/45, 23.7.1944, ZStA Potsdam
48) Protokoll der Chefbesprechung am 22.7.1944 im Feldquartier des Reichsministers und Chefs der Reichskanzlei unter dem Vorsitz von Reichsminister Lammers, BA Koblenz, R55/664a
49) Tgb 1944/45, 23.7.1944, ZStA Potsdam
50) Protokoll der Chefbesprechung am 22.7.1944 im Feldquartier des Reichsministers und Chefs der Reichskanzlei unter dem Vorsitz von Reichsminister Lammers, BA Koblenz, R55/664a
51) Tgb 1944/45, 23.7.1944, ZStA Potsdam
52) 같은 출처
53) 같은 출처
54) 같은 출처
55) 같은 출처
56) 같은 출처
57) Propaganda-Parole Nr.68 vom 22.7.1944 und das dazugehörige Fernschreiben an alle Gauleiter vom 23.7.1944, beide : BA Koblenz, R55/614
58) Die Rundfunkversion der Ley-Rede vom 20.7.1944 befindet sich im Anhang des Semler Tgb, pp.212 이하
59) Tgb 1944/45, 23.7.1944, ZStA Potsdam
60) Heiber, Goebbels-Reden, Bd.2, pp.342 이하
61) 같은 출처, p.343
62) Tätigkeitsbericht, Stichtag 24.7.1944, BA Koblenz R55/601
63) Speer, Erinnerungen, p.399
64) 같은 출처
65) 히틀러, 괴링, 람머가 서명한 1944년 7월 25일자 동 법령 의거 임명장이 BA Koblenz, R55/664a에 보관되어 있다.
66) 괴벨스는 1944년 8월 3일 플라우엔에서 관구장들 앞에서 행한 연설에서 이에 대해 설명했다. Heiber, Goebbels-Reden, Bd.2, p.400
67) 2차 세계대전 개전과 함께 관구장들은 "제국방위 전권위원"으로 임명되었고 이로써 중요한 국가 행정

상 임무를 맡게 되었다.
68) Anordnung für die Durchführung des totalen Kriegseinsatzes vom 16.8.1944, BA Koblenz R55/666a
69) Longerich, Peter : *Joseph Goebbels und der Totale Krieg, Eine unbekannte Denkschrift des Propagandaministers vom 18.Juli 1944*, in : VfZG, 35 Jg./1987, pp.289 이하(hier : p.302)
70) Rundschreibens an alle Obersten Reichsbehörden, Gauleiter, Reichsstatthalter, Verwaltungsstellen in den besetzten Gebieten, den deutschen Gemeindetag usw.,Betrifft : Lebensstil im totalen Krieg, ohne Datum, BA Koblenz R55/665
71) Riess, *Goebbels*, p.400
72) Tgb 1944/45, 4.12.1944, ZStA Potsdam
73) Heiber, *Goebbels-Reden*, Bd.2, p.366 u. p.370
74) 다음을 참조할 것 : Tgb 1944/45, 23.7.1944, ZStA Potsdam
75) Leiter Film(Hinkel) an Staatssekretär (Naumann) am 31.8.1944, BA Koblenz, R55/664
76) Aussage von Hans Fritzsche in Nürnberg am 28.6.1946, IMT, Bd. XVII, p.221
77) Entwurf eines Fernschreibens an die Gauleiter der NSDAP, ohne Datum, BA Koblenz, R55/664
78) Oven, *Mit Goebbels bis zum Ende*, Bd.2, p.118
79) Helldorf über seine Beweggründe zur Teilnahme am 20.Juli in seiner Vernehmung am 30.7.1944, Protokoll abgedruckt in : Jacobsen, *Spiegelbild*, Bd.1, pp.98 이하(hier : p.104)
80) 헬도르프와 참사관 기제비우스 간의 이 대화는 1944년 7월 20일 오전 11시경 베를린 경찰청에서 이루어졌다.(Gisevius, Hans Bernd : *Bis zum bitteren Ende*, 2 Bde., Darmstadt 1947, Bd. II, pp.255 이하)
81) Tgb 1944/45, 9. und 10.2.1944, ZStA Potsdam
82) Stephan, *Goebbels*, p.295
83) Heiber, *Goebbels-Reden*, Bd.2, p.399, Anm.70
84) Tgb 1944/45, 17.12.1944, ZStA Potsdam : "나는 이 사건에 간여해서 이른바 전형적 사례로 만들어 낼 것이다."
85) Müller an die Feldkommadostelle/Herrn Oberstleutnant Suchaneck sowie weitere Schriftstücke zu dem Vorgang, BDC
86) Semler Tgb, 17.10.1944, p.159
87) Tgb 1944/45, 7.6.1944, ZStA Potsdam
88) Manfred Rommel zu David Irving am 7.6.1975, IfZ München, Sammlung Irving
89) 같은 출처 ; siehe dazu den Vorgang in der Personalakte Berndt, BDC
90) Bormann an Goebbels am 14.8.194, BA Koblenz, R55/665
91) 같은 출처
92) Bormann an Goebbels am 14.8.1944, BA Koblenz, R55/666a
93) Oven, *Finale*, p.393 ; 다음을 참조할 것 : Tgb 1944/45, 13.7.1944, ZStA Potsdam. 괴벨스는 여기에서 그 영화의 효과에 대해 다음과 같이 쓰고 있다. "마치 새로운 세계가 탄생하는 것을 지켜보는 듯한 인상을 받는다."
94) Goebbels, Joseph : *Die Überholung des Vorsprungs*, in : *Das Reich* vom 30.7.1944
95) Steinert, Marlies G. : *Hitlers Krieg und die Deutschen. Stimmung und Haltung der deutschen Bevölkerung im Zweiten Weltkrieg*, Düsseldorf 1970, p.497
96) Speer, *Erinnerungen*, p.418
97) Tgb 1944/45, 30.8.1944, ZStA Potsdam
98) 같은 출처, 31.8.1944
99) 같은 출처, wahrscheinlich 7.9.1944
100) 같은 출처, 14.9.1944

101) 같은 출처, 10.9.1944
102) 같은 출처, 11., 12., 13.9.1944
103) 같은 출처, 10.9.1944
104) Lochner, Goebbels-Tgb, Eintragungen vom September 1943
105) 이 문서는 "총통 각하"라는 제목을 단 편지 형식으로 작성되었다. BA Koblenz, NL118/100 ; 시간적 배치에 대해서는 다음을 참조할 것 : Oven, *Finale*, 22.9.1994, pp.479 이하
106) Longerich, *Propagandisten*, p.146
107) 다음을 참조할 것 : Oven, Finale, 20.9.1944, p.479 und 22.9.1944, pp.480 이하
108) Tgb 1944/45, 23.9.1944, ZStA Potsdam
109) 같은 출처, 25.9.1944
110) Goebbels an Hitler am 25.10.1944, IfZ, ED172
111) Tgb 1944/45, 13.9.1944, ZStA Potsdam ; 이에 반해 괴벨스는 1943년 1월 24일 카사블랑카 회의 이후 연합국들이 제기하는 독일의 무조건 항복 요구를 선전에 있어 그리 효율적인 것으로 보지 않은 듯하다. 이는 선전부의 1943년 1월/2월 언론 보도지침으로부터 "매우 분명하게" 보여진다. 괴벨스는 또한 1943년 2월 18일 자신의 체육궁전 연설에서도 이러한 요구들을 무시한다.(Moltmann, *Rede zum totalen Krieg*, p.33)
112) *Völkischer Beobachter* vom 26.9.1944
113) Heiber, *Goebbels-Reden*, Bd.2, pp.405 이하
114) 같은 출처, pp.424 이하
115) 같은 출처, p.406
116) Tätigkeitsbericht, Stichtag 16.10.1944, BA Koblenz, R55/601
117) Vgl. zum Tod Rommels : Reuth, *Rommel*, pp.110 이하
118) Tgb 1944/45, wahrscheinlich 7.9.1944, ZStA Potsdam
119) Reuth, *Rommel*, p.132
120) Below, Nicolaus von : *Als Hitlers Adjutant 1937-45*, Mainz 1980, p.389(이하 : Below, *Adjutant*)
121) Semler Tgb, 28.10.1944, pp.162 이하 ; Tgb 1944/45, 29.10.1944, ZStA Potsdam
122) Domarus, *Reden*, Bd.Ⅱ, p.2160
123) *Wehrmachtberichte*, 8.11.1945, Bd.3, p.324
124) Tgb 1944/45, 31.8.1944 또한 7.(?) und 8.9.1944, ZStA Potsdam
125) Speer, *Erinnerungen*, p.418
126) Semler Tgb, 14.11.1944, pp.165 이하
127) Zit. nach : Erdmann, Karl Dietrich : *Der Zweite Weltkrieg*, Stuttgart 1980, pp.126 이하
128) 당의 권력 확대에 대한 균형추의 역할을 맡기기 위해 히틀러는 1943년 8월 친위대 및 경찰 책임자 힘러를 내무장관에 임명하였다. 이제 그는 "제국방어전권위원"인 관구장들에게 지시를 내림으로써 보어만의 권한에 개입할 수 있게 되었다.
129) 선서식 과정에 대해서는 BA Koblenz, R55/1287 문서들을 참조할 것.
130) Tgb 1944/45, 4.1.1944, ZStA Potsdam
131) 젬러(Tgb, pp.174)는 이 모임의 날짜를 1945년 1월 12일이라고 말하고 있으나, 히틀러는 1945년 1월 16일 소련군 대공세 후에야 바트 나우하임 근처 총통 사령부 "독수리 둥지"에서 제국수상청으로 돌아왔다. 그 이후 괴벨스 일기가 히틀러의 방문에 대해 언급하지 않고 있기 때문에 이는 12월 3일일 수밖에 없다. 여기에 대해서는 다음 출처도 참조할 것 : Riess, *Goebbels*, p.414
132) Semler Tgb, 16.12.1944, p.168 ; 다음 참조 : Oven, *Finale*, pp.528 이하
133) 같은 출처
134) Semler Tgb, 17.12.1944, p.170
135) Tgb 1944/45, 19.12.1944, ZStA Potsdam
136) Riess, *Goebbels*, p.410
137) Oven, *Finale*, pp.533 이하

138) Goebbels an Hitler, Weihnachten 1944, BA Koblenz, NL118/100 ; vgl. dazu auch Goebbels' Neujahrsansprache, *Völkischer Beobachter* vom 2.1.1945
139) Domarus, *Reden*, Bd. Ⅱ, pp.2185 이하(hier : p.2185)
140) 그는 1944년 10월 3일 퀼른에서 행한 연설에서 이러한 소위 역사적 유사성을 들었다. 다음을 참조할 것 : Heiber, *Goebbels-Reden*, Bd.2, pp.408 이하
141) 《알렉산더 전쟁》의 이 구절들과 괴벨스가 여기에 덧붙여 히틀러에게 1945년 1월 10일 보낸 편지는 BA Koblenz, NL118/100 문서에 보관되어 있다.
142) Tgb 1944/45, 23.1.1945, ZStA Potsdam
143) 같은 출처, 26.1.1945
144) 같은 출처, 29.1.1945
145) 같은 출처
146) 같은 출처, 28.1.1945
147) Domarus, *Reden*, Bd. Ⅱ, p.2194
148) Oven, *Finale*, pp.520 이하
149) Oven, *Finale*, pp.545 이하
150) Domarus, *Reden*, Bd. Ⅱ, pp.2194 이하.
151) 1945년 초 베를린 상황에 대해서는 다음을 참조할 것 : Schäfer, *Berlin*, pp.62 이하(hier : p.62)
152) Zit. nach : Fraenkel, *Goebbels*, p.323
153) Oven, *Finale*, pp.559 이하
154) Goebbels, Joseph : *Tagebücher 1945. Die letzten Aufzeichnungen*, mit einer Einführung von Rolf Hochhuth, Hamburg o.J., Eintragung vom 1.3.1945, p.58(이하 : Tgb 1945)
155) Oven, *Finale*, p.566
156) Goebbels' Schreiben ist abgedruckt in : Harlan, *Selbstbiographie*, p.183 ; 이 영화는 당시 영화사상 최대 제작비인 850만 제국마르크를 들여 만들었다.
157) 같은 출처
158) 이러한 서술은 같은 출처, pp.189 이하를 따른다 다음 참조 : 같은 출처, pp.181 이하
159) Zit. nach : Boelcke, *Ministerkonferenzen*, p.346
160) Hinkel an Goebbels am 18.1.1945, BDC
161) Hinkel an Goebbels am 6.12.1944, BA Koblenz, R55/664
162) Tgb 1945, 19.3.1945, p.255
163) Oven, *Finale*, pp.573 이하
164) Goebbels, Joseph : *Das politische Burgertum vor der Entscheidung*, in : *Das Reich* vom 4.2.1945
165) Goebbels, Joseph : *Das Jahr 2000*, in : *Das Reich* vom 25.2.1945 ; 괴벨스는 이후 널리 쓰이게 된 개념인 "철의 장막"을 만들어낸 사람이다. 그는 1944년 12월 3일 〈제국〉 논설(〈전쟁에서의 오류에 대하여〉)에서 이미 이러한 이미지를 활용했다. 그 글에는 "침묵의 철의 장막"이라는 표현이 있었다.(다음을 참조할 것 : Kessemeier, *Leitartikler*, p.185, Anm.277).
166) Heiber, *Goebbels-Reden*, Bd.2, pp.431 이하
167) Kronika, Jacob : *Der Untergang Berlins*, Flensburg u.a. 1946, p.58(이하 : Kronika, *Untergang*)
168) Aussage Albert Speers in Nürnberg, IMT, Bd. ⅩⅥ, p.543
169) Aussage Adolph von Steengrachts in Nürnberg, IMT, Bd. Ⅹ, p.141
170) September Tgb, 18.2.1945, p.183
171) Aussage Hans Fritzsches in Nürnberg, IMT, Bd. ⅩⅦ, p.283 und Aussage Speers, IMT Bd. ⅩⅥ, p.542
172) Vortragsnotiz Jodls für Hitler vom 21.2.1945, Dok.606-D, IMT, Bd. ⅩⅩⅩⅤ, pp.181 이하 ; ferner : Aussage des Generals im OKW, August Winter, in Nürnberg, IMT, Bd. ⅩⅤ, pp.660 이하
173) Semler Tgb, 16.2.1945, pp.180 이하

174) Tgb 1945, 28.2.1945, pp.49 이하
175) Oven, *Finale*, p.576
176) Semler Tgb, 15.2.1945, pp.179 이하
177) Tgb 1945, 8.3.1945, p.129
178) Oven, *Finale*, pp.585 이하
179) Tgb 1945, 28.2.1945, p.50
180) 같은 출처, 5.3.1945, p.93
181) 같은 출처, 5.3.1945, pp.93 이하
182) Oven, *Finale*, p.582
183) 이 전방시찰에 대해서는 다음을 참조할 것 : Tgb 1945, 9.3.1945, pp.136 이하
184) *Völkischer Beobachter* vom 11.3.1945
185) Schriftliche Mitteilung von Rupprecht Sommer an den Verfasser vom 16.10.1987
186) *Völkischer Beobachter* vom 11.3.1945 ; auch : Deutsche Wochenschau, Nr.9/1945, BA Koblenz ; 괴벨스는 공산당 지도자이자 〈적기〉 편집장인 하인츠 노이만이 1929년 8월 내놓은 "만나는 대로 파시스트를 때려눕혀라." 라는 구호를 역이용한 것이다.
187) Urkunde vom 10.12.1937, BDC
188) Tgb 1945, 4.3.1945, p.87
189) Funkspruch Wagners an Hanke 또한 Vermerk vom 3.3.1945, 둘 다 BDC
190) Tgb 1945, 4.3.1945, p.154
191) 같은 출처
192) Oven, *Finale*, p.606
193) Tgb 1945, 14.3.1945, pp.205 이하
194) 같은 출처, p.210
195) Semler Tgb, 4.3.1945, p.187
196) 같은 출처, 25.2.1945, p.186
197) Below, *Adjutant*, p.411
198) Fraenkel, *Goebbels*, pp.323 이하
199) Tgb 1945, 5.3.1945, p.98
200) 같은 출처, p.99
201) 같은 출처, 18.3.1945, p.244
202) Domarus, *Reden*, Bd. II, p.2215
203) Tgb 1945, 30.3., 1.4., und 2.4.1944, pp.381 이하, p.404 und p.410
204) 같은 출처, 26.3.1945, p.337
205) 같은 출처, 31.3.1945, pp.390 이하
206) 같은 출처, 22.3.1945, p.283
207) 같은 출처
208) 같은 출처, 28.3.1945, p.363
209) 같은 출처, 1.4.1945, p.406
210) 같은 출처
211) Riess, *Goebbels*, p.439
212) Tgb 1945, 2.4.1945, p.412
213) Manfred Rommel zu David Irving am 7.6.1975, IfZ München Sammlung Irving
214) Tgb 1945, 30.3.1945, p.384
215) 같은 출처, 22.3.1945, p.284
216) Below, *Adjutant*, p.409
217) Schwerin von Krosigk : "그리고 괴벨스는 그 전날 퀴스트린의 부세 장군 사령부에서 느꼈던 점들을 설명하고, 역사적 필연성과 정의에 따라, 마치 7년 전쟁 때 브란덴부르크 왕가에 기적이 찾아왔듯

이 우리에게도 전환점이 도래할 것이라는 이론을 전개시켜 나갔다. 참모 장교 한 사람이 다소 회의적이고 아이러니컬하게 물었다. 그렇다면 어느 여제가 죽어야 합니까? 괴벨스는 그것은 알지 못하며 운명은 여러 가지 가능성을 손에 지니고 있다고 대답했다. 그리고 그는 돌아갔고 그곳에서 루스벨트의 죽음에 대한 소식을 들은 것이다. 그는 즉시 부세에게 전화를 걸어, 여제가 죽었다고 말했다. 그는 이제 부하들이 엄청난 자극을 받게 될 것이라고 말했다. 이제 다시 기회가 생긴 것처럼 보이기 때문이다.(zit. nach : Trevor-Roper, *Hitlers letzte Tage*, p.117)

218) Semler Tgb, 13.4.1945, pp.190 이하
219) Bericht von Inge Haberzettel, zit. nach : Trevor-Roper, *Hitlers letzte Tage*, p.118
220) 같은 출처 ; 다음 참조 : Semler Tgb, 13.4.1945, pp.190 이하 ; 젬러의 묘사는 하버체텔의 묘사와 일치한다.
221 Below, *Adjutant*, p.408

15장 총통과 나치가 사라지면 이 세계는 살아갈 가치가 없다

1) Below, *Adjutant*, p.408
2) Aussage von Adolph von Steengracht in Nürnberg, IMT, Bd. X, p.128
3) '자신의 생명의 투입'이라는 이 논설에서 괴벨스는 (강조하기 위하여) 잘 사용하지 않는 1인칭 형태로 독자에게 호소했다. "본인은 전쟁 내내 매주 우리 민족의 여론 앞에서 이야기를 해 왔다. …… 여론이 때로는 오류를 범하는 것은 이 인간적 불충분함에 기인한다. 그러나 오늘날 누가 옳았고 누가 틀렸는가는 더는 중요하지 않다."
4) Proklamation an die Soldaten der deutschen Ostfront, in : Domarus, *Reden*, Bd. II, ppp.2223 이하(hier : p.2224)
5) Oven, *Finale*, 19.4.1945, p.647
6) Zit. nach : Heiber, *Reden*, Bd.2, pp.447 이하(hier : p.454)
7) *Frankfurter Allgemeine Zeitung* vom 11.4.1985
8) 같은 출처
9) Schäfer, *Berlin*, p.69
10) Schwerin von Krosigk, Lutz Graf : *Es geschah in Deutschland. Menschenbilder unseres Jahrhunderts*, Tübingen/Stuttgart 1951, pp.234 이하
11) Koller, Karl : *Der letzte Monat*, Mannheim 1949, p.16 : Trevor-Roper, *Hitlers letzte Tage*, pp.125 이하
12) Trevor-Roper, *Hitlers letzte Tage*, p.122 : 이에 따르면 히틀러는 이미 열흘 전에 수행원을 오버잘츠베르크로 보내서 이를 준비하도록 했다.
13) Heiber, *Reden*, Bd.2, pp.447 이하(hier : p.452)
14) 같은 출처
15) 괴벨스가 1945년 4월 25일 작전 회의 중 내세운 논리에 대해서는 다음을 참조하라. in : *Der Spiegel* vom 10.1.1966
16) Fest, *Hitler*, p.1006
17) Kessemeier, *Leitartikler*, p.337
18) Goebbels, Joseph : *Widerstand um jeden Preis*, in : *Das Reich* vom 22.4.1945
19) Schäfer, *Berlin*, pp.70 이하
20) Springer, Hildegard : *Es sprach Hans Fritzsche. Nach Gesprächen, Briefen und Dokumenten*, Stuttgart 1949, p.30
21) 다음을 참조할 것 : Nachwort zum Tgb 1945, p.468 ; Vorwort Tgb IfZ, Bd.1, S.L?f.
22) Trevor-Roper, *Hitlers letzte Tage*, pp.131 이하 ; Aussage des Stenographen Herrgesell im KTB OKW, BD. IV,2, pp.1696 이하
23) 슈페어의 《회고록》(p.488)에는 다음과 같이 적혀 있다 : "어제(1945년 4월 22일) 상황은 매우 절망적

이어서 우리는 러시아 군의 조속한 베를린 점령을 예상했다. 총통은 이미 포기하려 했다. 그러나 괴벨스는 그를 설득했고 그래서 우리는 아직 여기에 있다."
24) Fest, *Hitler*, pp.1007 이하
25) 이 명령은 종종 괴벨스 가족의 벙커 입주가 히틀러의 주도로 이루어진 것으로 잘못 해석되어 왔다. 그러나 사실 그 명령은 괴벨스의 청원에 의한 것이었다. ; 다음을 참조할 것 : Below, *Adjutant*, p.415
26) 괴벨스 가족의 벙커 입주에 대해서는 다음을 참조하라 : Oven, *Finale*, 22.4.1945, pp.653 이하 ; Behrend, Auguste : *Meine Tochter Magda Goebbels*, in : *Schwäbische Illustrierte* vom 23.5.1953
27) Goebbels während der Lagebesprechung am 25.4.1945, in : *Der Spiegel* vom 10.1.1966
28) 벵크 부대와 베를린 수복 작전에 대해서는 다음을 참조하라 : Gellermann, Günther : *Die Armee Wenck - Hitlers letzte Hoffnung*, Koblenz 1984(이하 : Gellermann, *Armee Wenck*)
29) Wenck, Walter : *Berlin war nicht zu retten*, in : *Der Stern* vom 18.4.1965
30) DNB-Text vom 23.4.1945, Domarus, *Reden*, Bd.Ⅱ, p.2228
31) Trevor-Roper, *Hitlers letzte Tage*, p.146
32) DNB-Text vom 23.4.1945, Domarus, *Reden*, Bd.Ⅱ, p.2228
33) *Der Panzerbär* vom 23.4.1945
34) Schenk, Ernst-Günter : *Ich sah Berlin sterben*, Herford 1975, p.102 ; Kronika, *Untergang*, p.152
35) Speer, *Erinnerungen*, p.487
36) *Der Spiegel* vom 10.1.1966
37) 같은 출처.
38) Speer, *Erinnerungen*, p.484
39) 같은 출처, pp.484 이하
40) Magda Goebbels an Harald Quandt am 28.4.1945, abgedruckt in : Tgb 1945, pp.456 이하
41) Zit. nach : Domarus, Bd.Ⅱ, p.2228
42) Aussage von Albert Speer in Nürnberg, IMT, Bd.ⅩⅥ, pp.582 이하
43) Trevor-Roper Papers, Vol.Ⅳ, pp.1419 이하 ; Sammlung Irving, IfZ München
44) *Der Spiegel* vom 10.1.1966
45) Gellermann, *Armee Wenck*, p.78
46) *Der Spiegel* vom 10.1.1966
47) *Wehrmachtberichte*, 28.4.1945, Bd.3, p.559
48) Magda Goebbels am Harald Quandt am 20.4.1945, abgedruckt in : Tgb 1945, p.456
49) Joseph Goebbels an Harald Quandt am 28.4.1945, 같은 출처, pp.455 이하
50) Tgb IfZ, Bd.1, 24.7.1926, p.196
51) Vgl. zur Hochzeit Hitlers : Domarus, *Reden*, Bd.Ⅱ, pp.2233 이하 ; Trevor-Roper, *Hitlers letzte Tage*, p.173
52) Abgedruckt in : Tgb 1945, pp.458 이하
53) 한케는 5월 6일 저녁 피젤러 슈토르흐 기를 타고 브레슬라우 요새를 떠났고, 슈바이트니츠에 착륙했다. 그 후 다시 한 번 히르쉬베르크(리젠게비르게)에서 목격되었고 1945년 여름 노이도르프라는 지역의 체코슬로바키아 포로수용소에서 도주하다가 총을 맞은 후 타살(打殺)되었다고 한다. 이에 대해서는 다음 문서집을 참조하라. : Gleiss, Horst G.W. : *Breslauer Apokalypse 1945. Dokumentarchronik vom Todeskampf und Untergang einer deutschen Stadt und Festung am Ende des Zweiten Weltkrieges*, Wedel 1988, pp. 278.
54) Zit. nach : Tgb 1945, pp.462 이하
55) Domarus, *Reden*, Bd.Ⅱ, p.2241
56) 같은 출처, p.2242
57) 같은 출처
58) KTB OKW, Bd.Ⅳ,2, p.1466
59) Aussage Günsches, zit. nach : Bahnsen, Uwe/O'Donnell, James P. : *Die Katakombe. Das Ende in*

der Reichskanzlei, Stuttgart 1975, p.210 (이하 : Bahnsen/O'Donnell, *Die Katakombe*)
60) 같은 출처, p.212
61) 같은 출처, p.213
62) Domarus, *Reden*, Bd. Ⅱ, p.2248
63) Trevor-Roper, *Hitlers letzte Tage*, p.194 ; nach der Aussage des S.S.-Mannes Harry Mengershausen(in : Bahnsen/O'Donnell, *Die Katakombe*, pp.214 이하)
64) Shukow, Georgij K. : *Erinnerungen und Gedanken*, Bd.2, 8.Aufl., Berlin(Ost) 1987, p.353 ; Besymenski, Lew : *Die letzten Notizen von Martin Bormann. Ein Dokument und sein Verfasser*, Stuttgart 1974, p.276(이하 : Besymenski, *Bormann*)
65) Besymenski, *Bormann*, pp.275 이하
66) Bahnsen/O'Donnell : *Die Katakombe*, p.229
67) KTB OKW, Bd.Ⅳ,2, p.1468
68) 같은 출처, p.1469
69) 같은 출처
70) Goebbels, Joseph : *Der Generalstab*, in : Goebbels, Wege ins Dritte Reich, p.10
71) Befragung Artur Axmanns durch K.Frank Korf am 27.4.1948, Korf-Papers, Hoover Institution, Stanford
72) 쿤츠는 오후 4시에서 5시 사이에 마그다 괴벨스의 호출을 받았다고 전한다. ; Besymenski, *Hitler*, p.210
73) 같은 출처, p.211
74) Siehe dazu den bei Besymenski (Hitler, pp.321 이하) wiedergegebenen Text der sowjetischen Obduktionsakten.
75) Bahnsen/O'Donnell, *Die Katakombe*, p.240
76) 생존자들이 이후 전설을 만들기 위해 조작한 것으로 보이는 그 서술들이 어떻게 서로 모순되는지, 그리고 소문이 어떻게 받아들여지고 자신들의 기억들이 어떻게 섞여 들어가는지에 대해서는 악스만의 진술이 잘 보여준다. 그는 자신이 5월 1일 오후 벙커를 떠났다고 1948년 4월 27일 코르프에게 밝혔다 (Korf-Papers, Hoover Institution, Stanford). 그는 그날 저녁 벙커로 돌아오는 길에 괴벨스에 대해 물었을 때, 친위대 소장 몬케가 괴벨스와 가족이 이미 죽었다고 말했다고 한다. 악스만은 다음과 같이 말했다. "나는 벙커로 가지 않고 돌아갔다." 그러나 바로 그 악스만이 나중에 다음과 같이 말한다. "괴벨스 부인은 평정을 전혀 잃지 않았다. 전투 지휘관 몬케가 그녀의 손에 키스를 했다. 그녀는 '몬케 씨, 우리 아이들은 벌써 작은 천사가 되었습니다. 우리도 곧 따를 것이고요.'라고 말했다. 그러자 괴벨스 박사가 그녀에게 팔을 내밀었다. 그녀는 그 팔을 붙들었다. 그리고 그들은 벙커 계단을 올라갔다." (*Die Zeit* vom 16.8.1968)
77) Besymenski, *Hitler*, pp.331 이하
78) 소련 측 검시 보고서에는 이에 대해 언급이 없다(Besymenski, *Hitler*, pp.331 이하). 1945년 5월 4일 시신을 확인한 한스 프리체 역시 머리의 부상을 인지하지 못했다(Befragung Hans Fritzsches durch K.Frank Korf am 30.4.1948, Korf-Papers, Hoover Institution, Stanford). 슈베거만의 진술 (Trevor-Roper, *Hitlers letzte Tage*, p.203)과 그 부부의 머리 곁에서 발견된 발터 권총 두 정은 괴벨스가 곧 총알을 발사했음을 시사한다(Besymenski, *Hitler*, pp.149).
79) 저녁 10시 26분 독일 라디오에서는 "우리의 총통 아돌프 히틀러가 오늘(!) 오후 자신의 지휘부인 제국 수상청에서, 최후의 순간까지 볼셰비즘과 투쟁하면서, 독일을 위해 전사했다."라고 보도했다. (Domarus, *Reden*, Bd. II, p. 2250)
80) 1948년 4월 코르프의 악스만과 프리체에 대한 조사들은 요제프 및 마그다 괴벨스가 벙커에서 자살했음을 시사한다. 여기서 주목할 만한 점은, 괴벨스가 부인의 자살 직후에 자살하지 않았다고 나우만이 말했다고 한 프리체의 진술이다(Korf-Papers, Hoover Institution, Stanford). 몬케(이에 대해서는 Bahnsen/O'Donnell, *Die Katakombe*, p.240을 참조할 것)와 슈베거만(Trevor-Roper Papers, Vol. IV, pp. 1491)은 이에 반해, 요제프와 마그다 괴벨스가 벙커 비상구 앞에서 목숨을 끊었다고 주장한

다. 죽음의 시간에 대해서도 견해들이 엇갈린다. 악스만과 프리체는 코르프에게 괴벨스와 그 가족이 저녁 8시 전에 이미 숨져 있었다고 진술했다(Korf-Papers, Hoover Institution, Stanford). 그러나 해군중장 포스는 저녁 8시 30분경 괴벨스를 마지막으로 보았다고 한다(Besymenski, *Hitler*, p. 151). 쿤츠에 따르면 괴벨스는 저녁 10시 직후 죽었다고 한다(Vernehmungsprotokoll vom 7.5.1945, in : *Die Zeit* vom 16.8.1968).

에필로그

1) Protokoll über die Entdeckung der Familie Goebbels vom 3.5.1945, Besymenski, *Hitler*, p.149
2) 같은 출처, p.150
3) 같은 출처, p.156
4) In seiner Befragung durch K. Frank Korf am 30.4.1948, Korf-Papers, Hoover Institution, Stanford
5) Aus dem Protokoll der gerichtsmedizinischen Untersuchung der Goebbels-Leiche, zit. nach : Besymenski, *Hitler*, pp.331 이하(hier : pp.335)
6) Befragung Hans Fritzsches durch K. Frank Korf am 0.4.1948, Korf-Papers, Hoover Institution, Stanford
7) Heiber, *Goebbels*, p.419

| 옮긴이 후기 |

　1945년 5월 1일 소련 군이 시시각각 포위망을 좁혀 오는 베를린의 총통 벙커, 요제프 괴벨스의 부인 마그다 괴벨스는 여섯 자녀의 입에 청산가리 앰플을 밀어넣었다. 그리고 제3제국의 선전장관이자 총통 신화의 창조자 요제프 괴벨스도 그의 부인과 함께 음독해 반세기에 걸친 광기의 삶을 마감했다.
　1897년 독일 중서부 라인란트 지방의 가난한 가톨릭 집안에서 태어난 괴벨스는 유년기에 골수염에 걸려 불구가 되었다. 그는 가난과 장애로 인한 소외를 겪으면서 이에 대한 보상 심리로 학업에 열중하여 뛰어난 지적 재능을 보였으며 일찌감치 문학 창작에 몰두했다. 1차 세계대전의 전화가 사그라지고 새로운 공화국이 출범하던 시절, 20대 초반의 청년 괴벨스는 대학에서 문학을 공부하며 시대의 격랑을 지켜보았다.
　1919년 수립된 독일 최초의 공화국은 1933년 히틀러 집권으로 무너질 때까지 독일인들에게 민주주의의 경험과 화려하고 세련된 문화를 선물했다. 그러나 1차 세계대전의 패배 책임을 민주 세력에 전가하는 우익의 집요한 선동과 패전으로 인한 과도한 배상금 등으로 공화국의 출범시부터 정치와 사회는 불안했고 경제는 허덕였다. 이 시기 괴벨스는 그 자신과 독일의 비참한 현실에 절망하고 사회의 부정의에 분노하면서 가톨릭 신앙으로부터 멀어지고 급진적 사회주의에 이끌렸다. 당시 그는 "당신의 젊음을 파괴하였고, 이제 또 다시 새로운 세대의 젊음을 파괴하려고 하며, 탐욕스럽게 그 아들딸에게 마수를 뻗고 있는 그자들을 왜 미워하지 않습니까?"라고 묻는다.

1921년 독문학 박사 학위를 취득한 괴벨스는 박사 칭호가 자신의 신체적 장애와 사회적 불운을 극복하는 데 도움을 줄 것으로 믿었다. 그러나 실업난과 가난과 혼란에 짓눌리던 전후 독일에서 그는 자신이 원하던 문필가의 길을 갈 수 없었다. 괴벨스는 깊은 우울과 불만 속에서 점차 바이마르공화국에 대한 증오와 극우 파시즘에 대한 공감을 키워 갔다. 특히 당시 극우파 사이에 광범위하게 번져 있던 반유대주의의 영향과 자신이 취업에 실패한 유대인 언론사들에 대한 개인적 원한으로 인해 괴벨스의 시퍼렇게 날이 선 증오는 드디어 내리칠 곳을 찾아내고야 말았다.

1923년 11월 9일 히틀러의 뮌헨 쿠데타는 비록 실패로 끝났지만 이를 지켜보던 괴벨스의 삶에서 하나의 전기가 되었다. 그는 히틀러에게서 당대의 비참한 절망으로부터 그 자신과 독일 민족을 구원해 줄 구세주를 보았던 것이다. 그리하여 히틀러의 나치즘 운동에 휩쓸려 들어가게 된 괴벨스는 탁월한 연설력과 문장력, 조직 능력을 통해 빠른 속도로 히틀러의 신임을 얻으며 그 운동의 중심 인물이 되었다. 이때부터 청년 사회주의자 괴벨스는 국가사회주의 세력 내의 권력 투쟁 과정에서, 대자본가를 지지 기반으로 하는 히틀러의 노선을 따르기 위하여 자신의 신념을 포기하기도 하였다. 1926년 수도 베를린의 나치당 관구장에 임명된 괴벨스는 불과 수백 명의 당원과 지지자로 활동을 시작하였으나, 수단과 방법을 가리지 않는 치밀한 선전 선동과 조직 장악 및 폭력 투쟁을 통해 단기간 내에 나치당을 수도의 주요 정치 세력으로 끌어올렸다.

1933년 1월 히틀러는 총리가 되었고 나치는 독일의 전 권력을 장악했다. 그리하여 제3제국의 선전장관이 된 요제프 괴벨스는 이제 거칠 것 없이 그의 무시무시한 선동 능력을 발휘하기 시작한다. 대개 하급 군인 출신이거나 사회 부적응자들로 이루어진 나치 운동 지도부에서 인문학 박사 학위를 지닌 지식인 괴벨스는 예외적 존재였다. 집요하고 파렴치한 반유대주의 선동, 신문과 라디오 등 언론의 통폐합과 언론인 길들이기, 비판적 지식인에 대한 잔인한 탄압 및 저작의 분서(焚書), 영화·미술·문학·음악 등 모든 문화 예술의 철저한 획일화, 피비린내 나는 당내 권력 투쟁과 숙청, 독일 국민에 대한 기만과 세뇌, 총통 신화의 창조와 히틀러의 신격화, 전쟁 선전과 총력전 이데올로기의 주창 등 괴벨스의 무시무시한 활동은 파시즘을 유지하는 정신적 토대를 놓았던 것이며, 이 때문에 역사가들은 희대의 선동가 괴벨스를 제3제국에서 히틀러 다음으로 커다란 영향력을 지녔던 인물로 평가하고 있다.

우리는 모범적 민주 공화국으로 출범했던 바이마르 공화국이 어떻게 극우 파시즘의 끈질긴 공세에 의해 몰락을 걸었으며 그 결과 독일과 전 세계가 유례없는 대재앙을 겪게 되었는지를 알고 있다. 더 나아가 2차 세계대전이 끝나고 교과서적인 민주주의와 고도성장을 이룩해 왔으며 철저한 과거 청산을 통해 전 세계의 찬탄을 얻은 바 있는 독일에서조차 최근 새로운 파시즘의 흐름이 대두하고 있음을 목도하고 있다. 그리고 이러한 흐름이 오랜 독재의 시절을 넘어 마침내 민주주의를 이룩해낸 현 한국 사회에서도 마찬가지로 관찰되고 있음은 주지의 사실이다. 또한 우리는 한국 사회에서의 이러한 흐름이 교묘한 상징 조작을 통해 비겁하고 무책임하게 대중을 오도하는 괴벨스의 후예 언론들에 의해 조장되고 있는 모습도 오래전부터 보아 왔다. 우리는 '괴벨스 현상'이 대두할 위험은 상존하고 있으며, 파시즘에 대항하는 민주주의의 분투는 어느 시점을 계기로 완료될 수 없음을 알고 있다. 이러한 때, 랄프 게오르크 로이트의 《괴벨스, 대중 선동의 심리학》은 고전적 파시즘이라 할 수 있는 독일의 국가사회주의가 어떻게 태동하고 어떻게 들불처럼 번져나갔으며 그 구체적인 작동 방식은 어떠했는지에 대한 귀중한 교훈을 줄 수 있을 것이다.

이 책의 저자는 열등감과 증오와 출세욕에 이끌려 악마적 파시즘에 영혼을 팔았던 광기의 지식인 괴벨스의 복잡다단한 성격과 사상과 행적에 대해, 비판적인 시각을 잃지 않으면서도 해부학적이라 할 만큼 지극히 치밀하고 객관적인 자세로 접근하고 있다. 저자는 특히 동·서독 통일 이후 새롭게 발굴된 괴벨스의 일기와 관련 서류 등을 비롯하여 괴벨스에 관련된 풍부한 자료들을 철저히 활용하면서도 이를 명쾌하게 정리하여 제시하고 있다. 독자들은 학문적 엄밀성을 잃지 않으면서도 생동감 있게 서술된 이 책을 통해 괴벨스라는 문제적 인간에 접근할 수 있는 탁월한 통로를 얻을 수 있게 되었다.

번역을 통해 이 책의 이러한 장점들을 얼마나 살릴 수 있었는지는 독자들의 평가에 맡길 뿐이다. 다만 독자들도, 역자가 내내 그러했던 것처럼, 괴벨스와 나치즘의 파렴치한 행각에 대한 놀라움과 분노를, 그리고 이 책이 우리 시대에 던지는 문제의식을 공유할 수 있다면 더 바랄 나위가 없다.

■ 요제프 괴벨스 연보

1897년 10월 29일 파울 요제프 괴벨스, 라이트 시의 달렌 거리에서 프리츠 괴벨스와 카타리나 괴벨스 사이에서 태어나다. 콘라트, 한스, 마리아에 이은 넷째였으며, 밑으로 두 누이동생 엘리자베트와 마리아가 있었다. 4살 무렵 골수염에 걸렸으며, 이 병이 발단이 되어 다리 장애가 생겼다(만곡족).
1904년 초등학교 입학.
1908년 라이트 시의 시립고등실업학교 겸 개혁김나지움에 입학.
1914년 6월 26일 1차 세계대전 발발. 장애 때문에 전쟁에 참전하지 못한 괴벨스는 군국주의적 신념으로 독일의 영광을 되찾아줄 전쟁 승리를 갈망했다.
1915년 11월 누이동생 엘리자베트가 폐결핵으로 사망. 당시 참전한 형 한스는 서부전선에서 전투 중에 프랑스 군의 포로가 되어 있었다.
1917년 3월 우수한 성적으로 아비투어(대학 입학 자격시험)에 합격. 김나지움의 졸업생 대표로 졸업사 낭독.
1917년 4월 본 대학 입학. 가톨릭 학생 연합인 우니타스 지크프리디아에 가입하여 활발히 활동.
1917년 10월 러시아 혁명.
1918년 5월 친구인 쾰슈를 따라 본 대학에서 프라이부르크 대학으로 옮겨 감. 그곳에서 안카 슈탈헤름을 만나 사랑에 빠짐. 부유한 부르주아 출신인 안카를 사랑하면서 가난한 괴벨스는 심한 열등감과 자기 연민, 자기 혐오에 시달렸다. 이때부터 본격적으로 계급 문제에 관심을 가졌고, 종교적인 믿음에 회의를 나타냈다.
1918년 11월 11일 독일의 패전. 황제 빌헬름 2세 퇴위.
1918년 11월 19일 베를린에서 샤이데만이 바이마르공화국 선포.
1919년 1월 베를린에서 카를 리프크네히트와 로자 룩셈부르크가 이끄는 스파르쿠스단의 봉기. 우익 자유군단이 무력 투쟁에 나섰고 리프크네히트와 룩셈부르크는 살해당함.
1919년 1월 5일 국가사회주의독일노동자당(나치당)의 전신인 '독일노동자당' 창당.
1919년 1월 19일 제헌 국민의회 선출.
1919년 2월 11일 제헌 국민의회에서 사민당의 프리드리히 에베르트를 제국대통령으로 선출고하고, 사민당 중심의 바이마르연정이 출범하다. 대학생 괴벨스는 조국이 위기에 빠졌는데 정당들은 서로 권력만 다툰다며 크게 실망. "공화국을 할 만큼 독일 국민은 성숙하지 못하다."

1919년 6월 28일 1차 세계대전을 마무리하는 조약으로 베르사유 강화 조약이 체결됨.

1919년 10월 히틀러, 뮌헨에서 독일노동자당에 입당.

1919~1920년 겨울 안카 슈탈헬름과 함께 뮌헨 대학에서 공부하던 이 시절, 괴벨스는 돈에 쪼들려 무척 비참한 생활을 해야 했다. 여기서 그는 부정의의 문제를 공장 노동자의 환경에 투영해 고발한 단편 극본 〈노동자 계급의 투쟁〉을 완성함.

1920년 2월 24일 히틀러, 뮌헨에서 '국가사회주의독일노동자당'의 출발을 선언.

1920년 3월 13일 우익 세력이 일으킨 카프 쿠데타가 실패한 뒤 독일 전역에서 소요가 일어남. 루르에서 붉은 군대가 공화국에 맞섰고, 이 소식을 들은 괴벨스는 환호함.

1920년 5월 21일 국민의회, 입법부 기능을 제국의회에 넘겨주고 해산.

1920년 겨울 안카와 헤어지다. 안카는 부유한 변호사와 결혼했고, 크게 상심한 괴벨스는 술을 마시거나 책에 파묻혔다. 이때 슈펭글러의 《서구의 몰락》을 읽고 큰 영향을 받음.

1921년 11월 하이델베르크 대학에서 낭만주의 극작가인 빌헬름 쉬츠 연구로 박사학위 받음.

1922년 1~3월 〈베스트도이체 란데스차이퉁〉에 여섯 편의 글을 연재해 큰 반향을 불러일으킴. 슈펭글러의 영향을 받은 글에서 괴벨스는 "우리 시대의 정치적, 사회적, 도덕적 혼란의 책임은 물질주의에 있다."라고 주장함.

1022년 10월 라이트의 상공직업학교에서 슈펭글러를 주제로 강연을 함. 이 무렵부터 슈펭글러의 사상과 당시 유행하던 인종주의의 영향을 받으며 유대인을 보는 시선이 달라짐. 당시 그가 사귀고 있던 초등학교 교사인 엘제 얀케가 자신이 절반 유대인임을 밝히자 괴벨스는 크게 당황함.

1923년 1월 엘제 얀케의 도움으로 드레스덴 은행에 취직.

1923년 1월 11일 벨기에와 프랑스 군대가 독일이 배상 책임을 완수하지 않는다는 이유로 루르 지방을 점령. 정부는 배상금 지급 중단으로 맞섰고 일반 국민들도 파업으로 항의했으나(생산시설 볼모 정책), 인플레이션이 더욱 가중되어 시민들의 생활이 추락함.

이 시기에 은행에서 일하고 있던 괴벨스는 직업에 만족하지 못하면서 점점 더 정신적으로 피폐해지고 우울증에 시달림.

1923년 7월 병 때문에 은행을 쉬고 잠시 요양. 절친한 친구인 사회주의자 플리스게스가 탄광에서 일하다 사고로 사망하자 큰 충격에 빠진 괴벨스는 친구를 기리기 위해 〈미하엘 포어만. 일기에 나타난 인간의 운명〉이란 소설을 쓴다. 이 소설에는 괴벨스의 세계관(새로운 시대, 새로운 독일적 인간)이 매우 뚜렷이 나타났다.

1923년 8월 13일 생산시설 볼모 정책이 실패하면서 바이마르공화국의 쿠노 내각이 무너지고 슈트레제만이 이끄는 대연정이 구성되다.

1923년 9월 괴벨스, 요양에서 돌아온 뒤 은행에서 해고 통지를 받다.
곳곳에서 극우파와 극좌파가 반란을 도모하고 충돌하자 슈트레제만 정부는 9월에 비상사태를 선포함. 뮌헨에서는 나치주의자들의 세력이 점점 커짐.

1923년 11월 8~9일 히틀러의 뮌헨 쿠데타. 무솔리니의 로마 진군에 감명을 받은 히틀러가 쿠데타를 일으켰다가 실패함. 히틀러는 이 사건으로 5년형을 구형받고 란츠베르크 요새에 갇힘.

1924년 4월 독일민족자유당과 나치당의 선거 연합인 '민족주의-사회주의 연합' 발족.

1924년 6월 괴벨스, 부퍼탈엘버펠트에서 열린 민족주의-사회주의 연합의 모임에 참석.

1924년 8월 17~18일 바이마르에서 열린 전국 규모의 민족주의 모임에 참가.
이후 괴벨스는 친구 프리츠 프랑과 함께 새로 출범한 '대독일 국가사회주의 자유 운동'의 글라트바흐 지부를 결성해 활동하기 시작함. 그리고 한 집회에서 연설가로 데뷔. 그는 자신이 연설에 재능이 있음을 깨달았고, 곧 라이트 전역에서 연설가로 활발히 활동함. 9월에 이미 괴벨스는 연설가로서 나치주의자들 사이에서 명성을 얻었다.

1924년 10월 1일 국가사회주의 투쟁지인 《민족의 자유》 편집인이 되다. 신문의 지면을 통해 괴벨스는 바이마르공화국 체제와 유대인 언론인들을 조롱하고 비난함. 이 무렵 괴벨스는 히틀러를 '영웅적 지도자 이상'의 체현자로 확신함.

1924년 12월 20일 히틀러가 석방됨.

1925년 2월 나치당 재창당. 그레고어 슈트라서의 지휘로 북독일 나치당이 재조직되자 괴벨스는 바로 입당함.

1925년 3월 괴벨스, 북부 라인란트 관구 사무장으로 임명됨. 괴벨스는 나치당이 민족주의보다 사회주의에 중점을 두어야 한다고 생각함. 심지어 그는 히틀러가 계급투쟁을 지향한다고 오해하고 있었다. 관구 사무국 안에서 괴벨스는 과격함 때문에 로베스피에르라고 불림.

1925년 7월 11일 괴벨스와 히틀러의 첫 만남. 바이마르에서 열린 관구장 회의 하루 전날에 어어훌룽스잘이라는 술집에서 히틀러와 첫 인사.

1925년 8월 20일 《국가사회주의 서한》의 편집인으로 임명됨.

1925년 9월 27일 뒤셀도르프 회의에서 북부 라인란트 관구 사무장으로 다시 선출됨.

1925년 11월 6일 브라운슈바이크에서 히틀러와 두 번째로 만남. 괴벨스는 그의 마력에 완전히 굴복하고 만다.

1925년 11월 22일 '북서부 실무연합' 출범. 괴벨스는 이 단체의 사무장을 맡음.

1926년 2월 13일 밤베르크 회의에서 히틀러가 사회주의 노선(슈트라서와 괴벨스)에 반대한다는 뜻을 분명히 밝힘. 히틀러는 부르주아 계급과 실업계를 끌어들이려 노력했으며 외교 정책 면에서도 이탈리아와 영국을 동맹국으로 보고 있었다. 괴벨스는 낙담했지만 히틀러에 대한 신뢰는 변치 않음.

1926년 7월 3~4일 바이마르에서 전당대회가 열림. 이때 괴벨스는 베를린 관구장 자리를 제안받음. 히틀러는 괴벨스의 언변과 지칠 줄 모르는 열정, 충성심, 사회주의 노선을 통해 베를린 관구의 분쟁과 공산주의자들이 득세하고 있는 베를린의 전세를 역전시킬 수 있을 것이라 기대함.

1926년 10월 28일 히틀러가 괴벨스를 광역 베를린의 관구장으로 임명함.

1926년 11월 14일 나치당의 존재를 과시하기 위한 선전 행진. 공산주의 세력이 강한 노이퀼른에서 벌어진 행진은 폭력사태까지 일으킴.

1927년 2월 11일 공산주의자들 구역인 파루스에서 집회를 열었다가 공산주의자들과 폭력사태를 빚음. 이후 괴벨스는 의도적으로 나치와 공산당의 충돌을 야기했고 이로써 나치는 더욱 유명해졌다.

1927년 5월 5일 베를린 경찰청장 카를 츠르기벨이 나치당의 베를린브란덴부르크 관구와 모든 하부 조직에 해산 명령을 내림. 관구장 괴벨스에게는 연설 금지령이 내려짐.

1927년 7월 4일 괴벨스의 새 신문 〈공격〉 창간호 발행.

1927년 8월 15일 유대인인 베를린 경찰청 부청장 베른하이트 바이스를 모욕하는 사설을 씀. 이후 괴벨스는 끊임없이 바이스를 유대인의 대표로 삼아 비방하고 모욕함.

1927년 10월 29일 괴벨스의 연설 금지령 해제.

1927년 12월 7일 바이스가 괴벨스를 성명 변조 및 모욕 혐의로 형사 고발.

1928년 3월 31일 베를린 나치당 금지령 해제. 5월 20일의 제국의회 선거에 내비해 괴벨스는 본격적인 선거 운동에 나섬. 그는 전국을 돌아다니며 전력을 다해 연설함.

1928년 5월 20일 제국의회 선거. 이 선거에서 나치당은 2.6% 득표율 획득에 그쳤다. 이는 1924년 3대 제국의회 선거 때보다 0.4% 하락한 것이었다. 그러나 괴벨스는 제4대 제국의회 의원으로 선출됨.

1928년 8월 돌격대 지도자 발터 슈테네스가 관구 지도부로부터 돌격대의 독립성을 유지할 것을 요구함('방위동맹 위기'). 그가 요구한 3,500마르크의 활동비를 뮌헨에서 거부하자 슈테네스는 8월 10일 베를린의 돌격대 지도자들을 모아서 히틀러를 비난하고 탈당을 선언함. 괴벨스의 중재로 간신히 사태가 가라앉음.

1929년 2월 9일 독일의 전쟁배상금 조정 회의 열림. 영 안이 채택되어 배상금이 하향 조정되었으나 추락하고 있는 독일 경제의 상황에서는 이 액수도 엄청난 부담이었다. 괴벨스는 이 회의를 독일을 몰락시킬 국제 유대인들의 음모라고 주장함. 심각한 경제난 때문에 사람들은 그 고난을 단순하게 설명하고 도움을 약속하는 나치에게 몰리기 시작함.

1929년 10월 24일 미국 뉴욕 증시가 폭락하면서 세계 대공황이 시작됨.

1929년 12월 7일 아버지 프란츠 괴벨스 사망.

1930년 1월 14일 돌격대 소위 호르스트 베셀이 공산주의자들에게 피습당함(2월 23일 사망). 괴벨스는 '베셀 신화'를 만들어 그의 죽음을 순교로 미화함.

1930년 3월 27일 뮐러 내각 사퇴. 이로써 바이마르공화국 최후의 의회 정부가 무너짐.

1930년 4월 26일 뮌헨의 지도자 회의에서 히틀러가 반자본주의 세력이자 합법 노선에 반대하는 슈트라서 형제에게 반대하는 입장을 발표. 또 히틀러는 그 자리에서 괴벨스를 '제국선전책'에 임명함.

1930년 7월 18일 제국의회 해산

1930년 8월 30일 돌격대의 대우와 히틀러의 정치 노선에 불만을 품은 동부 베를린 관구의 돌격대장 슈테네스의 지시로 돌격대원들이 난동을 부림('슈테네스 반란'). 사태를 마무리하면서 히틀러는 '최고 돌격대장' 폰 페퍼를 해임하고 자신이 그 직위를 맡았다. 그리고 에른스트 룀을 돌격대 참모장으로 임명함.

1930년 9월 14일 제국의회 선거. 나치당의 득표율이 획기적인 수준으로 상승하여, 독일 제국의회의 제2당으로 부상.

1930년 11월 마그다 크반트와 사랑에 빠지다.

1931년 3월 괴벨스, 암살 사건 연출.

1931년 9월 공산당과 나치당의 충돌과 폭력 사태가 계속되었고, 특히 공산주의자들의 유혈 사태 때문에 많은 사람들이 합법 노선을 내세우는 나치당 쪽으로 기울었다.

1931년 11월 11일 히틀러가 후겐베르크와 반동 지도자들과 함께 브뤼닝 총리 내각을 무너뜨리고 권력을 쟁취하기 위해 '하르츠부르크 전선' 결성.

1931년 12월 19일 괴벨스, 마그다와 결혼.

1932년 2월 22일 제국선전책 괴벨스, 히틀러의 대통령 선거 출마를 선언. 선거운동에 전력을 기울이면서 그는 수많은 연설과 포스터를 선거전의 주요 도구로 활용했고, 축음기용 음반을 제작하고 영화를 제작해 상영했다. 이 선거전에서 괴벨스는 유례없이 히틀러를 '신화'로까지 미화했다.

1932년 3월 13일 대통령 선거 결과 힌덴부르크는 유효 표의 49.6%, 히틀러는 30.1%를 얻음. 과반수 득표자가 없어 다시 4월 10일 2차 투표가 실시되었으나 힌덴부르크가 53%를 얻어 대통령에 당선됨.

1932년 4월 24일 프로이센, 바이에른, 함부르크, 뷔르템베르크 주의회 선거가 동시에 치러짐. 선거 결과, 나치당은 5개 주에서 성공을 거두었으며, 특히 프로이센에서 36.3%를 얻어 제1당이 됨.

1932년 5월 브뤼닝 총리 내각이 무너지고 파펜 정부가 들어섬.

1932년 6월 1일 파펜 총리, 귀족들로 이루어진 민족 진영 주도 내각을 구성함.

1932년 6월 4일 제국의회 해산.

1932년 6~7월 전국에서 공산당과 나치당의 충돌이 계속 일어나고, 거의 매일 정치적 암살이 일어나자, 결국 7월 19일, 힌덴부르크 대통령은 파펜 총리의 강권으로 프로이센의 브라운 정부를 실각시킴. 동시에 힌덴부르크는 베를린과 브란덴부르크에 비상사태를 선포함. 브라운 정부의 실각으로 괴벨스가 '체제'의 화신으로 여기고 극도로 증오했던 숙적 베를린 경찰 부청장 바이스와 경찰청장 그르체진스키가 파면당함.

1932년 7월 31일 제국의회 총선거에서 나치당이 37.3%의 지지를 얻어 의회 제1당이 되다. 그러나 이는 괴벨스가 목표로 하는 과반수 확보, 절대적 지지에는 크게 못 미치는 것이었으며 지난 대통령 선거 결과보다 조금 높아진 수준이었다.

1932년 8월 13일 히틀러와 힌덴부르크 대통령의 회담. 히틀러는 대통령에게 타협 없는 권력의 전권 요구를 했으나 거절당함.

1932년 8월 말 슐레지엔에서 5명의 나치 돌격대원들이 포템파에 사는 폴란드계 공산주의자를 살해했다('포템파 사건'). 나치당은 정부에 압력을 넣어 살인범들에게 내려진 사형 선고를 무기징역으로 감형했다.

1932년 9월 1일 마그다와 괴벨스의 첫 번째 아이 '헬가'가 태어남.

1932년 9월 12일 나치와 공산당이 협력하여 제국의회에서 파펜 총리 불신임안을 표결에 부쳤고, 결국 총리는 512명 중 42명의 지지밖에 얻지 못했다. 새로운 선거가 필요해졌다.

1932년 11월 6일 선거 결과, 나치당은 2백만 명 이상의 유권자를 잃었으며, 득표율로 보면 37.1%에서 33%로 내려앉았다. 그러나 여전히 제국의회 최대 정당의 위치는 유지할 수 있었다.

1932년 12월 4일 슐라이허 장군이 새로운 대통령 내각의 총리로 임명됨.

1932년 12월 신임 총리 슐라이허 장군이 나치당 내 반자본주의 세력의 지도자인 그레고어 슈트라서와 독자적인 협상을 시도함. 12월 5일 열린 나치당 지도자 대회에서 슈트라서는 히틀러가 슐라이허 내각을 용인하게끔 하려 했고 히틀러는 강하게 반대했다('슈트라서 위기'). 히틀러와 슈트라서의 갈등은 결국 슈트라서가 당직을 사퇴하는 것으로 마무리됨.

1933년 1월 22일 히틀러가 정부 참여의 사전 작업으로 파펜, 마이스너, 힌덴부르크 대통령의 아들 오스카 폰 힌덴부르크와 만남. 이날 괴벨스는 대규모 시위를 연출했다. 시위의 목표는 공화제를 위협하는 존재가 공산주의자들임을 보여주려는 것이었다.

1933년 1월 30일 나치의 정권 획득. 힌덴부르크 대통령이 히틀러를 제국총리로 임명함. 그러나 이때 괴벨스는 기대하던 장관직을 얻지 못함.

1933년 2월 27일 베를린에서 '제국의회 의사당 방화사건'이 일어나다. 나치는 이 사건을 공산주의자들의 계획적인 범행으로 몰고 갔다.

1933년 3월 27일 공산 혁명에 대한 공포심을 이용해 의회에서 수권법을 의회에서 통과시킴. 이로써 아무도 제어하지 못하는 독재 체제가 확립됨.

1933년 3월 14일 괴벨스, 제국국민계몽선전장관에 취임. 국민계몽선전부 설치.

1933년 4월 1일 히틀러의 결정에 따라 괴벨스가 모든 당 조직에 독일 내 유대인 상점 불매운동을 촉구하는 격문을 발표.

1933년 4월 7일 모든 공직 분야에서 비 아리안인들을 제거하기 위한 직업공무원제 재건을 위한 법률 공포.

1933년 4월 23일 고향 라이트 시를 방문. 열렬한 환호 속에서 명예시민증 수여받음.

1933년 5월 말 아내 마그다와 함께 처음으로 이탈리아를 방문해 무솔리니를 만남.

1933년 7월 7일 히틀러, '갈색 혁명' 완수를 선언.

1933년 7월 괴벨스, 울슈타인 출판사를 획일화하고 〈포시셰 차이퉁〉을 폐간시킴.

1933년 9월 말 괴벨스, 제네바에서 열린 국제연맹의 특사로 파견됨. 여기서 괴벨스는 세련된 언술과 행동으로 많은 이들의 호감을 샀으며, "우리는 호전적 독일이 아니다."라는 위장 구호를 내세웠다.

1933년 10월 14일 독일, 군축회담과 국제연맹에서 탈퇴. 이때 히틀러와 괴벨스는 노련한 역할 분담으로 '재무장 시기'의 속임수 전략을 감출 수 있었다. 히틀러기 라디오에서 탈퇴를 선언하는 동안 괴벨스는 기자회견을 열어 이번 조치는 전쟁을 준비하기 위해서가 아니며 다만 분위기를 쇄신하기 위해서일 뿐이라고 밝혔다. 괴벨스와 히틀러의 예상대로 외국의 분노는 사그라들었다.

1933년 11월 12일 국민투표와 제국의회 재선거로 히틀러에 대한 지지에서 초기의 한 정점을 이룸. 이로써 제국의회는 처음으로 완전히 나치당 의원들만으로 이루어졌다.

1934년 1월 26일 독일과 폴란드가 불가침 및 우호조약 체결.

1934년 6월 괴벨스, 폴란드 방문. 폴란드에서 동등한 권리와 명예회복을 목표로 하는, 새로운 독일 정치의 평화적 의도를 강조하는 임무를 띠고 있었다.

1934년 6월 30일 '룀 쿠데타' 혹은 '긴 칼의 밤'이라 불리는 사건이 일어나다. 히틀러가 자신에게 방해가 되는 에른스트 룀을 비롯한 나치 돌격대 내의 과격파들과 슐라이허 장군을 비롯한 몇몇 보수인사, 군 장성 등을 잔인하게 살해한 사건. 150~200명이 살해된 것으로 알려졌다.

1934년 8월 힌덴부르크가 사망하면서 히틀러가 총통 겸 제국총리이자 대통령직에 오르다.

1935년 3월 16일 일반적 병역 의무 도입. 이는 베르사유 조약의 비무장 조항을 파기하는 조치였다.

1935년 9월 15일 제국의회 임시회의에서 인종차별법인 '뉘른베르크 법' 선포. 이민족 간의 결혼을 금지하고 유대인들에게서 시민권을 박탈하는 내용을 담고 있는 이 법은 11월에 발효되었다. 괴벨스는 뉘른베르크 법을 둘러싼 논쟁에서 언제나 가장 극단적인 반유대주의 쪽에 섰다.

1935년 10월 2일 괴벨스와 마그다의 셋째 아이 '헬무트'가 태어나다. 괴벨스는 마침내 아들을 얻었다며 크게 기뻐했다.

1936년 3월 7일 라인란트 점령. 이날 독일 국방군은 주민들의 환호 속에 라인 강을 건너 비무장지대인 라인란트로 들어갔다. 히틀러는 라인란트 재무장을 선언하고 이를 국민투표를 통해 확인받으려 했다. 이후 선거에서 히틀러는 99%의 지지를 얻었다.

1936년 8월 1일 베를린 올림픽 개막.

1936년 10월 25일 히틀러와 무솔리니가 '로마-베를린 추축'을 결성.

1936년 11월 25일 독일과 일본이 소련에 대항하기 위한 '반 코민테른 협정'을 체결.

1937년 7월 괴벨스, 뮌헨에서 퇴폐미술 전시회 개최. 1938년 2월에 베를린에서도 전시회를 연 뒤, 압수한 회화 작품 중 일부를 외국에 팔아치우고 남은 약 5천 여 점을 베를린 소방 본부 앞마당에서 태워버림(1939년 3월 20일).

1938년 3월 13일 독일의 오스트리아 합병. 오스트리아 과도 정부의 요청을 받아 독일 군은 국경을 넘었고 히틀러도 다음날 국경을 넘었다. 환호하는 군중이 그를 맞았다. 3월 13일 히틀러는 린츠에서 '오스트리아와 독일제국의 재통일 법률'에 서명했다.

1938년 4월 10일 독일제국과 오스트리아의 통일과 히틀러와 나치당에 대한 신임을 묻는 독일제국 마지막 투표가 시행됨. 독일에서는 99.08%, 오스트리아에서는 99.75%가 찬성표를 던졌다.

1938년 4월 26일 유대인들의 재산 신고를 의무화하는 법령 제정.

1938년 9월 29일 독일, 영국, 프랑스, 이탈리아가 '뮌헨 회담' 개최. 뮌헨 협정에 따라 독일이 체코슬로바키아 서쪽의 수데텐 지방을 점령.

1938년 10월 1일 독일 군의 수데텐 입성.

1938년 11월 7일 프랑스 파리에서 유대인 그린츠판이 프랑스 주재 독일 대사관 제3서기관 에른스트 폼 라트를 저격하는 사건이 일어남. 괴벨스는 라디오와 신문 보도를 통해 국제적 유대인 범죄 집단이 그 테러를 사주한 것으로 선전.

1938년 11월 10일 '수정의 밤' 사건. 사복 차림의 돌격대원들이 유대교 회당으로 몰려가 방화하고 파괴하였으며, 2만 명 이상의 유대인들이 가축처럼 트럭에 실려 다하우, 부헨발트 등의 수용소로 이송되었다.

1939년 3월 15일 독일 군이 체코 나머지 지역으로 진군.

1939년 3월 21일 폴란드에 단치히 할양을 요구했으나, 폴란드는 26일에 거부 의사를 밝힘.

1939년 4월 28일 독일-폴란드 불가침 조약과 독일-영국 해군협정을 파기.

1939년 5월 22일 독일과 이탈리아의 군사 동맹인 '강철 동맹' 조약에 조인.

1939년 8월 23일 독일-소련 불가침 조약 조인.

1939년 9월 1일 독일이 폴란드를 침공하면서 2차 세계대전이 일어남.

1939년 9월 3일 영국과 프랑스가 대독일 선전 포고.

1939년 9월 말 폴란드 침공이 마무리됨. 러시아와 우크라이나 소수민족을 보호한다는 구실로 소련 붉은 군대가 9월 17일 폴란드 동부로 진군해 들어옴.

1940년 4월 독일 군, 덴마크와 노르웨이 공격 시작. 북방 전선에서 덴마크 점령.

1940년 5월 10일 독일 군, 서부 전선 총공격 개시. 네덜란드, 룩셈부르크, 벨기에로 진격.

1940년 6월 14일 독일 군, 파리 입성. 22일에 휴전 조약이 체결되고 프랑스에 독일 괴뢰 정권인 비시 정권이 수립됨.

1940년 8월 13일 '독수리의 날' 작전 개시. 4천여 대의 비행기로 이루어진 공군 편대가 영국 폭격을 시작. 뒤이어 9월부터 영국 공군도 독일 본토를 공습하기 시작.

1940년 9월 27일 독일, 이탈리아, 일본의 '3국 조약'이 조인. 이로써 2차 세계대전의 추축국이 결성됨.

1940년 12월 18일 히틀러, 소련 침공 작전인 '바르바로사 작전'을 위한 총통 명령 21호에 서명.

1941년 1월 영국 군이 이탈리아 군을 몰아내고 토브루크를 장악.

이 무렵 괴벨스는 영화 제작에 심혈을 기울였다. 영화를 1급 민족 교육 수단이라고 확신한 괴벨스는 "국민의 긴장을 풀어주는 오락 영화"가 중요하다고 보았다. 또 괴벨스는 공을 세운 군인들을 발굴해 전쟁 영웅으로 미화했다. 그중에 가장 대표적인 인물은 바로 에르빈 로멜 장군이었다.

1941년 2월 로멜, 아프리카 군단을 이끌고 영국 군에 맞섬. 그는 대영제국 군대로부터 벵가지와 데르나를 빼앗고 토브루크를 포위하고 4월 중순에는 이집트 국경의 솔룸에 이르렀다.

1941년 5월 12일 히틀러의 대리인인 루돌프 헤스가 협상을 통해 전쟁을 끝내겠다고 홀로 비행기를 몰고 영국으로 향함. 이 돌발 행동에 히틀러는 그가 정신병에 걸려 있다는 발표를 하게 함.

1941년 6월 22일 바르바로사 작전(독소 전쟁) 개시.

1941년 7월 22일 독일 군, 모스크바 공략. 괴벨스의 선전국은 스탈린 정권에 맞서는 선전 활동을 펼침.

1941년 7월 31일 라인하르트 하이드리히, 괴링으로부터 유대인 문제의 최종 해결을 위임받음(유대인 절멸).

1941년 9월 모든 유대인에게 노란 다윗의 별을 달게 하는 것을 의무화함.(점령 지역에서는 1939년 11월 23일부터 시작)

1941년 12월 7일 일본, 진주만 공격.

1941년 12월 14일 리벤트로프, 히틀러의 명령에 따라 미국에 선전포고.
1941년 12월 19일 히틀러가 모스크바 근교에서 참패한 것의 책임을 물어 브라우히치를 파면하고 자신이 육군 최고사령관직을 맡음.
1942년 1월 20일 나치당과 친위대 관계자, 제국지도자 등 유대인 문제의 최종 해결책을 실무 수준에서 논의함('반제 회의').
1942년 6월 아우슈비츠에서 대량학살 시작됨. 여름에 괴벨스는 점령지의 유대인 외에도 제국 내의 모든 유대인들 역시 아우슈비츠 등으로 이송해 그곳에서 학살 또는 강제노동으로 선별하여 처리할 수 있는 법적 근거를 마련하는 데 성공함.
1942년 8월 23일 스탈린그라드 공방전 개시.
1942년 11월 7~8일 영미 연합군이 북아프리카에 상륙. '독일-이탈리아 기갑군단'을 이끌던 로멜은 자신의 부대가 전멸할 것을 우려해 퇴각.
1942년 11월 19일 소련 군, 스탈린그라드에서 역공세 개시.
1942년 11월 22일 스탈린그라드에서 25만에 이르는 독일 군이 포위당함.
1943년 1월 13일 히틀러, '총력전' 실행을 위한 작전 계획에 서명.
1943년 1월 18일 총력전 실행을 위한 3인 위원회 위원으로 보어만, 람머, 카이텔을 임명. 괴벨스는 단지 자문 역할만을 맡음.
1943년 2월 1일 스탈린그라드에서 파울루스 육군원수가 군대를 이끌고 소련에 항복.
1943년 2월 18일 괴벨스의 '총력전' 연설. 체육궁전에서 열린 이날 집회에서 괴벨스는 오로지 총력전만이 최후 승리를 가져올 수 있다고 주장하였다. "그대들은 총력전을 원하는가?"라고 물었을 때 체육궁전은 통제 불능의 열광에 빠졌다.
1943년 5월 13일 북아프리카의 독일-이탈리아 군 항복.
1943년 5월 19일 괴벨스, 자신의 베를린 관구가 '유대인으로부터 해방된 구역'이 되었음을 선언. 그는 이를 자신이 이룬 최대의 정치적 업적으로 생각했다.
1943년 7월 연합군이 이탈리아 시칠리아에 상륙하다. 무솔리니가 권좌에서 축출되고, 그 뒤 이탈리아는 연합군에게 항복을 선언(9월).
1943년 11월 연합군이 독일 수도 베를린에 대대적인 폭격을 감행. 괴벨스는 폭격 당시 경보가 해제되면 당 관료로는 유일하게 불타는 시내를 돌아다니며 신속한 구호 조치를 취했다. 그는 노동자들을 비롯해 수많은 베를린 시민들로부터 열렬한 환영과 감사의 인사를 받았다.
1944년 6월 6일 연합군의 노르망디 상륙작전.
1944년 7월 20일 군 고위 장교들의 히틀러 암살 시도 실패.
1944년 7월 25일 히틀러가 전쟁 총동원 체제를 괴벨스에게 일임하다. 비로소 괴벨스가 총력전 제국전권위원에 공식 임명되었고, 이로써 민간 부문 전체와 제국 최고 기관의 책임자들에게 명령을 내리는 권한을 지니게 되었다.

1944년 8월 25일 연합군의 파리 입성.
1944년 9월 25일 16~60살까지 모든 남자들에게 '국민돌격대' 편성이 명령.
1944년 10월 11일 소련 군, 동프로이센에서 독일 동부 국경 돌파.
1944년 12월 16일 독일 군, 아르덴에서 최후의 대공세(벌지 전투) 개시. 이는 독일이 마지막으로 희망을 걸고 있던 공세였다. 12월 22일, 끝내 전투는 독일의 패배로 끝났다.
1945년 1월 30일 괴벨스의 설득으로 히틀러가 국민들을 격려하는 라디오 연설을 했다. 이는 히틀러의 마지막 연설이었다.
1945년 2월 괴벨스는 증오심에 가득찬 선전으로 독일인의 저항 의지를 강화하려 했다. 그는 베를린 시내에 '복수는 우리의 미덕, 증오는 우리의 의무' 같은 구호를 거리마다 써놓았다.
1945년 2월 13~14일 독일에서 가장 아름다운 도시이자 수많은 피난민들이 모여 있던 드레스덴이 공습으로 초토화되었다. 최소 35,000명이 그곳에서 사망했다.
1945년 3월 19일 히틀러가 '네로 명령'을 내려 독일 전역의 초토화 지시. 이어 내린 '깃발 명령'은 백기가 꽂힌 집의 모든 남자들을 사살하라는 것이었다.
1945년 4월 12일 미국 대통령 루스벨트 사망. 히틀러와 나치 지도부는 전세의 역전을 기대.
1945년 4월 13일 소련 군, 오스트리아 빈 점령.
1945년 4월 16일 '베를린 공방전' 시작.
1945년 4월 20일 히틀러, 지하 벙커에서 56번째 생일을 맞다.
1945년 4월 29일 히틀러와 에바 브라운 결혼. 정치적, 개인적 유서 작성. 괴링과 힘러를 출당 조치하고 되니츠를 자신의 사후 제국대통령 겸 국방군 최고사령관으로 임명했다. 한케를 제국 친위대장으로, 괴벨스를 제국총리로 임명.
1945년 4월 30일 히틀러, 베를린의 총통 관서 지하 벙커에서 자살.
1945년 5월 1일 괴벨스 일가 자살. 먼저 마그다가 아이들에게 독약을 먹여 죽인 뒤, 괴벨스와 마그다도 그날 밤 자살. 다음 날 오후 부부의 시체는 반쯤 불에 타다 만 시체로 소련 군에게 발견됨.
1945년 5월 7일 독일, 연합군에 무조건 항복.

용어 찾아보기

3국 조약 702
3인 위원회 772, 774, 775, 786, 787, 789, 821, 822, 836
7년 전쟁 783
11월 국가 425
《19세기의 기초》 119

ㄱ

갈리치아(Galicja) 230
갈색 셔츠 109, 204, 239, 240, 241, 283
갈색 혁명 445
게슈타포 397, 476, 480, 498, 564, 599, 613, 756, 758, 844, 857
게슈타포 출동 부대(아인자츠그루펜) 735
경지 정리 659
고백교회 433
〈공격〉 198~201, 203, 204, 207, 208, 214, 220, 225~228, 234, 239~241, 243, 244, 249~251, 256, 265, 266, 268, 273, 278, 280, 283, 284, 286, 290, 293, 301, 311, 312, 317, 318, 328, 333, 335, 358, 362, 364, 366, 367, 368, 376, 377, 380~382, 398, 401, 404, 423, 554, 586
국가사회주의 대학생동맹 192
〈국가사회주의 서한〉 147, 148, 154, 160, 164, 165, 210, 220, 258
국가사회주의 자유동맹 179, 192
국민돌격대 860, 871, 880, 895
국민보병사단 860, 862
국민수신기 418, 611
국민의회 57, 59
국제연맹 448~450, 452~455, 493, 494, 511, 562, 637, 900
《군중 심리》 179
금권정치 620, 676, 679, 693, 719, 729, 739, 874, 875, 892, 899
기쁨의 힘(Kraft durch Freude, KdF) 463, 870
깃발 명령 887

ㄴ·ㄷ

《나의 투쟁》 138, 146, 148, 186, 202, 279
네로 명령 887
〈노동자, 농민, 군인〉 304
노르망디 상륙작전 815, 816
노인 수송 791
뉘른베르크 법 502, 504
대독일 국가사회주의 자유운동 132, 133, 137
대독일제국(대독일주의) 335, 575, 688, 870
대독일제국의 날 575
대서양 방벽 809, 812
대연정 111, 219, 256, 340
대통령 내각 258, 259, 278, 292, 347, 356, 361, 372~374, 387
도스 안(案) 134, 174, 235
독일공산당 130, 142, 174, 175, 191, 203, 212, 215, 224, 237, 239, 240, 241, 244, 248, 249, 251, 265, 274, 279, 280, 288, 289, 290, 292, 298, 316~319, 332~334, 341, 363, 365, 367, 369, 384, 392, 393, 397, 398, 401, 403, 404, 406, 443
독일기독인 433
독일 민족 수호 법령 416

독일국가인민당 60, 175, 211, 216, 231, 232, 234~236, 258, 274, 292, 302, 332, 337, 365, 369, 383, 552
독일노동자당 67, 68, 84, 125, 145
독일노동자청소년단 192
독일노동전선 442, 443, 445, 463, 533
독일민족자유당 125~127, 129
독일민주당 60, 61, 244
독일사회민주당 60, 175, 211, 216, 231, 232, 234~236, 258, 274, 292, 302, 332, 337, 365, 369, 383, 552
독일사회연맹 175
독일황제제국 16
돌격대(SA) 167, 175, 184, 186, 189, 192, 206, 207, 215, 222, 223~225, 227, 228, 233, 239, 240, 245, 246, 249~254, 263, 264, 269, 270~272, 281, 290, 293~304, 305, 314, 318~320, 322, 327, 334, 339, 342, 343, 348, 357, 359, 360, 365, 367, 387, 392, 397, 400, 406, 423, 426, 432, 447, 471, 472, 474, 476, 477, 478, 479, 481, 483, 486, 512, 544, 804
〈돌격자〉 130
동부 원조 스캔들 385

ㄹ·ㅁ

라인베스트팔렌 공화국 60
렌텐마르크 114, 115
로카르노 조약 142, 509, 510, 604
룀 쿠데타(룀 위기) 479
마다가스카르 계획 696, 697
마르크스주의 120, 126, 142, 153, 163, 201, 202, 244, 281, 310, 316, 362, 370, 393, 403, 419, 425, 443, 494
마지노 선 684, 712
메르커의 날 168, 169, 187, 189, 225
뮌헨 소비에트공화국 66, 67
뮌헨 협정 597, 601, 620
미래파 553, 554
민족 각성의 날 399, 400, 406, 420

민족 봉기의 날 420
민족 진영 주도 내각 348, 349
민족공동체 35, 36, 55, 390, 391, 410, 433, 444, 446, 539, 744, 782
〈민족의 자유〉 126, 132, 134, 136~138, 140, 141, 154
〈민족의 파수꾼〉 138, 139, 160, 196, 198, 200, 203, 232, 249, 256, 257, 301, 336, 358, 489, 574, 600, 609, 617, 656, 737, 761, 813, 882
〈민족적 사회주의자〉 155, 176
민족주의 제국위원회 232, 243

ㅂ

바르바로사 작전 707, 720, 729
바이마르공화국 92, 108, 142, 155, 231, 237, 242, 244, 347
바이에른국민당 59
반(反) 코민테른 협약 536, 538, 562
반제 회의 755
발퀴레 작전 827
방위동맹 위기 223
범독일 운동 73
범독일연맹 236, 237
베르사유 조약 90, 145, 231, 236, 377, 492, 495, 556, 598, 620, 921
〈베를리너 로칼안차이거〉 177, 244
〈베를리너 뵈르젠차이퉁〉 396, 418, 422
〈베를리너 아르바이터차이퉁〉 193, 194, 196, 199
〈베를리너 코무날미타일룽스블라트〉 245
〈베를리너 타게블라트〉 114, 134, 195, 230
베를린 교통회사 파업 366~370
베를린 올림픽 519~524
베셀의 노래 254, 365, 430, 432, 572
〈베스트도이체 란데스차이퉁〉 91, 94, 115
〈벨트뷔네〉 109, 134, 560
보충군 833, 834
볼셰비즘 149, 154, 158, 180, 230, 309, 319, 368, 392, 403, 451, 493, 500, 501,

502, 531, 536, 537, 539, 553, 560, 638, 703, 704, 720, 724, 725, 728, 729, 732, 735, 780, 782, 788, 870, 874, 875, 882, 892, 896, 899
〈부르셰의 영광〉 44
부정적 다수(Negative Mehrheit) 278
북서부 실무연합 148, 152, 154, 157~161, 164, 165
붉은 베딩 185, 186, 244
붉은전사동맹 184, 189, 190, 204, 239, 248, 249, 281, 288, 327, 367, 392, 405, 424
브란덴부르크 가의 기적 892
〈브렌에셀〉 200
브롬베르크의 '피의 일요일' 662, 663

ㅅ
사라예보 사건 32
생산시설 볼모 정책 97
생활권 496, 500, 536, 623, 647, 702, 706, 921
《서구의 몰락》 80, 118
서부 방벽 664, 850
성스러운 이기주의(sacro egoismo) 452, 453
수성의 밤 605
슈테네스 위기(슈테네스 반란) 301, 302, 305, 309, 316, 322
슈트라서 위기 13, 374~376(참조), 408
스캐퍼플로 654, 656, 711
신분적 문화 구조 444, 445

ㅇ
아드미랄 그라프 슈페 호 사건 666, 667
아르덴 공세 862
아르헴 방어 전투 853, 855
알유다(Alljuda) 609
얄타 회담 874
역사 형태학 80, 81
영 안(案) 232, 236, 241, 242, 243
오스트란트 664

용인(Tolerierung) 278
우파(Ufa, Universum-Film AG) 285, 287, 469, 528, 530, 551, 552, 578, 626
〈유대인 쥐스〉 662, 663, 695, 696
융커 347
인민위원 명령 723
〈인종 불평등론〉 119

ㅈ
자유군단 57, 59, 66, 73, 140, 218, 222, 227, 234, 319
잔여 의회 296, 297
〈적기〉 203, 237, 240, 241, 243, 249, 250, 280, 304, 318, 367, 416
전격전 648, 649, 660, 692, 712, 724
전선군 737, 867, 895
정치경찰 206, 207, 243, 398
《제3제국》 153, 155
〈제국〉 680, 681, 709, 719, 729, 739, 743, 754, 760, 766, 801, 802, 812, 821, 848, 874, 894, 900
제국국민계몽선전부 410, 412
제국문화원 443, 444, 459, 460, 462, 463, 487, 504, 506, 508, 509, 518, 540, 558, 579
제국문화원로원 505~508
제국보안중앙국 397, 398, 696
제국 의사당 방화 사건 401, 403, 456, 457
제국자위군 277, 354, 361, 386, 420, 476, 483~485
제국종교협약 433
제국지도자 490, 508, 717, 781, 843
제국지사 841
제네바 조약 813
중앙당(Zentrum) 53, 60, 175, 219, 274, 275, 277, 278, 337, 340, 345, 356, 361, 363, 369, 372, 406, 422, 493
지도자주의 98, 433
지헬슈니트 계획 678, 679
직업공무원제 재건을 위한 법률 426, 434

직업 명단 416, 417
집단군 679, 731, 736, 794, 811, 820

ㅊ

차펜슈트라이히 475
창업자 시대 91
철모단 231, 232, 234, 235, 317, 332, 364, 420
철십자 훈장 34, 35
철의 동맹(강철조약) 627
총력전 744, 745, 747, 770~772, 776, 778, 779, 782, 786, 788, 790, 802, 819, 820~822, 836, 838, 841, 842, 844, 847, 854, 862, 869, 870, 872, 876, 878, 886, 900, 922
총통 명령 706, 754, 805, 860, 915
총통 숭배 577
총통 신화 496, 516, 578, 922
최종 해결책 739, 740
추축국 562, 708, 712, 745, 750, 762, 765, 795
친위대(SS) 192, 193, 261, 263, 338, 343, 349, 350, 397, 422, 426, 432, 479, 572, 644, 659, 696, 793, 798, 802, 807, 813, 834, 838, 846, 869, 887, 890, 900

ㅋ · ㅌ

카틴 학살 792, 793
카프 쿠데타 73
쾨페니크의 '피의 주간' 446
〈쾰르니셰 차이퉁〉 47, 73
퀘벡 회담 854, 855
타넨베르크 전투 360, 361
탈유대화 504, 508, 509, 558, 755, 790, 922
〈테글리헤 룬트샤우〉 375
토트 조직 826, 827
퇴폐 미술 전시회 553~555, 558
투쟁 시기 12, 466, 497, 499, 533, 749, 784, 796, 838, 877
툴레협회 67

틸지트 강화조약 872, 873

ㅍ

파루스 전투(파루스 연회장 사건) 185, 186, 391
파시스트 237, 240, 316
파시즘 180, 316, 384, 694
편집인 법률 415, 459, 509
포그롬 602, 606, 607, 610
〈포시셰 차이퉁〉 114, 192, 211, 212, 226, 268, 280, 287, 304, 332, 371, 393, 398, 416
푸르트뱅글러 사건 490
프랑스-프로이센 전쟁 16, 17, 28
〈프랑크푸르터 차이퉁〉 77, 378, 396, 416, 418, 681, 759
피의 5월 237, 352,
피의 훈장 601

ㅎ

하르츠부르크 전선 320, 340
하켄크로이츠 85, 87, 131, 166, 175, 187, 240, 244, 253, 326, 358, 421, 430, 521, 580, 688, 690, 885
학살수용소 755, 792
회랑 지대 643
획일화 392, 393, 415, 416, 432, 445, 487
후방전선 34, 748, 754, 765, 769, 771, 780
흑색 전선 156, 265
히틀러유겐트 199, 326, 380, 404, 505, 602, 882, 899, 900
《히틀러와의 대화》 670, 671
힌데미트 사건 490

■ 인명 찾아보기

ㄱ

가르보, 그레타 467
가이어, 플로리안 124, 125
가일, 빌헬름 프라이허 폰 350
갈란트, 아돌프 389
게뷔르, 오토 146
게슬러, 오토 211
게오르게, 슈테판 82, 83
게오르게, 하인리히 781, 864
고비뉴, 조제프 119
골츠, 뤼디거 그라프 폰 데어 266, 267, 268, 269, 282, 283, 386, 566
골트슈미트, 자무엘 586
괴링, 헤르만 167, 218, 219, 246, 250, 253, 264, 274, 278, 299, 302, 303, 607, 608, 612, 613, 619, 630, 667, 681, 688, 692, 695, 697, 698, 699, 700, 711, 716, 720, 776, 778, 786, 787, 789, 814, 829, 862, 869, 876, 877, 879, 884, 888, 898, 906, 907, 909, 912
괴벨스(오덴하우젠), 카타리나 19, 20, 21, 23, 30, 41, 71, 78, 102, 246, 428, 429, 513, 614, 856
괴벨스(크반트), 마그다 80, 306, 307, 308, 309, 314, 323, 329, 362, 378, 379, 383, 389, 429, 435, 436, 441, 442, 458, 468, 471, 506, 515, 516, 518, 527, 529, 530, 531, 545, 547, 550, 551, 580, 581, 590, 591, 592, 598, 612~616, 622, 633, 658, 701, 702, 781, 820, 842, 859, 862, 864, 871, 885, 886, 902, 906, 909, 911, 912, 915, 916, 923, 924, 925

괴벨스(키미히), 마리아 20, 87, 378, 429, 592, 614, 616, 805, 864, 885
괴벨스, 콘라트(할아버지) 18
괴벨스, 콘라트(형) 20, 26, 37, 72, 85, 87, 110, 429, 441
괴벨스, 프리츠 18~22, 25, 26, 42, 58, 70, 86, 110, 117, 125, 246
괴벨스, 한스 20, 26, 31, 33, 38, 60, 72, 77, 78, 87, 109, 429, 441
괴스, 프리츠 844, 845
괴테, 볼프강 폰 35, 77, 82, 105, 128, 460, 499
구데리안, 하인츠 679, 715, 743, 842, 890, 895
구스틀로프, 빌헬름 508, 756, 870
구터러, 레오폴트 427, 574, 690, 734, 770, 793, 806
군돌프, 프리드리히 76, 82, 83, 118, 434
귄셰, 오토 915, 916
그라이너, 에리히 414
그라임, 리터 폰 908, 909, 910
그란초프, 발터 326
그랜츠, 귄터 861, 870
그레페, 알베르트 폰 129, 131
그뢰너, 빌헬름 211, 338, 339, 341, 342, 343, 344, 346
그뤼네베르크, 오토 289
그륀트게스, 구스타프 467
그르체진스키, 알베르트 192, 281, 284, 287, 290, 291, 353, 354
그린츠판, 헤르셸 600, 601, 609, 756, 757
글라이제호르스테나우, 에드문트 폰 570

기슬러, 파울 912
기제비우스, 한스 베르트 843

ㄴ

나우만, 베르너 587, 770, 772, 774, 819, 835, 841, 851, 853, 859, 861, 885, 924
노르쿠스, 헤르베르트 328
노스케, 구스타프 56, 57
노이라트, 콘스탄틴 폰 438, 439, 448, 567, 570, 620
노이만, 하인츠 240, 280, 281, 318
놀데, 에밀 461, 462, 486, 555, 556, 557
니체, 프리드리히 52, 80, 105, 460
니키슈, 에른스트 258

ㄷ

다고퍼, 릴 466
다레, 발터 440, 500, 506
단호프, 에리카 468
달뤼게, 쿠르트 176, 177, 179, 187, 189, 196, 301, 479, 570, 606, 742
덜레스, 앨런 896
델트겐, 레네 581
도드, 윌리엄 527
도스토예프스키, 표도르 63, 65, 72, 83, 92, 105, 108, 154, 248, 598
돌푸스, 엥겔베르트 449, 453, 494, 569
되니츠, 카를 656, 657, 890, 902, 908, 912, 914, 920, 925
되블린, 알프레트 458
두프빙, 테오도어 폰 919
뒤르, 다고베르트 199, 215, 250
뒤슈터베르크, 테오도어 337
드레슬러안드레스, 호르스트 419, 498
디르크젠, 빅토리아 폰 288, 329
디미트로프, 게오르게 456, 458
디베르게, 볼프강 756
디트리히, 마를레네 553
디트리히, 오토 417, 477, 546, 568, 574, 580, 587, 588, 610, 651, 655, 681, 707,
716, 730, 737, 743, 765, 766, 717, 818, 826, 888, 889
디트리히, 제프 580, 890
니틀, 에두아르트 675, 711
딕스, 루돌프 616
딜스, 루돌프 398, 402

ㄹ

라베, 빌헬름 35, 36, 45
라살, 페르디난트 501
라슈, 오토 882, 890
라슈, 카를 763, 765
라스콜리니코프 64
라스킨, 아돌프 492, 670
라우발, 겔리 162, 163, 622
라우빙거, 오토 414
라우슈닝, 헤르만 131, 670, 671, 672
라이, 로베르트 147, 149, 425, 444, 445, 463, 533, 785, 790, 819, 890, 898
라이만, 빅토르 9
라이치, 한나 908, 909, 910
라이헤나우, 발터 폰 568
라인베르거, 헬무트 668
라인하르트, 한스 679
라테나우, 발터 61, 120, 121, 190, 192
라텐후버, 요한 919
라트, 에른스트 폼 600, 755, 757
라호, 귄터 518, 902, 925
람머, 한스하인리히 580, 733, 771, 772, 774, 786, 789, 806, 836, 837
랑, 프리츠 458
랑스도르프, 한스 666, 667
레닌, 블라디미르 일리치 149, 298, 503, 896
레마르크, 에리히 마리아 285
레머, 에른스트 오토 827, 828, 830, 831, 832, 833, 837
레멜레, 헤르만 289
레버, 율리우스 424
레베트초프, 마그누스 폰 404, 499, 500
레싱, 테오도어 426

레안더, 차라 710, 711
레오폴 3세 682
레이노, 폴 673, 684
레펜틀로프, 에른스트 그라프 추 130
레펜틀로프, 코호 그라프 추 130
렌크, 프란츠 318
로데, 로베르트 208
로렌츠, 하인츠 914
로멜, 에르빈 619, 621, 711, 712, 750, 751, 752, 761, 762, 763, 765, 766, 767, 768, 794, 795, 796, 809, 811, 819, 845, 857, 858
로이슈너, 빌헬름 424
로제, 힌리히 147
로젠베르크, 알프레트 67, 139, 160, 161, 295, 460, 462, 463, 473, 477, 486, 487, 488, 489, 490, 492, 498, 499, 500, 505, 506, 507, 508, 530, 539, 541, 553, 560, 610, 612, 613, 621, 651, 664, 666, 681, 700, 732, 734, 735, 780, 805, 806
로틀루프, 카를 슈미트 556, 557
론, 알브레히트 테오도어 에밀 폰 624, 625
롤프스, 크리스티안 462
뢰베, 파울 292, 331, 346, 363
뢰테켄, 후베르트 56
룀, 에른스트 13, 131, 167, 177, 193, 295, 298, 300, 322, 323, 346, 347, 359, 360, 375, 383, 472, 474, 475, 476, 477, 478, 479, 481, 482, 483, 486, 564
루덴도르프, 에리히 53, 114, 115, 128, 130, 131, 139, 361
루델, 한스 울리히 864, 865
루베, 마리누스 반 데어 402, 405, 456, 458
루스벨트, 프랭클린 델러노 604, 709, 739, 745, 795, 855, 875, 891, 892, 894
루스트, 베른하르트 266, 396, 411, 498, 508, 554, 555, 556
루이스, 스피리돈 522
루체, 빅토르 157, 266, 506
룩셈부르크, 로자 55, 56, 57, 120, 227, 289, 502
룬트슈테트, 게르트 폰 354, 355, 809, 819, 842, 858, 863
뤼데케, 쿠르트 529, 530
뤼만, 하인츠 517
뤼케르트, 에르빈 248
뤼트옌스, 귄터 720
르 봉, 구스타브 179, 181
리버만, 막스 556
리벤트로프, 요아힘 폰 386, 387, 439, 511, 562, 563, 567, 568, 574, 580, 584, 604, 625, 628, 637, 638, 639, 641, 644, 646, 647, 648, 649, 651, 652, 655, 691, 702, 707, 716, 732, 733, 814, 822, 853, 877, 886, 889, 894, 897, 904
리스트, 프란츠 폰 728
리츠미글리, 에드바르트 648
리터, 카를 551
리트비노프, 막심 막시노비치 502, 503
리페르트, 율리우스 199, 200, 209, 284, 380, 586
리펜슈탈, 레니 445, 446, 468, 524, 525, 526, 578, 581
리프스키, 요세프 643
리프케, 악셀 141, 144, 145, 146, 147
리프크네히트, 카를 54, 55, 57, 289, 351
린하르트, 롤프 418, 680, 681
링게, 하인츠 908, 915, 916, 924

■

마르세유, 한스 요아힘 711
마르크, 프란츠 557
마르크스, 빌헬름 113, 134, 135
마르크스, 카를 17, 120, 149, 244, 501, 537
마르토프, L. 501, 503
마리안, 페르디난트 663, 696
마쓰오카, 요스케 712, 713, 715, 918
마이링크, 구스타프 69
마이스너, 오토 269, 346, 359, 372, 383, 386, 387, 485, 619, 696, 898

마이엔도르프, 이레네 폰 467, 530
마이젤, 에른스트 857
마이코프스키, 에버하르트 281, 391, 394, 533
마인스하우젠, 한스 297
마케, 아우구스트 462
만, 골로 435
만, 토마스 458
만, 하인리히 458
만슈타인, 에리히 폰 678
만펠, 로거 10
모겐소, 헨리 854, 855
모더존베커, 파울라 557
모델, 발터 854, 855, 889
모렐, 테오도어 902, 924, 925
모르데카이, 카를 501
모리스, 르랜드 745
모리스, 에밀 169
모사코프스키, 오이겐 263
모세, 루돌프 117
모슬리, 오스왈드 694, 695
모타, 주세페 450
몬케, 빌헬름 896, 918, 924
몰렌, 요하네스 27, 37, 44, 46, 47, 52, 53
몰로토프, 뱌체슬라프 미하일로비치 638, 652, 703, 704, 705, 795
몰트케, 헬무트 폰 624, 625, 751
몸젠, 테오도어 865
뮐더스, 베르너 711
뮐러 판 덴 부르크, 아르투어 153, 155, 258
뮐러, 에버하르트 볼프강 153, 155, 258
뮐러, 페르디난트 462
무솔리니, 베니토 216, 310, 361, 436, 448, 449, 453, 538, 543, 560, 561, 563, 571, 580, 581, 597, 642, 672, 678, 702, 708, 712, 763, 799, 800, 801, 914
무어헤드, 앨런 750
무호브, 라인홀트 183, 224, 245, 425
뮈잠, 에리히 424
뮌히마이어, 루트비히 286

뮐러, 게오르크 빌헬름 468, 845
뮐러, 헤르만 113, 219, 256, 257, 259
미스 반 데어 로에, 루트비히 486, 556
밀렌츠, 빌리 281
밀케, 에리히 318
밀히, 에르하르트 755, 786, 847

ㅂ

바그너, 리하르트 17, 119, 442, 459, 460, 492, 576, 584, 632, 891
바그너, 발터 911
바그너, 아돌프 500, 554, 659, 811, 882, 883
바그니츠, 발터 380
바로바, 리다 527, 528, 530, 531, 532, 550, 559, 572, 580, 581, 590, 591, 592, 598, 599, 615
바르텔, 아돌프 117
바르텔스, 게하르디 28, 37
바르투, 장 루이 453
바를라흐, 에른스트 461, 462, 486, 556, 557
바우어, 한스 925
바움가르텐, 파울 631
바이너르트, 에리히 289
바이데만, 한스 야코프 462
바이스, 베른하르트 202, 203, 204, 207, 209, 210, 214, 215, 227, 228, 282, 284, 309, 310, 314, 315, 346, 353, 354, 613
바이스, 에두아르트 296, 297, 304
바이츠제커, 에른스트 폰 449, 450, 596, 705
바이틀링, 헬무트 915
바케, 헤르베르트 819
발라스코, 빅토리아 폰 592
발로트, 파울 218
발트베르크, 프라이허 폰 83, 85, 86, 118, 434
베게너, 파울 841
베르나도테 878, 879, 896, 908
베르너, 카를 아우구스테 282
베르크, 슈바르츠 판 798, 802, 818, 851,

859
베른트, 알프레트 잉게마르 415, 512, 545, 574, 587, 712, 713, 714, 750, 762, 763, 768, 794, 796, 813, 845, 846, 890
베른하르트, 게오르크 211
베셀, 베르너 246
베셀, 호르스트 12, 13, 182, 184, 186, 206, 207, 223, 224, 239, 240, 246~254, 257, 296, 301, 383, 384, 424, 533
베크, 루트비히 578, 596, 827, 834
베크, 요제프 453, 623
베크만, 막스 557
베트케, 마르틴 312
베히슈타인, 에트빈 329
베히슈타인, 헬레네 329
벤, 고트프리트 82, 460
벤처, 브루노 594
벤퍼, 프리드리히 467
벨로프, 니콜라우스 폰 912
벨스, 오토 423
벵크, 발터 903, 904, 906, 907, 908, 915
보네, 조르주에티엔 604, 756
보덴샤츠, 카를 580
보로딘, 미하일 마르코비치 501, 503
보어만, 마르틴 716, 718, 764, 771, 772, 774, 775, 786, 789, 790, 791, 806, 813, 814, 829, 836, 837, 843, 846, 847, 851, 876, 878, 902, 904, 908, 911, 912, 914, 916, 918, 920
보제, 헤르베르트 폰 480
볼프, 카를 896
볼프, 테오도어 135
볼프존, 차임 501
뵈머, 카를 574, 722, 733
뵈스, 구스타프 244
뷜플린, 하인리히 76
부르크도르프, 빌헬름 912, 915, 916, 918
부르크하르트, 카를 야코프 450
부세 903
부슈, 프리츠 오토 394

부흐, 발터 264
불러, 필리프 468, 508, 580
불레, 라인홀트 199
브라우히치, 발터 폰 566, 594, 597, 613, 660, 745
브라운, 에바 471, 902, 903, 908, 909, 911, 913, 915
브라운, 오토 266, 267, 278, 316, 340, 353
브라흐트, 프란츠 353
브레도프, 페르디난트 폰 480
브레히트, 베르톨트 82, 212
브뤼닝, 하인리히 113, 211, 258, 259, 265, 277, 278, 291, 292, 316, 320, 321, 339~347, 360, 377
브뤼크너, 빌헬름 477
블라소프, 안드레이 872
블롬베르크, 베르너 폰 472, 473, 476, 482, 484, 511, 564, 566, 568, 591, 594
블룬크, 한스 프리드리히 505
블뤼허, 게르하르트 레베레흐트 폰 751, 753
비거스하우스, 프리드리히 126, 133, 137, 140
비니히, 아우구스트 258, 259
비르겔, 빌리 530
비마 마티아스 550
비브라, 프라이허 지기스문트 폰 671
비스마르크, 오토 폰 17, 41, 335, 624, 649, 720
비스트로프 926
비토리오 에마누엘레 3세 361, 580, 581
비허르트, 에른스트 424
빌헬름 2세 16, 54
빌헬름, 아우구스트 246
빌헬름, 프리드리히 17, 35
빙켈만, 요한 50
빙클러, 막스 418

ㅅ

사이먼, 존 449, 496
샤갈, 마르크 557

샤신 926
샤우프, 율리우스 477, 599, 853, 861
샤움부르크, 오토 404, 468
샤이데만, 필리프 54, 55, 113, 141, 305
샤흐트, 얄마르 321, 397, 504, 505, 508, 559
셰링거, 리하르트 276, 297, 298
소콜로프스키, 바실리 919
쇠르너, 페르디난트 880, 881, 882, 914
쇼, 조지 버나드 467
쇼이어만, 프리츠 505
쇼흐, 하인츠 282
수비치, 풀비오 452
쉬르마이스터, 모리츠 폰 418
슈나이트후버, 아우구스트 478
슈니빈트, 오토 580
슈라이버, 오토 안드레아스 462
슈렉, 율리우스 477
슈뢰더, 쿠르트 프라이허 폰 379
슈마허, 쿠르트 332
슈멜링, 막스 468
슈문트, 루돌프 775, 810, 819
슈미디케, 에리히 168, 170, 176, 179
슈미트, 빌헬름 478
슈미트, 파울 449, 450, 451, 452, 646
슈바르츠, 프란츠 크사버 505
슈바이처, 한스 196, 199, 200, 201, 204, 334, 554, 555
슈베거만, 귄터 835, 871, 902, 924, 925
슈슈니크, 쿠르트 폰 453, 568, 569, 570, 571, 619
슈츠, 빌헬름 83, 86
슈타우펜베르크, 클라우스 그라프 폰 827, 834, 835, 836
슈타이거, 한스 178
슈탈헬름, 안카 50, 51, 52, 54, 59~69, 71, 72, 74, 76, 77, 78, 79, 87, 95, 117, 161, 305, 308, 309
슈탐퍼, 프리드리히 384
슈테네스, 발터 13, 177, 222, 223, 269, 270, 272, 294, 295, 296, 298~305, 308, 309, 316, 322, 323, 328, 408
슈테니히 310
슈테판, 베르너 9
슈토름, 테오도어 35
슈퇴르, 프란츠 292
슈퇴켈, 발터 383, 506
슈투덴트, 쿠르트 850
슈투카르트, 빌헬름 785, 815, 819, 837
슈투케, 프리드리히 191, 210
슈툼, 요하네스 282
슈툼페거, 루트비히 923, 824
슈튈프나겔, 카를하인리히 폰 580, 857
슈트라서, 그레고어 130, 131, 139, 141, 145, 147, 148, 150, 152~156, 158, 159, 160, 165, 166, 167, 168, 176, 179, 192, 193~198, 200, 210, 218, 220, 221, 222, 225, 256, 257, 258, 260, 264, 265, 277, 295, 341, 344, 345, 346, 349, 350, 356, 358, 360, 362, 364, 366, 371, 373~377, 379, 382, 408, 443, 480, 481, 486
슈트라서, 오토 131, 156, 157, 176, 177, 178, 194, 196, 220, 221, 257, 258, 261~265, 272, 480
슈트라우스, 리하르트 460, 487, 488, 489, 498, 499
슈트라이허, 율리우스 129, 130, 131, 425
슈트레제만, 구스타프 110~114, 142, 174, 211, 242, 256, 449, 451, 509
슈트렐, 헬라 468
슈파이델, 한스 858
슈페클레, 후고 568
슈페어, 알베르트 428, 429, 430, 440, 522, 548, 555, 612, 620, 622, 624, 630, 633, 639, 739, 769, 770, 772, 774, 781, 784, 786, 787, 789, 815, 819, 821, 826~832, 836, 837, 840, 846, 847, 848, 859, 860, 871, 887, 890, 898, 906
슈펭글러, 오스발트 80, 81, 82, 91, 92, 94, 118, 120, 258

슐라게터, 레오 102, 103, 126, 141, 176, 263
슐라이허, 쿠르트 폰 113, 211, 259, 269, 295, 341, 342, 347, 349, 354, 356, 357, 358, 359, 372, 373, 374, 375, 379, 382, 383, 384, 386, 387, 439, 480, 481, 482
슐랑게, 에른스트 167, 168, 176
슐레겔베르거, 프란츠 754, 764
슐렌부르크, 그라프 폰 데어 754, 764
슐리터, 오스카 515
슐츠, 파울 303, 304
스코르체니, 오토 834, 835
스클라렉 형제 244
스트린드베리, 오거스트 69
시라흐, 발두르 폰 505, 506, 508
시러, 윌리엄 596
신켈, 카를 프리드리히 412
실러, 프리드리히 폰 66, 562
심멜만, 그라프 296, 314

ㅇ

아렌트, 베노 폰 468, 527, 624, 625
아르코팔라이, 안톤 그라프 폰 68
아만, 막스 261, 283, 323, 417, 418, 515, 516, 580, 610, 680, 681
아이스너, 쿠르트 68, 69
아이헨도르프, 요제프 프라이허 폰 178
아이히만, 아돌프 739, 740
아인지델, 그라프 폰 810
아톨리코, 베르나르도 642
악스만, 아르투어 916, 918, 923
안라우프, 파울 318
알버스, 한스 466
알파르, 기타 528
알펜스레벤, 베르너 폰 346, 378, 384, 386
야닝스, 에밀 468, 709
야로슬랍스키 502
야코프존, 지크프리트 134, 135
야콥스, 오토 901
얀케, 엘제 87, 94, 95, 96, 97, 100, 101, 102, 103, 109, 110, 111, 115, 118, 119, 170, 171
얀케, 쿠르트 414, 495
에덴, 앤서니 496
에르츠베르거, 마티아스 53
에베르트, 프리드리히 59, 60, 61, 73
에서, 토마스 219
에서, 헤르만 145, 146
에이젠슈타인, 세르게이 467
에콜트, 빌헬름 927
에프, 프란츠 프라이허 리터 폰 218, 234, 264, 268, 295, 326, 479
엘리자베타 19, 892
엘스터, 엘제 499
엘저, 게오르크 658, 676
엘츠뤼베나흐, 프라이허 폰 419, 542
엥겔스, 프리드리히 64
영, 오언 228, 229
예니헨, 에르나 248
오시마, 히로시 851
오시츠키, 카를 폰 403, 560
오친렉, 클로드 750
오테, 리하르트 901
오펜, 빌프레트 폰 632, 799, 818, 828, 833, 835, 869, 874
온드라, 아니 468
올브리히트, 프리드리히 834
욍트지, 샤를 686
요들, 알프레트 647, 649, 668, 674, 747, 748, 751, 809, 817, 903
요한마이어, 빌리 914
울란트, 루트비히 38
울리히, 루이즈 467
울브리히트, 발터 288, 289, 290, 291, 318, 367
울슈타인, 레오폴트 117
웰레스, 섬너 673
윙거, 에른스트 258, 259
유고, 에니 466, 467, 517
융, 에드가르 472, 474, 480

융게, 트라우들 902, 912
인명 찾아보기
입센, 헨리크 69

ㅈ

자가서, 에리히 380
자우어브루흐, 에른스트 페르디난트 433, 483, 560, 614
자우켈, 프리츠 774, 775, 819, 836, 837
자이들리츠쿠르츠바흐, 발터 폰 810
자이스인크바르트, 아르투어 570, 571, 572
제거, 에른스트 414
제페링, 카를 281, 285, 286, 336
젤테, 프란츠 231, 232, 234, 236, 321, 383
젤핀, 헤르베르트 797
젬러, 루돌프 725, 768, 769, 796, 804, 815, 845, 859, 860, 877, 885, 891
존네만, 에미 471
주코프, 게오르기 895, 919
짐존, 마리안네 폰 844

ㅊ

차이츨러, 쿠르트 775
찬더, 빌헬름 914
참머 운트 오스텐, 한스 폰 520
처칠, 윈스턴 654, 656, 657, 669, 670, 681, 684, 686, 687, 689, 692, 693, 697, 698, 709, 718, 719, 721, 739, 746, 750, 752, 761, 762, 855, 875
체임벌린, 네빌 594, 595, 597, 653, 654, 669
체임벌린, 휴스턴 스튜어트 119, 182
최르기벨, 카를 192, 284, 312
추이코프, 바실리 715, 919, 920
츠바이크, 슈테판 488, 489, 498
츠바이크, 아르놀트 458, 488
치글러, 아돌프 554, 555, 556, 558
치프라, 게자 폰 468
칠레스, 빌리 34, 35

ㅋ

카가노비치, 라저 모이세예비치 502
카나리스, 빌헬름 569
카머베크, 마리아 85
카메케, 오토 310, 586
카우프만, 카를 139, 140, 141, 144~148, 152, 160, 161, 162, 164, 165, 194, 221
카이저, 게오르크 69
카이텔, 빌헬름 580, 581, 593, 613, 751, 772, 774, 786, 789, 819, 829, 839, 837, 842, 903, 915
카프, 볼프강 59, 61, 73, 75
칼라이, 미클로스 808
칼라일, 토머스 865, 885
칼텐브루너, 에른스트 833
캄프만, 카롤리 333, 380
캐럴, 윌리엄 528
케르, 알프레트 540
케르스트, 율리우스 56
켈러, 고트프리트 35
켐프카, 에리히 477, 916, 924
코네프, 이반 895, 897
코렐, 에른스트 후고 551
코르츠플라이슈, 요아힘 폰 834
코코슈카, 오스카 556, 557
코흐, 에리히 126, 193, 194
콘티, 레오나르도 282
콜비츠, 케테 256
쾨르너, 테오도어 873
쾨르너, 파울 785
쾩슈, 아그네스 49, 51
쾩슈, 카를 하인츠 45, 46, 48, 49, 50, 51
쿠노, 빌헬름 99, 102, 103, 111, 113
쿠머로프, 한스하인리히 770, 771
쿠베, 리하르트 파울 빌헬름 225
쿠처, 아르투어 82
쿤츠, 헬무트 구스타프 923, 924
퀴테마이어, 한스게오르크 227, 228, 533
크나우프, 에리히 797
크니텔, 존 794

크라게, 레네 39, 40, 44
크라우스, 베르너 664
크라프트, 즈덴코 폰 866
크렙스, 한스 715, 912, 915, 916, 918, 919, 920
크로지크, 슈베린 폰 552, 553, 606, 631
크루켄베르크, 구스타프 419
크뤼거, 파울 709
크리스티안, 게르다 912
크리크, 오토 759, 817
크반트, 귄터 306, 307, 308, 506
크반트, 엘로 326, 468, 529
크반트, 하랄트 326, 329, 721, 850, 871, 910
크비른하임, 알브레히트 리터 메르츠 폰 834
클라우제너, 에리히 480
클라우제비츠, 카를 폰 800, 864
클레망소, 조르주 854, 855
클렘페러, 오토 459
클로츠, 헬무트 323, 327
클로틸데 458
클루게, 군터 폰 857
클리멘코, 이반 926
키르히너, 에른스트 루트비히 555, 556, 557
키미히, 악셀 614
키슈, 에곤 에르빈 403
키펜베르거, 한스 297

ㅌ

타네프, 바실 456, 458
타우베르트, 에버하르트 493, 494, 500, 538, 662, 734, 735, 806, 807
텔만, 에른스트 185, 332, 333, 338, 384
토르글러, 에른스트 363, 456, 458, 734
토스카니니, 아르투로 490
토트, 프리츠 752, 827
톨스토이, 알렉세이 니콜라예비치 69, 72, 76
트렌커, 루이스 467
트로츠키, 레온 120, 230, 501
티라크, 오토 764, 785

티르피츠, 알프레트 폰 16, 17, 75
티모셴코, 세몬 콘스탄티노비치 737

ㅍ

파우들러, 마리아 428
파울루스, 프리드리히 768, 769, 776, 777, 778
파이닝어, 리오넬 557
파펜, 프란츠 폰 347~351, 353, 354, 362, 363, 364, 368, 372, 373, 378, 379, 383, 384, 386, 387, 388, 399, 402, 404, 411, 472, 473, 747, 480, 484, 485, 510, 568, 569, 570
팔렌, 테오도어 176
페겔라인, 헤르만 908, 909
페더, 고트프리트 67, 69, 130, 154, 157, 160, 161, 164, 165, 218, 295, 375, 376
페스트, 요아힘 9
페탱, 필리프 685, 702
페퍼, 프란츠 폰 147, 158, 161, 222, 253
페히슈타인, 막스 462, 556, 557
포겔장, 하인리히 883
포르텐, 헤니 468
포스, 크리스티안 30, 36, 37, 38, 41, 42, 53, 65, 77, 513
포스, 한스에리히 908, 915, 926
포이히트방거, 리온 663
포타스트, 헤드비히 878
포포프 블라고이 456, 458
폴, 하인츠 109
폴봉쿠르, 조세프 452, 453
푸르트벵글러, 빌헬름 460, 490, 491, 492
푸트카머, 카를 예스코 폰 902
풍크, 발터 396, 397, 414, 437, 552, 568, 584, 587, 605, 606, 769, 772, 774, 789, 819, 826, 836, 837
프라이슬러, 롤란트 320
프랑, 프리츠 33, 54, 56, 126, 127, 128, 132, 142, 143, 428, 430
프랑수아퐁세, 앙드레 430, 485, 522, 551

프랑코, 프란시스코 536, 548, 702
프랑크, 한스 275, 277
프랭켈, 하인리히 10
프로이스, 후고 120, 121
프로이트, 지그문트 17
프롬, 프리츠 833, 834
프뢰리히, 구스타프 527, 528, 532, 550, 559
프리드리히 대왕 17, 19, 394, 420, 632, 783, 881
프리체, 한스 605, 640, 642
프리치, 베르너 폰 511, 512, 564, 565, 566, 568, 578
프리크, 빌헬름 209, 218, 277, 356, 359, 373, 388, 390, 437, 515, 539, 547
프린, 귄터 654, 711
플라우엔, e.o. 797
플리스게스, 리하르트 33, 64, 65, 71, 74, 77, 78, 84, 90, 103, 105, 106, 107, 108, 147, 253
피셔, 발터 246
피슈보크, 한스 606
피스카토어, 에르빈 212, 213
피우스 11세 542, 543, 544
피우스 12세 541, 543
피크, 빌헬름 245
핀더, 빌헬름 433
핑크, 베르너 559

ㅎ

하겐, 한스 826, 827, 828, 830
하다모프스키, 오이겐 395, 419
하를란, 파이트 468, 572, 592, 662, 663, 696, 872
하버체텔, 잉게 891
하우스호퍼, 카를 702, 718
하우엔슈타인, 하인츠 오스카르 179
하우엔실트, 브루너 리터 폰 871
하우프트만, 게르하르트 460
하이너스도르프 826
하이네, 하인리히 540
하이네스, 에드문트 346, 478, 479
하이데거, 마르틴 433
하이드리히, 라인하르트 168, 476, 544, 755, 759
하이만스베르크, 마그누스 311, 353, 354
하이버, 헬무트 9, 10
하제, 루돌프 158
하제, 베르너 914, 927
하제, 파울 폰 827, 828, 830, 834
하하, 에밀 618, 619
한케, 카를 333, 334, 357, 397, 414, 427, 500, 568, 587, 598, 610, 612, 613, 622, 633, 712, 820, 864, 867, 882, 883, 890, 912
한트슈마허, 요하네스 430
한프슈탱글, 에른스트 270, 271, 314, 389, 400, 401, 421, 457, 547, 548, 549, 550
한프슈탱글, 에버하르트 270, 271, 314, 389, 400, 401, 421, 457, 547, 548, 549, 550
할더, 프란츠 660
할베, 막스 428
함머슈타인에크보르트, 프라이허 폰 385, 386
해거르트, 빌헬름 414, 493, 712, 713, 714
해프텐, 베르너 폰 834
핼리팩스, 에드워드 629, 692
헤데만, 유스투스 457, 458
헤르프, 막시밀리안 폰 846
헤벨, 발터 886, 894, 915, 918
헤세, 프리츠 886
헤센, 필립 폰 571
헤스, 루돌프 234, 235, 252, 382, 390, 442, 443, 460, 476, 480, 486, 488, 492, 570, 664, 716, 717, 718, 719, 720
헤켈, 에리히 557
헨더슨, 아서 642, 643, 646
헬도르프, 볼프하인리히 그라프 폰 319, 320, 322, 339, 341, 499, 500, 582, 583, 584, 599, 602, 614, 843, 844
호스바흐, 프리드리히 565

호트, 헤르만 679
호프만, 파울 189
호프베버, 막스 779
호호후트, 롤프 9
홀츠, 에밀 196, 222
홀츠, 카를 870
회니히, 오이겐 554
회프너 자매 467
회프너, 에리히 834
휠덜린, 프리드리히 66
휠러, 알베르트 248, 249, 250, 424
휠츠, 막스 392
후겐베르크, 알프레트 231, 234, 236, 320, 330, 332, 337, 366, 383, 387, 388, 409, 415, 440, 551, 552
후스테르트, 한스 141, 305
히를, 콘스탄틴 508

히플러, 프리츠 662
힌데미트, 파울 460, 488, 489, 490, 498
힌덴부르크, 오스카 폰 383
힌덴부르크, 파울 폰 211, 243, 251, 257, 266~269, 275, 299, 331, 332, 333, 337, 339, 345, 346, 347, 349, 353, 359, 360, 361, 362, 366, 372, 373, 379, 381, 383~388, 393, 404, 410, 422, 437, 472, 747, 480, 482, 483, 484, 485, 867, 884
힐퍼딩, 루돌프 344
힐페르트, 하인츠 553
힘러, 하인리히 260, 261, 425, 476, 479, 505, 506, 539, 549, 550, 564, 565, 566, 570, 572, 580, 613, 659, 661, 696, 764, 814, 829, 832, 834, 836, 851, 878, 896, 898, 908, 912

김태희

서울대학교 철학과를 졸업하고 독일 본대학교에서 석사학위를, 서울대학교에서 박사학위를 받았다. 현상학의 현대적 해석에 기초하여 인지과학, 심리학, 사회과학, 질적 연구 등과의 학제 간 연구에 관심을 기울이고 있다. 지은 책으로 《시간에 대한 현상학적 성찰》, 《비판적 사고와 토론》(공저), 《과학기술 글쓰기》(공저), 《인문사회 글쓰기》(공저)가 있으며, 옮긴 책으로 《물리학자의 철학적 세계관》, 《어른을 위한 그림 동화 심리 읽기》(전 2권), 《그림 동화 남자 심리 읽기》, 《나치의 병사들》 등이 있다.

괴벨스, 대중 선동의 심리학

2006년 1월 16일 초판 1쇄 발행
2024년 12월 6일 초판 18쇄 발행

- 지은이 ─────── 랄프 게오르크 로이트
- 옮긴이 ─────── 김태희
- 펴낸이 ─────── 한예원
- 편집 ────────── 이승희, 양경아
- 펴낸곳   교양인
  우 04015 서울 마포구 망원로6길 57 3층
  전화 : 02)2266-2776 팩스 : 02)2266-2771
  e-mail : gyoyangin@naver.com

ⓒ 교양인, 2005
ISBN 89-91799-13-2 03340

* 잘못 만들어진 책은 바꾸어드립니다.
* 값은 뒤표지에 있습니다.